1000
BOSQUEJOS
PARA
PREDICADORES

1000

BOSQUEJOS PARA PREDICADORES

editorial clie

SAMUEL VILA

EDITORIAL CLIE
C/ Ferrocarril, 8
08232 VILADECAVALLS (Barcelona) ESPAÑA
E-mail: libros@clie.es
Internet: http:// www.clie.es

1000 BOSQUEJOS PARA PREDICADORES
Compilado por Samuel Vila

ISBN: 978-84-8267-479-7

Printed in USA

Clasifíquese:
357 HOMILÉTICA:
Bosquejos-colecciones
CTC: 01-04-0357-21
Referencia: 22.47.86

25 26 27 28 29 TRM 19 18 17 16 15

Índice General

Ocasiones Especiales

Devocionales

Prólogo

«Recorrer el camino de otros predicadores sobre textos o pasajes de la Escritura abre la propia mente a nuevas sugerencias»; esto es lo que, allá por el año 1960, el Dr. Samuel Vila aconsejaba a sus alumnos...

Cuán cierta es esta sentencia para todos aquellos que han descubierto el placer de desgranar bosquejos y sermones de grandes hombres de la fe, y hacerlos suyos; sermones, por cierto, que sobrevivieron a generaciones y que, en muchos casos, fueron predicados en difíciles circunstancias de intolerancia religiosa. Son todos ellos, como también diría Samuel Vila, «alimento concentrado, que necesita la debida elaboración en la mente de otro predicador para llegar al público con la amenidad propia de la oratoria». Esto es, que necesita los pensamientos de otro predicador, un contemporáneo, capaz de seguir el hilo conductor de un bosquejo presentado, sus líneas generales, e insertar nuevas sugerencias, sin romper su unidad. Así, las grandes verdades de la Palabra de Dios que vibraron en la boca de hombres de la talla de C. H. Spurgeon, D. L. Moody, C. G. Finney, F. E. Marsh, entre otros, sobreviven a nuestro tiempo y se enriquecen con savia nueva.

¿Por qué no hacer uso de estos tesoros que en el pasado avivaron iglesias y transformaron corazones? Acaso ningún predicador puede vanagloriarse de ser absolutamente original, pues su camino trazado se halla en la Biblia; pero el Espíritu Santo, inspirándole, a través de aquellos hombres que también fueron inspirados, puede acercar las verdades eternas a las almas de una nueva generación y hacer que se enamoren de ellas.

Samuel Vila, un gran predicador de Dios, respetado y amado como uno de los más fructíferos oradores en el mundo hispano a lo largo del siglo XX, creía en ello, y ésta es la razón por la que dedicó gran parte de su vida a recopilar, no sólo una abundante selección de sus propios sermones que predicara en su iglesia de Terrassa (España) o en otras iglesias a lo largo de sus múltiples viajes por Latinoamérica, sino también de otros predicadores –algunos de ellos autores clásicos de la literatura evangélica–, los cuales editó en la serie de 13 tomos publicada por CLIE *Bosquejos para predicadores.*

Conocidos y utilizados por miles de predicadores de habla hispana, estos 13 tomos han cumplido a lo largo de los años la finalidad para la que fueron editados. Y el hecho de que todavía hoy sigan siendo solicitados en las librerías evangélicas demuestra que su necesidad es perenne. Por ello, Editorial CLIE ha tomado la determinación de hacerlos asequibles de nuevo y, en su empeño, ha ido aún más allá: los ha editado en un solo volumen. De este modo, el predicador interesado ya no tiene que ir adquiriendo paulatinamente los 13 tomos, sino contenerlos en una mano. El resultado ha sido redondo: *1000 Bosquejos para predicadores,* como el título indica.

Con todo, no ha supuesto sólo un trabajo de recopilación de los 13 tomos compilados por Samuel Vila, sino también un trabajo de estructuración, organización y clasificación de los bosquejos, que han sido ordenados y presentados por temas y subtemas. Hay, pues, seis secciones principales: *Estudio bíblico, Edificación cristiana, Evangelización, Doctrinales, Ocasiones especiales y Devocionales*; los cuales, a su vez, contienen diversos subtemas. Así, por ejemplo, la sección de *Estudio bíblico* se divide en *Pasajes y textos bíblicos, Parábolas, Tipos y figuras, Personajes de la Biblia,* etc. O la sección de *Evangelización* tiene como temas secundarios la *Salvación,* la *Conversión,* el *Arrepentimiento, Avivamiento, Misiones...* La sección de *Ocasiones especiales* se refiere a acontecimientos en muchos casos litúrgicos, como la *Santa cena* o la *Ordenación pastoral,* o a días festivos, como la *Navidad,* el *Año nuevo,* etc. En definitiva, una exposición de los bosquejos bien estructurada, a fin de facilitar al predicador la búsqueda de un bosquejo determinado, concerniente a un tema concreto o a una ocasión especial.

Se incluyen además, al final del volumen, tres extensísimos índices: de *Títulos* alfabéticos, para una localización más precisa de un bosquejo, de *Autores,* si es que el lector desea conocer la autoría o la fuente de los bosquejos, y un interesantísimo *Índice Escritural,* que recoge por orden bíblico los versículos claves que introducen cada uno de los bosquejos; este último índice puede guiar al lector no ya a un tema concreto sobre el que quiera predicar, sino sobre algún texto bíblico que le haya impresionado y desee profundizar en su posible interpretación y aplicación, o cómo fue comentado por otros predicadores.

Tales índices, junto con la estructura expositiva presentada, convierten a este libro en todo un arsenal para el predicador dispuesto a exprimir y extraer todo el alimento posible de la Palabra de Dios para su feligresía. No piense éste acaso que es un libro al que dirigirse vacío de ideas, en busca de un sucedáneo para su sermón del domingo. En absoluto, como ya apuntó acertadamente Samuel Vila, «este trabajo no ha sido hecho para fomentar la indolencia de

nuestros jóvenes predicadores, sino para ayudarles a pensar». El predicador encontrará que muchos de estos bosquejos son esquemáticos, otros casi sermones completos, con anécdotas y ejemplos, pero en todos los casos con la necesidad de ser desarrollados con sus propias aportaciones.

He aquí el libro, *1000 Bosquejos para predicadores,* todo un incentivo para el predicador que se precie y que ame verdaderamente la Palabra de Dios.

Los editores

ESTUDIOS BÍBLICOS

- Pasajes y textos bíblicos
- Parábolas, tipos y figuras
- Personajes masculinos
- Persona y obra de Jesucristo
- Milagros
- Personajes femeninos
- Naturaleza y Creación
- Satanás y los demonios
- Ángeles

1. *ALGUNOS «DEBEMOS» DE LA BIBLIA (Juan 3:7)*

1. Debemos orar siempre (Lc. 18:1; Sal. 91:1; Mt. 6:6).

2. Debemos leer las Escrituras (Col. 3:16; 1 P. 2:2).

3. Debemos asistir a los cultos de la iglesia (He. 10:25).

4. Debemos dar testimonio (Ro. 10:9, 10).

5. Debemos traer nuestras ofrendas al Señor (Mal. 3:7-12; 2 Co. 9:7).

6. Debemos ser sinceros (Jn. 4:24; Mt. 5:8).

7. Debemos comparecer ante el Tribunal de Cristo (2 Co. 5:10).

2. *GRANDES COSAS DE JUAN 3:16*

1. Un gran Dios (2 Cr. 2:5; Sal. 86:10).

2. Un gran amor (1 Jn. 4:8, 16; Ro. 5:8).

3. Una gran compañía (1 Jn. 2:2; Jn. 3:17).

4. Un gran don (2 Co. 9:15).

5. Un gran Salvador (Mt. 1:21; Hch. 4:12).

6. Una gran invitación: «todo aquel» (Ap. 22:17).

7. Una gran seguridad: «que cree» (Ro. 10:9, 10).

8. Una gran liberación: «perezca» (Jn. 14:6).

9. Una gran recompensa: vida eterna (Sal. 23:6; Jn. 5:24).

3. *TODAS LAS COSAS SON HECHAS NUEVAS Mateo 7:15-20*

1. Nueva vida: por la gracia de Dios (Jn. 3:5, 6; 1:12).

2. Nuevos corazones: por su poder (Ez. 36:26; 1 Co. 6:11).

3. Nuevos frutos: por su Espíritu (Mt. 7:16; Gá. 5:22-25).

4. Nuevo camino: por su Palabra (Is. 43:19; Jn. 14:6).

5. Nuevo pacto: por su Hijo (He. 8:8-13; 1 Co. 11:25).

6. Nueva ley: por su misericordia (Jn. 13:34; 15:12; Gá. 6:2).

7. Nueva visión: por un milagro (Jn. 9:25; Col. 3:1-13).

8. Nuevas relaciones: por la justicia de Cristo (He. 2:11; 1 Co. 1:30; Ef. 2:10-13; Ro. 8:15).

4. *ALMAS SACUDIDAS POR LA TORMENTA (Salmo 46)*

1. El poder de Dios (vv. 1-3):

a) *Refugio* (v. 1): nuestra verdadera seguridad reside no en las armas humanas, sino en el Dios todopoderoso. Todas las otras promesas de seguridad ofrecen falsas esperanzas y son, al final, inútiles.

b) *Reposo* (vv. 2, 3): Él ordena el caos cósmico, y la confusión da paso al reposo. Él no es sólo un refugio, sino que es de fácil acceso, de manera que Su poder y ayuda están siempre a nuestra disposición. El contenido de los vv. 2 y 3 tienen estrecha relación con los vv. 7 y 11.

2. La presencia de Dios (vv. 4-7):

a) *Consolación* (vv. 4, 5): la escena cambia, y ahora es la omnipresencia de Dios más que Su omnipotencia lo que nos trae consolación. El tumulto cesa, y la presencia de Dios llena de gracia es el retiro seguro de un alma sacudida por la tormenta, como un cielo de descanso después de una tempestad.

b) *Bienestar* (vv. 6, 7): Dios es eterno, inmutable, el Dios de los ángeles, y el Dios de un hombre, aun de alguien tan débil como Jacob. Si a pesar de todos los fracasos de Jacob, el Señor quiere ser su Dios, entonces también querrá ser el Dios nuestro y el Dios de cada débil pecador.

3. La paz de Dios (vv. 8-11):

a) *La Providencia* (vv. 8-10): los caminos de Dios a veces no son fáciles de entender, pero en cada acontecimiento está la Providencia, que hace que todas las cosas obren para bien. Esto trae la paz a un alma azotada por la tempestad.

b) *Protección* (vv. 11): nuevamente el gozoso refrán que suena como música al oído de los afligidos. Dios es nuestra segura defensa y protección. Su presencia es la promesa de victoria y lo único que puede traernos una auténtica paz.

5. *LA SED DEL ALMA (Salmo 63)*

1. Súplica (vv. 1, 2):

a) *Comunión* (v. 1): no todas las almas que

están sedientas buscan a Dios. Cuando decimos, «Tú eres mi Dios», entonces sí deseamos Su presencia.

b) *Consuelo* (vv. 2): cuando el alma busca a Dios, nunca encuentra temor, sino siempre consuelo y confortamiento.

2. Contentamiento (vv. 3-6):

a) *Dedicación* (v. 3): «Porque donde está vuestro tesoro, allí estará también vuestro corazón». (Lc. 12:34). Una dedicación total moldea el juicio y controla los deseos.

b) *Acción de gracias* (vs. 4-6): un Dios tan inmensamente bueno que satisface los profundos deseos del alma, es digno de toda alabanza.

3. Convicción (vv. 7, 8):

a) *Escudo* (v. 7): ¡Tal vez el «Shekinah» estaba en la mente del autor de este salmo! Es el cántico de un alma satisfecha que halla su escudo en Dios.

b) *Sostenimiento* (v. 8): el alma tiene profundos anhelos de Dios y siente que está segura en los brazos eternos.

4. Confianza (vv. 9-11):

a) *Castigo* (vv. 9, 10): un declive extraño, al parecer, pero está dicho en un sentido que expresa confianza, y no un sentir vindicativo. Es la seguridad que ha de triunfar la justicia.

b) *Propiedad* (v. 11): el salmista no se regocija por lo tanto en la caída del enemigo, sino en Dios quien trae gloria al corazón honesto.

6. *UN SALMO DE PENITENCIA (Salmo 25)*

1. Protección (vv. 1-5):

a) *Confianza* (vv. 1-3): ¿A quién más podríamos ir?

b) *Enseñanza* (vv. 4, 5).

No busca ni pide por su propio camino, sino que viene como un niño.

2. Paciencia (vv. 6-10):

a) *Gracia* (vv. 6, 7): el amor eterno de Dios es digno de toda nuestra confianza.

b) *Guía* (vv. 8-10): aprendemos no sólo sus verdades, sino también sus caminos.

3. Plenitud (vv. 11-13):

a) *Perdón* (v. 11): la verdadera penitencia ruega el perdón de Dios para glorificar su nombre.

b) *Paz* (vv. 12, 13): aquel que pone su confianza en Dios nunca será confundido.

4. Compañía (vv. 14-16):

a) *Revelación* (v. 14): Dios revela los secretos de Su amor a Sus propios hijos.

b) *Rescate* (vv. 15, 16): es posible que Dios no nos libre siempre de las trampas que nos tienden, pero sí nos dará la liberación final.

5. Poder (vv. 21, 22): Él nos sacará triunfantes de cada prueba.

7. *UNA ORACIÓN PENITENCIAL (Salmo 6)*

1. Congoja (vv. I-5):

a) *Petición* (vv. 1-3): a veces todos somos conscientes de que necesitamos ser reprendidos por nuestras faltas. En tales momentos siempre podemos apelar a la misericordia del Señor y estar seguros de que seremos escuchados y recibiremos perdón.

b) *Ruego* (vv. 4, 5): la conciencia de la presencia de Dios siempre sana las heridas de la vida, y vivir en el secreto de Su presencia es ser inmune a los *complots* del hombre o a las cosas que disgustan a los impíos.

2. Desesperación (vv. 6, 7):

a) *Cansados* (vv. 6): en este pasaje no figura el nombre de Dios, y por lo tanto tenemos la figura de un pecador en el mundo, sin perdón ni redención.

b) *Desgastados* (vv. 7): así es el destino del pecador, sin Dios y sin esperanza. Esto se empeora cuando el tal se da cuenta de que está más allá de toda recuperación posible en lo que a recursos terrenos se refiere.

3. Liberación (vv. 8-10):

a) *Convicción* (vv. 8, 9): volvemos otra vez al nombre de Dios. No hay ninguna cosa tan eficaz para alejar la tristeza como un buen tiempo dedicado a la oración.

b) *Certeza* (v. 10): he aquí la seguridad de que Dios está en Su trono.

8. *BUEN CONSEJO*
(Job 5:8)

INTRODUCCIÓN: tiempo, lugar y circunstancias. El libro más antiguo de la Biblia.

1. Consejo dado por un sabio a otro sabio. Ese consejo es aplicable a nosotros, hoy.
2. «Lo que yo haría». «Buscaría a Dios». Elifás se pone en el lugar de Job, su amigo.
3. Sin duda ni vacilación: «Ciertamente». Hay que acercarse confiadamente al Señor.
4. Todos tenemos negocios que arreglar, así espirituales como temporales.
5. Todos cometemos errores en el arreglo y desempeño de nuestros negocios.
6. Dios es un administrador ideal: infalible, constante y fidelísimo.
7. «Depositaría en él mis negocios». Deposítalos. «Yo sé a quién he creído» (2 Ti. 1:12).

CONCLUSIÓN: hay que tomar el consejo hoy mismo. «Buscad al Señor» (Is. 55:6).

9. *CONFIAD*
(Mateo 9:2)

En cuatro ocasiones, en los evangelios, Jesús dijo a individuos o a sus discípulos, «Confiad», en situaciones cuando naturalmente sentían temor...

1. La palabra de perdón: «Confía hijo; tus pecados te son perdonados» (Mt. 9:2).
2. La palabra de piedad: «Confía, hija, tu fe te ha salvado» (Mt. 9:22).
3. La palabra de protección: «Confiad, yo soy, no tengáis miedo» (Mt. 14:27).
4. La palabra de paz: «Estas cosas os he hablado, para que en mí tengáis paz. En el mundo tendréis aflicción: mas confiad, yo he vencido al mundo» (Jn. 16:33).

10. *EL MAYOR DE LOS TEXTOS*
(Juan 3:16)

1. Dios: el mayor Amante.
2. Amó: el mayor grado.
3. Al mundo: la mayor compañía.
4. Que dio: el mayor acto.
5. A su Hijo Unigénito: el mayor don.
6. Para que todo aquel: la mayor oportunidad.
7. Que cree: la mayor simplicidad.
8. En Él: la mayor atracción.
9. No perezca: la mayor promesa.
10. Mas: la mayor diferencia.
11. Tenga: la mayor certidumbre.
12. Vida Eterna: la mayor posesión.

11. *EL PRIMER CULTO EVANGÉLICO*
(Mateo 2:1-23)

Un hermano anotó los siguientes pasos en un sermón de Navidad:

1. El Templo: un pesebre.
2. El objeto de la adoración: Cristo.
3. El Coro: uno de ángeles.
4. El Himno: «Gloria a Dios en las alturas».
5. Los Adoradores: reyes y pastores.
6. Las Ofrendas: oro, incienso y mirra.
7. Anunciadores: los ángeles.
8. El Predicador: un ángel
9. Tema: «Os ha nacido un Salvador...» Lc. 2:11.
10. Los Resultados: conversión. Volvieron a su tierra por otro camino.

12. *ISAÍAS 5:17 y MATEO 21:33-43*

INTRODUCCIÓN: parábola descriptiva, histórica y profética, pronunciada 750 años antes de Cristo.

1. Dios concede grandes privilegios a algunas iglesias e individuos.
2. Ni éstos ni aquéllas aprovechan siempre esos favores.
3. Dios pedirá cuenta a unos y a otras del uso que han hecho de sus dones.
4. Y esa cuenta puede pedirla hoy mismo. «Y vino a buscar fruto en ella» (Lc. 13:6).
5. Bondad y paciencia de Dios para con los judíos y para con nosotros.
6. Dureza y maldad del corazón humano. En aquellos tiempos y en los actuales.
7. Pecamos contra la fe cuando abusamos de la paciencia y misericordia del Señor.

CONCLUSIÓN: Dios quiere frutos en nuestra vida, en proporción a las bendiciones que hemos recibido (Is. 5:2; Mt. 21:43).

13. *SALMO 143:10*

«Enséñame a hacer tu voluntad ...»

INTRODUCCIÓN: preciosa oración para el tiempo de la duda y de la tentación.

1. «Enséñame»:

a) Un acto de humildad y sumisión a Dios.

b) Somos muy ignorantes en las cosas de Dios.

c) Sólo de él viene la verdadera sabiduría (Stg. 1:5)

2. «A hacer»:

a) No basta «oír» y «entender» la voluntad de Dios.

b) No basta «querer hacer» la voluntad de Dios.

c) Necesitamos que el mismo Dios nos enseñe a hacer su Santa voluntad.

3. «Tu voluntad»:

a) Somos propensos a hacer nuestra propia voluntad.

b) Obedecemos a los hombres creyendo obedecer a Dios.

c) Hay que «hacer» la voluntad de Dios.

4. «Porque Tú eres mi Dios» (Is. 31:10):

a) Sólo a Dios debemos dirigir las plegarias.

b) Sólo de Dios debemos recibir instrucción.

c) El mismo Dios nos autoriza a pedirla (Stg. 1:5).

5. «Tu buen espíritu me guíe»:

a) No basta conocer la voluntad de Dios.

b) Ningunos estímulos ni temores son suficientes.

c) Necesitamos la constante dirección del Espíritu Santo.

6. «A tierra de rectitud»:

a) No todos los «caminos» son «de rectitud».

b) Hay «caminos» que «llevan a perdición». (Sal. 1:6).

c) El verdadero camino es Cristo (Jn. 14:6).

7. Nuestro modelo es Cristo:

a) Cristo oraba a Dios el Padre.

b) Cristo enseñaba a hacer la voluntad de Dios.

c) Cristo hacia la voluntad de Dios (Jn. 5:30).

8. «Como en el Cielo».

(Mt. 6:10): Tenemos que negarnos a nosotros mismos y pedir el perdón del Espíritu Santo (Jn. 7:17).

14. *SIETE TRES DIECISÉIS*
(Juan 3:16)

1. El Amor de Dios (Jn. 3:16).
2. La Obra de Dios (1 Jn. 3:16).
3. El Pueblo de Dios (A.T.) (Mal. 3:16).
4. El Pueblo de Dios (N.T.) (Col. 3:16).
5. El Hijo de Dios (Mt. 3:16).
6. La Palabra de Dios (2 Ti. 3:16).
7. El Juicio de Dios (Ec. 3:16).

15. *ALGUNAS COSAS NUEVAS*
(2 Corintios 5:17)

1. La nueva Jerusalén: un nuevo centro (Ap. 21:2).

2. Un nuevo mandamiento: una nueva regla (Jn. 13:34).

3. Un nuevo camino: un nuevo acceso ante Dios (He. 10:20).

4. Un nuevo hombre: regeneración (Lc. 5: 38).

5. Un vestido nuevo: Justicia de Dios (Lc. 5:36).

6. Un nuevo vino: alegría del Espíritu Santo (Lc. 5:38; Gá. 5:22).

7. Un nuevo nombre: un nuevo carácter (Ap. 2:17).

16. *PERO VEMOS A JESÚS*
(Hebreos)

1. El Señor Jesús fue quien purgó nuestros pecados (He. 1:3).

2. El Señor Jesús coronado de gloria y honor (He. 2:9).

3. El Señor Jesús, el Autor y Consumador de la fe (He. 12:2).

4. El Señor Jesús, fiador de un mejor pacto (He. 7:22).

5. El Señor Jesús hecho Sumo Sacerdote para siempre (He. 6:20).

6. Un Sumo Sacerdote... santo, puro, sin mancha, separado de los pecadores (He. 7:26).

7. Un Sumo Sacerdote misericordioso (He. 2:17).

8. Un gran Sumo Sacerdote que está en los cielos (He. 4:14)

9. Un Sumo Sacerdote quien está a la diestra de la Majestad en los cielos (He. 8:1); quien puede salvar hasta lo sumo, viviendo siempre para interceder por los Suyos (He. 7:25). Este Sumo Sacerdote padeció una vez para llevar los pecados de muchos, y aparecerá por segunda vez, sin relación con el pecado (He. 9:28).

CONCLUSIÓN:

«Jesús, el nombre que atesoramos;
nombre más allá de lo que se pueda
expresar,
nombre de alegría, nombre de placer.
Oído y corazón de los que se deleitan en Él;
nombre dulce más que ninguno,
que nos salva del infierno y del pecar».

17. *EL EVANGELIO EN MINIATURA (Juan 3:16)*

INTRODUCCIÓN: Cierta vez, Martín Lutero habló sobre Jn. 3:16, diciendo que era el «Evangelio en miniatura». Este texto de oro nos enseña tres cosas que están en el mismo corazón del Evangelio. Cada creyente debería ver en el Evangelio:

1. El amor de Dios:

a) Dios es amor. Amor es otro nombre para Dios. Él es sabio; Él es fuerte; éstos son hechos innegables en relación con nuestro Dios. Él está es una característica de Su carácter.

b) Él ama al mundo. Esto, tanto en la antigüedad como ahora, significa amor por los seres humanos; por todas las razas y naciones de la Tierra. El no tiene favoritos, ni hace acepción de personas.

c) Su amor es la única esperanza para el mundo. Cuando Dios ama, nunca abandona, sino que persevera y triunfa.

2. El don de Dios:

a) Dios nos ha dado la prueba más elevada de Su amor. No hay nada más elevado ni sublime que pueda hacer.

b) Dios aún está dando a su Hijo al mundo. Aquel que murió vive hoy, y es el Don supremo de Dios al mundo.

c) En esto radica el corazón de las misiones y el evangelismo.

3. El «todo aquel» de Dios:

a) «Todo aquel» es el hombre que cree en Cristo. Creer en Cristo significa confiar y entregarse totalmente a Él.

b) «Todo aquel» es el hombre que no desea morir eternamente, que quiere estar en buenas relaciones con Dios y tiene en cuenta estas cosas para el tiempo presente y por la eternidad.

c) «Todo aquel» es el hombre que ha comenzado desde ya a vivir para siempre. Este Evangelio enseña que para el hijo de Dios la vida eterna ya ha empezado aquí y ahora.

CONCLUSIÓN:

«Amor tan maravilloso, tan divino,
demanda mi alma, mi vida, mi todo».

18. *CARACTERÍSTICAS DE LA ORACIÓN EN SANTIAGO 5*

1. La oración individual: «Haga oración» (v. 13).

2. La oración unida: «Oren sobre él».

3. La oración de fe: «La oración de fe».

4. La oración de intercesión: «Orad unos por otros».

5. La oración ferviente: «La oración eficaz».

6. La oración definida: «Para que no lloviese».

7. La oración efectiva: «Y otra vez oró, y el cielo dio lluvia?

19. *CONTRASTES ENTRE MATEO 25 Y APOCALIPSIS 20 (Mateo 25; Apocalipsis 20)*

1. Primer contraste:

a) En Mt. 25: Él viene a la Tierra.

b) En Ap. 2: La Tierra y el cielo han desaparecido.

2. Segundo contraste:

a) En Mt. 25: Él viene para juzgar a las naciones existentes.

b) En Ap. 2: Él viene a juzgar a los muertos impíos.

3. Tercer contraste:

a) En Mt. 25: Él juzga el trato que le ha sido dado a Sus hermanos.

b) En Ap. 2: Él juzga el trato que le ha sido dado a Él mismo.

20. *COSAS NUEVAS PARA EL CREYENTE (2 Corintios 5:17)*

1. Un nuevo nacimiento (Jn. 3:3; 1 P. 1:23).
2. Una nueva vida (Ro. 6:4; Gá. 6:15; 2:20).
3. Un nuevo nombre (Is. 56:5; 62:2; Hch. 11:26).
4. Una nueva fuerza (Is. 40:31; Fil. 4; 13).
5. Un nuevo entendimiento (Lc. 24:32; Sal. 119:98).
6. Un nuevo camino (1 Co. 6:10, 11; Ef. 5:8).
7. Una nueva visión (Jn. 9:25; Sal. 119:67).
8. Una nueva canción (Sal. 40:3).
9. Una nueva ciudad (Ap. 21:2).

21. *CUATRO HOMBRES EN LUCAS 5*

1. Un hombre turbado calmado (v. 10).
2. Un hombre impuro limpiado (vv. 12, 13).
3. Un hombre paralítico sanado (vv. 24, 25).
4. Un hombre rico satisfecho (vv. 27-29).

22. *EL EVANGELIO SEGÚN MATEO*

1. «... Él salvará a su pueblo de sus pecados» (1:21).
2. «El pueblo asentado en tinieblas vio una gran luz» (4:16).
3. «Venid a mí todos los que estáis fatigados y cargados, y Yo os haré descansar» (11:28).
4. «Y en su nombre pondrán los gentiles su esperanza» (12:21).
5. «Porque el Hijo del hombre ha venido para salvar lo que se había perdido» (18:11).
6. «¿Quién, entonces, podrá ser salvo?» (19:25, 26).
7. «... El Hijo del hombre no vino para ser servido, sino para servir, y para dar su vida en rescate por muchos» (20:28).
8. «Porque esto es mi sangre del nuevo pacto, que va a ser derramada por muchos, para remisión de los pecados» (26:28).
9. «... He aquí que yo estoy con vosotros todos los días, hasta el fin del mundo» (28:20).

23. *EL SUPERLATIVO JUAN 3:16*

1. Posiblemente la misericordia más rica: es Dios que ama al «mundo» y que se muestra en:
2. El precio más alto posible: el don de «su único Hijo» para...
3. El número más elevado: para que «todo aquel» –usted, yo, o cualquier otra persona– no sufra...
4. La cárcel más oscura: para que «no perezca», sino que tenga...
5. La bendición más grande posible: la «vida eterna» en...
6. Los términos más fáciles posibles: «para que todo aquel que cree en Él» con...
7. La mejor seguridad posible: la Palabra de Dios.

24. *GÉNESIS 1*

1. Conversión: de las tinieblas a la luz (vv. 2, 3).
2. Separación: dividir la luz de las tinieblas (v. 7).
3. Llevar fruto: el árbol que da fruto (v. 12).

25. *GRANDES ORACIONES DE LA BIBLIA (Mateo 6:8-15)*

1. La oración de David (2 S. 7:18-29).
2. La oración de Salomón (1 R. 8:12-61).
3. La oración de Daniel (Dn. 9:3-13).
4. La oración de Esdras (Esd. 9:5-15).
5. La oración del Levita (Neh. 9:4-38).
6. La oración de Elías en el monte Carmelo (1 R. 18:36, 37).
7. La oración de Ezequías pidiendo por su vida (2 R. 20:3).

8. La oración de Moisés que hizo cambiar la decisión de Dios (Éx. 32:10-14).

9. La oración de Habacuc por un avivamiento (Hab. 3).

10. La oración de Pablo por los Efesios (Ef. 3:14-21).

11. La oración de Pablo por los Colosenses (Col. 1:9-12).

12. La oración que Cristo enseñó a Sus discípulos (Mt. 6:9-13)

13. La oración de Cristo al Padre (Jn. 17).

14. La oración del malhechor en la cruz (Lc. 23:42).

15. La oración de Cristo en la Cruz (Lc. 23:34).

26. *LA ORACIÓN EN EL NUEVO TESTAMENTO*

1. El Señor Jesús oró: y fueron escogidos los pilares de la Iglesia.

2. Los discípulos oraron: y Pentecostés se convirtió en una maravilla de poder.

3. La Iglesia primitiva oró: y Pedro fue liberado de la prisión.

27. *LA ORACIÓN TRIPLE DEL SALMO 143*

1. «Hazme sentir por la mañana tu misericordia...» (v. 8).

2. «Hazme sentir el camino por donde debo andar...» (v. 8).

3. «Enséñame a hacer tu voluntad...» (v. 10).

28. *LA ORACIÓN: UN ESTUDIO BÍBLICO (Salmo 126)*

1. ¿Por qué orar?

a) La oración eficaz del justo puede mucho (Stg. 5:16).

b) Para que no entremos en tentación (Mt. 26:41).

c) Se nos ordena orar (Lc. 18:1).

2. ¿Cuándo orar?

a) En tiempos de peligro –en contacto con hombres peligrosos– El Señor oró toda la noche (Lc. 6:12).

b) Tarde, mañana y mediodía (Sal. 55:17).

c) Orar continuamente (Ro. 12:12).

d) Orar sin cesar (1 Ts. 5:16).

e) En aflicción (Stg. 5:13).

f) En enfermedad (Stg. 5:14).

g) Cuando hemos pecado el uno contra el otro (Stg. 6:16).

3. ¿Cómo orar?

a) En el Espíritu (Ef. 6:18).

b) En el Espíritu Santo (Jud. 20).

c) Trabajando fervientemente en oración (Col. 4:12).

d) Con entendimiento (1 Co. 14:14-15).

e) Con manos santas: sin ira ni contienda (1 Ti. 2:8).

f) Pedid con fe, sin dudar (Stg. 5:16).

4. ¿Por qué cosas orar?

a) Por obreros para ir a la mies (Mt. 9:37, 38).

b) Por todos los hombres, por los reyes y los que están en autoridad (1 Ti. 2:1, 2).

c) Para ser llenos del conocimiento y la voluntad de Dios (Col. 1:9-11).

d) Por aquellos que abusan de nosotros (Mt. 5:44).

e) En todo (Fil. 4:16). Señor, enséñanos como orar (Lc. 11:1).

CONCLUSIÓN: «La oración no se nos da como una carga que ha de ser llevada, o por un deber desconocido que debemos de cumplir, sino como un gozo y poder, el cual no tiene límite» *(J.W.W.)*.

29. *LAS ORACIONES DE CRISTO EN LUCAS*

1. En su bautismo (3:21).

2. Después de curar al leproso (5:16) el Señor se fue a un lugar solitario a orar.

3. Toda la noche, antes de escoger a los doce apóstoles (6:12); orando por ellos y por su labor.

4. Orando solo (9:18, 22); notad lo que dice acerca de su muerte.

5. En la transfiguración (9:28).

6. En cierto lugar con sus discípulos (11:1); la oración con la cual les enseña a orar.

7. La oración por Pedro (22:32); su interés personal por él.

8. Por Sí mismo (22:41-44); «Padre, si quieres, aparta de mí esta copa...»

9. Por aquellos que le crucificaron (23:34); «Y Jesús decía: Padre, perdónalos, porque no saben lo que hacen».

10. Su oración en la ora de la muerte (23:46); «Padre, en tus manos encomiendo mi espíritu».

30. *LAS SEIS MARAVILLAS EN EL APOCALIPSIS*

1. Grandes maravillas en los cielos (12:1).
2. Gran des maravillas en los cielos (12:3).
3. Juan se asombró en gran manera (17:6).
4. Toda la Tierra se maravilló (13:3).
5. Los moradores de la Tierra se maravillarán (17:8).
6. Grandes maravillas (13:13).

31. *LOS QUINCE SIETES EN APOCALIPSIS*

1. Siete Iglesias (1:4).
2. Siete espíritus (1:4).
3. Siete candeleros (1:12).
4. Siete estrellas (1:16).
5. Siete lámparas (4:5).
6. Siete sellos (5:1).
7. Siete trompetas (8:2).
8. Siete truenos (10:3).
9. Siete cabezas (12:3).
10. Siete coronas (12:3).
11. Siete plagas (15:8).
12. Siete copas de oro (15:7).
13. Siete ángeles (15:7).
14. Siete montañas (17:9).
15. Siete reyes (17:10).

32. *LOS SIETE MISTERIOS DEL NUEVO TESTAMENTO*

1. El misterio del Reino de los Cielos (Mt. 13:11).

2. La ceguera parcial que le ocurrió a Israel (Ro. 11:25).

3. El misterio de aquellos que serán transformados, y el de aquellos que han de ser resucitados en el retorno del Señor Jesús (1 Co. 15:51, 52).

4. El misterio relacionado con Cristo y la Iglesia (Ef. 5:32; Ro. 16:25, 26; Ef. 3:3, 10; Col. 1:25-27).

5. El misterio de Dios, y el del Padre y de Cristo (Col. 2:2).

6. El misterio de iniquidad: anarquía (2 Ts. 2:7).

7. El misterio de Dios (Ap. 11:7).

33. *NUNCA MÁS (Juan 11:17-27)*

1. Nunca más sedientos (Jn. 4:14)
2. Nunca más hambrientos (Jn. 6:35).
3. Nunca más moriremos (Jn. 11:26).
4. Nunca más pereceremos (Jn. 10:28).
5. Nunca más desamparados (He. 13:5).
6. Nunca más caeremos (2 P. 1:10).
7. Nunca más resbalaremos (Sal. 15:5).

34. *ORACIONES BÍBLICAS (Mateo 14:22-33)*

1. Pedro clamó: «¡Señor, sálvame!» (Mt. 14:30).

2. David clamó: «Escudríñame, oh Dios...» (Sal. 139:23).

3. Moisés clamó: «Te ruego que me muestres...» (Éx. 33:13).

4. Sansón clamó: «...Acuérdate ahora de mí...» (Jue. 16:28).

5. Isaías clamó: «Heme aquí, envíame a mí». (Is. 6:8).

6. Salomón clamó: «Sustentadme...» (Cnt. 2:5).

35. *ROMANOS 3:23-25*

1. Un hecho solemne: todos pecaron.
2. Un terrible fracaso: están destituidos.
3. Una verdad bendita: el hombre justificado.
4. Un resultado glorioso: los pecados perdonados.

36. *SIETE COSAS EN MATEO*

1. Puertas: estrecha, ancha.
2. Sendas: estrecha, ancha.
3. Árboles: bueno, corrupto.
4. Frutos: buenos, malos.
5. Hombres: sabios, necios.
6. Fundamento: roca, arena.
7. Casas: la que se cae, y la que permanece.

CONCLUSIÓN: «El que tiene oídos para oír, oiga» (Lc. 14:35).

37. *SIETE REFERENCIAS AL CORDERO EN EL APOCALIPSIS*

1. La ira del Cordero (6:16).
2. La sangre del Cordero (6:14).
3. El libro de la vida del Cordero (13:8).
4. El cántico del Cordero (19:7).
5. Las bodas del Cordero (19:7).
6. La cena de las bodas del Cordero (19:9).
7. El trono de Dios y del Cordero (22:1).

38. *TIEMPOS Y LUGARES DE ORACIONES BÍBLICAS (1 Timoteo 2)*

1. Tiempo para orar:
   a) En la mañana (Mr. 1:35).
   b) En el mediodía (Hch. 10:9).
   c) En la tarde (Hch. 3:1).
   d) En todo tiempo (1 Ts. 5:17).

2. Lugares para la oración:
   a) En el lago (Mt. 14:30).
   b) En la cruz (Lc. 23:42).
   c) En el Templo (Lc. 18:13).
   d) En casa (Hch. 1:13, 14).
   e) En la montaña (Mr. 6:46).
   f) Junto al mar (Hch. 21:5).
   g) A bordo de un barco (Hch. 27:23-35).
   h) En la cárcel (Hch. 16:25).
   i) En todo sitio (1 Ti. 2:8)

39. *LA COMPASIÓN DEL SEÑOR JESÚS*

«Y viendo las gentes, tuvo compasión de ellas, porque estaban derramadas y esparcidas como ovejas que no tienen pastor. Entonces dice a sus discípulos: A la verdad la mies es mucha, mas los obreros pocos. Rogad pues, al Señor de la mies, que envíe obreros a su mies» (Mt. 9:36-38).

El pueblo en ese tiempo estaba sumido en la más profunda ignorancia con respecto a la religión verdadera; los que debían enseñarle eran ineptos que se contentaban con abrumarle con ceremonias y supersticiones, y no sólo no tenían amor para los pobres sino que los menospreciaban. El Señor «tuvo compasión» de ellos; y nosotros, ¿qué haremos? Santiago nos dice: «Sepa que el que hubiere hecho convertir al pecador del error de su camino, salvará un alma de muerte, y cubrirá multitud de pecados».

1. Compasión es el movimiento del alma que nos hace sensibles al mal que padece alguna persona: es una combinación de tristeza, simpatía, y amor. Es más que lástima. Lástima es una conmiseración hacia lo inferior; compasión es simpatía hacia la humanidad. Personifiquemos la Lástima y la Compasión. Lástima oye el grito desesperado, «¡un hombre ha caído en el mar!» y se reclina sobre la baranda del barco, asustada, sin hacer ningún esfuerzo para salvar al que se está hundiendo. Compasión se quita el saco y se lanza dentro del mar para salvar al hombre que se está ahogando. Lástima ve a un borracho brutal ultrajando a una mujer indefensa y siente tristeza sin decir nada; Compasión coge al ebrio del cuello y lo entrega a la policía. Lástima dice al necesitado: «Id en paz, calentaos y hartaos; » Compasión da de comer al que tiene hambre, da de beber al sediento, recoge al extranjero, cubre al desnudo, visita al enfermo y al prisionero. Lástima canta con entusiasmo: «yo quiero cada día trabajar ... en la viña del Señor». Esto hace mientras está en el templo, pero fuera de él es otra cosa. Compasión va en pos de los perdidos y les habla del amor de Dios, y se remonta en alas de fe y esperanza hasta el trono de la gracia de Dios orando por ellos para que salgan de las tinieblas y vengan a la luz resplandeciente de Cristo Jesús. Lástima se conmueve superficialmente, Compasión es la simpatía profunda de un alma que comprende cuál es la «anchura y la largura y la profundidad y la altura», del amor de Dios, y conoce «el amor de Cristo que sobrepuja a todo entendimiento».

a) En el Antiguo Testamento la palabra compasión se menciona con mucha frecuencia. En Éxodo 2:6 leemos que la hija de Faraón tuvo compasión del niño Moisés.

b) David en su aflicción dijo a sus siervos: «Viviendo aun el niño, yo ayunaba y lloraba, diciendo: ¿Quien sabe si Dios tendrá compasión de mí, por manera que viva el niño?»

c) Job, describiendo su miseria a sus amigos, dijo: «Oh vosotros mis amigos, tened compasión de mí, tened compasión de mi; porque la mano de Jehová me ha tocado» (Job 19:21). En Is. 54, dice el v. 6: «con un poco de ira escondí mi rostro de ti por un momento; mas con misericordia eterna tendré compasión de ti, dijo tu Redentor Jehová». El capitán de la nave cuando halló a Jonás durmiendo, le dijo: «¿Qué tienes dormilón? Levántate, y clama a tu Dios; quizá él tendrá compasión de nosotros, y no pereceremos» (Jon. 1:6). Y en el Nuevo Testamento las páginas están perfumadas con la palabra compasión expresada verbalmente y en acción.

2. La compasión era lo dinámico del ministerio del Señor Jesucristo: enseñaba, predicaba y sanaba...

a) Enseñaba con autoridad y no como los escribas: en el sermón del monte tenemos al Maestro por excelencia.

b) Predicaba en Nazaret, diciendo: «El espíritu del Señor es sobre mí, por cuanto me ha ungido para dar buenas nuevas a los pobres: me ha enviado para sanar a los quebrantados de corazón; para pregonar a los cautivos libertad, y a los ciegos vista; para poner en libertad a los quebrantados; para predicar el año agradable del Señor».

c) Sanaba a los cojos, a los sordos, a los ciegos, a los paralíticos, los leprosos eran limpiados, los muertos eran resucitados: tenía compasión de las multitudes hambrientas y con dos peces y cinco panes alimentó a cinco mil personas. Tuvo compasión de la ingrata Jerusalén y lloró sobre ella. Tenía compasión de las almas esparcidas como ovejas sin pastor. La compasión fue la fortaleza de Cristo en el Getsemaní. Su sudor era como gotas de sangre. Y la compasión a las almas lo sostuvo para ir a la cruz. La compasión fue su sostén en la cruz. Tuvo compasión aun de sus enemigos y oró por ellos.

3. El mundo necesitado de compasión: el mundo en los días de Jesucristo no estaba sin lugares de reuniones religiosas. En Jerusalén había 460 sinagogas, pero no había compasión. Había también directores religiosos, los escribas y fariseos se sentaban en la cátedra de Moisés (Mt. 23). En esos días las gentes no estaban sin tradiciones: había en ese tiempo 614 mandamientos y tradiciones. Cuando el doctor de la ley hizo la pregunta al Señor: «¿Cuál es el más grande mandamiento en la ley?» no se refería a los diez mandamientos, sino a los 614.

4. La compasión es el manantial de la empresa misionera: «A la verdad la mies es mucha, mas los obreros pocos». En la actualidad hay millones de gentes sumidas en el paganismo y en la superstición, lejos del camino que conduce al Cielo; sin Dios y sin esperanza; descarriados como ovejas sin pastor; hundidos en el fango del pecado. Y qué pocos en verdad son los obreros. La compasión es indispensable para la oración efectiva. «Rogad, pues al Señor de la mies, que envíe obreros a su mies». «Alzad vuestros ojos, y mirad las regiones, porque ya están blancas para la siega» (Jn. 4:35).

40. *LA CRUZ DE CRISTO*

«Porque la palabra de la cruz es locura a los que se pierden; pero a los que se salvan, esto es, a nosotros, es poder de Dios» (1 Co. 1:18).

1. La cruz es el punto donde se reúnen los rayos luminosos de la revelación cristiana, la inspiración del pensamiento cristiano, el impulso de la acción cristiana. y es la clave del sufrimiento cristiano. El concepto de la cruz determina el concepto de Dios, de la historia, del hombre y de la revelación. Por medio de la cruz podemos comprender el corazón de Dios y la incapacidad del hombre. A los estudiantes de la ciencia física que buscan una explicación física para todo incluyendo su propia conciencia, libertad, fe, pecado y salvación, les falta un sentimiento de pecado que es esencial para apreciar la obra salvadora de Cristo. Ciertos filósofos que han cerrado sus mentes contra el mensaje cristiano procuran hacer a Dios y al hombre uno. Tales mentes no ven la necesidad de un Mediador

entre el hombre y Dios. Para apreciar la cruz es necesario que el hombre vea ambas cosas: su acercamiento a Dios y su alejamiento de Él. Hay otros que miran a todo con una mente histórica. Creen que todo está en proceso de hacerse; que la maldad (según ellos) se esta desvaneciendo y lo bueno está aumentando. El hombre con un sentimiento de pecado, de culpa; el hombre que sabe que no está bien con Dios, y que tiene que dar cuenta a Dios, es el hombre que puede comprender el mensaje de la cruz.

2. El motivo de la redención se encuentra en la naturaleza divina y en la necesidad humana. Dios no ama porque Cristo murió; pero Cristo murió porque Dios ama. La vida y la muerte del Señor Jesucristo se deben al insondable y desinteresado amor de Dios. Nada menos que la cruz podía expresar su amor inconmensurable. Cristo reveló el amor del Padre en la vida que él vivió. en las obras portentosas que él hizo, pero especialmente en la muerte que él murió.

3. La cruz simboliza el poder del amor, la fortaleza de la verdad, y la victoria inevitable de la justicia en nuestro mundo. La imposibilitada humanidad, forcejeando para salir de la arena movediza del odio internacional, dirige un reto a aquellos que han hallado fe, esperanza y certidumbre. La fe y la visión que la cruz nos da, constituyen la única esperanza para el resto de la humanidad 4. La cruz ha resistido todas las burlas del moderno antagonismo, del agnosticismo y del odio. Los hombres no han podido añadir ni quitar nada a la cruz: ella sobrevivirá a todas las ideologías que hoy día tratan de destruir el cristianismo o reemplazarlo con alguna otra cosa. Sólo en la cruz hay seguridad estable, inconmovible, inalterable y durable. La salvación del mundo depende de la muerte expiatoria del Señor Jesucristo en la cruz del calvario. La cruz es como la piedra clave en el arco de la omnipotencia de Cristo. Él dice: «Y yo, si fuere levantado de la tierra, a todos atraeré a mí mismo» (Jn. 12:32):

a) El apóstol Pablo dice: «Pero lejos esté de mí gloriarme, sino en la cruz de nuestro Señor Jesucristo, por quien el mundo me es crucificado a mí, y yo al mundo» (Gá. 6:14).

b) Crisóstomo dice: «La cruz es la voluntad del Padre, la gloria del Unigénito, el regocijo del Espíritu Santo, el adorno de los ángeles, la seguridad de la iglesia la jactancia de Pablo, el muro de los santos, la lumbrera de toda la Tierra».

La tragedia primordial del mundo es el pecado, y la necesidad fundamental del hombre es la necesidad de un Salvador y Redentor del pecado: Cristo crucificado y resucitado, es el poder de Dios para salvación a todo aquel que en él cree.

El Señor Jesús «fue entregado por nuestros delitos, y resucitado para nuestra justificación». «Porque la palabra de la cruz es locura a los que se pierden; pero a los que se salvan, esto es, a nosotros, es poder de Dios» (1 Co. 1:18).

41. *EL EVANGELIO EN SIETE GRANDES TEXTOS (Juan 5:39)*

1. El texto sobre la salvación (Jn. 3:14-17).
2. El texto sobre el Evangelio (Ro. 1:14-17).
3. El texto sobre la gran comisión (Mr. 16:15).
4. El texto sobre la gracia (Tit. 2:11-15).
5. El texto sobre la invitación (Mt. 11; 28-30).
6. El texto sobre la resurrección (1 Co. 15:1-4).
7. La esperanza, o el texto de la promesa (Jn. 14:1-3).

42. *LA MUERTE DEL NECIO (Lucas 12:13-21)*

1. En el Antiguo Testamento (2 S. 3:33), Abner:

a) Se puso en las manos de su enemigo natural.

b) No hizo uso de los poderes dados por Dios (v. 34).

c) Pereció al mismo borde de la salvación.

2. En el Nuevo Testamento:

a) El rico necio no hizo provisión para el futuro (Lc. 12:20).

b) El necio avaro intentó servir a dos señores (Hch. 5:1-6).

c) El necio egoísta no le dio a Dios la gloria (Hch. 12:21-23).

43. *EL REINO DE CRISTO* *(Hechos 1:3)*

El término «Reino de Cristo» se encuentra tan sólo en Ef. 5:5; pero hallamos en el Nuevo Testamento al menos 134 menciones de este Reino. La expresión: «El Reino», se encuentra 15 veces: «Reino de David», una vez; «Reino del Padre», 5 veces; «Reino del Hijo», 14 veces; «Reino de los cielos», 35 veces; y «Reino de Dios», 64 veces. Todas estas expresiones se refieren al Reino de Cristo. El concepto del Reino de Cristo es prominente tanto en los libros proféticos como en los evangelios y en la predicación apostólica. El Dr. Mullins resume el aspecto central de las enseñanzas proféticas del Antiguo Testamento, diciendo: «Los profetas esperaban un gran Libertador, un gran Caudillo, un Reino santo, un reinado de un Rey justo, la presencia de Dios entre los hombres, un mundo transformado bajo el poder del escogido de Dios. En general la escatología del Antiguo Testamento se refiere a este mundo».

1. Juan el Bautista y los apóstoles dijeron algo con respecto al Reino de Dios: Juan el Bautista comenzó su ministerio, diciendo: «El Reino de los cielos se ha acercado». Jesús repitió lo mismo, y añadió: «Cuando el Hijo del hombre venga en su gloria... serán reunidas delante de él todas las gentes... y dirá a los que estarán a su derecha: Venid, benditos de mi Padre, heredad el Reino preparado para vosotros desde la fundación del mundo». De modo que el objetivo final y primario es el Reino. Después de la resurrección, leemos en Hch. 1:3, que el Señor Jesús se apareció a sus discípulos por 40 días, hablándoles del Reino de Dios. Y en cuanto a la predicación apostólica, leemos que Felipe, en Samaria, «anunciaba el Evangelio del Reino de Dios». Pablo, en Corinto, habló por espacio de tres meses disputando y persuadiendo del Reino de Dios (Hch. 19:8). Y Lucas repite, una y otra vez, fue Pablo iba «predicando el Reino de Dios». ¿Podría decirse lo mismo de los predicadores del presente?

2. Algunos tienen dificultades para entender lo que las Escrituras dicen con respecto al Reino, por la razón siguiente: encontramos en los evangelios una serie de pasajes que afirman que el Reino ya se ha acercado. En las parábolas encontramos una serie de comparaciones que describen las actividades del Reino a través de la actual dispensación. Y en otros pasajes se nos habla del Reino en futuro, enseñándosenos que se ha de establecer definitivamente cuando Cristo vuelva del Cielo. No hay contradicción en tales enseñanzas. El Reino se acercó a los hombres en el aspecto espiritual, y «ya existe en cuanto a principios y constitución». Pero en lo que se refiere a su forma manifiesta, real y visible, como Reino de Cristo en majestad y gloria, no ha llegado aún. En relación con este asunto, debemos tener en cuenta el triple aspecto de la salvación: La redención del alma, la redención del cuerpo, y la redención del mundo como morada del hombre redimido. El alma entra en posesión de la redención desde el día que nos arrepentimos y creemos (he aquí la fase presente del Reino). El cuerpo no alcanzará su redención hasta el día de la resurrección. Y el mundo no se verá libre de la maldición que pesa sobre él hasta el día que Cristo venga del Cielo. El pasaje que sirve de tronco o punto de partida a las profecías que nos anuncian el Reino de Cristo se halla en 2 S. 7:12 al 16. Dios, en este pasaje, le dice a David, por medio de Natán, que de su simiente según la carne, levantaría a uno que haría su trono estable para siempre jamás. Esta, y toda la larga serie de profecías que le siguen, culminaron en la visión profética de Ap. 19:11 a 20:4, donde vemos al Cristo descendiendo del Cielo, ostentando en su muslo el siguiente nombre: «Rey de reyes...». Sirviendo de enlace entre los dos grandes pasajes que mencionamos se encuentran las palabras del mensajero de Dios, que aparecen en Lc. 1:31 al 33.

3. Jesucristo ha de reinar en este mundo:

a) Éste es un asunto que para nosotros está tan claro como la luz del día; y, francamente nos sorprende que haya cristianos que lo pongan en duda o que lo nieguen. Sometemos a la consideración del lector los siguientes pasajes de la Escritura: En 2 S. 7:12 al 16 vemos que Dios le dice a David: «Cuando tus días sean cumplidos... yo levantaré después de ti a uno de tu linaje... y afirmaré su Reino... yo afirmaré para siempre el trono de su Reino (el de tu descendiente). Yo le seré a él padre, y él me será a mi hijo... mi misericordia no se apartará de él... y será afirmada tu casa y tu Reino para siempre... y tu trono será estable eternamente». El profé-

tico Sal. 72 constituye una ampliación -en detalles- de esta profecía. Los modernistas suelen afirmar que estas profecías se cumplieron en Salomón. Es posible que David estuviese pensando en Salomón como un tipo del Mesías; pero el inspirador de la profecía, Dios, mira a uno más grande que Salomón. El Dr. Carroll sostiene que el reinado de Salomón no llena los gloriosos moldes del reinado que nos presenta el Sal. 72, y tiene razón. Pablo cita, en He. 1:5, las palabras de 2 S. 7:14, y nos dice que Dios el Padre se refiere allí a Jesucristo, y no a Salomón. Y esta interpretación inspirada determina que el Rey que ha de hacer eternamente estable el trono de David es Cristo, como también aparece profetizado en el Sal. 2:6 al 9.

b) Siglos más tarde confirma Dios, por medio del profeta Isaías, la profecía dada a David, diciendo: «Saldrá una vara del tronco de Isaí...» (Is. 11:1); «...Lo dilatado de su imperio y la paz no tendrán límite, sobre el trono de David y sobre su Reino» (9:7). «Y será la justicia cinto de sus lomos, y la fidelidad ceñidor de su cintura. Morará el lobo con el cordero, y el leopardo con el cabrito se acostará; el becerro y el león y la bestia doméstica andarán juntos, y un niño los pastoreará... No harán mal... en todo mi santo monte; porque la Tierra será llena del conocimiento de Jehová... Acontecerá en aquel tiempo que la raíz de Isaí, la cual estará puesta por pendón a los pueblos, será buscada por las gentes; y su habitación será gloriosa. Asimismo acontecerá en aquel tiempo, que Jehová... levantará pendón a las naciones, y juntará a los desterrados de Israel, y reunirá a los esparcidos de Judá»... (Is. 11:5, 6, 9-12). Y preguntamos aquí: ¿Dónde vamos a ubicar el cumplimiento de esta profecía, en la Tierra o en el Cielo? Sí, ¿dónde? (*véase* también Is. 32).

c) Y Jeremías se refiere a este Rey de la simiente de David, diciendo: «Vienen días... en que levantaré a David renuevo justo, y reinará... y hará juicio y justicia en la Tierra. En sus días será salvo Judá. ... y le llamarán: Jehová, justicia nuestra». (Jer. 23:5, 6). Y más adelante añade el profeta: «En aquel tiempo haré brotar a David un renuevo de justicia, y hará juicio y justicia en la Tierra». (Jer. 33:15). «Y Jehová será rey sobre toda la Tierra» (Zac. 14:9). Y los redimidos reinaremos con Cristo sobre la Tierra (Ap. 5:10). Porque esta escrito que «los reinos del mundo han de venir a ser el Reino de nuestro Señor» (Ap. 11:15). Y cuando tal cosa suceda, se cumplirán las palabras de Daniel 2:44, donde dice que en lugar (y en el mismo lugar) de los reinos del mundo simbolizados por las distintas partes de la estatua profética, «levantará el Dios del Cielo un Reino que nunca jamás se corromperá». Y también se cumplirá entonces la profecía de Daniel 7:27, donde afirma el profeta que cuando el Señor venga del Cielo le quitará el señorío al anticristo (cuerno pequeño), y entregará el señorío debajo del Cielo a los santos del Altísimo.

d) Esta es la gran esperanza del pueblo de Dios. Pero algunos, por falta de fe o de discernimiento, se privan de esta esperanza. A pesar del gran número de paisajes que exponen clara y terminantemente que Cristo ha de reinar en este mundo sobre toda la Tierra, que los santos hemos de reinar con él, que los reinos del mundo se han de convertir en el Reino de nuestro Señor, y que este Reino ocupará el mismo lugar y espacio que antes ocupaban los citados reinos; a pesar de estos aspectos y la claridad con que se exponen, algunos se empeñan en negarlos. Y cuando les pedimos que, si Cristo no ha de reinar en este mundo, nos expliquen los pasajes que hemos mencionado, nos salen con aquel texto que dice: «Mi Reino no es de este mundo». Con lo cual parecen colocar la Sagrada Escritura en plano de abierta contradicción. Cuando el Señor afirmó que su Reino no era de este mundo, lo hizo para tranquilizar a Pilato, con respecto a la acusación de que Jesús pretendía usurpar o dividir el Imperio Romano. El Reino de Cristo no es de la naturaleza de los reinos de este mundo, pues está escrito que es de Dios y que vendrá del Cielo. Por eso el Señor Dios pide que oremos diciendo: «Padre nuestro que estás en los cielos... venga (al mundo) tu Reino».

4. ¿Cuándo se implantará el Reino de Dios en el mundo? Las Sagradas Escrituras nos aclaran este aspecto, diciéndonos que será el día que Je- sucristo vuelva a este mundo. Según Lc. 21:31, Jesús terminó la exposición de las evidencias o señales de su segunda venida, diciendo: «cuando veáis que suceden estas cosas, sabed que está cerca el Reino de Dios». Y el mismo Señor determina, en Mt. 25:31-34, que Él

se ha de sentar sobre el trono de su Reino el día de su segunda venida. Y los profetas nos dicen que esto sucederá «en lo postrero de los tiempos», cuando el mundo experimentará una regeneración física (Mt. 19:28), y todas las cosas serán restauradas al estado que imperaba en la Tierra antes de entrar el pecado (Hch. 3:19-21), y entonces será cuando se acabarán las guerras (Mi. 4:1-4), y el Reino animal será despojado del fiero instin-to que ahora le domina (Is. 11:1-9), y la tierra producirá en abundancia (Sal. 72:16), y las naciones adorarán al Rey de reyes (Zac. 14:16-21).

CONCLUSIÓN: el que fue clavado en la cruz como Rey de los Judíos vendrá muy pronto como Rey de todas las naciones. Esta es la gran esperanza de la iglesia, y fue la esperanza de algunos grandes maestros bautistas del pasado. El Dr. Carroll afirma lo siguiente: «A veces estamos muy propensos a cometer errores de interpretación acerca del Reino semejantes a los que desviaron tanto y tan desgraciadamente al antiguo Israel. Es muy claro que el Reino de Dios ha de incluir a todo el mundo como su territorio». Y el Dr. Broadus dice que cuando Cristo venga establecerá su dominio sobre toda la Tierra. Y añade: «Entonces los reinos del mundo serán de nuestro Señor; y el Reino predicho por Daniel estará para cumplir su destino, llenando todo el mundo». Y con esto concuerdan las palabras de Meyer, cuando afirma que los redimidos, como esposa del Cordero, «reinaremos en la Tierra». Y Spurgeon expresó lo siguiente: «El que vino a sufrir no tardará en venir a reinar. El largo descanso y el esplendor incomparable del Reino milenario serán una recompensa abundante». Y el comentarista A.B. Rudd se refiere a este asunto, diciendo: «El Señor, en su segunda venida, establecerá en toda su plenitud el Reino de Dios en la Tierra».

44. *ORACIONES EN EL ANTIGUO TESTAMENTO*

1. Abraham oró largamente por un hijo: le vino Isaac.
2. Eliezer oró pidiendo una guía: apareció Rebeca.
3. Jacob oró: la actitud de su hermano Esaú cambió.
4. Moisés oró: la ira de los Cielos fue sujeta.
5. Josué oró: Acán fue descubierto y Hai fue destruida.
6. Ana oró: le fue dado Samuel.
7. Elías oró: los cielos se cerraron y luego se abrieron.
8. Eliseo oró: vino la sequía; un niño muerto volvió a la vida.
9. David oró: Aitofel, el traidor se ahorcó.
10. Josafat oró: sus enemigos huyeron derrotados.
11. Ezequías oró: 185.000 asirios fueron ejecutados.
12. Daniel oró: los arcángeles se pusieron en movimiento.

CONCLUSIÓN: orar es la cosa más grande que podemos hacer: y hacerlo bien, requiere de calma, tiempo y deliberación.

45. *LA COSA ESENCIAL*

«Díjole la tercera vez: *Simón, hijo de Jonás, ¿me amas?»* (Jn. 21:17).

INTRODUCCIÓN: el evangelio de Juan se complace en hablar del amor: es el que contiene Jn. 3:16; habla del amor de Cristo a los pecadores; llorando con sus amigos; dando vida a sus ovejas; por sus discípulos, sus amigos; y termina preguntando si, en cambio, le amamos. Descripción de la escena. Cristo quiere restaurar a Pedro; repetirle la confianza que tiene en él. Y le hace comprender que la cosa que él juzga esencial es que Pedro lo ame. Ya no le pregunta si cree en él, ni si está dispuesto a obedecerlo o a servirlo: sino si lo ama. ¿Por qué esta insistencia sobre el asunto?

1. El amor es la señal inequívoca de la conversión: hay otras señales: la fe, el cambio de vida, el servicio cristiano; pero éstas se falsifican a veces. Muchos no saben si de veras han creído o no: el servicio puede ser interesado; el cambio de vida, temporal. El amor a Cristo es testimonio íntimo de que somos de Cristo. Es el

lazo que liga a la familia suya. Somos hijos, porque nos ama y lo amamos. Y, ¿quién no sabe si ama o no a una persona? Si Pedro amaba a Cristo, era suyo, a pesar de su caída. Si lo amas eres suyo a pesar de tu ignorancia, poca fe, defectos y pequeñez.

2. Es la condición indispensable para la comunión con Cristo y con los hermanos: sólo el amor atrae, ata y retiene. El que ama a Cristo desea estar con Él (María a sus pies). El común amor a Cristo une a los creyentes. Las diferencias en fe los han separado muchas veces.

3. Es garantía de una fe sana: el que ama a Cristo hará lo posible por entender sus palabras. Los sabios no conocieron a Cristo; pero sí los humildes que lo amaron. El gran amor de Juan por su Maestro le hizo comprender mejor que otros su gloria. El amor no permitirá la aceptación de ninguna doctrina denigrante para Cristo.

4. Es la seguridad de un carácter santo: el resorte de la vida del cristiano no es el terror. Jamás podrá el hombre obedecer la ley por sólo temor del castigo. Pero «el amor de Cristo nos constriñe». El que ama quiere agradar al amado: quiere imitar al amado; quiere ser digno del amado. Quien ama a Cristo experimentará la transformación de su carácter. No querrá infamarlo.

5. Es la condición de un servicio fiel:

a) El que ama desea servir.

b) El que ama servirá con celo y gozo.

c) El servicio de amor será eficaz.

CONCLUSIÓN: a Pedro, porque lo amaba, encomendó el Señor el cuidado de sus ovejas. Ningún trabajo, humilde o grande será acepto sin amor. ¿Amas tú a Cristo?

46. *EL SECRETO DEL PODER DE LA IGLESIA (Hechos de los Apóstoles)*

1. Unánimes en la oración (1:14).
2. Unánimes en esperar el poder (2:1).
3. Unánimes en el templo (2:46).
4. Unánimes en la alabanza (4:24).
5. Unánimes en oír el mensaje (8:6).

47. *TRES VERBOS DE GRAN SIGNIFICADO (Mateo 11:28)*

1. «Venid»: la gran invitación (Mt. 11:28).
2. «Aprended de mí»: el gran ejemplo (Mt. 11:28).
3. «Estad en mí»: la gran bendición (Jn. 15:4).

48. *EL LLAMADO DE CRISTO (Juan 10:27)*

Hay por lo menos ocho ocasiones diferentes donde el Señor Jesucristo nos ordena diciendo, «Sígueme», y en estas ocasiones tenemos un llamado con ocho aspectos diferentes:

1. El llamado a la salvación (Jn. 1:43).
2. El llamado a la concentración (Jn. 21:19-22).
3. El llamado a la separación (Mt. 8:22).
4. El llamado a la negación del «yo» (Mt. 16:24).
5. El llamado a la consagración (Mt. 19: 21).
6. El llamado a la imitación (Jn. 12:26).
7. El llamado al servicio (Mt. 4:19).
8. El llamado a sí mismo (Mt. 9:9).

49. *LA PALABRA DEL ESPÍRITU SANTO (Hechos)*

INTRODUCCIÓN: por lo menos, siete veces encontramos al Espíritu Santo hablando en los Hechos de los Apóstoles, o al menos se hace referencia a Sus palabras, y en cada porción se nos recuerdo Su personalidad y autoridad.

1. Palabras de profecía (1:16): por una parte corre un lado del velo que esconde el futuro y nos permite ver lo que va a ocurrir en los días que han de venir.

2. Palabras que guardan nuestro andar (15:28): en su amor y fidelidad, el Espíritu nos muestra todo aquello que sea ajeno a la voluntad de Dios y se interponga en el camino del creyente para impedirle la victoria.

3. Palabras que guían (16:6): Él es el Señor, el Espíritu, por eso no ha de permitir a sus siervos ir donde ellos quieran. Él tiene el derecho de dirigir y el poder para prohibir.

4. Palabras de advertencia (20:23): en el camino de todo hijo de Dios acechan el peligro y la persecución, pero el Espíritu Santo nos da las advertencias necesarias para prevenirnos.

5. Palabras de predicción (21:11): paz y persecución, pruebas y triunfos, conflictos y conquistas van juntos, pero Aquel que nos predice lo uno, nos garantiza lo otro.

6. Palabras de reproche (28:25): permanecer sordos a las súplicas de Cristo, y ciegos a su belleza, es caer en un estado verdaderamente lamentable.

7. Palabras de selección (13:2): Pablo y Bernabé no fueron los encargados de escogerse y separarse para el servicio del Señor, ni tampoco fueron elegidos por los hombres, sino que fue el Espíritu Santo mismo quien los apartó para el ministerio del Evangelio. El los llamó, los capacitó, los cualificó y les llenó de poder *(anécdota: cuando Thomas Hooker se estaba muriendo, alguien le dijo:*

–Hermano, vas a recibir una recompensa por tu labor.

Pero él le contestó humildemente:

–Hermano, voy a recibir es misericordia).

50. *SI ALGUIEN...*
(Juan 12:20-26, 44-50)

1. Vida eterna: «Si alguien come de este pan, vivirá para siempre (Jn. 6:51). La vida eterna es la bendición positiva el Evangelio.

2. Secreto del conocimiento: «El que quiera hacer la voluntad de Dios, conocerá si la doctrina es de Dios» (7:17). Los secretos del Señor son para los que le temen.

3. Satisfacción: «Si alguno tiene sed, venga a mí y beba». Al que le falta Cristo, le falta todo.

4. Salvación: «El que entre por medio de mí, será salvo» (10:9). Cristo es la entrada a cada bendición.

5. Andar: «El que anda de día, no tropieza» (11:9). Andar en la luz es vivir la vida justa.

6. Siguiendo a Cristo: «Si alguno me sirve, sígame» (12:26). La forma de servir al Señores seguirle fielmente.

7. Honrado: «Al que me sirva, mi Padre le honrará» (12:26). Lo que se hace para Cristo, es reconocido por el Padre como si lo hubiéramos hecho para Él.

8. Juicio: «Al que oye mis palabras, y no las guarda, la palabra que he hablado, ella le juzgará en el último día» (12:47, 48). El juicio se basará en la forma en que los hombres han tratado a Cristo y a su Palabra.

51. *SÍGUEME*
(1 Juan 3:1-5)

El mandamiento de Cristo es «Sígueme». Pensad en los lugares en los cuales andaba Cristo, y ved de qué forma somos llamados a seguir en las esferas espirituales.

Es Él que nos compromete a que le sigamos hasta:

1. El pesebre de la humildad (Fil. 2:5-8).
2. El Nazaret del ministerio (Lc. 4:18; Ro. 13:4-11).
3. El Jordán de la consagración (Mt. 3:15; Ro. 12:1).
4. El desierto de la tentación (Lc. 4:1; 1 Co. 10:13).
5. El monte de la instrucción (Mt 5:1; 1 Co. 2:9-11).
6. El campo de servicio (Hch. 10:38; 20:19).
7. El Jardín del Getsemaní (Lc. 22:39-42).
8. La cruz del Calvario (He. 13:12, 13).
9. La tumba de la resurrección (Ro. 8:11).
10. El trono de la ascensión (Col. 3:1, 2).
11. La esperanza de gloria (1 Jn. 3:2, 3).

52. *LA PRESENCIA DE DIOS*
(Éxodo 33:14-16)

INTRODUCCIÓN:

–Significado del texto que se encuentra en la lección de la Escritura.

–Problemas de Moisés por la desobediencia de la gente.

–Observemos que la oración de Moisés era:

1. La voz de la experiencia:

a) El había conocido previamente el significado de la presencia divina.

b) También habla visto la futilidad del esfuerzo humano sin Dios.

2. La voz de la conciencia:

a) Cuando Dios se manifiesta todas las necesidades son cubiertas.

b) La gloria manifestada en la nube hará emerger los escombros de la iglesia.

3. La voz de la desesperación (v. 15):

a) No era una desesperación pesimista, sino la conciencia de que una obra sobrenatural no puede hacerse mediante fuerzas humanas.

b) Es un prerrequisito al perdón y a la visitación divina.

4. La voz de la identificación personal:

a) Moisés estaba orando por sí mismo. «Si tu presencia no ha de ir conmigo...».

b) La presencia de Dios con Moisés hizo que la gente adorara (vv. 10).

53. *SIGNIFICADO DE LAS SIETE PALABRAS DE CRISTO EN LA CRUZ (Lucas 23:34)*

INTRODUCCIÓN: todos aquellos que hayan leído con algún cuidado los Evangelios habrán notado que hallándose el Señor Jesucristo clavado en la cruz pronunció siete frases notables, que han sido la admiración de los hombres, llamadas vulgarmente «Las siete palabras de Cristo en la cruz». Como esos siete memorables dichos, proferidos por nuestro Señor momentos antes de expirar, están llenos de profundo significado, heme propuesto disertar brevemente sobre ellos, contando, como creo contar, con la benévola atención de cuantos se dignan leer este artículo.

1. La primera de esas siete palabras es: «Padre, perdónalos, porque no saben lo que hacen» (Lc. 23:34). ¡Cuán sublime se nos muestra el Salvador al pronunciar estas palabras! Y cuánta enseñanza encierra esta frase para todos nosotros ¡Mirad como no obstante las horribles afrentas y los groseros vilipendios de que es objeto, unidos a las blasfemas injurias que sus crueles enemigos los fariseos y los sacerdotes le dirigen, lejos de amenazarlos de tomar venganza del mal que le hacen o de maldecirlos más bien les perdona con toda su alma? añadiendo a su propio perdón el ruego fervorosos dirigido a su eterno Padre, para que sea servido perdonarles, alegando que «no saben lo que hacen». Pidamos a Dios que nos dé a nosotros el mismo espíritu de perdón que tuvo el Redentor de los hombres, para que cuando seamos ofendidos o maltratados por alguien, le podamos perdonar con la misma espontaneidad y presteza con que el Señor perdonó a los que tan mal le trataban.

2. La segunda palabra es: «De cierto te digo que hoy estarás conmigo en el paraíso» (Lc. 23:43). Estas palabras fueron dirigidas por el Señor a uno de los ladrones que hablan sido crucificados con él, como respuesta a las que aquél le acababa de dirigir de que se acordase de él cuando viviese en su Reino. Cuán feliz se debió sentir aquel malhechor al oír de los veraces labios de Cristo tan inesperada respuesta. Sí, esto de que le hubiese pedido que se acordase de él cuando viniese a reinar sobre la Tierra. y que le contestase que aquel mismo día estaría con Él en la mansión do reina perenne paz y se disfruta de sempiterna bienaventuranza, debió de sonar cual música divina en oidor del arrepentido criminal. ¿Qué aprendemos nosotros de este incidente? Esto: Que así como el Señor se mostró benigno y perdonador para con un hombre tan malo y cruel, como lo habla sido aquel feroz bandido, que habla sido salteador de caminos, robando a multitud de infelices viajeros y quitando la vida a innumerables desventurados que hablan caído en sus sanguinarias garras, así también se mostrará clemente y perdonador para con todos aquellos que, arrepentidos de todo corazón, acudan a él por fe, como acudió el moribundo ladrón. Y del propio nardo que a él le perdonó enseguida sin echarle en cara los pecados y crímenes que había cometido, así también perdonará a todos aquellos que con fe viva confíen en su sangre eficaz, vertida gota a gota en el leño de la cruz. Arménonos, por tanto, de fe y resolución y acudamos al Señor, que nos llama, diciendo: «Venid a mí todos los que estáis trabajados y cargados, que

yo os haré descansar» (Mt. 11:28). Desechemos de nosotros todo temor de que nos deseche, ya que Él ha dicho: «El que a mí viene, yo no le echaré fuera» (Jn. 6:37).

3. La tercera palabra del moribundo Señor en la cruz es: «Mujer, he ahí tu hijo; hijo, he ahí tu madre» (Jn. 19:26). Reparemos con qué filial amor y solicitud se preocupa el Salvador por aquella que lo había llevado en sus entrañas por espacio de nueve meses. ¡Cuán humano se muestra Jesucristo en este particular! Aprendamos en Él no sólo a honrar y respetar a los que nos dieron la existencia, sino a velar por ellos con amor filial, sobre todo, cuando se hallaren en la vejez e incapacitados para valerse a sí mismos. No seamos como muchos hijos ingratos que, pudiendo ayudar a sus ancianos padres que se hallan poco menos que en la miseria, no lo hacen de puro egoístas y malos. Y así, mientras ellos viven en muchos casos rodeados de toda suerte de comodidades –y hasta con lujo– sus ascendientes inmediatos se hallan carentes de lo necesario para subvenir a sus más apremiantes necesidades. Aprendamos de Jesucristo a honrar como se debe a aquellos que nos dieron el ser, nos criaron y nos encaminaron con sus luces y consejos.

4. La cuarta palabra del Redentor es: «Dios mío, Dios mío, ¿por qué me has desamparado?» (Mt. 27:46). Estas palabras, proferidas por el Salvador al verse desamparado de Aquel con el cual había mantenido la más íntima y dulce comunión desde toda eternidad, revelan la honda tristeza de su alma, al cerciorarse de que su Padre celestial lo había abandonado. Pero se preguntará: ¿Por qué lo abandonó cuando más necesitado estaba de su apoyo y fortaleza?» Porque en aquel momento Él cargaba –como dice el profeta Isaías– nuestros delitos y pecados; y Dios. que es santísimo, y que por lo mismo odia al pecado con perfecto odio, apartó la vista de Él, por cuanto en aquel momento hacia cuenta que Jesús no era su Hijo, sino el substituto de la pecadora humanidad, que sufría el castigo que merecían los pecados y crímenes cometidos por los hombres. Un célebre comentador de la Biblia, exponiendo estas palabras de Cristo en la cruz, dice: «Estas son expresiones de la humanidad del Señor, reducida a las más terribles agonías, para satisfacer a la justa ira de su Padre por los pecados del mundo, que de algún modo los había hecho suyos tomándolos a su cargo. El Señor representa allí todo el linaje humano, y se hace como uno de nosotros, que somos pecadores». Sí, Dios, al dejar que su Hijo bebiese solo el cáliz de la amargura y lo apurase hasta las heces, lo hizo para que nuestros pecados fuesen castigados con todo el rigor que la justicia divina pedía, a fin de que después Dios, sin dejar de ser justo, pudiese ser misericordioso con todos los que se arrepintiesen de Corazón y confiasen en la perfecta eficacia del sacrificio de su Hilo en la cruz, perdonándoles sus pecados y librándolos de toda condenación.

5. La quinta palabra del Redentor es: «Tengo Sed» (Jn. 19:28). Es natural que la tuviera. Todos sabemos que uno que ha sido herido de alguna gravedad suele experimentar una gran sed como efecto de la intensa fiebre que le sobreviene; y Jesucristo, que estaba herido en su santa cabeza con la corona de espinas, herido en sus adorables manos y en sus venerables pies con los agudos clavos con que lo hablan clavado, experimentó una terrible sed. Pero no es sólo sed física la que experimentó, sino otra clase de sed. No sed de venganza ni de justicia por las vejaciones que sufría, sino la sed moral de ver a los hombres reconciliados con Dios mediante la fe en su sangre purificadora. Esta clase de sed todavía la sigue Entiendo el Hijo de Dios: la sed o ansia de que los hombres se salven. Aplaquemos esa ardiente sed del Salvador -puesto que de nosotros depende el aplacarla- arrepintiéndonos de corazón de nuestros yerros y pecados para servir y amar a Dios durante lo que nos resta de vida en la Tierra.

6. La sexta palabra pronunciada por el Salvador es: «Consumado está» (Jn. 13:30). Sí, la obra de la redención del género humano, decretada desde toda eternidad –obra que los profetas y santos habían ardientemente deseado que se cumpliese– estaba realizada. Las fatigas y dolores que Jesús padeciera para llevar a cabo su ministerio mesiánico; las burlas y persecuciones, las angustias del Getsemaní y de la cruz han llegado a su fin, y el hombre ha sido redimido. ¡Consumado está! ¡Qué bella y dulce expresión! ¡Cuánta consolación encierra para el alma ávida de perdón! Ahora bien, si la obra de la redención ha sido consumada, quiere decir

que es algo perfectamente hecho y que nada hay que añadir de nuestra parte, ya se trate de penitencias, o de obras meritorias por cuanto todo lo hizo de forma perfecta y cumplida el Hijo de Dios. Confiemos, pues, en los efectos de esa obra perfecta y tengámonos por salvos. En señal de gratitud, adoremos y alabemos al Hijo de Dios por haber querido morir por nosotros en la cruz.

7. La séptima y última palabra del Hijo de Dios en la cruz es: «Padre, en tus manos encomiendo mí espíritu» (Lc. 23:46). He aquí en qué términos encomienda Jesús su alma a Dios, su Padre celestial. También nosotros hemos de partir algún día de este mundo. No sabemos cuándo, ni dónde, ni cómo será; lo que si sabemos de seguro es que hemos de partir.

CONCLUSIÓN: ¿A quién encomendaremos nuestra alma en la hora suprema de la muerte? Para que la podamos encomendar a Dios es del todo necesario que nos arrepintamos sin tardanza de nuestro pasado, y nos convirtamos al Evangelio, confiando muy de veras en el sacrificio de Jesucristo consumado en la cruz. Y así, cuando suene la hora de partir de esta vida, lo haremos tranquilos y confiados, exclamando como el Salvador: «Padre celestial, en tus manos encomiendo el alma mía» y un cortejo de ángeles nos conducirá a las eternas moradas de la luz.

54. *SÍRVASE EXCUSARME*
(Lucas 14:18-20)

1. «No es para mí» (Jn. 1:12).
2. «No soy suficientemente bueno» (Jn. 3:3).
3. «No me preocupa» (Jn. 3:36).
4. «No siento nada» (Jn. 5:24).
5. «No hay esperanzas para mí» (Jn. 6:23).
6. «Hay demasiados hipócritas en la Iglesia» (Jn. 6:70).
7. «No puedo creer» (Jn. 7:17).
8. «Se reirán de mí» (Jn. 9:20-22).
9. «No puedo mantener mi salvación» (Jn. 10:27-30).
10. «Hay demasiadas cosas que dejar» (Jn. 12:24, 25).
11. «Yo no creo en Cristo» (Jn. 14:1-6).
12. «Lo he tratado una vez y he fallado» (Jn. 21:3-6).

55. *«¡HE AQUÍ, VENGO PRONTO!»*
(Apocalipsis 22)

Tres veces:

1. «Vengo pronto» (v. 7): al discípulo.
2. «Vengo pronto» (v. 12): al siervo.
3. «Vengo pronto» (v. 20): a la novia.

56. *MICROMENSAJES*
(Gálatas)

Hay cinco aspectos de la crucifixión como un acto correlativo del cristiano y Cristo Jesús. Abra su Biblia en la Epístola a los Gálatas y considere los siguientes puntos:

1. Yo crucificado en Cristo (2:20): es decir, que por la fe participo del sacrificio de Cristo en la cruz, ya que Él llevó sobre el madero todos mis delitos y transgresiones.

2. Cristo crucificado por mí (3:1): Él fue víctima propiciatoria de mis culpas. Yo debía haber sufrido el castigo eterno; pero Cristo me libró de ello al sufrir la muerte por mí.

3. La carne crucificada en mí (5:24): he muerto con Cristo. Ya no vivo para el pecado. Ya no vivo para servir a la carne, sino al Espíritu. Soy una nueva criatura con una nueva personalidad.

4. El mundo crucificado para mí (6:14): ya no pertenezco al mundo. Estoy en él; pero no pertenezco a él. Soy de Cristo y mi patria es el Cielo. Por lo tanto, el mundo con sus vanidades está crucificado, es decir muerto para mí.

5. Yo crucificado al mundo (6:14): ni mi vida ni mi corazón le pertenecen. Estoy muerto para él. ¡Tanto mejor! Ahora vivo para Cristo y a él quiero dedicar mi vida por completo.

57. *EL EVANGELIO SEGÚN JONÁS*
(Jonás 1:1)

INTRODUCCIÓN: Jonás tuvo mucho que aprender. Dios le dio escuela práctica, y le hizo aprender. Y aprendió lo mismo que nosotros predicamos y que llamamos el Evangelio.

1. Acerca de Dios aprendió:

a) Que Dios es soberano, que él reina. No

hay otra doctrina que tanto se necesita predicar hoy día. Pues los hombres han olvidado, hasta los mismos cristianos, la soberanía y majestad divinas.

b) Que Dios está en todas partes. Es omnipresente. Nadie puede huir de Dios, ni esconderse de él. Jonás trató de hacer eso, pero no pudo.

c) Que Dios se interesa en los hombres, hasta en las noción es paganas. Que Dios ama al pecador y desea salvarlo no es doctrina netamente del Nuevo Testamento. Desde el principio ha sido así, y lo será hasta el fin.

d) Dios castiga a los suyos cuando se rebelan. Esta doctrina se ha ido algo al olvido en estos últimos años, lo mismo como se había ido en el tiempo de Jesús. Pero Jonás la aprendió y nosotros debemos predicarla.

2. Acerca del pecado aprendió:

a) Que Dios no tolera el pecado, ni en los paganos ni en sus siervos. El mismo Dios que amenazó con castigo a Nínive también castigó a Jonás el ministro.

b) Dios es justo, y por lo tanto odia el pecado. Se puede conocer cuan santo es uno viendo cuánto aborrece el pecado. Y como Dios odia el pecado, ha denunciado juicio sobre él y sobre el pecador.

c) *Dios perdona el pecado* cuando hay un verdadero arrepentimiento de parte del hombre hasta de los más malos.

3. Acerca de la salvación aprendió:

a) *Que la salvación es de Dios* (2:10). Cuando Dios nos sal va es a base de su soberanía, como un favor, y no por obligación o por necesidad de él.

b) *Que Dios da la salvación a todos* los que se arrepintieren sin hacer acepción de personas. Tuvo misericordia sobre los marineros, sobre Jonás y sobre los ninivitas. A todas las naciones y razas Dios ofrece la salvación. «No hay diferencia...»

c) Que la salvación es a base de arrepentimiento de parte del hombre.

CONCLUSIÓN: tú también podrás ser salvo si te arrepientes del pecado y te conviertes a Dios.

58. *EL LIBRO DE JONÁS*
(Jonás 1:1)

INTRODUCCIÓN: Las lecciones de Jonás...

–El plan universal de Dios para nuestra salvación. En tiempos del Antiguo Testamento Jonás tuvo que aprender lo mismo que Pedro en los tiempos del Nuevo Testamento: que los gentiles reciben arrepentimiento para vida lo mismo que los judíos. Compárese la experiencia de Pedro con Cornelio.

–Que Dios, a la vez que justo, es también un Dios de misericordia y de perdón y amor. Compárese la historia del Hijo Pródigo, y la de la Oveja Perdida. Hay muchos fariseos todavía en el mundo que creen en su propia justicia.

–Los cristianos deben predicar a todo el mundo. La obra de Cristo es mundial, y no sólo para nuestra raza.

1 Dios y los predicadores:

a) El que llama es Dios: aun cuando, como Jonás el ministro es malo e indigno, el pecador debe atender al mensaje de Dios. Los miembros de una iglesia no deben desechar nunca el mensaje bajo pretexto de que el ministro es indigno. Donde el mensaje es de Dios hay que atenderlo.

b) Hasta los ministros a veces pecan y necesitan la disciplina divina. Y, ¿qué diremos de los demás cristianos? Todos estamos expuestos a tentación y necesitamos la corrección.

c) Dios no permite al hombre negar su servicio si esto estorba al plan divino. Cuando le place puede mandar una tempestad, una ballena; o derrivarle a uno al suelo, como lo hizo con Saulo de Tarso, para obligar la obediencia. Saulo aprendió; Jonás siguió rebelde, aunque tuvo que obedecer.

d) Nadie puede escapar de la presencia de Dios.

e) Hay un patriotismo falso. El patriotismo verdadero trae lealtad a su patria, y trata de mejorarla y acatar sus leyes. El patriotismo falso, en cambio, odia a las otras naciones y no quiere su bien.

f) Jonás nunca aceptó de lleno la voluntad divina: aun cuando, después de su experiencia en la ballena, se vio obligado a obedecer a Dios, nunca entregó su corazón, y siguió criticando y rebelándose. Cuántos cristianos hay todavía

que así ceden a la necesidad, pero que nunca llegan a amar a Dios ni su palabra.

g) Dios castigó a Jonás. Dios enseñó, por medio de la calabacera, donde estaba el error de Jonás.

2. Los resultados de la obediencia de Jonás: aunque la obediencia de Jonás fue de mala voluntad, y aunque él nunca se entregó de corazón a Dios, no obstante su obediencia tuvo algunos resultados:

a). El mundo físico obedeció a Dios y cooperó para hacer su voluntad. La tempestad se calmó. La ballena vomitó a Jonás en tierra. El mundo se normalizó.

b) La ciudad de Nínive se arrepintió. Es una de las maravillas de Dios, lo que él puede hacer con materiales pobres. El maestro obrero que es bueno puede hacer buen trabajo con herramientas malas. Qué maravilla que Dios puede usarnos, tan indignos como somos. Una prueba de la existencia de Dios es que él puede dar golpes rectos con palo chueco. A pesar de lo indigno de Jonás, Dios con él salvó a los miles de Nínive.

3. Los pasos en la rebelión de Jonás:

a) Se negó a predicar.

b) Huyó de la presencia de Dios.

c) Prefirió morir ahogado antes que predicar a otra nación.

d) Obligado a predicar, predicó nada más que juicio, sin perdón ni misericordia (¿Qué pasaría hoy día en mi pueblo si el ministro así hiciera? ¿Traería un avivamiento?)

e) Mostró, cuando Nínive se arrepintió, que su propio arrepentimiento había sido parcial, superficial, no de corazón. Aún odiaba a Nínive, y se sentó para gozarse en la destrucción de la ciudad.

f) Se enojó con Dios. Hoy día también hay predicadores amargados, con lengua de ácido, que se quejan continuamente de las injusticias que sufren y de cuánto ellos han sacrificado para Dios sin recibir paga.

CONCLUSIÓN: hermano, tengamos cuidado de que nuestro arrepentimiento sea genuino y completo. Estemos totalmente seguros de que servimos a Dios con todo el corazón, y no por fuerza: «Examinaos a vosotros mismos si estáis en la fe». Amemos a Dios y a nuestro prójimo.

59. *LAS GRANDES MARAVILLAS DE JONÁS* *(Jonás 1:1)*

1. El libro:

a) La Biblia nos cuenta muchas maravillas, incluyendo las del libro de Jonás. Como alternativa a la historia bíblica, nos ofrecen la locura de la evolución: que el hombre desciende de las bestias del campo. Negando que la ballena tragó a un hombre, quieren que los hombres se traguen un monstruo, un dinosaurio, un gorila. Ciertamente el que Jonás haya sido tragado por un monstruo marino y vivido es una maravilla. Pero mayor maravilla sería que el Dios que hizo cielo y tierra no hubiese podido hacer un pez que se tragara a un hombre.

b) A la vez el libro de Jonás es una profecía en forma de historia. Pues Dios, quien todo lo sabe antes de que ocurran los acontecimientos, preparó al pez para que sirviera como tipo del entierro de Cristo.

2. El predicador:

a) Qué maravilla ver a un judío predicando en una ciudad de los gentiles, máxime cuando era la capital de una nación enemiga.

b) Qué maravilla ver a un predicador que no quería predicar: que tenía que ser obligado a predicar.

c) Qué maravilla ver a un predicador que no quería que le escuchara la gente a quien predicaba.

d) Qué maravilla ver en el Antiguo Testamento a un misionero para un país extranjero. Pues el mundo cree que el Antiguo Testamento era sólo para los judíos, y que la obra misionera comenzó con Pablo.

3. El mensaje:

a) Qué maravilla que Dios se interesa en los gentiles, en los pecadores malos.

b) Qué maravilla que Dios se digna usar a un hombre perverso, rebelde y malo. El mundo cree que sólo los santos pueden entrar en el plan de Dios.

c) Qué maravilla que un hombre pecador llegara a ser un tipo de Cristo.

d) Qué maravilla que un mensaje de destrucción y juicio pueda llegar a ser un mensaje de salvación, por la obra del Espíritu Santo, y producir arrepentimiento.

e) Qué maravilla ver que un avivamiento de cuarenta días haya tenido efecto tan largo. Pues nos dice la historia que Dios perdonó la ciudad de Nínive por ciento cincuenta años más. Verdaderamente la misericordia de Dios está sobre los hijos de los que le sirven, hasta la cuarta generación. Y por muchos años no levantaron la mano contra los del pueblo de Dios.

CONCLUSIÓN: queda otra maravilla... Este mismo Cristo también a ti te quiere salvar y te salvará si te arrepientes.

60. *ENSEÑANDO EN 1 TESALONICENSES LA SEGUNDA VENIDA DE CRISTO*

1. La forma de su venida:

a) Personal: «El Señor mismo» (4:16).

b) Gloriosa: «Cielo», «ángeles», «trompetas» (4:16).

2. Propósitos o resultados de su venida:

a) Para levantar a los santos que duermen de entre los muertos (4:16).

b) Para transformar a los santos que vivan (4:17).

c) Para llevar a cabo la unión eterna con Cristo (4: 17).

d) Para completar la santificación de los creyentes (3:13; 5:23).

e) Para recompensar a los fieles obreros (2:19).

f) Para traer destrucción repentina a los incrédulos (5:3).

3. El tiempo de su venida:

a) El tiempo exacto no se puede ni se debe de saber (5:1, 2).

b) Para los inicuos su venida será repentina e inesperada.

c) No necesariamente así para los creyentes (5:4).

d) Cuando la maldad abunde en la Tierra (5:3).

4. La actitud de la iglesia hacia su venida:

a) No debe estar ignorante al respecto ni andar ligeramente descuidando su santidad (1:10; 4:13).

b) La esperanza con la cual confortar los unos a los otros en las tribulaciones (4:18).

c) Estar esperando y velando (5:6).

d) Debería de llevarnos a una vida sobria y ferviente (5:4-8).

61. *ANHELO POR LA CASA DE DIOS*

INTRODUCCIÓN: el Sal. 84 es un salmo de alabanzas a Dios y expresa el amor de los judíos por la casa de Dios. el templo de Jerusalén. De los vv. 5-7 se infiere que los que cantan son peregrinos en camino hacia Jerusalén, porque. como se dice en los vv. 2, 4 y 10, anhelan ardientemente estar en el templo.

¿Cómo consideraban los judíos el templo de Jerusalén?

1. Como la Casa de Dios (Is. 56:7; Jn. 2:16).
2. Como un lugar de adoración (Sal. 27:4).
3. Como un lugar de refugio (Sal. 84).
4. Como un lugar santo (Sal. 122:3; Neh. 11:1).
5. Como un lugar que responde a los ideales y anhelos más caros del pueblo hebreo.
6. Como un lugar donde se oye la voz de Dios a través de los profetas.
7. Como un lugar de solaz y reposo (Sal. 122:7).
8. Como un lugar donde se encuentra el alimento del alma.
9. Como una de las moradas de Dios (Sal. 84:1, Jn. 14:1).
10. Como un lugar de bendición para todo el que orará por Él (Sal. 122:6).

CONCLUSIÓN: ¿Es tu anhelo para estar en la casa de Dios, tan ferviente como el del rey David? ¿Has aceptado al Señor Jesús como tu Salvador personal y deseas estar en el templo y fuera de él para servirle?

62. *LOS SALMOS EN LA ADORACIÓN EN LA VIDA*

INTRODUCCIÓN: el título hebraico de este libro es Alabanzas o Himnos, puesto que uno de sus rasgos distintivos es la alabanza. Los Salmos son, por decirlo así, el himnario de los judíos; o como alguien dice: «El Himnario Nacional de Israel». Los Salmos estaban destinados no sólo a expresar sentimientos religiosos, sino también a ser cantados en el culto público (*véase* Mr. 14:26).

1. El Salmo 1 nos induce a serias reflexiones:

a) Acerca de la felicidad futura de los justos. Sal. 1:1-3.

b) Acerca de la infelicidad de los réprobos. Sal. 1:4-6.

2. El Salmo 15:

a) Este Salmo nos muestra la necesidad de la superación moral, como resultado de la salvación.

b) A este Salmo Tomás Jefferson le llamaba «el retrato de un verdadero caballero». Nos hace pensar en el poder de Dios que entra al corazón y obra en él continuamente.

3. El Salmo 73:

a) Nos inspira al acercamiento a Dios.

b) Confunde al poeta, y se pregunta: ¿Será posible que el impío prospere? En los vv. 16, 17 encontró la solución de su problema y salió de su confusión. Los vv. 24, 25 merecen ser aprendidos de memoria.

63. *SALMOS DE CONFIANZA PERSONAL*

INTRODUCCIÓN: por algunos salmos, los hebreos y los cristianos han entrado hasta la misma presencia de Dios en los momentos de prueba, y han venido de allí fortalecidos. Los salmos 23 y 46 merecen nuestra esmerada consideración.

1. ¿Qué bien ha hecho el Salmo 23 a todos los que han meditado en él?

a) El pueblo de Dios en tiempos de necesidad instintivamente acude a Él.

b) Él no redimido por Cristo puede encontrar salvación en Él.

c) El mismo cristiano, cualquiera que sea el lugar que ocupe en el Reino de Dios, ha recibido confianza.

d) El moribundo ha encontrado la paz.

e) El que emprende alguna tarea, cualquiera que esta sea, puede encontrar ayuda en el Cristo crucificado, sepultado y salido de la tumba, que sabe pastorear a su rebaño.

2. El Salmo 46:

a) Este Salmo consta de tres estrofas, cada una de las cuales termina con la Palabra «Selah», que significa pausa. Alguien ha dicho que esta palabra debe interpretarse: ¡Considera bien eso!

b) El v. 10 es una exhortación a permanecer en silencio delante de Dios (Is. 30:15).

c) La cláusula «nuestro refugio es el Dios de Jacob» es muy expresiva, porque el que acompañaba a Jacob, a pesar de sus debilidades, fue su Refugio, como lo es para nosotros aunque seamos muy indignos. La bondad del Padre celestial se manifiesta al darnos a su Hijo como nuestro Salvador.

64. *ABRIR LAS ESCRITURAS (Lucas 24)*

INTRODUCCIÓN: esta expresión se aplica al más grande expositor del Antiguo Testamento que jamás ha pisado este suelo. ¿Y qué significa? Naturalmente expresa hallar en los hechos del Antiguo Testamento significado aplicable al Nuevo. Veámoslo:

1. Lo que hizo el Salvador (vv. 25, 26): consolar a dos discípulos desalentados que le amaban, pero le habían visto morir y creían que no le verían más (vv. 13, 14). Jesús tenía muchas maneras para alentarles. Podía haberse dado a conocer en el mismo instante, en el camino, pero no lo hizo, sino indirectamente, acudiendo a las Escrituras.

2. ¿Dónde empezó? «Comenzando desde Moisés...» (v. 27). Los libros de Moisés son los más criticados por los modernistas, pero el Señor tenía plena fe en su inspiración y veracidad. El antiguo Testamento era la Biblia del

Señor no tenía otra. Lo vemos en la tentación en el desierto. Jesús, en su Período de humanidad, la amaba, la creía, la utilizaba, la predicaba (Lc. 4:21). ¿Qué tenían los cinco libros de Moisés que se refirieran a Él?

a) Probablemente empezó por la Pascua. La sangre del Cordero era un símbolo de su sangre derramada en la cruz.

b) Los altares donde las víctimas eran sacrificadas en favor de los pecados del pueblo. Los sacrificios de Abel, de Noé y de Abraham, referidos por Moisés. Todos ellos simbólicos de su sacrificio.

3. Cómo continuó: «Y siguiendo por todos los profetas...» Hubo otros profetas que hablaron todavía más claramente que Moisés del Mesías Redentor, como en Is. 53 y el Sal. 22. Notemos que aquí el expositor de éstos y otros pasajes no fue un pastor o comentarista de nuestros días, sino el Señor Jesús mismo.

4. Cómo lo hizo el Salvador: de memoria. No había biblias de bolsillo con referencias en aquellos tiempos. El Señor citó las Escrituras de memoria...

a) En el desierto (Mt. 4:6-10).

b) En el templo (Mr. 12:36).

c) En la misma cruz (Jn. 19:28).

d) En el camino de Emaús (Lc. 24).

5. Sigamos su ejemplo: aprendamos de memoria trozos de su Palabra...

a) Para casos de emergencia cuando tenemos que hablar dando las Buenas Nuevas a algún alma.

b) Para propio refrigerio espiritual. En las horas de comunión personal con Dios.

c) Para edificación de nuestros hermanos.

CONCLUSIÓN: aprendamos no sólo la letra o la historia, sino su significado, tal como Jesús lo hizo al «abrirles las Escrituras».

65. *APETITO PERVERTIDO (Isaías 44)*

INTRODUCCIÓN: esta porción del Antiguo Testamento es, como muchos pasajes bíblicos, un mensaje para Israel según la carne, el primer pueblo de Dios que existió en el mundo con valiosas enseñanzas para los que por la fe en el Señor Dios Jesucristo el Redentor hemos venido a ser el más amplio y positivo «Israel de Dios» (Gá. 6:16) Este capítulo tiene tres pasajes bien distinguidos:

–La existencia y presciencia de Dios (vv. 2 y 8).

–La insensatez de la idolatría (vv. 9-20).

–El propósito redentor de Dios (vv. 17-27).

–La predicción más inmediata es respecto a Ciro, el futuro rey del Imperio babilónico (v. 28), una petición exactamente cumplida en la historia del mundo

1. El reto de Dios a los llamados dioses de todos los pueblos: Dios es el autor de toda la humanidad, de la cual escogió primeramente a Israel. Es hermosa para todos los tiempos la declaración del v. 6: «Así dice Jehová rey de Israel y su Redentor, Jehová de los ejércitos: Yo soy el primero y el postrero, y fuera de mí no hay Dios».

2. El desafío particular a la idolatría de todos los tiempos:

a) A partir del v. 9 el profeta nos introduce en una fábrica de ídolos, primero de metal, donde hombres forzudos están fabricando un dios que no puede moverse, ni andar, ni hacer nada de las muchas cosas que su Hacedor puede hacer… Nunca un hombre de carne puede producir un dios.

b) Describe a continuación una fábrica de ídolos de madera: la idea de los idólatras es que la imagen representa a un dios invisible y poderoso. La idea primitiva es de algún hombre que existió y a su muerte se convirtió en un dios. Esto entusiasma al idólatra. En los países más remotos aun las imágenes más feas son miradas con admiración por los devotos. Les parece hallar vida en la expresión de sus rostros que el artista formó con más o menos arte.

c) Pero ¿cuál es el calificativo que el Espíritu del verdadero Dios aplica a tales adoradores? «De ceniza se alimenta…» (v. 20).

3. La sabia disposición divina en la creación de alimentos: Dios fue preparando la tierra antes de poner la vida vegetal sobre este planeta, la proveyó de agua y de sustancias químicas que, absorbidas por las plantas, producen una variedad magnífica de diversos frutos. Debemos

recordar que a los primeros animales, y asimismo al primer hombre en el Edén, Dios les dijo: «He aquí que os he dado toda planta que da semilla que está sobre toda la tierra, y todo árbol en que hay frutos y que da semilla os serán para comer, y de toda bestia de la tierra y de todas las aves de los cielos y a todo lo que se arrastra sobre la tierra y tiene vida, toda planta verde os será para comer». De modo que el primer hombre, Adán, era vegetariano, imitando a los seres predecesores de la creación del hombre, las bestias de la tierra y las aves de los cielos y los peces del mar. ¿Por qué razón al hombre no le fue dado alimentarse de carne hasta después del Diluvio? Yo veo un propósito divino; además de la salud física para los primeros pobladores del mundo, existía en el plan de Dios el propósito de dar a conocer a su pueblo que el Redentor prometido tendría que redimir a los hombres por medio de un sacrificio cruento, como fue realizado por Jesucristo en la cruz y prescribió los sacrificios levíticos, de otra manera Juan el Bautista no hubiera podido decir cuando vio a Jesús acercarse al Jordán donde él bautizaba: «He aquí el Cordero de Dios que quita el pecado del mundo», y los apóstoles no hubiesen podido presentar al Redentor doliente de Is. 53 con tantas figuras retóricas que en todo tiempo han conmovido los corazones de aquellos que pueden decir: «Nosotros le amamos a Él, porque Él nos armó primero». Ni aún hoy día los hombres no pueden prescindir de la creación vegetal para proveer alimentos a los recién nacidos.

4. La perversión del apetito natural, figura del espiritual: Dios creó al ser humano con una doble naturaleza, la natural o física y la espiritual, de este modo le dio facultades que no posee ningún otro ser físico de los que han vivido o viven sobre la tierra. Es verdad que entre los pueblos menos civilizados y más pobres de la tierra, hay algunos que se alimentan de puñados de tierra. Pero éstos no proveen en realidad alimentos como aquellos procedentes del mundo vegetal. La peor perversión de un apetito físico es alimentarse de ceniza, que es un producto resultado de la combustión de plantas secas. Y es a esta figura a la que Dios apela para dar a entender la locura e insensatez de la idolatría; no obstante el enemigo ha sido tan astuto que muchísimos hombres hallaban placer en absorber los humos de ciertas plantas como el tabaco o el opio, y otras drogas del Reino vegetal. A veces, discutiendo con hermanos fu- madores, les he hecho notar esta perversión del apetito natural y su respuesta es siempre la misma: «No hallamos ninguna prohibición del tabaco en la Sagrada Escritura», a lo que he respondido recordándoles que el hombre no es un ser puramente animal, citándoles las palabras del apóstol Pablo en Ro. 8, que los cris-cristianos no vivimos «según la carne», o en otras palabras, «para dar satisfacción a la carne», sino a las dos partes que Dios ha concedido a los seres humanos, la carne y el espíritu, y que el espíritu puede encontrarse como el de los antiguos idólatras, que eran acusados por Dios de alimentarse «de cenizas», citándoles el texto de Mt. 4: «No sólo de pan vivirá el hombre, sino de toda palabra de Dios». Esto puede tener diversas aplicaciones, no sólo al tabaco, sino aun a las ideas que entran a la mente mediante la lectura. Una novela mundana puede ser para el no creyente una ayuda intelectual por la provisión de palabras y frases bien hilvanadas, pero para el cristiano fervoroso es como llenar el estómago de tierra o de ceniza.

5. Facultades superiores del hombre regenerado:

a) Dijimos que por estar formado de cuerpo y alma el ser humano es totalmente diferente de las bestias que se satisfacen en llenar su estómago de productos materiales del Reino vegetal, producidos por la sabiduría y poder de Dios.

b) Por la ignorancia del paganismo más antiguo, algunos seres inferiores habían sido elevados a la categoría de dioses dignos de ser adorados (*véase* Ro. 1:18-25), pero las facultades artísticas del hombre irregenerado fueron progresando desde los rudimentarios dibujos escenográficos de Babilonia y Egipto hasta la más esplendorosa edad de los artistas griegos, en que se llegó a crear estatuas tan reales en apariencia inferior como la Venus de Milo.

c) A la adoración efectiva de dioses y diosas paganos sucedió la idolatría cristiana, venerando como representación a personajes bíblicos que están en el Cielo, y ello llevó a una lucha cruel entre los cristianos mejor iluminados de la Reforma y los católicorromanos adheridos a una importante fracción de la iglesia cristiana, entre los cuales existen todavía hombres y mujeres

que adoran a Dios y le dan gracias por su redención, en espíritu y en verdad.

d) Dentro de la Iglesia católica existían ya desde hace siglos hombres y mujeres que poseían más luz espiritual procedente del Evangelio, y escribieron libros y poesías maravillosos, como Teresa de Cepeda (Santa Teresa de Jesús) y muchos escritores religiosos de su tiempo que habían renunciado a la vida familiar intentando imitar más las virtudes morales del Evangelio.

e) Las enseñanzas éticas que Jesús trajo a este mundo, juntamente con su revelación y sus gloriosas promesas acerca del más allá, trajeron a la luz las tales enseñanzas del Evangelio que adoptaron cristianos fervorosos tildados de herejes, incluso hasta el sacrificio de sus vidas..., pero también una dispersión en grupos y partidos basada en las interpretaciones de grandes predicadores como Lutero, Calvino, Menno-Simons, y otros grupos anabaptistas que creyeron que la reforma de Lutero era el advenimiento del Reinado de Jesucristo.

f) Al aumentar el número de tales agrupaciones y extenderse sobre la Tierra, trajeron dentro de la iglesia católicorromana, la contrarreforma adherida más que nunca a los errores doctrinales de su época y entre los evangélicos una confianza quizá algo exagerada acerca del valor de la fe en contraposición de las obras presentadas por la Iglesia católica y una reacción tantoanticatólica como antievangélica en la persona de Mahoma, en cuyas filas existen personas que adoran a Alá con acciones exteriores. A la luz de Ro. 2:10-16 no sabemos hasta qué punto serán tenidos en cuenta los sentimientos piadosos y sinceros que puedan existir entre estos extraviados creyentes a quienes. empero, tenemos el deber de llevar al conocimiento del Evangelio para que puedan gozar de las bendiciones espirituales de que todo el pueblo de Dios, tanto dentro de la organización catolicorromana como dentro de los aborrecidos y perseguidos cristianos evangélicos de aquellas épocas pasadas. prevaleciendo una frialdad religiosa en todas partes del mundo.

g) El mismo arte parece que en estos últimos tiempos va en declive, comparado con las obras religiosas de siglos pasados. Pero el que ha encontrado en Cristo y en la fe de sus promesas la satisfacción espiritual no puede menos que declarar como el rey David: «Como el ciervo busca jadeante...».

6. El alimento natural, ejemplo del alimento espiritual: todos los cristianos de todos los tiempos, aun aquellos que comulgaron con algunos errores de la Iglesia catolicorromana constituyen la verdadera Iglesia de Jesucristo que Él ha de venir para evaluar sus hechos de más de veinte siglos y establecer su reinado de paz y orden superior sobre la Tierra, cuando quedará totalmente no sólo desacreditada, sino refutada la teoría materialista y renovada por una fe y gratitud viva la inspirada frase de Jesucristo en su lucha con el rey de este mundo (Satanás): «No sólo con pan vivirá el hombre, sino con toda palabra procedente de Dios» (Mt. 3:4).

7. ¿Para qué necesitamos los alimentos espirituales?

a) La función de los alimentos es triple:

–Reemplazar la energía gastada.

–Mantener la temperatura.

–Suplir nuevo material para el crecimiento.

b) Cada esfuerzo físico e intelectual gasta energía; así, cada esfuerzo espiritual, cada acto abnegado, cada amonestación que aplicamos a hermanos débiles, o para reprimir el propio yo, produce desgaste espiritual. Si no leemos la Biblia y buenos libros, ni meditamos, ni oramos. pronto no tendremos fuerzas y seremos como las personas del mundo no regeneradas por la fe de Jesucristo.

c) Si no nos alimentamos pronto, seremos tibios y disgustaremos al Señor, que ve nuestro corazón. El no quiere la tibieza (Ap. 3:15).

d) Lo necesitamos para crecer: «Creced en la gracia y conocimiento de nuestro Señor Jesucristo» (2 P. 3:18), decía el apóstol Pedro cuya vida fue transformada por la influencia del Espíritu Santo, y el apóstol Pablo exhorta: «Que no seáis niños fluctuantes» (Ef. 4:14) y ello ocurre por falta de alimento. Algunos cristianos nunca salen de la infancia espiritual.

CONCLUSIÓN: afortunadamente existen hoy día no solamente la Sagrada Escritura como las preciosas promesas de Jesús y los comentarios de los apóstoles, sino también muchos libros piadosos que alimentan nuestro espíritu.

Pidamos a Dios que despierte en cada uno de los creyentes un apetito espiritual sano, para

que podamos alimentar nuestra alma mientras nos hallamos en la Tierra y podamos, nosotros mismos, guiados por su Espíritu, ayudar a alimentar a nuestros hermanos con alimento verdadero, basado en la Palabra de Dios, para que nuestra vida espiritual y la suya, puedan crecer hasta que Dios nos llame a su misma presencia, en donde hemos de recibir, como dice el apóstol, de acuerdo como lo que hemos hecho por medio de este cuerpo que se ha desgastando y deteriorando. Que podamos decir como el apóstol cuando se hallaba en inminente peligro de muerte: «He peleado la buena batalla, he acabado la carrera, he guardado la fe, por lo demás me está guardada la corona de justicia, la cual me dará el Señor Juez Justo, y no sólo a mí, sino a todos los que aman su venida» (2 Ti. 7, 8).

66. *BELLAS PALABRAS DE VIDA* *(Juan 5:24)*

1. Notemos su autoridad: fueron pronunciadas por el Señor Jesucristo a quien Dios ha dado toda potestad (autoridad) en el Cielo y en la Tierra. Toda autoridad fue dada a Él para resucitar y juzgar a los muertos (vv. 21, 22 y 25-27. En sus manos está el destino de todo ser humano.

2. Notemos su veracidad: el Señor no puede mentir (Nm. 23:19, He. 6:18. Él es la personificación de la verdad (Jn. 14:6), y siempre habló la verdad (Jn. 8:45-46). Si creemos la palabra de los hombres, ¡cuánto más debemos creer la palabra de Dios! (1 Jn. 5:912).

3. Observemos su simplicidad: cuán sencilla y claramente el Señor enseña el camino de la salvación. «Oír, creer y tener» son términos comprensibles. Más sencillos no pueden haber.

4. Notemos su seguridad: ¡Qué seguridad nos proporcionan! «No vendrá a condenación, mas pasó de muerte a vida» (*véase* Jn. 10:28, 29; Ro. 8:1).

5. Notemos su bondad: el Señor sabe que somos muy lerdos de corazón para creer aun lo que Él dice (Lc. 24:25). En vez de dejarnos perecer en nuestra incredulidad, Él nos dice cariñosamente: «De cierto, de cierto os digo», poniendo doble énfasis sobre su palabra para persuadirnos a creer en Él y recibir la salvación. ¡Qué bondad! ¡Qué condescendencia!

67. *CIUDADES DE REFUGIO* *(Deuteronomio 19:1-10)*

INTRODUCCIÓN: la costumbre del vengador y las ciudades de refugio en el Antiguo Testamento son una ilustrativa parábola del Evangelio. En aquellos tiempos, la costumbre de vengar la muerte el pariente más próximo estaba tan arraigada que no había manera de legislar en contra. Dios puso un remedio. Seis ciudades levíticas repartidas por el país, no para proteger a criminales, sino para dar tiempo a la justicia para establecer la culpabilidad o la inocencia de los culpados involuntarios. Supongamos el caso de dos leñadores y un accidentado de muerte casual involuntaria, por desprendimiento del filo del mango del hacha. El pariente más cercano al muerto tenía el deber de vengar lo que podía parecer un asesinato culpable. Sólo quedaban dos caminos al presunto culpable:

–Declararse culpable involuntario, acudiendo a la ciudad de refugio.

–Hacerse el desentendido y buscar excusas que podrían resultar inaceptables.

1. Todos hemos pecado por imprudencia: nadie es malo deliberadamente. La naturaleza, el medio ambiente, el tentador, pueden ser excusas válidas si no tuviéramos que ser juzgados por un Ser omnisciente de quien no se pueden ocultar los atenuantes ni agravantes de los acusados.

El mejor camino es:

a) Reconocernos pecadores. Con Dios es el mejor camino a tomar. ¿Quién le engañará? El fariseo de Lc. 18: Pensó que podía deslumbrar a Dios, pero el publicano sacó mejor partido (ej.: el galeote que se declaró culpable).

b) Debemos buscar refugio a tiempo. Lamentar el hecho no bastaba. El vengador llegaría mientras el homicida involuntario estuviera lamentando, pues había leyes, había remedio, debía correr. Asimismo, el pecador moral.

c) El refugio es Cristo (Is. 32:2; Mt. 11:28). Aplicar la obra de Cristo a nuestra alma o, mejor, pedir a Dios que lo haga según sus promesas, es entrar en el Refugio.

d) Recordemos que no hay refugio para los ángeles rebeldes, pero sí para los hombres; mas sería vano si no acudimos a Él (Hch. 17:30). No dice que, teniendo en cuenta la ignorancia hu-

mana, Dios no perdona a cualquiera, sino a quienes se arrepienten.

e) Jesús en la cruz reconocía la parte involuntaria del crimen de sus asesinos, pero fue necesario que los interesados corrieran al refugio el día de Pentecostés (Hch. 2:37-41) para ser perdonados y salvos.

2. Debemos apresurarnos antes que llegue el vengador: se ha dicho que la muerte es el vehículo de Dios que nos lleva a nuestro hogar. Esto es para los cristianos, pero para los indiferentes es el vengador del pecado que les lleva a la condenación (Ro. 6:23). El paso del tiempo es el gran enemigo; es una imprudencia esperarle fuera del refugio, especialmente cuando conocemos el remedio... Pretender que el vengador está lejos, porque eres joven, es una necedad. Hoy hay más peligros de muerte para jóvenes que para ancianos *(anécdota: el joven que perdió el tren y declaraba al jefe de estación:*

–¡Tanto como he corrido!

–Sí, pero debías haber empezado a correr un poco antes...).

3. Debemos correr por el verdadero camino: «Hay camino que al hombre parece derecho» (Pr. 16:25). Hay muchos religiosos que corren por caminos equivocados.

4. Debemos permanecer en el refugio: había una ley muy curiosa en las ciudades de refugio israelitas- era refugio hasta que muriera el sumo sacerdote de sus días (Jos. 20:2). Algunos han visto en esta Ley una referencia a la muerte de Cristo, el sumo sacerdote de todos los pecadores. Quizás es una alusión al cambio de residencia de las almas que pasaron al Hades antes del sacrificio redentor de Cristo, a las cuales Jesús acompañó al hogar celestial eterno, según aparece en Ef. 4:8.

5. Debemos procurar que los postes del camino sean claros para otros: no somos nosotros los únicos por quienes Cristo murió. Deber nuestro es procurar hacer clara la salvación a otros (Is. 35:8). Este pasaje se refiere al Milenio, pero, en tanto, los caminos a la vida eterna están muchas veces mal dirigidos. Debemos indicar el camino de salvación con nuestras palabras y ejemplo haciendo todo lo posible para guiar a cada alma por el camino bueno. Vendrá el día en que quedarán muy pocos perdidos en el mundo (Jer. 31:34). Pero entretanto que todo está lleno de pecadores errantes, que no buscan la salvación o van por caminos equivocados, vivamos para ellos. Alcemos la bandera de la salud, atraigámosles a Cristo.

68. *COSAS PRECIOSAS*
(1 y 2 Pedro)

INTRODUCCIÓN: llamamos preciosas a las cosas que admiramos en grado sumo, las que nos encantan o nos son muy útiles y tememos perderlas; a veces aplicamos este término a otros seres humanos o a otras cosas que son difíciles de descubrir. El apóstol Pedro menciona cuatro cosas que merecen este calificativo. Considerémoslas:

1. La fe preciosa (2 P. 1:1): esta fe se caracteriza por las siguientes cualidades...

a) Cree la Palabra de Dios (1 Jn. 5:9-12).

b) Acepta la salvación de Dios (Ef. 2:18).

c) Hace la voluntad de Dios (Mt. 7:21).

d) Soporta la disciplina de Dios (I P. 1:6, 7).

c) Honra al Hijo de Dios (Jn. 5:23, 24).

Tal es la fe que agrada a Dios (Mt. 8:10; He. 11:5). ¿La poseemos? Dios la cuida celosamente porque es como una planta que se va agotando en el campo del mundo, hasta la Segunda Venida. Jesús dice: «Cuando el Hijo del Hombre viniere, ¿hallará fe en la Tierra?» (Lc. 18:8)..

2. La sangre preciosa (1 P. 18, 19):

a) Los predicadores modernos menosprecian este modo de expresar el sacrificio de Cristo, pero es la palabra simbólica que mejor podían entender los judíos y los primitivos cristianos, y nosotros tenemos que respetarla, pues es la expresión del amor infinito para con los hombres (Jn. 10:17, 18; Ef. 5:2).

b) La sangre de animales no podía ser aceptable sino como representación del sacrificio de Cristo, pues no podía quitar los pecados (He. 10:4-6). La sangre de Cristo era, en cambio, preciosa para Dios, y aun para los mismos ángeles, por ser la única eficaz (He. 10:5-10).

c) Ha de ser preciosa para el creyente, porque nos redimió (Ef. 1:7; Ap. 5:9).

d) Simbólicamente nos limpia, o sea, borra, hace desaparecer los pecados (1 Jn. 1:7).

e) Nos da entrada a Dios (He. 10:19-22).

3. La piedra preciosa (1 P. 2:4-8): Jesús es comparado también a una piedra, por ser el fundamento de la Iglesia, como Hijo de Dios y Redentor (Mt. 16:16); la cual es...

a) Preciosa a Dios, porque fue elegida por Él (v. 4; 1 Co. 3:11; Hch. 4. 12).

b) Preciosa al creyente (v. 7), porque sobre ella puede sentirse seguro (Sal. 40:2).

4. Las promesas preciosas (2 P. 1:4):

a) Las promesas de Satanás nunca se llegan a cumplir.

b) Las de los hombres tan sólo algunas veces.

c) Pero las promesas de Dios se cumplen siempre (2 Co. 1:20). Véanse algunas de sus promesas (Sal. 55:22; Is. 1:18, 55:7; Mt. 11:28; Jn. 5:24, 14:2, 3 y 13:14; He. 13:5; Ap. 2:10).

CONCLUSIÓN: ¿No es cierto que tales promesas son más preciosas que diamantes?

69. *CUATRO MIRADAS A SODOMA* *(Génesis 13:1-11; 18:20-26; 19:23-29)*

INTRODUCCIÓN: todas las cosas son del cristal con que se miran, dice el adagio. Una misma cosa parece ser diferente de la otra, según la opinión, los prejuicios o preferencias del que las juzga; así ocurre sobre todo en el terreno espiritual, lo que para unos es una delicia para otros es un aburrimiento; lo que para algunos es placer resulta para otros un martirio. Todo ello queda ilustrado en el caso de Lot ante Sodoma. En la historia de su vida encontrarnos cuatro miradas diferentes y escalonadas.

1. Una mirada de codicia (la mirada de Lot): esta es la que más de una vez haría desde la montaña el sobrino de Abraham. Se le ha considerado como el heredero natural del hombre de fe, Abraham, rico en bienes materiales por la bendición de Dios. La revelación de Dios le sugirió un atisbo del futuro, le dijo «a tu simiente», pero no le dijo a tu hijo, y es probable que Abraham interpretó esta palabra como «a tu parentela» y Lot podía haber compartido esta riqueza ma-terial y espiritual permaneciendo en la monta- ña cuando los pastores se peleaban, si su corazón hubiese sido como el del patriarca padre de la fe, a quien podía haber dicho: «Bajaremos juntos y daremos testimonio del único Dios verdadero, quizás algunos de estos ricos entenderán acerca del Dios verdadero que te ordenó salir de Ur de los caldeos». Pero no fue ésta la idea producida por las primeras miradas de Lot, quien supeditó lo espiritual a lo material. Esta mirada no le convirtió en malvado, puesto que por 2 P. 2:7, 8 descubrimos que la estancia dentro de la ciudad le producía más bien aflicción. Esto es lo que ocurre siempre, cuando los verdaderos cristianos se mezclan con el mundo y condescienden de alguna manera a su modo de vida.

2. Una mirada de juicio (la mirada de Dios): había otro testigo que miró a Sodoma, aquel de quien dijo el salmista: «Jehová miró desde los cielos...» (Sal. 14:2). «Los ojos de Jehová están en todo lugar...» (Pr. 15:3). La mirada de Dios es escrutadora. Job vio sólo lo externo de la próspera ciudad, pero Dios podía leer los pensamientos penosos de Lot, pero también las orgías y bacanales que se celebraban a puerta cerrada. los ojos del Señor ven el mundo en sus pecados y a nosotros en nuestra frialdad. Veía a Lot sufriendo y se compadeció para salvarlo de la ruina de la ciudad pecadora.

3. Una mirada de añoranza (la mirada de la mujer de Lot): por la intervención de los ángeles que descendieron a la ciudad perdida, Lot fue sacado de Sodoma, pero aquí encontramos otra mirada, la de la esposa de Lot, que fue una mirada de añoranza por lo perdido. Ella estaba a salvo y debía estar contenta y agradecida de que Dios proveyera para su salvación. ¿Por qué se volvió? Se dijo posiblemente: Quizá no está todo quemado y bajando otra vez podríamos salvar algo. Así es en el día de hoy. El mundo tiene cosas bellas y agradables. ¿He de perderlas por ser un cristiano? ¿No podría ser cristiano de espaldas al Señor y de cara al mundo? No lo decimos, pero alguna sugerencia semejante el diablo puede poner en nuestros corazones: así me libraría del infierno y no me sacrificaría tanto. Quizás no es verdad que esté todo tan corrompido como nos dicen los salmos y las epístolas, quizá podría aprovechar algo.

4. Una mirada de compasión (la última mirada de Abraham): Abraham miró sin duda a Sodoma cuando ya el fuego había producido sus efectos, dado su gran interés por la ciudad, según lo prueba su ardiente intercesión antes de que se cumpliera el juicio divino de Gn. 18:23-32. Y aún más, recordemos cómo Jesucristo mismo declaró en Mt. 11:20-24, acerca del futuro eterno de aquellas almas que no habían sido aniquiladas, sino que su responsabilidad y castigo sería más tolerable en el juicio final que el de los hombres que habiendo conocido el Evangelio redentor no hacen caso de la misericordia de Dios declarada en y por Jesucristo.

CONCLUSIÓN: que Dios nos dé miradas de compasión y acciones que correspondan a esta actitud, para con las gentes perdidas, para encaminarlas a Cristo y al Evangelio Salvador que les permita salir del camino ancho de perdición para encontrar, en Él y por Él, la vida eterna.

70. *EL AVISADO Y LOS SIMPLES (Proverbios 22:3)*

INTRODUCCIÓN: el libro de los Proverbios es un caudal de sabiduría para toda clase de asuntos en la vida humana. Recordamos un santo de Dios, en los d{as de nuestra juventud, llamado don Pedro Rubio, quien decía haber adquirido la costumbre de leer un capítulo de los Proverbios cada día, de modo que lo leía doce veces al años, para tener siempre presente sus admirables consejos. Pero entre ellos hay alguno que además de ser útil para esta vida lo es también para el asunto más importante. Éste es uno de ellos. Recordemos aquí tres cosas:

1. Dos clases de personas:

a) El avisado: significa una persona que recibe un aviso de peligro y presta atención. El país de Israel era, en tiempos de los profetas, una tierra infectada de leones y otras fieras, como puede comprobarse en Jue. 14, vv. 5 y 6; Sal. 91:13, y Lm. 3:10. Se comprende que los ciudadanos se dieran avisos sobre tales peligros, pero quien más necesita recibir aviso y prestar atención a los peligros espirituales es el pecador (Ez. 18:30; Mr. 8:36).

b) Los simples: Son los descuidados, los que no quieren molestarse para nada. Hay miles así en este mundo. Ejemplos son los oyentes del Areópago (Hch. 17:32 y Félix, Hch. 24:25). Unos por ignorancia, otros por exceso de sabiduría humana (I Co. 1:27). Son legión, en el presente siglo, los que han sido confundidos de tal modo por filosofías humanas que creen que la verdad es imposible de conocer.

2. Dos acciones: «Ve el mal».

Entiende, por los avisos de la Palabra de Dios y por los ejemplos de la historia, que el pecado trae mal. Ve que este mundo está precipitándose hacia su ruina total y que la humanidad está abocada a la muerte, pero dicen: «¡No podemos evitarlo! Las cosas son así». Y ¿cuál es su acción? «Pasan». No dice que se precipiten a cometer grandes males. Hay mucha gente honrada en este mundo, pero jamás se han preocupado del porvenir de sus almas, simplemente van viviendo. ¿Eres uno de ellos?

3. Dos resultados:

a) «Escóndase» (*véase* Is. 32:1, 2): hay sólo un escondedero provisto por Dios en contra de la catástrofe final, el juicio del pecado. Jesús dijo: «Venid a Mí todos los que estáis trabajados y cargados y os haré descansar» (Mt. 11:28). No hay mejor refugio ni lugar de protección que el aceptar las promesas de Jesucristo.

b) «Reciben el daño»: ¡Qué terrible es esa frase! ¿Quién puede describir todo su significado? ¿Quién puede entender lo terrible que es el daño que recibirá en la eternidad el alma no salvada? En la Palabra de Dios hay grandes amonestaciones acerca del más allá y de las consecuencias del pecado (*véase* Mt. 5 29, 30; 2 Ts. 1:6-10). Jesús dijo de Judas: «Bueno le hubiera sido al tal hombre no haber nacido». Sin duda, habrá muchos miles a quienes se pueda aplicar esta exclamación de Cristo: grandes tiranos y grandes déspotas de la historia. Sabemos que Dios será justo y castigará a cada uno según sus obras; no será un castigo igual para todos, pero cualquiera que sea el castigo que tenga que sufrir un pecador, será una pérdida muy lamentable ante los privilegios de aquellos de quienes el apóstol Pablo dice en Ef. 1: «En el cual asimismo tuvimos suerte».

71. *EL EVANGELIO DE DIOS SEGÚN ROMANOS 1* *(Romanos 1)*

INTRODUCCIÓN: en este capítulo hay cinco cosas que el apóstol Pablo dice y atribuye a Dios, las cuales, explicándolas por orden, nos dan una exposición completa, ordenada, del mensaje del Evangelio.

1. El Evangelio de Dios (v. 1):

a) Pablo fue llamado a predicar este Evangelio, o sea Buena Nueva, la cual tiene esta característica, muy importante para los judíos y también para nosotros.

b) Dios lo había prometido antes por boca de los profetas; puede citarse aquí (Is. 53 y otros pasajes adecuados).

2. El hijo de Dios (vv. 3, 4):

a) Nacido del linaje de David: esto era muy importante para los judíos, pero también lo es para nosotros, teniendo en cuenta las promesas del Antiguo Testamento a este respecto. A María fue anunciado que el niño que nacería sería llamado hijo del Altísimo, pero ella no podía comprender en aquellos momentos la tremenda trascendencia de tal declaración. Pero se fijó muy bien, según expresa en sus cánticos, que aquel niño prodigioso sería el descendiente de David y el Mesías o Rey de Israel. Ahora ella entiende, sin duda, que Jesús es muchísimo más que esto, y ya empezó a entenderlo cuando le vio en la cruz como Redentor.

b) La resurrección de Jesús fue la garantía de que Él era ambas cosas a la vez.

3. La potencia de Dios (v. 16): «para dar salvación a su pueblo». Éste es el glorioso resultado de ser Jesús lo que fue. Pero tal poder es un poder espiritual que es para salvación de todo aquel que cree o recibe el Evangelio, sin distinción de raza; su pueblo traspasa ampliamente las fronteras de Israel.

4. La justicia de Dios (v. 17): por medio de la obra expiatoria de Cristo Dios ha podido ser justo y justificar a aquel que acepta a Jesucristo (Ro. 3:26; 2 Co. 5:21). Los que no quieran creer tendrán que sufrir el juicio de Dios (v. 19), que tendrá que juzgar algún día el pecado de todo el mundo y perderán un gran privilegio y sufrir sus pecados, sea cual sea su condición como pecadores (Ro. 3:23; Ap. 20).

5. La gloria de Dios (v. 23): éste será como mínimo el castigo de todos aquellos que nunca oyeron el Evangelio y por tanto no pudieron ejercer la fe. En cambio los que creyeron tendrán la oportunidad de:

a) Ver la gloria de Dios (Jn. 17:24).

b) Rendirle adoración y gloria (Ap. 4:9-11).

c) Dar a conocer la multiforme sabiduría de Dios a principados y potestades en lugares celestiales (Ef. 3:10).

72. *EL EVANGELIO, PODER DE DIOS* *(Romanos 1:16)*

INTRODUCCIÓN: la carta a los romanos fue dirigida a una iglesia no visitada todavía por el apóstol Pablo (vv. 11, 12). Sin embargo, es una de las cartas más profundas y empieza con una expresión de valentía (Ro. 1:10-17).

1. ¿De qué no se avergonzaba el apóstol? Del Evangelio. En Roma había los más famosos políticos y sabios, pero él está dispuesto dondequiera que sea, pues no hay nada de que avergonzarse. Esto podemos decir de nuestro Evangelio, que es el de Pablo. Miles de catolicorromanos han de avergonzarse de las indulgencias pagadas, del celibato del clero y sus consecuencias, en muchos casos; de tesoros acumulados en sus iglesias, mientras hay tantos pobres faltos de pan. Son elementos humanos introducidos en la religión cristiana, y les avergüenzan. Los cristianos evangélicos somos exhortados a:

a) Dar razón de nuestra fe (1 P. 3:15).

b) Ser valientes y bien preparados para aprovechar todas las ocasiones. Las dos cosas las tenía Pablo.

c) Cristo condena con una seria advertencia el avergonzarse (Mr. 8:28).

2. ¿Por qué no se avergonzaba? «Porque es poder de Dios». No sólo una religión buena y hermosa, razonable y convincente, sino «poder de Dios». Los hombres buscan:

a) Poder político o militar; pero el individuo queda esclavo de este mismo poder, pues tiene superiores.

b) El poder del dinero; pero está sujeto a crisis financieras. Pablo no tenía nada de esto, pero triunfó (el dicho de Tertuliano: «Somos de ayer y hemos llenado el mundo»).

c) En una edad de dudas y de tinieblas apareció el Sol de justicia sobre las divagaciones de los filósofos. Uno de los más esclarecidos, Sócrates, antes de beberse la cicuta mortal, ordenó sacrificar un gallo a Esculapio por si acaso este ídolo era un dios. Lo que Sócrates no había podido descubrir con su filosofía, Pablo lo había recibido por revelación de Dios (1 Co. 2:6-9).

d) Por esto se sentía valiente y, más aún, deudor. Tiene un tesoro dado por Dios, pero no para sí solo.

e) Tenía experiencia de tal poder en sí mismo y en otros (1 Co. 6:10-11).

f) Es el mismo poder en el día de hoy (testimonio en la «tele», de un director de hospital para drogadictos: «Los que curamos clínicamente vuelven a caer, se ha observado, empero, que los únicos que tienen éxito permanente son los que acompañan a la terapéutica, la religión»).

3. ¿Cuál es el propósito de este poder? Para dar salvación. Parábola del hombre que guarda su palacio (Lc. 11:21). El más fuerte, que es el Espíritu Santo, guarda al creyente:

a) De los hábitos pecaminosos, en esta vida.

b) De las consecuencias del pecado, en la venidera.

4. ¿Quién recibe este poder? «Todo aquel que cree». No el que meramente simpatiza o asiste a los cultos –aunque ello es bueno–, pues la fe viene por el oír, sino que es sólo el que cree y acepta a Cristo el quien recibe poder (ej.: un vagón no enganchado al tren. La argolla de enganche es la fe).

5. Dos clases de individuos necesitados:

a) Judíos: eran religiosos, mas no conforme a ciencia (Ro. 10:1-3). Puede aplicarse a religiones humanas.

b) Griegos: eran filósofos escépticos y orgullosos, como los de areópago; también pueden ser ganados, aunque es más difícil. No lo son demasiado para el poder de Dios.

CONCLUSIÓN: demos gracias por tan glorioso Evangelio, pues Jesucristo es el mismo, ayer, hoy y por los siglos. Sintámonos orgullosos, como Pablo, de haberlo conocido, y, como él, seamos fieles mensajeros de la «sublime» Buena Nueva.

73. *EL FIEL MENSAJE*
(1 Timoteo 1:15)

INTRODUCCIÓN: las epístolas de Timoteo y Tito son la continuación de los Hechos. Desde su prisión atenuada en Roma, Pablo fue liberado, como había anticipado a Filemón y a los Filipenses. De inmediato emprendió un viaje acompañado de varios pastores jóvenes, y, sintiéndose viejo y cansado, fue dejando un sustituto en cada iglesia. Tito, en Creta, Timoteo, en Éfeso, Erasto, en Corinto, y Trófimo, en Mileto, pero enfermo. Otra tradición dice que vino a España, que desembarcó en Tarragona y que desde allí fue llevado a Roma, donde escribió la 2 Epístola a Timoteo, y murió decapitado, poco después del incendio de Roma. Pero las epístolas de Timoteo y Tito fueron escritas poco después de dejarles en sus iglesias respectivas, para darles instrucciones, pues había falsos doctores judaizantes que enseñaban dos grandes errores:le Justificación por la Ley. Sólo quienes la hubiesen cumplido perfectamente podían ser perdonados por la fe en Cristo. Así se desvalorizaba la obra de la redención, lo que Pablo había ya combatido tiempo atrás en Gálatas, añadiendo: «Si la salvación es por la Ley, en vano murió Cristo» (Gá. 5:4). Por esto Pablo hace sonar el clarín del Evangelio de un modo claro en este gran texto. El verdadero Evangelio es lo siguiente:

I. «Palabra fiel»

Es un mensaje de Dios enteramente digno de crédito:

1. No se trataba de fábulas como las ya desacreditadas de la mitología.

2. Tampoco de suposiciones vagas, como las teorías de los filósofos.

3. Es la Palabra de Dios llegada al mundo, de la que Cristo mismo testificó, aun delante de su juez Pilato (1 Ti. 6:13). Pablo lo sabía y estaba íntimamente persuadido, pues declaraba: «Yo sé en quién he creído...» (1 Ti. 1:12). ¿Qué pruebas tenía para afirmarlo?

a) La vida de Cristo y sus milagros ante multitudes. No negados por sus propios enemigos. El Talmud los confiesa, pero atribuyéndolos a pacto con el demonio.

b) Su propia experiencia (Hch. 26:8-9).

c) La obra presente del Espíritu Santo. Dios estaba todavía obrando milagros físicos y espirituales.

4. Nosotros tenemos las mismas evidencias, garantizadas por el testimonio de los apóstoles y los mártires y la experiencia de los creyentes fieles por veinte siglos, especialmente en esta última edad, en que vemos tan claramente cumplidas las profecías en estos aspectos:

a) Por la extensión del Evangelio en todo el mundo: (Mt. 24:14).

b) Por la ciencia multiplicada (Dn. 12:4).

c) Por la preservación de los judíos como un pueblo y su retorno a Israel.

Todo esto no había acontecido en los días de Pablo; por lo tanto, tenemos más motivos que él de llamar al Evangelio «Palabra fiel».

II. «Digna de ser recibida de todos»

Si es fiel es digna de ser recibida. ¿Qué otra cosa necesita el mundo más que la verdad? Esta frase indica tres cosas:

1 Que está al alcance de todos: hay cosas aptas sólo para algunos –libros, ciencia, etc.–, pero el Evangelio es necesario a ricos y a pobres, sabios e ignorantes, y lo reciben y profesan, aun hoy, personas de todas clases.

2 Que es de suficiente valor: vale la pena que las personas acepten a Cristo, porque todos le necesitan. Vendrá día en que muchos lamentarán su locura por no haber prestado más atención a las Sagradas Escrituras *(anécdota: el hombre que tenía un billete de mil libras dentro de la Biblia).*

¡Feliz el que lo descubre en vida! Al rico condenado de la parábola le fue dicho: «A Moisés y a los profetas tienen, óiganlos…» y no era tan claro el mensaje divino en su tiempo como lo es hoy.

3 Que es digno de crédito: a pesar de su humilde presentación en muchos casos. La religión mejor presentada, en tiempos de Cristo era la de los fariseos. La verdad ha de ser recibida, por humildemente que se presente. Si consideramos a la Palabra de Cristo indigna de nosotros, Cristo nos considerará indignos de su Reino.

III. ¿En qué consiste este mensaje?

«Cristo Jesús vino al mundo». Una verdad innegable, aunque discutida desde los primeros siglos hasta hoy día. Cristo significa «ungido». Dios Salvador, el profetizado, bajó, por fin, porque nosotros no podíamos subir (Is. 52:13 al 53:11).

IV. ¿Para qué vino?

«A salvar a los pecadores». No tan sólo a enseñar moral superior. No a damos ejemplo, sino a salvar. Preferimos que viniera como Salvador que como maestro, porque el mundo es pasajero y nos habría aprovechado poco un mundo mejor y un alma perdida (Mt. 16:26). Nuestra alma es lo primero; cuanto más nos acerquemos a la muerte, más lo veremos. Que «vino a salvar» significa que nos vio perdidos, sin esperanza. Si hubiera pensado que podíamos volver a Dios por nuestros propios pasos, cumpliendo la ley, no se habría movido de su solio real.

V. ¿A quiénes salva?

A los pecadores, no a los que se creen justos *(anécdota: José Blanco, que se creía bueno, y el pastor le recitó varios textos –como Mt. 18:11, Ro. 3:23, etc.–, añadiendo «excepto José Blanco». El negro que, al oír explicar la parábola del fariseo y el publicano, exclamó a gran voz: «Yo soy ese publicano»).*

VI. La confesión de Pablo

«De los cuales yo soy el primero…». Al salvado no le da vergüenza confesar su pecado, para enaltecer más la misericordia de su Salvador y estimular a otros a buscarle (cítese algún ejemplo de personas conocidas o drogadictas).

VII. Un cántico de gratitud

«Por tanto» significa «porque es así», al recordar su pasado no puede evitar hacer exclamación. ¿A quién la dirige?

1. Al rey de los siglos: el que gobierna el tiempo y está fuera del tiempo, porque habita en

la eternidad, ve el pasado y el presente, y lo dirige.

2. Inmortal e invisible: espíritu eterno que no puede perecer.

3. Al solo sabio Dios: es decir, al único sabio perfecto. En los hombres hay sabiduría relativa mezclada con ignorancia (la declaración de Newton: «Nos alegramos por haber hallado una concha a la orilla del mar, mientras el océano de verdades desconocidas está delante de nosotros»). «Cristo nos ha sido hecho por Dios sabiduría, justificación, santificación y redención» (1 Co. 1:30). No podemos menos que exclamar: ¡Qué bien lo ha hecho Dios!, ¡qué sabio y qué bueno! Es lo que diremos un día a los ángeles.

CONCLUSIÓN: ¿No es digno este mensaje de ser creído y proclamado? Así lo sentía Pablo y lo recomienda a Timoteo en el v. 18, esperando que Timoteo no defraudará las profecías pasadas acerca de sí mismo.

1. Que fuera para este glorioso Evangelio, lo que Dios se propuso que fuera, que no lo tuviera en poco, que no se enfriara su ardor.

2. Que no se dejara desviar por otras doctrinas, pues nadie podrá presentar al mundo nada mejor.

3. ¿Tendremos nosotros en poco, o en mucho, este mensaje, lo apreciamos como se merece para creerlo y proclamarlo a otros?

74. *EL SALMO DE LA ASCENSIÓN (Salmo 24)*

INTRODUCCIÓN: este hermoso salmo fue compuesto para introducir el Arca del Pacto en Jerusalén, según leemos en 1 Cr. 15; pero en su segunda parte es una profecía de la ascensión de Jesús a la Casa del Padre en el Cielo. Podemos imaginarnos la escena que describe el capítulo antes citado de Crónicas, donde aparecen dos potentes coros formados por levitas y sacerdotes, cuyos nombres se describen, bajo la dirección de Quenanías, con sus orquestas de cítaras y trompetas, y el mismo rey David, que iba danzando delante de la comitiva. El salmo se compone de tres partes:

–Glorificar a Dios, Señor del Universo.

–Describir el carácter de los verdaderos adoradores, dignos de tener comunión con Él.

–Profecía de la ascensión del Redentor, que cumplió este carácter.

1. Grandeza y santidad de Dios: sólo hay un Dios y es Señor de todo el Universo (este texto está en grandes caracteres en la Lonja de Londres, en donde por muchos años se manejaban los negocios humanos, incluyendo los frutos de la tierra y los beneficios enclavados, por la previsión divina, en los depósitos de petróleo). Los hombres son administradores por una temporada de estos bienes, pero cada generación tiene que dejarlos a la próxima. Es gratificante para los verdaderos creyentes este reconocimiento que procede de generaciones pasadas, aunque la actual parece haberse alejado de Dios. Es algo semejante a lo que nos ocurre con la fiesta de Navidad, que el mundo celebra por intereses seculares, hasta el día en que, bajo el reinado de Cristo, todos le reconocerán, desde el menor hasta el mayor.

2. Una alusión científica (v. 2): las fuentes de las aguas proceden del interior de la tierra; así lo pensaba David, y es en parte cierto, porque la costra terrestre está suspendida sobre un mar de lava ardiendo; los terremotos son golpes que recibe esta costra de placas interiores que chocan con la corteza exterior.

3. Una pregunta que ha preocupado siempre a los pensadores (v. 3): que existe Dios, es innegable aun por los grandes científicos, pero ¿quién será capaz y digno de acercarse a Él? La respuesta la da el v. 4: «El limpio de manos y puro de corazón». La limpieza interior es aún más difícil que la exterior, pero las dos son indispensables. Un hombre lleno de malos deseos no es apto para el Cielo, pero ¿quién puede dominar su mente y corazón?

4. La santidad detallada (v. 4): ¿Qué es vanidad? Lo que no tiene una importancia esencial y vital (Ec. 1:2). En lenguaje más exacto: es lo que de un modo directo o indirecto no contribuye al Reino de Dios, que es lo único eterno. Napoleón, que intentó apoderarse del mundo produciendo miles de asesinatos en la tierra, tuvo que declarar: «¡Qué tonto he sido!» Pero el verdadero creyente, en lugar de cifrar su ideal en lo vano convierte lo vano en eterno *(Cómo prolongar la vida y transformarla en vida eterna,*

opúsculo por Samuel Vila). El hombre según Dios sólo busca lo elevado por caminos justos.

5. ¿Quién es capaz de cumplir este ideal? Nadie humano, como dijo Jesús al joven rico que se creía bueno y capaz; pero hay Uno que lo cumplió de un modo absoluto, que vivió según Dios y pudo decir: «La voluntad de mi Padre hago siempre». Fue fiel y verdadero. «Anduvo haciendo bienes» (Hch. 10:18); y según He. 7:26: «era más sublime que los cielos», o sea, más santo que los ángeles.

6. El misterio del Hombre-Dios: habréis notado cómo Jesús solía llamarse a sí mismo «Hijo del hombre». Por esto vino a engendrar, por obra del Espíritu Santo, a una generación de imitadores (Jn. 3:3; Fil. 2:5-11). ¿Lo somos en verdad?

7. La vuelta a la gloria del Hijo de Dios descrita proféticamente: David no sabía nada de la ascensión del Mesías, pero el Espíritu Santo le hizo escribir detalles interesantes...

a) Puertas eternas no eran las del suntuoso tabernáculo que David hizo construir en Jerusalén para depositar el Arca del Pacto, que simbolizaba la misma presencia del Creador. No sabemos si eran de madera o de gruesa tela, semejante a la que dividía el lugar «Santo» del «Santísimo», pero entendemos que se elevaban, probablemente por un complejo de poleas.

b) Es algo chocante que el salmista llame a Dios «fuerte y valiente», pues el Todopoderoso, espiritual e invisible, no necesita esforzarse para llevar a cabo sus hazañas, como las que hizo en Egipto; pero, en cambio, Dios-humanado, nuestro Señor Jesucristo, sí que necesitó ser fuerte, ya que el verdadero valor no consiste en la fortaleza física y el arrojo, sino en la abnegación (*véase* Pr. 16:32). ¡Qué batalla ganó Cristo en Getsemaní y en la cruz! Por esto entró en la gloria como triunfador (Fil. 2:6-11).

c) La pregunta repetida puede significar las dos entradas de Cristo en el Cielo, como triunfador el día de la ascensión y como Señor e hijo espiritual del Padre al fin de los tiempos, acompañado de los vencedores que le han imitado, en todos los siglos, para recibir, con cuerpos glorificados, la recompensa de sus vidas santificadas por Él.

CONCLUSIÓN: este es el único medio para que pecadores como somos todos nosotros podamos entrar en la morada de la santidad, el Reino eterno. Jesús dijo: «Nadie viene al Padre sino por mí»... Unirnos al triunfador, amarle y seguirle, ¿no es la mejor actitud dada nuestra posición y miseria moral? ¿Qué otra cosa puede hacer el hombre? ¡Sí, esto puede hacer!

1. Unirse al vencedor, ya que procurar los bienes aquí es un desengaño (Ec. 1:1).

2. ¿Alargar la vida? Lo es también. ¿Hasta cuándo? Aun contando con los mejores descubrimientos de la ciencia, la muerte llega inexorablemente.

3. Pobres presos de la cárcel del tiempo, que nos va conduciendo, por una razón u otra, hacia la muerte. Sólo hay un recurso para conseguir el gran ideal del salmo: unirse a Aquel que vino, padeció, murió, resucitó y ascendió. ¿No es digno de confianza? ¿No dio pruebas tanto de su poder como de su buena voluntad?

Recibámosle, pues, y sigámosle fielmente; no hay otra manera de llegar nosotros, imperfectos como somos, a la sanidad de Dios.

75. *IMPOSIBLES*
(Hebreos 11:1-6)

INTRODUCCIÓN: el Nuevo Testamento es el libro de las grandes afirmaciones, tanto positivas como negativas. Las primeras van precedidas de la frase «De cierto, de cierto os digo», y la misma frase se puede por inferencia aplicar a las negativas. Nuestro estudio es hoy sobre las últimas.

1. Es imposible que Dios mienta, por muchas razones:

a) A causa de su perfección moral: el autor de nuestra conciencia debe ser un Ser perfecto. No podemos imaginarnos un Dios malo y mentiroso, puesto que nuestra misma conciencia protestaría.

b) No existe imposibilidad para Él: los hombres pueden hallarse impedidos por un motivo que solemos catalogar de fuerza mayor, pero Dios no.

c) Porque nunca ha faltado a su palabra: infinidad de promesas en la Biblia han sido cumplidas. El desafío de Is. 44:7, 8. Cítense las

de Tiro (Ez. 26:4). El esparcimiento de Israel (Dt. 28:64 y 65). Las profecías de Cristo acerca de la destrucción de Jerusalén (Mt. 24). El porvenir del Evangelio (Mt. 24:14). El estado del mundo en el tiempo del fin (Mt. 24:37).

2. Agradar a Dios sin fe: si es fiel, es digno de ser creído. La desconfianza es inexcusable (Ro. 1:20). ¿No es cierto que nos ofende la falta de confianza en nuestra palabra? Mucho más a Dios.

3. Salvarnos por la Ley (Ro. 6:5):

a) Los judíos lo intentaron.

b) Los católicorromanos, engañados por la teología de su iglesia. ¿Por qué, pues, la dio? Para mostrarnos nuestra necesidad *(anécdota: el náufrago a quien gritaban los que le echaron la cuerda: «Suelta la rama»).*

Lo bueno es malo si nos priva de lo mejor.

4. Entrar en el Reino de Dios sin regeneración (Jn. 3:3): es la obra de Dios en el alma en respuesta a nuestra oración y entrega.

5. Servir a dos señores (Lc. 16:13): hay quienes creen que dos o tres horas semanales para Dios son suficientes. Puesto que hacer ambas cosas es imposible, sirvamos al mejor.

6. Que no vengan escándalos (Lc. 17:7): Jesús lo sabía cuando dijo: «Las puertas del infierno no prevalecerán»; y Pedro también, pues tenía experiencias personales cuando compara Satanás a un león rugiente (1 P. 5:8).

7. La última imposibilidad más hermosa es la de Ro. 8:38, 39: el diablo lo intentará. Dios puede permitirle todo lo que expresa el v. 35, para mayor gloria suya y vergüenza del enemigo, pero Él ha cumplido el v. 27 en muchas ocasiones, y en muchos, que han sido más que vencedores.

CONCLUSIÓN: que la evidencia de estas imposibilidades sirva con su advertencia para hacer posibles nuestra salvación y santificación.

76. *LA EPÍSTOLA A FILEMÓN*

INTRODUCCIÓN: es muy interesante conocer cuándo y dónde fueron escritas las cartas del Nuevo Testamento. La de Filemón lo fue desde Roma, en los años 62 a 63 d.C., cuando Pablo estaba preso en una casa de alquiler, custodiado por un soldado que se turnaba cada día como vigilante del apóstol. De este modo penetró el Evangelio no sólo en el cuartel romano, sino también en las habitaciones de arriba, ganando a los primos del emperador. Tenemos dos versículos en Filipenses que nos ofrecen indicaciones luminosas acerca de esta estancia de Pablo en Roma. El v. 13 del cap. 1, donde leemos: «Mis prisiones por la causa de Cristo se han hecho notorias en todo el pretorio y a todos los demás; » y en 4:22: «Todos los santos os saludan, y especialmente los de la casa de César». Éstos, según una tradición, eran primos del emperador Domiciano, llamados Clemente y Domicilia, pero el apóstol tenía que reservar sus nombres, ya que después de haber sido designados como sucesores reales, fueron, los dos, mártires de la fe.

1. ¿A quién fue dirigida? Filemón, con su esposa Apia y su hijo Arquipo, eran una hermosa familia de creyentes de buena posición en Colosas, donde el grupo cristiano se reunía en su casa.

2. ¿Con qué motivo fue escrita? El esclavo ladrón, Onésimo, había defraudado a su amo y huido a Roma para pasar desapercibido en aquella gran ciudad, donde pudo oír de nuevo el Evangelio que se predicaba en casa de sus amos. No sabemos cómo entró en relación con Pablo, quizá por motivo de apuros y experiencias de pecado ocurridos en Roma; allí pudo entender que el Evangelio no era un capricho de señoritos desocupados, sino un mensaje de Dios para pecadores indignos como él.

3. El mensaje de Pablo: aunque era muy útil como servidor de Pablo, porque entraba y salía de su casa-prisión a cumplir recados de servicio, el apóstol cree que su testimonio será más eficaz en Colosas, donde es conocido, y, como Jesús hizo con el gadareno, le recomienda volver a casa de su amo. Pero hay una duda. ¿Le recibirá éste perdonándolo, o le entregará a la justicia romana para que le castiguen por su robo? Era muy severa la legislación romana: podían condenarle a luchar con fieras, a azotarle con látigos de garfios, cortarle una mano o practicarle rasguños con un estilete. Entonces no existían los derechos humanos, que son un fruto de la civilización cristiana.

4. Filemón, el cristiano perdonador. Este cristiano ejemplar, estaba enojado, pero el mensaje de Pablo le llegó al corazón, no podía ser de otra manera. Es el ruego de un anciano prisionero en favor de un hijo espiritual, convertido a Dios, y los tres miembros de la familia, ya no ven al esclavo ladrón, sino al hijo amado de Pablo (vs. 17-21). El domingo la carta es leída al grupo de cristianos que se reúne en aquella casa. Todos saludan al nuevo hermano, Cristo ha borrado la diferencia de clases al borrar el pecado. ¿Por qué hay esta carta tan particular en el Nuevo Testamento? Otras de Pablo no están (*véase* Col. 4:16), las de Laodicea. En ésta no hay grandes enseñanzas teológicas, pero sí un gran ejemplo ético que reproduce prácticamente todas las enseñanzas de Col. 3. Un ejemplo práctico que vale por diez sermones. Martín Lutero lo llamaba una parábola gráfica del plan redentor de Dios.

5. El pecador es un servidor que ha defraudado a su amo: ¿Hemos dado a Dios lo que le debemos por todos sus beneficios? Es cierto que Dios no necesita nada de nosotros, pero ¿no se merece mucho? En lugar de darle, malgastamos sus dones al alejarnos de la inocencia. «Todos miran lo suyo propio», como si hubiesen ellos organizado e inventado las maravillas de la naturaleza. La actitud de los seres celestiales (Ap. 4:10, 11) debería ser la nuestra. Leemos de Spurgeon que el día de su primer premio en la escuela se arrodilló en su habitación y dedicó el premio a Dios diciéndole: «A Ti te pertenece, Señor, porque me has dado la vida y la inteligencia». Pero la actitud general del mundo es como la del hijo pródigo y la de Onésimo: gozar egoístamente de los dones de Dios, bien lejos de Él.

6. El fracaso de tales acreedores es inevitable: no podía durarle siempre a Onésimo el dinero que robó. Tampoco a nosotros nos puede durar la vida; llegamos pronto al fin de la salud, la inteligencia y la fuerza, etc. Volver a Dios como deudores insolventes es terrible. ¿Qué nos dirá? ¿Qué le responderemos? (Job 15:12-14).

7. Como Onésimo hemos hallado un intercesor: esto se necesita muchas veces para acudir a una autoridad humana, y más a un ofendido. Onésimo tuvo gran suerte en hallar a Pablo. Mucho más nosotros. Notemos:

a) El fervor con que Pablo intercede: «Ruégote por mi hijo... recíbele como a mis entrañas» (vv. 10-20) «¡Sí, hermano!, góceme yo en ti, recrea mis entrañas» (vs. 20). ¡Qué vehemencia, qué ternura! ¿Cómo podía decir Filemón que no? ¿Y Cristo? (Jn. 17:9-14): «Ruego por los que me diste, porque tuyos son..., guárdalos por tu nombre... les he dado tu Palabra; y el mundo los aborreció...»; y por último el sublime v. 24: «Quiero que donde yo estoy, ellos estén también conmigo...».

b) Notemos que Onésimo no tenía méritos para presentar, antes al contrario; pero Pablo tenía muchos (v. 17). *(anécdota: enn la I Guerra Europea, dos jóvenes entraron en gran amistad. Carlos era de una familia rica de Londres; Santiago no tenía familia, era uno de los desamparados que suelen pernoctar en las balsas ancladas en el Támesis. Carlos hizo grandes promesas a su amigo, pero no pudo cumplirlas porque fue herido de muerte en uno de los combates, pero dijo a su amigo: «Tengo una idea. Dame una de mis tarjetas».*

Y en ella escribió:

«Padres: el dador ha sido para mí como un hermano; yo no podré regresar, pero si él sobrevive y os trae esta tarjeta, recibidlo como si fuera yo mismo. Firmado: Carlos».

La guerra terminó y Santiago, el joven sin hogar, se dirigió al de su gran amigo, de quien dio noticias que trajeron lágrimas a los ojos de los padres, y al final, tembloroso, les alargó la tarjeta con el ruego de su moribundo amigo, dando el resultado de que fuera recibido como hijo quien había sido por años un extraño).

c) Pablo ofrece pagar por Onésimo (v. 18): ¿Cómo podía hacerlo siendo un prisionero? ¿De las ofrendas de amor que recibía de las iglesias agradecidas? ¡Con qué seguridad podía ir Onésimo a su ofendido amo! Nadie iba a reclamarle el dinero, porque allí estaba la firma del apóstol: «yo pagaré» ... «Cristo pagó ya» (1 Ti. 2:6).

8. Nuestros deberes como reconciliados: todo en la carta hace entender que la historia tuvo un feliz desenlace y que Onésimo volvió a ser muy útil a su amo, para compensarle su generoso perdón, tal como Pablo lo previó... (v. 11): «a ti y a mí es útil». ¿Y nosotros?

a) Filemón mismo era un siervo de Dios (Col. 4:1). Pablo lo era también (Ro. 1:1; Tit. 1:1). Puede parecernos algo duro este calificativo que Pablo se da a sí mismo (*doulos*) en esta época de democracia y libertad, pero era muy propio en los días de Pablo; y lo ha sido en todos los tiempos con referencia a Dios, pues nada es nuestro. ¿Dónde están las riquezas de Filemón en el día de hoy? Sería un gran descubrimiento si pudiéramos identificar alguna de las piedras de la ciudad de Colosas como perteneciente a la casa del entonces rico Filemón.

b) Pablo, como siervo de Dios, podía mandar a Filemón, pero prefiere rogar (vv. 10-14). Existe una autoridad espiritual, basada en el conocimiento de las Sagradas Escrituras, en los servidores de Dios que dirigen las iglesias o grupos cristianos, sin llegar a los excesos del catolicismo. Seguramente Filemón conocía la oración del Señor. ¿Cómo hubiera podido repetirla si negaba a otros lo que él necesitaba de Dios, como nosotros también?

c) La superioridad de los bienes espirituales sobre los materiales: «Tú te me debes». Pablo le dio mucho más que dinero al comunicarle el conocimiento de la vida eterna, ya que adquirió una herencia permanente (2 Co. 4:18).

d) Nuestros deberes de siervos han de cumplirse superabundantemente y con alegría (vv. 20, 21). Hay dos formas de cumplir la voluntad de Dios, revelada en su Palabra: «con tristeza, como por necesidad» (2 Co. 9:7), o bien «con alegría». Filemón lo haría así, pues Pablo anticipa: «harás más de lo que digo». No era la primera vez que Filemón se había mostrado generoso (v. 7), pero en este caso era más difícil, porque mas que el dinero había el sacrificio del orgullo y el amor propio ante sus conciudadanos del mismo rango. Que Dios nos ayude a cumplir siempre con gozo las peticiones que están a nuestro alcance.

9. Debemos aprender a servir al Señor aquí para servirle mejor en el Cielo:

a) Onésimo fue útil a Pablo, su maestro, e intercesor desde la ciudad lejana de Roma, pero habría sido egoísta, y hasta peligroso, quedar siempre allí.

b) Así nosotros servimos a Cristo ahora, en la ciudad lejana de pecado, pero no podemos quedamos aquí; ha de venir la vuelta a la casa del Padre y dueño, para servirle allí (Ap. 22:3).

¿Podrá el Espíritu Santo que habita en nosotros recomendarnos como siervos útiles, abnegados y fieles, como Pablo pudo hacer con Onésimo?

77. *LA ESPOSA MÍSTICA DE JESUCRISTO*
(Efesios 1:14; 5:25-29)

INTRODUCCIÓN: estos versículos han sido leídos y comentados muchas veces en ceremonias de bodas, pero tan sólo a modo de ejemplo acerca de cómo deben comportarse los esposos. Hoy, que no tenemos ninguna boda, deberíamos examinamos pero en un sentido más profundo.

1. El tema de la Carta a los Efesios: es el libro más elevado y casi diría más inspirado. Fue escrito desde Roma en la edad madura de la experiencia de Pablo, y muestra una gran diferencia con Tesalonicenses y Colosenses, escritos veinte años antes. Allí hay lo propio de la juventud, entusiasmo, fuego misionero, da gracias de que el Evangelio se extiende por todo el mundo y habla de la venida del Señor para dar el pago a los perseguidores. Pablo no se habría atrevido a escribir Efesios cuando escribió Tesalonicenses...

a) Entre las cosas más profundas de la carta a los Efesios está la relación mística de Jesucristo con su Iglesia.

b) Es un banquete para creyentes: aquí se descubre un grupo de personas muy privilegiadas. En estos primeros 14 versículos señala a los cristianos

–Escogidos.

–Bendecidos.

–Limpiados de sus pecados y hechos dignos de entrar en una relación íntima con el Cristo resucitado y ensalzado a la diestra de Dios.

c) Esta es nuestra posición y nuestra suerte, pero hay mucho más. Cristo no sólo nos ha logrado la entrada a la presencia del Todopoderoso con su muerte redentora como visitantes del Cielo, sino que en este pasaje nos revela toda una serie de misterios y de privilegios que nos tocan como elegidos de Dios desde la eternidad. Él pensó en nosotros cuando nosotros no pensábamos en Él (v. 4).

d) Nos ha adoptado como hijos (v. 5), nos ha limpiado todos los pecados (v. 7), nos ha abierto la tesorería de la sabiduría de Dios por el Espíritu Santo, éste es el tesoro mayor (v. 8).

e) Nos ha abierto el libro del porvenir: nos enseña cómo terminará este misterio de la existencia del Cosmos. Los sabios estudian si se deshace o no el universo, si se forman nuevos átomos y cavilan acerca de qué habrá en el universo dentro de un billón de años entre este mundo y los mundos que nos rodean. Los cristianos podemos decir: «No os preocupéis, el plan de Dios es reunir todas las cosas en Cristo… Así las que están en la Tierra como en los cielos» (v. 10) y esto ¿para qué? ¿Qué seremos nosotros en edades remotas del futuro? ¿Dónde estaremos? ¿Qué haremos?

2. Para que seamos alabanza de su gloria: ¿A quiénes cabe esta esperanza? (v. 12) Es muy significativa la expresión «Los que antes esperamos en Cristo». Este «antes» es ahora y entonces lo miraremos como antes. Nadie será la esposa mística de Cristo, sino «los que antes esperaron en Él», Aquel ser divino, uno con el Padre, será entonces el jefe supremo de un grupo de «sacados» escogidos del mundo con los que estará unido de un modo tan íntimo, como el marido con la esposa, pues aunque Él no tiene hoy un cuerpo físico, su plenitud espiritual hincha todas las cosas vv. 13, 22. Esto nos dice el cap. 1 de Efesios. ¿Verdad que está claro?

3. Miembros de su cuerpo y de su carne: ¿Puede decirse esto de Cristo o de nosotros en nuestra relación con Él? ¿Por qué usó Pablo esta frase tan atrevida?

a) Sin duda, hace referencia a las palabras que dijo Adán cuando Dios le entregó aquella compartiera tan semejante a él.

b) Oh, si por la misericordia de Dios el que era antes que todas las cosas, a quienes adoraban ángeles y arcángeles, tuvo a bien hacerse carne de nuestra carne, o sea, llevar un cuerpo igual al nuestro, susceptible de sufrir hambre y sed y toda clase de males y necesidades como las que tenemos nosotros, y ¿para qué?

4. Participantes de la naturaleza divina: esto es lo que dice el apóstol Pedro, ratificando estas otras porciones de Efesios inspiradas por Pablo. No podíamos ser como Él si Él no se hubiese hecho como nosotros, y a ello se suma la esperanza de Juan (1 Jn. 3:1, 2). Y todo esto que pertenece al futuro es lo que ya tenemos en esperanza los que hemos creído en Él y hemos sido hechos su esposa mística. Hay miles de personas que tienen una naturaleza física semejante a la nuestra, pero la unión con nuestra esposa terrenal significa una fusión moral de intereses, «lo tuyo es mío y lo mío tuyo». como explicamos en los comentarios de bodas. Esta es la relación de cada cristiano con su divino esposo, ¿la tenemos? ¿La Iglesia no ha salido como Eva, del cuerpo herido de Cristo? Jesús dijo en la gran prueba a que le sometió Satanás con motivo de la visita de los griegos: «Si el grano de trigo no cae en la tierra y muere, él solo queda; mas si muriere, mucho fruto lleva» (Jn. 12:20-26).

5. «Todo lo que el Padre me da vendrá a mí...»: en su oración pontifical, inmediatamente antes de su Pasión, el Señor Jesús dijo: «Padre, aquellos que me has dado...» y más adelante: «Tuyos eran y me los diste...» Antes éramos criaturas de Dios y aún lo somos, porque Dios es el Creador de todo ser viviente, pero por la elección Dios quiso elevar a algunos seres humanos a la más alta de las categorías, por encima de ángeles y potestades, y esto ¿dónde? En los cielos, es cierto, pero esta relación debe empezar en la tierra por una semilla de fe. La apoteosis final debe ser y es ya nuestro privilegio. En el pasaje de Ef. 5, donde el apóstol compara la unión del matrimonio a la de Cristo con su Iglesia, el apóstol dice: «¿No sabéis que no sois vuestros? «Traerá Dios con Él a los que durmieron...», confirmado por 2 Co. 5:1, 6-10. Y añade una frase muy misteriosa: «Nadie aborrece su propio cuerpo, antes bien lo sustenta y regala». Cristo hombre no aborrecía su cuerpo, lo cuidaba y lo usaba para bien. El Cristo espiritual no aborrece su cuerpo, que somos nosotros, los que hemos creído en Él, quiere sustentarlo y regalarlo con manjares espirituales, por esto Pablo nos exhorta a meditar su palabra, a no descuidar los cultos, a recrear y sustentar nuestra alma para que seamos santos y sin mancha delante de él en amor. Algunos dicen: «¡Qué le vamos a hacer, somos así y tenemos que ser así!», pero el divino esposo no se conforma con que seamos así, sino que dice:

«Aquellos que me has dado, santifícalos en tu Verdad», o sea, hazles más y más semejantes a Mí, mientras estuve como hombre en aquel viejo mundo manchado por el pecado.

CONCLUSIÓN: podemos decir: «¡Señor, porque soy tuyo y tú me tienes reservado un gran porvenir en los cielos, yo aborrezco lo que tú aborreces; no quiero hacer mi voluntad, sino la tuya!» ¿Podemos decir como el apóstol Pablo: «No vivo ya yo, mas Cristo vive en mí»?

78. *LA PALOMA SILVESTRE (Cantares 2:14)*

INTRODUCCIÓN: el libro del Cantar de los Cantares es una porción un tanto extraña de la Biblia, porque tiene como tema el amor, y el amor humano va unido, muchas veces, con el pecado. Sin embargo, encontramos en muchos otros lugares de la Biblia la figura del amor humano aplicada al plan redentor de Dios. La Biblia nos enseña que un cierto número de personas de este mundo han sido escogidas para creer el Evangelio y estar con Cristo en la gloria, por los siglos eternos, en una relación de amor, gratitud y confianza, únicamente comparable a la unión sagrada que Dios mismo instituyó en el matrimonio. ¡Y es una maravilla! Si Cristo hubiese venido a redimimos para dejamos salvos de la condenación en alguno de los mejores mundos de Dios, donde no exista el pecado, podríamos sentirnos agradecidos; pero Él quiere darnos más, mucho más (*véase* Jn. 17:24-26; Ef. 1). Ello hace necesario una transformación de nuestro carácter y de nuestros sentimientos que empieza aquí mismo, cuando somos injertados, por el nuevo nacimiento, con la vida divina que el Espíritu Santo infunde en nosotros, y tendrá su completa realización cuando Él aparezca (1 Jn. 3:1-3). Por esto, muchos han interpretado el libro del Cantar de los Cantares como un símbolo del amor de Cristo a su Iglesia y viceversa. Efectivamente, algunas de sus expresiones tienen una aplicación muy directa a las relaciones de Cristo con los suyos. Místicos de siglos pasados y comentadores más modernos han escrito obras de gran edificación espiritual basándose en frases y figuras sacadas de este singular poema epitalámico que hallamos en la Biblia. Una de tales figuras es la de nuestro texto: Para significar cómo debe ser, y qué debe hacer el pueblo del Señor sobre la Tierra, se le aplica el título de «paloma». No es ésta, simplemente, una tierna expresión poética de labios de Salomón a su amada, sino que una figura semejante brota de los labios de Cristo en relación a nosotros (Mt. 10:16).

1. Características de la paloma:

Los cristianos deben poseer las características de este inofensivo y pacífico animalito que se nos pone como ejemplo.

a) La paloma es mansa: la mansedumbre es una de las bienaventuranzas (Mt. 5:5). Jesucristo nos exhorta a compartir esta virtud suya (Mt. 11:29). Los apóstoles dicen que es una de las virtudes del Espíritu Santo que debe verse en nosotros (Gá. 5:23; Col. 3:12; Tit. 3:2; 1 P. 3:15).

b) Es tímida pero valiente: nunca os plantará cara sin razón... huirá, se esconderá, parece miedosa; y ¿qué dice el Señor en Is. 62:2? Pero no es cobarde. Tratad de tocar a sus hijuelos o a su compañero o compañera. Los verdaderos cristianos han sido tímidos, perseguidos a través de los siglos en tiempos de corrupción espiritual, obligados a esconderse; pero ¡cuán valientes han sido ante los leones en el circo, o en las hogueras! *(Anécdota: «Jerónimo de Praga y el verdugo»; cuando este valiente adalid de la fe evangélica, en un siglo de oscurantismo, fue llevado a la hoguera, el verdugo, avergonzado de tener que ejecutar la bárbara sentencia sobre un hombre acerca del cual se oían tan favorables comentarios, no se atrevía a cumplir su oficio delante del mártir, que estaba con los ojos levantados al cielo, orando a Dios. Al darse cuenta Jerónimo de que salía humo por detrás le dijo al verdugo, llamándole por su nombre: «Ven aquí delante, y no tengas miedo a los hombres, que si yo lo hubiera tenido no estaría aquí»).*

c) Es limpia: todos conocemos el instinto de limpieza de esta atractiva ave doméstica. «Apartaos de toda apariencia de mal», nos dice el apóstol (1 Ts. 5:22; Sal. 119:9; Jn. 3:3). El nuevo hombre que hay en nosotros nos impide pecar sin remordimiento (1 Jn. 5:19) (ej.: el injerto). El Dr. Zoller, en su libro El Cielo explica de una forma muy clara este extraño y aparentemente

contradictorio pasaje de 1 Jn. 3:9. Dice que cuando injertamos un árbol le ponemos dos naturalezas que se mantienen separadas la una de la otra, aunque ambas están en el mismo árbol. La del injerto no puede producir frutos amargos, sino dulces; pero la del viejo tronco los producirá amargos si puede echar renuevos, porque está en su naturaleza que sean así. El nuevo hombre implantado en el cristiano por su conversión a Dios no puede pecar, porque es nacido de Dios; pero pueden resurgir hábitos o tendencias del viejo hombre en el individuo nacido de nuevo. La afirmación de Juan es cierta, pero también lo es la de Pablo en Ro. 7:24. Solamente la muerte desunirá las dos naturalezas, quedando la espiritual libre de la vieja. En tanto que las dos están unidas, es deber del cristiano apoyar la nueva naturaleza y amortiguar la antigua (Col. 3:5).

d) Busca un lugar seguro: la figura se refiere no a un palomar, sino a la paloma en libertad. La paloma silvestre busca siempre un lugar escarpado donde construir su nido; aprovecha sus alas para ir a lugares seguros, en las alturas. El cristiano trata de fundar su fe en las incomparables promesas de la Palabra de Dios. Recordemos la parábola del que edificó su casa sobre la peña. El creyente busca la roca más allá...; tiene las alas de la fe y con ellas se eleva a lo desconocido, a lo invisible (2 Co. 4:8; Col. 3:1).

2. Lo que dice el divino Esposo a su «paloma»:

La tierna expresión de Cnt. 2:14 coincide con las palabras del Señor a sus discípulos en Jn. 16:24-27. Nada más grato que pensar que Dios mismo desea oír nuestras oraciones, nuestra voz física, cuando es verdadera y real expresión de la interior, la del alma. ¿No nos es grato oír la voz de nuestros amados? Nosotros no podemos oír la voz literal de nuestro Amado que está en los cielos, si bien tenemos su Palabra; pero Él puede oír la voz nuestra. ¿Se la hacemos oír? ¿Estaríamos contentos de una persona amada que nos hablara con la frecuencia que nosotros hablamos a Cristo?

3. Cómo desea oír nuestra voz:

a) En arrepentimiento: «Hay gozo en el Cielo por un pecador que se arrepiente» (Lc. 15:7). Es la primera expresión de vida de un alma que empieza a vivir para Dios. No hay voz más dulce para los padres que esperan un hijo que oír su primer vagido... Nosotros nacemos a la vida espiritual cuando, reconociéndonos pecadores, aceptamos a Cristo como a nuestro Salvador. ¡Dulce fue para el padre del pródigo oír de sus labios la confesión que no dejó terminar...! ¡Dulce para el pastor oír el primer balido de la oveja perdida! Se ha dicho que más grato que las armonías de los coros celestiales es para Dios oír la voz de un pobre pecador de este mundo que le dice: «¡Señor, sí, yo quiero ser tuyo; yo quiero amarte, me siento atraído por tu amor!» ¿No querrá alguien dar este gozo al Cielo? ¿Hacer oír allí su voz en arrepentimiento y fe?

b) En acciones de gracias: pensad los motivos que tenéis para dar gracias a Dios y expresadlos particularmente o en la reunión de oración. Los salmos están llenos de acciones de gracias (Sal. 116:11, 12).

c) En súplica por ayuda: lleguémonos confiadamente al trono de la gracia –nos dice el apóstol–; Dios está tan dispuesto a ayudarnos que a veces se anticipa a nuestro ruego (Is. 64); pero le gusta oír la voz de nuestro corazón. «¡Sálvame, que perezco!», de parte de Pedro, fue una voz grata para el Señor, porque dio lugar a la acción de ayuda que él estaba ya tan dispuesto a darle. Hay una queja amarga en la reconvención de Jesús a sus discípulos en Jn. 16:24-27; porque ellos, confiando en las oraciones intercesorias de Jesús, quien pasaba noches enteras en oración, no se habían preocupado de dirigirse ellos mismos al Padre. ¿No nos ocurre de igual forma también a nosotros muchas veces?

d) En intercesión: nada agrada tanto a un padre de numerosa familia como ver el interés y afecto de uno de sus hijos por el otro; porque ama a todos le complace ver que se aman entre sí. ¡Cuánto más nuestro Padre celestial!

e) Anunciando el Evangelio y alentando a nuestros hermanos: el precioso pasaje de Mal. 3:16, 17 nos muestra cómo el Dios omnipresente y omnisciente toma nota de lo que sus hijos hablan entre sí. ¿Qué oye el Señor de nuestros labios cuando vamos de visita?

4. Las razones de su deseo:

«¿Dulce es la voz tuya y hermoso tu aspecto». ¿Puede decir esto de nosotros nuestro

Amado espiritual? «A Jehová es plácida la alabanza de Sión» (Sal. 65:1). ¿Hay dulzura en nuestra voz física no solamente cuando nos dirigimos a Dios, sino cuando nos dirigimos a nuestros semejantes? Los grandes santos de Dios han sido personas capaces de refrenar de tal modo su carácter que su misma voz y su conversación se hace grata a oídos de sus semejantes. De muchos de nosotros no puede decirse esto sino a intervalos; pero algún día lo serán de un modo completo y perfecto (1 Jn. 3:3). ¿Y nuestro aspecto?; ¿cuál es para Dios, que ve el hombre interior? Dios llama hermosos los pies de los que van a llevar su mensaje (Is. 52:7). Salomón nos dice que el corazón alegre hermosea el rostro (Pr. 15:13); y el apóstol Pedro habla de adornos espirituales que nos hacen parecer hermosos a Dios y a los santos ángeles, cuando resplandecen en nosotros (1 P. 3:4, 5). ¿Puede ver Dios tal hermosura en nuestras personas?

CONCLUSIÓN: nuestro rostro físico ha de ser un día transformado de tal modo que, aun cuando conservará rasgos de nuestro pasado cuerpo físico, para su identificación, resultará hermoso, como todo lo del Cielo; pero la belleza más apreciada para Dios es «la hermosura de la santidad», de la cual Dios mismo es la imagen perfecta (Sal. 27:4; 33:17; 96:9). Apliquemos a nuestro corazón la interesante figura de la paloma, para ser cada uno de nosotros cada vez más gratos y más hermosos a nuestro Amado espiritual, el divino Esposo, viviendo por Él y para Él.

79. *LA RELIGIÓN DEL DIOS ALTO ANTEDILUVIANA (Génesis 5:1-27)*

INTRODUCCIÓN: los escépticos, al leer con poca atención los primeros capítulos del Génesis, preguntan: «Adán y Eva tuvieron dos hijos, Caín y Abel. Caín mató a Abel. ¿De quién, pues, tenía temor Caín cuando Dios le reprendió por su crimen y le puso señal para que cualquiera que le hallara no le matara?».

Luego se dice que «salió Caín de delante de Jehová y habitó en tierra de Nod al oriente del Edén». Esto es por no fijarse en los vv. del 3 al 6 del cap. 5, donde leemos: «Y fueron los días de Adán después que engendró a Set ciento treinta años, y engendró hijos e hijas». Si Adán vivió 130 años después de engendrar a Set y durante este tiempo había engendrado hijos e hijas, tenemos que deducir lógicamente: que Caín se casó con una hermana mucho más joven que él; que durante estos 130 años en que Caín se apartó de su familia y del contacto con los descendientes de Set (Gn. 5:7) se iniciaron dos ramas genealógicas, los que mantuvieron el recuerdo del Edén y los que se alejaron con Caín, quien se había apartado de su familia para fundar una ciudad amurallada, no sólo por temor a las bestias salvajes de la tierra, sino también de sus propios parientes a los que temía que procuraran vengar la muerte de su hermano. Es de notar que Caín tuvo un hijo al que puso el mismo nombre que diera a su ciudad, Enoc, que algunos comentadores han confundido con el segundo Enoc hijo de Jared. Naturalmente, la religión del Dios Alto profesada por los descendientes de Set era más bien un conocimiento y un temor reverencial del Dios que había arrojado a Adán y Eva del jardín del Edén, pues desconocían el propósito misericordioso del mismo Dios que vino a revelarnos Jesucristo. Tenemos diversas pruebas en el mismo libro de Génesis respecto al culto al Dios Altísimo anterior al diluvio.

1. Revelaciones anteriores al Sinaí:

Dios dio al pueblo de Israel sus mandamientos en los días de Moisés en el monte Sinaí, casi tres mil años después del diluvio.

Sin embargo:

a) ¿De dónde sacó José la idea de que adulterar con la mujer de Potifar era pecado? (Gn. 39:9).

b) Igual podemos deducir del día de reposo semanal ordenado a Israel, ya que en Gn. 20:9 10 leemos: «Acordarte has del día de reposo para santificarlo». No es una nueva institución sino una renovación o recuerdo de algo que Dios había ya revelado.

c) La ley de los sacrificios, pues Abel y Caín como más tarde el patriarca Noé, hicieron altares y sacrificaron a Dios de diversas maneras

d) Otra prueba del culto al Dios Alto anterior a Moisés es el caso de Melquisedec, rey de Salem y sacerdote del Dios Alto, a quien Abraham

ofreció los diezmos del botín adquirido con motivo de la derrota de los reyes confederados que subieron contra Sodoma antes de que esta ciudad fuera destruida por el fuego del cielo.

2. Dos líneas genealógicas desde Adán:

a) La declaración de Gn. 4:25: «Entonces los hombres empezaron a invocar el nombre de Jehová» demuestra que fue Set un profeta de Dios, que trajo un despertamiento espiritual a su pueblo. Eva lo llamó Set, que significa «sustituto» de Abel. Posiblemente ella recordaba la promesa de Gn. 3:15, o sea, que habría un descendiente de la mujer que aplastaría la cabeza de la serpiente, pero no fue así, sino que debía venir en el transcurso de los tiempos el Mesías «Herido por nuestras rebeliones, molido por nuestros pecados, Dios hecho hombre» y Set no fue sino un heraldo en aquella antiquísima época de aquel que tenía que venir. Sin duda, fue al final de esta etapa de adoración al Dios Alto a lo que Pablo se refiere en Ro. 1:21 acerca de la degradación de aquellos que habiendo conocido a Dios no le glorificaron como a Dios ni le dieron gracias, y la deducción lógica es que esto aconteció cuando se mezclaron las dos razas (Gn. 6:1-3), cuando Dios tuvo que hacer venir el diluvio sobre la Tierra en los días próximos a Jared, abuelo de Noé. Otro hombre que la Sagrada Escritura designa como justo a pesar de que la Palabra de Dios no oculta su pecado de embriaguez, por ignorancia de los efectos que producía el zumo de la vid...

b) Pero desde Set hasta Enoc parece haberse practicado en la Tierra el culto al Dios Alto de los que habían conocido a Dios y las enseñanzas que Adán había recibido del Todopoderoso en el tiempo en que prevaleció su inocencia y era visitado con frecuencia por aquella teofanía que no sabemos cuánto duró, pero debería ser un tiempo suficientemente largo para que Dios trajera ante nuestro padre Adán todas las bestias a quienes él puso nombre. Estos dos hombres iguales pero tan diferentes en su carácter y actuaciones han sido considerados por muchos predicadores como tipos de dos clases de personas que existirán en el mundo cuando Jesús vuelva, algunos de los cuales tendrán el privilegio que tuvo el segundo Enoc, de no ver muerte, pero aun cuando han sido envidiados por muchas generaciones, desde los días de Pablo (2 Co. 5:4), no son mucho más privilegiados que los que hemos de entrar en la Casa del Padre en el mismo momento de la muerte y acompañar a nuestro Señor en su venida (*véase* Fil. 1:24; 1 Ts. 4:14; Ap. 14:13).

CONCLUSIÓN: estos y otros muchos textos del Nuevo Testamento y aun del Antiguo nos prueban que la muerte no es algo tan terrible como se ve desde este lado de la vida, sino que al hacernos viejos nos estimula a aprovechar el tiempo y las oportunidades que tengamos para hacer cosas agradables al Señor mientras estamos en la carne, aunque sea con menos facilidades que cuando éramos jóvenes, a fin de continuar en esta misma actitud cuando el Señor nos llame al hogar celestial (*véase* 2 Co. 5:6-9).

80. *LAS GRANDES COSAS DE JUAN 3:16 (Juan 3:13-21)*

INTRODUCCIÓN: se ha llamado a este texto el Evangelio en miniatura. Escrito en 850 idiomas en la aguja de Cleopatra en Londres. ¿Qué nos dice el famoso texto? Nueve cosas superlativas.

1. El mayor amor: «De tal manera amó»: Juan dice: «No hay mayor amor que éste». Pues si dijera Dios amó muchísimo resultaría pobre; al decir «de tal manera», deja la medida a la conciencia del lector, por encima de todo calificativo. «¿Cómo me amas», preguntan los novios. «Hasta las estrellas». «Como a mi propia vida». «Con todo el corazón y las dos manos», respondió una novia práctica.

2. El amante mayor... «Dios»:

a) El privilegio de ser amado es según la persona que ama (ej. esposas de reyes. Las cartas de Napoleón a Josefina, publicadas por *La Vanguardia,* son tiernas; pero al fin se divorció, porque Josefina no podía darle un heredero).

b) A veces las esposas de grandes hombres han sido indignas (ej.: la mujer de Job, la esposa de Potifar, etc). Nosotros somos llamados «esposa de Cristo». ¡Que no las imitemos!

c) El amor de Dios es tan altruista que no ama al mejor, sino al más desgraciado. Seguramente no hay mundo habitable más desgraciado

que la Tierra, ni ser más necesitado que el hombre; por esto la grandeza del amor divino se ha fijado en nosotros. Jesús reveló la posibilidad de lugares habitados por justos que no necesitan arrepentimiento (Lc. 15:7).

3. El objeto mayor: «Al mundo»: es natural que un gran amante busque un gran objeto para amar. El mundo no es un objeto tan grande para Dios, pero es el mayor que podemos conocer. Hay miles de millones de almas. ¿Cuántas serán salvas? ¡No lo sabemos! Seguramente habrá diversos grados de salvación. Los que aquí hemos creído tenemos el principal privilegio, que es ser «esposa de Cristo» (Ef. 3:12). Afortunadamente, la Iglesia, «esposa de Cristo» es grande, y cuando yo estoy frío o distraído, el amor de otros puede ser ardiente. Los atributos divinos son tan grandes que pueden abarcar el mundo entero con su amor.

4. El acto mayor:«Que ha dado»: «Obras son amores», dice el refrán. El amor se manifiesta por dones. Dios nos dio a su Hijo. No sólo lo prestó; lo prestó temporalmente, sí, para la Redención, pero lo dio a nosotros como Salvador por la eternidad. Lo expuso a los golpes del adversario, con el dolor y la muerte porque entró en el Reino del enemigo; con todo, no lo rehusó (Ro. 8:32).

5. El regalo mayor: «A su Hijo Unigénito»: no nos dio un ángel, arcángel o querubín, sino el Ser más amado del Universo. Puedo tener mil criados, pero ninguno tendrá el valor de un hijo, sobre todo si es unigénito *(anécdota: el hijo del capitán que se ofreció voluntario para saltar al mar cuando el buque se hundía, a fin de tapar con su cuerpo el agujero).*

Pero aún hay gran diferencia entre este maravilloso amor y el de Cristo, y es que el muchacho estaba condenado a perecer, como todos; pero Cristo no. Lo hizo sólo por amor a nosotros.

6. La oportunidad mayor: «Para que tod aquel». ¡Qué grande es esta puerta! Cualquier otra frase habría sido deficiente. Supongamos que dijera «muchísimos»; podríamos dudar de si entramos en el número «Todo aquel» nos incluye a todos, si nos dejamos incluir. Deja toda la responsabilidad en nosotros.

7. La sencillez mayor: «Que en Él crea»:

a) Hemos dicho que «Todo aquel» es una puerta muy amplia, pero podría haber alguna condición difícil; podría decir:

–«Todo aquel que sea santo como Yo».

–«Todo aquel que llore siete días en mi sepulcro».

–«Todo aquel que viva por lo menos veinte años para Mí».

–«Todo aquel que pueda convertir a diez personas».

b) Estos «todo aquel» condicionales pondrían en desespero a los incapaces de realizarlo, ancianos o moribundos; pero creer es posible a todos y en cualquier circunstancia .

c) Hay quienes dicen que esto es demasiado sencillo. Los tales desconocen la naturaleza de la fe. La fe es un sentimiento pasivo, pero es la base de toda buena actitud o acción. Parece poca cosa decir «creo», pero trae una verdadera revolución en el alma y en la vida, seguida de los más grandes sentimientos y de los más heroicos hechos.

8. El peligro mayor: «No se pierda»: no podemos adivinar todo el alcance de esta palabra, a pesar de las solemnes advertencias de Jesús, porque sabemos también que habrá diversos grados de condenación (Mt. 11:20-24). Somos tan débiles y pecadores que podría tocarnos un grado muy superior al que suponemos; pero Jesús da seguridad absoluta a los que creen en Él (Jn. 5:24). «Ninguna condenación» significa que estamos libres de todas, las más tolerables o las más severas.

9. El privilegio mayor: «Sino que tenga vida eterna»: tampoco podemos medir o imaginarnos el alcance de este privilegio. Vida, o existencia, es el gran anhelo de todo ser humano, pero esta frase, en boca de Cristo significa mucho más que simple existencia; implica todos los privilegios que Él otorga. Estar con Cristo es lo principal, pero hay frases bíblicas que nos permiten hacer hipótesis gloriosísimas, como:

a) El ser embajadores en lugares celestiales (Ef. 3:10).

b) Ser identificados con signos externos de gloria (Dn. 12:4; Mt. 13:43).

c) Admirar inimaginables maravillas de Dios (I Co. 2:9).

d) Gozar de comunión y relación con todos los santos de edades pasadas (Ef. 2:17-20).

e) Tener relación con seres superiores, ángeles, arcángeles, etc.

f) Juntar nuestras voces a las suyas en actos de adoración entusiasta (Ap. caps. 4, 5).

81. *LAS SIETE GRANDES PROMESAS DE JUAN 14*

INTRODUCCIÓN: hay porciones de la Biblia tan ricas en contenido que pueden dar lugar a un precioso sermón considerando los versículos uno tras otro. En tal caso, es mucho mejor unir sus diferentes partes bajo un denominador común, y en este pasaje el lazo que une sus diferentes partes es la palabra «promesa». Jesús vino de parte de Dios para hacernos grandes promesas y en este capítulo están algunas de las más preciosas.

1. Promesa de un hogar celestial (vv. 2, 3): todos los jóvenes desean un hogar, pero la felicidad del mejor hogar terrenal es pasajera, mas el amor y la alegría que reinarán en la Casa del Padre, donde hemos de estar reunidos millones de hijos suyos en lo que en el Apocalipsis se llama «las bodas del Cordero de Dios», son go- ces eternos. Cristo dijo que está preparando un lugar para nosotros, y sólo Él puede prepararnos, mientras estamos acá en la Tierra, para que seamos dignos y aptos para gozar los bienes de semejante lugar (Jud. 1:24).

2. Promesa de un camino al hogar (v. 6): al hombre errado y perdido en un mundo desquiciado por Satanás, y donde hay muchos caminos falsos Cristo se ofrece como «el Camino» verdadero para conducirlo a la Casa del Padre.

3. Promesa de un Padre amante (vv. 7-12): los dioses paganos eran horribles y crueles, cual Moloc o Baal (Lv. 18:21; 2 R. 16:3). Pero el Dios todopoderoso se ofrece en su gracia, como un Padre amante y bondadoso a los que confían en Cristo (Jn. 1:12, 20:17; Gá. 4:6).

4. Promesa de un refugio seguro (vv. 13, 14): cuando las cargas de la vida pesan, y las pruebas nos afligen, durante nuestro peregrinaje al Hogar celestial, el creyente puede refugiarse en la oración, con la seguridad de ser oído por Dios (Sal. 34:4-6; Fil. 4:6-7).

5. Promesa de un consolador divino (vv. 16, 17, 26): este es el Espíritu Santo que está en, y con, el creyente en Cristo. Él es el Revelador de las cosas que Cristo dijo que consuelan y alegran el corazón.

6. Promesa de una gloriosa compañía (vv. 21-23): Cristo no solamente nos ofrece su hogar, sino que ha prometido, por su Espíritu, venir a habitar en nuestros propios hogares y en nuestro corazón si estamos andando con Él.

7. Promesa de una paz incomparable (v. 27): la paz que el mundo da es ficticia y fluctuante. Hoy gozamos de la amistad de un amigo, que puede romperse por cualquier razón, pero el Señor nos da la paz con Dios (Ro. 5:1; Col. 1:20). Él la gozaba en la comunión con su Padre Celestial, y de la misma paz gozan los que son de Él (Fil.; Col. 3:15).

CONCLUSIÓN: ¿No vale la pena emprender el camino a este hogar celestial, permanente y eterno, contando con tales promesas?

82. *LAS SIETE MIRADAS DE JESÚS (Marcos 3:5, 34)*

INTRODUCCIÓN: todos hemos oído predicar infinidad de sermones sobre «las siete palabras de Jesús», pero posiblemente pocos o ninguno de los presentes ha oído comentar «Las siete miradas de Jesús». Sin embargo, esta oportunidad nos la ofrece el evangelio de Marcos. Este Evangelio es el más corto, pero el más expresivo, pues refiere mejor que ninguno las acciones del Señor. Fue escrito por el sobrino del apóstol Juan, pero bajo la inspiración del apóstol Pedro, de quien recibió toda la información, según nos refieren los primeros Padres de la Iglesia, hasta tal punto que lo llamaban el Evangelio de Pedro. Todos sabemos que Pedro no era un filósofo, sino un sencillo pescador lleno de fe. Quizá le pasaban algo desapercibidos los largos discursos que nos ofrece Mateo, pero,

como buen observador, tomó nota en su mente de los movimientos de Jesús. Los otros evangelistas no refieren las miradas de Jesús; sólo Lucas lo hace en un solo caso que no aparece en este Evangelio, quizá por una reticencia respetuosa de Marcos a su preceptor. Ya comprendéis que me refiero a aquella mirada que Jesús dirigió al propio Pedro con motivo de su negación. Quizá fue esta mirada la que le hizo tener presentes las otras, por asociación de ideas. Se ha dicho que la mirada puede hablar. Son una cosa maravillosa esas dos ventanitas por las que se asoma nuestra alma y se revela sin ruido. El pastor Beal dice: «Mi madre, sabia mujer, era de pocas palabras; me hablaba con sus ojos; y ya lo creo que yo entendía lo que quería decir con su mirada». ¡Puede la mirada expresar tan diversas cosas! ¡Todas las actitudes del ser interior se reflejan en este espejo del alma! Jesús tuvo que expresar diversos sentimientos y actitudes durante su vida terrena, y éstas mismas podemos figurárnoslas aplicadas al momento presente, pues Él no cambia. Está aquí, nos ve, aunque nosotros no le veamos. Nos mira con una mirada más profunda que la de cualquier ser humano, pues Él ve el interior. Por eso podemos creer que los mismos sentimientos de Jesús que se revelan en las miradas consignadas en el Evangelio los tiene para con nosotros y el mundo.

Consideremos, pues, las siete miradas de Jesús:

1. De enojo singular (Mr. 3:5): en la sinagoga donde había un hombre con la mano seca, probablemente traído exprofeso, pues dice que «le acechaban». Conocían de Jesús: sabían que no se sujetaba a la ley de sus tradiciones. «Cuando vea un desgraciado así le curará y le acusaremos», se decían. Estaban tan fanatizados que el milagro no les impresionaba... dirían: «Es por poder del demonio», Jesús responde al desafío de sus inquisitivas miradas con otra mirada noble, grande, llena de majestad, que revela dos sentimientos opuestos: enojo y compasión. Enojo, por el hecho y modo de ser de sus enemigos; compasión o lástima de que fueran así. ¿No es esto lo que nos ocurre con nuestros hijos? Enojo y condolencia a la vez. «Condolencia por la ceguedad de sus corazones», mucho peor por la ceguera física. ¡Cuántos padecen hoy de esta ceguera! (2 Co. 4:4). Si un hombre se tapara los ojos durante meses o años acabaría por ser ciego, atrofiada su vista. Si un corazón no quiere ver a Dios, acabará por no verlo. Por esto la mirada del Señor a los pecadores tiene este doble sentir, y ello nos explica todo el misterio de la actitud de Dios en cuanto al pecado. Dios odia y se complace a la vez. El infierno debe ser necesario en contra de la voluntad de Dios. Y ello se demuestra por lo que Dios ha hecho para librar a los hombres de tal suerte (Jn. 3:16). Quien lo desprecia se hace digno de una mirada de enojo sin compasión.

2. Una mirada de amor (Mr. 10:21): la condolencia que Jesús sentía por todos los hombres, aun de los más ciegos, se transforma en amor afectuoso, ferviente, para ciertas personas que se esfuerzan en el camino del bien. El enojo justo por el pecado queda limitado a su mínima expresión cuando la persona se esfuerza en apartarse del pecado, aun dentro de su condición caída, y en practicar el bien. Así fue con Corne-lio (Hch. 10:4) y así también con este joven. Había una gran diferencia entre esta alma sincera y piadosa y los herodianos del caso anterior, partidarios de un monstruo. El joven era rico, no tenía culpa de serlo; y era bueno lo que es más difícil cuando se es rico. Por esto Jesús le amó. Y le amó a pesar de que le faltaba una cosa: la generosidad absoluta, es decir, la perfección. Gracias a Dios que Jesús ama a los que les falta alguna cosa para ser perfectos. ¡Pobres de nosotros si así no fuera! ¿Puede Jesús amarte porque con toda sinceridad buscas cumplir el bien y su voluntad? ¿Es este motivo el que te ha traído a esta iglesia? Quizá Dios mismo te ha traído aquí, te ha dado el privilegio de escuchar la predicación del Evangelio de su gracia, porque ha visto en ti buenos deseos de conocerle y de conocer su revelación. Él te ama. Y el hecho de que te halles en posesión de su Palabra es una prueba patente de su amor especial para ti. Puedes sentirte, pues, como ese joven bajo una mirada amorosa de Cristo. Si así no fuera no estarías en este lugar.

3. Una mirada de advertencia (Mr. 10:27): cuando el joven se hubo marchado, leemos que Jesús miró otra vez a la gente, pero con una mirada totalmente diferente, una mirada inquiri-

dora, como buscando lo que pensaban –aunque Él lo sabía–, tratando de hacerles sentir con su mirada que Él conocía los pensamientos de sus corazones. ¿Cuáles eran éstos? Sus discípulos habían oído una cosa que les dejó aterrados (Mr. 10:23). ¡Y ellos no eran pordioseros! Casi todos poseían algo. Juan y Jacobo eran hijos de un empresario de pesca. Pedro era empresario; poseía una barca y probablemente una casa. Mateo había tenido un oficio que le permitió el lujo de celebrar una fiesta cuando se hizo discípulo de Jesús; y ahora oyen vv. 21 y 23. No es extraño que pregunten espantados: «¿Quién podrá ser salvo?» Por eso Jesús responde con su palabra y con su mirada: «No lo serán aquellos que confían en sus riquezas». Jesús no pidió al joven que vendiera sus riquezas para salvarse, sino para que no tuviera más ocasión de confiar en ellas como medio de salvación. Es posible que un día las vendiera (Hch. 4:34), pero cuando ya se había hecho luz en su mente sobre la doctrina de la Redención, bajo los discursos de los apóstoles. ¿En qué confías para tu salvación? ¿En tu bondad natural? ¿En rogativas de otros, compradas con dinero, o en la obra redentora de Cristo? ¡Que solemne la mirada de advertencia del Señor! Puedes figurártela clavada sobre ti diciéndote: «¡Desgraciado si confías en ti mismo o en lo que otros harán a tu favor, y no viniste a entenderte directamente conmigo».

4. De placer aprobando la fe (Mr. 5:32): una mujer se ha acercado a Jesús para ser curada. Desengañada de todo, ha brotado la fe de Cristo en su corazón. Es una le deficiente, supersticiosa, pero es sincera: «Si tocare siquiera la franja de su vestido, seré curada», se ha dicho. Jesús miró alrededor -dice el texto- para ver a la que había hecho esto. ¿Fue para descubrirla?, ¿para saber quién era? No; esto pensaba la gente, pero no era así. ¿Por que miraba, pues, Jesús alrededor? Me figuro que era porque la mujer se escondía y Jesús la iba siguiendo con su mirada. Esto la hizo decidir a darse a conocer. ¿Qué buscaba, pues, Jesús con su mirada? No descubrir a la mujer, sino que esta se descubriese a sí misma. Buscaba confirmar su fe, transformándola de fe secreta en fe pública. ¡Qué satisfecha se fue la pobre después que la mirada de Jesús le hizo decir toda la verdad y oyó: «Hija, tu fe te ha hecho salva; ve en paz»! Jesús te está mirando. Está aquí mirando tu fe que ya tienes, pero que quizá escondes para que otros no se enteren, para no comprometerte demasiado. Nunca estarás satisfecho y seguro hasta que hayas hecho pública tu fe con una confesión pública (Mt. 10:32 y Lc. 12:8) *(anécdota: durante una serie de cultos de avivamiento, muchas personas, tocadas por el mensaje de la Palabra de Dios, se levantaban para pedir las oraciones de los creyentes a su favor. Un día el predicador recibió una esquela de una señorita muy tímida que decía: «Yo quiero ser del Señor, pero no puedo sufrir la idea de ser objeto de la atención pública. Suplícole se sirva pedir esta noche las oraciones de los cristianos a mi favor, pero sin mencionar mi nombre». El predicador cumplió el encargo como le fue hecho. Principiaron las decisiones y, entre otras súplicas fervorosas, rompió el silencio una voz femenina que dijo: «Señor Jesús, yo soy la señorita que no quería que se mencionase su nombre. Acéptame también y perdona mi temor de confesarte». El amor ferviente había vencido la timidez y la vergüenza).*

5. De familiar relación (Mr. 3:34):

a) Este capítulo nos cuenta que Jesús escogió sus doce discípulos para que estuviesen con Él después de una noche de oración; y que al día siguiente la multitud se apiñaba ante la casa donde Él estaba enseñando. Sus parientes, mal informados por los fariseos, vinieron para recogerle. ¡Parece mentira que la bendita Virgen estuviera en esta compañía! ¡No! Ella no creía que Jesús estuviera fuera de sí, pues conocía los secretos de su nacimiento; pero amaba tanto a Cristo que temía por su vida, y se asocia con los que querían hacerle volver al hogar de Nazaret. ¡Pretendía aconsejarle como cuando era un niño! Por esto merecía el reproche que un día Jesús dirigió a Pedro: «No conoces lo que es de Dios, sino lo de los hombres».

b) Jesús había comenzado aquel mismo día una nueva familia espiritual, la de los que habían creído y estaban dispuestos a servirle. Por esto Jesús, al oír hablar de sus familiares carnales, mira a estos otros espirituales con ternura (v. 34). No era un desprecio a su bendita madre, sino una invitación a ella misma y a otros. En este «el que hace la voluntad de mi Padre»

cabían todos, su madre también. Era como decir: «¿Mi madre según la carne? ¡Sí!; pero hay uno más grande que ella. ¡De Él soy y a Él voy! Mi madre es sólo el instrumento que Él usó. ¿Mis hermanos? No; ¡soy de una naturaleza demasiado alta para considerar hermanos a los de la carne!». Pero hay un modo superior de serlo: «Cualquiera que hace la voluntad de mi Padre, que está en los cielos, éste es mi hermano, y hermana, y madre...»

c) Es un desaire para la bendita Virgen, pero también una invitación. Es como decirle: «Madre mía, si quieres estar cerca de mí, no trates de hacerme volver a casa, sino ponte al lado de mis discípulos; únete a ellos en hacer la voluntad de Dios; entonces estarás unida a mí por lazos superiores a los de la carne». María lo hizo, puesto que la hallamos al pie de la cruz y con los discípulos, orando, antes de Pentecostés (Hch. 1:14). Me figuro a la bendita Virgen, que ya era fiel discípula del Señor, con grandes deseos de entrar, de pasar por encima de los curiosos que iban sólo porque sí...; con una gran vergüenza y deseo de estar dentro, no fuera; junto con los que gozaban de la dulce mirada del Señor. ¿Es este también tu deseo? Jesús miró alrededor con una mirada de satisfacción, pero también de invitación, como diciendo: «Éstos son mis amigos, mis confidentes. ¿Quién quiere ser como éstos?, ¿quién quiere entrar en este grupo?»

d) ¿No quieres, amigo oyente, hacer la voluntad de Dios, creyendo en Jesús (Jn. 6:28), para poder ser un discípulo y un hermano menor de Aquel que, siendo Señor de todo, no se avergüenza de llamarnos hermanos? Si ya lo eres, como la virgen María, ¿por qué estás fuera del grupo de los creyentes? Debes asociarte con éstos sin temor ni vergüenza; debes dejar las compañías mundanas, aunque sean tus parientes, si ellos te son un peligro y una rémora para estar más cerca de Cristo. Debes acercarte más a Cristo para gozar de su dulce mirada de beneplácito y admiración.

6. Una mirada de reproche (Mr. 8:33): notad que esta mirada no fue dirigida a un enemigo, como la primera; ni a una discípula vacilante, como la mujer enferma, sino a uno de aquellos mismos discípulos que Jesús había escogido y elogiado con el apodo de hermanos. A uno que acababa de confesar: «Tú eres el Cristo, el Hijo de Dios», y había oído decir: «Bienaventurado eres tú, Simón...». Sin embargo, un momento después. el mismo discípulo se enreda en palabras que no debía decir... y tiene que sufrir una mirada que le quedó grabada junto con las palabras: «Apártate de mí, Satanás, que me eres escándalo» (v. 33). Pero notad que la mirada está en plural. Aunque es Pedro el que se había entrometido en hablar, el error era de todos, pues todos pensaban lo mismo; y si Pedro es reprendido de palabra, todos lo son por aquella mirada con la cual Jesús les decía: «¡Infelices..., dudáis de mi acierto y sabiduría en querer ir a la muerte redentora! ¿Qué sería de vosotros sin ella?» ¡Cuántas veces necesitamos también nosotros una mirada semejante! Somos creyentes; podemos decir: «Tú sabes todas las cosas», pero se levantan dudas: la Biblia, el infierno, la predestinación... «No sabes las cosas que son de Dios –puede decirnos Jesús–. ¿Pretenderás juzgar a Dios con tu limitadísima inteligencia?» Para Pedro, la Redención era un misterio tan extraño como para nosotros lo son los más profundos misterios de la teología; hasta que todo se le hizo claro: Comprendió por qué Jesús tenía que ir a la muerte, y pudo escribir 1 P. 1:18-20. Algún día nosotros también entenderemos todos los misterios, sabremos el cómo y por qué de las cosas. Mientras, Dios tiene derecho a reservarse «alguna cosita» *(anécdota: un joven discípulo de cierta universidad norteamericana hacía tantas preguntas difíciles, de carácter filosófico y teológico, que su profesor, después de responder a varias de ellas hasta donde era capaz, terminó el diálogo diciéndole: «¿No le parece, joven, que Dios tiene derecho a reservarse alguna cosita para sí?»).*

7. Una mirada de juicio (Mr. 11:11): el evangelio de Marcos parece diferir de los demás al declaramos que el incidente de arrojar a los mercaderes del Templo tuvo lugar el día siguiente a la entrada triunfal. Los otros no dicen que fuera el mismo día, sólo explican que ocurrió. Pedro fue más observador, y Marcos nos hace notar que el día de la entrada triunfal Jesús hizo una mi- nuciosa inspección del templo. ¿Y qué ocurrió el día después de aquella inspección? Volvió trayendo un azote de cuerdas y limpió la Casa del Señor. Como limpió el Templo tiene que limpiar un día el mundo; y la mirada que hizo

huir a los mercaderes, se proyectará de tal modo sobre los pecadores, que éstos huirán clamando a las rocas: «Escondednos de la mirada...» (Ap. 6:16). ¡Y tendrás que sufrirla si no eres un redimido!

CONCLUSIÓN: pero hay otra mirada no tan severa, pero también digna de respeto y de ser tenida muy en cuenta por los mismos discípulos del Señor (Lc. 21:36). Esto parece significar que la Iglesia no pasará la grande Tribulación; que podemos ser arrebatados en cualquier momento; pero ante esta posibilidad inminente, ¡cuán solemne es la advertencia! «Que podáis estar de pie» significa firmes, con la cabeza alta, capaces de sostener su mirada penetrante, inquiridora de nuestra vida pasada, sin temor ni vergüenza, pudiendo decir: «Aquí estoy, Señor; no soy perfecto, pero tú sabes todas las cosas, tú sabes que te he amado. Que he sido sincero en tu servicio. He tratado de hacer para ti lo mejor con toda lealtad, a pesar de todas mis equivocaciones; no he sido hipócrita, ¡ni he negado tu nombre! ¡Y qué gozo recibir, con su mirada de aprobación, las palabras: «Bien, buen siervo y fiel..., entra en el gozo de tu Señor»!

83. *«NADIE»*
(Juan 14)

INTRODUCCIÓN: la palabra «nadie» es una expresión negativa, pero en muchos casos se trata de una expresión afirmativa y positiva, cuando se utiliza como término de comparación o de ponderación. En tal sentido se usa en el Evangelio de Juan varias veces y el estudio de esta simple palabra puede resultamos de gran enseñanza y edificación.

1. Como declaración de poder (Jn. 3:2): «Nadie podría hacer estas señales si no fuera Dios con Él». Los fariseos atribuyeron las obras milagrosas del Señor Jesús a poder diabólico (Mt. 12:24), pero Nicodemo reconoció en ellas el poder divino y así era. Veamos seguidamente unos ejemplos:

a) En Mr. 5 vemos un hombre que nadie pudo domar, excepto el Señor (vv. 4, 15).

b) En Mr. 5:29 se cuenta de una mujer que nadie pudo sanar, curada por Cristo.

c) En Mr. 5:41 vemos a una niña que nadie podía resucitar, pero Jesús lo hizo.

d) Pero Cristo puede hacer mucho más, aun sin estar con nosotros en presencia corporal. Él es el resucitado y ascendido todopoderoso, el único que puede salvar eternamente a los que por Él se allegan a Dios (He. 7:25).

2. Una afirmación de amor (Jn. 15:13): «Nadie tiene mayor amor que éste…», dice el mismo Señor. Algunas personas, no muchas, han dado su vida por su patria o por un amigo, pero ninguna lo ha hecho por un enemigo; pero Pablo mismo era un ejemplo de cómo el Señor se compadeció de él y le salvó siendo un enemigo (Ro. 5:6-8). El amor de Cristo no tan sólo supera a todo amor humano, sino que, como dice Pablo, excede a todo conocimiento (Ro. 5 6-8; Gá. 2:20; Ef. 3:19).

3. Una afirmación de voluntad (Jn. 10:17, 18): «Pongo mi vida…» «Nadie me la quita». El Señor no murió como un mártir impotente, sino como un sacrificio voluntario. En diversas ocasiones, sus enemigos atentaron contra su vida en vano (Lc. 4:29-30; Jn. 8:59). El Señor demostró que no podían tocarle sin su permiso en el mismo huerto de Getsemaní (Jn. 18:4-6). Su resurrección comprobó que su muerte era voluntaria, redentora y victoriosa (Fil. 2:6-11; He. 10:5-12).

4. Una afirmación de seguridad (Jn. 10:28): «Nadie las arrebatará de mi mano». He aquí la «caja fuerte» de la cual nadie puede sustraer los «tesoros» del Hijo y del Padre. Pablo tenía plena confianza en esta seguridad (2 Ti. 1:12. *véase* también Jn. 5:24).

5. Una afirmación amonestativa (Jn. 14:6): «Yo soy el Camino… nadie viene al Padre sino por Mí». Todo aquel que procure ir al Cielo por otro camino jamás llegará, pues representa que desprecia el amor de Cristo, rechaza su sacrificio, desconfía de su poder y rehúsa creer a su Palabra. ¿Cómo puede Dios aceptar a semejante persona?

84. *SALMO 40 COMPARADO CON LA CONVERSIÓN DE ZAQUEO (Lucas 19:9)*

1. Situación: hundido en el pecado de la ambición y el hurto. Chocaba con los siguientes impedimentos...

a) Una dificultad popular: publicano.

b) Una dificultad moral: pecador.

c) Una dificultad financiera: rico.

d) Una dificultad insuperable: tratar de salvarnos a nosotros mismos... Tarea inútil.

e) Una dificultad superada; clamar al que puede salvarnos: «Oyó mi clamor».

2. Cristo es el Salvador poderoso que levanta al caído: la encarnación del Verbo es Dios «inclinándose», bajándose para acercarse al pecador.

3. Su salvación es firme y segura. «Puso mis pies sobre peña» (v. 2).

4. El Salvador se complace en guiar a los salvados por el camino que Él anduvo. «Enderezó mis pasos».

5. Pone en sus labios una canción nueva: la vieja era –«¡Ay! ¡Ay! ¡Socorro!»– y la nueva es; a saber, «alabanza a nuestro Dios» (Ap. 5:9).

6. Resultados del proceso de salvación:

a) Verán esto muchos.

b) Temerán.

c) Esperarán en Jehová.

85. *UN DISCURSO SOCIAL DE JESÚS (Lucas 4:16-30)*

INTRODUCCIÓN: aunque Jesús predicaba comúnmente sobre parábolas y discursos propios, a veces usó como texto la Sagrada Escritura. En esta ocasión fue en la sinagoga de su propio pueblo, donde Él había concurrido muchas veces como oyente; pero el haber realizado milagros en Caná y Capernaúm, hizo que el presidente le llamara a predicar, y Él lo hizo de modo sorprendente, revelando su propia misión como Mesías, a quien presenta en cuatro aspectos:

I. Social

1. «A los pobres»: el jubileo era buenas nuevas sociales para los pobres. ¡Con cuánta ansia lo esperarían! Todas las deudas quedaban perdonadas, las propiedades volvían a sus primitivos dueños. Todas las necesidades y apuros de cincuenta años quedaban reparados. Jesús declaró que aquella profecía de Isaías quedaba cumplida en un sentido que ellos no entendían. Jesús no vino a suprimir la pobreza en su primera visita al mundo, ya que venía a salvar las almas y no a cambiar de golpe las leyes sociales. Dijo a Judas: «Los pobres siempre los tendréis con vosotros»; pero el Evangelio, al desarrollarse, ahuyenta la pobreza. ¿Cómo?

a) Al suprimir los vicios (Col. 3:1-4).

b) Al condenar la pereza (2 Ts. 3:7, 10).

c) Al enseñar a los ricos a ser dadivosos (1 Ti. 6:18).

2. La pobreza huye de las familias y naciones donde el Evangelio triunfa. Jesús era amigo de los pobres; vivió como pobre en el hogar de una viuda con siete hijos. Conocía las dificultades de la pobreza. El que podía convertir las piedras en oro quiso guardar la pobreza. ¿Por qué? Para poder simpatizar con ellos.

Ventajas de los pobres para el Evangelio:

a) Más libres de miramientos humanos.

b) Más decepcionados del mundo.

c) No tienen tantos lazos que les aten a pecado.

d) Se sienten más necesitados de auxilio.

3. Por todo ello se salvan más fácilmente ¿Por el mérito de ser pobres? ¡No!, sin Cristo el pobre se pierde como el rico, pero con Cristo se convierte en el más rico. Cristo se hizo pobre para que con su pobreza seamos enriquecidos en la vida y en la eternidad (1 Co. 8:9).

II. Sanar a los quebrantados (Lc. 4:18)

El mundo debía de parecer a Cristo un inmenso hospital de quebrantados de corazón: personas que han visto rotas sus ilusiones por los golpes de la vida. Ni la juventud ni la riqueza impiden el quebranto moral (ej.: Marilyn Monroe, Elvis Presley, etc.). Jesús ha venido a sanar, a juntar otra vez corazones rotos:

–*¿Para qué bebes?* –preguntaron a uno.

–*Para olvidar* –respondió.

Pero esto no es curar, sino pegar con lodo. Jesús tiene verdadero placer en curar a los tales *(anécdota: el joven que con la pistola en la mano oyó un mensaje de radio).*

El Señor no nos dice «Distráete», como aconsejan muchos psiquiatras, sino que saca la espina del pecado. Nadie puede consolar como Jesús, pues nadie puede prometer lo que Él prometió...

III. Emancipar (v. 18):

«Proclamar libertad a los cautivos». No sabemos que lo hiciera literalmente, ni siquiera con su primo el precursor (Juan el Bautista); sin embargo, dice: «Hoy se ha cumplido». Porque Jesucristo veía los efectos de su venida a un mundo de esclavos. El Evangelio es la fuente de todas las libertades:

1. Físicas: al declarar a todos los hombres iguales ante Dios. Los defensores de la libertad, Livingstone, Willberforce, Lincoln, eran cristianos y actuaban por amor a Jesús. No es extraño que la mayoría de los negros de América sean cristianos; pero Jesús pensaba también en:

2. La libertad espiritual: veía el mundo como una inmensa cárcel de Satanás (Jn. 8:32-36). Cada vicio es una cadena del diablo. Todos los psicólogos lo dicen. Los hay del tabaco, del alcohol, del juego, de las drogas, etc. Cristo rompe la cadena, cualquiera que sea; hay miles de testimonios.

IV. Recuperación de la vista (2 Co. 4:4; Jn. 9:40, 41)

¡Cuánto gana el hombre que recobra la vista! Así es el que adquiere la vista del alma. Hay un mundo nuevo para el de realidades espirituales en el Evangelio.

V. Año agradable del Señor (v. 19)

Significa edad favorable al hombre. Hace 1.900 años que dura. Para Jesús, que vivía en la eternidad, estos dos mil años de preparación del Reino no eran un tiempo muy largo. Cuando todo parezca hundirse, por los éxitos del adversario en retener a los hombres en pobreza, dolor, esclavitud y ceguera, vendrá el libertador a Sión.

VI. Y año de venganza (Is. 61:2)

1. O sea, de juicio. La palabra venganza se refiere al diablo y a las injusticias que han tenido lugar en el mundo y que Dios tiene que vengar; las que sufrieron los perseguidos en los Alpes, los condenados por la Inquisición, las víctimas de los campos nazis, todo ello pide venganza. La muerte de un Hitler en un banquete no es justicia, puesto que justos e injustos han de morir; el infierno es una necesidad, y los hombres han de ser juzgados «según sus obras». Pero el día de la justicia para unos será el año agradable del Señor para otros.

2. Jesús paró la primera parte, estaba anticipando una realidad diferida. Los mismos conciudadanos de Nazaret eran pobres esclavos del diablo cuando se levantaron airados empujando a Jesús hacia el precipicio del terreno donde está edificada Nazaret, y miles lo han estado a través de los siglos.

Nosotros somos continuadores de su misión libertadora (Jn. 14:12). Sólo podremos hacerlo, más bien en el sentido espiritual que en el político, si podemos decir como Él: «El Espíritu Santo de Dios está conmigo y él obra en mí y por mí» (Lc. 4:18).

86. *UNA INVITACIÓN BIEN PRESENTADA (Números 10:29)*

INTRODUCCIÓN; la invitación dada por Moisés a Hobab, su cuñado el madianita, es un modelo de lo que debería ser la manera de introducir el mensaje evangélico a las personas por las que nos sentimos interesadas en el bienestar de sus almas (Nm. 10:29). Notemos los siguientes puntos:

1. Es un mensaje atractivo: no dice que la tierra de Madián no sirve para nada, sino que pondera las grandes ventajas que Dios está ofreciendo a los que obedecen su llamado.

2. Es un mensaje de confianza: no dice nada de las dificultades que tal vez encontrarían, ni expresa dudas en cuanto a la posibilidad de su llegada al fin. Todo es seguro (2 Ti. 1:12).

3. Es un mensaje de interés personal: «nosotros partimos». Se trata de una compañía excelente y todos marchan con el disfrute de la presencia y protección del Señor (Mt. 28:19, 20; Jn. 10:28, 29).

4. Es un mensaje de cariño: «ven con nosotros». No es cuestión meramente de hacerle la oferta sin que le importe nada de la aceptación o rechazamiento de ella. Hay un verdadero amor detrás de sus palabras.

5. Es un mensaje de aliento: «te haremos bien». ¿Quién puede enumerar los beneficios que recibe el pueblo de Dios? Podríamos mencionar el perdón, la paz, el poder, el premio en la otra vida, etc.

6. Es un mensaje persuasivo: «Jehová ha hablado bien» –respecto a su pueblo–. Podríamos señalar lo citado en 1 Co. 2:9, 10 y describir algo de la bienaventuranza de los que se encontrarán al fin en la presencia de Dios para toda la eternidad.

87. *UNA INVITACIÓN GENEROSA (Isaías 55:1-3)*

INTRODUCCIÓN: se ha llamado a la segunda parte del libro de Isaías que empieza en el cap. 40, el Evangelio del A.T. Ciertamente hay una diferencia tal de estilo entre la primera parte y la segunda, que los críticos modernistas han inventado el supuesto de un segundo Isaías, que escribiera dos siglos después, pero podemos responderles con muchos argumentos:

–Cristo y los apóstoles siempre citaron 6 Isaías sin hacer ninguna distinción.

–En las cuevas de Qumram se ha encontrado recientemente una copia que se remonta al año cien antes de Cristo, y es igual al libro que tenemos en el Antiguo Testamento.

–No es nada extraño que un joven historiador, amigo de Uzzías y de los últimos reyes de Israel, escriba en otro estilo que un anciano desterrado en Babilonia 50 años después, pero ambos son una sola persona inspirada por el Espíritu de Dios.

Es curioso que después del cap. 53, donde se habla tan claramente del Mesías redentor, venga el 55 con la invitación evangélica que vamos a comentar.

1. Los invitados: están sedientos: naturalmente no de agua (*véase* Jn. 4:13, 14). No tienen dinero. Esto significa que no tienen medios para pagar aquello que sólo puede satisfacer sus almas (*véase* 1 P. 1:18). Por esto Dios mismo les hace en este pasaje

2. La invitación, en tres palabras:

a) Venid: esto significa una actitud decidida. Cuando invitamos a las personas a ir a la plataforma, no significamos que su acción sea salvadora, pero es una muestra de decisión. El alma tiene que decidirse y moverse como hizo el hijo pródigo, con una determinación inquebrantable.

b) Comprad: ¿Cómo comprar sin dinero? No cosas de este mundo, pero sí cosas espirituales; significa una renuncia a todo aquello que puede impedir la decisión por Cristo. Jesús habló del hombre que encontró un tesoro en el campo, y vendió todo lo que tenía para adquirir el campo, y con él, el tesoro que estaba oculto. Así es con el tesoro del Evangelio, que está escondido a la vista de los hombres, pero que es una promesa cierta de vida y felicidad eterna. Jesús lo expresa con figuras muy fuer-tes que no se tienen que tomar literalmente, pero sí en el terreno moral y espiritual (*véase* Mr. 9:43-48).

c) Comed: después de poseer la salvación tenemos que asimilarla o digerirla; esto significa poner en práctica las enseñanzas de Cristo y hacer frutos dignos de arrepentimiento. Pueden citarse ejemplos del N.T. como Zaqueo o anécdotas recientes.

3. Una censura a los esfuerzos vanos:

a) «Gastar el dinero, no el pan»: muchos habían intentado comprar el don de Dios (Hch 8:20) instigados por instituciones humanas de mucho oropel.

b) Trabajo no en hartura: son las obras penitenciales con que muchos en siglos pasados pensaron complacer a Dios y nunca estuvieron satisfechos por carecer del Evangelio con sus afirmaciones tan claras que indujeron a Lutero a proclamar la Reforma, o sea vuelta a los principios de la antigua y auténtica verdad de Dios.

4. Variedad de riquezas verdaderas:

a) Un pacto eterno ¿a través de quién?

b) Un descendiente de David en cuanto a la carne, pero que espiritualmente era Hijo de Dios.

c) Un testigo fiel. Millones han creído sus promesas y se han alistado en sus filas. Gente de todas las naciones que no conocían a Dios

5. Hay que hacer todo esto a tiempo (v. 6)

a) Cambiar de camino (*véase* Mt. 7:13, 14)

b) Todo esto ha de hacerse a tiempo (v. 6)

6. Los planes de Dios, mucho más altos... A nadie se le hubiera ocurrido desde acá abajo un plan como el de la Redención, tal como decía el místico español: «Que se hiciese Dios hombre ved medio tan acertado, ¿quién pedírselo pudiera si Dios no lo hubiera dado?».

CONCLUSIÓN: es un plan de amor con justicia. Dios vindica su justicia ante el Universo entero sacrificándose Él mismo en la persona de Cristo, que era Dios y hombre a la vez. ¿Puede el hombre pedir más? ¿Puede alguien despreciar semejante invitación?

88. *EL TEMA DE JUAN (Apocalipsis 1)*

1. La Cruz de Cristo (v. 5).
2. La venida de Cristo (v. 7).
3. La comunión de Cristo (vv. 12-18).

89. *GLORIOSAS REALIDADES*

«Cosas gloriosas se han dicho de ti, ciudad de Dios» (Sal. 87:3).

1. El glorioso Evangelio de Dios:

«Según el glorioso Evangelio del Dios bendito, que me ha sido encomendado» (1 Ti. 1:11; Ro. 1:1).

2. El glorioso Evangelio de Cristo:

«Pero si nuestro Evangelio está aún encubierto, entre los que se pierden está encubierto; en los cuales el dios de este mundo cegó los pensamientos de los incrédulos, para que no les resplandezca la iluminación del Evangelio de la gloria de Cristo, el cual es la imagen de Dios» (2 Co. 4:3, 4; Ro. 1:9, 16).

3. La iglesia gloriosa:

«... Así como Cristo amó a la iglesia, y se entregó a sí mismo por ella, para santificarla, habiéndola purificado con el lavamiento del agua por la palabra, a fin de presentarla él a sí mismo como una iglesia gloriosa, que no tenga mancha ni arruga ni cosa semejante, sino que sea santa y sin mancha». (Ef. 5:25-27; Hch. 20:28).

4. Glorioso poder:

«... Para que andéis como es digno del Señor, agradándole en todo, llevando fruto en toda buena obra, y creciendo en el pleno conocimiento de Dios; fortalecidos con todo poder, conforme a la potencia de su gloria, para toda paciencia y longanimidad...» (Col. 1:10, 11; Ef. 3:16).

5. Gloriosa libertad:

«...De que también la creación misma será liberada de la servidumbre de la corrupción, a la gloriosa libertad de los hijos de Dios». (Ro. 8:21; Gá. 5:1).

6. Gloriosa aparición:

«Aguardando la esperanza bienaventurada y la manifestación gloriosa de nuestro gran Dios y Salvador Jesucristo...» (Tit. 2:13; 1 Jn. 3:2; 2 Ti. 4:8).

7. Cuerpo glorioso:

«Mas nuestra ciudadanía está en los cielos, de donde también esperamos al Salvador, al Señor Jesucristo; el cual transfigurará el cuerpo de nuestro estado de humillación, conformándolo al cuerpo de la gloria suya, en virtud del poder que tiene también para someter a sí mismo todas las cosas» (Fil. 3:20, 21).

90. *EL SEÑOR JESÚS Y LA ORACIÓN EN LOS CUATRO EVANGELIOS*

1. El Señor Jesús y la oración en el evangelio de Lucas:

a) Él oró en su bautismo (Lc. 3:21).

b) Oró sobre la multitudes (Lc. 5:15, 16).

c) Oró sobre la enajenación mental humana (Lc. 6:11, 12).

d) Oró antes de preguntar qué era lo que la gente pensaba de Él (Lc. 9:18):

e) Oró en su transfiguración (Lc. 9:29).

f) Oró por Pedro (Lc. 22:31, 32).

g) Oró en Getsemaní (Lc. 22:41, 44).

h) Oró en la Cruz y en la hora de su muerte (Lc. 23:34).

2. El Señor Jesús y la oración de acuerdo a Mateo, Marcos y Juan:

a) Tanto Mateo como Marcos nos informan que el Señor subió a o alto de las montañas y en medio de la soledad oraba en voz alta su Padre (Mt. 14:23; Mr. 6:46).

b) Marcos nos dice que Él se despertó temprano por la mañana y elevó su voz en oración (Mr. 1:35).

c) Juan nos dice que el Señor oró ante la tumba de Lázaro ante de llamarlo a la resurrección y a la vida, y con toda confianza agradeció al Padre por la respuesta que ya daba por segura (Jn. 11:41, 43).

3. El Señor Jesús y la oración en conexión con su ministerio presente:

a) Su vida en la tierra fue entregada a la oración.

b) Su vida celestial está constantemente llena de intercesión por los suyos.

c) La intercesión de Cristo por los suyos es tanto comprensiva, amorosa como efectiva.

4. El Señor Jesús y la oración en relación con su pueblo:

a) Mirando la vida de oración del Señor Jesucristo, pensemos en nuestras propias vidas con relación a la oración.

b) El es nuestro gran Ejemplo y Modelo tanto en la oración, como en todas las cosas.

c) La oración es el gran recurso del cristiano.

d) Dios responde a la oración, no siempre a nuestro modo, pero si de la mejor forma según su sabiduría.

91. *ESPERANDO LA CORONACIÓN (2 Timoteo 4:6-8)*

INTRODUCCIÓN: nada podría ser más propio de Pablo de acuerdo a su carácter y circunstancias que este lenguaje paulino...

1. Pablo había casi alcanzado el punto de conexión entre la Tierra y el Cielo: Pablo ya era un anciano, y su martirio había sido determinado para dentro de no mucho tiempo. El dice que ha acabado la carrera, y que ha peleado al buena batalla. El próximo paso habría de ser el pasaje a la eternidad. Su situación no era como para sentir pena por él, sino para felicitarle.

2. Reflexiones de Pablo sobre la vida pasada: «La buena batalla». Había peleado por una buena causa, la causa de Dios, y el bienestar eterno de los seres humanos, por los cuales había muerto el Redentor. Es la causa más noble por la que el corazón de un hombre o un ángel jamás haya latido. «He guardado la fe». Pablo había recibido el Evangelio como un depósito sagrado, y lo había guardado, defendido, y mantenido con toda fidelidad. En medio de todas la varias formas de duda e incredulidad que había visto, se mantuvo firme como una roca en defensa de la verdad. Perseveró incansablemente hasta haber acabado la carrera.

3. Pablo mira hacia adelante, a la promesa que Dios le dará: sus ojos miran hacia el futuro y la gloria se eleva majestuosa ante él –«una corona» le espera– emblema de riquezas, de dignidad, de autoridad –una medida inconcebible de gozo, la corona de justicia», adquirida por la justicia del Redentor, una corona segura y de inmenso valor. De parte de Dios es también un testimonio público en honor de Sus santos. La recompensa es dada por un Juez justo, y es intachable.

CONCLUSIÓN: esperaremos nuestra recompensa hasta el día de la venida del Señor. Es una recompensa tan segura como el pacto de fidelidad de Dios, y como la gracia y el poder del Mediador.

Otras riquezas pasarán y desaparecerán, pero las dádivas de Dios son eternas. Bendito y bienaventurado el creyente moribundo que mira atrás y ve que el camino de peregrinaje por el desierto ya se ha terminado; y al mirar hacia adelante puede ver las visiones de la inmortalidad.

92. *EL MERCADER*
(Proverbios 3:13 y 14)

1. La analogía:

a) El mercader ubica sabiamente su negocio para tener éxito. Del mismo modo, el cristiano debe saber ubicar todo lo que Dios le ha dado para usar en el servicio.

b) El mercader sabio llena su sitio con mercancías para la venta. El cristiano ha de ver que su corazón esté lleno con santas experiencias, gracia y verdad.

c) El mercader exitoso hace publicidad de su negocio al mundo. El cristiano estará siempre listo para dar su testimonio.

d) El mercader se preocupa respecto a los precios de las mercancías de la situación general del mercado. El Hijo de Dios se interesa profundamente por los asuntos del Reino.

e) El mercader mantiene una correspondencia frecuente con los grandes mercados mayoristas. El cristiano fiel debe ser constante en la oración, y en la lectura de la Palabra.

f) El mercader que triunfa en sus negocios se acomoda a sus clientes. El cristiano fiel estará siempre alerta a acomodar sus palabras, hechos e influencias para el bien de los que le rodean.

g) Un buen mercader dispensa y recibe beneficios. El cristiano útil en el servicio reparte bendiciones a los demás y por lo tanto recibe beneficios para su propia alma.

h) El mercader que tiene éxito en sus negocios cierra su vida laboral con altas ganancias. ¿Cuántos cristianos fieles y fervientes tendrán sus coronas engalanadas con estrellas, y andarán por las calles de oro del Cielo juntamente con aquellos que han llevado a Cristo?

2. La aplicación: ¿Querrá cada uno de vosotros que oye este mensaje, entrar en el tráfico santo para El Señor Jesús como nunca antes lo ha hecho?

93. *HEBREO, GRIEGO Y LATÍN*
(Juan 19:20)

INTRODUCCIÓN: el hecho de que el título sobre la cruz de Nuestro Señor fue escrito en estas tres lenguas, tiene un mensaje para todo el mundo.

1. En Hebreo, el idioma del pueblo religioso. El mensaje de la cruz enseña aquí que la religión no basta, pues la nación más religiosa rechazó a Cristo. Saulo era en extremo religioso y sin embargo no era salvo.

2. En Griego, el idioma del pueblo sabio. Los sabios según el mundo deben saber que Dios «ha enloquecido la sabiduría de este mundo» (1 Co. 1:20), y que no podrán encontrar la salvación en su sabiduría humana, pues el principio de ella es el temor de Jehová (Pr. 1:7).

3. En Latín, el idioma del pueblo poderoso. El ideal de los romanos era el poder irresistible. Pero la cruz en seña que lo débil de Dios es más fuerte que todo el poder de los hombres (1 Co. 1:25; Ro. 1:16). El gran poder del imperio romano decayó y desapareció, pero el Evangelio ha seguido de triunfo en triunfo a través de los siglos.

94. *LAS LEYES DE MIGRACIÓN*
(Juan 14:2-4)

Todos los países tienen leyes de inmigración. Es un privilegio aplicarlas a todos los que quieren entrar. Hoy no se puede viajar sin cumplir muchas leyes semejantes. Ni se puede ir al Cielo sin encontrarlas. Hélas aquí:

1. Cosas que no podemos importar al Reino de los Cielos:

a) Las cosas malas (1 Co. 6:9, 10; Gá. 5:19, 20).

b) Las cosas de carácter sospechoso (Ef. 5:314).

2. Cosas que debemos tener si queremos entrar:

a) Un nuevo nacimiento (Jn. 3:3).

b) Santidad de corazón y vida (He. 12:14).

95. *YO SOY*
(Juan 8:25)

Los judíos preguntaron un día a Jesús: «¿Tú quién eres?» (Jn. 8:25): Jesús respondió a través de sus discursos...

1. «Yo soy el pan vivo que ha descendido del Cielo. Si alguno comiere de este pan, vivirá para siempre» (Jn. 6:51).

2. «Yo soy la luz del mundo. El que me sigue no andará en tinieblas, mas tendrá la lumbre de la vida» (Jn. 8:25).

3. «Yo soy la puerta. El que por mi entra será salvo» (Jn. 10:9).

4. «Yo soy el buen pastor. El buen pastor su vida da por las ovejas» (Jn. 14:6).

5. «Yo soy el camino» (Jn. 14:6).

6. «Yo soy la verdad» (Jn. 14:6).

7. «Yo soy la vida» (Jn. 14:6).

8. «Yo soy la vid verdadera» (Jn. 15:1).

9. «Yo soy el alfa y la omega, principio y fin» (Ap. 1:8).

10. «Yo soy la resurrección y la vida El que cree en mí aunque esté muerto vivirá» (Jn. 11:25).

11. «Y si no creyereis que Yo soy, en vuestros pecados moriréis» (Jn. 8:24).

96. LOS CAMINOS DEL FUTURO

«... a fin de que sepáis el camino por donde habéis de ir» (Jos. 3:4).

1. El camino de Damasco: camino del despertamiento: conversión.

2. El camino de Jerusalén: camino de la comisión.

3. El camino de Jericó: camino del servicio.

4. El camino de Emaús: camino del compañerismo, el corazón ardiente.

97. REFUGIO
(Josué 20:7, 8)

1. Institución de las «Ciudades de Refugio»:

a) Muestran el amor de Dios hacia los pecadores arrepentidos.

b) Simbolizan la salvación fácil que Dios nos ofrece.

c) Son tipos de Cristo mismo (1 Jn. 4:8, 16).

2. Diferencia entre las leyes dadas por Moisés y las que regían en el resto del mundo:

a) Estas eran crueles.

b) Aquellas eran benignas.

c) «Porque la ira del hombre...» (Stg. 1:20).

3. Ciudades al Poniente del Jordán:

a) Cedes, en Neftalí.

b) Siquem, en Efraim.

c) Hebrón, en Judá.

4. Ciudades al Oriente del Jordán:

a) Beser, en Rubén.

b) Ramoth, en Gad.

c) Gaulon, en Menasés oriental.

5. Eran lugares seguros:

a) Se podía vivir en ellas tranquilamente.

b) Se podía rehacer la vida.

c) Se podía permanecer en ellas.

6. Eran lugares agradables:

a) Los refugiados tenían buen alojamiento.

b) Se les proporcionaba trabajo.

c) Todos eran «pecadores escapados».

7. Único recurso para el delincuente:

a) Se le recibía en la puerta.

b) Se le juzgaba con humanidad.

c) Se le escapaba del vengador.

8. Facilidades para llegar a ellas:

a) No había que pasar el Jordán.

b) El camino era bastante bueno.

c) Las puertas estaban siempre abiertas.

9. Nuestro Refugio es Cristo:

a) Invita a los pecadores (Mt. 11:28).

b) Recibe a los pecadores (Lc. 15:2).

c) Salva ampliamente y de forma inmediata (Ap. 22:17).

«Señor, ¿qué quieres que haga?» (Hch. 9:6).

98. EL GRANJERO TONTO
(Lucas 12:20)

1. Olvidó al dador, pensando en los dones. Ingratitud: «Mis dioses». La propiedad es sólo un préstamo. Somos mayordomos de Dios.

2. Se olvidó de su vecino, pues pensaba sólo en sí mismo: «Alma, tienes muchos bienes en reserva...». Vivir para acumular riquezas no es sabio. No es la cantidad lo que hace la felicidad. Las Escrituras nos enseñan que es más bienaventurada cosa dar que recibir.

3. Se olvidó de su alma, y pensó solamente en su cuerpo. Este hombre hizo provisión sólo para sus necesidades físicas. Las propiedades no pueden sostener la vida ni prolongarla El alma no puede ser satisfecha con nada que no provenga de Dios.

4. Se olvidó de su moralidad, pues pensaba solamente en su vida terrena. La muerte puede sobrevenir en cualquier momento. Es extraño que los hombres, siendo tan cuidadosos en asegurar todos sus bienes contra pérdida y daños varios, no hagan provisión para la eternidad. El buen hombre encomienda su alma a Dios. Al hombre malo se le requiere su alma.

99. *LA OVEJA PERDIDA Y EL PASTOR QUE LA BUSCA*

«¿Qué os parece? Si un hombre tiene cien ovejas, y se descarría una de ellas, ¿no deja las noventa y nueve y va por los montes a buscar la que se había descarriado?» (Mt. 18:12).

INTRODUCCIÓN: encontramos esta sencilla parábola, o más bien diremos germen de parábola en una forma más extensa, como la primera de las tres incomparables parábolas que se encuentran en el cap. 15 del evangelio de Lucas. Quizás nuestro Señor repitió la parábola más de una vez. Es una revelación de lo más profundo de su corazón, y por lo tanto, una revelación del mismo corazón de Dios. Toca las fibras más profundas de su relación con los hombres y presenta los pensamientos de él, en tal forma que ningún hombre había osado imaginar. Hace todo esto por medio de una imagen sencilla y por medio de la apelación a los instintos más puros. El pastor más sencillo busca su oveja perdida. ¡Y cuánto regocijo se siente cuando uno halla una cosa perdida! Puede ser que las cosas pérdidas no sean tan valiosas como las que no se han perdido. Sin embargo, aunque no sean muchas las ovejas que se han perdido, y una solamente sea la descarriada, se experimenta un gozo más profundo por la recuperación de una, que por la posesión de las noventa y nueve que no se descarriaron. Ese sentimiento en un hombre puede ser únicamente egoísmo; pero, por corriente que parezca, cuando el que pierde es Dios, y los perdidos son los hombres, dicho sentimiento llega a ser un medio para proclamar e ilustrar esta verdad concerniente a Dios, la cual ninguna religión, excepto la de la cruz, ha sido bastante audaz para proclamar: Que Dios se preocupa más por los descarriados que él se regocija más por el regreso de uno que se descarrió, que por los noventa y nueve que nunca se han descarriado. Hay algunas diferencias significativas entre este relato de la parábola y el que está en el evangelio de Lucas. Allá, en el de Lucas (15:1-7), se relata la parábola para vindicar 13 acusación de que Cristo se relacionada con los publicanos y los pecadores; y aquí, en el relato de Mateo, se menciona para señalar la lección de que no debe despreciarse al último y más insignificante de los hijos de los hombres. Allá, el pastor que busca es claramente Cristo; aquí, el Pastor que busca es más bien el Padre celestial; esto se colige por las palabras del siguiente vs.: «Así, no es la voluntad de vuestro Padre que está en los Cielos, que se pierda uno de estos pequeños» (Mt. 18:14). Allá, según Lucas, la oveja está perdida; aquí, según Mateo, la oveja se descarría. Allá, según Lucas, el pastor la busca hasta que la encuentra; aquí, según Mateo, el pastor, probablemente, no la encuentra, pues nuestro Señor dice: «Y si acontece que la encuentra...».

Pero no voy a aventurarme en todos los pensamientos que sugiere esta parábola, ni siquiera voy a tocar la lección principal que enseña. Solamente deseo considerar las dos figuras: la oveja descarriada y el que la busca...

1. Lo que representa la oveja descarriada: casi es innecesario que recordemos la aplicación inmediata de la parábola que encontramos en el evangelio de Lucas; las noventa y nueve eran personas respetables; ellas creían que los publicanos y las rameras eran demasiado corrompidos aun para tocarlos; y consideraban como dudosa la conducta de parte de este joven Rabí de Nazaret al mezclarse con aquellas personas de reputación dudosa, con quienes nadie que se considerara impío podría relacionarse. Jesús vindicó su actitud dando a entender que él, en realidad, era un Pastor. Por supuesto que un pastor va tras de las ovejas perdidas y cuida de ellas. No pregunta cuánto valen ni ninguna otra cosa respecto de ellas. Sencillamente sigue a la oveja perdida porque se halla

perdida. Puede ser un pobre animalito, pero está perdido, y eso es suficiente. Y así se vindica él mismo ante las noventa y nueve, y con su actitud les hace entender que ellos no lo necesitan, porque no están perdidos; y que aunque él los estima según el valor que ellos mismos se han adjudicado, la misión de él es para con los descarriados. Sin embargo, al examinar más de cerca y profundamente los hechos del caso, tenemos que reconocer que las noventa y nueve también eran ovejas descarriadas, y que todos los hombres están descarriados si se usa esta parábola en su significado más amplio. Recordando pues, esta aplicación universal de la parábola, señalaré dos o tres cosas acerca de la condición de estas ovejas descarriadas, que incluyen a toda la raza humana. Las noventa y nueve pueden representar para nosotros una gran cantidad de seres celestiales no caídos, cantidad inmensamente más grande que las multitudes de almas descarriadas que han vivido aquí a través de las edades y que han sido víctimas del pecado y la aflicción; pero esto no nos preocupa por ahora.

a) Notemos en seguida el cuadro de la oveja descarriada: la palabra significa literalmente «que se descarría», no «que se ha descarriado». Describe el proceso del descarrío, no el resultado a que ha llegado. Vemos a la oveja, pobre e incauta criatura que no va a ningún lugar en lo particular, pero que viendo por allí un poco de pasto verde y agradable va errante a ese lugar, ve más allá un poco de tierra donde el caminar es fácil, y allá va; y así, paso a paso, sin intentarlo prosigue sin saber a dónde va, y sin saber que va a un hogar definido. La oveja va alejándose hasta que al final se encuentra fuera de su camino en una colina (ya que generalmente las ovejas se conservan en la falda de las colinas, como cualquier pastor podrá afirmarlo). y entonces comienza a balar. Y siendo la oveja la más indefensa de todas las criaturas. temblando y excitada se precipita entre las espinas o los abrojos, o se sume en el cieno o en alguna otra parte, y nunca encuentra su camino para volver por sí misma, sino hasta que alguien viene por ella. Así como las ovejas, nos dice Cristo, muchos de vosotros no intentáis errar; ni dirigir a ningún lugar en lo particular; no iniciáis vuestro camino con ningunas intenciones de hacer el bien o el mal, de conservaros cerca de Dios o de alejaros de él; pero vosotros sencillamente vais a donde el pasto es más dulce, o el caminar mas fácil; y entonces reconocéis a qué fin habéis llegado: Os habéis alejado de Dios.

b) Ahora, si tomamos la serie de parábolas que se encuentran en Lc. 15, y leemos las historias que hay allí, veremos tres diferentes aspectos del proceso por el cual el corazón del hombre se descarría y se aleja de Dios. Allí tenemos a la oveja que se descarría: Ella representa al hombre que está parcialmente consciente y que puede actuar, en parte, de acuerdo con su voluntad, pero que con el transcurso del tiempo se rinde a sus inclinaciones y a la tentación. Luego tenemos la moneda que cae rodando, queda escondida debajo de algún mueble, y se pierde: Esta ilustración describe al hombre sin voluntad, quien a veces casi mecánicamente cae en pecado, se sumerge en él, y queda cubierto con el polvo del mal. Después está la peor de todas las descripciones: el muchacho que tenía pleno conocimiento de lo que estaba haciendo...

–Me voy a un país lejano; no puedo soportar aquí mas tiempo. Se me han puesto muchas restricciones, y no gozo de ninguna libertad. No se me permite hacer lo que yo quiero; y siempre estoy obligado a obedecer y a depender de mi padre para que me dé dinero. Quiero que me de lo que me pertenece, para bien o para mal, y que se me deje ir.

Esta ilustración describe la peor manera en que el hombre puede descarriarse: Un hombre que se halla en estas condiciones sabe lo que está a punto de hacer, medita en las restricciones misericordiosas de la ley de Dios, y dice:

–No. Mejor deseo estar lejos de aquí; prefiero ser mi propio amo, y no estar todo el tiempo encerrado y confinado a estas limitaciones.

c) El descarrío medio consciente de la oveja parece ser el mas inocente, pero lleva a la pobre oveja tan lejos del pastor, como si lo hubiera hecho con todo conocimiento de causa, y de manera voluntaria. Aprendamos la lección. En un mundo como éste, si un hombre no sabe claramente a dónde va, seguramente se dirigirá hacia lo malo. Si nos proponemos hacer lo contrario a la voluntad de Dios, y rehusamos seguir sus pisadas e imitar su vida ejemplar; y si nuestro propósito principal es obtener pastos suculentos para comer y lugares fáciles por

donde caminar, seguramente nos descarriaremos trágicamente de todo lo que es recto y noble y puro. No podremos disculparnos, diciendo: «No quise hacerlo; no intentaba hacer nada malo; solo seguí mis propias inclinaciones». Más desgracias se labra el hombre para si mismo y para otras personas, por su falta de consideración y reflexión, que por su falta de voluntad. La oveja desde que inicia su jornada ya se ha descarriado; aunque no haya sido ésa su intención. Jóvenes que comenzáis a vivir, recordad y aprended esta lección. Pero después hay otra cosa que deseo discutir por un momento. Nuestro texto dice: «Va por los montes a buscar la que se había descarriado», pero el original lo dice de manera más correcta: «y busca la que se está descarriando».

d) Ahora, observemos cuál es la diferencia entre estas dos expresiones. La primera sugiere que el proceso ya está terminado; y la segunda sugiere que todavía está verificándose. Y es en esto en lo que deseo hacer hincapié: en el carácter terrible y necesariamente progresivo de nuestro descarrío de Dios. Un hombre no podrá vencer la distancia que lo separa del Padre, si ha vuelto de él su rostro y se aleja de él más y más. Cada momento aumenta la separación. Dos líneas que empiezan a separarse en el ángulo más agudo, divergen y van separándose más mientras más se vayan extendiendo. Así acontece con los hombres: Unos estarán al lado del trono de Dios, y los otros en las profundidades del infierno. De esta misma manera el texto que nos ocupa enseña con una sola sílaba la tremenda lección: La oveja no se ha descarriado, sino que está descarriándose. ¡Qué terrible es pensar que algunos diariamente y a cada hora aumentan la distancia que los separa del Padre misericordioso!

e) Ahora, la última cosa que tenemos que mencionar con respecto a esta parábola es el contraste entre la descripción que se da de la oveja descarriada en nuestro texto, y la que se da en el evangelio de Lucas. Aquí en Mateo, se representa como que está descarriándose y allá se representa como perdida. Esto es hermoso y tiene un significado que con frecuencia dejan pasar inadvertido los que leen la parábola rápidamente. ¿Quién es la que se ha perdido? Hablamos acerca del alma. perdida y del hombre perdida como si el hombre se hubiera perdido a sí mismo; y esto es verdad, y una terrible verdad. Pero ésta no es la enseñanza que debe desprenderse de esta parábola y que se desea que nosotros obtengamos de ella. ¿Quién es el que ha perdido la oveja? Aquel a quien pertenecía. Es decir, que cuando un corazón se aparta de Dios y se enreda con los tesoros y placeres de este mundo, y se aleja así de la lealtad, la confianza, y el compañerismo del Dios vivo, Dios el Padre se considera a sí mismo como infeliz, entristecido por uno de sus hijos, es decir, por la pérdida de una de sus ovejas. Él no quiere poseernos por fuerza, porque fuimos comprados por Él, o porque es poderoso o por ley. Él desea que nosotros lo amemos. En el corazón divino hay algo que lo hace ir tras de su propiedad perdida. Aquí tocamos cosas profundas de las cuales no podemos hablar inteligiblemente; pero recordemos esto: que aquello que el hombre califica como preocupación, es la manifestación. más pura del amor de Dios: y que en toda la revelación que el cristianismo haga del carácter de Dios no hay nada mas maravilloso que esto: que Dios considere que ha perdido a su hijo, cuando sus hijo se ha olvidado de amarle.

2. Consideremos lo que representa el buscador: para terminar, haremos una o dos declaraciones en relación con el buscador. Dijimos que en uno de los aspectos dé la parábola el Padre se destaca más, y en el otro se destaca más el Hijo quien se describe como buscando a la oveja. Pero estos dos cuadros todavía coinciden en esencia, puesto que el plan de Dios para ir en busca de las pobres ovejas descarriadas, que somos nosotros? incluye la obra expiatoria de su amado Hijo Jesús.

a) Según las palabras de nuestro texto, Dios deja las noventa y nueve y va a las montañas donde se halla la oveja descarriada. Es así como, de una manera velada digamos a entender el gran misterio del amor divino, manifestado en la encarnación y el sacrificio de Jesucristo nuestro Señor. Esta es la respuesta que el cristiano evangélico debe dar cuando se enfrenta ante esta afirmación sarcástica: «Vosotros habéis de tener en un alto concepto la naturaleza humana, y debéis poseer una idea arrogante de los habitantes de este pequeño planeta, que como un grano de arena flota en la inmensidad

de los Cielos, si creéis que con todos estos millones de cuerpos celestes, la misma divinidad vino a éste pequeño planeta, tomó vuestra naturaleza y murió».

b) Cristo nos enseña que no porque el hombre fuera tan grande, o porque fuera tan valioso comparándolo con el resto de la creación, sino porque era tan desgraciado y tan pequeño, y porque se había alejado tanto de Dios. por esto, el amor de Dios lo buscó y lo atrajo a sí mismo. Esta debe ser una respuesta suficiente.

c) Además, mencionaremos lo que representan, y cómo difieren entre sí, los dos finales de la búsqueda en ambas parábolas. Una de estas terminaciones dice que la busca «hasta encontrarla». ¡Cuán paciente infinito e inconcebible es el amor divino! La longanimidad de Dios el gran Pastor, nos busca y sigue todos nuestros descarriados y desviados pasos hasta que nos encuentra. Aunque la oveja siga apartándose más y más del pastor, él sigue buscándola. Mientras más se aparta la oveja, más tierna es la apelación del pastor: y cuanto más cerramos nuestros oídos, más fuerte es la voz con la cual Dios nos llama. Nosotros nunca podremos cansar a Jesucristo; nunca podremos agotar los recursos de su amor abundante, de su ternura. No importa que hayamos hecho mal; no importa cuán lejos nos hayamos descarriado; tampoco importa cuán rápidamente nos estemos apartando más de él, Dios nos seguirá buscando con su amante longanimidad, y nunca se dará por vencido.

CONCLUSIÓN: querido amigo, ¿quieres tú creer que una Persona amante y viviente está buscándote; buscándote por medio de mis pobres palabras; buscándote por medio de muchos métodos providenciales; buscándote por medio de su Evangelio; buscándote por medio de su Espíritu; y que él nunca estará satisfecho sino hasta que te haya encontrado, y hasta que tú lo hayas encontrado a él y le hayas entregado tu alma? Yo te ruego que no olvides la solemne lección que extrajimos de la otra forma de la parábola que se menciona en el texto: «Si es que la halla». Te ruego que no olvides esta solemne lección. Recuerda que hay una posibilidad de fracaso. ¡Qué poder tan tremendo tienes tú de sepultarte en un sepulcro, como si lo hicieras con tu propia voluntad, escondiéndote así en la obscuridad de tu propia voluntad, escondiéndote así en la obscuridad de tu propia incredulidad! Tú puedes defraudar el amor de Dios que te busca. Algunos de vosotros tal vez lo han hecho alguna vez; algunos quizás lo han hecho durante toda su vida, algunos más posiblemente en este momento están tratando de hacerlo, y conscientemente están endureciendo su corazón contra algo que lo ablande y que pueda entrar en él.

¿Estás tú rindiéndote a su amor que te busca, o estás alejándote más y más de él? Él ha venido a buscarte; no lo dejes buscar en vano. Deja que el Buen Pastor te atraiga hacia Él. Piensa que, cuando fue enclavado en la cruz, dio su vida por sus ovejas. Él restaurará tu alma y te llevará en sus hombros al seno de su amante corazón, a los pastos verdes y al redil seguro. Entonces habrá gozo en su corazón, más que por todos aquellos que nunca se han descarriado; y habrá gozo en el corazón de aquellos descarriados que regresan, como lo hay en los que nunca pudieron conocer esta desgracia; porque, como lo dice el profundo refrán judío: «En el lugar donde están los penitentes, los perfectamente justos no pueden estar».

100. *EL CABALLO VERDOSO PÁLIDO (Apocalipsis 6:8)*

Consideremos los siguientes puntos:

1. La descripción figurada que se da de la muerte:

a) La muerte está bajo un sello (v. 7). La muerte no está bajo la dirección del poder de Satanás, sino bajo las órdenes del autor y sustentador de la vida (Dt. 33:39; Dn. 5:25; Sal. 103:4).

b) La muerte se representa montando a caballo, como un caballo en la guerra, pisando todo lo que está bajo sus pies.

c) La muerte se describe como un caballo verde pálido. Esto se deriva de la apariencia que toma el ser humano una vez muerto. «Para siempre serás más fuerte que el, hasta hacerlo desaparecer, desfigurarás su rostro, y le despedirás». (Job 14:20).

d) La muerte se describe seguida por el hades. Esta palabra a veces significa lo mismo

que tumba, y otras veces, un estado invisible. También puede significar el lugar del castigo futuro.

2. Nuestro deber al respecto:

a) Venid y ved la antigüedad de la muerte: Abel, etc.

b) Venid y ved el grado y la extensión de su devastación.

c) Venid y ved a la muerte frustrada y conquistada. El Señor Jesucristo ha quitado el aguijón de la muerte.

d) Venid y ved como el creyente puede salir al encuentro de la muerte sin temor.

3. Aplicación:

a) Id al lecho de muerte del incrédulo y ved la ansiedad, el miedo, y la desesperación que lo rodea.

b) Id al lecho de muerte del libertino, endurecido, muriendo como una bestia.

c) Id al lecho de muerte del mundano, y veréis su corazón amarrado a esta Tierra, pero desesperado, sabiendo que tiene que abandonarlo todo e irse a la condenación.

d) Id al lecho de muerte del simpatizante, que anduvo muy cerca de Cristo, pero que nunca le ha aceptado.

e) Pero id al lecho de muerte del cristiano. ¡Cuán brillante y radiante es la escena! ¡La misma antecámara del Cielo!

101. *EL DÍA DE PENTECOSTÉS (Hechos 2:1-8, 12-18, 22-24, 32 y 33, 39)*

1. Históricamente:

a) La Pascua conmemoraba la liberación del pueblo de Israel de su esclavitud en Egipto. Esta fiesta adquirió además otro significado cuando se asentaron en Canaán, ya que vino a ser también la fiesta de las primicias, cuando las gavillas de granos eran mecidas delante del Señor (Lv. 23:1-12).

b) Pentecostés, que significa «cincuenta», viene cinco días después de la Pascua. La enseñanza generalmente aceptada, es que esta fiesta conmemora la ocasión en que le fue dada la ley a Moisés en el Monte Sinaí. Después de que Israel se asentara en Canaán se le añadió otro significado importante. Marcó la finalización de la siega del grano que había comenzado cuando la Pascua.

c) La Fiesta de los Tabernáculos conmemoraba el peregrinaje de Israel durante su viaje por tierras desiertas (Lv. 23:33-43). Esta fiesta marcaba el final de de la cosecha, de los frutos, de la vendimia, etc.

2. Figurativamente; el significado figurado (tipo) de las fiestas:

a) La Pascua marcaba el comienzo de las cosas enraizadas en la redención. El cordero era sacrificado, y su sangre se esparcía en la puerta. El cordero que luego se comía, era comida y fuerzas para el viaje. Cristo es nuestra «Pascua» (1 Co. 5:7). Él es las «Primicias» de los que durmieron (1 Co. 15:20).

b) Pentecostés marcaba la finalización de la cosecha comenzada en la Pascua. Marcó la culminación de la obra del Señor Jesús en la redención. Pentecostés fue igualmente una obra de Cristo (Hch. 2:32, 33), como lo fue el Calvario. El Calvario hubiera quedado incompleto sin Pentecostés. Mientras que los fieles judíos conmemoraban el hecho de que les hubiese sido dada la ley en los días antiguos, los fieles seguidores de Cristo entraban en el nuevo pacto (He. 8:10).

c) Los Tabernáculos ilustran la cosecha final de la redención de los santos de Dios que serán reunidos desde todos los rincones para estar para siempre con Él. Aún esperamos su cumplimiento (Ap. 7:9-10):

–La enseñanza tipificada en la vida de los discípulos:

–Ellos participaron de las primicias de la obra redentora de Cristo.

–Para los discípulos y para otras gentes, Pentecostés fue el cumplimiento de su salvación inicial: la finalización de lo que había comenzado en la Pascua. Ellos habían experimentado el dinamismo interior, el llamamiento del Espíritu Santo, y pasaron a ser el cuerpo espiritual de Cristo, la Iglesia.

d) La enseñanza tipificada relacionada con Cristo:

–Él es nuestra Pascua, sacrificada por nosotros (1 Co. 5:7), el Cordero de Dios. Su sangre fue derramada para la remisión de los pecados. Al día siguiente de la Pascua, el primer día de la semana, cuando la gavilla de las primicias

eran mecidas delante del Señor en el Templo en Jerusalén, nuestro Señor Jesucristo salió del sepulcro, «primicia de los que durmieron» (1 Co. 15:20)

–Pentecostés fue la culminación de su provisión de redención (Hch. 2:32, 33). En el Calvario, Jesucristo derramó su sangre como rescate por muchos. En Pentecostés Cristo «se derramó» a sí mismo, al enviar la promesa del Padre sobre aquellos discípulos que esperaban fielmente.

3. Doctrinalmente:

a) Pentecostés es el reflejo terrenal de la exaltación celestial de Cristo. Él es exaltado arriba: El que nos enviara Su Santo Espíritu fue una indicación de Su exaltación, como Él lo había dicho (leer Jn. 7:38, 39; y también 16:7).

b) Pentecostés significa que los hijos de Cristo participan de su victoria. Toda Su vida en la Tierra fue para nosotros; Él murió por nosotros; Él se presenta ahora por nosotros en la presencia de Dios (He. 9:24). Él es exaltado para nosotros; Él comparte con nosotros esta gran victoria; nos envía la promesa del Padre, nos llena con Su Espíritu, nos faculta para ser victoriosos en la vida y en el servicio.

c) Pentecostés es el compromiso de la presencia permanente del Espíritu Santo en la Iglesia (Jn. 14:16).

102. *EL LLAMADO DE CRISTO A LOS SEDIENTOS (Juan 7:37)*

1. La sed de felicidad: se puede decir que ésta es la sed más común y normal. Si algún hombre tiene sed de ser feliz, dejadle venir al Señor Jesucristo y beber. Puede venir sin nada, sólo con un ardiente deseo de felicidad. Al principio no es un deseo espiritual, pero al venir a Cristo lo será.

2. La sed de justicia: el hombre que viene a Cristo comienza teniendo sed por una rectitud personal, por una conformidad de corazón, de hábitos y de vida en general en conformidad a la voluntad de Dios. Dios envió a Jesucristo para salvarnos. Su justicia es un principio en nuestro corazón, y un manto sobre nuestra persona.

3. La sed de amor: el deseo puede caer sobre sí mismo y así sucede; o puede reducirse y quedar suspirando en el corazón solitario, que no puede ser satisfecho a menos que halle la fuente de toda plenitud y amor en Él. Su amor santifica, ennoblece, y da cumplimiento a lo demás.

4. La sed de vivir: esta sed es más profunda, más vasta, y más terrible. De vuelta del oscuro reino del olvido eterno, el alma viviente clama por la vida y desea alcanzarla dondequiera que esté. ¿Quién puede darnos esta estupenda fe en la vida? ¿Quién puede traer la vida y la inmortalidad a la luz por medio de su Evangelio. ¿Podrá usted continuar viviendo sin Él? ¿Tan enamorado está de la miseria humana? ¿Tan querido le es su pacto con la muerte?

103. *LA CENA DE LAS BODAS DEL CORDERO (Apocalipsis 19:9, 10)*

1. El cordero denota:

a) Mansedumbre. «...Como un cordero que es llevado al matadero)....tampoco el abrió su boca». (Is. 53:7).

b) Substitución. «...Un carnero trabado... y lo ofreció en holocausto en lugar de su hijo». (Gn. 22:13).

2. La cena denota:

a) La cena es libre para todos (Lc. 14:21).

b) Es la última comida del día.

3. La boda denota:

a) Un tiempo de unidad. «...Y los dos vendrán a ser una sola carne». (Ef. 5:31).

b) Será un tiempo de gozo.

4. El llamado denota: «Dichosos los invitados a la cena ...» (Ap. 19:9).

104. *LA ESPADA DEL ESPÍRITU (Efesios 6:17)*

1. ¿Por qué la Palabra de Dios puede compararse con una espada? La espada es un arma militar con la cual eran armados los soldados, y de igual manera la Palabra de Dios es el arma

espiritual con la que debe estar armado cada creyente (Mt. 4:4-8):

a) Una espada es un arma por medio de la cual el soldado no sólo se defiende a sí mismo, sino que también aniquila a sus enemigos.

b) De modo que la Palabra de Dios es un arma espiritual por medio de la cual el creyente no sólo se defiende a sí mismo de los enemigos, sino que también con ella puede contraatacar y conquistar a los enemigos de su alma:

–La Palabra es un arma defensiva (Sal. 17:4; 69:92).

–Es un arma ofensiva.

c) Una espada es un arma puntiaguda y filosa. Así la Palabra de Dios es un arma que penetra en los corazones de los pecadores, mostrándoles su lamentable condición (He. 4:15; Hch. 2:37).

d) Una espada es un arma honorable. La Palabra de Dios, la Espada del Espíritu, también lo es.

e) Algunas espadas tienen dos filos y pueden cortar en ambos sentidos, hacia a atrás y hacia adelante. La Palabra de Dios, usada por los ministros del Señor, tiene la función de hacer dos operaciones al mismo tiempo (2. Co. 2:16).

f) Una espada es un instrumento de victoria. Así es la Palabra de Dios (Ap. 12:11).

g) Una espada es llevada algunas veces frente a un rey o a un magistrado como símbolo de autoridad y justicia (Ro. 13:4). La Palabra del Espíritu es el arma de un siervo de Dios y representa la autoridad del cristiano.

2. ¿Por qué se llama la espada del espíritu?

a) Porque es un arma espiritual.

b) Porque el Espíritu es el Autor de ella (2 P. 2:21).

c) El Espíritu Santo es el único interprete de las Escrituras.

d) Porque el Espíritu Santo es quien hace que la Palabra sea eficaz para el alma (1 Ts. 1:5).

105. *LA PARÁBOLA DEL FARISEO Y EL PUBLICANO (Lucas 18:9-14)*

INTRODUCCIÓN: muchas de las enseñanzas de nuestro Señor eran dirigidas contra los pecados del orgullo y la justicia propia. La clase de gente más culpable de estos pecados era la de los fariseos, a quienes el Señor se dirigió a menudo en su predicación. El habló esta parábola para aquellos que confiaban en su justicia propia y despreciaban a los demás. Los fariseos y los publicanos representaron a dos clases de personas que a su vez son exponentes de dos extremos opuestos de la sociedad. La clase de los fariseos representaba a la gente más respetable y religiosa de la sociedad de ese tiempo, mientras que, por otra parte, muchos de los publicanos eran gente de mala reputación. En esta parábola tenemos dos caracteres opuestos: el fariseo, ortodoxo en sus creencias, ceremonioso en las prácticas, y en todos los respectos satisfecho de sí mismo; y el publicano, que se consideraba un pecador ante Dios. Estos dos hombres fueron al Templo a orar, y de las oraciones de ambos tenemos valiosas lecciones que podemos aprender para nuestros días. La del fariseo nos sirve de advertencia, y la del publicano como ejemplo.

I. La oración del fariseo

«El fariseo, puesto en pie, oraba consigo mismo...». No hay duda de que era una oración que desde antes había repetido varias veces:

1. Era una oración autoengañosa:

a) Es extraño que este hombre ignorara el carácter de esta oración, pues resulta increíble que siquiera haya llegado a pronunciarla. Cada vez que la repetía se iba engañando más y más.

b) No deseaba magnificar la bondad de Dios, sino más bien exaltarse a sí mismo.

2. El orgullo era el principal ingrediente de la oración, de principio a fin:

a) Usaba una forma de dar gracias a Dios, pero era con un espíritu de autocongratulación.

b) Cualquier ejercicio religioso que hace que un hombre se encuentre satisfecho consigo mismo es engañoso.

3. La oración del fariseo era jactanciosa:

a) «... Ayuno dos veces a la semana...».

b) Probablemente era verdad que hacía las cosas que decía, pero ¿por qué se lo decía a Dios en voz alta en el templo?

c) La humildad le habría hecho callarse y no decir las cosas buenas que hacía.

d) Si jactarse es inadecuado, nunca lo es tanto como en ocasiones cuando los hombres le hablan a Dios.

4. La oración del fariseo era tristemente defectuosa:

a) Le faltaban todos los elementos principales de la oración.

b) No había confesión de pecado.

c) No había adoración a Dios por Su bondad.

d) Tampoco había ninguna petición de perdón y misericordia.

e) Que la oración del fariseo nos sirva como una advertencia contra el orgullo y la justicia propia.

II. La oración del publicano

«Mas el cobrador de impuestos, de pie y a bastante distancia, no quería ni aun alzar los ojos al Cielo, sino que se golpeaba el pecho, diciendo: Dios, sé propicio a mí, pecador».

1. Su oración era la oración de un penitente:

a) Sintió y confesó el pecado.

b) El porte y la conducta del publicano eran una indicación de su humildad y actitud penitente: «...De pie y a bastante distancia, no quería ni aun alzar los ojos al Cielo, sino que se golpeaba el pecho, diciendo: Dios, sé propicio a mí, pecador».

c) Los pecadores deben de allegarse a Dios en el espíritu del publicano.

2. La oración del publicano era para pedir misericordia. En la oración del fariseo no hay mención de ese atributo porque no había sentimiento de culpa, pero en el caso del publicano la misericordia era el principal ingrediente.

3. La oración del publicano fue ofrecida con fe. Sin duda él tenía un conocimiento del carácter lleno de gracia de Dios, y cuando oró era en la fe de que Dios sería misericordioso para con él.

4. La oración del publicano era breve pero eficaz:

a) Sus palabras no fueron muchas, pero la bendición que obtuvo fue abundante.

b) No necesitamos imitar necesariamente la brevedad de la oración del publicano, pero sí el espíritu de la misma.

106. *LA RELACIÓN DE LOS CREYENTES CON LA VIDA* *(Romanos 6:15-23)*

1. Él ha recibido el Don de la Vida (Ro. 6: 23).

2. Él ha bebido el Agua de la Vida (Ap. 22:17).

3. Él ha comido el Pan de Vida (Jn. 6:35).

4. Su nombre está en el Libro de la Vida (Fil. 4:3).

5. Él anda en la Luz de la Vida (Jn. 8:12).

6. Él es a los demás el Sabor verdadero de la Vida (2 Co. 2:16).

7. Él espera llevar en su cabeza la Corona de vida (Stg. 1:12).

107. *LAS ALAS DEL TODOPODEROSO* *(Salmo 57)*

La Biblia nos habla de las alas de Dios, bajo las cuales podemos refugiarnos y confiar. Estas alas son:

1. Alas salvadoras (Ez. 16:8)
2. Alas de reposo (Rt. 2:12).
3. Sosteniéndonos en su poder (Éx. 19:4).
4. Seguras para sostenernos (Sal. 17:8).
5. Preciosas alas para el alma (Sal. 36:7)
6. Protectoras como un refugio (Sal. 57:1).
7. Un escudo de la tormenta (Sal. 61:4).
8. Alas de consolación y regocijo (Sal. 63:7).
9. Alas que cubren a cada alma (Sal. 91:1, 4).
10. Alas sanadoras para el corazón (Mal. 4:2).

108. *UN ESCUDO EFECTIVO*

«Mi escudo está en Dios, que salva a los rectos de corazón» (Sal. 7:10).

Esta defensa es un escudo contra el aguijón de la muerte:

1. ¿Quién es ese escudo? Cristo, quien ha conquistado la muerte.

2. ¿Dónde está ese escudo? Con Dios, a Su diestra.

3. ¿Para quién es ese escudo? Para los corazones que creen en Él.

109. *LOS DESCONOCIDOS*

«No todo el que me dice...» (Mt. 7:21-23).

1. Habían sido muy religiosos:

a) Habían hecho una profesión pública.

b) Se habían encargado del servicio cristiano.

c) Habían tenido mucho éxito;

d) Se habían destacado por su energía práctica.

e) Eran diligentemente ortodoxos. Las palabras «tu nombre», se mencionan en tres ocasiones.

2. Mantuvieron este ritmo bastante tiempo:

a) No eran silenciados por los hombres.

b) No eran abiertamente desconocidos por el Señor.

c) Esperaban poder entrar en el Reino.

3. Se equivocaron fatalmente:

a) Profetizaron, pero no oraron.

b) Echaron fuera demonios, pero el diablo no fue echado fuera de ellos.

c) Prestaron atención a cosas maravillosas, pero no a las cosas esenciales.

d) Obraron maravillas, pero también fueron obradores de iniquidad.

4. Acabaron por darse cuenta de una forma terrible:

a) «Nunca os conocí». El Señor había sido omitido de su religión.

b) El terror de lo que implicaba: debían renunciar a toda esperanza.

c) La tremenda verdad de lo que el Señor les dijo. Eran unos perfectos extraños para su corazón. El no les había escogido, ni había tenido comunión con ellos, ni les había aprobado, ni tampoco había cuidado de ellos.

d) La solemne exactitud e inmutabilidad de lo que Dios dijo.

110. *LA PUERTA AL REDIL (Juan 10:9)*

1. La simplicidad del Evangelio: entrar por una puerta.

2. La exclusividad del Evangelio: sólo una puerta.

3. La inclusión del Evangelio: «el que entre».

4. La certeza del Evangelio: promesa divina.

5. La libertad del Evangelio: no es la puerta de una prisión.

6. El alimento y descanso del Evangelio: «Y hallará pastos».

111. *EL PUBLICANO RICO DE JERICÓ HALLADO (Lucas 19:9)*

1. Impedimentos:

a) Dificultad popular: un publicano.

b) Dificultad moral: un pecador.

c) Dificultad de negocios: rico.

2. Ayudas:

a) Él tenía el deseo de ver al Señor Jesús.

b) Él hizo un esfuerzo para ver al Señor Jesús.

c) Él estaba deseoso de obedecer al Señor Jesús.

3. Resultados:

a) Una gran confesión.

b) Una gran restitución.

c) Una gran verdad publicada (vv. 20).

112. *LAS BUENAS SENDAS ANTIGUAS (Jeremías 6:16)*

I. La senda que aquí se recomienda

1. La senda en sí:

a) La senda de la piedad escritural (Sal. 119:1, 65).

b) La senda de la fe que obra por amor (Gá. 5:6).

2. Este camino de fe y amor recibe el nombre de senda:

a) Lleva al gozo de la vida eterna (Mt. 7:14; Sal. 34:34)

b) Es una senda segura a la vida eterna (Ro. 2:7; Sal. 84:11).

c) Es la única senda que lleva a la vida eterna (He. 12, 14; Mt. 7:21).

3. Esta senda recibe el nombre de la senda antigua:

a) Es por lo menos tan antigua como la Reforma (consultar la historia de la Iglesia).

b) Es tan antigua como el cristianismo (Jn. 14:1; 15:12).

c) Es tan antigua como la dispensación mosaica (He. 11:24-27).

d) Es tan antigua como las edades patriarcales (He. 11:7; Gn. 5:24; He. 11:5; 11:4).

e) Es tan antigua como los días de Adán (Ec. 7:29).

4. Esta senda recibe el nombre de «el buen camino»:

a) Aquellos que andan en ella son buenos (Stg. 3:17; Ef. 5:8, 9).

b) Aquellos que andan en él hacen el bien:

–A sus familias (Dt. 5:29).

–A su país (Pr. 14:34).

–A todo el mundo en general (Mt. 5:13, 14).

c) La senda en sí misma es buena:

–En sus orígenes (Sal. 143:10).

–En su tendencia (Pr. 19:23).

II. Los mandamientos de Dios al respecto

1. Permaneced en estas sendas y ved:

a) Algunos hechos evidentemente son asumidos: hay sólo un buen camino; pero hay muchos malos caminos: los caminos de los pecados públicos y secretos, del ateísmo, de la confianza en sí mismo, de las meras formalidades religiosas, de la apostasía. Por naturaleza, la humanidad va andando en algún camino malo, e ignoran las buenas sendas antiguas. Usando los medios adecuados, los hombres son capaces de descubrir el buen camino y andar en él.

b) Es evidente que Dios ordena algunos deberes y obligaciones: pararse y considerar; ver y examinar en qué senda estáis andando.

2. Preguntar por las sendas antiguas:

a) Escudriñando las Escrituras (Jn. 5:39).

b) Pidiendo la dirección de Dios (Stg. 1:5; Pr. 2:3-5).

c) Asociándose con los piadosos (Pr. 13:20).

3. «Y andad por él»:

a) Introducíos en él (Job 22:21; 36:18; Mt. 2:29; Jn. 14:6; He. 7:25).

b) Manteneos en él (1 P. 5:8, 9; Lc. 21:36).

c) Avanzad en él (2 Co. 7:1; 2 P. 1:5-11).

III. La promesa por medio de la cual nos anima a obedecerle

1. La bendición prometida:

a) Un reposo lleno de gracia en este mundo (Is. 12:5; Mt. 11:28; Sal. 34:4; Jn. 34:4; Jn. 15:2; 1 Jn. 1:9).

b) Un reposo glorioso en los Cielos (He. 4:9; Job 3:17; Ap. 21:4).

2. La certeza de obtenerlo:

a) Es cierto, pues viene de la total suficiencia de Dios (Gn. 14:22).

b) Es cierto, pues viene de la bondad de Dios (Is. 45:19)

c) Es cierto, pues viene de la verdad de Dios (1 Ts. 5:24).

113. *LOS «AGUIJONES» DE DIOS (Hechos 26:14)*

INTRODUCCIÓN: Saulo había estado hasta ese día resistiendo la evidencia de que Jesús era el Cristo. Quizá desde la muerte de Esteban luchaba contra la convicción de la verdad. Muchos como él resisten el llamamiento divino, y se obstinan en la incredulidad. Dios acostumbra usar para el pecador rebelde ciertos aguijones contra los cuales algunos cocean.

1. ¿Cuáles son algunos de los aguijones de Dios?

a) La conciencia: ¡Cuán agudo es su aguijón! No importa que nadie nos condene, o nadie sepa el mal que hacemos; ella hiere. Ejemplo: Macbeth. La conciencia puede estar dormida por algún tiempo, pero Dios la despierta siempre que quiere. ¡Ojalá sea antes de llegar al infierno!

b) La ley divina: declarando aquello que es pecado... Señalando inflexiblemente nuestras

faltas. Condenándolas... Anunciando las penas del pecado. ¡Con razón Israel no quería oír!

c) La vergüenza: sólo el hombre la siente. Fue el primer aguijón clavado en Adán. Vergüenza ante nosotros mismos y ante nuestros semejantes; el que es cogido en mentira, en robo, etc. ¡Cuánta será la vergüenza del último día!

d) El temor: de ser descubierto; del castigo; de la muerte; del infierno.

e) Los sufrimientos consecuentes. Físicos y morales. Dios hace que ciertos pecados tengan tremendas consecuencias. Quizás, la mayoría de nuestros sufrimientos no reconocen otra causa.

f) El hastío: la experiencia del autor del Eclesiastés. ¡Cuántos llegan al suicidio en medio de los deleites y goces del mundo! Jamás satisface el mundo.

2. Lo que Dios se propone con ellos:

a) Apartarnos de lo malo: eso se proponía con Saulo. Así lo hacia con Israel en el tiempo de los Jueces.

b) Enseñarnos a obedecerle: para esto usa el aguijón el carretero. Hay mucha rebeldía en nosotros contra su voluntad.

c) Estimularnos en el camino del bien, nos hace caminar más de prisa. No todos necesitan estos aguijones. Dios prefiere valerse de otros medios: la influencia de su espíritu; sus promesas; bendiciones; su aprobación; su amor; su gozo. ¡Ojalá bastaran éstos! Pero casi todos hemos necesitado algún aguijón. Observemos no obstante.

3. El insensato proceder de muchos: «Dar coces...»

a) Cosa inútil. No se destruye el aguijón, ni desaparece el peligro (ej.: el que mató al perro que ladraba a los ladrones). Dios sabe aguzar de nuevo el aguijón que parecía embotado (ej.: Joacím, quemando el rollo de Jeremías (cap. 36).

b) Cosa que nos daña más. Cuanto más rebelde, más castigo. ¿Quieres que Dios te hiera aún más?

c) Actitud peligrosa. ¡Ay de aquel a quien Dios ya no castiga! Está señalado para destrucción (Is. 1:5-8). El buey que dio en echarse: ¡Al carnicero! ¿Eres rebelde? ¿Estás luchando contra la convicción de tu deber? David, herido por su conciencia y por la Palabra del profeta, se humilló y arrepintió; el pródigo, herido por la pobreza, la vergüenza, y la decepción, vuelve arrepentido. ¿Quieres que Dios te hiera aún más? Si no quieres, ¡Entonces, ven a Cristo hoy! ¡Acéptalo y obedécelo!

114. *LAS OVEJAS*
(Juan 10:1-21)

1. Ovejas perdidas: «Todos nosotros nos descarriamos como ovejas» (Is. 53:6).

2. Ovejas buscadas: «He encontrado mi oveja» (Lc. 15:6).

3. Ovejas llamadas: «Y llama a sus propias ovejas por su nombre» (Jn. 10:3).

4. Ovejas compradas: «El buen pastor da su vida por las ovejas» (Jn. 10:11).

5. Ovejas que escuchan: «Mis ovejas oyen mi voz» (Jn. 10:27).

115. *LA NECESIDAD DE LA ORACIÓN*
(Lucas 18:1)

I. El Señor les refirió a sus discípulos una parábola sobre la necesidad de orar siempre y no desmayar

1. Norman Harrison dice: «Nunca oraremos como es debido hasta que lo veamos como una necesidad indispensable para la vida».

2. Norman Harrison enumera estas razones para la oración:

a) Para honrar a Dios como nuestro Padre (Mt. 7:7-11).

b) Para desarrollar nuestro oficio de sacerdotes (1 P. 2:5, 9).

c) Para aprovechar este maravilloso privilegio como creyentes (Jn. 16:24).

d) Para cumplir nuestra obligación con respecto a nuestros hermanos (Ef. 6:18).

e) Para buscar y salvar las almas de los hombres (1 Ti. 2:4).

f) Para luchar y vencer a los poderes del mal (Ef. 6:11, 12; 1 P. 5:8, 9).

g) Para crecer personalmente en la gracia y la santidad (1 Ti. 4:7; 2 P. 3:18).

II. No podemos obtener nada de Dios sin oración

1. Dios ha prometido todo aquello que es necesario y beneficioso para nosotros, pero la oración es esencial si estas promesas han de ser reales en nuestras experiencias.

2. Cristo mismo manifestó total dependencia de Dios en la oración. Con Él, la oración no era rutina, sino un deseo fuere y vehemente.

III. La oración es un arma espiritual

1. Es un arma de defensa:

a) Contra la debilidad, enfermedad, o accidente (Stg. 5:13-16).

b) Para la mente, contra el engaño y el desánimo (Mr. 1:32-39).

c) Para el espíritu, contra malos estados de ánimo, celos o dureza.

d) Para la voluntad, contra el miedo paralizante o la terrible indecisión.

e) La vida de oración de Daniel pone de manifiesto estos hechos.

2 La oración es un arma de ofensiva:

a) La oración secreta está a menudo relacionada con la acción pública.

b) Dios manifiesta Su propósito a Sus hijos a través de la oración.

c) La oración es el secreto de la inspiración.

d) Sin la oración el hombre está inerme.

CONCLUSIÓN: los cristianos tienen una vida de oración débil porque a menudo están muy engreídos con su conocimiento, suficiencia y la verdad es que sin Él o apartados de Él no somos nada.

116. *JESÚS, EL PAN DE VIDA*
(Juan 6:1-5, 24-63)

1. Jesús es el «pan de vida» porque satisface el hambre espiritual:

a) El alma del hombre anhela el amor, y Cristo vino al mundo para hacernos saber que «Dios es amor», y el mismo Hijo de Dios es la suprema revelación del amor divino. Nadie puede ver a Cristo en el Calvario y negar el amor de Dios.

b) El alma anhela el perdón; y Cristo, como en los días de su vida humana, todavía está diciendo a cada uno de los penitentes: «Hijo, tus pecados te son perdonados».

c) El alma anhela la vida eterna; y Cristo dice: «Yo he venido para que tengan vida, y para que la tengan en abundancia».

d) El alma anhela tener conocimiento de Dios, y Jesús dice: «El que me ha visto, ha visto al Padre».

e) El alma anhela felicidad; y en el Apocalipsis de Juan vemos algo de lo que sera el mundo más allá de la tumba, y se nos dice que «Dios limpiará toda lágrima de los ojos de ellos y la muerte no será más; y no habrá más llanto, ni clamor, ni dolor».

2. El pan provee para el cuerpo los medios de crecimiento y de desarrollo: el hombre no se desarrolla en su perfección sin dar abrigo en su ser a las influencias benéficas del Evangelio de Cristo Jesús. El genio de Byron parece defectuoso cuando se ve al lado del de Tennyson; éste fue un cristiano decidido, aquél fue un escéptico.

3. El pan da fuerza, vigor, vitalidad y energía al cuerpo, y así Cristo viene siendo el poder de los cristianos de tal manera que él mismo dijo: «Sin Mí, nada podéis hacer».

117. *EL SEGUNDO ADÁN*

«Por tanto, como el pecado entró en el mundo por un hombre, y por el pecado la muerte, así la muerte pasó a todos los hombres, por cuanto todos pecaron» (Ro. 5:12).

INTRODUCCIÓN: cuando Dios terminó la obra creativa del universo, pasando examen a todas las cosas creadas, vio que «todo era bueno». El hombre constituía la obra cumbre de la creación, el ser semejante a Dios: inteligente, dotado de voluntad propia, conciencia, espíritu. Toda la creación ofrecía un bello espectáculo de armonía, equilibrio, obediencia a los lineamientos de su Creador; pero aquel espectáculo de hermosura fue de pronto quebrantado con la entrada del pecado al mundo.

1. El escenario del pecado: «El pecado entró en el mundo...». En el decurso de la historia humana jamás ha habido un día más negro, más triste y amargo, que el día cuando el pe-

cado hizo su entrada en el mundo. Los ángeles del Cielo han de haber suspendido sus alabanzas, el gozo ha de haberse convertido en tristeza, por cuanto el pecado había venido a mancillar la perfecta y hermosa creación de Dios. Desde ese momento era necesario un Salvador. El hombre jamás llegaría a liberarse del pecado; el mundo jamás volvería a quedar limpio y armonioso. Desde entonces, el pecado principió una obra demoledora, desquiciante. El pecado se fue multiplicando con rapidez sorprendente, como el germen mortífero más terrible que haya conocido la hu- manidad. Frente al pecado no han valido las re- formas sociales, la cultura, la educación. El pe- cado sigue su ritmo de multiplicación asom- brosa, de tal manera que cada día el mundo se va despeñando hacia el abismo ignominioso del pecado en todos los órdenes de la vida.

2. El vehículo del pecado: ¡«El pecado entró... por un hombre». El hombre fue el instrumento idóneo para introducir el pecado. El hombre se prestó a los planes satánicos de corromper la hermosa creación de Dios. Desde entonces se hacia necesario que otro hombre rescatara lo que el primero había perdido; que otro hombre, situado en el pecaminoso ambiente del mundo, fuera Reivindicador y Redentor del mismo hombre. Habiendo entrado el pecado por un hombre..., pasó a todos los hombres, por cuanto todos pecaron. Ninguno pudo ni podrá quedar exento del pecado. En la soledad del anacoreta, allí hay pecado; en el interior del hogar más respetable, allí entró el pecado; en la vida del hombre más piadoso, allí hizo morada el pecado. El pecado no ha respetado al noble ni al plebeyo, al rico ni al pobre, al sabio ni al ignorante. Todos por igual, «por cuanto todos pecaron, y están destituidos de la gloria de Dios» (Ro. 3:23), reafirmando una y otra vez que «no hay justo, ni aun uno» (Ro. 3:10).

3. Las consecuencias del pecado: «Por el pecado (entró) la muerte».

a) La muerte hizo presa del hombre: «El pecado reinó para muerte» (Ro. 5:21). No hubo poder que pudiese librar de la muerte al hombre. Las consecuencias del pecado constituyen la parte más horrible y sucia del mundo. La primera manifestación del pecado fue vergüenza y miedo. Adán se escondió de la presencia de Dios y dijo: «Tuve miedo... y me escondí» (Gn. 3:10). El pecado trajo una secuela de sufrimiento, de llanto, de degradación, de angustia. Los cementerios son mudos testigos del resultado del pecado. La muerte física condujo a la muerte espiritual. El pecado no se aniquila con la muerte del cuerpo, y sus efectos continúan sobre el alma por toda la eternidad. Si acaso el hombre pudiera librarse del pecado al morir, no tendría objeto alguno practicar la devoción, ni creer en Dios, sino entregarse a una vida de desenfreno. El cáncer produce intensos sufrimientos físicos; pero cuando la persona muere, el efecto del cáncer ya no le incomoda, porque la muerte se ha encargado de vencerlo. Sin embargo, el pecado no se acaba con la muerte física.

b) «La muerte pasó a todos los hombres»: el hombre introdujo el pecado, el pecado acarreó la muerte; la muerte conduce al infierno. El infierno es el postrer lugar a donde el pecado lleva al hombre. El pecado seguirá dominando a la persona aun después de la muerte, de tal manera que tiene poder para llevar al infierno. El pecado no tiene otra dirección a donde conducir al hombre, ni otro resultado que el mismo infierno. Quien vive conscientemente en el pecado, está a un paso del infierno. El hombre jamás podrá librarse por si mismo del pecado y sus consecuencias, por esta razón se hacía necesario un Segundo Adán.

4. Cristo es el segundo Adán: «Si por... uno solo reinó la muerte, mucho más reinarán en vida por uno solo, Jesucristo» (Ro. 5:17). Cristo vino al mundo con la tarea de rescatar lo que el primer Adán había perdido. Tuvo la misión de luchar cuerpo a cuerpo con el pecado, en el escenario del pecado, con el mismo cuerpo que fue vehículo del pecado, para acabar una vez por todas con las amargas consecuencias del pecado en el hombre. Estuvo sujeto a las mismas flaquezas humanas, a las mismas tentaciones; pero se mantuvo firme ante los ataques del pecado para reconquistar la vida que el primer Adán perdiera...

a) Cristo es la vida que se ofrece al hombre mediante la «abundancia de la gracia» (Ro. 5:17): Cristo triunfó sobre la muerte, para darnos vida. Fue sepultado y resucitó glorioso, como el Adán triunfante e invicto, para dar vida a un mundo azotado por la muerte física y espiritual. «Por la transgresión de uno vino la condenación a todos los hombres, de la misma manera por

la justicia de uno vino a todos los hombres la justificación de vida» (Ro. 5:18).

b) El Señor Jesucristo doblegó el pecado con todas sus consecuencias condenatorias para impartir justicia eterna a cada creyente: la justicia de Dios se imparte al hombre a través de Cristo Jesús. El hombre condenado por la justicia divina, ahora es rescatado de la sentencia eterna mediante la justicia del Segundo Adán. «Así como por la desobediencia de un hombre los muchos fueron constituidos pecadores, así también por la obediencia de uno, los muchos serán constituidos justos» (Ro. 5:19).

c) El pecado de Adán fue la desobediencia a la orden que Dios había dado: por tanto, se hacía necesaria la obediencia de un Segundo Adán para corregir la primera falta. Cristo fue «obediente hasta la muerte, y muerte de cruz» (Fil. 2:8). «Cristo fue nacido de mujer y nacido bajo la ley, para que (por su obediencia) redimiese a los que estaban bajo la ley» (Gá. 4:4, 5). La perfecta obediencia de Cristo a la voluntad de Dios, ha traído como consecuencia directa el ser justificados.

d) Y si el pecado se multiplicó y abundó en grado extremo, «sobreabundó la gracia» (Ro. 5:20). En toda la historia de la humanidad hasta el fin del mundo la gracia será superior al pecado, aun cuando éste se multiplicara mil veces más. Siempre habrá un caudal de gracia para alcanzar al hombre más pecador. «Así como el pecado reinó para muerte, así también la gracia reina por la justicia para vida eterna mediante Jesucristo, Señor nuestro» (Ro. 5:21).

CONCLUSIÓN: hermano, ya no tienes que hacer más, ni buscar más, que a Cristo, el Adán triunfante, la esperanza gloriosa de tu salvación. Por el Segundo Adán el hombre tiene la promesa de vida eterna. Acepta hoy a Cristo Jesús como tu Redentor depositando toda tu confianza eternamente en él.

118. *ALEGRÍA CARNAL*
(Jonás 4:6)

INTRODUCCIÓN: historia de Jonás; esperando la destrucción de sus enemigos, recibió la calabacera como muestra del cuidado de Dios para con él y como protección del sol fuerte. No sabía que el propósito de Dios no era satisfacer el gusto de Jonás, sino enseñarle una lección muy necesaria.

1. Su alegría: la alegría basada en lo físico y en lo carnal pronto pasa; queda entonces infelicidad.

a) Se basó en el placer físico carnal; cuando debía haber gozado grandemente por los miles de almas que se entregaron a Dios.

b) Su atención estuvo en el regalo que le agradó, en lugar de estar en agradar al Dador.

c) Fue una alegría egoísta, sin amor al prójimo.

d) Fue alegría sin gratitud.

2. El gusano:

a) La palabra hebrea aquí traducida «gusano» es «tholaach», que se refiere al «escarabajo rojo» («coccus illicus», en términos técnicos), de donde los antiguos sacaban la tinta roja para teñir la ropa fina que se usaba en el Templo y en el Tabernáculo.

b) Este rojo, tomado de este animalito, se emplea en la Biblia como tipo de la sangre de Cristo.

c) Dios escogió este animalito para destruir la calabacera y así enseñar a Jonás el amor a los pecadores perdidos y a tenerles misericordia cuando se arrepienten.

CONCLUSIÓN: todavía hay cristianos, y hasta predicadores, que necesitan aprender de la compasión de Cristo.

119. *CRISTO Y JONÁS*
(Mateo 12:38-42)

INTRODUCCIÓN: la controversia; los críticos y los modernistas atacan el libro de Jonás con la burla y la mofa, diciendo que es un mero cuento. Cristo dijo todo lo contrario.

1. Lo que realmente dijo Cristo:

a) Cristo dijo que Jonás vivió. Leyendo con cuidado los pasajes mencionados, se destaca clarísimamente que Cristo no trato a Jonás como mito, sino como un ser verídico e histórico.

b) Cristo claramente acepto que Jonás fue tragado por un monstruo («ketos»).

c) Cristo aceptó como cierto que Jonás estuvo literalmente tres días y tres noches en el vientre de ese pez.

d) Cristo dio por cierto que Jonás al fin de los tres días salió con vida del estómago del pez.

e) Cristo aceptó como cierto que Jonás fue entonces a Nínive para predicar, y que los de Nínive se arrepintieron tras la predicación de Jonás.

f) Cristo dijo que los de Nínive se levantarían en el Juicio para condenar a los judíos que no se arrepintieran.

2. Cómo Cristo relacionó su propia muerte con Jonás:

a) Fue la única señal que él dio como prueba de ser el Mesías, el Cristo.

b) Puso el tiempo que Jonás estuvo dentro del pez como paralelo del tiempo que él iba a estar en el sepulcro.

c) La señal de Jonás: volver de la muerte con vida.

d) Cristo hizo depender de la historia de Jonás su propia declaración de ser el Mesías, el Hijo de Dios.

3. Los ninivitas en el juicio:

a) Condenarán a los incrédulos que no se arrepientan del pecado.

b) A los que no tenían luz, se les darán pocos azotes; pero a los incrédulos se les darán muchos azotes, porque han tenido más luz y oportunidad para aceptar a Cristo.

c) Cristo es mayor que Jonás, por quien los de Nínive creyeron. Él es Salvador, pero también Él es Juez, y Rey, y Él juzgará un día a los que hoy no creen en Él.

CONCLUSIÓN: este, mayor que Jonás, está aquí ahora esperando que le aceptes. Y los cristianos debemos rechazar a todo aquel que niegue la verdad de cualquiera porción de la Biblia.

120. *EL SEPULCRO VACÍO*

«El primer día de la semana, muy de mañana, vinieron al sepulcro, trayendo las especias aromáticas que habían preparado, y algunas otras mujeres con ellas. Y hallaron removida la piedra del sepulcro; y entrando, no hallaron el cuerpo del Señor Jesús. Aconteció que estando ellas perplejas por esto, he aquí se pararon junto a ellas dos varones con vestiduras resplandecientes; y como tuvieron temor, y bajaron el rostro a tierra, les dijeron: ¿Por qué buscáis entre los muertos al que vive? No está aquí, sino que ha resucitado. Acordaos de lo que os habló, cuando aún estaba en Galilea, diciendo: Es necesario que el Hijo del Hombre sea entregado en manos de hombres pecadores, y que sea crucificado, y resucite al tercer día. Entonces ellas se acordaron de sus palabras, y volviendo del sepulcro, dieron nuevas de todas estas cosas a los once, y a todos los demás. Eran María Magdalena, y Juana, y María madre de Jacobo, y las demás con ellas, quienes dijeron estas cosas a los apóstoles. Mas a ellos les parecían locura las palabras de ellas, y no las creían. Pero levantándose Pedro, corrió al sepulcro; y cuando miró dentro, vio los lienzos solos, y se fue a casa maravillándose de lo que había sucedido» (Lc. 24:1-12).

INTRODUCCIÓN: Oremos: «Bendito Dios y Padre Eterno: alabamos y glorificamos tu santo nombre. Tú sólo, Dios trino, eres digno de toda alabanza y de toda adoración. Tu pueblo se goza en el gran portento de la resurrección de Cristo tu amado Hijo y nuestro Redentor. Su resurrección garantiza nuestra salvación por toda la eternidad. Reconocemos que sin la resurrección de Cristo, nuestra canción sería una endecha fúnebre pero por ella nuestro canto es de júbilo y de victoria y podemos con el apóstol Pablo preguntar: «*¿Dónde esta, oh muerte, tu aguijón? ¿Dónde, oh sepulcro, tu victoria?*» (1 Co. 15:55).

Señor, aunque hay muchos motivos de gozo, sin embargo hay hogares que tienen luto. Señor, consuela los corazones transidos por el dolor y por la tristeza. Bendice a las viudas, a los huérfanos, a los encarcelados, y perdona todos nuestros pecados, te lo suplicamos en el bendito nombre de Cristo Jesús nuestro amado Salvador. Amén».

En esta ocasión, deseamos que al meditar en el sepulcro vacío, pensemos también en otros vacíos:

1. Vacío intelectual: si nosotros pudiéramos poner una Biblia en las manos de cada persona en este mundo, habría millones que no podrían leerla.

a) La ignorancia produce superstición, prejuicios, y paganismo.

b) La ignorancia esclaviza, el conocimiento da libertad *(anécdota: cómo Sócrates presenta a Platón discutiendo sobre este importante tema y diciendo que al hijo de un rey se le puede prohibir dirigir los caballos de su carro por el simple hecho de que él no sabe dirigir caballos; pero un esclavo del rey tiene libertad para hacerlo por el simple hecho de que él sabe dirigir caballos; y Sócrates pregunta: «¿Quién es el verdadero esclavo, y quién es el verdadero libre en este caso?»).*

(Anécdota: a un muchacho que andaba buscando trabajo se le preguntó:

–¿Cuándo murió Abraham Lincoln?

El muchacho se rascó la cabeza y dijo:

–¿Abraham Lincoln ?

–Sí, Abraham Lincoln, ¿cuándo murió?

El muchacho moviendo la cabeza negativamente dijo:

–Ni sabía que estaba enfermo.

¡Pobre muchacho vacío de historia!).

Pero, nosotros al ver el fantástico progreso de la tecnología, podemos sentir un vacío intelectual. ¡Qué poco sabemos de las cosas que nos rodean, y menos sabemos de las cosas eternas! Luego, podemos pensar en un...

2. Vacío físico y económico: hay muchas personas que han experimentado una penuria extremada. Yo la he experimentado: Cuando mi padre, mi madrastra, mis medios hermanos y yo llegamos a Estados Unidos de Norteamérica vivimos en un solo cuarto. Aquel cuarto era todo: sala, cocina, dormitorio y comedor. La Palabra de Dios nos habla de un mendigo llamado Lázaro; él pedía limosna a la puerta de la casa de un hombre fabulosamente rico, y Lázaro deseaba poder alimentarse de las migajas que caían de su mesa. Mi experiencia fue distinta: Yo no comí las migajas que cayeran de la mesa de un rico; yo comí de las migajas de la mesa de un mendigo: Cerca de nuestro cuarto había otro cuarto donde vivía un mendigo. Cada tercer día, en un costal de manta blanca, traía migajas de pan dulce que le daban en una panadería. El comía hasta llenar y nos daba lo que le sobraba. Yo he dado gracias a Dios por ese mendigo. Por supuesto, hay mendigos que no deberían pedir limosna, deberían trabajar. Yo oí en un programa de radio de México a un mendigo decir: «Por favor, por favor den una limosna a este pobre mendigo que desde una muy temprana edad decidió no trabajar». Por supuesto, esto era broma. Ahora, pensemos en un...

3. Vacío físico y humano: hay muchos hogares que tienen luto, en ellos ha un vacío físico-humano, un ser amado ha dejado un vacío en dichos hogares. ¿Has experimentado este vacío? Dos veces mi esposa y yo hemos pasado por esa experiencia: Hemos ido al cementerio para sepultar a Ester Iris y a Miriam Ofelia, y hemos regresado al hogar para encontrar una cuna vacía. ¿Has visto a una madre guardar la ropita de su hija que ha muerto? Dos veces he observado a mi esposa tomar cada prenda de ropa para acariciarla, besarla, humedecerla con sus lágrimas y oprimirla a su pecho. Bien dice el refrán: «No hay hogar en algún lugar que tarde o temprano no tenga su lamento». Llega el día en que falta abuelito, falta abuelita, falta el hijo, la hija, papá o mamá. Luego tenemos un...

4. Físico y divino: o sea, el sepulcro vacío...

a) La lógica cristiana nos dice que así como la sed exige el agua, y así como el hambre exige el pan, así también el alma exige lo eterno. Recordemos una vez más las palabras del poeta rey mexicano Netzahualcóyotl, que pronunciara ante sus príncipes en la Gran Tenochtitlán, ahora Ciudad de México:

«Aspiremos, oh nobles tezcucanos,
a la vida inmortal del alto Cielo.
La materia perece entre gusanos,
mas el alma hacia Dios levanta el vuelo».

b) La primavera nos habla de la resurrección: la metamorfosis que experimenta el gusano de seda al transformarse en mariposa nos habla de la resurrección. El trigo que han encontrado los arqueólogos, el cual después de haber estado bien preservado por valías centurias, y al ser sembrado ha producido más trigo, nos habla de la vida eterna. El apóstol Pablo tenía como argumento supremo de la resurrección de Cristo el encuentro que tuvo con Jesús en el

camino hacia Damasco, y esta debe ser nuestra prueba más poderosa acerca del Cristo resucitado, cuando podemos decir: «Sé que él viviendo esta, porque vive en mi corazón».

5. Vacío espiritual: Hay muchos corazones vacíos del perdón de Dios, vacíos de la esperanza de la vida eterna. La mente la llenamos con conocimientos, llenamos nuestro estómago con alimentos; pero sólo Dios puede llenar nuestro vacío espiritual. Por eso, Agustín de Hipona exclamaba, diciendo: «¡Oh Dios, nuestros espíritus fueron creados para ti, y no hallan descanso hasta que descansan en ti!» Muchas veces sentimos un vacío espiritual cuando descuidamos la oración, cuando dejamos de leer la Biblia, cuando no vamos con regularidad a los cultos de la iglesia, y cuando olvidamos dar testimonio de nuestra fe en Cristo Jesús como nuestro Salvador personal. Cuando esto sucede, podemos orar haciendo nuestras las palabras del himno evangélico:

«Santo Espíritu, desciende
a mi pobre corazón,
llénalo de tu presencia
y haz en él tu habitación.
¡Llena hoy, llena hoy,
llena hoy mi corazón!
¡Santo Espíritu, desciende
y haz en mí tu habitación!»

CONCLUSIÓN: bien ha dicho alguien que «una persona puede visitar el río Amazonas o el Nilo y volver vacía sin haber bebido una gota de agua». Si tú sientes un vacío espiritual, pídele a Dios que él con su Santo Espíritu llene el vacío de tu corazón. El sepulcro vacío nos ha dado al Cristo resucitado y glorificado, y el Cristo resucitado puede llenar y satisfacer el vacío espiritual en la vida del hombre y de la mujer. ¿Sientes el deseo de pedir a Dios que llene ese vacío espiritual que sientes en tu vida? Ora conmigo repitiendo las palabras del himno que ya hemos mencionado... Que Dios os bendiga y os guarde: es mi deseo, y es mi oración.

121. *LA ATRACCIÓN DE LA CRUZ*

«Y yo, si fuere levantado de la tierra, a todos atraeré a mi realismo» (Jn. 12:32).

INTRODUCCIÓN: la cruz, que para los enemigos de Cristo significaba la derrota y el fin del cristianismo naciente, tornóse el punto convergente de la atención general. La afirmación paradójica de Cristo, según la cual, al ser levantado de la tierra, a todos atraería así, se cumplió. Y notemos que él murió en la forma más humillante e ignominiosa posible: La ley consideraba maldito al que fuese colgado en madero (Dt. 21:23). Entre tanto, Cristo transformó el instrumento de su suplicio en una atracción a través de los siglos.

Solano Trinidad cantó esa atracción de la siguiente manera:

«Yo contemplo este paisaje,
dibujado por el divino Artista
con la intención sublimísima
de salvar a la Humanidad.
Casi dos mil años
y el cuadro no pierde la belleza:
sus colores cada vez más vivos,
impresionan
y regeneran gentes».

Realmente, la cruz se ha constituido en atracción, en fuerza espiritual para cuantos la contemplan a través de las páginas de la Revelación. Consideremos ligeramente algunas razones por las cuales la cruz de Cristo ha estado atrayendo a los hombres...

1. En primer lugar, la cruz atrae por el poder que de ella emana: ciertos acontecimientos sobrenaturales verificados durante la crucifixión, y narrados por los evangelistas, como por ejemplo: la actitud serena del «Cordero de Dios»; el hecho de haber tinieblas sobre la tierra; o rasgarse el velo del templo de arriba abajo; o el terremoto y la resurrección de los santos, prueban, de manera incontrovertible, que Aquel que allí estaba no era un simple hombre. Sin duda, los acontecimientos de la ocasión daban testimonio de un poder divino, sobrehumano. Los mismos enemigos del Crucificado se maravillaban ante la realidad. Nos dice el texto sagrado que: «El centurión, y los que estaban con él guardando a Jesús visto el terremoto, y las cosas que habían sido hechas, temieron en gran manera, y dijeron: «Verdaderamente éste era Hijo de Dios»». Mt. 27:54. El poder manifestado por Cristo, a través de la cruz, es el poder

Salvador. En Gá. 3:13, dice el apóstol que Cristo, por su muerte «nos redimió de la maldición de la ley. Estábamos condenados, y si no fuera por el poder Salvador revelado en la cruz, seríamos condenados inexorablemente por la ley de Dios. Pero «Cristo murió por nuestros pecados»; y desde entonces, para nosotros amaneció un nuevo día, el día de la completa rehabilitación espiritual. Cristo tiene ocasión de demostrar allí mismo ese poder Salvador. Cuando el malhechor, profundamente arrepentido y lleno de fe, clamó pidiendo salvación, Jesús le declaró: «Hoy estarás conmigo en el paraíso». Así, en el momento en que el pecador cree, aceptando de verdad el sacrificio allí realizado, es salvo maravillosamente por el poder en ella manifestado. De ahí la atracción permanentemente ejercida por medio de la cruz sobre la humanidad.

2. En segundo lugar, la cruz atrae porque es símbolo de amor: la cruz es el lugar donde se expresó la evidencia máxima del amor. El apóstol Pablo afirma: «Dios muestra su amor para con nosotros, en que siendo aún pecadores, Cristo murió por nosotros» (Ro. 5:8) *(anécdota: cierto pintor expuso un lienzo en el que la cruz de Cristo tenía como base la palabra «amor»).*

La verdad del Cristo crucificado ejemplifica el amor en grado superlativo. Y como sabemos, el amor siempre atrae. Y es propio de la naturaleza humana el ser atraída por el amor. Un individuo airado es, muchas veces, vencido por una palabra suave. Asimismo el pecador es vencido por el amor demostrado en la cruz; cruz que lo atrae de manera irresistible, porque allí «Dios estaba en Cristo reconciliando el mundo a sí» *(anécdota: cierta vez una alumna de la escuela dominical, al oír la conmovedora historia de Jesús, no pudo evitar que las lágrimas rodasen por sus mejillas, y levantándose, salió. Más tarde, al volver, preguntóle el superintendente: «María, ¿por qué saliste antes de haber terminado la reunión esta mañana?» La niña respondió: «Yo no podía estar mientras usted hablaba respecto de la muerte de Jesús en la cruz, y fui a un lugar solitario, donde le confesé mis pecados, y le dije que por causa de mis pecados yo había ayudado a clavarlo en la cruz; le pedí que me perdonase porque yo había ayudado a matarlo Yo estaba muy triste; pero ahora me siento diferente»).*

En realidad, ¿quién podrá dejar de acudir a Cristo en busca de perdón, una vez que su cruz nos habla elocuentemente del amor de Dios para cada uno de nosotros?

3. Finalmente, la cruz atrae porque representa la suprema necesidad humana: en la esfera de las necesidades espirituales, la cruz ocupa lugar preeminente. Si admitimos que es el objeto del amor del sacrificio de Cristo, que es la fuerza de él y que fuera de él no hay esperanza para el pecador, se sigue que el aproximarse a esa cruz es una necesidad que se impone a la conciencia humana. De hecho, ¿qué aprovechará al hombre, si ganare todo el mundo, y perdiere su alma?» ¿De qué sirven las glorias de este mundo en comparación con las glorias del Cielo? Hay quienes no se dan cuenta de la ilusión que representan los bienes terrenos, porque no disponen de luz suficiente; y, por tanto, no pueden vislumbrar un horizonte más allá. En tanto, no así aquellos que se aproximan al Calvario: ven realidades nunca antes soñadas. Es que de la cruz esplende maravillosa luz para Orientar a los que de otro modo estarían perdidos *(anécdota: cuenta Miguel Rizzo que en las cercanías de Ginebra está el monte Salef, en cuyo pico se yergue una cruz junto a un despeñadero que domina todo el valle del Ródano. La neblina que por lo general cubre la planicie solamente va hasta el referido punto. De allí para la cima. el sol brilla esplendorosamente. Un excursionista después de haber estado en aquella ciudad durante algunos días, sin ver el sol, lamentaba ese hecho, cuando alguien le dijo con toda naturalidad: «Suba usted a la cruz y verá la luz del sol». Siguiendo la sugestión, después de una caminata por la cuesta del monte, consiguió realmente contemplar maravillado la luz solar. La ciudad, el lago, y gran parte del valle estaban ocultos por la neblina; más allá, desde lo alto, la cruz se erguía en el esplendor de la luz solar).*

De igual modo, aquel que sube al Calvario, donde se yergue la cruz de Cristo, contempla, maravillado, el Sol de Justicia, la Luz orientadora para los peregrinos de este mundo. Seguirla es la necesidad que se impone para cuantos ansían poseer las moradas del Reino celestial.

CONCLUSIÓN: es así, caro hermano, como la cruz se ha constituido en grande atracción. De

allí las expresiones del apóstol: «Lejos esté de mí el gloriarme sino en la cruz de nuestro Señor Jesucristo». Y esta es la misma razón por la cual nosotros cantamos:

«Quiero estar al pie de la cruz,
de donde rica fuente
corre franca, saludable,
por el monte Calvario.
En la cruz, en la cruz.
Siempre me gloriaré;
hasta que al fin vaya yo a descansar,
salvo, más allá del río».

122. *PERDIDO Y HALLADO*

«¿Qué hombre de vosotros, teniendo cien ovejas, si pierde una de ellas, no deja las noventa y nueve en el desierto, y va tras la que se perdió, hasta encontrarla?» (Lc. 15:4).

INTRODUCCIÓN: las series de parábolas en Lc. 15 son una especie de collar de perlas preciosas, enhebradas juntas por el pensamiento común de «cosas perdidas y halladas». Esta parábola establece la necesidad que tiene el pecador y el amor del Salvador.

1. La oveja perdida:

a) Separada del Pastor (1 P. 2:25; Is. 53:6).

b) Expuesta a influencias destructivas (1 P. 5:8).

2. La oveja buscada:

a) El motivo del Pastor:

–No era el castigo (Jn. 3:17; 12:47).

–No era el interés propio: no estaba ansioso por su pérdida, sino por la oveja perdida.

–El amor que da todo de sí (Gá. 2:20).

b) El método del Pastor:

–Él es quien toma la iniciativa: Él inicia la búsqueda.

–Es persistente: «hasta encontrarla».

3. La oveja encontrada:

a) La ternura del Pastor: «Y cuando la encuentra, la pone sobre sus hombros gozoso».

b) El cuidado del Pastor: «...Y al llegar a casa» (con la oveja en sus brazos).

c) El gozo del Pastor: «Gozaos conmigo».

d) El método de salvación del Pastor:

–Gracia: la única forma posible de salvar a una oveja perdida.

–Arrepentimiento: «Gozo en el Cielo por un pecador que se arrepiente».

123. *LUZ DE LA LEY DE DIOS*

«Los mandamientos de Jehová son perfectos, que alegran el corazón; el precepto de Jehová es puro, que alumbra los ojos» (Sal. 19:8).

INTRODUCCIÓN: Dios es nuestro creador, sustentador y protector. Si Dios cuida nuestros cuerpos, cuidará nuestras almas. El pueblo de Israel, en Egipto, no conocía la Ley de Dios, sino que se guiaba por las ordenanzas de los egipcios; no tenían luz espiritual por la cual dirigirse. ¿Cuál es esa luz que recibieron? El consejo divino:

1. Señala los obstáculos:

a) Que tiene el inconverso: no importa su grado de cultura.

b) Que tiene también el creyente: aunque sea muy piadoso.

c) Jesús dice: «Yo soy la luz del mundo, el que me sigue, no andará en tinieblas, mas...» (Jn. 8:12).

2. Disipa la las tinieblas de la ignorancia:

a) Ignorancia intelectual.

b) Ignorancia moral.

c) Ignorancia espiritual (buscar ejemplos).

3. Ilumina el alma:

a) Para conocer a Dios.

b) Para amar a Dios y al prójimo.

c) Para adorar a Dios (Jn. 4:24).

d) Para servir a Dios y también al prójimo.

e) Para preservar nuestro pie de ofensas a Dios.

CONCLUSIÓN: recordemos que el Señor Jesús es «la luz del mundo», y que el que lo sigue irá por el único camino que lo conducirá a la vida eterna.

124. *LA CENA DE LAS BODAS (Mateo 22:1-14)*

INTRODUCCIÓN: Dios ha preparado una fiesta, un banquete de buenas cosas para todos los creyentes, también para usted. Para ello es necesario prepararse, y para ello debemos mirarle a Él. En todo momento feliz de nuestras vidas deseamos tener compañía. A Dios también le agrada esta idea, y nos invita a compartir con Él Su gozo en Cristo.

1. El rey y la fiesta: este rey oriental es una figura –por cierto, muy completa– de Dios, y su hijo es la figura del Señor Jesucristo. La fiesta es un símbolo de la bendición del Evangelio -el perdón, la paz, la salvación, la santidad- que Dios ofrece a todos en el nombre de Cristo Jesús.

2. Los mensajeros: son una figura de aquellos a quienes Dios en vía hoy día con su Evangelio. Algunos de ellos, en lugar de ser recibidos con gratitud, son rechazados y perseguidos.

3. Los invitados y sus excusas: estas personas no habían sido invitados por sus méritos propios. No se tuvo en cuenta ninguna cosa propia de ellos para invitarles, excepto que participaran y disfrutaran de la fiesta. Sin embargo, no hicieron caso de la invitación. Muchas veces nos sorprendemos de que la gen te pide excusas por no tener interés o «no tener tiempo» para detenerse a pensar en el estado de su alma y a aceptar el Evangelio. Otros atacan y persiguen a los mensajeros de Dios. Sin embargo, hubieron otros para ser invitados más tarde. De éstos, hubo uno que aceptó la invitación sin entender como había de presentarse en una comida especial dentro de un palacio, y por lo tanto no fue adecuadamente vestido.

4. La venganza: aquellos que no aceptaron la invitación, fueron llamados «homicidas» (vs. 7), no por Dios, sino por aquel rey despótico. De modo que son una clara figura de los pecadores. La Escritura enseña que para los tales habrá una justa retribución y castigo (Mt. 13:41; Ap. 20:12; He. 9:27).

CONCLUSIÓN: a nosotros también se nos invita a tomar parle en el gozo de Dios. ¿Prestarnos atención a la invitación? ¿Qué es lo que estorba nuestra aceptación a la verdad del Evangelio?

125. *LA PARÁBOLA DEL PERDÓN (Lucas 15:11-24)*

INTRODUCCIÓN: para entender la doctrina del perdón de los pecados. debemos aprender a concebir a Dios como un Dios personal. Por eso Jesús relato la parábola del hijo perdido, que hoy quisiéramos llamar «la parábola del perdón». En ella reconocemos al Padre como una persona. Así ilustra nuestro Maestro el hecho maravilloso de la personalidad divina. Esta figura nos enseña que Dios no es «una abstracción», porque Ola abstracción no puede perdonar. También nos demuestra que Dios no es «un espíritu impersonal», porque un espíritu impersonal no puede perdonar. Sólo las personas pueden perdonar. Pero los «principios inmutables» no pueden hacerlo. El dios creado por la especulación humana no puede perdonar, salvo que llegue a concebirse como una persona. con los atributos que le asigna la revelación cristiana. Por eso el perdón es necesariamente una experiencia personal con dos protagonistas: la persona que recibe el perdón y la Persona que lo otorga. Estos son, precisamente, los protagonistas de la primera parte de la citada parábola, que leemos en el evangelio de Lc. 15:11-24. Aclarada la verdad precedente, quisiéramos referirnos en este mensaje a las cualidades del perdón de los pecados, tal como se desprenden del análisis de la «parábola del perdón». He aquí un hijo que se aleja del padre. He aquí un hombre que se aleja de Dios, fuente de todo bien y de toda felicidad, para labrar su propia ruina y fracasar ignominiosamente. «He aquí al que renuncia al privilegio de ser hijo: transformándose en un miserable cuidador de cerdos. He aquí al pecador. muerto» y «perdido», insatisfecho, hambriento, abandonado a su propia suerte, que decide finalmente volver a Dios. ¿Qué nos enseña esta parábola acerca del perdón?

1. El perdón de la remisión de la pena: ciertamente, el perdón cancela el castigo. Esto lo entendemos todos. Cuando el hijo perdido volvió a su Padre no fue castigado. Regresó arrepentido, confesando su pecado. sintiéndose merecedor de una severa penalidad. Pero el Padre «fue movido a misericordia» y le perdonó sus culpas sin castigarlo. Jesús nos enseña, pues, que el perdón es la remisión de la pena. El hijo

pródigo podía decir, como el salmista: «confesare, dije, contra mí mis rebeliones a Jehová; y tú perdonaste la maldad de mi pecado» (Sal. 32:5). Sin embargo, nunca podremos olvidar que la remisión de la pena no sería posible sin la obra redentora de Cristo. «Herido fue por nuestras rebeliones, molido por nuestros pecados el castigo de nuestra paz sobre él; y por su llaga fuimos nosotros curados. Todos nosotros nos descarriamos como ovejas, cada cual se apartó por su camino: mas Jehová cargó en él el pecado de todos nosotros» (Is. 53:5, 6). Indiscutiblemente, en el alto precio pagado para la remisión de la pena hay una gran evidencia de amor, que es otra característica del Dios personal «En esto consiste el amor: no que nosotros hayamos amado a Dios, sino que él nos amó a nosotros, y ha enviado a su Hijo en propiciación por nuestros pecados» (1 Jn. 4:10). Este amor, tan gloriosamente descripto en la parábola, es la dinámica del perdón y de la inherente remisión de la pena. El castigo es cancelado porque Dios nos ama y nos ama hasta el punto de cargar nuestros pecados en la cruz. «Ahora, pues, ninguna condenación hay para los que están en Cristo Jesús» (Ro. 8:1). El perdón, entonces, es una liberación definitiva. Jamás el padre volverla a mencionar los pecados de su hijo. Jamás le reprocharía su maldad anterior. «Nunca más me acordaré de sus pecados e iniquidades» (He. 10:17), dice el Señor. Gracias a Él por esta bendita seguridad, dada a todos los que regresan arrepentidos y confían en el sacrificio expiatorio del Redentor.

2. El perdón cambia radicalmente la vida: la parábola del perdón nos indica claramente que el perdón no es sólo la remisión de la pena. Quizás el Padre podría haber dejado a su hijo con los mismos andrajos, trabajando como jornalero en su hacienda. Podría haberle dicho: «te perdono, no te castigaré; pero ahora te arreglarás como puedas». Pero no fue así. Jesús relató que el padre dijo: «Sacad el principal vestido, y vestidle; y poned un anillo en su mano, y zapatos en sus pies». El «muerto» y «perdido» comenzaba ahora una nueva vida. Una obra positiva del perdón divino es derribar el muro que el pecado levanta entre el hombre y Dios. Cuando esto ocurre, se produce la reconciliación. Tal como ilustra la parábola, la reconciliación es completa. El pecador arrepentido y perdonado es ahora el hijo que compartirá las bendiciones del hogar. «Mirad cuál amor nos ha dado el Padre, que seamos llamados hijos de Dios Muy amados, ahora somos hijos de Dios» (1 Jn. 3:1, 2). Y esta realidad tiene también otra perspectiva: el perdón quita el pecado. No quita sólo el castigo. Quita el pecado mismo, porque ése fue un objetivo de Cristo: «Y sabéis que él apareció para quitar nuestros pecados» (1 Jn. 3:5). Así el alma, trabajada y cargada, puede descansar. La vida cambia, pues, porque se es- tablece mediante el perdón una nueva relación entre el hombre y Dios. «De modo que si alguno está en Cristo, nueva criatura es: las cosas viejas pasaron; he aquí todas son hechas nuevas» (2 Co. 5:17). Imaginemos al hijo pródigo, vestido ahora con el principal ropaje después de su extravío. Así Jesús nos presenta el cuadro del pecador perdonado. Un hombre nuevo, que ha llegado a serlo merced a la gracia misericordiosa del Padre. Cuando Dios perdona el pasado, también nos brinda un nuevo presente.

3. El perdón es un motivo de gozo: «Y comenzaron a regocijarse» (Lc. 15:24). Así terminaba la primera parte de la parábola. El perdón es un motivo de gozo. Pero no todos los cristianos lo entienden así. Muchos pierden el tiempo lamentando sus errores pasados y evocando los viejos pecados que, conforme a la Biblia, el Señor ya ha perdonado y olvidado. Supongamos que al finalizar el v. 22 la parábola dijera: «Y el hijo dijo entonces a su padre: Padre, ahora que me has perdonado, déjame que siga llorando mis culpas y que lamente mis errores pasados». Entonces se justificaría que los creyentes, después de ser perdonados, continúen lamentándose. Pero la parábola no dice tal cosa. Jesús no enseñó eso. Leemos, en cambio: «Traed el becerro grueso, y matadlo, y comamos, y hagamos fiesta: Porque este mi hijo muerto era, y ha revivido; habíase perdido, y es hallado». «Y comenzaron a regocijarse». La Biblia dice: «Gozaos en el Señor siempre: otra vez digo: Que os gocéis» (Fil. 4:4). El pecador perdonado por Dios debe aprender a regocijarse en el perdón. Más que pensar en sus viejas culpas, debe pensar con gozo en la misericordia divina, por la cual ha sido perdonado y transformado. ¿Podemos sentirnos apenados cuando estamos en comunión con el Padre? ¿Podemos seguir tristes cuando hemos hallado perdón y salvación

en Cristo? Dice uno de nuestros himnos: «¿Cómo podré estar triste, cómo entre sombras ir?, ¿cómo sentirme solo, y en el dolor vivir? ¡Si Cristo es mi consuelo, mi Amigo siempre fiel, si aun las aves tienen seguro asilo en Él!».

CONCLUSIÓN: el hijo perdonado fue un hijo feliz. Y esta felicidad nació con el perdón de sus pecados. Vino al padre con actitud dolorida para decir: «Padre, he pecado». Pero recibió el perdón y comenzó a regocijarse. El viejo credo del cristianismo dice: «creo en el perdón de los pecados». Si creemos tal cosa, debemos ser felices. Ningún creyente puede mirar hacia atrás sin ver sobre sus viejas culpas las palabras de Cristo: «Tus pecados te son perdonados». Por eso, el corazón que comprende todo lo maravilloso que hay en ese perdón. salta de regocijo. ¡Aleluya! Leámoslo una vez más: «y comenzaron a regocijarse». Comenzaron, porque el regocijo que comienza con el perdón de nuestros pecados continuará por toda la eternidad. Ese es nuestro gozo, nuestro singular gozo. Los ángeles no han vivido la experiencia del perdón. Nosotros sí Y por ello alabaremos «al que nos amó, y nos ha lavado de nuestros pecados con su sangre» (Ap. 1:5), viviendo desde ahora en perpetua felicidad.

126. *AGUA DE VIDA*
(Juan 7:33-43)

INTRODUCCIÓN: el agua es uno de los mayores dones de Dios. ¿Qué sería del mundo sin agua? Descríbase una larga sequía como la del tiempo de Elías (19 R. 18:5). El agua es para el mundo lo que la sangre para el cuerpo. Sobre el globo en que vivimos, el Sol hace las veces de corazón: mueve el agua, la hace correr elevándola. Donde hay agua hay vida, bienestar, abundancia. Casi todas las grandes ciudades se hallan junto a grandes ríos. Los griegos llamaban al desierto «anhidros». En el Oriente es de tal modo apreciada el agua que se dice: «Si alguno quiere inmortalizar su nombre, que haga un pozo. » Así fue con el de Jacob (Jn. 4:12). Jesús usaba muchas comparaciones para mostrar los diversos aspectos de su sagrada misión. Se comparaba al Templo en el cap. 2, a la serpiente de metal en el 3, al pan en el 6, a la luz en el 9, a un pastor en el 10, al grano de trigo en el 12, a una vid en el 15. En este cap. 7 le vemos compararse al agua. ¿Por qué? Era el último día grande de la fiesta en que se celebraba la ceremonia de sacar agua del Siloé. Una procesión con el sacerdote a la cabeza, llevando un gran vaso de oro, iba a buscar agua en dicha fuente, arrojando cada uno el contenido de su cántaro sobre una vasija de plata en el templo. que desaguaba en el Cedrón. Un proverbio del escritor judío Namonides dice: «El que no ha visto el gozo de la fiesta del agua en Jerusalén no ha visto gozo en su vida». Se trataba de recordar la roca herida en el desierto, y de cumplir la profecía de Is. 12:3. Pero no sabían interpretar el pasaje que pretendían cumplir (compárense los vv. 2 y 3 de dicho cap.). Jesús expone la verdadera interpretación: la fuente de salud no es Siloé, sino Jehová. «Yo, que he venido de Él» (como explicó al día siguiente, cap. 8:23), «soy la verdadera fuente de salvación. El agua que tenéis que sacar con gozo no es el agua material, sino el agua de vida, la vida eterna por el Espíritu Santo que yo infundiré en vosotros y que os hará nuevas criaturas, aptos para esta vida feliz». Creo que algo así y mucho más diría Jesús en esta ocasión, ya que no tenemos más que el resumen de sus grandes discursos. Consideremos en qué se parece el agua a Jesús...

1. El agua es origen de vida: toda la vida física salió del agua. En la tierra, todavía humedecida, apareció la vida vegetal. Del mar salió la vida animal. Cristo es, empero, el verdadero origen de la vida física y espiritual (Jn. 1:4). Nadie puede convertirse o nacer de nuevo, ni convertir a otros sin Cristo.

2. El agua es conservadora de la vida: bien lo sabemos con las plantas de secano; si falta antes de llegar éstas a su pleno desarrollo, mueren inevitablemente. Hay cristianos que nacen, al parecer, con mucha ufanía, pero no tienen raíz y se secan. No están arraigados en Cristo para recibir de Él espiritualmente el vigor de la vida espiritual. ¿De qué le sirve el entusiasmo de los primeros días? Necesitamos cada día el agua de vida para conservarnos vivos espiritualmente. Continuo contacto con Cristo por la oración, la lectura de su Palabra y la asistencia al culto, donde Él ha prometido manifestarse al corazón

de sus fieles (Mt. 18:20). Si regamos las plantas no olvidemos regar nuestra propia alma, que es de mucho más valor.

3. El agua limpia: ¡Cuán útil es en este aspecto! Descríbase lo que sería un pueblo sin agua en cuanto a suciedad. El agua purifica todas las inmundicias. Esto hace Cristo en el sentido espiritual. Su sangre expía los pecados, su Palabra nos enseña a evitarlos.

Obsérvese lo que dice Jesús en Jn. 13:10 y 15:3. Los apóstoles estaban lavados, menos Judas; y nosotros, ¿lo estamos? ¿Permitimos que la Palabra de Cristo nos lave? *(anécdota: «la lavandera y el pastor»; un pastor visitó a cierta anciana lavandera, no según el método del volteo que se usa en Cataluña, sino según el que se usaba en aquel tiempo en Inglaterra, de hacer pasar el agua a través de un cesto lleno con la ropa que se quería lavar. La anciana expresó al pastor el gran bien que recibía de sus sermones, y cuando éste le hizo algunas preguntas sobre los mismos, respondió:*

–«¡Ay, señor! Desde que me he hecho vieja, mi entendimiento es como este cesto que no retiene casi nada, pero me gusta pasarlo muchas veces por debajo del grifo de la predicación, porque a pesar de mi poca memoria, la Palabra de Dios es pura y me purifica»).

Puede haber suciedad muy aferrada que necesite una aplicación muy directa del agua de vida, y quizás el método algo brusco que usan las mujeres de Cataluña.

4. El agua apaga la sed: ¡Bendita cualidad! ¡Qué satisfacción produce en un día caluroso! No sólo el cuerpo tiene sed, el alma también la tiene de paz, de gozo, de felicidad. El hombre corre tras los placeres, el dinero, la fama; pero éstas son las cisternas rotas de que habla el profeta (Jer. 2:13). Después de un gran esfuerzo, comprueba que no hay en ello la felicidad que esperaba. Ve a un rival más próspero y la ambición estropea su contento. Se divierte y queda triste, preguntándose: ¿Para qué sirve esto? *(anécdota: «el payaso melancólico»; un médico parisiense fue visitado por un cliente, el cual le explicó su estado de turbación moral, su sentimiento de pecado, su preocupación por la eternidad. El médico, que no entendía nada en enfermedades del alma, creyó que se trataba de un caso de neurastenia y aconsejó buen alimento y distracción...*

–Lo primero no me falta –explicó el presunto enfermo.

–Pues no es nada más que cuestión de distracción –afirmó el médico muy seguro de su ciencia–, y le aconsejo acudir a las funciones de circo del payaso Garrick. Nadie puede estar triste ante él.

–Señor, este remedio no sirve para mí, –le respondió el enfermo– pues yo mismo soy Garrick; yo soy aquel payaso. He de mostrarme alegre ante el público para ganar mi pan, pero esto no me da felicidad).

Jesús apaga la sed del alma, la satisface plenamente. ¿Por qué? El alma es eterna. «Creada a tu imagen, oh Señor, no se satisface sino en Ti», dice san Agustín. Cristo ofrece valores eternos, abre una perspectiva al alma inmortal totalmente adecuada a su necesidad (Jn. 4:14). ¿Tienes sed espiritual? Acude a Cristo. Si no la tienes, pídela. Los que mueren de sed física primero sienten un ardor y un deseo que llega hasta el delirio, a causa del cual ven fuentes imaginarias, pero después llegan a no desear nada. Así pasa con los sedientos del alma. Todos hemos soñado en la juventud, pero los desengaños traen la apatía, y muchos llegan a no desear nada más que dejar la existencia. El deseo es natural y lícito. Es el estímulo de la vida y de todas las acciones. La doctrina búdica-teosofista es absurda. Suprimir los deseos no es ser feliz; no es apagar la sed. Cristo sí la satisface con su amor y sus promesas. Acude a Él; dile que quieres ser feliz en su amor. Vive y desea, pero desea según su voluntad, y la felicidad que empezará para ti en esta vida será eterna. No puedes desear más de lo que él promete. ¿No es dicha inmensa conocer esta fuente de vida?

5. El agua tiene que esparcirse para ser bendición: de ahí la providencia de Dios en la lluvia, y las altas montañas que retienen las aguas en forma de nieve, dando origen a los ríos. Así el pueblo de Dios no debe retener los bienes espirituales, sino para distribuirlos inmediatamente (v. 38). El que cree no solamente apagará su sed, sino que él mismo será una fuente vivificadora. Éste es el ideal cristiano: Cristo es el manantial; toda iglesia, un depósito; y cada cristiano, una fuente. De este modo el

mundo podría convertirse en un jardín, y lo sería si cada cristiano profesante fuese una fuente de veras y no una fuente seca, «teniendo nombre de vivo, estando muerto» (Ap. 3:1). Es el deseo del Salvador que broten ríos de agua viva de cada fiel, pero ¡ay!, que muchas veces los caños son estrechos a causa de nuestro egoísmo, y por añadidura, obstruidos por el pecado. Así, en lugar de ser fuentes abundantes, sólo damos gotas de bendición, y esto aun muy raramente.

CONCLUSIÓN: pidamos hoy que Dios nos perdone y nos ayude para que, saciados por su gracia, seamos fuentes abundantes al mundo necesitado que nos rodea.

127. *CUIDADO DE DIOS POR SUS HIJOS (Isaías 63:5, 6)*

Una muy edificante plática puede hacerse llamando la atención a los símbolos divinamente inspirados que emplea la Sagrada Escritura para ilustrar la solicitud y cuidado que Dios tiene para con los suyos. Véanse tales símbolos en su contexto y explíquese su significado y ejemplo...

1. Como madre (Is. 66:13).
2. Como padre (Sal. 103:13; Mt. 6:14, 15).
3. Como nodriza (1 Ts. 2:7).
4. Como pastor (Ez. 34:12; Jn. 10:1-6, 14, 15).
5. Como ave (Mt. 23:37).
6. Como águila (Dt. 32:11).
7. Como esposo (Is. 62:5; Ef. 5:23 y 32).

128. *DOS CLASES DE RELIGIÓN (Mateo 7:13-29)*

INTRODUCCIÓN: muchas religiones existen en el mundo desde el punto de vista humano –católicos, protestantes, mahometanos, teósofos, budistas–, subdivididas en no menos de 300 sectas; pero para Cristo no son centenares, ni diez, ni cinco; sólo dos: el camino ancho o el estrecho, árbol bueno o malo, hombre prudente o insensato. ¿En qué categoría estamos? ¿Qué distingue al insensato del prudente? Los dos tienen el mismo propósito.

1. Edificar un abrigo para el alma: todos procuran lo mismo. ¿Por qué? ¿Cuáles son los motivos?

a) Miedo a lo desconocido.

b) Admiración por la sabiduría en la Naturaleza.

c) Previsión de la inmortalidad *(anécdota: las piedras de una gran calle de Babilonia tenían todas grabada la palabra «eternidad»).*

d) La voz de la conciencia, el sentimiento de pecado, muy vivo entre los indios y los faquires. La religión es necesaria; la diferencia está en la forma o en el lugar en que se funda, roca o arena.

2. Los pueblos eligen la más fácil, la de la mayoría:

a) Para el indio, la budista.

b) Para el turco o el moro, la mahometana.

c) Para el español, la católica.

d) Para el inglés, la protestante.

Para la gran mayoría, la religión es sólo formalismo, sin detenerse a investigar y creer de veras. No tienen tiempo; negocios, fútbol, cine lo acaparan todo y mueren engañados, nunca creen de veras. Ventaja en los países evangélicos: los despertamientos religiosos que apelan a las masas.

3. Jesús llama a los tales necios o insensatos: ¿Por qué? No saben darse cuenta del peligro. El que tiene una fortuna procura asegurarla. Todos tenemos un gran tesoro, el alma inmortal. ¿Dónde colocaremos el tesoro? No podemos guardarlo nosotros mismos. Ninguno podrá redimir su propia alma (Sal. 49:6-8); o confiamos el tesoro en manos más seguras, o lo perderemos para siempre. Satanás no quiere que los hombres se preocupen por su alma, para que no encuentren la verdad; les hace pensar:

a) Que no vale la pena, que es un misterio imposible de descifrar.

b) Que si hay Dios, no será un juez severo, sino un padre bonachón.

c) Que lo que importa es lo que se ve. «Pájaro en mano...», etc.

4. Pero los hombres deberían escudriñar las señales: el insensato de la parábola debía mirar las señales de peligro del terreno donde edificaba...

a) La arena era señal de que por allí pasaba agua.

b) Las vertientes de las montañas vecinas lo denunciaban.

c) Los vientos acanalados del valle lo estaban presagiando.

5. Así, el hombre que pretende ser religioso debería examinar las evidencias de su religión:

a) *Fundamentos*: ¿Son de origen humano, o divino? ¿Tienen su origen en Cristo y los apóstoles, o en tradiciones no seguras? ¿Es congruente con el modo de obrar de Dios, según vemos en la Naturaleza? (ej.: ¿Envía Dios el sol y la lluvia gratis, y el perdón sería pagando?)

b) *Vertientes*: ¿Cuáles han de ser las consecuencias del sistema? Las religiones impuestas se hacen aborrecibles. La religión, por costumbre, acaba en incredulidad; la religión hipócrita o exterior ha de verse abocada al fracaso. Deberían pensarlo millones de «insensatos», según la calificación de Jesús; pero los hombres aceptan solamente lo más fácil. Jesús se extrañaba de la ceguera de los falsos religiosos de su tiempo que no sabían ver las señales (Mt. 16:2). No se paraban a examinar las profecías que oían leer en la sinagoga, por esto no supieron comprender que vivían en días del Mesías. Los trágicos vientos de violencia, desenfreno, etc., de nuestros días, nos dicen que la tempestad de la ira de Dios se acerca.

6. Pero veamos el cuadro positivo, del que oye y hace: es frecuente esta expresión en boca de Jesús (*véase* Lc. 11:26). Significa el que oye con atención, medita, piensa, busca, se interesa seriamente como los de Berea (Hch. 17:13). El investigador serio busca la roca, que es la revelación divina; no se fía de las tradiciones humanas: «El que oye «mis» palabras»... ¿Es palabra de Cristo la que oímos, o de hombres? ¿Estamos unidos a Él por la fe? Notemos (Ro. 10:11):

7. Jesús añade «y la guarda»: por la fe entramos en el corazón de Cristo y Él en nosotros. Formamos una sola cosa, pero ¿y después?... Hay que edificar una casa, una torre más o menos modesta, un carácter cristiano, un edificio para la eternidad (*véase* 1 P. 2:1-5). No hay que usar materiales de mala calidad. Hay cristianos que pretenden edificar sobre la roca con tales materiales (*véase* 1 Co. 3:10-15). Sobre buena roca, buen material; según el material aquí, sería la gloria allá. Es un privilegio vivir para la eternidad, pero también una gran responsabilidad.

8. Las pruebas que azotan el edificio: Dios mismo las permite para demostrar a Satanás la firmeza de nuestra fe, sin que ellas nos puedan arrastrar. Son, como decía un predicador, «las corrientes que lavan».

9. La prueba final (2 Ts. 1:6-10):

a) Jesús conocía esta prueba final, eterna, definitiva. No es extraño que dijera: «Grande es su ruina».

b) El creyente en Cristo, en cambio, está firme y su firmeza crece a medida que avanza el tiempo y la tempestad. Era en la cárcel de Roma, pocos días antes de ser degollado, que Pablo escribía: «Yo sé en quién he creído y estoy cierto...» (2 Ti. 1:12; 4:8).

129. *EL ARCA DE NOÉ*
(Génesis 6:11 al 8:16)

INTRODUCCIÓN: el diluvio fue un juicio de Dios para retrasar los efectos del pecado que Satanás había inoculado no sólo en Adán y Eva, sino en toda su descendencia. Es un hecho del pasado pero tiene también muchas lecciones simbólicas para el presente.

1. El arca es un tipo de Cristo y la salvación (1 Ti. 2:5): no existe más que un medio (*véase* también Hch. 4:12). Hay otras preguntas que pueden referirse a la doctrina, pero no a la persona de Dios ni tampoco a la de Cristo como autor de la salvación.

2. Un refugio segurísimo: el arca era construida de la mejor madera: «Hazte un arca de madera de gofer, calafateada con brea por dentro y por fuera». Era lo mejor en el tiempo de Noé, pero Cristo es mucho más. Él es la Roca. No una Iglesia como por ejemplo la romana, de otro modo ¿qué hubiera sido de los fieles en el tiempo de corrupción de la Edad Media? El alma humana no puede estar segura sino sobre Cristo. El que se ha refugiado en Cristo puede decir como Pablo: «Yo sé en quién he creído, y estoy cierto...» Él había sentido la persona espiritual de Cristo aun en sus peores

años de prueba, cuando Satanás incitaba a los gobernadores romanos a que no le soltasen, pero el apóstol Pablo tuvo el privilegio de ver en vida la ciudad celestial (2 Co. 12:1-5). Un predicador ha dicho: «El que se ha refugiado en Cristo es tan salvo como Cristo mismo». Y aunque parezca exagerado es seguro, porque sus promesas son fieles y verdaderas.

3. Únicamente tenía una puerta: en el sentido espiritual, todos necesitamos ser salvos del mismo modo *(anécdota: una señora rica inglesa decía que no quería ser salva como su costurera).*

Para la entrada en el arca, la jirafa tenía que agachar la cabeza. Puede haber diversas clases de personas, más fieles o menos, más morales y más deficientes, pero todas necesitan al igual la salvación que es en Cristo.

4. El arca tenía muchas habitaciones: después de la introducción del pecado en el mundo, el lobo y la oveja no podían estar en la misma habitación, tenía que haber aposentos diversos. Así es con la familia espiritual mientras estamos en la Tierra. En el pueblo de Dios puede haber bautistas, reformados, pentecostales, metodistas y una multitud de organizaciones misioneras de diferentes nombres, pero todos son salvos de la misma manera, pasando por la puerta que es Cristo. Así lo dijo en otra parábola simbólica el mismo Señor: «Yo soy la puerta, el que por mí entrare, será salvo» (Jn. 10:9).

5. El arca tenía una sola ventana: un solo medio para recibir luz del exterior. Nosotros tenemos una sola Biblia. ¿Cómo puede habe diferencia entre los cristianos verdaderos? En el arca había diversos grados de iluminación en la medida que nos acercamos a la Palabra de Dios y a hacer las cosas como Dios las prescribe, no según nuestro parecer o interpretación tenemos más luz, más comunión con Dios, más seguridad.

6. La ventana estaba cerca del techo: hay quienes creen que se hallaba en el mismo techo, pero yo creo que tocaba al techo, de otra manera habría sido imposible abrirla mientras las cataratas del Cielo caían sobre la Tierra (o sea, mientras los vapores acumulados arriba rodeaban toda la Tierra) (Gn. 2:5, 6), por eso el diluvio fue el descendimiento de una lluvia tan copiosa como jamás había ocurrido. Es muy posible que al disminuir el espesor del agua apareciera el Arco Iris, pues en el cap. 9 vs. 13 la traducción literal es: «Mi arco he puesto en las nubes» y, desde entonces, vino a ser un recuerdo y testimonio de la promesa de que no volvería a ser la Tierra sepultada en agua. En el sentido espiritual leemos: «Si habéis resucitado con Cristo, buscad las cosas de arriba» (Col. 3:1).

7. El arca tenía tres pisos: sin duda, Noé vivía en el de arriba. En el arca espiritual, ¿no podemos decir que también hay pisos?

a) Hay cristianos que creen para no ser perdidos, hijos de creyentes que siguen profesando la fe de sus padres, pero se hallan en bastante oscuridad espiritual. No disfrutan mucho de la luz de arriba. Oyen el barullo de los no convertidos debajo de sus pies y aunque saben que allí hay peligro (como por ejemplo hoy día la sífilis, las drogas y el Sida) parecen tener nostalgia de permanecer en el segundo piso en lugar de aspirar a subir más arriba hasta el primero. No disfrutan de Dios ni del mundo. Se les hacen pesadas las cosas de Dios como las reuniones que no son estrictamente oficiales y pueden dispensarse de ellas.

b) Los que disfrutan más en lo de arriba que en lo de abajo. Un buen sermón nos alimenta y satisface como una comida. Asimismo una reunión de oración en la que reina la sinceridad, pero no pueden sufrir las oraciones pesadas de ciertos hermanos y deciden no asistir. ¿De quiénes somos nosotros? ¿Disfrutamos de las cosas de Dios a intermitencias? A veces nos sentimos profundamente cristianos y decimos: «Sí que tengo gozo; sí que tengo fe, Señor», pero otras veces dudamos de nosotros mismos, pues del Señor no podemos dudar. Estamos mirando a otros quizá más débiles que nosotros y decimos: «Sí que tengo fe».

8. Los que viven en el piso de arriba: ¿Los podemos mencionar? Apenas nos atrevemos, pero tenemos sus escritos que nos ayudan y estimulan: Jorge Muller, Spurgeon, Meyer, Moody, Livingstone y una larga lista de hombres de Dios de todos los siglos. Apenas si son atraídos por nada que no sea espiritual y su gozo es mucho más perdurable que el nuestro en nuestros mejores momentos.

CONCLUSIÓN: gracias a Dios, porque estamos dentro del arca los que hemos creído en la invitación del Evangelio; pero no nos contentemos con vivir en los sitios más bajos, sino aspiremos a subir al piso de arriba, a vivir con Dios hasta que Él pueda abrir la puerta superior de su Reino y oigamos las preciosas palabras «buen siervo y fiel... entra en el gozo de tu Señor».

130. *EL ATALAYA*
(Ezequiel:5:7, 17)

Cuatro puntos que se destacan...

1. El atalaya es un hombre puesto por Dios que conoce la voluntad divina y tiene la responsabilidad de entregar el mensaje. El predicador ha recibido un cometido de Dios y tiene que mirar cómo lo cumple.

2. La amenaza (v. 2): la espada viene sobre la Tierra. Así nosotros sabemos que hay una amenaza contra el pecado: «La paga del pecado es muerte» (Ro. 6:23). «Todo lo que el hombre sembraré, eso también segará» (Gá. 6:7). Tenemos el deber de anunciar que el pecado no quedará sin castigo. «Después de la muerte el juicio» (He. 9:27).

3. El aviso: no solamente debemos ver lo que Dios ha decretado con respecto al pecado, sino que tenemos el deber de traerlo delante de los hombres con insistencia; tenemos que hacerles entender lo terrible del juicio: el infiernos «donde el gusano no muere y el fuego no se apega» (Mr. 9:44). Así que tenemos que tocar la alarma y decir a voz en cuello: «huid de la ira venidera».

4. El apercibimiento: el hombre que se da cuenta de su pecado y entiende algo del juicio venidero, ¿cómo podrá apercibirse? Se contesta esta pregunta muy sencillamente: «Arrepentíos, y creed en el Evangelio». Se muestra el arrepentimiento volviendo las espaldas al pecado y buscando al Señor con todo propósito de corazón. Entonces viene el Evangelio como verdaderas buenas noticias:

a) Cristo ha muerto por nuestros pecados.

b) Ha resucitado por nuestra justificación. Cuando el pecador le recibe, tiene todos los beneficios procurados por su muerte y su resurrección; a saber, la salvación y la seguridad.

131. *EL CAMINO DEL HOMBRE Y EL DE DIOS*
(Proverbios 16:25)

INTRODUCCIÓN: todos los hombres tienen cierto camino en el que andan, algunos muy respetables, otros más modesto o más desordenado, y otros realmente al azar. En el libro de los Proverbios el autor da muchos consejos para los hombres en cualquier circunstancia, y en el presente pasaje hallamos una advertencia muy notable.

1. Ha de ser un camino bien escogido: ésta es la gran prerrogativa que Dios ha dado a los seres libres y es natural que cada hombre escoja lo que mejor le parezca, pero como tiene el entendimiento distorsionado por el pecado, muchas veces pensando escoger lo mejor escoge lo peor, y esto por varios motivos.

2. Escoge su camino sin consultar la voluntad de Dios: «Todos nosotros nos descarriamos como ovejas», dice el profeta en el gran capítulo evangélico (Is. 53:6).

a) Su camino indica una preferencia puramente personal: hay miles, por no decir millones, de caminos que todos parecen rectos al que los ha escogido.

b) Puede ser por imitación: las ovejas se siguen las unas a las otras; así las generaciones de la humanidad siguen las unas tras las otras, constituyendo lo que llamamos culturas o civilizaciones.

3. Motivos por los que el camino personalmente escogido puede parecer derecho:

a) Es un camino popular: todos, en general, lo siguen. Todos hacen lo mismo, dicen en general los jóvenes al argumentar con sus mayores acerca de alguna novedad.

b) Es el camino fácil, que nadie critica.

c) Es el camino de éxito, muchas veces no siempre; pero cuanto más torcido es, con tal que no choque con las autoridades, es el más fácil. Los mundanos tienen un refrán que dice: «Hay que buscar la moral en el código penal». Pero los cristiano replica: «Hay que buscar la moral en la voluntad de Dios, expresada no sólo en los Diez Mandamientos, sino en el contenido general de las Sagradas Escrituras».

4. Lleva a un fin desastroso:

a) La muerte física: todo llega al mismo fin: «Por tanto, todo es vanidad» (Ec. 1 y 2).

b) La segunda muerte, la condenación, que implica, según las obras de cada uno:

–Quedar destituido de la gloria de Dios (Ro. 3:23).

–Ser alejado de la presencia de Dios (Mt. 7:23).

–Las tinieblas de afuera (Mt. 8:12).

–Destrucción del cuerpo y del alma (Mt. 10:28).

–Ser echado a la Gehenna, al fuego inextinguible (Mr. 9:43; Ap. 20:15, 21:8).

CONCLUSIÓN: ninguno de estos fines es deseable para el alma verdaderamente juiciosa y pensadora; por tanto es indispensable abandonar el camino errado, aunque a nuestro juicio lo hayamos tenido como verdadero, o bastante recto, y dar el paso decisivo del arrepentimiento y la fe que nos introduzca en el camino de Dios.

132. *EL LAGO CENAGOSO* *(Salmo 40:1-3)*

INTRODUCCIÓN: la cabecera de este hermoso salmo es una exposición en lenguaje poético de cómo Dios libró a David de cierta aflicción, pero puede ser considerado como una parábola de la liberación del pecador sumido en la mayor aflicción del pecado. Existen ciertas playas donde bajo una delgada capa de arena se oculta un verdadero lago de tierra reblandecida por la filtración del mar. Hemos leído de viajeros que, andando distraídos sobre tales parajes, de repente han sentido atascados sus pies, siendo inútiles sus esfuerzos para librarse. Han visto desaparecer lentamente sus rodillas y pronto más de la mitad del cuerpo y entre desesperados gritos de socorro ha llegado el lodo al cuello, a la nariz, llegando a verse solamente unas manos que se agitaban unos momentos para quedar pronto inmóviles y sumergidas dentro del lodo y desaparecer. Hundirse en cieno o lodo es mucho más terrible que en el agua, ya que no existe la posibilidad de nadar, sino que todo esfuerzo para librarse aun precipita el hundimiento. Lo mejor en tal situación es clamar, que- darse bien quieto y esperar el socorro de afuera. Éste suele llevarse a cabo por medio de un camino de tablas y andando sobre ellas pueden acercarse los salvadores y alejarse del lugar de peligro una vez que se ha realizado el salvamento.

1. El lago cenagoso es el mundo: el viajero incauto puede representar a todos los hombres. El pecado ha atascado nuestros pies desde nuestra misma infancia. Nos hundimos en acciones, palabras y pensamientos malévolos cada día que pasa, y la muerte amenaza con acabar pronto con nosotros. La muerte física y tras de ella la separación definitiva de Dios en el abismo de miseria eterna. Algunos se horrorizan al leer el relato bíblico de Coré (Nm. 16:31-34), pero ¿no tiene que tragarnos a todos la tierra? El desliz es lento, como en el caso que nos sirve como parábola. Hoy una arruga, mañana un cabello blanco son anticipos del seguro fin que habría de llevamos a la eternidad sin Dios. ¿Qué podemos hacer ante una situación tan trágica como inevitable?

a) Tratar de salvarnos a nosotros mismos: esto hacen muchos, engañados por religiones humanas. Los faquires de la India, muchos ascetas y devotos dentro del cristianismo nominal no lograron sino precipitar el ya seguro fin, acortando sus vidas con vanos sacrificios que sólo sirvieron para hundirles algo más aprisa.

b) Clamar al que puede salvarnos. Dejar los vanos esfuerzos y confiarse resignadamente, o sea, con calma de espíritu y con confianza plena en sus promesas dadas por el único que se ha ofrecido y es poderoso para salvar, como dice en He. 7:25, a los que por él se allegan a Dios, o siguiendo la figura a los que levantan su mano para que Él les arranque del lodo del pecado.

2. Cristo es el Salvador poderoso que levanta al caído: la encarnación del Verbo es Dios inclinándose, bajándose para acercarse al pecador. El que era santo anduvo sobre el pecado del mundo sin hundirse (Jn. 8:46). Realizó lo que al diablo le parecía irrealizable: vivir una vida perfecta de absoluta sumisión a la voluntad de Dios. De este modo colocó la palanca, el camino seguro del Evangelio por donde el pecador levantado por su poderosa mano andará en novedad de vida.

3. Su salvación es firme y segura. El salmo dice: «Puso mis pies sobre una roca». Hay la mayor diferencia entre el lodo y la roca. Cristo es llamado «la Roca de los siglos» por la firmeza y segura garantía de sus promesas. No dice que tratará de salvarnos del pecado, sino que nos asegura la salvación del modo más enfático (Jn. 5:24-28). Hay completa garantía de que él puede cumplir tan gloriosas promesas *(anécdota de Justino mártir y el Prefecto a quien, cuando aquella autoridad romana le preguntó con sorna: «¿Tú supones que si yo te mando crucificar o ser echado a los leones encontrarás al otro lado de la muerte un Cielo de gozo, paz y felicidad y a un Salvador esperándote allá para darte la bienvenida?», le respondió:*

–No lo supongo; lo sé y estoy completamente seguro de ello).

4. El Salvador se complace en guiar a los libertados del pecado por el camino que Él anduvo: una vez convertidos, salvos del pecado, tenemos que andar ¿cómo? ¿En qué dirección? No otra vez a nuestro antojo sobre el lago cenagoso del pecado (Ef. 2:2), sino por el camino que Cristo nos ha trazado con su venida y sus promesas (Mt. 16:24; la Jn. 2:6). Hay cristianos a quienes parece gustar estar tan cerca como es posible del lago cenagoso, mientras hay otros que procuran alejarse lo más lejos posible. ¿Cómo lograrlo?

5. El salmista continúa la significativa figura diciendo: «Bienaventurado el que puso en el Señor su confianza y no mira a los rebeldes ni a los que se debían tras la mentira» y más adelante en el v. 16 del mismo salmo, leemos: «Gócense y alégrense en Ti todos los que te buscan, y repitan sin cesar los que aman tu salvación: Jehová el Señor sea enaltecido». Y todos los cristianos en medio de adversidades y tentaciones podemos y debemos decir: «Aunque yo estoy afligido y necesitado, el Señor pensará en mí. Mi ayuda y mi libertador eres Tú. Dios mío, no te tardes».

CONCLUSIÓN: he aquí la oración de aquellos que se han sentido hundidos en el lodo del pecado y recuerdan cómo Cristo les ha liberado mediante sus promesas y viven en comunión con Él por medio de la fe y la oración *(anécdota: un joven que actuaba en un music-hall del conocido Paralelo de Barcelona, después que fue convertido, se deleitaba cantando con su potente voz y haciendo cantar a la congregación, cada vez que testificaba de su liberación de su vida de pecado, este significativo himno:*

«Nunca Dios mío cesará mi labio
de bendecirte, de cantar tu gloria,
porque conservo de tu amor inmenso
grata memoria.
Cuando perdido en mundanal sendero
no me cercaba sino niebla oscura,
Tú me miraste y alumbróme un rayo
de tu luz pura.
Y cuando exhale mi postrer aliento
para volar a tu eternal presencia,
cierto, hallaré con tu justicia, unida
dulce clemencia»).

133. *EL PAN DE VIDA*
(Juan 6: 1-15, 24-63)

INTRODUCCIÓN: ésta es una de las porciones más claras y peor interpretadas del N.T. La Iglesia católica y romana ha pretendido hallar aquí un apoyo para el dogma de la transubstanciación, que no creyeron los apóstoles, pues no hallamos referencia alguna a semejante milagro, sino que llamaban al sagrado símbolo de la muerte de Cristo «partir el pan» y más explícito dice Pablo: «El pan que partimos…» (1 Co. 10:16). Pero el mismo apóstol, en el cap. 11, hace referencia al acto simbólico repitiendo las palabras del Señor: «Haced esto en memoria de Mí». ¿Cómo puede hacerse memoria de lo que está presente? Un retrato si se transformara en la persona que representa no sería una memoria. ¿Por qué, pues, Cristo dice: «mi carne es verdadera comida» en los vv. 55 y 56 de este enigmático capítulo?

Esta es una bella y expresiva figura de lenguaje, que cuando los judíos la tomaron literalmente y se escandalizaron diciendo: «¿Cómo puede éste darnos a comer su carne?» Jesús tuvo que aclarar el sentido de sus palabras en el v. 63. Es todo este pasaje una de las muchas parábolas que empleó el Salvador en sus enseñanzas, como la del grano de mostaza, el sembrador o la perla escondida, y como tal tenemos que aceptarla.

1. El motivo de esta parábola: Jesús había alimentado el día anterior a cinco mil en un lugar desierto y los que participaron del milagroso festín se reunieron el día siguiente esperando que Jesús repitiera algún milagro semejante, pero Jesús les dijo: «Trabajad no por la comida que perece, sino por la que para vida eterna permanece». Jesús se adelanta al propósito no expresado por los judíos, significando: Vuestro cuerpo tiene necesidad de alimento y yo os lo he provisto y mi Padre el Creador os lo provee cada año, pero pensad que tenéis un alma espiritual, eterna, inmortal que no vive de pan físico, sino de la Palabra de Dios, y Yo soy esta Palabra de Dios, el Verbo Divino hecho carne (Jn. 1:9, 10).

2. El significado del pasaje: ¿No descubriremos aquí el hilo de la figura? Sabemos que el Señor fue tentado en el desierto por Satanás y su respuesta al enemigo fue: «No con sólo pan vivirá el hombre, sino con toda palabra que ha salido de Dios».

3. ¿Qué es alimentarse de Cristo? Recibir su Palabra, asimilarla, creerla, aceptarla. ¿Por qué extrañar la figura o mal interpretarla, según han hecho algunos cristianos? Si la utilizamos constantemente en nuestro lenguaje común, decimos: «Los jóvenes de nuestros días se alimentan de novelas o de cine». Nadie piensa que alguien se trague novelas literalmente, si esto decimos en nuestro lenguaje humano, las palabras figuradas que emplea Jesucristo tienen...

a) Una importancia especial.

b) Un significado especial.

c) Un resultado especial.

Si alguien se apasiona en una novela no hace sino llenar de imágenes irreales su cerebro, pero Jesucristo es la revelación del Dios invisible, del Padre Celestial. Jesús dijo: «Ésta es la vida eterna, que te conozcan a ti, el único Dios verdadero y a Jesucristo, a quien has enviado» (Jn. 17:3). ¿Puede haber un lenguaje más claro? Ésta es la vida eterna, conocer a Dios, el eterno Creador y a Jesucristo como el Salvador que tú has enviado.

4. ¿Cómo tiene que ser recibido este anuncio? Con el mismo anhelo que el hambriento se alimenta de pan, así como el cuerpo se alimenta de vida física, la persona de Cristo se alimenta de la Palabra del Señor, porque el hombre tiene dos naturalezas. Los animales sólo tienen una, la física, que es el pan o la cebada. Para ellos la Palabra de Dios es nada... Leed el precioso cap. 14 de Juan a un caballo enfermo o moribundo, ¿de qué le aprovechará? Por esto Jesús aclara en este pasaje: «Las palabras que os he hablado son espíritu y son vida» (Jn. 6:63). Y por esto Jesús añade: «Mas algunos de vosotros no creen... porque Jesús sabía desde el principio quiénes eran los que no creían» (Jn. 6:63-65). Para los que creían como Pedro o Juan, la figura era clara y sobre todo lo fue después de su muerte y resurrección. ¿Lo es para vosotros, queridos amigos? Si no, pedid a Dios que os conceda el don de la fe para que podáis asimilar a Cristo en vuestro corazón... Elevad a Él un suspiro diciendo: «Señor, creo en ti, eres mi todo, tu Palabra es todo para mí y yo la creo y la acepto». Entonces estarás espiritualmente comiendo, es decir, asimilándote a Cristo y esto te unirá a él y te dará la vida eterna.

5. El pan es todo suficiente para la vida del adulto, así como la leche lo es para el niño (1 P. 2:2); no hay necesidad espiritual que Él no satisfaga cuando le hemos recibido en el corazón, paz, amor, gozo, es lo que muchas personas incluso entre los marginados por la sociedad, han hallado al aceptar a Cristo...

a) Como Dios almacena en el trigo todas las sustancias que nuestro cuerpo físico necesita, ha puesto en Cristo todas las virtudes; así, el alma creyente puede cantar con gozo:

«Ya ningún bien sin Cristo hay.
Él solo es para mí, luz,
gozo, paz y gran felicidad.
Se halla sólo Cristo en ti».

b) Hay una razón para que Cristo sea el todo en los creyentes: haber descendido del Cielo (Jn. 6:51).

c) El maná tenía todos los elementos necesarios para la vida de los peregrinos en el desierto y sus virtudes consistían en que no había salido de la tierra. Cristo vino no engendrado por voluntad humana, sino directamente del Cielo. Vino directamente de Dios y no hizo más que envolverse con el vestido de carne humana en el seno de la bendita virgen. El que necesitemos un ser divino celestial para satisfacer nuestras

necesidades espirituales, prueba nuestro origen de parte de Dios (Gn. 1:26, 27).

d) Jesús fue el pan vivo que da vida por medio de su muerte. Jesús siempre llevaba en mente esta idea redentora: «Yo soy el pan vivo que he descendido del Cielo» (Jn. 6:51).

e) El pan simbólico que es Cristo tiene que ser asimilado. Podéis tener una montaña de panes sobre vuestra mesa, pero de nada os aprovechará si no es asimilándolo físicamente por vuestra boca. Así es también con el pan del Cielo que es Cristo: Podéis conocer de Cristo con los ojos del intelecto o de vuestra memoria todos los hechos de su vida y sus enseñanzas, pero hasta que hagáis un acto de fe con sinceridad de nada os servirá. Muchos tienen suficiente en contemplar el pan, asistiendo a cultos evangélicos, pero de nada puede servirles si no reciben a Cristo en su corazón.

6. El pan tiene que ser distribuido... Observad este orden en todos los milagros de Jesús:

a) Los sirvientes de Caná tuvieron que llenar las tinajas.

b) Los amigos de Lázaro quitar la piedra.

c) Los discípulos del Señor distribuyeron los panes a la multitud.

Así es con el pan de vida espiritual: Jesucristo hubiese podido hacer anunciar la buena nueva por ángeles o por una voz sobrenatural, pero no lo hace igual que en todos sus milagros físicos; en el milagro de la gracia hizo sólo la parte indispensable que nosotros no podíamos realizar, dar su vida por nosotros. Extender el pan de vida es nuestro deber. Dios nos lo manda cueste lo que cueste, testimonio, oraciones ofrendas, etc.

7. La hipérbole en el terreno de la realidad. El famoso pastor Oswald Smith decía: «No debería predicarse el Evangelio a una persona que ya lo conoce y lo ha oído quizá muchas veces mientras haya otro que no lo conoce y necesita oírlo por primera vez». Naturalmente, es una hipérbole del famoso predicador, pero debemos esforzarnos en borrar la idea de que el símbolo es realidad, y que participar del símbolo sea recibir a Cristo si no se ha hecho particularmente, sobre todo en un país católicorromano como el nuestro. Afortunadamente, los sacerdotes católicos explican hoy día el Evangelio en sus breves homilías, cosa que no hacían hace 50 años, pero no insisten en la seguridad de la salvación; no mediante la participación en el símbolo como entendieron por error los judíos y lo practicaron los llamados cristianos por muchas generaciones, sino iluminando a muchos llamados cristianos de hoy hasta que puedan decir de corazón lo que declaró el apóstol Pedro al final de esta misteriosa discusión.

CONCLUSIÓN: «Tú tienes, Señor, palabras de vida eterna (es decir, promesas que creemos que cumplirás), y nosotros hemos conocido y creído que Tú eres el Cristo, el Hijo del Dios viviente».

134. *EL PASTOR CELESTIAL*
(Juan 10:7-18)

Jesús nos ofrece una preciosa parábola personal, llamándose a sí mismo «El Buen Pastor» y explicando a continuación, en pocas palabras las ventajas que tienen aquellos que pueden ser llamados ovejas suyas, pues sus ovejas:

1. Son salvas: «El que entrare por mí será salvo» (v. 9).

2. Guardadas: «No perecerán para siempre» (vv. 28, 29) .

3. Guiadas: «Y las ovejas le siguen porque conocen su voz» (v. 4).

4. Alimentadas: «hallarán pastos» (v. 9).

5. Le conocen: «Conocen al pastor» (v. 14) como maestro Salvador y Rey.

6. Son conocidas por el pastor: «Y conozco mis ovejas».

7. Tienen vida eterna: «Y yo les doy vida eterna y no perecerán jamás» (v. 28).

135. *EL PUBLICANO*
(Lucas 18:9-14)

1. Condición: estando lejos (Lc. 18:13).
2. Convicción: no quería ni alzar los ojos.
3. Contrición: sino que hería su pecho.
4. Confesión: «Dios se propició a mi pecador...».
5. Conversión. «Descendió a su casa justificado».

136. *EL SOL DE JUSTICIA*
(Malaquías 4:2)

INTRODUCCIÓN: una de las más hermosas figuras de Cristo en el Antiguo Testamento. Los judíos esperaban el día de Jehová como un día de espantoso juicio sobre la Tierra. El profeta afirma que así será, pero antes aparecerá «El Sol de justicia». Consideremos la bella comparación entre el Sol y Cristo...

1. Su grandeza y magnificencia: se le llama el «astro rey» porque atrae a los planetas, los ilumina y vivifica. Aunque se halla a 150 millones de kilómetros de distancia, lo vemos con un esplendor incomparable. Desde tiempos antiquísimos, los hombres faltos de revelación genuina, dirigieron su mirada al Sol como un dios, pero en el Sal. 19 David canta a las virtudes del Sol diciendo: «Los Cielos cuentan –sólo *cuentan*, o sea, muestran– el poder y la gloria de un Ser superior». Ninguna criatura puede compararse a Él. Como el resplandor de la Luna y las estrellas se desvanece ante la presencia del astro rey, así es la gloria de las criaturas ante la de Dios.

2. El sol como centro de atracción: planetas, satélites y cometas giran a su alrededor. Así lo es Cristo en la esfera espiritual. Los ángeles, en regiones celestes, y los creyentes, en esta esfera material, se mantienen en relación con Él, atraídos por la maravilla de su amor que le llevó a asumir una naturaleza humana para dar a conocer y restaurarnos a la comunión con el Padre *(anécdota: un gran pensador compara el plan divino de salvación con una suposición curiosa. Si un planeta se hubiese apartado del centro de atracción que es el Sol, no podría ser restaurado y retrotraído a la armonía a menos que el astro rey le siguiese en su extravío y, acercándose a él, le atrajese de nuevo a la órbita solar).*

Esto hizo Cristo en el sentido moral. Juan dice: «Nosotros le amamos a Él porque Él nos amó primero».

3. El sol como lumbrera: sus potentes rayos lo hacen insustituible. Jesús dice: «Yo soy la luz del mundo. » Él ha arrojado una luz clara sobre el carácter de Dios, la ley moral y el destino de los seres humanos. «Suprimid a Cristo –como dijo Lamartine– y se habrá hecho noche en el alma humana». Esto nos lo prueba el mundo pagano antes del cristianismo. Puntos luminosos: Confucio o Sócrates, los cuales hablaron como hombres...

a) *Confucio*: de los deberes morales con el prójimo y con los padres.

b) *Sócrates*: sobre las posibilidades de que exista inmortalidad.

Pero ninguno se atrevió a decir: «De cierto, de cierto os digo...» ¡Cuántas aberraciones! ¡Cuánta inseguridad! ¡Cuántos sacrificios de seres humanos, divinización de imágenes mudas, animales...! Hasta el siglo pasado, en que por fin el Evangelio se extendió por el mundo entero.

4. La benéfica influencia del sol:

a) *Vivifica la naturaleza muerta*. Así la luz del Evangelio, a los muertos en delitos y pecados, transforma las almas para que anden en novedad de vida. Miles de ejemplos...

b) *Es valioso factor de sanidad*. Médico sin rival. Ved la diferencia entre un labrador y un recluso en una mazmorra. Una planta en el campo y otra en una bodega. Así, la robustez de vida espiritual en el creyente depende de la relación más o menos directa que mantenga con Cristo.

c) *Purifica la atmósfera*. Una enorme cantidad de gas carbónico afluye constantemente a la atmósfera, pero bajo la acción del Sol las plantas lo convierten en oxígeno. No lo pueden hacer por sí mismas, sino cuando el Sol produce en sus hojas la acción clorofílica. Los creyentes son –según la figura de Cristo mismo– los pámpanos que, por estar en relación con un Salvador vivo, tienen vida espiritual y transforman el pecado en bendición.

5. Un contraste glorioso: los científicos declaran que el Sol se va enfriando; dentro de millones de años se habrá apagado por completo. ¡Qué triste si ésta fuera la perspectiva respecto al Sol de justicia! Pero Él dijo: «El Cielo y la tierra pasarán, pero mis palabras no pasarán».

CONCLUSIÓN: creyente, recibe de tal forma los rayos de gracia de Cristo que puedas llevar

una vida espiritual robusta de tal modo que seas una bendición para otros. Escéptico, convéncete de que únicamente Cristo es el Salvador que necesitas.

137. *EL SOL Y LA LUNA, SÍMBOLOS DE COSAS ETERNAS (Apocalipsis 22:5)*

INTRODUCCIÓN: permitidme decir que las cosas que Dios ha creado son reales, pero a veces son símbolos de otras cosas que desconocemos. El Sol es un astro efectivo y real, y suerte tenemos de él para la vida en la Naturaleza; pero el Sol en las Sagradas Escrituras es un símbolo de Dios mismo. Acordaos del texto de Malaquías 4:2: «Mas a vosotros los que teméis mi nombre, nacerá el sol de justicia y en sus alas traerá sanación». «Sol y escudo nos es Jehová Dios», dice en otro lugar el salmista. Ciertamente el sol es un adecuado símbolo de Dios mismo, el autor y creador de la luz. «Dios es luz –dice el apóstol Juan–, y en él no hay ningunas tinieblas».

En cambio, la luna es un símbolo de la materia, porque no tiene luz propia en sí; sólo cumple el papel de reflejar la luz del sol en noches claras sobre la Tierra. ¿Qué nos recuerda?

1. Que tenemos el deber de reflejar la luz de Cristo, ser espejos de Cristo, como la luna lo es del sol material; que la gente pueda ver y conocer a Cristo por nosotros. Jesús dijo de sí mismo: «Yo soy la luz del mundo: el que me sigue, no andará en tinieblas, antes tendrá la luz de la vida; pero también declaró: «Vosotros sois la luz del mundo. no se enciende una lámpara y se pone debajo de un almud, sino encima del candelero, para que alumbre a todos los que están en casa; así alumbre vuestra luz delante de los hombres, para que vean vuestras obras buenas y glorifiquen a vuestro Padre que está en los Cielos». Que la gente pueda ver y conocer a Cristo en y por nosotros.

2. Siguiendo este simbolismo, hay un hecho muy curioso en el Apocalipsis: «La mujer vestida del sol y la luna debajo de sus pies». Es clarísimo, según todas las reglas de la exégesis, que esta mujer representa la Iglesia; no es la Virgen María, como han supuesto los católicos; la mujer es, evidentemente la Iglesia del Antiguo y del Nuevo Testamento, de la cual la propia Virgen María forma parte como una de las personas que vencieron por medio de la sangre del Cordero, junto con muchos otros redimidos y testigos de la verdad de Dios. Esta mujer de Ap. 12 somos tú y yo, la Virgen María y cada uno de los que formamos parte de la congregación de los redimidos. Ved la curiosa figura: «La mujer estaba vestida del sol». Esto indica que el sol estaba sobre su cabeza y la iluminaba de forma que la rodeaba literalmente de un vestido de luz. Este mismo simbolismo usa el apóstol cuando dice: «Vestíos del Señor Jesucristo y no hagáis caso de la carne y sus deseos». «Vestíos de toda la virtud de Dios», dice en Romanos; y en Col. 3:12 leemos: «Vestíos, pues, como escogidos de Dios, santos y amados, de entrañable misericordia, de benignidad, de humildad, de mansedumbre, de paciencia; ... y sobre todas estas cosas –insiste– vestíos de amor, que es el vínculo de la perfección». ¿Qué significa todo ello? Que nosotros vivamos de tal modo en comunión con Dios, y en su presencia, que la gente que nos ve no tenga que vernos a nosotros tal como somos, en nuestra desnudez moral, sino que vea a Dios en y por nosotros. «La mujer vestida del sol»; ¡qué rara expresión, pero cuán significativa! Así debe ser la Iglesia, esposa de Cristo, como cantamos en el corito: «¡Las virtudes de Cristo se vean en mi!» Pero que no sea sólo cantarlo, sino realizarlo cada día y a cada hora en nuestra lucha contra el dragón, Satanás.

3. ¿Y qué significa «la luna debajo de sus pies»? Ya hemos dicho que la Luna es símbolo de lo material, de lo humano, de lo que no tiene luz en sí, la materia. Esto debemos tenerlo «debajo de los pies» en el lugar de sometimiento. «El Señor quebrantará presto a Satanás debajo de vuestros pies», dice el apóstol en Ro. 16:20. Poner debajo de los pies significa poner en el último lugar, y ésta es, o debe ser, la actitud del cristiano para con todo lo que no es del Señor, por importante y precioso que parezca. Lo pecaminoso, y hasta lo legítimo, si trata de anteponerse a nuestra voluntad y afecto al Salvador, prefiriendo siempre al Señor y sus cosas. Un ejemplo de esto mismo es el caso del astronauta James Irwin al poner su fama al servicio del Evangelio de Cristo. ¿Sabremos nosotros poner al sol de Justicia sobre nuestras cabezas y la luna debajo de nuestros pies?

Pero poner debajo de los pies significa también otra cosa, andar sobre, apoyarse sobre algo, y aunque parezca contradictorio, no lo es. Llamamos «tocar de pies en el suelo» a la virtud de ser práctico, sin dejamos llevar por ilusiones quiméricas, sino haciendo uso de lo que tenemos a la mano y utilizarlo provechosamente. El apóstol dice: «Si, pues, coméis o bebéis, o hacéis otra cosa, hacedlo todo a la gloria de Dios» (1 Co. 10:31). Comer y beber son cosas materiales, pero aun cuando no tenemos que darles la prioridad, debemos usarlas para la gloria de Dios. Sin comer no tendríamos fuerzas para anunciar el Evangelio...; pero debemos andar sobre las cosas materiales, o sea. usar de ellas con cuidado, sin hundirnos *(anécdota: el gran temor de los astronautas era si se hundirían en el polvo de la luna, y cuando enviaron un aparato sonda, tomaron confianza hasta el punto de diseñar para el próximo viaje un aparato de motor que logró transitar por la luna; pero habréis observado que el andar de los astronautas sobre la luna es diferente que sobre la Tierra; les era necesario andar con cuidado).*

Nosotros debemos andar con cuidado sobre un mundo pecador en nuestra peregrinación: «Andad como es digno de la vocación a la que habéis sido llamados» (Ef. 4:1). «Andad como hijos de luz» (Ef. 5:8). «Andad en sabiduría para con los extraños» (Col. 2:6).

¿Andamos nosotros con este cuidado... O acaso nos hundiremos en las costumbres del mundo?

4. Resumiendo lo dicho, os pido que cuando contempléis la Luna digáis en vuestros corazones: «Alabado seas, Señor, que nos pusiste en un mundo tan hermoso, que existe no como un globo desértico lleno de cráteres, sino como un hermoso planeta azul, con mares y continentes, bosques y campiñas animadas de luz, de color y bienestar. Si este mundo es así, ¿qué será el hogar que nos has preparado? Alabado seas, Señor, por esta expansión azul de los Cielos atmosféricos que hiciste tan transparente que nos permite ver, no sólo las cosas maravillosas de este mundo, sino hasta las que se hallan a muchísima mayor distancia, «la luna y las estrellas que tú formaste».

CONCLUSIÓN: digámosle pues, «gracias, Señor, por la gran renovación que nos tienes anunciada de esta Tierra, de esta atmósfera, de esta Luna y de este Sol, que han de ser sustituidos por aquella tierra sin mar y, por ende, muchísimo más grande, y por la Ciudad Celestial, el hogar de los redimidos donde yo espero por tu gracia tener un lugar. Probablemente jamás tendré ocasión de subir acá arriba ni pasearme como el Dr. Irwin sobre el polvo de este pobre y desierto satélite de la Tierra; pero gracias, Señor, por la seguridad que me has dado de una cosa muchísimo mejor, y más gloriosa. Espero por tu gracia subir al encuentro de mi Señor dentro de este Cielo atmosférico y en su compañía entrar por las puertas de perla de la Ciudad Celestial, pisar sus calles de oro, volar en cuerpo glorificado sobre el río de agua viva resplandeciente como cristal, comer de los frutos de los árboles de tu celeste vergel y ser testigo de tu amor y de tu gracia a admiradas criaturas tuyas en el vasto Universo. Ayúdame, en tanto, a vivir a la anura de mi vocación, vestido del sol de Justicia que eres tú mismo con todas tus virtudes sublimes y teniendo debajo de mis pies todo lo terreno, el mundo con sus concupiscencias, sin ser dominado por estas cosas, antes que yo las domine y las use con tu gracia y por tu gracia. Hasta el día que tú cambies, oh Señor, mi situación y conviertas todas estas esperanzas en bendita realidad. Amén».

138. *ILUSTRACIÓN EVANGÉLICA EN LA HISTORIA DE ISRAEL (2 Reyes 7)*

INTRODUCCIÓN: Benadad puso sitio a Samaria. Siempre la guerra es compañera del hambre, pero lo era especialmente en las antiguas ciudades amuralladas que se veían rodeadas por et enemigo (léanse y explíquense los horrorosos incidentes de aquel sitio, vv. 24-33). El rey atribuye aquella calamidad al profeta Eliseo, que siempre reprendía los pecados del pueblo. «Esto es a causa de este mal brujo», se decía, y cree que la solución es cortarte la cabeza. Y, ¡oh sarcasmo!, lo hace ¡invocando et nombre de Dios! (v. 31). Este incidente bíblico-histórico y su desenlace pueden ser tomados como una figura evangelística.

1. El mundo es una ciudad sitiada por causa del pecado: es uno de los pocos mundos físicos donde existe la vida, pero tan alejado del resto de las constelaciones del Universo de Dios, que ni siquiera con las más modernas «naves» interplanetarias nadie supone que un hombre pueda llegar a ningún otro sistema planetario...

a) El hombre es un hambriento de vida. Todo ser vivo huye de la muerte, pero los animales no pueden preverla. Los hombres sabemos que hemos de morir. Vemos terminarse los días como los víveres en Samaria (El ateo Tomás Payne le ofrecía diez mil dólares a su médico por un mes de vida.) El hombre tiene que rendirse al enemigo que ha venido combatiendo desde su nacimiento.

b) ¿Ha sido hecho para morir nuestro yo moral nuestra alma? ¿Mueren los de otros planetas? Es la gran pregunta de los aficionados a los platillos volantes, pero todavía es una incógnita.

c) El hombre está hambriento de conocimiento. ¡Cuántas preguntas sugiere el Universo! ¿Cómo se formó? ¿Cómo se juntaron los átomos para formar células vivas? ¿De dónde venimos y a dónde vamos? Cuando se han leído volúmenes grandes de filosofía se queda igual: «ignoramos»; buscan pan en una pedrera. El pan es la Palabra de Dios. Los designios del Infinito han de ser objeto de revelación.

2. El hombre menosprecia la salvación cercana: esto hacía la gente de Samaria. Tenía el profeta Eliseo dentro, quien había hecho milagros patentes (*véase* 2 R. 1:1-5), pero no buscaban su ayuda, sino todo lo contrario. El Creador dice que está «cercano a todos los que le invocan de veras» (Sal. 145:18), pero pocos lo hacen.

3. La solución inesperada e imposible:

a) Cuando la situación era imposible en Egipto, vino Moisés.

b) Cuando en Babilonia no podían aguantar más, vino Ciro.

c) A un mundo que no podrá aguantar más los juicios apocalípticos, vendrá Cristo.

4. La salvación de Dios: sí, Dios la había traído, poniendo tal terror en los asirios que les hizo huir. Mientras los hombres perecen de hambre espiritual, Dios ha preparado abundantes provisiones por medio de las promesas de Jesucristo...

a) De tal manera amó Dios al mundo (Jn. 3:16 y 5:24).

b) Hambriento de verdad (Jn. 14:6). Jesús nos revela al Padre celestial como ningún filósofo lo había descubierto. Abundancia de conocimientos que llenan el corazón de felicidad.

5. Lo descubren los más pobres y necesitados: los leprosos hambrientos. Así es también en la salvación. Jesús decía que «los publicanos y las rameras os van delante en el Reino de Dios». Hoy día son los drogadictos, los presos, los gitanos, la gente de Corea, etc., quienes descubren la salvación.

6. Día de buenas nuevas: esto es el Evangelio desde la primera a la segunda venida de Cristo; ¿no hemos de proclamarlo? «A sabios y a no sabios soy deudor», dice Pablo. Así lo somos nosotros en nuestra generación...

a) Objeciones posibles de algún samaritano leproso: «Es de noche, podemos esperar a mañana». Hoy parece de noche espiritualmente, pero es urgente dar la nueva (Ez. 33:17-21).

b) Razones para no demorarla: puede morir alguien de hambre esta noche. Nos alcanzará nuestro pecado. El descuido o la indolencia en una gran necedad, para no decir un gran pecado.

7. La Palabra de Dios confirmada: la abundancia vino a la hora prevista. Dios nunca ha faltado a su Palabra, pero el príncipe incrédulo no pudo disfrutar de ello. Era más responsable que el pobre pueblo. Era, además, uno de los amigos u oyentes del profeta. Vendrá día en que todo el mundo reconocerá la verdad de Dios, pero será tarde para algunos...

a) Creamos a Dios entretanto que es tiempo aceptemos por la fe la abundancia de sus dones espirituales.

b) Vivamos luego para hacer a otros partícipes de «las buenas nuevas».

139. *JOSÉ, FIGURA DE CRISTO*
(Génesis 37 y 39)

INTRODUCCIÓN: la historia de José, además de ser un ejemplo de virtudes morales, nos muestra un tipo de Jesucristo. Es admirable esta semejanza, sabiendo que la venida de Cristo tuvo lugar 1.500 años después. Por ello, muchos lo han considerado como una prueba de la inspiración de la Biblia y de la Divinidad de Cristo. Podemos encontrar doce semejanzas...

1. José, amado de su padre (Gn. 37:3): así también Cristo. Dios tiene muchos hijos por creación, pero nadie es la imagen perfecta de Dios como lo es el Verbo (Col. 1:15). Los ángeles son perfectos, pero Cristo es divino.

2. Fue a buscar a los hermanos perdidos (Gn. 37:15): Su padre lo envió. Así, Cristo, enviado del Padre, vino a buscar lo que se había perdido (Lc. 19:10)

3. Aborrecido por sus hermanos (Gn. 37:4, 5; Jn. 1:12-15): aquellos que él amaba le aborrecieron hasta matarle *(anécdota: el cristiano holandés que salvó a su perseguidor de hundirse en un lago y, tomado preso, lo entregó a la Inquisición del duque de Alba).*

4. Ambos lo fueron por anunciar su grandeza (Gn. 36:9; Mt. 26:54).

5. *Ambos vendidos por un miserable precio* (Gn. 37:23-28; Mt. 26:15).

6. Ambos, tentados para poder compadecerse de los tentados: José, a los 17 años, ignoraba lo que era la tentación y por ello podía juzgar muy severamente a sus hermanos. No cayó, pe- ro pudo sentir la malicia de Satanás y lo atractivo del pecado. Así, Cristo conocía, como Dios la teoría de la tentación, pero quiso pasarla personalmente. Ahora es un Salvador apto para comprender y perdonar a los arrepentidos (He. 2:18).

7. Ambos, condenados injustamente: ¿Cómo es que José no refutó la calumnia de la esposa de Potifar? Sabía que era inútil, o tal vez (lo que todavía es más noble) prefirió sufrir que sembrar desconcierto en aquel hogar. Pero hay una razón oculta: sufrió callando, para parecerse al Cordero de Dios, de quien era tipo (Is. 53:7).

8. Ambos fueron reconocidos justos por sus mismos enemigos: José, por el carcelero; Cristo, por el centurión.

9. Ambos anunciaron mensajes de vida y de muerte a otros encarcelados durante el tiempo de su humillación (compárese la interpretación de los sueños del panadero y del copero con 1 P. 3:19). Había en el Hades dos clases de encarcelamientos: una de castigo, otra de gloria para los que esperaban la Redención (Ef. 4:8). Para los tales el mensaje fue de gozo y alegría, pero no así para los desobedientes empedernidos, a los cuales sólo pudo anunciar condenación.

10. Ambos fueron exaltados (*véase* Gn. 41:39-44; Fil. 2:8 a 11). El premio de la humillación de parte del Verbo eterno fue exaltación mayor. La importancia de este mundo en el Universo no es por ser la quinta estrella del sistema planetario del Sol con las mejores posibilidades para la vida física, sino porque fue el escenario de la encarnación y muerte del Hijo de Dios, para vencer moralmente al pecado y a Satanás. Fil. 2:10 es una revelación profética, pues hoy hay muchas lenguas que no confiesan que Jesús es el Señor. Es mucho mejor reconocerlo ahora que tener que hacerlo entonces.

11. Cristo se goza en salvar y perdonar a sus hermanos, como José a los suyos (He. 2:10-13): Cristo quiso hacerse hermano nuestro según la carne, para poder salvarnos del hambre de vida eterna que el ser humano ha tenido desde que existe. «No sólo de pan vivirá el hombre. » Cristo nos trajo abundante palabra de Dios, por la cual nuestra alma recibe vida.

12. Antes de ensalzar a sus hermanos, José quiso probarles: así Cristo con nosotros. Es muy sabio que lo haga; algún día lo veremos, como hoy lo reconocemos en la historia de José, porque veremos su plan terminado.

Notemos:

a) Quiso hacerles sentir su pecado y que lo reconocieran arrepentidos. ¿No es esto lo que hace nuestro Señor? Dios no puede perdonar a un corazón no arrepentido (El fariseo y el publicano).

b) Quiso desarrollar su amor al Padre por medio de pruebas ingeniosas. Seguro que al oírles comentar: «¡Pobre padre, qué disgusto tendrá cuando le exijamos deje venir a Benjamín!», José pensaba: «Bien va». El discurso de Judá, con motivo de la copa, le dejó convencido y les perdonó y ensalzó.

Cristo nos prueba también, y cuando oye a las personas decir: «Antes morir que ofender a Dios», y ve que su victoria moral es completa en aquella alma, puede glorificarla.

c) Quiso probar su codicia al devolverles el dinero. El amor al dinero es la raíz de todos los males. Dios nos prueba para ver si somos buenos mayordomos. Si se lo robamos, o bien se lo devolvemos con creces (Mal. 3:9).

d) También les prueba en cuanto al amor fraternal (en el banquete y la copa, en el caso de Benjamín, para ver si se habían curado de su envidia cuando él estaba en casa). Incluso después de haberles perdonado, todavía teme, pues les dice: «No riñáis por el camino»; sabía que era su costumbre. Así hace Cristo con nosotros (Jn. 15:17). Nos lo recomienda a los hijos de Dios, hermanos perdonados que vamos juntos a la gloria, porque sabe que hay peligro, y con gran razón (ej.: poema de Almudévar: «Don Justo», en *Antología de Poesía,* de Editorial CLIE, p. 487).

13. José quiso llevar a sus hermanos al país de su gloria; así Cristo (Jn. 14:1-3, 17:24). Para ello tuvieron que decidirse a dejar su antigua tierra y emprender un viaje como peregrinos que eran, pues vivían en tiendas. No sabemos cómo vivirían en Gosén, pero sabían que iban a un país mucho mejor y su precursor había pasado delante. ¿No es así con nosotros? Aunque el país de la muerte es desconocido no lo es para el Señor de la muerte (Ap. 1:18), sino qué es nuestro amigo, nuestro hermano y amante Salvador quien reina allí.

140. *LA MANO DE DIOS*
(Salmo 139:23, 24)

INTRODUCCIÓN: la Biblia nos habla con expresivas figuras materiales para expresar ideas morales y espirituales. En alfabetos antiguos, la palabra «fuerza» era «cuerno», el ramo de olivo, símbolo de paz. Algo semejante ocurre con la palabra «mano». Cuando decimos «la mano del hombre» queremos expresar todo lo que el hombre es capaz de hacer. Dios no tiene brazos ni manos físicas, pues es el Espíritu Infinito: «en Él vivimos, y nos movemos, y somos»; sin embargo, el salmista, tras haber dicho: «¿Adónde me iré de tu Espíritu?», declara: «Si habitare en el extremo del mar, aun allí me guiará tu mano y me asirá tu diestra» (Sal. 139:10). Estudiemos, pues, las características del poder y sabiduría de Dios bajo esta figura tan repetida en las Sagradas Escrituras.

1. La mano de Dios es «grande»: su mano «sembró de estrellas el firmamento», dicen los poetas; y Dios mismo exclama: «¿No hizo mi mano todas estas cosas?» (Is. 62:2). Si las estrellas se encuentran a billones de kilómetros la una de la otra, es lógico pensar que nuestras mentes no son capaces de captar la idea de la grandeza de Dios, pero comprendemos que un Ser infinito y sabio está detrás de todas las obras de la Naturaleza. Si alguna vez hubiese estado el Universo, o el éter primitivo, –lo que en la actualidad conocemos como iones y electrones– en inmovilidad completa, no hay manera de imaginarse cómo pudo entrar en movimiento y constituirse en diversas clases de materia tan adecuadas para adaptarse la una a la otra, sin admitir que un Ser inteligentísimo, alma del Universo entero quiso cambiar aquel estado de inercia por el de movimiento y orden que estamos disfrutando. Ciertamente, la ciencia nos dice que la «mano de Dios» es grande, inmensamente grande.

2. La mano de Dios es «sabia»: «Su diestra hace maravillas»; «la diestra de Jehová es sublime» (Sal. 118:15, 16). ¡Qué poco sabía el salmista, por los limitadísimos conocimientos científicos de su tiempo, acerca de las maravillas de la mano de Dios! Se había fijado, sin duda, pastoreando las ovejas de su padre, en cómo salía el sol cada día y las nubes dejaban caer la lluvia sobre los campos y la concentraban en el alto Hermón en forma de blanca nieve; pero, ¿por qué y cómo ocurría todo esto? No lo sabía.

Como dice el sabio Withney: «¿Por qué existe una variedad de átomos en el Universo? ¿Por qué forman diferentes substancias?

a) Lo ignoramos totalmente. Nosotros sabemos un poco del cómo, pero ignoramos el porqué; y si decimos porque Dios lo quiso así, podrá parecer anticuada nuestra respuesta; lo cierto es que carecemos de cualquier otra mejor».

b) Sabemos hoy que las nubes cabalgan sobre el aire porque tienen sus transparentes

moléculas más apretadas que el vapor de agua de las nubes; pero lo curioso es que existe una capa de aire de unos pocos millares de metros, y a unos pocos centenares más arriba se establece el equilibrio. Si la diferencia de concentración fuese menor, las nubes se arrastrarían sobre el suelo; si fuese mayor el vapor se escaparía a grandes alturas; la diferencia de peso específico y de espesor es exactamente la necesaria para que viajen las nubes a la altura conveniente y que se produzca la lluvia y la nieve sobre la tierra. Por otra parte es el aire el único gas inocuo y totalmente transparente que nos permite, ver, oír, respirar, etc.

c) Admiramos las computadoras inventadas por los hombres, pero ¿qué diremos de la computadora del cerebro, donde millones de neuronas archivan innumerables recuerdos y los transmiten rapidísimamente a nuestro «yo» que es el alma, cuando el cerebro está sano y en plena juventud»? De la realidad de estas maravillas que vemos y tocamos podemos creer las cosas que nos revelan las Sagradas Escrituras, que todavía no podemos explicamos, como la resurrección y el mundo sobrenatural o espiritual que anticipamos por la fe.

3. La mano de Dios es «poderosa»: la Biblia nos habla constantemente de la mano o del brazo fuerte de Dios. Así, dice que Dios sacó a los hijos de Israel de Egipto «con mano poderosa» (Éx. 14:8). Pero, ¿qué es el poder que Dios tuvo que ejercer en aquel caso especial, comparado con el poder que se despliega constantemente en el maravilloso Universo del que formamos parte? Quizá alguien dirá que no ve la mano fuerte de Dios por ninguna parte, porque todo se realiza por leyes naturales... Es cierto que Dios obra regularmente, en el terreno físico, por leyes que raramente son alteradas o quebrantadas; pero el creyente que ha aprendido a tratar con Dios, ha descubierto que Dios no es sólo el Ingeniero que inventó y dio el primer impulso a las maravillas de la Creación, sino que es el Mecánico que se ocupa de su obra y atiende a los seres que ha creado. El cristiano que tiene muchos años de experiencia sabe que Dios escucha la oración *(anécdota del autor: siempre me ha gustado leer biografías de grandes hombres de Dios, como Jorge Muller que había fundado sus orfanatos, no tan sólo por filantropía, sino para asegurar al mundo incrédulo de sus días que hay un Dios que escucha la oración. Las experiencias de Patón, Hudson Taylor, Adoniram Hudson y otros héroes de la fe, de tiempos recientes, pueden ser de gran provecho).*

4. La mano de Dios puede ser «resistida»: parece imposible esto, siendo como es tan fuerte, pero es que el hombre y la mujer somos seres morales y libres para sometemos o rechazar la mano de Dios. En Is. 53 leemos, «¿Quién ha creído a nuestro anuncio? y ¿sobre quién se ha manifestado la mano de Jehová?» Una piedra se queda quieta y obedece las leyes naturales, por ej. la gravedad o el impulso..., pero un niño puede rechazar la mano que le tiende su madre, rebelarse y tratar de escapar; pero inútilmente, por lo general, porque la madre es más fuerte e inteligente y lo alcanzará pronto. Y así somos nosotros con Dios. Es maravilloso, pero cierto, que la mano que nos creó, que rompió la cadena de nuestros pecados y que nos libró del poder de Satanás, no ha anulado nuestra voluntad; podía aplastarnos, pero nos respeta... Respeta nuestra voluntad de ser o no ser cristianos, pero, una vez convertidos, colabora con nosotros con paciencia para formar nuestro carácter y transformarlo a la imagen de su Hijo (2 Co. 3:18) y esto nos lleva a decir que...

5. La mano de Dios es «delicada»: todos tenemos dos manos, y llamamos a la mano derecha la mano «diestra»... porque generalmente es la que hace las cosas más difíciles. ¿Cuántas veces habéis leído en la Biblia «la mano diestra de Dios»? No se refiere a derecha ni izquierda, sino a la habilidad. ¿Habéis visto un escultor que moldea una estatua? Podría sacar kilos de piedra dando un golpe fuerte, pero saca miligramos, uno tras otro. ¿Habéis visto el médico cómo maneja el bisturí? Sabe hasta dónde puede llegar, nosotros mataríamos pronto al enfermo cortando venas y nervios, el médico no. Así es con Dios. La mano de Dios es supremamente experta. «Fiel es Dios, que no os dejará ser tentados más de lo que podéis llevar» (1 Co. 10:13); y en Job 5:17-19 leemos: «Él es quien hace la llaga, y él la vendará...; él hiere y sus manos curan...»; y completará su propósito en nuestros días y nuestro carácter en esta Tierra, y creo también en la eternidad, donde conoceremos y proseguiremos conociendo a

Señor «hasta que le conozcamos tal como somos conocidos» (1 Co. 13:12).

Por esto, imitando a nuestro Padre Celestial, nosotros debemos ser expertos y delicados cuando tratamos con las almas inconversas que nos rodean, porque podemos escandalizar y a nuestros hermanos. Cuántas veces como pastor del Señor me he dicho: «Señor, si aprieto demasiado en mi reprensión, esta persona no volverá al templo y perderé la oportunidad de hacerle bien. Si soy blando, puedo dejar pus de pecado en su infección moral, y he orado: «Soy un instrumento tuyo, Señor, dame sabiduría y tacto...» Santiago nos exhorta a «humillarnos bajo la poderosa mano de Dios» (Stg. 4:10). Nunca nos rebelemos si él nos hiere; al contrario, digamos: «Señor, ¿qué quieres de mí?, ¿por qué me tocas?» ¡Y este porqué, sea simplemente inquiridor, no de rebeldía! «Enséñame Tú lo que yo no veo» (Job 34:32).

6. La mano de Dios es «protectora»: la mano que nos ha creado, nos cuida y nos moldea, también nos guarda. Jesús dijo: «Mis ovejas oyen mi voz ... y nadie las arrebatará de mi mano. Mi Padre que me las dio...» (Jn. 10:27-30). En este pasaje aparecen dos manos que son una, la del Padre y la del Hijo. ¡Qué bien protegidos estamos! Dios da una razón del porqué no podrá dejar ni abandonar a los suyos cuando declara en Is. 49:15, 16: «En mis manos te tengo esculpida», refiriéndose a la vieja costumbre del tatuaje; pero hay algo más que un tatuaje en la mano de Cristo: las heridas de la cruz. ¿Cómo podría olvidarnos, si le costamos tanto? Sin embargo, y aun cuando ello ofrece un gran contraste, debemos decir también que...

7. La mano de Dios es «justiciera»: tenemos muchos textos en el Antiguo Testamento que aseguran que nadie podrá escapar de la mano de Dios, pero el más fuerte de todos lo hallamos en el Nuevo Testamento, en He. 10, donde leemos: «Horrenda cosa es caer en las manos del Dios vivo». ¡Cuántas gracias podemos darle de que la mano justiciera de Dios, cayó sobre nuestro sustituto, el Señor Jesucristo, para que no tuviera que caer sobre nosotros! Cristo padeció una vez, el justo por los injustos; por eso podemos decir en un precioso contraste final que...

8. La mano de Dios honra a quien se la extiende: consideramos un gran privilegio cuando la mano de un gran personaje de la Tierra se extiende para estrechar la nuestra *(anécdota del autor: durante la guerra civil española, tuve el privilegio de visitar la Casa Blanca y estrechar la mano del entonces secretario de Estado de USA Mr. Hugues, quien apretó la mía entre las dos suyas y dijo dos o tres veces: «Por Spain, por Spain»).*

a) En la Biblia hay una figura extraordinaria, un signo para nosotros muy raro, una figura tan atrevida que no se le habría ocurrido jamás a ningún profeta -y menos a un escritor hebreo-, si el Espíritu Santo no lo hubiera inspirado de acuerdo con las costumbres de la época. Está en Is. 62:2, 3: «Y serás corona de gloria en la mano de Jehová...»; y, como tratando de disipar la duda que podía entrar en el ánimo de los lectores de figura tan extraña, añade: «Porque la boca de Jehová lo ha hablado».

b) Ésta es una alusión a los gruesos anillos de sellar que llevaban los reyes orientales, y esta, para nuestro tiempo inimaginable figura es explicada en el N.T., en Ro. 8:17 y Ef. 3:10, donde los cristianos somos llamados «herederos de Dios y coherederos con Cristo», además de embajadores del infinito Padre y testigos suyos a principados y potestades en los Cielos (obsérvese que la expresión está en plural).

c) Estos pasajes indican que Dios ha de ser alabado y glorificado por las mismas criaturas celestiales a causa de sus redimidos procedentes de la Tierra, cuando nosotros digamos a estos seres perfectos cómo Dios nos ayudó cuando estábamos en un mundo de males y pecados. Notemos que este privilegio es y será para los que «ya antes esperábamos en Cristo» (Ef. 1:12); y en Romanos leemos: «Que no es de comparar lo que en este tiempo se padece con la gloria venidera que en nosotros ha de ser manifestada» (Ro. 8:18). Ésta es la gloriosa realidad que nos espera una vez dejada en el sepulcro esta carroña, y sobre todo después de la resurrección. Habrá, sin duda, otros seres humanos salvos en la eternidad sin haber sido moldeados por una vida de prueba, cuyas glorias no nos son dadas a conocer, esto es, los niños fallecidos en su menor edad, de los cuales Jesús dice que «es el Reino de los Cielos» (Mt. 19:13-15); y ello es un consuelo para los padres al saber que también sus hijitos fallecidos existirán y serán beneficiados, aunque no

entren en el privilegio expresado acerca de los adultos con las palabras: «...si empero padecemos con Él, para que juntamente con Él podamos ser glorificados» (Ro. 8:17).

CONCLUSIÓN: existen varios testimonios de moribundos que vieron el más allá antes de partir, destacándose el de D.L. Moody, Bromwell Booth, el Dr. George G. Ritchie, Marvin S. Ford, Betty Malz, Lidia de Wirtz y algunos otros. Estas experiencias son escasas en comparación con el número de personas que pasan todos los años a la eternidad. Creo que la razón es que «por fe andamos, no por vista», pero ocurren alguna vez para confirmación de la esperanza cristiana que han despertado en los corazones creyentes las promesas de Cristo, y creemos que eran más frecuentes para los que sellaron su fe con el sacrificio de sus vidas. ¿Quieres, querido amigo, ser glorificado tú y poder glorificar a Dios en la eternidad? Ponte en sus manos lo más pronto posible y permite que su mano diestra, poderosa, redentora y protectora, se pose sobre ti, te salve y te moldee según su voluntad.

141. *LA OBRA DEL BUEN PASTOR (Juan 10:1-30)*

INTRODUCCIÓN: la ocasión de la parábola fue para cerrar la boca de los que murmuraban contra Jesús viéndole entre publicanos y pecadores. Su ceguera espiritual les hacía mirar con desprecio el amor de Jesús, que no es un mero sentimiento de condolencia o de amistad, sino un amor diligente y activo que despliega toda su energía para conducir al alma extraviada al redil celestial. Considerémoslo, pues, desde este punto de vista.

1. El pastor encuentra a faltar una oveja: otro cualquiera no se hubiera apercibido, poseyendo un número tan elevado, pero Jesús cita este número como un ejemplo de que todo su afecto estaba puesto en su rebaño y lo que para otros habría sido una pérdida leve, para él era, y es muy grave y sentida.

2. El pastor va en busca de la oveja: las 99 que le quedan no calman su ansiedad por la perdida. Es preciso recobrarla antes que perezca; ella por sí sola jamás volverá. Es necesario arrostrarlo todo para ir en su auxilio:

a) Va personalmente: No envía criados o asalariados a recobrarla evitándose él duras molestias. Nadie como él la buscará con el mismo interés. Así el eterno Verbo de Dios no delegó su misión a los ángeles; prefiere tomar él mismo carne humana.

b) Va a pesar de las dificultades. Éstas, en la parábola, eran la noche, las asperezas del camino, los lobos o los peligros de caer en un precipicio. Jesús llora, sufre, pero sigue adelante pensando en la triste suerte del extraviado.

c) Va lleno de compasión. No lleva un garrote en su mano para castigarla, a pesar de que las aberraciones y extravíos de la oveja le cuestan muy caros, pero no cambian el tierno afecto que por ella siente. El pecado y la obstinación que Jesús nota en los pecadores no truecan su amor en odio. Él dijo: «No he venido a condenar, sino a salvar al mundo».

d) Busca la oveja hasta encontrarla. Aunque ésta se aleje más y más de él, el Buen Pastor no cesará en su empeño hasta tenerla en sus brazos. Ésta es más o menos la experiencia de todos al pensar en el tiempo anterior a nuestra conversión. ¡Ojalá fuese nuestro empeño buscar a otras almas con la misma perseverancia con que Cristo nos buscó! Cuando una persona no viene al culto, no debemos decir: ¡que se apañe! Algún día lo sentirá. Debemos pensar que está ciego, en peligro de perderse, no comprende la importancia de las cosas de Dios.

3. El hallazgo de la oveja: los esfuerzos del pastor no han sido vanos, pues la oveja se encuentra en una triste condición...

a) Enredada en la maleza del bosque, sin posibilidad de librarse: tal es la situación del hombre alejado de Dios, enredado en el vicio que le sujeta fuertemente. No existe ningún vicio que no haga esclavo al que lo posee.

b) Extenuada por su constante vagar. Muchos millonarios y artistas famosos han confesado al final el desengaño de la vida.

c) Al borde del precipicio. ¿No lo está toda alma no reconciliada con Dios? Inesperadamente la muerte puede poner fin a su extravío, sumiéndole en la perdición eterna.

4. La liberación de la oveja: le faltó tiempo al pastor para acudir en su socorro cuando ésta respondió a su voz con un triste balido Fue lo único que la oveja podía hacer. ¿No es éste también el caso de cada pecador? Lo entienda o no, necesita clamar a Cristo por salvación. Si así lo hubiesen hecho muchos suicidas de la historia, habrían hallado un futuro muy diferente. Los esfuerzos para librarse Sólo empeoraban la situación de la extraviada metida en los zarzales; pero el pastor sabe librarla, separando las espinas que la tenían sujeta. Así hace Cristo con el perdido. Lo ha hecho con millares y puede hacerlo para ti.

5. La amorosa conducción al redil: éste es el detalle más tierno de la parábola. El pastor no obliga a la descarriada a caminar arrastrándola con una cuerda atada al cuello, pues los sufrimientos que le ha costado al pastor el hallarla, la hacen tanto más estimable. Cristo no nos ata con fuertes preceptos legales después de nuestra conversión, sino con preceptos de amor y gracia. Él no quiere que nos ensuciemos otra vez con el pecado, quiere libramos del mismo, y su gracia misericordiosa dice: «Yo estoy con vosotros todos los días hasta el fin del mundo» (Mt. 28:20). Siempre está dispuesto a llevamos y sobrellevamos si nos acogemos y unimos a Él. El apóstol Pedro dice: «Somos guardados para una herencia también guardada en los Cielos para nosotros» (1 P. 1:5). De otro modo, sabemos por lo que dice Pablo que él anda como león rugiente buscando a quien devorar. Procurará hacer caer de la gracia incluso si pudiera aun a los escogidos. Jesús advierte: «Mis ovejas nadie las arrebatará de mi mano» (Jn. 10:28).

6. La victoria del Buen Pastor: éste es el último cuadro de la conmovedora parábola. El pastor anuncia a sus amigos el hallazgo de su oveja. Jesús expresa esta verdad en Lc. 15:1-7. Jesús, que sufrió por nosotros haciéndose hombre y redimiéndonos con su muerte de cruz, se ha adelantado a dar la buena nueva en los Cielos donde está preparando lugar para nosotros. Aun a los que estamos todavía sobre la Tierra, nos considera, por nuestra fe, ya entrados en el Reino (He. 8:25).

CONCLUSIÓN: un día, millones de almas que se habían descarriado alabarán al Buen Pastor en la casa de Dios. ¿No quisieras estar tú también allí? ¿No quieres ser hallado por Cristo? Él te busca, te llama y se acerca a ti por la palabra de sus siervos, quizá por este mismo mensaje. Confíate en sus brazos y serás salvo por la eternidad.

142. *LA PARÁBOLA DE SAMARIA*
(2 Reyes 6, 7)

INTRODUCCIÓN: se trata de una parábola histórica para la cual pueden buscarse muchas ilustraciones: El sitio de Jerusalén por Josefo; el sitio de Leyden (Holanda); el sitio de Numancia, describiendo los sufrimientos del pueblo. En este caso, cuéntese el altercado de las dos madres (cap. 6: vv. 25-30) y la estúpida reacción del rey (vv. 31-33) culpando a Eliseo.

1. El cambio de situación por obra de Dios: a pocos pasos de la ciudad sitiada se produjo la mayor abundancia por la huida de los enemigos, y es una preciosa ilustración de la realidad espiritual. Dios puede cambiar drásticamente la situación, y lo ha hecho algunas veces. Aplicación espiritual:

a) El mundo es una ciudad sitiada a causa del pecado. Nos encontramos aislados del universo ultrasensible por distancias físicas inverosímiles, de miles de años de luz.

b) El hombre es un hambriento de vida. Aun los animales huyen de la muerte, pero no la prevén. Congojas del condenado a muerte; todos lo somos antes de 50, a lo sumo 100 años (el célebre ateo Tomás Payne daba a su médico 10.000 dólares por un mes de vida). El espíritu del hombre no ha sido hecho para morir. ¿Mueren los seres vivos que pueda haber en otros planetas?

c) El hombre está hambriento de verdad. ¿Qué es el universo? ¿Cómo se formó? ¿Con qué propósito? Los designios del infinito han de ser objeto de revelación. Aprendemos más de Dios en el cap. 3 de Juan que en la mayor biblioteca humana. La Naturaleza de la vida dice algo, pero no todo lo que el hombre ansía saber.

2. Cuando el pecado creció, sobrepujó la gracia; muchas veces, ha ocurrido así:

a) Cuando la situación se hizo imposible en la esclavitud de Egipto, vino Moisés.

b) Cuando en Babilonia no podían aguantar más, vino Ciro.

c) A un Israel esclavizado y a un mundo romano pervertido, vino Cristo.

d) A un mundo en caos de guerras y hambres salvará Cristo en su segunda venida.

3. La salvación descubierta: mientras los hombres perecen de hambre espiritual, Dios ha preparado abundante provisión por medio del Evangelio. A los anhelos de inmortalidad, Cristo declara Jn. 3:16, 5:24.

4. ¿Quiénes descubrieron la verdad? Los más necesitados, pobres leprosos; no los que todavía tenían algún bocado en casa. Su necesidad les condujo a afrontar el todo por el todo (Mt. 9:12). Donde ocurren hoy más fácilmente los despertamientos es en Corea y África.

5. El deber ineludible del cristiano: hoy es día de Buena Nueva. Desde la primera a la segunda venida de Cristo es el día de la Gracia.

CONCLUSIÓN: objeciones que podían oponerse... Es de noche... También parece hoy tiempo inoportuno, por la indiferencia; pero es urgente llevar las almas a Cristo. Quizás a nuestro lado se sienta el alma necesitada de salvación. Es la responsabilidad del Atalaya hablar (Ez. 3:17-21).

143. *LAS DIEZ VÍRGENES*
(Mateo 24:29 al 25:13)

INTRODUCCIÓN: fue en los últimos días de su estancia en este mundo que Jesús habló más de su segunda venida. En la última semana es cuando pronunció el discurso escatológico del monte de los olivos y pronunció las parábolas de las diez vírgenes de los talentos y la profecía del juicio, bajo la figura dé las ovejas y los cabritos. La primera venida tuvo poco de agradable para el Hijo de Dios: Nacer con gran humildad, trabajar en Nazaret, soportar pecado, andar entre dolores y miserias; calumniado, despreciado y viendo acercarse su pasión y muerte. No es extraño que pensase mucho en su Segunda Venida, cuando todo sería tan diferente, sobre esta misma Tierra. A no ser por la esperanza de la segunda no tendría objeto la primera; por esto nos enseñó a decir, en la oración modelo: «Venga tu Reino». Pero, ¿por qué tarda tanto? Es un profundo misterio, oculto en sus días, aun a Cristo mismo (Mt. 24:36). ¿Es que el mismo Jesús hombre se habría sentido desanimado si hubiese conocido una espera de tantos siglos? Pero Él sabía, con todo, que el Evangelio debía ser predicado en todo el mundo. Todos los sucesos grandes que van lentamente, parece que no han de llegar nunca; pero llegan. La Segunda Venida, el más grande suceso de la Humanidad, llegará también, súbitamente. La necesidad de velar es expuesta gráficamente en esta parábola.

1. La escena de una boda oriental era bien conocida (Jn. 2:1-12); y es una figura muy adecuada de Jesús con la Iglesia:

a) Juan el Bautista la usa (Jn. 3:29).

b) Jesucristo también (Mr. 2:19).

c) El apóstol Pablo la usa como ejemplo ideal del matrimonio (Ef. 5:25-32).

d) En Ap. 19:7-10 es citada como la primera festividad celestial.

2. La parábola es una ilustración del estado de la iglesia en los últimos tiempos:

a) ¿Quién se duerme? Si hubiera dicho la Iglesia –aunque esa es la realidad–, habría confundido a los exegetas, pues la Iglesia de Cristo no es una persona individual, sino muchas. Por esto explicó no la parábola de una novia no preparada, sino de diez vírgenes amigas. De este modo pueden representarse dos actitudes en diversos grados.

Notemos los detalles.

b) Todas iban con el mismo propósito. Cristianos verdaderos y profesantes van con el mismo propósito de entrar en el Cielo, pero una cosa es tener el propósito y otro realizarlo.

c) Todas daban poca o mucha luz por un tiempo. Cristianos temporales hablan por una temporada de un modo muy semejante a los verdaderos.

d) Todas cabecearon. Medio dormidos lo estamos todos en el presente siglo. Los cristianos primitivos no descansaban; no temían el martirio, no daban importancia al dinero (ej. Bernabé). Los fugitivos de Jerusalén (Hch. 6:7 no cesaban de testificar por todas partes (He

5:42, 8:4). Pero esta luz fue apagándose; la conversión de Constantino produjo millares de cristianos profesantes.

3. Una diferencia notable; en el Antiguo Testamento, el aceite es símbolo del Espíritu Santo (*véase* Is. 61:1; 2 Co. 1:21; 1 Jn. 2:19-20, 27:28):

a) El cristiano que tiene la unción del Espíritu puede pasar una temporada desanimado, pero se reanimará.

b) ¿Tenemos el Espíritu Santo? ¿Hemos sentido el gozo del nuevo nacimiento, y del servicio, cuando hablamos del Evangelio a alguien?

c) ¿Hemos sentido, en la conciencia, la voz del Espíritu ante alguna situación de peligro de caer en pecado?

4. El tiempo de la mayor indiferencia es al aproximarse la segunda venida de Cristo y el cumplimiento de la boda celeste:

a) Jesús lo anunció (Lc. 18:8, Mt. 24:12-23).

b) Los apóstoles también (1 Ti. 4:1, 2 P. 3:3-9).

c) Donde se verá la mayor diferencia y necesidad será en el momento supremo entre los arrebatados y los dejados. Dos interpretaciones:

–Los dejados serán los no creyentes.

–Los dejados serán cristianos fríos que tendrán que pasar por la Gran Tribulación.

5. La actitud de las vírgenes prudentes: parece egoísta, pero no lo es, porque hay cosas que no se pueden dar ni comunicar. Por ejemplo, el talento, la fe, la virtud, la santidad. Cada cual ha de procurarlo para sí. ¿Cuál es nuestra medida espiritual?

6. La puerta cerrada: Jesús presenta muchos ejemplos de la puerta cerrada, lamentando esta desgracia, porque Él quisiera que no lo fuera para nadie (Mt. 7:13; Lc. 13:23). Este desenlace parece confirmar la idea de que las vírgenes fatuas son los no creyentes; pero desconocemos muchos detalles de los misterios escatológicos del más allá...

CONCLUSIÓN: demos gracias a Dios por lo que nos ha sido revelado, y procuremos, como dice el apóstol, hacer firme nuestra vocación y elección (*véase* 2 P. 1:3-10).

144. *LAS MANOS DE CRISTO* *(Deuteronomio 5:15)*

INTRODUCCIÓN: en el Antiguo Testamento, las manos o mano de Dios son usadas infinidad de veces en un sentido simbólico (*véase* Dt. 4:15, 4:32). Las manos son, como el rostro, la manifestación de la persona y pueden muchas veces ser tan expresivas como el gesto o mirada. Jesús invita a sus discípulos a mirar sus manos el día de su resurrección. Miremos por fe las manos de Cristo. ¿Qué encontramos en ellas para enardecer nuestros corazones y salir dispuestos, como los apóstoles, a seguirle y servirle con más amor y fe?

1. Manos humildes (Lc. 2:51-52; Mr. 6:3).
2. Manos poderosas (Lc. 8:54; Jn. 9:6).
3. Manos amorosas (Mt. 10:13).
4. Manos serviciales (Jn. 13:4-16).
5. Manos traspasadas, o sea, sacrificadas (Lc. 23:33; Sal. 22:16).
6. Manos victoriosas (Lc. 24:38-40, 50).

CONCLUSIÓN: tales son las manos de Cristo... ¿cómo son las nuestras?

145. *LOCURA DEL PECADOR* *(Lucas 15:10-32)*

INTRODUCCIÓN: la historia del hijo pródigo es un admirable drama humano a la par que una gráfica palabra del amor divino. Ha habido en el mundo millares de hijos pródigos con respecto a sus padres que, llevados por la ambición, la pereza o el orgullo, han abandonado el hogar en busca de una vida más fácil o más placentera y han tenido que volver arrepentidos deshechos de cuerpo y alma a veces víctimas de alguna enfermedad incurable a buscar amor y cariño en el viejo rincón del hogar paterno, y muchas vidas se han extinguido prematuramente a causa de la locura de su pecado. Afortunadamente los pródigos de sus padres naturales no han sido mayoría, pero Jesús contó la historia como una parábola ilustrativa de la vuelta de muchos miles de pródigos a Dios, el Padre de todos. Lo demuestra el v. 10 donde Jesús dice comentando las dos primeras

parábolas: «Así os digo que hay gozo delante de los ángeles de Dios por un pecador que se arrepiente».

1. «Volviendo en sí...»: leyendo esta parábola me ha llamado la atención una frase que Jesús emplea y puede aplicarse tanto a los pródigos de los padres como a los pródigos de Dios ¿Estaba loco aquel hijo de una granja judía que se cansó de trabajar, oyendo hablar de la vida fácil y alegre en que viven algunas personas en las ciudades? Dijo: «Padre, dame la parte de la hacienda que me pertenece», y el bueno del padre pensó: «No quiero que estés aquí por fuerza y un día te escapes sin dinero La parte que tendrías que heredar cuando yo muera aquí la tienes»; y el joven fue y la gastó y vino hecho un pordiosero. ¿Estaba loco el joven de la parábola? Sí y no. ¿Qué es un loco? Una mente desequilibrada que no pesa las verdaderas razones y hace lo que no debe hacer, muchas veces suicidarse.

2. El mundo está loco: hay hombres y mujeres que saben que no pueden pasar de 70 u 80 años y, como si no tuvieran bastante pena de tener que dejar aquí cuerpo de su juventud, se han agrupado en naciones y con la sabiduría que el Creador puso en las mentes de los seres humanos inventan ciudades, pero también artefactos de guerra y vienen a derribar lo que tanto costó de edificar, quizá a ellos mismos o quizás a sus antecesores, y otra vez se ponen a trabajar para destruir nuevas ciudades. Hace miles de años que los hombres se dedican a este juego.

3. Locura de las riquezas:

a) Algunos se ponen alrededor de una ruleta que hacen girar; casi siempre pierden, pero alguna vez ganan y ello les enloquece y vuelven a jugar y a perder.

b) Otros se ponen en la boca un fajito de hierba liada en un papel, saben que esto no sirve para nada más que para perjudicar su cuerpo, pero prosiguen esclavos de su vicio.

c) Otros se dedican a tragar agua que quema: es un elemento que el Creador puso en la naturaleza para quemar pequeños seres llamados microbios; es utilísimo para lavar heridas, pero le ponen azúcar y se lo tragan diciendo que es bueno. Pronto les quema el estómago y el hígado, y si beben mucho, les destruye la parte más sensible de las dendritas del cerebro y dicen tonterías y hasta ven monstruos.

4 El comentario del Cielo: a veces me imagino comentarios entre los ángeles de Dios en cuanto a las multitudes de locos de la Tierra. Me imagino que Gabriel le dice a Miguel: «Mira esta gran multitud, todos tienen su mirada puesta en una pelota que si va arriba y pasa bajo dos palos se alegran, y otras veces se alegran porque pasa por los palos del otro lado». Esto no sirve para nada, no adquieren mando ni autoridad como se obtienen en las guerras... Manifiestan que se divierten; lo que quieren decir es que olvidan las cosas que tienen más importancia de la vida, de la muerte y del más allá.

5. Locura de la incredulidad: mira si son locos los hombres que creen –y algunos se imaginan– que la materia empezó a moverse sin causa y se constituyó ella misma en flores animales y después en hombres. el anima ininteligentes empezó a desear. Sus deseos se cambiaron en órganos físicos. Lo curioso es que en ciertas partes la carne se cambió en plaquitas transparentes.

El animal mismo –dicen– se supo construi a sí mismo ojos, oídos y sistema circulatorio. Si se dieran cuenta de la sabiduría y justicia del Creador no caerían en la locura de rechazar su amor. La maravilla de la redención sólo pudo salir del corazón de un Padre amante en el que «vivimos y nos movemos y somos», pues fíjate hasta dónde ha llegado la locura humana que aquella mente que Dios les dio, la emplean para construir aparatos electrónicos que pueden reproducir sucesos de la historia o maravillas de la naturaleza, pero como esto cansa a muchos los más listos se dedican a inventar historias deshonestas.

6. ¿A qué se debe la locura humana? El apóstol Pablo dice: «el dios de este siglo (Satanás) cegó los entendimientos de los incrédulos» (2 Co. 4:4) y lo más extraño es que llaman locos a los que han abierto sus ojos a las doctrinas del Evangelio, tal como exclamó Félix ante las evidencias de su propia conversión y de la resurrección de Cristo, diciendo: «Estás loco Pablo, las muchas letras te vuelven loco» (Hch 26:24, 25).

7. De la locura a la sabiduría: «Lo loco del mundo es lo sabio para Dios». El cristiano viv

en otra esfera. ... en otro mundo... aunque sus pies toquen el suelo en un mundo loco, la mente y el corazón están iluminados por el Espíritu Santo y tienen una visión superior de las cosas. El hijo pródigo «volvió en sí» como queda demostrado...

a) Al reconocer su miseria y el bienestar de los que vivían en armonía con el Padre: el gozo, la paz y la felicidad de los hijos de Dios no es una ilusión, es el pan del alma. Quizá todavía, amigo, no notas mucho la diferencia si hace poco que escuchas el Evangelio... Los enfermos no tienen hambre. Cuando comprendas más el valor de las cosas espirituales notarás el vacío de tu corazón.

b) Salomón lo expresa en Eclesiastés 2:2; las cosas importantes del mundo no tienen valor, son pasajeras al lado de la eternidad. Podemos mencionar a centenares que han sentido su necesidad cuando ya era demasiado tarde, como Voltaire, Gambeta, Gibbon, Tomas Payne, que clamaban desesperados en la hora de la muerte.

8. Los que vuelven en sí: Pablo estaba fuera de sí cegado por su ira, persiguiendo a los cristianos, que consideraba herejes del judaísmo. San Agustín estaba fuera de sí cuando se resistía a las oraciones de su madre Mónica. Raimundo Lulio, gran pensador catalán, vivía una vida disipada hasta el día en que la dama que él quería le enseñó el cáncer que roía su pecho. Todos necesitamos volver a Dios como el hijo pródigo. el v. 10 del mismo capítulo nos re- vela que Jesús contó la historia como una ilustración de nuestra necesidad *(anécdota: conocida es la historia del bufón de un noble que le devolvió el bastón que éste le había regalado para darlo a otro que fuera más loco que él. pues el noble le dijo que iba a un largo viaje sin retorno, y no se había preparado).*

9. El gozo y privilegio de volver en sí: la bienvenida y la fiesta en casa del pródigo son un ejemplo de lo que encontraremos si «volvemos en sí» a tiempo, no únicamente en el Cielo, sino empezando ya en la tierra. Salomón dice: «Alégrate, joven, en tu mocedad». Dile a Dios: «Quiero gozar de la vida, pero contigo». el hijo pródigo estaba danzando en corro con las criadas y criados, pero era algo muy diferente de aquellos bailes mundanos con las rameras. Entonces se hallaba amargado por el sentimiento de ¡ya quedan menos monedas! En cambio el creyente sabe que Jesús dijo: «De cierto os digo: el que cree en Mí tiene vida eterna» (Jn. 11). «Yo soy la resurrección y la vida, el que cree en mí, aunque haya muerto vivirá».

CONCLUSIÓN: Isaías dice: «Cada cual se apartó por su camino». No has tenido en cuenta a Dios... el que hayas ido más o menos lejos no te libra de la necesidad de volver a Él, diciéndole: «¡Señor, soy un pródigo, un pobre pecador; si no he ido más lejos en cuanto a los hombres es porque me rodeaste de circunstancias restrictivas, de familia, pero en cuanto a ti he ido demasiado lejos, porque tú conoces mi corazón y no te puedo engañar como trato de engañar a las personas piadosas que me rodean. Recíbeme en tu gracia, pues sé que me estás preparando una fiesta en el Cielo».

146. *LOS DOS DEUDORES*
(Lucas 7:36-50)

INTRODUCCIÓN: dos deudores y posibilidades de perdón. El amor es el resultado del perdón, y la medida del amor nos muestra la evidencia del perdón.

1. Dos deudores.

2. Ambas personas citadas eran deudoras:

a) Todos hemos pecado, siendo por lo tanto deudores.

b) Todos nos hemos alejado, siendo preciso ser hallados.

3. Ambos fueron perdonados:

a) La base del perdón es igual para todos;

b) El alcance del perdón es también igual: completo.

4. Ejemplos:

a) Nicodemo, deudor de poco en cuanto a manifestación de pecado;

b) El ladrón en la cruz, deudor grande.

CONCLUSIÓN: ambos fueron perdonados.

147. *LOS LABRADORES MALVADOS* *(Marcos 12:1-12)*

INTRODUCCIÓN: ésta es una parábola de Jesús dirigida al pueblo de Israel, en primer lugar, pero que tiene una aplicación a todo el mundo. Jesús se refirió en ella a cinco cosas bien palpables y ciertas.

1. A las grandes bendiciones concedidas al pueblo israelita (Is. 5:1, [2):

a) Dios plantó la nación en la tierra prometida, y Él mismo era su «cerca» y su «torre» (Sal. 18:1, 2).

b) También Dios ha colmado de bienes a la humanidad entera (Mt. 5:45; Hch. 14:17). ¿Qué más podía hacer por este mundo? (Is. 5:4).

2. El reconocimiento esperado por Dios (v. 2):

a) Era de esperar que un pueblo tan favorecido rendiría a Dios los frutos de obediencia, amor, gratitud, santidad y testimonio fiel a los demás pueblos.

b) Pero qué diferente había sido su modo de actuar (Neh. 9:16, 17-26).

c) Igualmente, Dios espera fruto de los hombres a quienes ha dotado de inteligencia y conciencia, pero ¡cuán pocos corresponden a los favores de Dios!

3. Una rebelión constante (vv. 3-8):

¡Con cuánto anhelo envió Dios sus profetas para rogar al pueblo que caminara por sus sendas! Jeremías declara, 11 veces, que Dios les rogó por su boca y ellos le rechazaron (Jer. 7:25, 26:5, 29:19, etc.). Dios también ha enviado sus mensajeros a predicar el Evangelio entre todos los hombres, pero en su gran mayoría éstos han sido rebeldes, y los predicadores, con mucha frecuencia, han experimentado oposición tenaz y violenta, que ha llegado hasta el sacrificio de la vida (Hch. 13:50 y 14:19). Hoy no existe oposición persecutoria, pero sí se da el rechazo de la indiferencia.

4. Un recurso costoso (v. 1): a pesar del rechazo de Israel el amor de Dios no se agotó, sino que envió a su Hijo amado (Jn. 3:16), mucho mayor que los profetas (He. 1:1-2). Pero a éste no sólo lo rechazaron, sino que lo mataron (Jn. 1:11); y esta maldad trajo al mundo la salvación. Todo aquel que no recibe al Hijo de Dios como su Salvador personal se afilia de hecho a los que le crucificaron. Dios considera un gran pecado el no confiar en Jesucristo (Jn. 3:18, 24 y 16:9).

5. Un castigo inevitable (v. 9):

a) Los israelitas fueron castigados con la destrucción de Jerusalén en el año 70 y su esparcimiento por el mundo entero.

b) Los que se niegan a rendir su alma al Señor Jesucristo no podrán escapar del juicio de Dios (Mt. 23:33; He. 2:3 y 10:28, 31; 12:25).

CONCLUSIÓN: ¡Cuán verídica y solemne es la advertencia de Gá. 6:7!

148. *LOS OBREROS DE LA VIÑA* *(Mateo 20:1-6)*

INTRODUCCIÓN: esta parábola fue motivada por el fracaso del joven rico y la impertinente pregunta de Pedro sobre la cuantía de la recompensa de aquellos que lo habían dejado todo para servirle, y nos enseña...

1. El llamamiento de Dios (v. 1): por medio del Evangelio, Dios llama a los hombres a servirle a Él. Fijémonos en las condiciones de los que son llamados...

a) Están en la plaza del mundo.

b) Están ociosos, pues no tienen capacidad para servir a Dios en la forma que Él desea.

c) Sólo saben hablar, haciendo cábalas acerca de lo que ellos piensan que debería ser el mundo.

2 Dios llama a los hombres a todas horas (vv. 2-6):

a) Los llamados a primera hora representan los hijos de hogares evangélicos.

b) Los llamados a la hora sexta (las doce del día en el horario hebreo) representan los llamados a la edad adulta.

c) Los de la novena representan los de la tercera edad que aún tienen fuerzas para testificar con denuedo.

d) Los de la undécima, los ancianos o enfermizos que pueden hacer poco para Dios (1 Co. 3:6-9). En la obra de Dios, hay trabajo para todos; sólo se necesita voluntad y fervor (Ro

12:11), pero la actividad posible ha de ser hasta el fin (He. 6:11) y ha de ser sin pereza (v. 12).

e) Para ello, cada obrero o cristiano debe acumular las virtudes que no le permitirán estar ocioso (2 P. 1:3-8).

3 La oferta de Dios:

a) «Todos los obreros recibieron lo mismo. » Sin tener en cuenta lo trabajado. Asimismo la salvación es para todos igual; lo mismo para el ladrón en la cruz que para Pedro o Pablo (Ef. 2:8) Es un regalo de Dios.

b) El que no ha oído el llamado Evangelio hasta la vejez no es responsable por falta de oportunidad. La salvación es un don de Dios.

c) Habrá recompensas –según Lc. 16 10– y nuevas encomiendas en la eternidad (Lc. 16:12). Y la vida eterna y el ser hijos de Dios será exactamente igual para todos.

CONCLUSIÓN: ¿Quién no quiere entrar al servicio de semejante dueño?

149. *LOS PEREGRINOS EN LA NOCHE DE LA LIBERACIÓN (Éxodo 12:1-14)*

INTRODUCCIÓN: los israelitas estaban esclavos en Egipto cuando Dios tuvo a bien librarles por medio de Moisés, quien por orden de Dios produjo las diez plagas. La final no fue tan sólo la decisiva para que Israel obtuviera su libertad, sino también una gran lección para todas las generaciones. En ella, era necesario sacrificar un cordero sin tacha, comerlo entero en grupos familiares de 10 a 20 personas, con hierbas amargas, tras haber colocado una mancha de sangre en el dintel, para que el ángel destructor pasara de largo sin llevar a cabo la muerte del primogénito, lo cual causó tal terror a los egipcios que Faraón se vio obligado a ceder, permitiendo la huida de los israelitas.

¿Cuáles son las enseñanzas de este extraordinario suceso bíblico?

1. La humanidad es esclava de Satanás por el pecado: así lo dijo Satanás mismo a Jesucristo, y lo vemos en la Historia. El espíritu de tiranía, fruto de la ambición, es de Satanás, el de libertad es de Dios. Dios ha hecho los seres libres, la tiranía es hija del orgullo. ¿Qué hay de tiranía en los 10 mandamientos? Sólo homenaje a Dios y respeto al prójimo; pero desde Caín los hombres han tratado de dominarse unos a otros. Lo más triste y curioso es que los hombres progresan en muchos conocimientos, pero difícilmente adquieren experiencia moral. Los animales son más precavidos y no tropiezan dos veces en el mismo escollo, pero carecen de sentimientos morales, buenos o malos. Hay muchos hombres que tienen ambiciones desmesuradas, que tratan de justificar a su manera, hasta que la realidad les muestra su error (ej. de Hitler). Aun los hombres más educados, o santos, tienen que decir como Pablo: «¡Miserable hombre de mí!» (Ro. 7:24).

2. El cristiano es un esclavo rescatado: por años gimieron los israelitas, pero la promesa dada a Abraham se cumplió a su tiempo. Así también la promesa espiritual de rescate para la humanidad...

a) El rescate de los israelitas fue por una sangre simbólica, el de la humanidad por la sangre derramada del mismo Hijo de Dios (Jn. 1:29): «He aquí el Cordero».

b) Era un plan que Dios tenía desde el principio de los siglos para confundir al enemigo admirando a los ángeles por su amor (Ef. 1:4-7; 1 P. 1:12, 18-21).

c) Atraer los corazones de los hombres (1 Jn. 4:14-19).

d) Cumplir las demandas de la justicia divina en el Universo (Ro. 5:1, 2 y 17). La sangre es símbolo de sufrimiento y muerte, pues no se obtiene sin sufrimiento. Por esto tiene un valor propiciatorio, no a causa del elemento físico, sino por su significado moral *(anécdota: el fugitivo condenado a muerte por los indios y rescatado por la sangre de un blanco que extendió el brazo).*

e) Debía ser aplicada *(anécdota: tradición de Josefo de la primogénita judía asustada).*

Dios conocía cuáles eran los hogares de los israelitas, pero quería ver la fe y la obediencia. Era protección segura porque representaba el cumplimiento de la palabra de Dios. Así, nuestra conversión, y aun los símbolos de ella, no valen por lo que son, sino por lo que representan *(anécdota: el condenado en la guerra de Cuba que fue rescatado por estar cubierto con las*

banderas de Inglaterra y los Estados Unidos, al principio de la guerra). (Anécdota del folleto El valor de la sangre de Cristo: en la ejecución de una madrileña atendida por el capellán Cipriano Tomos, quien tranquilizó a la desesperada mujer condenada hablándole de la sangre de Cristo. Ella dijo:

–Yo creo que algo valdrá.

A lo que el cura respondió:

–No algo, sino todo.

–¿Por qué no me lo dijo antes? —exclamó la mujer, que murió tranquilizada. Este incidente hizo reflexionar al sacerdote, cuando años después recibió un tratado titulado El valor de la sangre de Cristo. El cura, que era capellán de la misma reina María Cristina, escribió a la dirección del folleto ante el pensamiento: «¿Engañé a aquella mujer?». Fue convertido y más tarde director de la revista El Cristiano, el primer periódico semanal de todos los evangélicos de España desde el año 1876 hasta 1920).

¿Nos ha sido aplicado el valor de la sangre de Cristo? No con grama de hisopo, sino por la fe (Ap. 7:13, 14).

3. El cristiano es un peregrino dispuesto para la marcha: notad la actitud de los hijos de Israel, nadie durmió en aquella noche. Jesús dice: «Velad». El peregrinaje es común a toda la humanidad, pero unos se hallan preparados y otros no. Para los egipcios, el Mar Rojo fue un horror, para los israelitas, su liberación y seguridad. Así es la muerte, a la que todos nos dirigimos. Notemos:

a) Que la Pascua era el principio de una nueva vida. Por aquel acto de obediencia el israelita quedó bajo la protección de Dios.

b) Los peregrinos debían hallarse reunidos por grupos alrededor del símbolo de su redención. Así los salvados por la sangre de Cristo: «todas las veces que bebiereis en memoria de mí...», pues los grupos pequeños estaban tan seguros como los grandes.

c) El festín era sumamente gozoso por la esperanza de una inmediata liberación, pero se había ordenado que hubiera un símbolo de la pasada amargura: «hierbas amargas». Éste era un recordatorio para futuras pascuas (penas y amarguras se encuentran en la vida en medio de la felicidad espiritual). Aunque esperamos la liberación, nos hallamos todavía en territorio enemigo y sinsabores diversos amargan nuestra completa felicidad espiritual; pero ¿qué importancia tienen al lado de la condenación? Son tribulaciones momentáneas de este mundo pasajero (2 Co. 4:17). Por esto, podemos decir como el apóstol en los vv. 8 y 9 de este cap.: «atribulados, mas no angustiados; en apuros, mas no desesperados» *(anécdota de la ancianita enferma que decía: «Será por poco tiempo, Señor»).*

CONCLUSIÓN: ¿Somos aún esclavos del pecado o nos hallamos ya bajo el amparo de la preciosa sangre de Cristo? Acojámonos a la sangre expiatoria y vivamos como peregrinos, prontos a escuchar el llamamiento de reunión con Cristo, por la muerte, o aún mejor, por su segunda Venida, si fuera el propósito de Dios cumplirla en nuestros días.

150. *LOS PRIVILEGIOS DEL REBAÑO DE CRISTO (Juan 10:27)*

1. Son pueblo especial: «Mis ovejas».

a) Expresa posesión: «mis». Hemos sido comprados por Él.

b) Expresa carácter: «ovejas», no lobos.

2. Son pueblo atento: «Oyen mi voz».

a) Tienen oídos espirituales.

b) Distinguen las voces mundanas y las del diablo de la del Buen Pastor.

3. Pueblo amado: «Yo les conozco».

a) Jesús los discierne.

b) Jesús los aprueba.

c) Jesús los vigila.

4. Pueblo obediente: «Ellas me siguen».

a) Abiertamente reconocen a su Pastor ante el mundo.

b) Personalmente le obedecen.

151. *LOS TALENTOS (Mateo 25:14-30)*

INTRODUCCIÓN: el mensaje del Evangelio es un mensaje de la gracia divina. El apóstol Pablo

lo define como una suerte y una herencia (Ef. 1:3-6) Aunque ello es cierto para cada uno de los creyentes, es posible que muchos, en el Cielo, tengan que decir: «¡Qué lástima de la suerte que perdí!», pues el Evangelio no sólo es un mensaje de gracia, sino de servicio. Cristo habló mucho más de servicio y conducta que de su Obra redentora, especialmente en los sinópticos.

¿Por qué? Porque los discípulos no eran aún capaces de asimilar aquel mensaje (*véase* la reacción de Pedro en Mt. 16:21-24); (pero lo entendió mejor en los últimos años de su vida: 1 P. 1:1-8 y 2:11-24). Pablo sintetiza y concierta admirablemente el dilema de la fe y las obras en Ef. 2:8-10; y Cristo lo hace por medio de dos grandes parábolas...

I. Las minas y los talentos (Lc. 19:11-26 y Mt. 25:14-30)

En ambas, un noble que tiene que ausentarse para tomar un reino y volver (símbolo de la segunda venida de Jesucristo) reparte dones a sus criados:

1. En la parábola de las «Minas» entrega a cada uno de sus diez servidores una mina (moneda de 850 g. de oro) con el encargo de que las hagan producir durante su ausencia. A su regreso, tres son llamados a rendir cuentas, y las presentan así:

a) El primero devuelve 10 monedas (8 kg. y medio del precioso metal).

b) El segundo devuelve 5 monedas (4 kg. y cuarto del precioso metal).

c) El tercero devuelve la mina recibida, sin ningún producto o ganancia.

2. En la otra parábola similar el reparto es el siguiente:

a) El primer servidor recibe 5 talentos (que eran talegos de plata de 21 kg cada uno, o sea, más de 100 kg de plata).

b) El segundo recibe 3 (63 kg de plata).

c) El tercero tan sólo uno (21 kg; poco, pero suficiente para iniciar un negocio).

Y en ambas parábolas el que no ha rendido ningún producto recibe lo que le corresponde, una severa reprensión.

II. Significado aleccionador

Ambas parábolas son una ilustración del Reino de los Cielos que Jesús había venido a instaurar:

1. En la era judaica se detallaba a los judíos piadosos todo lo que tenían que hacer: dar primicias, diezmos, asistir a las fiestas, etc., y Dios les bendecía según su fidelidad (Mal. 3:10).

2. En la era cristiana actual el Señor no nos dice: «Leerás tantos capítulos de la Biblia cada día, orarás una hora diaria, pagarás el diezmo, o harás tales o cuales cosas». ¿Por qué? Para que nuestro servicio sea libremente voluntario. Como siervos suyos que somos, todo lo nuestro es suyo, pero Él nos lo confía a nuestra entera discreción. ¿Qué haremos, pues?; nos pondremos por debajo de la medida del Antiguo Pacto, en el que se decía: «Haz esto, y vivirás», porque Jesús dice: «El que vive y cree en Mí no morirá eternamente.» Porque El lo hizo todo, ¿no haremos nosotros nada? «Negociad entretanto que vengo», significa: «Haced todo lo que podáis».

3. El objeto del hombre noble en ambas parábolas no era enriquecer a sus servidores durante su ausencia, sino probarles para cuando él volviera. «Cuando yo sea rey-es la idea-necesitaré servidores leales, activos; mi ausencia es una oportunidad para probarles». Así es con Jesús.

III. Un gran pasaje paralelo (Lc. 16:9-13)

Observad aquí la gran paradoja: Jesús llama lo poco y lo ajeno a lo que hoy poseemos, eso que consideramos como bien nuestro; pero Jesús lo llama lo ajeno porque todo lo que tenemos es un préstamo por unos anos. «Lo poco», porque es de poca importancia todo lo de aquí. ¿Por qué explicó Jesús dos parábolas? Porque una sola no bastaba...

1. La mina representa el Evangelio, un don que es igual para todos, blancos y negros, gitanos y payos.

2. Los talentos, con su reparto desigual, representan las facultades y circunstancias personales que Dios ha repartido a cada uno de un modo desigual: inteligencia, dinero, familia, etc.

IV. Otro pasaje suplementario de gran significado es 2 Co. 5:6-9, enfatizado y aclarado por Jn. 17:24

Hoy parece demasiado fácil ser cristiano, y la tendencia es gozar de los privilegios que nos concede la presente vida, sin esforzarnos demasiado para la otra, y luego disfrutar también aquélla; pero el lema apostólico era: «Vivir hoy para el mañana»; un mañana eterno (2 Co. 4: 16-18).

V. Dos clases de recompensa

1. «Entra en el gozo de tu Señor» (Ap. 19:7-10).

2. «Tú tendrás potestad sobre diez ciudades» (Lc. 19:17).

CONCLUSIÓN: serán premios proporcionados de acuerdo con las circunstancias presentes (Mt. 25:29). Por esto el apóstol nos exhorta con 2 Co. 5:9-10.

152. *PARÁBOLA DE LA CIZAÑA (Mateo 13:24-43)*

INTRODUCCIÓN: Jesús enseñaba por el admirable método de las parábolas comprensibles a las mentes sencillas y con un significado que abarcaba los problemas más profundos de la filosofía moral. Los más grandes filósofos del mundo se han preguntado: ¿Por qué existe el mal y Dios lo tolera? Esta parábola explica la razón de un modo muy simple y comprensible para las personas más sencillas. Estudiémosla con atención...

1. Dios es el padre de la familia del universo:

a) Porque todo deriva de Él.

b) Jesucristo lo afirmó en Mt. 6:32.

2. El campo es el mundo: el más hermoso de los campos de Dios que conocemos. Los planetas no lo son tanto; pero el mundo es un campo donde existe el mal. ¡Qué hermoso es el mundo de Dios tal como Él lo dejó, con leyes naturales tan bien adaptadas la una a la otra! Dios no sembró el mal...

a) ¿Hambre, escasez? No hay razón para que existan, cuando Dios hizo producir las simientes al ciento por uno.

b) ¿Enfermedades? Tampoco, cuando puso en los seres vivos las células o leucocitos biológicos que luchan contra los virus.

c) ¿Esclavitud? De ninguna clase, cuando puso en cada ser humano su imagen, la conciencia moral lo pobló con seres inocentes, tan puros como los ángeles, para que disfrutaran de todo, agradecidos al supremo Creador.

3. Dios no puede ser autor del mal:

a) El Creador, ¿nos hizo malos, o buenos? Si malos, ¿por qué tenemos sentimientos buenos? Si buenos, ¿por qué no lo somos? Éste es el gran problema de la filosofía moral. De una misma fuente no pueden proceder dos cosas tan opuestas.

b) La segunda parte del problema es: si Dios es todopoderoso, ¿por qué tolera el mal por tanto tiempo? –guerras, injusticias, opresión– ¿no son todos los hombres criaturas suyas? ¿por qué algunos son tan malos y otros se inclinan por el bien y el amor al prójimo?

4. Un enemigo hizo esto: esta es la solución que Cristo nos da (*véase* Jn. 6:44): El enemigo es el diablo, que es un ser envidioso y calumniador.

a) Mintió acerca de la prohibición de Dios (Gn. 3:1).

b) Mintió acerca de los resultados de la desobediencia: «Seréis como dioses» (vv. 5, 6).

c) Sembró desconfianza, egoísmo, envidia, diversas clases de mala hierba, todas ellas ponzoñosas. La cizaña es una planta muy parecida al trigo, pero vacía; y en Siria hay una especie ponzoñosa, por esto era necesario quemarla.

d) Y ¡cómo se ha multiplicado! Cada hombre lleva los instintos del mal que cubren y desfiguran la imagen divina del bien, o sea, la conciencia moral.

5. La persistencia del mal: la sugerencia de los servidores representa la actitud de los ángeles (Mt. 13:28).

–¿Por qué? –se dicen no sólo los moralistas sino los seres perfectos que están con Dios– ¿por qué?

a) Evitar el mal es cerrar las posibilidades del bien. Suponed que Dios hubiese terminado con Adán, o con Israel: ¿dónde estaría la Igle

sia?; o que hubiese actuado en tiempos de la Reforma: nosotros no seríamos ciudadanos del Reino eterno. La presciencia de Dios nos conocía y esperaba. ¿Nos haremos dignos de su paciencia?

b) Lo que hoy sería arrancado como cizaña, puede ser trigo mañana (Historia de conversiones de grandes pecadores).

6. Trigo o cizaña, ¿qué somos?

a) A los unos Jesús los llama «hijos del Reino» (Mr. 1:15; Jn. 1:12).

b) A los otros, «hijos del Malo» (*véase* Jn. 8:44). Situación terrible, aunque puede cambiarse (Ef. 2:2). Todos sabemos que a medida que se desarrolla lo bueno en los niños -inteligencia, nobleza, inocencia-, se desarrolla la cizaña que está en el mundo. Si tuvierais un microbio en la sangre que hubiese causado la muerte de todos vuestros antepasados, ¿no correríais al médico?; pero el microbio moral todos lo tenemos (el virus del pecado) más o menos desarrollado (Ef. 2:3).

7. El desenlace: la siega es la clasificación definitiva de los seres humanos...

a) Lanzados en el horno de fuego. Los hombres pueden burlarse del infierno, pero Jesús quería decir algo al hablar de que allí será el lloro y el crujir de dientes. Dios es justo y no castigará a todos los hombres igual; tanto si han rechazado el Evangelio, como si no lo han conocido nunca, sin duda hay diversas categorías de condenados, ya que los hombres han de ser juzgados por sus obras (Ap. 20:12).

b) Del mismo modo que hay cizaña simplemente vacía y cizaña ponzoñosa, ha habido hombres de diversas clases. Pero Ro. 3:23 incluye a todos los hombres; por lo menos habrá para muchos la pérdida de la gloria de Dios, privilegio al que sólo los creyentes han de llegar.

c) El alfolí: representa el Cielo y, para que no nos quepa duda de la interpretación, Jesús añade: «Los justos resplandecerán como el sol». Gracias a Dios que Él nos considera justos cuando nos unimos a Jesús por la fe (Jn. 6:28, 29; Ro. 5:1, 2).

d) La amonestación de Cristo: «El que tiene oídos para oír, oiga». Él ha dicho la última palabra. ¿No quieres abrir tus oídos y tu corazón a sus fieles promesas?

153. *PARÁBOLA DE LA GRAN CENA (Lucas 14:15-24)*

INTRODUCCIÓN: Jesús estaba observando en un convite en casa de un fariseo rico cómo los convidados escogían los primeros puestos de honor y empezó a exhortar –probablemente, en voz baja– a sus discípulos que no imitaran a aquellos orgullosos huéspedes, sino que fueran humildes para poder ser ensalzados, y siguió recomendándoles una política bien diferente a la del mundo, diciéndoles que cuando favorecieran a los humildes, en vez de esperar la recompensa de sus convidados, les sería recompensado por Dios en la resurrección de los justos.

Al oír esto uno de los invitados –quizás, más cercano al grupo apostólico– exclamó: «¡Qué felices serán los que puedan tener acceso al banquete eterno!» Esto motivó que Jesús explicara esta parábola o ejemplo, que contiene...

1. Una gran invitación (v. 17): por medio de la predicación del Evangelio Dios invita a los hombres a disfrutar de las bendiciones que ha preparado para los que aceptan su oferta mediante Jesucristo. Jesús aseguró a sus discípulos que iba a preparar un lugar para ellos (Jn. 14:1-3) y en su oración al Padre anticipa la gloria y hermosura que encontrarán en aquel lugar sus convidados (Jn. 17:24). Realmente, ¿qué fiesta más grande y más rica puede haber que la de la salvación y la felicidad eterna? (1 Co. 2:9, 10; Ef. 1:3).

2. Un gran desprecio (vv. 18:20): los primeros invitados rechazaron la invitación por amor a sus negocios (*véase* con vv. 26 y Mt. 19:21-22). Nadie puede ofrecer a Dios una razón justificada por no aceptar el Evangelio. Nadie se atreverá a darle una excusa en el día del juicio.

3. Una gran misericordia (v. 21): los primeros invitados representan los judíos. Dios no retiró sus ofertas de salvación, sino que las envió a los gentiles (Mr. 16:15 y Hch. 13:45-47). Ya en los días de Jesús había personas notables y religiosas que despreciaban la oferta, de modo que Jesús pudo responder a Juan cuando le hizo interrogar sobre si El era el Mesías: «A los pobres es anunciado el Evangelio», y así ha sido en cada siglo. Ya lo era en los días de Pablo (1 Co. 1:26), y siempre ha sido así. En nuestros días hay despertamientos en Corea y Nigeria,

así como entre gitanos, en nuestro propio país, España, mientras que los llamados religiosos, pagados de sí mismos, rechazan el Evangelio sencillo.

4. Un gran propósito: «Para que se llene mi casa...» (v. 23): según referencias de las epístolas, Dios tiene un número determinado de almas que han de ser salvas, antes de que venga el Señor (2 P. 3:12, V. 1977).

5. Una gran pérdida (v. 24): con esta figura, es representada la salvación eterna. Jesús dijo que cuando ya sea tarde, muchos procurarán entrar, mas no podrán (Lc. 13:24-29).

CONCLUSIÓN: es necesario asegurar la entrada hoy, por medio de la fe.

154. *PARÁBOLA DE LAS BODAS (Mateo 22:1-14)*

INTRODUCCIÓN: esta es una de las parábolas más largas y explícitas que Jesús pronunció, repetida en casa de un fariseo y en el Templo. ¿Qué nos enseña?

1. Que el Reino de los Cielos es una fiesta regia: Dios es el gobernante supremo del Universo. A la reunión de los redimidos con su Salvador se le llama «bodas del Cordero» (Ap. 19:6-9).

2. Que muchos rechazan la regia invitación por sus miserables asuntos: llamar meses antes a los elegidos era costumbre oriental. Dios comunicó algo de su plan a los profetas de Israel, pero ellos querían en sus días un reino humano. ¿Vida futura? ¿Incorporación de vidas humanas al Reino en siglos venideros? Demasiado lejos. ¿No piensan de esta manera, hoy, muchos? Pero Dios es soberano y sabe lo que quiere.

3. Muchos, en vez de aceptar, se atrevieron a perseguir a los mensajeros: ¿Merecían los apóstoles ser perseguidos? ¿Qué mal hacían? Con tildarlo de ilusión bastaba, pero el diablo no se contenta. ¿Qué mal hacen los creyentes en Rusia? El odio del diablo es una garantía de nuestra fe. Si hubiese causa política ya no lo sería (1 P. 4:15). Por esto, Cristo llama «bienaventurados» a los que sufren persecución por causa de la justicia.

4. Que Dios nunca deja de realizar sus pla-nes por nuestra culpa:

a) La pérdida es para los desobedientes e ingratos. Dios tiene que salvar un número deter-minado de almas y las salvará a pesar de las artimañas del diablo. En vez de Saúl, David. En vez de David, Salomón. En lugar de Israel, los gentiles.

b) Los paganos parecen más favorecidos en este siglo de incredulidad (ej.: Corea, Indonesia etc.; también en naciones como España, los gitanos).

5. Que Dios desea grandemente la salva-ción de las almas: «Fuérzalos a entrar», e Evangelio es voluntario. No quiere decir fuérza-los materialmente, sino moralmente. Si amára-mos a las almas como Cristo las amó les forza-ríamos a entrar por persuasión y amor.

6. Que la condición de los pecadores n importa, porque Dios es bastante rico y buen para con todos. Podemos imaginarnos la sorpre-sa y las excusas de los mendigos...

a) No puede ser para mí. Cierto, los hombre no ofrecerían una salvación gratis, pero Dio puede y quiere. «Todo aquel» –decía Spurgeon– es más seguro que si hubiera mi nombre, pue puede haber otras personas del mismo nom-bre. «Todo aquel» no se presta a equivocació alguna».

b) Demasiado pobre y sucio. Hay quiene quieren limpiarse ellos. Jesús dijo: «No he ve-nido a llamar justos, sino pecadores».

7. El hombre sin vestido de boda: represent el inconverso que rechaza el plan de Dios par la salvación y pretende salvarse él con su propios medios *(anécdota: la señora que preten-día ganar el Cielo con sus obras, a la cual e pastor dijo: «Allí se encontrará sin canción» citándole Ap. 5:9).*

¿Hemos oído la invitación al convite? No l rechacemos. Jesús dice: «Primero buscad e Reino de Dios y su justicia» (Mt. 6:33). ¿Somo ya siervos del rey? Atendamos al mandat «fuérzalos a entrar». Aún hay sitio en el hoga celeste. La culpa del convidado rechazado podí ser, en parte, culpa del siervo, que no le explic claras las condiciones...

a) Enseñemos a las almas la absoluta su-ficiencia de la obra de Cristo.

b) Tenía gran razón el interlocutor de Jesús que provocó esta parábola: «Bienaventurado» significa feliz. ¿Tenemos asegurada esta bienaventuranza?

155. *PARÁBOLA DE LOS ANCIANOS* *(Mateo 19:23 al 20:28)*

INTRODUCCIÓN: esta parábola tiene por objeto glorificar la libre gracia de Dios. Una lección oportuna para Pedro, que ante el fracaso del joven rico quiso sacar de su Maestro promesas para la otra vida que denunciaban su egoísmo: «Nosotros, que lo hemos dejado todo, ¿qué tendremos?» Jesús no niega su propósito de recompensarles (vs. 28 y 29), pero quiere humillar su altivez (v. 30), advirtiéndoles que los planes de Dios muchas veces no coinciden con los humanos. ¡Buena enseñanza para todos!

1. Todos los obreros de Dios son llamados: los labradores no habrían acertado a hallar al dueño por sí mismos. Nosotros no habríamos acertado el camino del Cielo, pero Dios nos ha buscado. El Hijo de Dios bajó del Cielo para salvar y buscar. Dios está todavía buscando almas, y toda labor evangélica es colaborar con Dios en este aspecto. Pedro nos exhorta a apresurar la venida del Reino. Parece que Dios tiene un número determinado de almas que han de ser salvas; si no nos apresuramos a trabajar nosotros, tomará a otros. La suerte de haber sido llamados es indecible, ya que no todos lo son. Supongamos algunos obreros charlando, distraídos en la plaza, que no se enteraron de la visita del dueño.

2. Todos empleados en trabajar, no en divertirse: dos capítulos más adelante compara el Reino a una boda; ambos aspectos son verdaderos: en el Reino celestial es fiesta; en el material, trabajo.

3. Todos han de recibir premio: no hay amo más generoso. Pedro parece tener miedo de que no lo sea, pero es porque le conocía poco. Más adelante lo entiende mejor. En 1 P. 1 llama a los cristianos «real sacerdocio». Dios es tan generoso que hasta Satanás tiene envidia (*véase* el caso de Job); pero lo que más debe moverle a envidia son las recompensas del Cielo. ¿Hay para tanto?, quizá se dice, acusándonos por nuestras faltas. ¡Sí lo hay! Son pecadores, sí, pero pecadores arrepentidos. Millones de animales no tienen importancia, pero un alma sí, y Él quiere que nosotros tengamos el mismo sentir (Mt. 25:21).

4. Dios llama a todas horas:

a) En la mañana, a las seis: figura de los convertidos en la infancia. ¡Cuánto puede hacer uno que se levanta temprano! *(dicho de Spurgeon: «Es bueno volar mientras las alas son tiernas de otro modo puede que nunca seas capaz de volar, sino de andar»).* Llevemos a los niños y a los jóvenes a Cristo y eduquémoslos a ser buenos obreros del Señor.

b) A las nueve: ¡Cuán ansioso debía estar por su viña este hacendado! Representa a los convertidos sobre los 25 años. Un poco tarde, pero aún se puede hacer mucho. Nadie ha hecho grandes cosas antes de esta edad. Cristo se bautizó a los 30 años, es buen tiempo para corresponder al amor del Señor (*Los mejores miembros,* de Spurgeon).

c) Al mediodía: representa los convertidos a la mitad de la vida, entre 40 y 50 años *(anécdota: el anhelo del artista de teatro que se convirtió a los 40 y decía: «Tengo que compensar a Dios por los que perdí»).*

d) A las tres de la tarde, hora nona: ningún hacendado humano contrataría obreros a tal hora. Todavía hay posibilidades. El blanco luce más sobre un fondo oscuro; así son los convertidos que tienen detrás suyo una vida pecadora. Además, tienen amigos mundanos a quienes evangelizar, lo que un hijo de creyentes no tiene.

e) La hora undécima, seis tarde. La misericordia sobresaliente. Éstos son los llamados a los 60 o 70 años; pero el Señor los tiene en cuenta lo mismo que a los de 15 o a los de 40. Aún hay ocasión de ser salvo y trabajar un poco para el Señor. Recordamos de ancianos que fueron una luz para sus antiguas amistades.

Que Dios quiera convertir a los ancianos es una maravilla, mas hay otra mayor, y es que hay ancianos que no quieren ser salvos. No es la mejor edad pero es aquella en que la necesidad es más urgente; ya la muerte está golpeando... Ya puedes ver su sombra en el reumatismo, arrugas, cabellos blancos, y ¿no quieres darte a Cristo para que te salve para la eternidad?

«Demasiado viejo» –afirman algunos. Hubo convertidos de más de 100 años en el despertamiento de Irlanda. No sabemos cuántos años llevaba de ladrón el convertido en la cruz, pero era comparativamente el más viejo, pues sólo le quedaban horas, y, sin embargo, el Señor lo salvó.

5. La salvación igual para todos: sería muy triste que la salvación fuera por un número de siglos en relación con los años de servicio sobre la Tierra, pues por largo que fuera ese período tendría fin, puesto que el Señor ofrece a todos igualmente el «denario» de la «vida eterna». Las otras recompensas, que también las habrá (*véase* Lc. 16:10-12; Fil. 4:17), nada serían sin la vida eterna. Por este precio vale la pena contratarse a todas horas, o sea, a cualquier edad. Cada edad tiene sus estímulos:

a) Los jóvenes, por su mayor habilidad y posibilidades.

b) Los ancianos, para recuperar el tiempo perdido *(anécdota:*

–Me mataré trabajando –decía uno.

–En tal caso –respondió Spurgeon– hará el mejor negocio, pues Jesús dijo: «El que pierda su vida, la ganará»).

CONCLUSIÓN: detrás vendrán el «Buen siervo y fiel» y la vida eterna.

156. *PARÁBOLA DEL RICO INSENSATO (Lucas 12:13-21)*

INTRODUCCIÓN: esta parábola fue consecuencia de una proposición materialista hecha al Salvador. Nótese que Él estaba en medio de un discurso en el que se refirió al alma y a la otra vida (vv. 4 y 5), con tal solemnidad que exhorta a las gentes a no preocuparse de salvar el cuerpo cuando estuvieran en peligro de muerte (v. 12), y uno de la multitud le interrumpió con un negocio personal. Para el que veía los asuntos de la vida desde la altura de donde Jesús procedía, no puede menos que sentir lástima por las vanas preocupaciones humanas, y ello dio lugar a la más apremiante parábola de todas las que pronunció el Salvador. En ella vemos:

1. Un hombre prosperado (v. 16): probablemente, envidiado por sus vecinos. «¡Éste sí que tiene suerte!», se dirían.

2. Un hombre preocupado (v. 17): pero entre sus pensamientos no había ninguno tocante a Dios (Sal. 10:4).

3. Un hombre perplejo (v. 17): había muchos pobres a quienes habría podido dar lo sobrante (1 Ti. 6:17-19). Pero no tenía amor para con sus prójimos, sólo pensaba en sí mismo.

4. Un hombre previsor (vv. 18, 19): pero la previsión puede ir más allá de los límites naturales y convertirse en avaricia. ¡Qué vida holgada pensaba disfrutar durante muchos años! (Sal. 49:10, 11).

5. Un hombre perdido (v. 20). Era un necio porque:

a) Hizo previsión para esta vida, pero ninguna para la eternidad.

b) Codició las riquezas terrenales sin interesarse en las celestiales (Mt. 6:19-21). El consejo de Jesucristo es totalmente al revés (Mt. 6:33-34).

c) Confió que iba a vivir muchos años, sin considerar que la muerte es un enemigo que no avisa (Pr. 27:1; Stg. 4:13, 14).

d) Creyó que su alma era suya para disponer de ella a su gusto, llenándola de placeres sin tener en cuenta que se hallaba en las manos de Dios (Ez. 18:4). Ningún hombre es señor de su destino.

6. Un hombre que vivió en vano (v. 20): no podía llevarse nada a la eternidad. Por esto Jesús nos amonesta a hacer tesoros en los Cielos y poner los asuntos del Reino de los Cielos en primer lugar (Mt. 6:33).

157. *PARÁBOLA DEL VESTIDO DE BODA (Mateo 22:1-14)*

INTRODUCCIÓN: Jesús hizo uso de varias parábolas com- parando el Reino de los Cielos a un gran festín.

–La de los que despreciaron el convite con diversas excusas, expresada en Lc. 14:15-24

–Ésta fue dada en el templo después de la parábola de los viñadores para mostrar a su propio pueblo como los primeros invitados lo que iba a ocurrirles. ¿Qué quería significar co

todas estas parábolas? No meramente contar historias imaginadas, sino ilustrar con hechos conocidos lo que él conocía, pero que ni sus oyentes ni nosotros podemos ver. En esta segunda nos llama la atención el motivo de la fiesta.

1. Bodas para su Hijo ¿Quién era Jesús? El Hijo del Dios eterno que vino a buscar lo que se había perdido. Dios es rey de un universo infinito... pero hay un centro, un palacio real como lo hay en todas las capitales del mundo. Pensemos en la naturaleza de Dios, juzgando por lo que podemos ver desde la Tierra. El acierto y la sabiduría con que fueron creadas las cosas que los sabios están estudiando, pero sin atribuirlas a un Dios creador, sino a teorías suyas diversas, pero el creyente es llevado a decir: «Si Dios ha preparado así la humilde vivienda de un vasallo en un pequeño mundo de la «Constelación de Hércules» del sistema planetario, ¿qué será la casa del Rey? Las cartas apostólicas y particularmente las de Pablo, nos aclaran el misterio.

2. El motivo de la boda:

a) Alguien acusaría sin razón al autor del universo de tener sujetos a los seres creados.

b) De buscar su propio bien, despóticamente y con egoísmo.

c) Este enemigo fue desalojado de las alturas, según Ap. 12:7-12. Pero Dios le permitió hacer la prueba de la libertad en un mundo muy hermoso y la triste historia de los siglos muestra los desastrosos resultados de un mundo ajeno a los poderes irresistibles de un Creador que ha de juzgar a Satanás y castigarle por sus múltiples crímenes (Ap. 20:10).

d) Al enemigo le fue dado ese mismo mundo como habitación temporal; no sabemos por cuántos siglos, pero él y sus satélites no se arrepintieron ni se humillaron ante Dios, antes intentaron invadir las alturas del universo y fingir ser Dios, el «gran querubín» que se paseaba en el primer Edén (Is. 14:12-15), en una sátira aparentemente dirigida a Nabucodonosor, pero que tiene sus orígenes en la rebelión satánica y Dios se propuso vencer al mal con el bien, llegando al extremo máximo de su amor con el envío de su unigénito hecho hombre que, muriendo en una cruz, redimiera a los pecadores, eligiendo un pueblo agradecido a su gracia infinita. A este pueblo se le llama «Esposa del Cordero», pues el amor engendra amor. No es extraño que a esta unión moral se le llame matrimonio y que un día ha de celebrar las «Bodas del Cordero» en la misma ciudad de Dios.

3. El modo de la invitación:

es para todo el mundo, para cualquiera que crea en Jesucristo (Jn. 3:16). Pero para que la respuesta a tal amor sea bien evidente, puede observarse en la parábola que la invitación es personal. Uno a uno son invitados, primero los más dignos (generación de Abraham) y luego los gentiles durante siglos. La aceptación de la invitación increíble que se realiza por fe en un Salvador invisible, ha obtenido ciertamente muchos heroísmos de fe. Los creyentes de toda condición, incluyendo los mártires, todos ellos han llevado y llevan el vestido nupcial, la fe en Jesucristo (Gá. 3:27). La expresión «bautizados en Cristo» no se refiere tanto al bautismo de agua, sino al del Espíritu Santo que viene a residir en los verdaderos creyentes, como declara el apóstol Pablo en Ro. 8:9. Nada despierta amor como el verdadero amor. «El amor de Cristo me constriñe» –decía un gran pecador perdonado, y han repetido millares en todos los tiempos–. No es extraño que a esta unión moral se le llame matrimonio aplicándolo al sentido físico, pero de un modo mucho más alto al espiritual. En Ap. 19:7, 8 leemos acerca de las Bodas del Cordero.

4. Requisito indispensable: en esta parábola simbólica, Jesús presenta a un intruso que ha entrado sin tener el vestido de boda. Dios nos ve en Cristo lavados y limpios, purificados. «La sangre de Jesucristo nos limpia de todo pecado», pero es necesario creer, aceptar este sacrificio en favor nuestro. Esto nos lleva a una pregunta: ¿Por qué no aceptaría el vestido el intruso de la parábola? Jesús mismo nos da la respuesta: «Los sanos no tienen necesidad de médico, mas los enfermos...», «No he venido a llamar justos... (o sea, a personas que pretenden serlo), sino a pecadores al arrepentimiento». Toda la Biblia está llena de esta verdad. En los primeros capítulos de Apocalipsis hay dos cánticos de alabanza a Dios. El primero es como Creador (Ap. 4:1-11) y el segundo como Redentor (Ap. 5:12). En ambos hay la alabanza como

Creador, pero la segunda es solamente para aquellos que han aceptado al Cordero de Dios como su sustituto y Salvador.

CONCLUSIÓN: ¿De quiénes eres tú? ¿De los que llevan el vestido de boda porque atribuyen a la misericordia y obra redentora de Cristo su salvación, o de los que se creen buenas personas? El hombre de la parábola quizá llevaba buenos vestidos y pensó que no necesitaba el que gratuitamente ofrecía el autor de la fiesta, el Padre Celestial, que envió a Jesucristo como propiciación por nuestros pecados (1 Jn. 2:2) *(anécdota: a una señora que se jactaba de sus buenas obras, le dijo un pastor: «Usted no podrá cantar en el Cielo el cántico de los redimidos» (Ap. 5:12). Una frase que le traspasó el corazón, pues amaba a Jesucristo, pero no le había aceptado como pecadora necesitada).*

¿Lo has hecho tú? ¿Has cambiado tus vestidos de buenas obras naturales por el que Dios ha ofrecido gratuitamente «a todo el mundo» a través de los siglos, pero que debe ser aceptado personalmente, por cada uno de los invitados a las bodas del Cielo?

158. *¿QUIÉN AMARÁ MÁS?* *(Lucas 7:27-48)*

INTRODUCCIÓN: este incidente tuvo lugar al principio del año de popularidad de Jesús y no debe confundirse, como ha hecho la tradición católica, con la ofrenda de María de Betania una semana antes de la muerte de Cristo. Jesús fue invitado por un fariseo que empezaba a dudar de quién sería Él (v. 39), pero no quiso recibirle con muchos honores para no ser confundido con un discípulo de Cristo y para probar a éste. Las cortesías orientales solían hacerse según la categoría de los invitados, y no quiso conceder a Jesús una alta categoría. El Señor no se dio por ofendido a causa de esto; sabía que tenía que ser el «despreciado y desechado» desde que Él despreció las ofertas del rey de este mundo. Pero un conmovedor incidente le dio oportunidad de corregir el error del fariseo. Una mujer pública entró confundiéndose con la compañía y al acercarse los invitados a la mesa, ella quedó atrás, y. llorando, echóse a los pies de Jesús. Los judíos tenían la idea de contaminación por el mero contacto con los gentiles o pecadores de cualquier clase. Esto hizo al fariseo dudar de la santidad de Cristo y sus recelosos pensamientos dieron lugar al precioso discurso de Cristo. El esperaba, sin duda, un mensaje del «Profeta» invitado, pero no tan personal. «Una cosa tengo que decirte». Cristo siempre se dirige a los hombres de un modo personal. Así quiere hablamos hoy por este mensaje. Por él nos enseña:

1. Que Él requiere el amor más sincero y ferviente de nuestros corazones: Jesús calló, pero notó la frialdad de su hospedador. Muchos invitaban a Cristo como el fariseo; son cristianos tibios o profesantes; les gusta el cristianismo, pero no el fanatismo, dicen *(anécdota: «he dejado mi religión en casa»; un joven, miembro de una iglesia, fue hallado en un baile público por otro joven no creyente. Al expresarle éste su extrañeza por tal encuentro, respondióle el aludido: «He dejado mi religión en casa»).*

Pero lo más probable es que no había dejado nada en casa, porque no poseía nada. La religión que es, según su etimología, unión del alma con Dios, no puede dejarse y tomarse a gusto. Cuando existe es algo permanente que domina la conciencia y la vida. ¡Cuántos miles son así! Quieren a Cristo como un invitado a cortos ratos, no como el dueño de sus vidas; no le ofrecen lo mejor que tienen. Cristo calla, porque es el tiempo de prueba para el mundo y para la Iglesia, pero como dice el Sal. 50:21, un día hablará para vergüenza de los tibios e indiferentes; no sea, quizá, de nosotros mismos.

2. A Cristo no puede escamoteársele ni ocultársele nada porque conoce nuestros pensamientos: ésta es una de las características del Cristo histórico, según vemos en este caso y en Jn. 2:25. ¡Cuánto más lo será el mismo Cristo glorificado! Por esto decía Pedro: «Tú sabes todas las cosas» (Jn. 21:17). Cierto, por esto sabe la medida exacta de nuestro amor. El fariseo pensó que la complacencia de Jesús hacia una mujer pecadora era falta de conocimiento cuando en realidad era un exceso de conocimiento, no sólo de la mujer, sino del mismo fariseo.

3. Ningún pecado es barrera demasiado grande para el amor perdonador del Señor ¡Cuán alentador ha sido este ejemplo para mi

llares de pecadores, y pecadoras de la misma índole que ésta que obtuvo tan magnánimo perdón! Ningún pecador es demasiado grande para Él *(anécdota: «los desechos del diablo»; cierto pastor, predicando sobre este pasaje de la mujer pecadora, ponderó de tal modo el amor de Cristo hacia los más perdidos que llegó a decir que el Señor no desdeñaría a aquellas almas repudiadas por el mismo Diablo, si es que el Diablo pudiera repudiar a alguien como demasiado miserable o perverso. Al terminar el culto, se presentó en el despacho del pastor una señora cristiana diciendo que venía a protestar de unas palabras del sermón que, según decía ella, «hacían poco favor a Cristo». El pastor se disponía a explicar su pensamiento a la airada señora cuando llamaron tímidamente a la puerta. Era una de las mujeres perdidas de la ciudad que venía a dar cuenta de su conversión. Después que el pastor la hubo felicitado y orado con ella, preguntóle qué la había hecho decidir a entregarse a Cristo:*

–¡Oh, señor! –dijo la pobre mujer–.

Fueron aquellas palabras de que Jesús no rechazaría ni aun a los desechados por el Diablo. Yo me siento tan vil después de mi vida de pecado que no me extraña que los hombres me desprecien, y me parecía que aun en el infierno las gentes deberían apartarse de mí. Pero el Salvador que usted ha descrito es exactamente aquel que yo necesitaba, por esto he acudido a Él.

Cuando esta mujer se marchó, la primera visitante se hallaba conmovida y no necesitó ninguna otra explicación).

4. Hay la misma imposibilidad para el pecador pequeño que para el grande sin la misericordia de Dios: esto va implicado en la parábola, y sobre todo en la frase «no teniendo ambos que pagar». Si el fariseo no era culpable de pecados de adulterio tenía, sin duda, una naturaleza inclinada al mismo pecado. Todo hombre o lucha o se complace con el pecado, pero no está libre de su influencia. Si Simón se hallaba en el primer caso, debía ser más comprensivo con la mujer; si en el segundo, su hipocresía le condenaba. Alguien ha dicho que de haberse conocido bien a sí mismo, se habría puesto al lado de la mujer a los pies de Jesús. Notemos tres errores de Simón:

a) Creía que el santo debe apartarse del pecador.

b) Que esta mujer era todavía pecadora.

c) Que él mismo era santo.

¡Cuántos sin ser Simón han caído en estos mismos errores! La frase «perdonó a ambos» en griego es «hizo caridad a ambos». Esto necesitamos de parte de Dios, caridad, no justicia. Mientras esperemos justicia no podrá haber perdón. Sobre el terreno de la justicia estamos todos perdidos; sobre el del perdón estamos todos salvos *(anécdota: «la acertada frase de Josefina»; una muchacha de lindo aspecto fue a visitar a Napoleón pidiéndole gracia para un hermano suyo condenado a muerte. El emperador se negó afirmando que la culpabilidad del joven estaba probada.*

–Pero es que yo no vengo –exclamó la afligida muchacha– a pedir justicia, sino perdón.

Josefina, que así se llamaba la joven, consiguió no tan sólo la libertad de su defendido, sino que Napoleón, prendado de su hermosura e ingenio, la elevó a emperatriz de Francia hasta que su imposibilidad en darle hijos hizo que fuese sustituida por María Luisa. Perdón, no justicia, necesitamos nosotros de parte de Dios. Afortunadamente, su gracia es súper abundante; no es transitoria ni veleidosa como la del ambicioso emperador).

¿Por qué hay tal imposibilidad? Jesús lo expresa en Lc. 17:10. Al hombre perfecto no le sobra nada para pagar a Dios sus beneficios, que nos rodean por todas partes, y aún menos las ofensas pasadas de nuestra ingratitud y desamor. Fuimos creados para esto, para la santidad, la obediencia y la gratitud a nuestro Creador. Cumplirlo de modo absoluto es como el jornalero que gana justo para la vida; si se atrasa no tiene con qué recuperar lo perdido. ¡Pobre del que confía en su justicia! *(anécdota: «Tomas Hookes en la hora de la muerte»; algunos amigos del piadoso Tomas Hookes trataban de consolarle en la hora de la muerte, recordándole las nobles acciones de su vida, pero éste exclamó:*

–No me habléis de estas cosas pequeñas e insuficientes. Habladme de la todosuficiente obra de Cristo en mi favor).

5. Jesús requiere que nuestro amor sea expresado: si la mujer se hubiese quedado fue-

ra, amando a Cristo y deseando su perdón, pero sin osar expresar sus sentimientos, nunca habría oído la consoladora frase «tus pecados te son perdonados». Pero ella había escuchado, quizás, el llamamiento de Mt. 11:28, el cual fue pronunciado en aquellos días (según vemos por el contexto comparado de Mateo y Lucas). Aquello despertó su amor y no pudo ocultarlo. Notemos que el perdón fue consecuencia de esta actitud de la mujer, «perdonados porque amó mucho». ¿A quién? No a los que la envilecieron, sino al que la podía salvar. Pero sin expresar este amor no podía haber perdón. Por esto dice en Ro. 10:9: «Si confesares y creyeres...» Si le amas, díselo y dilo a otros. De ahí las ordenanzas externas, el bautismo y la Cena del Señor. Pobre cristiano es, empero, el que se limita a tales expresiones rituales, pues el amor a Cristo debe ser expresado constantemente y de muchas formas. La mujer no pensó en el ridículo de ir a llorar sus pecados en público, ni en las malas interpretaciones que podían darse a su actitud, porque la oferta de descanso espiritual de parte de Cristo le había llegado al corazón. Cuando el alma mira fijamente a Cristo, no repara en los demás. Dice Spurgeon: «Las conversiones ruidosas de otros tiempos, con llanto y desvanecimientos en público están fuera de moda en este siglo, pero me temo que lo están también los frutos de aquella vehemencia». Falta expresión al amor a Cristo. ¿No será porque éste ha menguado generalmente? El vapor a alta presión tendrá que manifestarse o en un expansionamiento ruidoso o haciendo correr el tren; lo peor es que falte presión. Mejor es que el amor a Cristo se expresa en actividades útiles que en meras manifestaciones emotivas, pero es peor la ausencia de una y otra cosa.

6. Es preferible mucho pecado perdonado que poco sin perdonar: esto no es atenuar la gravedad del pecado. Feliz mil veces el que tiene menos pecado que presentar a Dios, menos ofensas al que sólo merece amor. Por otra parte, es difícil que no queden consecuencias del pecado en nuestras vidas, incluso después de obtenido el perdón *(anécdota: «los agujeros en la puerta»; el padre de un travieso niño, queriendo hacerle observar su conducta, propúsole que cada vez que cometiera una mala acción o desobediencia pondría un clavo en una puerta de la casa, y cada vez que ejecutara una buena, arrancaría uno de aquellos. Avergonzado el niño al ver la puerta casi llena de aquellos mudos testigos de su mala conducta, enmendóse hasta el punto de que no quedara más que un solo clavo en la puerta. Cuando éste fue, por fin arrancado, el padre observó que el muchacho no se mostraba tan complacido como era de esperar. Al preguntarle el motivo, respondió «Cierto, los clavos están fuera, pero quedan los agujeros»).*

Hemos podido ver a muchas personas limpiadas de sus pecados por la preciosa sangre de Cristo en nuestros largos años de pastorado pero en no pocas quedaban los agujeros de pecado, en su salud física quebrantada o en su carácter ya formado. Recuérdese, empero, que muchos agujeros, aunque afean, no inutilizan la madera, pero un solo clavo no arrancado imposibilita del todo labrarla. Así es con el pecado no perdonado.

Pero no olvidemos que un solo pecado puede privar al hombre del acceso a Dios y a la santidad, y la misma bondad natural puede crear una falsa confianza en nosotros mismos que nos inhabilite para acudir al indispensable Redentor de nuestras almas.

CONCLUSIÓN: sea cual sea la medida de pecado que haya tenido o tenga que perdonarnos Él merece nuestro supremo amor. No es que el que tenga mucho pecado haya de amar más el que tenga poco pueda amarle menos, puesto que el sentimiento del pecado depende más de la conciencia del ofensor que de los propios hechos. Hay santos que lloraron sus pequeñas faltas del mismo modo que también hay grandes pecadores que se ríen de su impiedad. Si alguien ha sido noble, fue el discípulo Juan, él amó mucho.

Si alguien fue justo según la ley, es Pablo y éste se creyó el primero de los pecadores amó también mucho. No es sólo al que se perdona más, sino el que siente mejor su pecado quien ama más. Cristo es muy sensible a las diferencias del amor. Él se siente amado más menos por las almas. A Pedro dice: «¿Me amas más que éstos?». No sólo: «¿Me amas?»; esto era evidente y notorio, sino «¿más que éstos?» en un grado superior a otros. ¿Somos nosotros de los que amamos más o de los que amamos menos a Cristo?

159. *SIEMBRA Y COSECHA*
(Gálatas 5:16 al 6:10)

INTRODUCCIÓN: este pasaje contiene una verdad irrefutable tanto en el mundo físico como en el moral. Hay pasajes en la Biblia que los incrédulos pondrán en duda hasta el día de Dios, pero éste tiene, en gran parte, su demostración aquí; de ahí el que existan tantos refranes que expresan lo mismo: «Quien siembra vientos, segará tempestades». «Quien mal anda, mal acaba». «Los molinos de Dios son lentos, pero muelen muy fino», etc.

1. El hombre cosecha lo mismo que siembra. La Naturaleza no se equivoca: «Cada cual según su especie». Así es también en el orden moral... El papa Alejandro VI (envenenado con el vino que preparó para otro). El duque de Guisa y Coligny (le dio puntapiés en la cabeza la noche de san Bartolomé y él los recibió del rey Enrique IV cuando fue asesinado en un banquete). Casos actuales: Mussolini, responsable de muchos asesinatos en Etiopía y en Europa (juzgado y ejecutado por unos campesinos del norte de Italia); Hitler, responsable de la muerte de millones de judíos y otros (tuvo que suicidarse encerrado en un bunker, al ver derrotadas sus tropas por el Este y el Oeste).

2. El hombre cosecha más de lo que siembra; nadie sembraría si no fuese así, y lo mismo sucede en el terreno moral *(anécdota del recluso que exclamó: «Años de prisión por un momento»). (Anécdota: «El hombre que sembró cizaña en la viña de su vecino y, tras casarse con la hija, tuvo que trabajar años para arrancarla).*

La condenación eterna por una vida de pecado. Afortunadamente, no solamente la semilla del mal produce en superabundancia; también la del bien. Una palabra a tiempo, una carta, un folleto, han rendido mil por uno. Una eternidad de gozo, por un acto de fe y una corta vida de servicio.

3. No se siembra y recoge al mismo tiempo: sería tonto pretenderlo. Los hijos de Jacob tardaron veinte años (Ec. 8:11-12). Tampoco Dios paga siempre en moneda de esta Tierra. Todos nuestros problemas y dudas provienen de la brevedad de la vida. El insecto que viera sembrar, si tuviera inteligencia, diría que se pierde el grano. Nuestra siembra, de bien o de mal es para la eternidad y sólo allí podrá ser visto su resultado. Por esto la creencia en la vida futura aumenta el valor de la presente *(el dicho de Velázquez: «Pinto para la eternidad»).* Así, podemos decir todos con respecto a nuestra vida presente.

4. Clases de semilla: el apóstol las divide en dos: De la carne y del espíritu...

a) Los frutos o semillas de la carne (*véase* cap. 5:19-21). Resultados desastrosos aquí y en la eternidad («¿Qué fruto teníais...?» –dice Pablo en Ro. 6:21-23)–; pero lo peor es el final: «El fin de ellas es muerte». Acelerar la muerte es uno de los resultados. Pero hay una declaración todavía peor: «No heredarán el Reino de Dios» (Gá. 5:21). Esaú vendió la herencia por un plato de lentejas. El Reino de Dios es la herencia de todos los que lo buscan, pero muchos prefieren una vanidad transitoria.

b) Las semillas del espíritu. Esto es: los hechos que proceden del Santo Espíritu de Dios (Gá. 5:22-25) *(anécdota: el sueño de la rica avara que creía era su morada un palacio que vio en el Cielo, pero le dijeron que estaba preparada para su sirvienta, y ella tenía que contentarse con una choza).*

5. Cómo variar la cosecha: ¿Qué se hace con aquel árbol que trae malos frutos? Por el injerto se le cambia la naturaleza. Afortunadamente existe el injerto espiritual, el nuevo nacimiento. Infusión de la vida de Cristo a nuestra alma por su santo Espíritu, que toma posesión de nuestro ser cuando nosotros nos convertimos a Dios. Puede ser una experiencia repentina o puede ser paulatina. No podemos explicarla, pero conocemos millares de experiencia. ¿Tenemos ya el injerto espiritual? ¿Es Cristo nuestro Salvador? ¿Vivimos la vida de Cristo? Hay quienes pretenden traer frutos de moralidad sin Cristo. Virtudes humanas que generalmente son hijas del orgullo. Pueden ser muy hermosas, pero vacías; como la cizaña, que se parece tanto al trigo, pero su espiga es hueca. Los frutos que nacen del amor a Cristo son desinteresados; esto es, no para que tenga suerte, sino porque ya la he tenido y trato de agradar a quien me salvó. Esta es la razón de los frutos cristianos.

CONCLUSIÓN: ¿Los estamos trayendo? Cristo quiere que los traigamos en abundancia (Jn. 14:5). Quitemos la planta vieja (el rebrote de nuestro viejo hombre que nos arrebata la savia del fervor cristiano). Vivamos sólo para Cristo, puesto que Dios no puede ser burlado en modo alguno: «Todo lo que el hombre sembrare, esto también segará».

160. *UNA DECISIÓN ACERTADA (Lucas 15:11-32)*

INTRODUCCIÓN: todos conocemos la historia del hijo pródigo, la cual es una de las mejores ilustraciones con que Jesús muestra el secreto de la salvación por medio del arrepentimiento y la fe. Fijémonos en esta decisión y hagámonos tres preguntas acerca de la misma.

1. ¿Qué la provocó? «Vino una grande hambre en aquella provincia». Todos los hombres tenemos hambre de vida y de felicidad, desde el mismo momento en que existimos. Hay quienes son lo que llamamos afortunados en sus negocios y amontonan capitales que les permiten hacer algo semejante al hijo pródigo. Pero este mal gasto no hace sino empobrecerles más. Queman su salud y se encuentran después en la posición en que se encontró el pródigo:

a) «Perezco de hambre». Se apoderó del desgraciado el temor de la muerte. ¿No es esta la situación de millares de pecadores al acentuarse los signos de la vejez?

b) La esperanza de una reconciliación con su padre. Hay muchos que difieren esta decisión hasta que no pueden valerse de sí mismos y llaman al Viático, pensando en poner a su favor la intercesión de la Iglesia. Pero notemos que el hijo pródigo no buscó un compañero que abogase por él ante su padre; se decidió y emprendió el camino solo.

2. ¿Cuál fue la naturaleza de su resolución?

a) Levantarse, no quedarse tan solo a meditar sobre su situación.

b) Ir a su padre, aun cuando fuera largo y penoso. Afortunadamente no es éste el caso con los pecadores (Sal. 145:18). Jesús confirma esta experiencia del salmista en Mt. 6:6. En cualquier lugar podemos encontrar a Dios, pero a veces cuesta un largo camino el llegar a la resolución definitiva y moverse al arrepentimiento.

c) «A mi padre». Al ofendido... Posiblemente, se había visto chasqueado acudiendo a otros.

d) «Confesar su pecado». Nótese que en su confesión se reconoce culpable contra Dios y contra los hombres. Con esto Jesús da a entender que todo pecado que remuerda nuestras conciencias, aun cuando sea contra algún prójimo, es en primer término un pecado contra Dios.

3. ¿Cuál fue el resultado de su resolución?

a) Recibió el perdón. Nótese que el padre le besó antes de haber oído su confesión. Su actitud de volver era suficiente evidencia de lo que había en su corazón.

b) Recibió las credenciales de la categoría primitiva que le habría correspondido por ley natural. Los que arrepentidos acuden a Dios, invocando los méritos de Jesucristo, reciben las arras del Espíritu Santo (Ef. 1:13, 14; Ro. 8:16).

161. *VALORES PERMANENTES (Mateo 25:14-30 y Lc. 19:13-25)*

INTRODUCCIÓN: el Señor pronunció dos parábolas bastante semejantes, aunque no idénticas. La de las Minas y la de los Talentos.

1. Parábola de las minas: presenta evidentemente el Evangelio. Un valor eterno que es dado a todos los servidores de Dios por igual. No es diferente el Evangelio de los grandes siervos de Dios al de los más humildes. Pedro lo considera superior al oro y la plata (1 P. 1:18, 19). Enriquece a todos por igual con la mayor riqueza, la de tener los pecados perdonados y ser hechos hijos de Dios (1 Jn. 1:12).

2. Parábola de los talentos: fueron dados a cada uno conforme a su facultad (v. 15). y representan los dones de cada uno...

a) De carácter natural, inteligencia, memoria, sensatez, dinero.

b) De carácter espiritual, fe, sabiduría de lo Alto, discernimiento, humildad, amor. Éstos son llamados también frutos del Espíritu, cuando nuestro espíritu acepta los impulsos que el Espíritu de Dios crea en nosotros.

3. En ambas parábolas, los dones de Dios tiene recompensa:

a) Según la diligencia con que han sido usadas.

b) El conocimiento del Evangelio puede ser escondido por falsa vergüenza, como el siervo del pañizuelo o proclamado con el celo de los apóstoles, y aunque la salvación es la misma no lo será la recompensa (2 P. 1:11).

c) Según este pasaje, la recompensa será triple:

–La aprobación del Señor: «Bien buen siervo y fiel» (2 Co. 5:9, 10).

–Un servicio más o menos honorable en la vida superior (Lc. 16:11, 12; Mt. 25:21-23).

4. La retribución por la infidelidad: hay muchos cristianos de nombre que son siervos falsos en la casa de Dios, o sea en las iglesias (que comprende la Iglesia, columna y apoyo de la verdad). Procuremos no ser ninguno de ellos, puesto que la retribución o castigo será también triple...

a) La reprensión del Señor (Mt. 25:26-27).

b) Destitución de lo que tiene (vv. 28, 29). En esta vida pueden tener honores y fama como servidores fieles, pero todo ello le será arrebatado cuando el fuego haga la prueba (1 Co. 3: 12-15).

c) Según haya sido su comprensión del Evangelio y su conversión sincera o fingida, pueden encontrarse con:

d) Destierro a las tinieblas de afuera (v. 30). Esto es lo peor. Pérdida no solamente de los privilegios de los creyentes fieles, sino alejamiento de Dios por no haber sido regenerados (Ro. 3:23).

162. *VIENDO Y GUSTANDO LA BONDAD DEL SEÑOR (1 Pedro 2:1, 3)*

INTRODUCCIÓN: el hecho de aceptar a Cristo y su Palabra es representado muchas veces en la Sagrada Escritura por la figura de comer. Aquí la figura es aún más refinada e ideal con la palabra «gustad». Multitud de personas gustan todos los platos que el mundo les ofrece, pero pierden el mejor. Algunos son concurrentes a reuniones cristianas, pero no participan de corazón en el plato de la bondad de Dios. David lo había experimentado y practicado desde su juventud y le parecía imposible que otros no lo hicieran y a ellos exhorta.

I. «Gustad y ved»

Fijémonos que utiliza dos figuras de cosas que pueden realizarse con la mente y la visión. En ambos sentidos el hombre pensador puede solazarse en la sabiduría de Dios. Los animales son felices hasta cierto punto y lo fueron al principio cuando este mundo antediluviano estaba regado cada mañana por un rocío que bajaba de las más altas partes de la atmósfera, y los animales no eran depredadores el más fuerte contra el más débil, porque todos ellos eran vegetarianos (Gn. 1:29, 30). Considerad el corderillo que salta ya desde su nacimiento, el pájaro que canta, el pez que nada feliz en medio de las aguas. Dios hizo su obra perfecta en edades pretéritas y rodeó al rey de los seres terrestres, creado a su imagen y semejanza, de toda clase de bendiciones materiales, mucho más que sus demás obras inferiores por la capacidad que le dio...

1. De disfrutar de la belleza con sus ojos.
2. De percibir los olores con su olfato.
3. De gustar de los sabores con su paladar.

El sol iluminando la Tierra, el aire, único gas enteramente transparente, el agua cristalina que sacia su sed. Dios podía haber hecho todas estas cosas con mayor escasez, pero su amor era guiado desde el principio por su gran sabiduría y poder.

II. Pero el hombre no era sólo un conglomerado de materia física...

Sino que poseía una doble naturaleza:

1. Física, lo mismo que los irracionales.
2. Espiritual, que es lo que le daba su semejanza a Dios mismo (v. 27), pues aunque el pecado ha hecho separación del hombre y Dios, muchos han hallado en la revelación divina placeres de orden espiritual y, comenzando con lo material como figura el salmista, había penetrado como fiel creyente y admirador de la obra de Dios en el sentido espiritual cuando dice: «Gustad y ved».

3. Todos los salmos participan de este doble sentido. *véase* en el Sal. 119 lo que David había encontrado en la revelación divina a pesar de lo poco que tenía en sus días de lo que hoy gozamos con tanta abundancia; a saber, de la palabra de Dios. No sabemos si David tuvo especiales revelaciones de Dios acerca de sus planes eternos, como sabemos que los tuvo Abraham, según He. 11:10-16, pero los creyentes hoy experimentamos que el mismo David era un productor de alimento espiritual que las almas cristianas han saboreado durante siglos. ¡Oh, si David hubiese tenido los Evangelios, las cartas apostólicas y el Apocalipsis como tenemos nosotros!, y aunque lo mismo que en la naturaleza en la revelación divina hay pasajes oscuros que nos ponen en perplejidad y Dios se esconde de nuestros sentidos materiales y humanos para que la fe tenga más valor. Millares de creyentes, como C.H. Spurgeon, han hallado en los salmos una verdadera tesorería de afirmaciones y promesas valiosa que les hace emplear esta figura tan fuerte, no sólo de ver las obras de Dios, lo que puede percibirse en gran parte por la vista y demás sentidos que Dios ha dado al hom- bre, sino «gustad», es decir, recrearos saboreando lo que Dios ha tenido a bien revelaros. Y en nuestra edad tenemos mayores motivos y posibilidades de las que tenía David.

III. ¿Cómo tenemos que hacerlo?

1. Apartándonos del pecado, o sea, menospreciando los platos humanos del placer *(anécdota: Spurgeon invitado a comer algarrobas en una granja donde había saboreado leche y miel y dulces frutos, replicó a la invitación: «Si yo me hallara en la condición del hijo pródigo sí lo haría, pero después de lo que me habéis deleitado con manjares sabrosos no puedo admitir este manjar»).*

2. Creciendo en la gracia y conocimiento del autor *(anécdota: la señorita que leyó un libro que le pareció soso hasta que vino a ser novia del autor).*

3. Creciendo en la vida cristiana. El crecimiento es demanda de alimento, tanto en el sentido material como en el espiritual, lo contrario implica enfermedad (2 P. 2:2, 3).

4. Por un acercamiento más íntimo al Señor. Pedro lo expresa con otra figura muy significativa: «al cual allegándoos» (2. P. 2:4). Algunos creyentes tienen prejuicios en contra de la lectura abundante de la Biblia y de libros buenos de autores fieles que los han comentado. ¡Qué error!

a) Si tienes vida de Dios, por un nuevo nacimiento genuino, comprenderás todas estas figuras y las pondrás en práctica.

b) Si no la tienes no des reposo a tu corazón hasta que puedas decir que eres una nueva criatura en Cristo.

163. *CRISTO, LA PUERTA (Juan 10:7)*

Cristo es la respuesta...

1. Al favor y a la familia de Dios: hay sistemas religiosos que dicen poder llenar la necesidad del alma; ahora bien, ¿pueden hacerlo en realidad? ¿pueden dar descanso y paz al alma o enseñarle a apropiarse de las riquezas de la gracia de Dios? Su historia está llena de fracasos y desencantos. Tenemos qeu volvernos de todos estos sistemas religiosos y acudir a la verdadera Puerta de entrada a la felicidad y la vida eterna: Cristo el Señor. Por medio de Él somos aceptados, justificados, adoptados y santificados.

2. A todos los privilegios de la Iglesia: la Iglesia es el aprisco, un lugar de seguridad y protección, pero es necesario una puerta para entrar en ella. El Señor Jesús es el camino que conduce a la Iglesia de Dios. El alimento que hay en el aprisco es para las ovejas. Aquellos que entran en él por medio de Jesucristo son enriquecidos con el alimento espiritual de Dios.

3. A la comunión con Dios: aquí vamos más allá de la figura del aprisco, pues las almas redimidas deben tener comunión con Dios en los Cielos, y esta comunión sólo es posible por medio de Jesucristo. El predicador predica en el nombre de Jesús. La oración se ofrece en su nombre, y también en su nombre se canta la alabanza.

4. A la gloria eterna: Moisés pudo ver la gloria de Dios. En los Cielos nosotros podremos ver aquella gloria en toda su plenitud. Aquí vemos como por medio de un espejo, pero allí veremos cara a cara. El Señor Jesús ha ido al Cielo para preparar lugar para usted, pero Él volverá otra vez para llevarle consigo. ¡Oh, qué gloriosa experiencia será!

CONCLUSIÓN: ¿Cuál es su actitud hacia Cristo, la Puerta? ¿Ha venido al Padre por medio de Él? ¿Qué piensa usted de Cristo? ¿Es Él el todo en todo para usted?

164. *LA PARÁBOLA DE LAS DIEZ VÍRGENES (Mateo 25:1-13)*

1. Examen del contexto: «Entonces...».

a) El Señor que vuelve, enfatizando la responsabilidad comunal* de la iglesia (24:44-51).

b) El Novio que vuelve, enfatizando la responsabilidad individual de la iglesia* (25:14-30).

c) El Maestro que vuelve, enfatizando la res- ponsabilidad grandiosa de la iglesia* (25:14-30).

2. Los símbolos explicados: «... Semejante a...».

a) Vírgenes: toda la iglesia profesante.

b) Lámparas: el cristianismo superficial.

c) El aceite: el Espíritu Santo.

3. Se refuerza la advertencia: «Velad, pues...».

a) No suponiendo una fecha (1 Ts. 5:1-6).

b) Tampoco mirando al Cielo (Hch. 1:11).

c) Pero sí por medio de una vida santa, llena y guiada por el Espíritu Santo.

165. *PUESTA DE SOL A MEDIODÍA*

«Su sol se ha puesto siendo aún de día». (Jer. 15:9).

INTRODUCCIÓN: cualquiera que sea el significado literal de estas palabras, nos sugieren la muerte de una persona hacia la mitad de su vida. Dondequiera que vayamos, sobre tierra o mar, se ve la devastación hecha por la muerte, y cualquiera sea la estación del año o la hora del día en que visitemos las moradas de los hombres, la muerte se nos habrá adelantado. Sus tipos o figuras se muestran en todas partes; en la flor y la hierba marchita, en la hoja que cae y en el sol que se oculta. Cuando después de haber alcanzado el cenit, el sol comienza a descender, nos recuerda a una vida humana que parte inesperadamente en el esplendor de sus días.

1. El sol desciende de su órbita, por orden de Dios: el ha hecho la noche y el día, y gobierna los Cielos. Durante un período de unos seis mil años, Josué y Ezequías fueron los únicos que interfirieron en el curso del sol, y ésto, bajo la supervisión y el permiso de Dios. La vida, la muerte y todo lo relacionado con ellas, pertenecen a Dios. La muerte nunca nos visita sin el permiso divino.

2. El sol se esconde para el beneficio de la raza humana: o sea, para que el hombre pueda retirarse y descansar, recuperar fuerzas, y para que gentes de otras áreas de la Tierra puedan obtener luz y calor. La noche nos muestra cosas y seres que nunca vemos durante el día.

3. El sol a menudo se oculta demasiado rápido, para nuestro gusto: a pesar de las pruebas y tribulaciones de la vida, nos aferramos a ella. Incluso Moisés deseó vivir más tiempo para poder disfrutar más de las bellezas de la Tierra, pero su sol se ocultó de este lado del Jordán.

4. El sol tiene su tiempo natural para ocultarse: el hombre conoce el horario de la puesta de sol según las estaciones. Si el sol se ocultase antes de tiempo resultaría extraño e insólito. Así, cada ser humano espera vivir un cierto número de días. Cuando la vida se corta antes de tiempo parece algo antinatural, anormal y misterioso.

5. El sol se pone para volver a levantarse: en un breve intervalo de tiempo, vuelve a aparecer, ascendiendo por los Cielos en toda su majestad y esplendor. Así sucede con los que han partido. Aquellos que son de Cristo aparecerán otra vez en dorada magnificencia. Aquellos que no son del Señor se perderán para siempre. Vendrá el tiempo cuando este orbe del día descenderá y no volverá a elevarse, pero los que pertenecen a Dios seguirán viviendo en un lugar donde el sol jamás se pone.

---

* De este modo fue descrito por G. Campbell Morgan.

6. Alegrémonos a la luz de esta revelación: Dios es el Padre de la luces, y hace todas las cosas bien. Tanto si nuestro ser amado se nos vaya en la mañana, el mediodía o en el atardecer de la vida, tendrá un levantarse glorioso en aquel día perfecto en el cual no habrá noche.

166. *SEMBRANDO Y COSECHANDO (Eclesiastés 11:1)*

El cristiano campesino en el campo de Dios...

1. Siembra la semilla.
2. Quita los obstáculos que le impiden crecer.
3. Espera que crezca la semilla.
4. Pone sus esperanzas en la cosecha.
5. Depende de la bendición de Dios.

167. *LA ORACIÓN QUE TRAJO LA LLUVIA* *(1 Reyes 18:41-46)*

Notemos algunas cosas interesantes sobre la oración que trajo la lluvia...

1. Elías se fue solo a hablar con Dios: ¡Oh, el privilegio y el poder de la oración secreta! Cuando los siervos de Dios están con Él cara a cara, sin ser perturbados por la presencia de otras persona, la oración alcanza su plano más elevado. Los hombres de poder en toda la historia de la iglesia han sido personas que han pasado mucho tiempo en lugar secreto orando a Dios. Allí han oído la voz del Señor y han visto claro la visión espiritual. También han recibido la comisión del Rey y sus labios han sido tocados con llama de fuego. Les ha llegado el revestimiento de poder, y sus corazones han sido cargados de amor para con los perdidos. Allí ha sido revelada la sed de la iglesia y dada la promesa para una lluvia de bendición abundante.

2. La oración del profeta era definida: se necesitaban muchas cosas, y eran cosas por las que había que pedir a Dios. Ahora bien, el profeta tenía un deseo supremo, y sobre esa petición enfocaba su fe. El deseaba lluvia, y la deseaba con toda su alma; tanto, que no podía pensar en otra cosa, ni tampoco pedir otra cosa. Lo que quería y necesitaba era lluvia. Y la consiguió. Hay muchas cosas que las iglesias tenemos necesidad, pero hay un deseo supremo que sobrepasa a todos los demás. Es la lluvia de bendición para una tierra seca: un verdadero avivamiento espiritual que se levante en medio de las iglesias y sacuda a las naciones con un verdadero terremoto moral.

3. Elías tenía fe: mientras que oraba, envió a un joven para que mirara si venía la respuesta. Esperaba con convicción alguna señal de tormenta. Si ésta no venía, se hubiese asombrado y desconcertado. ¡Mira otra vez! ¡Mira otra vez! Era el triunfo de la fe.

4. Elías mantuvo su fe hasta que vino la respuesta: por seis veces su siervo le comunicó que no veía nada. ¡Nada! Pero el profeta sabía lo que esperaba. Debía venir algo para la tierra seca y resquebrajada por la terrible sequía, algo para el sufriente pueblo de Israel. Así que, con la cabeza inclinada entre sus rodillas en señal de humillación y súplica, mantuvo su fe con toda resolución. Dios va a oír. Su brazo de liberación debe alargarse. Las ventanas del Cielo deben abrirse. Las fuentes de aguas deben derramarse.

CONCLUSIÓN: ¡Oh, pastores, ancianos, obreros de la Escuela Dominical, imitemos la actitud de Elías. Postrémonos en humillación y súplica. Oremos como nunca hemos orado antes. Roguemos por una necesidad grandiosa, con un sentido de pena y arrepentimiento debido a nuestra infidelidad del pasado. Manifiéstate a nosotros, oh Dios, danos visión por las necesidades de tu iglesia en tiempos de crisis. Haz que trabajemos incansablemente. Quita de nuestros ojos el sueño y danos una verdadera agonía por los deseos espirituales. Que podamos luchar hasta que la nube de la promesa aparezca en el Cielo. Esta es la clase de oración que trajo la lluvia en los días de crisis para Israel. Esta es la oración que traerá un avivamiento a la iglesia de Dios en nuestros tiempos, e inundará toda la Tierra con un gran diluvio de gracia.

168. *ABRAHAM, HOMBRE DE FE* *(Hebreos 11:8-17)*

Las palabras, «por la fe» o «por fe» se citan en He. 11:8, 9, 17, especialmente, tocante a Abraham. De ellas, sacamos nuestros puntos...

1. Una fe obediente: «Por la fe Abraham... obedeció» (v. 8). Abraham como santo, separado para Dios.

2. Una fe perseverante: «Por fe habitó en la tierra prometida como en tierra ajena... porque esperaba ciudad con fundamentos...» (v. 9). Abraham como peregrino, morando en tiendas.

3. Una fe sacrificadora: «Por fe ofreció Abraham a Isaac...» (v. 17). Abraham, como Padre, sacrificando a su hijo. Era un vislumbre del infinito amor de Dios (*véase* Jn. 3:16).

169. *SANSÓN Y DALILA* *(Jueces 16:4-21)*

INTRODUCCIÓN: tiempo, lugar y circunstancias. Historia que nos da varias enseñanzas prácticas para nuestra vida diaria...

1. Sansón era:
a) Fuerte.
b) Enérgico.
c) Valiente.
d) Inteligente.
e) Patriota.
f) Sencillo.

2. Dalila era:
a) Hermosa.
b) Astuta.
c) Patriota.
d) Perseverante
e) Falsa.
f) Malvada.

3. Sansón no era:
a) Religioso.
b) Cuidadoso de sí mismo

4. Dalila no era:
a) «Delicada».
b) Agradecida.

5. Sansón era tipo del cristiano.
6. Dalila es tipo de la tentación.
7. Cuando el hombre busca la tentación, cae en el pecado y lleva las consecuencias.

CONCLUSIÓN: enseñanzas principales:

–Debemos huir de toda ocasión de ofender a Dios.

–Debemos huir aun «de toda apariencia de mal» (1 Ts. 5:22).

«Reputación es lo que el hombre piensa que es, caracteres lo que Dios ve que eres».

170. *LA PRUEBA DE LA FE (Hebreos 11:17)*

INTRODUCCIÓN: «Por fe ofreció Abraham a Isaac... y ofrecía el unigénito». La fe elevó a Abraham a la dignidad de ser llamado: El creyente Abraham. Las debilidades de Abraham fueron sepultadas por la gracia de Dios, y en su prueba de ofrecer a su hijo, su único, se nota un carácter pleno de convicción, y un corazón seguro de amor hacia Dios. Notemos los pasos de su prueba de fe...

1. Fue un llamamiento personal: Abraham dame tu hijo único...
a) Para una prueba de amor.
b) Para una prueba de fe.
c) Para un propósito determinado.

2. Fue un llamamiento a un lugar:
a) De sacrificio y muerte.
b) De separación y consagración.
c) De libertad, gozo y poder.
d) De revelación y comunión.

3. Fue un llamamiento supremo:
a) Sin apelación: «Heme aquí». Aquí estoy para que haga, oh Dios, tu voluntad.
b) De urgencia: «Vete a tierra de Moriah, y ofrécelo allí».
c) Con fines de altura: «Al tercer día Abraham alzó sus ojos».

CONCLUSIÓN:

–Dios quiere que el creyente alce sus ojos y busque la bendición que viene de arriba.

–Dios reclama nuestro amor en compensación de su amor.

–Dios reclama fe para los grandes actos de la vida.

–Dios premia la fe heroica de sus hijos.

171. *UN SUEÑO Y UN ENCUENTRO (Génesis 28:15)*

INTRODUCCIÓN: Dios es una realidad cotidiana, aun en el mundo de los sueños. Jacob fue sorprendido por la divina presencia en lugar común, inesperadamente, cuando huía hacia Harán, en busca de mejores horizontes. En su sueño oyó la voz de Dios decir: «Yo estoy contigo y te guardaré por dondequiera que fueres». Al despertar de su sueño, Jacob dijo: «Ciertamente Jehová está en este lugar, y yo no lo sabía».

1. El sueño revelador:
a) Dios omnipresente: «está en este lugar y yo no lo sabia».
b) El Cielo y la Tierra se comunican por la escalera angelical.
c) El lugar desolado y árido se trueca en

lugar de posibilidades. No estás solo: «Yo estoy contigo».

2. El encuentro con Dios:

a) Ilumina su tiniebla: «Dios está aquí... y yo no lo sabía».

b) Le da nueva vida: «Yo te guardaré dondequiera que fueres»...

c) Cambia su paisaje de soledad humana en compañerismo divino. ¡Esto es lo que el hombre necesita!

3. Visión de cumbre:

a) La escalera apoyada en tierra toca el Cielo: la cruz de Cristo apoyada en el Calvario, toca el Cielo

b) La presencia de Dios es una eterna realidad: «El Maestro está aquí y te llama« (Jn. 11:28). «Dios está en este lugar».

c) La visión conduce a nuevos pasos: Jacob se levantó e hizo un monumento y un voto de consagración al Señor.

CONCLUSIÓN:

–Dios es una realidad espiritual necesaria.

–La realización de su presencia es una bendición.

–Con él todo cambia: de lo temporal a lo eterno.

172. *SAMUEL, EL SIERVO*
(1 Samuel 3)

1. El siervo que oye: «Tu siervo oye» (v. 9).

2. El siervo humilde: «Abrió las puertas» (v. 15).

3. El siervo diligente: «Y él respondió: Heme aquí» (v. 16).

4. El siervo fiel: «Sin encubrirle nada» (v. 18).

5. El siervo que hacía progresos: «Y Samuel creció» (v. 19).

6. El siervo privilegiado: «Y Jehová estaba con él» (v. 19).

7. El siervo poderoso: no dejó caer a tierra ninguna de sus palabras.

8. El siervo distinguido: «Y todo Israel, desde Dan hasta Beerseba, conoció que Samuel era fiel profeta de Jehová» (v. 20).

173. *LA DEMANDA DE UN VALIENTE*
(Josué 14:6-15)

INTRODUCCIÓN: Caleb es todo un hombre. Su nombre significa «perro», según la mayoría de los intérpretes. Nombre humilde; pero nos recuerda su fidelidad y su bravura Otros dicen que significa «todo corazón». Lo que también nos recuerda la integridad de su vida. En Cades demostró su entereza y su valor fundados en su piedad. En esta ocasión confirma el concepto que teníamos de él.

Consideremos...

1. La promesa de Dios a Caleb:

a) La ocasión (refiérase la historia de Nm. 13 y 14): allí se probó su fidelidad a Dios. Tenía verdadera fe; dio testimonio de ella; urgía al pueblo a la obediencia. Honró a Dios exponiendo su vida. Su espíritu agrado a Dios, y recibió la promesa.

b) La bendición prometida: vida... Entrada en Canaán... Goce de herencia definida allí. En cambio, los otros perecieron. Hay siempre bendición grande para el fiel.

c) La memoria de aquella promesa: Caleb no la olvidó... Siempre estuvo seguro de su cumplimiento. Si se había cumplido el castigo de los diez. con mayor razón la promesa de él. Vio cómo avanzaba el cumplimiento: Estaban ya en Canaán, vivía, estaba fuerte. Esto mismo le hace demandar la promesa.

2. La petición de Caleb:

a) Fue una demanda respetuosa. Josué era su compañero, pero era el Jefe. Habla con franqueza, pero con respeto.

b) Oportuna: ya habían sido vencidos 31 reyes. Se había principiado a hacer la repartición de la tierra. Caleb había peleado junto con los demás. No se anticipa, no es egoísta.

c) Atrevida: no pide de la tierra conquistada. No lo fácil, era país de gigantes. No pide que el pueblo lo ayude. Cuán pocos son los que saben lanzarse a la conquista de lo difícil (ej.: la petición de Eliseo, en 2 R. 2:10).

d) Inspirada en la fe: «Quizás Jehová será conmigo». No confía en su fuerza. Era lección que había aprendido.

3. La posesión de la herencia: hay diferencia entre propiedad y posesión. Israel nunca llegó a poseer todo lo que Dios le había dado. Véanse los límites marcados en Jos. 1:4. Los cristianos nunca llegamos a gozar todo el bien que pudiéramos tener: incredulidad, negligencia y temor lo impiden. En cuanto a Caleb...

a) Dios le dio fuerza y elementos para la conquista de su heredad (15:14): siempre lo hace así el Señor con los que tienen fe.

b) La gozó él y la dejo en herencia a sus hijos (15:16-19).

CONCLUSIÓN: Dios cumple sus promesas. Hagámoslas nuestras mediante la fe, la obediencia y el valor.

174. *LA HISTORIA DE UN CRIMEN (Génesis 37:18-32)*

INTRODUCCIÓN: la historia de José, una de las más bellas del Antiguo Testamento. José un tipo de Cristo. Aborrecido de sus hermanos; vendido; llevando bendición a los gentiles; perdonando. Pero fijémonos por ahora en las lecciones que nos da la historia del gran pecado de sus hermanos...

1. La génesis de su pecado: la envidia. Ésta reconocía tres causas...

a) La preferencia de su padre. Jacob fue, quizás, imprudente en la expresión de su preferencia, pero tenía razón de ser: hijo de Raquel, hermoso, bueno. Lo aborrecen en vez de tratar de hacerse dignos de igual cariño.

b) La preferencia divina: está expresada en los sueños de José. Comprenden que Dios lo destina a grandes cosas. Su envidia supone inconformidad con la voluntad divina. Tal es hoy la envidia de muchos.

c) La superioridad de su carácter: sin duda, era mejor que ellos. Feos pecados de Rubén y los demás. Virtudes de José demostradas después.

La envidia los llevó al odio (1 Jn. 3:15). Deseaban su muerte; y la procuraron luego. He aquí el peligro de alimentar en el corazón un mal sentimiento, especialmente, el de la envidia: una pequeña semilla que produce un gran árbol...

2. La consumación del crimen:

a) El acuerdo primero: matarlo. ¿Quién lo sugirió? Todos lo pensaban. Y él venía con un mensaje de amor de parte de su padre

b) El consejo de Rubén: no parece tan perverso como sus hermanos. Su plan, volverlo a su padre. Su falta de valor para oponerse francamente a la comisión del crimen. Culpable ¿por qué calló después? Su consejo aceptado quedaba más tranquila su conciencia. Se sientan a comer.

c) La proposición de Judá: «¿Qué provecho...?» Ojalá lo hubieran considerado. Jamás se saca provecho del pecado. El provecho de Judas. Pero esto descarga su conciencia. Pero ¿no era mayor crueldad venderlo como esclavo que matarlo?

d) La venta consumada: no valen ruegos de su hermano. Imposible después deshacer el mal.

3. Las consecuencias:

a) Los sufrimientos de José: fueron grandes y peores pudieran haber sido, si Dios no lo protege.

b) Los de Jacob (vs. 33-35): por más de veinte años, llevó aquel pesar en su corazón.

c) Los de ellos mismos: el pecado quita la paz del corazón. La desesperación de Rubén (v. 30). Los remordimientos de todos ante el dolor de su padre. Hipócritas consuelos. Memoria acusadora (42:21). Temor de venganza (50:15). El pecado siempre trae sufrimiento: hace sufrir a Dios; causó lo agonía de Cristo; es espina en el corazón; y si no es perdonado, lleva al infierno.

4. Dios, sacando bien del mal:

a) José fue bendecido, y hecho causa de bendición.

b) Sus hermanos fueron corregidos. Fueron destruidos los gérmenes de disensión entre ellos.

5. Se cumplieron los propósitos divinos. La nación hebrea pudo formarse en medio de pruebas y disciplina que la unificaron.

CONCLUSIÓN: sólo el poder y la misericordia de Dios son capaces de evitar peores consecuencias, y librarnos de la maldición de nuestros pecados. Confesémoslos.

175. *EL PRECIO DE LA DESOBEDIENCIA (Jonás 1:3)*

1. Es costoso servir a Dios:

a) En ningún lugar en toda la Biblia se describe la vida cristiana como una vida fácil y barata.

b) El Señor Jesús dijo: «Vende todo lo que tienes, y repártelo entre los pobres».

2. Es aún más costoso no servir a Dios:

a) Le costó a Jonás la elevada posición de profeta.

b) Le costó además el favor de sus compañeros, y un alto costo en bienes materiales.

3. Dios muestra misericordia a un siervo desobediente:

a) Jonás podía no haber tenido una segunda oportunidad. Dios no está obligado a hacerlo.

b) En su misericordia y amor, Dios hace que desobedecer sea difícil, y que sea fácil arrepentirse y volver a Él.

176. *TAN CERCA Y TAN LEJOS (Marcos 10:21)*

INTRODUCCIÓN: esta historia es de carácter triste, porque narra el fracaso, no de un hombre joven impío, sino de alguien que tenía muchas características nobles y también muchas ventajas.

1. Él estaba cerca:

a) Era religioso.

b) Tenía una buena moral.

c) Había sido bien educado en una casa religiosa.

d) No tuvo vergüenza del pueblo de acercarse al Señor Jesús.

e) No tenía prejuicios en su actitud hacia el Señor Jesús.

2. Él estaba lejos:

a) A pesar de todas sus ventajas, estaba muy lejos del Reino de Dios.

b) Su «yo» estaba aún ensimismado en sus propios caminos; «¿qué haré para heredar la vida eterna?».

–Suponer que podemos hacer méritos para ganar la salvación es una verdadera locura.

–Es imposible tener a Cristo y retener aún el «yo».

c) Su fracaso fue tan trágico como el del más malo de los hombres.

3. Él se fue triste:

a) Había perdido su búsqueda.

b) Había perdido su felicidad.

c) Había perdido a Cristo.

177. *LA FIDELIDAD DE DANIEL EN LA ORACIÓN (Daniel 6:10)*

INTRODUCCIÓN: Daniel fue un hombre muy amado de Dios, pero muy odiado de los hombres. Los príncipes de Babilonia buscaron su caída, y como ellos no pudieron culparle de incapacidad, ni de infidelidad, convencieron al rey para que promulgara un edicto que pusiera fin a las oraciones de Daniel. Seis cosas se dicen acerca de las oraciones de Daniel (v. 4).

Fueron:

1. Secretas: «Entró en su casa» La oración secreta es un deber importante. «Pero tú, cuando ores, entra en tu aposento... etc.» (Mt. 6:6). La oración secreta es el secreto para la fuerza, el deber, las pruebas, y tentaciones del creyente.

2. Creyendo: «... y abiertas las ventanas de su cámara que daban a Jerusalén...» Los judíos siempre oraban mirando hacia Jerusalén, el lugar donde se hacía memoria del Nombre de Dios, y donde los sacrificios divinamente señalados eran ofrecidos: tipos del sacrificio expiatorio de Cristo (Jon. 2:4).

3. Reverencial: «... se arrodillaba... por esta causa doblo mis rodillas» (Ef. 3:14).

4. Habitual: «...tres veces al día... como lo solía hacer antes».

5. Agradecido: «... y oraba y daba gracias delante de Dios, como lo solía hacer antes».

6. Valeroso: «ni acata el edicto que tú firmaste...». Debemos de usar todos los medios legales para preservar nuestras vidas. No debemos usar los medios ilegales, porque «hay que obedecer a Dios antes que a los hombres» (Hch. 5:29).

178. *LA FILOSOFÍA Y EL NIÑO*

«Y como fue nacido Jesús en Bethlehem de Judea, en días del rey Herodes, he aquí unos magos vinieron del Oriente a Jerusalén, diciendo: ¿Dónde está el Rey de los Judíos, que ha nacido? Porque su estrella hemos visto en el Oriente, y venimos a adorarle» (Mt. 2:1, 2).

INTRODUCCIÓN: no sabemos definitivamente de qué parte del Oriente vinieron los magos, probablemente de Persia, o de alguno de los países circunvecinos. La tradición dice que eran tres reyes, lo cual nosotros descartamos. Pueden haber sido reyes, pueden haber sido súbditos, pueden haber sido tres o pueden haber sido trece, porque el evangelista no dice nada sobre el asunto. De todo lo que nosotros tenemos constancia por lo que podemos ver en la narración es que eran hombres de considerable riqueza, y de muy elevada posición social como para obtener de Herodes una recepción cortés y un trato considerado. Eran generalmente conocidos como magos los sacerdotes y los filósofos del Oriente. La forma particular que su filosofía tomó era la de la astrología, o el estudio de las estrellas y su influencia sobre el destino humano. Creían que los Cielos indicaban y probablemente moldeaban el curso de la historia humana. Esta creencia de ellos es obviamente notable en las palabras del texto: «Su estrella hemos visto en el Oriente, y venimos a adorarle».

1. Los magos buscando al Cristo:

a) Se nos presentan aquí como buscadores: el buscar es una condición que todos los hombres sabios de todas las edades deben reconocer que es necesaria para poder hallar. Hay algunos que hallan a Cristo sin buscarlo, otros lo encuentran como resultado de la búsqueda. Estos eran comerciantes en un sentido espiritual. Era su profesión buscar los tesoros de la sabiduría y del conocimiento; en el curso de sus estudios posiblemente habían hecho algunos descubrimientos; pero ninguno de esos descubrimientos pudo saciar el anhelo de la mente; tuvieron que continuar buscando. Y es notable que lo que nosotros llamamos conversiones repentinas pocas veces se verifican entre las clases inteligentes de la comunidad. Las masas oscuras todavía son visitadas por repentinos rayos de luz celestial; pero se espera de los sabios de todos los tiempos que busquen para encontrar, que sigan la luz brillante de las estrellas antes de tener el privilegio de ver el sol. La luz espiritual generalmente viene en recompensa de una sincera investigación.

b) La historia nos enseña además que eran buscadores fervientes: se nos da abundante evidencia en el contexto. Dejaron sus hogares en el Oriente; vencieron dificultades en el camino y en Jerusalén, dificultades que habrían desanimado los corazones de millares; ofrecieron liberalmente de su substancia: oro, incienso y mirra; y además incurrieron en un gran gasto. Su anhelo de sabiduría era sencillamente atormentador. No fue la sombra de las cosas que ellos habían visto repetidamente en los Cielos, como visiones y sueños fugaces, ni las cosas que ellos todavía no habían contemplado, sino la visión del vislumbre fue suficiente para convencerlos de que la realidad existía en alguna parte.

c) Además aprendemos de esta narración que los hombres sabios buscaron reverentemente a Cristo: todo el contexto da testimonio de su profunda reverencia. Vieron la misteriosa y maravillosa estrella en el oriente, y siguieron su curso; podía hablarles a ellos de cosas más elevadas que la navegación, y del mejor tiempo para izar las velas al Viento; podía hablarles de la adoración; y habiendo encontrado al Niño, a pesar de encontrarlo en un lugar muy humilde, cayeron ante él y lo adoraron. Declararon que hablan venido del lejano Oriente con el expreso propósito de adorar. Seguramente su sentido de veneración debe haber sido muy intenso para inducirlos a viajar, a recorrer toda aquella distancia para satisfacer su anhelo. «Venimos a adorarle». Es agradable considerar que esto sucedió en una época en que por lo infructuoso de las búsquedas anteriores, la gente había sido arrastrada a la superstición o la incredulidad. Había suficientes gentes crédulas: la astrología había degenerado en magia. Había suficientes burladores. la filosofía había degenerado en escepticismo; pero he aquí un grupo de hombres que todavía creía en la existencia de la verdad, y quienes impregnados de reverencia que rayaba en temor reverencial, incurrieron en grandes molestias y gastos, y se encaminaron en una peregrinación para buscar la verdad.

d) Además aprendemos de esta historia que Dios los ayudó en su búsqueda: «Su estrella hemos visto en el oriente». Esta estrella ha causado gran discusión infructuosa. Dios la puso en el Cielo para guiar a los hombres sabios de antaño; pero de una manera o de otra sirve para confundir a los sabios del presente. Algunos suponen que era un cometa; otros que era un meteoro especial que obedecía leyes especiales; otros ven en ella el Shekinah del judaísmo. Kepler llegó a la conclusión de que fue una extraña conjunción de tres planetas: Júpiter, Saturno y Marte y otra estrella tal como ocurrió otra vez en el año de 1603. Sus cálculos astronómicos están perfectamente de acuerdo con la aparición de la estrella de los magos. Parece ciertamente una explicación creíble. Los otros puntos de vista no son más que suposiciones. Esta es una suposición apoyada por la demostración. Pero cualquiera que sea la hipótesis que adoptemos, debemos llegar a esta conclusión: la estrella fue para los sabios una guía sobrenatural. Por medio de ella Dios los guió a la cuna del Infante Redentor.

2. Los hombres sabios encuentran al Cristo:

a) Permítasenos aquí hacer notar que estaban buscando a una persona: no estaban buscando un sistema, ni una teoría, ni una religión: sus corazones estaban resueltos a buscar a una Persona. El hombre no puede encontrar descanso en un sistema, aunque sea un sistema correcto; no puede encontrar paz en una teoría, aunque sea la verdadera; no puede encontrar quietud en una religión, aunque sea una religión divina: el judaísmo era divino, pero no proporcionó un hogar para el corazón humano. Yo soy una persona, y sólo en una Persona puedo encontrar el reposo. Si yo fuera sólo una cosa, podría encontrarme a gusto entre las cosas. Si yo fuera sólo un intelecto, podría encontrar descanso en una teoría. Si yo fuera sólo una conciencia, podría encontrar paz en la religión. Pero yo soy diferente de cada una de estas cosas y diferente de la suma total. Yo soy una persona y sólo en una Persona puedo encontrar descanso. Toda mi naturaleza clama: «¿Dónde está el Rey de los judíos, que ha nacido?»

b) Pero no fue una mera persona la que ellos buscaban, la persona debía ser un Rey: el hombre está creado para señorear y tener dominio; pero es igualmente cierto, y mucho más cierto aún, que fue hecho para servir y obedecer. Está profundamente grabado en su naturaleza que él es un súbdito, y que en sujeción encontrará su verdadera felicidad; por tanto ha estado buscando durante las edades a un Rey. «¿Dónde está el Rey que ha nacido?» claman las naciones. «Ya estamos hartos de los reyes que ustedes fabrican y de los príncipes manufacturados; denos un rey cuya corona sea el florecimiento de su naturaleza, y cuyo cetro sea el resultado de su corazón; dennos uno que haya sido nacido Rey».

c) Más aún, la historia nos enseña que ellos buscaban un Rey y encontraron un niño: hay aquí algo muy notable en el hecho de que ellos vinieron del lejano Oriente y después de toda su peregrinación y su búsqueda encontraron solamente un Niño. Sin embargo, fue digno de todo su trabajo y molestia el aprender la difícil pero preciosa lección de que la verdadera grandeza consiste en ser semejantes a los niños. El mundo a través de todas las edades ha estado alejándose del Niño; su noción de grandeza está en un polo muy opuesto. «Bienaventurados los mansos, porque ellos heredarán la tierra». El antiguo mundo alcanzó la meta de su. educación al reconocer v adorar como niños a la Divinidad. «Si no os volviereis como niños, no entraréis en el Reino de los Cielos».

d) Habiendo encontrado al Niño, su búsqueda finalizó: habían alcanzado plenamente su objeto. «La estrella... se puso sobre donde estaba el niño». El Cielo y la Tierra aquí encontraron un lugar de reposo. Las inteligencias angélicas sin duda habían estado buscando la verdad a través de las edades; y, habiendo hecho un descubrimiento daban las espaldas a él y procedían a hacer otro; habiendo descubierto una verdad la dejaron atrás y continuaron en busca de una más grande; pero aquí al fin ellos alcanzaron el clímax de la verdad –habían descubierto al Rey– más allá de esto no podían ir. «La estrella se puso sobre donde estaba el niño». El Cielo había encontrado un lugar de descanso.

e) Habiéndolo encontrado, «postrándose le adoraron»: éste es un espectáculo memorable. Los sabios, con sus cabelleras grises por la edad, sus largas y plateadas barbas que les llegaban hasta el pecho, y aquella mirada misteriosa que

el estudio de la astrología y el continuo atisbar en el futuro inevitablemente engendra, combinados con la visión inusitada de la jerarquía oriental, los antiguos y renombrados representantes de las riquezas, de las filosofías, y de las religiones del mundo, postrados ante el Infante... «postrándose. le adoraron».

CONCLUSIÓN: ellos son los únicos y los primeros frutos. La cosecha había de seguir. Los príncipes de este mundo han de inclinarse ante él. «Postrándose, le adoraron; Y abriendo sus tesoros, le ofrecieron dones, oro e incienso y mirra». ¿Oyen ustedes ricos de Londres?» ¡Oro! ¡Oro! ¡Oro! e incienso, y mirra». He aquí una culminación de la religión, la unión de la devoción y el servicio. Los ángeles, según la visión, tienen alas; pero debajo de las alas tienen manos. Tienen alas con las cuales cubrirse ante la divina presencia; tienen manos para hacerse útiles en el servicio divino. «El ala y la mano»: la piedad primero, después la utilidad. «Postrándose, le adoraron». Allí vemos la piedad. «Y abriendo sus tesoros, le ofrecieron dones, oro e incienso y mirra». Allí vemos la utilidad. Parece que algunos cristianos tienen alas, pero no tienen manos; otros parece que tienen manos, pero no tienen alas; pero el cristiano perfecto, como el ángel perfecto, tiene alas y manos: alas para unirse en la adoración a Dios, manos para servir en la iglesia de Dios.

179. *¿QUÉ ES LO QUE DIOS QUIERE? (Miqueas 6:6-8)*

Ejemplos de la Palabra de Dios...

1. Un escriba (Mr. 12:28-34):

a) Un escriba que se suponía que se sentaba en la cátedra de Moisés, para interpretar la ley.

b) Era una persona discreta; tenía su teoría. Aunque estaba perdido, el Señor Jesús le dijo que no estaba lejos del Reino de Dios.

2. Un gobernador:

a) Félix (Hch. 24:25-27):

–Pablo razonaba con él, y le señalaba el terrible efecto de sus pecados.

–Félix temía, pero estaba perdido.

b) Pilato (Jn. 18:37-19:22):

–Escuchó todas las evidencias en el juicio de Cristo, y dijo, «Yo no hallo en él ningún delito». (Jn. 18:38).

–No tenía valor para mantener sus sinceras convicciones.

3. Un rey (Agripa II) (Hch. 26:28):

a) Le dio a Pablo una oportunidad para defender sus acciones en respuesta a los cargos que le hacían los judíos.

b) El argumento de Pablo era tan convincente que Agripa dijo: «Por poco me persuades a hacerme cristiano».

4. Un joven rico (Mt. 19:16-22):

a) Había guardado todos los mandamientos.

b) Vino a Cristo para recibir más instrucciones de Él mismo.

c) Le faltaba sólo una cosa: y aun así, estaba perdido.

5. Un ministro (Judas) (Lc. 6:1-16):

a) Estaba con el Maestro.

b) Fue vencido por Satanás y se perdió para siempre.

6. Un marido y una esposa (Ananías y Safira) (Hch. 5:1-13):

a) Decidieron engañar a la Iglesia.

b) Fueron sorprendidos y ambos murieron, perdiéndose.

180. *LAS ANGUSTIAS DE JONÁS Y SU REMEDIO (Jonás: 2:7-9)*

INTRODUCCIÓN: no pudo negar que tenía sus angustias. Estaba dentro del estómago del pez sufriendo (descríbase cómo se sentía allí) (vv. 2-7).

1. La causa de sus angustias:

a) El mismo tenía la culpa. Y una cosa buena tenía Jonás: no le echaba la culpa a otro (1:10). Muchos hay que pecan y tienen angustias, y luego echan la culpa a la sociedad, a sus padres, a los malos compañeros, a todos, menos a sí mismos.

b) Sabía que era castigo de Dios (2:3).

c) Reconoció que el pecado trae el mal (2:8).

2. El remedio de sus angustias:

a) Reconocía que Dios puede librar aun de lo que parece ser la muerte inevitable (2:2): Sheol, lugar de los espíritus de los muertos, (equivocadamente aquí traducido «infierno») parecía ya haberse apoderado de él.

b) «La oración cambia las cosas»: cuando Jonás empezó a orar, el pez ya estaba en camino hacia la tierra, para vomitarlo en tierra seca. Pues Dios si libra, y el pez le obedece, como toda la naturaleza obedece a Dios cuando él manda.

c) Las angustias y dificultades llevan a uno a acordarse de Dios. Un viejo cristiano negro dijo: «Yo siempre oro; pero parece que son más eficaces mis oraciones cuando estoy en apuros».

d) Jonás aceptó una tarea desagradable (2:9). Muchas veces un cristiano tiene que hacer eso; pero generalmente al aceptarla de corazón pronto deja de ser desagradable. La dificultad con Jonás fue que aceptó de boca. pero no de corazón.

e) Jonás hizo promesas a Dios (2:9). Hay gentes hoy día que se jactan de que nunca hacen promesas. Pero en su vida diaria las hacen todo el tiempo. ¿Cómo se casa uno sin hacer promesas? ¿Cómo pide prestado si no promete pagar la cuenta? También a Dios debemos hacer promesas, y luego tratar de cumplirlas.

f) Jonás se rindió a Jehová.

CONCLUSIÓN: vamos a hacer paz también con Dios, prometiendo obedecerle inmediatamente.

181. *LO QUE LE COSTÓ A JONÁS REBELARSE CONTRA DIOS (Jonás 1:3)*

INTRODUCCIÓN: algunas lecciones de este libro...

–Dios tiene trabajo para cada uno de sus siervos.

–Dios nos dice qué debemos hacer.

–Él que se rebela contra Dios tendrá que pagar su rebelión.

1. A pesar de ser Jonás tan indigno, Dios lo escogió para trabajo alto, lugar escogido y puesto honroso:

a) Ser el primer gran misionero para el extranjero.

b) Traer al arrepentimiento a una ciudad grande.

c) Mostrar el amor y compasión que tiene para todas las razas y gentes.

d) Ser prototipo de Jesucristo en su muerte.

2. Dios enseñó a Jonás su voluntad:

a) A veces Dios hace esto con un «silbo apacible y delicado».

b) A veces habla con voz audible y mando directo.

c) En todo caso, cuando Dios quiere que hagamos algo, nos lo muestra.

d) Mientras debemos estar en espera, siempre preguntando: «Señor, ¿qué quieres que yo haga?», como preguntó Pablo.

e) Como se rebeló Jonás, nos podemos también revelar; y, como él, pagar el precio.

3 Lo que pagó Jonás por su rebelión:

a) Su propia conciencia lo condenaba.

b) Su nombre fue deshonrado: por todos los siglos ha sido centro de desprecio y burla.

c) Fue hecho espectáculo al mundo: hace muchos años, leí en los periódicos acerca de un marinero noruego, quien fue tragado por una ballena mientras la pescaba. Los compañeros lograron matar la ballena, y dentro de una hora lo sacaron del vientre de la ballena. Vivió; pero como el estómago de la ballena había comenzado a digerirlo, la piel del hombre se había teñido de color café, y su cabello se había tornado de color blanco amarillento. Por toda la vida después fue distinto de los demás, un espectáculo para todos. Así le ha de haber pasado a Jonás.

d) Fue puesto en vergüenza ante los pecadores: los marineros lo vieron con horror. Los de Nínive casi no tuvieron necesidad de sermón, pues el mismo predicador era un poderoso sermón del castigo divino.

e) Aunque su mensaje fue creído y recibido, él mismo fue desacreditado y rechazado, tanto entre los gentiles como entre los judíos, y hasta por Dios mismo.

f) Perdió la grande satisfacción y el gozo del que sirve a Jehová.

g) Tuvo que pasar por experiencias terribles, como los tres días en el vientre del pez, y como desmayarse de sol junto a la calabacera.

h) Por el resto de la vida fue un hombre más pequeño, más vil, de menos categoría.

CONCLUSIÓN: el camino divino es el mejor ¿Por qué no aceptarlo de una vez? ¿Quién se entregará hoy a Dios, prometiendo servirle como él diga, cuando venga la llamada divina?

182. *VIVIR Y ANDAR CON DIOS*

«Caminó, pues, Enoc con Dios, y desapareció, porque le llevó Dios» (Gn. 5:24).

INTRODUCCIÓN: en este pasaje, encontramos el primer relato de una persona que vivió y anduvo con Dios todos los días de su vida. Su vida fue muy diferente de la vida que muchos llamados cristianos quieren llevar, o mejor dicho llevan; pues algunas veces quieren andar con Dios y al mismo tiempo con el mundo. Es decir, quieren tener un pie en los caminos del mundo y otro en los caminos de Cristo. Son muchas las causas que se interponen entre los buenos deseos de andar y vivir con Dios; entre éstas están: Satanás, la carne y el mundo. Cuántas personas que saben lo hermoso que es andar y vivir con Dios, prefieren perder todo por seguir el mundo y sus falsos encantos. Pablo con suma tristeza decía de su joven colaborador en el Evangelio, Demas: «Porque Demas me ha desamparado»; en otras palabras más claras: «Me ha dejado porque ama a sus amigos del mundo más que a sus amigos cristianos». Muchos no queremos andar y vivir con Dios aunque sabemos que esto es lo mejor, porque nos encontramos apegados, engreídos a las cosas de la Tierra, y engolfados en las pocas o muchas riquezas que hemos podido adquirir. ¿Quién fue Enoc, el héroe de nuestra historia? ¿Qué significa su nombre? Fue el padre de Mathusalem, aquel venerable varón que tiene el campeonato universal de larga vida, según Gn. 5:27, que a la letra dice: «Fueron, pues, los días de Mathusalem, novecientos sesenta y nueve años, y murió». El nombre de Enoc, ¿qué significa? Este nombre significa dedicado, y su significado está de acuerdo con su vida de piedad, de santidad, de consagración a Dios. Enoc, a pesar de que vivió en un ambiente de incredulidad, impiedad y perversidad, pudo mantenerse fiel y andar y vivir con Dios; y ello le valió para que al fin de su jornada fuera llevado por Dios, sin ver muerte. Como sin ver muerte el profeta Elías fue trasladado al Cielo en un carro de fuego. Ahora pasemos a considerar algunos de los requisitos que hay que llenar, si queremos vivir y andar con Dios.

1. Estar vivos: en otras palabras, que estemos regenerados, que se haya efectuado en nosotros ese cambio de vida que se llama «nuevo nacimiento», usando como medio la palabra de Dios y sien do su autor el Espíritu Santo. A esto el apóstol Pablo, por el Espíritu Santo, le llama: nueva criatura. Con razón, la Escritura dice a los cristianos también: «Despiértate tú que duermes, y levántate de los muertos, y te alumbrará Cristo» (Ef. 5:14). Vivimos en una época en que estamos dormidos para las cosas espirituales y celestiales; pero muy despiertos para las cosas materiales y del mundo. Son millón es los que duermen espiritualmente; con razón dice uno de nuestros poetas: «No son muertos los que en dulce calma, reposan en la tumba fría: muertos son los que tienen muerta el alma, y viven todavía». Si queremos vivir y andar con Dios estemos despiertos para las cosas del alma, y vivos para las cosas eternas: para los intereses de arriba. Si andáis con Dios buscad las cosas de arriba, donde está Cristo nuestro hermano mayor y maestro maravilloso. Hay un dicho popular que encierra una gran verdad: «Pescado que se duerme se lo lleva la corriente». No durmamos espiritualmente, porque si lo hacemos, corremos el peligro de que nos lleve la corriente mundanal, como pasó con Demas, el compañero de Pablo.

2. Ser activos: si queremos andar y vivir con Dios, debemos ser activos en la obra del Señor. En el trabajo del Maestro no hay lugar para los inactivos o perezosos Todo miembro de nuestro cuerpo que no se usa se atrofia y llega a ser inútil. El agua que corre por valles y ríos lleva a la tierra vida y alegría; pero la que se estanca, se corrompe y malea la tierra. En cualquiera empresa y fábrica, cuando hay un «reajuste» los primeros que lo experimentan son los inactivos y perezosos. Si eso pasa en las cosas seculares, con mucha más razón en las cosas espirituales. Oigamos lo que dice la Escritura: «Yo conozco tus obras, que ni eres frío ni caliente.

¡Ojalá fueses frío o caliente! Mas porque eres tibio y no frío, ni caliente, te vomitaré de mi boca» (Ap. 3:15, 16). Pablo, dirigiéndose a los romanos, les da una buena receta, y con ellos a nosotros, cuando dice: «En el cuidado no perezosos, ardientes en espíritu, sirviendo al Señor»; y le agregamos nosotros: andando con Dios.

3. Estar de acuerdo con Dios: si queremos vivir y andar con Dios, debemos estar de acuerdo con Él y obedecer su voluntad divina. Dios no nos obliga a que hagamos su voluntad: él desea que la hagamos, pero no nos va a coger del cuello, y decirnos: «Ahora por la fuerza has de hacer esto o aquello». En la vida podemos hacer tres voluntades: la de Dios, la del Diablo ó la nuestra. El Señor nos deja en entera libertad; pero si queremos andar y vivir con Dios debemos hacer la voluntad de Dios. Dice la Escritura: «¿Pueden caminar dos puntos si no están de acuerdo?». Hace 38 años que llevo mi dulce y suave yugo matrimonial en compañía de mi esposa. Cuando el juez me preguntó: «¿Desea recibir a la señorita Consuelo Domínguez como su esposa?», yo le contesté con un sonoro «sí»; en seguida igual pregunta se le hizo a ella, y ella dio igual contestación. Supongamos que alguno de los dos hubiera dicho «no», el matrimonio no se habría efectuado. Así pasa en la vida cristiana: la voluntad de cada hijo de Dios debe estar de acuerdo con la voluntad de él. Y ¿cuál es la voluntad de Dios? Allí la tenemos revelada en la Escritura: «El que cree en el Hijo tiene vida eterna», y vivirá y andará eternamente con Dios.

CONCLUSIÓN: nuestro texto dice en su parte final en relación con Enoc: «y desapareció, porque Dios le llevó». Querido amigo: algún día, tarde o temprano, tenemos que desaparecer de esta vida y alguien tiene que llevarnos. Si has vivido y andado con Dios, él te llevará al Cielo; pero si no, entonces el diablo te llevará al infierno eterno, cuyos sufrimientos no tendrán fin. Hoy puedes iniciar tu vida con Dios. Isaías dice: «Buscad a Dios mientras pueda ser hallado, llamadle en tanto que está cercano». Por lo cual asegurarás tu felicidad aquí y en la eternidad.

183. *CONFESIÓN PARA UNA NUEVA ERA*

«¡Señor mío y Dios mío!» (Jn. 20:28).

INTRODUCCIÓN: a cierta distancia del campamento bautista de Thea, en la República Argentina, se levanta una gran estatua del Cristo crucificado. La enorme cruz se divisa desde lejos, trazando su blanca silueta sobre la falda de las serranías de Punilla, cerca de la localidad cordobesa de La Cumbre. Todos los años acuden millares de peregrinos para recorrer la «via crucis» y por tortuosos senderos de montaña llegan hasta el coloso de mármol, parecido al que está sobre el Corcovado, en Río de Janeiro. Rezando el rosario los fieles católicos visitan las «estaciones de la pasión» y culminan su pesada marcha ante la quieta escultura. Allí está el Cristo inmóvil, el Cristo de piedra, el Cristo muerto. Algunos lloran. Otros suspiran. Pero el Cristo inanimado sigue estático, confundiéndose con la cruz. Ambos son materia insensible, objetos sin vida en una estatua inerte. Pocos kilómetros más allá, en la parte más olvidada de las mismas serranías, hay otra cruz. Una sencilla cruz de madera que alguien construyó entre los arbustos, a bastante altura. Esa cruz es una cruz vacía. No cuelga de sus brazos la estatua del crucificado ni llegan hasta ella los peregrinos. No hay estaciones de la pasión. No hay tortuosa «via crucis». Tan sólo algún turista se detiene para mirarla y seguir luego su camino hacia el río cercano. Muchas veces recuerdo esa cruz vacía. La he visto al atardecer, cuando el sol dibuja su postrer abanico de rayos desde el horizonte. Y he pensado en la cruz que quedó vacía cuando José de Arimatea reclamó el cuerpo de Jesús. ¡Qué oscura, qué infame, qué triste sería esa cruz abandonada, si Cristo hubiera permanecido en el sepulcro! ¡Pero cómo se llena de esplendor, cómo brilla con fulgores de victoria cuando recordamos que Él resucitó! Entonces, sólo entonces, la cruz aborrecible y maldita se transforma en el símbolo de nuestra redención. Sí, mis hermanos, tenemos por divisa una cruz, no un crucifijo. Nuestra insignia es la cruz del Cristo triunfante.

Pienso que los peregrinos quieren ver la estatua de Cristo y por eso no van al pie de la cruz vacía. Ellos caminan en busca de un cadá-

ver y lloran como todos lloraríamos si Cristo no hubiera resucitado. El gigantesco crucifijo de mármol es un tipo del sepulcro. Más que un monumento al Cristo crucificado, es un monumento a su tumba. Miles van allí para lamentar su muerte, ignorando que el Maestro dijo «yo pongo mi vida, para volverla a tomar. Nadie me la quita, mas yo la pongo de mi mismo. Tengo poder para ponerla, y tengo poder para volverla a tomar» (Jn. 10:17, 18). Mientras buscan entre los muertos al que vive, marchan con una visión imperfecta de la misión de Cristo. Ellos ven en la cruz un símbolo de derrota. Contemplan la muerte del Señor como un acontecimiento desgraciado, una triste historia que debe aceptarse con piadosa resignación. Para ellos, la muerte de Cristo es el punto final.

1. Permitidme que os recuerde la actitud pesimista de Tomás, el Dídimo. Tomás tenía una visión derrotista. «Vamos también nosotros, para que muramos con él» (Jn. 11:16). Su mirada hacia el futuro terminaba con la muerte de Cristo. Por solidaridad con su Maestro estaba dispuesto a compartir su destino fatal, pero nada veía más allá de la muerte del Señor. Pensaba en el temido desenlace creyendo que allí terminaría todo. Porque, para Tomás, la muerte de Cristo sería la muerte de todos sus discípulos, la muerte de la Iglesia naciente, la muerte de todos los ideales. Tomás creía en la bondad de Cristo y en la pureza de su ministerio, pero no confiaba en su poder. Había, en su opinión, cosas más poderosas. Las piedras de los judíos, el odio del Sanedrín, el gobierno imperial. Sin duda, pensaba él, Jesús caerá en manos de sus fuertes enemigos y será víctima inocente de sus maquinaciones. Pero el Maestro insistía en caminar hacia Betania, ¡tan cerca de Jerusalén! Había que resignarse: «Vamos también nosotros, para que muramos con él», «vamos a terminar este drama». Tomás no tenía esperanza alguna en la victoria.

2. Sin embargo, Tomás era fiel. Estaba completamente decidido a asumir su papel en el naufragio y hundirse con el barco. Exhortó a los demás pidiéndoles que siguieran al lado de Jesús. Y todos imitaron su ejemplo. Cabizbajos, resignados, con pavorosas escenas de muerte en su imaginación, fueron desde Perea hasta Betania. Pero Jesús sabía lo que acontecía en la mente de sus discípulos. Y creo que cuando él habló a Marta en el camino, antes de llegar al enlutado hogar de Betania, quiso que también le oyeran sus entristecidos compañeros: «Yo soy la resurrección y la vida». «Tengo poder, Marta. Tengo poder, Tomás. Así como puedo levantar a Lázaro de la tumba, puedo vencer a todos mis enemigos y aplastarlos bajo mis pies. Puedo alcanzar el triunfo ante la muerte». El que cree en mí, aunque esté muerto, vivirá». «Y todo aquel que vive y cree en mí, no morirá eternamente».

a) Y Jesús resucitó a Lázaro. Todos sus discípulos lo vieron. ¡Ah, Tomás, cuántos problemas hubieras solucionado con sólo reconocer el maravilloso poder de tu Maestro!... ¡Cuántos conflictos podríamos evitar, cuántas penas podríamos aliviar, mis hermanos, si en vez de seguir a Cristo con resignación marchamos en pos de él con absoluta confianza en su divina potencia, con inalterable certeza en la victoria final, pensando «que si somos muertos con él, también viviremos con él! ...» (2 Ti. 2:11).

b) Pocos días después, en vísperas de su crucifixión, «sabiendo Jesús que su hora había venido para que pasase de este mundo al Padre, como había amado a los suyos que estaban en el mundos amólos hasta el fin» (Jn. 13:1). Atormentados por negros presentimientos, los discípulos escucharon el último discurso del Maestro. Sus dulces palabras de consuelo anunciaban la gloria de las moradas eternas: «voy, pues, a preparar lugar para vosotros... para que donde yo estoy, vosotros también estéis». Pero Tomás no podía comprenderlo: «Señor, no sabemos a dónde vas» (Jn. 14:5). «Te hemos seguido para morir contigo, sin comprender qué te propones. Recorrimos el camino de Perea a Betania, recordándote los peligros que te acechan en Jerusalén. Pero no nos escuchaste. Creíamos en tu Reino, pero no lo vemos. No entendemos tus propósitos, Maestro. No sabemos a don de vas, ¿cómo, pues, podemos saber el camino?». Tomás tenía una concepción limitada de la misión del Salvador y suponía que el plan había fracasado. Sabía que Cristo iba a la muerte, pero ignoraba que Cristo iba también hacia la verdadera vida.

3. El problema de Tomás era doble...

a) En primer lugar, no había descubierto la meta final de su Maestro. Como sus condiscípu-

los, creía que Jesús se proponía restituir el reino a Israel. Interpretó muchos incidentes en la vida del Maestro como expresiones de su estrategia para alcanzar el poder temporal. Tomás tan sólo concebía un mesianismo político. Pero poco a poco sus ilusiones se desvanecían y no podía comprender a Jesús. Tanto le habían entorpecido sus propios puntos de vista, que su mente era incapaz de recordar y entender las enseñanzas del Señor. Parece increíble, mis hermanos, pero las ideas preconcebidas, las teorías personales y los prejuicios son pantallas que impiden descubrir todo el esplendor de Cristo. El Dídimo había olvidado las palabras de Jesús porque se interponían sus humanos pensamientos. Aunque el sol de la Resurrección comenzó a brillar a través de la palabra profética del Maestro, había ocurrido un sombrío eclipse. Y el eclipse era causado por la mentalidad de Tomás.

b) En segundo lugar, Tomás no había descubierto su propia meta final: «¿Cómo, pues, podemos saber el camino?». No entendiendo el propósito de su maestro, tampoco alcanzaba a comprender la suprema razón de su discipulado. Si el Señor moría, él también moriría. O, como los discípulos que luego marcharon a Emaús él también se hubiera alejado de Jerusalén tristemente, dejando a sus espaldas una cruz abandonada y una ilusión frustrada. Tomás nunca soñó con la Resurrección. Para él, todo estaba perdido. Se había detenido un momento en su vida, diciéndose con desconcierto: «No sé a dónde va mi Maestro, ni sé a dónde voy yo». Su perspectiva era la muerte, pero las expresiones de Cristo lo confundían.

4. Ante el doble problema de Tomás, Jesús respondió con inmortales palabras: «Yo soy el camino, y la verdad, y la vida». El Maestro se presentó a sí mismo como solución para el conflicto íntimo de su discípulo. Tomás pensaba en el camino a los tribunales judíos, pero Jesús le habló del camino a las moradas celestiales. Tomás pensaba en las verdades comunes, en la realidad del peligro que se cernía sobre ellos y en la inutilidad de las enseñanzas del Maestro ante el riesgo inminente del arresto, pero Jesús le invitó a confiar en El como la Verdad suprema que prevalecería sobre los falsos testimonios y libertaría a millones de almas a través de los siglos. Tomás pensaba en la muerte como único destino de su Maestro y de sí mismo, pero Jesús le dijo «Yo soy la vida». Iguales palabras había dirigido a Marta: «Yo soy la resurrección y la vida». No, la muerte no sería el fatal desenlace de una aventura fracasada: «Yo vivo», repitió el Señor, «y vosotros también viviréis» (Jn. 14:19).

5. El destino de Tomás era el destino de Cristo. Sin embargo, mis hermanos, Tomás dijo «no sabemos», porque no pudo comprender la maravillosa promesa de la resurrección. Su ignorancia era la misma ignorancia de sus condiscípulos. Sólo años más tarde, cuando la resurrección era una indiscutible realidad, el apóstol Pablo pudo escribir «sabemos». «Porque sabemos, que si la casa terrestre de nuestra habitación se deshiciera, tenemos de Dios un edificio, una casa no hecha de manos, eterna en los Cielos» (2 Co. 5:1):

a) Más de una semana pasó desde aquella conversación hasta que Tomás comprendió toda la gloria de la Resurrección. En el ínterin, Jesús murió, fue sepultado, resucitó y apareció a los diez discípulos reunidos en el primer día de una nueva era. Tomás, el undécimo, no estuvo presente ni creyó al testimonio de sus camaradas. «Si no viere... no creeré». Tomás vivió una semana de dolor y sombras, en franco contraste con el gozo de los testigos. El Dídimo se aferraba desesperadamente a su pesimismo. A él le correspondió identificarse con los estertores de una edad de tinieblas. Pablo escribiría después: «Si Cristo no resucitó, vana es entonces nuestra predicación, vana es también vuestra fe» (1 Co. 15:14). Pero Tomás vivió antes una experiencia así. Para él todo era vano porque, en su opinión, Cristo no había resucitado...

b) Sin embargo, en el abismo de su angustia, Tomás ansiaba superar la crisis. No se aparto de los otros diez y resolvió reunirse con ellos ocho días después de la primera aparición de Jesús. Su escepticismo no era definitivo y aquel día de la semana se unió al grupo de los discípulos, sacudido por sus luchas internas y su indescriptible ansiedad. Así se escribió el preludio de una confesión para una nueva era, el grito victorioso de un cristiano que por fin descubrió la gloriosa realidad de la Resurrección.

c) «¡Señor mío, y Dios mío!»: la luz irrumpe en la mente y el corazón de Tomás, que se estremece de gozo. Se derrumban las estructuras

de su pesimismo y la presencia del Cristo resucitado hace reverdecer en su memoria todas las enseñanzas de su amado Maestro. Pero más aún, el Dídimo vive ahora, recién ahora, la misma felicidad de la Magdalena, el mismo corazón ardiente de los discípulos de Emaús, la misma alegría de los discípulos que, una semana antes, se gozaron viendo al Señor. Rómpense las cadenas de su opresión, suspira de alivio el corazón cansado y brota con incontenible júbilo el grito de una nueva teología: «¡Señor mío, y Dios mío!» (Jn. 20:28).

6. Por fin Tomás comprende que es posible morir y vivir con Cristo, que es posible seguirle donde Él vaya, que es posible conocer el camino, que es posible hallar la verdad suprema a pesar de los obstáculos, que es posible alcanzar la victoria sobre la muerte. ¡Oh, mis hermanos, todo esto es posible por la Resurrección de Cristo, sin la cual seríamos tan miserables como Tomás lo fue en su terrible semana de angustia!

a) «Mi Señor y mi Dios»; si Pedro pudo decir: «Tú eres el Cristo, el Hijo del Dios viviente», Tomás pudo añadir la confesión suprema. Cristo es ahora ensalzado por su victoria sobre la muerte. «Por lo cual Dios también le ensalzó a lo sumo, y dióle un nombre que es sobre todo nombre; para que en el nombre de Jesús se doble toda rodilla de los que están en los Cielos, y de los que en la Tierra, y de los que debajo de la tierra; y toda lengua confiese que Jesucristo es el Señor, a la gloria de Dios Padre» (Fil. 2:9-11).

b) «¡Señor mío, y Dios mío!»: ¡Bendita confesión para una nueva era! ¡Bendito fruto de la resurrección de Cristo! ¡Bendita resurrección, por la cual –como Tomás– puedo hoy predicar que Cristo es mi Señor y mi Dios, como lo es de todos los que comparten su triunfo sobre el sepulcro! ¡A Él sea gloria por siglos! Amén.

CONCLUSIÓN: «Podemos conocer a Dios sin conocer nuestras miserias, y nuestras miserias sin conocer a Dios; y hasta conocer a Dios y nuestras miserias sin conocer el medio de salvarnos de las miserias que nos abruman. Pero no podemos conocer a Jesucristo, sin conocer a la vez a Dios y nuestras miserias y el remedio de nuestras miserias; porque Jesucristo no es solamente Dios, sino el Dios reparador de nuestras miserias» *(Blas Pascal).*

184. *ABRAHAM Y LOT*
(Génesis 13:8-13 y 19:1-8)

INTRODUCCIÓN: contar cómo Dios llamó a Abraham de Ur de los caldeos para hacerle el progenitor del pueblo escogido y de los creyentes del mundo gentil. Hacer notar el noble carácter de Abraham, que dejó una ciudad populosa; su padre, Taré, menos piadoso, le hace detener en Harán. Le sigue su sobrino Lot, pero no vive a su altura espiritual. Bendecidos por Dios, ambos se enriquecen y ocasionan la disputa de los pastores. La tentación de Sodoma, ciudad mundana y envilecida por el homosexualismo. Dios decide destruirla y Abraham intercede; pero no había 10 justos, sólo uno que escapa, perdiéndolo todo menos la vida. ¿Qué aprendemos de esta historia?

1. La gran ventaja de ser cristianos completos: triste es confesarlo, pero hay muchos medio cristianos. Lot era un buen hombre (2 P. 2:8). «Afligía su alma justa», pero no «santa». Santo quiere decir consagrado, separado para Dios. Hay muchos «Lots» entre los cristianos. Defienden el Evangelio, combaten los errores de otras iglesias, no blasfeman, reconocen a Cristo como Salvador del mundo, asisten a la mayoría de los cultos, pero no quieren ser fanáticos... Así era Lot; abominaba la maldad, pero no era un héroe. Dios había llamado a Abraham para vivir por Él, sacrificándolo todo, y así lo hizo (hasta en el caso de su hijo). No fue perfecto. Tuvo sus equivocaciones; bajó a Egipto por temor al hambre, sin confiar en Dios, pero cada caída era para levantarse más. Lot no podía subir de su nivel, era demasiado débil y se dejaba arrastrar por otros. No disfrutó ni de la bendición de Dios ni de la del mundo.

2. Lo bueno de arreglar disputas según Dios: ¿Quién tenía derecho a elegir? Abraham no sabía nada del «Sermón del Monte», y lo practicaba. ¡Cuánto más nosotros! Cristo no buscó su derecho, sino nuestro bien; nos salva y nos dice: «Dame lo que quieras de tu vida, emplea el amor antes que el derecho». Con el derecho se obtiene servilismo, con el amor felicidad. ¿No debemos imitarle en el trato con nuestros semejantes? Pablo dice: «Ninguno vive para sí». Notad el resultado en Abraham: Dios se agradó tanto de esta acción que se le apareció y le

ofreció la tierra entera de Palestina (13:14-18). ¿No valía más esta visión que todas las ventajas de Sodoma?

3. El peligro de acercarse al mundo: es posible que Lot fuera arrastrado por su esposa y sus hijas, que no eran solamente débiles, sino mundanas. En los despertamientos hay muchos movidos por lo externo del movimiento y andan un trecho con los cristianos, pero el mundo les cautiva más. La esposa e hijas de Lot encontraron en esta disputa la ocasión de realizar lo que ya estaba en su corazón; vivir en la montaña con el viejo santo, oyendo el bullicio de Sodoma, era aburrido:

a) Hay peligro en tener al lado una persona no espiritual: se necesita ser un héroe. Si es así, el carácter se agudiza y perfecciona, pero si no, la caída es inevitable. Si un cristiano débil quiere perder su alma, que se case con una persona mundana; no es que el hecho sea en sí pecado, pero es muy peligroso.

b) Nótese que Lot y su familia fueron acercándose poco a poco a Sodoma (v. 12). Así hacen algunos, un domingo para el mundo y otro para el Señor. No lo quieren dejar del todo, sino saborear aún las dulzuras espirituales. No quieren perder las promesas de vida eterna, pero Jesús dice: «No se puede servir a dos señores».

4. El desastre de una vida fuera de la voluntad de Dios: un cristiano es una persona que anda por el camino de Dios hacia el Cielo, y dice por fe: «No mi voluntad, sino la tuya». Abraham fue a Egipto, pero volvió. En cambio, Lot, tras sufrir mucho, tuvo que perderlo todo. Fue salvo como un tizón arrebatado del incendio. La suerte de un cristiano mediocre es sufrir mucho o perecer. Veámoslo en el caso de Lot; como era rico, fue nombrado lo que hoy llamaríamos concejal de la ciudad. Se sentaba a juzgar en la puerta, pero era de la minoría y no podía abrir la boca. ¿De qué le servía?

a) El aviso de Dios por medio de la guerra. Dios vino a decirle: «¿Has querido los bienes del mundo?; pues has de participar de su suerte». Pero fue libertado por su tío Abraham. ¡Qué nobleza al renunciar a todos los bienes! ¿No debía añadir Lot: «Tío, me vuelvo contigo al monte»? ¡Cuántas veces el Señor avisa a los que se desvían, por medio de contratiempos o bendiciones especiales! Dios nos tiende la mano en un sentido u otro, para que levantemos nuestras cabezas; pero Lot quedó igual; quizá un poco más respetado por el pueblo, gracias a su tío, pero su posición espiritual fue la misma.

b) Un día descubrió a dos forasteros afines. Sus rostros no llevaban el estigma del pecado: eran ángeles y mensajeros de Dios; pero, ¡qué mensaje tan triste traían! Perdió sus futuros yernos, la casa, los ganados, la misma esposa y, lo que es peor, la bendición divina. ¡Cuán diferente si hubiese regresado con Abraham!

5. La bendición de poner a Dios primero: Abraham, en el caso de Sodoma, eligió el monte, y Dios le prometió todo el país. En el caso de la guerra, no quiso nada, para demostrar que no hizo el acto heroico por codicia, sino por justicia, y Dios, no pudiendo ofrecerle nada mayor que lo que ya le había ofrecido, se le ofrece Él mismo (15:1): «Escudo» fue en la guerra. «Galardón» o premio, en toda su vida y en la eternidad. Siempre hay dos caminos, el que se acerca al mundo y el que se acerca a Dios: ¿cuál seguiremos? El que siembra para la carne, segará corrupción.

CONCLUSIÓN: acerquémonos a Dios al andar por el camino de la vida; aunque tengamos deslices, también los tuvo Abraham en los dos casos de Egipto, y sobre todo en el de Abimelec; pero siempre volvió al lugar donde Dios se le había aparecido. Volvamos también nosotros al tiempo de nuestro primer amor con la misma fe y entusiasmo. Si hay aquí quien no ha encontrado a Dios, debe también elegir. Toda vida ha de tener su galardón, o pasajero o eterno. ¿Renunciarás a Dios por el placer mundano? ¿Por el qué dirán? ¿Escucharás la voz del enemigo?... Te engaña, te fascina para perderte. Dios te ilumina para salvarte. Digamos como aquella santa mujer que es un modelo de fe, tanto para los católicos como para los evangélicos.

«El que de Dios el Reino busca con ansia,
Todo lo demás tiene, nada le falta.
Id, pues, bienes del mundo; id, dichas
vanas.
Aunque todo lo pierda, Dios, Dios me
basta».

(Teresa de Ávila, de Jesús).

185. *ACÁN, EL PERTURBADOR DEL PUEBLO (Josué 7:1-26)*

INTRODUCCIÓN: «Acán» significa «perturbador». Este capítulo relata cómo Acán perturbó al pueblo de Dios. Notemos:

1. Un pueblo derrotado (vv. 2-6): la gran victoria ganada por Israel sobre la fuerte ciudad de Jericó fue seguida por una gran derrota frente al pequeño pueblo de Hai. Grandes victorias en la vida cristiana a veces son seguidas por grandes fracasos.
2. Una plegaria desanimada (vv. 7-9): la oración de Josué era más una murmuración que una oración, y mostró desconfianza en las promesas de Dios. Aun un Elías pudo desanimarse (1 R. 19:24). No debemos hacer oraciones que deshonren a Dios. «Levántate... el pueblo ha pecado» (vv. 10, 11). Es inútil orar cuando hay pecado no confesado (Sal. 66:18; Jn 9:31), pues en este caso Dios no puede cumplir sus promesas.
3. Un pecado denunciado (vv. 11, 12): el pueblo había quebrantado el mandato de Dios (6:17-19, tomado lo que fue condenado, hurtado lo que fue apartado para Dios, mentido y encubierto lo robado. ¿Cómo podría Dios bendecirlo?
4. El pecador descubierto (vv. 16-21): un hombre, Acán, resultó ser el culpable. Un hombre había perturbado todo el pueblo. Así un hombre, Adán, había perjudicado a la humanidad entera (Ro. 5:12). ¡Qué daño puede causar un miembro a la iglesia! Acán tuvo que confesar su pecado: «Vi... codicié... tomé... escondí...» (v. 21). Así hi- cieron Adán y Eva; así hizo Giezi (2 R. 5:2(}27). «Sabed que os alcanzará vuestro pecado» (Nm. 32:23; He. 4:13).
5. La pena descargada (vv. 24, 25): la paga del pecado es inevitable (Ro. 2:1-3; 6:23; He. 9:27). Sólo el pecador que se arrepiente de su pecado y lo confiesa hallará misericordia (Pr. 28:13; 1 Jn. 1:9).

186. *ACEPTANDO LOS PLANES DE DIOS (Job 1:1-13)*

INTRODUCCIÓN: el libro de Job está escrito en poesía hebrea antigua, excepto los dos primeros capítulos y el epílogo. Representa una historia que se propagó por tradición, pues el hecho es más antiguo que Moisés, pues no se dice que fuera judío, sino que conservaba la religión primitiva enseñada por Dios al mismo Adán durante el período del primer habitante de la Tierra como explicamos en el primer sermón. No sabemos cuánto duró este tiempo anterior a la caída, pero debió ser bastante largo para que se cumpliera lo que dice en Gn. 2:19: «Jehová Dios formó, pues, de la tierra toda bestia del campo, y toda ave de los Cielos, y los trajo a Adán para que viese cómo las había de llamar, y todo lo que Adán llamó a los animales vivientes, ese es su nombre». Naturalmente, to- do esto aconteció antes de la caída y del na- cimiento de Caín y Abel. Muchos lectores de la Biblia han creído que Caín y Abel fueron los únicos hijos de Adán y por esto surge el problema que aducen algunas veces los lectores de la Biblia: ¿De quién tuvo temor Caín? Y aun otra: ¿Con quién se casó Caín antes de matar a Abel? Ambas preguntas quedan aclaradas leyendo Gn. 5:4, 5.

1. La persona de Job: era, pues, un adorador de Dios anterior a la Ley, cuando el Señor dijo a Satanás: «¿Has considerado a mi siervo Job?» (Job 1:8). Tenía siete hijos y era tan temeroso de Dios que intercedía por ellos, temiendo que en sus banquetes o fiestas hubiesen ofendido a Dios. Como buen padre, se preocupaba de la vida espiritual de sus hijos. Un buen ejemplo para los padres de nuestros días. Los padres suelen sentirse orgullosos de sus hijos y, a veces, cuando visitamos a una familia, nos sacan los dibujos y diplomas obtenidos por éstos. Dios es nuestro Padre Celestial, como nos enseña nuestro Señor Jesucristo, y todos los seres humanos somos criaturas suyas, pero somos sus hijos y herederos y coherederos con Cristo, los que le hemos aceptado como nuestro Salvador y Señor. ¿No queremos dar a Dios la satisfacción de que pueda decir de nosotros como dijo de Job? (1:8).
2. El misterio de Satanás: parece que Satanás había sido puesto a prueba, lo mismo que los otros ángeles y pudiera arrepentirse y pedir perdón, hasta que tuvo lugar la muerte de Cristo, pues es curioso aquel versículo de Jn. 12:31: «Ahora es el juicio de este mundo; ahora el príncipe de este mundo será echado fuera. Y yo, si soy levantado de la tierra, a todos atraeré a

mí mismo», y decía esto dando a entender de qué muerte había de morir. El orgullo de Satanás era de ser como Dios, y Dios lo ha dejado alrededor de la Tierra como su ministro tentador (Ef. 6:10-18). La vida de fe de los hijos de Dios a través de los tiempos no habría sido lo que fue y lo que continúa siendo de no ser la influencia malévola de Satanás. Jesús dijo: «Satanás os ha pedido para zarandearos como trigo». He aquí otra experiencia semejante a la de Job en días de Jesucristo mismo, pero Él venció al diablo al tomar su decisión diciendo: «¿Qué diré? ¿Padre, sálvame de esta hora? Si para esto he venido. Padre glorifica tu nombre» (Jn. 12:27, 28).

3. ¿Por qué no eliminó Dios a Satanás? Ésta es la pregunta que me han hecho muchas veces, pero siempre he contestado que Dios no es un dictador. El salmista dice: «Tu pueblo lo será de buena voluntad en el día de tu poder» (Sal. 110:3). Los ángeles obedientes fueron probablemente probados también y decidieron que la voluntad de Dios era lo mejor; pero no así Satanás. Todavía no está confinado en el abismo, pero está ya condenado, pues lo que hizo durante el tiempo de la humillación del Verbo de Dios, no tiene perdón. Vencer al diablo por un acto tan grande de amor como lo que Dios hizo cuando envió a Jesucristo al mundo, es la mayor manifestación del carácter de Dios. Vencer al diablo y a sus secuaces por la fe y amor al Invisible, es nuestra respuesta a su gran amor. Cuando le amamos con algún notorio sacrificio estamos venciendo nuevamente a Satanás y desacreditando su rebeldía. Un día el universo entero tendrá que reconocer esta verdad y la gran paciencia de Dios.

4. Satanás el insistente tentador: Satanás pretendió que no es posible confiar en Dios y ser bueno por puro amor, confianza y gratitud. Procuró hacer desconfiar de Dios a nuestros primeros padres con una pregunta insidiosa (Gn. 3:1) y a Job mediante su enfermedad. Job no blasfema; es cierto que se queja, pero con toda la razón, y Satanás queda burlado. Alguien ha llamado a Satanás el agente tentador de Dios. Parece que todos los ángeles de Dios tuvieron su tiempo de prueba y unas dos terceras partes quedaron obedientes al Creador, agradecidos por el hecho de su existencia. Pero Satanás se propuso suplantar a Dios subiendo al mismo Cielo y haciéndose pasar como Dios (Is. 14:12-14).

5. Satanás se halla sujeto a Dios: esto aprendemos de Job 1 y 2, y por lo que Jesús declaró a sus discípulos: «Satanás os ha pedido para zarandearos como trigo». He aquí otra experiencia semejante a la de Job en días de Jesucristo, pero El venció al diablo al tomar su decisión: «¿Qué diré? ¿Padre, sálvame de esta hora? Si para esto he venido. Padre, glorifica tu nombre» (Jn. 12:27, 28).

6. El equivocado consejo de su esposa: Job llegó al extremo del dolor no solamente físico, sino moral, cuando escuchó la desesperada sugerencia de su esposa: «Maldice a Dios y muérete» (Job 2:9). Estaba tan indignada de verle sufrir que le amonesta a poner fin a sus sufrimientos por el suicidio. Si el ser íntegro y temer a Dios traía este resultado, es que su esposo era bueno y Dios era malo. Debemos tener en cuenta que ni Job ni su esposa tenían la revelación completa de Dios, ni siquiera el Antiguo Testamento. Sólo unas tradiciones de palabra que se habían transmitido de padres a hijos; sin embargo, Job tenía fe en Dios. No era tan insensato para creer que el mundo podía haberse construido solo, pero ¿cómo era este Dios? La tesis de Job, por fe, con mucho menos fundamento que nosotros, era de que Dios es bueno, aunque él no hubiera podido entender sus caminos. Ella habría disfrutado con que Job hubiese blasfemado o se hubiese atado una cuerda al cuello y saltado de un árbol al aire y acabar de sufrir. Su tesis era: «Ya que Dios permite que sufras, dale un bofetón moral de palabra y por un hecho irreparable».

7. La sensata respuesta de Job: «Como las mujeres tontas, así has hablado: El bien recibimos de Dios, ¿y el mal no recibiremos?» (Job 2:10). Lo noble de esta respuesta es que ellos tenían menos luz que nosotros. No tenían las promesas de Jesucristo para la otra vida; sin embargo, se empeña en considerar a Dios bueno, contando con su propia experiencia comparativa de su prosperidad anterior.

8. Dios premió esta fe y terminó la prueba: se cree que tendría unos 70 años y sabemos que vivió 140; así que había vivido 69 gozando el bien, entonces son 69 contra 1, si ésta fue la largura de la prueba. Este es un razonamiento muy optimista, digno de una grande fe. ¿Habríamos razonado nosotros de esta manera sin tener las promesas de Jesucristo respecto a la

vida venidera ni el ejemplo de los que han sufrido tormentos y aun la hoguera en las persecuciones primitivas y de la Edad Media por la fe en un invisible Señor?

CONCLUSIÓN: el caso de Job es una lección de fe para hacemos pensar y consolarnos en nuestras aflicciones presentes. ¡Que sepamos aprenderla!

187. *ACIERTOS Y ERRORES DE UN GRAN HOMBRE (2 Reyes 5)*

INTRODUCCIÓN: el caso de Naamán es bien conocido como ilustrativo del camino de la salvación. Parece una parábola de la fe salvífica. Constituye una de las muchas pruebas de la inspiración de las Escrituras el hecho de que aun en sus historias y acontecimientos más naturales muchos de sus hechos se presentan en tal forma que a la luz del Nuevo Testamento se ven como cuadros ejemplares de las grandes verdades básicas del Evangelio.

1. La condición del hombre por naturaleza:

a) Goza, como Naamán, de muchos favores y privilegios. La ciencia ha hecho progresar mucho a los seres humanos y hoy, para muchos que tienen dinero, la vida ofrece muchas satisfacciones.

b) Las riquezas o la fama no satisfacen. En el hogar del general Naamán había una pena muy grande, de la que participaban sus familiares hasta el punto que no pueden ocultarlo de su esclava.

c) Nada podían hacer contra su terrible condición de la lepra. Nada puede hacer el hombre contra el pecado que destruye la paz y su inevitable consecuencia, la muerte.

d) Llega el anuncio de salvación por un medio muy humilde, una pequeña esclava de Israel, y se inicia la fe en el Dios-Jehová en el corazón del, por su rango y oficio, enemigo de Israel. Muchos reciben el Evangelio por los conductos más sencillos.

2. Las equivocaciones de Naamán:

a) Va a la Corte de Israel. Así, hay muchos que buscan curación del pecado en las grandes religiones oficiales y salen de su encuesta desilusionados. De este mismo modo le ocurrió al Eunuco (Hch. 8:27-31). Su adquisición del libro de Isaías era prueba de su interés, pero si no llega a encontrar a Felipe habría sido inútil. Es muy triste que los que deberían dar una nota clara del Evangelio, debido a su posición y suntuosos edificios, muchas veces ignoran ellos mismos en dónde se encuentra la solución para el pecado

b) Trae cartas de recomendación. Así, muchos hoy en día procuran obtener perdón por otros mediadores que no son el único puesto por Dios (*véase* 2 Ti. 2:5).

c) Como Naamán, algunos pretenden comprar su salvación mediante sus esfuerzos (*véase* Ef. 2:8, 9).

d) Como Naamán delante del profeta, tienen algunas ideas propias en cuanto a la manera como pueden ser salvos. Naamán se había figurado todo un ritual de ceremonias que pensaba que el profeta Eliseo realizaría para un hombre importante como él, pero Dios dice: «Deje el hombre sus pensamientos...». Hay que dejar a Dios que realice las cosas a su manera.

3. La salvación del hombre viene así:

a) Por obediencia a la Palabra de Dios.

b) Por humillarnos a cumplir esta palabra. El Jordán era en este caso un símbolo de muerte y resurrección. No es el bautismo simple rito o acto simbólico, sino la obra de Jesucristo en el Calvario la que produce limpieza del pecado (I Jn. 1:7). Las aguas del bautismo no son sino un símbolo de aquella muerte expiatoria (Ro. 6:3).

c) El resultado de esta obediencia produce una vida nueva; la regeneración, obra del Espíritu Santo, en el caso de Naamán, apareció en forma de carne tierna como la de un niño... En el creyente regenerado, un corazón sensible y una vida nueva.

188. *BALAAM, EL PROFETA DE DOS CARAS (Números 22:5-35)*

INTRODUCCIÓN: en el N.T. hay varias referencias del mal ejemplo de Balaam, y si consideramos su historia observaremos por qué...

1. La locura de Balaam (2 P. 2:16): cuando los mensajeros de Balac le tentaron con ofertas halagüeñas, Dios le dijo: «no vayas»; pero Balaam no estaba conforme con la voluntad expresa de Dios, y porfió hasta conseguir un «sí» condicional (Nm. 22:12-20). Muchas personas saben la voluntad de Dios sobre tal o cual asunto, pero la desobedecen porque quieren seguir su propia voluntad. Una asna reprendió la locura del profeta. Fue un milagro que debía hacerle reflexionar, pero no logró cambiar su testarudez. Un día la insensatez de muchos será reprendida por Dios mismo, el autor de todas las criaturas racionales e irracionales del Universo.

2. El error de Balaam (Jud. 11:2): el profeta quería persuadir a Dios por medio de sus sacrificios (Nm. 23:14-29). Éste fue el primer método empleado por Caín, y las religiones humanas suelen seguir tal ejemplo. Muchas personas quieren sobornar a Dios mediante prolongados rezos, limosnas o donaciones testamentarias, para que pase por alto sus pecados. Es un error muy común (*véase* Is. 1:11-17).

3. El camino de Balaam (2 P. 2:15): éste es el camino de la codicia. Balaam amó el premio de la maldad. Quiso vender sus dones proféticos por dinero, hablar la Palabra de Dios por lucro. Hay hombres en las iglesias que falsean la verdad para granjear dinero, influencia y posición. Son pastores malos, profetas falsos (Ez. 34). (Compárese con los verdaderos pastores, I P. 5:2-4). Hay una profecía acerca de tales falsos guías del pueblo de Dios (2 P. 2:1-3). Y a continuación una sentencia que debe ser tenida muy en cuenta (cap. 2, vs. 4-9)

4. Su doctrina (Ap. 2:14): Nm. 31:16 lo llama «el consejo de Balaam». Aconsejó una unión incestuosa entre los israelitas y las mujeres paganas de Moab. ¡Ay de los que enseñan a los creyentes a mezclarse con los mundanos, o a traer tal mundanismo a la Iglesia de modo que no exista diferencia entre lo sagrado y lo profano.

5. El deseo frustrado de Balaam (Nm. 23:10): el que quiere morir con los rectos, tiene que llevar la vida de un recto. Muchos, imitando a Balaam recurren a pláticas piadosas para cubrir pecados manifiestos; tales son muchos discursos mortuorios de personas ricas que figuran como miembros de ciertas iglesias. Pero las alabanzas de los hombres no pueden cambiar el veredicto de Dios.

CONCLUSIÓN: es solamente el arrepentimiento sincero y la obra expiatoria de Jesucristo invocada no por persona ajena, después de la muerte, sino por el propio interesado lo que puede cambiar el veredicto divino y el destino de los pecadores (*véase* Is. 55:7 y Sal. 51:7-12). Sólo esto hará posible la muerte de los rectos a la que todo el mundo aspira, pero para la cual no se preparan, siguiendo el ejemplo de Balaam.

189. *BERNABÉ, EL CONSOLADOR (Hechos 4:35-37)*

INTRODUCCIÓN: el supuesto gratuito, no avalado por Cristo (Mt. 24:14), de que el Señor vendría a instaurar su reinado mesiánico en los días apostólicos, indujo a los primeros convertidos de Jerusalén a establecer una colonia de comunismo voluntario que no dio ningún resultado positivo porque no era el plan del Señor, sino que su orden fue de «Id y predicad», pero dio oportunidad a algunos cristianos a mostrar las virtudes de sus corazones. Uno de éstos fue Bernabé, en cuya vida encontramos lecciones muy provechosas.

1. Fue un hombre generoso: Dios ama al dador alegre (2 Co. 9:7). Tal era Bernabé y tal consolación trajo su sacrificio de desprenderse de su gran propiedad en Chipre, que fue llamado «el consolador».

2. Un hombre servicial (Hch. 9:27): se prestó para todo servicio en el que podía ser útil. Intervino en favor de Pablo cuando otros ponían en tela de juicio su conversión, pues tenía el discernimiento espiritual de ver en Pablo un gran trofeo de la gracia de Dios.

3. Un hombre fiel (Hch. 11:22-25): los apóstoles le enviaron a Antioquía para alentar la iglesia recién formada allí. Notemos cómo se portó en este ministerio...

a) Su gozo (Hch. 11:23): nada de envidia de lo que Dios había hecho por medio de otros siervos suyos.

b) Su exhortación (v. 23): fidelidad al Señor a toda costa.

c) Su carácter (v. 24): bueno, no tan sólo como virtud natural, aunque es probable que la poseía, sino porque estaba lleno del Espíritu

Santo y de fe. Tres virtudes que dan excelentes resultados cuando coinciden en una persona.

d) Su fruto (v. 24): más conversiones. Las habrá entre los creyentes de tal condición.

e) Su desinterés (v. 25): no quiso monopolizar el ministerio de aquella próspera iglesia. Fue a buscar a Pablo para que compartiera con él este ministerio. Tenía más interés en el bienestar del rebaño que en el prestigio propio. Una gran lección para muchos pastores en el día de hoy.

4. Un hombre escogido (Hch. 13:1-2): fue elegido para iniciar con Pablo la obra misionera, y estuvo dispuesto a seguir las indicaciones de la Iglesia, reconociendo en el sacrificio que se le pedía la voluntad del Espíritu Santo.

190. *CAÍN Y ABEL: EL CONTRASTE DE LA DESOBEDIENCIA (Génesis 4)*

INTRODUCCIÓN: la historia de Caín y Abel contiene simbólicamente un resumen de la raza humana apartada de Dios. Ambos hermanos deseaban hacer una ofrenda al invisible Creador que había estado revelándose a sus padres como una teofanía humana y les había dado instrucciones que poco a poco fueron olvidadas, pero tenemos una evidencia de ellas en la conducta de los dos hermanos. ¿Por qué Abel ofreció un sacrificio cruento y Caín de frutos de la tierra? Si ambos preguntaron a su padre Adán, éste diría:

–No comprendo por qué Dios pidió sacrificar un cordero; pero Él lo dijo antes de nuestra desobediencia, y nosotros debemos obedecerle, no queramos atraer sobre nosotros mayor maldición.

Pero Caín posiblemente respondería:

–No quiero creer lo que no comprendo. Los frutos de la tierra son más hermosos que un cordero sangriento.

–Pero Dios habló de un Redentor que heriría al enemigo que nos engañó y aplastaría su cabeza, y Él sabe el porqué.

–Pero la serpiente dotada del don del habla dijo que seríamos como dioses conociendo el bien y el mal. Yo voy a ofrecerle lo más hermoso y que me parece mejor.

–¡Mira que no te equivoques! –podemos imaginar que Adán le diría; pero Caín, genio fuerte acostumbrado a ser el primero, prefirió cumplir su voluntad que aquella revelada a su progenitor, que no comprendía.

Dios tenía un plan: enviar al mundo nada menos que a su Hijo Unigénito a sufrir por los pecadores, y de este modo, confundir a Satanás ante el Universo entero, aplastar su crédito moral y conquistar el amor y gratitud de un pueblo de pecadores arrepentidos que quedaran llenos de gratitud por toda la eternidad. Esto fue expresado en una frase enigmática a Adán (Gn. 3:1, 14, 15). Pero Caín se creía más sabio que lo revelado por Dios y prefirió cumplir su voluntad y engendró una raza de seres desobedientes que tuvieron que ser borrados de sobre la Tierra por el diluvio, pero que siguen su existencia en el Hades misterioso (según 1 P. 3:18-22), y cuyos descendientes (judíos) siguen practicándola a su manera. Continuaron, también, sin comprender el plan de Dios, simbolizado por los sacrificios del antiguo Pacto, hasta la venida de Aquel de quien pudo decir Juan el Bautista: «He aquí el Cordero de Dios, que quita el pecado del mundo».

1. ¿Cuáles fueron los frutos de aquella actitud desobediente?

a) La envidia de Caín llega a un punto tan alto que no puede convivir con su hermano. No puede sufrir que otro que él consideraba inferior por ser el segundo en su llegada a la Tierra fuera favorecida y, tras una crisis neurótica que hizo decaer su semblante, asesina a su hermano con alevosía e hipocresía (Gn. 4:8).

b) Trata de engañar a Dios usando una frase insolente (v. 9)

c) Recibe la maldición de Dios y teme (Gn. 4:11-15).

d) Resiste a la misericordia de Dios (Gn. 4:15-16).

e) Duda de la posibilidad de su perdón. Es el primer Judas dentro de la economía divina. Reúne a su familia y huye, amuralla un recinto y funda una ciudad sin religión, donde sus descendientes hacen adelantar la cultura de la hoy llamada Edad de Piedra. He aquí los hechos más destacados de aquella cultura primitiva...

–Un biznieto de Caín descubre el hierro.

–Otro, las flautas y la música.

–Otro, introduce la poligamia.

El egoísmo de Caín pretende encubrir su crimen con la indiferencia. «¿Soy yo guarda de mi hermano?»

¡Cuántos han imitado a Caín! ¿No es ello un retrato de la raza? ¿Fue el diluvio el único castigo de aquella raza?

En tal caso el espíritu de Caín hubiera quedado impune, pues Jesús asegura que para Dios todos viven, pero en condiciones diferentes. Unos con Dios, otros en el Hades, esperando un justo juicio. Hay quienes creen que los hijos de Dios eran ángeles, que engendraron gigantes, pero yo creo que los gigantes físicos de Gn. 6 lo eran por la novedad de la raza sobre el mundo, y que la raza de los desobedientes es aquella a la que se refiere la p. 3:18-22, a quienes Jesús predicó, y todavía están en el Hades, en espera de su juicio según sus obras (Ap. 20:11-15), en un Hades misterioso que desconocemos, ya que habrá en dicho juicio de condenación castigos más o menos tolerables (Mt. 11:20-24).

2. El pueblo de los elegidos (Ef. 1:3-14): es el pueblo que ha recibido con más propiedad el nombre no sólo simbólico sino real de hijos de Dios (Jn. 1:12) y tiene el privilegio de volar a la Casa del Padre (Sal. 90:10; Lc. 23:43 y Fil. 1:23).

CONCLUSIÓN: Pablo fue un Caín transformado en Abel por el nuevo régimen de gracia que Cristo vino a inaugurar en esta Tierra. Si Cristo no hubiese sido perfecto, si hubiese participado del común sentir del género humano, habría dicho como Caín: ¿Qué me importa el mundo? ¿Soy yo guarda de mis hermanos? Gracias que no lo dijo; y así miles han repetido: Si Cristo murió para hacer a los hombres salvos, muramos nosotros para contribuir a hacer más efectiva su salvación. Caín luchó dos veces con el Espíritu de Dios *(anécdota: el hombre que pidió en oración no ser más atormentado por el Espíritu Santo).*

Oigamos la voz de Dios en nuestras conciencias.

Seamos obedientes como Abel, para que nunca tenga que ser nuestra parte con Caín y los desobedientes.

191. CALEB, EL VENCEDOR OPTIMISTA (Josué 14:6-15)

INTRODUCCIÓN: ¡Qué gigante espiritual fue Caleb! Mientras diez de sus compañeros, que habían presenciado las mismas cosas que él en cuanto a la fortaleza de sus enemigos, emitían un juicio pesimista y desmoralizador, él y Josué se mantuvieron en una actitud positiva, fijando su vista, no en las probabilidades humanas de derrota, sino en el poder de Dios.

Consideremos...

1. Su conducta (vv. 7, 8): era fiel a Dios en contra de la mayoría. Ha habido en todos los tiempos personas aisladas y minoritarias manteniendo su fe en contra de la mayoría de sus contemporáneos, y a muchos ha costado la vida (Preséntense ejemplos de la Historia.)

2. Su carrera (vv. 10, 11): a los 85 años Caleb era tan fuerte como cuando tenía 40. La fidelidad de Dios siempre trae la fortaleza de Dios: A los fieles está prometido que irán «de fortaleza en fortaleza» (Sal. 84:7). Considérese todo el pasaje (vv. 5-7). Esto es cierto en lo que se refiere al espíritu. Cuando un hombre o una mujer ha sido fiel y fuerte para Dios en los primeros años de su vida, su vejez podrá enflaquecer su cuerpo, pero no su espíritu (Sal. 92:14; Is. 40:29-31).

3. Su coraje (v. 12): los israelitas se habían asustado tanto de los anaceos que se negaron a entrar en la tierra que Dios les había prometido (Nm. 13:32-33). Caleb, aunque anciano ya, no se asusta de aquellos gigantes y de sus ciudades fuertes, apoyándose en la promesa de Dios: «Si Jehová está conmigo...» Éste era el secreto de su valor. El cristiano fiel dice como Pablo: «Todo lo puedo en Cristo que me fortalece» (Fil. 4:13).

4. El alcance de la promesa (v. 12): había sido dada 45 años antes, pero Caleb no lo había olvidado y sabía que Dios tampoco. Pablo dice que todas las promesas de Dios en Cristo son sí y amén, o sea verdaderas (2 Co. 1:20). Tarde o temprano se cumplirán.

5. Su comunión con Dios (vv. 13-15): la palabra «Hebrón» significa «comunión». Allí Abraham tuvo comunión con Dios (Gn. 13:18).

Allí la tuvo también Caleb y más tarde el rey David (2 S. 2:11), pero no era el lugar secreto de los que encontraron en Hebrón la comunión con Dios y la fortaleza divina. Absalón intentó hacer de Hebrón un lugar de traición a su propio padre, y allí no contaba con la comunión ni con la bendición de Dios. No hay lugares sagrados que tengan la virtud de traer bendición espiritual, sino a los que acuden allá con ánimos de recibirla.

Esto ha ocurrido muchas veces con lugares modernos de comunión con Dios, como Keswick Lausanne, y otros lugares donde los que iban bien preparados salieron enardecidos y llenos del Espíritu Santo, pero los que han ido sólo por motivos turísticos han salido tan vacíos como cuando entraron allá.

CONCLUSIÓN: un lugar de comunión puede ser nuestra propia habitación más escondida y secreta (Mt. 6:6), sin despreciar las oportunidades que la comunión fraternal ofrece cuando el espíritu está bien dispuesto (He. 10:25).

192. *COSAS PERDIDAS Y RECUPERADAS* *(Salmo 51)*

INTRODUCCIÓN. por motivo de su gran pecado (refiérase brevemente), David había perdido...

1. Su paz: «Y ora por el perdón (v. 1). El pecado visto a la luz de la presencia de Dios de su Palabra en muchas partes y de la cruz de Cristo, así como de la resurrección eterna debe hacer temblar al pecador (vv. 3, 4, 8).

2. Había perdido su pureza: «Y oró por purificación (vv. 2, 7, 10). «Purifícame con hisopo (*véase* Éx. 12:22; Lv. 14:6). El hisopo era una planta al alcance de todos, pero su virtud dependía de la sangre que esparcía. Así es el Evangelio. Cristo es un Salvador alcanzado y su sangre nos purifica (1 Jn. 1:7).

3. Había perdido su gozo en el Señor y oró por su devolución. David necesitaba:

a) Un corazón limpio (v. 10, Mt. 5:8).

b) Un espíritu recto y firme que no se doblegara ante la tentación (v. 10).

c) Un espíritu libre, o sea, dispuesto a cederlo todo a Dios (v. 12 y Éx. 35:21-12).

4. Había perdido su poder: lo necesitaba para proclamar de nuevo la Palabra de Dios que él amaba tanto, pero su proceder había enturbiado su testimonio:

a) Para traer almas a Dios.

b) Para entonar las alabanzas de Dios.

193. *CUALIDADES Y DEFECTOS DE MOISÉS* *(Deuteronomio 33:26-29 y 34:1-9)*

INTRODUCCIÓN: si algún hombre ha sido elegido por Dios para una grande obra es ciertamente Moisés. Podernos ver la providencia de Dios obrando en toda su vida, desde que sus padres tuvieron que abandonarlo en el río Nilo y lo halló la hija de Faraón que lo ahijó, educándole con toda la sabiduría de los egipcios, hasta el término de su vida en el monte Nebo, cuando Dios le mostró desde la cumbre Pisga toda la tierra de Canaán. Pero escogido no significa perfecto. De él puede decirse lo que escribía Santiago acerca de Elías: «Era hombre sujeto a las mismas pasiones y tentaciones que nosotros»; pero sus virtudes y defectos nos son dados para nuestra enseñanza, ya que en cada caso trajeron algún resultado, bueno o malo, procedente de Dios. Veamos en primer término:

I. Sus virtudes

1. Su abnegada decisión: esto aparece, más que en el libro del Éxodo, en He. 11, donde tenemos el resumen de los grandes héroes de la fe dado por inspiración divina, lo que podríamos llamar el punto de vista de Dios sobre cada uno de tales héroes, y es allí donde leemos: «Por fe Moisés, hecho ya grande, rehusó llamarse hijo de la hija de Faraón, escogiendo antes ser maltratado con el pueblo de Dios, que gozar de los deleites temporales del pecado». Consideremos cuándo tomó esta decisión:

a) En la madurez de sus potencias, cuando tenía 40 años.

b) Cuando Israel estaba en la más baja condición y situación.

c) Cuando los placeres del pecado eran más fascinantes.

Su decisión fue absoluta. Practicada de un modo que parece –y sin duda fue– equivocado, pero de una manera que no tenía opción a

retroceder, pues se hizo enemigo de Faraón y de sus leyes injustas.

2. Amor a la justicia: su actitud fue quijotesca... Primero, al defender al judío apaleado. La misma actitud se muestra en la defensa de las hijas de Jetro en el pozo de Madián. Él tenía que defender al desvalido, fuera como fuera, por más que esto pudiera perjudicarle.

3. Su humildad: ésta aparece en dos momentos cruciales de su vida...

a) Conformándose a ser pastor de ovejas teniendo en su mente toda la sabiduría aprendida en las altas escuelas de Egipto. Es bastante difícil para el hombre culto tomar un trabajo como el de pastorear ovejas; no dijo: «Yo soy ingeniero diplomado en la Escuela de Menfis, sino que aceptó la humillación que Dios puso en el camino de su vida por su providencia. ¿Estaríamos dispuestos nosotros a aceptar tal humillación? *(anécdota: el pastor que convirtió a la anciana altiva poniéndose en la cocina y preparándole una taza de chocolate caliente cuando estaba enferma).*

b) En su actitud ante el llamamiento de Dios en la zarza. No sabemos si es verdad la tradición que relata el judío Josefo de que Moisés había sido general, pero sabemos que ante el llamamiento divino se consideró inepto e impotente, de modo que Dios mismo tuvo que decirle: «¡Ve, porque yo estaré contigo!»; y más tarde le dijo: «¿Quién dio la boca al hombre?» (Éx. 3:12 y 4:12).

4. Mansedumbre: tuvo la experiencia de ser criticado por las personas desagradecidas y malhumoradas del pueblo, incluso por miembros de su propia familia (Nm. 12:1).

5. Generosidad: «Ráeme ahora del libro que has escrito» (Éx. 32:32). Su amor por el pueblo le llevaba a una actitud semejante a la del apóstol Pablo en Ro. 9:3, a pesar de que Moisés no tenía tanta luz y experiencia espiritual como Pablo, pues vivía en la edad de la Ley, no de la gracia; pero el celo de Dios en todos los tiempos ha dado amor al prójimo.

6. Sumisión: en su larga experiencia de sus tratos con Dios, aprendió la sumisión, de modo que cuando el Señor le negó entrar en la tierra de Canaán por un simple acto de impaciencia, no dijo: «Señor, ¿tan sólo por esto me castigas?; después de haber hecho tanto por Ti, conduciendo este pueblo ingrato por el desierto durante 40 años, y ahora que es el momento de disfrutar de aquello que Tú prometiste y nos hiciste esperar tanto, ¿me lo niegas?» No se rebeló, sino que aceptó el dictamen de Dios, considerándolo justo por venir de quien venía. Pesaba los favores que Dios le había otorgado durante tantos años y juzgaba que sus misericordias habían sido tantas y tan grandes que pesaban mucho más que sus méritos.

7. Fe inquebrantable: la base de todas estas virtudes era su profunda fe; creía que Dios no podía equivocarse, aunque a veces fueran inexplicables sus caminos. ¿La tenemos nosotros?

II. Sus defectos

1. Era impetuoso y se dejaba arrebatar por la ira. Es lo que ocurrió:

a) Al matar al egipcio.

b) Al romper las tablas de la Ley que Dios había escrito

c) Al golpear la roca de Horeb, en lugar de hablar a la roca ordenándole en nombre de Dios que manara agua.

2. Impaciente: pensaba hacer las cosas al tiempo que él quería, sin esperar el tiempo de Dios. Esto es lo que demostró en su visita a sus hermanos israelitas afligidos. ¿No nos ocurre también muchas veces a nosotros cuando oramos esperando que Dios obre en algo que nos interesa?

3. Curioso y atrevido: sus propios privilegios le inducían a este «santo defecto», como algunos lo han llamado. «Hazme ver tu rostro»- dijo al Dios infinito que es espíritu, y no hombre; pero él había oído la voz de Dios y creía que Dios debía ser algún ser humano, como un gigante quien le hablaba. Fue siglos más tarde, cuando Dios se reveló en la persona de Jesucristo, que quedó declarado el modo de ser de Dios (Jn. 4:23, 24). Hasta entonces Dios se había manifestado siempre como una teofanía, y así el mismo Moisés lo había descrito al escribir las historias de Edén, de Abraham, de Jacob, etc. Se ha dicho que a los sabios se les apodera la manía de saber más.

¿Quién no tiene estos mismos defectos? ¿No los tenemos nosotros, todos los que andamos por fe y no por vista? ¿Sabremos andar al

paso del infinito? Pero las cualidades que hemos referido, una vez desarrolladas por las pruebas de su vida, llegaron a cubrir totalmente los defectos de este gran hombre de Dios. De modo que cuando Dios tuvo que emitir un juicio acerca de este gran varón escogido, y lleno de fe, juntamente con otros que menciona, dice de todos ellos: «De los cuales el mundo no era digno...»; y añade estas alentadoras palabras para nosotros, que nos revelan un secreto del Cielo: «Todos éstos, aunque alcanzaron buen testimonio mediante la fe, no recibieron lo prometido» -según ellos se lo imaginaban, podemos añadir nosotros-. Y la Palabra de Dios prosigue: «Porque Dios había provisto para nosotros algo mejor, para que no fuesen ellos perfeccionados aparte de nosotros» (He. 11:38-40).

CONCLUSIÓN: hermanos, estamos siguiendo los pasos de estos hombres de fe que fueron aprobados por Dios en la parte que correspondía a su vida humana, y están ahora con El, perfeccionando aquello que no pudieron acabar de aprender en sus vidas humanas. Aquí podemos, y debemos, decir lo que Pablo exhortaba a su discípulo Timoteo: «Procura con diligencia presentarte a Dios aprobado, como obrero que no tiene de qué avergonzarse, que traza rectamente la Palabra de verdad» (2 Ti. 2:15).

194. *DIOS SUPREMO*
(1 Reyes 17)

INTRODUCCIÓN: entre los profetas del Antiguo Testamento, seguramente no hay otro mayor que Elías. Es un instrumento en las manos de Dios para la reanudación de una época de milagros y tuvo los siguientes privilegios:

–Fue llevado al Cielo no como los otros hombres, por la muerte (2 R. 9:1-14).

–Apareció vivo en el monte de la transfiguración, de tal manera que los apóstoles le reconocieron (Mr. 9:2-13).

–Tiene que volver a este mundo antes de la vuelta definitiva de Cristo para juicio (Ap. 11:3-12).

Es natural que de un hombre tan excepcional recibamos lecciones excepcionales. Apenas hay otra historia con tantas enseñanzas para los cristianos.

1. Elías no era perfecto: nos dice Santiago que Elías era hombre sujeto a las mismas debilidades que nosotros (Stg. 5:17) y esto hace su historia más asequible y llena de lecciones prácticas para la vida cristiana...

a) Es un hombre que se desanima y desalienta.

b) Se enoja y es vengativo con los falsos profetas.

c) Es un producto de su época.

d) Oró por un castigo para Israel sin reparar en que él lo sufriría también, pero Israel necesitaba conocer que había un Dios en los Cielos. Su oración, un tanto vengativa, le condenó al destierro, porque el rey Acab empezó a perseguirle.

e) Dios atiende a hombres no perfectos y le guió al torrente de Cherit que también llegó a secarse, pero el ojo de la fe ve por encima de las circunstancias de la vida al autor de la vida y de todos los privilegios de que goza este mundo.

2. Dios cuida de sus hijos aunque sean imperfectos: en el curso de la vida, habrá momentos de valentía, como los de Elías en el Carmelo, y otros de desánimo y depresión, como Elías cuando huyó a Horeb; pero entre uno y otro sucesos ocurrió el secarse el torrente de Cherit y era uno de aquellos momentos de prueba, pero Dios proveyó por Él. ¿Cómo?

3. Por medio de la viuda de Sarepta:

a) Dios le dijo que en aquel país vecino hallaría una mujer viuda que le sustentaría, pero no le dio detalles de la misma: indudablemente, Elías supuso que sería una persona rica, pero fue un desengaño para el profeta encontrar una pobre viuda, recogiendo leña seca para cocer su comida. El profeta le pide un vaso de agua. Esto era ya un pequeño sacrificio en tiempos de sequía, pero observemos las cualidades de aquella pobre viuda a quien Jesús mismo mencionó recordando su historia (Lc. 4:26). Este fue su primer acto de fe. Era una extranjera, pero reconoció en el anciano profeta un servidor de Dios perseguido por Acab que venia haciendo una larga caminata, mientras que ella estaba cómodamente en su casa, y sin reparo le atendió.

b) Pero el profeta va más adelante: cuando ella le explica su pobreza y que probablemente la poca harina que le quedaba sería su último

alimento, el profeta, en lugar de darle las gracias y pasar de largo, insiste con una petición: «Bien, pero de esta harina que te queda haz primero una torta para mí». ¡Qué atrevimiento o desvergüenza! Pero a esta atrevida petición sigue una promesa al parecer inverosímil: «La tinaja del aceite no disminuirá, ni la harina escaseará...». La mujer podía dudar si el hombre la engañaba para saciar su hambre, pero es tan grande su fe en el Dios de Israel que no se atreve a dudar y no se dejó llevar por su egoísmo, que fue vencido por su fe. ¡En cuántas ocasiones Dios ha obrado así en momentos de apuro! *(anécdota: el caso histórico en el que Dios se sirvió de un cuervo que llevaba una joya, para suplir la necesidad de un servidor suyo en Alemania).*

Pero no debemos esperar que Dios haga milagros siempre si nosotros no estamos cumpliendo nuestra parte y así era en este caso.

c) La mujer era laboriosa y prudente: no rompió los muebles porque tenía que ir a morir de hambre, va a recoger leña.

d) Era veraz; podía fácilmente mentir diciéndole: «no tengo nada que darte», pero declara y reconoce lo que tiene, un poco de harina y de aceite, y no se escandaliza de que el profeta de Israel le diga: «Haz para mí primero...». La mujer podía usar una mentira de segundo grado con reserva mental, añadiendo interiormente «no tengo nada para ti», pero fue veraz a la vez que generosa y Dios se lo premió.

e) La previsión y el egoísmo nos lleva muchas veces a decir: «yo primero», pero lo que sería egoísmo en el hombre o mujer por piadoso que fuera, es altruismo en la extranjera de Sarepta de Sidón.

f) Es el principio que recomendó Jesús el Hijo de Dios en el sermón del monte y a su iglesia a través de los siglos: «Buscad primeramente el Reino de Dios y su justicia y todas las cosas os serán añadidas» (Mt. 6:33).

g) María de Betania dedicó a Jesús lo mejor que guardaba para ella y el Señor la elogió y defendió contra los discípulos criticones. Cuando la mujer de Sarepta pensaba solamente que tenía sólo unas horas de vida y la muerte por el hambre, la bendición de Dios transformó todas sus esperanzas. Ello es una figura de la vida presente y la eterna. Dios nos pide una pequeña parte de esta vida nuestra que al fin y al cabo tenemos que perder dentro de pocos años, pero Él nos obsequia con la vida eterna del «más allá».

4. La fe tiene que crecer: la viuda de Sarepta tuvo que aprender que Dios es primero por medio de la más dura prueba. Todo iba magníficamente en la compañía del profeta, que era sustentado con ella y su hijo por mucho tiempo. El hijo muere, y el primer pensamiento que se le ocurrió fue que era el castigo de Dios, porque la santidad del profeta ha puesto en evidencia sus imperfecciones por contraste. El ojo de Dios se había fijado en aquella casa por estar allí un hombre tan santo. Casi le sabe mal el haberlo recogido, pero el profeta recibe de Dios la inspiración de que practique con el niño la respiración artificial, boca a boca, y a este recurso natural Dios añade su bendición en respuesta a la oración de Elías, volviendo a enviar el alma al cuerpo del niño De esta manera la fe de la viuda es grandemente aumentada con el milagro de su resurrección.

CONCLUSIÓN: aquella viuda es un tipo de la iglesia gentil, y su conducta un ejemplo de lo que tiene que ser la nuestra. El mundo desprecia hoy a Cristo y sus mandatos, pero es grande dicha la del que sabe creer y decir en esta época en que vivimos por fe. Aunque no le vea ni vea milagros como los de la edad apostólica, creo que hay un Dios creador y Salvador, y por Él viviré y le serviré. Entonces, toda dificultad se transformará en una mayor bendición, un nuevo motivo de darle gracias en los acontecimientos de la vida y asimismo en el gran misterio de la muerte cuando iremos al encuentro del Señor y seremos semejantes a Él, porque le veremos como Él es. Que éste sea el lema de nuestras vidas en cada detalle grande o pequeño: «Dios primero».

195. *EL CARCELERO DE FILIPOS* *(Hechos 16:22-34)*

INTRODUCCIÓN: una de las conversaciones más notables en el Nuevo Testamento es la del carcelero de Filipo. Podemos decir que él es una conversación ejemplar, porque como «un agua se parece a otra, así el corazón del hombre se

parece al otro» (Pr. 27-19). Por más que las circunstancias sean diferentes, los hombres no lo son. De ahí que esta conversión y otras que se nos exponen en el Nuevo Testamento pueden ser un ejemplo para presentar a los hombres de todos los tiempos. Podemos distinguir siete etapas en su experiencia.

1. Endurecido: un hombre acostumbrado al crimen desde su juventud, aunque no los cometiese él, se había acostumbrado a tratar con criminales y sentía un placer, también culpable, en castigarles y tratarles duramente.

2. Adormecido: seguramente había oído algo de lo ocurrido en el caso de los apóstoles y probablemente se había preguntado: «¿Y si estos hombres tuvieran razón, pues han manifestado un poder sobrenatural sobre esta adivina?» Sin embargo, él no iba a interesarse para indagarlo. «¡Hay tantas religiones!», se habría dicho. Son predicadores de nuevos dioses. Así dicen muchos hoy. ¡Hay tantas religiones en el mundo! ¡Quién sabe dónde está la verdad!, o, como decía Pilato, ¿qué cosa es verdad? Por esto se echó a dormir aquella noche en la más completa indiferencia.

3. Despertado: se despierta en un doble sentido. Primero en cuanto a su peligro físico, pues sabía que si los presos habían huido lo pagaría con su vida, y segundo, que se encontraría ante las realidades eternas sin salvación.

4. Desesperado: en esta condición viene delante de los siervos de Dios. La palabra «salvo» ha hecho suponer si Pablo no había estado hablándole del Evangelio mientras él le azotaba, pues ¿de dónde habría sacado la idea de que estaba perdido?

5. Instruido: Pablo le da la respuesta única y suficiente. La salvación se obtiene por la fe en el Hijo de Dios el Señor Jesucristo. ¡Qué hermoso cuando los corazones se abren y preguntan.

6. Sumiso: ésta es la etapa del cambio. El hombre quiso ser instruido en toda la doctrina hasta en el acto del bautismo. Un caso como el del eunuco, aun que en circunstancias bien diferentes. El hombre cree y acepta juntamente con todos los de su casa que podían creer y aceptar.

7. Hecho feliz: se ve la transformación efectuada por el cambio de su actitud para con los apóstoles. Les lava los azotes y les pone la mesa. La fe siempre se demuestra por sus frutos y por el gozo del corazón. Ejemplos: El eunuco (Hch. 8:39) (ej.: otros muchos casos contemporáneos).

196. *EL DESEO CUMPLIDO DE NEHEMÍAS* *(Nehemías 2)*

INTRODUCCIÓN: la historia de Nehemías es un ejemplo práctico de la vida de oración. Su nombre es ya un detalle interesante. Nehemías significa «compasión de Dios», y él vivía como sintiendo esta realidad en su vida. En todo el libro su carácter revela rasgos de que era...

–Emotivo. Al oír el relato de un viajero que había estado en Jerusalén «lloró» (cap. 1:4).

–Generoso: dio y no percibió sus derechos como gobernador (cap. 5:14).

–Enérgico (*véase* el cap. 13).

–Piadoso: especialmente, por lo difícil que era mantenerse fiel en medio de una corte antigua.

1. El deseo despertado: por el relato de Hananí. Las impresiones fuertes son origen de las más nobles empresas, cuando hallan terreno apropiado (de ahí, la importancia de leer buenos relatos misioneros).

2. El deseo expuesto ante Dios:

a) Características de esta oración...

–Intensa y sincera: «Lloró y ayunó» (v. 4).

–Llevaba un propósito definido (v. 11).

–Hecha con reverencia, sintiendo el poder y grandeza de Dios (vv. 5, 6).

–Se apoya en las promesas de Dios (vv. 8, 9).

–Con humildad. Confiesa el pecado. ¿En qué sentido podía sentirse culpable?

b) Participaba interiormente del mismo espíritu que llevó a su pueblo al pecado. Examinemos si no es así con los pecados de nuestra patria, aunque no los hayamos cometido de hecho.

c) No había ejecutado todo lo posible para impedir el pecado. Éste es el caso de muchos ciudadanos de Alemania y de otros países.

d) Estaba dispuesto a poner su parte en lo que podía (v. 11).

e) Fue perseverante: oró cuatro meses, de noviembre a marzo.

3. El deseo expuesto ante el rey: imaginémonos el cuadro...

a) Su preocupación, descubierta por el rey. No lo esperaba. ¿Sería el fracaso, o la oportunidad? La expresión «temí» demuestra su estado de ánimo.

b) El recurso supremo en el momento oportuno (cap. 2:4).

c) El recurso utilizado: «Oré al Dios de los Cielos» (cap. 2:4). No tenía un discurso preparado para el rey, pero en todo momento podía hablar con Dios. La oración jaculatoria es excelente, si no es rutinaria. Sólo se halla en el espíritu de comunión con Dios que resulta de oraciones largas. Para el alma que vive con Dios cualquier lugar es bueno.

4. El deseo cumplido: «Más abundantemente de lo que pedimos o entendemos» (Ef. 3:20).

a) Le envió, dio guardias, madera, le nombró gobernador (cap. 5:16).

b) Pudo ver, además, un despertamiento espiritual allí (cap. 8).

Del mismo modo que un carbón encendido puede ser origen de un gran fuego, un corazón ardiente para Dios puede ser una gran bendición a docenas, centenares o miles de almas, según sus circunstancias.

5. ¿Cuáles son las virtudes de Nehemías que podemos imitar? ¿Cuáles son sus defectos que debemos evitar?

a) Sus excesos de celo que le llevaron a ser duro con los matrimonios mixtos (Neh. 13:23-26). ¿No habría sido mejor exhortar a aquellos israelitas a que enseñasen el culto a Jehová a sus mujeres extranjeras? (puede ponerse como ejemplo el caso de Rut y Noemí (Rut 1 3). La Palabra de Dios nos refiere tanto las virtudes como los defectos de sus héroes, pero Dios aprecia los motivos de ellos y en este caso eran excesos de celo por un motivo justo; sin embargo, eran excesos. Muchos han sido culpables, en tiempos pasados, de santo fanatismo, y hoy la tendencia es por el otro extremo; pero el término medio es lo que agrada al Señor (*véase* Ec. 7:16).

b) Su alto concepto de sí mismo (Neh. 13:31): aun cuando fuera con razón (*véase* Lc. 18:9-14; 2 Co. 10:18).

CONCLUSIÓN: sepamos imitar todas las virtudes de este gran siervo de Dios y evitar sus defectos, no dejándonos llevar por un santo exclusivismo que nos separe de otros hermanos fieles, o un alto concepto de nosotros mismos que pueda llevar al Señor a ejercer sus juicios contra nosotros. Un gran servidor de Dios nos decía: «Job era ante los ojos de Dios como un gran terrón de oro, pero con un granito de piedra en su centro, y Dios tuvo que fundir aquel oro mediante la tribulación para sacar la pequeña piedra (Job 23:10; 1 P. 1:7). Recordemos que nosotros somos más responsables que los judíos del A.T., porque tenemos la luz completa del Nuevo Testamento.

197. *EL DILEMA DE HERODES AGRIPA II (Hechos 26)*

INTRODUCCIÓN: este relato es el más explícito y emocionante de la vida de Pablo. El gran apóstol antiguo perseguidor de los cristianos se había hecho famoso pues como él dice: «desde Jerusalén hasta Ilírico todo lo he llenado del Evangelio de Cristo» (Ro. 15:19). Los jefes de las sinagogas se habían quejado al gran Sanedrín por la propaganda de este agitador y los más fanáticos judíos de Jerusalén le estaban esperando. En su última visita a Jerusalén, tuvo la mala idea de llevar consigo a unos griegos convertidos y estando en el Templo unos judíos le conocieron y armaron un alboroto comenzando a pegarle, cuando salió al tribuno estaban gritando: «¡Mátale, mátale!» el apóstol intentó explicarles su conversión pero no le dejaron acabar. De allí el tribuno lo llevó a Cesarea donde predicó al gobernador Félix que le retuvo dos años preso y le dejó en manos de Festo Un italiano recién llegado de Roma que no entendía nada de religión.

1. ¿Quién era Agripa? El hijo de Aristóbulo, el cuñado del primer Herodes que recibió a los magos, e intentó malar a Jesús. Aristóbulo tenía una hermana joven, muy hermosa, que se llamaba Mariamme y elegida como la principal de todo el harén de Herodes Antipas, quien dio orden a sus amigos que cuando estuvieran nadando juntos retuvieran a Aristóbulo debajo del agua hasta que se ahogara. El rey fingió un

gran duelo, pero Mariamme le reprochaba con indirectas, que él era quien había hecho ahogar a su hermano, lo que produjo tal indignación en el primer criminal de la nación que la hizo matar a ella también, pero Herodes se sentía tan acongojado después de haberlo hecho que ordenó a sus criados que la llamaran como si estuviese viva y pudiera oír su nombre como antes, ya que no la podía oír a ella misma. El rey Agripa era un niño cuando tuvieron lugar estos acontecimientos y fue enviado a Roma a estudiar, y el Senado le nombró rey de una parte de Israel para congraciarse con los judíos.

2. El discurso de Pablo ante el rey: el gobernador Festo al ser visitado por el rey Agripa y Berenice les explicó que tenía un preso que había apelado a César y, antes de enviarlo al Augusto deseaba informarse acerca de por qué le odiaban tanto los judíos. Pablo explicó su historia usando un lenguaje que inquietó la conciencia del rey. Dijo que había cambiado de su punto de vista judío, porque Jesús resucitado se le había aparecido cerca de Damasco y le había ordenado ir a los gentiles a proclamar que Jesús no estaba muerto, sino vivo y ensalzado a la diestra de Dios para que los hombres abrieran sus ojos a la verdad del Cristo resucitado, y ésta fue la primera flecha que entró en el corazón del rey Agripa. Éste había sido educado en la fe judía cuando era un niño en Jerusalén y por esto Pablo continuó su discurso diciéndole: «¿Crees, oh rey Agripa, a los profetas? ¡Yo se que crees!». Sin duda, el rey Agripa había profesado fe en la religión judía y ahora se encontraba con un nuevo dilema. ¿Sería Jesús el que había sido crucificado por Poncio Pilato el verdadero Mesías que esperaban los judíos? Era algo raro, ya que el Sanedrín estaba en contra de la nueva religión, pero Pablo afirmaba que había oído a Jesucristo vivo, a las puertas de Damasco y le había dado la orden de extender esta buena nueva a judíos y a gentiles. ¿Recordaría Agripa el libro de Is. 53? No sabemos si el apóstol Pablo en su larga arenga usó esta expresión. «Abrir los ojos» a la nueva fe. Si Agripa creía a los profetas, Isaías era uno de estos, y el que había oído de tantas religiones en Roma, se sintió compungido. Era evidente que aquellas religiones eran falsas, ¿sería verdad el testimonio que daba Pablo acerca de este Jesús resucitado, de quien aquel singular preso estaba dando testimonio? El primer paso en toda conversión es abrir los ojos, darse cuenta de que para el Creador del Universo no es imposible este milagro de resucitar a su Mesías, pero abrir los ojos no es todo... Posiblemente hay aquí en esta congregación alguien que ha empezado a creer. Este es el estado del que se interesa por el Evangelio y dice «¡Me gusta!», pero esto es solamente el primer paso, y el segundo es el más difícil.

3. Para que se conviertan de las tinieblas a la luz: ¿Que deberíamos hacer cada mañana cuando abrimos los ojos? Abrir las ventanas y decir a Dios, Creador invisible, pero que se manifiesta por sus obras: «Señor. dame tu luz para que pueda tener la inteligencia espiritual que se necesita para dar el paso de ser cristiano».

4. Del poder de Satanás a Dios: éste es el estado del pecador. No solamente es ciego, sino esclavo. Así lo considera Jesús mismo cuando los judíos se ufanaban de ser hijos de Abraham y les decía: «¡Abraham era muy diferente de vosotros!», y añadía: «Todo el que hace pecado es esclavo del pecado» no hace su voluntad, sino que sigue los malos pensamientos que el príncipe de este mundo pone en su mente. ¿No es así con muchos que han abierto los ojos y han visto el gran error de su pasado? El fanatismo ciega, pero la luz de Dios brilla, y hoy día todavía está brillando en las conciencias de personas que creen con una fe incipiente e incompleta, tal como quizá en aquel momento tenía el rey Agripa. Hay miles que al oír y leer tantos libros que hablan de la divinidad de Jesús empiezan a abrir los ojos; pero la convicción interna ha de ser seguida por una confesión externa, tal como dice Pablo en Ro. 10:9: «Si confesares con tu boca al Señor Jesús y creyeres en tu corazón que Dios le levantó de los muertos, serás salvo». Creer con la mente la verdad del Evangelio es un modo de abrir los ojos, pero confesar que crees es la parte práctica del gran dilema. ¿Que haría Agripa ante la evidencia que se presentaba ante sus ojos? Creer en su corazón, primero en los profetas, esto ya lo creía desde niño, pero aceptar que Pablo decía la verdad en cuanto al encargo que el Cristo resucitado le había dado y exclamar desde el alto asiento de su tribunal: «¡Este hombre dice la verdad; yo me declaro cristiano!», era algo demasiado difícil, por esto se limitó a decir:

5. ¡Por poco me persuades a ser cristiano! He aquí un hombre medio convertido que no podía negar su fe en los profetas para declararse cristiano. Habría sido romper con todo su pasado, no sólo judío, sino también filosófico. Él había sido elegido por el Senado Romano como rey de una parte del norte de Israel. Aquel nombramiento era demasiado fuerte para ser roto tan sólo por una duda interna. A su lado estaba un gobernador ateo, quien había dicho unos momentos antes: «¡Estás loco, Pablo, las muchas letras te vuelven loco!» Y Pablo insistió con unas palabras de triunfo: «¡Ojalá que por poco o por mucho no solamente tú, sino también todos los que hoy me oyen, fueseis hechos cual yo soy, excepto estas cadenas». Era como decir: «No se trata de llegar al umbral de la fe, sino declararía (tal como el había hecho en vano con todos los gobernadores), pues yo soy ciertamente testigo de lo que digo, y cada uno de los que hemos puesto fe en el Invisible podemos terminar diciendo lo mismo». ¿No habrá entre los presentes alguien capaz de dar un paso más en favor de la fe? Pero la fe cristiana no es quedarse la semilla de fe en el corazón (en el caso de Agripa el creer en los profetas). En este caso es dar crédito a la historia de Jesucristo, pues como escribió Pablo en Ro. 10:1-11: «Si confesares con tu boca...». Esto demuestra que había otras personas en el auditorio convocado por el gobernador Festo, por orden del rey Agripa.

No sabemos el resultado de aquel testimonio de Pablo. Nadie se levantó, sino las autoridades, para dar por terminada la sesión. Agripa conservó su dignidad humana... pero a qué precio... ¡su alma!

6. Historia posterior de Agripa: el rey Agripa fue desde el principio uno de los mejores gobernantes que había tenido la nación judía, pues Herodes el Tetrarca no había sido mucho mejor que Herodes Antipas, pero Agripa, no sabemos si por la influencia y la convicción que produjo el famoso discurso del apóstol Pablo, fue desde el principio de la guerra un buen defensor de los judíos, a quienes recomendó siempre que no se rebelaran contra el poder romano, pues sus aguerridas y bien disciplinadas huestes habrían vencido en todas partes, desde las Galias a España y desde los partos a los cartagineses. El mayor error político de Agripa fue el haberse juntado con su hermanastra, Berenice, Hija de Herodes Agripa I, con la cual apareció en el juicio que tuvo lugar contra Pablo.

Naturalmente Agripa estuvo luchando en favor de los romanos cuando estos invadieron el norte y fue herido de una pedrada de onda en el ojo en Gemala, en aquella guerra que terminó con el terrible asedio profetizado por Jesucristo y la toma y ruina de Jerusalén. Pero todos los años en que el reinó siempre estuvo aconsejando bien a los judíos. ¿Por que, pues, la providencia divina permitió que fuese herido de aquella mala forma que le privó de un ojo? ¿No sería como un aviso de Dios sobre el indeciso Agripa? Dios reina y gobierna sobre los buenos y los malos en su dominio eterno, y el rey Agripa no estaba exento de pecados, como había sido su incesto con Berenice y su endurecimiento ante el testimonio del apóstol Pablo tan claro y persuasivo. ¿No sería para que en medio de su contratiempo y dolor reflexionase sobre lo que había oído? Sabemos por la historia que, antes de volver a Roma, la disoluta Berenice le abandonó y se hizo manceba de los vencedores Vespasiano y Tito. Dios tiene muchos medios para tratar con los hombres, mejores y peores. Después de la caída de Jerusalén se retiró a Roma, donde fue nombrado Pretor, una autoridad muy inferior a la de rey y que, aunque tuvo una larga vida, murió en el año 100 d.C.

CONCLUSIÓN: ¿De qué le sirvió a Agripa guardar en aquel momento de indecisión su autoridad y honores llegándose a creer el mensaje del Evangelio en aquella célebre ocasión cuando casi llegó a persuadirse de ser cristiano? Ésta es una lección de la historia para los medio creyentes. Pablo dijo ante el rey repitiendo las palabras de Cristo en su aparición en el camino a Damasco: «Para que abras sus ojos (de los no creyentes) a fin de que se conviertan de las tinieblas a la luz y de la potestad de Satanás a Dios para que reciban por la fe que es en Mí perdón de pecados y herencia entre los santificados» (Hch. 26:18).

¡Cuánto mejor habría sido obtener esta gloriosa herencia eterna que lo que tuvo por unos pocos años del senado romano! Esto nos recuerda un himno que cantamos:

«¿Te sientes casi resuelto ya?
¿Te falta poco para creer?
¿Pues por qué dices a Jesucristo:
«hoy no, mañana te seguiré»?
Piensa que el casi, no es de valor
en la presencia del justo juez.
¡Ay del que muere casi creyendo!
Completamente perdido es...
¿Te sientes casi resuelto ya?
Pues vence el casi con Cristo; ven,
que hoy es tiempo, pero mañana
sobrado tarde pudiera ser».

198. *EL DISCÍPULO DE LAS PARADOJAS (Filipenses 3:12-21)*

INTRODUCCIÓN: estudiando la vida de Pablo observamos que es el hombre de las paradojas. En muchas partes de sus escritos afirma y demuestra una cosa para seguir luego con otra que parece totalmente contraria a la primera. Sin embargo, estudiando más profundamente observamos que tiene razón no hay contradicción alguna entre lo primero y lo segundo y es que él mismo era una contradicción debido al profundo cambio que Dios obró en él. De que podía pero no debía gloriarse.

1. Su vida pasada en contraste con la superior: el gran apóstol lo presenta resumidamente en el pasaje leído. «Tengo de qué gloriarme», dice...

a) De su pureza de sangre: «Hebreo de hebreos». Aunque nacido en un país extraño, parece que su padre y su madre eran de raza judía.

b) Pureza de religión: desde muy joven se había unido a los fariseos.

c) Celo por su fe hasta el fanatismo de viajar para perseguir a los cristianos.

2. Su cambio en redondo: la torre de Babel de sus buenas obras cayó en el camino de Damasco. En lugar de sus esfuerzos por el camino de las buenas obras y su sinceridad religiosa para ir al encuentro de Dios ha encontrado pasaje en un aeroplano, la justicia de Cristo aplicada a su favor (v. 9). Ella es suficiente, lo suyo propio no lo era, pero ¿le permite esto estar descuidado en cuanto a sus propios esfuerzos para perfeccionarse y agradar a Dios? De ningún modo, él quiere ser hallado firme en su fe en Cristo sin vanagloria de su parte.

a) No se siente libre para hacer su voluntad, pues se considera esclavo por amor *(anécdota: el esclavo comprado por un caballero cristiano que le dio la libertad y éste le dijo: No, yo quiero servirle toda la vida como un esclavo por amor)*.

Éste es el caso de Pablo, quien dice en los vv. 12-14 que se considera preso por Cristo.

b) Se alegra de su cambio de dueño *(anécdota: la gaviota que varias veces se resistía a dejarse alcanzar por las manos de un pasajero que se empeñaba en tenerla y después, rendida por el cansancio, se refugió en las propias manos del pasajero del que había huido)*.

Del mismo modo el apóstol se alegraba de haber sido alcanzado por Cristo. Todos los verdaderos creyentes hemos sido alcanzados por Aquel de quien huíamos sintiendo que Él nos ha elegido para un propósito especial, más o menos grande y beneficioso en la vida presente y mucho más en la por venir. Esto es lo que declaró Jesús mismo a Pablo: «Para esto me he aparecido a ti» (Hch. 26:16).

3. El objetivo para esta vida: «Para que seas mi testigo...». Y cómo lo cumplió el gran apóstol. Este objetivo es para todos los verdaderamente convertidos. «Ser testigos», moverse, hablar, testificar, invitar. En el Evangelio hallarán los hombres muchos ejemplos de personas transformadas:

a) Zaqueo, avaro y ladrón: generoso (Lc. 19).

b) Pedro, impetuoso: sumiso bajo la poderosa mano de Dios (1 P. 5).

Fácilmente nos paramos apoyados en la gracia y lo que Jesús hizo por nosotros. Nadie como Pablo conocía esta verdad, pero decía: «... llegando a ser semejante a él en su muerte» (Fil. 3:10). Jesús mismo, en su condición de hombre, se resistía a ir a la cruz (Jn. 12:27; Lc. 22:42), pero en ambas ocasiones se sometió a la voluntad superior del Padre que le había enviado. De la misma manera, Pablo se considera unido de tal modo a Jesucristo que no quiere seguir su propia voluntad, sino la de Aquel que le amó y se entregó asimismo para su salvación.

CONCLUSIÓN: el apóstol presenta un ejemplo muy adecuado que es la del heredero que mientras es niño tiene que someterse por amor a lo que ha de ser (Fil. 3:12-15). Nosotros debemos ser ricos en Santidad, porque un día seremos semejantes al que nos amó y que tiene para nosotros imponderables riquezas de gloria, pero no debemos esperar a aquel día...

–Por amor a las almas.

–Por el honor del Evangelio.

–Para la gloria de nuestro Señor.

–Por amor al premio que él ha prometido a los vencedores.

Sacrifiquemos, pues, nuestro «yo» para dar luz y ser ejemplo a los que nos rodean, puesto que tenemos la gran esperanza de ser un día sus mensajeros y sus testigos como herederos y coherederos en Cristo.

199. *EL EJERCICIO DE LA FE: ABEL (Hebreos 11:1-4)*

INTRODUCCIÓN: en el libro de los Hebreos tenemos 24 héroes de la fe cuya mitad se halla en el cap. 11 de modo resumido. Este capítulo contiene la mejor tesis de la fe. No que fueran perfectos tales personajes, pero su fe les guiaba en el camino de Dios. Fueron gente ordinaria y en algunos casos graves pecadores, pero su fe en Dios les puso en el camino de agradarle. En He. 11:4 se encuentra la primera de tales personas. Estudiemos las características de su fe.

1. Abel tenía el más simple conocimiento de Dios, pero se dejó guiar por el Espíritu Santo, y ejerció su fe de un modo muy acertado, adivinando los planes de Dios: hay que leer entre líneas para comprender esta verdad. Tanto él como su hermano trajeron una ofrenda a Dios. La suya era la menos atractiva, pero era la más obediente a las instrucciones divinas. Se supone que cuando Dios cubrió la desnudez de Adán y Eva tuvo que sacrificar un cordero. Abel imitó el ejemplo y la afirmación de He. 11:4, de que lo hizo por fe, nos muestra que algo fue revelado a sus padres acerca del propósito de Dios de cubrir el pecado de los hombres mediante un sacrificio.

2. Abel se reconoció pecador al ofrecer un sacrificio de tal naturaleza.

3. Abel ejerció su fe reconociendo que Dios no se agrada de lo más hermoso, sino de la obediencia a lo que Él había revelado. Se adhirió a las palabras de Dios, nada más y fue aceptado (Is. 64:6, Ro. 3:20, Ef. 2:1-10 y Tit. 3:5).

4. Abel ejerció fe al ofrecer una ofrenda que prefiguraba la gran ofrenda de Jesucristo por el pecado. Posiblemente, oró diciendo: «Señor Tú diste a mis padres la promesa de Uno que vendrá para expiar nuestros pecados y vengo a adorarte de la manera que Tú has mandado, porque creo en tu promesa y sé que se cumplirá. No comprendo todo lo que esto significa, pero quiero obedecer lo que dijiste acerca de éste que aplastará la cabeza de la serpiente sacrificándose por los hombres. Acepta la vida de este cordero en mi lugar y perdona mis pecados por amor a Aquel que ha de venir» (Is. 53:5-6; 2 Co. 5:21; 1 P. 2:24; I Jn. 1:7).

5. Abel ejerció fe al aceptar el testimonio de Dios y por ella fue justificado. La expresión «alcanzó testimonio de que era justo», es interpretada por algunos como que Dios le dio una mejor intención que la de su hermano pero no es así. Abel creyó sencillamente a Dios y por ello fue justificado. Así debe ser con nosotros (Ro. 8:1).

6. El testimonio posterior de Abel: «Aun muerto, habla» del secreto de su fe. Abel continúa proclamando a las generaciones que le han sucedido que hay solamente una manera de poder ser justificado ante un Dios santo, y es por la fe en la sangre preciosa de Cristo, la víctima celestial (He. 9:22).

200. *EL MENOSPRECIO DE LO MEJOR: ESAÚ (Génesis 25:32)*

INTRODUCCIÓN: la historia de Esaú es un ejemplo práctico de la gran enseñanza de Jesús en Mt. 6:33 y contiene grandes enseñanzas...

1. La elección divina no es fatalista ni incondicional, sino compatible con la libertad humana. Algunos ejemplos bíblicos:

a) Faraón, que endureció primero su corazón antes que Dios se lo endureciese.

b) Judas, que cedió a las insinuaciones satánicas de la codicia contra la advertencia de Jesús (Mt. 26:34).

c) Los pecadores advertidos (Mt. 18:14; 2 P. 3:19).

2. La suerte de los que se pierden puede ser fomentada por las flaquezas de los justos:

a) La glotonería de Isaac (Gn. 27:4).

b) La parcialidad de Débora (Gn. 27:6).

3. Todos pierden al procurar forzar los planes de Dios:

a) Jacob: un hogar.

b) Débora: un hijo.

c) Esaú: una primogenitura que implicaba un privilegio de gran alcance espiritual.

CONCLUSIÓN: hay oportunidades de bendición que, una vez menospreciadas, no se recobran (He. 12:7). Prestemos atención a este ejemplo, tanto creyentes como no creyentes.

201. *EL RIESGO DE LA FE: ISAAC* *(Hebreos 11:20)*

INTRODUCCIÓN: la historia de Isaac ha sido usada por muchos predicadores como una parábola o emblema de Cristo. Podemos notar en esta historia cinco características notables...

1. Isaac fue, como nuestro Salvador, un hijo de la promesa (Gn. 3:15-17:9). La promesa referente a Cristo la hallamos ya en Gn. 3:15.

2. Fue hijo y heredero único en el sentido material, como Cristo lo es en el sentido espiritual (Gn. 24:36; Col. 1:19 y 2:9).

3. Su nacimiento fue milagroso (Gn. 21:1-5; Is. 7:14; Mt. 1:23; Lc. 1:35).

4. Fue ofrecido como sacrificio, con la diferencia de que para Cristo no hubo sustitución, tuvo que sufrir Él en su persona, a pesar de ser Hijo Unigénito de Dios (Gn. 22:9; Ro. 8:32).

5. Fue hijo de la resurrección en figura, como Cristo lo fue en la realidad (He. 11:17-19; Ro. 1:4).

6. Isaac ejerció una gran fe que seguramente le fue comunicada por su padre. Estaba dispuesto a que éste le sacrificara, pero tenía plena seguridad de que todo lo que Dios había preanunciado acerca de él ocurriera. Cristo, al hacerse hombre, tuvo que creer que Dios le levantaría de los muertos. Notemos cinco lecciones relacionadas con la fe de Isaac (He. 3:15):

a) La verdadera fe siempre tiene en vista cosas venideras, al parecer imposibles. Por ejemplo, las que nos son prometidas en Jn. 14:1-3, Hch. 1:9-11, 1 Ts. 13-17, 2 Ts. 1:7-10, 2 P. 3:10-13 y Ap. 20. Estas cosas son consideradas como ilusiones increíbles por el escéptico, pero el creyente las acepta por fe.

b) La fe es la virtud que más agrada a Dios (He. 11:5). La vida de Isaac fue llena de fracasos y errores de su parte; sin embargo, su nombre se encuentra en la lista de los héroes de fe, pues la obra perfecta de la fe supera los fracasos y frustraciones (Lc. 22:32).

c) Cuando la fe es verdadera será probada en cada punto decisivo de la vida. La fe fue engendrada en el corazón de Isaac, pero en cada crisis de su vida aparecía una nueva prueba para ella. Su punto culminante es el monte Moria, pero también en su matrimonio y al fin de su vida, al bendecir a sus hijos (*véase* 1 P. 1:7; Stg. 1:12). La fe será probada constantemente en nuestra vida hasta que deje de ser necesaria en la presencia del Señor.

d) A veces, la fe brilla más en tiempos de fracaso que en los de victoria. Esto suena a paradójico, pero es verdad. La fe de Isaac casi le faltó al ver torcida su voluntad en el caso de bendecir a sus hijos, pero él creyó que Dios lo había dispuesto así y aceptó la situación creada por su propia debilidad (Mt. 11:26).

e) La fe es más hermosa cuando la visión terrena desaparece y se hace más penetrante la de la otra vida. En Gn. 27:1 leemos que Isaac, envejecido, era débil y ciego, pero aun así leemos en el Nuevo Testamento que le fue posible ver al invisible, como todos los héroes de la fe en He. 11.

CONCLUSIÓN: ¡Cuán hermoso es tener tal fe en los últimos días de la vida! *(Anécdota: había dos mujeres moribundas en un hospital; la una, incrédula, gritó: «¡No quiero morir, no quiero ir, no quiero!...». Carecía de la visión de la fe. La otra, creyente, dijo con calma: «Señor Jesús, ¡agárrame más fuerte!» Esta última tenía la visión de la fe).*

202. *EL TESTIGO DEL CALVARIO* *(Lucas 23:47)*

INTRODUCCIÓN: la confesión del centurión romano que llevó a cabo la crucifixión de Jesús es una confesión notable, ya que fue proferida por aquel de quien menos podía esperarse. Muchas son las pruebas que tenemos de la divinidad de Cristo en los relatos de la Sagrada Escritura, pero el testimonio del centurión que le crucificó es probablemente el más importante, y no siempre ha recibido la importancia que realmente nene.

1. Un testigo de calidad: los centuriones romanos son descritos en toda la historia de este Imperio como hombres de carácter disciplinado y capaces. La fortaleza del Imperio Romano descansaba en sus ejércitos, y la dirección de los tales estaba confiada a los centuriones. Jerusalén era un lugar crítico del Imperio por sus frecuentes revueltas y el fanatismo patriótico de los judíos, y ello nos hace pensar que en Jerusalén se hallaba la flor y nata de las centurias romanas. Los relatos del Nuevo Testamento acerca de centuriones nobles y concienzudos que creyeron durante la vida de Jesucristo (Lc. 7:2) y que hicieron buenas cosas en favor de los cristianos para reparar hasta donde les era posible las injusticias que estaban a punto de cometer sus superiores jerárquicos (Hch. 22:26; 23:17; 27:1, 3, 43; 28:16) hablan mucho en favor del carácter de estos hombres dentro de una sociedad tan corrompida e injusta como era la del Imperio Romano.

2. Un testigo natural: no era un discípulo de Jesús ni tampoco un fanático judío. Su juicio era un juicio independiente, basado en lo que vio u oyó de labios de Jesucristo durante el drama de la ejecución del Salvador y maestro de la Humanidad. ¿En qué basaba el centurión su testimonio? Por razón de su oficio, aquel hombre había visto a muchos sentenciados a morir de la más cruel de las muertes. Había escuchado, a través de los años, horrendas blasfemias y gritos aterradores. Cuando tuvo que ordenar que la cruz fuera levantada cosa que causaba el desgarro de la carne de los presos, oyó de aquellos divinos labios las palabras: «Padre, perdónalos, porque no saben lo que hacen». Pero todavía había oído más, según el relato que tenemos del apóstol Juan. Cuando uno de los malhechores le rogó: «Acuérdate de mí cuando vinieres en tu Reino», escuchó del noble ejecutado las asombrosas palabras: «De cierto te digo que hoy estarás conmigo en el paraíso». No es extraño que la primera declaración del centurión de la cruz fuera: «Verdaderamente este hombre era Hijo de Dios (Mr. 15:39). Podemos, por tanto, decir que el centurión encargado de la crucifixión de Jesús era:

3. Un testigo observador: sacó una deducción muy lógica contrastando la actitud de Jesús con la de tantos otros sentenciados que él había visto y oído; pero aún hay mucho más que esto. Lo tenemos referido por un evangelista que al principio de su Evangelio nos asegura que se informó concienzudamente de todas las cosas que corrían de boca en boca en cuanto al Maestro resucitado (Lc. 1:3).

4. Las conclusiones de una fe creciente:

a) La negrura aterradora y el terremoto que se produjeron cuando Jesús expiró no podían menos que llenar a todos los que presenciaron aquellos hechos de un sentimiento de que se hallaba ante señales cósmicas que no se hablan producido en ninguna de las anteriores ejecuciones que habían tenido que llevar a cabo en la rebelde nación. Fue cuando las multitudes volvieron a Jerusalén golpeando sus pechos en medio de la oscuridad sobrevenida que le hizo exclamar: «Verdaderamente este hombre era el Hijo de Dios».

b) La tradición histórica que se formó en los primeros siglos nos dice que aquel centurión se convirtió en un fiel cristiano. Hoy, después de veinte siglos, no estamos en posición de afirmar si tal tradición es o no cierta, pero es muy verosímil creer que lo fue. El notable escritor español D. Almudévar escribió, bajo el título de *La Cruz* es nuestra espada, una novela que se refiere no solo al centurión sino a toda su familia, en un emocionante relato que se parece mucho al de la famosa novela «Quo Vadis?» la cual concierta con muchos textos de las epístolas apostólicas y otros escritos de los primeros siglos cristianos.

CONCLUSIÓN: finalmente, debemos declarar, de acuerdo con lo que nos dicen los propios evangelios, que la fe del centurión fue en realidad una fe ascendente. Las declaraciones

escuchadas de labios de Cristo le llevaron primero a la convicción de que Jesús era la víctima de una injusticia política provocada por las amenazadoras insinuaciones de los miembros del Sanedrín ante el «Lithóstrotos», coreadas por la revoltosa mayoría del pueblo. Esto es lo que todavía pretenden los que se atreven a dudar de la divinidad de Jesucristo; pero, tras las señales cósmicas que se desataron en el momento de expiar Jesucristo, le convencieron de que Jesús era mucho más que una víctima inocente. ¿Haría posteriormente el centurión lo que hiciera el ministro de Hacienda de la reina Candace a Etiopía de los discípulos de Berea, escudriñando las Escrituras del Antiguo Testamento (Is. 53; Hch. 17:11) para ver si el maestro de Galilea ejecutado en el Gólgota era realmente el Mesías divino prometido a Israel? La tradición antes aludida sería el tercer punto de esta fe creciente del centurión que todos los creyentes, a través de los siglos, tenemos el deber de imitar para que se cumpla en nosotros la recomendación del apóstol Pedro en 2 P. 3:18.

203. *ESTEBAN, EL MENSAJERO MARTIRIZADO (Hechos 6:7-15; 7:54-60)*

INTRODUCCIÓN: la iglesia crecía mucho en aquellos días porque los obreros eran valientes y atrevidos; anduvieron por todas partes predicando la Palabra del Señor, pero el número de discípulos creció tan rápido en Jerusalén, que incluso un grupo de sacerdotes obedecía a la fe. No es extraño, pues la gente tenía lo que en todos los tiempos ha ambicionado, pruebas de lo invisible.

La resurrección de Jesús era un hecho público, y asimismo la venida del Espíritu Santo, cumpliéndose lo que dijo el apóstol Pablo ante Agripa: «Estos sucesos no han acaecido en ningún rincón». Pero los hombres son siempre hombres, con su tendencia a equivocarse y a murmurarse unos a otros. Como tenían todos los bienes en común por la profunda fe y desprendimiento de los más ricos, hubo murmuración de los griegos contra los hebreos de que olvidaban a sus familias por no ser del pueblo privilegiado llamado por Dios. Ante esa dificultad, resolvieron:

1. Nombrar diáconos que atendieran estas necesidades: de esta forma, los apóstoles quedaron más libres para los ministerios de oración y predicación.

Esto sucede también en nuestras iglesias. Los asuntos espirituales pertenecen al pastor o a los ancianos nombrados por el Consejo, pero alguien tiene que cuidar de los asuntos materiales y secundarios de la iglesia, de ahí la misión de los diáconos.

2. La elección de Dios y la de los hombres: hasta entonces, el protagonista principal en la Iglesia unida era Simón Pedro, pero Dios tenía otro elegido del cual los diáconos humanos echaron mano para hacerle cuidar de las cosas menos importantes. Esteban era un predicador nato, un hombre de Dios y posiblemente si los apóstoles hubiesen obrado con menos prisa, Dios lo habría revelado y Esteban hubiese quedado como uno de los más predilectos ancianos de la iglesia. Aun con las mejores intenciones, podemos equivocarnos al tomar decisiones que tienen que ver con el Reino de Dios.

a) En griego el nombre «Esteban» es «marturion» de donde se originó la palabra «mártir» en todos los idiomas.

b) ¿Por qué Dios –que había elegido como líderes de la iglesia a los apóstoles– permitió que un hombre como Esteban viniese a ocuparse de deberes materiales y no libró de la muerte a un hombre cuyas dotes espirituales quedaron plasmadas en Hch. 7?

3. Las dotes espirituales de Esteban:

a) Lleno de fe y del Espíritu Santo.

b) Lleno de dones oratorios y de sabiduría.

c) De un alto carácter cristiano (*véase* Mt. 5:38-48).

d) Un notable ejemplo para los cristianos y, particularmente, los mártires de todos los siglos.

e) Un maestro de santidad más apto para el Cielo que para la Tierra. Desconocemos mucho de lo que hay más allá de la muerte, pero sabemos que Dios no se equivocó cuando permitió que Esteban cayera en manos de sus enemigos. No podemos atribuirlo a la casualidad ni a un injusto proceder de parte de Dios. Lo que sabemos es que para Dios, los muertos viven, y si viven ¿no tendrán algún empleo en el mismo Cielo? ¿Para qué vivirían? Sabemos que Dios tiene una parte de su iglesia en la Tierra, ex-

puesta a muchas tribulaciones y tentaciones de parte de Satanás, y otra parte en el Cielo, en la mansión de Dios, la «Casa del Padre» y en 2 Co. 5:5-10 se nos habla de la disposición que debemos tener los cristianos de hacer cosas agradables al Señor, tanto cuando estamos en la carne como cuando somos desnudados de ella. Y en Ap. 14:13 llama «Bienaventurados» a «los que mueren en el Señor». No podemos hacer suposiciones más allá de lo que tenemos revelado en la Biblia, pero es lógico pensar que no es ninguna bienaventuranza el tener simplemente un cuerpo pudriéndose en la tierra, sino que se refiere al alma, al ser espiritual, que va a Dios el día que es arrebatado de su cuerpo.

4. La actividad espiritual al otro lado de la muerte: ¿Es el Cielo una universidad de almas? Cuando nosotros tenemos dos empresas, una llena de grandes dificultades y otra mucho mejor y más efectiva, ¿a dónde destinamos nuestros mejores obreros? Para un obrero cristiano de las cualidades de Esteban no es extraño que Dios le llamara por la muerte a su empresa superior. Así lo hemos experimentado nosotros mismos con jóvenes muy aptos, a quienes el Señor se llevó en plena juventud. La expresión «sus obras con ellos siguen» en griego puede tener dos acepciones:

a) El recuerdo de las tales sobre la Tierra. ¡Cómo nos regocijamos nosotros edificando nuestros espíritus con los escritos de grandes servidores de Dios que ya están en la presencia del Señor!

b) Que su «energía», o sea, «sus actividades» siguen en el más allá. En este segundo caso hipotético pero muy posible, el apedreamiento de Esteban y su oración al fallecer es un ejemplo para los que quedamos aquí, y también un atajo que el Señor usó para llevarle más rápido al lugar donde más útil y eficaz podía ser. De haberle librado Dios de la muerte, su nombre aparecería entre los ancianos de la iglesia local de Jerusalén, pero hoy lo tenemos como tal, y también como un ejemplo de miles de mártires.

5. El triunfo espiritual de Esteban: sabemos que había un joven fanático judío que presenció la muerte de Esteban; éste era ya un rabí según la confesión que hace él mismo acerca de este hecho (Hch. 26:10) y que guardaba los vestidos de aquellos malvados que ejecutaron a Esteban según la ley judía del apedreamiento. No sabemos lo que Dios encomendará a Esteban en el más allá, pero a este lado de la muerte, Esteban dio un testimonio que produjo una profunda impresión en aquel joven, que no tomó parte activa en el malvado hecho pero dio su voto, y que pudo oír las últimas palabras del mártir, las cuales quedaron sin duda en su corazón, o sea, en su espíritu, cuando el Señor se le apareció en el camino de Damasco y le dijo: «Saulo, Saulo, ¿por qué me persigues?» Esto hizo caer de sus ojos la venda de prejuicios raciales que había obtenido desde su niñez y en sus estudios de rabino en Jerusalén. ¿Por qué me persigues? Era el contraste que venía de la otra vida acerca de lo que él estaba haciendo. El había escuchado de la boca del mártir: «Señor, no le imputes este pecado», y él había estado pecando, al perseguir la iglesia de Dios. Entonces lo que antes le había parecido una gloria, ahora se le aparecía como un terrible pecado, de modo que pudo atreverse a escribir: «Cristo Jesús vino al mundo para salvar a los pecadores de los cuales yo soy el primero» (1 Ti. 1:15), y añade: «... para ejemplo de los que han de creer en Él para vida eterna» (1 Ti. 1:16).

CONCLUSIÓN: de modo que se puede considerar a los millares de convertidos por el apóstol Pablo como fruto indirecto de la conducta cristiana de este primer mártir de la fe y de todos los que se han beneficiado de los escritos del apóstol Pablo. Nosotros estamos andando por el mismo camino de pecadores arrepentidos y que, como el mismo Pablo, podemos decir por la fe, sean cuales sean nuestras dificultades en la vida (que nunca llegarán a ser las del primero de los mártires) (1 Ti. 1:17).

204. *FÉLIX, EL GOBERNADOR ESPANTADO (Hechos 24:1-27)*

INTRODUCCIÓN: el Nuevo Testamento nos presenta una serie de procesos similares, en los que los acusados hablan como jueces y los jueces como acusados:

–Jesús ante Pilato. «Ningún poder tendrías si no te fuese dado de arriba» (Jn. 19:11).

–Esteban ante el Sanedrín. Una serie de réplicas violentas citando toda la historia de Israel (Hch. 7).

–Pedro y Juan ante el Sanedrín: «Juzgad si es justo obedecer a vosotros más bien que a Dios» (Hch. 4:19).

–Pablo ante Félix y Agripa (Hch. 24:1-25).

1. ¿Quién era Félix?: La historia nos cuenta que él y otro esclavo llamado Pallas habían sido antes esclavos, pero muy listos y sin escrúpulos. De Félix sabemos que era avariento (v. 26) y recibió varios testimonios del apóstol Pablo, quien había cometido el error de apelar a César, sin conocer, naturalmente, el carácter e historia de este gobernante que se llamaba Nerón. En aquellos días acababa Félix de cometer una de sus mayores intrigas. Se enamoró de Drusila, la hija de Agripa II (Hch. 12:22) judía de Jerusalén, casada con Azizus rey de Emesa, pero a quien ayudado por Simón el Mago logró enamorar, a pesar de ser mucho más viejo que ella, lo que produjo una guerra en la que Azizus fue derrotado por las legiones romanas. En esta ocasión, no sabemos si su amante judía le había dado testimonio de las maravillas del Dios de los judíos y ni si era Simón el Mago el que menciona el NT en Hch. 8:18-24, lo que es muy probable. Y ahora Dios le pone ante uno de sus más grandes servidores, el apóstol Pablo, que le narra su historia en contraste con Tértulo, gran orador (Hch. 23:23–24:25) quien le habla en un tono de servidor de Dios ante el tan listo para Satanás. Cuando llega Félix, posiblemente de vuelta de su maquiavélica acción contra el pobre Azizus, se encuentra con este gran preso.

2. El abogado de Dios: Pablo se olvida de que es un acusado y sólo piensa en la pareja de pecadores ante quienes ha sido traído. Dios había dicho: «Instrumento escogido me es éste...» quien diserta...

a) Acerca de la justicia: buen tema para un antiguo esclavo que había subido a gobernador por sus mentiras e injusticias.

b) Del dominio propio: ésta es una virtud cristiana totalmente contraria a la vida del gobernador gran culpable.

c) De la continencia: o sea, de cómo el hombre creado a imagen y semejanza de Dios tiene que poner brida a sus pasiones carnales, pero el pecado convierte a algunos hombres en peores que los brutos. El león y muchas fieras son fieles a sus compañeras con las que se han juntado. Pero los hombres, cuando se entregan a las pasiones del sexo, saben dónde empiezan pero no dónde acabarán. Félix mismo era un carro sin freno. ¿Quién podía detenerle si hasta entonces todo le había salido bien? (por la bendición de Satanás) El Evangelio es el mejor freno contra el pecado (indicar algunos casos de ex drogadictos y marginados).

d) Del juicio: Pablo no se olvidaba de este punto, ante los eruditos (Hch. 17:31) y ante los mayores pecadores como este desgraciado gobernador que tenía tanto peso en su contra.

3. El resultado tiene dos fases:

a) Aplazar el asunto (Hch. 24:25).

b) Acusar a los creyentes de locura (Hch. 26:24-26). No sabemos en qué forma lo presentó Pablo, pero sí en lo que hizo sentir el Espíritu Divino en el corazón de Félix: Ante el trono de Dios no habrá excusas o mentiras que valgan. Tampoco sobornos: «Horrible cosa es caer en las manos del Dios vivo». El gran culpable se puso a temblar. Un poco más, y Félix estaría a los pies de Pablo como un día el carcelero de Filipo, pero extendió la mano para pronunciar contra sí mismo el veredicto: «Vete y más adelante te llamaré». Pero el corazón endurecido queda como piedra. Varias conferencias con Pablo le llevaron tan sólo a la conclusión de que el gran apóstol estaba loco (Hch. 26:24, 25).

4. La defensa de Pablo y sus consecuencias: esta defensa consistió en citar hechos notorios en aquellos días, o sea, la resurrección del Señor expresada con tal firmeza que puso en duda al mismo rey Agripa I hijo de Herodes el Grande, el que decretó la muerte de los inocentes cuando nació Jesús. Todos ellos eran conocedores de los hechos que habían tenido lugar con motivo de la resurrección de Jesús. Tanto la esposa de Félix como la de Agripa eran conocedoras de la historia de Israel por ser las dos judías y ambas se habían casado con familiares de la misma descendencia malvada, tanto Drusila, la de Félix, manceba del viejo rey como Berenice, recién reconciliada -según parece- con su marido. Su intimidad con su propio hermano causó escándalo y habiendo enviudado se casó con Polemo rey de Cilicia, pero lo aban-

donó para volver al lado de Agripa cuando Pablo compareció ante este pequeño monarca. Nos dice la historia que más tarde fue manceba de los romanos Vespasiano y Tito. Félix no pudo aguantar el discurso y clamó: «¡Estás loco, Pablo, las muchas letras te vuelven loco!» De las mujeres no conocemos la reacción, las dos eran tan hermosas como malvadas, y por su resistencia al conocimiento de la verdad podemos creer que ambas fueron perdidas.

CONCLUSIÓN: sabemos por las Sagradas Escritura que hay diversos tipos de pecadores y algunos lo son tanto que están condenados con anterioridad a su muerte (1 Jn. 5:16) y otras están en el Hades esperando el juicio ante el Gran Trono Blanco para recibir conforme a sus hechos. No sabemos cuál es la condición de estos cuatro personajes, pero dada la luz que recibieron durante sus vidas, podemos entender que cae de pleno en ambas, la sentencia que profiere Jesús en Jn. 3:18, 19. ¿Cuál es la tuya? ¿La de Félix, la de Agripa o la de estas mujeres? Pues todas ellas son de evidente condenación, aunque quizá la de Agripa sea un poco más suave (Mt. 11:24) por el buen propósito de libertar a Pablo si no hubiese apelado a César.

205. *JOB,*
EL PATRIARCA PROBADO Y VICTORIOSO
(Job 1:1-13)

INTRODUCCIÓN: Job era, sin duda, de los creyentes de la descendencia de Adán, temerosa de Dios, que no se apartaron de las cercanías del Edén, como puede verse en Gn. 5.

1. Job, probado por insinuación de Satanás, y mal interpretado por sus más piadosos amigos: indudablemente no era judío, pues no se encuentra en su historia ningún detalle que haga referencia a la Ley de Dios revelada en el Sinaí, pero es un ejemplo en diversas virtudes para cristianos más adelantados en la última revelación que Dios nos ha proporcionado por Jesucristo en esta última época. Pero referencias a aquella antiquísima fe las tenemos en la última parte del libro del Génesis.

a) ¿De dónde sacó José el hijo de Jacob que el adulterar con la mujer de Potifar era un gran pecado contra Dios, si todavía no habían sido promulgados los Diez Mandamientos? (Gn. 39:7-23).

b) En Éx. 20:9, 10, leemos: «Acordarte has del día de reposo para santificarlo». No es, pues, una nueva institución, sino una renovación de algún mandato dado por Dios en tiempo muy remoto.

c) El rasgo de Abraham de ofrecer a Melquisedec rey de Salem y sacerdote del Dios Altísimo la décima parte de lo que había arrebatado a los reyes confederados que pelearon contra Sodoma es, indudablemente, fruto de una tradición procedente de Adán, transmitida por generaciones hasta sus días.

2. La historia de Job entre dos épocas: en ambas, Dios le bendecía con toda clase de bienes materiales (los únicos conocidos en aquel tiempo), ya que la revelación divina ha ido desarrollándose de época en época, y, aunque su historia es un constante gemido y defensa del antiguo patriarca contra las acusaciones de sus amigos, todos ellos piadosos pero equivocados en cuanto a la razón de su prueba, su historia es de gran enseñanza para los creyentes de todos los tiempos.

3. Job, el primer profeta del más allá: hubo un momento que, en medio de sus sufrimientos, la inspiración divina quiso revelarle un secreto que no sabemos si había sido o no revelado antes a esas gentes primitivas, vidas larguísimas, pero notables ya por la revelación que tenemos de que vivían una vida vegetariana. Yo creo que el conocimiento de la vida más allá fue un privilegio reservado al Hijo de Dios, Redentor del mundo, pero en el Antiguo Testamento tenemos algunas ráfagas de inspiración divina que hacen prever lo que hoy es un conocimiento de todos los grupos creyentes en toda la redondez de la Tierra: La existencia de una vida después de la muerte. Es muy curioso observar a través de toda la Biblia estas ráfagas de inspiración. La primera de ellas se halla en Job 19, pero podemos hallarlas también en otros vs.(Ec. 12:7; Sal. 90:9, 10; Sal. 27:13, 14; 49:14, 15). Pero por estar intercalados entre figuras y emblemas judíos se prestan a diversas interpretaciones, hasta que la revelación más completa del más allá fue dada por Aquel de quien Pablo dice: «Trajo a luz la vida y la inmortalidad por el Evangelio».

a) Job fue el primer profeta del más allá: el antiquísimo patriarca tenía tan sólo una vaga idea de la grandeza y sabiduría de Dios en la Naturaleza, pero hubo un momento en que sintió una inspiración tan especial y rotunda que le hizo exclamar: «¡Quién me diese que mis palabras fuesen escritas, que se inscribieran en un documento con cincel de hierro sobre plomo, o esculpidas en piedra para siempre!»

b) «Yo sé que mi Redentor vive y al fin se levantará mi cuerpo sobre el polvo, y después de deshecha esta mi piel he de ver en mi carne, de nuevo a Dios... aunque mi corazón desfallece dentro de mí» (Job 19:23-27): he aquí la duda que siempre el enemigo ha puesto en los corazones de los más inspirados servidores de Dios. Job parece ser el primer autor, por lo menos de la idea de la resurrección, que pertenece al período premosaico.

4. Virtudes prácticas de Job: modelo de padres creyentes, no sólo enseñaba cuidadosamente las revelaciones que había recibido en su temprana época, sino que oraba en favor de sus hijos, temeroso de que en sus fiestas hubiesen quebrantado alguno de los preceptos divinos. Toda enseñanza puede y debe ser seguida por oración intercesora en favor de aquellos a quienes amamos. El Nuevo Testamento nos enseña a orar aun por nuestros enemigos, pero el deber de la intercesión empieza dentro del seno de nuestra familia, para ir extendiéndose en favor de nuestros amigos y del mundo entero hoy día, que conocemos como nunca las necesidades de este doliente mundo que creemos se encuentra en su fase final. «Instruye al niño en su carrera», leemos en Pr. 22:6, y Job es un ejemplo del cumplimiento de este precepto, de un hombre que vivió en los tiempos más primitivos. También, de esposo juicioso y comedido. Observemos de qué forma responde a su esposa diciéndole: «Como suelen hablar las mujeres necias, así has hablado». A ella le hubiese gustado que Job, que consideraba al sufridor excesivamente paciente, se hubiese suicidado después de maldecir a Dios. A ella le parecía que Dios era mucho más injusto que su esposo, quien a pesar de ser tan temeroso de Dios y tan santo, sufría injustamente, pero al final de la historia vemos cómo Dios le bendijo tanto más como había hecho al principio.

CONCLUSIÓN: Job no poseía el conocimiento de las promesas de Cristo y de sus inspirados apóstoles para la otra vida. Sus actitudes prácticas en la presente nos lo presentan, empero, como modelo nuestro que con mucha mayo razón podemos imitar todos aquellos que sabemos que «A los que a Dios aman, todas las cosas les ayudan a bien» (Ro. 8:28). Hoy sabemos, por una mejor interpretación de toda la revelación de Dios contenida en la Biblia, que la muerte, y aun el martirio, no son sino un atajo para llegar más aprisa a la casa del Padre, donde todos nos dirigimos. ¿No deberíamos esforzarnos hoy con mucha mayor razón que los antiguos patriarcas y los mismos apóstoles que vivieron en los días de Jesucristo dedicando todos los años de nuestra vida a una alabanza de gratitud sincera al que tanto nos amó? «No temerás a los que matan el cuerpo» (Mt. 10:28). Observemos la respuesta de Jesucristo a la fervorosa fe judía de Marta, en el caso de la muerte de su hermano Lázaro: «Yo soy la resurrección y la vida...», y en Apocalipsis, el libro más difícil y misterioso de la Biblia, la declaración: «No temas, yo soy el primero y el último, el que vivo y estuve muerto, mas he aquí que estoy vivo por los siglos de los siglos. Amén. Y tengo las llaves de la muerte y del Hades». Que estas palabras de Jesús durante su ministerio y en su revelación final queden en nuestros corazones para imitar y superar al siervo de Dios, el paciente Job, para que Dios pueda aplicarnos las palabras de este antiguo pero fiel siervo suyo (Job 1:8-13).

206. *JONÁS, EL VENGATIVO*
(Jonás 3)

INTRODUCCIÓN: Jonás era uno de los profetas perseguidos durante el reinado de Acab y Jezabel que recibió orden de trasladarse a Nínive la capital de Asiria para predicar acerca de sus pecados y del juicio de Dios. Pero el profeta que había conocido la historia se espantó y creyó que le recibirían mal y le matarían por lo cual emprendió viaje en dirección opuesta por el Mediterráneo hacia Tarsis (o sea, Cádiz) pero nadie puede ocultarse de Dios.

1. Dios interviene en su vida: mediante una tempestad poco común en ese mar. Él había

tomado pasaje y no era conocido por la tripulación. Todos clamaban a sus dioses respectivos, pero Jonás estaba dormido en la bodega y esto le denunció. El capitán le hizo despertar y le asedió a preguntas por las que sacó que él no podía orar a su Dios porque le había desobedecido, y él mismo se impuso la sentencia de que le echaran al mar. ¿Es que era cerca de la costa y quizá pensaba escaparse nadando? Si fuera así tuvo otra sorpresa desagradable al encontrarse en el estómago de un gran pez. La tradición lo llamó ballena y ello produjo muchas objeciones en el siglo pasado. Se dijo que el cuello de las ballenas es demasiado estrecho, pero hallazgos posteriores lo han desmentido. Otra objeción es que los ácidos del estómago del pez que fuera le habrían matado, pero «nada es imposible para Dios» y Él podía haberle preservado la vida, puesto que su objetivo era dar una lección al desobediente profeta, quien de todos modos mantenía la fe de un modo parcial y egoísta, pues oró durante esta aleccionadora experiencia.

2. Justicia y providencia: el autor de los salmos tenía muchas experiencias acerca de que el Dios justo para las naciones es también providente para los individuos. El Sal. 139 es fruto de tal experiencia de parte del rey David y los cristianos tenemos muchas experiencias de que es así. El Sal. 94 es otra ratificación de esta misma lección. El profeta dormido lo había olvidado, y a veces lo olvidamos también los cristianos. Por esto...

a) Dios nos salva en el momento oportuno: podía haber castigado al profeta desobediente, como castigó a otros profetas por faltas más leves (1 R. 13:11-30), pero Dios tenía un plan para Jonás y tenía que cumplirlo. Vendrá un día, obligará a todos los hombres a doblar sus rodillas, pero no ha llegado aún el tiempo y tenemos que obedecer sin ver, ya que «por fe andamos», estamos en la era de la fe.

b) Dios tenía que dar al profeta una lección de justicia y misericordia: al profeta le habría gustado desde su escondite de la calabacera, ver caer luego del Cielo sobre Nínive, ya que el había anunciado el juicio divino y no quería que Dios le hiciese quedar mal. Pero Dios muestra su misericordia.

c) Haciendo secar la calabacera de Jonás, y cuando éste se enojó le habló acerca de sus planes sobre una ciudad aborrecida por el profeta, pero donde había millares de habitantes que no habían tomado parte en las crueldades de sus antecesores y sobre todo en el caso de los niños. Por esto honra Dios una fe incipiente de un pueblo pagano.

3. Una fe muy débil e incierta: durante los 40 días de plazo anunciados por Jonás, el rey se dijo: «Quizá sea verdad lo que ha profetizado este israelita, es cierto que se cuentan cosas muy maravillosas de este pueblo» e invitó a la gente a arrepentirse, por una duda acerca de la justicia de Dios.

4. Las garantías de nuestra fe: nosotros no tenemos que decir «quizá» porque Jesús vino y anunció el juicio de Dios sobre la humanidad entera, pero aseguró que el que en Él creyere tendría vida eterna y se vería libre del juicio condenatorio de Dios. Por esto, Jesús anunció que un día las gentes de Nínive que se arrepintieron por temor a un «quizá» se levantarían en testimonio de que Dios es misericordioso, pero no para los incrédulos que han resistido la buena nueva del Evangelio.

CONCLUSIÓN: estamos en la edad de la gracia, pero ésta no está desprovista de justicia. Jesús demostró su poder durante su vida y ante todo al resucitar de los muertos. ¿No debemos creer su Palabra sobreponiéndola al «quizá» de nuestra razón natural por un «Yo sé en quién he creído y estoy cierto de que es poderoso para guardar mi depósito para aquel día»? (2 Ti. 1:12). ¿A qué depósito se refería el apóstol? A la promesa que Jesús mismo había hecho cuando predicaba a las gentes: «Haceos tesoros en el Cielo» (Mt. 6:19-21; 10:32, 33; 16:17). El apóstol Pablo por su vida activa de servicio a la causa del Señor a pesar de todos los obstáculos encontraría tales tesoros y un afectuoso recibimiento de parte del Señor a quien había servido tanto en libertad como en las cárceles de Roma escribiendo las epístolas.

¿Qué podemos hacer nosotros en la época del mundo en que vivimos?

207. *JOSAFAT Y ACAB, O EL PELIGRO DE LA AMISTAD CON LA GENTE MUNDANA (1 Reyes 22)*

INTRODUCCIÓN: desde los días de David, el reino de Judá no había tenido un rey tan bueno y piadoso, pero a Acab le interesaban las buenas relaciones con los dos reinos y propuso casar a su hija con Joram. Su madre, Jezabel, era muy hermosa y seguramente la hija lo era también. Esto trajo la visita de Josafat a su vecino, que reinaba sobre un territorio más extenso pero menos consagrado a Dios, donde persistían el culto a los dioses cananeos en forma de becerros instalados en Betthel y en Dan, desde los días de la partición del reino de Israel.

El mismo Salomón había dado un mal ejemplo a sus hijos al hacer una estrecha alianza con Hiram rey de Tiro, y al morir el anciano monarca el servidor que él mismo había ensalzado, Jeroboam, notando cierta inquietud en el pueblo a causa de los altos tributos impuestos por Salomón, se apoderó de las diez tribus norteñas, quedando para Josafat sólo las tribus de Judá y Benjamín (2 R. 11). Seguramente, la visita de Josafat a Acab era en interés de aquel matrimonio de su hijo Joram con Athalia, la reina pagana e impía que eliminó a la muerte de su marido a todos los descendientes del piadoso rey de Israel. ¡Qué bien arregla los pasteles el diablo!

–El enamoramiento del hijo de Josafat.

–La propuesta de Acab de unir los dos ejércitos para conquistar Ramot de Galaad.

–La resistencia por parte de Josafat para atender a las advertencias de Micaías, el único de los profetas de Israel que le decía la verdad, ya que, al parecer todos los demás profetas del Sur habían sido sobornados por Acab, lo que intentaron hacer también con Micaías, a lo cual éste señalándole como los demás profetas de Jehová profetizaban en favor de la propuesta de Acab. La respuesta del profeta, abochornado por su propio rey a quien había sin duda contradicho muchas veces, fue muy valiente: «Lo que Jehová me diga, esto profetizaré».

I. La historia de un error de bulto

Luego hay en el relato una profecía irónica que seguramente con el tono de voz hizo desconfiar a Acab, pues Dios no emplea la mentira. El diablo sí que es mentiroso y padre de mentira, como indica Jesús en Jn. 8:44. Dios nunca suele usar malos medios para llevar a cabo sus planes pero hace que los malos medios de Satanás se tornen en bien para aquellos a quienes ama. Y esto nos lleva a consideraciones muy útiles.

1. Dios es más sabio que Satanás y endereza los caminos torcidos del diablo: lo vemos en varios ejemplos bíblicos. Recordemos, en el caso de...

a) 2 R. 11: cómo Dios hizo al sacerdote Joiada salvar al nieto de la reina asesina, el pequeño Joás.

b) El caso de José en Egipto: Dios podía cumplir los sueños de José de un modo muy diferente, pero lo hizo por el camino más incomprensible y difícil para el piadoso joven...

–Vendido por sus hermanos.

–Víctima de una calumnia.

–Condenado a la cárcel.

–Olvidado del copero a quien él había favorecido en la cárcel.

2. Los caminos de Dios siempre son superiores a los de Satanás: aunque nosotros nos equivoquemos y cedamos en cosas que nos perjudican. Ésta ha sido nuestra experiencia muchas veces en nuestra larga vida y en la historia de Editorial CLIE. Satanás no es tonto, pero probablemente no conoce el porvenir. Dios tiene muchos caminos para cumplir sus planes, pero usa los de Satanás a veces por culpa nuestra y los transforma en bienes. Lo mismo que a veces ocurre en algunos fenómenos de la naturaleza, que también son obra de Dios (ej.: una herida en el cuerpo de una ostra se transforma en una perla). De ahí que sea bien cierta la declaración de Pablo: «A los que Dios ama», o bien «A los que aman a Dios» (pues ambas versiones son reales en la frase griega). En el caso de Josafat, Dios permitió que Satanás hiciera hablar mentira atribuyéndolo a él mismo para un doble propósito divino:

a) Cumplir la profecía de Elías contra Acab (1 R. 21:18-29).

b) Dar una provechosa lección a Josafat (1 R. 22:32-38). Seguramente este buen rey tuvo un susto mayúsculo cuando vio venir a los sirios contra él.

3. La misericordia de Dios alcanza aun a los hombres más pecadores, y esto confirma lo que dice Jesús en Mt. 11:20-24. No podemos penetrar en los castigos y los premios del más allá, pero el mismo Jesús declara que habrá diferencia tanto de uno como de otro, conforme a sus hechos. A nosotros nos parece raro y casi injusto que Dios tuviera en cuenta el arrepentimiento de Acab para prolongar su vida, pero así ocurrió y creemos que los planes de Dios no se detienen en esta vida, sino que van hasta el más allá.

CONCLUSIÓN: esto mismo podemos aprender de la historia que sigue acerca de Ocozías hijo mayor de Acab, quien propuso un negocio a Josafat que resultó un fracaso, porque sin perjudicar la vida de ninguno de los dos, resultó en una lección de castigo para ambos, puesto que los barcos enviados en busca de oro naufragaron en Ezion-Geber, a la salida del golfo de Akaba, que se ha hecho célebre por la invasión de Kuwait por los iraquíes. Dios tiene muchas lecciones que enseñarnos con accidentes desagradables y también con bendiciones. Que de todas ellas sepamos aprender la lección.

208. *JUAN EL BAUTISTA*
(Marcos 1:1-8)

INTRODUCCIÓN: Juan, el precursor de Cristo, es un gran ejemplo de fidelidad en la prueba, y ello es muy necesario en este tiempo de infidelidad y de dudas. Su nacimiento fue sobrenatural, como el de los mayores hombres de Dios. Su nombre, puesto por el mismo ángel Gabriel, significa «gracioso don de Dios». Por orden del ángel, Juan tenía que ser nazareno, no queriendo que nada de este mundo pudiera estorbar su misión.

Cuatro cualidades aparecen en él; era...

–Justo: viviendo en la soledad del desierto, ¡veía el mundo tan corrupto!

–Valiente: «Generación de víboras» -llamaba a los escribas. «Contentaos con vuestras pagas»- decía a los soldados.

–Humilde: se llama «Una voz en el desierto»; declara: «Yo he menester de ti».

–Ardiente en la fe: «Viene uno detrás de mí que es mayor que yo». Su madre le habría contado la historia de su nacimiento y él había puesto una fe inquebrantable en su elevada misión de precursor.

1. Las cuatro cualidades a prueba: es fácil ser justo, valiente y aun humilde y fervoroso cuando todos nos alaban, y decir: «Pobre de mí», pensando por dentro lo contrario. Por esto, Dios, a veces, pone alguna de nuestras mejores cualidades a prueba. En Juan las puso todas en el crisol...

a) Su humildad: la envidia de sus discípulos le incitaba a envidiar a Cristo, pero él dice: «A mí me conviene menguar»; lo que siempre es duro, y más en su caso, al irse quedando solo. Si Cristo lo hubiese nombrado apóstol...; pero no era esta su misión. Estaba conforme en no ser nada con tal que Cristo lo fuera todo. Casi siempre, cuando Cristo es más ensalzado, Satanás ha procurado soplar el orgullo de alguien; pero Dios tiene las mejores promesas para los humildes; es la cualidad esencial para la santidad y para toda bendición.

b) Su valor: pronto Dios la puso también a prueba. Era más fácil ser valiente con los escribas que con los soldados, y con éstos más fácil que con Herodes; pero él se mantuvo firme y fiel en la prueba ascendente. Todos necesitamos valor para ser testigos fieles. A veces podríamos hablar y nos parece inoportuno; tenemos demasiado respeto al qué pensarán o dirán, etc.

c) Su justicia: su rectitud moral era inquebrantable. Si hubiera transigido, Herodes le hubiera colmado de honores: «No te es lícito tenerla», decía; se preocupaba por el alma de Herodes. Quería salvarle del lodo y de la influencia de aquella mala mujer. Quizá, también, evitar una guerra, pues era un robo a su hermano, también rey.

d) Su fe: pero en lo que más probado fue en su fe. Creía en Cristo como el Mesías, pensaba que lo libertaría, pero pasó un mes y dos y Cristo no se proclamó rey de Israel; sin embargo, realizaba milagros y adquiría una fama creciente. Es que el plan de Dios era diferente del suyo. Dice el predicador Drummond: «El objeto de nuestra vida no es solamente el bien que podemos hacer, ni siquiera el número de almas que podamos ganar para Cristo; la virtud esencial es hacer la voluntad de Dios. A veces, que quisiera ir a países lejanos descubre que la voluntad de Dios es retenerle, y el que quisiera ser

pastor es obligado por las circunstancias a ser comerciante» *(anécdota: una ciega decía a su médico:*

–No es tanto curación lo que necesito, sino que el Señor consuele a mi esposo. Quisiera ver el hermoso mundo, pero en el venidero habrá tanto tiempo para ver, que tal vez es bueno descansar ahora un poco.

El médico, que era cristiano, rehusó cobrarle, y manifestó:

–Me ha hecho más bien ella a mí que yo a ella).

Por extraño que sea el plan de Dios, siempre es mejor. Si Cristo hubiese cumplido los anhelos de Juan no habría salvación para los pecadores perdidos. La cruz debía venir antes que los juicios de Mt. 2:12 que anunciaba el Bautista. Jesús amaba a Juan como a Lázaro y a Pedro (Coméntese su elogio en Mt. 11:811). No obstante, dejó que triunfara, de momento, la injusticia; pero para Dios la muerte no tiene el mismo significado que para nosotros. Juan tenía que morir otro día, como todos; era sólo un traslado más inmediato.

2. La gran advertencia de Jesús: «Bienaventurado el que no fuere escandalizado en Mí». Juan fue bienaventurado porque aceptó mansamente el plan de Dios, aun sin serle revelado. ¡Cuánto más nosotros que tenemos revelaciones excelsas sobre el más allá!

3. Mayor que Juan: sí, Juan era mayor que todos los nacidos de mujer, por sus virtudes naturales; pero el más humilde convertido, en el Nuevo Pacto, es un hijo de Dios, miembro del cuerpo de Cristo, esposa del heredero de todas las cosas. El hijo más flaco y débil es mayor que el más alto mayordomo de una gran casa (Jn. 1:12 y Ef. 2:7 y 8). Juan, el gran servidor de Dios, precursor del Mesías en su Primera Venida, se gozará eternamente, sin sombra de envidia viendo el fruto y la extensión de la obra de fe en el Mesías redentor (Jn. 3:28 y 29).

CONCLUSIÓN: ¿No debemos los hijos imitar al gran mayordomo de la casa de Dios aceptando los planes de Dios para nuestra vida? ¡Cuántos hijos de Dios han sido animados en tiempos de persecución por el ejemplo de Juan el Bautista!

209. LA BIENAVENTURANZA DE NO ESCANDALIZARSE (Mateo 11:1-12)

INTRODUCCIÓN: 500 años antes de Cristo, en ocasión de revelar Dios a Isaías la grandeza que habría de alcanzar su misericordia en la persona del Redentor, le inspira a escribir: «Porque mis pensamientos no son vuestros pensamientos, ni mis caminos vuestros caminos».

En ocasiones los pensamientos de Dios son muy diferentes a los nuestros. Esto ocurre muchas veces entre un padre y un hijo de la Tierra. ¿Extrañaremos que sea así con Dios?

–Él es infinito y nosotros finitos.

–Él es eterno, nosotros temporales.

–El es perfecto, nosotros imperfectos.

–Él es omnisciente; conoce no sólo el pasado, sino el porvenir... Nosotros, ignorantes, podemos olvidar o reconocer graves errores pasados. En su caso no hay lugar a esto, porque conoce el futuro. La petición final del Sal. 90 es: «Ordena la obra de nuestras manos... la obra de nuestras manos confirma».

1. Coincidiendo con Dios: es una gran bendición cuando nuestros pensamientos y los de Dios coinciden, pero aquí tenemos un suceso en la vida de Jesús, en que no hubo coincidencia entre el que la sufrió y el que lo permitió, y esto puede ser a veces un motivo temporal de escándalo, o de doble bendición.

2. La bendición de no escandalizarse: Juan el Bautista había sido un correcto precursor de Jesucristo y había obrado eficazmente en orden a su posición delante del Señor...

a) Instruido por sus padres acerca de las maravillas en su propio nacimiento, estaba convencido de que Jesús era el Mesías de Dios, así lo expresó cuando vio a Jesús que se acercaba al Jordán: «He aquí el Cordero de Dios que quita el pecado del mundo». Esto era una declaración altamente profética, inspirada por Dios.

b) Llevado por esta convicción declaró sin egoísmo de ninguna clase a sus admiradores que procuraban tentarle excitando su egoísmo natural en todo ser humano, sobre todo en los que han obtenido éxito y fama: «A Él conviene crecer más, a mí menguar». También ésta era otra profecía, pero contraria a los sentimientos humanos.

c) Había predicado sin temor no sólo a gente desconocida, sino también a los escribas y fariseos y a los soldados romanos que podían ofenderse y denunciarlo.

d) Pero por fin habían pasado más de dos años, Jesús estaba casi al fin de su ministerio y a pesar de sus muchos milagros en favor del pueblo judío, no se decidía al milagro mayor de tomar el Reino de manos del rey tirano Satanás. Y esto lleva al gran precursor a pensar: ¿Sería él el Mesías prometido, o algún otro bajado del Cielo en un caballo blanco como lo anunciaban los escribas en cada sinagoga de Israel? Es verdad que muchos sucesos acaecidos con motivo de su propio nacimiento coincidían en suponer que Jesús de Nazaret era el Mesías enviado por Dios. La mudez de su padre tras la visión en el templo, su repentina recuperación del habla y su inspirado cántico en el que él mismo había sido designado como profeta del Altísimo que iría ante la faz del Señor, la visita de María de Nazaret a su madre y el gozo que ambas habían sentido tras el inspirado saludo de su madre a su prima le hacían suponer que Jesús era verdaderamente el Mesías, pero todo esto no eran sino relatos que le habían sido referidos, y aquellos 30 años que Jesús permaneció en la carpintería de Nazaret, parecían hacer dudar de todo lo referente al nacimiento del Mesías. ¿Por qué Jesús no se había manifestado antes a Israel dominando con su poder milagroso a los odiados romanos y sobre todo a los impíos gobernantes Herodes Antipas y Herodes el Tetrarca, el cual había sucedido a su Padre Herodes Arquelao, y no era menos tirano que aquél? Todo ello inducía a dudar de que la voz escuchada con motivo del bautismo de su primo y el hecho de que una paloma se pusiera sobre él al terminar el bautismo de Jesús, no parecían sucesos suficientes para acreditar la mesianidad de Jesús de Nazaret a pesar de los milagros que éste estaba realizando en aquellos tiempos y en Israel. La realización de milagros no parecía tan extraordinaria como hoy día, sobre todo por la calumnia que habían hecho correr los fariseos de que era en virtud de un pacto efectuado entre Jesús y Belcebú la causa de aquellos prodigios.

3. La gran pregunta de Juan y la respuesta de Jesús: parece que el famoso profeta era visitado en la cárcel por sus más fervorosos discípulos. y a dos de ellos envió a Jesús para que preguntasen: ¿Eres tú el Mesías prometido o esperaremos a otro?

a) El Señor efectuó varios milagros en presencia de ambos discípulos y finalmente les dijo: «Id a informar a Juan de todo lo que habéis visto y decidle: Bienaventurado el que no se escandalizare en Mí».

b) Esta es una bienaventuranza extraordinaria que corresponde a todas las demás. sobre todo la que fue pronunciada por el ángel que anunció a la virgen María el nacimiento de Jesús: «Bienaventurada la que creyó...» Hay una gran bienaventuranza en creer, pero es mayor bienaventuranza el creer contra todas las apariencias. Esto sucedería al prisionero Juan dentro de pocos días, cuando llegó a la prisión un mensajero de Herodes con un hacha en la mano y le dijo: «Pon la cabeza sobre este pilón, es orden del rey».

c) Estas palabras eran no sólo un mensaje para Juan, que apenas tuvo tiempo de escucharlo y mucho menos de interpretarlo, sino más bien para miles de discípulos de Cristo, desde Esteban hasta su retorno en gloria que aún esperamos, y concierta muy bien con lo que dice Isaías acerca de la grandeza e incomprensibilidad de los planes de Dios.

d) Eran aplicables a Esteban, a Jacobo y a todos los cristianos de Israel y del mundo a través de los siglos. Muchas veces los planes de Dios no son como los nuestros y entonces o bien podemos decir como Elí: «El Señor haga lo que bien le pareciere» (1 S. 3:18).

e) O bien continuar exclamando como decía Jacob: «Contra mí son todas estas cosas» (Gn. 42:36). Pero ambos se equivocaron, pues ni Job se suicidó, sino que vivió aún muchos años y tuvo hermosas hijas e hijos, ni José había muerto, sino que había sido hecho virrey de Egipto.

f) Sin embargo, muchas veces en la Historia los deseos y clamores de los creyentes han sido frustrados hasta el momento de su muerte. Así ocurrió con el primer mártir, Esteban, y en miles de otras ocasiones. Cuántas oraciones habrían sido levantadas por los creyentes perseguidos pidiendo que Dios entrara en acción para anular los decretos persecutorios de Nerón, Domiciano y otros emperadores, cuando Tertuliano se sintió inspirado a exclamar: «La sangre de los mártires

es la semilla de la Iglesia», ante las muchas persecuciones que se llevaron a cabo durante los tres primeros siglos, y en los días de la Reforma cuando la autoridad religiosa estaba coaligada con las autoridades romanas y Dios permitió que miles de adoradores suyos fueran tratados como herejes, enemigos de la fe, y quemados vivos.

4. La duda no es pecado: apenas los discípulos de Juan habían expresado ante el Señor aquel sentimiento de duda acerca de su mesianismo, cuando Jesús empezó a elogiar a Juan el Bautista, quizás en los mismos momentos de la prueba suprema del gran profeta y servidor de Dios explicando que Juan era su precursor, que había actuado según la profecía con el espíritu y virtud de Elías, ¿por qué? Porque Jesús conocía la realidad de lo que ocurre cuando Dios llama a un siervo suyo por medio de la muerte súbita o como fruto de la persecución. Cuando los enemigos han estado actuando con la aparente pasividad de Dios, sometiendo a sus fieles a las mayores vejaciones y tormentos. Esto es lo que recordamos al visitar la «Torre de Constanza» en Francia. Las torres y calabozos de las islas Issi, cerca de Marsella, el monumento memorial de Smithfield, en Inglaterra, o la cárcel de Triana en Sevilla, y tantos otros lugares en que verdaderos creyentes hijos de Dios sufrieron y murieron del modo más alevoso por su fe en Jesucristo. Todos ellos desde aquí abajo han sido detenidos como los más desventurados de los hombres, mientras que allá arriba han recibido honores celestiales, y la corona de vida (Stg. 1:12; 1 Co. 9:25).

5. La bienaventuranza de los fieles en la dispensación de la fe: ¿Qué significa en este relato acerca de Juan el Bautista la declaración de Jesucristo: «Os digo que entre los nacidos de mujeres no hay mayor profeta que Juan el Bautista, pero el que es menor en el Reino de Dios es mayor que él»? Efectivamente, Juan el Bautista había sido el mayor profeta de la antigua dispensación por las obras de la Ley –como dice el texto– (Gá. 3:10). Pero la venida de Jesús al mundo inauguró una nueva era, la de la fe en el Salvador invisible a través de todos los siglos. En esta nueva dispensación ha habido cristianos tan insignes que han llegado a dar su vida por Cristo, pero ha habido también sencillos creyentes que han creído en Jesucristo para su salvación, aislados en algún monte y que apenas saben decir otra cosa que «Jesucristo murió para ser mi Salvador». Juan fue el último profeta de la dispensación de la Ley proclamada en el Sinaí acerca de la cual fue dicho: «El que hiciere estas cosas vivirá por ellas» (Gá. 3:12-14), y el eje de transición entre ambas dispensaciones como profeta de Israel había sido el mayor de los profetas, pero ahora había llegado la era de la vida eterna obtenida por la obra de redención del Hijo de Dios hecho hombre, por lo cual puede considerarse que desde entonces la justificación por la Ley había quedado abolida por haber un medio mucho más fácil, y muy eficaz, de salvación para el más sencillo de los creyentes. Así lo expresó el Señor Jesucristo en este incidente del ensalzamiento de Juan (Mt. 1 1:25-29).

CONCLUSIÓN: creo que éste es el sentido verdadero de la declaración de Jesús, «el menor en el Reino de los Cielos mayor es que él» y no significa ningún despojamiento de los méritos humanos y morales de Juan. El había vivido como un nazareno en el desierto, quizá suponiendo que con esto obtenía méritos para la vida eterna, pero Jesús viene a expresar en esta proporción de la Sagrada Escritura que el mérito para la vida eterna depende de Él, en virtud de su sacrificio y de la fe que se adhiere al Salvador Dios y Hombre. Nosotros hemos hecho esta elección de la fe en Él, abandonando la idea de nuestros propios méritos fomentada por la Iglesia catolicorromana en los siglos de mayor desvío pero de mayor intensidad de esta fe, como consta en los escritos de los místicos españoles, que hoy reconocemos como nuestros más iluminados hermanos; *véase* en la poesía de Teresa de Cepeda (llamada santa Teresa de Jesús):

«Vivo sin vivir en mí,
y tan alta vida espero,
que muero porque no muero.

Aquesta divina unión
del amor con quien yo vivo
hace a Dios ser mi cautivo
y libre mi corazón,
mas causa en mí tal pasión
ver a Dios un prisionero,
que muero porque no muero.

Sólo con la confianza
vivo de que he de morir,
porque muriendo el vivir
me asegura mi esperanza,
muerte, do el vivir alcanza;
no te tardes que te espero
que muero porque no muero.

Aquella vida de arriba
es la vida verdadera,
hasta que esta vida muera
no se goza, estando viva;
muerte, no seas esquiva
vivo muriendo primero,
que muero porque no muero».

210. *LA COMUNIÓN DE FE: ENOC (Hebreos 11:5)*

INTRODUCCIÓN: el cap. 6 del Génesis es muy triste hasta el v. 18, donde encontramos a Enoc (séptima generación desde Adán), quien, a pesar de ser un hombre ordinario y pecador, pudo caminar con Dios y vivir día por día en comunión alegre con Él. Anduvo por fe en la misma comunión que anduvieron Adán y Eva antes de su caída. «como viendo al invisible». No hay nada mejor que caminar con Dios, aun viviendo en la Tierra. Siglo tras siglo ha habido hombres y mujeres que anduvieron con Dios, y aún hoy hay millones de personas en este mundo que conocen esta comunión sagrada con Dios en Jesucristo, por medio de su fe.

1. Características de la comunión con Dios:

a) Implica que andaba en el mismo sentido y al mismo paso que Dios, quien hablaba en su conciencia; o sea que vivió en armonía con el Señor (*véase* Am. 3:3).

b) Su comportamiento agradó a Dios (He. 11:5). Éste debe ser el ideal para todos nosotros cuando tenemos fe (2 Co. 5:6-9). ¿Cuándo agradamos a Dios?

Cuando nos entregamos a Él naciendo de nuevo (Ro. 8:8). Cuando vivimos alejados del mal (2 Ti. 2:4); cuando obedecemos sus mandamientos como hijos suyos (Col. 3:20 y Jn. 3:29). Finalmente, cuando nos consagramos del todo y enteramente a Él.

c) Enoc fue exactamente igual a cualquier hombre de su época, pero tenía una fe que le colocó en comunión con Dios. ¿Cuándo comenzó su comunión con Dios?

2. El comienzo de la comunión por fe: ¿Anduvo siempre Enoc con Dios? Por el texto de Gn. 5:21 comprendemos que Enoc comenzó su vida de fe a la edad de 65 años, al nacer Matusalén, cuyo nombre significa: «Cuando éste muriere, aquello vendrá». Lo que se considera una respuesta a la oración que le trajo una revelación divina en cuanto al diluvio.

3. La continuación de la comunión con Dios por la fe: ¿Cuánto tiempo duró esta comunión? Hasta el término de su vida sobre la Tierra: Enoc continuó teniendo a Dios en cuenta más que las opiniones y consejos de sus amigos y contemporáneos (Gn. 5:24). Esto fue por espacio de 300 años, o sea más de 100.000 días, equivalentes a dos millones y medio de horas. ¿Porque vivía en algún monasterio? No, pues tenía casa, esposa, hijos, alegrías y penas, pero, en medio de todo, tenía su oído atento, sintonizando con la voz de Dios (Sal. 127:7), y un corazón lleno de amor a Él (Jn. 21:15, 17) y un decidido propósito de agradarle.

4. El final de la comunión por la fe: «Fue traspuesto para no ver muerte». Aunque no lo parezca, es similar a cada creyente que camina con Dios hasta la muerte del cuerpo. La comunión con Dios no termina con la muerte, pero termina la fe, por no ser ya necesaria. No después de un largo sueño en el cementerio, como dicen algunos pues 2 Co. 5:8, Fil. 1:21 y 2 P. 1:14 dan a entender perfectamente que el alma va a estar con el Señor. La gloriosa apoteosis final ha de tener lugar, empero, en fia segunda Venida de Cristo. Los creyentes vivos aún en la Tierra serán trasladados sin morir, como Enoc, y los muertos en Cristo recibirán un precioso vestido, que será el cuerpo glorificado que les habilitará para superiores privilegios que aquellos de los cuales ya disfrutan ahora en el Cielo (*véase* 1 Ts. 4:1317; 1 Co. 15:21-52; He. 11:40).

5. Una referencia escatológica: Enoc fue el primer profeta que encontramos en la Biblia. Se cree que era, además, un sacerdote del Dios Altísimo, como Melquisedec, en días de Abraham. Pablo nos dice que los primeros pobladores de la Tierra habían conocido a Dios,

que se había revelado a la primera pareja, antes de caer en pecado, al cual abandonaron sustituyéndolo por cosas visibles, pero bien estúpidas: dioses imaginarios de la escala inferior de la creación. ¿Es que el culto del Dios Altísimo implicaba virtudes morales que no quisieron soportar? Es lo más probable...

a) Dios había establecido en el Edén el matrimonio monógamo, pero en Gn. 4:19 se nos informa que Lamec tomó dos mujeres y asesinó a un joven que parece se peleó con él. El sexualismo y la violencia se extendió, en contra, podemos suponer, de las advertencias de hombres que andaban con Dios, como Enoc, más tarde Malquisedec y posiblemente algunos otros.

b) El nombre de Enoc aparece de nuevo en el Nuevo Testamento en una epístola, que los primitivos cristianos discutieron por algún tiempo si tenía que figurar o no en el Canon de las Escrituras Sagradas, ya que su criterio era que no debía darse autoridad sino a epístolas escritas por apóstoles; pero por fin prevaleció el criterio de que la carta de Judas, uno de los hermanos de Jesucristo según la carne, merecía figurar como escrito inspirado.

CONCLUSIÓN: es cierto que cita de un libro no aceptado en su totalidad como Palabra de Dios, pero la referencia de Enoc, ¿no podía haber quedado en la tradición y ser cierta? ¿No es esto lo que anunció Jesús y repitió Pablo en I Ts. 4:13-18? El que profetizó acerca del diluvio como final de su dispensación no es extraño que profetizara de otro juicio definitivo. Recordemos que Jesús mismo dijo: «Como en los días de Noé...» (Mt. 24:37-49; Lc. 18:8).

211. *LA CONVERSIÓN DE SAULO (Hechos 9)*

INTRODUCCIÓN: es una historia conocida por todo el mundo y puede referirse muy brevemente por el predicador. Consideremos...

1. ¿Quién era Saulo? Joven nacido en Tarso (Asia Menor), de familia judía acomodada, educado en Jerusalén junto al famoso maestro Gamaliel, cuando apareció la secta cristiana. Saulo entró en odio contra los cristianos porque le malnformaron, presentando al Crucificado como:

a) Caudillo de ignorantes pescadores, de publicanos y rameras.

b) Enemigo de Moisés y de la Ley de Dios.

c) Blasfemo, por haberse declarado Mesías.

d) Maldito por Dios, como parecía evidente por su muerte ignominiosa entre dos ladrones.

2. Su actuación contra los cristianos: se hizo jefe de una cuadrilla o club anticristiano: después del apedreamiento de Esteban, muchos cristianos huyeron de Jerusalén, donde corrían peligro, desplazándose a Siria, cuya capital era, y todavía es, Damasco. Por entonces no se llamaban cristianos, sino sectarios nazarenos. Fue allí donde se inventó el nombre de cristianos, o seguidores de Cristo. Los fariseos los llamaban seguidores del «camino» –es verdad que Cristo vino a ser el camino del Cielo–, pero ellos querían decir del «camino del Nazareno», apartándose del de nuestros padres. Pablo consiguió cartas de recomendación para los rabinos y las autoridades de Damasco para arrestar a los refugiados.

3. La visión sobrenatural:

a) «¿Quién eres?»: su ignorancia de lo que sucedía. Pensó que era una visión sobrenatural; pero ¿sería Enoc, o Elías, o el Jehová que se apareció a Moisés en la zarza? Quedó aterrado al oír: «Yo soy Jesús, a quien tú persigues». El terror de Pablo sólo es comparable al que tendrá todo el pueblo judío el día que Él aparezca sobre el Monte de los Olivos. Miles dirán: «Tenían razón los cristianos».

b) «Por qué me persigues?»: las piedras lanzadas contra la cabeza de Esteban, Jesús las tomaba como dirigidas contra sí mismo. Frase que ha dado valor a millones de mártires.

c) «Dura cosa te es dar coces contra los aguijones» (explíquese la figura refiriéndose a los bueyes tozudos, que eran aguijoneados): ¿Contra qué aguijones daba coces Pablo?

–Contra el testimonio de Esteban y su oración final.

–Contra la verdad histórica acerca de Jesús; por más que la falsearan, algo llegaría a sus oídos de carácter positivo.

–Contra las profecías que se referían a un Mesías sufriente (El siervo de Jehová, de Is. 53).

–Contra las evidencias de la resurrección y la tenacidad con la que los apóstoles la afirmaban.

–Contra las manifestaciones del poder del Espíritu Santo, que estaba convirtiendo a millares, incluso sacerdotes (Hch. 6:7).

4. Su rendición: «¿Qué quieres que haga?» Se declara prisionero y también siervo por el amor a aquel a quien perseguía. ¿Qué tenía que hacer?

a) De momento ir a Damasco, meditar, orar, arrepentirse. Allí recibiría más instrucciones.

b) «Llevado por la mano». ¡Cuán diferente de cómo pensaba entrar! Dios le cerró los ojos del cuerpo para abrirle los del alma.

c) Tres días de lucha entre lo viejo y lo nuevo. Por un lado su posición, su porvenir, familia, riqueza, interpretación tradicional de las Escrituras. ¿Podían estar equivocados Gamaliel y todos los rabinos? Por otro lado las evidencias eran fuertes, los aguijones de la gracia que hemos descrito se clavaban en su alma.

d) Conducido a la casa del rabino Judas, en la calle Derecha. El paseo central de Damasco, descubierto por los arqueólogos.

5. El mensaje de Ananías (explíquese la estupefacción del siervo de Dios): Pablo se hospedaba en una de las mejores casas, la calle Derecha tenía dos kilómetros y diez metros de ancha. La rambla de la ciudad. ¡Cualquiera se atreve a entrar en tal casa y pedir una entrevista con el jefe de los inquisidores, el rabino Saulo, recién llegado de Jerusalén! Pero el siervo humilde Ananías es un embajador de Dios y entra con gran libertad en la noble casa, y al reverendo Saulo al rabino de Jerusalén, le llama «hermano Saulo», porque Cristo le ha unido a la familia de los hijos de Dios. Después de fortalecer su cuerpo, instrumento del alma, empezó su trabajo en la sinagoga. Figurémonos la sorpresa tanto de judíos como de cristianos.

6. Lecciones prácticas:

a) La conversión de Saulo es uno de los hechos más importantes de la apologética cristiana *(anécdota: dos abogados ateos que se concertaron para contradecir uno la resurrección y otro la conversión de Saulo y ambos se convirtieron).*

b) Semejanza entre la conversión de este enemigo de la fe y muchos otros a través de los siglos (el caso de otro Pablo, el fundador de la secta llamada de los Paulicianos, en el siglo VI. Así como los casos de Agustín Arenales y otros sacerdotes enemigos de la fe evangélica en España).

CONCLUSIÓN: cada conversión es un milagro de Dios, porque corríamos por el camino equivocado con más o menos buena fe. Nunca podremos dar bastantes gracias al Señor por habernos parado en el camino de nuestro Damasco. Que nadie intente dar coces contra el aguijón de la conciencia y de las evidencias de la verdad; que todos digamos, como Saulo: «¿Qué quieres que haga?», y nos esforcemos en servirle, como hizo Pablo durante toda su vida.

212. *LA DECISIÓN DE LA FE: MOISÉS (Hebreos 11:24-27)*

INTRODUCCIÓN: en He. 11 se pone énfasis en la decisión o decisiones que la fe de Moisés le llevó a hacer. Cada hijo de Dios tiene circunstancias en la vida que le obligan a tomar decisiones, y la primera y más importante se toma al arrepentirnos de nuestros pecados confiando en Jesucristo como nuestro Salvador personal (*véase* Hch. 20:21). Más tarde y durante toda la vida los servidores de Cristo tendrán que tomar decisiones a la gloria de Dios. La vida de Moisés se divide en tres períodos de 40 años. Los primeros vivió en Egipto como príncipe de la corte. Otros 40 en el desierto como pastor de ovejas, y sus últimos 40 años los pasó como jefe del pueblo de Dios.

1. La época de preparación: observemos que duró menos que 80 años y tuvo dos etapas totalmente diferentes. La primera era la más importante según el mundo, pues aprendió la cultura y artes de los egipcios, pero en la segunda aprendió a tener comunión con Dios y esperar en Él. El mundo diría que la primera fue la más importante y que la segunda sería muy aburrida, pero ambas le ayudaron para la gran obra que Dios tenía preparada para él. Las tres etapas fueron, sin embargo influenciadas por la fe de sus padres, Amrad y Jocábed (He. 11:23). ¡Qué bendición es tener padres creyentes! Pero esto es sólo el fundamento del edificio de nuestra vida La decisión es cuestión personal. Notemos

la edad de Moisés al tomar la decisión. En He. 11 dice: «Hecho ya grande...». Esto significa que durante su primera infancia estuvo cerca de su madre y recibió una influencia favorable a su pueblo y al Dios de su pueblo, y aquélla fue el fundamento de su vida. Pr. 22:6 indica que lo que se aprende de niño ejerce una influencia más o menos fuerte hasta la vejez, pero la vida cambia y tras la niñez viene la juventud: tiempo de las grandes decisiones. Moisés tenía unos 40 años cuando tomó la gran decisión de su vida. Observemos sus más notables características:

a) Implicó un repudio: las ventajas y placeres de la corte. La Biblia está llena de personas que rechazaron cosas seductoras por causa de su fe...

–José (Gn. 39:9).

–Sadrac, Mesac y Abed-Negó (Dn. 1-3).

–Daniel mismo (Dn. 6:13).

–Pedro y Juan (Hch. 4:18-20).

b) Al rechazar el mal, escogió el bien (He. 11:25 y 26): «el vituperio de Cristo», lo llama Pablo. Históricamente Cristo todavía no había aparecido en el mundo, pero existía en el seno del Padre y por su Espíritu producía decisiones de fe. Hoy que Él ha venido y podemos conocer mejor los secretos de Dios, tenemos más luz y mayor estímulo para hacer una decisión como la que hizo Moisés.

c) Fue una decisión bien considerada (ver. 26): esto implica que Moisés había hecho la cuenta y sacado el balance con mucho cuidado. El Dios vivo que había hecho promesas eternas a Abraham, Isaac y Jacob valía mucho más que los placeres de Egipto. Poniendo en la balanza todas las promesas del Nuevo Testamento, observaremos que pesan mucho más que todas las atracciones pasajeras del mundo.

2. Consecuencias de la decisión de Moisés: eternizó su nombre. De haber quedado en Egipto sería uno de los millares de personajes anónimos de la historia de Egipto. Al escoger el pueblo de Dios, escogió la fama eterna en el mundo y la existencia gloriosa en la eternidad. Obsérvese su aparición en el Monte Tabor (Lc. 9:22 y Mr. 9:2), donde leemos: «Aparecieron rodeados de gloria».

CONCLUSIÓN: mucha mayor gloria será para ellos la venida con Jesucristo (Jud. 14).

213. *LA OBEDIENCIA DE LA FE: ABRAHAM (Hebreos 11:8-10)*

INTRODUCCIÓN: el primer gran carácter que encontramos en la Biblia es Abraham, que antes se llamaba Abram (Gn. 17:5). Su fe fue tan profunda que pudo ser llamado «padre de todos los creyentes» (Ro. 4:11). En He. 11 las biografías de Abel, Enoc y Noé nos son dadas en un solo versículo; en cambio, hay 12 para explicar la vida de Abraham. Ningún otro personaje es estimado y venerado por una porción tan grande de la raza humana. Judíos, cristianos y mahometanos, todos, le reconocen como el gran hombre de Dios. Los escépticos de hace dos siglos negaban tal historia diciendo que Ur era una ciudad desconocida en los días de Heródoto los creyentes afirmaban su historicidad basándose en la declaración de Cristo en Jn. 8:56-58. La arqueología ha confirmado esta fe por el descubrimiento del código de Hamurabi y la ciudad de Ur, en donde se ha revelado que al principio de la civilización humana más antigua las gentes no tenían ídolos, sino que adoraban al «Dios Altísimo», del que Melquisedec fue uno de los últimos representantes (Gn. 14:17-20), pero después cayeron en la idolatría (Josué 24:2), por lo que Dios mandó a Abraham separarse de sus conciudadanos idólatras. Consideremos cinco aspectos de esta obediencia:

1. Fue inmediata (*véase* Gn. 12:1; He. 11:8) ¿Está Dios hablándote ahora en algún aspecto amado oyente o lector? (*véase* 1 S. 15:22 y Jn 2:5).

2. La obediencia de Abraham fue práctica (He. 11:18-10): tuvo que embalar los efectos de su casa y despedirse de todos sus amigos y emprender un largo viaje.

3. La obediencia de Abraham fue progresiva su salida de Ur fue solamente el primer paso en la fe; pero un paso siempre conduce a otro cuando la fe es sincera (Sal. 27:33). Notemos los pasos de este viaje de fe...

a) Abraham persuadió a su padre Taré de la revelación que había tenido y levantó en él una fe pasajera pues Taré se quedó en Harán, era el jefe del clan familiar y Abraham le obedeció Su obediencia filial era un buen precedente para la obediencia a Dios. Aún Dios no había

publicado el quinto mandamiento, pero Abraham lo cumplía instintivamente.

b) «Pero Dios había dicho a Abraham...»: tan pronto como tuvo autoridad, puso en práctica el mandato de Dios. Buena lección para quienes dependen de otros, esposas o hijos de no creyentes, de que la fe se prueba por obras.

c) «Y salieron...»: persuadió a los suyos.

d) «Y pasó Abraham por...»: no paró de nuevo.

e) «Luego se pasó de allí...»: continuó.

f) «Y Abraham partió de allí...»: perseveró.

El deseo de Dios es que la fe opere en todas las etapas de nuestras vidas (Mt. 7:11 y Lc. 11:13).

4. La obediencia de Abraham fue insólita y extraña: del mismo modo, hoy día el incrédulo preguntará: ¿Por qué este creyente ha dejado sus amistades, aquella muchacha ha dejado a su novio, aquel joven su carrera para evangelizar a un pueblo extraño? Es absurdo. Pero nunca es absurdo cumplir los mandatos de Dios por fe. Esto nos indica Mt. 5:10-11 y 6:33.

5. La obediencia de Abraham obtuvo grandes resultados:

a) Ha sido un ejemplo para el mundo entero (Gá. 3:6-9).

b) Dios mismo pudo gloriarse de su obediencia al revelarse a Isaac (Gn. 26:1-5). Jesús dice: «Si alguno me sirviere, mi Padre le honrará» (Jn. 12:26; Dt. 11:26-28).

6. Mirando a la ciudad con fundamentos: la Epístola a los Hebreos nos ofrece un detalle acerca de la vida de Abraham que no aparece en el Génesis, pero que no podemos dudar, porque, al igual que la frase de Jesús en Jn. 8:56, la hallamos en el Nuevo Testamento (inspirado por Dios como el A. T.), ya que no era dado conocer a los primeros lectores de la Biblia lo que era reservado a la persona de Jesucristo quien vino a quitar la muerte y sacar a luz la vida y la inmortalidad por el Evangelio (2 Ti. 1:10). Posiblemente relacionado con el «vio mi día», expresado por Jesucristo mismo, Abraham tuvo una visión de la «Ciudad con fundamentos» de la esfera superior a la terrestre, probablemente la que nos es descrita en Ap. 21; una mansión gloriosísima y permanente, y ante tal esperanza se resigna a morar en tiendas de campaña toda su vida terrenal.

7. Una esperanza para nosotros: a nosotros no nos es requerida una forma de vida beduina, pero el gran apóstol Pablo, el que mayores revelaciones tuvo acerca del más allá de la muerte asemeja nuestra morada presente en un cuerpo físico a una pobre tienda de campaña (2 Co. 5:1), que ha de ser desmontada cualquier día para ser trasladados a la mansión celeste, y así habitar con Cristo y con nuestros amados que nos han precedido en el viaje, en espera del gran día en que, juntos, acompañando a nuestro divino redentor y Señor, volvamos a esta Tierra, morada pasajera de nuestro «yo» espiritual, para servirle en la próxima era de paz y justicia.

CONCLUSIÓN: entre tanto, debemos procurar, «ausentes o presentes, serle agradables» (2 Co. 5:9), como lo fue aquel gran servidor de Dios, que ha servido de ejemplo a la inmensa mayoría de seres humanos que han pasado por esta Tierra, a pesar de que la inmensa mayoría le ha visto a través de un velo más o menos tupido, que está sobre los ojos de su mente (2 Co. 3:14-16) –judíos y mahometanos–, dando gracias a Dios por habernos revelado su maravillosa gracia mucho más claramente que a ellos, lo cual nos hace tanto más responsables.

214. *LA OBRA DE LA FE: NOÉ (Hebreos 11:7)*

INTRODUCCIÓN: como creyentes, no tenemos solamente el privilegio de entrar en comunión con Dios y caminar con Él, sino también el de ser sus colaboradores (*véase* 2 Co. 6:1 comparándolo con Ef. 2:10). En Stg. 2:17 descubrimos que cuando existe la fe interna en Dios, siempre hay alguna indicación externa que lo comprueba. La creencia afecta la conducta: La fe se demuestra en obras. Es vano decir que tenemos fe en Dios si no hay obras en nuestras vidas que lo evidencian. Noé tenía una fe que le hizo agradable a Dios, evidenciada por el trabajo asombroso de la construcción del Arca en obediencia a la Palabra del Señor.

1. Comparando el texto de Hebreos con los de 1 P. 3:20 y 2 P. 2:20, nos damos cuenta de tres razones por las cuales el tiempo de Noé se parece mucho al nuestro:

a) Noé vivió en días de gracia limitados, pues la puerta de la salvación quedó abierta por 120 anos, si los hombres hubiesen querido creer el testimonio de Noé (1 P. 3:20). Nosotros vivimos en la edad de la gracia, que se ha extendido ya, por la misericordia de Dios, a cerca de 2.000 años (2 Co. 6:2, He. 4:7-8; Ap. 22:17).

b) Noé vivió y trabajó en días de gran apostasía –tal como nosotros–.*véase* Gn. 6:1-7 con Ti. 4:1-3 y 2 Ti. 3:1-9 y veréis que Noé vivió y trabajó para Dios en un tiempo de gran oscuridad moral, muy semejante a la de nuestros días.

c) Noé dio testimonio al final de una dispensación, la de la conciencia, que los hombres de una larga época resistieron (*véase* Gn. 6:3) y fue en los últimos años (tan sólo 120, 1 P. 3:20). Nosotros vivimos en los últimos días de la dispensación de la gracia (*véase* Mt. 24:37-39).

2. Veamos ahora cómo se portó Noé, para darnos cuenta de lo que es una obra de fe:

a) Es escuchar la voz de Dios en medio de muchas otra voces: de acuerdo con 1 Co. 14:10, podemos decir que hay hoy día una gran confusión de voces. En medio de toda la algarabía de su época, Noé, por la fe, sintonizó la voz del Todopoderoso (*véase* Gn. 6:13 y He. 12:7). No es fácil, pues por todos lados estamos rodeados de voces confusas, pero el mérito de la fe es captar la voz de Dios en medio de todas las demás.

b) Es obedecer la voz de Dios por más que aparentemente sea contrario a la lógica humana. ¿Quién en los días de Noé podía imaginarse un diluvio universal y la necesidad de un arca? (Gn. 6:14). Tal cosa parecía imposible, sobre todo en el lugar donde vivía Noé. La gente se decía: «Debe haber un error en el viejo Noé; debe haber perdido el juicio». Pero Dios así lo había dispuesto y la obra de la fe era aceptarlo y actuar de acuerdo, por muy ilógica que pareciera (Gn. 6:22). Debemos tomar nota de las palabras, y así lo hizo Noé. «Muchas veces el pueblo de Dios ha sido llamado loco al cumplir los mandatos de Dios» (Jn. 10:20; Hch. 26:24).

c) Obra de fe es hacer la voluntad de Dios, aunque nadie más la cumpla. Tal vez, no haya ningún otro creyente en nuestra oficina, industria o aldea, y ello hace nuestra posición tanto más singular o ridícula. Noé estuvo solo también. El verdadero pueblo de Dios siempre ha sido minoría (*véase* 1 R. 19:14; Mt. 7:13-14).

d) Obra de fe es seguir actuando según Dios, a pesar de la oposición. No hay duda de que Noé encontró oposición y consejos disuasorios de su aparentemente ridícula obra (*véase* la oposición de hoy a la luz de 1 Co. 10:13; 2 Co. 4:8-9; Gá. 6:9).

e) Obra de fe es aceptar el dictamen de Dios sin dudar. El juicio parecía muy severo o exagerado, ya que abarcaba a todos los vivientes, pero Noé supo decir lo del Sal. 19:2. Debemos aceptar la severidad de Dios tanto como su bondad (Ro. 11:22).

f) Obra de fe es proclamar el mensaje a pesar de ser demasiado severo ante la vista humana y tener por ello poca aceptación. Había dos alternativas, entrar en el arca y salvarse, o recibir el juicio que vendría sobre todos los que quedarían fuera (*véanse* las palabras del Señor en Mr. 16:16). Es cierto que habrá grados de condenación (Mt. 11:20-24), pero una u otra medida de condenación será aplicada a todos los no creyentes (Ro. 3:23 y Jn. 3:18). Sólo hay una esperanza para obtener vida eterna con todos los privilegios de los hijos de Dios, y es entrar en el Arca, que es Cristo, por medio de la fe.

g) La obra de la fe asegura la recompensa de la fe. En He. 11:7 leemos no sólo que Noé y su familia se salvaron, sino que «fue hecho heredero de la justicia que viene por la fe». Noé ha sido pregonero de fe a muchas generaciones de cristianos y Pablo dice que hemos de ser «embajadores a principados y potestades en los lugares celestiales» (Ef. 3:10), si empezamos siéndolo en la pasajera vida presente (2 Co. 5:6-10). ¿Estamos ejerciendo nuestra fe del mismo modo que Noé para la salvación de nuestros seres más queridos (Mr. 9:23; Hch. 16:31), y para el mundo en general, por más que se burlen de nuestro testimonio?

3. Como en los días de Noé: es casi inevitable, al hablar de Noé, su vida y su tiempo hacer referencia a la declaración de Jesucristo acerca de las circunstancias que existirán en el mundo en el tiempo de su Segunda Venida, las cuales nunca se habían producido tan completamente como en nuestros días, y son:

a) Desorden sexual y moral: la frase casándose y dándose en casamiento de Mt. 24, no

significa el matrimonio legítimo, pues esto no es ningún pecado que merezca castigo, antes al contrario, sino el desorden y apartamiento del orden divino del matrimonio establecido por Dios -*véase* cómo la traducción de lo sagrado del matrimonio se había extendido hasta los días de José (Gn. 39:7-9)-; la palabra griega «gameo», que hallamos en la frase de Jesús, significa más bien relación sexual extramatrimonial.

b) Desorden político y violencia social (Gn. 6:5 y 11-12): lo efectivo y rápido de las armas modernas han facilitado el terrorismo personal o de masas como jamás había podido imaginarse el ser humano. Sobre todo en una era de cultura como la nuestra; pero hoy la violencia parece inevitable e imparable.

CONCLUSIÓN: ¿No es todo ello evidencia innegable de que estamos efectivamente en el tiempo del fin? ¿Nos hallamos preparados para la Segunda Venida de Cristo que se acerca? No nos engañemos: la humanidad no encontrará solución a los problemas de la era presente, si no es por un poder sobrenatural que se imponga sobre los actualmente inevitables ataques del terrorismo y a la rivalidad incontenible de las grandes potencias.

215. *LA ORACIÓN DE NEHEMÍAS (Nehemías 2:1-8)*

INTRODUCCIÓN: los discípulos pidieron a Jesús: «Enséñanos a orar». Ellos entendían la necesidad de orar, pero debían hacerlo del modo más eficaz y conveniente. ¿Cuáles son las condiciones apropiadas y eficaces para la oración?

1. Cuando hay un vivo deseo en el corazón (v. 4): el deseo de Nehemías era tan vivo que se manifiesta por cuatro señales:

a) «Hice duelo...»: las costumbres judías implicaban romper los vestidos, echar ceniza sobre la cabeza, etc. Las muestras no son tan complicadas, pero el duelo es un sentimiento del corazón, sean mayores o menores las expresiones externas, según la cultura de la época.

b) «Ayuné...»: ésta era también una costumbre hebrea que todavía algunos practican en señal de un deseo intenso.

c) «Oré...»: ésta es la parte indispensable expresando en palabras a Dios lo que siente el corazón.

2. Humillación y confesión (v. 6). Nehemías no dijo: «¡Qué se me da a mí, si otros han pecado, que Dios los castigue, o que se humillen ellos!» Se asoció al pecado de su pueblo como si fuera suyo.

3. Recurso a las promesas de Dios con entera fe (vs. 8-10): Nehemías conocía las promesas de Deuteronomio y de los profetas, y las identificó en su oración. Éste es el caso que aprendemos de grandes servidores de Dios que han sabido acudir ante el Trono diciendo: «Señor Tú has dicho...»

4. Manteniéndose en el espíritu de oración: lo que no significa estar siempre de rodillas (cap. 2:4). Ante la pregunta del rey, Nehemías recurrió a la oración jaculatoria, o sea brevísima, pues no podía hacer otra cosa, pero su espíritu era de constante súplica, aun en un momento tan comprometido. Es lo que el apóstol dice cuando declara: «Orad sin cesar». Un pensamiento a Dios puede elevarse en un segundo.

5. Cuando se mantiene latente el espíritu de alabanza y gratitud (cap. 2, v. 8): al referir el éxito de su demanda Nehemías no dice: «Por la buena suerte que tuve aquel día ante el rey», sino «según la benéfica mano de Jehová sobre mí». ¿Tenemos este espíritu de gratitud cuando logramos un éxito en nuestros deseos presentados ante el Señor? Tengamos siempre presente la preciosa condición a la oración de fe que nos es indicada en el Sal. 58. No seamos semejantes a los 10 leprosos del Evangelio. Salomón dice: «Reconócele en todos tus caminos y Él enderezará tus veredas» (Pr. 3:6).

CONCLUSIÓN: tengamos buenos deseos, haciéndoles objeto de fervientes oraciones a Dios, tanto en privado como en público, aunque tengamos que elevarlas desde nuestro corazón en silencio como el caso de Nehemías ante el rey; para Dios, una oración muy breve pero salida del corazón, tiene tanto o más valor qué una oración extensa en público. Sin duda, el apóstol tenía en mente muchas de estas oraciones que no son sino suspiros del corazón (1 Ts. 5:17; *véase* igualmente Sal. 37:4 y 145:19).

216. *LA TRAGEDIA DE UN JUSTO* *(2 Pedro 2:8)*

INTRODUCCIÓN: hay muchos creyentes que no llegan a obtener todo lo que Dios quiere otorgarles, a causa de su conducta insegura y divagatoria, a los cuales conviene no olvidar el ejemplo bíblico de Lot. Consideremos en este caso los siguientes detalles que aparecen en el relato bíblico...

1. Empezó bien la carrera (Gn. 12:5): se juntó a Abraham cuando éste decidió abandonar la ciudad de Ur (Gn. 12:5). Éste es el caso de muchos que profesan conversión en un momento de entusiasmo (Mt. 13:20-22), pero no perseveran (*véase* la advertencia de Cristo a unos judíos que profesaron creer en Él, en Jn. 8:38).
2. Se mantuvo fiel durante un tiempo (Gn. 13:5).
3. Se apoyaba en la fe de otros (Gn. 13:8, 9; 2 Ti. 4:9): así hay muchos que parecen cristianos por la influencia de un pastor o de un creyente fiel, hasta que tienen un desengaño o las circunstancias les llevan lejos de su instructor espiritual.
4. Prefirió ventajas terrenales (Gn. 13:10; 1 Jn. 2:15-17).
5. Se alejó poco a poco, introduciéndose en el mundo de los impíos (Gn. 13:12).
6. Era justo, pero cobarde: sufría por callar.
7. Era bondadoso con los extranjeros, pero dominante en casa: ofreció sacar a sus hijas, pensando quizá que sus novios le sacarían del apuro; pero éstos eran tan incrédulos como los demás. Muchos creyentes se apoyan en personas mundanas y quedan decepcionados.
8. Era lento para con sus decisiones (Gn. 19:15): seguramente por estar influido por sus familiares.
9. Salvó la vida perdiéndolo todo (Gn. 24:28 y 1 Co. 12:15-19).

CONCLUSIÓN: considérese que pudiera haber sido nombrado entre los mejores patriarcas y tener mayor recompensa en la eternidad, como advierte Jesús en Lc. 16:10-13.

217. *LAS CINCO VIRTUDES DE JUAN EL BAUTISTA* *(Mateo 11:7-14; 14:5-11)*

INTRODUCCIÓN: fue el gran precursor de Cristo, que vino revestido del poder de Elías. Creci como un nazareno, lo que demostró desde e principio sus grandes virtudes como profeta de antiguo pacto y en todas ellas tuvo que ser...

1. Probado en su humildad: antes de ir a la cárcel y mientras bautizaba en el Jordán creci su fama, pero esto era antes de que Jesús empezara su ministerio, y cuando vienen sus halagadores y le dicen: «aquel que tú bautizaste y de quien diste testimonio, te hace la competencia y el pueblo se va tras él». Su respuesta podía ser «Esto es natural y ratifica lo que yo dije de él pues él puede hacer milagros, yo no». Juan e Bautista no se nombra a sí mismo ni por su do de profeta, sino que responde sencillamente: «A él conviene crecer, mas a mí menguar». ¿A quién le conviene menguar? A él sí, porque por inspiración divina antes de empezar su ministerio que le hizo famoso, el Espíritu le había revelado que Jesús tenía que ser el Mesías doliente de Is. 53 pues llamó a Jesús «el Cordero de Dios que quita el pecado del mundo» ¡Qué visión tan clara del plan redentor de Dios! ¿Quién se lo dio?
2. Probado en su valentía y justicia: habiendo oído el rey Herodes sus éxitos en el Jordán envió a buscarle, pero Juan fue aún más valient que cuando reprendía a los escribas y fariseo y a los soldados. El rey estaba amancebado co Herodías, la mujer de su hermano, y Juan n temió en decirle: «No te es lícito tenerla». Est le costó ir a la cárcel, pero aún tuvo la oportunidad de llamar al corazón del rey, «quien le ca de buena gana». Su conciencia le habrí reprendido si no lo hubiese hecho. Además, é creía que pronto su primo el Mesías, establecería su Reino y sería liberado.
3. Probado en su fe: pero pasó un mes y do y todo seguía igual. Por esto envió mensajero a Jesús, para que pudiera ver su fe ratificada Pero el plan de Dios era mucho más grande qu lo que él, como el más grande de los profetas podía anticipar. Su fe tenía que crecer y recibi una advertencia del Señor que se extiende través de los siglos.

4. Bienaventurado el que no fuera escandalizado en mí: el cenit de la prueba para Juan el Bautista fue cuando entró el verdugo y, señalando un pilón de madera que allí estaba, quizá para sentarse, el prisionero le dijo: «Pon la cabeza acá, es orden del rey», y el hacha cayó pesadamente sobre su cuello; pero ¿cuál fue el resultado inmediato para el virtuoso profeta? Entrar en la eternidad por un atajo que él desconocía, donde encontró a muchos servidores de Dios a quienes había conocido de nombre; allí estaba su antecesor Abraham y pasaron pocas semanas cuando ambos recibieron el privilegio de ascender al paraíso definitivo que Jesús llamaba «la Casa del Padre».

5. La abnegada sumisión de Juan a la voluntad de Dios: esta cualidad ya la había demostrado al entregarse a vivir como un nazareno, llenando su juventud de privaciones materiales para conformarse a la Ley de los nazarenos, pero manteniendo su ilusión acerca del mesianismo inmediato de Jesús, pero sin esperar que en el momento de su muerte iría al «Lugar de consolación» y de allí bastante pronto al Reino eterno en compañía del mismo Señor Jesús. Así es como el gran profeta y precursor del Mesías vio cumplidas las palabras de Is. 55:8-13 que indudablemente se refieren al reinado de Jesús y a los privilegios eternos de los llamados a la fe probados y victoriosos, como lo fue Juan el Bautista.

CONCLUSIÓN: ¿Qué diremos cuando el Señor nos prueba en alguna de las virtudes que Él mismo nos ha otorgado, ya sea el don de palabra, o la diligencia, la justicia, la humildad o la fe? Allá veremos cumplidas las enigmáticas palabras de Jesús: «El menor en el Reino de los Cielos mayor es que él», lo que no significa que Juan el Bautista no forme parte de los redimidos del Señor, pero sí que allá vería sin envidia alguna a los que fueron probados aún más que él, con muertes horribles de tormentos y la hoguera, y ostentan grados de gloria de la que no faltará sin duda al gran profeta del antiguo pacto, porque los planes de Dios son más grandes que lo que cualquier mortal pudiera adivinar. Ciertamente el reinado de Cristo en la eternidad es mucho mayor que el régimen de la antigua Ley en la que Juan tanto se distinguió.

218. *LAS FUERZAS DE DIOS*
(2 Reyes 6:8-22)

INTRODUCCIÓN: en los días de Eliseo había una guerra intermitente entre Israel y los sirios (estos nombres se han hecho populares en nuestros días, pues los sirios dominaban la parte norteña de Israel llamada Líbano). La capital de Siria, igual hoy que entonces, era Damasco. Se conoce bien la historia de aquel general sirio llamado Naamán, que obtuvo la curación de su lepra por mediación de una jovencita esclava tomada prisionera en una de las acciones guerrilleras de Siria contra Israel.

1. La intervención de Eliseo: por aquel entonces Siria ponía emboscadas, de las cuales el ejército se libraba gracias a las advertencias del profeta Eliseo, que declaraba al rey de Israel los planes secretos del ejército sirio, lo cual indujo al rey de Siria a decir a su Consejo de Estado:

–¿Quién de vosotros es espía de Israel? Pues parece que el Estado Mayor israelita conoce los acuerdos de este Consejo.

A lo que respondieron los consejeros:

–¡No hay tal señor, todos aquí te somos leales!, pero está en Israel un adivino con poderes sobrenaturales, aquél mismo que curó a Naamán, ¿te acuerdas, oh rey? Y mientras este hombre se encuentre en Israel, el rey israelita sabrá nuestros propósitos y acuerdos aunque nadie los descubra.

–La solución de esto es sencilla –replicó el rey–. Que salga un comando de sorpresa y nos traiga vivo a este poderoso adivino, y aquí le obligaremos a servirnos a nosotros con sus poderes sobrenaturales de videncia y curación.

–¡Estupendo! –dijeron los consejeros, y rápidamente fue enviado un comando bien armado que rodeó el pueblo de Dotán, en las montañas del norte de Israel.

Por la mañana, cuando el profeta y su criado abrieron la ventana, vieron aquellas fuerzas enemigas rodeando y avanzando hacia la casa en que vivían, lo que hizo exclamar al criado:

–¡Ay, señor mío! ¿Qué haremos? Vienen por nosotros y aquí nos encontramos solos e indefensos, alejados del ejército de Israel.

Eliseo respondió al criado:

–¡No tengas miedo, porque más son los que están con nosotros que los que están con ellos!

E inmediatamente elevó esta oración:

–Te ruego, oh Jehová, que abras sus ojos para que mi criado vea.

Y por un milagro de Dios, el criado vio lo que comúnmente es invisible a los ojos de todo hombre. Las fuerzas espirituales de Dios, asumiendo la forma externa de un ejército de su tiempo, pues esta facultad tienen los ángeles de Dios. Cuando el jefe sirio llamó imperiosamente a la puerta, el profeta hizo una oración a la inversa:

–¡Señor, te ruego que hieras con ceguera a esta gente!

En consecuencia, los sirios quedaron entontecidos y ofuscados cuando el profeta les dijo:

–Yo os llevaré al hombre y el lugar que buscáis.

Y como un manso rebaño siguieron al profeta, donde se encontraron atrapados en una trampa dentro de la ciudad de Damasco, bien amurallada y guarnecida del ejército de Israel. El rey Joram, entusiasmado por el éxito del profeta, le dijo:

–¿Qué quieres que haga ahora de estos hombres? ¿Quieres que les mate para dar una lección al rey de Siria?

Pero Eliseo le ordenó hacer justo todo lo contrario:

–Hazles un banquete y envíalos sanos y salvos a su señor. Ésta será la mejor lección para el rey de Siria...

Y leemos que tras esta experiencia cesaron las incursiones de comandos sirios a Israel.

2. Un ejemplo para nuestros días: muchas veces nosotros nos sentimos desalentados en nuestra lucha con el enemigo de las almas, viendo cómo una vez tras otra Satanás anula nuestros esfuerzos para evangelizar a los inconversos, pero no estamos solos en tal empeño...

a) En primer lugar porque, como en las fuerzas humanas, si en un lugar la lucha es más dura y lenta, en otro lugar el ejército de Dios avanza con grandes bríos, por ejemplo en Corea y algunas naciones de Sudamérica, donde la fe evangélica es cada día más fuerte, teniendo nosotros el privilegio de proveerles, hasta donde nos es posible, de armas espirituales que son los libros, y pensando en el ejemplo de Eliseo y su criado podemos decir: «Más son los que están con nosotros que los que están con ellos», y aun diría que el ejército invisible de nuestros aliados espirituales está algo impaciente para entrar en acción. Jesús se refiere a estos seres invisibles, en el caso de los pequeños que le fueron llevados durante su estancia terrenal en Israel, cuando dice: «Sus ángeles ven la faz de mi Padre, que está en los Cielos» y en He. 1:14, hablando de los seres invisibles de la superioridad de Jesucristo sobre ellos, declara: «¿No son todos espíritus ministradores enviados para servicio en favor de los que serán herederos de la salvación? Fijaos que dice «de los que serán», o sea, servidores anticipados, de los cuales no podemos darnos cuenta físicamente, pero que algún día nos contarán cosas maravillosas de la providencia de Dios en nuestro favor, o nos aclararán el porqué de aquellas cosas que ocurren en la vida y no las entendemos. Así como de aquella otra admirable declaración de Jesús: «Os digo que hay gozo delante de los ángeles de Dios por un pecador que se arrepiente».

b) Esto significa que la atmósfera que rodea la Tierra está poblada por seres invisibles, buenos y malos. La verdad es que el Cielo físico más allá de la atmósfera sería muy triste si no fuera por el mundo espiritual invisible, y este mundo maravilloso que llamamos Tierra, totalmente inexplicable, sin el mundo espiritual, es decir, sin Dios como algunos nos quisieran hacer creer... pues este mundo, a diferencia de todos los mundos físicos visitados por los hombres está poblado de seres dobles, poseedores de alma y cuerpo y, aunque nosotros no podamos ver a los ángeles, ellos sí nos ven a nosotros y quizás algún día descubriremos que han intervenido en este mundo físico sin que nosotros los viéramos.

3. Experiencias admirables:

a) Conocida es entre todos los libros misioneros la experiencia de Paton, misionero a las Nuevas Hébridas, en donde hubo en el siglo pasado un portentoso movimiento espiritual que cambió el modo de ser de aquellos isleños salvajes que habrían matado muchas veces al misionero si no hubiesen intervenido sus oraciones que produjeron casos, como aquella ocasión en que cuando se preparaba un grupo para

asesinarle, mientras el misionero estaba de rodillas orando con su esposa, los de afuera vieron admirados dos hileras de guardas que rodeaban la casa.

b) Hay un libro del célebre predicador Billy Graham, cuyo título es *¡Ángeles! ¡Ángeles! ¡Ángeles!,* que cuenta un cierto número de casos particulares en que ángeles revestidos de cuerpos humanos, desaparecieron de la vista de otros cristianos, o de personas mal intencionadas que iban a agredirles, pero confesaron esta experiencia sobrenatural que vieron dos personas y que por esto no les atacaron.

c) En la parábola del trigo y la cizaña, Jesús nos presenta a los servidores invisibles de Dios como impacientes para entrar en acción (Mt. 13:28-39), donde Jesús explica: «los segadores son los ángeles» los que van a entrar en acción cuando termine nuestra era de testimonio. Ellos quisieran ya actuar recogiendo la cizaña y el trigo, pero Dios es más paciente que ellos y los detiene al mismo tiempo que nos incita a nosotros a emprender acciones en favor del Reino de Dios con más empeño y energía, ya que estamos en el período de prueba, para persuadir a los hombres como embajadores de Cristo, como declara el apóstol, no ha llegado todavía el relevo con los mensajeros de la justicia, que no tendrán el mismo mensaje que tenemos nosotros. Desde este punto de vista podemos decir: «Más son los que están con nosotros que los que están con ellos», y ésta es nuestra labor en España, en Sudamérica y en todo el mundo de habla hispana: luchad, hablad, instruíos y dad testimonio, procurad poder dar razón de la esperanza que hay en vosotros durante este tiempo de oportunidad. Poned en práctica por la fe lo que dice el apóstol: «No mirando nosotros las cosas que se ven, sino las que no se ven, porque las cosas que se ven son temporales, mas las que no se ven son eternas». He aquí la responsabilidad de nuestra fe y de la gran esperanza que Jesucristo mismo nos da. No estamos solos, sino como dice en He. 12:22, comparando nuestra revelación con la de Moisés en el Sinaí: «Os habéis acercado al monte de Sión, a la ciudad del Dios vivo, Jerusalén la celestial y a la compañía de muchos millares de ángeles».

CONCLUSIÓN: que el Señor nos ayude a cumplir bien nuestra misión de sembradores, hasta que venga la época del relevo, cuando entrarán en acción estos millares de ángeles que hoy nos rodean y se gozan cuando algún pecador se arrepiente (Lc. 15:710).

219. *LECCIONES DEL CREYENTE ABRAHAM*
(Génesis 17:15-22)

INTRODUCCIÓN: el diluvio fue un cambio tan grande en el mundo que no sólo perecieron las generaciones de Adán hasta Noé, sino que el mismo mundo antiguo quedó enterrado en una capa muy espesa de lodo. Los arqueólogos han tenido que cavar y atravesar tres metros de lodo para llegar a la ciudad de Abraham en Ur de los caldeos. Pero aún era una raza de pecadores. Noé mismo se embriagó, y los hijos, nietos y biznietos de aquel gran patriarca edificaron una torre, no sabemos con qué objeto, si asaltar el Cielo o conseguir seguridad en caso de otro diluvio. Hoy los arqueólogos han descubierto una montaña de arena con un camino que da vueltas alrededor, así fue esparcida la simiente de Noé, y el culto primitivo que se practicaba al Dios creador quedó olvidado. Según la tradición judía, Abraham luchó contra la idolatría, hasta que Dios le llamó a salir de Ur de los cal- deos. Podemos, pues, considerar que Abraham era un creyente del culto al Dios Altísimo, que se practicó por los descendientes de Set, hasta que su mezcla con las hermosas muchachas descendientes de Caín llevaron la confusión religiosa al mundo y la maldad que determinaron al Todopoderoso a enviar el diluvio sobre el mundo entero.

1. Un mandato difícil: lo mejor era dejar mucha tierra buena que quedaba en la desembocadura del Eufrates, a 150 kilómetros del mar. Parece que habían pasado 400 años desde el diluvio, y Abraham, que era muy querido, pues Taré no le dejó partir solo, le acompañó en sus primeras jornadas, pero Dios quería preparar un pueblo aislado que conservara la fe antigua e hizo a Abraham grandes promesas.

2. Un mandato garantizado: todos los mandatos de Dios van acompañados de promesas en cada edad, especialmente cuando se cumplió la gran promesa de la venida del Hijo de Dios al mundo, se multiplicaron las promesas...

a) Cree... y serás salvo.

b) Buscad primeramente... y todas las cosas serán añadidas.

c) Venid a Mí... los trabajados y cargados y os haré descansar.

d) El que deja padre o madre... tendrá cien veces más (esto se refiere sin duda a la edad del Milenio sobre la Tierra, pues nadie en la presente época del dominio temporal de Satanás ha recibido tal promesa, pero la declaración en el presente «aion» da a entender que ha de tener lugar sobre la Tierra).

e) Sé fiel hasta la muerte... y yo te daré la corona de la vida. Ésta es una promesa para el final de la vida, ya que tenemos textos que afirman que el morir es ir a estar con el Señor.

3. Un mandato cumplido: Abraham se quedó con su padre en Harán, pero Dios había dicho: «Deja a tu padre y a tu madre y vete a la tierra que yo te mostraré», y ello es una lección acerca de la influencia de los consejos bien intencionados muchas veces, pero que privan la libertad. Taré murió y Abraham no siguió su camino de fe hasta que estuvo libre de su influencia, y antes de dejar Ur podemos figuramos cómo luchó con otros miembros de su familia, como su hermano Nacor.

a) Jesús también dice en Mt. 19:29 acerca de dejar a familiares que se oponen. Estos textos del Evangelio han sido mal empleados por líderes de sectas diversas, como los llamados «Niños de Dios», pero Jesús no dice: «por causa de una secta o de un líder», sino «por causa de Mí». Esto significa que sólo en el caso de que familiares se opongan hasta tal punto a la profesión de fe, el creyente debe poner primero al Señor Jesús. Éste es el caso ocurrido muchas veces con mártires y misioneros deseosos de cumplir la voluntad de Dios.

b) Juan el apóstol descubrió el amor de Dios y estaba pasmado de la importancia y gloria de sus promesas. Por, algún tiempo no fue más que un desterrado en Patmos, pero miraba al futuro lejano, pues las promesas de Dios nunca dejarán de cumplirse. El mundo no nos conoce porque no le conoce a Él. Todos los santos han tenido un secreto basado en la Palabra de Dios, sólo lo descubren los que tienen un corazón para ello. Fijémonos que la promesa de Cristo incluye las palabras «en la regeneración», lo que da a entender el Milenio. Dios tiene planes tan grandes que son inimaginables para los creyentes. Abraham nunca podía imaginarse lo que fue su descendencia y mucho menos lo que será para aquellos que no sólo esperan en las promesas de Dios en esta vida, sino en el «aion» venidero.

4. Un mandato con esperanza: «La tierra que yo te mostraré...». Los creyentes andamos por fe hacia una tierra desconocida. Los científicos humanos no han encontrado sino mundos vacíos peores que el nuestro, pero Dios tiene lo que posiblemente fue revelado a Abraham según He. 11:10. Esta cita de Hebreos nos hace creer que Abraham tuvo otras revelaciones de Dios que no están consignadas en el A.T. Así nosotros andamos por fe hacia un mundo prometido y asegurado por las promesas de Jesús (Jn. 14:14) y tenemos muchas más razones para creer a Jesucristo hecho hombre por amor a nosotros, que las que tenía Abraham y que sus conciudadanos consideraban sin duda quimeras de su imaginación aquella voz que él decía haber oído de Dios, un Dios desconocido llegado sólo a sus oídos por tradiciones del Edén, pero por su fe lo veía más allá de las estrellas, «Por amor del cual realizó grandes heroicidades materiales, como la separación de su sobrino Lot, pero él era un amigo de Aquel cuya voz había escuchado y en quien creía, como el Dios de toda la Tierra» (Gn. 18:25), pese a sus escasos conocimientos geográficos, pero manifestando con ello su fe en un Dios único, poderoso e inmenso.

CONCLUSIÓN: Abraham fue el padre de la fe según el sentir de todos sus descendientes por muchos siglos. Pero era una fe susceptible a vaivenes y errores, poniéndose a sí mismo en apuros de los cuales siempre vino a sacarle el Señor en sus viajes a Egipto y sus relaciones con personas poderosas de la Tierra. Nosotros aunque no hayamos oído ninguna voz del Cielo tenemos buenos motivos para creer en la grandeza y poder de Dios, por la resurrección de Jesucristo y el testimonio de tantos hermanos fieles que nos han precedido.

¡Que Él nos ayude y aumente nuestra fe para evitar tristes consecuencias en nuestra vida, y esperar lo que nos ha prometido en el Reino futuro!

220. *LOS NUEVE SIMONES DEL NUEVO TESTAMENTO* *(Mateo 16:13-18, 21-25)*

INTRODUCCIÓN: es provechoso el estudio de diversas personas de un mismo nombre en las Sagradas Escrituras, por los contrastes que ofrecen los diferentes rasgos de cada uno, formando en su conjunto un cuadro de diversos colores, muy aleccionador, porque todos tenemos rasgos buenos y defectuosos, y podemos aprender muchas cosas de su conjunto.

I. Simón cananita (Mr. 3:18)

Según Lc. 6:15, Simón «celote» era del partido farisaico más estricto. Este Simón creyó en Jesús y fue apóstol; el fanatismo ardiente, cuando no está cerrado para escuchar la verdad puede ser agradable a Dios. Se supone que Pablo era también «celote». Oremos por los «celotes» católicos que hay fuera y dentro de los conventos.

II. Simón el padre de Judas Iscariote (Jn. 6:71)

Poco sabemos de este Simón aparte de que era un «celote» y enseñó a su hijo a ser un fanático nacionalista. Discípulo nominal de Cristo. Tendría gran orgullo de que su hijo fuera un apóstol de Jesús, y, según la opinión de los que veían en Jesús un próximo Mesías, se imaginaría a su hijo como el ministro de Hacienda de su reinado mesiánico; pero no se detuvo a examinar el mensaje espiritual de Cristo en Mt. 6:18-19. De haberlo hecho y comprendido, quizá habría podido librar a su hijo de la ruina. Busquemos la verdad para poder enseñarla a nuestros hijos.

III. Simón el fariseo (Lc. 7:40)

Era un noble judío que invitó a Cristo, pero lo trató con descortesía y recibió una gran lección acerca del perdón, doctrina que era desconocida para los judíos del tiempo de Jesús. Buscaban el perdón de pecados diversos, uno a uno, por los sacrificios simbólicos, pero el perdón total, para todos los pecados de una vida, era una cosa inimaginable. ¡Gracias a Dios que existe tal perdón para nosotros! (He. 10: 11, 12).

IV. Simón Pedro

El gran descubridor de la divinidad de Jesucristo (Mt. 16:17). Este gran apóstol fue llevado a Cristo por su hermano Andrés en el Jordán. Se reconoció pecador en la barca y siguió a Jesús, dejándolo todo. Fue corregido de dos grandes defectos: egoísmo e impetuosidad, contrastando con sus dos grandes cualidades: abnegación y sinceridad. Cristo, lleno de amor hacia él, se dedicó a desarrollar los segundos y librarle de los primeros, por los procedimientos siguientes...

1. De su impetuosidad:

a) Al intentar andar sobre la mar.

b) Por su reprensión cuando quería apartarle de la cruz.

c) Por el anuncio de su negación cuando alaba de su lealtad.

2. De su egoísmo:

a) Cuando, tras el elogio de su inspirada declaración de la divinidad de Cristo, le reprime cualquier conato de orgullo, diciendo que un niño es el mayor en el Reino.

b) Le profetiza su muerte, en contraste con la suerte de su condiscípulo Juan.

Pero no es sólo con pruebas y reprensiones que Dios corrige a sus hijos (ej.: un buen médico no receta sólo antibióticos, sino también vitaminas).

3. De su complejo:

a) Jesús distingue a Pedro en la transfiguración y en Getsemaní.

b) Ora por él, según Lc. 22:32. ¡Cómo animaría a Pedro, tras su negación, el recuerdo de esta palabra de Jesús!

c) Le envía un mensaje la mañana de la resurrección (Mr. 16:7).

d) Le restablece el apostolado (Jn. 21:15). ¡Qué gran médico de almas es el Señor!

V. Simón el leproso

¿Era el padre de Lázaro? Invitó a Cristo el último sábado de su vida, probablemente en gratitud a su curación de la lepra. Otros recibieron la sanidad y no se acordaron más, pero éste quiso obsequiarle, insistiendo, seguramente, por el recuerdo de la más reciente resurrección de

su hijo Lázaro. Hizo bien. Era su última oportunidad. La vida cristiana es vida de gratitud al que nos ha librado del pecado y ofrecido el hogar del Padre en los Cielos.

VI. Simón el hermano de Jesús (Mt. 13:56)

Fue el cuarto hijo de la virgen María, el tercero de nacimiento natural. Incrédulo al Señor durante todo su ministerio con sus otros hermanos, quería que Jesús hiciese milagros para beneficiarse materialmente (la enseñanza de Jesús en el vs. 7 de Jn. 7). El mundo ama a los mundanos, pero admira al creyente, porque su conducta les juzga. Es de suponer que se convirtió en Jacobo después de la resurrección, juntándose con los otros Simones que siguieron a Jesús.

VII. Simón cirineo (Lc. 23:26)

Un labrador que fue objeto de violencia por los soldados el día de la crucifixión del Señor. Pero aquella injusticia se convirtió en el mayor privilegio de su vida. Admirado en la Iglesia primitiva, padre de dos hijos recordados por el evangelista Marcos en Mr. 15:21. Su esposa se supone que fue la nodriza de Pablo (Ro. 16:31). Las aflicciones e injusticias que sufrimos forman parte de la grande cruz del Cristo espiritual, en su cuerpo, que es la Iglesia (Co. 1:24). Ayudar a otros a llevar su cruz, equivale a ayudar a Cristo mismo (Mt. 25:40).

VIII. Simón el mago (Hch. 8:18-21)

El charlatán embaucador. Se ha discutido si fue o no convertido, si lo fue, tuvo una tentación muy grande que es una gran lección para la Iglesia romana *(anécdota: Tetzel y el noble que compró una bula para poder vengarse de un enemigo, que resultó ser el propio Teztel).*

IX. Simón el curtidor (Hch. 9:43)

Hospedador de Pedro. Es interesante pensar que los ángeles, como el que se apareció a Cornelio, saben cuándo un servidor de Dios está en nuestra casa. Notemos que Pedro dice que se quedó «muchos días»; pero ¡qué días de bendición fueron aquellos! Dorcas resucitada, y ahora la visita de los enviados, nada menos que de parte de un centurión romano. Es muy probable que Simón fuera uno de los acompañantes de Pedro (Hch. 10:2348). Él recibió a Pedro, y el centurión le hospedaría durante muchos días.

CONCLUSIÓN:

–El Señor que nos ha elegido como los Simones celotes, incluyendo a Pedro, completará nuestra santificación si le dejamos hacer.

–Seamos servidores suyos, empezando po nuestra casa, para que jamás tengamos la desgracia del padre de Judas.

–Interesémonos por la salvación de los más gran des pecadores, evitando el orgullo de Simón el fariseo.

–Agradezcamos como Simón el leproso.

–Vivamos para Cristo, a fin de que no tengamos que lamentar el tiempo perdido como Simón el hermano de Jesús.

–Estemos dispuestos a llevar las cruces de otros hermanos, como Simón de Cirene la de Jesús.

–Seamos hospedadores como Simón el curtidor, sabiendo que algún día tenemos que ser los invitados reales en la Casa del Padre

–Puesto que el Señor ha abierto nuestros ojos a la magnanimidad del Evangelio, procuremos dar luz a los católicos que continúan por el camino de Simón el mago, pensando que el don de Dios se obtiene por dinero.

221. *LOS TROPIEZOS DE LA FE: JACOB (Hebreos 11:21)*

INTRODUCCIÓN; es fácil llevar a cabo un gran propósito de fe y hacer planes de amor y servicio al Todopoderoso, cuando tenemos alguna evidencia de que Él está con nosotros y por nosotros. Esto es lo que le sucedió a Jacob en Bethel Fue un gran momento de acercamiento de su alma sedienta de Dios y turbada entre los ejemplos de piedad que había recibido de su abuelo Abraham, y en una menor medida de su anciano padre, que también mantuvo la fe hasta el fin en el Autor del llamamiento a su abuelo. Bethel fue el descubrimiento de Dios, a lo que en nuestros días equivale a la conversión y transformación espiritual de los millones de corazones que encuentran a Dios y se unen a Él por una fe viva Pero la vida de fe no es una pista llana y suave sino un camino a veces abrupto en el que ha de

obtenerse la victoria en medio de muchas desazones y contrariedades, muchas de las cuales, por no decir todas, son proporcionadas por la misma Providencia para hacer eficaz y de valor nuestra propia fe.

1. La vida de Jacob es un conjunto de contrariedades, empezando con la de su propio matrimonio y continuando a causa del carácter astuto y conflictivo de su suegro. No obstante, él continuaba viendo en las circunstancias que rodeaban su vida la mano de Dios. Las veleidades y contradicciones del carácter de su suegro con respecto a sus labores, se veían colmados y contrarrestados por la bendición de Dios que le fue prometida en Bethel, y ello era suficiente para mantener su fe. ¿No es esto lo que nos ocurre muchas veces a todos los creyentes cuando somos zarandeados por las adversidades de la vida?

2. Vino un momento en que la prueba llegó a su colmo. No se trataba de pérdidas reparables con su trabajo y contra astucia, sino de una amenaza de extinción de su tribu. No se trataba de un suegro más o menos enojado, pero que al fin y al cabo era padre de sus esposas y abuelo de sus hijos, sino de un hermano enojado desde muchos años atrás, que había jurado deshacerse de él, y, según todas las apariencias estaba resuelto a llevarlo a cabo. ¿No nos ocurren también circunstancias semejantes en nuestras vidas normales? Jacob buscó auxilio en la oración insistente, para conseguir la bendición de Dios. ¿Y no es éste también nuestro único refugio? (Sal. 121:1, 2).

3. Culpable por culpa de otros (Gn. 34). Este capítulo es un borrón negro en la historia de Jacob y del pueblo de Israel. Muchos se han extrañado de hallar tal historia en la Biblia, pero Dios no disimula las vilezas de los hombres, aun de sus elegidos. Lo hijos de Jacob, Simeón y Leví, debían tener un nombre honroso en la historia de las tribus de Israel, pero el Espíritu de Dios nunca dice bueno a lo malo, por política o conveniencia. Nos conviene, empero, tener en cuenta que para Dios, que ve la vida y la historia humanas desde el otro lado de la muerte, las perspectivas son diferentes, pues ha de venir un día en que los hombres serán juzgados según sus obras y la vergüenza que semejante acto ha arrojado por la historia bíblica en contra de tales hombres, es ya su castigo y los creyentes Hamor y Siquem que aceptaron el símbolo de la circuncisión serán ensalzados posiblemente como participantes en la fe, que, a través de los siglos, ha justificado a tantos gentiles (Gá. 6:15).

4. El retorno a la fe: Jacob tuvo ocasión de ver cumplid la promesa de Dios en Bethel, en circunstancias aparentemente tan adversas como la pérdida de su hijo José por muchos años, transformada en grandiosa bendición, y es natural que todo ello contribuyera a un retorno a la fe más firme en los últimos días de su vejez, y éste es el punto que se destaca en la lista de los héroes de la fe en He. 11:21.

CONCLUSIÓN: de otros héroes, el autor puede destacar hechos mucho más notables, pero Jacob había tenido una fe oscilante por muchos años; sin embargo, en los últimos días, creció de tal modo su fe que mereció una investidura profética por parte del Espíritu Santo, que estaba redactando la historia del pueblo de la promesa. Es curioso observar en el discurso profético de Jacob muchos detalles que se han cumplido en la historia de las tribus de Israel. Dios le honró de este modo, a pesar de todas sus flaquezas. Su retorno a la comunión con Dios parece ser un símbolo de lo que ha de acontecer en los últimos tiempos con la raza entera de Jacob, según nos enseña el Nuevo Testamento.

222. *MOISÉS*
(Éxodo 2)

INTRODUCCIÓN: la dinastía de los Hicsos, a la que pertenecía el buen Faraón del tiempo de José, fue arrojada del país en una guerra y fue sustituida por la dinastía Tebaida (grandes constructores que edificaron el templo de Ipsanbul y cuatro colosos de 20 metros que representan a Ramsés II).

1. La vanidad de los planes de los hombres que no tienen en cuenta a Dios: los faraones no contaban con la promesa de Gn. 22:7-17 a Abraham. Los malos sólo pueden obrar hasta que Dios dice «¡basta!». Por esto dice el Salmo: «Calla a Jehová, y no te alteres a causa de los malignos» (Sal. 37:1).

2. Que la sabiduría de Dios sabe sacar bien del mal: Faraón era un instrumento de Satanás dispuesto a terminar con el pueblo escogido, de quien debía nacer el Cristo. Leyendo la genealogía de Mt. 1 se descubren sus esfuerzos para destruir la simiente escogida. Satanás sabía que tocaban a su fin los 400 años profetizados, de probación de Israel en Egipto, y había calculado bien su hora. Quizás es por esto que las profecías no son más claras, pero el Sal. 76:10 se cumple. Así parece que va a ocurrir al final de los tiempos. La Historia parece precipitarse al llegar a su fin. Parece imposible que todo lo profetizado pueda cumplirse en siete años. Pero esto no ha de ser impedimento para que dejemos de estudiar las profecías escatológicas, pues Dios es Señor de lo grande y de lo pequeño, maneja las naciones y también a los individuos.

3. Que Dios suele dar a los que en él confían más de lo que pedimos o entendemos: Jocábed habría orado por la vida del niño, pero nunca para que fuese educado como un príncipe real. Así hace Dios. El caso de Mardoqueo.

Con frecuencia descubrimos que lo no pedido es incalculablemente superior, porque nuestra visión es corta.

4. Que Dios quiere una consagración completa de los suyos: nótese lo difícil de la elección de Moisés... La política humana habría sido usar su influencia en favor del pueblo, permaneciendo en la corte, pero nuestros errores son a veces las puertas de Dios. Por otro lado, según He. 11:24-27, había un elemento de conciencia en gozar de los placeres de la corte mientras sus hermanos sufrían. Trató de defenderlos con su fuerza física, en un arrebato de cólera, y fracasó; pero Dios usó su error para disciplinarle a él en solitario, y para que el pueblo aprendiese más por el sufrimiento. Esto nos enseña que:

5. La conversión o decisión por Dios no nos hace perfectos, pero nos pone en la mano de Dios para serlo. La decisión de Moisés fue un acto heroico, pero atolondrado. La santidad no consiste en un acto, sino en una serie de heroísmos. Como el andar, no es un solo paso, sino muchos en la misma dirección. La reacción de Moisés nos muestra dos defectos, muy comunes en los cristianos:

a) El deseo de obtener la aprobación humana. Que sus compatriotas esclavos le admiraran diciendo: ¡Qué valiente !

b) El temor y la cobardía: ésta última fue l reacción de lo primero. La fe no tiene tanta va lentía ni tanto temor *(anécdota: Latimer dijo Enrique VIII: «Si no temiera tanto la ira del Re del Cielo, temería más la de vuestra majestad».)*

6. Todo lo que le faltaba lo obtuvo por l disciplina de muchos años:

a) Era iracundo: fue manso (Nm. 12:3).

b) Era temeroso: fue valiente (Éx. 14:13; D 31:6).

El carácter resuelto quedó, pero sólo en l que afectaba a las cosas de Dios, no en las qu le afectaban a él. Éste es siempre el resultad de la consagración.

CONCLUSIÓN: el Dios de Moisés es aú nuestro Dios. Considerémoslo en todos los as pectos citados. Lo importante es que sepamo elegir la buena parte, como lo hizo Moisés; y n solamente en el momento de nuestra conver sión, sino en cada paso de la vida, para que Dio pueda santificarnos, como hizo con Moisés.

223. *ONÉSIMO*
(Filemón 1)

INTRODUCCIÓN: la historia de Filemón está re lacionada con la iglesia de Colosas, formada po el predicador voluntario llamado Epafras; la fo maban Filemón, su esposa Apia y su hijo Arqu po, una familia de buena posición y servicial Señor prestando su misma casa para celebra reuniones y ayudando a muchos creyentes qu pasaba por aquella ciudad. Onésimo el año d los esclavos de Filemón, que le hurtó dinero su amo y se escapó a Roma, la capital del im perio romano donde le era más fácil gozar de s hurto y pasar desapercibido. No sabemos de qu forma entró Onésimo en contacto con Pabl posiblemente recordaría las reuniones cristiana que había oído en casa de su amo. Sabía qu los cristianos eran magnánimos y pensaba si duda sacar provecho de su contacto con Pabl pero obtuvo mucho más, ya que recibió con É el don de la salvación de su alma mediante un conversión genuina. El apóstol Pablo escribi dos cartas que han entrado en el Nuevo Testa mento, una para la iglesia de Colosas y otr personal para Filemón, que había sido ordenad

con imposición de manos para ser un predicador del Evangelio, lo que estaba haciendo en su propio hogar, pues Epafras había viajado a Roma donde encontró a Lucas el médico, y a un cristiano que al final abandonó al apóstol llamado Demas. Todos ellos servían y ayudaban al gran apóstol compartiendo su testimonio y sus oraciones por todas las iglesias que Pablo tenía en su corazón. El espíritu perdonador de Pablo se revela en la carta a la iglesia de Colosas mencionando a Marcos el primo de Bernabé La carta personal entera que Pablo escribió a Filemón es toda una lección para los cristianos y particularmente para los predicadores.

1. El ruego a Filemón: los ruegos del apóstol en los vv. 9 y 10 están basados en su autoridad como siervo de Dios y apóstol del Señor.

Los servidores de Dios son a veces tildados de meterse en negocios ajenos, pero ello es debido muchas veces al abundante amor de sus corazones. Esto aparece abundantemente en la referida epístola, en la que se manifiesta...

a) El amor a los pecadores perdidos escarmentados por el pecado: hay muchos ejemplos hoy día de esta clase entre los convenidos, ex drogadictos y marginados sociales

b) El poder del Evangelio para transformar a los tales: el nombre de «Onésimo» en el original griego es «útil». Quizás este nombre engañó a Filemón cuando lo adquirió como esclavo en aquel tiempo cuando la esclavitud estaba a la orden del día y los esclavos eran simplemente servidores, pero el apóstol hace uso del mismo nombre para recordar a Filemón el poder transformador del Evangelio de Cristo, cuando ha entrado de veras en el corazón.

c) El gozo y la obligación de perdonar: el predicador del Evangelio tiene cierta autoridad, ya que es portador del gran mensaje de salvación, pero Pablo se humilla hasta rogar, presentando a su discípulo un cuadro conmovedor.

d) El Evangelio debe ser poderoso para quitar la pereza, transformándola en actividad útil (Ef. 6:6-8).

2. Un título cariñosísimo: le menciona al esclavo ladrón como...

a) «Mi hijo».

b) «Engendrado en mis prisiones». Este segundo detalle da fuerza al primero ¿Para que estaba el apóstol en la prisión? Por causa del Evangelio y estando en una casa de alquiler no tenía oportunidad de predicar el Evangelio a malhechores; lo había predicado a gobernadores tribunos y hasta al mismo rey Agripa, pero ellos habían tenido corazones demasiado duros para rendirse a la fe, en cambio Onésimo lo había hecho Y la experiencia de Pablo era de que había sido una conversión real.

3. La obligación de perdonar: Jesús los llama «bienaventurados» (Mt. 5:9). Para ello se necesita tacto, como el que había mostrado el apóstol mencionando las cualidades de aquel a quien dirige su ruego, hacerle sentir que le tenía en buen concepto, pero recordarle el deber que tenía como cristiano para perdonar a su esclavo ladrón, sin vengarse entregándole a las autoridades, sino recibiéndole como a hermano, puesto que era un hijo espiritual de Pablo y, sobre todo, un hijo de Dios

4. El énfasis en el ruego (vs. 17-21): la razón de la autoridad amorosa que Pablo tiene para con su hijo espiritual, «tú mismo te me debes a mí» (v 19). No sabemos cómo Filemón fue convertido por Pablo en alguno de sus viajes, puesto que no había estado en Colosas, pero conocía por el testimonio de otros que aquel hijo espiritual suyo era tan generoso que sabía que haría más de lo que le pedía. Sin embargo, para apelar al último resorte de la pérdida material que le había ocasionado el esclavo fugitivo, Pablo se pone como fiador suyo.

CONCLUSIÓN: he aquí lo que ha hecho Jesús nuestro intercesor en las alturas. Él no sólo puede decir como Pablo «te lo pagaré», sino que lo ha pagado ya, «El cual vive para interceder por nosotros» (He. 7:25). Cuánto más nosotros deberíamos, como servidores suyos agradecidos, hacer más que lo que él nos ha mandado, pero lo cierto es que siempre hacemos menos.

224. *PEDRO, EL DISCÍPULO TRANSFORMADO (Lucas 5:1-11)*

INTRODUCCIÓN: no hay en el Nuevo Testamento ninguna vida más instructiva que la del apóstol Pedro. De algunos personajes tenemos

su conversión, como Zaqueo, Mateo, la samaritana, etc. , pero de Pedro tenemos su conversión y educación, directamente de parte de Jesucristo. Notemos primero los defectos de Pedro y finalmente su cambio esencial según se desprende de sus exhortaciones de anciano.

I. Defectos de Pedro

1. Falta de sumisión a la voluntad divina. Si le hubiesen preguntado si creía que Jesús era poderoso, sabio y justo habría respondido con un elogio a su Maestro, pero cuando éste le dice algo que a él le parece mal, le interrumpe diciéndole: «Señor, que de ninguna manera te ocurra esto», quiere determinar el asunto y aconsejar a su Maestro, ¿y no es esto lo que nos ocurre muchas veces a nosotros? Teóricamente lo creemos todo acerca de Cristo, pero quisiéramos que el Omnipotente diera razón a nuestras «señorías» de cada propósito o plan *(anécdota: un estudiante de teología que tanto y tanto preguntaba, que el profesor tuvo que contestarle: «Joven, ¿no cree que debemos dejar alguna cosita para Dios?»).*

2. Orgullo y exceso de confianza en sí mismo. Cuando Jesús dijo: «Todos seréis escandalizados en Mí», no quiere verse incluido en aquel «todos». Para él no hay peligro y recibe una réplica muy sabia que revela incluso una relación íntima entre el Hijo de Dios humanado y el Padre Celestial, a la vez que un vaticinio sobre el propio Pedro. «Satanás ha pedido para zarandearos, pero yo he rogado por ti, Pedro, para que tu fe no falte» (Lc. 22:31-34).

II. El diablo no es omnisciente

Es un descubrimiento curioso el que hacemos en este pasaje. Parece como si el diablo estuviese ayudando a Dios; él no conoce a los elegidos, tanto para bien como para mal, pero Jesús conoce el porvenir y actúa constantemente en favor de aquellos que ama. El que parece más privilegiado puede caer y perderse, en Judas pasó así...

1. Le distinguió de un modo especial, haciéndole tesorero del grupo apostólico.

2. Le dio a conocer que sabía el secreto de su corazón (Jn. 22:21).

3. Pero Jesús sabía qué ocurriría con Judas y no dice que intercediera por él. Judas estaba en aquel punto de pecaminosidad sin retorno a que se refiere el mismo apóstol Juan en 5:16 pero el caso de Pedro era diferente. No impidió ninguna de sus acciones, ni en el huerto ni en su conducta posterior, pero en el caso de Pedro fue muy diferente. Jesús conocía sus defectos y su carácter y no le impidió hacer lo que él estaba dispuesto, defender a su Maestro con la espada y negarle después. No se lo impidió, pero:

a) Rogó por él.

b) Le amonestó por anticipado.

c) Hirió su conciencia con una mirada.

d) Lo buscó tras su resurrección:

–Con su recado a las mujeres en Mr. 16:7 «Id y decid a Pedro», si hubiese mencionado a sus discípulos en bloque, Pedro probablemente no se habría encontrado digno de ser contado entre los invitados, pero su alusión personal

–Con sus preguntas en el lago de Tiberías (Jn. 21:15-19).

III. Los peldaños de la caída de Pedro

1. Descuidó la oración. Velad y orad, dijo el Señor a sus tres discípulos más íntimos en Getsemaní, pero los tres se durmieron mientras Jesús estaba orando. ¡Cuidado! El enemigo tiene mucho que hacer con cristianos que no oran

2. Obró precipitadamente sin consultar al Señor. Sacó su espada contra Malco. Alguien dirá «es que con la llegada de los enemigos no le dio tiempo»; pero recordemos el caso de Nehemías que elevó una oración jaculatoria en presencia del mismo rey. Pedro quiso rectificar su indolencia y demostrar su valentía de la que se había jactado. Si no hubiese sido la misericordia y el milagro que Jesús obró con el propio Malco, ¡pobre Pedro! Los que iban a detener al Señor se habrían echado sobre él y lo habría pasado muy mal, pero Jesús, como había intercedido con el Padre, ahora intercede sobre la Tierra en favor de los discípulos asustados (Jn 18:8). Hay muchos cristianos que oran por rutina pero no actúan, leen muy poco, no están armados para hablar con un ateo o indiferente. Pablo exhorta a actuar «como discípulos del Señor» a tiempo y fuera de tiempo (2. Ti. 4:2).

3. Seguir a Jesús de lejos. Su mismo acto impremeditado le obligaba a mantenerse lejos de la compañía que iba custodiando a Jesús tratando de inquirir lo que ocurriría. Amaba al Señor, pero no podía manifestarlo en aquel

momento. Casi todos los que caen siguen una temporada a Jesús de lejos sin abandonar del todo el trato con los cristianos.

4. Se metió con los enemigos de Cristo. Procuró para disimular imitar a los enemigos; para justificar el concurrir a todos los sitios mundanos hay quienes citan al Ejército de Salvación, pero yo les digo: «Vete a la taberna con un traje especial y un letrero que diga «soy cristiano» y testifica en medio de las reacciones contrarias».

5. No rectificó a tiempo, por esto fue bajando despacito. A la acusación del corro en el atrio de Anás, replicó: «No sé qué dices». Se quedó y venga a hablar de inocentadas, y así cayó la segunda y la tercera vez, y cuando el Señor, pasando de la casa de Anás a la de Caifás, le dirigió una profunda mirada y oyó el canto del gallo se acordó de las palabras de Jesús, no pudo resistir más y saliendo afuera lloró amargamente (Lc. 22:62).

IV. La restauración de Pedro

El impetuoso apóstol iba deslizándose más y más del encargo que les dio el Señor a él y a su hermano: «Desde ahora pescaréis hombres». Pero Jesús, que conocía y amaba a Pedro, no le dejó ir más lejos y se le apareció en el lago. Aunque no lo merecía, Jesús tenía toda la confianza en él. Había llorado anteriormente y Jesús sabía el porqué de aquellas lágrimas. El Señor nos ama a pesar de nuestras debilidades y por ser Dios infinito nos conoce personalmente y nos ama, del mismo modo tiene confianza en nosotros. Conoce de nosotros lo mejor y lo peor. La manera cómo el Señor le restauró:

1. Apelando a su mayor defecto, el orgullo. «Pedro, me amas más que a éstos».

2. La reiteración de la pregunta sin comparativo por dos veces más seguido de la reiteración de su encargo de apacentar la grey del Señor.

V. El éxito rotundo de la educación de Pedro

Este punto final nos lleva a...

1. Al discurso de Pentecostés, inspirado por el Espíritu Santo.

2. Las epístolas del anciano apóstol que nos muestran un cuadro totalmente diferente del carácter del restaurado apóstol:

a) Pastoread la grey de Dios no forzados, sino voluntariamente (1 P. 5:6).

b) Con toda humildad no teniendo señorío.

c) Humillaos bajo la poderosa mano de Dios (2 P. 5:6).

d) Echando toda vuestra ansiedad sobre él porque él tiene cuidado de vosotros (2 P. 5:7).

e) Velando contra las asechanzas del diablo (2 P. 5:8).

f) La gloriosa esperanza (2 P. 5:10).

CONCLUSIÓN: que Dios nos ayude por el ejemplo de Pedro a ser sobrios y a velar, como él había aprendido en su accidentada vida en el servicio del Señor.

225. *PROCESO Y VICTORIA DEL APÓSTOL PEDRO (1 Pedro 5:1-10)*

INTRODUCCIÓN: el apóstol Pedro es el discípulo de Jesús de quien tenemos más detalles, no solamente de su conversión, sino también de su educación para venir a ser lo que Jesús le dijo desde el primer momento que le conoció (Jn. 1:42). Su vida es una serie de altos y bajos, como es por lo general la de muchos cristianos. Jesucristo nos llama para un gran propósito no sólo en la vida, sino en la eternidad. De esta otra parte de nuestra existencia sabemos muy poco, pero todos estamos enzarzados en la vida presente y las lecciones que Pedro recibió son de gran enseñanza para todos nosotros. Pedro tenía muchos defectos, era impetuoso, vanidoso, confiado en sí mismo, pero Jesús vio en él un material precioso para su Reino. ¿Qué es lo que ve en nosotros? ¿Por qué nos ha elegido desde el principio para ser sus discípulos? Porque ha visto en cada uno de nosotros lo que vio el gran escultor Miguel Ángel en una piedra informe, que bajo su cincel podía transformarse nada menos que en la famosa estatua de Moisés, admiración de todos los artistas del mundo a través de los siglos.

1. La transformación de su carácter que era humano:

a) Su primer defecto vino a ser, por la gracia divina, su primer acierto al responder a la pregunta del Señor: «¿Quiénes decís vosotros que soy?», «Tú eres el Cristo, el Hijo del Dios vivo». Pedro había estado algún tiempo con Jesús y había conocido que él era mucho más que un hombre. Sus virtudes lo ensalzaban por encima de todos los hombres, pero necesitó la iluminación del Espíritu Santo para venir a ser un convertido de verdad. ¿No sucede así con casi todos los creyentes de todos los siglos? Muchas personas acuden a escuchar el Evangelio y van convenciéndose poco a poco de quién es Jesucristo, aquel a quien amamos sin conocerle, pero ha de venir un momento en que el Espíritu de Dios les impulse a reconocerle como el Salvador del mundo. Este reconocimiento puede tener lugar en cualquier edad y ello hace tanto más misterioso el privilegio de la elección, del que tanto han discutido los teólogos humanos, ateniéndose a infinidad de pasajes de la Sagrada Escritura. Nosotros no podemos juzgar la obra del Espíritu Santo, pero podemos, por fe, decir como el apóstol Pablo: «¿Por qué a los que de antemano conoció, también los predestinó a ser modelados conforme a la imagen de su Hijo ... y a los que predestinó, a éstos también llamó...»? Éste es el caso del apóstol Pedro. Dios le había predestinado a ser lo que debía ser, pero para ello tuvo que pasar por un largo proceso, y así es en general con todos los hijos de Dios.

b) El conocimiento trajo la decisión cuando el Espíritu Santo tocó el resorte en el corazón de Pedro, siguiendo en su vida una serie de decisiones acertadas de amor y servicio y otras desacertadas, como la de ir a pescar después de haber visto al Señor resucitado.

c) Lo principal que Pedro tenía que aprender era su dependencia de Jesús. El había dicho: «Tú eres el Cristo, el Hijo del Dios Altísimo». Esto era muy cierto, pero tenía que aprender, prácticamente, el poder del Señor cuando a su impetuosa decisión de andar sobre las aguas, tuvo que observar que por sí mismo se hundía y sólo el brazo poderoso de Jesús pudo levantarle.

2. Elevado a más seguras decisiones: hasta entonces Pedro había estado sirviendo al Señor, pero sin tener la experiencia de su soberano poder, le había prestado la barca, le había invitado a su casa, pero todo ello eran decisiones naturales y humanamente lógicas, pero Pedro tuvo que aprender que sin el poder de Jesús todo ello habría sido inútil. Él era incapaz de preparar comida para trece personas, si Jesús no hubiese devuelto la salud a su suegra, a la que sin duda se unieron su esposa o sirvientes de la casa si los había, pasmados y animados por el milagro de Jesús. Podríamos decir que el Señor le utilizó, aceptando las decisiones de Pedro, sin que éste hubiese llegado a su madurez. Así es también hoy día, Dios usa a muchos discípulos inmaduros, pero que tienen que aprender muchas cosas de él en esta vida y quizá también en la futura.

3. Obstáculos a la madurez de Pedro:

a) Rechazar la cruz: «Señor, que no te acontezca...».

b) En el monte de la transfiguración: anteponer planes propios sin contar con el Señor: «Hagamos tres pabellones...».

c) Su impaciencia: «Señor, ¿a dónde vas? ¿Por qué no puedo venir ahora? Mi vida pondré por ti».

d) El orgullo necesita tratamientos drásticos: la negación y el arrepentimiento.

¿No participamos nosotros de todos estos defectos? Nos creemos santos pero, como Pedro, decimos, o por lo menos pensamos: ¿cuántas veces perdonaré a mi hermano? Y si me fastidian demasiado, ¿también tengo que perdonar?

e) Egoísmo en el servicio: «Señor, ¿y nosotros qué tendremos?» La respuesta de Jesús es sin duda la recompensa futura, quizá del Milenio, y tiene que venir de arriba. No esperes nada aquí de los hombres y serás feliz, pues si no lo ves aquí lo verás al otro lado, en la Casa Celestial.

f) Queremos ser más sabios que Dios: «No me lavarás los pies jamás». ¡Pobre Pedro! «Si no te lavare, no tendrás parte conmigo», y Pedro tuvo que rectificar de nuevo sus impulsos: «No sólo los pies, sino también las manos y la cabeza».

g) Tanto tiempo de ir a su lado y todavía no había aprendido que Jesús no necesitaba su espada en el huerto: quería luchar con armas carnales.

4. El poder rectificador del Señor:

a) El Señor le echó una sola mirada en el patio del pontífice que le valió como cien discursos, pues le arrancó lágrimas de vergüenza; quizá le recordó la advertencia del Señor: «Yo he rogado por ti que tu fe no falte».

b) La mención del ángel a las mujeres que fueron al sepulcro: «Decid a los discípulos y a Pedro» fue otra sabia estratagema del Señor.

c) La visita e interrogatorio en el lago de Genezaret.

d) Encaminado de nuevo a su tarea, Jesús viene a decirle: «Si me amas deja las redes y apacienta mis ovejas». Lo vuelve a su lugar, pero después de haberle enseñado todas estas lecciones.

CONCLUSIÓN: el Cristo que hizo de Pedro lo que fue, es el mismo Cristo poderoso y maravilloso que por estar glorificado y ser omnipresente puede educar a millones de sus hijos en medio de las pruebas y tentaciones de este mundo. Si dejamos que Dios lleve el control de nuestras vidas, Él hará de nosotros discípulos escogidos capaces de decir como el apóstol Pablo en los días de vejez: «Lo que ahora vivo en mi carne, lo vivo en la fe del Hijo de Dios que me amó y se entregó a sí mismo por mí». ¡Qué diferente es el Pedro de los Evangelios del de sus epístolas como consejero de pastores y creyentes de toda clase! (1 P. 5:1-11). Aprendamos con el ejemplo del apóstol Pedro lo que el Señor desea que seamos nosotros, ratificado por el apóstol Pablo.

226. *SANTIAGO, PROFETA Y MÁRTIR, PRIMER PASTOR DE JERUSALÉN (Santiago 1:19-27)*

INTRODUCCIÓN: los autores del Nuevo Testamento cuentan, generalmente, las historias de los más prominentes apóstoles como Pedro, Juan y Pablo, pero olvidan otros nombres de creyentes muy fieles, aunque de segunda fila, tras la muerte redentora de Jesús. Uno de los más conspicuos es Santiago, llamado el Menor, hijo de Alfeo o Cleofás (Mt. 10:2). La esposa de Cleofás era hermana de María, la madre de Jesús, y estuvo con ella al pie de la cruz hasta que enterraron al Señor. Como su hijo era primo de Jesús, el Evangelio lo menciona como uno de los hermanos del Señor, que, según Jn. 7, no creían en el mesianismo de su primo, carpintero de Nazaret. Sin embargo Jesús lo distinguió apareciéndosele después de resucitado, primeramente a solas, y posiblemente varias veces con los demás discípulos del Señor. ¿Por qué Jesús distinguió en aquella ocasión tanto a Pedro como a Santiago el Menor? Seguramente porque Jesús conocía los corazones y sabía que había en ambos una fe débil, pero auténtica, que necesitaba ser reforzada. Jesús siempre busca a las personas más necesitadas, y en este caso les hizo objeto de tal personal distinción.

1. Los judíos, cuando vieron perdida la esperanza que les hizo tramar un complot contra el apóstol Pablo –quien se hallaba ya en Cesarea, camino de Roma–, admiraron al jefe cristiano más importante, de tipo judaizante (Gá. 1:19; 2:12), que quedó en Jerusalén de la escapada a Pella. Por no haber roto con el judaísmo, antes bien ser un cristiano fiel aunque de tipo judaizante, tenía Santiago el Menor mucha fama en todo el pueblo judío de Jerusalén. Sabemos, según nos cuenta el historiador Josefo, que un cierto número de cristianos, atendiendo la recomendación de Jesucristo (Mt. 24:16-25), huyeron de Jerusalén a Pella al otro lado del Jordán. Éstos eran sin duda los pobres, en favor de los cuales el apóstol Pablo recibió ofrendas de los gentiles. Su pobreza probablemente derivaba de haber vendido sus posesiones en los días de Bernabé (Hch. 2:43-47) y los ricos que quedaron en Jerusalén fueron probablemente aquellos que les compraron sus haciendas, y a estos ricos es a quienes el apóstol Santiago (llamado el Menor) exhortó con palabras duras acerca de la pobreza que vendría sobre ellos (Stg. 5:1-5) y esto era verdaderamente una profecía del hambre que sufrirían los judíos que quedaron en Jerusalén a causa del asedio que tuvo lugar por Vespasiano y Tito. Esto es lo que nos dice el historiador Josefo, que se había adherido a los romanos con las siguientes palabras: «Esta calamidad vino entre los judíos como venganza de Jacobo el justo. quien era hermano de Jesús, llamado el Cristo, porque a pesar de ser un varón extremadamente justo, le dieron muerte. E inmediatamente Vespasiano asedió Jerusalén».

2. ¿Cómo sucedió esto? Otro historiador, llamado Hegesipo, da detalles de esta alevosa muerte. Estos judíos ricos y muchos otros no creyentes que quedaron en Jerusalén, conociendo la fama que tenía Santiago el Menor de ser un hombre justo, quisieron que hiciera una declaración acerca de Jesús de Nazaret, a quien los judíos creyentes se atrevían a proclamar como Hijo de Dios, que tenía que venir en gloria a reinar sobre todo el mundo. Por esto procuraron conseguir de Santiago una retractación de la fe cristiana y, llevándole al pináculo de la muralla de Jerusalén, dijéronle: «Infórmanos desde allí a gran voz acerca de Jesucristo, ya que tantos de nosotros de todo el pueblo conocemos que tú eres justo, así que persuade a la multitud para que no yerre acerca de Cristo, puesto que hoy es el día de la Pascua, y es conveniente que todo el pueblo de judíos y prosélitos oiga tus palabras. Explícanos cuál es el propósito de Jesús, pues todo el pueblo está engañado acerca de aquel Jesús que fue crucificado por Pilato».

3. Entonces, él contestó con voz potente: «¿Por qué me interrogáis acerca del Hijo del Hombre? Es bien cierto que él está sentado a la diestra del poder y vendrá pronto sobre las nubes del Cielo». De entre la multitud, muchos estuvieron de parte de Jacobo, diciendo: «¡Hosanna al Hijo de David!» Entonces los escribas y fariseos se dijeron: «Hemos actuado erróneamente al procurar un testimonio tan grande en contra de Jesús de Nazaret, pero subamos y arrojemos a este discípulo suyo, para que las gentes se confundan y no crean en él» y, dándole un empujón, lo echaron abajo, y continuaron diciendo: «apedreemos a Jacobo el justo», pues no había muerto al ser arrojado, pero él, hincándose de rodillas, dijo: «Señor, Dios Padre, te lo suplico, perdónales porque no saben lo que hacen». Mientras le apedreaban, un sacerdote de los hijos de Recab (uno de los cristianos fieles que quedaban en Jerusalén), rompiendo a gritos, dijo: «Deteneos, ¿qué hacéis? Jacobo el justo está orando a Dios, pidiendo por nosotros. Y cierto hombre que era batanero de oficio y se hallaba abajo, golpeó al justo con el mazo con que solía batir las prendas. Los cristianos entonces que quedaban en Jerusalén le enterraron al lado del templo y levantaron una columna que todavía se conserva (naturalmente, en los días de estos historiadores).

CONCLUSIÓN: Santiago el Menor, además de pastor en Jerusalén, era un profeta revolucionario, pues como Joel se dirigía al pueblo de judíos y prosélitos no como el sucesor ni hermano del Señor, sino como proclamador de algo que sucedió poco después. Como Esteban fue valiente hasta el último momento de su vida, y su espíritu fue, sin duda, a vivir con Cristo, lo cual es mucho mejor. No sabemos cómo la carta de Santiago llegó a manos de los cristianos esparcidos por todo el mundo en los siglos II y III, pero por su estilo tan práctico y piadoso pronto se dieron cuenta de que era palabra inspirada del Señor y empezaron a leerlo juntamente con los Evangelios y las epístolas de Pablo para su enseñanza y meditación espiritual, y tales enseñanzas son igualmente un estímulo y lección práctica para los cristianos de todos los siglos, aun para nuestros días (*véase* Stg. 5:8-11).

227. *UNA FE PROBADA Y VICTORIOSA: JOSÉ*

(Génesis 45)

INTRODUCCIÓN: explíquese la historia de José a grandes rasgos… Hay en este personaje bíblico muchas enseñanzas que podemos admirar o imitar. A esto nos dedicaremos en el presente mensaje, y en el próximo hablaremos de José como figura de Cristo. Consideremos:

1. Su temprana elección para el bien: muy importante para los jóvenes, pues teniendo diez hermanos llenos de defectos y vicios, eligió la compañía del padre piadoso, que le hablaba de Dios de la pureza sexual y de la verdad. ¡Feliz quien se acuerda de su Creador en los días de su juventud! (Ec. 11:9; 12:1) José habría podido ser salvo, pero no el instrumento de Dios que fue, de haberse arrepentido a los 70 años.

2. Su comunión con Dios en circunstancias adversas: hay quienes se apartan pronto de la piedad al cambiar de circunstancias. Las de José eran completamente diferentes en casa de Potifar, pero las enseñanzas de su padre habían prendido en su alma y era diferente de los demás esclavos. Este es el secreto de todos los cristianos. Dios era con él.

3. Su pureza por amor a Dios: todo favorecía la tentación. El pecado de su ama le convertiría en el dueño moral de aquel hogar, pues siempre tendría en su mano el chantaje de: «Hablaré». Resistió únicamente por el temor de Dios, no del amo. Reconoce que sería una traición a su amo, pero lo que le retuvo fue el temor de pecar.

4. Su fe a toda prueba: Dios le había revelado que tenía que ser ensalzado y lo creía, aunque todo parecía al revés. El que supo interpretar los sueños de los otros presos demuestra su fe en los propios. Dios no ha hecho mayores promesas a José que las que nos ha hecho a nosotros, reveladas de un modo más claro por Jesucristo. No importa que ahora el camino parezca descender; la fe no se aferra a las apariencias, sino a la Palabra de Dios.

5. Paciencia: éste es el complemento indispensable de la fe y lo que la valoriza: Pablo y Pedro coinciden en este punto (Ro. 5:2-4 y 2 P. 1:5-6). ¡Cuánta paciencia necesitó José en el pozo, como esclavo, y en la cárcel! Supongamos que Dios hubiese escuchado sus clamores el mismo día de la venta; sólo habría podido escaparse a casa de su padre, pero habría fallado a los planes de Dios. Deja a Dios hacer. Supongamos que el copero se hubiese acordado el mismo día y el rey hubiese dictado su libertad. No habría sido hallado a la hora que el mismo Faraón le necesitaba. No sabemos por qué Dios tarda, pero ¿no podemos confiar en su sabiduría? Es nuestro deber hacer lo posible. Su recomendación al copero fue útil al final. Dios sabe mejor lo que hace y al final descubrimos sus planes de sabiduría (ej. de los tapices bordados, vistos por el revés).

6. José, una vez gobernador, no usó más rudeza que la necesaria para probar a sus hermanos y hacerles reconocer su pecado. Fue buen médico de almas. Lo hizo por amor a su padre. ¡Cuánto más nosotros podemos hacer por amor a nuestro Padre Celestial!

7. Su recompensa:

a) No consistió solamente en su exaltamiento, sino en su gran oportunidad para ayudar a otros.

b) Su oportunidad para testificar del verdadero Dios (cap. 41:25)

c) El bien que pudo hacer a su familia.

CONCLUSIÓN: Dios encamina nuestras vidas para llevarnos a mayor gloria que a José. Podría hacernos muchos favores contestando nuestras oraciones al instante, pero ¿qué pasaría si se malograse la principal, que es la gloria venidera que en nosotros ha de ser manifestada? Hay quienes se contentan con los pequeños favores: «Dios nunca me deja», es una frase popular en labios de muchas personas no convertidas pero que tienen temor de Dios al estilo del catolicismo. Hay personas que parecen querer limitar el plan de Dios a su favor al no responder al llamamiento del Evangelio. Él quiere darnos, más que los palacios de Egipto, las inescrutables riquezas de Cristo. Pongamos nuestra vida en sus manos y tendremos bendición ahora y en la eternidad.

228. *VIRTUDES MORALES DE JOSÉ, EL ESPOSO DE MARÍA (Mateo 11:16-26)*

INTRODUCCIÓN: ¿Quién era realmente José? La Iglesia Católica lo presenta como un hombre adulto, carpintero de Nazaret, prometido en matrimonio con una jovencita de 15 ó 16 años. Pero creo que esta descripción es imaginativa y sólo ha sido usada para apoyar la idea de que José era un viudo y los hermanos de Jesús no eran sino hermanastros. Citan en apoyo de esta idea el hecho de que no se habla de él durante el ministerio de Jesús, lo que hace creer que había fallecido. Pero esta historia nos parece inverosímil a los cristianos evangélicos y más bien creemos que José era un joven a quien Dios llamó en relativa temprana edad para que Jesús, como hermano mayor de la familia, tomara la responsabilidad y fuera ejemplo de que Dios es primero que todas nuestras ocupaciones por muy importantes que sean. Bajo este punto de vista José es un ejemplo vivo para todos los jóvenes, y en este sentido es que vamos a considerarlo en este bosquejo, pues la historia en los Evangelios revela importantes virtudes para la juventud.

1. Era justo: lo primero que destaca el Evangelio es esta preciosa cualidad (Mt. 1:19), que incluye muchas otras. Sabemos que a los ojos

de Dios nadie es perfectamente justo, como dice Pablo en Ro. 3:10. Sin embargo, Dios en su misericordia aplica este nombre a las personas que hacen todo lo posible para amarle y servirle con la mayor fidelidad posible, tales como Job, Samuel, Elías, Cornelio, etc., y sabemos que Dios tiene su complacencia en tal clase de personas.

En el libro de Proverbios, que es el libro de los jóvenes, se nos asegura que Dios ama y escucha la oración de los justos (Pr. 15:29). José era un hombre que tenía en cuenta los preceptos de Dios plasmados en el Antiguo Testamento. Los tenía especialmente acerca de su futuro y naturalmente anhelado matrimonio con la jovencita María, una joven también muy piadosa. Cuando oyó que estaba embarazada, tuvo sin duda un tremendo disgusto, pues según la Ley sólo tenía tres recursos:

a) Denunciarla: lo que habría traído un juicio ante los ancianos de Nazaret sobre un tema muy oscuro, pues estaba seguro de que su amada María no le acusaría como autor de lo que no había existido, pero ella quedaría en muy mala posición como fornicaria, obligada a casarse con otro hombre, o bien a ser apedreada si era considerada culpable.

b) Recibirla: esto sería faltar a la verdad, lo que no podía hacer delante de Dios pagar una multa y admitirla con infamia. Los judíos tenían una tradición moral muy estricta, mucho más que nuestros abuelos católicorromanos, en cambio hoy día muchos se glorían de sus relaciones prematrimoniales. ¿Por qué no se lo preguntó a María? Temía herirla y peor aún, oír una confesión de culpa. ¿Qué pensaba, pues, hacer el justo José?

c) Abandonarla: huir en este caso significaría que todas las maldiciones caerían sobre él, aunque no quedara aclarado el misterio. Esto nos lleva a otra cualidad de José y es que:

2. No era rencoroso: parecía lo más probable que María fuera adúltera, y si él no la aceptaba, tendría que ser apedreada (Dt. 22:20, 21). José prefería hacerse un desterrado para que ella fuese compadecida y renunciaba a todos los derechos que le daba la Ley, ya que todas las apariencias estaban contra ella y a favor suyo. ¿Por qué decidió lo peor para él sin tratar de aclarar las cosas? ¿Por qué no procurar que el supuesto hombre que le había dado el mayor disgusto de su vida sufriera las consecuencias? Porque José no era rencoroso, sino grande de corazón. Con frecuencia aun los cristianos somos inducidos a aclarar las cosas cuando resultamos perjudicados, sin considerar las consecuencias que pueden afectar a otro. En muchos casos es preferible dejar el juicio a Dios que tomar la justicia por nuestra mano. José supo cumplir el precepto: «No os venguéis vosotros mismos, sino dejad lugar a la ira de Dios» (Ro 12:19, 20).

3. Era reflexivo: lo que a veces es bastante difícil para los jóvenes. Estaba indeciso y no se apresuraba, pues el texto dice: «Pensando en esto...» Un proverbio muy sabio dice: «La prisa engendra las nueve décimas partes de nuestras equivocaciones» y un versículo de la Palabra de Dios lo confirma: «El que creyere no se apresure» (Is. 28:16). Seguramente José estaba cumpliendo lo que dice el Sal. 37:5, en su caso era lo más difícil, porque era lo que menos le convenía.

4. El sueño providencial: el mensaje angélico era lo más inverosímil, inducía a muchas dudas, pero José tenía otra gran cualidad: era un gran creyente. Posiblemente de alguna manera indirecta lo preguntó a la propia María y ella le explicó el caso de la anunciación y así vino a creer sin vacilación alguna el hecho inverosímil. Dios quiere que creamos cosas inverosímiles. Su amor manifestado en Cristo, la esperanza del Cielo, la resurrección, son cosas realmente extraordinarias y que muchos ponen en duda, pero los cristianos no las consideramos imposibles para Dios y nuestra experiencia es confirmada por miles que han experimentado cambios imposibles de explicar sin una intervención sobrenatural. «Bienaventurada la que creyó» –fue dicho a María– y ¿no podría decirse también de José? ¡Oh sí, qué privilegio se habría dejado perder si no hubiese creído: ser un desterrado voluntario en lugar de venir a ser el elegido de Dios protector del Mesías!

5. El desengaño del ministerio de Jesús: es seguro que José como buen judío creía que Jesús iba a ser coronado Mesías durante su vida. ¡Qué día glorioso sería aquel! Pero la vida de Jesucristo resultó ser al revés de lo que probablemente José esperaba, y ¡cuántas veces es también así en nuestras vidas, nos forjamos ilusiones que no se cumplen! Es cierto que tanto

José como María tenían el secreto de la anunciación, pero el mundo de sus días se habría burlado si ellos lo hubieran revelado, y así es con nosotros los creyentes, tenemos un secreto, pero es un secreto de fe. Cada mártir de todos los siglos ha sido alguna persona que tenía un secreto incomprendido por sus perseguidores, no era una terquedad. Cada uno podía decir como hiciera el apóstol Pablo: «Yo sé en quién he creído...» «No mirando las cosas que se ven, sino las que no se ven».

¿Sabemos mirar nosotros a las cosas que no se ven?

6. La vida del bienaventurado José fue una vida de planes frustrados:

a) En su matrimonio: sus planes de celebrar una espléndida boda en Nazaret fueron cambiados notoriamente.

b) El nacimiento del niño: probablemente el industrioso artesano había preparado un hogar y una cuna para recibir al futuro rey de Israel. Pero pasó un heraldo imperial y en vez de nacer el niño en su hogar de Nazaret tuvo que verlo acostado en un pesebre.

c) Otro plan frustrado fue el de la educación del niño... Según el evangelista Mateo, parece que José estaba empeñado en permanecer en Belén distante tan sólo unos pocos kilómetros de Jerusalén, pero fue advertido de nuevo que volviera a Nazaret. Pero como siempre, Dios nos ayuda aun. en nuestras contrariedades, pudo ver en la ofrenda de los magos una ayuda para su largo viaje a Egipto y luego para su establecimiento definitivo en Nazaret. Así, en lugar de verle educado en las grandes escuelas rabínicas de Jerusalén, tuvo que verle en una pequeña escuela de Nazaret, donde según la costumbre judía, los niños se sentaban en el suelo alrededor del maestro. Sin embargo, pudo percibirse a los 12 años de que el niño era más inteligente y conocedor de las cosas espirituales que los más afamados rabinos de Jerusalén. ¡Cuántas veces nuestra vida es una alternativa de desengaños y bendiciones!

d) El desengaño fatal para José, su propia muerte: no lo dice el Evangelio pero lo da a entender, porque José nunca es nombrado durante el ministerio público de Jesús, sino sus hermanos y madre. José se pone enfermo y aquel que a tantos enfermos curó durante su ministerio, no curó a su propio padre y éste tuvo que ver acercarse la muerte, pensando que no vería el reinado eterno de aquel niño que había nacido para ser el Mesías y Rey de Israel.

CONCLUSIÓN: José se hallaba seguramente con los espíritus de todos los fieles de los antiguos tiempos en el Hades, esperando la redención, cuando un día vio entrar en el lugar de los muertos un espíritu superior a todos los que hasta entonces habían llegado. Era el espíritu de Aquel que acababa de morir en la cruz, pero iba acompañado ya del primer redimido, el ladrón que le aceptó como Mesías. Y tras ello, ¿qué diremos? Nos es imposible describir la segunda parte de lo que ocurrió en la Casa del Padre, la Jerusalén Celestial, el día de la Ascensión. No trataremos de imaginar cosas que ignoramos, como han hecho los catolicorromanos con María, pero es seguro que José –que bien podemos considerar como tipo de nuestras vidas cristianas– se halla al lado Aquel en quien él creyó, a pesar de las apariencias... que su espíritu comparte de algún modo, rodeado de gloria y esplendo, esta gloriosa sorpresa.

229. *ZACARÍAS Y ELISABETH (Lucas 1:5-64)*

1. Un matrimonio venerable (v. 6): ambos eran justos, significa que anduvieron sin que Dios tuviera nada que reprocharles, como Enoc. Observaban los mandamientos de la Ley.

2. Su preocupación familiar (v. 7): no tenían hijos, como Sara (Gn. 15:2).

3. Una visita celestial (v. 11) ¿Cuándo? Durante el sacrificio... Pues Dios se revela más fácilmente cuando le servimos.

4. Un mensaje admirable (v. 13):

a) Tu mujer, Elisabeth, tendrá un hijo.

b) Tendrás gozo y alegría tú y muchos más (v. 14).

c) El niño será lleno del Espíritu Santo, como Elías (v. 15).

d) Para convertir los corazones (v. 17). Todas las personas piadosas tienen su mayor gozo en ver conversiones, y sobre todo cuando éstas son producidas por ellos mismos o por sus allegados.

5. La incredulidad y sus consecuencias (v. 18):

a) Zacarías no creyó, no siguió el ejemplo de su antecesor Abraham, dudó como Gedeón y como Tomás, pidiendo señal.

b) Recibió la señal pero de un modo distinto a como hubiese querido. Quedó mudo (vv. 18-20). Cuando no creemos Dios tiene que probarnos muchas veces con alguna prueba para nuestro bien.

6. Un cántico de alabanza (v. 64): Dios usó la misma incredulidad para producir un milagro que trajo admiración entre sus vecinos (Ro. 8:28). La alabanza da resultados, pero es siempre mucho mejor tenerla antes de la prueba, por más que Dios muchas veces la convierta en bendición.

230. *SI CRISTO NO HUBIERA RESUCITADO (Hebreos 7:25)*

1. Si Cristo no hubiera resucitado, no habría iglesias. El anuncio que establecería su iglesia (Mt. 16), y dijo a sus discípulos que esperasen en Jerusalén hasta ser investidos de lo alto.

2. Iba a venir sobre ellos el Espíritu Santo para investirlos de poder para su obra. Él dijo: «Os es necesario que yo vaya: porque si yo no fuere, el Consolador no vendría a vosotros; mas si yo fuere os le enviaré» (Jn. 16:7). Entonces, si él no hubiera resucitado, el Espíritu Santo no estaría aquí como está, para guiarnos, santificarnos, y recordarnos lo que dijo Cristo Jesús.

3. No habría N.T., porque éste fue escrito para contener el relato de los hechos del Señor, y el cumplimiento de sus promesas y de las profecías del A.T. (1 Co. 15:1-6).

4. No habría predicación, porque ¿qué se podría predicar si Él estuviese aún en el sepulcro? El tema de la resurrección fue el preferido y dominante de los apóstoles desde el principio, y lo es hasta hoy de todos los obreros que anuncian el Evangelio (Hch. 17:30-32).

5. Tampoco habría misiones en el mundo. Nadie tendría mensaje si se predicase un Cristo muerto (Mt. 28:19, 20).

6. No habría cena conmemorativa. Pues él la estableció como recuerdo de su muerte y de su segunda venida (1 Co. 11:25, 26).

7. Si él no hubiera resucitado tampoco habría día del Señor, el domingo, el más vivo recuerdo de su victoria sobre la muerte y el sepulcro, pues en ese día él se levantó de entre los muertos.

8. Y por fin, no habría esperanza, ni justificación para nosotros (Ro. 4:25). Pero él vive, y vive en nosotros, y «él en nosotros es la esperanza de gloria» (Col. 1:27). Una cita importante es esta: «Por cuanto yo vivo, vosotros también viviréis», y si él no hubiese resucitado nosotros seríamos los más desdichados del mundo, sin vida, sin esperanza y sin el fervor de Cristo (Jn. 14:19; He. 7:25). Amén.

231. *EL NACIMIENTO DE CRISTO (Lucas 2:11)*

1. El tiempo del nacimiento de Cristo:

a) No se conoce el año exacto. Se suele creer que fue de tres a seis años antes de la era actual (el 25 de Diciembre fue fijado para dicha celebración en el siglo cuarto).

b) Sin embargo, era el tiempo señalado por Dios.

2. El lugar del nacimiento de Cristo:

a) Fue en Belén, el lugar de nacimiento de David, de acuerdo a la profecía.

b) No había lugar en el mesón. Tampoco lo hay ahora en los corazones de los hombres.

3. El anuncio del nacimiento de Cristo:

a) Fue dado a los pastores, por medio de un ángel.

b) Dios recompensa a aquellos que están en el camino del deber.

c) El Evangelio es para aquellos que están comprometidos en el esfuerzo y la labor.

d) El Cielo está más cercano para aquellos que honestamente persisten en su llamado.

e) Los pastores fueron rápidamente a buscar a Cristo.

f) Publicaron luego las buenas nuevas a los demás.

4. El objeto del nacimiento de Cristo:

a) «... Cristo Jesús vino al mundo para salvar a los pecadores...».

b) «Y sobre la Tierra paz...» fue el mensaje de los ángeles.

c) «La paz os dejo, mi paz os doy...».

«Sin el Camino no hay marcha, sin la Verdad no hay conocimiento, sin la Vida no hay vivir. Yo soy el Camino, que debéis seguir; la Verdad, que debéis creer, la Vida, que debéis esperar. Yo soy el Camino inviolable, la Verdad infalible, la Vida sin fin. Yo soy el Camino más recto, la Verdad más elevada, la Vida que es verdadera, la Vida bendita, la Vida no creada. Si permaneces en Mi camino, conocerás la Verdad, y ésta te hará libre, y echarás mano de la vida eterna» *(Thomas à Kempis)*.

232. *EL CARÁCTER DE CRISTO (Isaías 11)*

1. Divino (Is. 11:2).
2. Sabio (Is. 11:3).
3. Justo (Is. 11:4).
4. Fiel (Is. 11:5).

5. Tierno (Is. 40:11).
6. Quieto (Is. 42:2).
7. Gentil (Is. 42:3).
8. Perseverante (Is. 42:4).
9. Libertador (Is. 61:1).
10. Salvador (Is. 63:1).
11. Compasivo (Mt. 9:36).
12. Manso y humilde (Mt. 11:29).
13. Longánime (Lc. 9:55, 56).
14. Perdonador (Lc. 23:34).
15. Celoso (Hch. 10:38).
16. Llevando las cargas (Gá. 6:2).
17. Amante (Ef. 5:2).

233. *EL ESPECTÁCULO SOLEMNE (Lucas 23:35)*

Las escenas de horror tienen más atracción que algunas escenas hermosas...

1. La gente contemplaba a un Salvador sufriente:

a) Un Ser inocente.

b) Un Ser benevolente.

c) Un Ser santo.

2. Los sentimientos que despertó aquel espectáculo:

a) Algunos estaban muy tristes y se lamentaban: Sus amigos y seguidores.

b) Algunos se burlaban: los gobernadores.

c) Algunos tenían la conciencia agobiada.

3. El pensamiento de un espectáculo tal debería producir en todos nosotros:

a) Aborrecimiento del pecado.

b) Gratitud hacia nuestro Libertador.

c) Una total consagración.

234. *ESPERANDO AL SEÑOR JESÚS (Lucas 8:40)*

El Señor Jesucristo había estado haciendo una pequeña excursión por mar, la tormenta; entre los gadarenos; regreso a casa; bienvenida...

1. Aquel a quien se espera:

a) Él era alguien a quien se había esperado: hay muchas personas que son dejadas de lado en la vida, pero esto no sucede con el Señor Jesús.

b) Él nunca decepcionó a nadie: Bernard del Carpio fue desengañado por su rey; pero el Señor Jesucristo nunca hizo una promesa que no pudiera cumplir.

c) El Señor era apto para venir cuando menos se esperaba que viniese: recordad la historia de las Vírgenes prudentes y las insensatas. ¿Quién esperaba al Señor Jesús cuando nació en Belén?

2. Aquellos que estaban esperando:

a) Entre ellos habían algunos que esperaban con mucha ansiedad: posiblemente Jairo estaba allí. La mujer que tocó Su manto podía haber estado en aquel lugar.

b) Entre esa gente había unos cuantos curiosos.

c) Había también, otros bastante hostiles: los principales sacerdotes, escribas y fariseos como un cuerpo, siempre eran hostiles.

3. ¿Qué estaba haciendo la multitud?

a) Ante mi imaginación se alza una escena: estamos en la orilla del lago, fuera de Capernaúm, y una inmensa multitud está allí y mira sobre el mar. Es la aurora, las colinas de Moab, la brisa, la humedad del mar, una barca de pesca, y en la barca, Jesús.

b) ¿Cómo esperaban? Llenos de una ardiente expectativa. En la espera de las cosas espirituales a veces hay momentos de indiferencia, y otras, instantes de desesperación.

c) ¿Qué ánimo reinaba entre aquella gente que estaba esperando? La sanidad de la mujer enferma; la resurrección de la hija de Jairo.

4. Esta es una parábola del Evangelio para hoy día:

a) Estamos esperando al mismo poderoso Señor: todos los hombres están esperándole, aunque muchos no saben a qué o a quién están esperando. Los buscadores de placeres, los ambiciosos de fortuna, los amantes del poder, los ansiosos que buscan satisfacción en la vida, el solitario, el mundo ateo, los que esperan al Mesías, etc.

b) La multitud que le aguarda, es igual a la que le esperaba entonces: todos los hombres buscan a Jesús, pese a que muchos no saben

en realidad que es lo que están buscando. Los que van detrás del placer, del dinero y las posesiones, de la política y del poder, en realidad todos buscan en vano, sin descanso, algo que les de satisfacción. A un Mesías que, en su ceguera, tipifican en las cosas de este mundo, sin darse cuenta de que tan solo Él es quien puede proporcionarles la satisfacción que tanto anhelan.

c) Como vemos, esta espera tiene el mismo resultado variado de la del pasaje de Lc. 8.

235. *LA MISIÓN DEL SEÑOR JESUCRISTO*

«Porque el Hijo del hombre vino a buscar y a salvar lo que se había perdido» (Lc. 19:10).

INTRODUCCIÓN: el incidente del cual este hermoso pasaje de la Escritura es la conclusión, es uno de los más preciosos que se mencionan en los evangelios. Muestra a un hombre que es un pecador procurando ver a Jesús, a fin de conocerle. Ilustra también el hecho de que el Señor está constantemente buscando a los pecadores a fin de salvarlos. Muy bien podemos dar a esta hermosa narración el título «Buscando y Hallando». Zaqueo andaba buscando a Jesús, y el Señor andaba buscando a Zaqueo: ambos se encontraron y la reunión significó la transformación de Zaqueo. Todos los que vengan al conocimiento del Señor Jesucristo y le acepten como su Salvador personal y realmente confíen en él, instantáneamente serán transformados en corazón y vida. Vamos a considerar primero la condición de la humanidad que vive aparte del Señor Jesucristo, y en seguida la misión de nuestro Señor...

1. La condición del hombre por naturaleza: «Y vio Jehová que la malicia de los hombres era mucha en la Tierra, y que todo designio de los pensamientos del corazón de ellos era de continuo solamente el mal» (Gn. 6:5). «Engañoso es el corazón más que todas las cosas, y perverso: ¿quién lo conocerá?» (Jer. 17:9). «Porque de dentro, del corazón de los hombres, salen los malos pensamientos, los adulterios, las fornicaciones, los homicidios, los hurtos, las avaricias, las maldades, el engaño, las desvergüenzas, el ojo maligno, las injurias, la soberbia, la insensatez, todas estas maldades de dentro salen y contaminan al hombre» (Mr. 7:21-23). «Lo que es nacido de la carne, carne es» (Jn. 3:6). «Por cuanto la intención de la carne es enemistad contra Dios; porque no se sujeta a la ley de Dios, ni tampoco puede» (Ro. 8:7). «Muertos en vuestros delitos y pecados, andando conforme al príncipe de la potestad del aire, el espíritu que ahora obra en los hijos de desobediencia. En los deseos de nuestra carne y de los pensamientos; por naturaleza hijos de ira. Sin esperanza y sin Dios en el mundo». (Ef. 2:1-3, 12).

2. La condición de los hombres por práctica: «No hay justo, ni aun uno; no hay quien entienda, no hay quien busque a Dios; todos se apartaron, a una fueron hechos inútiles; no hay quien haga lo bueno, no hay ni aun uno» (Ro. 3:10-12). «Por cuanto todos pecaron y están destituidos de la gloria de Dios» (Ro. 3:23). «Si bien todos nosotros somos como suciedad, y todas nuestras justicias como trapo de inmundicia; y caímos todos nosotros como la hoja, y nuestras maldades nos llevaron como viento» (Is. 64:6). «El pecado entró en el mundo por un hombre, y por el pecado la muerte, y la muerte así pasó a todos los hombres, pues que todos pecaron» (Ro. 5:12). «Todos hemos pecado», declara la Palabra de Dios respecto de la humanidad que vive aparte del Señor Jesucristo. Esta declaración es final e indisputable. La humanidad «está destituida de la gloria de Dios». La norma de Dios es su propia gloria; y el Señor dice que la humanidad «está destituida de la gloria de Dios» La ruina de la humanidad es enteramente universal. El hombre está perdido. A menos que el libramiento divino venga al hombre, éste está enteramente perdido.

3. La Misión del Señor Jesucristo: «Vino a buscar y a salvar lo que se había perdido». ¡Qué maravilla! El Hijo de Dios dejó las glorias del Cielo y el seno de su Padre para venir a esta Tierra, humanarse para tener carne y sangre a fin de salvar a la humanidad perdida. «El cual siendo en forma de Dios, no tuvo por usurpación ser igual a Dios. Sin embargo, se anonadó a sí mismo, tomando forma de siervo, hecho semejante a los hombres; y hallado en la condición como hombre se humilló a sí mismo, hecho obediente hasta la muerte, y muerte de cruz» (Fil. 2:6-8).

a) Nació para ser el Salvador: «Y llamarás su nombre Jesús porque Él salvará a su pueblo de sus pecados» (Mt. 1:21). «Que os ha nacido hoy, en la ciudad de David, un Salvador, que es Cristo el Señor» (Lc. 2:11).

b) Él es el Salvador del mundo: «Y decían a la mujer: *Ya no creemos por tu dicho; porque nosotros mismos hemos oído, y sabemos que verdaderamente éste es el Salvador del mundo, el Cristo*» (Jn. 4:42).

c) Murió para ser el Salvador: «Y como Moisés levantó la serpiente en el desierto, así es necesario que el Hijo del hombre sea levantado; para que todo aquel que en el creyere, no se pierda, sino que tenga vida eterna» (Jn. 3:14, 15). Y Pablo nos dice: «El cual fue entregado por nuestros delitos, y resucitado para nuestra justificación» (Ro. 4:25). «Luego mucho más ahora justificados en su sangre, por él seremos salvos de la ira. Porque siendo enemigos, fuimos reconciliados con Dios por la muerte de su Hijo, mucho más estando reconciliados, seremos salvos por su vida» (Ro. 3:9, 10).

d) Dios lo levantó de los muertos para ser el Salvador: «A Éste ha Dios ensalzado con su diestra por Príncipe y Salvador, para dar a Israel arrepentimiento y remisión de pecados» (Hch. 4:31). «De la simiente de éste, Dios, conforme a la promesa, levantó a Jesús por Salvador a Israel» (Hch. 13:23).

e) Él es el único Salvador: «Y en ningún otro hay salud; porque no hay otro nombre debajo del Cielo, dado a los hombres, en que podamos ser salvos» (Hch. 4:12).

4. Cristo Jesús vino al mundo para salvar a los pecadores: «Palabra fiel y digna de ser recibida de todos: que Cristo Jesús vino al mundo para salvar a los pecadores, de los cuales yo soy el primero» (1 Ti. 1:15). Estas palabras expresan el propósito por qué Cristo Jesús vino al mundo. Él vino para «salvar a los pecadores». No vino a ayudarlos para que se salvaran ellos mismos, tampoco vino para salvarlos a medias, sino para salvarlos completa y eternamente.

a) Lo que el hombre puede y debe hacer: recibir al Señor Jesús. Cuando Zaqueo oyó la voz del Señor que le dijo: «Zaqueo, date prisa, desciende, porque hoy es necesario que pose en tu casa», entonces Zaqueo «descendió aprisa, y le recibió gozoso». Esto fue lo mejor y lo más grande que pudo hacer. Esta fue la única cosa que le pudo ayudar en su condición pecaminosa. Si él hubiese rechazado al Señor, Zaqueo hubiera permanecido en su pecado y, por lo tanto, su alma se habría perdido por toda la eternidad. Las buenas obras, la religión, el ritualismo y el ceremonialismo no le hubieran ayudado a salvarse. Lo único que le podía ayudar era recibir al Señor Jesús. Hizo esto y fue salvo, porque escrito está: «Mas a todos los que le recibieron, dióles potestad de ser hechos hijos de Dios, a los que creen en su nombre» (Jn. 1:12).

b) Esto es lo que el pecador necesita hacer hoy: Dios ha hecho todo lo necesario para la salvación de los hombres. El Señor ha acabado la obra que su Padre le dio que hiciese (Jn. 17:4). Antes de morir en la cruz, dijo: «Consumado es» (Jn. 19:30).

c) Recibir al Señor Jesús equivale a creer en Él: lo recibimos al creer en Él. La fe es uno de los principios fundamentales de la doctrina de Cristo (*véase* Hch. 24:25; Gá. 1:23). Se dice que la palabra griega que se traduce fe ocurre 243 veces en el Nuevo Testamento. La fe es absolutamente necesaria para la salvación. «El que creyere y fuere bautizado, será salvo; mas el que no creyere, será condenado» (Mr. 16:16). «Empero sin fe es imposible agradar a Dios; porque es menester que el que a Dios se allega, crea que le hay, y que es galardonador de los que le buscan» (He. 11:6). «Porque por gracia sois salvos por la fe» (Efe. 2:8). «Porque el Hijo del hombre vino a buscar y a salvar lo que se había perdido» (Lc. 19:10).

CONCLUSIÓN: recibe al Señor Jesucristo en tu corazón como a tu único y suficiente Salvador, y serás salvo. Entonces podrás cantar:

«Ya salvo soy, ya salvo soy.
¡Aleluya: ya salvo soy!
Mis penas y pecados
por Él son perdonados.
¡Aleluya: ya salvo soy!»

Un hogar sin libros es una casa sin ventanas. La Biblia en un hogar es una ventana en el techo por donde entra la luz del Cielo. El hogar es lo único que los hombres pudieron salvar en la catástrofe de su rebeldía en el Edén. El hogar

será lo que se recobrará en el Cielo un día, pero el Hogar Perfecto y glorificado, por la presencia del Padre Dios.

236. *«¡HE AQUÍ EL HOMBRE!» (Juan 19:5)*

1. He aquí Él en la profecía (Hch. 3:22): los profetas anunciaron Su venida (Hch. 7:37; Jn. 1:45).

2. He aquí Él en los tipos y las sombras (Jn. 3:14, 15): primero, el tipo... y ahora vemos el antitipo (1 Co. 10:11; 1 P. 1:10-12).

3. He aquí Él en su humilde nacimiento (Mt. 1:21-23): todo fue de acuerdo a la profecía (Lc. 1:30-33; Jn. 1:46).

4. He aquí Él en su vida y enseñanzas (Jn. 7:46): una vida perfecta, sin ninguna falta. Todos se maravillaban de su doctrina y sus enseñanzas (Mt. 7:28, 29; Lc. 4:22).

5. He aquí Él, en sus poderosas obras (Jn. 3:2): las obras son sus credenciales. Nadie hizo las obras que nuestro Señor llevó a cabo (Hch. 2:22; Jn. 10:25).

6. He aquí Él en Su muerte y resurrección (Mt. 27:54): por medio de su muerte, predicó al mismo tiempo que cumplía la profecía (1 Co. 15:14; Hch. 9:5).

7. He aquí Él, en su venida y su Reino (Ap. 1:7). Nacido como humilde bebé: vuelve para sentarse en un trono (1 Ti. 6:14, 15; Dn. 7:13, 14).

237. *PADRE, PERDÓNALOS*

«Y Jesús decía: Padre, perdónalos, porque no saben lo que hacen» (Lc. 23:34).

Vayamos hasta el Calvario para aprender cómo podemos ser perdonados, y quedémonos allí hasta que nosotros aprendamos a perdonar. Allí veremos lo que es el pecado, como mató al Señor del amor...

1. Vemos el perdurable amor de Jesucristo:

a) Hasta el acto final de la malicia humana.

b) Hasta la suprema resistencia de la vergüenza (Fil. 2:8; He. 12:2).

c) Hasta el límite extremo del sufrimiento personal (Sal. 22:1-18).

2. Vemos este amor revelándose a sí mismo:

a) Cuando estando aun en agonía, continúa orando.

b) Cuando en esa oración hace descender del Cielo para el socorro la ayuda de quienes lo necesitan.

3. Vemos cómo ora el amante Señor Jesús:

a) Por Sus crueles asesinos en aquel mismo momento.

b) Para que fuesen perdonados completa e inmediatamente.

c) Por ninguna otra razón, excepto la ignorancia de aquellas personas. Sólo la gracia podía haber sugerido y aceptado una oración así.

4. Vemos cómo esta oración es, a la vez, una advertencia y una llamada de amor:

a) Es una advertencia, porque sugiere que hay un límite a la posibilidad de perdón.

b) Los hombres pueden pecar de tal modo que ya no quede ninguna excusa por su ignorancia ni ninguna clase de alegato. Es una llamada de amor, porque prueba que si aún queda algún recurso o petición, el Señor Jesucristo la encontrará.

5. Vemos cómo el Señor da instrucciones desde la cruz:

a) El Señor nos enseñó a perdonar hasta lo sumo (Mr. 11:25).

b) El nos enseñó a orar por los demás hasta exhalar nuestro último aliento (Hch. 7:59, 60).

238. *LA ASCENSIÓN DE CRISTO (Marcos 16:9)*

1. El período en que Cristo ascendió: «... Después de haber dado mandamientos por medio del Espíritu Santo a los apóstoles que había escogido» (Hch. 1:2).

a) Cristo reconvino a sus discípulos a causa de su incredulidad.

b) Él les encargó predicar el Evangelio, no las falsas doctrinas, ni las opiniones humanas, tampoco las ceremonias judías. El Evangelio se ajusta a las circunstancias de todos, y está pensado para el beneficio de toda la humanidad.

c) Él les reconfortó prometiendo investirles con una influencia milagrosa.

2. La forma: «Y habiendo dicho estas cosas, viéndolo ellos, fue alzado, y le tomó sobre sí una nube que le ocultó de sus ojos». (Hch. 1:9).

a) La ascensión de Cristo fue acompañada por Su propio poder eterno (Sal. 68:18; Ef. 4:8; Hch. 1:10).

b) La ascensión de Cristo fue testificada públicamente por sus discípulos (Lc. 24:51; Hch. 1:9; Jn. 1 6:7).

3. La situación siguiente: «... A la diestra del poder de Dios». (Lc. 22:69).

a) Nuestro Salvador fue exaltado con honor y dignidad.

b) Fue investido con poder y gobierno (Ef. 1:20-22; Jn. 3:35; Ro. 8:34; Ef. 4:8, 11, 12; Ap. 5:8).

CONCLUSIÓN: de este tema aprendemos que Cristo acabó la obra que vino a cumplir en esta Tierra...

–Llevó a cabo la expiación por el pecado.
–Nos dio ejemplo.
–Levantó apóstoles y les instruyó.
–Estableció una nueva dispensación.
–Prometió el don del Espíritu Santo.

Cristo ha honrado y dignificado la naturaleza humana. Aquel cuerpo que fue herido, llagado y despreciado sobre esta Tierra está ahora sentado con gloria y poder a la diestra de Dios. Y finalmente, Cristo ha sido exaltado por nuestra causa (He. 9:24). Este hecho debería darnos confianza en nuestras oraciones, fuerza para nuestro servicio e inspiración en nuestras esperanzas.

239. *CRISTO CRUCIFICADO* *(1 Corintios 1:24)*

1. Poder para reconciliarnos con Dios (Ef. 2:16).

2. Poder para separarnos del mundo (Gá. 6:14).

3. Poder para exaltarle hasta lo sumo (Fil. 2:9).

4. Poder para crucificar la carne (Gá. 5:24).

5. Poder para cancelar el documento que nos era contrario (Col. 2:14).

6. Poder para deshacer el viejo hombre con sus malas obras (Ro. 6:6).

7. Poder para ignorar al yo pecaminoso (Gá. 2:20).

8. Poder para presentar a Cristo ante otras personas (Gá. 3:1).

240. *EL CUERPO DE GLORIA DE CRISTO* *(1 Juan 3:3)*

INTRODUCCIÓN: una de las cosas que el Señor dará a los suyos cuando vuelva otra vez, es un cuerpo de gloria. El volverá a remodelar el cuerpo que ha sido humillado por el pecado, y lo hará a semejanza de Su cuerpo de gloria (Fil. 3:20, 21). ¿Cómo es Su cuerpo de gloria? En Ap. 1 tenemos una buena descripción al respecto. Creemos que Cristo es único en lo absoluto de Su deidad, pero Su gloria como se revela en Juan es la gloria del Hijo del Hombre, y por lo tanto habrá una similitud entre él y nosotros. Seremos como Él es...

1. En la gloria de su inmortalidad: «... Y el que vivo, y estuve muerto; mas he aquí que estoy vivo por los siglos de los siglos, amén». (Ap. 1:18). Él no puede morir otra vez, porque vive en el poder de una vida indisoluble (He. 7:16). La inmortalidad es más que el no poder morir, es un estado de santidad y de dicha en un cuerpo glorificado del cual nunca se puede caer.

2. En su inmaculada pureza: su cabeza y Sus cabellos eran blancos como la nieve. El blanco nieve es siempre un símbolo de pureza (Sal. 51:7). Así como los rayos del sol que brillan dentro de una ciénaga no pueden contaminarse con la suciedad allí presente, siendo nosotros como Él es, no podremos estar sujetos a ninguna clase de contaminación.

3. Su mirada penetrante: sus ojos son como llama de fuego. No podemos saber lo que veremos allí, pero tendremos la capacidad de ver dentro del mismo corazón de las cosas.

4. Sus pies de bronce bruñido: sus pies son «semejantes al bronce bruñido, refulgente como en un horno»... (Ap. 1:15). El bronce es un metal duradero y resistente, y el hecho de estar en un horno sugiere una intensidad de propósito. «... El que hace a sus ángeles espíritus, y a sus ministros llama de fuego». (He. 1:7). Siendo

como Él, tendremos la capacidad de estar en Su servicio sin fatigamos, y brillar con amor intenso mientras le servimos.

5. Su voz de poder: su voz era «como estruendo de muchas aguas». Imaginemos el sonido que produce el gran salto de agua de una catarata, como por ejemplo, las del Niágara, y la fuerza que ésta genera. El pensamiento se dirige a algo tremendo que tiene capacidad para producir efectos.

6. A la diestra de su capacidad administrativa: a su mano derecha pueden verse siete estrellas que representan los mensajeros de las siete Iglesias. Cristo mismo sugiere que algunos de Sus santos glorificados tendrán poder para gobernar sobre Sus dominios (Lc. 19:17, 19; Mt. 25:21).

7. En la efectividad de su ministerio: «... De su boca salía una espada aguda de dos filos» (Ap. 1:16). La espada de dos filos se identifica con el poder de Su palabra (He. 4:12), y con Su habilidad para castigar a las naciones (Ap. 19:15). Aquí nuevamente se hace una indicación de una cualidad inherente que acaba con todo aquello que se oponga a llevar a cabo la voluntad de Dios.

8. En la gloria de su personalidad: el libro de Apocalipsis dice que Su semblante era «como el sol cuando brilla en todo su esplendor». (Ap. 1:17). Hay muchas cosas que nos sugiere el sol como aquí se describe: calor, luz, color, y sanidad; pero tal vez la cualidad principal es la de la luminosidad. El Señor está vestido de luz, pero además el pasaje nos sugiere que aquello que nuestros primeros padres perdieron a causa del pecado, es decir, la luz de gloria que les envolvía, lo recuperaremos nosotros con nuestro cuerpo glorificado, el cual tendrá una luminosidad deslumbrante en su apariencia y maravillosa en su gloria. El lenguaje humano no puede describir lo que será realmente el cuerpo glorificado del creyente, y, por lo tanto, debemos de resumirlo como lo hace el Espíritu de Dios: «...Y verán su rostro, y su nombre estará en sus frentes. No habrá allí más noche; y no tienen necesidad de luz de lámpara, ni de luz del sol, porque el Señor Dios los iluminará; y reinarán por los siglos de los siglos». (Ap. 22:4, 5).

CONCLUSIÓN: estamos entre dos eternidades. El propósito eterno en el cual fuimos predestinados para ser hechos conformes a la imagen del Hijo Unigénito, y la eterna realización de ese propósito tendrá lugar cuando seamos como Él en Su gloria. Podemos oír la voz que nos dice: «¡Oh benditos portadores de la imagen de Dios, que estáis en el camino de compartirla gloria de Dios y de Cristo, vivid una vida como hijos de Dios hechos a la semejanza del Hijo!» *(Andrew Murray).*

241. *CUATRO HECHOS GLORIOSOS DE NUESTRO SEÑOR (Apocalipsis 1:12-1)*

1. Él murió: «... Había muerto» (Mr. 15:44).

2. Él resucitó: «Ha resucitado...» (Lc. 24:34).

3. Él vive: «...Estoy vivo...» (Ap. 1:18).

4. Él viene otra vez: «...Vengo en breve». (Ap. 22:20).

242. *EL MINISTERIO DE ORACIÓN DEL SEÑOR JESÚS (Hebreos 4:14-16)*

Tal vez sea muy provechoso observar algunas de las características del ministerio de oración del Señor Jesucristo...

1. Le gustaba un lugar solitario para orar (Mr. 1:35; 6:46; Jn. 6:15; Mt. 14:23).

2. El practicaba la oración en favor de Sus enemigos (Mt. 5:44; Lc. 6:28).

3. Aborrecía las oraciones como mero «Show» (Mt. 6:5-8).

4. Creía en un método en la oración (Mt. 6:9).

5. Buscaba guía y sabiduría en la soledad de sus oraciones (Lc. 6:12).

6. Abogaba fervientemente con oraciones importunas (Lc. 18:1-8; Stg. 5:16).

7. Nos enseñó que la verdadera humildad debería ir acompañada de la oración (Lc. 22: 39-44).

8. Sus oraciones eran saturadas con lágrimas (He. 5:7).

9. Continúa su ministerio de oración en el Cielo (He. 4:14-16).

243. *LA SEGUNDA VENIDA Y LA MUERTE DE CRISTO (Hebreos 9:23-28)*

La venida de Cristo y su muerte son dos acontecimientos totalmente opuestos el uno con respecto al otro y nunca en la Escritura el uno representa al otro...

1. Primera diferencia:

a) La muerte es un enemigo (1 Co. 15:26).

b) La venida de Cristo es la venida de un amigo.

2. Segunda diferencia:

a) La muerte es la paga por el pecado (Ro. 6:23).

b) La venida de Cristo nos librará para siempre del pecado y de su penalidad.

3. Tercera diferencia:

a) La muerte es el rey de los espantos (Job 18:14).

b) Esperamos al Rey de reyes y al Señor de señores.

4. Cuarta diferencia:

a) La muerte es pesarosa y dolorosa (Sal. 18:4; 116:3).

b) La venida de Cristo es un evento feliz.

5. Quinta diferencia:

a) La muerte es una separación cruel (Gn. 37:35; Jn. 11:31).

b) La venida de Cristo dará lugar a una agradable y bendita reunión (1 Ts. 4:16, 17).

6. Sexta diferencia:

a) La muerte nos lanza a una tumba de corrupción (1 Co. 15:42, 43).

b) La venida de Cristo nos levanta de la tumba.

7. Séptima diferencia:

a) La muerte se ha enseñoreado sobre todos (Ro. 5:17; He. 9:27).

b) La venida de Cristo acaba con la muerte de su pueblo: «Sorbida es la muerte con victoria». (1 Co. 15:54).

244. *TRES APARICIONES DE CRISTO (Hebreos 9:24-28)*

1. Él apareció una vez (v. 26): para expiación.
2. Él aparece ahora en los Cielos (v. 24): para interceder por nosotros.
3. El aparecerá (v. 28): segunda venida.

245. *TRES OFICIOS DEL SEÑOR JESÚS (Lucas 2:8-20)*

1. Salvador (Lc. 2:11): pasado.
2. Sacerdote (He. 4:14): presente.
3. Esposo (Mt. 25:6): futuro.

246. *CRISTO HA RESUCITADO*

«Bendito el Dios y Padre de nuestro Señor Jesucristo, que según su grande misericordia nos hizo renacer para una esperanza viva, por la resurrección de Jesucristo de los muertos» (1 P. 1:3).

INTRODUCCIÓN: una de las modas teológicas es negar la resurrección corporal del Señor Jesús. Los saduceos de ayer y algunos incrédulos de hoy. Gracias a Dios porque el cristianismo tiene pruebas irrefutables de esta resurrección:

1. Lo prueban los siguientes testigos oculares:

a) Muchos de los discípulos del Salvador. Menciónense por nombre: Marcos (Mr. 15:42-16:7); Mateo (Mt. 28:5-9); Lucas (Lc. 24:13-31); Juan (Jn. 20:19-29; Jn. 21; Hch. 2:32; 9:1-6). Otros más.

b) Algunos de sus opositores. La guardia romana (Mt. 28:11-15). Etcétera.

c) También unos ángeles (Mr. 16:2-6).

2. Según pruebas infalibles e irrefutables:

a) Lc. 24:34, 35, 38-43; Jn. 20:20, 25-27; 21:10-13; Hch. 1:3; 10:39-43.

b) Cristo apareció vivo muchas veces durante cuarenta días a diversas personas: habló, comió, caminó con ellas, y a los que aún dudaban les pidió que palpasen su cuerpo; finalmente

en presencia de muchas personas ascendió al Cielo.

3. Conforme lo predijo Él mismo:

a) Jn. 2:19-22. «Destruid este templo, y en tres días lo levantaré».

b) Cristo predijo dos hechos: el modo de su muerte, y su resurrección corporal de en medio de los muertos, esto es único en la historia.

CONCLUSIÓN: acepta al Señor Jesús para que tengas vida eterna.

247. *JESÚS CUMPLE SU MISIÓN*

«Por eso me ama el Padre, porque yo pongo mi vida, para volverla a tomar» (Jn. 10:17).

INTRODUCCIÓN: Jesús aceptó voluntariamente la misión de redimir al hombre perdido, por lo cual al iniciar su misión entrando en el mundo dice: «Me preparaste cuerpo ... He aquí que vengo, oh Dios, para hacer tu voluntad» (He. 10:5, 7). Esto agradó al Padre, y produjo una manifestación especial del amor y de la aprobación del Padre (Jn. 10:17). Al pensar en la misión terrenal de nuestro Señor Jesucristo, consideremos tres aspectos de ella...

1. La misión del Señor Jesucristo en la Tierra fue divina:

a) Por su carácter.

b) Por su origen:

–Nació humanamente, de acuerdo con los planes del Padre, del Hijo mismo y del Espíritu Santo.

–Fue planeada en la eternidad (Ap. 13:8).

2. Fue una misión gloriosa:

a) Porque nos habla del perdón de los pecados.

b) Porque es de amor, bondad y gracia de Dios.

c) Porque trata del establecimiento de un reino terrenal y de uno celestial.

d) Porque preserva la vida del creyente en este mundo.

e) Porque nos promete la gloria eterna en el más allá.

3. Fue una misión redentora:

a) De la maldición de la Ley (Gá. 3:13)

b) Del infierno eterno (Jn. 5:24)

c) Con su sangre preciosa (1 P. 1:18-21)

CONCLUSIÓN: en realidad, nuestro Señor Jesucristo cumplió fielmente su misión (1 Co. 15:3; 2 Co. 5:15).

248. *CONSUMANDO COMPROMISOS ETERNOS*

«Díceles Jesús: *Mi comida es que haga la voluntad del que me envió, y que acabe su obra*» (Jn. 4: 34).

INTRODUCCIÓN: el solo hecho de detenerse a platicar con esta mujer revela la intención sublime de Cristo; un rabino hubiera evitado conversar con esta pecadora. No así nuestro Señor; él busca las almas y aun las llama por nombre porque este es el compromiso con el Padre. Los alimentos del cuerpo son secundarios frente a la consumación de estos compromisos eternos. Vemos algunas virtudes de Jesucristo de la siguiente manera...

1. Su conciencia de responsabilidad:

a) El Hijo del Hombre vino a buscar y a salvar lo que se había perdido.

b) Lo primero es lo espiritual; después lo material.

c) En él, no hay diferencias de ninguna categoría. Su responsabilidad es universal.

2. Su certeza en cuanto a la voluntad del Padre:

a) Mal comprendida por los hombres.

b) Predicada con vidas pobres.

c) Interpretada a perfección solamente en aquel «cuyo alimento era hacer la voluntad de quien le envió».

3. Su satisfacción en haber cumplido su misión:

a) La vemos en la vida de la mujer.

b) La vemos en la vida de aquel pueblo: «Y creyeron muchos más por la palabra de Él»: Jn. 4:41).

c) La vemos en aquella expresión del Calvario: «Consumado es».

d) La vemos en las vidas de quienes fielmente le siguen.

249. *EL SUPREMO SERVICIO*

«Porque el Hijo del hombre no vino para ser servido, sino para servir, y dar su vida en rescate por muchos» (Mr. 10:45).

INTRODUCCIÓN: Jesús nos invita a considerar el Supremo Servicio a través de su propio ejemplo. Siendo igual a Dios «se humilló a sí mismo». Solamente en esta forma pudo rendir hasta lo sumo el tipo de Servicio al cual nos invita. Les enseñó a sus discípulos y a nosotros nos enseña también que su vida no era de concesiones cómodas, ni de privilegios, sino de servicio. Hace unos años apareció en un periódico en Florida esta noticia: «Iglesia reemplaza bancas duras por sillas mecedoras». Esto es simbólico de cómo necesitamos reinterpretar el espíritu de servicio evangélico en este tiempo cuando muchos sólo buscan comodidades.

1. Cómo el Señor no quiso ser servido:

a) Trabajó por muchos años antes de entrar en su ministerio para tener suficientes recursos.

b) Sostuvo a su familia.

c) Se sometió a la pobreza: «Y le dijo Jesús: *Las zorras tienen guaridas, y las aves de los Cielos nidos; mas el Hijo del Hombre no tiene donde recostar la cabeza*» (Lc. 9:58).

2. Cómo sirvió a los hombres:

a) Por su presencia oportuna.

b) Por medio de sus milagros.

c) Por medio de sus palabras.

3. Cómo pago nuestro rescate:

a) Comprobó nuestra esclavitud al pecado.

b) Intervino en la condición moral y espiritual nuestra.

c) Por su muerte expiatoria que nos manifiesta el amor del Maestro, y la expresión suprema de su servicio: «Nadie tiene mayor amor que éste, que uno ponga su vida por sus amigos» (Jn. 15:13).

250. *JESÚS DE NAZARET*

«Cómo Dios ungió con el Espíritu Santo y con poder a Jesús de Nazaret, y cómo Éste anduvo haciendo bienes y sanando a todos los oprimidos por el diablo, porque Dios estaba con Él»(Hch. 10:38).

INTRODUCCIÓN: cómo «el ser más luminoso que pasó sobre la Tierra» supo vivir y dar su vida. Uno de los tributos más hermosos hacia Jesús fue escrito por un agnóstico llamado William Lecky, el filósofo de la Gran Bretaña: «El simple registro de tres breves años de una vida activa ha hecho más a favor de la regeneración de la humanidad, que todas las discusiones de los filósofos y las exhortaciones de moralistas». Había en Él grandes cualidades...

1. Era el ungido de Dios:

a) Tenía la aprobación del Padre.

b) Dios le había apartado para una misión especial.

c) En Él moraba el Espíritu Santo.

2. El que sólo cosas buenas hizo:

a) A los desconocidos.

b) A los enemigos.

c) A todos los hombres.

3. El que nos ha librado totalmente del poder del diablo:

a) Por su calidad de vida.

b) Por su muerte expiatoria.

c) Por su triunfo de la tumba.

4. El que estaba con Dios:

a) He aquí la explicación de su virtud.

b) El que tenía conciencia de esta comunión: «Yo y el Padre uno somos».

c) El único que puede llevarnos a Dios.

251. *LA CRUCIFIXIÓN*
(Lucas 23:33-4)

1. Cristo llevado a la muerte:

a) Por hombres malvados (Hch. 7:52).

b) Para hombres malvados (Ro. 5:6).

c) Con hombres malvados (Lc. 23:33).

2. Cristo crucificado:
a) Por todos (1 Ti. 2:6).
b) Por nosotros (Tit. 2:14)
c) Por mí (Gá. 2:20).

3. Tres «si» condicionales:
a) El del gobernador (Lc. 23:35).
b) El del soldado (Lc. 23:37).
c) El del criminal (Lc. 23:39).

4. Tres cruces, tres hombres:
a) El pecado sobre Él, no en Él: Jesús (Lc. 23:38).
b) El pecado en él y sobre él: el ladrón (Lc. 23:39).

5. Tres señales:
a) El velo rasgado, la sangre, la paz (Lc. 23:45).
b) Las rocas movidas, la creación movida (Mt. 27:52).
c) Las tumbas abiertas, el poder de la resurrección (Mt. 27:52).

6. Tres dichos del ladrón penitente:
a) Se condena a sí mismo (Lc. 23:41).
b) Justifica a Cristo (Lc. 23:41).
c) Reconoce a Cristo como Señor (Lc. 23:42).

7. La respuesta del Salvador:
a) En el paraíso (Lc. 23:43).
b) Conmigo (*véase* Ap. 2:7).
c) Hoy (*véase* Ap. 2:7).

252. *LA GRAN PREGUNTA* *(Marcos 8:34-37)*

I. Pérdida: Satanás

1. Su principio (Gn. 3:1-5; *véase* Ap. 12:7-9).

2. Su nombre:
a) Serpiente (Gn. 3:1).
b) Dragón, Diablo, Satanás (Ap. 12:7-9).
c) Hombre de Pecado (2 Ts. 2:3).

3. Su carácter:
a) Príncipe de las tinieblas (Ef. 6:12).
b) Tentador (Mt. 4:30).
c) Verdugo (Mt. 18:34).
d) Mentiroso (Jn. 8:44).
e) El dios de este mundo (2 Co. 4:4).

4. ¿Qué ha hecho?
a) Rebelión en los Cielos (Ap. 12:7).
b) Rebelión sobre la Tierra (Gn. 3:14).
c) El pecado y la muerte (Ro. 5:12).

5. ¿Qué está haciendo ahora?
a) Cegando a los hombres (2 Co. 4:4).
b) Engañando a los hombres (2 Ts. 2:9, 10; Ap. 12:9).
c) Atando a los hombres (Lc. 13:16).
d) Devorando a los hombres (1 P. 5:8).
e) Asesinando a los hombres (Jn. 8:44).

6. ¿Qué es lo que hará?
a) Seguir cegando, atando, engañando, devorando y asesinando a los hombres (2 Ts. 2:7).
b) Arreglar cuentas con sus siervos (Ro. 6:23).

7. Su fin:
a) Fue plastado (Ro. 16:20).
b) Fue atado (Ap. 20:2, 3).
c) Fue echado en el Lago de Fuego (Ap. 20:10).

II. Ganancia: Cristo

1. Su principio (Fil. 2:6; *véase* Jn. 1:1, 2).

2. Su nombre:
a) Jesús, Salvador (Mt. 1:21).
c) Emmanuel, Dios con nosotros (Mt. 1:23).
d) Cristo, enviado de Dios (Lc. 9:20).
e) Señor de todo poder (Sal. 27:1; Mt. 28:18).

3. Su carácter:
a) Sin pecado (1 P. 2:22).
b) Emmanuel, Dios con nosotros (Mt. 1:23).
c) Amigo de pecadores (Mt. 11:19; Lc. 19:10).
d) Compasivo (Mr. 8:2).
e) Generoso, altruista (Fil. 2:7).
f) Justo (1 Jn. 2:1).

4. ¿Qué ha hecho?
a) Vino al hombre (Fil. 2:7).
b) Murió para salvar a los hombres (1 P. 3:18).

c) Ha quitado de en medio el pecado (He. 9:26).

d) Ha hecho la paz (Ef. 2:15).

5. ¿Qué está haciendo ahora?

a) Vive para interceder por los Suyos (He. 7:25).

b) Está abogando nuestra causa (1 Jn. 2:1).

c) Está preparándonos un lugar (Jn. 14:2).

d) Está guiándonos (Sal. 32:8).

e) El está cuidando de nosotros (Sal. 23:1-3).

6. ¿Qué hará en el futuro?

a) Vendrá otra vez para llevarnos con Él (Jn. 14:3).

b) Volverá para ser glorificado con Sus santos (2 Ts. 1:10).

7. Su fin (Sal. 72:17):

a) No tiene fin.

b) Sus seguidores con Él en los Cielos (Ro. 6:8).

c) Sus seguidores con Él en el trono (Ap. 20:6).

253. *DONDE JESÚS ESTÁ*

«Y se oyó que Él estaba en casa» (Mr. 2:1).

INTRODUCCIÓN: léase y refiérase la historia del paralítico, haciendo notar que Jesús entró una noche cansado, probablemente en casa de Pedro, y lo aprisa que corrió el rumor de su llegada. Lo conocerían en la cara alegre de los miembros de la casa que salieron aquella mañana. Éstos lo dirían confidencialmente a otros vecinos, y aquellos a otros, hasta que todo el pueblo lo supo. Descríbase la dificultad de los 4 discípulos para abrirse paso; nadie quena exponerse a quedarse un poco más atrás. Hágase notar que fue «viendo la fe de ellos» que Jesús obró el milagro. Puntualícese la malicia de los fariseos y la sabia respuesta del Señor.

1. El privilegio de la presencia de Cristo: la humilde casa del pescador quedó convertida en templo, aquel día, por la presencia de Cristo. Tal privilegio podemos disfrutarlo también hoy. Le place a Cristo hallarse espiritualmente entre su pueblo (*véase* Mt. 28:20; Ap. 2:1-3). No es necesario verle. Cuando Pablo se hallaba desanimado en Corinto (Hch. 18:10), la primera de las tres grandes afirmaciones que le hizo el Señor para alentarle fue: «Yo estoy contigo». ¡Cuántas veces lo olvidamos! ¿No ha llenado su presencia nuestros corazones de gozo en muchas ocasiones? Procurémosla hoy. Nada indispensable para un buen culto y para un despertamiento espiritual, sino la presencia de Jesús *(anécdota: «El mejor culto que he presenciado en mi vida», dice el gran predicador Scarborough, «fue bajo la sombra de un olmo gigantesco en Brazos River, Texas. No había una sola silla; estaba en uso un solo himnario y una sola Biblia. Tampoco hubo ningún gran predicador; pero estaba Cristo. De este culto irregular nació una de las más grandes Iglesias de Texas, y en él este indigno siervo de Dios, entonces un muchacho de once años, halló a su Salvador. Doy gracias a Dios por nuestras grandes Iglesias, por nuestros hermosos coros y por nuestros elocuentes predicadores; pero la única cosa esencial es Cristo mismo. De buena gana volvería a Brazos River, para sentir su presencia como la sentí allí»).*

2. Cómo obtener la presencia de Cristo:

a) Amarle: el mayor atractivo para el Cristo espiritual, como para el Cristo humanizado, es el genuino amor. Había muchas casas en los pueblos de Capernaúm y Betania, pero Jesús iba a una especial en ambos sitios. ¿Por qué?

¿Queremos que Él escoja así la nuestra? Que vea en nosotros todas aquellas características del amor que describíamos el mes pasado. No serle hostil no basta para disfrutar de su especial presencia. Muchas casas no tenían enemigos de Jesús en Capernaúm, pero una le atraía más. Aquélla donde era más amado.

b) Invitarle: estamos seguros de que Pedro lo hizo aquella tarde, viniendo de lugares desiertos (cap. 1:45). Y Jesús aceptó. ¿Hemos invitado al Cristo espiritual? ¿Renovamos la invitación cada día? La invitación colectiva se llama invocación y le place sobremanera (Mt. 18:20).

c) Hallarse dispuesto a servirle: con Cristo iban doce apóstoles. El que le invitaba tenía que contar con un dispendio considerable; pero ni Simón, ni Lázaro, ni otros que invitaban a Cristo lo tenían en cuenta. Era muy gloriosa su presencia, y muy grandes sus favores para regatearle nada. El Cristo espiritual tiene hoy día una obra

humana y material que debe ser atendida, y El mismo se halla representado en los que sufren (Mt. 25:35). No puede esperarse su presencia donde no se le sirve con amor. Si no podemos adorar a Cristo con solemnes cánticos, podemos hacerlo -como decía un predicador- por medio de nuestras colectas. Ningún culto es completo sin esta adoración práctica.

d) A perjudicarse por amor a Él. Según Bonnet y otros comentadores, hubo que hacer un desperfecto en el techo para bajar al enfermo; pero no se nos dice que el dueño de la casa se quejara. ¿Tenemos que ser perjudicados por causa de Cristo? ¿Se nos quita por su causa el empleo, el negocio, la herencia? La presencia de Cristo en la casa y en el corazón es preferible. «Fiel es Dios que no nos dejará ser tentados más de lo que podemos llevar» (1 Co. 10:13).

3. Qué acontece donde Cristo está:

a) La gente necesitada es atraída: la casa de Pedro no sería muy visitada antes de entrar Cristo en ella, pero el pueblo hallaba allí, después, lo que no podía encontrar en otras casas. ¿Es nuestra casa visitada por causa de Cristo, o lo es solamente para asuntos profanos? Si Cristo está en ella tiene que hacerse patente, hasta que muchos necesitados de Su auxilio acudan. ¿Hay señales de Su presencia en nuestro rostro y en nuestra vida? (Hch. 4:13); digamos el secreto a las almas, aunque sea al oído, pues el huésped invisible lo ve y toma nota de que estamos hablando de Él (Mal. 3:15-18).

b) El pecado es redargüido: el paralítico no iba para que le hablasen de pecados, sino de curación física; pero Cristo da a lo más importante el primer lugar. Dondequiera que Cristo está el pecado se hace patente. Así sucedió el día que Jesús entró en la barca del propio Simón (Lc. 5:8), y en la casa de Zaqueo (Lc. 19:8). Cristo y el pecado son incompatibles, en la casa y en el corazón. Cristo tiene que echar fuera al pecado antes de poder entrar y obrar sus beneficios. ¿Cerraremos la puerta a Cristo por causa del pecado, o al pecado por causa de Cristo? *(anécdota: «la decisión del tabernero»; un tabernero, a petición de su esposa enferma, fue a buscar un pastor. Por el camino éste le exhortó a aceptar a Cristo, excusándose el hombre a causa de su oficio. Mientras el pastor oraba en el cuarto de la enferma, oyóse ruido de pasos seguido de golpes de martillo. Al preguntar la causa de tal interrupción, el tabernero respondió: «Mientras usted oraba vino Cristo a mi alma y prometí aceptarle como mi Salvador; pero temí que Él se alejaría con usted si continuaba mi casa siendo una taberna. Por esto fui a romper el letrero de la puerta antes de que Cristo se marchara llevándose su paz y gozo, y yo mismo olvidara mi resolución»).*

c) El pecado es perdonado: explíquese la razón por que sólo Cristo tiene el poder de perdonar pecados; por ser el Hijo de Dios y nuestro Redentor. No dudemos como los fariseos. El que dio pruebas de su divinidades como nadie más en la historia ha podido dar, tiene poder para escuchar nuestros ruegos y para librarnos de la carga del pecado, según sus promesas. Acudamos a Él.

d) La fe es honrada y recompensada: «Viendo la fe de ellos». ¡Qué hermosa visión para Cristo! Discípulos que vencen toda clase de dificultades para llevar a un necesitado hasta Él. ¿Puede Cristo ver lo mismo en nosotros en este tiempo? Muy pocas personas irían a Cristo antes de conocerle, si alguien no les acompañara; son paralíticos espirituales, sin fe. sin amor y sin deseos de las cosas de Dios. Pensad en quiénes podríamos acompañar a Cristo ahora mismo. Podemos concertarnos con otros creyentes si la empresa es difícil para nosotros solos *(anécdota: «los 6 diáconos y el Juez de Texas»; durante un despertamiento en Texas, seis diáconos bautistas se concertaron para orar en favor de cierto juez, bellísima persona y amigo de los seis. Cada uno de los concertados fue a una hora diferente del mismo día para invitarle a los cultos especiales. A la cuarta invitación, el juez dijo: «¿Qué gran pecado habéis notado en mí, que la habéis tomado conmigo todos los bautistas hoy? Tendré que ir para que me dejéis en paz». No solamente fue aquella noche, sino las siguientes, llevando a otros abogados amigos suyos. La tercera noche el juez y sus amigos aceptaron a Cristo. Así se cumplió Ef. 3:20).*

CONCLUSIÓN: notemos en el caso del paralítico el cumplimiento de la promesa de Jesús en Mt. 18:19. Si no es posible concertamos con muchos creyentes para llevar a cabo la obra de Cristo, nadie puede impedirnos de hacerlo con tres o cuatro. Si hubiera dificultades, como para

aquellos las hubo, tengamos por bien seguro que el Señor será movido mayormente según sea grande la dificultad y el ingenio con que la venzamos. No es lo fácil, sino lo difícil, lo que prueba el valor de la fe. Hagamos de nuestras casas y de nosotros mismos, templos del Señor.

254. EL DISCÍPULO SECRETO DE JESUCRISTO (Juan 7:40-52; 8:1-11)

INTRODUCCIÓN: entre los que oyeron las palabras de este tenía había algunos con una misión especial, los ministriles, quienes quedaron estupefactos de la autoridad como que Jesucristo hablaba. Me figuro que después de escuchar un rato las palabras de Jesús salieron discutiendo entre sí, y una vez de acuerdo, dieron el testimonio más exacto acerca del carácter único de Jesús: «Nunca habló hombre como habla este hombre». Ésta fue

1. La reacción de los escribas: y cuando llegaron y lo dijeron a los jefes religiosos que les habían enviado, el encono de ellos no tuvo límites. ¿Quiénes eran ellos para juzgar en temas teológicos si no habían estudiado? «Nunca habló hombre como este...» era considerarle superior a los escribas y rabinos del Templo (Jn. 7:14-49).

2. Un defensor secreto de Jesús (Jn. 7:50-52):

a) No todas las autoridades del Sanedrín eran enemigos del Señor. Había uno que no era ignorante, que había escuchado a Jesucristo cuando vino a Él de noche. el discípulo secreto no se había atrevido a confesarlo, pero lo defiende según la Ley. Su esperanza interior era: Si le oyesen hablar no podrían menos que opinar como estos alguaciles ignorantes.

b) Un incidente práctico sobre la cuestión debatida por la generalidad de los oyentes del Señor fue el caso de la mujer adúltera.

3. La ira ciega hace mentir: los enemigos de Jesús habían dicho que de Galilea jamás salió profeta, pero no era verdad, ya que Jonás lo era (Jon. 1, 3), y también Isaías, a juzgar por el nombre de su padre (Amoz). Sin embargo, fue el más grande y extenso profeta de Israel.

a) Mientras el Sanedrín discutía, la multitud salió y Jesús, que había quedado solo, va al monte de la oración, «como solía».

b) Los enemigos habían quedado discutiendo quiénes eran los justos y los pecadores según el mundo, y a la mañana siguiente traen a una mujer que ellos consideran pecadora.

c) ¿Por qué no trajeron al hombre? (Lv. 20:10). ¡Que hipócrita es el mundo! ¡Y pensar que aún continúa así en una sociedad cristiana!

d) Jesucristo se calló y empezó a escribir en tierra: era quizás en el patio de los gentiles, donde podría haber abundancia de polvo.

e) ¿Qué escribía el Señor? No lo dice ni lo sabemos, pero lo que sabemos es que había personas de diferentes edades. Los más viejos tenían el primer derecho a responder, pues podían tener más culpa en su vida larga, pero ante la propuesta de Jesús todos van desfilando, hasta que quedan Jesús y la mujer.

f) Aunque ignoramos el contenido del mensaje (que algunos copistas del siglo IV omitieron, quizá exprofeso para no extender la doctrina de la gracia) tiene la mejor prueba de autenticidad y, de acuerdo con el carácter de Jesús. en el contenido general del evangelio de Lucas. Así lo comentaba Agustín, basándose en Mt. 5:38-48.

g) El Evangelio es tan condescendiente con el arrepentido como duro con el impenitente: el pecador suele ser duro, justiciero, implacable, sin misericordia, rasga los vestidos y hace aspavientos por el pecado, lo ve con ojos de multiplicar, pero cuán diferente es el sentir de Jesucristo. Hay miles de personas que nunca habrían llegado a ser creyentes, como son, si no hubiesen sido empujados al pecado por las gentes religiosas y «santas» de nuestros días, no comprendiendo que el santo ama al pecador, no al pecado.

h) No tratemos a la gente conforme se merecen, por la sencilla razón de que Dios no nos ha tratado según nos merecemos.

i) Es muy fácil escribir en las fachadas de las cárceles: «Ama al delincuente, pero condena el delito». ¿Hay alguien, acaso, que lo haya practicado de un modo absoluto?

4. Jesús ama al pecador, al tiempo que aborrece el pecado:

a) Su amor es como el de la madre que aborrece la viruela y ama al hijo que la padece:

sintamos como Jesús... pero no seamos débiles y condescendientes con el pecado. Arrepentimiento es cambio de mente. Cuando se ha cambiado de mente y propósitos varían la actitud y los hechos del arrepentido.

b) Arrepentirse es cambiar de dirección: los cristianos evangélicos nos alegramos del cambio que ha tenido lugar en la Iglesia Católica que hoy expone la esencia del Evangelio en la lengua del pueblo, pero todavía hay muchísimos hipócritas que aparentan ser religiosos, pero en sus hechos ante Dios, son como la mujer pecadora a quien Jesús dijo: «Tampoco yo te condeno, vete y no peques más».

CONCLUSIÓN: todavía hay quienes dentro de la Iglesia Católica cometen pecados en oculto, pensando que Dios va a perdonar a todos los hombres. Y hay quienes atribuyen méritos a la repetición de la oración que el Señor enseñó a sus discípulos y la repiten en bloque, pensando que con ello se justifican ante Dios, pero el arrepentimiento debe ser detallado sobre puntos prácticos como en el caso de la mujer pecadora, que no sabemos si es la misma a quien el Señor reiteró su perdón en casa del fariseo (Lc. 7:36-50) y debemos ratificarlo con nuestra fidelidad y actitudes de nuestra vida diaria.

255. *EL MAGNO EXPOSITOR BÍBLICO (Lucas 24:19-27)*

INTRODUCCIÓN: ¿Quién no quisiera haber oído al Señor explicar el Antiguo Testamento? Nosotros lo utilizamos algunas veces en aquellos pasajes más escogidos de los profetas o de los salmos, pero acudimos con más frecuencia al Nuevo porque tenemos en esta segunda parte de la Biblia una más rica revelación del Espíritu Santo para nosotros los cristianos de entre los gentiles, que hemos venido a ser el «Israel de Dios». Pero Jesús no tenía otra Biblia que los escritos sagrados de la antigua Ley. Sin embargo, ¡cuán admirablemente lo hizo! En Lc. 4:17-28 supo presentar varios ejemplos para justificar la atención que había dado a gente no judía en viajes realizados a pueblos vecinos donde también había hecho milagros (Mr. 7:24). Lucas no lo cuenta, pero el discurso de Jesús nos induce a creer que tales sucesos habían tenido ya lugar. El Señor era muy oportuno en sus mensajes. En la presente ocasión lo vemos. Se trataba de dos discípulos desalentados por los sucesos de la pasión y Jesús tiene que echar mano no de simples incidentes históricos, sino de un tema que estaba latente en las Escrituras, pero entremezclado en toda la historia de Israel. Veamos cómo procedió...

1. Les abrió el sentido por el Espíritu Santo: esto necesitamos nosotros también para que la gente entienda el mensaje. La oración debe ocupar el primer lugar en la predicación no solamente en el orden ritual, sino en el espíritu y corazón del predicador. Esto es lo que sabemos de todos los grandes despertamientos y de los más significados hombres de Dios en el pasado. ¿Preparamos nosotros nuestros discursos con oración?

2. Les llevó directamente a las Escrituras: a pesar de que no tenía la riqueza espiritual que tenemos nosotros en el Nuevo Testamento. Sabía que las Escrituras eran lo único con que podía convencer a aquellos dudosos discípulos. Por las Escrituras respondió a sus escépticas dudas (v. 21). Mucho más hoy día el recurso de las Escrituras como Palabra de Dios, disipa todas las dudas y resuelve todos los problemas.

3. Dónde empezó el Salvador:

a) Comenzando desde Moisés (v. 27): los libros de Moisés son los más criticados hoy pero Jesús los había usado ya diversas veces directa ó indirectamente diciendo: «Oísteis que fue dicho a los antiguos». El Señor tenía plena fe en la inspiración y veracidad de la Biblia, aunque Él había venido para dar un más alto giro y aplicación a sus preceptos rectificando los de la antigua ley de los rabinos judíos, pero al mismo tiempo dijo que no había venido a abolir lo que procedía auténticamente de Dios, sino a cumplirlo (Mt. 5:17).

b) Jesús amaba el Antiguo Testamento: lo creía, lo utilizaba, lo predicaba. Nosotros tenemos que hacer lo mismo.

4. Lo que enseñó el Salvador: lo que de Él decían (v. 27). ¿Qué lecciones sacaría el Señor de Gn. 4? El sacrificio de Abel superior al de Caín. De Éx. 12, el sacrificio del Cordero pascual. De Nm. 21, la serpiente de metal. De Sal. 22, Is. 53 y muchos otros pasajes, su sacrificio redentor.

Él sabía, sin duda, lo que dice Pedro en 1 P. 1:10-12, y se lo podría explicar con tal énfasis que hizo arder los corazones de sus oyentes. Esto debiera ser nuestro objetivo cada vez que damos una exposición bíblica.

5. Cómo lo hizo el Salvador:

a) De memoria. No había biblias de bolsillo con referencias en aquellos tiempos. El Señor citó las Escrituras de memoria, en este caso como en el de la tentación (Mt. 4:6, 10). En el templo (Mr. 12:36). Y estando clavado en la cruz (Jn. 19:28). Es propio que lo hiciera en el camino a Emaús. Sigamos el ejemplo del Señor, aprendamos de memoria trozos de su Palabra, para emergencias, para refrigerio espiritual en la edificación de los creyentes y en la exposición del Evangelio a los que no creen.

b) Con plena convicción de la verdad que anunciaba, ya que todo aquello se había cumplido en sí mismo. Así debemos predicar el Evangelio. Nosotros no somos el Señor ni hemos pasado por sus experiencias redentoras, pero somos redimidos y no debemos cansarnos de repetir nuestras experiencias del poder y la gracia del Señor sobre nuestras vidas.

256. *GLORIAS PERSONALES DEL SEÑOR (Hebreos 1)*

INTRODUCCIÓN: no hay en el Nuevo Testamento otro pasaje que exponga como éste, de un modo persuasivo y con tanta claridad, las glorias de Cristo. En él brilla su supremacía al comparársele con los ángeles. Los gnósticos pretendían que Cristo era un mensajero de Dios, un «eón» o eslabón en la cadena de seres celestiales por los cuales el Dios Supremo se revelaba a este mundo pero el autor de la carta a los hebreos combate este error. Probablemente había hablado (si no era el apóstol Pablo, como muchos piensan) con Juan y Pedro y se basaba en el testimonio de los discípulos más íntimos del Señor. Por esto afirma con sobrada razón que...

1. Cristo es el Creador del Universo (vv. 2, 10): en el pasado, creó todas las cosas; por consiguiente merece ser adorado (v. 6). Es un gran misterio el que siendo Dios con el Padre y el Espíritu Santo, quisiera revelarse como un hombre, pero es la doctrina expresada desde el principio por todos los que le conocieron (*véase* Fil. 2:6-9).

2. Cristo es el sustentador de todas las cosas (v. 3): en el presente, sostiene todo por su palabra potente (*véase* Col. 1:17). También ha hecho una nueva creación por el Espíritu Santo, la Iglesia (*véase* 2 Co. 5:17; Ef. 2:10 y 4:24) y, a pesar de los embates del enemigo, también sostiene la nueva creación, esta nueva creación espiritual (Jn. 15:5; Jud. 24).

3. Es también el heredero de todas las cosas (v. 2 y Col. 1:16): en el futuro, Él tomará posesión de este mundo, que es una provincia apartada y rebelde a Dios. No por el camino que Satanás quería que siguiera, sino por el camino de Dios (Fil. 2:9-11).

4. Cristo es el revelador de Dios (v. 3): lo fue en los días de su carne y continúa siéndolo, por su Espíritu (*véase* Jn. 1:14, 14:9).

5. Cristo es el Salvador de los hombres (v. 3): este personaje majestuoso, y único en su poder y gloria, ha hecho la purgación de nuestros pecados por sí mismo. ¡Maravilla de clemencia! ¡Prueba de infinita gracia! No necesitamos otro purgatorio; su sangre nos limpia de todo pecado (1 Jn. 1:7). Su sacrificio quitó todos nuestros pecados (He. 10:10-12, 17-18).

6. Cristo es el Rey del Universo (vv. 3, 8): se sentó a la diestra de la majestad en las Alturas (Ef. 1:20-21; Sal. 72:8-11, 19). Tiene toda autoridad (Mt. 28:18).

7. Cristo es Supremo (4:14): los ángeles son siervos. Cristo es el Hijo (vv. 4, 5); ellos son súbditos, Él es soberano (vv. 6-8; 1 P. 3:22). La Creación actual pasará, Cristo permanecerá para siempre (vv. 10, 12).

CONCLUSIÓN: yo soy un heredero de salud (v. 14), porque Cristo, este glorioso Cristo, es mi Salvador. ¿Es Él tu Salvador, amigo oyente?

257. *JESÚS CALMA LA TEMPESTAD (Mateo 8:23-27)*

INTRODUCCIÓN: Jesús realizó un viaje acompañado de sus discípulos desde Capernaúm al otro lado del lago, el país que hoy se llama Transjordania. Acababa de mostrar su poder

curando a la suegra de Pedro y muchos otros enfermos. Su breve viaje marítimo le proporcionó la ocasión para mostrar que dominaba también los elementos.

1. Una gran tempestad inesperada (v. 24): Dios permite tempestades en la vida para...

a) Demostrar su poder (Sal. 107:23-30).
b) Desarrollar la fe de los suyos (v. 27).
c) Despertar a los pecadores (Jon. 1:4-6).

2. Una gran paz (v. 24): «Él dormía». No sólo descansaba su cuerpo en el sueño (Mr. 4:38), sino también en los brazos de su Padre (Dt. 33:27). Todos podemos gozar de esta paz si estamos en Él (Jn. 14:27 y 16:33; Sal. 121).

3. Un gran temor (vv. 25, 26): temer es pecado (Ap. 21:8). No permitamos a nuestra timidez general degenerar en desconfianza del Señor, pues Él ha prometido estar con nosotros (Mt. 28:20). Su presencia es la garantía de nuestra protección (He. 13:5, 6).

4. Una gran potencia (v. 26): las fuerzas de la naturaleza obedecen al Señor (Sal. 89:8-9; 107:28-30) y ejecutan su palabra (Sal. 148:8). Esta misma experiencia de los antiguos la tuvieron los apóstoles en este caso y la han tenido muchos hijos de Dios que clamaron a Él en tiempos más cercanos (He. 7:25 y Jud. 24).

5. Un gran personaje (v. 27): ningún otro ha hablado como Él; ninguno ha hecho las obras que Él hizo (Jn. 15:24).

CONCLUSIÓN: confía en que Él es el mismo ayer y hoy y por los siglos (He. 13:8).

–Pecador, si quieres ser salvo, oye su palabra y confía en su obra (Jn. 5:24 y I Ti. 2:5 y 6).

–Creyente, si quieres ser feliz, no dudes de sus promesas, ni desconfíes de sus propósitos de amor (2 Co. 1:20 y I P. 1:6 al 8).

258. *LA ASCENSIÓN*
(Hechos 1:1-14)

INTRODUCCIÓN: última lección de la vida de Cristo, que completa los relatos de los Evangelios. Ocurrió cuarenta días después de la resurrección. Después de aparecérseles once veces, después de su excursión e inesperada entrevista en Galilea. Han cumplido el mandato de volver a Jerusalén. «Muchas pruebas indubitables» incluyen la de comer con ellos al borde del lago. Ningún fantasma come. De ello están los discípulos bien convencidos. El tema de sus conversaciones «era el Reino de Dios» pero ellos lo entendían de forma material (v. 6). ¡Ojalá que nuestras conversaciones transcurran alrededor del Reino de Dios, pero en sentido espiritual! ¿Por qué después de resucitado estuvo cuarenta días más sobre la Tierra? Porque tenían que aprender cuatro lecciones importantes:

1. Una lección de fe: los discípulos debían quedar bien convencidos de que Jesús estaba vivo aunque no le vieran. Esta lección era indispensable para el trabajo y la lucha que tenían que emprender. Gracias al Señor que tenemos la seguridad de que está vivo en los Cielos. Otros grandes fundadores de religiones humanas están muertos. Mahoma, Confucio, Buda, etc. ¡Qué gozo cuando recordamos el pasaje: «No está aquí, ha resucitado»! Se trata de una gran lección en dos partes:

a) «Yo soy la resurrección y la vida».
b) «El que cree en Mí, aunque muriere, vivirá».

Si cumplió la primera, también cumplirá la segunda.

2. Una lección de amor: debían aprender a amarle sin verle (I P. 1:8). La pregunta a Pedro: «¿Me amas?» Jesús sabía que, si Pedro le amaba, contagiaría su amor a los demás lo que era indispensable, ya que estaban llamados a dar sus vidas por Él. ¿Amamos nosotros bastante a Cristo? ¿Cómo lo demostramos?

3. Una lección de servicio: hasta entonces, el campo era sólo Israel; después era el mundo, empezando desde Jerusalén (v. 8). «Id por todo el mundo» implica empezando por nuestros vecinos. Recordemos que el Señor está vivo y nos ve desde el Cielo.

4. Una lección de paciencia: debían esperar la promesa del Señor. El Espíritu Santo. No era tiempo perdido el que pasaran aquellos diez días en oración, como no lo es para el leñador afilar el hacha, o el músico afinar el violín, o poner gasoil al motor. Nosotros somos los primeros beneficiados por la oración, y luego los demás.

5. Una lección de dependencia del Espíritu Santo: «¿Por qué no empezar en seguida?» - podía decir el impetuoso Pedro; pero Jesús había dicho: «Esperad la promesa del Espíritu». ¿Qué habría hecho Pedro el día de Pentecostés sin el poder y guía del Espíritu Santo que le ins- piró su acertado y lógico discurso? (Jn. 14:16).

6. Un gran contraste: ¿Restituirás el Reino en este tiempo? El plan de Dios era al revés: «Seréis perseguidos» (Lc. 21:20-24). Así nos ocurre aun hoy día. Los cristianos del siglo pasado pensaban en el triunfo del Evangelio por las misiones, pero Dios sabía que el Anticristo ha de venir, y el mundo pagano ha caído en manos comunistas ateas. No debemos, empero, escandalizarnos, pues Jesús ya lo previó cuando dijo: «Cuando el Hijo del hombre viniere, ¿hallará fe en la Tierra?» (Lc. 18:8). Afortunadamente, los apóstoles sustituyeron sus ideas por las de Jesús.

CONCLUSIÓN: así debemos hacerlo nosotros. No nos escandalicemos por lo que Dios hace o permite sobre el mundo, sabiendo que al fin sus planes se cumplirán .

259. *LA ASCENSIÓN DEL SEÑOR (Hechos 1:1-14)*

INTRODUCCIÓN: las apariciones de Jesús resucitado no fueron sino una preparación para el glorioso hecho de la ascensión. La desaparición inmediata tras su resurrección habría sido un choque incomprensible para los discípulos. Era necesario convencerles de que podía estar y estaba espiritualmente con ellos aunque no le vieran. Tuvieron prueba de ello en el caso de Tomás y del lago de Tiberías.

1. Realidad de la ascensión: decimos que nuestros amados van al Cielo cuando mueren, pero no vemos la ascensión de sus espíritus. Hay uno, empero, que penetró en los Cielos visiblemente. Tenemos las mismas garantías de este hecho que de la resurrección. Los apóstoles casi siempre que hablan de su resurrección mencionan su ascensión (*véase* Hch. 2:33-34; 3:21; Ef. 1:20-21 y 4:10; Col. 3:1, etc.)

2. ¿Adónde subió? La ciencia moderna ha revolucionado la idea cristiana del Cielo. No es un lugar sobre las nubes, pero si todo lo organizado tiene un centro, una capital, el universo debe tenerlo también. En sentido metafórico, se llama «Jerusalén Celestial». El universo tiene infinidad de mundos, pero Jesús dijo: «Quiero que donde yo estoy ellos estén también conmigo». No en un mundo cualquiera, sino donde se halla su cuerpo glorificado.

3. Necesidad de la ascensión: ¿Por qué se ausentó de este mundo tan necesitado de su presencia?

a) Su dignidad lo requería. El que dijo: «Toda potestad me es dada en el Cielo y en la Tierra» no podía permanecer en este rincón del universo. Bastante misericordia fue su venida temporal para hacer patente el amor de Dios con el misterio de la redención.

b) Su santidad así lo exigía (*véase* Mt. 17:17).

c) La venida del Espíritu Santo lo hacía necesario (Jn. 16:7; Mt. 16:18): «Las puertas del infierno». Sin el Espíritu Santo ya habría desaparecido la Iglesia sumida en el error o la apostasía.

4. Resultados de la ascensión: nos convenía la ascensión de Cristo para...

a) Tener un abogado en la Corte Celestial: algunas personas están rogando a otros mediadores, pero su razón y su conciencia debieran decirles que ningún otro ser que no sea divino puede escuchar, atender y socorrer a millones de fieles simultáneamente, pero Cristo puede porque es Dios.

b) Hallar un amigo al otro lado de la muerte: la partida a la eternidad de muchos cristianos ha sido grandemente endulzada por la seguridad de «vivir con Cristo, lo cual es mucho mejor». Alguien ha dicho que un Cielo sin Cristo sería un Cielo vacío.

CONCLUSIÓN: gocémonos con la gloriosa seguridad de que el Universo no es una inmensa maquinaria sin conductor; antes al contrario, digamos con el salmista: «¿A quién tengo yo en los Cielos? Y fuera de Ti nada deseo en la Tierra» (Sal. 73:25).

260. *LA ENTRADA TRIUNFAL (Lucas 19:18-44)*

INTRODUCCIÓN: se trata de la única ocasión en que Jesús se dejó tratar como rey. Antes lo había rehusado (Jn. 6:6). Ahora no. ¿Por qué? Para que fuera un testimonio a los judíos de todos los siglos; que no pudieran decir que nunca se declaró Mesías. Jesús venía de Betania con una compañía de discípulos, a la que se unieron los peregrinos a la Pascua procedentes de Galilea. Otra compañía la formaban los que oyeron decir que Jesús venía a Jerusalén para la Pascua y salieron de Jerusalén para recibirle. La aldea de Betfagé (que significa casa de los higos) era un pueblecito situado en el camino entre Jerusalén y Betania. Al encontrarse las dos compañías y ver a Jesús cabalgando sobre el asnillo de la profecía comentado por los escribas de las sinagogas, pensaron que era el cumplimiento de la profecía y empezaron al unísono con el estribillo «¡Hosanna!», que significa «Salva ahora». Jesús quería salvar, pero no como ellos pensaban. ¿Qué aprendemos de esta historia?

1. La importancia que Jesús da a la Sagrada Escritura: a Jesús le interesaba que la palabra profética se cumpliese. Toda su vida había sido un cumplimiento de profecías que a Él se referían. Aquí mismo había una descripción del Mesías muy significativa...

a) Justo: esto fue toda su vida, de modo que podía decir: ¿quién me redarguye de pecado?

b) Salvador: se ha cumplido más de lo que el profeta podía prever (Lc. 19:10).

c) Humilde: y lo fue, no sólo en esta ocasión, sino siempre (Mt. 11:29).

El mismo acto de entrar sentado sobre un asno es un símbolo real y alguien lo ha considerado como un signo del adelanto lento de su Reino ganando las almas con perseverancia.

2. El privilegio de ayudar al Señor en el cumplimiento de sus propósitos: los dueños del borrico estaban lejos de pensar que su asnillo fuese aquel de la profecía, pero debieron entenderlo cuando los discípulos dijeron: «El Señor lo ha menester». Dios nos ama y espera a nosotros para cumplir sus profecías sobre este mundo, una de las cuales es: «Será predicado este Evangelio en todas las naciones». ¿Le ayudamos con gozo? *(anécdota: un labrador alemán, al recibir una moneda de cobre con la efigie de un asno un Domingo de Ramos, hizo promesa a Dios de que todas las monedas que recibiera con aquella efigie las dedicaría, como los dueños del asnillo, al servicio del Señor, pero estuvo indeciso si debía hacerlo al recibir con esta misma efigie una moneda de oro y fue a preguntar a un pastor el significado de la palabra latina que llevaban todas las monedas, y éste leyó: «Nunquam retorsum»; que significa «nunca retrocede» –una de las cualidades de los borricos, es que se resisten a volver atrás– y, después de pensarlo, dijo: «Pues yo tampoco vuelvo atrás, no quiero ser peor que un borrico»).*

3. ¿Por qué lloró Jesús? ¡Qué extrañeza e impresión causaría a sus discípulos esta actitud del Maestro! ¿Por qué lloró? Porque sabía el porvenir. ¡Cuántas veces lloraríamos si lo supiésemos, de nosotros o de otras personas! Gracias a Dios porque no nos es dado, pero Jesús sabía:

a) El porvenir inmediato de Jerusalén y de aquellos entusiastas seguidores de cuyas mismas bocas que clamaban «¡Hosanna!» saldría pocos días después la palabra «¡crucifícale!», desilusionados de que Jesús no obrara como el Mesías que ellos esperaban. Eran ciegos a su amor Salvador, pues ya estaba profetizada en Is. 53 la clase de salvación que el Mesías obraría, cargando él mismo sobre sí el pecado de todos.

b) El porvenir de la ciudad dentro de 40 años: aquel monte de los olivos sería un bosque de cruces, levantadas por los conquistadores romanos que asediaban la ciudad hambrienta de Jerusalén. Las crueldades de la guerra no pueden menos que entristecer al Príncipe de paz y amor, de quien cantaron los ángeles como un buen heredero antes de reinar.

c) El porvenir de los siglos del pueblo elegido: aquellos que gritaron «que caiga su sangre sobre nosotros y sobre nuestros hijos» no sabían lo que se decían. Los mayores privilegios de Dios se convierten en maldiciones cuando no son reconocidos y apreciados. Mejor les habría sido no ser pueblo elegido pero ¿pueden echar los judíos la culpa a Dios? Así pasa con los que oyen el Evangelio y lo rechazan. Jesús

presenta dos caminos (Mt. 7:13-14). *(Anécdota: el hombre que tuvo un décimo del «gordo» en su mano y lo cambió por otro en el momento de elegir)*

Ellos tenían buenas evidencias de probabilidad, y suficientes evidencias tienen los escépticos en nuestros días.

4. Profecía de frases entrecortadas: algunas las comprendemos: «por la sangre de tu pacto serás salva»; se refiere a la redención que obró el Mesías con su sangre, simbolizada en los sacrificios del A.T. ¿Quiénes son estos prisioneros de esperanza? Hay quienes creen que se refiere a los creyentes del Antiguo Pacto, que estaban vivos para Dios, de los cuales el mundo no era digno y se hallaban en el Hades, esperando otro «Domingo de Ramos» que sería la resurrección...

a) La primera entrada al mundo fue en humildad (Zac. 9:9).

b) La segunda, en gloria: «Como relámpago, y con un gran son de trompeta» (Mt. 24:27; 1 Ts. 4:16). Los elegidos de Dios han de venir de diversas tribulaciones, como se ve por los vs. 8 al 11 del cap. 10. El pastor inútil es sin duda el Anticristo y el llanto de los judíos que durante siglos han rechazado al Mesías humilde, se acentuará en la tierra de Israel cuando aparecerá en gloria poniendo sus pies sobre el monte de los Olivos (cap. 14:4).

c) Como en la primera fiesta de Ramos hubo una exultación de entusiasmo al juntarse las dos compañías de discípulos, los que venían de Galilea y los que subían de la ciudad de Jerusalén, así también será en la Segunda Venida, según 1 Ts. 4:16-17. Entonces no serán sólo unos millares de judíos, sino el mundo entero, cansado de sufrir, quien clamará ¡Hosanna! «¡Salva ahora a tu pueblo, Señor!».

CONCLUSIÓN: que Dios nos ayude a apresurar este día feliz, colaborando con Dios en la salvación de aquellos que restan para cumplir el número de los redimidos y así preparar el Reino para el «Rey que viene» ¡Que Dios nos ayude a entender sus propósitos y a cumplirlos, que no hagamos llorar a nuestro Rey, sino al contrario, que podamos aclamarle, ya seamos de la compañía de los que como espíritus le acompañarán como cohorte regia, o de los que saldrán a recibirle desde la Tierra. ¿En qué compañía estaremos en aquella gran fiesta? No importa. El día está cerca, Satanás lucha en vano para retrasar su cumplimiento, tal como hizo en su nacimiento y siempre, pero no podrá trastornar los planes de Dios. Preparémonos para aclamar a nuestro Rey.

261. *LA ENTRADA TRIUNFAL EN JERUSALÉN* *(Lucas 19:28-48)*

INTRODUCCIÓN: las enseñanzas del Domingo de Ramos son una buena preparación para comprender mejor los sublimes acontecimientos que conmemoramos en Semana Santa. Consideremos:

1. Por qué debió tener lugar la entrada triunfal:

a) Para cumplir la profecía. Apenas hay otra más expresiva en el Antiguo Testamento acerca del carácter y obra de Cristo, exceptuando Is. 53. Pero tanto como es clara para los cristianos, era y resulta todavía oscura para los judíos que no han creído en el Señor. La profecía habla del Mesías como...

–Rey humilde (v. 9): ésta es su gloria para nosotros los cristianos. Es el más grande de los hombres porque se hizo el más humilde (Fil. 2:8, 9). Pero es incomprensible para los judíos que sólo veían en su Mesías a un rey humano. Nosotros sabemos que fue humilde de corazón por haber sido el único hombre perfecto, y somos invitados a imitarle (Mt. 11:29).

–Pacífico (v. 10): éste fue el gran objeto de su venida, pacificar a los hombres con Dios y a éstos mutuamente. Esto último se cumplirá sin tardar mucho. Las guerras sin paralelo de nuestra generación son, probablemente, las últimas convulsiones del gran enemigo herido de muerte en su lucha espiritual con nuestro invicto Caudillo (Ap. 12:12). Los judíos hubiesen querido ver a Cristo montado no en un asnillo, sino sobre brioso corcel dirigiéndose al asalto de la fortaleza antoniana: pero la profecía decía otra cosa. Como en el caso de su nacimiento (Mt. 2:5), los pensamientos de Dios no coincidían con la ilusión humana. Son mucho más altos, con ser más bajos en su momentánea apariencia.

–Salvador (v. 11): ¡Cuán diferente era el significado que los rabíes daban a esta palabra del que tiene realmente! Debía salvarles no del yugo romano, sino del pecado. Este texto aclara tal sentido. No dice: «Por tu valeroso ejército», sino «por la sangre de su Pacto». El Antiguo Pacto con Israel era promesa del Nuevo, que iba a ser sellado aquella misma semana con la preciosísima sangre del Hijo de Dios (Mt. 26:28).

b) Para darse a conocer como el Prometido de Dios: era indispensable para su pueblo; de otro modo, cuando los cristianos les acusamos de haber dado muerte a su propio Mesías, podrían objetar: «Él no dijo que lo fuese, nuestros padres fueron engañados por su silencio». Por esto Jesús se dispone a declararse ante millares de testigos. Había llegado ya su hora. Antes no quería para no precipitar los acontecimientos (Mt. 16:20 y 17:9). Relátese la escena haciendo notar que la palabra Hosanna era una profecía inconsciente por parte del pueblo, como lo fue la de Caifás (Jn. 11:51, 52). Significa «Salva ahora» y ¿no es lo que Jesús estaba bien dispuesto a hacer, aunque no en el sentido que lo pedían? De repente, al llegar a la cima, ocurre lo inesperado: Jesús se detiene, contempla la ciudad y... llora. Imagínese la estupefacción de los discípulos. ¡Cómo aquel llanto inexplicable apagaría sus voces! Esto nos lleva a considerar:

2. Por qué lloró Jesús: notemos que no fue por sí mismo. Llegó en su agonía a sudar sangre y agua, pero nunca se nos dice que llorase por sí. El llanto es expresión de compasión y nunca la tuvo de sí mismo. Por esto le amonestaba Pedro (Mt. 16:22); pero la tuvo infinita para otros. Lloró por...

a) La inconsciencia de su propio pueblo: a cada lado, hombres y mujeres que no entendían el significado de su venida estaban aclamándole. Había un cierto amor hacia Él, una cierta simpatía y veneración; pero era un amor interesado, voluble, inconsciente, que pronto se transformaría en odio o indiferencia. No estaba fundado sobre motivos sólidos. No era el amor de Pedro o de Juan (Jn. 6:67-70). ¡Cuánto de este amor aparente que se manifiesta hoy en el mundo hace llorar al divino corazón del Salvador! ¡Cuántos le rinden homenaje por motivos que distan mucho de ser espirituales! ¡Cuán pocos le adoran como Rey de sus almas por haber hallado en Él la vida eterna!

b) Su tremenda responsabilidad: Jesús sentía amor y compasión por griegos y romanos, galos y celtíberos (Jn. 10:16; 12:20-24). Pero ¡ay!, aquellos tendrían un castigo más tolerable en el juicio (Mt. 11:22). Nunca su conciencia tendría que reprocharles una ingratitud e insensatez incalificables. Pero ahí estaba su propio pueblo viendo sus milagros, oyendo sus palabras y, sin embargo, endurecido. No habría excusa ni paliativo en el Juicio. Jesús no podía hacer más en su favor. Desde la edad de 12 años había asistido en Jerusalén a cada una de sus fiestas, testificando de alguna manera acerca de su Padre. Había llegado a ponerles en más de una ocasión al borde de la fe (Jn. 7:11-14). Pero sus prejuicios nacionales, su orgullo e incredulidad les habían llevado por otro camino, y, aunque cerca físicamente del Salvador, estaban muy lejos de Él en propósitos y deseos. No habían querido sujetar su pensar al de Cristo, sino que Cristo se sujetase al suyo. Esta actitud es trágica para las almas. Dios quiera que no sea la de ningún lector. ¿Cómo piensas acerca de Cristo? Toma el Evangelio y sométete a él. Si te resistes a la palabra que has oído sería tremenda tu responsabilidad.

c) Su ceguera en el momento decisivo (v. 42): como nación, Israel estaba pasando la encrucijada entre el obedecer o rechazar a Cristo. Para muchos, personalmente, sería quizá también su última oportunidad. Con su rechazo el Viernes Santo sellaron su condenación definitiva. Hasta cierto punto es disculpable la incomprensión del alma en los primeros tiempos que se oye el mensaje de Dios, pero más adelante, cuando la mente ha podido ya percatarse de los motivos que hay para creer y el corazón ha sido impulsado en vano, quizá más de una vez, por el Espíritu Santo, no tiene excusa alguna. Cada alma tiene su día favorable para aceptar a Cristo, aquel en que se está más cerca de la gran decisión. Es «su día» de salvación o de condenación por toda la eternidad. Nadie sabe cuándo es o será tal día para él. Algunos lo recordarán con amargo remordimiento por siglos sin fin *(anécdota: «un alma endurecida»; cierto pastor fue invitado a visitar a una señora desahuciada de los médicos, a la cual halló que*

conocía el Evangelio, pero no lo había aceptado, y, aunque asentía a todo lo que se le decía, no manifestaba deseos espirituales. Su invariable respuesta era: «Para mí todo está oscuro». Hasta que por fin dijo: «Y, señor, yo sé dónde y cómo fue que he perdido la salvación».

–¿Qué quiere usted decir? –preguntó asombrado el pastor.

–Que yo había asistido antes a sus cultos y un cierto día el Espíritu Santo me habló con tal fuerza que o tenía que rendirme al Salvador o salir de la reunión, pues no podía soportarlo más.

–¿Y cuál de las dos cosas hizo? –preguntó el pastor.

–Me levanté del asiento y salí. Dos señoras creyentes me siguieron pensando que estaba enferma, pero les di una excusa. Allí fue que perdí la salvación.

Y, en efecto, murió sin esperanza).

d) Su desastroso fin (vv. 43, 44): parece que Dios mismo cuidó de que pudiésemos conocerlo impulsando al historiador Josefo a narrarlo con toda clase de detalles. Josefo cuenta horrores sobre la destrucción de Jerusalén tales como el hambre, que obligó a los sitiados a comer las correas de sus sandalias, cintos de cuero y paja. Una madre trajo a los asaltantes el cuerpo medio devorado de su hijito. Los que trataban de huir eran apresados y crucificados, hasta el punto que, según dice, faltaron árboles en los alrededores de Jerusalén para levantar tantas cruces. Un grupo muy importante de cristianos, recordando las palabras de Cristo, salió de la ciudad entre el primero y el segundo sitio y escaparon a Pella, al otro lado del Jordán. Jesús lo veía todo anticipadamente y se afligía. Lloraba de amor. ¡Cuántas veces, en este mundo, el amor hace llorar al anticipar la desgracia que el ser amado no ve! El hijo pródigo reía cuando su padre lloraba. Con más certeza que la de la inteligencia y previsión paternal, Jesús lloraba la tragedia épica y espiritual de su propio pueblo, que no era sino un ejemplo de la de otros pueblos y millones de almas por las que Él padeció sin provecho. ¿Sentimos nosotros la situación de las almas que nos rodean como la sentía el Salvador? *(anécdota: «la declaración del artista»; en un concierto de bailables, celebrado en St. George Hall el 16 de marzo de 1905, el presidente anunció que el más importante de los artistas que habían de tomar parte, Mr. Quentin Ashlyn, se veía imposibilitado de actuar por hallarse indispuesto; pero Mr. Quentin, que se hallaba presente, se adelantó y declaró: «No, señores; lo cierto es que he sido convertido a Dios en la serie de cultos celebrados en la Misión de Albert Hall, y siento que mi vida debe ser empleada no en divertir a personas que están, muchas de ellas, en el camino del infierno, sino en el servicio del Salvador que murió por mí»).*

CONCLUSIÓN: lloró por nosotros mismos, a menos que seamos aquellos de quienes dice la profecía: «Del trabajo de su alma verá y será saciado» (Is. 53:11). Digámosle de veras Hosanna, o sea: «Sálvame de mi pecado, de mi ingratitud, del adversario que pretende llevarme más allá de «mi día favorable»; sálvame y redímeme con la sangre de tu glorioso Pacto. Amén».

262. *LA RESURRECCIÓN DE CRISTO (Mateo 28:1-10)*

1. La realidad de su resurrección: el Señor mismo afirmó muchas veces que iba a morir y luego resucitar al tercer día (Mt. 16:21, 20:19; Mr. 9:31). Después de de resucitar se presentó a sus discípulos por cuarenta días dándoles pruebas indubitables de su resurrección (Hch. 1, 3; Jn. 20:19-28). Quinientas personas lo vieron vivo después de su resurrección (1 Co. 15:5-9). Los apóstoles proclamaron su resurrección a despecho de las amenazas y los castigos de las autoridades (Hch. 3:13-15; 4:1-2, 5:29-33, 40, 41).

2. La necesidad de su resurrección: si Cristo no hubiera resucitado luego no hubiéramos tenido ni Evangelio (Buenas Nuevas), ni salvación, ni esperanza alguna para el futuro (1 Co. 15:14-19). Si Cristo no resucitó luego, no sólo Pablo habló falsamente (v. 15), sino también Pedro (Hch. 2:32-36; Jn. ; Ap. 1:18) y el Señor mismo (Mt. 16:21). Era necesario que Cristo resucitase a fin de ser Salvador (Hch. 5:30-31) y Señor (Hch . 17:31).

3. Beneficios de su resurrección: su resurrección es la garantía de la eficacia y perfección de la ofrenda de su cuerpo hecha una sola vez (He. 10:10-12). Ella asegura nuestra regenera-

ción (1 P. 1:3), salvación (Ro. 10:9), justificación (Ro. 4:24, 25), santificación (Ro. 6:4-13), resurrección (1 Co. 6:14, 15:20-24; 2 Co. 4:14) y glorificación (Col. 3:1-4). ¡No está aquí; ha resucitado! (Lc. 24:6).

263. *LA SUPREMACÍA DE CRISTO (Colosenses 1)*

INTRODUCCIÓN: ¿A qué cristiano no le agrada cantar los himnos de nuestros himnarios que expresan gratitud y amor a Cristo, o que le rinden homenaje de adoración y gloria? Esto es precisamente lo que hace el apóstol Pablo en este capítulo, donde declara que Cristo, en todo, tiene el primado.

1. Primero, en la creación (vv. 15, 16): Él es, junto con el Padre y el Espíritu Santo, el Ser creador y sustentador de toda la Creación y que existió antes de toda cosa creada (Ello puede confirmarse con los textos de Jn. 1:3 y Jn. 17:5).

2. Primero, en la reconciliación (vv. 20 a 22): hay un solo mediador (1 Ti. 2:5). Ningún otro es digno o capaz de este oficio (Hch. 4:12). Se ha discutido mucho qué significa: «Las cosas que están en los Cielos». Los ángeles santos están ya reconciliados, pero se ha hecho observar la palabra Cielos en plural, por lo que ha hecho pensar en una salvación cósmica de la cual el mundo sería el escenario escogido por Dios, entre posibles habitantes de las estrellas caídos o por caer, que todavía no ha llegado para ellos el momento de prueba. Este texto era incomprensible cuando predominaban los conceptos astronómicos de Aristóteles, en la Edad Media; en cambio, hoy día, puede dar lugar a muchas suposiciones; sin pretender hacerlas dogma de fe. No obstante, sirve para engrandecer el concepto de Cristo y de su obra redentora.

3. Primero, en la resurrección (v. 18): es en virtud de su resurrección que ha levantado fe en Él, como lo expresa Pedro en su I epístola, 1:3: «Nos hizo renacer para una esperanza viva mediante su resurrección de entre los muertos». Cristo es la primicia de la gran multitud redimida que participará de la gloria de su resurrección en su venida.

4. Primero, en la iglesia: Cristo es su cabeza (v. 18). Confirmado por Ef. 1:22, 23. Es preciosa la figura que nos hace pensar que estamos unidos a Cristo nuestro Señor, invisible pero real, como los miembros lo están a la cabeza (I Co. 12:12, 13).

5. Primero, en la vida del cristiano (v. 27): «Cristo vive en mí», decía Pablo (Gá. 2:20). ¡Misterio insondable! Oculto desde los siglos, pero ahora manifestado en sus santos. ¿Qué efecto tiene dicha revelación en nuestras vidas?

6. Primero, en todo (v. 18): así como el Sol supera en gloria el brillo de la Luna y de cualquier lumbre que los hombres puedan encender (1 Co. 15:41). La gloria del Señor es incomparablemente superior a toda otra gloria, pues en Él habita toda la plenitud de Dios (v. 19).

CONCLUSIÓN: cuando el apóstol Pablo escribía esto, tenía en mente a los sectarios gnósticos que consideraban a Cristo como un último eón en la escala angélica de las revelaciones de la divinidad invisible; pero He. 1 derriba totalmente esta suposición. Cristo es, no el último, si, no el primero (Col. 2:9). Ésta es la maravilla que no podemos comprender, pero está revelada en la Sagrada Escritura. Los cristianos modernistas ponen a Cristo mucho más bajo que los gnósticos; pero los cristianos bíblicos sabemos a qué atenernos.

264. *LA TENTACIÓN DE JESÚS (Mateo 4:1-11)*

INTRODUCCIÓN: este relato, que se encuentra en los tres evangelios sinópticos, es de vital importancia. Si la cruz de Jesús es el secreto de nuestra salvación, la victoria en el desierto es el camino de la cruz. La tentación es para el ser moral lo que el examen para el intelectual, o la prueba atlética para el físico.

1. ¿Por qué tenía que ser tentado el Hijo de Dios?

a) Porque por su «kenosis» se constituyó el segundo Adán; como aquel, tenía que pasar por la prueba, para restaurar lo que primero perdió.

b) Tenía que empezar una batalla que duraría siglos; como capitán, tenía que ponerse al frente y desafiar primero al enemigo.

c) Para simpatizar y socorrer a los que son tentados (He. 2:18).

2. ¿Cómo podía ser tentado el Hijo de Dios? Desde su infancia, sentiría que no era un hombre como los demás (Lc. 2:49). Los evangelios auténticos no relatan ningún milagro antes de su ministerio. Pero desde niño tenía una idea intuitiva de su origen. Había en las profecías mesiánicas cosas que favorecían la respuesta positiva, y otras que parecían negativas, asimismo, en su propia vida anterior...

a) Los relatos que María le haría de su nacimiento.

b) Su inteligencia prodigiosa y sus pensamientos superhumanos (Lc. 2:52).

c) Recientemente, el testimonio de Juan. La voz del Cielo y la venida del Espíritu Santo el día de su bautismo .

d) También había profecías que parecían referirse a Él (Miqueas menciona Belén pero no un establo). «De Egipto llamé a mi hijo» parece una profecía del Mesías, pero podría referirse a Israel. ¿Era Él realmente el Mesías? ¿Por qué tanta pobreza? Por esto era necesaria la voz del Cielo que refieren Mateo y Lucas; pero ¿no sería una visión falsa? La expresión de Satanás «Si eres…» demuestra el propósito de levantar dudas.

3. Cómo fue tentado: ¿Fue una aparición personal o una voz interior? Tener hambre no es un pecado. La sugestión podía ser un pensamiento de Dios mismo. ¿Cómo conoció Jesús que no lo era? Por su admirable respuesta bíblica de Dt. 8:3. Nunca le faltó a Jesús este pan espiritual, la comunión con el Padre, excepto en los momentos de la cruz, por amor a nosotros. Si no tenemos revelaciones directas tenemos la Palabra de Dios. ¿La amamos como el pan? (El muchacho que prefirió la Biblia a una cantidad de dinero cuando las biblias iban tan escasas y halló dentro de sus páginas un cheque de mayor valor que la cantidad que heredaron sus hermanos. No era pecado la sugerencia diabólica. Hay muchas cosas que no son malas en sí, pero lo son en ciertas circunstancias (ej. Esaú: Comer, beber, trabajar, jugar y amar no son pecado, pero pueden serlo en ciertas ocasiones). Nótese la gradación de las tres tentaciones. Son las cuñas del diablo. La pequeña abre camino a la grande. Satanás, hoy, no nos dice: «blasfema o roba»; sino: «olvídate del culto». No: «emborráchate o fornica»; sino: «prefiere la amistad de esta persona mundana a las cosas santas». El diablo sabe que una cosa te llevará a la otra.

4. La tentación más sugestiva: arrojarse de las almenas del Templo significaba: Intenta un milagro, no para ti mismo, sino para la gloria de Dios y del Reino. Pon a prueba la Escritura del Sal. 91:11 y 12: «Si eres Hijo de Dios, no temas hacerlo». ¿Podía ser más sugestiva? ¿En qué habría sido mala?

a) Por apartarse del camino trazado al Mesías redentor.

b) Era procurar el Reino antes de tiempo.

c) Era buscar súbditos maravillosos, en vez de hijos agradecidos a su costosa redención. Jesús usa por segunda vez la espada de dos filos: la Palabra (Dt. 6:16). La misma fe puede degenerar en el pecado de excesos fanáticos, creyendo que podemos ordenar y obligar a Dios.

5. La tentación más atrevida, pero más sugestiva: le daba el reino hecho, sin lucha, con los poderes de la Tierra. El verdadero dueño habría sido el diablo y nosotros sus víctimas, pues mejor era ir a la cruz, combatir el mal no sólo allá, sino durante siglos. Ver santos y mártires perecer en persecuciones, pero venciendo moralmente al diablo, como su Señor lo venció. De este modo ha sido derrotado en mil escaramuzas. El gran adversario, avergonzado, tiene que huir. Nosotros somos parte de este ejército del que Cristo es capitán. No esperemos sólo paseos y revistas de honor, fiestas y convenciones, sino dificultades y luchas. Algunos han preferido el bien inmediato a la lucha por la verdad.

CONCLUSIÓN: «Si eres hijo de Dios». Bien sabía el diablo que Jesús lo era. ¿No hemos sufrido nosotros la misma tentación? Si fuesen verdad las promesas de la Biblia no te encontrarías en este apuro, afligido o enfermo; pero a todas estas tentaciones hemos de responder mediante la Palabra (*véase* Hch. 14:22; Jn. 15:19; Ap. 3:21).

265. *SIETE ASPECTOS CONSOLADORES DE CRISTO (1 Juan 2)*

1. Jesús, abogado con el Padre (v. 1).
2. Jesús, la propiciación por nuestro pecado (v. 2).
3. Jesús, nuestra luz (v. 8).
4. Jesús, dador del Espíritu Santo (vv. 20, 27).
5. Jesús, el Hijo de Dios (vs. 20, 23).
6. Jesús, el prometido (v. 25).
7. Jesús, el que ha de venir (v. 28).

266. *TENTACIÓN DE JESÚS (Lucas 4:1-14)*

INTRODUCCIÓN: Jesús fue nuestro ejemplo a la vez que nuestro Salvador. Él se redujo a nuestra condición, aunque era el Creador para poder darnos ejemplo (He. 2:18 y Fil. 2:5-8).

1. ¿Cuándo fue tentado? (v. 1) Después de su bautismo, que representaba su dedicación a una nueva vida de testimonio y servicio al Padre Celestial. Así puede tentarnos Satanás tras un buen culto de consagración. Quizá por una persona que no nos saluda o cualquier otra pequeñez material.

2. ¿Dónde fue tentado? (v. 1) En el desierto, donde no había alimento. El enemigo nos tienta siempre por las circunstancias. No sabemos hasta qué punto Jesús había tenido revelación de quién era. Probablemente su madre le había contado la historia de su nacimiento y Él debía comprobar que era el Mesías.

3. Preparación para el combate: Dios no le permite ir desarmado. Le había dado buenas pruebas...

a) El testimonio de Juan el Bautista (Mt. 3:14).

b) La voz del Cielo (Mt. 3:15).

c) Revestimiento del Espíritu Santo (Mt. 3:16).

Con esto, Jesús se hallaba preparado, pero ¡cuán sutil es Satanás! Le ataca en el mismo terreno espiritual en que se halla: «Si eres Hijo de Dios...».

4. Tres formas de tentación similares:

a) «... di a estas piedras que se tornen pan»: un milagro perentorio y justificado para cubrir una necesidad.

b) «Échate de arriba abajo...»: una aparente confianza en Dios sin consultar con su voluntad. Miles estaban allá abajo, era para la gloria de Dios realizar tal milagro. Pero Jesús nunca realizó un milagro en favor de sí mismo y ambos eran de esta naturaleza. Él estaba libre de egoísmo y de orgullo. Él era sin pecado (He. 4:15). Habría sido empezar mal una carrera que tenía que acabar en la cruz.

c) «Todo esto te daré...»: Satanás va intensificando la tentación tal como hace con nosotros. Ésta significaba librarse de la cruz, tomar un atajo. Así lo hace con nosotros.

5. La victoria: siempre mediante las Sagradas Escrituras. Jesús usaba esta arma diestramente. La espada del Espíritu (Ef. 6:17).

6. La recompensa inmediata (v. 11): «Ángeles le servían». Así, cuando nosotros obedecemos a Dios (He. 1:14). Nosotros no les vemos, pero Él seguramente sí (ej. el cuidado divino en necesidades físicas en grandes servidores de Dios o en circunstancias providenciales entre los sencillos cristianos que tienen una gran fe).

267. *TENTACIÓN Y TRIUNFO (Mateo 4:1)*

INTRODUCCIÓN: el relato de la tentación del Señor se encuentra en cada Evangelio menos en el de Juan. Éste presenta a Cristo como el Hijo eterno de Dios en quien no había ninguna tendencia a pecar, mientras que los evangelios sinópticos nos lo presentan en otro aspecto que también es verdadero, como el hombre a que se redujo voluntariamente (*véase* He. , caps. 1, 2).

1. El porqué de la tentación: es ejercida en tres aspectos...

a) Material: «Que estas piedras se hagan pan». Es decir que Jesús atendiera más a la necesidad física de aquellos momentos que al Reino de Dios. Miles de hombres son arrastrados en este aspecto

b) Moral: «Échate abajo». Produce un espectáculo que dejaría asombrados a los judíos que se apresurarían a reconocerte como Mesías, o sea busca fama y prestigio. También es otra tentación que arrastra a muchos hombres.

c) Espiritual: «Todo esto te daré». O sea, hazte Mesías por un pacto conmigo, sin necesidad de ir a la cruz. Ésta era la más seductora de las propuestas para Jesús Hijo de Dios, pero humanado, que necesitaba ver comprobadas las promesas mesiánicas que estaban en la Sagrada Escritura y en las cuales Él debía confiar. En He. 2:14-18 tenemos una exposición de este misterio. Ésta es también la gran prueba de fe que el plan salvífico de Dios ha puesto ante todos los hombres. Debemos creer lo que no vemos.

2. El misterio del poder de Satanás; Jesús no respondió al tentador: «Estos reinos que dices, no son tuyos para darlos a quien quieras». Satanás es ciertamente un rey y un dios temporal (2 Co. 4:4 y Ef. 6:12). Aunque ignoramos las razones de Dios para mantener a Satanás en el poder sobre esta Tierra, es muy posible la sugerencia de algunos pensadores cristianos que a la luz de Efesios y Colosenses, creen que es para dar un ejemplo a los billones de seres del universo entero de los resultados que da un mundo dejado en libertad, como respuesta a la desconfianza del tentador, pero, finalmente, éste tiene que ser anulado y castigado (Ap. 20:10).

3. Cómo el Señor venció la tentación: con la Palabra de Dios, que es la espada del Espíritu (Ef. 6:17). La cita del Señor en Dt. 8:3 es la mejor apología acerca de la inspiración del Antiguo Testamento. Si nuestro Salvador daba toda la autoridad a una frase del libro atribuido a Moisés, ¿qué debemos hacer nosotros? Debemos no sólo creer en todo lo que está escrito en la Biblia como un mensaje de Dios, directo o reflejado de Israel a nosotros, y aprender a usarlo como hizo el Señor.

CONCLUSIÓN: conocerlo de memoria no es suficiente, sino saber aplicar su sentido a nuestra particular tentación, sea la que sea. En la Palabra de Dios hay respuesta a todas las insinuaciones del adversario, por muy artificiosas que sean.

268. *CRISTO SOBRE TODAS LAS COSAS* *(Romanos 9:5)*

INTRODUCCIÓN: durante cuatro mil años, el mundo había estado esperando un libertador, esperando mientras imperios se levantaban y caían. Los conquistadores vinieron e hicieron que el mundo fuera peor en lugar de hacerlo mejor; y aun así los siglos velaban y esperaban. Buscaron un libertador en tronos, en palacios, vestido con túnicas imperiales, como jefe de ejércitos. Por fin lo encontraron en un establo. El ganado estaba más cerca de él que el ángel, porque el primero estaba en el pesebre contiguo, mientras que el segundo estaba en las nubes. Sus padres eran campesinos. No hubo lugar para él en el mesón porque no había quién pagara los gastos del hotel. Sin embargo la estrella y el coro angélico mostraron que el Cielo había proporcionado el aprecio de su mérito, el cual el mundo no había reconocido. Cristo vino, «el cual es de Dios sobre todas las cosas, bendito por los siglos. Amén».

1. Pero, ¿quién es este Cristo que vino? En cuanto a la diferencia que hay entre las denominaciones de cristianos evangélicos no me preocupo. Si con un solo movimiento de mi mano yo pudiera decidir si todo el mundo debería ser bautista, metodista, congregación al episcopal o presbiteriano, no movería mi mano. Pero hay doctrinas que son vitales para el alma. Si Cristo no es Dios, somos idólatras. A esta cuestión cristológica me dedico esta ocasión y pido a Dios que podamos pensar y obrar rectamente en una cuestión en la cual una equivocación sería fatal.

2. Requiere tanta fe ser incrédulo como ser cristiano: es fe en una dirección diferente. El cristiano tiene fe en las enseñanzas de Mateo, Lucas, Juan, Pablo, Isaías, Moisés. El incrédulo tiene fe en los librepensadores. Nosotros tenemos fe en una clase de hombres, ellos tienen fe en otra clase de hombres. Pero como la mayoría de aquellos están dispuestos a tomar la Biblia como norma de moral y de fe, yo hago este libro mi punto de partida. Supongo que ustedes se dan cuenta de que hay dos generales que han dirigido los grandes ejércitos contra la deidad de Jesucristo, y éstos son Strauss y Renan. El número de los que ellos han asesinado no podrá contarse hasta que suene la trompeta del arcángel en el día final. Esos hombres y sus simpatizantes dicen que si pudieran destruir la fortaleza de los milagros podrían destruir el cristianismo, y tienen razón. Neguemos los mila-

gros y negaremos también el cristianismo. El gran exegeta alemán dice que todos los milagros son mitos. El gran exegeta francés dice que todos los milagros son leyendas. Los dos se proponen quitar todo lo sobrenatural de la vida de Cristo así como todo lo sobrenatural de la Biblia. Prefieren los milagros de la insensatez humana a los gloriosos milagros de Cristo Jesús.

3. Dicen esos incrédulos que no hubo nacimiento milagroso en Belén, sino que todo es una historia ficticia como la historia de Rómulo, de quien se dice que nació de Rhea Silvia y del dios Marte. Dicen que no hubo ninguna estrella que señalara el pesebre, sino que era solamente la llamarada de una linterna que pasaba. Dicen que no hubo nada milagroso en hacer el pan, puesto que era la corrupción de la historia de Eliseo que repartió veinte tortas de pan a cien hombres. Dicen que el agua nunca se convirtió en vino, sino que ese decir es la corrupción de la historia de que la plaga egipcia tornó el agua en sangre. Dicen que no es maravilla que Cristo sudara grandes gotas de sangre, pues él había estado fuera en el aire de la noche y de repente enfermó. Dicen que no hubo lenguas de fuego sobre las cabezas de los discípulos en el Pentecostés, que fue solamente una gran tormenta y que el aire estaba cargado de electricidad, la cual formó chispas alrededor de las cabezas de los discípulos.

4. Dicen que María, Marta y Cristo sintieron que era importante tener un alboroto para beneficiar la religión, de manera que dramatizaron un sepelio. Lázaro hizo el papel de muerto; María y Marta hicieron el papel de plañideras y Cristo fue el actor trágico. He expresado estas ideas en mis propias palabras; pero esto es exactamente lo que significan sus declaraciones. Ellos dicen que la Biblia es un libro espurio, escrito por hombres supersticiosos o mentirosos, apoyado por hombres que murieron por aquello que no creían. Ahora, me retracto de la declaración limitada que hice hace unos momentos, cuando dije que requiere tanta fe ser incrédulo como ser cristiano. Requiere mil veces más fe ser incrédulo que ser cristiano, porque si el cristianismo declara que la ballena se tragó a Jonás, entonces el escepticismo demanda que Jonás se trague a la ballena. Y yo puedo demostrar a ustedes que Cristo era Dios, no sólo por medio de las apariciones sobrenaturales que hubo la noche de la Navidad, sino también por lo que dijeron de él hombres inspirados, por lo que él dice de sí mismo y por sus maravillosos hechos. Cristo vino, «el cual es sobre todas las cosas». ¡Ah! ¿No prueba esto demasiado? No vino sobre los Césares, ni sobre los Federicos, ni sobre Alejandro el Grande, ni sobre los Enriques ni los Luises. Vino «sobre todas las cosas». Si. Poned juntos los tronos de todo el mundo a través de todas las edades y mi texto los sobrepuja tan fácilmente como el arco iris sobrepasa la cima de una montaña. Cristo vino, «el cual es sobre todas las cosas». Entonces debe ser Dios. La Biblia dice que todas las cosas fueron hechas por él. Esto, ¿no demuestra mucho? ¿Podría ser él, el que hizo el Mediterráneo, el mar Negro, el Atlántico, el Pacífico, el monte Líbano, los Alpes, la Sierra Nevada; él, el que hizo los hemisferios, y el universo? ¡Sí! La Biblia lo dice así, y en caso de que seamos muy torpes para entender, Juan termina con una reiteración magnífica, y dice: «Sin él nada de lo que es hecho fue hecho». Entonces él es Dios.

5. La Biblia dice que en el nombre de Jesús se doblará toda rodilla: todos los que están en el Cielo tendrán que doblarse sobre sus rodillas. Los mártires, de rodillas; los apóstoles, de rodillas; los arcángeles, de rodillas. ¿Ante quién? ¿Ante un hombre? ¡No! ¿Es él Dios? La Biblia dice que toda lengua lo confesará: los malayos, los mexicanos, los italianos, los españoles, los persas, los ingleses. Toda lengua lo confesará. ¿A quién? A Dios. La Biblia dice que Cristo es el mismo ayer hoy y por los siglos. ¿Es esta una característica de la humanidad? ¿No cambiamos? ¿No cambia completamente el cuerpo humano en siete años? ¿No cambia la mente? Cristo es el mismo ayer, y hoy y por los siglos. Él es Dios.

6. Los filósofos dicen que la ley de gravedad resuelve todo, y que las fuerzas centrípeta y centrífuga evitan que el mundo choque y sea demolido. Pero Pablo dice que el brazo de Cristo es el eje en el cual gira todo y que la mano de Cristo es la que sostiene todo. Observad las siguientes palabras: «Sustentando todas las cosas con la palabra de su potencia» (He. 1:3). Entonces él es Dios.

7. Luego miremos a lo que dice Cristo mismo: ciertamente cada uno debe entenderse

mejor que lo que otros pueden entenderlo. Si yo pregunto a usted donde nació; y usted me dice: «Yo nací en Manchester, Inglaterra» o, «nací en Glasgow, Escocia» o, «nací en Dublín, Irlanda» o, «nací en Nueva Orleans, Estados Unidos», siendo usted un hombre de integridad, yo debo creerle. Si yo le preguntara cuántos kilos puede usted levantar y usted me dijera que cincuenta! cien, o trescientos kilos, yo debería creerle. Es un asunto personal suyo. Usted sabe mejor que lo que cualquier otra persona puede saber.

8. Si le pregunto a cuánto asciende su fortuna, y usted me dice que diez mil o cien mil o quinientos mil dólares, yo creo lo que usted dice. Porque usted sabe mejor que cualquier otro. Por tanto Cristo debe saber mejor que cual quiera otro quién es y qué es. Cuando yo le pregunto qué edad tiene, él me contesta: «Antes que Abraham fuese, yo soy» (Jn. 8:58). Abraham había muerto hacia 2, 028 años. ¿Tenía Cristo 2, 028 años de edad? Sí, él dice que tiene más edad que esa. «Antes que Abraham fuese yo soy». Entonces Cristo dice: «Yo soy Alpha» (Ap. 21:6). Alpha es la primera letra del alfabeto griego, y Cristo en esta declaración quiso decir: «Yo soy la A del alfabeto de los siglos». Entonces él es Dios.

9. ¿Puede un hombre estar en mil lugares al mismo tiempo? Cristo dice que él está en mil lugares al mismo tiempo: «Donde están dos o tres congregados en mi nombre, allí estoy en medio de ellos». ¿Es esta omnipresencia característica del hombre o de Dios? A menos que pensemos que esta omnipresencia puede cesar, él está y estará en todas las ciudades de la Tierra: estará en Europa, en Asia, en Africa, en América del Norte, en América del Sur el día anterior a aquel en que el mundo sea destruido por fuego. «He aquí, yo estoy con vosotros todos los días, hasta el fin del mundo» (Mt. 28:20). Entonces él es Dios.

10. Además, Él recibe honores divinos: declara que Él es Señor de todos los hombres, de los ángeles y de los demonios. ¿Lo es? Si él lo es, entonces es Dios. Si no lo es, es un impostor. Un hombre llega temprano por la mañana a la casa de usted y le dice: «Yo soy el gran constructor de barcos de Liverpool; he construido centenares de barcos». Continúa hablando como si fuera un hombre de vasta experiencia y grandes posesiones; pero al día siguiente usted descubre que no es el gran constructor de barcos de Liverpool; que nunca construyó un barco; que nunca construyó nada. ¿Qué es entonces? Un impostor. Cristo dice que él hizo el mundo; que él hizo todas las cosas. ¿Las hizo? Si las hizo, es Dios. Si no las hizo, es un impostor.

11. Otro hombre llega a la tienda de usted y le dice: «Yo soy Rothschild, el banquero de Londres. Tengo en mi bolsillo la riqueza de todas las naciones. Yo presté una gran cantidad de dinero a Italia y a Austria». Pero al poco tiempo, usted descubre que este hombre nunca prestó ningún dinero a Italia ni a Austria, que nunca tuvo grandes posesiones; que ni siquiera es banquero; que no posee nada. ¿Qué es? Un impostor. Cristo dice que a Él le pertenece el ganado que está en los campos, que a él le pertenece este mundo y el que está por venir; que a él le pertenece el universo; que él es el banquero de todas las naciones. ¿Lo es? Si lo es, es Dios. ¿No lo es? Entonces es un impostor.

12. Un hombre entra a la Casa Blanca, en Washington, y dice: «Yo soy el emperador Guillermo de Alemania. Estoy viajando de incógnito y he venido aquí para descansar y divertirme. Poseo castillos en Dresden y en Berlín». Pero al día siguiente el presidente descubre que este hombre no es el Emperador Guillermo; que no posee ningunos castillos en Berlín ni en Dresden; que no tiene ninguna autoridad. ¿Qué es? Un impostor. Cristo dice que él es Rey sobre todos, que es el rey inmortal, invisible. Si lo es, es Dios. Si no lo es, es un impostor.

13. Strauss vio la alternativa, y trató de salir de ella diciendo que Cristo era pecador al aceptar la adoración y la alabanza. Renan trata de salir de este apuro diciendo que Cristo, no por culpa suya, sino por culpa de otros, perdió su pureza de conciencia; y arteramente dice que las mujeres sin honor habían dañado el alma de él. Cualquier cosa se puede creer, según Renan, menos que Cristo es Dios. Ahora, ustedes creen que la Biblia es verdad. Si no fuera así ustedes se habrían ido a unir al club de los incrédulos o irían a la ciudad de Boston a besar el pie de la estatua de Tomás Paine.

14. Les he mostrado lo que los hombres inspirados dijeron de Cristo: les he mostrado lo que Cristo dijo de sí mismo. Ahora, si ustedes

creen en la Biblia, vayamos a ella y veamos los maravillosos hechos que Cristo realizó: quirúrgicos, para alimentar, marítimos, y mortuorios...

a) Hechos quirúrgicos: ¿Dónde está la revista médica que nos dé relatos de hechos tales como los que Cristo realizó? No usó ningún bisturí. No llevaba ningunos otros instrumentos, no usó ningunas compresas, no cauterizó ninguna herida, no cauterizó ninguna arteria. Sin embargo, mirad sus maravillas. Con una palabra sano la oreja amputada de Malco. Puso una poca de tierra en su mano, escupió en ella, produjo un ungüento y con él hizo que un hombre que había nacido ciego y sin nervio óptico ni córnea ni iris útiles pudiera abrir sus ojos y contemplar la luz del sol. El hizo que un sordo oyera. Enderezó a una mujer que por causa de los músculos contraídos, había estado doblada casi completamente durante dos décadas. Hizo que un hombre que no había movido sus piernas treinta y ocho años recogiera su lecho y caminara. Sir Astley Cooper, Abernethy, Valentine Mott, se quedaron impotentes ante un hombre con un brazo seco; pero este Médico de poderes quirúrgicos omnipotentes, viene y ve el brazo paralítico y sin vida, colgando al lado del cuerpo del hombre, y Cristo le dice: «Extiende tu mano», y el la extendió sana como la otra. Él es Dios.

b) ¡Alimentaciones maravillosas!

–Encontró a un niño que había venido del campo con cinco piezas de pan, quizás para venderlas. Tal vez el niño había pagado cinco centavos por las cinco piezas y esperaba venderlas por diez centavos, y de esta manera duplicar su dinero. Cristo tomó estas piezas de pan y obró un milagro por medio del cual alimentó a siete mil personas hambrientas; y les garantizo que el niño no perdió nada, porque hubo doce cestos de pedazos que sobraron; y les aseguro que el niño que había tenido cinco piezas de pan al comenzar, tuvo por lo menos diez al final.

–La madre del Salvador va a la casa de unos vecinos para ayudarlos en una fiesta de boda. Observando ella descubre que la cantidad de vino no es suficiente para los invitados. Llama a Cristo en su ayuda, y Cristo. no por medio de la fermentación lenta, sino por medio de una palabra, hace quinientos veinte litros de vino puro.

c) ¡Maravillas marítimas! Hizo que la red de unos hombres –que estaban lamentándose por no haber podido pescar nada– se llenara con tal cantidad de peces, que tuvieron que llamar a los pescadores de los otros barcos para que les ayudaran a sacarla; y los otros barcos vinieron, y todos van bien cargados con la pesca de manera que los marineros tienen que ir con mucho cuidado para no zozobrar. Luego viene la tormenta que hace que el mar se embravezca; y entonces las velas del barco se hacen pedazos; Cristo se levanta de la popa y viene caminando por el barco hasta llegar a la proa, y entonces con su omnipotencia hace que la tormenta se abata. ¿Quién abatió al Euroclidón? ¿Cuáles pies caminaron por el embravecido mar de Galilea?

d) Que los filósofos y los anatomistas vayan a la abadía de Westminster y traten de resucitar a la reina Elisabet o a Enrique VIII. Ningún poder humano ha resucitado jamás a un muerto.

–En Capernaúm hay una niña muerta. ¿Qué hace Cristo? Es lástima que ella haya muerto joven y cuando el mundo le sonreía. Tenía apenas doce años de edad. Se acerca, le toca la frente y las manos ya frías... ¡Muerta, completamente muerta! La casa está llena de llanto. Cristo viene, toma la mano de la niña, e instantáneamente sus ojos de ella se abren y su corazón comienza a latir. La palidez de la muerte desaparece y en su lugar aparece el sonrosado que indica vida y salud. Ella se arroja en los brazos de sus padres. ¿Quién la despertó de la muerte? ¿Quién le restauró la vida? ¿Un hombre? Eso sería para decírselo a los locos de un manicomio. Él la resucitó fue Cristo Dios.

–Pero ahora viene una prueba que mostrará más que cualquiera otra que Él es Dios y hombre. Recordaréis aquel gran pasaje que dice: «Es menester que todos nosotros parezcamos ante el tribunal de Cristo» (2 Co. 5:10). La Tierra quedará aturdida por un golpe que la hará tropezar en medio del Cielo, las estrellas rotarán en círculo como los hojas del otoño; el Cielo volverá sus espíritus y los espíritus y la carne de aquellos que han sido sepultados en el mar vendrán a una conjunción incorruptible. ¡Día de humo y de fuego y obscuridad y triunfo! Por una parte, amontonados en galerías de luz, los ciento cuarenta mil, sí, los quintillones de personas salvas. Por otra parte, amontonada en las

galerías de la obscuridad las torvas multitudes de aquellos que rechazaron a Dios. Entre estas dos multitudes está un trono, un trono alto, un trono que está sobre dos pilares brillantes: justicia y misericordia; un trono tan brillante que no se podrá contemplar con el ojo natural sin peligro de perder la vista. Pero es un trono vacío. ¿Quién vendrá a tomarlo? ¿Vendrá usted?

15. «¡Ah, no!» –dice usted– «Yo solamente soy un hijo del polvo y no me atrevería a subir a ese trono». ¿Se sentará en él Gabriel? No se atreve. ¿Quién subirá a él? Aquí viene uno, de espaldas a nosotros. Paso a paso asciende hasta que llega a la cumbre donde está el trono. Entonces se vuelve y se enfrenta con todas las naciones y pronto sabemos quién es él. ¡Es Cristo el Dios! Toda la Tierra y todos los Cielos y el infierno se arrodillan, gritando: «¡Es Dios! ¡Es Dios!" Todos tendremos que comparecer ante el tribunal de Cristo.

CONCLUSIÓN: cuando los niños están en la casa y la madre ha muerto, el padre tiene que ser más amable en el hogar; tiene que desempeñar el puesto de padre y madre. Me parece que Cristo considera nuestro desamparo y se propone ser padre y madre para nuestra alma. Viene con la fortaleza de él, y la ternura de la madre. Él dice: «Así como el padre se compadece de los hijos, se compadece Jehová de los que le temen», y luego añade: «Como uno a quien su madre conforta, así os confortaré yo». ¿No sienten ustedes el arrullo divino? ¡Oh! Poned vuestra cansada cabeza en el seno de la divina compasión mientras él pone su brazo alrededor de usted, y dice: «Oh alma cansada, yo seré tu Dios. Oh alma huérfana, yo seré tu protector. No llores». Después él toca vuestros párpados con sus dedos y pasa su mano por vuestra mejilla, limpiando toda lágrima de aflicción y soledad. ¡Oh, que Dios tan tierno y tan amoroso ha venido por nosotros! No os pido que lo detengáis, pues tal vez no son suficientemente fuertes para ello. No os pido que oréis, tal vez estáis demasiado perplejos para ello. Solamente os pido que os confiéis a los brazos del amor eterno. Pronto ustedes y yo escucharemos el ruido de la cerradura de la puerta del sepulcro. Hombres fuertes nos llevarán en sus brazos y nos conducirán para sepultarnos en el polvo: ellos no pueden resucitarnos. Yo estaría espantado con temor infinito si pensara que debería permanecer en la tumba, si aun el cuerpo fuera a permanecer en la tumba. Pero Cristo vendrá con glorioso poder destruyendo todo ídolo, y resquebrajará y triturará las rocas y nos hará salir.

269. *EL MENSAJE DE LA CRUZ* *(Isaías 53)*

INTRODUCCIÓN: descríbase la escena del patíbulo; que eso era la cruz. El Gólgota es el lugar de los reos, de los criminales.

1. «Padre, perdónalos, porque no saben lo que hacen» (Lc. 23:34): ésta es la gran palabra del perdón. Este perdón es para los que le crucificaron. ¿Quiénes le crucificaron? Los fariseos, que son la gente buena y religiosa. Los saduceos, que son los hombres acomodados, que gozan de bienes y de influencia social, política e intelectual. No pueden éstos olvidar que fue Jesús quien trastornó las mesas en el templo para evitar negocios ilícitos en la Casa de Dios. Están por eso llenos de rencor. También lo crucificó Poncio Pilato el «político de la conveniencia». Lo crucificó el pueblo que lo aclamó como rey una semana antes, cuando hacía su entrada triunfal a Jerusalén. Lo crucificó la gente de su generación. Y para esa generación desde la cruz el pide perdón. Nosotros también le estamos crucificando de continuo cuando nuestras vidas no se ajustan a su divina voluntad. El amor de Dios no se aprende en los libros ni en la naturaleza. Se aprende oyendo la voz de perdón desde el Calvario. El protomártir Esteban aprendió bien la lección cuando pudo imitar a su Maestro y Salvador frente a sus verdugos: «Señor, no les imputes este pecado. Y habiendo dicho esto, durmió» (Hch. 7: 60).

2. «Hoy mismo estarás conmigo en el paraíso» (Lc. 23:43): he aquí un paraíso para un penitente, para un ladrón. Esa palabra de esperanza va dirigida a un iconoclasta social. Posiblemente era éste uno de los ladrones de serias hazañas entre Jerusalén y Jericó. Pilato situó a Cristo entre dos clásicos ladrones. Siendo Jesús un revolucionario social se creyó oportuno situarlo entre dos ladrones del hampa. Uno de

ellos censuró a Jesús por no salvarse a sí mismo. El otro vio la gloria de Dios en la cruz del centro y pidió gracia en el Reino celestial. En esta segunda palabra Jesús ofrece inmediatamente un paraíso. No es para después que se pase por un lugar que llaman purgatorio, sino para ahora mismo. Siempre mostró Jesús profunda simpatía por los perdidos. En esta hora se ofrece un paraíso para un hombre que ha sido un estorbo a la sociedad. No fue ese ladrón el único hombre que Jesús ganara ese día. También ganó a un soldado romano. Si los ladrones y los soldados comprenden la sinceridad de nuestro testimonio, ellos estarán listos a aceptar al Salvador. Repetimos que ese paraíso no se propone para después, sino para ahora mismo. Ahora mismo usted que lee este mensaje puede ser salvo por esa misma obra expiatoria del Divino Redentor. Por esa palabra se nos apareja una patria celestial. «Porque los que esto dicen dan a entender que buscan una patria. Que si se acordaran de aquella de donde salieron, cierto tenían tiempo para volverse; empero deseaban lo mejor, es a saber, la celestial; por lo cual Dios no se avergüenza de llamarse Dios de ellos porque les había aparejado ciudad». (He. 11:14-16). Amigo mío, si usted no ha aceptado todavía a Jesucristo él le ofrece ahora mismo un lugar en su Reino desde el madero de la cruz.

3. «Mujer, he ahí tu hijo; hijo, he ahí tu madre» (Jn. 19:26, 27): esta es la palabra filial. Los evangélicos no adoramos a María; pero reconocemos su grandeza. Fue mujer escogida como vaso de Dios para concebir al Hijo. ¿Por qué Jesús dijo mujer, y no madre? Nuestro Señor el Dios hombre no puede renunciar a los afectos de su piadosa madre. Encarga a su discípulo amado la mujer que le llevó en su vientre y le dio protección cuando era niño. ¿Cómo es posible que amemos a los ajenos si somos duros e indiferentes con los nuestros? Desde el madero de la Cruz Jesús inició el «Día de las Madres». No puede ser buen cristiano quien tenga despego o indiferencia para la autora de sus días. Por la mente de Jesús pasan todas las ternuras y los recuerdos de aquella dulce mujer. Jesús no dice he ahí mi madre. La refiere a Juan porque Jesús es hombre y es Dios. Desde la cruz revela el amor del hijo; pero siente, ante todo, que él se debe al mundo. Con esta tercera palabra de Jesús se rubrica la integridad y la santidad del hogar cristiano. Jesús, siendo Dios, ama a usted tanto como a su propia madre de él. Acepte hoy esa palabra y ese amor.

4. «Dios mío, Dios mío, ¿por qué me has desamparado?» (Mt. 27:45, 46): la cuarta palabra es un grito de desesperación. Todas las tinieblas de este mundo gravitan sobre el sublime Nazareno. Sus fuerzas ya agotadas no resisten la presión de la atmósfera que le rodea. Ya no puede llamar a Dios «Padre», sino «Dios». Esta palabra es un grito de desolación. Aquí como que la fe agoniza. Así vemos cómo los cristianos de hoy se preguntan a la hora de la prueba, ¿por qué Dios permitirá estas cosas? En esta palabra se manifiesta toda la humanidad de Jesús. Aquí se revela la flaqueza del hombre. En este instante pesa sobre el Crucificado todo el pecado del mundo. Esta palabra es una oración de agonía. Está recordando en su agonía la palabra de Dios, el Sal. 22. Cuando la duda nos sorprenda, nada mejor para fortalecernos que la oración. Cuando nos sea difícil orar, oremos más. Jesús manifiesta su valor en esta cuarta palabra, que es una oración. Los malvados podrán crucificar al hombre; pero jamás podrán crucificar la verdad, que es eterna.

5. «Sed tengo» (Jn. 19:28, 29): esta palabra es breve y fácil de recordar. En el Calvario Jesús está en un tormento que tiene por resultado la sed. He aquí una agonía de sed. Sus heridas ante la luz y el calor del sol. Jesús no es un estoico. Por eso no es indiferente al dolor y a las necesidades humanas. El misterio del dolor es uno de los misterios más gran des de la vida. Jesús no es indiferente al misterio del dolor. La vida no tiene por propósito erradicar el dolor, sino enfrentarse a él con valor. Tenemos que mostrarnos fuertes frente al dolor. Abolir el dolor sería abolir la cruz de Cristo. El dolor es laboratorio del carácter. A veces la prueba y el dolor nos revelan mejor la presencia de Dios. El valor de Jesús ante la Cruz ganó al penitente para el Reino de Dios. Jesús nunca intentó explicar los dolores de este mundo. Explicó a los hombres cómo afrontarlos. Aquella hora sedienta sigue hoy su clamor. Jesús tiene ahora sed de almas, sed de justicia, sed de paz, sed de amor, sed de fraternidad, sed de unidad cristiana, y sed de una iglesia sin mancha y sin arruga; sed de un Reino eterno para los perdidos, y sed de consagración a su servicio.

6. «Consumado es» (Jn. 9:30): en esta sexta palabra del Cristo se revela un propósito. Surge esta palabra como un ¡Ay! de alivio. Ya las tinieblas van pasando y se asoman en el horizonte rayos de luz y de esperanza. Aquí tenemos una exultante palabra de victoria, una declaración de triunfo definitivo. La obra está realizada, la ofrenda propiciatoria ha sido aceptada por el Padre. Ya hay confianza restaurada. Lo que hasta ahora parecía ser un fracaso se ha tornado en victoria. La redención está ya hecha. Esa palabra refleja toda un a vocación. Jesús ve la vida como una divina vocación, como un ministerio, como un servicio al mundo. Jesús tiene un propósito y un plan. Nuestra vida no puede ser ropa, zapatos, dinero, arroz o habichuelas. Debe ser más: un ministerio. Todo oficio debe estar rodeado de santidad. Nada debe ser secular. De otro modo, el cristianismo dejaría de ser sincero, y seria defectuoso. Toda vocación debe ser sagrada. Todo queda perfecto y consumado en los brazos de Jesús.

7. «Padre, en tus manos encomiendo mi espíritu» (Lc. 23:46): consumada la obra, Jesús se despide ahora en paz. Él sabe a donde va... Tiene fe en el triunfo de lo espiritual. La séptima palabra es también una oración. Esa oración expresa calma y confianza en un Dios de poder. Es una oración de las Sagradas Escrituras: Sal. 31:5. No hay nada como la Biblia en nuestros momentos de prueba y dolor. Cítese Jn. 14:1-6. «No se turbe vuestro corazón… etc. Hasta que convenzamos al mundo de que Dios es nuestro Padre, todo seguirá mal. Dios está siempre a nuestro lado en los momentos angustiosos, y cuando el mundo se nos quiere caer encima. Si estamos preparados para expirar en espíritu de oración no hay por qué temer a la muerte. Hay que tener la costumbre de orar. La oración no es solamente para cuando vienen las pruebas. Jesús enseñó que es necesario orar siempre, y nunca desmayar. Jesús conocía su Biblia y el valor de la oración.

CONCLUSIÓN: a veces decimos que no tenemos tiempo para leer la Biblia o para orar. Ese es un mal síntoma de muerte espiritual. Siempre dependió Jesús de las promesas del Padre. Esteban, el primer mártir del evangelismo, aprendió de Jesús esta lección de triunfo: «Señor Jesús, recibe mi espíritu» (Hch. 7:59).

270. *EL MAESTRO HA VENIDO* *(Juan 11:32)*

1. ¿Quién vino? «El Maestro», o sea, uno que gobierna, rige, o tiene autoridad. ¡Qué título más apropiado!

a) Él gobierna en la naturaleza; los vientos y las olas le obedecen.

b) Él gobierna en el mundo espiritual; los demonios y los ángeles le obedecen.

c) Él gobierna en la Iglesia.

d) Él es Cabeza sobre todas las cosas; no conocemos ningún Maestro sino al Señor Jesús.

2. ¿Cómo vino?

a) Él vino como un hombre:

–El fue por el camino por el que nosotros estamos yendo.

–Él vino por medio de la cuna, la carpintería y la tumba.

b) Él vino como Dios, para enjugar nuestras lágrimas, perdonar nuestros pecados y levantar a nuestros muertos.

3. ¿Cuándo vino?

a) No sino hasta que la compasión humana hubiera hecho todo lo que podía:

–Lázaro está muerto, ha estado muerto durante cuatro días.

–¿Por qué el Señor Jesús tarda tanto?

–¿Por qué Dios dejó este mundo perdido cuatro mil años sin el Salvador?

b) Los médicos han hecho todo lo que han podido: los hombres aún están tratando de revivir a los muertos por medio de métodos naturales, pero hacer algo así requiere un poder sobrenatural. «De modo que si alguno está en Cristo, nueva criatura es; las cosas viejas pasaron; he aquí, todas son hechas nuevas». (2 Co. 5:17). Christmas Evans representa a cuatro hombres fuertes que quieren despertar a Lázaro:

Uno dice:

–Descenderé hasta la tumba y le frotaré bien con la esponja de la habilidad natural.

Y así desciende, pero no consigue nada.

–Bien –dice el segundo– sal y déjame probar a mí.

Entonces entra con un látigo de puntas metálicas y en tono amenazante le dice:

–Levántate, o te lo haré sentir. Lo flagelaré con la ley.Pero Lázaro siguió quieto, y frío como el hielo.

Dice el tercero:

–Haced lugar para mí.

Entonces entra en la tumba con un instrumento musical y le canta una canción de amor. Pero Lázaro no despierta.

El cuarto dice:

–Los medios humanos fallan, pero yo iré a buscar al Señor Jesús.

Les veo acercarse, están conversando, ambos lloran.

El Señor Jesús se levanta y clama a gran voz: «¡Lázaro, sal fuera!»; y el que estaba muerto volvió a la vida. ¡Gloria a Dios!

CONCLUSIÓN: la religión es algo personal. El llamado del Evangelio es un llamado personal... ¿Lo ha oído usted? Entonces, préstele toda su atención; puede que el Salvador no mantenga el llamado por mucho tiempo.

271. *EL HOMBRE QUE NACIÓ CIEGO (Juan 9:1-14)*

INTRODUCCIÓN: estamos tan acostumbrados a ver, que poco pensamos en el don maravilloso es la vista. Realmente, es una inmensa bendición el poseer nuestros ojos con los cuales no solamente nos cercioramos de todo lo que nos rodea, sino que deleitamos nuestro espíritu al contemplar la variada hermosura y la encantadora magnificencia que cual mágica alfombra multicolor, se extiende sobre la Tierra y el Cielo. Y qué infortunio más grande es ser ciego, vivir sumido en perennes tinieblas: no conocer el rostro de la madre amorosa ni admirar la faz sonriente de los niños; no apreciar el color de las flores, la belleza de los paisajes, la lindura de una puesta de sol y la inmensa bóveda celeste salpicada de estrellas rutilantes.

¡Cuán felices debemos sentirnos los que disfrutamos del sentido de la visión! Démosle infinitas gracias a Dios por tan señalado como valioso favor! Sin embargo, cuántos hay que jamás han conocido la luz, porque nacieron ciegos. Tienen que depender de otros para ir de lugar en lugar. A menudo, la tristeza les invade el espíritu. En un mundo de tanto movimiento, se sienten incompletos; sus aspiraciones nobles, sus sueños dorados y los vuelos de su imaginación se ven limitados a causa de no poder ver. Mucho se ha avanzado en los esfuerzos por ayudar a los que padecen de una visión defectuosa, pero nada se puede hacer por los que son ciegos de nacimiento.

I. Los evangelios nos relatan algunos casos de personas ciegas que fueron milagrosamente curadas

1. El cuadro de los ciegos es algo que se observa en casi todas las ciudades. En Palestina, y durante el ministerio público de nuestro Señor, eran muchísimos los que padecían de este mal. La bondadosa persona de Jesús, así como transitaba las estrechas calles de Jerusalén o los fragosos caminos de Galilea, llevó la bendición de la vista a muchos de aquellos que no la tenían; sus manos bienhechoras se posaron sobre los ojos cerrados de los ciegos, para abrirlos con ternura y bañarlos de luz. Él mismo fue consciente de que su actividad mesiánica incluía dar la vista a los ciegos. Así lo dio a entender en la aplicación que hizo de la profecía de Isaías en la Sinagoga de Nazaret (Lc. 4:16-22).

2. Quizás el caso más notable en esta clase de curaciones realizadas por Jesús es el del ciego de nacimiento, acerca del cual escribe el evangelista Juan en el cap. 9 de su evangelio. Fue un milagro portentoso en el que la divinidad de Jesús quedó plenamente atestiguada...

a) Era un sábado, después de la Fiesta de los Tabernáculos, cuando Jesús y sus discípulos pasaban cerca del templo de Jerusalén. Probablemente sentado junto a una de las puertas de aquel edificio, yacía un pobre hombre, ciego desde su nacimiento, implorando limosnas de los que entraban a adorar. La presencia de aquel ciego ofreció a los discípulos la oportunidad de inquirir de Jesús respecto a la causa metafísica-teológica de esa enfermedad. Ellos preguntaron: «¿Quién pecó, éste o sus padres, para que haya nacido ciego?» El interés de ellos consistía únicamente en conocer la explicación de ese problema. El concepto popular judaico era que toda enfermedad debía atribuirse a algún pecado. Pero Jesús fue más al fondo. Para Él, más que un problema de teología, el caso de aquel hombre era una ocasión de servicio. La religión de Jesús es siempre práctica. Hay en ella un constante deseo de hacer algo por los demás. La responsabilidad de Jesús era hacer la obra de Dios; como la luz del mundo que era, Él no podía permanecer indiferente ante la situación angustiosa de un hombre ciego.

b) No había tiempo para entrar en discusiones estériles y quizás hasta contraproducentes: como todo un hombre de acción, Jesús procedió a verificar otro de sus maravillosos milagros. «Escupió en tierra, e hizo lodo con la saliva, y untó con el lodo los ojos del ciego», y díjole: «Ve a lavarte en el estanque de Siloé». La opinión popular atribuía a la saliva virtudes curativas, especialmente en los casos de debilidad en la vista. Sin duda, Jesús no participaba de semejante creencia; pero él necesitaba despertar la fe en aquel enfermo. Para las curaciones milagrosas, algún contacto o relación debía establecerse entre el beneficiado y Jesús. Aquel hombre ciego, al sentir el toque de los dedos de Jesús sobre sus ojos hasta entonces cerrados, comprendería al instante la seriedad de su benefactor al darle la sanidad que tanto anhelaba.

La fe, entonces, se despertaría en su corazón y lo impulsaría a una obediencia pronta y gozosa. Para recibir las bendiciones de la gracia divina es necesario que nos liguemos a Jesucristo por medio de la fe. La orden del Señor fue la de que el ciego debía ir a lavarse a un estanque de agua no distante del templo. Su fe tenía que ser demostrada en su obediencia. Las palabras y los mandamientos de Jesús no son para discutirse o para dudarse, sino para ser acatados; solamente cuando actuamos así disfrutaremos de las copiosas bendiciones de su amor. Una fe verdadera nunca se queda escondida, siempre se manifiesta en la obediencia.

c) El hombre ciego hizo lo que Jesús le había mandado: fue y se lavó, y el resultado sorprendente fue que volvió viendo. ¡Qué experiencia más incomparable! Por primera vez en su vida, el hombre que nació ciego pudo ver la luz del día. Ahí mismo, mientras se inclinaba para lavarse, quizás lo primero que vio fue su propio rostro. La emoción, sin embargo, de aquel momento nunca sospechado no lo atolondró. Con paso firme, y a la vez que devoraba con los ojos todo cuanto le rodeaba, regresó al lugar donde había estado antes.

II. Un milagro de tal magnitud no podía pasar inadvertido

1. Las gentes y los vecinos se dieron cuenta de aquel hecho tan portentoso y no pudieron menos que alarmarse. Como en cualquier otro caso similar, surgieron diferentes comentarios. Sin embargo, no se nos dice de ninguno que se hubiese acercado al ciego recién curado, para felicitarlo y alegrarse con él. En las personas que se acercaron había una curiosidad por saber todos los detalles novedosos del caso; aquel hombre, sin embargo, con una lógica y claridad evidentes, relató cómo había sido curado; él tenía hechos que contar y no teorías que suponer; la vida cristiana es una experiencia, una serie de hechos que no se pueden negar.

2. Pero en aquel milagro había un punto, el cual los enemigos de Jesús deberían tener muy en cuenta. El evangelista Juan introduce en su interesante relato la siguiente observación: «Y era día de reposo cuando Jesús había hecho el lodo, y le había abierto los ojos».

a) Las gentes llevaron al que había sido ciego a la presencia de los fariseos. Estos hombres ocupaban una posición prominente en la vida de la nación: eran los celosos guardianes de las instituciones judío-mosaicas. Constituían un fuerte e influyente partido dentro del engranaje social y religioso del país; y aunque eran buenos en muchos puntos, sin embargo, al través de los años habían caído en un pesado y estorboso legalismo, por el cual le concedían más importancia a las ceremonias y a las excrecencias de la religión que a los principios fundamentales y a las rectas relaciones con Dios.

b) Los fariseos inquirieron del hombre cómo había sido sanado: el interés de ellos no estaba en la restauración de un pobre enfermo, sino en el método que para su curación se había empleado.

c) Lacónicamente, él les respondió: «Me puso lodo sobre los ojos, y me lavé y veo». Para estos escrupulosos fariseos, el haber hecho lodo y untarlo en los ojos del ciego constituía una flagrante y punible infracción de la ley del sábado. Para ellos valía más el cumplimiento estricto de su interpretación legalista que la salud y la felicidad de un pobre ser humano. Y esto es una grave equivocación, desafortunadamente muchas veces cometida aun dentro de la religión cristiana.

d) La esencia de la religión de Cristo no consiste en la obediencia a preceptos y ordenanzas de origen puramente humano, sino en la inconfundible relación personal con él por la fe, evidenciada exteriormente en una vida de servicio y de amor. No es cuestión de ritos, de fórmulas y de ceremonias; sino de fe de inteligencia espiritual y de consagración a Dios. El fanatismo siempre ciega a los hombres. Y por eso, los fariseos, aun en contra de toda lógica, concluyeron que Jesús era un hombre pecador porque había hecho lodo en el día de sábado. e) En cambio, el que había sido ciego, no teniendo ningunos prejuicios en su corazón, razonaba con la lógica indestructible de su propia experiencia. Aquellos fariseos, hábiles en el arte de los sofismas, quisieron enredar con sus palabras a su interrogado; pero más bien fueron ellos los que salieron vencidos y avergonzados, pues el hombre les contestó con aplomo: «Si Jesús es pecador, no lo sé, una cosa sé que habiendo yo sido ciego, ahora veo» (v. 25).

III. En esas palabras encontramos la mejor explicación de lo que acontece a toda persona que acepta a Jesucristo como su único y suficiente Salvador

1. Vivir en el error es ser un ciego espiritual, creer la verdad es recibir la vista. Aun el más sencillo puede tener tan preciosa experiencia. La salvación no es una idea, ni siquiera una esperanza: es un hecho, una realidad. Somos salvos ya o no somos salvos. El Evangelio de nuestro Señor Jesucristo da seguridad plena al creyente. Si Cristo ya nos redimió con su sangre, tenemos que sentirlo y saberlo; de otra maneras siempre viviríamos en la incertidumbre. El apóstol Pablo declaró: «Porque yo sé a quién he creído, y estoy seguro que es poderoso para guardar mi depósito para aquel día» (2 Ti. 1:12). Si una religión pretende ser la verdadera, debe, entonces, ofrecer seguridad a sus creyentes. ¿De qué sirve practicar todo lo que exige una iglesia si después de todo se vive en la mayor inseguridad con respecto a la salvación y a la vida eterna?

2. Además, la respuesta que dio el hombre de nuestra historia, revela que la salvación es un cambio...

a) Antes éramos una cosa, pero ahora somos otra. No podemos seguir en la misma vida de pecado, de rebeldía y de incredulidad y aun así llamarnos hijos de Dios. No es posible continuar creyendo y practicando el error y pensar que ya somos salvos. Si el hombre después de lavarse hubiera seguido ciego, no se habría operado ningún milagro. Cualquier persona que recibe en su corazón al Señor Jesucristo, necesariamente experimenta un cambio. No puede ser la misma; tiene que andar en caminos diferentes de aquellos en los que antes transitaba.

b) Se ve, pues, que ser cristiano no consiste en haber sido bautizado o en someterse a otros ritos, ni siquiera en ser miembro de esta o de aquella iglesia, sino en cambiar de vida por el poder de Dios, en dejar las tinieblas por aceptar la luz, en pasar de muerte a vida. Bien puede el cristiano no saber muchas otras cosas, pero lo importante es que sepa que Jesucristo ya le limpió sus pecados con su sangre preciosa derramada en el Calvario.

c) Los fariseos no pudieron refutar la tesis del hombre que había sido ciego. Así sucede con los creyentes en Jesús: aun cuando sean muy sencillos, nadie puede vencerlos porque ellos dan testimonio de lo que sienten más que de lo que saben. ¿Estás seguro tú, amado lector, de que antes eras ciego mas ahora ves?

3. Asimismo, al igual que la curación de este hombre la salvación es un milagro...

a) Que la criatura humana, la cual por naturaleza es heredera del infierno, llegue a ser hija de Dios es un milagro que sólo la gracia divina puede realizar. Por sí misma, ninguna persona puede obtener la visión espiritual; necesita de la intervención del Espíritu Santo para abrir los ojos del alma y contemplar las maravillas del amor y de la buena voluntad de Dios. El hombre que había sido ciego, a pesar de sus deseos y de sus esfuerzos, por muchos años permaneció imposibilitado de ver; tenía que depender de la caridad pública. Pero cuando nuestro Señor se presentó en su camino, la luz llegó a sus ojos e inundo de brillo sus pupilas.

b) Esta es una vívida ilustración de lo que Cristo hace en nuestros corazones. Él nos quita las tinieblas del pecado y del error y nos da la luz de la vida y de la verdad. Los milagros de sanidad que Cristo hizo en el cuerpo de los enfermos, son una palmaria demostración de que Él puede hacer aún beneficios mayores en el espíritu de sus criaturas. El Señor Jesús aún está en medio de nosotros, dispuesto a realizar su ministerio de completa restauración espiritual.

IV. La intransigencia de los fariseos les hizo echar fuera de la sinagoga al hombre recién curado

1. Lo declararon un proscrito de la sociedad, y le privaron de todos sus privilegios religiosos. No pudieron resistir el testimonio de su curación ni la argumentación de sus palabras. Y no teniendo armas dignas con qué combatirlo, se valieron de la violencia y de la excomunión. Ésta ha sido siempre la política de la persecución. El engaño y el error jamás pueden enfrentarse a la verdad; sus métodos de combate son tenebrosos y violentos. Aquí tenemos un caso de persecución religiosa. Los directores religiosos del pueblo judío no querían permitirle al hombre que había sido ciego que hiciera uso de su propia conciencia: estaba obligado a pensar como ellos; de otra manera, se exponía a la expulsión y al desprecio.

2. ¡Cuán distinta fue la actitud de Jesús! Mientras la iglesia oficial judía desechaba a aquel hombre, Jesús le tendió sus brazos amorosos para recibirlo como una oveja de su redil, como un creyente en su poder. La narración nos dice cómo, después, Jesús halló a su beneficiado y le dijo: «¿Crees tú en él hijo de Dios?» El hombre respondió: «¿Quién es, Señor, para que crea en Él?» Entonces Jesús le dijo: «Pues le has visto, y el que habla contigo, Él es». ¡Qué glorioso descubrimiento! Antes, para este hombre no era mas que su bondadoso benefactor; pero ahora le reconoce y acepta como el Hijo de Dios, como el Mesías de la nación, como su propio Salvador. Cuando Jesús le abrió los ojos a ese ciego de nacimiento, era apenas el comienzo de una obra más estupenda y más importante: la visión espiritual. Entonces el hombre le dijo: «Creo, Señor; y le adoró».

3. El milagro de la curación de este ciego de nacimiento nos hace pensar que todos los hombres somos ciegos espiritualmente. Nada importa el hecho de tener en buenas condiciones el órgano de la vista, si se es totalmente ciego a las realidades eternas y del espíritu. Muchos oculistas podrán realizar admirables operaciones en los ojos de sus pacientes; pero si ellos no conocen a Jesucristo como su Salvador, entonces son ciegos de la peor clase. El pecado en el corazón del hombre les ha entenebrecido su visión espiritual. La incredulidad es un fortísimo impedimento para ver la santidad de Dios, la hermosura de su justicia, la sabiduría de su Palabra y la atracción de su misericordia. ¡Qué triste es ser un ciego espiritual! A Nicodemo, el príncipe judío, nuestro Señor le dijo: «De cierto, de cierto te digo, que el que no naciere de nuevo, no puede ver el Reino de Dios» (Jn. 3:3). La mayoría de los hombres son ciegos de ojos abiertos, caminando a tientas por los caminos de la maldad. A los escribas y a los fariseos Jesús los acuso de ser ciegos, pues, aun cuando tenían las Sagradas Escrituras en sus manos, no las entendían correctamente y por eso despreciaron al Señor de la gloria. El les decía: «Si un ciego guiare a otro ciego, ambos caerán en el hoyo».

4. Pero la más hermosa verdad que este milagro nos sugiere es la de que Jesús es la luz del mundo. En el cap. 8 y v. 12 del mismo evangelio, nuestro Señor les declaró a los judíos lo siguiente: «Yo soy la luz del mundo; el que me sigue, no andará en tinieblas sino que tendrá la luz de la vida». Días después, cuando él hizo este milagro en Jerusalén, demostró que en realidad Él era la luz del mundo. La luz es indispensable para la vida. Sin ella, tropezamos y caemos, sin ella caminamos desorientados. En el Reino espiritual, valga decir, en el de la conciencia, Jesús es la luz que nos orienta. Ningún otro hombre puede arrogarse tan alta prerrogativa. Los fundadores de religiones, los grandes moralistas y todos los caudillos han necesitado de luz. Pero Jesucristo mismo es la luz. Por esto, sólo Él tiene derecho de ser nuestro guía en los asuntos espirituales.

CONCLUSIÓN: a ningún otro debemos seguir mas que a Cristo Jesús. En cierta ocasión, cuando muchos de los seguidores de Jesús lo abandonaron, Él les dijo a sus apóstoles: «¿Queréis vosotros iros también?» Entonces, Pedro le contestó: «Señor, ¿a quién iremos? Tú tienes palabras de vida eterna». Acudamos, pues, a Cristo, que en él encontraremos la luz, la vida, la verdad. y la salvación eterna.

272. *MILAGROS EVANGELÍSTICOS*
(Salmo 96)

1. El diluvio de la Tierra (Gn. 6, 7).

2. La destrucción de Sodoma (Gn. 19).

3. La conversión de la mujer de Lot en una estatua de sal (Gn. 19:26).

4. El juicio de Coré, Datán y Abiram (Nm. 16).

5. La mirada sobre la serpiente de bronce (Nm. 21:8).

6. La caída de fuego ante los profetas de Baal (1 R. 18).

7. Los acontecimientos de Jonás (Jon.).

8. La captura de un pez (Lc. 5).

9. La sanidad de la hija de la mujer sirofenicia (Mt. 15; Mr. 7).

10. Los ojos que se abrieron de aquel hombre que nació ciego (Jn. 9).

11. El juicio de Ananías y Safira (Hch. 5).

12. La venida de Pedro a la casa de Cornelio (Hch. 10, 11).

273. *UN ALTO PARA SALUD* *(Marcos 10:49)*

Palabras extrañas al considerar los muchos mandatos de ir adelante. Aquí estaba un ciego desvalido; ciego física y espiritualmente...

1. Desaliento: «Muchos le reñían para que callase: pero él alzaba mucho el grito» (V. M.). Muchos trataron de desanimarle; pero él retuvo su paz.

2. Constancia: «Pero él alzaba mucho más el grito».

3. Ayuda plena: «Y parándose Jesús». Las ondas del mar una vez se detuvieron a favor del pueblo de Dios. El sol y la luna se detuvieron al clamor de Josué, para que Israel pudiese prolongar la victoria (he aquí el contraste de aquellos que nada necesitan de Cristo ahora). Este hombre dijo: «Rabboni, que yo vea otra vez».

4. Sanado: «Vete; tu fe te ha sanado. Y al instante recuperó la vista, y seguía a Jesús en el camino». ¿Obtuvo él lo que pidió? Sí, y aún más.

274. *BARTIMEO, EL CIEGO* *(Marcos 10:46-52)*

1. Oscuridad (v. 46): el pobre ciego vivía en tinieblas, no podía apreciar las hermosuras de la naturaleza creada por Dios, del mismo modo el pecador cegado por Satanás (2 Co. 4:4) no puede percibir las cosas de Dios (1 Co. 2:12).

2. Oportunidad (v. 47):

a) El Señor nunca más pasó por Jericó; Bartimeo supo aprovechar su única oportunidad. Hay muchos casos así entre los que escuchan el Evangelio. Por esto tenemos en Is. 55:6: «Buscad a Dios mientras pueda ser hallado». Esto significa que hay un término a las oportunidades espirituales de muchos pecadores.

b) Jesús dijo a sus discípulos (Jn. 12:35, 36): «Entretanto que estoy en el mundo, luz soy del mundo. » Así era, por lo corta que fue la vida del Salvador. En el caso de los pecadores vivientes, incluyendo los redimidos, lo corta que es nuestra propia vida, nos impulsa a testificar.

c) Jesús declaró: «Porfiad a entrar» (Lc. 13:24, 25).

3. Obstáculos (v. 48): muchos le increpaban. Hay también obstáculos hoy...

a) Parientes se oponen.
b) Amigos se burlan.
c) Vecinos critican.
d) Negocios estorban.
e) Placeres llaman.

Hay que vencerlos todos.

4. Obediencia (vv. 49, 50): Jesús le llamó y Bartimeo acudió aprisa, respondiendo inmediatamente: echando su capa. La vista valía mucho más que la capa, por buena y nueva que fuese. Así es entre todas las cosas del mundo y lo que Jesús nos ofrece.

5. Oferta (v. 51): Jesús sabía lo que necesitaba, pero quería que expresara con palabras su necesidad. Jesús conoce la nuestra... luz espiritual (Mt. 4:16; Jn. 8:12; 1 P. 2:9).

6. Operación (v. 52): el Señor es un oculista experto. En un instante puede abrir nuestros ojos para que veamos. Así ha ocurrido a muchos convertidos (2 Co. 4:6).

7. Ocupación (v. 52): Bartimeo no volvió a la vieja vida de mendigo, siguió al Señor, gozoso de servirle. Así debe ser con nosotros; la gratitud se expresa en consagración y servicio.

275. *CUATRO VIRTUDES ESENCIALES* *(Marcos 2:1-12)*

INTRODUCCIÓN: este milagro parece haber causado tal impresión a los que lo presenciaron que lo encontramos en 3 de los 4 evangelios. Tuvo lugar en Capernaúm, donde estaba la casa de Pedro. Allí Jesús hizo muchos milagros que admiraron, pero no convirtieron a la gente (*véase* Mt. 9:8, Mr. 2:12 y Lc. 5:26). Vivían bajo los rayos del Sol de Justicia (Mal. 4:2), pero sus corazones permanecían fríos. No en vano Jesús tuvo que decir (Mt. 11:23, 24):

«Pero he aquí que en el seno de una ciudad tan endurecida había un pequeño grupo de 4 hombres muy diferentes de los demás, pues poseían cuatro virtudes esenciales para todo cristiano».

1. Compasión: por su convecino inválido. En griego se llama «sentir en las entrañas» (*véase* Flm. 7 y 20 con Mt. 9:36). Estos hombres sin-

tieron lo mismo que Jesús, lo que llamamos nosotros dolor de corazón si queremos asemejarnos al Maestro.

2. Confianza: en el poder de Jesús para curarle. Cuando nos proponemos traer almas necesitadas a Cristo debemos confiar en que el Señor es poderoso para obrar el milagro de la conversión, hasta el punto de contagiar nuestra fe a la persona necesitada. Muchas veces nos desalentamos pensando que no harán caso. ¿Cómo podremos comunicar nuestra fe a tales personas? (ejemplo de cuando recomendamos a médicos expertos). Jesús es el mayor médico del alma y ha obrado maravillas aún hoy día, mediante su espíritu (cítense ejemplos).

3. Colaboración: un solo hombre no habría podido llevar el paralítico a Jesús. Muchas veces el espíritu de colaboración con otros creyentes es un medio eficaz para traer un alma determinada a Cristo, pues el testimonio de varios es mucho más eficaz que el de una sola persona (ejemplo de una barca de remos). Nuestros hermanos pueden tener defectos, pero si son creyentes sinceros nada debe impedir nuestra colaboración.

4. Cuidadosos: no trataron de meter al enfermo en medio de la multitud, abriéndose paso a empujones; con ello habrían perjudicado a muchos oyentes y sobre todo al mismo enfermo. Planearon una estratagema ingeniosa. Subir a la terraza y abrir un boquete (esto resultaba fácil en casas orientales). ¡Cuánto más cuidado debemos tener para no escandalizar con palabras o hechos imprudentes a las almas enfermas.

276. *CURACIÓN DEL PARALÍTICO (Marcos 2:1-12)*

INTRODUCCIÓN: puede usarse la de Mt. 9:1-9. Esta curación es un exponente y ejemplo de la curación espiritual del pecado, considerando los hechos...

1. Un hombre paralítico (v. 3): la parálisis inmoviliza toda acción física. El pecado paraliza toda actividad espiritual. La víctima no puede andar con Dios, y muchas veces no es capaz de realizar lo que su conciencia le indica que debiera hacer (*véase* Ro. 3:9-12, 18:19, 20).

2. Una buena voluntad dispuesta al esfuerzo y sacrificio (v. 4): la simpatía personal debe promover el esfuerzo para llevar almas a Cristo. No esperar que vengan, sino nosotros ir a ellos y traerles al Señor o al lugar donde pueden encontrarle. Allí donde se predica el Evangelio. Muchos no son capaces de venir solos. Jesús dijo: «Id y predicad».

3. Una perseverancia invencible (v. 4): Satanás siempre pone dificultades delante de los que quieren llevar a cabo su obra (Mr. 10:48). Aquí el Señor recompensó la fe perseverante de sus amigos, curando al enfermo:

4. Un perdón inesperado (v. 5): ellos buscaban la curación física del enfermo, pero Cristo le dio mucho más; como dice el apóstol: «Más de lo que pedimos o entendemos» (Ef. 3:20), al darle el perdón de los pecados que valía mucho más porque es para la eternidad. Poder para servir a Dios es más importante que poder para servirse a sí mismo.

5. Una percepción inescapable (vv. 6, 8): el Señor percibió lo que estaban pensando «en sus corazones». Parece que ni siquiera lo habían expresado en susurro entre ellos; pero Dios ve el corazón; nada puede escapar a sus ojos escrutadores (Jer. 17:10, Ro. 14:10-12; He. 4:12, 13).

6. Un poder incomparable (v. 11): «¿Quién puede perdonar pecados sino solamente Dios?» –decían dentro de sí los que no podían adivinar quién era Jesús; pero la curación del paralítico demostró quién era; por lo tanto, tenía potestad para perdonar (Hch. 5:31; Mr. 10:43).

7. Una proclamación imprescindible (v. 12): los circunstantes testificaron de lo que habían visto. ¡Cuánto más lo haría el paralítico sanado! El poder de Cristo capacita al hombre para proclamar su amor. Hay una facilidad hasta en el habla en los recién convertidos: el amor de Cristo constriñe a proclamar su poder (Mr. 5:19, 20; 1 Co. 9:16). ¿Sentís vosotros, amigos, este amor y gratitud que os hace obrar? Es el Espíritu de Dios que está en vosotros. De otro modo, temed por vuestras almas.

277. *EJEMPLO DE MISERICORDIA (Marcos 5:28)*

INTRODUCCIÓN: en Ef. 2:4 leemos: «Dios, que es rico en misericordia». Hay personas en este

mundo muy ricas en bienes materiales, pero muy pobres en misericordia, pues todo lo retienen para sí. No es así con Dios.

1. La misericordia deseada:¿Por qué?

a) Había sufrido mucho de muchos médicos.

b) No había podido ser curada antes; iba de mal en peor. Así es con muchos pecadores convictos; han probado médicos humanos psiquiatras; otros han acudido a diversas religiones, pero no se han sentido satisfechos.

c) Una conjetura acertada: ella no tenía ninguna promesa de parte del Salvador. ¡Cuánto mejor los pecadores de todos los tiempos, que tenemos tantas promesas formuladas en los Evangelios! (Jn. 5:24, 36).

2. Acercándose a la fuente de la misericordia: «Si tocare... seré salva» (Mr. 5:28). Para obtener favores espirituales del Salvador hay que acercarse a Él. «Es menester que el que a Dios se allega crea que lo hay y que es galardonador de los que le buscan» (He. 11:6).

a) Hay quienes han encontrado a Dios por los caminos de la reflexión en lo maravilloso de sus obras en la Naturaleza (*véase* Pruebas tangibles de la existencia de Dios).

b) Hay quienes han sido llamados por un texto de la Sagrada Escritura.

c) Hay quienes han sido persuadidos por la palabra elocuente de un fiel predicador del Evangelio. La forma de contacto puede ser diversa, pero el resultado el mismo si nos lleva a Jesús por la fe.

3. Obstáculos en el camino: «Una gran multitud...». Los hombres apretaban pero sin resultado; mas la fe toca (v. 34).

4. La curación:

a) Fue inmediata (Lc. 8:44; Mr. 5:29).

b) Completa y gratuita (Lc. 8:47; Mr. 5:34).

5. Confesión de la mujer: ella se iba sin decir nada, pero los ojos escrutadores de Cristo la descubrieron. Quería recibir el beneficio en secreto, pero el Señor no quiere discípulos mudos, sino confesión y testimonio (Mt. 10:32, 33; Ro. 10:9, 10).

6. La consolación del Maestro: tras su testimonio recibió seguridad y paz (v. 48). Antes ella había sido una «nadie», pues nadie sabía acerca de ella; ahora es la hija de un Rey; la única mujer a quien el Señor llamó «hija». Así es con nosotros cuando confesamos al Señor, recibimos interiormente seguridad y gozo, que aumentan nuestra fe.

278. *EL CIEGO DE NACIMIENTO (Juan 9:1-34)*

INTRODUCCIÓN: el evangelio de Juan es no sólo el más explícito en cuanto al tema de la salvación, sino también el más completo y abundante en sus relatos. Cuenta pocos casos, pero buenos y detallados. En el cap. 8, tenemos una interesantísima y violenta discusión que Jesús tuvo con los fariseos en el Templo, hasta el punto de que su sorprendente declaración teológica: «Antes que Abraham fuese, yo soy», tuvo como resultado el que los fariseos se lanzaran detrás de él para apedrearle. La persecución se produciría en el atrio grande –pues en el interior del Templo no había piedras, pero en el atrio sí, puesto que se estaba edificando y habría muchas en el exterior o atrio de los gentiles–, y su enojo era tal que querían aplicar a Jesús el castigo máximo sin haber sido legalmente juzgado. Posiblemente la persecución se prolongó, llegando hasta cerca del ciego, quien se hallaba fuera de las murallas, en la puerta llamada de Esteban, que daba al torrente de Cedrón, la que tenía mayor paso de viajeros a las calles céntricas de la ciudad, sitio a propósito para pedir limosna y bastante alejado del Templo. A la pregunta de los discípulos, «¿Quién pecó, éste o sus padres...?» aludiendo al 2º mandamiento de la ley natural, Jesús responde con:

I. Una afirmación esclarecedora

«Ni éste ni sus padres... mas para que las obras de Dios se manifiesten en él» (v. 3).

1. Esta respuesta refuta tanto la superstición pagana de la reencarnación como el prejuicio judío de que Dios es un juez que está haciendo pagar en esta vida los pecados de los hombres. Ésta idea existía ya en los días de Job, y al refutar ambas, Jesús revela la providencia de Dios, que tiene planes benéficos para cada uno

de los seres humanos, aun en aquellos propósitos que no se comprenden, porque empiezan con un mal para llevar a un bien (Ro. 8:28).

2. No existe un «Karma» justiciero reducido a esta vida, sino un plan múltiple que lleva a los hombres por caminos inexplicables, pero benéficos siempre, para la mayoría de los que en un tiempo u otro aceptan la fe; y son mil veces más afortunados y bendecidos cuanto más pronto lo hacen, como manifiesta Ef. 1:12.

II. Un procedimiento contradictorio

1. Jesús, que como Hijo de Dios en forma humana conocía los propósitos de su Padre Celestial acerca de aquel desgraciado, hace patente, con un acto simbólico, la realidad moral a que nos referimos: pone barro sobre los ojos del ciego, para terminar dándole la vista a sus ojos materiales y espirituales. Hace un aparente mal para convertirlo en un gran bien. Para ello, es necesario crear un período de nacimiento de la fe. El hombre no conocía a Jesús, no había pedido nada; Jesús debía dejarle un espacio de tiempo para reflexionar y creer. Si le hubiese curado, como había hecho con muchos otros, con sólo tocarle, no le habría dado tiempo para reflexionar y poner fe. Si Jesús nos llevara al Cielo de un modo inmediato y sobrenatural, no tendríamos tiempo para poner fe y crecer en aquella misma fe por medio de sinsabores o pruebas, ni para ser sus testigos suyos a otras personas. «¿Por qué ir a Siloé –podía pensar el ciego–, si me he lavado mil veces en mi casa y en diversas fuentes?» Pero Él lo ha dicho: cada paso hacia el estanque de Siloé era un paso de fe y por fe.

2. Dios está procediendo así con muchos pecadores que asisten a los cultos: algunos de los cuales hasta han levantado el brazo, pero no como un acto de fe, sino de imitación; están, pues, en viaje hacia la fe, pero cuidado que no sea demasiado largo... Quizás, algún conocido le diría: «¿Adónde va ese tonto? Lávate aquí y quítate el lodo de tus ojos». Pero su respuesta antes de recibir la curación sería la misma que la del v. 11: «Aquel Rabí que se llama Jesús me lo dijo». Amigos, simpatizantes, si alguien os pregunta «¿Por qué asistís al templo», no os dé vergüenza decir la verdad. No digáis «porque me gusta y encuentro una sociedad amable», sino «porque quiero conocer el Evangelio de Dios y creer; muchos dicen que han recibido allí el gozo y la sanidad espiritual y yo deseo lo mismo».

III. La fe recompensada

Se realizó el milagro: recibir la vista es símbolo de salvación. Pablo dice: «El Dios de este siglo cegó los entendimientos de los incrédulos». Entregarse a Cristo por fe es ver el Cielo abierto y tener una esperanza gloriosa tras la muerte. ¿Tienes esta vista? El ciego no sabe hacia dónde va; así es con los ciegos del alma.

IV. La prueba de la fe

Pero ahí empieza la batalla; y muchas veces ésta es también la experiencia del cristiano. Su primer testimonio fue con los vecinos, que se interesaron en el caso hasta el punto de preguntar dónde estaba Jesús. Como el ciego no podía responderles, se concertaron para ir a consultar con los especialistas en religión, los fariseos; pero éstos nada sabían de Jesús, sólo se fijan en un dato incidental: «era sábado aquel día...», y ésta era la señal de que no podía ser un profeta de Dios. Hay muchos que piensan así. Han profesado durante toda su vida una gran devoción a la bendita virgen, y les han dicho que los protestantes no creen en la virgen y que, por lo tanto, no pueden ser de Dios. Nosotros creemos que Jesús preveía el abuso... Pero el ciego, cuanto más oye contra Jesús, más se fortifica en su fe. Al oír la pregunta «¿Qué te parece?», responde: «¡Que es profeta!». Al oír esta declaración les hace pensar mal: «¿Estará de acuerdo por una propina?». Y, vecinos y fariseos, deciden volver a la casa del ciego para investigar a los padres. Pero éstos, cobardes, temen pronunciarse en favor de Jesús, porque se sabía que quien se pusiera al lado de Jesús sería excomulgado de la sinagoga.

V. La lógica de la fe

Los fariseos, versados en cuestiones religiosas, no reconocían quién era Jesús. «¡Da gloria a Dios! Sabemos que este hombre es pecador» Y la respuesta es un argumento lógico (v. 24) El ciego no sabe razonar su fe con argumentos del Antiguo Testamento, como pudo hacerlo años después el apóstol Pedro en Hch. 2:22-32 Hay muchos cristianos que han tenido la experiencia de la salvación: saben lo que eran antes

y cómo el poder de Dios ha cambiado sus vidas; y su mayor argumento es su propio testimonio. Por tanto, razonan como el ciego, usando lo que puede llamarse la lógica de la fe; pero se necesita más, mucho más.

VI. La decisión de la fe (v. 33)

La anterior respuesta, tan lógica, exaspera a los enemigos y acometen contra él con un insulto (v. 34) y un anatema, que se ofició, probablemente, pocos días después. Probablemente también siguieron consecuencias. Los excomulgados judíos eran mirados como leprosos espirituales. La gente se apartaría de él, aun muchos de los que antes le habían dado limosna. ¿No es esto lo que ha ocurrido con los cristianos en diversas épocas? Ser cristiano era un delito en los primeros siglos, porque se negaban a dar culto al emperador, considerado como Dios. Lo mismo ocurrió, de nuevo, en la Edad Media con los supuestos herejes paulicianos, bogomiles, valdenses y protestantes, llamados también hugonotes en Francia, y luteranos en España; crimen que merecía la muerte. Pero la Palabra de Dios afirma lo siguiente acerca de tales héroes de la fe: «de los cuales el mundo no era digno», y su tragedia final es llamada «coronación», por los escritores cristianos de su siglo.

VII. La victoria de la fe

Jesús sale al encuentro del ciego repudiado; no quiere dejarle en tinieblas del alma, después de haberle abierto los ojos del cuerpo, y le hace la pregunta capital: «¿Crees tú en el Hijo de Dios?» (v. 35). Ésta es la pregunta que hoy Jesús te hace a ti, amigo que estás aquí. Tienes más motivos que aquel ciego para creer; él había experimentado un gran milagro, cierto, pero no tenía la evidencia de los siglos del poder de Cristo por su Palabra, el Evangelio, que ha transformado naciones enteras. El ciego podía pensar que era un profeta, o hasta un taumaturgo con poderes del mundo satánico –pues parece que, aun en aquel tiempo, se practicaban curaciones parapsicológicas (Lc. 11:19), y por eso Jesús le quería llevar a una fe superior pasada...

1. En su persona: el ciego le había confesado como «profeta», pero Jesús era mucho más que un profeta. El hombre no había oído nunca hablar de Jesús en la sinagoga como Hijo de Dios; su religión tradicional carecía de este supremo milagro del amor de Dios, y pregunta: «¿Quién es Señor...?» La respuesta de Jesús le deja asombrado; era un nuevo concepto de la persona de Cristo, y Jesús deseaba elevar su fe a ese nivel de relación personal: «Yo soy, que hablo contigo». Hay muchos que consideran a Jesús como un gran hombre, ateniéndose a una parte de su doctrina, la parte social, pero Jesús es mucho más. La Cristología que plasmó en dogma a través de tres siglos, hasta el Concilio de Nicea, no fue un raciocinio humano, sino una consagración dogmática de las afirmaciones salidas de su boca. Un descubrimiento que ya había hecho el apóstol Pedro, según Mt. 16:16, y el ciego la aceptó en el mismo instante: «Creo, Señor, y le adoró».

2. Fue su gran descubrimiento: el ciego ya tiene vista no sólo física, sino también espiritual. Seguramente sólo entienda en parte, más tarde lo comprendería mejor, cuando los apóstoles daban testimonio en Jerusalén, pero no necesita ahondar en teología, sino que se arrodilló en aquel mismo instante y le adoró.

CONCLUSIÓN: ¿Ha tenido lugar este descubrimiento en tu vida? ¿Crees en Jesús? Quizá dirás que siempre has creído, pero ¿le has aceptado? El ciego se arrodilló, rompió con sus prejuicios de judío –cuesta mucho hacer arrodillar a un judío– pero con su acción él quiere honrar a Cristo. ¿Lo has hecho tú? Ponte de rodillas espiritualmente ante Cristo y reconócele como el Hijo de Dios y el Salvador del mundo y gozarás de la visión espiritual que te permitirá ver tu futuro sin temor.

279. *EL COJO JUNTO A LA PUERTA HERMOSA* *(Hechos 3:1-11)*

INTRODUCCIÓN: no se sabe exactamente cuándo tuvo lugar este milagro tan ampliamente reseñado en los Hechos de los Apóstoles. Se cree que tuvo lugar algunas semanas después de la venida del Espíritu Santo. Pedro y Juan subieron al templo a la hora tercia (entre 9 y 12 de la mañana). Los que aman a Dios aprecian

las horas fijas de oración y procuran observarlas diariamente (Sal. 5:3).

I. El hallazgo de una oportunidad (v. 2)

1. El lugar: la puerta del Templo. Era la casa de Dios judía, pero era la Casa de Dios. Jesús les había enseñado a concurrir a ella a pesar de que era la casa de sus enemigos, pero allí se reunían personas para orar. Allí se oían salmos y sacrificios simbólicos. La Palabra de Dios era lo que importaba, aunque sus ejecutores fuesen profesionales que merecieron las reprensiones de Mt. 23. Siempre hay que buscar en el presente régimen del Evangelio el lugar donde haya verdaderos creyentes, por la bendición que resulta de la comunión espiritual, pero si un creyente se encuentra aislado, hará bien en buscar casa de oración, aunque no sea de su comunión preferida. A lo mejor puede encontrar allí alguna oportunidad para testificar y dar luz a algún alma piadosa. El Señor nos enseña en los primeros capítulos de Mateo a «amar a nuestros enemigos», aunque respetando sus costumbres, posiblemente equivocadas.

2. La riqueza material en contraste con la pobreza: la puerta llamada de Salomón ostentaba ricos adornos de oro. Era la que daba entrada al patio de los gentiles. Jesús había andado y predicado por allí (Jn. 10:23); y es también el lugar donde el fariseo y el publicano fueron a orar (Lc. 18:10-13) y donde el cojo siguió a Pedro y Juan después de haber sido curado (v. 8).

II. El procedimiento para la curación

Tras la petición del pobre cojo, Pedro trata de engendrar fe. ¿Cómo?

1. Fijando en él los ojos, le dijo: «¡Míranos!» Un procedimiento dilatorio, para hacer que el cojo se formulara preguntas. «¿Quién será este hombre? ¿Será acaso un ricachón que va a darme una moneda de gran valor?» Esto parece indicar el versículo 5, pero el 6 revela el gran secreto...

a) Pedro deseaba llamar su atención a la gran declaración que iba a hacerle. Sin la atención del pueblo, nuestras predicaciones no surten el efecto deseado. El cojo no esperaba recibir la curación, pero la fe débil e insignificante puede hacer grandes cosas.

b) Jesús dijo: «Si tuviereis fe como un grano de mostaza...» y sin duda el cojo creyó al oír el nombre de Jesús de Nazaret, de quien se habían oído tan grandes maravillas. El padre que trajo a su hijo endemoniado a Jesús tenía una fe débil, pero obtuvo su petición (Mr. 9:24). Jesús efectuaba sus milagros en el nombre de su Padre Celestial (Jn. 5:36). Los apóstoles tenían que hacerlo en el nombre del «único mediador entre Dios y los hombres».

2. La época de los apóstoles fue una época de milagros (He. 2:4): sólo así pudo el cristianismo triunfar de los terribles opositores que encontró en los primeros años; pero no era en virtud o poder de los apóstoles, sino según la voluntad de Dios, que el Espíritu obraba. Jesucristo es el mismo, ayer, y hoy, y por los siglos (He. 13:8); pero no podemos olvidar que es su voluntad y no la nuestra la que rige. Pablo curó a muchos, pero no a Trófimo (2 Ti. 4:20). Dios puede hacer milagros aún en el día de hoy, pero nosotros no podemos ordenarle que los haga.

III. El resultado

1. En el propio enfermo: entró con los apóstoles en el templo alabando a Dios. Se produjo en él un cambio que le impulsó a saltar y alabar a Dios.

2. Las consecuencias en el pueblo: el atrio de los gentiles se llenó a rebosar de gentes de Jerusalén, pues allí había un espectáculo admirable. Dos apóstoles asiendo por la mano a hombre cojo, conocido por toda la ciudad, que mostraba su curación dando saltos, pero Pedro y Juan le retienen por la mano, mientras la multitud llenaba el recinto. Pedro no quiere para sí la honra y en su discurso señala al verdadero Autor del milagro, llevándolo al terreno práctico (vs. 19). Reconsideremos la historia, que tiene una enseñanza en cada frase...

a) «Pedro y Juan subían juntos» (vs. 1) Jesús dijo: «Si dos de vosotros se convinieren en la Tierra». Pedro parece haber tenido un poco de envidia de Juan (21:21), pero la venida del Espíritu Santo había borrado todo sentimiento carnal de enojo y colaboraban en el mejor espíritu de comunión.

b) «A la hora novena»: el mendigo les hizo retrasar, pero había allí algo más urgente. Retardar una buena acción es enfriarla. «Ahora es

el tiempo aceptable», lo mismo en el sentido de servicio que de salvación.

c) «Rogaba que le diesen limosna»: es difícil ayudar a aquellos que no lo desean. El mendigo pidió algo que fue sustituido por un don mucho mayor.

d) «Tomándole por la mano»: los amigos le ponían –literalmente, le echaban– dinero a la puerta, pero Pedro lo levantó con cariño. La mano que ayuda es la mano que eleva.

e) «No tengo plata ni oro»: pero tenía algo mejor *(anécdota: se cuenta de un cardenal que, mostrando las riquezas del Vaticano, dijo a un amigo: «Ahora ya no tenemos que decir como Pedro: «no tengo plata ni oro»; a lo que su visitante respondió: «Pero no podemos decir «Levántate y anda»).*

f) «Saltando, se puso en pie y anduvo»: ¿Ayudamos a la gente para que ellos puedan ser ayudadores de otros? «Salvos para servir» era el lema de una gran convención evangelística.

g) «Asidos por la mano»: el cojo quería retener a Pedro y a Juan, y éstos al testigo que necesitaban. Es natural que haya cariño para los que nos han traído la curación del alma y busquemos sus enseñanzas. Es seguro que el cojo adelantó mucho en su conocimiento de Cristo mediante el discurso de Pedro (vv. 11-26).

V. El brillante resultado

El día de Pentecostés se convirtieron tres mil, pero la curación del cojo trajo cinco mil. Éste fue el resultado positivo del suceso, pero hubo también el negativo. ¿Cuál fue éste?

VI. Los apóstoles en la cárcel

1. La insensatez de la prohibición: se ha dicho que habría sido mil veces más eficaz, de no haber Jesús resucitado, que hubiesen expuesto el cadáver del Maestro en el Templo, denunciando el engaño de los apóstoles, pero no pudieron. Jesús había realmente resucitado y era poderoso.

2. La oración de los apóstoles: observemos que no piden a Dios «Haz cesar la persecución», sino «Concede a tus siervos que con todo denuedo hablen tu Palabra», y que hechos similares a los del cojo se produzcan como testimonio a los incrédulos.

CONCLUSIÓN: ésta debe ser también nuestra petición, fortaleza y valor para nosotros, y acciones del Espíritu Santo en aquellos que reciben nuestro testimonio. Los milagros actuales son los cambio de vida que el Espíritu de Dios está produciendo entre los discriminados sociales de nuestro alrededor.

280. *EL JOVEN DIFUNTO DE NAÍN (Lucas 7:11-17)*

1. Un pueblo placentero (v. 11): «Naín» significa «placentero», era un pueblo hermoso, situado en la falda de un cerro. Los hombres quieren convertir el mundo en un lugar placentero, pero no pueden excluir la muerte (Ro. 5:12, 6:23; He. 9:27).

2. Una procesión patética (v. 12): «Sacaban fuera a un difunto». ¡Qué lástima, tan joven! ¡Qué triste, hijo unigénito de una viuda! ¡Qué de dolores, tristeza y lágrimas habla cada procesión fúnebre! Pero ¿por qué? Porque nosotros solamente podemos ver el lado de abajo de la muerte; unas pocas personas que han visto el lado superior nos dicen que es hermoso. Esteban Pablo y Juan fueron de los tales (Hch. 7:55; 2 Co. 12:1-4; Ap. 21).

3. Un personaje poderoso (vs. 13-14): la marcha de la muerte tuvo que pararse en presencia de la Vida. La muerte que vence a todos, fue vencida por el Vencedor de Satanás (He. 2:14; 2 Ti. 1:10).

4. Una palabra penetrante (v. 14): la palabra de Cristo alcanza al corazón del pecador muerto en pecados para darle vida eterna (Jn. 5:24). Un día su palabra penetrará en todos los sepulcros para resucitar a los muertos (Jn. 5:28-29).

5. Una prueba palpable (v. 15): el joven «comenzó a hablar» y así dio pruebas de tener vida nueva. Los que reciben vida eterna del Señor no pueden menos que hablar y testificar de Él.

281. *EL LEPROSO LIMPIADO (Mateo 8:1-4)*

1. Su desgracia: la lepra era una enfermedad dolorosa, consumidora, repugnante, fatal. Su víctima vivía sin esperanza, apartada de la

gente sana (Lv. 13:45, 46). El pecado tiene las mismas características (Is. 1:6), y apartará para siempre al pecador de los salvos (Is. 59:2, Mt. 22:13; Ap. 21:27).

2. Su decisión: vino a Jesús. Sabía que en ningún otro había esperanza de salud. El que desea salvación debe tomar esta decisión (Hch. 4:12).

3. Su denuedo: corría peligro de ser apedreado por acercarse, en contravención de la ley, a las gentes que seguían a Jesús. Su necesidad le dio coraje. El que realmente siente su necesidad de salvación acudirá a Cristo, cueste lo que costare.

4. Su duda: «Si quisieres puedes limpiarme» (v. 2). No dudó del poder de Jesús, pero desconfió de su querer. Así piensan los que recurren a mediadores; dudan de la buena voluntad del Salvador, a pesar de su repetida invitación: «Venid» (Mt. 11:28; Jn. 6:37).

5. Su dicha: sintió el toque de una mano cariñosa (ninguna otra le habría tocado), oyó la palabra de amor y poder: «Quiero sé limpio». ¡Mayor felicidad goza el pecador perdonado y limpiado! (Sal. 32:1; Sal. 103:3; 1 Jn. 1:7-9).

6. Su deber: debía dar testimonio a los sacerdotes incrédulos de la potencia divina de Jesús (v. 4). Todo pecador salvado tiene la obligación de testificar a los incrédulos.

282. *JESÚS, EL PAN DE VIDA (Juan 6:1-14 y 34-40)*

INTRODUCCIÓN: la multiplicación de los panes es el único milagro registrado en los cuatro evangelios, lo que demuestra lo bien fijado que quedó en la mente de los cuatro biógrafos de Jesucristo. Quizá porque es el mayor de los milagros que realizó el Salvador. Curar a un enfermo o apaciguar una tempestad no es tan inverosímil y difícil como multiplicar dos elementos materiales compuestos: El pan y el pescado. Sin embargo, es el milagro realizado ante mayor número de testigos, y que más garantías ofrece de que Jesús, a pesar de su condición humillada, era el mismo Dios-Creador (*véase* Col. 1:15-17). Es todavía el milagro más difícil de aceptar por los escépticos; sin embargo, hoy, más que nunca, después del descubrimiento atómico de la composición de la materia podemos tratar de explicarlo. El que juntó los átomos, y construyó moléculas de harina, y mediante la vida dio cuerpos a los peces del mar, podía repetir en breves instantes lo que realizó y continúa realizando su omnipotencia en un tiempo de uno o varios años. Por este milagro aprendemos que:

1. El Señor tiene compasión de la Humanidad (*véase* Mr. 6:34): su compasión le llevó hasta el monte Calvario donde murió para dar vida al mundo (Jn. 6:51; Mt. 20:28; Ro. 4:25; Tit. 2:14; 1 P. 3:18).

2. El Señor sabe cómo socorrer a la Humanidad (Jn. 6:6): los discípulos mostraron su impotencia (v. 7:9). Cristo manifestó su omnipotencia (v. 11). Ningún hombre puede salvar a otro (Sal. 49:6-8). Cristo da vida eterna a los que obedientes a Él cesan de sus obras (v. 10) y aceptan lo que Él les ofrece (vv. 10, 11).

3. El Señor puede satisfacer a la Humanidad (v. 12): fueron saciados y sobró pan. Cristo da generosamente...

a) Perdón amplio (Is. 55:7).

b) Vida abundante (Jn. 10:10).

c) Gozo inefable (1 P. 1:8).

d) Esperanza bienaventurada (Tit. 2:3).

e) Él mismo llena el corazón (Ef. 3:17).

4. El Señor quiere utilizar a los suyos para alcanzar la Humanidad (v. 11): los expertos en números simbólicos bíblicos nos dicen que 5 es símbolo de debilidad humana. No obstante nuestra fe tan débil y nuestros dones tan limitados (vv. 7 y 9), el Señor nos manda llevar su salvación a otros (Mt. 28:18-20 y Hch. 18:4).

5. El Señor se ofrece a la Humanidad (v. 51): su gran milagro preparó a la gente para oír su gran mensaje: «Yo soy el pan de vida» (vv. 47, 48). El simbolismo de este milagro y de las palabras de los vv. 53 a 58, que los católicorromanos usan para afirmar el dogma de la transubstanciación, queda bien manifiesto en el v. 36. Se trata de creer y aceptar. Ésta es la realidad; comer es sólo el símbolo.

283. *LA EXPERIENCIA DE LÁZARO (Juan 11:1-27 y 34-44)*

1. La condición de Lázaro:

a) Enfermo, (vv. 1-3).

b) Muerto (v. 14).
c) Sepultado (v. 17).

2. Esto nos habla de:
a) la dolencia del pecado (Is. 1:6).
b) la destrucción que hace el pecado (Ef. 2:1, Col. 2:13).
c) la degeneración operada por el pecado (Gn. 6:12; Sal. 14:3).

3. La compasión del Señor fue puesta en duda (vv. 20, 21, 37); pero vemos:
a) Su amor declarado (vv. 3, 5; 1 Jn. 4:19).
b) Su amor manifestado (vv. 7, 8, 15, 16, 35, 36; Jn. 3:16; Ro. 5:8).
c) Su amor vindicado (vv. 43, 44).

4. El cambio en Lázaro.
a) Dios glorificado (vv. 4, 40; Ef. 1:6, 12).
b) Muchos creyeron (vv. 42, 45).
c) Algunos resistieron (vv. 46, 53; Hch. 13:48, 50; 17:32-34).

¿Qué harás tú?

284. *LA VIUDA DE SAREPTA (1 Reyes 17)*

INTRODUCCIÓN: era tiempo de crisis y de prueba para Elías, el servidor de Dios, que tiene que sufrir como los demás, pero Dios cuida de él. Así en muchas ocasiones en la historia de la Humanidad. La prueba es agudizada por un extraño mandato de Dios: Ve a Sarepta de Sidón, país pagano. Una viuda te alimentará. Llega al país ordenado y ve una mujer recogiendo leña: «¿Será ésta?», se preguntaría. La prueba del vaso de agua para conocer si es servicial. Era más difícil la segunda petición de traerle comida, pero la fe implícita de la mujer con un desconocido, que por su porte parecía un profeta de Israel, de donde se habían oído tantas cosas extraordinarias, le trae un doble premio:
–Comida abundante.
–La resurrección de su hijo.
Jesús confirma la historicidad del hecho en Lc. 4:24-26. ¿Qué aprendemos?

1. En las grandes calamidades, Dios cuida de sus hijos: no pueden evitar el castigo general por ser casi siempre una minoría (*véase* el caso de Sodoma). A veces la retardan, como el caso de Ezequías, pero cuando la copa está llena, unos pocos justos no pueden impedir el mal...
a) En guerras: presentimiento de peligro; pueden referirse algunos casos.
b) En hambre: socorro oportuno. El refrán «Dios aprieta pero no ahoga», experimentado por muchos cristianos, según la promesa.

2. Dios no hace acepción de personas y encuentra a los fieles donde están: no hay raza ni nación escogida en exclusiva, sólo Israel, porque de ella tenía que venir el Redentor de toda la Humanidad. Alemanes e ingleses lo fueron en el pasado, pero Dios tiene hoy coreanos y negros muy amados, y si hacen caso de su Palabra, serán más bendecidos .
3. Dios pone a prueba la fe de sus amados: el apuro era mayor en el caso de la viuda que de nadie más en Sidón. Antes de Cristo apenas era conocida la misericordia. No era exagerado lo que decía la viuda; sin embargo, a ella va Elías a pedir, ¡y con qué osadía!; pero la mujer había oído hablar, sin duda por años, de los profetas de Israel, creía en su Dios, y ¿qué haría? Podía decirle: «¡Lo siento mucho!»; pero no habría sido un proceder de fe.
4. Dios siempre pide primero un acto de fe, para bendecir después: un extranjero, vestido como profeta, puede no serlo; y pide para el primero, bajo una promesa inverosímil. Podía decir: «Pájaro en mano vale más que dos volando...» Si podía hacer tal milagro después, ¿por qué no lo hacía antes? Pero Dios no puede obrar sin fe. La pide en todos los terrenos. ¿Qué es sembrar sino dar a la tierra primero? ¿Extrañaremos que lo pida igual en las más altas esferas? Jesús dice: «El que quisiere salvar su vida, la perderá» (Mt. 16:25).
a) Cada mártir fue una viuda de Sarepta, en el más alto sentido.
b) Cada alma que se convierte a Dios, lo es en un sentido mucho más limitado. Demos primero lo poco que Dios nos pide -amor, gratitud, servicio-, confiando en sus promesas para el más allá. ¿No vale la pena hacerlo?
c) «La fe –decía Pascal– es una apuesta para la eternidad en la que no perdemos nada y podemos ganar mucho». Pero no es esto la verdadera fe, sino la de Juan que dice: «Sabemos».

5. Nadie con más derecho que Dios puede pedir primero todo lo nuestro: aun cuando no prometiera nada, tiene derecho. ¿Qué hay, nuestro, en el mundo, que no lo debamos a la sabiduría y poder de Dios? A los cristianos pide...

a) El corazón, el alma: le pertenecen por creación.

b) Nuestro tiempo: muchos dicen que no lo tienen para Él. ¿Qué corazón amante se contenta con tal excusa? Démosle un poco ahora, y Él nos promete la eternidad.

c) Nuestro dinero: recordemos 1 Co. 16:1. La parte de Dios debe ser primero, no como limosna, sino como privilegio.

6. Dios da infinitamente más de lo que pide:

a) Lo vemos en la naturaleza.

b) Lo vemos en la vida cristiana, a pesar de algunas pruebas.

c) Lo veremos mejor en la eternidad. Sólo entonces comprenderemos la infinita diferencia de lo que dimos y lo que tendremos.

d) ¿Qué hubiera sucedido si la viuda hubiese negado lo poco que tenía? ¿Qué nos sucederá a nosotros? Como decía Lutero: «Todo ha de perecer, de Dios el Reino queda».

285. *LOS DIEZ LEPROSOS* *(Lucas 17:11-19)*

INTRODUCCIÓN: Jesús se hallaba en Perea, al otro lado del Jordán, después de la resurrección de Lázaro y se unió a la compañía que bajaba de Galilea a celebrar la Pascua en Jerusalén. En una aldea que pasaron tuvo lugar este incidente: hallaron un grupo de leprosos que habían sido desterrados y que tenían el deber de tocar una campanilla y gritar desde lejos: «¡Leprosos, leprosos!».... para que nadie se acercara. Fue una fortuna que Jesús pasara por aquel lugar, pues ellos no podían viajar, y habrían oído de Él por los familiares o amigos que les traían comida, pero sin verlo. Se acercaron hasta el límite máximo y se pusieron a gritar para hacerse oír, clamando misericordia. Daban por descontado su poder; todos habían puesto en Él un poco de fe. Jesús trata de aumentarla ordenándoles presentarse a los sacerdotes como hombres limpiados o curados, probablemente esperaban que lo fueran una vez en el Templo, pero esto habría podido engañarles atribuyendo el milagro a los sacerdotes. Por esto quedaron curados «yendo por el camino» .

Un dilema: Lograr el certificado del sacerdote para volver a la familia, o volverse a dar las gracias. Nueve optaron por lo primero, pero un samaritano, que se consideraba más indigno, quiso, ante todo, mostrar su gratitud. Vuelve y oye la alabanza de Cristo. Notemos...

1. El pecado es una enfermedad del alma: los necios se burlan (Pr. 14:9), pero ha sido una realidad en todos los siglos. La cultura actual no ha suprimido el pecado. El mundo de hoy es peor que cien años atrás, en el sentido familiar y general.

2. Es un mal contagioso: sobre todo, lo era en los tiempos bíblicos. El mal se propaga por sí solo, y el bien sólo con grandes esfuerzos (ej. las leproserías cristianas).

3. Es un mal incurable: varios hombres buenos han buscado remedio. Los filósofos griegos y los rabinos judíos en la época intertestamentaria. Mahoma logró evitar unos pecados fomentando otros. El hombre no puede curarse a sí mismo (Jer. 13:23). El pesar por el pecado no es arrepentimiento. El arrepentimiento falso busca alivio para la conciencia, el verdadero busca ser agradable a Dios, el falso busca compensación por buenas obras, el verdadero apela a la misericordia de Dios. Tratar de curar nosotros el pecado, sin Cristo, es tan inútil como aquellos leprosos lograrlo con remedios caseros.

4. Cristo es el único que puede curar el pecado: dándonos arrepentimiento verdadero y perdón. Por esto el Evangelio ha producido tantos milagros morales en las misiones (el jefe negro de Morija, Basutoland, que dijo: «Me gustaban las historias bíblicas, pero odiaba el Evangelio por demasiado puro», apaleaba a sus esposas por haber asistido a la sala bíblica, y exclama: «Venceré hasta matarlas»; pero va al encuentro del evangelista nativo, lee Hch. 9 y es convertido. Se une a su hijo. Va a estudiar a Inglaterra, y dice: «¿Os reís, jóvenes? Es que no sabéis cuán amargo es el pecado. Vuelvo a mi tierra con lo que he aprendido, para servir a aquel a quien perseguí»). (Actualmente recibimos preciosas cartas de grupos cristianos en las cárceles.)

5. Debemos acercarnos a Cristo y clamar: Cristo se ha acercado ya a nosotros, pero debemos acercarnos a Él por fe y clamar. No debemos clamar a ningún acompañante de la comitiva, sino sólo a Cristo. Dios no necesita intermediarios. Estaba rodeado de miles de personas, pero oyó el clamor de lejos.

6. La asistencia a los cultos y la Cena del Señor son expresiones de gratitud. Hay cristianos más o menos agradecidos. Pablo era un tipo de cristiano muy agradecido, pero se quejaba de otros que buscaban lo suyo propio y no lo de Cristo Jesús (Fil. 2:4). Éstos no pertenecen a la Iglesia, sólo son miembros...

CONCLUSIÓN: hay un sabor de amargura del Señor por los nueve leprosos. ¿Dónde están, qué hacen? Han recibido el mismo beneficio, pero no lo agradecen. No seamos tal clase de cristianos.

286. *SANSÓN Y DALILA*
(Jueces 16:4-21)

INTRODUCCIÓN: tiempo, lugar y circunstancias. Historia que nos da varias enseñanzas prácticas para nuestra vida diaria...

1. Sansón era:
a) Fuerte.
b) Enérgico.
c) Valiente.
d) Inteligente.
e) Patriota.
f) Sencillo.

2. Dalila era:
a) Hermosa.
b) Astuta.
c) Patriota.
d) Perseverante
e) Falsa.
f) Malvada.

3. Sansón no era:
a) Religioso.
b) Cuidadoso de sí mismo

4. Dalila no era:
a) «Delicada».
b) Agradecida.

5. Sansón era tipo del cristiano.
6. Dalila es tipo de la tentación.
7. Cuando el hombre busca la tentación, cae en el pecado y lleva las consecuencias.

CONCLUSIÓN: enseñanzas principales:

–Debemos huir de toda ocasión de ofender a Dios.

–Debemos huir aun «de toda apariencia de mal» (1 Ts. 5:22).

«Reputación es lo que el hombre piensa que es, caracteres lo que Dios ve que eres».

287. *«¡SALVE MARÍA!", NO «¡AVE MARÍA!"*
(Lucas 1:28)

INTRODUCCIÓN: ésta es la verdadera posición de María según está declarada y presentada por el ángel Gabriel. Este ángel había sido enviado del Cielo y había recibido instrucciones de Dios con respecto a lo que debía decir cuando llegara a saludar a María. Cuando Gabriel estuvo ante ella y la saludó, no le rindió adoración ni oró a ella: llegó a anunciarle un acontecimiento maravilloso, y la saludó de manera conveniente para los dos. Los católicos romanos han cambiado esta simple salutación en «Ave María», un término que denota adoración y trasmite una súplica. Ellos usan esta salutación al acercarse a ella: «María, te adoramos; oramos a ti». Aunque bien podemos suponer que la salutación del ángel fue hecha con una extraña y afable dignidad, como convenía a aquel que estaba en la presencia de Dios, para traer un mensaje a la mujer a quien Dios había escogido para ser la madre de Jesús, no da ni siquiera ningún indicio de que el ángel la haya adorado o le haya hecho una petición para recibir algún favor de ella. Se nos dice que «todos los ángeles de Dios adoraron» al Cristo resucitado; pero en ninguna parte en las Escrituras se nos dice que ellos alguna vez le hayan ofrecido adoración o suplicación a ningún mortal, ya sea hombre o mujer. El significado de la palabra «Salve» («chairoo») es gozo. En la forma imperativa en que se usa aquí, significa «gozo a ti». No es una oración, sino una salutación gozosa que tiene en sí la sugestión de las buenas nuevas o de un deseo de gozo para aquel que recibe la salutación. Era una comunicación que producía gozo a María, y no una solicitud de favor de parte de ella. El reverendo Hall con referencia a esta salutación dice de manera instructiva:

«El ángel saluda a la virgen; no ora a ella como si fuera una diosa. Para nosotros el saludarla como el ángel lo hizo sería una crasa presunción; porque nosotros no somos como era ella, ni ella es ahora como era entonces. Si aquel que era un espíritu saludó a aquella que era carne y sangre aquí en la tierra, nosotros, que somos carne y sangre, no tenemos que saludar a aquella que es un espíritu que está en el Cielo. Si nosotros oráramos a María con la salutación del ángel, cometeríamos un insulto para la virgen, para el ángel y para la salutación».

1. No para adoración: en ninguna de las referencias que se hacen a María en el Nuevo Testamento, hay algún pensamiento que exalte a María para convertirla en un objeto de adora-

ción. Parecería que, previendo este movimiento del espíritu del anticristo, nuestro Señor ha hablado especialmente a ella y de ella en tal forma que muestre que aunque altamente honrada y grandemente amada como era con respecto a su relación con Dios y el hombre, ella no era más que cualquiera otra mujer salvada por la gracia, aunque escogida para el alto honor de ser la madre de Cristo. En el canto que elevó María en su visita a Elisabet aparece como una devota y humilde adoradora, no como la «Reina del Cielo» demandando adoración de parte de los demás. Reconoce que ha sido grandemente exaltada, pero no a un lugar de adoración.

a) María, el instrumento humano de Dios para la entrada de Jesús en la humanidad, ha sido víctima de las circunstancias que han obscurecido su carácter verdadero. La ignorancia, el prejuicio, la falta de conocimiento han jugado una parte en la obstrucción de la verdad. El odio hacia Jesús desató las más tremendas calumnias contra María; en el Talmud ha sido llamada la amante de Panthera, un soldado romano, y en el mismo libro a Jesús se le llama bastardo. Éste es el concepto más bajo que se ha tenido de María; pero no es difícil que algunas lenguas sueltas de Nazaret hicieran que ella sintiera la fuerza de esta calumnia cruel. Al principio José aparentemente tuvo este concepto de su prometida, cuando supo de su condición, «no queriendo exponerla a la ignominia pública, se propuso dejarla secretamente». como tenía derecho a hacerlo. El pensó en estas cosas como necesarias, como cualquier hombre recto y justo lo habría hecho.

b) Evidentemente, María no le había dicho a José como había llegado a estar en esta condición. Pero, aun así, ¿habría él creído si ella se lo hubiera dicho? No es difícil ver la perplejidad mental y la tensión que se posesionaron de José instantáneamente al descubrir que María, como el pensó, le había sido infiel. «José, hijo de David, no tengas recelo de recibir a María tu mujer; porque lo que en ella es engendrado, del Espíritu Santo es. Y dará a luz un Hijo; y le llamarás Jesús; porque él salvará a su pueblo de sus pecados» (Mt. 1:19-21). De esta manera el ángel le habló a José, quien necesitaba mucho estas palabras de aliento. El relato de Mateo muestra que José cambió de opinión con respecto a María después del mensaje del ángel del Señor, cuando él creyó plenamente la palabra del ángel. Entonces tomó a su mujer, se casó con ella antes del nacimiento de Jesús. De esta manera Mateo niega la calumnia judía en cuanto a María, y declara el nacimiento virginal de Jesús. José no tuvo más dudas en cuanto a la pureza y la rectitud de María. Por tanto este es el primer problema acerca del cual debemos decidir, a saber: la rectitud del caracter de María.

c) La historia de Lucas referente al nacimiento de Jesús difiere grandemente en los pormenores de aquella que relata Mateo; pero está de acuerdo claramente en un punto referente al nacimiento virginal de Jesús y a la pureza consecuente del carácter de María. Aun más tarde, en el evangelio de Juan parece que tenemos un reflejo de la sospecha popular respecto del nacimiento de Jesús. En la fiesta de los tabernáculos los fariseos preguntaron burlonamente: «¿Dónde está tu padre? «(Jn. 8:19). Como si creyeran y aceptaran la idea común de que Jesús era el hijo de José. De modo que en Jn. 8:41 ellos le espetan a Jesús las siguientes palabras: «Nosotros no somos hijos de fornicación», como queriendo decir que Jesús si era. Esta mancha podría referirse a la historia relatada en el Talmud o a la idea de que Jesús había sido engendrado por José antes de su matrimonio con María.

2. La Experiencia que María tenía de Dios no es frecuente el caso de que todo un sistema de religión esté basado en una palabra; pero, en este caso, la palabra es «María». María era judía, había adorado al distante Jehová en un templo; pero en este conocimiento ella no encontró consuelo, y en sus días de meditación no conoció a un Dios cercano ni amigable. Lucas relata la historia más completa de cómo María llegó a estar en posesión de Jesús. Lucas, con delicadeza y gracia, relata la historia de la entrevista del ángel Gabriel con María. Ella sabía como lo sabían todas las doncellas judías, que un día el Mesías de la promesa alegraría el corazón de la madre escogida para esta elevada misión. Pero ella no se había apropiado este honor. La salutación del ángel fue tan extraña que María se quedó perpleja. El ángel la llamó «muy favorecida». Entonces el ángel, dándose cuenta de que María estaba perpleja, levantó el velo de ansiedad, diciéndole: «¡No temas, Ma-

ría, porque has hallado favor con Dios! Y he aquí concebirás en tu seno, y darás a luz un hijo, y le pondrás por nombre Jesús. El será grande, y será llamado Hijo del Altísimo, y el Señor Dios le dará el trono de su padre David: Y reinará sobre la casa de Jacob eternamente; y de su Reino no habrá fin» (Lc. 1:30-33). Cuando el ángel la llamo por su propio nombre, «María», desde ese momento, ¿podría alguien hacerla creer que Dios era menos real, que estaba menos interesado en ella que un padre humano? Ella comprendió que Dios no es un gran creador interesado únicamente en el cumplimiento de las leyes inexorables; tampoco es una cosa vaga, como una envoltura de aire que cubre al mundo, como una substancia impersonal que impregna el espacio. María comprendió que Dios es un Dios personal, y que personalmente está interesado en los individuos a quien él ha creado. Ella, entonces y allí supo que Dios, llamándola «María», es un Dios que busca a los individuos y «los llama por nombre».

3. Fabricando un error: ¡Ay! La adoración a María es una invención humana y su ímpetu está en el anhelo humano por la maternidad. Reconocemos que si hay un mensaje, por sobre todos los demás, que la fiesta de la Anunciación tiene para la generación presente, es la distinción preeminente y la inefable santidad de la maternidad. Reconocemos que si Dios, el Creador y Sustentador de este vasto universo, despojándose de las circunstancias externas de su majestad, mediante la concepción de una mujer entró en nuestra raza para salvarnos y voluntariamente fue «contado entre los malhechores», entonces la importancia y las consecuencias de la maternidad son incalculables, son divinas. Cómo la adoración a la virgen -como la «madre de Dios», la cual es ahora el principal objeto de la devoción católica romana- ha venido a ocupar tan completamente a los feligreses de esa antigua iglesia es una ilustración de la sutil e insidiosa penetración de la tentación y de lo profundo del error en que caen los hombres que se aventuran a dejarse guiar por su propia voluntad y no se cuidan de entregarse por completo a la dirección de la voluntad de Dios...

a) La Iglesia Católica Romana sostiene que hay dos fuentes de revelación, las Sagradas Escrituras y la voz de la Iglesia, la cual es un consenso de opinión unificada y confirmada por el vocero autorizado de la iglesia, el papa reinante. Pero, sabemos que estas dos fuentes de revelación son la expresión de la misma mente, y que nunca pueden tener variación; y en lo concerniente al canon de la Escritura, está cerrado, concluido, y todos los cristianos declaran que la Biblia es la verdadera expresión de la voluntad de Dios; por lo tanto, cuando los hombres enseñan lo que no puede ser probado por la Sagrada Escritura, la inferencia natural es que tal enseñanza es errónea. La doctrina de la Biblia es fija e inalterable; por lo que es muy concebible que la opinión de la mayoría, aun de los cristianos vivientes, pueda estar tan equivocada y bajo la influencia de ideas humanas como para alejarse de la verdad. Que esto ha ocurrido en realidad en la tan difundida adoración a la bendita virgen es algo que se puede observar.

b) Se puede observar que desde el segundo siglo se presenta a Eva convertida en un tipo de la virgen; que el pecado vino por quien no hizo caso de la palabra de Dios, y la bendición vino por quien sí hizo caso de ella, Descubrimos también los síntomas de la «mariolatría» en el texto de la narración de la caída. La Vulgata Latina, es la única versión autorizada y recibida por la Iglesia Católica Romana. En dicha versión la promesa de Dios, de que nuestro Redentor aplastaría bajo su pie a nuestro adversario el diablo, y nos libraría de la esclavitud del pecado, está traducida como si se refiriera a la bendita virgen. Aunque el verbo hebreo es masculino y los traductores de la Versión de los Setenta así tradujeron al idioma griego la promesa, sin embargo la deliberadamente alterada traducción ha recibido la sanción del papa, y en las ediciones que existen de las Biblias católicas, el versículo dice: «Pondré enemistad entre ti y la mujer y entre tu simiente y la simiente suya, ella herirá (aplastará) tu cabeza y tú herirás (estarás acechando) su talón»; lo que ellos declaran es una profecía de la exaltación de la virgen.

c) Por un proceso muy quisquilloso, que es característico de los teólogos romanos, se definen tres clases de adoración: «dulía, hiperdulía, y latría».

–Dulía es la adoración rendida a los santos y a los ángeles.

–«Hiperdulía», una palabra acuñada por Tomás de Aquino, es ofrecida a la virgen.

–Mientras que «latría», que significa adoración a Dios, servicio divino, está reservada para Dios mismo.

Ahora, aunque las diferencias de estas tres fases de la adoración estén claras posiblemente para los teólogos eruditos, en la mente popular no hay tal discriminación. Y lo que es notable es que allí no hay ningún intento de advertir a la gente del peligro de cometer el pecado de idolatría. Esto no es parte de la confesión, a ningún penitente se le pregunta jamás sobre este punto, y a nadie jamás se le ha impuesto penitencia por ofrecer divinos honores a una criatura o a objetos creados. Es algo lamentable ver a los millones de seguidores de esa antigua iglesia, que sin ninguna restricción ni advertencia de sus directores espirituales como los atenienses de antaño están «completamente dados a la idolatría». La misma palabra mariolatría expresa lo que sucede en la práctica, pero esta es la costumbre católica, derivada de María y «latría», así la adoración rendida a Dios es también la adoración rendida a María.

4. Opacando a Dios: lejos esté de nosotros ridiculizar a los miembros de una gran comunidad religiosa citando las monstruosas leyendas, increíbles visiones tenidas por la virgen María, aserciones extraordinarias atribuidas literalmente a veintenas de santos, las cuales abundan en la literatura católica romana, y ciertamente de las cuales está compuesta...

a) Quizás ya se ha dicho lo suficiente –y no he dicho nada de las visiones de la virgen, del «ángelus», de los escapularios, de las iglesias, de los altares del mes de mayo, de las peregrinaciones, de las cofradías, de los inacabables atavíos de la mariolatría– para demostrar que el ritual de la Iglesia Católica Romana da el mismo honor y la misma adoración, y aún más a la virgen que el que se rinde al Salvador. Ciertamente en el sistema romano a María se le ha dado el lugar del Espíritu Santo, cuya bendita presencia ha sido completamente eclipsada por la exaltación humana de la madre de nuestro Señor. Seguramente el Espíritu Santo sabía que Satán extraviaría tanto a los hombres, que él mismo hizo que los santos hombres escribieran las Sagradas Escrituras de tal manera que apenas si mencionan a la virgen María.

b) Solamente una vez se alude a María en los Hechos de los Apóstoles, y después nunca más se vuelve a encontrar su nombre en el Nuevo Testamento. Pablo nunca la menciona, y parece que nunca la vio. El Señor no sólo se abstuvo de asignarle a ella cualquier participación en la obra de él, sino que cuando ella se aventuró a sugerirle que no había vino. en las bodas, la respuesta de él ciertamente tiene una pequeña parte de reprensión: «¿Qué tengo yo contigo, mujer? Mi hora no es venida». Y más tarde en su ministerio, cuando las multitudes se apeñuscaban para escucharlo y verlo, sabiendo que su madre y sus hermanos estaban ansiosos de llegar a él, él evidentemente no los atendió sino que declaró que aquellos que escuchan la palabra de Dios eran para él como sus parientes más cercanos.

c) Los sacerdotes católicos romanos y sus adherentes dicen que no rinden adoración divina a María, sin embargo le atribuyen omnipresencia y omnisciencia, porque esperan que oiga y atienda los millares de peticiones que se elevan hacia ella de todas partes al mismo tiempo cuando no tenemos evidencia ni siquiera una sugestión de que ella, o los santos puedan escuchar cualquier voz de nosotros.

d) Aunque debemos protestar con todo nuestro poder contra esta adoración anticristiana de María, no es necesario rebajarla de ninguna manera del elevado y santo lugar que ella siempre debe tener en el afecto y en el respeto de los creyentes de todos los siglos. María siempre será para nosotros la más dulce entre las mujeres, la más santa entre las madres el tipo más perfecto de la maternidad y de la feminidad, y un ejemplo de fe humilde y obediente y de dulce humildad y gracia. Es verdad María fue altamente favorecida, pero ese favor también comprendió gran aflicción y sufrimiento porque una espada atravesaría su corazón. Sin embargo, Dios no llama al sufrimiento y a la responsabilidad sin otorgar bendiciones compensadoras. Ella era la más humilde entre las mujeres, y por razón de su alto destino llegó a ser la más grande entre todas ellas. «Todas las generaciones», dijo ella en su canto «me llamarán bienaventurada». Ahora los romanistas han cambiado esto para hacer aparecer como que Dios, en aquel momento y en aquel lugar la deificó sobre todas las mujeres; cuando más

bien esto fue una sencilla declaración de que entre las mujeres ninguna había sido considerada digna de tener un honor tan elevado. Débora dijo con respecto a Jael: «Sobre las mujeres bendita sea en la tienda» (Jue. 5:24). María es bendita entre todas ellas, escogida y altamente favorecida; pero no elevada por sobre ellas como un objeto de adoración. Su bienaventuranza consistió en que se le permitiera concebir en su cuerpo al Dios hecho carne, y por causa de él, y en la santificación que vino a ella por medio de este favor, poner delante de nosotros en su propia persona y en su carácter el primero, el más elevado y dulce ejemplo de feminidad y maternidad: un tipo de santidad que ha honrado a todas las mujeres en todos los tiempos.

CONCLUSIÓN: si los católicos romanos dan tanta importancia a María y le dan también un lugar exaltado, los protestantes que le dan un lugar demasiado bajo, la han descuidado. Los protestantes han tenido temor de elogiar y estimar a María en todo lo que ella vale, por temor de ser acusados de inclinarse demasiado en simpatía con los católicos. De aquí que ha resultado que la más noble de todas las madres es todavía la más mal entendida de todas las madres y de todas las mujeres. Por una parte, ella es objeto de todo descuido, y por la otra es objeto de una adoración inmerecida que honra su memoria en frías estatuas. En estos tiempos. cuando incontables millones adoran a María como si fuese Dios, que los protestantes se opongan a la mariolatría y prediquen de manera enérgica, como nunca antes, la realidad evangélica de que el Hijo que María concibió es el verdadero Hijo de Dios, el único Salvador del género humano.

288. *AMOR Y OBEDIENCIA A LAS SUEGRAS CREYENTES (Rut 1:15-18)*

INTRODUCCIÓN: la historia de Rut es un ejemplo de sabiduría humana a la vez que de previsión divina. La historia empieza por la expatriación de Elimelec, quien a causa de la escasez de alimentos en días de los jueces, decidió emigrar a los campos de Moab, pueblo limítrofe de Israel, donde sus hijos Maalón y Chelión tomaron esposas moabitas Elimelec murió y también sus dos hijos, quedando su esposa viuda con las dos nueras extranjeras que la querían mucho, porque era una mujer sabia y temerosa del Dios de Israel habiendo oído Noemí que había otra vez prosperidad agrícola en la tierra de Efraím, y particularmente en la ciudad de Belén, de donde había partido, allá se dirigió con las dos nueras, Rut y Orfa. Ella se esforzó en persuadirlas a que se volvieran a su tierra, puesto que eran jóvenes y hermosas, para ver si encontraban otros maridos para rehacer su vida . Orfa escuchó el consejo de su suegra y, besándola, se volvió a Moab; pero Rut, hallándose en las mismas condiciones, le dijo: «No me niegues que te deje y me aparte de ti dondequiera que tú vivas viviré yo…; tu pueblo será mi pueblo, y tu Dios mi Dios».

1. El valor de una decisión acertada: la frase «tu Dios será mi Dios» muestra cómo Noemí había procedido en vida de sus hijos a pesar de la poca luz espiritual que reinaba en aquellos días en Israel. Es evidente que ella había recordado y referido a sus nueras todo lo referente al Dios de toda la Tierra que había obrado maravillas en favor de los descendientes de Abraham, y no había sido en vano, porque la buena semilla había calado en el corazón de ambas muchachas, sobre todo de Rut, que se dejó guiar por su suegra desde que se puso a trabajar de espigadora en el campo de un poderoso pariente llamado Booz, acerca del cual le dijo: «Puesto que has empezado tu labor en el campo de ese hombre no te apartes de este campo». La conversación de este rico hacendado con sus empleados muestra que era también un hombre piadoso (Rt. 2:3-23).

a) Los detalles que Rut le dio acerca de la benevolencia que el rico hacendado había tenido con ella, una joven extranjera, movió a Noemí a darle un consejo que no era impropio ni de aquellos tiempos ni de las costumbres sociales de la época para demostrar a Booz que le amaba (Rt. 3:1-10).

b) La reacción de Booz demostró una vez más que él también se había fijado en ella y había pensado en hacerla su esposa, si podía lograr que el pariente más cercano no se empeñara en retenerla, según el derecho legal que

existía en aquellos tiempos. Y cuando por la mañana se juntaron los hombres principales a la puerta de la ciudad, que era el lugar donde se decidían los derechos civiles de los ciudadanos, la entusiasta respuesta que la mayoría de aquellos ediles expresaron a Booz muestra que incluso en los días de los jueces había grupos de personas temerosas de Dios que guardaban el recuerdo de las maravillas que Dios había estado hablando con su pueblo, y las frases principales de esta curiosa historia muchas veces han sido tomadas como ejemplo para las relaciones entre matrimonios cristianos y sus familias.

2. Ejemplos de obediencia:

a) «El marido es cabeza de la mujer», afirma el apóstol Pablo, hablando del matrimonio. Esto es cierto, pero esta frase no tiene nada de machista, y el ejemplo debe extenderse no solamente al marido, sino también a otros miembros de su familia, como en este caso a la madre del marido, o a la futura madre de aquel a quien os unís como compañero de la vida.

b) Dios mismo nos da este ejemplo en la naturaleza: cuando dos se escogen el uno al otro, vienen a unirse no solamente dos cuerpos, sino también dos almas. Muchos matrimonios se unen como si fueran sólo dos cuerpos; piensan solamente en la satisfacción material y en la ayuda que puede significarle el marido, especialmente si éste es de condición económica superior.

c) Éste es el caso de los irracionales por el instinto que Dios ha puesto en todas sus criaturas, a fin de garantizar la continuidad de la vida y -¡maravilla de la sabiduría de Dios sobre la naturaleza!- el instinto suple muchas veces lo que falta a la reflexión. El pájaro no piensa: «He de ser fiel a mi compañera que he dejado en el nido; ella necesita de comer y de ejercicio en sus alas; voy a reemplazarla», pero es lo que hace al cabo de pocas horas porque la naturaleza le impulsa a ello.

d) En el hombre y la mujer, seres libres hechos a imagen de Dios, la inteligencia debe reemplazar muchas veces al instinto. Dios nos ha dado una conciencia que nos dice lo que debemos hacer y también dejar de hacer. Para los cristianos existe además un libro que ilumina la conciencia y que con sus exhortaciones y ejemplos nos estimula en los planes de Dios. Es verdad que el apóstol Pablo dijo refiriéndose al matrimonio: «Dejará el hombre a su padre y a su madre y se unirá a su mujer» (Ef. 5:31), pero hay casos como el de Noemí y Rut en que las exhortaciones de Cristo a través de todos los Evangelios deben aplicarse no sólo al marido, sino también a los demás familiares como el caso de Rut y Noemí, sobre todo cuando la futura suegra es de carácter piadoso y tiene más experiencia que la nuera, que es una recién llegada ingresada en la familia. El autor de estas líneas recuerda que, a causa de las circunstancias de su vida como pastor y fundador de muchas iglesias en España, se vio obligado a que su esposa fuera su secretaria particular, conviviendo con la familia del esposo, y tanto su madre natural como la esposa recién ingresada en la familia estuvieron unidas en el propósito de que la obra del Señor recibiera todo el beneficio de esta unión, atendiendo la madre los quehaceres domésticos y la esposa los deberes espirituales de la Iglesia y las iglesias que estaban bajo su cuidado. Muchas veces habíamos oído decir a la madre: «Yo también trabajo por el Señor atendiendo a los deberes de la casa, a fin de que mi nuera pueda dedicar todo su tiempo ayudando a mi hijo en la parte espiritual». Conocemos empero otros casos en los que ha sido al revés. Recordamos el caso de la esposa de un pastor que, requerida por sus amigas con respecto a las relaciones familiares, declaró: «Yo me casé con el hombre, no con su profesión».

3. Un ejemplo del Antiguo Testamento: en el caso de Rut y Noemí, la respuesta de obediencia al marido empezó con la atención y obediencia a la futura suegra que guió a la Moabita desde su misma decisión en el camino a Belén: «Tu pueblo será mi pueblo, y tu Dios mi Dios». Las atenciones fueron mutuas y el ejemplo de obediencia a la mujer extranjera que había sido su madre política durante la vida de su primer marido, produjeron por las palabras de Booz en Rut 2:11-13, y por las de las amigas de todo el pueblo de Belén (Rut 4: 13-22), que se cumplieron en la descendencia de esta joven moabita que llegó a ser tatarabuela del rey David y antecesora de Aquel que es Rey de reyes y Señor de señores, el Señor Jesucristo.

CONCLUSIÓN: he aquí un ejemplo de cómo el amor y el respeto de una persona extranjera vinculada empero a una familia piadosa de Belén, se reprodujo de padres a hijos y así será con los que, imitando la decisión de Rut y el amor y obediencia a los padres del esposo, son vinculados y unidos a las bendiciones que Dios ha prometido a los hijos de los hijos en largas generaciones.

289. *DOS MODELOS DE FE: MARTA Y MARÍA (Lucas 10:38-40)*

INTRODUCCIÓN: no hay otro modelo más aleccionador acerca de la fe en todo el Nuevo Testamento que la historia del hogar de Betania, dividida en tres famosos cuadros.

1. El cuadro del amor plácido y práctico:

a) Era un amor puro, sin dificultades, manifestado en diversas actividades, todas felices. Los tres hermanos servían a Jesús. Marta con su actividad, María con su fervor, Lázaro como coordinador de las dos dueño de la familia probable proveedor de las vituallas. Éste es el caso dé millones de hogares cristianos por algún tiempo, a través de los siglos, como cantamos en el himno:

«Bendita casa do te han recibido Amigo de las almas, Salvador».

b) El cuadro presenta un hermoso ejemplo de intimidad con el Señor: Marta ha sido objeto de muchas críticas a causa del suave reproche de Lucas 10:38-42, pero Jn. 11:5 la reivindica. Porque Jesús la amaba, pone a prueba su fe para elevarla.

c) El recurrir al Señor muestra, no tanto un carácter quejumbroso como un deseo de ella misma de imitar a su hermana, gozar de su privilegio. Un poco de envidia santa. ¿A quién se nos habría ocurrido acudir al Señor para el pequeño problema del servicio? Habríamos optado por un golpecito en la espalda y unas palabras al oído de María. Me gustaría conocer el final del incidente. ¿No fue uniéndose el Señor al servicio concediendo así a las dos el privilegio de su palabra? No creo que terminara con una reacción de ofensa hacia Marta, no menos amante del Señor que su hermana. Si os parece improbable, comparadlo con Jn. 11:20-45.

2. La prueba suprema: la enfermedad de Lázaro fue el principio de una prueba con particular propósito (Jn. 11:4). Quizá descubramos algún día en la eternidad que todas las pruebas, grandes y pequeñas, de la vida han sido así. El propósito era elevar muchos grados la fe de ambas hermanas; y lo curioso es que en contra de la apariencia de Lucas 10 se descubrió que la fe de Marta era más alta que la de María (se demuestra en los vv. 40-42):

a) Fue la primera en acudir al encuentro del Señor (v. 20).

b) Su preocupación en llamar a su hermana (v. 28).

c) Su insinuación acerca del poder de Jesús (v. 22).

d) Su declaración acerca de la persona humano-divina de Jesús (v. 27). María creía igualmente, pero no se mostró nunca tan activa en su fe.

3. La súper prueba de ambas: había tenido lugar ya un recrudecimiento intencionado de la prueba (v. 6), pero ahora se intensifica en un detalle inesperado (v. 23).

a) Jesús aparenta no querer cumplir su deseo de ver resucitado a Lázaro aquella misma tarde, sino dentro de miles de años.

b) Jesús llora como cualquier amigo humano. ¿Cuál sería la reacción de Marta? «Es que no puede». ¡Pobre Maestro! De haber llegado a tiempo le habría curado. Hasta aquí parece llegar su poder, pero ahora sufre y llora su impotencia.

c) ¿Por qué lloró Jesús? No tan sólo para probar la fe de Marta, aunque éste fue uno de sus efectos inmediatos, sino por la tragedia de la muerte; por los millones de corazones que llorarían a través de los siglos sin que tuviera lugar ninguna resurrección.

Y así continúa procediendo, sin revelar su verdadero propósito y dando una nueva orden que pone hasta el cenit la prueba de fe (v. 39). Si Jesús no hubiese llorado un instante antes, Marta habría dicho: «¡Qué bien, que quiten la piedra, ahora lo va a resucitar!» Pero después de comprobar su aparente impotencia Marta dice: «¿Para qué? ¿Para sentir una cosa tan lamentable como es un cadáver putrefacto?». Pero Jesús, que había apreciado su fe anterior, trata de reanimarla (v. 40). Jesús condesciende

con su fe, que ha tenido un bajón, y no se niega a realizar el milagro, sino que lo realiza tras aquella oración de testimonio ante el público. ¡Qué entusiasmadas quedarían ambas hermanas después del milagro! Pero lo que Jesús quería es que creyeran antes..., pues después del milagro su fe ya no tenía el mismo valor.

CONCLUSIÓN: todos nosotros somos Marta. Todos amamos al Maestro y nos amamos unos a otros como Marta a María, pero es una fe de colapsos. Como Marta, quisiéramos saber qué va a hacer el Señor con nuestras vidas dentro de 1 año, de 5 o de 10, o cuándo estaremos en el Cielo. La misma Biblia es una prueba de nuestra fe dice tantas cosas sobre Israel y otros pueblos que apenas nos interesan, y las que más nos interesan están en un lenguaje simbólico, enigmático. «¡Cree y espera!», parece decirnos el Señor. Algún día tendrá que decirnos, ante el despliegue de los secretos de su providencia (v. 40): «¿No os había dicho que si creyerais veríais todo esto?»

290. *ELISABETH Y ZACARÍAS* *(Lucas 1:5-64)*

1. Un matrimonio venerable (v. 6): ambos eran justos, significa que anduvieron sin que Dios tuviera nada que reprocharles, como Enoc. Observaban los mandamientos de la Ley.

2. Su preocupación familiar (v. 7): no tenían hijos, como Sara (Gn. 15:2).

3. Una visita celestial (v. 11) ¿Cuándo? Durante el sacrificio... Pues Dios se revela más fácilmente cuando le servimos.

4. Un mensaje admirable (v. 13):

a) Tu mujer, Elisabeth, tendrá un hijo.

b) Tendrás gozo y alegría tú y muchos más (v. 14).

c) El niño será lleno del Espíritu Santo, como Elías (v. 15).

d) Para convertir los corazones (v. 17). Todas las personas piadosas tienen su mayor gozo en ver conversiones sobre todo cuando éstas son producidas por ellos mismos o por sus allegados.

5. La incredulidad y sus consecuencias (v. 18):

a) Zacarías no creyó, no siguió el ejemplo de su antecesor Abraham, dudó como Gedeón y como Tomás, pidiendo señal.

b) Recibió la señal pero de un modo distinto a como hubiese querido. Quedó mudo (vv. 18-20). Cuando no creemos Dios tiene que probarnos muchas veces con alguna prueba para nuestro bien.

6. Un cántico de alabanza (v. 64): Dios usó la misma incredulidad para producir un milagro que trajo admiración entre sus vecinos (Ro. 8:28). La alabanza da resultados, pero es siempre mucho mejor tenerla antes de la prueba, por más que Dios muchas veces la convierta en bendición.

291. *ESTER, O LOS FINES DE LA PROVIDENCIA* *(Ester 4)*

INTRODUCCIÓN: contar a grandes rasgos la historia de Ester, destacando que Asuero, el último rey de Persia, se hacía respetar, como todos los reyes de aquella época, haciéndose sagrados y casi invisibles en palacios inmensos, y el gobierno era ejercido por manos de favoritos, representantes de la casi «divinidad oculta». Explotando al pueblo, aquellos reyes se hacían inmensamente ricos y podían ofrecer banquetes espléndidos invitando a todos sus nobles por espacio de meses como en este caso, que duró 180 días (cap. 1:4) (eran fiestas con hospedaje real). La reina Vasti se mostró extraordinariamente orgullosa, quizá con razón, pues muchos exegetas han dicho que el rey le ordenó aparecer completamente desnuda para que los nobles pudieran contemplar su belleza física y la esbeltez de su cuerpo. El rey tenía innumerables concubinas, pero una era nombrada reina por decreto real.

1. La Providencia en la Historia: muchos han notado que no aparece el nombre de Dios en este libro, y que parece tan sólo una epopeya de la historia del judaísmo; pero, de modo muy semejante al drama de la vida de José, el hijo de Jacob, aparece el cuidado de Dios en una serie de circunstancias admirablemente hilvanadas, que revelan de un modo clarísimo los caminos de la providencia divina...

a) Ester, huérfana, fue educada por su piadoso tío Mardoqueo; la pérdida de sus padres fue sustituida y compensada por la adopción de un hombre, posiblemente mucho más piadoso que aquellos a quienes ella lloró en su infancia, trayendo a su vida gran bendición espiritual.

b) Su elección, en sustitución de la destronada reina Vasti, la puso en la mejor condición para ser la defensora de su pueblo.

c) Dios iba preparando la caída del primer ministro, Amán, enemigo de su pueblo, por aquella noche de insomnio del rey, que le indujo a leer el libro de memorias del reino.

d) El hecho de que el rey se fijara en el acto de lealtad de Mardoqueo y le ocurriera al malvado Amán su primer contratiempo por la orden tan ajena a sus propósitos de parte del rey. Hasta a los malvados Dios no les deja caer, muchas veces, sin darles un aviso (Nótese este hecho tanto en este caso como en el de Pilato) (Mt. 27:19).

e) La prudencia y habilidad de Ester eran, sin duda, una respuesta a la oración de Mardoqueo, y de ella misma, acompañada de sus doncellas, a las que ciertamente la reina tuvo oportunidad de hablarles del poderoso Jehová, el Dios de Israel.

f) El desenlace en el banquete de la reina Ester a sus dos invitados de honor, el rey y su primer ministro, Amán. Se ha dicho que Dios ciega a los que quiere perder, para que cometan un error tras otro.

2. La Historia como parábola: el pueblo de Dios de todos los siglos ha tenido un malvado y astuto enemigo, Satanás, que ha procurado su perdición; pero el plan de Satanás ha sido frustrado por su gran intercesor el Señor Jesucristo. Notemos 3 dilemas:

a) El de Ester: su elevada posición la habilitaba y convertía en la única persona adecuada para salvar a su pueblo del exterminio decretado por el malvado Amán, pero había el gran peligro de que el rey Asuero la considerara una intrusa en sus negocios de Estado y no le extendiera el cetro; por eso, tras los 3 días de ayuno y oración, exclama, en una decisión heroica: «Entraré a ver al rey, aunque no sea conforme a la Ley; y si perezco, que perezca...».

b) El de Jesucristo: aunque Él era el Hijo de Dios encarnado y nadie estaba en mejor posición que Él para salvar, según los planes de Dios, a los que le aceptan por fe, se había hecho verdadero hombre por su kenosis (Fil. 2:7, 8) y como hombre le cabía la posibilidad de pensar que el Todopoderoso, después de su costoso sacrificio en la cruz, no le resucitara «para nuestra justificación». Es lo que aparece en Jn. 12:27-29 y en Mt. 26:39, 42 y 36; pero el Padre cumplió su fiel esperanza.

c) El dilema nuestro (Mt. 16:25-27): este dilema es mucho más suave en nuestra edad. Es cierto que el enemigo se complace en atormentamos viniendo a nuestra mente y sugiriéndonos dudas, lo que es mucho más soportable en nuestro tiempo que en los tres primeros siglos, o en el de los mártires de la Edad Media, que aún era mucho más agudo, por tratarse sólo de una interpretación más acertada del plan de la salvación de Dios a la luz de las Sagradas Escrituras, no de una negación absoluta del Salvador. En este tiempo en que la influencia indirecta de las doctrinas de Jesús ha traído al mundo la democracia y los derechos humanos, ¿no sabremos decir a Satanás: «¡Vete de mí, artero enemigo!, pues si otros han dado sus vidas en medio de terribles sufrimientos, yo, que estoy en mucha mejor situación que ellos, ¿no serviré a mi Salvador hasta el fin, aunque el plan de Dios para la humanidad no sea exactamente como yo lo quisiera?» «¡Oh, si, Señor, creo en Ti, ven en auxilio de mi poca fe!» (Mr. 9:24).

3. El triunfo de la fe: tanto Mardoqueo como Ester vieron colmada su fe y sus plegarias con un triunfo completo, que todavía es recordado por el pueblo judío anualmente en la fiesta de Purim. Pero, desgraciadamente, tan sólo como un recuerdo patriótico, mientras que los cristianos evangélicos vemos en ello una figura y emblema del triunfo de la fe en el reinado de Jesucristo, de quien ha sido dicho: «Siéntate a mi diestra, hasta que ponga a tus enemigos por estrado de tus pies» (Sal. 110:1 y Hch. 2:35). Su triunfo, que es el nuestro, ha de ser completo sobre el enemigo y toda clase de mal que ha ocurrido en este mundo.

CONCLUSIÓN: nosotros hemos de participar de su triunfo a causa de su decisión y de la nuestra. Su triunfo sobre el pecado y Satanás es completo, pero Él ha conducido su pueblo, ponién-

dolo a prueba de diversas maneras, y nuestras pequeñas decisiones de cada día han de contribuir a la medida de nuestra gloria (*véase* Mt. 25:45; Lc. 19:16-26; 1 Co. 3:8).

292. *HA HECHO LO QUE PODÍA (Juan 12:1-13)*

INTRODUCCIÓN: El ungimiento de Jesús en Betania fue uno de los incidentes más interesantes y sugestivos de la vida de Jesús, y el único consuelo que Él recibió con motivo de su terrible pasión y muerte. La familia de Lázaro, agradecida por el milagro de la resurrección que había tenido lugar pocas semanas antes, se preparaba para recibir la visita del Señor que tenía que pasar por aquella aldea en su último viaje a Jerusalén. Podemos figurarnos a Lázaro dirigiéndose quizá con su carreta en busca de las vituallas que eran necesarias para una cena en la que debían participar por lo menos 16 personas. Marta, buena ama de casa, probablemente buena cocinera, preparando la comida para tan importante ocasión. María, la dulce y contemplativa discípula del Señor, disponiéndose a cumplir la costumbre que tenían los judíos de lavar los pies de sus huéspedes, pero esta vez de un modo espléndido, poniendo a contribución -quizá- todos sus ahorros. Era natural el alborozo de aquella familia que había sido tan bendecida por el Señor. De no haber sido por el amado Maestro, aquella casa sería en aquellas fechas un hogar de luto.

1. ¿Qué aprendemos de este incidente?

a) Una preciosa lección de carácter: María era un carácter flemático y amante, según se desprende de otras partes del evangelio. Yo creo que antes de responder a Judas levantó ligeramente la cabeza para descubrir la actitud del Señor. ¿Se uniría Jesús a las murmuraciones silenciosas de los discípulos y a la importuna queja de Judas? Éstos parecían tener la razón.

b) Otro carácter impulsivo como el de Pedro habría respondido con indignación: «El dinero es mío y lo empleo en lo que me parece. ¿Es que no tengo motivos de gratitud para quien ha devuelto la paz y el gozo a nuestro hogar?»

c) Y en la mayoría de casos de carácter semejante al que tenemos muchos de nosotros, la observación de Judas habría sido respondida con un golpe seco de la puerta y un llanto frenético al otro lado. Pero eran momentos de alegría y María no quiso estropear la fiesta.

2. La respuesta del Señor: era costumbre embalsamar a los difuntos distinguidos, como ha sido hallado en las pirámides de los faraones, y ¿quién lo merecía más que el Rey de reyes y Señor de señores? No sabemos hasta qué punto María tenía en mente la profecía de Is. 53:9, pero Jesús sí que la conocía y el Espíritu Santo la impulsó para que obrase de aquel modo extraordinario. Las consecuencias inmediatas fueron no sólo el ejemplo de María, sino el que otros discípulos del Señor pudieran recibir un testimonio de amor que confirmaba su fe. Es cierto que el senador Nicodemo llevó 200 libras de áloe y ungüentos para embalsamar todo su cuerpo, pero es dudoso de que fuera de la misma calidad de la ofrenda de María, debiendo tener en cuenta la cantidad necesaria. Por esto podemos creer que el perfume de nardo de María que llenó toda la casa, persistía todavía tres días después de su entierro y sirvió para identificar a la persona del Cristo resucitado.

3. La revelación de un secreto: nadie se imaginaba entre los invitados a la fiesta lo que tenía que ocurrir al Señor en los próximos días, pero la generosa ofrenda de María recibió la gran recompensa de que Jesús comunicara el secreto de su próxima muerte. Hoy no le tenemos presente entre nosotros, porque «por fe andamos, no por vista», pero ante el recuerdo de su muerte que Él mismo instituyó al decir «Haced esto en memoria de Mí» podemos, imitando a María, recordar el gran significado de su muerte por nosotros. Sabemos que Él padeció y murió para obtener nuestra salvación y, simbólicamente, podemos imitar a la amante María de Betania sirviendo al Señor según nuestras facultades.

4. Sirviendo al Señor según nuestras circunstancias respectivas:

a) Que todos debemos servir al Señor según los dones que Él nos ha dado.

b) Como en el hogar de Lázaro, merece Aquel que nos ha hecho el favor de dejarnos vislumbrar la vida eterna, lo mejor que podamos. Todos podemos participar del banquete de obsequios en la cena conmemorativa que Jesús ordenó.

c) No importa que no le veamos físicamente, pues Él dijo: «Donde están algunos reunidos en mi nombre, yo estoy en medio de ellos».

5. Cada cual según su facultad:

a) Alguien va a predicar comentando las palabras del Señor que tenemos en este libro para edificación de los fieles.

b) Otros pueden ofrecer el perfume de sus cánticos y alabanzas.

c) Otros, con sus oraciones edificantes que expresan su amor y gratitud de todos los allí reunidos en su nombre.

Es deber de cada uno descubrir qué puede hacer, no empeñándonos en querer hacer lo que no podemos o no sabemos. Muchas veces se han creado dificultades en las iglesias cuando ciertos hermanos han pretendido servir al Señor con dones que no poseían, empeñándose en subir al púlpito quienes no tienen facilidad de palabra, o en cantar a grito pelado los que no tienen el don de la entonación. El apóstol dice: a cada cual con el don que ha recibido, adminístrelo a otros» (1 P. 4:10).

6. El perfume de servicios humildes: si alguien no tiene don de palabra ni entonación ni desprendimiento para orar públicamente, que no piense que no puede hacer nada para complacer al divino huésped que está invisible entre nosotros...

a)Puede dirigir una palabra, un apretón de manos y una sonrisa a alguien que haya entrado en la Casa del Señor sin pensar encontrar allí ningún afecto especial, sino la indiferencia propia de las reuniones mundanas para con los no invitados.

b) Servir en la puerta: hay quienes han introducido a inconversos en la iglesia hasta el punto de ser los mejores ganadores de almas.

c) Repartir las Biblias y los himnarios con amabilidad y cariño.

d) Si existe la costumbre en la iglesia de recoger una ofrenda, no esperar a que otro sea nombrado, pues es muy importante llevar la ofrenda al púlpito para que sea explicado el motivo de la recaudación.

e) Si es un buen lector puede leer un salmo de alabanza o bien la lectura sobre la que se basará el predicador, pues la variedad de voces siempre es un atractivo cuando es llevado a cabo por un buen lector. Hay quien ha dicho que una buena lectura hecha Con énfasis, es el aperitivo del sermón que seguirá después.

7. Un servicio continuado y eficaz: puesto que el Señor es nuestro huésped y testigo invisible no tan sólo un día a la semana, sino siempre; porque es sapientísimo Creador en el cual «vivimos y nos movemos y somos», podemos y debemos estar siempre atentos para aprovechar las ocasiones de dar testimonio a los que nos rodean con nuestras palabras, con nuestras ofrendas, con nuestros servicios de literatura durante la semana, para que un día, ante su presencia, de algún modo incomprensible dada su grandeza, pueda testificar de nosotros ante el Santo Padre y millares de ángeles: «Este siervo o sierva mía ha hecho lo que podía».

293. *LA OFRENDA DE MARÍA* *(Juan 12:1-3)*

INTRODUCCIÓN: Jesús se hallaba de visita en casa de sus amigos de Betania por última vez. ¡Cuán grato y oportuno fue aquel refrigerio de amor antes de la semana de pasión! Cuando iba a ser objeto de los mayores desprecios e ingratitud sentiría que alguien le había comprendido y le amaba. Esta breve narración contiene grandes enseñanzas para nosotros.

1. Cada cual debe servir a Cristo en lo que puede:

a) Lázaro ofreció hospedaje. Según la costumbre judía, compraría él las vituallas; tenía dinero y no hallaba mejor medio de emplearlo que para honrar a Aquel que le devolvió la vida.

b) Marta no era la dueña, pero sí la administradora de la casa. Poseía probablemente arte culinario, y gustosa se esmeró en este servicio.

c) María de sus ahorros, cumplió la costumbre judía de obsequiar al huésped con un perfume de un modo espléndido.

Es esto una gran lección para las iglesias cristianas. ¿No es Cristo nuestro Huésped? (Mt. 18:20). ¿Qué haremos para obsequiarle? Unos saben predicar. ¡Que gozo para Él oír narrar su amor a los inconversos! Otros pueden orar; saben concretar pensamientos edificantes que

expresan el sentir de la asamblea. Otros tienen dinero que ofrecer con más abundancia que sus hermanos. Otros pueden cantar o recitar. Algunos tienen don de gentes para la evangelización o para tratar con los niños. Que cada cual descubra su don para consagrarlo al Señor, sin empeñarse en hacer por vanagloria aquello que no podemos, ni esquivando por indolencia lo que podríamos hacer con un poco de esfuerzo. Si se hubiesen intercambiado los papeles en el hogar de Betania, María no hubiera desempeñado en la cocina el mismo trabajo que Marta y ésta no poseía la delicadeza necesaria para el acto de amor que aquélla realizó. Cuidado en no pensar como el mal siervo, que porque tenía poco creyó no debía servir de ningún modo a su Señor (Mt. 25:25).

2. el amor no admite limitaciones: trescientos denarios era el jornal de un obrero correspondiente a un año. Una ofrenda exagerada, según los mismos discípulos. Es seguro que para sí misma habría adquirido María un perfume de menos precio, pero sentía que al Señor no podía ofrecerle un don ordinario que denotara mezquindad. ¡Qué no se merecía el que les había devuelto a Lázaro! ¡Qué no se merece el que murió para darnos vida eterna! ¿Denotan mezquindad nuestras ofrendas al Señor?

3. el amor tiene que expresarse para que pueda ser apreciado: el perfume encerrado en el vaso no daba olor, pero quebrado éste, se demostró su rica esencia. el amor no es para ser guardado en el corazón, sino para ser expresado con hechos. el amor de Dios guardado en el seno de su divinidad de nada nos habría aprovechado; pero manifestado en la persona de Cristo ha hecho nuestra redención. Cuando el vaso de alabastro que lo contenía, o sea, el cuerpo de Cristo, fue quebrado en la cruz, el perfume del amor de Dios llenó el mundo entero. Asimismo con los grandes servidores de Dios. A Pablo no le importaba que su cuerpo fuera quebrado, gastado en el servicio, antes decía: «Me gozo y congratulo por todos vosotros» (2 Co. 4:11, 5; Fil. 2:17).

4. Lo que se ofrece a Cristo aprovecha también a otros: el perfume era para Jesús, pero todos los que se hallaban en la casa disfrutaron de su agradable olor. Todo acto de amor a Jesús echa su fragancia sobre otras vidas. Cantamos, oramos y damos ofrendas para el Señor, pero muchas personas reciben bien por ello. el mundo entero está disfrutando del olor de actos realizados por amor a Jesús en hospitales y casas de misericordia. ¿Qué recibe el mundo por causa de nuestro amor a Cristo?

5. El amor puro trasciende lejos: leemos que «la casa se llenó del olor del ungüento». No tan solamente el aposento donde se hallaba Jesús, sino las habitaciones contiguas. No basta dar culto al Señor en el templo o en nuestra intimidad. Nuestra vida entera debe estar llena de aquel olor de santidad que haga radiantes y agradables nuestras vidas en cualquier lugar donde nos hallemos. La cocina, el lavadero, el taller y la oficina donde concurren los cristianos deben llenarse del buen olor de Cristo (1 Co. 10:31, 32; Ef. 6:6).

6. Es un privilegio muy solemne servir a uno que puede distinguir los motivos del corazón: los hombres pueden, con frecuencia, interpretar mal nuestras actitudes, porque no son capaces de leer en nuestros corazones. Ésta es la razón de la mayor parte de los conflictos y odios humanos. Comprender es perdonar. Comprender es apreciar el valor de los actos ajenos, aunque no estén exentos de defectos. María no fue comprendida por los discípulos. Estos veían únicamente un lado de las cosas y su razonamiento era justo hasta cierto punto: pero Jesús sabía que no había allí ninguno de los motivos que los discípulos suponían: orgullo, vanagloria, ostentación, sino amor puro, fe en el cumplimiento de aquel vaticinio que el Salvador había hecho (Mt. 16:21) y probablemente el propósito muy ingenuo de prevenir que el sagrado cuerpo entrara en descomposición antes de que se cumpliera el momento de la victoria sobre la muerte.

CONCLUSIÓN: ¡Cuidado con juzgar los propósitos y servicio de nuestros prójimos! ¡Atenta vigilancia sobre los nuestros! Él sabe por que y cómo le servimos. Gracias a Dios que no puede haber malas interpretaciones por su parte, pero tampoco podemos cegar sus ojos con un servicio de poco valor. Que pueda el decir de cada uno: «Éste ha hecho lo que podía... ¡Todo lo que le era posible hacer por Mí según sus circunstancias!».

294. *RAHAB, LA PECADORA SALVADA (Josué 2:1-21)*

INTRODUCCIÓN: uno de los incidentes más curiosos en la historia del pueblo de Israel y la tierra prometida es el caso de Rahab, a la que muchos han llamado la pecadora salvada. Ha sido costumbre en algunas civilizaciones que las posadas fueran centros de prostitución. En la factura de un hostal en tiempos de los romanos se lee:

«Pan y vino: 1 sestercio».

«Comida caliente: 2 sestercios».

«Heno para la mula: 2 sestercios».

«Una moza: 8 sestercios».

No se cobra precio por la cama ya que va incluido en el de la moza. Rahab era una posadera que parece cumplía ambos servicios, pues no se nombra a ninguna otra persona en el relato.

1. Esta mujer cometió muchos pecados (v. 1): su oficio le acarreaba tales obligaciones. Hay muchos pecadores de esta clase en el mundo que se excusan en sus deberes humanos (Ro. 1:29).

2. Tuvo un gran privilegio (vv. 1-8): hospedó a los mensajeros de Dios y sin duda oyó de su boca las cosas que Dios había hecho con el pueblo de Israel (Mt. 10:40-42).

3. Reconoció un gran peligro (vv. 10-11): se hallaba en una ciudad cuyos habitantes habían sido condenados por Dios y reconoció que el juicio se acercaba. Todos los pecadores deben reconocer que caerá sobre ellos en mayor o menor grado (Ro. 3:23).

4. Hizo una gran petición (vs. 12-13): pidió la salvación no sólo para ella, sino para toda su familia. Es lo que todos los seres humanos necesitan (Ro. 10:12 y 13), y en muchos casos la salvación propia incluye la familia (Hch. 16:31).

5. Creyó una gran promesa (vv. 14-21): creyó la palabra de los mensajeros y cumplió las condiciones impuestas sin perder tiempo (v. 21). El cordón de grana ha sido considerado como un símbolo de la sangre de Jesucristo (1 P. 1:19 y 1 Jn. 1:7-9). Hay quienes se avergüenzan de mencionar la sangre de Cristo como medio de redención, pero el símbolo es usado de muchas maneras en el Antiguo Testamento y las palabras de Cristo en la institución de la Santa Cena, así como las alusiones de los apóstoles, no pueden ser negadas. Es natural que la sangre es un símbolo, pero es un nombre que debe ser honrado precisamente por lo que significa.

6. Recibió una gran protección (Jos. 6:23-25): fue salvada, la única salvada por la fe. La pecadora de Jn. 4 fue la primera salvada en Samaria. «No he venido a llamar justos», dijo el Señor.

7. Alcanzó una gran posición (Jos. 6:25): fue admitida con el pueblo de Dios, y más tarde pasó a figurar en el linaje real del Salvador (Mt. 1:5). Cuando Dios perdona olvida el pecado totalmente de tal modo que todo pecador salvado pertenece a la familia real de Dios (Jn. 1:12 y 1 Jn. 3:1, 2).

CONCLUSIÓN: Rahab fue salvada por la fe (He. 11:31), pero también por las obras que acreditan siempre la fe (Stg. 2:25). La fe pasiva no es válida, tiene que mostrarse por las obras. ¿En qué se puede demostrar hoy día la realidad de la fe?

295. *REBECA (Génesis 24:23-25)*

INTRODUCCIÓN: la historia de Rebeca nos es presentada en la Biblia formando tres épocas principales de su vida... Fue criada en un hogar temeroso de Dios, parientes de Abraham y de buena posición. Tenían criados y una nodriza para cuidar a la jovencita.

1. Su juventud: era hermosa, una cualidad que procede del Cielo, que el tiempo se cuida de cambiar y también nuestras fuerzas. En su juventud tenía muchas otras cualidades:

a) Era trabajadora: no por pertenecer a una familia rica sus padres la habían dejado caer en la indolencia. Estaba acostumbrada, a salir al campo para ayudar a su hermano y a los pastores en el cuidado de los rebaños. Las familias prudentes saben que no pueden dejar su hacienda enteramente en manos de extraños, es mejor que alguien de la familia interesado en el trabajo ayude en la casa. Además era costumbre que las jóvenes de la ciudad fueran a

buscar agua a la fuente y allí pasaban largos ratos hablando entre ellas y Rebeca era tan diligente que llegó la primera y esto era una buena preparación para el día de mañana, cuando tendría que tomar la responsabilidad de un hogar.

b) Era servicial: una persona puede ser hacendosa y cuidar de sus deberes, pero no ser servicial, no gustarle que la molesten ni hacer ningún sacrificio para los demás. Ella se limitó como muchacha prudente a llenar su cántaro y volverse, hasta que aquel forastero le pidió de beber. Rebeca era tan servicial que no sólo dio de beber al forastero, sino que se ofreció para volver a llenar su cántaro y saciar la sed de sus camellos y de sus acompañantes. Eliezer, sin duda, se dijo: «Una muchacha tan hacendosa, trabajadora y servicial en favor de un forastero, debe ser muy buena en su hogar». Muchas jóvenes en su juventud hablan sin pensar que sus palabras y hechos pueden ser observados por personas ajenas que pueden juzgarlas. Por eso el apóstol Pablo recomienda en Col. 4:6: «Sea vuestra palabra siempre con gracia, sazonada con sal, para que sepáis cómo responder a cada uno».

c) Hoy día los padres procuran como nunca la educación de sus hijos, sin embargo hay un peligro y es el de darles a entender que la educación las pone en un pedestal, y después que los padres se han sacrificado, son olvidados como viejos rezongones. Una madre cristiana decía a su hija: «Querida, cuando estés entre la gente del mundo, me juzgarán a mi por la manera como tú te comportes». Las acciones de un hijo o hija pueden honrar o deshonrar a sus padres.

d) Al ver las cualidades de la joven quiso preguntar Eliezer: «¿De quién eres, hija?». Ella le contó su parentela descubriendo que era una sobrina de su amo.

2. Una decisión acertada: cuando Eliezer contó el encargo de su amo y las favorables impresiones que había recibido de Rebeca, sus padres le preguntaron: «¿Irás con este varón?». A lo que ella respondió decididamente, sin duda impulsada por el Espíritu divino: «Sí, iré». La vida de cada persona es moldeada por un sinfín de decisiones acertadas o desacertadas. Gracias a Dios que en la más importante de la vida, que es el aceptar a Jesucristo, dijimos sin titubear: «Sí, Señor, te acepto como mi Salvador».

3. La etapa matrimonial: la Biblia nos da a entender, sin detallar mucho, que Rebeca fue desde el principio una buena esposa, pues dice que «Isaac se consoló de la muerte de su madre». Esto implica que halló en la joven el complemento de su vida. Él era callado, tímido, pacífico; ella enérgica, alegre y emprendedora. Isaac encontró lo que necesitaba y estaba satisfecho. En Pr. 31 leemos: «El que halló buena esposa, halló el bien y alcanzó la misericordia del Señor». Tenemos ejemplos en la Sagrada Escritura de hallazgos afortunados y desgraciados de esposas. Por ejemplo: Priscila y Aquila eran una pareja no unida sólo por los negocios, sino que se dieron de lleno a la obra del Señor exponiendo sus propias vidas por la causa del Evangelio. El éxito del esposo depende mucho de su compañera. Si no puede ayudarle activamente en su profesión, al menos ha de serle un consuelo y hacer el hogar atractivo y alegre (Se cuenta de una joven, esposa de un pastor, que cuando le preguntaron que por qué no ayudaba a su esposo en las tareas propias del ministerio, ella respondió: «Yo me casé con el hombre, no con su profesión»). El yugo del matrimonio une a los esposos y si el yugo es desigual no puede haber verdadera felicidad. Por eso Salomón dice: «La casa y las riquezas herencia son de los padres, mas de Jehová la mujer prudente» (Pr. 19:14).

4. Madre desgraciada: Jehová había prometido dar su bendición al primogénito de Isaac como continuación de su pacto con Abraham, pero Rebeca no tenía hijos y estaba muy triste. Ella sabía que la promesa de Dios a Isaac es que sería padre de muchos hijos y quiso apresurar los planes de Dios urgiendo a Isaac para que intercediera por su esterilidad. Nacieron dos hijos gemelos que se peleaban ya en el seno de la madre, y eran ambos muy diferentes. Rebeca empezó a tener predilección por el último, que seguramente estaba más en casa, mientras que el mayor amaba más el campo, y esto trajo a la madre a mentir cerca de su marido ciego para que le otorgara el mayorazgo. Esaú se enojó y decía que cuando el padre muriera matarla a su hermano. Debemos dar gracias al Señor porque nos ha ocultado nuestro porvenir. Si lo supiéramos, como en el caso de Rebeca, el egoísmo

y la impaciencia podrían llevamos a errores y mentiras, como le ocurrió a Rebeca, que por la huida de Jacob, perdió al hijo de su predilección. Nuestros hijos no son nuestros, son regalos de Dios, tesoros suyos que nosotros podemos conservar o malograr con nuestro modo de obrar.

Cuántas madres quisieran que sus hijos fueran servidores de Dios, pero, a veces, éstos no tienen el don de palabra ni demás habilidades de un pastor y esto arruina las vidas de los padres, cuando no las de ellos mismos. Moisés quiso adelantarse a los planes de Dios matando al egipcio para defender a un esclavo de su pueblo y aquel hecho le costó 40 años de soledad, paciencia y experiencia en el trabajo más humilde que tuvo que hacer en el desierto. Las habilidades personales del futuro están en manos del Señor y debemos pedir que Él los utilice según su voluntad, no según la nuestra.

CONCLUSIÓN: Rebeca fue una hija y esposa modelo, pero una madre equivocada. Que Dios nos libre de querernos adelantar a sus planes y dejemos pacientemente nuestro futuro en sus manos, y que se cumpla su voluntad y no la nuestra, ni aun con la mejor intención.

296. *A IMAGEN DE DIOS*
(Salmo 8:4 y 5)

INTRODUCCIÓN: el clímax de la actividad creativa de Dios fue la creación del hombre, y la gloria del hombre es ser imagen de Dios: esto es, un ser moral, inteligente, capaz de reconocer a su Creador en la belleza de la creación. La majestad y grandeza del universo obligan al salmista a exclamar: «Cuando veo tus cielos, obra de tus manos, digo: ¿Qué es el hombre para que tengas de él memoria?»

1. El hombre es obra de Dios:

a) Es el único ser de quien se dice «y creó Dios al hombre a su imagen...» (Gn. 1:27).

b) No es fruto de generación espontánea: Él fue creado hombre perfecto, ni siquiera fue niño.

c) Su capacidad moral y racional es única en la creación universal.

2. El hombre es un ser moral:

a) Siente la necesidad de Dios, como siente hambre, sed, y sueño. «Mi alma tiene sed de Dios».

b) El amor es complemento de su existencia: no puede estar solo.

c) Es una unidad humano-moral, demostrada por la historia, el lenguaje y la sicología.

3. El hombre es un ser racional:

a) Domina el mundo que le rodea: montañas, ríos volcanes, planetas, etcétera.

b) Penetra el mundo del microbio buscando la razón de vivir.

c) Todo lo domina: pero no puede dominarse a si mismo. Es un ser caído y necesita redención, para volver a su dignidad original.

CONCLUSIÓN:

–El hombre fue creado a la imagen de Dios.

–Por el pecado perdió su belleza espiritual.

–Necesita la redención que sólo por Cristo logrará.

297. *DIOS EN ACCIÓN*
(Isaías 40: 28)

INTRODUCCIÓN: el hombre fue creado con capacidad racional para discernir y evaluar los valores de la vida. El pecado ofuscó su visión espiritual y lo apartó de su comunión con Dios. Por esta razón el profeta Isaías hace un llamamiento a la reflexión, diciendo: «Levantad en alto vuestros ojos... ¿No has sabido, no has oído que el Dios eterno es Jehová...?» (40:26-28). Apela a la inteligencia humana y presenta a Dios como creador y sustentador de todo. Dios es realmente una persona en acción.

1. En el universo:

a) El universo no es un accidente cósmico (Sal. 19:1).

b) Todo fue creado por Él y para Él (Jn. 1:3; Col. 1:16). Millones de microorganismos y macrocosmos proclaman su grandeza.

c) Millones de planetas, soles, estrellas y galaxias en las profundidades del espacio honran a su Creador.

2. Con el hombre:

a) La inmensidad del cosmos: cielos, tierra, océanos, ríos, bosques, aves, etcétera, no superan en grandeza al hombre.

b) El hombre es superior: es «corona de la creación».

c) El hombre es «imagen de Dios»: puede pesar los mundos, dividir los átomos y abrir rutas hacia otros mundos.

3. Propósito de la acción de Dios:

a) Poner una nota de belleza en todo lo creado: «Vio que era bueno» todo lo que había hecho.

b) Hacer que el hombre sea responsable de la creación para su bien.

c) Darle el sentido de comunión con el Creador y Sustentador de todo, dependiendo de él para satisfacer sus necesidades espirituales, éticas, estéticas, y físicas.

CONCLUSIÓN:

–El universo no es un accidente: es creación de Dios.

–El hombre no es fruto de la generación espontánea: es creación de Dios.

–El universo y el hombre proclaman la gloria de Dios.

–La suprema acción de Dios es nuestra salvación alcanzada por medio de nuestro Señor Jesucristo.

298. *EL ORDEN DE LA CREACIÓN DIVINA (Génesis 1:1-5, 26-31)*

1. Hay orden en el universo de Dios:

a) El sol y la luna, las estrellas y los mundos demuestran un orden infinito.

b) La tierra, las plantas, los ríos y los mares obedecen al orden supremo reportándonos bendición.

c) Este orden no viene por casualidad, nos revela a Dios como la causa suprema de todas las cosas.

2. Hay orden en la creación del hombre y la animal:

a) Dios hizo al hombre a su imagen y semejanza, varón y hembra los creó.

b) Dios les señaló leyes y normas de justicia para gobernar sus vidas y normas su conducta.

c) Dios puso al hombre como jefe y gobernador de su creación.

3. Hay orden en cuanto a la providencia:

a) Dios nos da en abundancia todo lo que necesitamos.

b) Las estaciones del año con sus lluvias y bendiciones, demuestran un orden divino.

299. *LA CREACIÓN DE DIOS (Génesis 1:1-5, 26-31)*

1. La grandeza de la obra creativa de Dios:

a) Es grande por su origen, Dios la creó sin tener materiales existentes.

b) Es grande por su hermosura, tiene bellezas inigualables en todos sus aspectos.

c) Es grande por los beneficios que nos reporta, todo fue creado para nuestro bien.

2. La hermosura del origen del hombre:

a) El hombre fue creado por Dios a la imagen moral y espiritual de Dios.

b) El hombre es una personalidad con mente, conciencia, sentimientos y voluntad.

c) El hombre está destinado a vivir eternamente, su existencia no se limita con la muerte.

3. La hermosura de la Providencia Divina:

a) Dios proveyó todo lo necesario para su creación.

b) La providencia de Dios es oportuna.

c) La providencia de Dios es abundante, suple todas nuestras necesidades.

300. *LA LUNA*

«Cuando veo los cielos, obra de tus manos, y la luna y las estrellas, digo: ¿Qué es el hombre, para que tengas de él memoria y el hijo del hombre, para que lo visites?» (Sal. 8:3, 4).

INTRODUCCIÓN: la llegada de los hombres a la luna, que ha tenido lugar en estos últimos años, nos sugiere algunas consideraciones lógicas que podríamos llamar «Mensaje de la luna», pues ciertamente las cosas inanimadas pueden hablar, y hablan, a las personas que tienen ojos para ver y mente para pensar. Podemos, pues, preguntarnos: ¿Qué nos dice la Biblia acerca de la luna? Y también: ¿Qué nos enseña este pequeño satélite (lámpara de la Tierra por ser espejo del Sol) al que tantas veces hemos visto brillar, en una noche clara, sobre nuestras cabezas, en el espacio azul oscuro de los cielos?

1. En primer lugar, nos dice que Dios está muy por encima y es infinitamente superior a sus obras. Los antiguos adoraron a la luna, pero era por ignorancia, considerándola como un dios (Dt. 17:1; Job 31:26-28). Los mahometanos se inclinan aún ante el Sol, pero ni la luna ni el Sol son seres conscientes, sino materia inerte, y son obra de Dios. Son lo que son porque Dios lo quiso (Sal. 8:3, 104:9).

2. La luna, ahora que la conocemos mejor que los antiguos, nos muestra el especial amor y atención que Dios ha tenido para con la Tierra...

a) La Tierra y la luna tienen el mismo origen –según nos aseguran los científicos–: la masa gaseosa del Sol, y cuentan, más o menos, la misma edad. Pero, ¡qué inmensa diferencia entre ambos mundos! La masa gaseosa arrancada del Sol podía ser vista como una mancha oscura lo que los astrónomos llaman «nebulosa»— sobre un fondo de cielo negro, y aquella masa de materia ígnea se iba solidificado. En-

tonces la gran Mente Inteligente que dio existencia al Universo y que descubrimos en sus obras maravillosas, decidió dar un especial impulso creativo a esta Tierra desolada, vacía y oscura, y ordenó a los electrones ponerse en movimiento de un modo muy particular sobre este globo, formando átomos diversos para crear con ellos materias muy variadas que Él sabía serían necesarias para los planes que tenía para con el globo terrestre. Esta creación fue tan sabia, tan atinada, tan bien escalonada y tan de acuerdo con los últimos descubrimientos de la ciencia, que nos obliga a exclamar cuando leemos el primer capítulo de Génesis: «Este Libro es de Dios».

b) La Tierra se halla situada a una distancia tan adecuada del Sol que éste no nos sofoca ni impide la vida. Sería fácil para los incrédulos decir: «Ésta es la razón por la que la vida vegetal y animal se ha desarrollado sobre la Tierra y no ha podido desarrollarse en planetas más cercanos al Sol como Venus, o más distantes como Urano y Neptuno. No es que el Creador haya tenido ningún interés especial por esta Tierra, sino que todo es debido a su afortunada posición en cuanto a distancia del Sol». Pero para que no exista tal excusa para negar la especial atención del Creador sobre este mundo, Dios ha puesto un testigo mudo, la luna. Este satélite está hecho de la misma materia original que la Tierra, según nos dicen los científicos, arrancado de la masa del Sol cuando éste se estaba formando, y no a muy diferente distancia o temperatura; sin embargo, ¡qué enorme diferencia entre la Tierra y su satélite! Éste es un mundo sin agua y sin atmósfera. ¿Por qué razón?

c) En lenguaje poético exclama el salmista: «Alabadle, sol y luna; alabadle vosotras, lucientes estrellas...». No; la luna no puede alabar a Dios en un sentido literal, pero en Job 38:4-7 leemos: «¿Dónde estabas tú cuando yo fundaba la Tierra? Házmelo saber, por si tienes inteligencia. ¿Quién ordenó sus medidas, si lo sabes?; o ¿quién puso su piedra angular, cuando alababan todas las estrellas, y se regocijaban todos los hijos de Dios?». ¿Quiénes eran los hijos de Dios que le alababan en la Creación? ¿Querrá decir que habían venido habitantes conscientes de otros mundos, ángeles del Señor, a ver lo que Dios estaba haciendo en este maravilloso pequeño globo rodeado de otros globos estériles, cuando la Tierra evolucionaba (quizás mucho más a prisa de lo que hoy se imaginan los científicos), y se admiraban diciendo: «Está muy bien pensado, muy acertado lo que el Padre Celestial está haciendo sobre este pequeño planeta»?

¿Y no habría algunos que dirían al pasar cerca de la luna desértica: «Por qué allá sí y aquí no»? «¿No lo comprendes? –diría otro ser celestial– es para que un día les sirva de testimonio a los hombres que de tal manera amó Dios al mundo que hizo en este maravilloso globo lo que también podía hacer, pero no lo hizo, en este otro pequeño hermano planeta..., y no puedan decir, los que estarán inclinados a seguir el camino de Satanás, dudando de la sabiduría y el poder de Dios, que tales maravillas son leyes generales de evolución... Porque, ¿sabes, hermano ángel? Dios quiere poner vida en este privilegiado planeta Tierra, y seres físicos que a pesar de tener cuerpos muy semejantes a los de los animales, serán inteligentes como nosotros».

Y quizás habría uno, más interesado en este mundo, como leemos en Daniel 19:1, y más conocedor de los planes de Dios –el arcángel Miguel– que diría: «¿No lo comprendéis? Es que aquí Dios tiene el propósito de llevar a efecto la maravilla de las maravillas; la maravilla que no ha pensado realizar en ningún otro mundo del gran Universo, el asombroso plan de enviar a su propio Hijo unigénito, el Verbo divino en forma de hombre, para que sufra y muera por los hombres y así patentice el grande, el inmenso amor de Dios ante el Universo entero, y confunda a Satanás, que duda y ha hecho dudar a otros seres celestiales de esta gran realidad. Por esto el Creador está poniendo tantas cosas buenas en la Tierra y tan pocas en los otros mundos que la circundan; ni siquiera en este pequeño planeta suyo, que sólo servirá para darle un poco de luz reflejada del Sol durante la noche. En este sentido sí que será útil y embellecerá la Tierra; pero nada más, pues es exclusivamente el planeta Tierra el escenario del asombroso plan de Dios».

¿Veis, hermanos, de qué manera la luna nos invita a alabar a Dios y a reconocer sus grandes propósitos sobre este mundo?

3. La luna y el sol nos dicen otra cosa muy significativa, y es que Dios no necesita ni depen-

de de las cosas materiales que Él ha hecho, porque está por encima de todas ellas. Nosotros somos seres tan dependientes que cualquier cambio, cualquier falta de un elemento, termina con nosotros:

–Si nos falta el agua, morimos de sed.

–Si nos falta el aire, nos ahogamos.

–Si nos falta la luz, quedamos en tinieblas y tropezamos por todas partes.

Pero el Apocalipsis nos habla de un nuevo mundo sin sol y sin luna. ¿Sabéis por qué? Porque nuestro propio sistema planetario ha de ser desintegrado, según leemos en 2 P. 3:10: «El día del Señor vendrá como ladrón en la noche, en el cual los cielos pasarán con grande estruendo, y los elementos ardiendo serán deshechos. y la tierra y las obras que en ella hay serán quemadas.... los cielos, encendiéndose, serán deshechos, y los elementos, siendo quemados, se fundirán». Fijaos que no dice «se convertirán en ceniza». como era lo natural para un escritor del siglo I, sino «se fundirán» y serán deshechos, o sea. lo que hoy llaman los científicos «serán desintegrados», para venir a formar, por el poder de Dios, un nuevo cielo y una nueva Tierra. Y en aquel nuevo cielo y nueva Tierra no habrá necesidad ni hará falta alguna ni el sol ni tampoco la luna, porque tampoco habrá noche. Habrá una luz continua y perpetua que será, y es ya, la misma presencia del Dios todopoderoso. ¡Qué sensación de respeto no nos producirá tal presencia divina visible! Y si no fuera porque estaremos completamente exentos de pecado y libres del poder de Satanás, tendríamos un sentimiento de pavor. Pero no será así de ningún modo, porque seremos santos como Él es santo, y será el mayor gozo de nuestros corazones el vivir constantemente en la presencia de Dios y bajo la mirada e instrucción constante de Aquel que es llamado el Cordero de Dios, nuestro bendito Salvador, Señor y Maestro.

4. Esto nos dicen también el sol y la luna cuando los contemplamos a la luz de las enseñanzas de la Palabra de Dios: que estas cosas que hoy nos son tan útiles y necesarias han de desaparecer, porque serán sustituidas por algo muchísimo mejor: la inmediata y directa presencia de Dios en un mundo muchísimo más excelente que la Tierra, un mundo que Cristo mismo en persona está preparando en algún lugar ignoto del inmenso Universo (Jn. 14:1-3). Y este mundo muchísimo mejor que el maravilloso mundo que habitamos es, querido amigo, para ti, si lo quieres. Pero para ello tienes que ponerte en relación con Dios por Cristo, quien dijo: «Padre, quiero que aquellos que me has dado estén también conmigo, para que vean la gloria que me has dado». Esta es la confianza que tenían los apóstoles y que nos han legado en el Nuevo Testamento, como escribió el apóstol Juan: «A todos los que le recibieron dióles potestad de ser hechos hijos de Dios, a los que creen en su nombre»; y comenta el apóstol Pablo: «Y si hijos, también herederos; herederos de Dios y coherederos con Cristo...» Y confirma el mismo Señor en su revelación al apóstol Juan: «El que venciere, poseerá todas las cosas (es decir, todo el Universo), porque Yo seré su Dios y él será mi hijo». Por esto podemos exclamar en triunfo, como el apóstol escribiendo a sus discípulos de Corinto (1 Co. 3:22, 23): «Todo es vuestro, y vosotros de Cristo, y Cristo de Dios»; o sea, podríamos decir: «Si vosotros sois de Cristo como Cristo es de Dios». ¿No queréis serlo?

5. La Tierra renovada y la Jerusalén celestial: deseo añadir aquí que no deseo cambiar la idea que cualquiera de vosotros pueda tener acerca del Cielo y la nueva Jerusalén, pero si tomamos en un sentido literal el primer vs. de Ap. 21, ¿no parece como si la luna, ese pobre y miserable satélite que vemos lucir todas las noches sobre nuestras cabezas, tuviera que ser sustituido algún día por algo tan glorioso, tan extremadamente sublime como la ciudad celestial? No que la luna tenga que ser transformada, pues la ciudad celestial existe ya, aunque demasiado lejos para que los hombres puedan detectarla...; ni tampoco que ocupe el lugar o tenga que hacer el pobre papel de la luna, sino que, en todo caso, vendría a ser como el nuevo sol de la Tierra, ya que el sol tampoco existirá; y cuando la nueva Tierra no tenga que dar vueltas alrededor del sol, ¿alrededor de qué las daría? Debe existir algún otro centro de atracción; ¿no podría ser este nuevo centro la Ciudad Celestial, descendida del mismo Cielo de Dios, brillando como una joya de relucientes colores? Por lo menos así la vio el apóstol cuando fue llevado por el Espíritu, o sea, en visión a un alto monte del renovado planeta Tierra. Exactamente como nosotros hoy miramos la luna; pero

¡qué inmensa diferencia! En lugar de un globo con manchas negruzcas de cráteres sobre una superficie amarillenta, vio el apóstol una inmensa joya de brillantes colores y reflejos; en vez de vaciedad y despoblación, habrá allí millones y millones de redimidos de todos los tiempos; en vez de desértico silencio dice la Palabra Santa: «llevarán la honra y la gloria de las naciones a ella».

CONCLUSIÓN: la luna tiene que ser disuelta, lo mismo que el sol, pero si es cierto lo que parece desprenderse del relato del Apocalipsis. la ciudad celestial debe ocupar como la luna un lugar bastante cercano a la Tierra en relación con el restante universo. Es solamente una idea, una mera hipótesis; pero que no me parece descabellada a la luz de lo que nos es revelado en el Apocalipsis. ¿Y no podría ser que la Ciudad Celestial y la Tierra renovada, con su población de naciones salvas y de redimidos, fueran ambas testigos del amor de Dios a los ángeles en innumerables mundos del Universo, según nos sugiere el apóstol Pablo en la carta a los Efesios? ¿No es maravilloso pensar que un día, cuando los habitantes de este globo levanten sus cabezas, verán, no un disco amarillento o un sol ardiente sino una verdadera joya de luz y esplendor, y que habrá un constante trajín de comunicación, trayendo de la benéfica Ciudad Celestial, no unos pocos kilogramos de piedras o tierra negruzca, sino un verdadero caudal de elementos útiles y salutíferos (Ap. 22:2), para recibir en retorno un tesoro de sincera alabanza y gratitud de los hombres privilegiados de aquella época del reino mesiánico, cuando ya no será necesario predicar el Evangelio sobre la Tierra, sino que todos conocerán al Señor y le alabarán y le adorarán desde el menor hasta el mayor.

301. *LA CONTAMINACIÓN AMBIENTAL (Apocalipsis 11:18)*

Desde hace algunos años, los hombres de ciencia se están dando cuenta de un problema que amenaza seriamente nada menos que la continuación de la vida en el hermoso planeta en que vivimos: El de la contaminación ambiental. Es magnífico que podamos trasladarnos tan rápidamente de un lugar a otro con nuestros automóviles y aviones; que podamos librarnos de plagas molestas mediante productos químicos; que podamos fabricar con los residuos del petróleo nuevos materiales tan ligeros y cómodos como el nylon y los plásticos, pero es necesario que al hacer todo esto no contaminemos los elementos de la Tierra –el aire y el agua–, haciendo muy difícil, y quizás imposible, la supervivencia de nuestros descendientes dentro de pocas generaciones. Algunos pensadores se preguntan ansiosos: «¿Llegarán a quedar los mares convertidos en lagos infectos, ineptos para la vida de los peces, que han sido por siglos uno de los más importantes recursos alimenticios de la humanidad? ¿Llegará a hacerse el aire irrespirable debido a las enormes cantidades de gases nocivos que despiden constantemente millones de automóviles y aviones y las industrias en toda la superficie de la tierra? ¿Será la triste suerte de nuestro hermoso y bien equilibrado «planeta azul», donde por tantos siglos una raza de seres inteligentes y conscientes se alegraron contemplando salidas y puestas de sol, escuchando el alegre gorjeo de los pájaros y saboreando nutritivos manjares; será su porvenir el caos y la desolación por haber quedado inapto para la vida? ¿Llegará a ser ese magnífico globo terrestre un mundo desierto y despoblado, circunscrito a dar vueltas por siglos de siglos alrededor del sol, al igual que la luna y otros mundos que no han tenido jamás condiciones adecuadas a la vida?

Nosotros creemos que esto no ha de suceder por tres razones:

–Porque el hermoso mundo en que vivimos es lo que es no por casualidad, sino por haber sido objeto de un especial propósito y designio de parte del Supremo ordenador de todo lo creado.

–Porque el hombre, formado a imagen y semejanza de Dios, tiene una mente previsora para advertir a tiempo y suprimir los peligros a que su misma ciencia podría llevarlo.

–Porque el Autor de tantas maravillas no tiene abandonada su obra al azar, sino que preside los destinos de la Tierra según un plan previsto por su soberana voluntad, algunos de cuyos detalles están ya anunciados en este santo libro, la Biblia.

Por esto, no somos pesimistas en cuanto al futuro de nuestro maravilloso planeta, porque

creemos que es y será preservado por el poder de Dios, como nos dice el apóstol Pedro, hasta el día en que él tenga a bien manifestarse para juzgar a los seres humanos y transformar nuestra Tierra y nuestra atmósfera, ensuciada por la imprevisión y el pecado de los hombres, en un Cielo nuevo y una Tierra nueva, donde reinará la justicia.

1. El fin depende del origen:

a) Nosotros creemos que el fin del mundo depende de su origen: si fuera verosímil, como algunos pretenden, que el mundo ha venido a ser lo que es por pura casualidad, seríamos llevados a creer que está enteramente en nuestras manos; pero ¿es este origen verosímil? ¿Podemos suponer, por ejemplo, que un elemento tan extraordinariamente útil y adecuado a las necesidades de la vida como el que llamamos agua vino a existir por casualidad? ¿No es mucho más verosímil creer que un Ser extraordinariamente sabio creó los átomos de oxígeno e hidrógeno con los electrones y protones necesarios y los juntó en proporciones adecuadas para que formasen moléculas del elemento líquido? Sí; y se afirma nuestra confianza en este origen inteligente e intencionado del agua de los mares cuando la vemos convertida en vapor y nubes cabalgando sobre aquel otro fluido no menos adecuado que llamamos aire, para venir a regar nuestros campos y a depositar los tesoros de la nieve en las altas montañas, como preciosa reserva líquida para los tiempos de calor.

b) No menos inverosímil es suponer que la inmensa capa de gas atmosférico que rodea la Tierra surgió alguna vez por pura casualidad. ¿No es más lógico creer que una Mente poderosa y previsora formó los átomos de nitrógeno y oxígeno con las características adecuadas para que, unidos en su debida proporción, formaran ese maravilloso elemento que llamamos aire, el cual es a la vez: vehículo para las nubes, elemento de respiración y purificación de la sangre, conductor del sonido, reflector de la luz y, lo más maravilloso de todo, detector y filtro de los rayos ultrarrojos del sol que destruirían las células vivas de todos los seres, de no existir esta capa protectora alrededor de la Tierra. Y lo más extraordinario es que este gas, tan adecuado para la preservación y desarrollo de la vida sobre nuestro planeta, tiene la no menos conveniente cualidad de ser totalmente transparente, lo cual hace posible la visión de las cosas. Supongamos que el aire fuera tan poco transparente como el vapor y tuviéramos que estar sumergidos dentro de una nube. ¿No sería terrible más que fastidioso?

c) Pero la maravilla de las maravillas es saber que si el hombre es un ser pensante, inteligente y sabio, tan sabio que ha sido capaz de amenazar con su ciencia al bien dispuesto equilibrio de la naturaleza, es a causa de nuestro admirable cerebro, o si queréis que lo digamos en términos racionalistas, por haber tenido la «suerte» de que se nos formase dentro del cráneo un tumor tan raro, tan extraordinario, que se convirtió con el tiempo en una computadora electrónica capaz de ordenar y escoger una y otra vez entre millones de sensaciones y pensamientos archivados en sus neuronas o células nerviosas. ¿En dónde se ha visto jamás que las computadoras electrónicas se construyan por una simple casualidad? No; no puede ser así, sino que el mismo Autor omnisciente que preparó el bien atinado orden ecológico de la naturaleza es quien inventó, ordenó y guió con sabiduría infinita a las células vivientes en los complicados procesos del desarrollo de la vida, para que se formaran una inmensa variedad de seres vivos aptos para gozar del orden dispuesto en los elementos, antes de que tales seres vivos llegaran a la existencia.

Decid esto, amigos y hermanos, a los que niegan a Dios y lo sobrenatural: que el mundo natural reclama lo sobrenatural; el mundo y la materia no tienen explicación posible sin el Reino del Espíritu, y, por tanto, que las cosas invisibles de Dios, su eterna potencia y sabiduría, son manifiestas por las cosas visibles; y por la misma razón son inexcusables los que no creen (Ro. 2:20).

2. El hombre, corona y mayordomo de la Creación:

a) La Biblia nos dice (coincidiendo en este básico detalle con las enseñanzas de la ciencia) que alguna vez nuestro globo terrestre estuvo totalmente cubierto de agua; pero añade un detalle que muchos no están dispuestos a admitir, aunque carecen de toda otra explicación mejor o más razonable: que el Espíritu de Dios

se movía o actuaba con sabia inteligencia entre las aguas. ¿Cómo y de qué manera?; pues fijando leyes sabias y previsoras a las primeras células vivas del reino vegetal; luego, empezando precisamente desde las aguas a las del reino animal: hasta que finalmente creó Dios un ser apto para la vida física y la del espíritu, un ser hecho a su propia imagen, o sea, con capacidades espirituales y morales semejantes a las que presiden el Reino del Espíritu; pero al mismo tiempo capaz de vivir y gozar del buen orden establecido sobre un mundo físico de características tan especiales que no se han producido ni han sido dadas a muchísimos otros mundos más pequeños, como la luna, Marte, Venus, los asteroides y otros más grandes, pero mucho menos privilegiados que el nuestro, como Júpiter, Saturno, envueltos en atmósferas nocivas, y Urano y Neptuno a tal distancia del sol que la vida es imposible por tratarse de mundos helados, cubiertos constantemente de nieve.

b) A este ser le fue dado «el mandato de la creación», es decir, la responsabilidad de gobernar y administrar los tesoros de la admirable organización del planeta Tierra, dispuestos para su buen uso desde muchos siglos atrás, cuando otros mundos eran dejados en condiciones minusválidas -digámoslo así- con respecto a las necesidades de la vida. Esto obligaba al hombre a ser agradecido y obediente a las disposiciones divinas dictadas en el fondo de su conciencia moral y más tarde dadas en forma escrita.

c) Sin embargo, todos sabemos que no ha sido así, y en vista de la situación caótica en que se encuentra la humanidad, como enfermedad crónica de muchos siglos, nos vemos obligados a preguntamos: ¿No habremos hecho los hombres en el terreno moral algo semejante a lo que hemos hecho con nuestros propios adelantos en la esfera física? La Biblia nos dice que es así, tal como lo presiente nuestra propia conciencia: Que el universo moral ha sido ensuciado y puesto en peligro por el pecado, de un modo igual o peor que el mundo físico está en peligro por la corrupción ambiental. Todos sabemos que la corrupción es un cambio para mal de lo que en su origen era bueno. Podríamos presentar muchos ejemplos de ello en el terreno físico y orgánico. En el terreno moral, oímos al sabio Salomón comentar, en una atinada frase, toda la tragedia del pecado, al decir: «Pensando yo las cosas una por una para hallar la razón de ellas, solamente he hallado esto: «que Dios hizo al hombre recto, mas ellos buscaron muchas cuentas» (Ec. 7:27-29). Observad la expresión «muchas cuentas»; significa «muchas excusas, muchos egoísmos, muchas ambiciones, muchos reparos a la voluntad recta, justa y soberana de Dios». En definitiva, muchas perversiones de aquello que Él ordenó y dispuso para el bien de sus criaturas. Pensemos en algunos ejemplos:

–¿Qué es el pecado de lujuria, la fornicación y el adulterio? Un mal uso y abuso del instinto sexual basado en las admirables leyes de la generación, la paternidad y la familia, en busca de placer, capricho y orgullo de superioridad, varonil o femenina, sin reparar en las consecuencias.

–¿Qué es la borrachera? Un abuso insensato de un elemento utilísimo, curativo y digestivo, que el Creador ordenó por la fermentación de ciertos frutos y plantas: el alcohol. Por siglos fue el único desinfectante (Lc. 10:34).

- ¿Qué es la adicción a las drogas? Un mal uso y abuso de elementos utilísimos para aliviar o suprimir el dolor. ¡Qué beneficios no producen tales drogas en medicina aplicadas con moderación por la experta mano del dentista o el anestesista auxiliar del cirujano! ¡Qué terrible cuando en lugar de semejante uso moderado y sensato son inyectadas imprudentemente en la sangre, que las lleva al centro rector de la inteligencia, el cerebro, perturbándolo y creando sensaciones falsas!... ¡Sí, el pecado es una corrupción y un mal uso de las buenas cosas que Dios creó con fines útiles y benéficos!

–Y el pecado, en la esfera moral, ¿qué es? ¿No es también un mal uso y abuso de las facultades superiores del espíritu? La ambición sana es fuente de progreso, pero la ambición desmesurada es el origen del orgullo y el egoísmo y de todas las desgracias. Como decía el apóstol: «El amor al dinero es la razón de todos los males». El pecado es desconfianza y desobediencia. Empezó desconfiando de Dios y terminó desconfiando del prójimo, pecador y egoísta a su vez.

De esta manera se produjeron y se producen en el mundo las rivalidades. los odios, las guerras y todo aquello que el supremo Autor y

Padre de todos quisiera ver suprimido y erradicado totalmente de entre sus criaturas morales, criadas a su imagen y semejanza en rectitud y justicia.

3. Corrupción completa de un mundo a prueba:

a) Lo terrible es que esta plaga del pecado, de la corrupción moral del ser humano, se ha extendido de tal modo que el salmista se ve obligado a exclamar: «No hay justo ni aun uno; no hay quien haga el bien (de un modo perfecto y absoluto), no hay siquiera uno; todos pecaron y están destituidos de la gloria de Dios». La contaminación del pecado es ciertamente mucho más terrible que la contaminación ambiental, ya que ésta tiene que ver tan sólo con elementos físicos en uno de los mundos de Dios; pero la corrupción del pecado afecta no sólo a cosas materiales, sino a la misma esencia del ser humano o angélico (pues ya sabéis que el pecado entró primero en el mundo espiritual de los ángeles), y corrompe lo más elevado y sublime de los seres inteligentes, creados a la propia imagen de Aquel que es la Inteligencia Suprema y el amor supremo del Universo. Por esto el pecado conduce a las más desastrosas consecuencias, como ha podido comprobarse en este mismo mundo en que vivimos, dejado a prueba por algún tiempo en la lucha entre el bien y el mal, el amor y el odio, el egoísmo y la benevolencia innata que, como residuo santo, y marca de origen, queda aún en el fondo de las conciencias humanas corrompidas por el pecado.

b) Pero afortunadamente esto es por un tiempo limitado, nos dice la Palabra de Dios. Es tan sólo por unos pocos siglos que Él ha dejado a los hombres andar por sus caminos, sin obligarles por medios coercitivos a efectuar aquello que nuestra propia conciencia y su Palabra escrita nos indican ser su voluntad. «Estas cosas hiciste y yo he callado -leemos en el Sal. 50-: pensabas por esto que de cierto sería yo como tú; pero te reprenderé y las pondré delante de tus ojos» (Sal. 50:21). Alguna vez, contemplando en la televisión aquella serie llamada *Las grandes batallas,* hemos comentado: «¿Qué pensarían los ángeles de Dios ante tal locura de los hombres mientras esperaban -según comentamos acerca de Lc. 16:22- ponerse en contacto con las almas de los fallecidos en el fragor de la lucha? ¡Cuán horrorizados deberían sentirse por las consecuencias del pecado y el malentendido de los hombres sobre la Tierra!»

CONCLUSIÓN: los gobiernos de las naciones han tenido que dictar leyes contra la corrupción o infección ambiental porque el egoísmo natural de cada uno de los jefes de las grandes industrias y de cada uno de los hombres en general les lleva a pensar tan sólo en su negocio, en su fábrica, en su coche, sin preocuparse mucho de los demás; pero los gobiernos tienen que decir: ¡No!, el mar es de todos y hay que preservarlo en beneficio de todos, absteniéndonos de arrojar por los ríos que en él desembocan, millones de toneladas de inmundicias. El aire es de todos y hay que mantenerlo puro, evitando la polución atmosférica y la tala desmesurada de los bosques, que es el gran medio de compensación ecológica que el Creador ordenó para mantenerlo oxigenado y puro. Y es necesario cumplir las leyes que los gobiernos dictan en favor de todos. Del mismo modo hay un orden moral en el Universo, y el pecado tiene que ser restringido y suprimido por el Autor y Señor de todo lo creado. Algunos se burlan del infierno y de todas las solemnes advertencias acerca de la condenación que Jesucristo expresa al referirse a la vida del más allá. Pero la verdad es que los hombres somos seres infectados por el virus moral del pecado y es natural que Dios tenga que recluir, en algún lugar que Jesucristo llama «las tinieblas de afuera», a aquellas almas que se han hecho indignas e ineptas para vivir entre los seres que se sienten felices cumpliendo la voluntad de Dios porque son puros y perfectos. Y aquí surge el pensamiento inevitable que, puesto que somos viajeros en el tren de la vida, podrías encontrarte, querido amigo, en las tinieblas de afuera si llegara el momento inexorable de tu muerte sin haber recibido a Cristo como tu Salvador.

302. *LA NIEVE*
(Isaías 1:16-18)

INTRODUCCIÓN: ¿Qué es la nieve? ¿Cómo se forma? Es una de las maravillas de Dios en favor del planeta que escogió para

dotarle de las más amplias formas de vida. Un método para retener el agua en las altas montañas. Sin nieve el agua sería solamente un favor momentáneo pues al principio de la creación no había embalses que se pudieran abrir a voluntad sino que el agua se acumulaba en las partes más bajas de la tierra y los embalses naturales no pueden vaciarse sino muy poco a poco por evaporación.

1. La nieve en las altas montañas: la mayor parte de la superficie terrestre alcanza temperaturas desde 4 a 40 grados, excepto en los Polos Norte y Sur, pero en las altas cordilleras de montañas como los Andes, los Alpes, los Pirineos y el Tíbet se forman las corrientes de las aguas que descienden y se esparcen por la tierra en forma de ríos y torrentes.

2. ¿Por qué la nieve es blanca? Porque es la concentración de los siete colores en la naturaleza. No hay nada tan blanco como la nieve no ensuciada. La luz es blanca por excelencia y promueve la vida en todas sus manifestaciones regulares, no en sus excesos como las inundaciones.

3. El Creador es la vida y la luz de los hombres (Jn. 1:4): los dos grandes misterios del ser, y viniendo a lo que atañe a los hombres, debemos reconocer...

a) Que existe un mundo material.

b) Que existe un mundo espiritual: el mundo material es símbolo del espiritual. Cuando nos referimos a una cosa buena, pura o sincera, la comparamos al blanco. No que el blanco sea un elemento santo, sino que es símbolo de santidad, y la santidad es la perfecta voluntad de Dios. Desde el principio de su ministerio Jesús enseñó que el bien y la felicidad del mundo consistirían en que la voluntad de Dios se cumpliera sobre la Tierra del mismo modo que se cumple en los cielos (Mt. 6:10).

c) ¿Por qué razón? Porque Dios es amor. Una voluntad única dominando las miles de voluntades humanas en el mundo material sería una dictadura, porque los dictadores no son todo amor para sus súbditos, como Dios lo es; por eso el apóstol declara que «a los que aman a Dios y Dios les ama, todas las cosas les ayudan a bien», pues sin duda el apóstol tiene en mente no tanto esta vida transitoria, sino la del más allá que el había visto según 2 Co. 12:1-4, y aunque su vida había tenido muchos percances y contrariedades durante los años de su vida material sobre la Tierra, vivía en un plano tan elevado que veía en todo la voluntad de Dios y sabía que esta voluntad sería transformada en bien tan pronto como Dios lo llamase a habitar la Casa del Padre al otro lado de la muerte. La blancura y la luz son símbolos de Dios mismo en toda la revelación que de Él tenemos...

–Jesús apareció ante sus discípulos con vestiduras sobrenaturales y blancas (Mr. 9:3).

–En las revelaciones de seres espirituales (Ez. 1:27; 43:2; Hab. 3:4).

–En la resurrección de Jesús (Jn. 20:12).

–En la liberación de Pedro (Hch. 12).

–En la aparición de Jesús a Pablo en el camino de Damasco (Hch. 9).

–En las descripciones del Ap. 7:9-14.

–La Biblia usa la nieve para referirse al perdón de Dios (Is. 1:7).

Lo curioso es que la figura existe en el sentido de contraste con los pecados humanos. «Si vuestros pecados fueren como la grana...» (Is. 1:17). Hay diversidad de pecados, como colores en la naturaleza, pero todos ellos pueden ser limpiados por la gracia purificadora de Dios revelada en Jesucristo (Jn. 1:8), en donde aparecen ambos misterios del ser, la blancura y la luz enfatizados por el v. 10 del capítulo 1: «Si decimos que no tenemos pecado le hacemos a el mentiroso y su palabra no está en nosotros», seguido por todas las exhortaciones del capítulo 2.

CONCLUSIÓN: cuando veamos la nieve de cerca en esas latitudes donde suele caer en algunas épocas del año, o bien de lejos en los altos picos de las montañas lejanas, en las naciones del mundo donde no es así, recordemos lo que Dios dice acerca de la nieve y procuremos mo- ralmente acercarnos cada día más a Dios y ser santos como él es santo y lo enfatiza en la figura de la nieve. Que cada hombre o mujer que recibe este mensaje pueda decir como el poeta:

«Mi pecado a Él confesé;
en su sacrificio confié.
Lávame en tu sangre, Señor,
y más blanco que nieve seré».

303. *LOS DOS LIBROS DE DIOS (Salmo 19)*

INTRODUCCIÓN: un libro es un objeto dedicado a enseñar. Dios tiene dos maneras de enseñar a los hombres, por la naturaleza y por la Revelación. Esto es lo que parece entender el salmista en este salmo que se divide en dos partes.

1. El libro de la naturaleza (vv. 1-6):

a) La inmensidad de los cuerpos celestes anuncian la grandeza y poder de Dios: los Cielos, como hoy los conocemos, muestran que Dios es un ser infinito (Job 22:12; Jer. 10:12; 1 R. 8:27).

b) La precisión perfecta de los movimientos de los astros demuestran la sabiduría de Dios (Job 38:31-32).

c) La precisión y función del sol proclama el amor y cuidado de Dios para con este satélite; puesto a la distancia exactamente conveniente para que en él sea posible la vida, primero animal y después humana. Lo más curioso es que Dios no suspende las leyes físicas que son fijas e inalterables. El sol lanza rayos que nos iluminan y dan vida, pero también rayos mortíferos, los llamados ultravioleta, que no podríamos resistir, pero Dios ha puesto un filtro en la atmósfera que nos protege dejando pasar sólo los que nos son beneficiosos.

2. La enseñanza que nos da la naturaleza acerca de Dios es:

a) Incesante (v. 2): día tras día, la Tierra está dando vueltas sobre sí misma, de un modo que parece que el sol dé vueltas alrededor de la Tierra.

b) En un lenguaje mudo, pero comprensible (v. 3).

c) Internacional (v. 4).

d) Inescapable (v. 6): nadie puede esconderse de su calor, pero lo más curioso es que las plantas lo buscan, y también los hombres cuando les falta en invierno.

3. El libro de Dios (vv. 7-10): el libro de la naturaleza nos muestra algunos atributos de Dios, pero no nos revela su voluntad. El primero es muy útil para el cuerpo terreno, pero el segundo es indispensable para su parte espiritual...

a) Reconforta el alma (v. 7).

b) Enseña sabiduría (v. 7)

c) Enseña justicia (vv. 8, 9).

d) Es en gran manera deseable (v. 10): «Más que el oro, que tiene que quedar en la Tierra».

e) Mientras vivimos el ser interior se recrea en sus enseñanzas y promesas (vv. 7-10, 14).

4. Beneficios que otorga:

a) Instrucción moral (v. 11).

b) Galardón eterno (v. 11).

c) Como el sol nos hace ver los objetos –aun los más diminutos (ej. del rayo de sol en una habitación semioscura)–, la Palabra de Dios nos muestra nuestros pecados y defectos para que podamos arrepentirnos y obtener el perdón por los méritos de Cristo (v. 12).

d) Nos preserva de la corrupción de la soberbia (v. 13).

CONCLUSIÓN: ambos libros nos enseñan a hablar bien y a pensar bien (v. 14). Con su ayuda, podemos ser irreprochables (v. 13).

304. *MARAVILLAS DE LA CREACIÓN (Salmo 104:1-24)*

INTRODUCCIÓN: generalmente, venimos al templo a hablar de cosas invisibles. La comunión espiritual con Dios, el perdón de los pecados y la esperanza del Cielo son cosas que alegran y satisfacen al alma creyente, pero parecen sueños de la imaginación para quien no tiene fe. Pero hoy venimos ha hablar de cosas visibles y tangibles que proclaman a voces la existencia de Dios y nos obligan a levantar nuestros ojos en rendida gratitud al autor de tales maravillas, demostrándonos que lo que decimos comúnmente acerca del amor, poder y sabiduría de Dios no son vanas palabras sino que podemos verlo por hechos. El salmista nos invita a considerar...

1. La admirable variedad y abundancia de las obras de Dios (v. 24): ¡Cuán muchas son tus obras, oh Señor! Hiciste todas ellas con sabiduría. ¿Y que sabía el rey David de su número y variedad comparado con lo que las ciencias naturales nos revelan hoy día?

a) El Creador podía haber hecho sin duda las cosas de un modo mucho más sencillo, por ejemplo haciendo que la tierra fuera alimento para el hombre. Habría sido algo muy práctico para los perezosos, pero no hay ninguna razón para referirlo al régimen actual de variedad, prodigando sus bienes a manos llenas. En el primer caso nuestra vida habría sido la de hombres gusanos, sin estímulo para la inteligencia ni ninguno de los placeres que la variedad de las obras de Dios ofrece a nuestros sentidos.

b) Habría podido también el Creador formar una sola planta capaz de transformar todas las substancias químicas de la tierra que necesitamos en los compuestos orgánicos asimilables a nuestro organismo, pero no lo hizo así. El sabio naturalista cristiano Linneo, llegó a clasificar 8.000 clases de plantas y decía que se sentía admirado de seguir las huellas de la multiforme sabiduría de Dios. ¡Cuánto más nosotros en nuestro siglo, cuando la variedad se ha multiplicado varias veces a lo que conocían los sabios hace dos siglos!

c) Su extraordinaria fecundidad: es también en este sentido que podía exclamar el inspirado escritor bíblico: «¡Cuán muchas son tus obras!» Cada semilla es una maravilla del poder y sabiduría inicial que desplegó el Creador al dar lugar a la vida vegetal. Nadie es capaz de decir hasta dónde puede extenderse un átomo y aquella vida cuyo origen es el mismo Creador, cuándo puede reproducirse en circunstancias adecuadas. Y esto es una previsión divina para que al multiplicarse los seres vivos sobre la Tierra no padecieran hambre; sin embargo, el enemigo logró que en ciertas regiones las inmensas talas de árboles dejasen la tierra seca, como son los grandes desiertos de Arabia y de África. No obstante, la providencia divina hizo que de las entrañas de la tierra surgieran los pozos de petróleo que han hecho multimillonarios a quienes han tenido el acierto de explotarlos para llevar su lujo y derroche a otras regiones más agradables, como son por ejemplo las playas del Mediterráneo del sur de España. Se ha calculado que dos horas de trabajo serían suficientes para vivir todos los hombres en un alto nivel de comodidad, si la humanidad hubiese sabido desde el principio entenderse y repartir de modo equitativo y justo los bienes de la tierra, tanto en su exterior como en su interior. Esto es lo que esperamos los cristianos que tendrá lugar cuando el Rey de reyes, Cristo Jesús, haya tomado dominio de este mundo (Ap. 11:15; Is. 2:4).

2. La portentosa sabiduría del Creador: no es una necesidad de la tierra el crear plantas, pues parece que el mundo quedó formado al principio de pura roca ardiente, pero alguien dijo: «Produzca la tierra hierba verde» (Gn. 1:11) y esto no fue sino después que las erosiones de las rocas habían hecho descender de las alturas tierra de aluvión, blandas y aptas para la vida vegetal; pero esto no habría sido así, sino que la Tierra sería como la luna, si el Creador no hubiese tenido un interés especial en que se constituyesen las dos clases de vida de su maravilloso plan...

a) Vegetal: ya en ellas encontramos maravillas de la sabiduría divina. Las semillas de las plantas se hallan protegidas por vainas, cáscaras y espinos, todo con el mismo fin de proteger la semilla antes que llegue a su estado de madurez. Pero la más firme protección cesa cuando la simiente debe volver a la tierra para su reproducción (ej.: las almendras).

b) La composición de las mismas semillas es tal que sirve y alimenta el germen que pronto producirá raicillas para alimentarse de la tierra. Es una previsión similar a la que observamos respecto a la leche de la madre en el mundo animal.

c) No menos sabiduría se observa en la relación de las plantas con los elementos de que han sido rodeadas. Una cantidad inmensa de agua suficiente para producir la lluvia fue ideada y creada mucho antes de que existieran plantas sobre la tierra (Gn. 2:5, 6).

d) Un gas más pesado que el vapor de agua que rodeaba toda la Tierra fue creado para que las nubes flotarán sobre el mismo y así sean transportadas por los movimientos del aire, evitando los inconvenientes que produciría a animales y plantas la excesiva humedad que además les privaría de los útiles rayos del sol.

e) Este mismo gas, el aire, está formado por una gran cantidad de nitrógeno que alimenta las plantas a través de las hojas, y el mismo aire es enriquecido con la producción de oxígeno que las plantas generan en favor de la vida animal y humana. Omitimos muchos otros detalles para preguntar: ¿Pueden ser casuales tantas cir-

cunstancias en la vida vegetal y luego animal? ¿No se reconoce en todas ellas y en su conjunto armónico la omnisciente mente del Creador?

3. Admirable utilidad de las plantas, para la vida animal y humana:

a) No es necesario hablar de las plantas nutritivas que a través de las células se dan alimento y crecimiento a sí mismas.

b) Las hay azucaradas de mil formas y sabores, como todos los frutos procedentes de los árboles.

c) Insípidas en sí mismas, pero sumamente útiles para ser condimentados, como tubérculos y leguminosas.

d) De reserva, como los cereales y los frutos secos, productores de proteínas y grasa vegetal, admirablemente reservadas algunas de ellas en estuches de madera.

e) Medicinales: las constantes investigaciones de la ciencia están aumentando de día en día el número de las que merecen esta clasificación. Entre ellas se encuentran algunas con propiedades narcóticas muy útiles para los psiquiatras y también para los cirujanos y los dentistas. Desgraciadamente hay quienes las usan sin control médico para producirse bienestares que matan.

4. De adorno: las preciosas flores que además de sus finísimos tejidos embalsaman el ambiente con sus olores, como dice Jesús en Mateo 5:30.

CONCLUSIÓN: no seamos olvidadizos de tales mercedes. Adoremos y démosle gracias en este día a propósito; no nos limitemos a pedir siempre. Es consolador al propio tiempo para nuestra alma cristiana fortificando nuestra fe al pensar que no es nada extraño que un ser tan extremadamente benigno y solícito de nuestro bienestar a pesar de todos los males que el pecado y nuestros errores humanos han traído a nuestro cuerpo; y démosle gracias sobre todo porque al vemos perdidos en nuestros pecados egoísmos y maldades nos envió el mayor don de todos su Hijo unigénito para llevar a cabo la redención de nuestras almas que al llegar la muerte han de volar a otro mundo mejor (Sal. 90:10).

305. *LA GRAN PREGUNTA* *(Marcos 8:34-37)*

I. Pérdida: Satanás

1. Su principio (Gn. 3:1-5; *véase* Ap. 12:7-9).

2. Su nombre:

a) Serpiente (Gn. 3:1).

b) Dragón, Diablo, Satanás (Ap. 12:7-9).

c) Hombre de Pecado (2 Ts. 2:3).

3. Su carácter:

a) Príncipe de las tinieblas (Ef. 6:12).

b) Tentador (Mt. 4:30).

c) Verdugo (Mt. 18:34).

d) Mentiroso (Jn. 8:44).

e) El dios de este mundo (2 Co. 4:4).

4. ¿Qué ha hecho?

a) Rebelión en los Cielos (Ap. 12:7).

b) Rebelión sobre la Tierra (Gn. 3:14).

c) El pecado y la muerte (Ro. 5:12).

5. ¿Qué está haciendo ahora?

a) Cegando a los hombres (2 Co. 4:4).

b) Engañando a los hombres (2 Ts. 2:9, 10; Ap. 12:9).

c) Atando a los hombres (Lc. 13:16).

d) Devorando a los hombres (1 P. 5:8).

e) Asesinando a los hombres (Jn. 8:44).

6. ¿Qué es lo que hará?

a) Continuar cegando, atando, engañando, devorando y asesinando a los hombres (2 Ts. 2:7).

b) Arreglar cuentas con sus siervos (Ro. 6:23).

7. Su fin:

a) Aplastado (Ro. 16:20).

b) Atado (Ap. 20:2, 3).

c) Echado en el Lago de Fuego (Ap. 20:10).

II. Ganancia: Cristo

1. Su principio (Fil. 2:6; *véase* Jn. 1:1, 2).

2. Su nombre:

a) Jesús, Salvador (Mt. 1:21).

b) Emmanuel, Dios con nosotros (Mt. 1:23).

c) Cristo, enviado de Dios (Lc. 9:20).

d) Señor de todo poder (Sal. 27:1; Mt. 28:18).

3. Su carácter:

a) Sin pecado (1 P. 2:22).

b) Emmanuel, Dios con nosotros (Mt. 1:23).

c) Amigo de pecadores (Mt. 11:19; Lc. 19:10).

d) Compasivo (Mr. 8:2).

e) Generoso, altruista (Fil. 2:7).

f) Justo (1 Jn. 2:1).

4. ¿Qué ha hecho?

a) Vino al hombre (Fil. 2:7).

b) Murió para salvar a los hombres (1 P. 3:18).

c) Ha quitado de en medio el pecado (He. 9:26).

d) Ha hecho la paz (Ef. 2:15).

5. ¿Qué está haciendo ahora?

a) Vive para interceder por los Suyos (He. 7:25).

b) Está abogando nuestra causa (1 Jn. 2:1).

c) Está preparándonos un lugar (Jn. 14:2).

d) Está guiándonos (Sal. 32:8).

e) El está cuidando de nosotros (Sal. 23:1-3).

6. ¿Qué hará en el futuro?

a) Vendrá otra vez para llevarnos con Él (Jn. 14:3).

b) Volverá para ser glorificado con Sus santos (2 Ts. 1:10).

7. Su fin (Sal. 72:17):

a) No tiene fin.

b) Sus seguidores con Él en los Cielos (Ro. 6:8).

c) Sus seguidores con Él en el trono (Ap. 20:6).

306. *LA RESPONSABILIDAD Y CONDENA DE SATANÁS* *(Juan 12:20-33)*

INTRODUCCIÓN: las Sagradas Escrituras están llenas de alusiones a este enemigo de Dios y de los hombres y de advertencias sobre la necesidad de guardarnos de él, y de sus estratagemas para turbar al mundo y, si fuera posible, hacer caer a los mismos cristianos que han aceptado a Jesucristo, y quieren honrarle mediante su fe.

1. Se atrevió a tentar al mismo Hijo de Dios (Lc. 4:1-13): ¿Cómo no se atreverá con nosotros, débiles criaturas sujetas al pecado desde nuestro mismo nacimiento?

2. La gran ambición de Satanás (Is. 14:12-14): parece que todos los ángeles de Dios tuvieron su tiempo de prueba y las dos terceras partes quedaron obedientes al Creador agradecidos por el hecho de su existencia, pero Satanás se propuso suplantar a Dios, subiendo al mismo Cielo y haciéndose pasar como Dios (Is. 14). Esta ambición suya se revela no sólo en este pasaje simbólico del Antiguo Testamento, sino en las palabras que dirigió a Jesús en el desierto: «Si postrado me adorares…» (Lc. 4:6-8). Las respuestas de Jesús en toda aquella serie de nefastas proposiciones de Satanás están basadas en las palabras que Dios inspiró a los profetas antiguos, lo que nos estimula a que tengamos un respeto especial a la palabra escrita, poniéndola como un escudo a las tentaciones de Satanás.

3. La persistencia de la osada ambición del rey de este mundo: ¿Cuántas veces fue tentado Jesús? Muchos expositores bíblicos creen que dos veces, una en el desierto y otra en Getsemaní, pero el evangelio de Juan nos indica que Satanás se atrevió tres veces a tentar a la sublime persona de Jesucristo hecho hombre, en las dos ocasiones antes referidas, pero también en la mitad de su ministerio, en una ocasión que le pareció propicia. Leemos en Jn. 12:20-24 que ciertos griegos prosélitos del judaísmo fueron a adorar a Jehová en la próxima Pascua, precisamente poco después que Jesús había entrado en Jerusalén y multitudes le habían aclamado diciendo: «¡Salva ahora! ¡Hosanna el que viene en el nombre del Señor!» (Jn. 12:12-18). Al entusiasmo de los judíos quiso unirse el gran tentador para intentar hacer caer la balanza de la mente y corazón de Jesús del lado de un reinado mundano, tanto sobre los judíos como sobre los gentiles, representados por aquellos discípulos de procedencia griega. ¿Qué decidiría Jesús en tan tentadora ocasión? Era cierto que había venido de Dios para realizar un sacrificio expiatorio que había de levantar en todos los siglos un raudal de arrepentimiento y gratitud en los corazones de millares de fieles y de mártires, aun a costa de sus vidas, pero ¡qué bien si podía evitarse la dolorosísima experiencia de la pasión y de la cruz que tenía a la vista! Faltaban pocas horas para que se realizara el supremo sacrificio y ¿cuáles fueron los pensamientos que el gran tentador puso en la mente de Jesús en aquellos solemnes momentos? La declaración de Jesús que se refería tanto a sí mismo como a los que por la fe habían de ser salvos por su muerte, es clara y enfática: «El que ama su vida la perderá, y el que aborrece, es decir, tiene en menos su vida en este mundo, la guardará para vida eterna». Y, extendiendo su oferta a los creyentes de todos los siglos, exclama: «Si alguno me sirva, sígame; y donde yo esté, allí también estará mi servidor, al que me sirve, mi Padre le honrará» (vs. 25, 26). Éste era el gran dilema de la fe que Satanás puso al mismo Redentor, ya que a continuación le oímos exclamar: «Ahora está turbada mi alma y ¿qué diré? ¡Padre, sálvame de esta hora! Mas para esto he llegado a esta hora». Su decisión se encierra en la frase: «¡Padre, glorifica tu nombre!» Jesús pone su difícil decisión en las manos del Padre como antes la había aplicado a sus discípulos y la respuesta del Padre fue bien inteligible para Él, aunque no lo fue para los que estaban a su alrededor y todavía no lo ha sido para quienes dicen creer, pero no vivir en viva comunión con el Salvador, pero por su Palabra sabemos que la gran decisión de Jesús ha beneficiado y beneficiará eternamente a millones de almas que han confiado en él de veras. Esto decimos por fe en este siglo de indiferencia religiosa. En el v. 31 aparece un secreto que puede ser una sentencia contra el gran enemigo: «Ahora es el juicio de este mundo, ahora el príncipe de este mundo será echado fuera».

4. La condena de Satanás y el triunfo de Jesús: pero a juzgar por la historia de este mundo no vemos que el príncipe de este siglo fuera entonces echado fuera, sino todo lo contrario, el enemigo se ha esforzado como nunca para perjudicar y tentar a los creyentes. Pero que en cuanto al mismo Satanás significa esta frase que si el enemigo se hubiese arrepentido ante la abnegada decisión de Jesús, habría tenido el perdón divino y no lo tuvo porque su reacción fue totalmente contraria. En Lc. 4:33, 34 leemos de un espíritu maligno que exclamó a gran voz: «¿Qué tenemos que ver contigo, Jesús nazareno? ¿Has venido a destruirnos? Ya sé quién eres, el santo de Dios». En el caso del endemo-

niado gadareno, los demonios le suplicaban que no les ordenará marcharse al abismo, y en Hch. 16:16-18 hallamos como si algunos de estos rebeldes se hubiesen puesto al lado de la fe al declarar «estos hombres son siervos del Dios Alto que os anuncian el camino de salud». Pero no sabemos que el mismo jefe espiritual de tantos espíritus rebeldes asumiera una actitud semejante; al contrario, según leemos en Ef. 6:3.

5. Compartiendo la victoria de Jesús: es extraordinaria la paradoja que nos da el mismo apóstol Pablo en la Corintios 6:3 que los creyentes algún día han de intervenir en el juicio contra Satanás, quien ha estado oponiéndose durante todos los siglos al gran plan redentor de Dios, no tan sólo cegando los entendimientos de los incrédulos, sino poniendo tal confusión en las mentes de los mismos creyentes para que se matarán los unos a los otros pensando que hacían un servicio a Dios. Es horrible el juicio de condenación que ha de caer un día sobre el gran enemigo. En cambio, los creyentes sinceros en cada edad van a obtener los grandes privilegios que el apóstol Pedro enumera en el cap. 2:1-9:

a) De las afirmaciones de Jesús en Mt. 11:20-24 y Lc. 12:47, explicadas por el apóstol Pablo en Ro. 2:14-16, aprendemos que con mucha justicia Dios obrará con aquellos que conocieron mal o no conocieron el mensaje del Evangelio.

b) Que el gran enemigo que ha engañado a los perdidos durante siglos ha de ser lanzado al lago de fuego para sufrir día y noche, por los siglos de los siglos, un castigo intenso y eterno.

CONCLUSIÓN: ¿De qué lado queréis poneros en esta vida, del persistente enemigo de Dios o del Redentor, como creyentes sinceros y agradecidos por la decisión que tomó en nuestro favor el Hijo de Dios, «que se dio a sí mismo en precio del rescate por todos»? (1 Ti. 2:6).

307. *SATANÁS*
(Ezequiel 28:13-19)

INTRODUCCIÓN: cuando consideramos la historia del mundo desde el principio, de guerras, odios, incomprensión y rencores, nos persuadimos de la realidad del pecado como una cosa antinatural, o mejor dicho, contranatural. No se explica que en un mundo hecho con sabiduría y don de existe el admirable fenómeno de la conciencia coexistan estas dos grandes deficiencias: el mal físico y el mal moral. El mal se entiende y conviene como advertencia. Era necesario el dolor para que el hombre se precaviera de males peores, como el fuego o la lepra (que suprime el dolor pero inutiliza los miembros más útiles). Un telar es para tejer, no para romper hilos; un alma no ha sido creada para ser mala. Algo ha pasado, ha habido algún desperfecto que no entraba en los planes, generalmente benéficos, del Autor de la Naturaleza. ¿Qué es? La Biblia nos da la clave del misterio: Satanás.

I. La existencia de Satanás se hace evidente por la existencia del pecado

Alguien ha dicho que si la Biblia no nos revelara la existencia de este ser malévolo lo descubriríamos en sus obras, como descubrimos a Dios en las suyas. Dios no puede ser autor del bien y del mal a la vez. De una misma fuente no puede salir agua dulce y amarga; sin embargo, en el hombre, y en el universo, hay una extraña mezcla de bien y de mal.

1. Compasión y crueldad: todos nos compadecemos de un enfermo o un accidentado; pero cuando el odio y el rencor se apoderan de los seres humanos, se han producido crímenes y guerra y olvidado todo deber moral.

2. Sabiduría y estupidez: el hombre es inteligente y sabe inventar admirables instrumentos terapéuticos, pero en la práctica se ha mostrado estúpido, que no es lo mismo que ignorante. No hay culpa en la ignorancia, pero sí en la estupidez de la drogadicción. Asimismo con las ideas. Es absurdo tratar de defender a Dios persiguiendo a los herejes.

¿A qué debe atribuirse tal desbarajuste? Los animales, en su ignorancia, son mil veces más sensatos; sólo se atacan por necesidad, para saciar el hambre. ¿Por qué han de durar siglos los males que se podrían resolver en horas? El hombre no sería como es si no existiera un gran engañador espiritual.

II. Cuatro grandes hechos que la Biblia nos revela respecto a este enemigo

1. Su caída: el mal no es eterno, ni puede serlo, pues si lo fuera, el universo entero estaría destruido. La Biblia nos dice en frases simbólicas que existió Lucifer, un querubín que se creyó a sí mismo como la más alta expresión del espíritu universal, negando al verdadero Dios. ¿Dónde ocurrió la tragedia? Parece ser que fue en este mismo mundo, en un primer «Edén» establecido sobre la Tierra (Ez. 28:13-18). La razón fue un ambicioso orgullo; no es extraño que el orgullo haya sido la clave de tantas desgracias en el mundo.

2. La caída de la raza: no le bastó ser él mismo un ser caído. Los hombres malos hallan placer en hacer malos a otros. Así fue con el primer malvado: Usó la exageración y el engaño, según la descripción –quizás, simbólica– de la caída y el pecado (Gn. 3; Mt. 4:1-11).

3. Su endurecimiento y condenación definitiva: parece ocurrir con motivo de la muerte de Cristo (Jn. 16:11, 27-35). Probablemente Satanás no creía que el amor de Dios para con los hombres llegara hasta el punto de sacrificar a Jesucristo, o que el Cristo encarnado no podría romper los lazos de la muerte. Satanás no es omnisciente; l frase de la parábola de los labradores malvados: «Venid, matémosle y la heredad será nuestra», a nadie se aplica mejor que a Satanás. Él ambicionaba poseer el mundo.

4. Satanás no ha sido dejado en plena libertad, como rey de este mundo:

a) Tuvo que pedir permiso a Dios para poder afligir a Job (Job 1 y 2).

b) Asimismo para zarandear a los discípulos de Jesús (Lc. 22:31).

c) Los hombres fieles son advertidos contra sus asechanzas (2 Co. 2:11):

–En sus procedimientos parapsíquicos (Dt. 18:9-22; Hch. 16:18, 19:13-19). Es cierto, tanto por indicaciones de la Sagrada Escritura como por experiencias clínicas del tiempo moderno, que Satanás puede dañar gravemente las mentes de los hombres, sumiéndoles en locura que no puede ser curada con medicamentos, y pasa de una generación a otra, pero los que se abstienen de tales tratos con el maligno se ven libres de los reconocidos mal es del ocultismo.

–En sus artimañas morales, para inducir a la duda o al pecado (Ef. 6:11-18; Stg. 4:7).

III. Los engaños de Satanás

¿Por qué Dios, que nos ha amado y enviado a Jesucristo para revelarnos al Padre y morir por nuestros pecados, ha permitido que tal enemigo quedase en este mundo, que ambicionó y no pudo tener, como rey temporal de tan admirable obra de Dios?

1. Para servir de acicate a sus escogidos *(anécdota: la estratagema del capitán del barco bacaladero que colocó un pequeño tiburón en las aguas quietas de la piscina del barco para que los bacalaos tuvieran necesidad de moverse y su carne se hiciera más fuerte y maciza).*

2. Las estrategias de Satanás son advertencias para los cristianos:

a) El engaño del dinero, como si no se tuviera que dejar.

b) Los engaños del amor, produciendo caprichos insensatos.

c) De la ira, que hace a los hombres arrepentirse de haber cometido el crimen, cuando cosechan las consecuencias en alguna cárcel u hospital. Tiene una amplia red de servicios con millares de agentes en el mundo, que, fomentando imbecilidades, hace olvidar a los hombres de Dios *(anécdota: el aliento del león que atacó a Livingstone era un somnífero agradable, como la droga lo es para los enganchados).*

d) Jesús le acusa en la parábola del sembrador de «arrebatar la Palabra sembrada». Un predicador dijo que el primer asistente al culto a Dios es Satanás, que no se con forma fácilmente con perder las almas *(anécdota: el cazador de patos que mató e hirió a algunos, y gritaba a su criado: «¡Corre tras los vivos!»).*

e) Hacer caer a los cristianos: no es extraño que éstos sean objeto de su preferencia, ya que no podrá tenerlos por la eternidad; si no se aprovecha ahora se le escaparán para siempre; por esto dice el apóstol Pedro: «Vuestro adversario, el diablo anda como león rugiente alrededor vuestro» (1 P. 5:8). «Resistid al diablo...» (Stg. 4:7). «No tenemos lucha contra carne ni sangre» (Ef. 6:12). «Gocemos de haber escapado –como dice Pablo en 2 Ti. 2:26– del lazo del diablo».

CONCLUSIÓN: la lucha con el adversario no es, empero, imposible contando con la ayuda de Dios, las instrucciones de su Palabra y el auxilio de la oración.

A los no creyentes, advertirles que no quieran pasar la eternidad con semejante compañía, cuyas obras son demasiado conocidas en la Tierra. Aun cuando ignoremos mucho acerca del infierno, nos basta con conocer lo que el pecado ha hecho en el mundo en los siglos pasados, y aun en el presente, cuando se presenta con menos agresividad, pero con no menos peligro (2 Co. 11:14).

308. *VENCER AL MUNDO*

(Juan 16:17-33)

INTRODUCCIÓN: después de la victoria espiritual que Jesús tuvo en contra de la tentación que se expone en Jn. 12:20-33, Jesús pensando en las innumerables luchas espirituales y morales que su pueblo habría que resistir a través de los siglos, habla en términos muy claros acerca de la lucha que asediaría a sus doce apóstoles con motivo de su Pasión y muerte, que les haría dudar de todo hasta el día de su resurrección, palabras que parece quedaron grabadas en el corazón de Juan, pero cuando escribió este evangelio, comprendió no solamente su propia lucha, sino las que sufrieron sus propios compañeros, como Santiago y Pedro y bien podemos nosotros aplicarlo a nuestros hermanos de siglos pasados y a nosotros mismos.

1. Objeto de combate: de igual modo que han sido muy diversos a través de los siglos, Jesús emplea una palabra que los abarca todos al mencionarlos como «el mundo». Nadie se atrevería a tal cosa. Hubo un tiempo cuando podía decirse: el mundo entero contra el nazismo, políticamente hablando. Hoy, sesenta años después (que para el reloj de Dios es un tiempo insignificante), tenemos que darle otra aplicación política. Todo el mundo contra Sadam Hussein, pues nunca el mundo había visto reunido en un lugar de la Tierra tantos efectivos militares pertenecientes a casi todas las naciones del mundo. En este compás de espera que a todos nos hace temer lo peor, el desencadenamiento de una III guerra mundial (1990), ello puede servirnos de ejemplo de que algo intangible pero real está en el fondo de todos los hombres. El egoísmo, la ambición, todo esto... ¿dónde empieza y dónde acaba?

En términos espirituales los pensadores religiosos le han dado por orden estos tres nombres:

a) Mundo

b) Demonio

c) La carne

2. En segundo término, el demonio es el general enemigo que concierta por toda clase de medios la batalla contra el enemigo interior, que es el propio hombre. La carne, y en este término entra no solamente la carne física, sino lo que el apóstol Pablo llama «la carne» en el sentido espiritual que el apóstol Pablo detalla en Ro. 8. El mundo puede ser comparado a los armamentos que los hombres han fabricado a causa de sus tendencias egoístas. El mundo, en el sentido más amplio son las personas. El mundo no sería ningún enemigo si el enemigo espiritual no le impulsara (como ocurre con el armamento físico). Nadie de los que le utilizan es personalmente responsable, porque la palabra «mundo» los incluye a todos a causa de nuestros errores. Cada hombre o mujer, libro o revista, pueden considerarse como armamentos del diablo contra nuestra fe y santidad. Aun el mismo mundo usa este término cuando se refiere a algo que lleva el sello de frivolidad o placer camal.

3. El código del mundo: es todo lo opuesto al «sermón del monte», sobre todo en las ocho bienaventuranzas...

a) «Bienaventurados los pobres...»: el mundo lo aplica a los ricos.

b) «Bienaventurados los humildes»: el mundo dice los respetados.

c) «Bienaventurados los pacificadores»: el mundo dice los poderosos.

d) «Bienaventurados los que dicen mal de vosotros»: el mundo dice aquellos de quienes todo el mundo habla bien, porque disponen de dinero y poder.

e) Jesús dice: «Amad a vuestros enemigos». La carne responde: «Bienaventurados los hipócritas porque la mentira saca de muchos apuros». En resumen, el código del mundo es: «Procurad disfrutar lo más que podáis», es, pues, una guerra de ideales.

4. Los métodos de guerra del mundo: infiltrarse entre los cristianos profesos. Hacer que piensen y sientan como los demás; atacarles con contratiempos aprovechando sus errores, etc.

5. Cristo venció al mundo:

a) En las tres tentaciones del desierto.

b) Con motivo de la visita de los griegos (Jn. 12:23-31).

6. Cristo nos invita a vencer como Él venció: ¿Cómo? ¿De qué manera?

a) Siendo nacidos de Dios: el que no tiene vida no puede andar ni luchar, de la misma manera los cristianos de nombre.

b) Resistiendo al mal *(anécdota de Ulises que se tapó los oídos con el fin de no escuchar las sirenas).*

c) Superarlo con el bien.

7. Jesús nos invita a vencer al mundo (Jn. 16:33): ofreciéndonos magníficos resultados...

a) Paz, gozo, tranquilidad: aun en momentos tan difíciles como los que pasaron los mártires de otros siglos.

b) Paz y gozo: al final de nuestras vidas.

c) Paz eterna: la consecuencia política de todas las guerras ganadas con éstas. Todos los jefes políticos, aun los más modestos cabecillas revolucionarios lo prometen, pero nadie sabe si lo lograrán. En cambio Jesús ha dado pruebas de ello por su resurrección y sus milagros pasados y presentes.

CONCLUSIÓN: aun los jefes policíacos reconocen que ningún medio humano es capaz de transformar a los abyectos pecadores, exceptuando lo que ellos llaman fanatismo religioso, o sea, la conversión.

309. *UNOS ÁNGELES VISITAN SODOMA (Génesis 19)*

INTRODUCCIÓN: todo creyente debiera ser embajador del Cielo: «Como me envió el Padre» –dijo el «Bienamado»– «así también yo os envío». Vosotros sois enviados para reunir las ovejas perdidas de la casa de Israel, y, a semejanza de vuestro Maestro, a buscar y salvar a los perdidos. Os hablo en forma solemne a vosotros, que habéis llorado sobre Jerusalén, y que ahora estáis demostrando vuestro amor por las almas, esforzándoos en favor de ellas. Os recuerdo, además, que es obra gloriosa el procurar salvar a los hombres y que por esa obra debierais estar prontos a soportar los más grandes inconvenientes...

1. Los ángeles nunca vacilaron cuando se les ordenó ir a Sodoma: fueron sin demora y se consagraron a su labor sin tardar. Aunque la noticia de la detestable iniquidad de Sodoma había subido al Cielo y el Señor no estaba dispuesto a soportar más a aquella corrupta ciudad, sin embargo, los ángeles no titubearon un instante en descender de la pureza del Cielo para poner sus ojos en la infamia de Sodoma. No dejaron de ir adonde Dios los había enviado». «Llegaron, pues, los dos ángeles a Sodoma a la caída de la tarde». ¡Cómo! ¿Ángeles? ¿Dos ángeles llegaron a Sodoma? ¿A Sodoma, y sin embargo ángeles? Si, ángeles, y ninguno de ellos fue menos angélico por haber ido a Sodoma; al contrario, fueron ambos más angélicos porque en incondicional obediencia a las elevadas órdenes de su Maestro fueron en busca del elegido y de su familia para librarlo a él y a ella de la inminente destrucción. Por más cerca que viváis de Cristo, por más semejantes que seáis a vuestro Señor, al ser llamados a tal servicio, nunca debéis decir:

–Yo no puedo hablar a esta gente; son muy depravadas. No puedo entrar en ese antro de pecado para hablarles de Jesús; me enfermo ante tal pensamiento. El vivir junto a ellos repugna a mis delicados sentimientos.

No, no debéis hablar así, oh hombres de Dios; al contrario, en el lugar donde se os necesita, allí debéis ser hallados. Pues, ¿a quienes debe el médico visitar sino a los enfermos y dónde puede el distribuidor de dádivas de misericordia hallar un lugar más apropiado que el lugar donde están aquellos cuya miseria espiritual es extrema? Sed ángeles de misericordia y Dios os ayudará en vuestra tarea a salvar a las almas. Habéis recibido a Cristo en vuestros corazones; imitadlo también en vuestros corazones; imitadlo también en vuestras vidas...

a) Que la mujer pecadora sienta vuestro afecto, pues Jesús la miró con piedad.

b) Que el hombre más enloquecido en la maldad sea buscado con solicitud, pues Jesús sanó a los endemoniados.

c) Que ningún tipo de pecado, por más terrible que sea, deje de despertar en vosotros compasión o atención.

Id en busca de los que han vagado lejos y arrebatad del fuego los tizones que están consumiéndose en él.

2. Cuando vayáis a las almas perdidas debéis, como hicieron estos ángeles, manifestarles claramente su condición y peligro:

–Levántate -dijeron los ángeles–. Porque Jehová va a destruir esta ciudad.

Si realmente ansiáis salvar las almas de los hombres, debéis declararles muchas verdades desagradables. La predicación de la ira de Dios ha llegado a ser muy despreciada y mucha gente de buena fe se siente medio avergonzada de ella. Un exagerado sentimentalismo acerca del amor y la bondad ha silenciado, en gran parte, las claras reconvenciones y exhortaciones del Evangelio. Pero si esperamos que las almas sean salvas, debemos declararles resueltamente y con inconmovible fidelidad, los terrores del Señor *(anécdota:*

–Bueno –dijo el joven escocés al oír que el predicador decía a su congregación que no había infierno- Yo no necesito venir aquí a oír a este hombre, pues si es como él afirma todo está bien y la religión no tiene importancia; y si no es como él dice, entonces no debo oírlo otra vez porque me engañará).

Dice el apóstol Pablo: «Estando pues, poseídos del temor del Señor, persuadimos a los hombres». Que los escrúpulos modernos no nos impidan hablar claramente. ¿Pretendemos nosotros ser más suaves que los apóstoles? ¿Ser más sabios que los inspirados predicadores de la Palabra? Hasta que no sintamos nuestras

mentes eclipsadas con el espantoso pensamiento de la predicación de los pecadores, no estaremos en condiciones de predicar a los inconversos. Nosotros nunca persuadiremos a los hombres si tememos hablar del juicio y de la condenación de los injustos. Ninguno tan bondadoso como nuestro Señor Jesucristo; sin embargo ningún predicador habló jamás más fieles palabras de terror que Él...

a) Fue Él quien habló del lugar «donde el gusano no muere y el fuego nunca se apaga».

b) Fue Él quien dijo: «irán éstos al tormento eterno».

c) Fue Él quien presentó la parábola referente al hombre que en el infierno ansiaba una gota de agua para refrescar su lengua.

Debemos ser tan francos como lo era Cristo, tan íntegros en nuestra honestidad para con las almas de los hombres como lo era Él; de lo contrario seremos, al fin, ll amados a rendir cuentas por nuestra traición. Si engañamos a nuestros semejantes con tontas fantasías en cuanto a lo insignificante del castigo futuro, ellos nos aborrecerán eternamente por haberlos engañado: y, en el mundo de los perdidos, pronunciarán contra nosotros perpetuas imprecaciones por haberles profetizado «cosas halagüeñas», ocultándoles la espantosa verdad.

3. Cuando le hayamos dicho al pecador, en tono afectuoso y llano, que la paga del pecado es la muerte y que por su incredulidad le aguarda segura perdición, debemos dar un paso más adelante y exhortar al culpable, en el nombre de nuestro Señor Jesús, que huya de la merecida destrucción. Los ángeles, aunque sabían que Dios había elegido a Lot para que fuese salvo, no omitieron una sola exhortación ni dijeron que la obra se hiciese sola, como si tuviese que ser hecha por predestinación sin instrumentalidad. Ellos dijeron:

–Levántate, toma tu mujer y tus dos hijas, que se hallan aquí, porque no perezcas.

¡Cuán impresionantes son cada una de estas amonestaciones! ¡Qué poder y vehemencia de amor fulgura en cada uno de estos ruegos!

«Escapa por tu vida; no mires tras ti, ni pares en toda esta llanura; escapa al monte, no sea que perezcas». Cada una de estas palabras es viva y eficaz, decisiva y oportuna. Se necesita ardiente amonestación y afectuosa exhortación para constreñir a las almas a escapar de su propia ruina. Si los pecadores fueran sensatos, la simple información del peligro les seria suficiente y la perspectiva de una feliz huida les alcanzaría. Pero, siendo ellos enteramente imprudentes, como lo fuimos nosotros, tienen que ser apremiados, persuadidos y suplicados para que al mirar al Crucificado, sean salvos. Nunca hubiéramos nosotros ido a Cristo si la divina compulsión no nos hubiese constreñido; ni tampoco hubieran ido los demás. Ese constreñimiento viene, por lo regular, a través de alguna instrumentalidad. Procuremos nosotros, pues, ser tales instrumentos. Si no hubiese sido por las fervorosas voces que nos hablaron y por los apasionados maestros que nos exhortaron a acercarnos a la cruz, nunca hubiéramos tomado ese paso. Paguemos, pues, la deuda que hemos contraído con la Iglesia de Dios y procuremos en la medida de nuestras posibilidades hacer con otros lo que Dios, en su bondad, hizo con nosotros. Sed diligentes en persuadir a los hombres con todas vuestras habilidades de razonamiento y argumentación, salando todo con lágrimas de afecto. No permitáis que opiniones doctrinales de ninguna especie se interpongan en la senda de la más libre persuasión cuando estéis tratando con las mentes de los hombres, pues la sana doctrina es perfectamente compatible con esa actividad *(anécdota del autor: recuerdo las quejas que se presentaron contra un sermón mío titulado «Fuérzalos a entrar», en el cual hablé con mucha ternura en favor de las almas. Se dijo que ese sermón era arminiano y heterodoxo. A mí me importó poco el ser juzgado por juicio humano, pues mi Maestro puso su sello de aprobación sobre ese mensaje. Nunca prediqué un sermón por medio del cual tantas almas fueron ganadas para el Señor, como lo testificaron las reuniones de nuestra iglesia; y en todos los lugares del mundo donde ese sermón llegó. muchos pecadores fueron salvados por su instrumentalidad. Por lo tanto, si resulta vil el exhortar a los pecadores a que se rindan a Cristo, me propongo ser más vil todavía. Soy tan inflexible creyente en las doctrinas de la gracia como lo puede ser cualquier persona, y además soy «un genuino calvinista» según el orden de Juan Calvino mismo. Pero si se considera malo exhortar al pecador a que eche mano de la vida*

eterna, no seré aún más malo en ese particular. En esto imitaré a mi Señor y a sus apóstoles, quienes, aunque enseñaron que la salvación es por gracia, y solamente no temieron hablar a los hombres como seres racionales y agentes responsables, ni temieron exhortarlos a «procurar entrar por la puerta angosta» y «a trabajar no por la comida que perece sino por la que a vida eterna permanece». Adheríos a la gran verdad del amor electivo y de la soberanía divina, pero no dejéis que estas cosas os aten con cadenas cuando, por el poder del Espíritu Santo, lleguéis a ser pescadores de hombres).

4. Cuando las palabras no alcanzan, como acontece frecuentemente, debéis adoptar otros medios de compulsión: el ángel los tomó de la mano. Yo creo mucho en los tratos íntimos con los hombres, que se hacen bajo la dirección de Dios. Las súplicas personales hechas en el poder del Espíritu Santo, producen maravillas. El estrechar, mientras le habláis, las manos a una persona, puede ser un gesto sabio y provechoso. Dios, sin duda, bendecirá vuestra labor cuando toméis a uno de la mano y le demostréis, con súplicas, vuestra ansiedad. Es conveniente que arrojéis vuestras palabras, tranquila y solemnemente en lo profundo del alma de las personas cuando éstas estén solas. Por lo regular este medio resulta eficaz donde el predicador con su sermón trabajo en vano. Si no podéis conquistar hombres por medio de la palabra, debéis preguntaros: «¿Qué puedo hacer?», e ir al Señor con la misma pregunta. Debéis, por la persistencia de vuestros celos, importunarlos hasta hacerlos pensar. Como la viuda, por sus continuas visitas, molestó al juez injusto, así también vosotros debéis, por vuestra continua ansiedad y perseverancia, molestar a los pecadores en sus pecados hasta que os presten, de buena gana, un poco de atención, con el único fin de librarse si les fuera posible de vosotros, y nada más. Si no podéis ganarlos porque no leen la Biblia, podéis poner en sus manos un buen libro que les diga lo que vosotros no podéis decirles. Podéis seguir orando en favor de ellos; también podéis estimular el brazo de Dios y rogar al Altísimo que venga en vuestra ayuda.

5. Hubo casos en los cuales, habiendo fallado todo, una lágrima, lágrima de amor contrariado, hizo la obra *(anécdota: un día, cuando Sr. Knill distribuía tratados entre los soldados, se encontró con uno que lo insultó y dijo a sus compañeros: «Rodeadlo y yo terminaré con su distribución de tratados una vez por todas». Y, a continuación, profirió tan espantosas blasfemias y maldiciones, que el Sr. Knill, que no podía huir, se echó a llorar amargamente. Años después, cuando el Sr. Knill estaba predicando en las calles, se le presentó un granadero y le dijo:*

–¿No me conoce, Sr. Knill?

–No, me parece que no –replicó él–. No creo que le haya visto a usted alguna vez.

–¿No recuerda usted al soldado que dijo: «Rodeadle y yo terminaré con su distribución de tratados?» ¿No recuerda, además, qué hizo usted?

–No, no recuerdo.

–¡Ah! echó a llorar, y cuando yo llegué a casa, esas lágrimas ablandaron mi corazón. Comprendí entonces que usted distribuía aquellos tratados movido por un gran celo cristiano. Luego me avergoncé de mí mismo y ahora predico al mismo Jesús que en una ocasión menosprecié).

Dios quiera que vosotros podáis sentir tal amor por los pecadores que perecen, que podáis aguantar sus burlas y reproches hasta el punto de decirles: «Abofeteadme si queréis, pero oídme; ponedme bajo las plantas de vuestros pies como si yo fuera el desecho de todas las cosas, pero con todo, no os dejaré perecer, si en mí está el advertiros del peligro que os amenaza».

CONCLUSIÓN: tenemos que recordar que nosotros somos, ante los hijos de los hombres, los mensajeros de la misericordia de Dios: «El Señor tuvo compasión de él». Los ángeles no visitaron a Lot por sí mismos. Fueron la personificación y exteriorización de la compasión de Dios. Los cristianos debieran considerarse en el mundo como las manifestaciones de la compasión de Dios para con los pecadores, instrumentos de gracia, siervos del Espíritu Santo. Ahora bien, la gracia es un atributo ágil; la justicia, en cambio, va despacio. La justicia tiene calzado de plomo, pero los pies de la gracia son alados. La gracia se goza en desempeñar su misión. También para nosotros debiera ser un placer el hacer bien a los hombres. Dios puede salvar a las almas sin instrumentalidad, pero rara vez lo

hace. Su norma es obrar por medios. Recordemos, al mezclarnos con la sociedad, que Dios nos ha confiado el ministerio de la reconciliación. Si este ministerio hubiese sido confiado a los ángeles, ellos, sin duda, se hubieran mostrado incesantemente activos, hubieran volado con todas sus fuerzas de un lugar a otro para cumplir la voluntad del Señor. ¿Seremos nosotros, que hemos sido honrados con este ministerio, menos activos que ellos? En cuanto está de nuestra parte, redimamos el tiempo porque los días son malos; instemos a tiempo y fuera de tiempo; sembremos junto a todas las aguas; sea por fin nuestro celoso empeño el cumplir nuestro trabajo, sea éste cual fuere, para que al fin oigamos decir: «Bien, buen siervo y fiel; sobre poco has sido fiel, sobre mucho te pondré».

310. *EL CANTO DE LOS ÁNGELES (Lucas 2:14)*

INTRODUCCIÓN: los ángeles habían presenciado muchos acontecimientos gloriosos y tomado parte en muchos coros de la alta solemnidad alabando a su Creador Todopoderoso. Ignoramos sin duda muchos de estos acontecimientos celestiales, pero por lo menos sabemos que se regocijaban con motivo de la creación por un pasaje poético del libro de Job 38:7. Uno de sus privilegios constantes es sin duda el de alabar a Dios (Ap. 7:12), pero nunca en todos los siglos de la eternidad habían tenido un motivo de alabanza como aquel que cantaron la noche del nacimiento del Salvador. Observemos las partes de este canto:

1. Gloria a Dios en las alturas: la salvación es la mayor gloria de Dios. Es una manifestación de...

a) Amor (Jn. 3:16).

b) Fidelidad: desde el Edén Dios había prometido enviar un Salvador y los profetas describen su venida en palabras inequívocas que demuestran quién era el que había de aparecer como un niño (Is. 9:6-7).

c) Justicia: porque el recién nacido había de sufrir para hacer patente a los hombres y a los ángeles que Dios, por motivos éticos, no puede perdonar el pecado si no es mediante un sacrificio que recalque su justicia y produzca amor y gratitud en los favorecidos.

2. Paz en la Tierra: los seres celestiales tenían la triste experiencia de ver desde los días de Caín a los hombres luchando unos contra otros, y desobedeciendo los mandatos de Dios, pero el niño recién nacido venía a traer...

a) Paz entre Dios y los hombres (Ro. 5:1; Hch. 10:36).

b) Paz de los hombres, unos con otros (1 Co. 7:15). El corazón regenerado es un hijo de paz y debe buscarla de todas maneras (Mt. 5:21-25).

Son muchos los que objetan que el mundo no encontró la paz en la primera venida de Jesucristo. Es cierto, porque los hombres no recibieron tan aprisa su mensaje como tal vez los ángeles esperaban, pero Dios obra lentamente, en la gracia como en la naturaleza, y no quiere una paz forzada por el temor, como habría sido si Él hubiese impuesto su paz sobrenaturalmente.

3. Buena voluntad para con los hombres:

a) Esto sienten todos los pecadores arrepentidos.

b) Esto siente sin duda Satanás al ver cómo millares escapan de sus garras y encuentran un perdón tan generoso y tan amplio.

c) Esto sentirán un día los ángeles cuando se cumplan los propósitos de Dios y llegue el tiempo profetizado por Is. 11:6.

CONCLUSIÓN: alguien ha dicho que hay tres clases de evangelistas...

–Los ángeles de Dios en los campos de Belén. Para ello, necesitamos ser limpios de pecado como los ángeles. Afortunadamente, podemos serlo aceptando el Salvador que ellos proclamaron (Lc. 2:11).

–Los apóstoles que fueron testigos de la vida milagrosa y obra del Señor. Para ello, necesitamos ser fieles y activos como los apóstoles.

–Los creyentes de todos los siglos que, sin haber visto a Cristo, le amamos. Para ello, necesitamos demostrar con nuestra conducta la regeneración que ha traído paz con Dios a nuestras almas y ser, por lo tanto, hijos de paz en nuestra conducta diaria.

311. *MISIÓN DE UNOS ÁNGELES A UNA CIUDAD CORROMPIDA (Génesis 19)*

INTRODUCCIÓN: dentro de los planes de Dios parece que existe siempre una medida de la cual no se puede pasar. Este fue el caso de los antediluvianos (Gn. 6:3, 5). Tal fue el caso de Faraón (Éx. 7:13, 11:10; Gn. 15:16). En el caso de Sodoma no se hallaron ni siquiera 10 justos (Gn. 18:32). Nuestra actual civilización se precia de justa, pero no es éste el veredicto de la Sagrada Escritura para el tiempo del fin (2 Ti. 3:13). Notemos el fin y el objeto de esta visita angélica.

I. Causas que justifican la destrucción de esta ciudad (Gn. 18:20)

1. Fue una advertencia para el resto de la humanidad (Dt. 29:23; Is. 1:9; Jer. 23:14; Lm. 4:6; Mt. 10:15, 11:24; Mr. 6:11; Lc. 10:12; 2 P. 2:6).

2. Habían recibido amonestaciones y ejemplos que no les habían servido:

a) La victoria de Abraham sobre Quedorlaomer 30 años antes.

b) La presencia de Lot (1 P. 2:7, 8).

3. La generosidad de Abraham renunciando a toda recompensa (Gn. 14:22-24).

II. Causas de la visita de los ángeles

1. El amor de Dios hacia los hombres.

2. La oración de Abraham (Gn. 19-29).

3. La gracia de Dios para un solo justo aún defectuoso.

III. Cómo hicieron su obra los ángeles

1. Fueron a donde estaba Lot. Tal es el carácter del Evangelio; busca hasta hallar un alma receptora. Debemos buscar a los pecadores donde están, ya sea que hagan caso de la advertencia o que se burlen.

2. Cumplieron su cometido, aunque su mensaje era para pocos: Jesús no se desdeñó de hablar las Buenas Nuevas a una sola mujer samaritana (Jn. 4).

3. Expusieron claramente a Lot el peligro en que se hallaba (vv. 12, 13).

4. Le urgieron a que no se detuviera en las cosas que debían perecer. Así hacía Jesús en sus mensajes (Mt. 6:33, 7:13). Así debemos hacer nosotros (Mt. 22:8-10).

CONCLUSIÓN: el mundo está saturado de pecado e indiferencia acerca de las amonestaciones de Dios en la Sagrada Escritura, y el juicio es inminente (Lc. 17:29) La advertencia de los ángeles no fue sólo de escapar del peligro, sino también de perseverar (Gn. 19:16, 17). Jesús advierte a los que decían haber creído: «Si permaneciereis en mis palabras» (Jn. 8:31). Y el autor de la carta a los Hebreos advierte: «Debemos prestar mucha más atención a las cosas que hemos oído, no sea que marchemos a la deriva» (vers. 1977). Esto ocurre a veces a muchos de los que profesan fe y no permanecen en Cristo, o miran atrás.

EDIFICACIÓN CRISTIANA

- Oración
- Discipulado
- Mayordomía
- Esperanza
- Amor
- Iglesia
- Gratitud
- Liderazgo
- Familia

312. *LA ORACIÓN FERVIENTE (Santiago 5:16)*

1. Orando con fe (Sal. 38:9; Mr. 11:24).
2. Orando con lágrimas (Is. 38:5; He. 5:7).
3. Orando con amor (Hch. 10:31; Mr. 11:25).
4. Orando con otros (Hch. 12:5; 16:13).
5. Orando y ayunando (Mr. 9:29; Jl. 2:12).
6. Orando e intercediendo (Ef. 1:16; 1 Ti. 2:1-3).
7. Orando en el Espíritu (1 S. 1:10-16; Ro. 8:26).
8. Orando en Cristo (Jn. 15:7; 1 Jn. 3:22).
9. Orando en su Nombre (Jn. 14:13; 15:16; 16:23-26).
10. Orando constantemente (1 Ti. 2:8; 1 Ts. 5:17).

313. *FASES DE LA ORACIÓN (Mateo 21:22)*

1. Su extensión: «Y todo lo que pidáis...».
2. Su sencillez: «Pedid».
3. Su realidad: «En oración».
4. Su condición: «Creyendo».
5. Su individualidad «Vosotros».
6. Su certidumbre: «Lo».
7. Su recompensa: «Recibiréis».

314. *LA ORACIÓN QUE PREVALECE (Génesis 32:26)*

1. Considerad la oración de Jacob:

a) Fue ofrecida al Dios de su padre, arraigada y coronada con una promesa.

b) Fue una confesión: «No soy digno».

c) Fue humilde: él no fue leal para con Dios, pero Dios fue fiel con él.

d) Fue agradecido (v. 10).

e) Fue definida: «Líbrame de la mano de Esaú…» (v. 11).

2. La oración prevaleciente surge de la concienciación de una necesidad definitivamente determinada:

a) El plan de Jacob (vv. 13-23).

b) El poder de Jacob (vv. 24-30).

c) Lugar de soledad. Lugar de derrota. Lugar de desesperación y confesión.

315. *LECCIONES DE LA ORACIÓN DE JACOB (Génesis 32:9-12)*

1. Nadie debe desesperar a causa de los errores del pasado (v. 9).
2. Lo mejor que podemos decirle a Dios es lo que Él ha dicho de nosotros (v. 9).
3. Estamos preparados para grandes bendiciones cuando nos vemos indignos de la más mínima de sus misericordias (v. 10).
4. La mala conducta trae miedo y fallos (v. 11).
5. Los momentos de miedo deberían ser momentos de oración (v. 11).
6. Las tendencias mundanas deberían acercarnos a las promesas de Dios (v. 12).
7. La oración no cambia a Dios, sino que nos prepara para que podamos recibir lo que pedimos (v. 28).
8. El poder con Dios para los hombres asegura el poder con los hombres para Dios (v. 28).

316. *RESPUESTAS A LA ORACIÓN (Salmo 12:5)*

1. Dios toma nota de cada persona:

a) Temer su nombre no es muy difícil, y sin embargo, tiene una promesa.

b) Pensar en su nombre menos, y sin embargo los que lo hacen estarán escritos en el libro de las memorias.

c) Un deseo es asunto de poca importancia, especialmente el deseo del hombre pobre.

2. Dios contempla los deseos del corazón:

a) Una lágrima no hace un gran ruido, y sin embargo la voz del llanto es oída.

b) Un gemido es algo pobre, pero a menudo es la mejor parte de la oración.

c) Un suspiro es menos, pero despierta la atención de Dios.

d) El Señor se levanta. ¿Cómo? ¿Por qué? ¿Qué hacer? ¿Cuándo?

317. *EL EJEMPLO DE PABLO EN LA ORACIÓN* *(1 Corintios 11:1)*

1. Pablo fue un ministro que oraba mucho por su congregación:

a) «Orando de noche y de día con gran insistencia... y completemos lo que falta a vuestra fe... el Señor os haga crecer...para afianzar vuestros corazones, irreprensibles en santidad» (1 Ts. 3:10-13). «Y el mismo Dios de paz os santifique por completo...» (1 Ts. 5:23).

b) «...que sin cesar, hago siempre mención de vosotros en mis oraciones, rogando... comunicaros algún don espiritual, a fin de que seáis consolidados» (Ro. 1:9-11)

2. Pablo fue un siervo de Dios que procuró inculcar a sus congregaciones el hábito de orar mucho:

a) «Pero os ruego... que ayudéis con vuestras oraciones a Dios por mí». (Ro. 15:30, 31)

b) «Porque sé que por vuestra oración y la suministración del Espíritu de Jesucristo, esto resultará en mi liberación» (Fil. 1:19)

318. *ALGUNOS FAMOSOS HÁBITOS DE ORACIÓN* *(Salmo 55:16-19)*

Por medio de su hábito...

1. David oró «tarde y mañana y a mediodía...» (Sal. 55:17).

2. Daniel oró arrodillándose «tres veces al día...» (Dn. 6:10).

3. Jesús oró «según su costumbre...» (Lc. 4:16).

4. Pablo hacía sus oraciones «noche y día...» (2 Ti. 1:3).

319. *BENEFICIOS DE UNA REUNIÓN DE ORACIÓN* *(Mateo 18:19, 20)*

Son los siguientes...

1. Descanso y renovación del alma (Mr. 6:31).

2. Entusiasmo o entusiasmo mutuo (Mr. 6:31).

3. Una mejor relación entre los cristianos (Mal. 3:16).

4. Edificación espiritual (1 Co. 12:26).

5. Aumento de la fe (Jn. 20:26-29).

6. Conversión de los incrédulos (1. Co. 14:24, 25).

7. La presencia prometida de Cristo (Mt. 18:19, 20).

8. El Espíritu Santo en la alabanza por medio de la música y en la oración (1 Co. 14:15).

320. *CONDICIONES PARA QUE UNA ORACIÓN RECIBA RESPUESTA* *(Juan 14:1-14)*

1. Perdonar a los enemigos: «Y siempre que os pongáis de pie a orar, perdonad, si tenéis algo contra alguien...» (Mr. 11:25, 26).

2. Reconciliación con el hermano: «...Deja allí tu ofrenda delante del altar, y anda, reconcíliate primero con tu hermano...» (Mt. 5:24).

3. Fidelidad de corazón a Dios: «Si en mi corazón hubiese acariciado yo la iniquidad, el Señor no me habría escuchado» (Sal. 66:18).

4. Fe en Dios: «Y todo lo que pidáis en oración, creyendo, lo recibiréis» (Mt. 21:22).

5. Pidiendo continuamente: «¿Y acaso Dios no hará justicia a sus escogidos, que claman a él día y noche?» (Lc. 18:7).

6. Pidiendo en el nombre de Cristo: «Si me pedís algo en mi nombre, yo lo haré» (Jn. 14:14).

7. Pidiendo de acuerdo a su voluntad: «... Que si pedimos alguna cosa conforme a su voluntad, Él nos oye» (1 Jn. 5:14).

8. Permaneciendo en Cristo: «Si permanecéis en mí, y mis palabras permanecen en vosotros, pedid todo lo que queráis, y os será hecho» (Jn. 15:7).

321. *CONSTANCIA EN LA ORACIÓN* *(Efesios 6:18)*

La oración es el «aliento vital» del creyente. Es algo absolutamente indispensable. Hay determinadas épocas que requieren más esfuerzo en la oración, junto con un gran fervor, y perseverancia...

1. Cuando el cristiano tiene que realizar grandes tareas.

2. Cuando el cristiano tiene que soportar aflicciones.

3. En tiempos de prueba y persecución.

4. Cuando abunda el pecado, y la maldad abunda como inundación de aguas.

5. En la hora de la tentación.

6. La exhortación comprende varias clases de oración: «Con toda deprecación y súplica...»

a) En público.

b) En familia.

c) En la intimidad.

7. La oración debe ser dictada por el espíritu.

8. La oración debe estar acompañada de una cuidadosa actitud de velar.

9. El apóstol recomienda la perseverancia en la oración.

10. La oración no debe ser egoísta.

11. Más puntos de ayuda:

a) Se ha de orar de acuerdo con la voluntad de Dios (1 Jn. 5:14).

b) No se debe ser indulgente, y no es posible prescindir del arrepentimiento (Sal. 66:18).

c) Hemos de orar con fe (Stg. 1:16).

d) Tenemos que orar en el nombre de Cristo.

322. *COSAS QUE SE DEBEN SABER ACERCA DE LA ORACIÓN (Juan 15)*

La oración ha de ser...

1. En fe (Mr. 11:24).

2. En el Espíritu (Jud. 20).

3. Al Padre (Jn. 15:16).

4. En el Nombre del Hijo (Jn. 13:13, 14)

5. Sin límites (Mt. 21:22).

6. De acuerdo a la voluntad de Dios (1 Jn. 5:14).

7. En comunión (Jn. 15:7, 14).

323. *INSTRUCCIONES PARA LA ORACIÓN (Lucas 11:9)*

1. Pedid: de manera osada, abundante, e inteligente..

2. Buscad de manera diligente, persistente, asegurada, personal.

3. Llamad de manera paciente, expectante, ferviente.

324. *LA AFLICCIÓN (Hebreos 12:5)*

INTRODUCCIÓN: los hombres no se dan cuenta de la combinación y la armonía de la sabiduría y el amor divino en todas las cosas. Esta combinación existe actualmente, y se puede ver en el hecho de que la maldad conectada a nuestra naturaleza y emergiendo de la misma, y permitida en la providencia de Dios, es usada con infinita benevolencia para nuestro bien. Para este fin, la prueba es especialmente adaptada a la individualidad de nuestra naturaleza y necesidad personal y es también sabiamente regulada en su fuerza, de acuerdo a nuestra capacidad para soportarla, y al objetivo que debe llevar a cabo. Consideremos las pruebas en estos tres aspectos...

1. Subjetivamente: con respecto a su naturaleza involucra un hecho que debemos aceptar; y también un principio que debemos aprender. El reconocimiento del primero, y la aceptación del último, constituyen los elementos para la oración.

2. Relativamente: con respecto a su medio de operación, la prueba obra a través de la oración: y la oración involucra una prueba. La prueba es la esfera de la oración. La oración es un poder: llena de color a todos los acontecimientos y los hace útiles para su uso. Es todopoderosa en su poder, porque echa mano del Altísimo, y mueve Su corazón.

3. Objetivamente: con respecto a su causa final, u objetivo principal. «Y no sólo esto, sino que también nos gloriamos en las tribulaciones, sabiendo que la tribulación produce paciencia...» (Ro. 5:3). Forma parte de la disciplina del creyente. El conflicto entre las dos naturalezas (Ro. 7), continúa hasta ser conquistado en la muerte. La victoria final: «Y esta es la victoria que ha vencido al mundo, nuestra fe» (Jn. 5:4).

CONCLUSIÓN: mientras estamos bajo la prueba somos animados por la memoria y el ejemplo

de Aquel que fue un hombre de dolores y experimentado en quebrantos. El representó todos nuestras penas, dolores y agonías. «El cual por el gozo puesto delante de él soportó la cruz...» (He. 12:2). «Hemos de soportar la pruebas como viendo al invisible (He. 11:27), «puestos los ojos en Jesús...» (He. 12:2).

325. *LA IMPORTANCIA DE LA ORACIÓN (Lucas 18:1)*

Orar a Dios es de la máxima importancia, y además es absolutamente necesario.

I. La naturaleza de la oración

1. La oración es la expresión humilde a Dios de nuestras necesidades y de nuestros deseos.

2. La oración es el reconocimiento del ser y de la providencia de Dios.

3. La oración es una declaración de que el infinito Jehová, la Soberanía ofendida, ha restablecido la comunión con el hombre, a través de la mediación del Señor Jesucristo, en quien ÉL tomó contentamiento.

4. Orar a Dios implica:

a) El conocimiento de su carácter.

b) La profunda convicción de la necesidad de ayuda Divina.

c) La súplica a Dios por socorro:

–Una fiel confesión de todas nuestras ofensas.

–Una declaración honesta de nuestras necesidades.

–Una petición ferviente de las bendiciones y la asistencia de Dios.

d) La oración ha de ser dirigida a Dios mediante la mediación de Cristo.

e) Durante la oración, el que ora debiera ser gobernado por la voluntad de Dios.

II. El acto de la oración debe...

1. Ser sincera.

2. Ser ofrecida con reverencia y humildad.

3. Ser ofrecida con fervor.

4. Ser constante.

5. Por tanto debemos orar siempre, y no desmayar; porque:

a) Nosotros pecamos sin cesar, por lo tanto necesitamos orar siempre.

b) Nuestros enemigos nunca dejan de oponerse y combatimos, por lo cual necesitamos orar constantemente.

c) Nuestras pruebas y aflicciones: nuestros deseos físicos y espirituales, nunca cesan.

d) Dios siempre espera para derramar su gracia.

326. *LA NECESIDAD DE LA ORACIÓN PRIVADA (Mateo 6:5-8)*

1. La oración privada es:

a) Un mandamiento u orden (Mt. 6:6).

b) Para ser recompensada por Dios (Job 22:27).

c) Para ser recompensada abiertamente en los Cielos (Mt. 6:6).

d) Es una evidencia de la conversión (Hch. 9:11).

e) Nada debería estorbaría (Dn. 6:10).

2. La oración privada debería hacerse:

a) Tres veces al día (Sal. 55:17).

b) De día y de noche (Sal. 88:1),

c) Sin cesar (1 Ts. 5:17).

3. Ejemplos de oraciones privadas:

a) Jacob (Gn. 32:9-12).

b) Gedeón (Jue. 6:22, 36, 39).

c) Ana (1 S. 1:10).

d) Isaías (2 R. 20:11).

e) Jeremías (Jer. 32:16-25).

f) Jonás (Jon. 2:1)

g) Habacuc (Hab. 1:2).

h) Pedro (Hch. 9:40).

i) Cornelio (Hch. 10: 30).

j) Cristo (Mt. 14:23; Lc. 9:18, 19).

327. *LA ORACIÓN (Efesios 6:19)*

Hemos visto al apóstol enseñando al cristiano a vestir su armadura. Sólo necesita una cosa para usar esta armadura de forma eficiente; la oración constante de los hermanos. En el siguiente texto se nos exponen las características de la vida de oración de los creyentes...

1. Constancia: «... Orando en todo tiempo...». No se refiere a una constante expresión verbal articulada, sino a una permanente disposición para orar.

2. Variedad: «... Con toda deprecación y súplica...»; como, por ejemplo, súplica, contemplación, acción de gracias, oración exclamatoria, etc. Todo aquello que pueda cruzar por el espíritu humano y elevarse hacia el Trono de la Gracia.

3. La inspiración del Espíritu de Dios: «... En el Espíritu...». La oración así inspirada no debe ser mecánica y formal. Para adquirir esta disciplina de la cual habla el apóstol como imprescindible, debemos mirarnos a nosotros y a la providencia de Dios. Cuando un hombre ora de esa manera, no podrán nunca satisfacerle las oraciones mecánicas o estereotipadas. Lo que necesitamos son horas fijas para nuestras devociones. No creo en una oración difusa, que pasa por la vida como la cola de un cometa sin núcleo a través del espacio.

328. *LA ORACIÓN ACEPTABLE (1 Juan 5:14)*

1. Hemos de pedir con propósito correcto:
a) No para informar a Dios.
b) Ni tampoco para cambiar a Dios.
Sino...
c) Para obtener las bendiciones prometidas.
d) Para interceder por otros.

2. Hemos de pedir de forma correcta:
a) Filialmente.
b) Honestamente.
c) Simplemente.
d) Confiadamente.

329. *LA ORACIÓN CONSTANTE QUE PREVALECE (Santiago 5:16-18)*

INTRODUCCIÓN: unas cuantas palabras que se dicen no constituyen una oración. Dios no sólo oye las palabras. Él contesta los deseos fervientes del corazón. La oración que recibe respuesta es la oración ferviente y sincera.

1. La iglesia en Jerusalén oró (Hch. 12:1-16):

a) Santiago había sido asesinado, y Pedro prisionero (vv. 2, 4).

b) La iglesia oraba sin cesar por la liberación de Pedro (v. 5).

c)La oración continuó y Dios envió un ángel (v. 7).

d) Pedro es liberado.

e) Llega a casa de María y Marcos donde se hacía oración (v. 12).

f) La gente estaba sorprendida por la respuesta de Dios (v. 16).

g) Las esposas habían orado por sus esposos, los padres por sus hijos, y estaban asombrados de verlos salvos.

2. La oración no siempre recibe respuesta el primer día:

a) Elías oró siete veces antes de recibir respuesta (1 R. 18:42-44).

b) Daniel oró veintiún días antes de que Dios le contestara (Dn. 10:12-14): los poderes del mal estorbaban.

c) La viuda que tenía dificultades oró haciendo varias tentativas (Lc. 18:1-7): a veces Dios tarda en responder (v. 7).

d) Cornelio ayunó y oró mucho antes de recibir respuesta (Hch. 10:2-4).

e) Jacob luchó toda la noche antes de recibir respuesta (Gn. 32:24, 28).

3. Algunas oraciones que lograron recibir respuesta:

a) Pablo y Silas oraron con total éxito (Hch. 16:25, 26).

b) Josué también oró exitosamente (Jos. 7:6-10).

c) La iglesia en Antioquía recibió respuesta (Hch. 13:23).

d) Ezequías oró con éxito para recibir su salud (2 R. 20:2-5).

e) Jonás oró desde el vientre del gran pez y Dios le oyó (Jon. 2:1-2).

CONCLUSIÓN: la oración que alcanza el trono de la gracia, es la única que trae de vuelta la respuesta.

330. *LA ORACIÓN DE NEHEMÍAS* *(Nehemías 1:6)*

INTRODUCCIÓN: haced un estudio del libro de Nehemías y notaréis que era un hombre de oración. Estudiad detalladamente la oración del cap. 1, vv. 5-11, y ved los siguientes puntos:

1. Es una oración de consolación: el corazón de Nehemías estaba triste a causa de la condición de Jerusalén y del pueblo del Señor. El estaba en el palacio del rey en Susa. Sentía gran consolación y satisfacción en que el Señor contestara a sus oraciones, diciéndole que tenía que hacer y como debía hacerlo.

2. Es una oración de confianza: Nehemías sabía a quién acudir cuando necesitaba ayuda. Ayunó y oró ante el Dios del Cielo. Tened fe en Dios. Ejercitad esta fe. Aceptad las promesas de Dios y usad Su poder para llevar a cabo Su voluntad en la vida.

3. Es una oración de confesión: Nehemías sabía que los hijos de Israel habían pecado contra el Señor, y le habló acerca de los pecados de Su pueblo. El primer paso hacia la restauración y la comunión con el Señor es el arrepentimiento del pecado. Hemos de escoger entre el pecado o la ruina. Se trata de volver de nuestros malos caminos o perecer. ¡Cuánta necesidad tiene la gente de confesar sus pecados!

4. Es una oración llena de valor: Nehemías estaba viviendo muy bien y confortable en el palacio del rey. Se necesitaba mucho valor para tomar la decisión de dejar todo aquello para servir al Señor, restaurando la ciudad de Jerusalén y ayudando al pueblo de Dios. Siempre se requiere valor para hacer lo que el Señor quiere que hagamos, y para seguir Sus directrices.

5. Es una oración con continuidad: «Esté ahora atento tu oído y abiertos tus ojos para oír la oración de tu siervo, que hago ahora delante de ti día y noche...». Ésta es una clara muestra de la importunidad en la oración. Una oración que no se daría por vencida hasta que viniese una respuesta de parte de Dios. Para ganar y obtener la victoria es preciso orar de esta manera.

CONCLUSIÓN: un cuidadoso estudio de esta oración debería animar a todos los creyentes de hoy día. Poned en práctica el espíritu de Nehemías. Orad al Señor.

331. *LA ORACIÓN DEL PUBLICANO* *(Lucas 18:13)*

INTRODUCCIÓN: éste es el único pensamiento legítimo para un hombre en la presencia de su Creador. ¿Qué otro vínculo que no sea la misericordia, puede haber entre el Dios de amor y santidad, y el pecador perdido? «Dios, sé propicio a mí, pecador». David también conocía esta bendita petición, cuando dijo: «Ten misericordia de mí, oh Jehová...».

1. Hay una petición que Dios nunca rechazará: es la oración que al Señor tanto le agrada: «Dios, sé propicio a mí, pecador». David sabía la validez de estas palabras cuando oraba diciendo: «Ten piedad de mí, oh Dios, conforme a tu misericordia...» (Sal. 51:1). Dios ha hecho un libro maravilloso lleno de promesas, y éste es para los pecadores. Él ha dado a Su Hijo unigénito, quien es también para los pecadores.

2. La forma adecuada de obtener esta condición adecuada de la mente: consiste en ser alcanzado de la misma forma de la que lo fue el publicano. Toda su mente parece haber estado ocupada con Dios, el resto de las cosas eran secundarias. La mayoría de las personas tratan de cultivar la penitencia mirando a sí mismas, hacia su interior. Es el estudio de Dios, y no de nosotros mismos, lo que forma adecuadamente la mente del penitente. Nada hace que el pecado parezca tan terrible y aborrecible como contemplar el amor de Dios.

3. Cualquier persona que quiera ser un verdadero penitente debe tener un punto de vista correcto sobre la misericordia: es fácil decir: «Señor, ten misericordia de mí». Pero la aceptación y el poder de dicha oración depende de la aprehensión que se tenga de estos términos. Si Dios, sencillamente en un acto de soberanía, perdonara el pecado y remitiera el castigo, no sería misericordia. El perdón dado de esa manera sería prácticamente una licencia para que los otros siguieran pecando. Antes de que Dios pueda mostrarse misericordioso hacia un pecador, debe recibir una satisfacción y su equivalente. Esta satisfacción es Cristo.

CONCLUSIÓN: el penitente que cree presenta a Cristo, y Dios queda satisfecho. Entonces, su misericordia, que existió desde toda la eternidad,

pero que se mantenía separada de los hombres a causa de sus pecados, fluye libremente, porque Cristo con Su obra expiatoria quitó la barrera que había entre Dios y el hombre.

332. *LA ORACIÓN EFECTIVA* *(Santiago 5:16)*

1. El carácter de un hombre evangélico: justo.

2. La naturaleza de su oración: detallada y enérgica.

3. El efecto de su oración: de provecho y utilidad.

333. *LA ORACIÓN EXCLAMATORIA* *(Nehemías 2:4)*

Se basa en la piedad y conducta de Nehemías: sus fervientes oraciones exclamatorias.

1. La naturaleza de este tipo de oración: orar es presentir los deseos de Dios. La oración social es la petición unida hecha por muchos, la oración privada es la súplica de un individuo...

a) La oración exclamatoria no depende del lugar donde se esté. Puede hacerse en cualquier parte.

b) No depende tampoco del tiempo.

c) No depende de una ocasión o circunstancia.

2. Algunos ejemplos de oración exclamatoria que tuvieron éxito:

a) El siervo de Abraham (Gn. 24:12).

b) Sansón (Jue. 16:28).

c) Esteban (Hch. 7:5).

d) Cristo (Mt. 11:25).

3. Los tiempos en que la oración exclamatoria puede ser especialmente necesaria:

a) En llamados repentinos e inesperados para llevar a cabo una tarea difícil e importante.

b) El día sagrado de reposo.

c) En la hora de la tentación.

d) En períodos de enfermedad.

4. Las ventajas de la oración exclamatoria:

a) Mantiene en la mente un sentimiento habitual de dependencia de Dios.

b) Preserva la mente en un tono apropiado para el ejercicio de la devoción.

c) Es un poderoso elemento preventivo contra el pecado.

d) Nos capacita para contender valerosamente contra los enemigos o dificultades.

e) Despierta en nosotros la actividad y el celo en la causa de Dios y las cosas espirituales.

334. *ORACIÓN EN SECRETO* *(Mateo 14:23)*

1. La vida de santidad requiere períodos de un reposo de oración.

2. La vida muy ocupada debe asegurarse tales períodos.

3. El provecho de la vida se incrementa con estos períodos.

335. *ORACIONES INCORRECTAS* *(Santiago 4:3)*

Muchas personas no oran en absoluto. Viven día tras día sin agradecerle a Dios por los favores que Él les concede, o sin pedirle aquellas bendiciones que necesitan. Hay otras personas que oran regularmente cada día, pero no reciben nada en respuesta a sus oraciones. La razón se nos da en este texto: «Pedís, y no recibís, porque pedís mal, para gastar en vuestros deleites».

¿Cuándo oramos de forma incorrecta?

1. Cuando no somos fervientes en nuestras oraciones.

2. Cuando somos arrastrados por motivos indignos.

3. Cuando no estamos dispuestos a apartarnos del pecado.

4. Cuando permitimos en nosotros un espíritu no perdonador.

5. Cuando no deseamos hacer aquello que promueve los objetivos por los cuales elevamos nuestra oración.

6. Cuando oramos con un espíritu de incredulidad.

7. Cuando nuestras oraciones no son presentadas en el nombre de Cristo.

336. *ORANDO CON CELO E INTENSIDAD (Marcos 14:32-42)*

Se nos ordena a:

1. Velar y orar (en griego, significa «estar alerta, atento») (Mt. 26:41; Mr. 13:33).
2. Ayunar y orar (Mt. 17:20, 21; Mr. 9:29).
3. Trabajar y orar (en griego, significa «agonizar») (Col. 4:12; He. 5:7).
4. Esforzarse y orar (en griego significa luchar) (Ro. 15:30).
5. Orar siempre (Ef. 6:18).
6. Constantes (Ro. 12:12).
7. Orar sin cesar (1 Ts. 5:17).
8. Orar día y noche (1 Ts. 3:10).

337. *ORANDO EN TODO MOMENTO (Hechos 16:25)*

1. Es posible orar en todo tiempo:

a) En tiempos de prosperidad (1 R. 8:22; Hch. 10:1).

b) En tiempos de adversidad (Stg. 5:13).

2. La oración es provechosa en todo tiempo:

a) Nos pone en contacto con Dios (Dn. 9:23).

b) Hace que compartamos nuestras necesidades con el Señor (Fil. 4:3-7).

c) Abre el camino para que Dios nos ayude (1 R. 18:36-39; Hch. 4:31).

d) La verdadera oración siempre es coronada con el éxito (Jn. 14:3; Stg. 1:5, 6).

3. La oración es poderosa en todo tiempo:

a) Pone en marcha el mecanismo de acción de Dios (Dn. 10:10-21).

b) Hace temblar a Satanás (Ef. 6:10-20; Stg. 4:7).

c) Libera al hombre del pecado (Lc. 22:40).

d) Desata poder suficiente como para mover montañas (Mt. 17:19-21).

338. *ORAR: LO PRIMERO Y LO ÚLTIMO (1 Timoteo 2:1-15)*

1. ¿Dónde orar?

a) En privado (Mt. 6:6).

b) En público (Hch. 1:14).

2. ¿Cómo orar?

a) En el Espíritu Santo (Jud. 1:20).

b) En fe (Stg. 1:6).

3. ¿Por quiénes orar?

a) Por todos los santos (Ef. 6:18).

b) Por todos los hombres (1 Ti. 2:1).

4. ¿Cuándo responde Dios?

a) A veces, inmediatamente (Is. 65:24).

b) A veces, después de un tiempo (Lc. 18:7).

c) Otras veces, de manera distinta a como esperábamos (2 Co. 12:8-9).

5. ¿Qué estorba nuestras oraciones?

a) Pedir mal (Stg. 4:3).

b) La incredulidad (Stg. 1:6, 7).

c) Iniquidad en el corazón (Sal. 66:18).

339. *PIDIENDO Y RECIBIENDO (Lucas 11:5-10)*

De estas palabras aprendemos...

1. Que podemos allegarnos a Dios como a un amigo: es un amigo verdadero, compasivo, rico y fuerte.
2. Que podemos allegarnos a Él en todo tiempo, y bajo todas las circunstancias de la vida: «A medianoche».
3. Que hemos de confesar nuestra pobreza: «No tengo que ponerle delante...».
4. Que hemos de ser específicos en nuestras oraciones: «Pan». Pedir específicamente lo que necesitamos en cada momento.
5. Que debemos de pedir abundantemente: «Tres panes» (Sal. 81:10).
6. Que tenemos que orar por nuestros amigos: «Un amigo mío...».
7. Que hemos de perseverar en la oración: «...Por su importunidad se levantará...».
8. Una oración así, recibirá respuesta. «Pedid, y se os dará...» (vv. 9, 10).

340. *¿POR QUÉ NUESTRAS ORACIONES NO RECIBEN RESPUESTA? (Santiago 4:1-10)*

Dios no nos escuchará...

1. Si permitimos la iniquidad en nuestros corazones (Sal. 66:18).

2. Si cometemos pecado (Is. 59:1, 2).

3. Si no perdonamos a los demás (Mr. 11: 25, 26).

4. Si nos creemos justos en nuestra propia justicia (Lc. 18:10-14).

5. Si dudamos al orar (Stg. 1:5-7).

6. Si no pedimos para la gloria de Dios (1 Co. 10:31; Stg. 4:15).

7. Si rechazamos la Palabra de Dios (Pr. 28:9).

8. Cuando nuestros motivos no son los debidos (Hch. 8:18-23; Jn. 9:31).

9. Cuando pedimos equivocadamente (Stg. 4:3).

10. Cuando vivimos en pecado (Jn. 9:31).

11. Cuando dejamos a Dios (Jer. 14:10-12).

12. Cuando rechazamos el llamado de Dios (Pr. 1:24, 25, 28).

13. Cuando hacemos oídos sordos al clamor de los pobres (Pr. 21:13).

14. Cuando somos idólatras (Ez. 8:15-18).

15. Si somos hipócritas (Job 27:8, 9).

16. Si somos orgullosos (Job 35:12, 13).

17. Si somos enemigos de los hijos de Dios (Sal. 18: 40, 41).

18. Si oprimimos a los santos (Mi. 3:2-4).

341. *PUNTUALIZACIONES ACERCA DE LA ORACIÓN (Lucas 18:1-8)*

Los hombres deben orar siempre...

1. «Orando en todo tiempo con toda deprecación y súplica (Ef. 6:18).

2. «...Siempre esforzándose intensamente por vosotros en sus oraciones...» (Col. 4:12).

3. Persistiendo en oración de día y de noche (Ro. 12:12; Col. 4:2; 1 Ts. 3:10).

342. *RESPUESTAS A LA ORACIÓN (1 Tesalonicenses 5:17)*

1. Jacob lucha y prevalece: se convierte en el «Príncipe de Dios».

2. Moisés clamó: el mar se dividió.

3. Josué oró: se descubrió el pecado de Acán.

4. Ana oró: nació Samuel.

5. Asa oró: se ganó la victoria

6. Josafat clamó: Dios alejó a sus enemigos.

7. Isaías y Ezequías oraron: 185.000 asirios fueron muertos en doce horas.

8. Daniel oró y...

–Le fue revelado un sueño.

–Se cerró la boca de los leones.

–Se le reveló la profecía de las setenta semanas.

9. Nehemías oró: el corazón del Rey fue suavizado.

10. Elías oró: hubo sequía durante tres años.

11. Elías oró: descendió la lluvia.

12. Eliseo oró: el Jordán fue dividido.

13. Eliseo oró: el alma de un niño volvió a su cuerpo (la oración alcanza a la eternidad).

14. Los apóstoles oraron: descendió el Espíritu Santo.

15. La Iglesia oró: Pedro fue librado de la prisión

343. *RESULTADOS DE UNA REUNIÓN DE ORACIÓN (Hechos 4:31-35)*

1. Poseían un gran valor (v. 31).
2. Eran unidos de corazón (v. 32).
3. Consagraban todo lo que tenían (v. 32).
4. Demostraban una gran sencillez (v. 32).
5. Testificaban con gran poder (v. 33).
6. Demostraban tener mucha gracia (v. 33).
7. Tenían cuidado unos de otros (v. 34).
8. Estaban en completa sujeción (v. 35).

344. *SIETE COSAS SOBRE LA ORACIÓN (Mateo 6:5-15)*

1. El tiempo para orar: «Siempre» (Ef. 6:18, 19).

2. La forma de orar: «Con toda deprecación y súplica» (Ef. 6:18-19).

3. El tema de la oración: «Por todos los santos» (Ef. 6:18-19).

4. El poder de la oración: «En el Espíritu» (Ef. 6:18-19).

5. La continuidad de la oración: «Con toda perseverancia» (Ef. 6:18-19).

6. La individualidad de la oración: «Y por mí» (Ef. 6:18, 19).

7. El tema de la oración: «... A fin de que al abrir mi boca me sea dada palabra...» (Ef. 6:18, 19).

345. TIEMPOS DE ORACIÓN (Salmo 5:1-3)

Deberíamos orar...

1. De acuerdo con nuestra fe (Stg. 1:6-8).
2. Con meditación (Jn. 14:6).
3. Después de haberse reconciliado con el hermano (Mt. 5:24).
4. Cuando hemos hecho confesión (1 Jn. 1:9).
5. Al sometemos a Dios (Mr. 14:36).
6. De acuerdo a la seguridad que tenemos (1 Jn. 5:14, 15).
7. Mientras actuamos de forma obediente (Jn. 9:31).
8. Al mismo tiempo que permanecemos en Él (Jn. 15:7).
9. Con firmeza (Stg. 1:6; Gá. 6:9).
10. Cuando somos pacientes (Gá. 6:9).

346. *UN GRITO DE SOCORRO (Mateo 15:25)*

INTRODUCCIÓN: ésta es una de las oraciones más cortas, y sencillas jamás pronunciadas, pero sin embargo ¡cuán eficaz ha probado ser! Una pobre mujer sirofenicia vino al Señor Jesús para buscar Su ayuda compasiva en favor de su hija afligida. Hay cuatro características del clamor de esta mujer que son dignas de tener en consideración...

1. La sinceridad: nunca una oración ha sido más sincera, y más salida del corazón que la de esta mujer. «¡Señor, socórreme!». La petición vino de lo profundo de su corazón. Ella sintió la oración tanto por dentro como por fuera, al momento de pronunciarla. Así también debemos nosotros actuar cuando nos lleguemos al trono de la gracia:

a) Las verdaderas oraciones deben ser sinceras.

b) Debe de haber un sentido de necesidad.

c) Debemos orar de corazón.

d) Debe de haber un deseo real de las cosas por las cuales pedimos.

e) La sinceridad en la oración es la verdadera vida de la oración; sin ella todo lo demás es en vano.

2. Humildad:

a) Ahora bien, la verdadera oración debe ser tanto humilde como sincera.

b) El orgullo ofende a Dios, y especialmente cuando está relacionado con la oración. «Dios resiste a los soberbios...».

c) La oración del fariseo fracasó a causa de su orgullo, mientras que la del publicano fue aceptada a causa de su humildad y fe.

d) Para prevalecer ante el trono de gracia debemos ser humildes de espíritu.

3. Importunidad: aunque la oración de la mujer fue humilde, no por ello dejó de ser insistente, o importuna. Era humildemente persistente. Su primera petición fue la siguiente: «Señor, Hijo de David, ten compasión de mí!» Pero Jesús no le respondió palabra. ¡Cuán extraño, y qué desalentador! Si se levantaron dudas en su mente, ella se sobrepuso a las mismas. Entonces cuando el Señor Jesucristo habló no dijo palabras muy esperanzadoras. Sin embargo la importunidad no cesó ni disminuyó. Al igual que la mujer, debemos ser importunos cuando buscamos aquellas bendiciones que necesitamos.

4. La fe:

a) El Señor Jesús dijo: «Oh mujer, grande es tu fe...»

b) Al Señor le agradó su humildad y su importunidad, pero especialmente su fe. La fe de aquella mujer era notable. Ella no tenía ninguna promesa específica que le diese ánimo –no era una israelita– y su conocimiento de Cristo era escaso.

c) Para que la oración sea aceptable, debe ir acompañada de fe. En He. 11:6 leemos: «Y sin fe es imposible agradar a Dios...».

d) Únicamente la oración de fe prevalecerá

e) El Señor Jesucristo demoró Su respuesta al grito de socorro de la mujer, pero a su tiempo debido le respondió sabiamente: «Oh mujer grande es tu fe; hágase contigo como quieres»

f) La oración de fe no será hecha en vano

347. *UNA LECCIÓN SOBRE LA ORACIÓN (Lucas 18:9-17)*

1. Los hombres que se conocen a sí mismos nunca desprecian a los demás (v. 9).

2. Si nos justificamos a nosotros mismos (vs. 9), Dios nos condena (v. 14).

3. Una oración sin penitencia es como un pájaro sin alas (v. 11).

4. Id al templo a orar, no a hacer juicio (v. 11).

5. Diezmad y no os jactéis de ello (v. 12).

6. Es mejor reconocer los pecados que amontonar virtudes (v. 13).

7. Podéis ver a Dios como Salvador cuando os veis a vosotros como pecadores (v. 14).

8. Aquel que se exalta a sí mismo no es digno de ser exaltado (v. 17).

348. *UNIDAD EN LA ORACIÓN (Mateo 18:19-22)*

1. El Señor Jesús unió a otros en oración:

a) En la transfiguración (Lc. 9:28, 29).

b) En la agonía de Getsemaní (Mt. 26:36-38).

2. La iglesia primitiva, unida en oración:

a) Oraban continuamente en el Templo (Lc. 24:52, 53).

b) Oraban unidos en el aposento alto (Hch. 1:14).

c) Estaban unánimes en el día de Pentecostés (Hch. 2:14).

d) Pedro y Juan iban juntos a la oración (Hch. 3:1).

e) Elevaban sus voces en oración (Hch. 4:23, 24).

f) Muchos se juntaban para orar (Hch. 12:12).

g) Pablo y Silas oraban en el calabozo (Hch. 16:25).

3. Hay promesas especiales para aquellos que oran juntos:

a) Donde estén dos o tres reunidos en Su nombre, el Señor está presente (Mt. 18:20).

b) Si dos se pusieren de acuerdo en cualquier cosa, les será hecho (Mt. 18:19).

349. *ORACIONES BREVES (Mateo 14:30)*

1. Los tiempos de prueba son tiempos ideales para que los siervos del Señor practiquen la oración: en nuestros dolores físicos y angustias mentales nos sentimos naturalmente inclinados a orar.

2. Las oraciones cortas son suficientes, pues lo importante no es el largo de las mismas, sino su fuerza.

3. Nuestras ocasiones extremas son las oportunidades de Dios: cuando no podemos hacer nada, el Señor puede hacerlo todo. Apelemos a Su poderosa ayuda y todo se arreglará.

350. *CUANDO ORAS (Mateo 6:6)*

1. El período: «Pero tú, cuando ores...».
2. El lugar: «Entra en tu aposento...».
3. La privacidad: «Y a puerta cerrada...».
4. La persona: «Ora a tu Padre...».
5. La promesa: «Te lo recompensará...».

351. *INVITACIÓN A AMPLIAR LA ORACIÓN*

«Abre tu boca, y Yo la llenaré» (Sal. 81:10).

El abrir la boca, puede referirse a los hijos que piden el alimento, o a alguien que solicita un favor, y nos enseña que Dios es capaz de cumplir nuestros más amplios deseos.

1. Explicar la exhortación «Abre tu boca». Pide mucho, y Dios te lo dará. Espera mucho de Él...

a) No estés satisfecho con las bendiciones temporales, sino pide por aquellas cosas que son espirituales y eternas.

b) No te contentes con un grado bajo de religión, sino aspira y ora por mucho; mucho del poder de Dios y mucho de Su consolación para el alma. No ores solamente por la fe que salva, sino además por aquella que es fuerte, dando gloria a Dios.

c) No ores únicamente por aquellas cosas que le preocupan a tu propia alma, sino también

por el bien de las almas de los demás; por el bien de la causa de Cristo y su Reino.

d) Pídelo todo en fe.

2. Reforzar la exhortación: considerad la necesidad que hay de oraciones amplias, y por qué deberíamos abrir nuestras bocas con el deseo de que Dios las llene.

a) Nuestros deseos son muy grandiosos y urgentes. Somos criaturas necesitadas.

b) Grandes como son nuestros deseos, no lo son en demasía para la suficiencia de Dios. Miremos a las promesas de Dios; consideremos lo que Él ha hecho en el pasado.

c) La redención de Cristo Jesús es también enorme. Por medio de ella se hace provisión para todos nuestros anhelos, y un medio para la convergencia de toda bendición.

352. *MOTIVOS EN LA ORACIÓN* *(Lucas 18:10-14)*

INTRODUCCIÓN: cuesta creer que pueda haber algo el erróneo en la oración, pero este incidente prueba que en realidad puede ser así. El texto implica que es necesario algo más que una oración pública para ser un cristiano.

1. Estos dos oradores son parecidos en algunas cosas:

a) Ambos eran hombres, tenían el mismo sexo.

b) Ambos iban a la iglesia (cosa recomendable, pero que de por sí no salva a nadie).

c) Ambos creían en la oración (Dios no siempre contesta a todas ellas).

2. Pero el fariseo...

a) Oraba consigo mismo; le gustaba su propia voz.

b) Se dirigía a Dios como a un igual: «Dios...

c) Se recomendaba a sí mismo: «... no soy como los demás hombres...».

d) Despreciaba a los demás: «...ni tampoco como...».

e) Revelaba un interior orgulloso y egoísta: los hombres pueden profesar ser seguidores de Cristo con todas estas cosas visibles en su personalidad. Este no es el espíritu de Cristo.

3. El publicano: un verdadero adorador, porque...

a) Vino con «reverencia»: «... de pie y a bastante distancia...».

b) Indicaba donde estaba el centro de su problema: un corazón quebrantado.

c) Confesó su «estado»: un pecador.

d) Oró por lo que necesitaba, «misericordia»: «sé propicio».

4. Considerad los resultados que obtuvieron ambos:

a) Dios tomó buena nota de ambos.

b) El fariseo fue rechazado.

c) El publicano fue justificado, o sea, que su oración fue contestada y satisfecha.

CONCLUSIÓN: ¿Nos humillamos en la presencia de Dios? Esperemos en Él con reverencia, temor santo, respeto y confesémosle abiertamente las necesidades de nuestro corazón. Nadie como los verdaderos líderes de la oración pueden tener seguidores amantes de la oración. Los apóstoles que oran engendrarán verdaderos santos que oran. Los púlpitos cultivados con la oración engendrarán una congregación entusiasta por la oración.

353. *ORANDO DE RODILLAS* *(Salmo 95)*

Debemos arrodillarnos...

1. Como Salomón: con reverencia (2 Cr. 6:13).

2. Como el leproso: con súplica (Mr. 1:40).

3. Como Cristo: con sumisión (Lc. 22:41).

4. Como Pablo: con seguridad (Ef. 3:14).

5. Como Esteban: con perdón (Hch. 7:60)

6. Como Pedro: intercediendo (Hch. 9:40)

7. Como David: humildemente (Sal. 95:6).

La oración da sentido a la vida, trae entre nosotros la sabiduría divina, y amplifica y fortalece la visión por las cosas espirituales. Podemos aprender más orando que en muchas horas de estudio. Nuestro lugar apartado de oración es una verdadera escuela de aprendizaje espiritual.

354. *LOS CRISTIANOS ORAN*
(1 Samuel 1:10, 11)

1. Orar es elevar el corazón hasta Dios (Lm. 3:41).

2. Orar es invocar el nombre del Señor (Gn. 12:8; Hch. 2:21).

3. Orar es presentar nuestras necesidades a Dios (1 S. 1:10, 11; Fil. 4:6; Stg. 1:5).

4. Orar es clamar a Dios por ayuda (Sal. 27:7; 50:15; 61:1).

5. Orar es acercase a Dios (Ef. 3:12, He. 4:16 10:22).

6. Orar es tener comunión con Dios (Lc. 11:2; Éx. 15:25).

7. Orar es interceder (1 Ti. 2: 1; Hch. 12: 5; Ef. 6:18, 19).

8. Orar es prueba de nuestra conversión con Dios (Hch. 9:11).

9. Orar es reconocer a Dios en todo (Stg. 1:17; Jn. 14:13).

355. *LA ORACIÓN DEL CREYENTE*
(Salmo 107)

1. Lo que es:

a) La mano vacía que necesita ser llena, como se expresa en la parábola del amigo que llegó a medianoche (Mt. 8:2, 3).

b) Un grito de desesperación, que trae liberación (Sal. 107:6, 13, 19, 28).

c) Una llave para abrir la alacena de las riquezas de los Cielos (Hch. 4:31).

d) Un seguro de protección que mantiene alejado al enemigo (Neh. 6:9).

e) La verdadera vida corriendo a través del ser espiritual, manteniendo todo el ser íntegro y saludable (Fil. 4:6, 7).

f) La oración es la compañera de la alabanza (Hch. 6:25).

2. Lo que produce:

a) La oración lleva a cabo muchas cosas, como lo demostró Elías en su vida (Stg. 5:17).

b) La oración concentra la mente sobre un objetivo, como lo ilustra Nehemías (Neh. 4:9).

c) La oración limpia el corazón y la vida, como lo experimentó David (Sal. 51:10).

d) La oración capacita al testigo para seguir adelante con renovado valor (Hch. 4:29).

e) La oración es el alma del avivamiento, como lo reconoció el Salmista (Sal. 119:154).

f) La oración es una de las piezas que forman parte de la armadura cristiana (Ef. 6:18).

3. Cómo orar:

a) Orad secretamente en el lugar destinado a pasar un rato en comunión con Dios (Mt. 6:6).

b) Orad velando estando alerta, con desvelo (Mt. 26:41).

c) Orad creyendo, en la simplicidad y sencillez de la fe (Mr. 11:18).

d) Orad constantemente, sin cesar, acompañando la oración con una vida santa (1 Ts. 5:17).

e) Orad permaneciendo en la voluntad de Dios y de Cristo (Jn. 15:7, 8).

f) Orad directamente, poniendo la mira en un objetivo definido (Stg. 5:17, 18).

356. *LA ORACIÓN Y LAS PERSONAS*
(Salmo 5)

1. Un hombre que suplica una bendición, como el amigo que llegó de medianoche tocando a la puerta para pedir pan (Lc. 11:5-10).

2. Un amigo buscando un favor, como Epafras orando por los Colosenses (Col. 4:12).

3. Un pastor orando por su rebaño en Efeso (Hch. 20:36).

4. Un niño orando a su Padre por todo (Mt. 6:9-15).

5. Un suplicante orando por justicia (Lc. 18:1-8).

6. Un creyente recibiendo una bendición (1 Jn. 5:14, 15).

7. Un sacerdote intercediendo por otros (1 Ti. 2:1).

357. *LA ORACIÓN QUE PREVALECE*
(Hechos 4:31)

1. El carácter de la oración que prevalece:

a) Unánime: «... Estaban todos unánimes juntos» (Hch. 2:1). Si hubiesen estado presente sólo 119, la reunión no habría tenido éxito. El hombre que tiene todos los miembros de su cuerpo, puede hacer más y mejor trabajo que el que no los tiene. La Iglesia es un cuerpo.

b) Unidos: «... Estaban todos unánimes juntos» (Hch. 2:1). «Y ellos, al oírlo, alzaron unánimes la voz a Dios...» (Hch. 4:24); «Y la multitud de los que habían creído era de un corazón y un alma...» (Hch. 4:32).

c) Urgente: la misma existencia de la Iglesia, la salvación de las almas, están en juego. Por eso todos los demás compromisos deben cancelarse, pues son secundarios.

d) Ferviente: «... Alzaron unánimes la voz a Dios...» (Hch. 4:24).

e) Escritural (Hch. 4:24-28).

f) Con fe: «Soberano Señor, tú eres el Dios que hiciste el Cielo, la tierra y el mar, y todo lo que en ellos hay...» (Hch. 4:24-29).

g) Persistente: «Todos perseveraban unánimes en oración y ruego...» (Hch. 1:14 y 2:42).

h) Exacta (Hch. 4:24-29).

2. Las consecuencias de la oración que prevalece:

a) El lugar fue sacudido, y no hay duda que la sacudida fue física, mental y espiritual. Dios sacude los corazones, los hogares y los tronos. Después de Pentecostés, 3.000 almas temblaron como hojas y preguntaron que era lo que tenían que hacer.

b) Todos fueron llenos del Espíritu Santo. El Espíritu de Dios es un Espíritu de humildad, fe, paz, amor, autonegación. Sus intelectos se iluminaron, sus afectos inflamados, y su voluntad fortalecida.

c) Hablaron la Palabra de Dios con osadía y valor (Hch. 2:4):

–¿Qué hablaron? La Palabra de Dios.

–¿Cómo? Con otras lenguas, con valor.

CONCLUSIÓN: nuestra necesidad presente no consiste en diplomas, diccionarios, enciclopedias o bibliotecas, sino en hombres y mujeres que sepan cómo orar.

358. *EL FUNDAMENTO DE LA ORACIÓN* *(Juan 14:13, 14)*

I. Entre los principales fundamentos de la oración está el derecho del uso correcto del nombre de Cristo

1. Para ser aceptable, la oración debe de ofrecerse en su nombre:

a) No liviana o mecánicamente.

b) No como una mera fórmula.

c) Involucra correspondencia con Su voluntad y armonía con Sus deseos.

d) Muchas de nuestras oraciones pierden su objetivo principal porque no están correctamente dirigidas.

2. Para ser aceptables, las oraciones deben estar en total acuerdo con la voluntad de Dios (1 Jn. 5:14, 15):

a) Demasiado a menudo tratamos de forzar nuestra voluntad sobre la de Dios.

b) Si la oración está llena de egoísmo, no merece una respuesta.

3. Es vital tener un reconocimiento del Espíritu Santo como nuestro guía en la oración.

II. La oración debe estar fundamentada en la fe

1. La fe es el medio de comunicación con Dios (He. 11:6; Stg. 1:6, 7).

2. William Proctor dice: «La fe es la oración en el corazón, y la oración es la fe en los labios... La oración es la llave para todos los tesoros de la gracia divina, abre todas las puertas y nos da acceso a todas las cosas; pero la fe es la mano que usa esa llave».

3. Dios ha prometido contestar la oración, y su promesa descansa sobre estas tres características:

a) La verdad de Dios (He. 6:18).

b) El amor de Dios (Is. 44:21; 49:15).

c) El poder de Dios (Gn. 18:14; Lc. 1:37).

III. Para que la oración sea efectiva, toda la vida debe ser recta: la oración y la pureza son inseparables...

1. Lo que da poder a nuestra oración no es lo que pretendemos ser cuando oramos, sino lo que somos cuando no estamos orando.

2. Cualquier clase de inconsistencia impide que nuestras oraciones sean contestadas.

3. Spurgeon dice lo siguiente con respecto a la oración: «Preparemos nuestras oraciones preparándonos a nosotros mismos (1 Jn. 3:22).

IV. Algunas características de la oración eficaz: debe ser...

1. Breve (Ec. 5:2).

2. Humilde (Lc. 18:13).
3. Específica (Fil. 4:6).
4. Escritural (Lc. 11:1).

CONCLUSIÓN: Satanás desea bloquear nuestras oraciones, de forma que si el creyente está orando sobre un terreno firme, ha de estar a la espera de ser el blanco de sus ataques, y solamente puede obtener la victoria si de manera continuada clama el nombre y la sangre del Redentor.

359. *EL INSPIRADOR DE LA ORACIÓN (Salmo 17)*

1. Cada persona de la bendita Trinidad está relacionada con el ejercicio de la oración: tenemos acceso al Padre, a través del Hijo, y por medio del Espíritu Santo (Ef. 2:18):

a) Dios el Padre oye y responde la oración (Sal. 17:6; Mt. 7:11; He. 11:6). Con su gracia, permite que nos acerquemos a Él en todo momento.

b) Dios el Hijo presenta nuestras oraciones imperfectas, y las apoya con su perfecta propiciación (He. 7; Ap. 8:3). Él es nuestro vínculo entre la Tierra y el Cielo. Es quien une ambos mundos. Todas las oraciones deben hacerse en Su nombre (Jn. 14:13, 14).

c) Dios el Espíritu es el Inspirador de la verdadera oración (Ro. 8:16, 27). ¡Cuánto dependemos del Espíritu al ponemos a orar! Estamos muy inclinados a pedir egoístamente aquellas cosas que son inadecuadas.

2. Cuando el Espíritu Santo toma posesión del alma y la convierte esencialmente en el Espíritu de intercesión: Él es nuestra máxima ayuda en la oración. Sin el Espíritu Santo nuestras oraciones carecen de vida, como un cuerpo sin alma, o tan ineficaces como un arco sin flecha.

360. *EL MODELO DE LA ORACIÓN (Génesis 18:22-33)*

INTRODUCCIÓN: los patrones ideales para la oración están esparcidos por todo el contenido de la Escritura...

1. Éstos son algunos ejemplos del Antiguo Testamento:

a) Abraham era un verdadero gigante de la oración. Su oración de intercesión por las ciudades en la llanura es incomparable. Como otro ejemplo de la comunión que Abraham tenía con Dios, tenemos cuatro aspectos de un modelo de oración, que son los siguientes:

–Era un lugar de separación (13:14).

–Era un lugar donde vio lo que Dios le mostró (13:14).

–Era el lugar de la promesa (13:14, 16).

–Era un lugar de poder (13:17).

b) Jacob recibió la bendición, después de llegar al fin de sus propios recursos (Gn. 32:26-29).

c) Moisés elevó una de las oraciones más osadas que aparecen en la Escritura (14:17-24).

d) Ana nos da un ejemplo de la oración de acción de gracias y triunfo por parte de una mujer (1 S. 1:26, 28 y 2:1-3). Notad tres aspectos en su oración:

–Era una oración de acción de gracias.

–Era una oración de dedicación solemne.

–En su oración, expresó una confesión de fe inspirada de corazón.

e) Notad las tres etapas de la oración de Ezequías (Is. 37):

–«Rasgó sus vestidos...»: lo cual revelaba una gran preocupación.

–«...Y cubierto de cilicio...»: lo cual mostraba su humillación.

–«... Vino a la casa de Jehová»: a adorar.
En su oración, Ezequías hizo confesión (v. 3):

–Expresó su esperanza (v. 4).

- Expresó su lamento ante el Señor (vs. 14).

- Hizo su petición (v. 15).

f) Notad las seis fases de la oración de David (Sal. 3:18):

- Lamento o queja ante Dios con relación a sus enemigos y al desánimo
(vv. 1, 2).

–Consciencia de la presencia de Dios (v. 3).

–Su clamor de socorro a Dios (v. 4).

–Su confianza en Dios (v. 6).

–Su invocación a Dios (v. 7).

–Su confesión acerca del carácter de Dios (v. 8).

2. En el Nuevo Testamento, también hay ejemplos: la gracia en el Nuevo Testamento

coloca al creyente en un plano mucho más elevado en su relación con Dios...

a) En Ef. 1:3 se exhorta al creyente a que ore y busque las bendiciones espirituales y para ello se le dan instrucciones específicas.

b) Se le dan al creyente varias promesas y seguridad para inspirarle a que tenga confianza.

c) Los creyentes del Nuevo Testamento oraban en el nombre del. Señor Jesús, lo cual significa otra ventaja sobre los santos del Antiguo Testamento.

d) Los creyentes del Nuevo Testamento tienen la seguridad de que Cristo está en los Cielos intercediendo a su favor (de hecho, Cristo promete contestar nuestras oraciones).

e) Los creyentes del Nuevo Testamento también tienen a su disposición el ministerio del Espíritu Santo.

CONCLUSIÓN: como cristianos, deberíamos seguir estos ejemplos.

361. *EL PRIVILEGIO DE LA ORACIÓN (Salmo 20)*

1. La familiaridad del creyente al acercarse a Dios en oración y entonces olvidarse de esa oración es un contrasentido:

a) Dios es alto y santo.

b) Nosotros, pobres pecadores sin embargo podemos ir directamente a Él sin necesidad de intermediario.

c) Fracasamos en aprovecharnos de este privilegio.

2. Nuestra concepción del privilegio de la oración tiene que ver con la manera en que nos acercamos a Dios:

a) Un entendimiento escritural del privilegio de la oración nos previene de tratar a Dios como si Él estuviese a nuestro nivel.

b) También nos impide de tratar a Dios como a alguien con quien podemos regatear.

c) Impide que tengamos una actitud indebida con Él.

3. De acuerdo con Ef. 3:12; He. 4:5; 10:19-22, podemos ser osados y confiados en la oración:

a) Esto significa libertad de expresión y libertad para pedir todo lo que queramos.

b) No implica que tengamos petición personal o una familiaridad inadecuada.

4. La oración es el teléfono que nos conecta con el Cielo. Es libre para todos, y nunca está fuera de uso. Sin embargo, debemos de usarlo siempre con reverencia y santo temor.

362. *LA NATURALEZA DE LA ORACIÓN (Apocalipsis 5:8)*

1. ¿Qué es exactamente la oración?

a) No es simplemente pedir.

b) Las palabras hebreas que se usan para la oración sugieren intercesión o intervención.

c) La palabra que se usa en el Nuevo Testamento para oración, sugiere una actividad verbal del que ora hacia Dios.

d) Otro término neotestamentario para indicar la oración sugiere súplica o necesidad.

2. El Señor Jesús, en respuesta a la petición de sus discípulos de que les enseñara a orar, les dio el modelo de oración que nosotros llamamos el «Padre Nuestro»:

a) En esta oración, sólo una mínima parte tiene que ver con la petición.

b) Dos tercios tienen que ver con la adoración y la alabanza.

3. La Biblia habla de la oración como: una petición, incienso, intercesión, súplica, queja, meditación, espera, etc. Mathew Henry dice que en la oración debe haber cinco partes:

a) Adoración.

b) Confesión.

c) Petición.

d) Acción de gracias.

e) Intercesión.

La oración es un acto de homenaje de la criatura hacia el Creador.

4. E. M. Bounds describe la oración así: «La vida de oración tiene sus propias leyes, así como el resto de la vida tiene sus leyes fundamentales. La oración se nos da con el propósito de que glorifiquemos a Dios. Es la manera indicada de dar al Señor Jesús la oportunidad de ejercitar Sus poderes sobrenaturales de salvación, y al hacerlo, Él desea usar a todos Sus hijos». ¿Está usted usando la oración en la forma correcta

363. *LAS ORACIONES DE PABLO (Hebreos 13:18, 19)*

Pablo era un hombre de oración; tan pronto como fue salvo empezó a orar. He aquí algunas lecciones de Pablo en lo que se refiere a la oración:

1. La oración por poder divino (Ef. 1:15-20).
2. La oración por conocimiento y poder (Ef. 1:15-21).
3. La oración por un Pentecostés personal (Ef. 3:13-21).
4. La oración por perseverancia en la santidad (Fil. 1:9-11).
5. La oración por percepción espiritual (Col. 1:9-13).
6. La oración por la perfección de la fe y el amor (1 Ts. 3:9-13).
7. La oración por una completa santificación (1 Ts. 5:23, 24).
8. La oración por el cumplimiento de la voluntad de Dios (2 Ts. 1:11, 12).
9. La oración por la paz y tranquilidad de corazón (2 Ts. 3:16).
10. La oración por la liberación de hombres malos (2 Ts. 3:1-5).
11. La oración por la estabilidad en la vida y en el servicio (2 Ts. 3:16).
12. La oración por una vida de acuerdo con la voluntad de Dios (He. 13:20, 21).

364. *LOS HÁBITOS Y EL LUGAR DE ORACIÓN*

(Mateo 6:5-8)

1. El lugar de la oración:

a) El entorno debe ser tan favorable como sea posible, pero lo que se necesita en realidad, es el buen espíritu.

b) Sin embargo, es normal que tengamos un lugar apartado destinado a nuestras meditaciones y oración.

c) Lo mejor es orar en forma audible para que no nos distraigan nuestros propios pensamientos.

2. La postura de la oración: en la Biblia no se prescribe ninguna postura en especial, sin embargo, sí asocia varias posturas o gestos con la oración. Por ejemplo...

a) Levantar las manos (Éx. 9:33).

b) Sentado (2 S. 7:8).

c) De pie (1 S. 1:26).

d) Arrodillado: Daniel, Esteban, Pedro y Pablo se arrodillaban varias veces.

e) Postrado (Ez. 3:13; Mr. 6:41; 7:34; Jn. 17:1).

3. El período de la oración: hemos de considerarlo un tiempo especial para conversar con Dios, pues la vida más activa es la que más necesita de la oración. Decir que no tenemos tiempo para orar es como si el chófer dijera que no puede pararse para poner gasolina. Grandes hombres de Dios dedicaron mucho tiempo a la oración...

a) Charles Simeon dedicaba cuatro horas cada día a orar.

b) Charles Wesley daba dos horas diarias al ejercicio de la oración.

c) John Wesley también dedicaba dos horas diarias a orar.

d) Martín Lutero pasaba orando tres horas al día.

e) Judson de Birmania oraba a medianoche, en la aurora, y seis veces durante el día.

f) Daniel oraba tres veces al día (Dn. 6-10).

g) Pablo y Silas oraban a medianoche.

h) El Señor Jesús oraba diariamente en la mañana y a veces durante toda la noche.

4. Algunas enseñanzas bíblicas acerca de cuándo orar:

a) En períodos regulares (Sal. 55:17).

b) Por la mañana.

c) A la tarde (Sal. 4:8; 42:8; 141:2).

d) A mediodía.

e) Oraciones dichas en voz baja, o «como suspiros».

5. Las fases de la oración: hay tres maneras bíblicas de orar...

a) Unidos.

b) En familia.

c) En privado o en secreto.

6. Método, edad, posición o raza: no constituyen ninguna barrera para la oración. La oración debe ser una fuerza personal en la vida del individuo.

365. *CONDICIONES PARA LA ORACIÓN EXITOSA (Santiago 4:3)*

1. El perdón de los enemigos (Mr. 11:24; Col. 3:13; Mt. 18:19, 22; Mt. 5:23).
2. Confesión (Dn. 9:4, 8, 20, 23).
3. Sinceridad (Sal. 66:18).
4. Fe (He. 6:6; Stg. 1:5, 7).
5. Perseverancia o importunidad (Lc. 11:1, 13).
6. Fervor (Jer. 29:13).
7. En el nombre del Señor Jesús (Jn. 14:13-16).
8. Dependencia en el Espíritu Santo (Ro. 8:26; Ef. 6:18).

366. *LECCIONES SOBRE LA ORACIÓN (Lucas 18:13)*

1. No es el lugar en que estemos lo que hace que oremos correctamente.
2. La autosatisfacción es una preparación muy pobre para la oración.
3. Los hombres ricos son en realidad, unos pobres mendigos (Ap. 3:17).
4. La alabanza de uno mismo cierra las puertas a Dios.
5. La humildad abre el camino a Dios. El publicano consiguió aquello que pedía. La misericordia es para los humildes.
6. La oración del publicano encaja bien en todos los casos.
7. Los niños son bienvenidos a la oración.
8. La sencillez en la oración alcanza a Dios.
9. La oración no se compone solamente de palabras bellas.

Si un niño desea comida, no dice: «Padre o madre benevolente, derramad alimentos sobre vuestra descendencia». Sino más bien: «Mamá, tengo hambre».

367. *PEDID, BUSCAD Y LLAMAD (Lucas 11:1-13)*

1. En su evangelio, Lucas nos da enseñanzas específicas con respecto a la oración (Lc. 9:29; 22:32):

a) La oración debe hacerse con palabras sencillas: el Señor Jesucristo nos da un modelo perfecto (*véase* vv. 2-4).

b) La oración debe buscar primeramente la gloria de Dios: las tres primeras cláusulas de la oración del Señor buscan la gloria de Dios, las últimas cuatro, el bien de la humanidad.

c) La oración debe estar llena de auténticos deseos, y ha de ser importuna (vv. 5-10).

d) La oración debe ser íntima y confidencial (vv. 11, 12): como un niño le pide a su padre (*véase* v. 13). Sepamos que podemos usar cierta forma de oración y orar correctamente.

2. También se puede orar sin seguir una pauta específica, simplemente llamando a su puerta, y Él nos oirá.
3. Nunca recibirás algo malo de Dios, ya sea que lo pidas o no.

368. *LA ORACIÓN EN TRES FASES (Salmo 80:3)*

Este texto es una oración. La verdad que presenta este texto es por lo menos triple. A continuación vemos el arrepentimiento en la oración, la petición en la oración y el resultado de la oración.

1. Arrepentimiento en la oración: «Oh Dios, restáuranos...». O sea; hemos hecho lo malo, y ahora deseamos hacer lo bueno. Hemos estado en el camino equivocado, pero ahora deseamos ir por el camino recto. Hemos estado andando en camino de pecado, mas ahora deseamos ir por el camino de salvación. Solamente el Señor puede producir este cambio en el corazón de los individuos, y Él está dispuesto a hacerlo. Volveos a Él y Él os volverá a vosotros al camino recto.

2. La petición en la oración: «Haz resplandecer tu rostro...». Ayúdanos a ocupar en la vida el lugar en el cual podamos complacerte y ver tu sonrisa de aprobación. Que nuestros pensamientos, nuestras palabras y nuestras obras estén de acuerdo con Tu voluntad de tal manera que podamos saber que todo aquello que hacemos es agradable delante de ti. Cuando hacemos Su voluntad el Señor está complacido y nosotros estamos felices en Él.

3. Resultados de la oración: «...Y seremos salvos». Cuando confiamos en el Señor para nuestra salvación, Él nos salva del pecado, de la maldad, del fracaso y de la ruina. Rechazar al Señor resulta un acto fatal. Cuando servimos al Señor en sinceridad, Él se ocupará de que estemos seguros en esta vida y en la vida que ha de venir.

369. *ORACIÓN PIDIENDO SABIDURÍA* *(1 Reyes 3:9)*

1. La persona que hizo la oración: la persona que hizo esta oración fue Salomón. Era un hombre joven que estaba pronto para emprender la carrera de su vida. Sintió que tenía grandes obligaciones y estaba ansioso de actuar apropiadamente en cada uno de sus responsabilidades. En varias oportunidades había recibido la ayuda del Señor, y por lo tanto acudió a Él otra vez en busca de auxilio. Salomón era humilde y sincero y tenía grandes deseos de honrar al Señor.

2. La petición de la oración: Salomón oró al Señor pidiendo sabiduría para discernir entre lo correcto y lo incorrecto, y lo bueno de lo malo. Salomón deseaba tener un corazón que pudiese entender a Dios y seguir Su guía. Deseaba también entenderse a sí mismo y lo que Dios tenía para El en su vida. También quería entender al pueblo de Dios y Sus propósitos para con ellos; ser un buen rey y entender los tiempos en los que vivía y salir al encuentro de las demandas de aquellos días.

3. El poder de la oración: el Señor oyó la oración del joven rey y se agradó de ella. La oración fue directamente al trono de Dios y tocó Su corazón. El Señor le aseguró la respuesta y le dio a Salomón sabiduría más que a cualquier otra persona de su era o de cualquier otra era. Y aún hizo más, le dio al rey riquezas, honor y largura de días, e hizo de él un gran rey para todo Su pueblo. El Señor invita a cada persona a llegarse hasta su trono de gracia y pedirla sabiduría que se necesita en toda labor del Reino. Oremos pidiendo que el Señor nos enseñe a orar.

370. *UNA ORACIÓN DE LOS DISCÍPULOS* *(Lucas 11:1)*

El Señor Jesucristo fue el máximo ejemplo de oración para Sus discípulos, y les inspiró a orar en las palabras de esta breve oración.

1. Una oración en el lugar correcto: «Aconteció que estaba Jesús orando en un lugar...». Por supuesto que el Señor Jesucristo oraría en cualquier lugar„ pero esta vez estaba donde los discípulos podían verle y oírle.

2. Una oración a la persona indicada: «Señor». Esta oración fue hecha a la persona indicada, el Señor Jesucristo. El venía del Padre. Había estado presente y tuvo parte en la creación. El vino a la Tierra y vivió aquí para complacer al Padre, y murió cumpliendo Su voluntad.

3. Una oración con la petición correcta:: «Enséñanos». Este es un ruego hecho al Señor para que les enseñe. Verdaderamente Él es un gran Maestro.

4. Una oración para las personas indicadas: «Enséñanos», o sea, a nosotros. Esta es una oración de los discípulos en favor de sí mismos. Ellos eran los que sentían esa gran necesidad. Tenían un auténtico deseo de saber como orar. Todos los creyentes entran en el Reino de Dios por medio del nacimiento espiritual y son niños en Cristo. Deben de aprender sobre las cosas espirituales. Cuando los discípulos van a Dios en este espíritu, Él les enseñará como orar, cuando orar, por qué orar, y cual debe ser el espíritu de la oración.

5. Una oración con un propósito correcto: «A orar». Este es un deseo elevado y santo. Es una ambición realmente digna. Es una oración pidiendo conocimiento para saber como acercarse al trono de la gracia de una manera aceptable. Es un deseo de ir al Dios de todo poder y traer a la Tierra ese poder y conectarlo con los problemas de los hombres. Es una oración que desea recibir la habilidad necesaria para entrar en una relación íntima y bendita con el Padre en alabanza, adoración e intercesión.

6. Una oración que trajo la respuesta correcta: «Y les dijo: *Cuando oréis, decid»*: El Señor

Jesucristo les dio a los discípulos el modelo ideal para la oración, que tiene en sí todos los elementos esenciales de la verdadera oración. El Señor Jesucristo respondió esta oración de los discípulos. Él nunca falla.

371. *FACTORES EN LA ORACIÓN* *(Romanos 12:12)*

Pongamos atención a dos dificultades en llevar a cabo la oración en una atmósfera adecuada.

1. La primera, es una dificultad intelectual: la ciencia que no deja lugar para la oración....

a) Para Tyndale, orar por la lluvia, por ejemplo, equivalía a esperar una voluntad especial del Eterno, lo cual para su mente era absurdo.

b) En un punto de vista así, no hay lugar para la oración, tal como la conciben Haeckel y Tyndale.

2. La segunda dificultad es de índole intelectual. Los obstáculos morales siempre han sido los más importantes en la oración: los hombres están alienados de Dios y no están dispuestos a orar...

a) La oración debe abundar y persistir. El Dr. Moody Stuart da tres reglas excelentes:

–Ora hasta que sigas orando.

–Ora hasta que estés consciente de haber sido oído.

–Ora hasta que recibas una respuesta.

b) La paciencia es indispensable para tener éxito en la oración.

372. *ORACIÓN PRIVADA* *(Mateo 6:6)*

1. La oración íntima significa, literalmente, el lugar desde donde las cosas son otorgadas:

a) Nuestro Señor hizo del monte y del jardín sus lugares íntimos.

b) No es tanto el lugar como el espíritu del lugar.

2. Es necesario ir al lugar de oración...

a) Cuando llegues al lugar de la oración, cierra la puerta:

–Para aislarte de las cosas de fuera.

–Para estar y sentirte encerrado con Dios.

b) Esto implica que ores en voz alta; ésta es la razón por la cual debes encerrarte a solas con Dios.

3. Ora como si fueras un niño que habla con su padre:

a) No divagues, sino sé personal, confidencial y detallado.

b) Cada oración completa sigue un orden bien definido: confesión de pecados; acción de gracias por sus misericordias; súplica para el buen ejercicio de los dones y por gracia divina: intercesión; necesidades y ruegos y doxología.

c) La oración debería contener entre los elementos de la adoración a Dios por quien es ÉL en Sí mismo.

373. *LLENEMOS DE SENTIDO NUESTRAS SÚPLICAS* *(Daniel 9:3-21)*

En Stg. 5:17, leemos: «Elías era hombre de sentimientos semejantes a los nuestros, oró fervientemente...». ¿No son estas las mejores palabras que tenemos para hablar de Daniel en el texto que nos ocupa? Ésta no es tanto una oración de intercesión, como una oración de adoración, confesión y súplica. Esta forma de orar denota un excelente estado de salud espiritual de parte del que ora. Observad entonces...

1. Que esta oración fue llevada a cabo y promovida por la lectura de la Biblia (vv. 1, 2)

2. Veamos luego la preparación que Él hizo para la oración (v. 3):

a) «Y volví mi rostro al Señor Dios...» Esto indica el fervor en el propósito de la oración.

b) La búsqueda en la oración.

c) La negación de sí mismo era indispensable. Habría de ser una oración con ayuno.

d) «Cilicio y ceniza». Denota la profunda humildad.

3. Aquí también tenemos algo sobre la naturaleza de la oración (v. 4-15):

a) El acercamiento reverente a Dios (v. 4) el reconocimiento de la soberanía y la supremacía de Dios.

b) La confesión de pecados. Por tres veces en los vv. 5-15 se halla una declaración de reconocimiento de que han pecado. Notad las palabras que definen el pecado: iniquidad, cometer iniquidad, obrar perversamente, haberse apartado de Sus mandamientos y ordenanzas, traspasar Su ley, haberse rebelado, etc.

c) Petición a Dios (v. 16).

d) Notad también cuál es el motivo que se expone: es por «tu ciudad Jerusalén» «tu santo monte», «Jerusalén y tu pueblo», «tu santuario», o sea, para la gloria de Dios. En esta oración del profeta no hay ningún rasgo de egoísmo.

4. La clase de oración correcta siempre acarrea una respuesta (vv. 20-23):

a) ¿Cuándo? «Aún estaba yo hablando y orando...».

b) ¿Cómo? «Y hablando conmigo, me hizo comprender...»: Cuando un escogido de Dios ora correctamente y en el Espíritu, ocurren cosas maravillosas.

374. *CUATRO EXTRAÑOS CULTOS DE ORACIÓN (Jonás 4:1-11)*

INTRODUCCIÓN: la Biblia está llena de curiosidades. Entre éstas se encuentran unas oraciones en extremo raras.

1. En el estómago del pez: (cap. 2). allí Jonás aprendió a orar con obediencia; que Dios no juega cuando manda hacer algo. Algunos buenos ministros protestantes necesitan pasar un tiempecito en la escuela de la ballena para aprender a no decir acerca de algunos mandatos de Cristo: «No son de importancia».

2. En el barco (cap. 1): los paganos despiertan al cristiano, y al predicador también, para decirle que es tiempo de orar. Y luego pidieron a Dios que no los tuviera por culpables de pecado de Jonás (v. 14). ¿Cómo sería si los paganos de mi pueblo viniesen a decir a los cristianos que comenzaran a orar, y luego pidiesen a Dios que no les castigará por los pecados de los cristianos? Posiblemente necesiten hacer eso.

3. Después del arrepentimiento de Nínive (4:1-3): Jonás pide a Dios que lo mate. Oración de tonto. Si hubiera terminado su trabajo aquí, no necesitaría pedir la muerte. Dios sabe cuando es bueno terminar la vida terrestre de uno. Pero Jonás era como un niño «malcriado», que cuando no logra lo que quiere, pide la muerte.

4. Debajo de la calabacera seca (4:8-11): Jonás le dice a Dios que está enojado con él. ¡Qué osadía! Si Dios aceptara eso, ¿qué sería del mundo?

CONCLUSIÓN: debemos tener cuidado de cómo oramos. Pues todavía hay quienes con la oración ofrecen el sacrificio de los necios y tontos (Ec. 5:1).

375. *CUANDO JACOB PREVALECIÓ EN ORACIÓN (Génesis 32)*

INTRODUCCIÓN: la cuestión de prevalecer en oración, según mi manera de pensar y según mi comprensión de las Escrituras, corresponde a un individuo salvo. Hay quienes predican y enseñan que si una persona inconversa ha de ser salva debe vencer a Dios en oración. Yo creo que podemos descubrir que Pablo enseñó a los ancianos efesios y se los recordó (como dice en Hch. 20:21), que él les había presentado lo que era provechoso para la salvación, a saber: que «el arrepentimiento para con Dios, y la fe en nuestro Señor Jesucristo» son los verdaderos elementos que deben procurarse cuando alguien trata de encontrar la salvación. En Ro. 5:2 se nos dice que el cristianos el individuo salvo, es la persona que tiene «entrada... a esta gracia en la cual estamos firmes». Por tanto, si consideramos a Jacob, no estamos de acuerdo con aquellos que dicen que aquí es donde Jacob fue salvo. Yo creo que si leemos correctamente nuestro pasaje descubriremos que Jacob había sido salvo antes. Yo diría, al leer el incidente Gn. 28, donde se relata que él vio la escalera que llegaba hasta el Cielo y los ángeles descendiendo y ascendiendo, que fue entonces cuando él abrió su corazón y encontró la paz para su corazón y para su alma. Aquí erigió un altar, y adoró a Dios, haciendo un juramento de que seria fiel para entregar a Jehová un diezmo de todo aquello con lo que él lo bendijera. Yo creo que allí es donde Jacob encontró al Señor como

su Salvador. Pero, no fue sino en la ocasión del incidente que nos ocupa cuando el colocó a Dios en el centro de su vida.

1. Cuando prevaleció en oración, encontró perdón para todas sus maldades, y su relación con su hermano fue restaurada cuando él se puso en armonía con Jehová. Jacob, al hacer frente a su necesidad y a su culpa descubrió su necesidad de orar a Dios y de prevalecer en oración. Fue entonces cuando Jacob envió todo lo que tenía hacia el otro lado del arroyo y fue cuando quedó solo con Dios. ¡Oh, amados míos, hay asuntos que debemos tratar y arreglar a solas con Dios! Hay problemas en los que no pueden ayudarnos nuestras queridas familias, a pesar de lo queridas que sean para nosotros, a pesar de cuanto hayan tratado de ayudarnos, y a pesar de cuanto nos están ayudando y continuarán haciéndolo. Hay asuntos que uno debe arreglar a solas con Dios pues la familia no puede arreglarlos...

a) Jacob envió su familia, sus hijos, sus siervos, y sus posesiones, al otro lado del arroyo. Y como dice la Escritura «así se quedó Jacob solo». Yo me pregunto si algunos de nosotros necesitamos ir a algún lugar solitario, y allí, a solas con Dios abrir nuestro corazón y derramarlo delante de él hasta que tengamos el conocimiento de que él nos ha perdonado todo mal y todo pecado. Esto es lo que hizo Jacob.

b) Después de haber enviado su familia al otro lado del vado, y al haberse quedado él donde estaba, dice la Escritura que «luchó con él un varón». Yo solía escuchar la lectura de este pasaje, y el comentario -y supongo que el comentario era desde este punto de vista- porque yo obtuve este concepto: Que Jacob comenzó una lucha con el ángel de Jehová. Pero esta no es la verdad que se encuentra en este pasaje. Jacob se había colocado ante Dios, en una posición donde el Señor podía tomar y tomó la iniciativa para trabajar con Jacob. Cuando Jacob se hubo crucificado a sí mismo, podríamos decir, y fuera de su camino, puso sus posesiones, su familia y toda cosa existente, entonces Dios pudo tomar y tomó la iniciativa. El ángel de Dios comenzó a hablar, comenzó a luchar, y comenzó a tratar con él.

c) La razón por la cual muchas de nuestras oraciones nunca llegan hasta Dios es que no estamos ante Dios en una posición en la cual él pueda tratar con nosotros en la forma inusitada en que él lo desea. Cuando Jacob prevaleció en oración, y el ángel de Dios, el mensajero de Dios prevaleció con él, estaba solo con Dios, y Dios tomó la iniciativa.

d) Además, observamos que cuando Jacob prevaleció en oración, como lo relata el vs. 24, él oró hasta que «rayaba el alba». Oró toda la noche. Jesús, mediante su ejemplo, con frecuencia fue al monte, o a algún otro lugar, y oró toda la noche. ¿Cuántas veces habéis pasado vosotros una noche en oración? Estoy seguro de que si habéis sido cristianos conscientes habéis pasado algunas noches en oración: Cuando quizás no teníais la intención de hacerlo; pero alguna carga estaba en vuestro corazón al grado de que no podíais conciliar el sueño: no podíais conciliar el sueño aunque estabais tratando de descansar. Pero, ¿ha habido en nuestra vida suficientes ocasiones como ésta, como cristianos, como siervos de Dios, cuando con todo propósito hallamos pasado la noche en oración? Les confieso, amados hermanos míos, que yo nunca he pasado suficiente tiempo en oración. Nunca he pasado suficientes noches en oración. Pero, puedo decir que nunca he pasado una noche en oración en que no haya salido victorioso. He tenido victorias por las cuales estoy constreñido a deciros que no las habría obtenido de otra manera *(anécdota del autor: recuerdo una noche que pasé en oración, en la cual recibí una gran bendición: tanto directa como indirectamente. En el colegio Howard Payne, cuando yo era estudiante, se estaba celebrando el avivamiento anual. Algunos de nosotros, que teníamos el corazón hambriento de una bendición especial, de poseer el poder de Dios, y ser bendición para los esfuerzos del avivamiento, resolvimos que iríamos a un cuarto especial del viejo edificio Mims y pasaríamos la noche en oración. A la vez que orábamos, leíamos la Palabra de Dios, dábamos nuestros testimonios, y orábamos de nuevo; después de un período de oración, en las primeras horas de la mañana Lamar Cole se levantó y dijo: «Tengo algo que quiero decir». Y Lamar dijo: «He descubierto en esta reunión de oración, esta noche, y aquí, en este período de oración, que Dios está hablando a mi corazón, revelándome lo que quiere que yo haga en la vida». En aquel mismo momento*

relató que Dios quería que él fuera un médico misionero en México. El está actualmente en el Hospital México Americano de Guadalajara, Jalisco, México, prestando sus servicios como director. Este ha sido su campo de servicio durante todos estos años. ¿Dónde lo descubrió? Lo descubrió en una reunión de oración de toda la noche).

Es posible que en esta ocasión si algunos de vosotros no estáis en el centro de la voluntad de Dios, sea porque no hayáis pasado suficiente tiempo en oración a Dios. Jacob oró toda la noche; el sueño no era importante. El sueño no era importante para el Señor Jesús cuando la pesada responsabilidad del mundo y de su pecado estaba sobre sus hombros. Recordáis que oró toda la noche antes de escoger a los doce, los que yo creo que fueron el comienzo de la iglesia.

e) Vemos a Jacob, que estaba ansioso, diciendo al ángel cuando el ángel le pidió que lo dejara ir: «No te dejaré, si no me bendices». ¡Oh, qué ansiedad la de su alma! Jacob pide a Dios, y continúa pidiendo una bendición. Aquí la más gloriosa y hermosa verdad es que logró su propósito. Fue bendecido por Dios. Los grandes hombres de Dios han sido poderosos hombres de oración. Se le preguntó a Billy Graham: «Billy, ¿dónde está el secreto de tu poder?» Billy Graham respondió: «Está en el Señor, y yo lo encuentro por medio de la oración». Jacob prevaleció en oración orando toda la noche. Puede ser que toda la noche no sea suficiente. Puede ser que no sea necesaria toda la noche. El asunto es que necesitamos prevalecer en oración sin importarnos cuánto tiempo sea necesario.

2. También observaréis que cuando Jacob oró a Dios y prevaleció en oración pagó un precio. Pagó un precio físico: «se descoyuntó el muslo». El sacrificio físico siempre trae una gloriosa bendición espiritual si ese sacrificio se hace por un interés espiritual. Nuestro Señor al enseñarnos dijo: «Si tu ojo fuere ocasión de caer, sácalo», o si tenemos una mano que sea ocasión de caer hay que cortarla. Es mejor ir por la vida manco o ciego o cojo y tener poder con Dios, que tener todos los miembros físicos y estar anémicos espiritualmente. Jacob pagó un precio. Os digo en esta ocasión que vosotros posiblemente tendréis que crucificar el yo. Puede ser que tengamos que decir «no» a los deseos egoístas para que podamos ocupar plenamente nuestro lugar en el centro de la voluntad de Dios. Si prevalecemos en oración, creo que tendremos la victoria que necesitamos.

3. Observaréis también que cuando Jacob prevaleció en oración, fue premiado: fue bendecido, y bendecido de una manera inconmensurable...

a) Le fue cambiado su nombre: antes de que estemos dispuestos para que nos sea cambiado el nombre, debemos reconocer quiénes somos y lo que somos. Jacob nunca había reconocido plenamente la significación de su nombre como lo hizo aquí. El lo sabía hasta cierto punto pero había tratado de olvidarlo. Había tratado de abrirse paso mediante ardides; estaba siguiendo sus propios planes y diciéndose que esto sería suficiente. Ahora, cuando Dios le preguntó a Jacob -en este momento cuando su corazón estaba sangrante, cuando desde lo profundo de su alma estaba anhelando la paz y la armonía con Dios, y la reconciliación con su hermano-él dijo prontamente: «Mi nombre es Jacob». Esto es lo mismo que el perdido, o el condenado, o el pecador dice al Dios todopoderoso: «He pecado». He hecho mal. Cuando lo decimos, entonces Dios puede bendecirnos, y Dios nos bendice, porque nuestros corazones están bien con Él.

b) Yo soy Jacob el «suplantador», el conspirador. Conocemos muy bien la historia de cómo él había obtenido de su hermano el derecho a la primogenitura. Cómo había maquinado y robado la bendición que debía haber sido la de su hermano. Jacob toda su vida había estado fuera de armonía con Dios. Este no es el tipo de vida para vivir con Dios: el hombre debe encontrar el plan de Dios para ser feliz. Su nombre fue cambiado en el mismo momento en que él reconoció y dijo: «Yo soy el suplantador». Soy un malvado. Entonces, y sólo entonces pudo el Señor tomar la vida de Jacob e investirla plenamente para el propósito para el cual había sido preservado. Su vida debía ser investida para el servicio del Señor, porque su vida era un vaso especial en la mano de Dios.

c) Quisiera que vosotros estudiarais, y sé que lo habéis hecho, el cambio de nombres que encontramos en toda la Palabra de Dios. ¡Qué estudio tan maravilloso! Es un sermón dentro de

si mismo. ¿Descubristeis esta bendición, al leer cómo la recibió Jacob? «Y lo bendijo allí». Fue un acto instantáneo... Sucedió en un momento. Inmediatamente experimentó la realización de ella. No fue un asunto largo. No fue una realización obtenida por medio del lento proceso de la reformación. Si vuestra vida no es lo que Dios quiere que sea, el momento en que vengáis para dedicaros de nuevo como cristianos y en verdad lo hagáis, entonces. en ese momento, Dios efectuará el cambio en vuestra vida. Él os bendecirá allí mismo. O vosotros, como pecadores perdidos, en el momento en que confiéis en el Señor recibiréis la bendición de la salvación. No será más allá de la muerte cuando tendréis la oportunidad de ser salvos y de ir al Cielo. La recibiréis en el mismo momento en que confiéis en el Salvador y le entreguéis vuestra vida. «Y lo bendijo allí».

d) Como dijo Jacob: «Vi a Dios cara a cara». Él dijo que había visto a Dios en su plenitud. Había visto a Dios revelando el perfecto modelo para su vida. El plan para su vida fue mostrado. ¿Estáis vosotros en el centro de la voluntad de Dios? Si no, podéis estarlo. y lo estaréis cuando oréis a Dios y prevalezcáis en oración. Así como Jacob fue bendecido cuando oró, y prevaleció en oración, y pagó el precio completo. Entonces fue recompensado: fue bendecido.

e) El estudio del lugar donde Jacob tuvo esta experiencia es interesante y de mucho significado. El nombre del lugar era «Peniel». Así se llamaba el lugar donde Jacob había acampado con Dios; cuando tuvo esta experiencia cara a cara con Dios. Aquí él habló con Dios, y tuvo una victoria con Dios. Yo no sé el completo significado del nombre «Peniel», pero aun el nombre del lugar fue cambiado. y ahora, después de esta experiencia se llama «Penuel». El lugar donde vosotros vivís puede ser el lugar más triste del mundo cuando vuestra vida está sin contacto con Dios y está en desarmonía con el Maestro. Pero, cuando vuestra vida está completamente rendida al Señor y él vive en vosotros v os dirige en el servicio, el mismo lugar puede llegar a ser completamente diferente. Vuestra iglesia, en vuestro concepto, probablemente no es todo lo que debe ser. El servicio que vosotros estáis tratando de rendir os puede ser molesto, pero cuando paguéis el precio en oración, y os pongáis bien con nuestro Dios, habréis puesto delante de vosotros un cuadro diferente ¿Verdad? Sí, llega a ser una vida completamente diferente. Vuestra iglesia llega a ser más bendecida para vosotros. Vuestro trabajo se convierte en una bendición en lugar de una carga Se convierte en un gozo en lugar de un asunto diario. Aun el nombre del lugar fue cambiado por causa de esta experiencia con el Señor.

CONCLUSIÓN: quiera Dios que en este momento cada uno de nosotros esté listo, y que aprovechemos la oportunidad, y que oremos a Dios y prevalezcamos en oración. Si ya somos cristianos, que nuestra vida esté completamente rendida a Dios; que nuestra vida esté completamente en el centro de su voluntad. En estos días de tanta necesidad, de tantas oportunidades para servir a Dios, en este día cuando nadie puede ocupar vuestro lugar de servicio sino vosotros mismos; es necesario que, cueste lo que cueste, oremos a Dios y prevalezcamos. Y vosotros los perdidos, que estáis aquí y no conocéis a Cristo como vuestro Salvador, sabed que nosotros como cristianos estamos interesados en vosotros, en cada uno de vosotros; y que la iglesia también está interesada a favor vuestro. Este es el propósito de la iglesia. El Señor Jesús está interesado en vosotros. El murió por vosotros y precisamente ahora os está dando la bienvenida; os está rogando que confiéis en él para obtener la salvación. ¿No queréis hacer la misma oración del publicano? La oración de la completa rendición. diciendo: «Dios, sé propicio a mi, pecador». Soy un pecador. Quiero confiar en ti ahora y ser salvo. Oremos.

376. *LA CLASE DE ORACIÓN QUE DIOS ESCUCHA (Proverbios 15:29)*

1. Dios no escucha las oraciones de:

a) Aquellos que saben que en sus corazones hay iniquidad (Sal. 66:18).

b) Los orgullosos y autosuficientes (Lc 18:11).

c) Los que no tienen caridad (Pr. 21:13).

d) Aquellos que no obedecen la Palabra de Dios (Pr. 28:9).

e) Personas egoístas (Stg. 4:3).

2. Dios escucha las oraciones de:
a) Los humildes (Lc. 18:13, 14).
b) Los justos (Stg. 5:16).
c) Aquellos que moran en Él (Jn. 15:7).
d) Los desvalidos (Sal. 102:17).
e) Los afligidos (Stg. 5:13).
f) Todos aquellos que buscan sabiduría Stg. 1:15).

377. *EL PODER DE LA ORACIÓN (Josué 4:2)*

NTRODUCCIÓN: estas palabras contienen el secreto de la pobreza y la falta de oración de la nayoría de los cristianos, de la mayoría de los ninistros del Evangelio y, por ende, de la ma-yoría de las iglesias.

1. La negligencia en la oración es la res-puesta a la falta de vidas victoriosas para Cristo Jesús: en el libro de los Hechos encontramos una historia de continuo progreso (2:47; 4:4; 5:7).
a) El grito de victoria y de triunfo suena en cada uno de los capítulos del libro de los Hechos de los Apóstoles.
b) Había un avivamiento constante.
c) La razón para este progreso espiritual se encuentra en Hch. 2:42: «Y se ocupaban asidua-mente en la enseñanza de los apóstoles, en la comunión unos con otros, en el partimiento del pan y en las oraciones»

2. La oración tiene el mismo poder hoy; Dios no ha cambiado: la oración promueve la santi-dad personal...
a) 2 Co. 3:18 nos muestra que la oración es ndispensable para el crecimiento de los cristia-nos a la imagen de Cristo.
b) El himno «Tómate tiempo para ser santo» expresa admirablemente esta fase de nuestra ida cristiana.

3. La oración trae el poder de Dios en el trabajo individual:
a) Is. 40:31 dice: «Los que esperan a Jeho-vá tendrán nuevo vigor...».
b) Para recibir poder de Dios en nuestro trabajo para Él, se hace necesario saber «espe-rar en Jehová».

4. El tremendo potencial de poder divino está al alcance de aquel cristiano que ora y sigue los «patrones» bíblicos.

CONCLUSIÓN: «La oración es la característica eminente de un liderazgo fuerte. Un hombre de eficaz en la oración es un hombre de fuerza que moldea las cosas; aquellos que tienen poder con Dios han conquistado el sendero de justicia» *(E. M. Bounds).*

378. *EL RESULTADO DE LA ORACIÓN (Santiago 5:16)*

1. La oración salvará a otras personas (1 Jn. 5:16): podemos hacer más por la salvación de los demás mediante la oración que por medio de cualquier otro método.
a) Nuestro Señor Jesucristo llevó a cabo por medio de la oración muchas cosas que no hizo de alguna otra manera (pensad en la experien-cia de Pedro y en el Señor orando por él).
b) La oración alcanza a las profundidades más abismales del pecado para dar vida a los pecadores.

2. La oración traerá bendición y poder a los ministros de la Palabra: orad por vuestros ancia-nos y pastores... de este modo haréis más por ellos que de cualquier otra manera...
a) En Ef. 6:17-20, Pablo pide oración a los efesios en favor de su propio ministerio, y tam-bién para todos los santos.
b) Si no le agrada alguno de los predicado-res de su iglesia, ore por él para que Dios le convierta en el hombre que Él quiere que sea. Criticándole no le hará ningún favor.
c) La oración produce resultados en su vida, animándole a buscar la voluntad de Dios para usted.

379. *EL PODER DE LA ORACIÓN (Hechos 4:23-31)*

INTRODUCCIÓN: la oración es el supremo re-curso de la vida cristiana en sus frecuentes pruebas; pero la oración eficaz debe cumplir ciertas condiciones, las cuales se hallan descri-tas en la Biblia por precepto y por ejemplo. La

oración apostólica que hallamos en el cap. 4 de los Hechos es una oración que cumple las más importantes de estas condiciones. Considerándola frase por frase, descubrimos:

1. Calidad de esta oración apostólica:

a) Tenía un motivo especial (v. 24).

b) Fue hecha con fe en el poder y providencia de Dios.

c) Fue unánime (vv. 24, 28).

d) Se apoya en palabras de la Sagrada Escritura (vv. 25, 26).

2. Resultado de dicha oración:

a) Los discípulos llenos del Espíritu Santo (v. 31).

b) Dios levantó un defensor entre sus mismos enemigos (cap. 5:34).

c) Recibieron valor para testificar, según pidieron (cap. 4 33)

d) Desarrolló la actividad y los frutos de la misma (cap. 5:42).

380. LA ORACIÓN DEL SEÑOR (I) *(Mateo 6:1-15)*

INTRODUCCIÓN: la oración es un instinto universal del alma humana. Los hombres de todas las razas han orado desde tiempos inmemorables. *El Pimandro,* libro de los muertos de Hermes, es un libro sagrado hallado en momias del tiempo de Abraham, donde hay una oración al Todopoderoso Dios de la justicia que dice: «Señor santo, perfecto, justo como la luz, yo no he engañado, no he quitado el bien de mi prójimo. Por mí ningún pobre ha tenido que llorar, ¡ten piedad de mí!». El instinto corresponde siempre a una necesidad del se vivo y también una posibilidad dentro de las circunstancias que le rodean; comer, beber, empollar, nadar, son instintos que corresponden a necesidades del ser y a su situación en el universo. Si los hombres oran es porque tienen alma. Se dirá que hay quienes no oran; pero es que el hombre, por ser libre, puede contrarrestar todas sus necesidades; el hombre ha de comer, pero puede no comer y puede resistirse igualmente a los instintos espirituales; no obstante, aun a los ateos se les escapa un ¡Dios mío! Si el ave vuela es porque hay aire, si el pez nada es porque hay agua, si el espíritu humano ora es porqu hay un elemento divino capaz de percibir s clamor.

1. ¿Cómo puede Dios oír la oración? Era u problema para los ateos de siglos pasados, per hoy tenemos evidencias físicas y psíquicas:

a) Físicas

–La voz se propaga por el aire.

–La radio se propaga por ondas herciana invisibles.

b) Del mundo psíquico: la telepatía hac suponer la existencia de un elemento psíquic imponderable. Si el pensamiento puede impre sionar a otros espíritus humanos a grandes dis tancias, ¡cuánto más Dios, el Espíritu Univers a quien Jesús nos enseña a llamar Padre, pued escuchar, no solamente nuestra voz física, sin incluso el clamor del alma que brota de nuestr espíritu! Ejemplos escriturales son la oració silenciosa de Nehemías ante el rey Artajerje (Neh. 2:4; Sal. 139:4).

2. Oración auténtica y falsificada: el hombr no tan sólo puede dejar de orar, sino que pued orar mal. Se ha dicho que el hombre oraría d un modo natural todos los días, como los pájaro cantan, si no fuera por el pecado. La razó natural llevaría al hombre a la gratitud al Se invisible que adivina nuestra razón, si no fuer que el pecado le ha separado de Dios, y e pecado, cuando no se suprime, pervierte. E diablo hace llamar oración a lo que no lo es Rutina no es oración, sino ejercicio de la memo ria. Jesús vino a enseñarnos la verdadera ora ción y tuvo que destruir primero la falsa (vv. 5 8). En estos textos condena dos clases:

a) La oración rutinaria de ostentación: l costumbre farisaica era orar en los cantones d las plazas. Nuestra oración pública puede cae en este defecto, pero no es motivo para n efectuarla, ya que los apóstoles la practicaba (Hch. 1:14) y Jesús también; pero no hab ostentación, sino deseos de hacer bien y lleva a otros al mismo sentir. Tal es la reunión d oración, de la que siempre salimos edificado por los pensamientos de otros hermanos.

b) La oración prolija (excesivamente larga todas las religiones falsas la han tenido. Só Cristo la condena y es prueba de la verdad d la fe cristiana. Ejemplos:

–Los sacerdotes de Baal (1 R. 18:26).

–Los adoradores de Diana en Éfeso (Hch. 19:34).

–Los católicos oraron por varios siglos en latín, lengua desconocida del pueblo.

–Los mahometanos rezan en árabe antiguo «Ya Al-láh», que significa «Alá es grande».

–Los judíos del tiempo de Cristo tenían una oración ritual en la que repetían 18 veces «Ten misericordia de nosotros».

–Los chinos han inventado el cilindro de oración.

–Los tibetanos tienen las oraciones escritas en pequeños lienzos sujetos en alambres, que el viento hace mover.

No hay contradicción entre Mt. 6:7-8, 1 Ts. 5:17 y Lc. 18:1; Dios es Espíritu y sólo puede ser afectado por la voz del Espíritu. A veces el alma ora, suplica y suspira con intensidad, pero Dios no responde a las muchas palabras, sino al mucho anhelo.

3. El contenido de la oración: después de condenar Jesús la oración falsa, convenía enseñar la verdadera, cómo dirigirse a Dios, qué clase de cosas debemos pedir. En este sentido podemos usar la oración modelo alguna vez, pero no hay por qué repetirla muchas veces. Examinemos el modelo para ver si nuestras oraciones se le parecen. En este estudio vamos a considerar la primera parte de dicha oración, y el estudio de la segunda será objeto del próximo bosquejo.

4. La oración modelo (v. 9):

a) Aquí está bien clara la dirección: al Dios espíritu que puebla los Cielos, es decir, el Universo entero. La expresión que han usado a veces líderes católicorromanos de «recemos tres o más padrenuestros a la virgen» es un absurdo, igual que dirigirse a los santos. ¡Qué consuelo es saber lo que dijo Jesús!: «el mismo Padre os ama». Podemos dirigimos al Padre supremo con este dulce nombre; no es un poder desconocido y terrible.

b) «Que estás en los Cielos»: su esencia espiritual está en todas partes. Salomón decía «Los Cielos de los Cielos no te pueden contener». Un día este mundo renovado será un o de los Cielos de Dios. Hoy es una creación de Dios, pero administrado más bien, por Satanás; esto nos muestra la historia de la humanidad.

c) «Santificado sea tu nombre»: esto equivale a «honrado como te mereces», ya que Tú eres el santo por excelencia. Es una expresión de respeto que debe corresponder a la actitud de nuestros corazones *(anécdota: el criado que se inclinaba a cada blasfemia de su amo, y decía repitiéndola esta expresión mentalmente: «¡Alabado sea Dios!»).*

Pero el nombre de Dios no puede ser santificado sólo con palabras, sino con nuestras vidas, ya que llevamos su nombre. Si los que llevan el nombre de Dios o de Cristo se portan mal, lo que hacen es blasfemar en vez de admirar (1 Ti. 6:1). Esta recomendación hacía Pablo a los esclavos o servidores de sus amos iracundos y paganos *(anécdota: el soldado cobarde que se llamaba Alejandro, y el emperador de este nombre le dijo: «O cambias de nombre, o de conducta»).*

Este deseo y propósito deben cumplirse en la Tierra, ya que en los Cielos ya lo son de un modo absoluto y perfecto, pero en la Tierra, prestada por un tiempo al dominio de Satanás, falta mucho para que Dios sea honrado como se merece. Debemos contribuir con todo nuestro ser a que Dios sea reconocido y exaltado. A ello contribuyen los cantos piadosos, oraciones, testimonios, etc., y debemos llevarlo a cabo aquí, donde lo es menos, por medio de la radio, la palabra y por la literatura, los tres medios que tenemos a nuestro alcance en este siglo.

d) «Venga tu Reino, sea hecha tu voluntad»: es la suprema aspiración de todos los siglos, a la que estamos acercándonos. Un Reino universal que abarcará este mundo y cambiará totalmente su situación. Implica también tanto un anhelo misionero como místico. Deseamos que cesen las guerras, que se reparen las injusticias, que se cumpla todo lo que Él desea. Demos esta satisfacción a Dios. Deseemos siempre lo que Él desea. Nada le es tan grato. Es lo mismo que ocurre en nosotros con aquellos a quienes amamos: nos gusta ver en ellos una identidad de mente y de querer con la nuestra. Demos esta satisfacción a nuestro Padre Celestial, deseemos siempre más y más lo que Él desea. Estudiemos su voluntad en las Sagradas Escrituras y unamos nuestra voluntad a la suya, comprendiendo que la suya es la mejor, aunque no la en tendamos de momento *(anécdota: se cuenta del gran cristiano Chapman fundador de*

las asambleas de Hermanos, que, cuando estaba moribundo le preguntaron: ¿Desearía usted curarse de esta enfermedad, o que Dios se lo llevara al Cielo? A lo que el gran hombre de Dios respondió: «Yo no tengo voluntad»).

Ésta era también la petición de Jesús en el huerto de Getsemaní, cuando la voluntad de Dios –según la palabra profética– era tan diferente a la suya, en su aspecto humano (Lc. 22:42): «No se haga mi voluntad, sino la tuya».

CONCLUSIÓN: imitemos a Jesucristo, pues somos sus discípulos. Éstas son las cuatro peticiones de la primera parte de la Oración modelo que nos enseñó Jesús en «el Padrenuestro», todas las cuales se refieren a Dios. Las tres últimas se refieren a nosotros y serán objeto de otra meditación.

381. *LA ORACIÓN DEL SEÑOR (II) (Lucas 11:1-13)*

INTRODUCCIÓN: en el bosquejo anterior vimos la realidad de la oración considerada científicamente y la forma de orar, que debe ser con toda la realidad del espíritu y del alma, y no de labios. Luego, empezamos a estudiar en la oración modelo de Cristo hasta la cuarta petición. Es curioso que tengamos dos versiones del «Padrenuestro» en los Evangelios dadas en diversas ocasiones por el Señor; pero el texto de ambas es idéntico. La cuarta petición pertenece a la primera parte, pero está dividida en dos, y en la pasada meditación hicimos énfasis en la segunda, que procede de la primera. La voluntad de Dios ya se cumple en los Cielos, pero no en la Tierra, y el propósito es el cumplimiento del plan de Dios que convertirá la Tierra en un Cielo. ¿Por qué se retrasa este gran suceso?

1. Para tres propósitos...

a) Para derrotar más al diablo: dejarle en completo descrédito moral ante el universo espiritual de los ángeles, por la superabundancia de iniquidad que ha caracterizado este mundo separado de la voluntad de Dios. En la actualidad este pecado –no reconocer al Creador– supera a todos los demás.

b) Para salvar un mayor número de almas: si el Reino hubiese venido cuando Pablo lo esperaba, nosotros n o habríamos entrado en el número de los redimidos.

c) Para educar a la iglesia y al mundo: no hay que negar que aunque el mundo no ha sido convertido, la doctrina de Cristo ha ejercido una influencia que ha cambiado el modo de ser de la sociedad. Colaborar en estos grandes propósitos de Dios es apresurar la venida del Reino; por esto se ha dicho que orar con fervor «venga tu Reino» ayuda a hacerlo venir en las siguientes formas...

–Nos motiva a nosotros mismos para trabajar en tal sentido: Dios puede hacerlo por medio de nosotros y nuestra oración prepara nuestro obrar.

–Mueve a Dios a obrar por su Espíritu, pues muchas cosas Dios no las hace hasta que se las pedimos: no parar de rogar, hasta que notemos los pasos de su providencia.

–Honramos a Dios demostrando que fiamos en Él y no damos oído al enemigo: en el Cielo, adonde vamos en espíritu, creo que habrá instrucción, pero no ejercicio práctico, pues Satanás no tiene poder allí.

2. La segunda parte del «Padrenuestro» se refiere a nuestras propias necesidades...

a) Danos hoy nuestro pan cotidiano: es porque el Reino no ha llegado que necesitamos presentar esta súplica. Incluye todas las necesidades personales: salud, trabajo, cosecha. Podemos pedir estas cosas. Los mundanos dicen: «El diablo también da buenas cosas a los suyos» (*véase* la respuesta en el Sal. 73). Si no vivimos con Dios no podemos atribuirle los bienes materiales ni tenemos derecho a pedírselos (1 Jn. 3:22). Dios quiere vernos más interesados en los bienes espirituales, para darnos después los materiales (Mt. 6:28-34). Si nos hace pedirlo material es para darnos ocasión de fortificar nuestra fe con lo tangible respecto a lo intangible (ej.: incidentes providenciales, solucionando necesidades materiales). La situación del mundo da a Dios y a sus hijos la oportunidad de responder a muchas de estas súplicas.

b) Perdónanos nuestras deudas: la palabra «deuda» puede sustituirse por falta o pecado leve de comisión u omisión. Pecamos y pecaremos hasta que estemos en la gloria, pero mientras estamos aquí, debemos confesarlos a Dios con el detalle que nuestra conciencia nos impon-

ga. Nótese que aquí no se habla de confesión ni de penitencia, sino del deber de perdonar a los demás. Era una magnífica oportunidad para Cristo de enseñar la confesión auricular, si él hubiese querido establecerla, pero hallamos en la historia de la Iglesia primitiva que tal costumbre no era practicada en los primeros siglos, sino que todas las confesiones se dirigían a Dios, y más tarde ciertos pecados a la Iglesia entera, siendo sustituido, un poco más tarde, por la confesión a un ministro del Evangelio, un presbítero designado, no a todos, como se dispuso después. ¿Por qué Cristo nos hace recordar a nuestros ofensores al enseñarnos a pedir por nosotros? Parece salirse del tema de la oración a Dios, pero era necesario, pues es la única penitencia que Cristo nos impone. Dios no puede perdonar a un corazón que odie *(anécdota: el pintor que, lleno de odio a un enemigo, le pintó en un cuadro de la Santa Cena la cara de Judas, pero después no podía pintar la de Cristo con la expresión que deseaba).*

No podemos ver brillar el rostro de Cristo sobre nosotros hasta que perdonemos a todos nuestros prójimos. ¡Qué bien haría al mundo la oración del Padrenuestro si el diablo no la hubiese convertido en una mera fórmula, si todos los que la rezan la cumpliesen! *(anécdota: el joven que quería vengarse y su tío le persuadió de que antes debían orar; y la oración disipó la venganza).*

c) No nos metas en tentación: es la última petición del Padrenuestro y la tenemos que hacer por fe, porque ignoramos totalmente su alcance, o sea, las relaciones psíquicas del maligno con nuestra alma, pero sabemos que son una realidad. ¿Quién no las ha sufrido? ¿Quién no ha sentido el maligno como si fuese otra persona hablando al subconsciente? ¿Quien no se ha visto en circunstancias propicias a la tentación? ¿Por qué dice «no nos metas»? ¿No es una contradicción de Stg. 1:3? No, pues Dios no fragua tentaciones, pero las permite al adversario. El sentido es «no permitas una tentación demasiado fuerte, pues el diablo lo haría sin medida (Pr. 30:8, 9)». Si pedimos a Dios que no nos meta en las cosas que no podemos evitar, deber nuestro es no metemos en las que podemos evitar *(anécdotas: el borracho que rompió las botellas y el convertido que ataba el caballo lejos de la taberna).*

Huir de la tentación no es cobardía, sino sabia prudencia *(anécdota: el caballero que buscaba un cochero y preguntó a los que se ofrecieron candidatos: «¿Hasta qué límite del terraplén te atreverías a llevar mi coche?» Y obtuvo la plaza el que respondió: «No a tantos centímetros» -como los demás- «sino lo más lejos posible»).*

Aplicándolo a las tentaciones podemos decir que si no nos despeñamos podemos quedar atascados y perder un tiempo precioso.

d) «Tuyo es el Reino, el poder y la gloria»: se supone que esta invocación no pertenece al Padrenuestro dictado por Jesús, pues no se halla en Lucas sino en Mateo, o de algún copista anterior; pero es justo que Dios reine, porque tiene derecho a hacerlo, como Creador y Padre de nuestros espíritus, que envió a Jesucristo para redimirnos. Fuera los usurpadores materiales y espirituales, en el mundo y en nuestro corazón *(anécdota: la reina Victoria, que se alegró al oír un sermón sobre la Segunda Venida, porque dijo que «quería entregarle personalmente la corona de Inglaterra», pero no tuvo tal privilegio, pues ya está en su Reino en espíritu y se ha ahorrado muchos disgustos, como dos guerras mundiales y la de las Malvinas).*

Entreguémosle la corona de nuestro orgullo, de nuestra ciencia, de todo nuestro ser, pues suyo es todo *(anécdota: el rey de Inglaterra se puso en pie al oír el «Aleluya» del Mesías de Handel).*

CONCLUSIÓN: levantémonos y postrémonos ante Él, disponiéndonos a cumplir su voluntad. Vivamos «el Padrenuestro» envez de repetirlo de rutina; vivir de acuerdo con esta sublime oración modelo, sería la vida cristiana perfecta.

382. *MOTIVOS DE CONFIANZA EN LA ORACIÓN (Salmo 86)*

INTRODUCCIÓN: este Salmo es una oración en la cual el salmista basa su derecho a ser escuchado sobre razones que introduce con la palabra «porqué». Notemos:

1. El «porqué» de la necesidad (v. 1): nuestra necesidad siempre despierta la compasión

del Señor y forma un argumento en nuestro favor, así como en el caso del hombre que solicitó los panes de su amigo (Lc. 11:6; Sal. 40:17; Mt. 9:36).

2. El «porqué» de la piedad (v. 2): feliz el hombre que puede levantar manos limpias en la oración (1 Jn. 3:21-22). Es la oración del justo que «puede mucho» (Stg. 5:16; 1 Ti. 2:8).

3. El «porqué» de la importunidad (vv. 3, 4): el Señor recalcó esta condición importante en Lc. 11:8 y 18:1-7. La perseverancia en la oración denota ferviente deseo de obtener y firme confianza en la voluntad de Dios para dar (Ef. 6:18; Col. 4:2).

4. El «porqué» del carácter de Dios (vv. 5-7): el eterno Dios es bueno, perdonador y misericordioso, y dispuesto a responder a los que le invocan (He. 11:6; Sal. 34:4-6; Sal. 50:15).

383. *OCHO CARACTERÍSTICAS DE LA ORACIÓN DEL SEÑOR (I) (Mateo 5:3-12)*

INTRODUCCIÓN: uno de los insondables atributos divinos es la perfección de su sabiduría tanto en lo grande como en lo pequeño. ¡Qué bello es el mundo en su conjunto! ¡Una puesta de sol o un amanecer en su aspecto visual! ¡Y qué maravillosa es su Constitución en su interrelación! El aire para respirar y purificar nuestros pulmones al mismo tiempo que para traernos el sonido y que bien dispuesto todo! pero si pasamos de lo grande a lo pequeño observaremos la misma perfección tan maravilloso es un ojo humano o de hipopótamo como los infinitesimales ojos y oídos de los insectos. Un sabio naturalista decía que estudiando las características de las mariposas que parece como si el Creador no hubiese tenido otra cosa que crear, sino estas bellas mariposas de diversos tipos y colores.

1. La perfección en el sentido moral y espiritual: lo que ocurre en la esfera material puede ser dicho igualmente de las ideas. Una de las pruebas de que Jesús es Dios (entre muchas otras) es que no necesitaba muchas palabras para decir grandes cosas.

a) Voy a poneros un ejemplo de esta perfección divina de aquel que adoramos como Señor y Salvador, que no será nada difícil de comprender, pues es un trozo del Evangelio que todos sabéis de memoria; me refiero a la oración dominical comúnmente llamada «El Padrenuestro». Contiene siete frases, las tres primeras se refieren a Dios el Padre juntamente con el Hijo increado y con el Espíritu Santo.

b) Luego siguen cuatro peticiones muy adecuadas a cada uno de los que se apropian esta oración (no a los que simplemente la repiten de memoria).

2. Paralelo con la luz: como la luz es una sola cosa, pero al pasar por el prisma se divide en siete colores, así es el Padrenuestro. Las tres primeras expresan tres actitudes diferentes...

–Como adorador.

–Como servidor o súbdito.

–Como penitente o santo.

El verdadero adorador se dirige a Dios como Padre. Esta idea no es humana. Ninguna otra religión más que la cristiana conceptúa a Dios de este modo. Ningún otro fundador de religiones en oriente como en occidente se habría atrevido a darle este término familiar al Creador, autor del gran poder inteligente del universo. Los diversos nombres que le han aplicado los hombres se refieren a alguno de los atributos de Dios, solamente en la Biblia encontramos la palabra «Jehová» (El que ha sido, es y será), y Jesús, el que conocía a Dios mejor que Zoroastro, Buda o Confucio. y aunque Moisés es quien nos dio este nombre apuntado ligeramente por antiguos profetas hebreos, Él lo enfatizó de un modo sublime. Dijo: «Vuestro Padre sabe». «Sed perfectos como vuestro Padre, que está en los Cielos» *(anécdota del autor: fue éste el argumento que me libró de las artimañas legales de la Dictadura durante la guerra civil española. El Comisario, después de insistir mucho en que yo era masón, me hizo la siguiente pregunta: «¡No es cierto que los masones llamáis a Dios "Arquitecto del Universo"?» Yo le contesté: «Ciertamente reconocemos a Dios como el Autor de toda la sabiduría que se revela en el Universo. pero es que Jesús nos enseñó un nombre mejor, mucho más dulce para designar a Dios: «Padre nuestro que estás en los Cielos, santificado sea tu nombre...». Y esta respuesta bastó para convencer al comisario de que yo no era masón, y me soltó en el acto).*

3. Creador o Padre: muchos dicen «todos somos hijos de Dios»; sí, todos podemos serlo. pero sin la le y las obras somos únicamente criaturas de Dios. Aun los animalitos lo son, pero el hombre es el único creado a imagen y semeanza de Dios (Gn. 1:27), y por tanto está llamado a más años destinos. Una criatura de Dios es una obra del desconocido autor, pero hay una gran diferencia entre una obra y un hijo. Puedo pintar un cuadro, construir cualquier objeto de cartón o yeso y, pasado algún tiempo, puedo echarlo a la basura; pero no voy a echar un hijo a la basura. El hombre podría ser echado, como los animales, a la basura del cementerio y tras ello a la condenación, si no ha tenido otra relación con Dios su creador. Pero podéis tenerla, queridos oyentes. ¿De qué modo? Aceptando a Cristo, reconociéndole como el Hijo de Dios y vuestro Salvador. En Jn. 1:12 leemos: «Mas a todos los que le recibieron dióles potestad de ser hechos hijos de Dios, todos los que creen en su nombre».

4. Consecuencias de este título: este precioso título se divide en tres partes que expresan las tres virtudes cardinales: fe, amor y esperanza...

a) Fe; necesitaste para considerar a Dios como Padre y para que Él lo sea efectivamente. Sólo por la le podemos llamar a Dios Padre.

b) Amor: pero recuerda que no sólo es tu Padre, también lo es de otros muchos en el mundo y en el universo, por esto Jesús no nos enseñó a decir «Padre mío», sino «Padre nuestro», incluyendo a otros hermanos. La expresión «nuestro», implica amor a otros.

c) «Que estás en los Cielos»: implica esperanza de un mundo invisible que hemos de ver, porque es nuestra vivienda eterna. El apóstol dice: «No tenemos aquí ciudad permanente, mas buscamos la que está por venir» (He. 13: 14).

d) Los hijos tienen ciertos deberes para con los padres: si somos hijos de Dios debemos ser como hijos agradecidos.

e) Adoradores: y esto expresa la segunda frase del Padrenuestro.

5. «Santificado sea tu nombre»: esto es la adoración. Dios merece ser adorado, no sólo reconocido como Creador y Padre para suplicarle cosas, sino adorado...

a) Hacerle sentir el perfume de nuestra gratitud, fe y confianza.

b) Decirle cómo le amamos y admiramos, no sólo en el culto o en la reunión de oración, sino en nuestras oraciones privadas.

c) Cada vez que la Escritura nos presenta una visión del trono de Dios lo rodea de un cuadro de adoración (*véase* Is. 6:3; Ez. 10:20-22; Ap. 1:17).

d) Esto no quiere decir estar siempre de rodillas, sino cultivar el espíritu de adoración... al ver cualquier obra divina como una flor, una cara bonita, una expresión de inteligencia y de bondad, debemos dar continuas gracias a Dios en nuestro interior, de que no todo es malo en un mundo físico maldecido por el pecado. El apóstol Pablo nos dice: «Dad gracias en todo» (Ef. 5:20).

e) Se ha dicho que falta romanticismo en la vida moderna, y me temo que falta aún más en la vida espiritual. Hay miles de matrimonios que pierden el espíritu romántico con el paso de los años... El marido dice: «Ya lo sabe, que la quiero...; no he de estar diciéndoselo a cada momento». ¿No ocurre así en la vida espiritual? ¿Encontramos placer en alabar a Dios? ¡Cuán emocionado se había sentido el autor por el canto del coro entonando el «Aleluya» de Handel y también por las oraciones de alguna hermana sencilla, pero muy fervorosa! ¿Encontramos placer en alabar a Dios... en decirle cosas dulces... románticas...? ¿O pensamos que ya le cantan y le alaban lo bastante los ángeles? ¡Que triste error!

6. «Sea hecha tu voluntad en la Tierra como en el Cielo»: esta frase nos presenta nuestra relación con Dios bajo el aspecto de súbditos... Somos conciudadanos de un Reino inmortal, con ángeles, arcángeles y querubines, y suponemos también con amados nuestros que nos han precedido en el camino de la vida. Los reinos y gobiernos de este mundo se pasan.

CONCLUSIÓN: los hombres pelean por un pedazo de terreno y actualmente por quien pondrá primero su bandera en la luna. El ojo de la fe ve al verdadero rey por encima de reinos y régimenes: «Venga tu Reino».

384. *OCHO CARACTERÍSTICAS DE LA ORACIÓN DEL SEÑOR (II)* *(Mateo 6:3-12)*

INTRODUCCIÓN: la cuarta de las peticiones del Padrenuestro se refiere a Dios, pero es como una introducción de la segunda parte que se refiere a los hombres, así que la primera parte nos coloca en la posición de hijos, la última de esta serie se refiere tanto a Dios como a nosotros. Debemos llevar a Dios el perfume de nuestra gratitud; pero como adorar a Dios en espíritu y en verdad cuesta un esfuerzo, surgen los sustitutos del ritualismo. La cuarta petición es consecuencia de la anterior: «Sea hecha tu voluntad», no se refiere a los elementos sustitutorios de la adoración. El que hace esta plegaria debe estar dispuesto no sólo a que la voluntad de Dios sea cumplida un día sobre toda la Tierra, sino también a cumplirla él de un modo activo... ver cuál es la voluntad de Dios y practicarla con todo empeño y celo. El «hágase» implica también «hago». Al decir: «sea hecha tu voluntad» implica «quiero hacer tu voluntad todo el tiempo que me tengas sobre la Tierra». Somos los guerrilleros de Dios en un mundo que no reconoce a Dios. Los guerrilleros de los aliados en Francia facilitaron mucho, el día X, la invasión del país cuando el grueso de las fuerzas aliadas entró en acción. Aquellos no colaboracionistas vivían en Francia, pero escuchaban y obedecían las órdenes recibidas por radio desde Inglaterra en frases enigmáticas; asimismo nosotros, que estamos en el mundo, debemos procurar cumplir las órdenes de nuestro Rey superior que un día regirá el mundo, puesto que el rey usurpador está ya destronado legalmente, aunque no ha llegado el día en que ejércitos de ángeles entren en acción para quitar del mundo todos los escándalos (Mt. 13:41). Así quedó decretado desde que el Hijo de Dios dijo: «Ahora está turbada mi alma; ¿y que diré? ¿Padre, sálvame de esta hora?... Padre, glorifica tu nombre...» Y Dios respondió afirmativamente; a lo que Jesús añadió: «Ahora es el juicio de este mundo; ahora el príncipe de este mundo es echado fuera». ¿Fuera de que? Posiblemente, fuera del perdón de Dios. Y Jesús añadió: «Si soy levantado de la tierra, a todos atraeré a mí mismo». Naturalmente se refería a todos los que han creído, creen y creerán antes de su Segunda Venida (*véase* Jn. 12:27-32). ¿Estamos nosotros dispuestos a formar parte de este pequeño grupo de guerrilleros de Dios hasta que el venga por sus santos? Y aquí empiezan las cuatro peticiones finales.

1. Las cuatro peticiones del tiempo presente

a) Éstas nos colocan en la posición de mendigos humanos: «Danos hoy nuestro pan». La primera petición de esta segunda parte es la necesidad de todos los seres vivos de la Tierra, es la de los pajaritos que alaban a Dios por la luz del nuevo día y parecen decir: «Gracias Señor, que podemos encontrar algunos granos de trigo o de algún fruto olvidado por los hombres, pero que tu providencia ha dispuesto para la continuación de nuestra vida. En realidad es Dios el primer Autor de todos los elementos materiales que existen en la naturaleza, pero en este mundo contagiado por el egoísmo desde los días de Caín hay quienes tienen en exceso y otros a los que les falta lo necesario. Nuestra posición como hijos de Dios por la fe de Jesucristo, no es tomar un fusil y hacernos guerrilleros políticos, sino mantener nuestra comunión con el primer Autor de todos los bienes de este mundo para que, ciñéndonos a sus enseñanzas podamos tener lo suficiente para nuestra vida como dice el apóstol en 1 Ti. 6:10.

b) El ave, el insecto y el cuadrúpedo no tienen otra necesidad que la material, pero el ser humano tiene otra clase de necesidades, porque es «hecho a imagen de Dios»; por esto tiene que presentarse no sólo como un indigente necesitado, sino como un humano penitente. ¿Por que? A causa de su condición espiritual, porque es capaz de decir sí y no a todas las cosas, de cumplir su deber o no cumplirlo. Por esto en un lugar el texto bíblico lo llama deudas. En Mt. 6:12 y Lc. 11:4 se dice: «perdónanos nuestros pecados». La versión de Lucas aclara la de Mateo si en ambas dijera pecados entraría la disputa de qué es pecado en un mundo puesto a prueba donde cada cual interpreta la Ley, y la voluntad de Dios, a su manera... para un católico es pecado comer carne un viernes de cuaresma... para un evangélico es pecado arrodillarse ante la imagen de una virgen o de un santo de madera y pedirle favores espirituales, por esto Jesús usó la palabra «deuda» interpretada por Lucas como pecado. Pecado es el incumpli

miento de la voluntad de Dios cuando la conocemos y nos consta, así que el significado de Mt. 6:12 depende del conocimiento que tenemos de la voluntad de Dios. Recordad las palabras del profeta Samuel: «Lejos esté de mí que peque contra Jehová dejando de orar por vosotros». El pecado es siempre una deuda con Dios, de omisión o de comisión. Puedes haberle ofendido haciendo lo que Él ha mandado que hagas, o dejando de hacer lo que tú sabes que es la voluntad de Dios. Por esto se ha llamado a esta última petición...

2. La oración de los santos:

a) Una cosa es pedir perdón por nuestras deudas, es decir, los pecados que desconocemos como tales y otra es descuidar lo que conocemos que es agradable a Dios.

b) «No nos metas en tentación, mas líbranos del mal», es la segunda parte de una petición muy práctica.

c) Aquí hay dos peticiones que son como dos peldaños de una misma escalera. Es decirle a Dios en forma resumida: «Señor, yo soy ignorante, tú sabio; yo no me conozco a mí mismo, pero tú me conoces. Si tú ves que soy flaco y que no procedería bien en tal o cual circunstancia, evítamela, no quiero caer en pecado, no quiero ofenderte... pero si tú ves que soy bastante fuerte para resistir y hacer tu voluntad, a pesar de que me permitas tal o cual aflicción, permíteme todo el mal que quieras, pero líbrame de proceder de un modo indigno en aquellas circunstancias de tentación o de mal que tú permitas. Dios da más importancia al mal moral que al físico. Si fuera al revés, «líbranos del mal» –físico– el orden estaría invertido.

d) Nuestra actitud debe ser semejante a la de Cristo en el huerto de Getsemaní: «Padre, si es posible pasa de mí este vaso», pero si no es posible, si tú juzgas mejor ponerme en tentación, líbrame de caer en el mal, o sea, de hacer lo que el «Malo» quisiera hacerme hacer. Por eso algunas traducciones de Lucas dicen «del Malo», y todas ellas son exactas. A veces Dios juzga que es mejor permitirnos alguna prueba física para desarrollar una virtud moral... para santificarnos y no debemos quejamos de Dios ni caer en el desespero, sino pedir que se cumpla su voluntad y que en tales circunstancias adversas nosotros sepamos mantenemos dentro de la voluntad de Dios, sin hacer la de Satanás. Dios no hace crecer los frutos de la tierra por arte de magia, sino por una serie de leyes fijas que fomentan el nacimiento y el desarrollo de la planta hasta la producción de fruto, así es en el terreno moral y espiritual.

e) Nuestra petición es: «si fuera posible ser santificados sin ser afligidos ni tentados, tanto mejor. No nos metas en tentación -si es posible-, pero que se cumpla la voluntad de Dios, que es siempre llevarnos a la santificación». Recordad las declaraciones de Pablo en Fil. 1:19-30. Él tenía mucha experiencia de cosas agradables que habían sido para la gloria de Dios, y en este último caso tiene la esperanza de que como respuesta a las oraciones de sus discípulos obtendría la liberación de parte del emperador, a quien había apelado; y que la obtuvo nos consta en 2 Ti. 4:17, cuando fue librado de cierto error legislativo que le habría llevado a ser echado a las fieras, pero en su segundo juicio ante el veleidoso Nerón exclamaba, en 2 Ti. 4:6: «Porque yo ya estoy siendo derramado, y el tiempo de mi partida es inminente...; por lo demás me está guardada la corona de justicia, porque he peleado la buena batalla, he acabado la carrera, he guardado la fe» (v. 7).

CONCLUSIÓN: ¿Observáis la armónica perfección de esta oración modelo? Es como una escalera que nos lleva de hijos a santos pasando por las etapas de adoradores súbditos servidores, necesitados o mendigos para llegar a la cumbre de penitentes victoriosos o sea de ser perfeccionados de modo que en cualquier circunstancia nos veamos libres de caer en las redes «del malo» y podamos cumplir la voluntad de Dios. Amén.

385. *ORACIÓN EFICAZ*
(Hechos 1:14)

INTRODUCCIÓN: Cristo enseñó a sus discípulos a orar y les exhortó a hacerlo del modo con que ellos lo practicaron después de su partida. Recordemos la promesa de Jesús cuando les anunció la venida del Espíritu Santo. Pero notemos que antes de que el Espíritu Santo viniera sobre ellos de un modo dramático, llenándoles de poder, ellos poseían ya el Espíritu Santo. El

Señor les dijo: «El Espíritu Santo que está con vosotros y será en vosotros». Y que Él mismo, antes de ascender a los Cielos, sopló sobre ellos y díjoles: «Tomad el Espíritu Santo» (Jn. 20:22). Jesús les había dicho que et Espíritu Santo les recordaría las cosas que Él les había dicho. Así que este texto, respecto a la oración, no nos ofrece solamente un ejemplo de tos primitivos discípulos, sino ta doctrina del Maestro y la obra efectiva del Espíritu Santo, trayendo a ta práctica las cosas que Jesús les había enseñado.

Notemos las características de esta reunión de oración ejemplar...

1. Todos éstos: los anteriormente mencionados discípulos, hombres y mujeres, entre las cuales se encontraba María, la madre de Jesús y sus hermanos. Observemos que María estaba con los demás, se sentía necesitada de clamar el Señor. No se dice que los discípulos clamaran a ella, o solicitaran su mediación.

2. Perseveraban: esto les enseñó Jesús en Lc. 18:1. A veces por razones que Dios sabe mejor que nosotros (aunque en algunas ocasiones también las detectamos), el Señor tiene a bien no contestar en seguida a nuestras oraciones y si fallamos en pedir, podemos fallar y fallaremos, de seguro, en obtener respuesta.

3. Unánimes: por falta de unanimidad quedan sin respuesta muchísimos ruegos que se elevan al Señor en los cultos de oración. Jesús requirió unanimidad en Mt. 18:19. El hecho de que haya diversos puntos de vista acerca de muchas cosas no ha de ser obstáculo a la unanimidad, cuando se ruega por alguna causa principal.

4. Oración y ruego: un predicador distingue entre estas dos palabras, diciendo: Oración es la que sale del corazón sin palabras, y ruego es la súplica expresada con palabras. La oración del corazón puede y debe acompañar los ruegos que se expresan con palabras, sin necesidad de que todos hablen a la vez, pero es hermoso observar que las oraciones silenciosas acompañan a las vocalizadas, y se expresan a veces con un «así sea, Señor», «amén». De otra manera, es difícil saber si la «oración» acompaña los «ruegos» o, en vez de oración silenciosa (acompañando al orante), hay el pensamiento secreto: ¡Que termine este hermano que se nos hace pesado!

CONCLUSIÓN: sin duda, el asunto principal de aquella reunión de oración era el cumplimiento de la promesa de ser revestidos del poder del Espíritu, y se cumplió bajo la impresión de impotencia de parte de ellos mismos:

–Pedro recordaría quizá su negación, aunque también las palabras de aliento del Señor al pie del lago.

–Tomás, sus dudas y su reto imprudente.

–Todos los demás, su cobardía, entre la muerte y la resurrección del Señor.

Todos sentían la necesidad de un cambio radical en sus vidas y esto trajo la bendición. ¡Imitémosles!

386. *ORACIONES DE CRISTO EN MOMENTOS CLAVES DE SU VIDA (Hebreos 5:7)*

1. En el bautismo (Lc. 3:21).
2. Antes del llamamiento de los doce (Lc. 6:12).
3. Cuando el pueblo quería hacerle rey (Jn. 6:15).
4. En la transfiguración (Lc. 8:29).
5. Al despedirse de sus discípulos (Jn. 17).
6. En la cruz, en favor de sus enemigos (Lc. 23:34).
7. En su agonía, al morir (Mt. 26:39).

387. *SIETE MOTIVOS DE CONFIANZA EN LA ORACIÓN (Salmo 86)*

INTRODUCCIÓN: este salmo es una oración en la cual el salmista basa su derecho y esperanza a ser escuchado sobre siete razones que introduce con las palabras por qué. Observémoslas aplicándolas a nuestras propias plegarias al Señor:

1. El porqué de la necesidad (v. 1): nuestra necesidad siempre despierta la compasión del Señor y forma un argumento en nuestro favor. Jesús mismo explicó en el caso del hombre que suplicó los panes a su amigo (Lc. 11:6; Sal 40:17; Mt. 9:36).

2. El porqué de la piedad sincera (v. 2): feliz el hombre que puede levantar manos limpias en

la oración (1 Jn. 3:21, 22). Santiago nos dice que la oración del justo puede mucho (Stg. 5:16). Lo mismo reclama el apóstol Pablo (1 Ti. 2:8).

3. El porqué de la importunidad (vv. 3, 4): el Señor recalcó esta condición importante en Lc. 11:8, 18, del 1-7, con la parábola de la viuda y el juez injusto. La perseverancia en la oración denota...

a) Ferviente deseo de obtener lo que se pide.

b) Firme confianza en la buena voluntad de Dios para dar (Ef. 6:19; Col. 4:2).

4. El porqué del carácter de Dios (vv. 5, 7): el eterno Dios es bueno, perdonador y misericordioso, y dispuesto a responder a los que le invocan (He. 11:6, Sal. 34:4-6, 50:15).

5. El porqué del poder de Dios (vv. 8, 10): todas las cosas son posibles al gran «Hacedor de maravillas». Él es Todopoderoso (Gn. 17:1, Jer. 32:17; Ro. 4:20, 21).

6. El porqué de la experiencia personal (vv. 11, 13): las experiencias pasadas que hemos tenido, y creo que todos los cristianos las seguimos teniendo acerca de la bondad y el poder de Dios, infunden confianza para acercarnos otra vez al trono de la Gracia. Jorge Muller se acercaba con toda franqueza, porque tenía centenares de experiencias, y esto no le permitía dudar de que Dios contestaría otra vez (He. 4:16).

7. El porqué de la fidelidad de Dios (vv. 14-17): «Tú, Jehová, me ayudaste y me consolaste». Este panegírico con que concluye su oración es una especie de resumen de todo el salmo...

a) Reitera a Dios su necesidad y el porqué de ella (v. 14).

b) Reitera su experiencia del carácter de Dios (v. 15).

c) Suplica la compasión de Dios, y en un lenguaje poético nos da a conocer por inferencia el carácter de su madre: «Salva al hijo de tu sierva». Muchas veces el carácter de nuestros padres puede ser invocado, pues ellos oraron por nosotros. Dios expresa a través de todo el Antiguo Testamento que bendecía a Israel por amor a sus antepasados.

d) Y reitera finalmente el porqué de la experiencia personal (v. 17).

CONCLUSIÓN: Dios es siempre fiel a los que en Él confían; y una confianza implícita y bien argumentada se nota en todo este salmo. Imitémosle en nuestras oraciones.

388. *SIETE SÚPLICAS BÍBLICAS (Salmo 55:1)*

1. Sálvame (Sal. 6:4).
2. Pruébame (Sal. 139:23).
3. Corrobórame (Sal. 119:28).
4. Enséñame (Sal. 119:33).
5. Vivifícame (Sal. 119:40).
6. Muéstrame (Éx. 33:13).
7. Envíame (Is. 6:8).

389. *UN «NO» SOLEMNE DE CRISTO (Juan 6:47-52)*

INTRODUCCIÓN: Cristo es bendito, sabio y adorable cuando promete y cuando niega. Jesús podía dar un «no» a tos demás porque sabía imponérselo a sí mismo...

–En la tentación del desierto: «No sólo de pan. ...».

–En Getsemaní: «No mi voluntad, sino la tuya».

En esta ocasión, ante una multitud hambrienta (explicar la historia), les dice a sus discípulos...

1. No tienen necesidad de irse, porque Él puede y quiere proveer a su necesidad:

a) Tenían hambre física. Pero ¿qué es esto ante el Autor de la naturaleza? La Tierra provee en abundancia. ¿Por qué un grano de trigo ha de producir ciento? El multiplica cada año el pan de los hombres juntando átomos y moléculas de la tierra y del aire. El Hijo de Dios podía hacerlo con recursos nuevos sobrenaturales que nosotros desconocemos. Nuestros abuelos se alumbraban por medios rudimentarios que nosotros hemos abandonado, utilizando otros inconcebibles en su tiempo. Dios puede formar materias sólidas con más facilidad que para nosotros producir luz o sonido. ¡Ningún prestidigitador puede hacer un milagro así en público! Es tan admirable, que los modernistas lo niegan, pre-

tendiendo que fue sólo un llamamiento a la generosidad de los que traían merienda. Pero esto es negar lo que dice el Evangelio.

b) Tenían hambre espiritual. Esto, más que otra cosa, despertó la compasión de Jesús. Habían venido a pie para oírle. ¿Tenemos nosotros hambre espiritual? ¿Sentimos deseos de lo divino? Cuando no hay hambre es que no hay salud; pidamos a Dios hambre espiritual si no la tenemos.

2. No debían irse, porque no hay dificultad insuperable para el Señor. El pesimismo encuentra muchos obstáculos:

a) Lugar desierto: algo exagerado; había hierba y aldeas cercanas (Aplicación espiritual). Desierto es tipo de esterilidad. Juan clamaba en el desierto, en cuanto al lugar y en cuanto a los corazones. ¿Nos hallamos en un desierto espiritual? Así parecen nuestras naciones, desengañadas del ritualismo. Para Jesús no hay desierto imposible, porque Él mismo es por sus promesas: «El pan de vida y fuentes de aguas vivas».

b) El día declinado: otra exageración. Aún hubo tiempo para una gran comida. Hay quienes oponen la dificultad de la vejez para convertirse, pero la parábola de los «labradores» es un gran estímulo para los ancianos *(anécdota: un anciano recién convertido de 80 años decía tener 4)*.

c) Grande multitud: «Doscientos denarios no bastarán». Jesús no cuenta con el dinero, sino con su poder. Los cristianos titubearon durante siglos ante la dificultad de ir por todo el mundo. Los paganos han preguntado extrañados a los grandes misioneros: «¿Por qué habéis tardado tanto?».

3. No debían irse, porque en parte alguna podían hallar lo que les dio el Señor. Cinco mil hombres, más las mujeres y niños, no podían proveerse en aquellas pocas aldeas (Mr. 8:2 expresa la profunda compasión del Señor), pero más difícil es hallar el pan espiritual fuera de Cristo. Pan del alma es sólo el que ha venido del hogar del alma, el Cielo. La mente espiritual no se satisface con literatura, necesita revelación de Dios. Por esto podía decir Jesús lo que declara en Jn. 6:48-51. Pedro lo sintió (Jn. 6:68). Pablo lo sintió (Ro. 8:35, 38-39). Caeríamos de veras por el camino de nuestra vida buscando el pan del alma fuera de Cristo.

4. Una última lección para los cristianos; el «no» de Jesús es ejemplo de una oración no contestada. Nosotros podemos pedir, pero no ordenar ni aconsejar al Señor. Él sabe lo que debe hacer. A veces empieza diciendo «no», pero siempre que Cristo dice «no» a una petición de sus discípulos es para darles algo mejor. Ejemplos:

a) En el caso de Caná: sobreabundancia del elemento que faltaba.

b) En el de la sirofenicia: elogio inesperado.

c) Al endemoniado gadareno (Lc. 8): un «no» de Cristo, según el v. 39, trajo la bendición al endemoniado.

d) En el caso de Lázaro (Jn. 11): no curación, sino resurrección.

¡Cuántas veces el Señor dice «no» a nuestras oraciones en el primer momento por las circunstancias, pero éstas cambian por la voluntad de Dios! Supongamos que un discípulo hubiese dicho: «¿Como no?» y hubiese empezado a despedir al personal, ¡qué insensatez! ¡Lo que se habría perdido! Cuando Dios dice no, respondamos: «Pues Tú, Señor, te encargas de ello; haré lo que Tú quieras, pero toma Tú la dirección del asunto». Cristo siempre dice «no» cuando tratamos, como en este caso los discípulos, de evitarnos molestias.

CONCLUSIÓN: Cristo dice «no» cuando nuestro pesimismo trata de sacar a luz las dificultades exagerándolas; pero dice «sí» cuando tratamos de apoyarnos en Él, buscando en su persona lo que en ninguna otra parte podríamos encontrar; la salvación y la fortaleza espiritual. «El que a Mí viene, no le echo fuera», dice a los inconversos; «sin Mí nada podéis hacer», es la advertencia a los discípulos.

390. *¿POR QUÉ COSAS PODEMOS ORAR?* *(Filipenses 2:5-11)*

1. Amor (1 Co. 13).
2. Sabiduría (Stg. 1:5).
3. Paciencia (Stg. 5:8).
4. Dones espirituales (1 Co. 12:31).
5. Percepción (Fil. 1:9).
6. Una mente humilde (Fil. 2:3).

7. Humildad de corazón (Fil. 2:5).
8. Para llevar fruto (Jn. 15).
9. Firmeza (1 Co. 15:58).
10. Conocimiento de la esperanza de su llamamiento (Ef. 1:18).
11. Conocimiento del amor de Cristo (Ef. 3:19).
12. Conocimiento de las riquezas de su gracia (Ef. 4:16).
13. Conocimiento de su voluntad (Col. 1:9).

391. *¿POR QUÉ DIOS NO OYE LA ORACIÓN? (Salmo 22:2)*

1. La iniquidad sin juzgar (Sal. 66:18; Is. 1:15; Pr. 15:29).
2. Por la incredulidad (Stg. 1:6; Mt. 21:22; He. 11:6).
3. Amor al placer (Stg. 4:3; 2 Ti. 3:4, 5).
4. Orgullo (Job 35:12; Sal. 138:6; Stg. 4:6).
5. Indiferencia (2 R. 13:18, 19; Lc. 11:5-9; 18:1-7).
6. Un espíritu que no perdona (Mr. 11:25; Ef. 4:32).
7. Abandonar la Palabra de Dios (1 P. 3:7).

392. *LA VOZ DE LA ORACIÓN (Salmo 5:3)*

La oración es el grito interior del alma. El salmista da libre curso al sincero deseo del alma en el cap. 5. Todo el capítulo es una hermosa sinfonía sobre la oración. Examinemos la oración de un alma en el principio de los pactos de Dios con el hombre...

1. Considerad la variedad de la oración:
a) «Oración formal»: «Escucha, oh Jehová, mis palabras…» (v. 1).
b) «Oración mental»: «Considera mi lamento» (v. 1).
c) «Oración vocal»: «Está atento a la voz de mi clamor…» (v. 2).

2. Considerad el poder de esta oración:
a) Se dirige a Dios como «Mi Rey» (v. 2).
b) Se dirige a Dios como «Mi Dios» (v. 2).

3. Considerad la regularidad de la oración: «Oh Jehová, de mañana oirás mi voz…» (v. 3).
4. Considerad la expectación de la oración:
a) La verdadera oración será llena con la mirada de fe.
b) Esta oración denota expectación.

5. Considerad la confianza de la oración:
a) «… Entraré en tu casa…» (v. 7).
b) «En tu santo templo me postraré, lleno de tu temor» (v. 7).

6. Considerad la reverencia de la oración:
a) «Mas yo por la abundancia de tu misericordia…» (v. 7).
b) «En tu santo templo me postraré, lleno de temor» (v. 7).

7. Resultados de una oración así: «Gozo». «En ti se regocijen los que aman tu nombre» (v. 11).

393. *DIFERENTES*
(Malaquías 3:18)

INTRODUCCIÓN: habla aquí de una diferencia que se podrá apreciar plenamente en ese día futuro. Pero esa diferencia debe existir en realidad desde ahora. Consideremos...

1. El cristiano será diferente de los demás:
a) En carácter.
b) En lenguaje.
c) En obras.
No una diferencia superficial, sino esencial de espíritu. Ha recibido nueva naturaleza. Es ciudadano de otro Reino.

2. Muchos ceden a la tentación de igualarse a los mundanos:
a) Así los israelitas pidiendo rey. Para ser «como todas las gentes».
b) Es un peligro especial para los jóvenes. Y lo es para las mismas iglesias cristianas.

3. Debemos tener el valor de mostrar la diferencia:
a) A pesar de la burla. Nada hay que acobarde más a ciertas personas.
b) Aunque nos llamen fanáticos. Nunca ha sido de buen tono la fidelidad estricta en el servicio de Dios .
c) Aunque perdamos nuestras relaciones con los mundanos. Importa no perderlas con Dios. ¿Para qué cortejar al mundo? Un ejemplo: Daniel en la corte de Nabucodonosor.
d) Sólo así conservaremos nuestro carácter y ejerceremos alguna influencia para bien.

CONCLUSIÓN: en aquel día todos queremos ser y aparecer diferentes.

394. *ACTITUDES DE LOS CREYENTES Y SUS RELACIONES CON CRISTO*
(Romanos 12)

1. Andar con Él, como los discípulos camino de Emaús (Lc. 24:15), es obtener su revelación.
2. Hablar con Él, como hicieron Moisés y Elías en el Monte de la Transfiguración (Lc. 9:30), es nuestra comunión.
3. Escucharle, como Marta en Betania (Lc. 10:39), es nuestra instrucción.
4. Morar con Él, como los discípulos que se mencionan en Jn. 1:39, es nuestro gozo.
5. Vivir con Él, como los discípulos de Juan, es nuestra unidad.
6. Esperar en Él, como los cristianos de la Iglesia primitiva, es nuestro poder (Hch. 4:31).
7. Esperándole a Él, como el pueblo que le esperaba, es nuestra expectativa (Lc. 8:40).

395. *EL CUERPO DEL CRISTIANO*
(1 Pedro 1:13-25)

1. Ha sido comprado (1 Co. 7:23; 6:20).
2. Ha sido comprado con un gran precio (1 P. 1:18, 19).
3. No es propiedad nuestra (1 Co. 6:19).
4. Es el Templo del Espíritu Santo (1 Co. 3:16, 17; 16:19).
5. Es para glorificar a Dios (1 Co. 6:20).
6. Es para manifestar la vida de Cristo (2 Co. 4:10).
7. Debemos controlarlo (1 Co. 9:27).
8. Es para ser disuelto con la muerte (2 Co. 5:1; Gn. 3:19).
9. Es para ser transformado cuando Cristo venga (1 Co. 51, 52).

396. *EL SOLDADO CRISTIANO*
(2 Timoteo 2:3)

INTRODUCCIÓN: el texto es igualmente aplicable al cristiano particular o al apóstol u obrero en Cristo Jesús. Todos los discípulos están comprometidos igualmente en una guerra espiritual. Todos son llamados a pelear la buena batalla de la fe, y a soportar la dureza del combate como buenos soldados de Jesucristo. A menudo se aplica un lenguaje marcial cuando se habla de los siervos de Dios. La verdadera religión involucra un conflicto necesario y continuo con el pecado y los poderes del infierno. Observad:

I. El soldado cristiano se convierte en un buen lidiador, enrolándose voluntariamente en los ejércitos del Señor

1. Abandona su vida anterior, y libre y alegremente se rinde por la fe a Dios.
2. Deja de ser un enemigo, como lo era antes en su estado carnal, y en la enemistad de su mente:

a) Ha dejado de oponerse al consejo y la autoridad de Dios.

b) Está convencido de la locura y la insensatez de luchar contra Dios, y ahora acepta la oferta llena de gracia del Señor.

II. El soldado cristiano es vestido con la armadura de la salvación

1. Esto se describe ampliamente en Ef. 6:13:

a) Veréis que los lomos son ceñidos con la verdad.

b) La coraza es para que seamos justos.

c) El calzado es la preparación del Evangelio de la paz. Luego tenemos:

d) El escudo de la fe.

e) El yelmo de la salvación. Y el arma ofensiva es:

f) La espada del Espíritu, que es la Palabra de Dios.

2. Esta es la armadura autorizada, y no debemos de inventamos otra. Ninguna otra podrá asegurarnos del malo damos la victoria sobre nuestros enemigos.

III. El soldado cristiano pelea bajo el emblema de la cruz

IV. El soldado cristiano está a las órdenes del Señor Jesús, el capitán de su salvación

1. Tiene que luchar con carne y sangre:

a) Él ha ido delante de Sus seguidores, y ha vencido en su naturaleza a todos sus enemigos, habiendo sido perfeccionado por medio del sufrimiento.

b) Él guía y comanda a todo el ejército espiritual de Dios.

c) El Señor Jesús posee todas y cada uno de las cualificaciones para animar a Sus tropas y llevarlas en medio de todos sus conflictos, hasta que hayan acabado su carrera.

d) El ha dado órdenes especiales y direcciones específicas para asegurar un éxito rotundo a todos los que pelean bajo Su emblema.

V. El soldado cristiano tiene que luchar contra muchos enemigos

1. Tiene que luchar contra carne y sangre:

a) Vencer a las maldades de su propia naturaleza: las corrupciones insubordinadas de su propio corazón.

b) De dentro hay temores, dudas e incredulidad, mucha ignorancia, orgullo, egoísmo, etc

2. Tiene también enemigos exteriores:

a) El mundo, en todas sus manifestaciones de impiedad y oposición a Dios.

b) Con éstos están ligados los poderes de infierno: Satanás y sus legiones de oscuridad

VI. El soldado cristiano debe luchar y ser fie hasta la muerte

VII. El soldado cristiano recibirá una recompensa gloriosa y eterna

1. Habiendo sufrido con Cristo, serán juntamente glorificados (Ro. 8:17).

2. Habiendo vencido...

a) Tendrán dominio (Ap. 2:26).

b) Serán vestidos con vestiduras blancas (Ap. 3:5).

c) Se sentarán con Cristo en Su trono (Ap 3:21).

d) Comerán del maná escondido (Ap. 2:17)

e) Recibirán de Cristo la corona de vida eterna (Ap. 1:10).

397. *HASTA QUE ÉL VENGA* *(1 Timoteo 6:11-16)*

1. Proclamamos su muerte: hasta que É venga (1 Co. 11:26).

2. Usamos nuestros talentos: hasta que É venga (Lc. 19:13).

3. Peleamos la buena batalla de la fe: hasta que Él venga (1 Ti. 6:12).

4. Soportamos la tribulación: hasta que É venga (2 Ts. 1:7).

5. Hemos de ser pacientes: hasta que É venga (Stg. 5:8).

6. Hemos de esperar la corona de justicia hasta que Él venga (2 Ti. 4:8).

7. Esperamos una corona de gloria: hasta que Él venga (1 P. 5:4).

8. Esperamos reunirnos con los amigos y familiares que ya han partido: hasta que É venga (1 Ts. 4:13-18).

398. MIRANDO DILIGENTEMENTE (Hebreos 12:15)

1. Para salvación: «Miradme a mí, y sed salvos...» (Is. 45:22).

2. Para iluminación: «Los que miraron hacia él fueron alumbrados...» (Sal. 34:5).

3. Para ejemplo: «Y fijándose en Jesús que pasaba por allí...» (Jn. 1:36).

4. Para guía: «Mas el que mira atentamente a la ley perfecta, la de la libertad...» (Stg. 1:25).

5. Para fortaleza: «...Puestos los ojos en Jesús, el Autor y Consumador de la fe, ...para que no desfallezcáis faltos de ánimo» (He. 12:2, 3).

6. Por un gran cambio: «...De donde también esperamos al Salvador, al Señor Jesucristo...» (Fil. 3:20).

7. Para la gloriosa manifestación: «Aguardando la esperanza bienaventurada y la manifestación gloriosa de nuestro gran Dios y Salvador Jesucristo...» Tit. 2:13).

8. Para la gran consumación: «Pero esperamos, según su promesa, Cielos nuevos y tierra nueva...» (2 P. 3:13).

399. ¿QUÉ ES UN CRISTIANO? (Hechos 11:26)

INTRODUCCIÓN: de la gran iglesia, fuera de las fronteras de Israel, Antioquía, vino el nombre por el cual los seguidores de Cristo serían llamados para siempre «cristianos». ¿Qué es un cristiano?

1. Es un hijo de Dios, por medio de Jesucristo: los «discípulos» –aquellos que aprenden de Cristo– fueron llamados cristianos. Para estos primeros discípulos Cristo era el Todo en Todo. Ellos le obedecían, testificaban de Él, le adoraban, y Él era su misma vida. Esta relación con Cristo se realiza por medio del arrepentimiento del pecado y de la fe, lo cual trae como resultado la posesión de la vida divina. Dicho en otras palabras, recibimos a Cristo. Un cristiano entrega su alma al cuidado de Cristo; descansa su esperanza eterna sobre la expiación hecha por Él, y vive como un hijo de Dios por medio de Cristo.

2. Tiene la victoria sobre el pecado: el pecado no reina sobre él (Ro. 6:14). Es un siervo de Dios (Ro. 6:22); y tiene la victoria sobre el mundo, la carne, y el diablo. Es un heredero de Dios, por lo tanto es un ciudadano del Cielo y tiene la vida eterna.

3. El cristiano vive una vida de justicia: está positivamente comprometido en actividades justas. Vive como lo hizo Su Maestro, haciendo el bien, ayudando a los desvalidos, visitando a los enfermos, levantando a los caídos, animando a los desanimados y deprimidos, bendiciendo a los necesitados y haciendo todo lo posible para suplir sus necesidades, testificando a los perdidos. Esta es su ocupación diaria y no sólo de los domingos, y por medio de ella trae la gloria al Cristo cuyo nombre lleva

CONCLUSIÓN: ¿Es usted un cristiano?

400. *CANSARSE DE HACER EL BIEN*

«Y vosotros, hermanos, no os canséis de hacer el bien» (2 Ts. 3:13).

1. Un sumario de la vida cristiana:

«La Escritura le llama «hacer el bien».

a) El trabajo religioso es hacer el bien: predicar, enseñar, escribir libros y cartas, dar clases bíblicas, distribuir tratados, hacer obra personal, la oración privada, la alabanza, etc.

b) Una obra de caridad también es hacer el bien: los pobres, las viudas y los huérfanos, los ignorantes, los enfermos, los caídos, los despreciados, han de ser objeto de nuestra tierna atención y cuidado.

Todo lo que se haga con el sentido del deber, con dependencia de Dios, con fe en Su Palabra, por amor a Cristo, en buena voluntad para con los demás, y pidiendo la dirección del Señor, es hacer el bien.

2. Una advertencia en cuanto a cansarse de hacer el bien:

a) Los malos ejemplos llevan a los Trabajadores a la holgazanería (v. 11).

b) Los entremetidos y las personas que andan desordenadamente en la iglesia, estorban a muchos de su servicio diligente (vv. 11, 12).

c) Los que causan dificultades, como los hombres «perversos y malos», perturban a

aquellos que desean servir sinceramente al Señor (v. 2).

3. Un argumento en contra del cansancio en hacer el bien:

a) No pierdas lo que ya has conseguido.

b) Considera lo que son capaces de negarse los demás por cosas inferiores: soldados, luchadores, corredores de carreras, etc.

c) Recuerda que el ojo de Dios está sobre ti, Su mano esta contigo, también Su sonrisa, y que Él es el que te manda servirle.

d) Refleja la grandeza del servicio en sí mismo haciéndolo para el Señor y para Su gloriosa causa.

401. *LLEVANDO LA CRUZ*

«Y el que no toma su cruz y sigue en pos de mí, no es digno de mí» (Mt. 10:38).

1. ¿Cuál es mi cruz en particular?

a) Puede ser tener que soportar el reproche y la falta de amabilidad, o vivir en la pobreza y la oscuridad por el bien de los demás.

b) Puede ser sufrir pérdidas y persecuciones por la causa de Cristo.

c) Ciertamente significa la consagración de todo lo que poseemos y lo que somos al Señor Jesús, y la entrega de todos mis dones y talentos para el servicio cristiano, con el cual Él me honra.

2. ¿Qué voy a hacer con ella?

a) No voy a levantarla deliberadamente:

–No escoger una cruz o anhelar otra forma de prueba.

–No hacemos una cruz propia por petulancia y obstinación.

–No murmurar por la cruz que me fue destinada.

–No despreciarla, teniendo una terca actitud estoica, o voluntariamente negar y abandonar nuestro deber.

–No desmayar bajo la cruz que el Señor nos ha dado, o huir de ella.

b) He de resignarme gozosa y pacientemente a la cruz, pues mi Señor es quien me la ha dado. Es una carga real y santificada, una carga que me proporciona comunión con Cristo.

3. ¿Qué debe darme ánimo?

a) Mi necesidad: no puedo ser un discípulo sin llevar la cruz.

b) La sociedad: mejores hombres que yo han llevado sus cruces.

c) El amor: el Señor Jesús llevó una cruz mucho más dura y pesada que la mía.

d) La fe: el Señor me dará la gracia suficiente para llevar el peso de mi cruz.

e) La expectación: Me será dada la gloria como recompensa. Si no hay cruz, no habrá corona.

402. *EL MAESTRO Y SUS DISCÍPULOS (Mateo 10)*

1. Él les llamó: «Llamando a sus doce discípulos» (v. 1).

2. Él les dio: «Les dio autoridad sobre los espíritus inmundos» (v. 10).

3 Les ordenó:

a) A quien deberían ir: «A las ovejas perdidas de la casa de Israel» (v. 6).

b) Lo que debían predicar: «El Reino de los Cielos» (v. 7).

c) Como deberían actuar: «No os proveáis de oro», etc (vv. 9, 10).

4. Les previno: «Y guardaos de los hombres» (v. 17).

5. Les aconsejó: «Mas cuando os entreguen...» (vv. 19, 20).

6. Les prometió su cuidado: «Y en cuanto a vosotros, hasta los cabellos de vuestra cabeza están todos contados» (v. 30).

403. *EL NEGOCIO DE UN DISCÍPULO (Juan 1)*

1. Mirar: «Y fijándose en Jesús» (v. 36).

2. Seguirle: «Y siguieron a Jesús» (v. 37).

3. Oír: «Era uno de los que habían oído» (v. 40).

4. Ir en busca de otros: «Éste halló primero a su hermano» (v. 41).

5. Preguntar: «¿Dónde te hospedas? (v. 38).

6. Invitar: «Ven y ve» (v. 46).

7. Vivir con Jesús: «Y se quedaron con Él» (v. 39).

404. *LA VIDA CRISTIANA*
(1 Timoteo 6)

1. Es una huida: «Huye de estas cosas» (v. 11).

2. Es una senda: «Sigue la justicia» (v. 11).

3. Es una batalla: «Pelea la buena batalla» (v. 12).

4. Es una pausa: «Echa mano de la vida eterna» (v. 12).

5. Es una responsabilidad: «Que guardes el mandamiento» (v. 14).

405. *FIDELIDAD*
(1 Timoteo 3:11)

INTRODUCCIÓN: la fidelidad es cosa esencial. No sólo en las mujeres de quienes escribe Pablo, sino en todos, y en todas las relaciones de la vida. En el hogar, en los negocios, en el trabajo. En el hombre y la mujer, el niño y el joven el gobernante y el ciudadano, el patrón y el empleado. el comerciante y el comprador. Pero aún más se necesita en el cristiano. Debe ser fiel.

1. En cuanto a la doctrina:

a) La doctrina de Cristo está consignada de un modo final e invariable en el N.T. (Jud. 3). Es posible dar de ella nuevas explicaciones o exposiciones, pero no doctrina distinta.

b) Pablo luchó contra los que pervertían el Evangelio, y exhorta a Timoteo a guardar la doctrina (1 Ti. 4:16, 6:14, 20; 2 Ti. 1:13, 2:15, 3:14, 4:2).

c) Cuánto importa que no se pervierta la doctrina de la salvación, la persona de Cristo, la inspiración de la Biblia, la Iglesia y sus ordenanzas. Los hombres han creído poder mejorarlas: pero las pervierten.

Cristo demanda tal fidelidad. ¡Cuidado!

2. En cuanto al amor de Cristo:

a) Su recomendación a los discípulos: «estad en mi amor». Su pregunta a Pedro: «¿Me amas?».

b) Se demanda fidelidad del amigo, de la esposa, del hijo, del hermano. Estas relaciones nada son sin la constancia en el amor. Así en cuanto a Cristo.

c) Hay peligro de que se enfríe nuestro amor a Cristo aun cuando se exagere la adhesión externa (Judas besando al Maestro).

d) El mundo roba el lugar de Cristo en el corazón: los negocios, el dinero.

e) La fidelidad en el amor es la condición para la fidelidad en todo.

3. En cuanto a la obediencia:

a) Hay quienes son fieles de profesión sólo. como el hijo que dijo «voy» y no fue.

b) Otros son fieles en obedecer algunos mandamientos, y no en otros. Hacen distinción entre los mandamientos: importantes y secundarios. No tenemos tal derecho.

c) Cristo nos prueba en lo pequeño: «El que es fiel en lo poco, también en lo más».

4. En cuanto al servicio: de cada uno de nosotros demanda el Señor cierto servicio. Hay personas a quienes basta señalar el trabajo que deben hacer; se puede estar seguro de que lo harán. Otros, o no lo hacen, o lo hacen mal. El cristiano debe estar:

a) Siempre dispuesto a servir al Señor: «Yo quiero trabajar por el Señor».

b) Aceptar el que Él nos encargue. El endemoniado de Gadara quería seguirle, pero Cristo le mando quedarse: «Ya sea en el valle...».

c) Desempeñarlo lo mejor que podamos. Que Cristo diga: «Bien está...».

d) No menospreciar las pequeñas oportunidades: «Nunca esperes el momento...». Se sorprenderán en aquel día muchos y dirán: «¿Cuándo te vimos hambriento...».

CONCLUSIÓN: el premio no es para el que realiza grandes cosas u obtiene sonados triunfos, sino para los fieles en todo. ¿Lo eres tú?

406. *HUYE, SIGUE, PELEA*
(1 Timoteo 6:4-12)

Pablo le dio tres «F» a Timoteo cuando quiso ponerle en guardia. Miremos unos momentos a estas tres «F».

1. «Huye de estas cosas» (vv. 4-11):

a) Henchirse de orgullo (o inflarse).

b) De la locura de la ignorancia.

c) Delirios acerca de cuestiones.

d) Contiendas de palabras.

e) Envidias y celos.

f) Rencillas de hombres corruptos de entendimiento.

g) Injurias de incriminación.

h) Conjeturas de maldad.

i) Amor al dinero.

2. «Sigue» (vv. 6, 11):

a) La «justicia» de vida.

b) La «piedad».

c) La «fe» de la devoción.

d) El «amor» de la fidelidad.

e) La «paciencia» que todo lo soporta.

f) La «mansedumbre» en la forma de ser.

g) El «contentamiento» de la gratitud.

3. «Pelea la buena batalla de la fe»:

a) Por medio de una «buena profesión» (v. 12).

b) Manteniendo «el mandamiento» (v. 14).

c) Mandando a los ricos «que no sean altivos» (v. 17).

d) Siendo «ricos en buenas obras» (v. 18).

e) Echando mano «de la que realmente es vida eterna» (v. 19).

f) Manteniendo «la fe» del Evangelio (vv. 20, 21).

g) Estando «prontos a compartir» (v. 18).

407. *EL SOLDADO CRISTIANO (2 Timoteo 2:3)*

Algunas de las características de un buen soldado:

1. Está adecuadamente equipado (2 Co. 10:4; *véase* Ef. 6:11-18).

2. No se basa en sus propios recursos; Cristo es el pan y el agua de vida.

3. Obedece órdenes (*véase* Fil. 2:8; 2 Co. 10:5).

4. Soporta la dureza del servicio (2 Ti. 2:12).

5. No se enreda en los negocios de este mundo (2 Ti. 2:4; Lc. 8:14).

6. Sigue soportándolo todo hasta el fin (Mr. 13:13; Lc. 9:62; 11:26; He. 6:4-6).

7. Gana finalmente la victoria:

a) Sobre su propio espíritu (Pr. 16:32).

b) Sobre el mundo (2 Cr. 20:15; 1 Jn. 5:4, 5).

c) Sobre el enemigo (Pr. 11:30; Dn. 12:3).

d) Sobre la muerte (1 Co. 15:26, 57; 2 Ti. 4: 7, 8).

e) Hereda todas las cosas (1 Co. 2:9; 3:22, 23; Ap. 21:7).

f) Se sentará con Él en Su trono (Ap. 3:21).

g) Recibirá una corona (Ap. 2:10).

408. *HEROÍSMO Y FIDELIDAD (Hechos 4:13-20, 29-31)*

1. ¿Por qué el cristiano permanece fiel a través de los tiempos?

a) Porque tenemos un conocimiento razonable y espiritual de lo que Cristo es.

b) Porque la experiencia cristiana tiene que ver con el corazón, los sentimientos y la voluntad.

c) Porque una experiencia redentora responde satisfactoriamente a nuestras necesidades espirituales.

2. ¿Qué resultados sacaremos de ser fieles a Cristo y a su voluntad?

a) El mundo quedará convencido del poder inherente que sostiene al cristianismo.

b) El Espíritu Santo bendecirá nuestro ministerio con abundancia y poder.

c) Nuestros corazones rebosarán de dicha y satisfacción porque somos instrumentos en las manos de Dios.

409. *UN TESTIMONIO FIEL (Hechos 4:13-20, 29-31)*

1. Heroísmo de la fidelidad cristiana:

a) Debemos ser fieles en medio de las pruebas y persecuciones.

b) Debemos ser fieles al exponer el mensaje o testimonio que Dios nos ha conferido.

c) Nuestra fidelidad tiene como fundamento el conocimiento del Cristo glorificado.

d) Nuestra fidelidad confunde y convence a nuestros más poderosos enemigos.

2. Para ser fieles, necesitamos la oración y la protección del Espíritu divino:

a) La iglesia primitiva estuvo orando antes de salir a dar testimonio.

b) Los apóstoles oraron ante las amenazas del Sanedrín.

c) El valor y la sabiduría de los apóstoles confundió a los enemigos de la verdad.

d) La obra de Dios crecía y se fortalecía a pesar de los obstáculos y de la oposición del enemigo.

410. *CÓMO CONOCER MEJOR A CRISTO*

«A fin de conocerle» (Fil. 3:10).

INTRODUCCIÓN: todos deberíamos desear conocer a Cristo íntima y profundamente. Haremos las siguientes sugerencias para poder llegar a este fin:

1. Pasad mucho tiempo en meditación: después de que Pablo conoció a Cristo, su primera decisión fue estar a solas con Dios por un largo período, para meditar sobre el significado de su experiencia. Durante esos meses de meditación, Pablo recibió el Evangelio por revelación directa de Jesucristo (*véase* Gá. 1:12).

2. Estudiad constantemente el mensaje del Señor: si hemos de conocer a Cristo íntimamente, debemos ser constantes en la lectura de la Biblia. El mensaje completo de la Biblia está centrado en la Persona de Cristo.

3. Hablad a menudo con el Señor: conocemos mejor a la gente cuando hablamos y profundizamos en diversos temas con ellos. Del mismo modo ocurre con el Señor Jesús. Cuanto más hablemos con É1, más le conoceremos. En la oración le hablamos al Padre y le oímos a Él hablándonos a nosotros.

4. Buscad la compañía y la comunión con otros cristianos: aunque Pablo no fue inmediatamente a Jerusalén para ver a los apóstoles, fue en su momento oportuno, y tuvo varios días de comunión con Pedro y Santiago. La comunión con creyentes consagrados y bien informados puede significar mucho para los jóvenes cristianos que desean conocer a Cristo y Su voluntad para vivir una vida consagrada.

5. Servid al Salvador con sinceridad: el Señor Jesús dijo: «Llevad mi yugo sobre vosotros, y aprended de mí». En otras palabras, cuando un cristiano comparte sus problemas con el Salvador y le sirve, irá conociéndole cada vez más. Le conocemos verdaderamente cuando pensamos, sufrimos y amamos con Él.

CONCLUSIÓN: poned vuestro corazón en disposición de conocer a Cristo cada vez más y mejor. Buscad conocerle en la meditación, en el estudio bíblico, en la oración, en la comunión y el servicio, y en la comunión de Sus sufrimientos y el poder de la resurrección.

411. *FIEL HASTA LA MUERTE*

«... se llama Fiel y Verdadero...» (Ap. 19:11).

Cristo era y es fiel a los intereses de su pueblo.

1. El texto implica obligaciones al servicio de Cristo. Éstas se desprenden de:

a) La excelencia ilimitada de Cristo: infinitamente digno.

b) Su derecho de propiedad sobre nosotros: nos ha creado, redimido, hechos nuevas criaturas, etc.

c) Su derecho de propiedad en todo aquello que tenemos.

d) Nuestros pactos y compromisos: para los cuales hemos confiado en el Señor.

2. El texto implica tentaciones e infidelidad:

a) Su servicio es difícil para la carne y la sangre.

b) El mundo se ofrece como soborno para desertar y volverse atrás.

c) Todos aquellos que quieren vivir píamente padecerán persecución.

3. El texto suministra la medida de fidelidad adecuada:

a) Este texto ha sido aplicado muy a menudo.

b) La fidelidad cristiana lo ha confirmado.

c) A veces hay pruebas menos severas a las que uno se rinda más fácilmente.

4. El texto implica que la prueba de fidelidad terminará con el tiempo:

a) En el ciclo no hay corrupción (Ap. 21:27).

b) No hay malas interpretaciones allí.

c) No hay mal genio ni temperamentos fuera de lugar.

5. El texto revela la recompensa de la fidelidad.

6. El texto conecta el tiempo con la eternidad.

7. El texto muestra al autor de esta conexión:

a) Omnisciente.
b) Omnipotente.
c) Inmutable.
d) Justo.

412. *CRISTO PIDE INTEGRIDAD*

«¿Por qué me llamáis, Señor, Señor, y no hacéis lo que yo digo?» (Lc. 6:46).

El Evangelio de Cristo demanda integridad en lugar de exactitud. Dice Alejandro Miller que hay dos pecados dañinos: Uno, la falta de hermandad; y el otro, la hipocresía. Ya anteriormente el Señor había advertido: «Sea vuestro hablar sí o no». «Ninguno puede servir a dos señores».

1. Jesús rechaza a los falsos adoradores:
a) Por su deslealtad.
b) Por sus falsas pretensiones.
c) Por su indolencia: «Dicen y no hacen».
d) Por sus vanas lisonjas.

2. Jesús reprende a los negligentes:
a) Por olvidarse de su responsabilidad.
b) Por alejarse de sus demandas.
c) Por su letargo espiritual.

3. Jesús requiere corazones íntegros:
1. De adoradores sinceros.
2. De adoradores sencillos.
3. De adoradores convertidos.
4. De adoradores verdaderos: «Dios es Espíritu; y los que le adoran, en espíritu y en verdad es necesario que adoren» (Jn. 4:24).

413. *CRISTIANISMO APLICADO (Hechos 11:26)*

INTRODUCCIÓN: la intensa persecución que se llevó a cabo después del martirio de Esteban, obligó a los discípulos a moverse en varias direcciones, testificando la verdad de Dios a medida que viajaban Las buenas noticias de las operaciones del Espíritu comenzaban a penetrar dentro del judaísmo decadente. La corona de la aurora boreal se centró en Antioquía de Seleucia. Allí la Palabra de Dios encontró una pronta recepción, pues la ciudad recibió un fulgor hasta el momento desconocido. El cristianismo aplicado prácticamente hace tres cosas...

1. Hace que la labor del Espíritu se manifieste visiblemente: Bernabé vio la gracia de Dios (Hch. 11:23).

2. Hace evidente el gozo del siervo: Bernabé estaba gozoso (Hch. 11:23).

3. Hace que los propósitos del santo sean definidos: Con propósito de corazón (Hch. 11:23).

CONCLUSIÓN: las actitudes y hechos de estos primeros cristianos eran la mejor recomendación para los demás. Cuando los principios productivos del cristianismo están de acuerdo con una aplicación fiel, les seguirán siempre resultados semejantes.

414. *APROBADO DE DIOS (2 Timoteo 2:15)*

INTRODUCCIÓN: palabras escritas a Timoteo, discípulo de Pablo (*véase* las circunstancias especiales del joven, hijo de madre y abuela creyentes en la fe de Moisés, y de padre griego, escéptico). En su entrenamiento fue probado, incluso sufrió prisión (He. 13:23). La exhortación de Pablo, es literalmente: «procura hacerte aprobado de Dios» (ej. el afán de los estudiantes por obtener su diploma). Muy superior es el diploma celestial que:

1. Será dado sin recomendación ni soborno: sólo según los méritos del alumno (*véase* 2 Co. 5:10).

a) Tiene una duración eterna. Los títulos humanos sólo duran una temporada.

b) Toda la enseñanza de Cristo coincide en que la vida es una prueba y que nos conviene asegurarnos un aprobado (*véase* Mt. 10:42; Mr. 9:41). ¿Qué importancia tendría que todo el mundo aplaudiera, si Dios dijera no? Del Anticristo se dice: «Todo el mundo se maravillará», pero ¡ay de él! De los héroes de la fe que

murieron en tiempos antiguos dice el inspirado autor de Hebreos: «De los cuales el mundo no era digno»; pero recibieron el «Bien, buen siervo y fiel..., entra en el gozo de tu Señor». Es imposible imaginarse lo que sentirá el alma en aquellos supremos momentos, por los cuales hemos vivido y sufrido algunas veces. ¿Queremos tener este aprobado?, ¿lo deseamos? Véanse las condiciones según este texto, aplicado a Timoteo y a nosotros.

2. Entrar en la escuelas de Cristo (v. 19): según la condición puesta por el propio Señor cuando respondió a sus contemporáneos que preguntaron: «¿Qué haremos para que obremos las obras de Dios?» (Jn. 6:28). Ciertas carreras están cerradas para los pobres o de mente débil, pero Cristo recibía y recibe a todos, porque ama a todos, es el Maestro por excelencia (Jn. 6:37 y 13:13).

3. Hacer buen uso de la palabra de verdad (v. 15): lo esencial para todo alumno después de un buen maestro son los libros de texto. La Sagrada Escritura es nuestro libro, escrito por instrumentos humanos, pero sin errores en el sentido espiritual. La característica de los cristianos evangélicos es que conocen la Biblia, así lo afirman los mismos sacerdotes católicos; pero no se trata sólo de conocer, sino de vivir. La expresión «que corta bien la Palabra de verdad» es una figura algo rara, pero muy gráfica; se refiere al sastre que sigue la línea trazada por el yeso. Nuestra vida es la tela, la Palabra de Dios el yeso que debemos seguir, el Espíritu Santo el artista que lo dibujó. Debemos cortar nuestra conducta y carácter según la línea trazada por el Espíritu Santo en todo el N.T. (Ro. 12).

4. Aplicación absoluta y completa: Pablo toma como ilustración el servicio voluntario de los romanos; la abstención no se refiere a los medios honrados de ganar el pan (2 Ts. 3:10). El mismo Pablo a temporadas no pudo dar todo su tiempo a la obra (Hch. 18:3). y no es que fuera mal soldado, sino, al contrario, procuraba en todo agradar a su Señor Pablo dice que Cristo no se agradó a sí mismo, justo es que nosotros le agrademos a Él.

5. Sinceridad en los procedimientos (v. 5): las reglas de los juegos en los deportes modernos pueden servir de ejemplo. En el deporte de la eternidad leemos: «Tú amas la verdad en lo íntimo» (etimología de la palabra sinceridad. Sincera o sin fingimiento o disimulo); como se hacía para borrar los defectos de las estatuíllas que se vendían en los mercados, pero el calor derretía la cera y volvían a aparecer).

6. El divino objetivo del alma creyente: evitar las penas del infierno es el primero y principal para muchos cristianos, pero no es el objetivo de Dios, sino el primer paso para formar almas regeneradas y dignas del Cielo. Es un plan de Dios desde la eternidad (*véase* Ro. 9:29; Ef. 1:4). Es algo como lo que procura el fundidor, hasta que ve su imagen misma reflejada en el metal que está acrisolando. Dios está fabricando pequeños Cristos (Ro. 8:29; 1 Co. 15:49). Como dice el gran predicador Pegny: «Dios prueba, para aprobar». No hay prueba sin objeto; pero Dios mismo viene en nuestra ayuda, como fue en el caso de Pedro (Lc. 22:31). El Señor intercede (Ro. 8:34) y actúa en nuestras vidas *(anécdota: el pintor novel ayudado por su maestro cuando él dejaba el cuadro por la noche).*

Así el Señor endereza nuestros errores y nos habilita si le dejamos obrar, es el Maestro por excelencia.

CONCLUSIÓN: Dios haga que al final de nuestra vida podamos oír un «Bien, buen siervo y fiel», o por lo menos como Jesús dijo de María «Ésta ha hecho lo que podía» (Mr. 14:8).

415. *CUATRO COSAS NUESTRAS (Filipenses)*

1. Nuestro tema: el Evangelio de Cristo (Fil. 1:27).

2. Nuestro empleo: la obra de Cristo (Fil. 2:30).

3. Nuestro estudio: el conocimiento de Cristo (Fil. 2:8).

4. Nuestra fuerza: el poder de Cristo (Fil. 4:13).

416. *ENTREGA ESPIRITUAL (Lucas 10:27)*

El creyente debe entregar su corazón a Dios...

1. En amor (Dt. 6:5).
2. En obediencia (Sal. 119:12).
3. En confianza (Pr. 3:5).
4. En oración (Jer. 29:3).
5. En arrepentimiento (Jl. 2:12).

417. *FE, ÁNIMO Y PACIENCIA (Filipenses 1:20-30)*

INTRODUCCIÓN: este mensaje fue compuesto en el segundo año de tener nuestro templo cerrado y sellado en 1940 y se iniciaba comparando nuestros grandes inconvenientes como iglesia que por 15 años había estado desarrollándose felizmente y creciendo hasta que vino la Guerra Civil Española pero nos consolábamos comparando nuestra situación con la del gran apóstol de los gentiles que se hallaba preso en un hogar particular pero custodiado por soldados romanos a los que tenía que obedecer. Cuántas molestias no le ocasionaría esta situación que de una parte era de privilegio a pesar de estar preso y así lo considerábamos nosotros por parte de las autoridades locales que nos consentían muchas cosas debido a nuestro testimonio como creyentes por tantos años en la ciudad. El apóstol consideraba pues...

1. Ventajas y desventajas:

a) Su experiencia pasada en una vida activa para la gloria de Dios tenía aun en aquellos momentos sus ventajas que no eran propias, pero que las considera tales por ser en favor de la obra encomendada a sus manos y dice: «Las cosas que me han sucedido han redundado en provecho del Evangelio».

b) La labor de sus opositores en la obra: «O por pretexto o por verdad el Evangelio es predicado». Dentro de la misma comunidad cristiana de Jerusalén, cuando los reunió y abrió a ellos su corazón, halló que había muchos creyentes judaizantes. El texto de Hechos nos dice: «Y cuando hubo dicho esto, los judíos siguieron teniendo gran discusión entre sí. Todos creían en Cristo, pero unos eran partidarios de que los nuevos convertidos debían guardar la Ley y otros no. Pero Pablo ante un conflicto de esta envergadura, se atreve a decir juzgando sus propias circunstancias, ante el juicio del loco emperador Nerón.

c) En nada seré confundido: si me mataran, el hecho resonaría por todas las iglesias fundadas y sería ocasión de más predicación del Evangelio, y en cuanto a mí «ser desalado del cuerpo y estar con Cristo», ¡qué bien y qué privilegio! y ¿qué podemos decir los cristianos en medio de las pruebas más duras de la vida, ya sea por enfermedad o diagnóstico médico o cualquiera de las contrariedades y peligros a que estamos expuestos? Nuestra situación es privilegiadísima, como lo expresa Juan –en 1 Jn. 1:3– y el mismo apóstol poco después de haber tenido la visión divina que le hizo cambiar de criterio acerca del tiempo de la segunda venida del Señor, lo que es ampliado y ratificado en el primer capítulo de Apocalipsis escrito en su vejez, cuando describe a los cristianos como: «real sacerdocio, gente santa, pueblo adquirido, recordando quizá las mismas palabras del Señor escuchadas en su juventud: «No os gocéis de esto, sino gozaos de que vuestros nombres están en el Libro de la Vida».

2. Dos clases de suerte: para todos los cristianos, los años que nos quedan de vida tienen estas dos posibilidades...

a) Servir al Señor y aumentar nuestras riquezas en el más allá (Mt. 6:20).

b) Gozar inmediatamente de la presencia del Señor: la gente del mundo no piensa en este privilegio, pues ve la muerte solamente del lado de abajo, pero estos testigos de Cristo como muchos otros a través de los tiempos por la fe, lo ven desde el lado de arriba. Unos pobres (materialmente), otros ricos; unos cultos, otros ignorantes... Pero todos ellos amantes de Cristo. Éste es el secreto clave de su vida *(anécdota: el primer fabricante de botones de Inglaterra cuando le preguntaron cuál era su propósito en la vida, dijo: «Glorificar a Cristo y entre tanto hago botones»).*

Por esto el apóstol incluye en este pasaje la expresión...

3. «Andar según es digno de la vocación a la que habéis sido llamados»:

a) No hacerlo así es empobrecernos para la eternidad: el diablo hace bastante en robarnos si puede el gozo cristiano. No podemos permitir que nos robe los tesoros del «más allá», y para esto sigue la segunda recomendación.

b) «Unánimes, firmes en un mismo espíritu» (esto decíamos en las circunstancias citadas al principio): pero tiene que ver con toda nuestra vida, sea cual sea nuestra posición. No envidiar o decir que lo haga otro.

4. Motivos para esta actitud: Pablo es muy razonable. Siempre da sus motivos. Aquí expresa un motivo paradójico. El hecho de que os persigan o causen molestias indica...

a) Que los tales están en un error, por tanto, perdidos.

b) Que vosotros estáis en la verdad, y, por tanto, salvos. ¿Por qué perseguían a los apóstoles los fariseos de su tiempo? Si hubiesen podido traer una prueba convincente de que Jesús no había resucitado, no habrían dejado de hacerlo. De aquí la exhortación paradójica del Señor: «Gozaos y alegraos, que vuestra merced es grande en los Cielos» (Mt. 5:12).

CONCLUSIÓN: la paradójica actitud de Dios: «Os he concedido...». El Rey y Señor del ejército cristiano nos ha concedido el gran privilegio de nacer, de vivir y dar nuestro testimonio (en España, Perú, Colombia, Argentina, etc.). La actitud negativa de los opositores por la razón que sea, es privilegio para los fieles y mientras tanto hay que aprovecharlo pues tiene más mérito y tendrá más recompensa en la eternidad. Ahora estamos en el tiempo que pasa que es nuestra gran oportunidad para mostrarnos fieles al Señor.

418. *LA FIRMEZA DEL CREYENTE* *(Romanos 5:2)*

Los fieles son exhortados a estar firmes...

1. En la fe (Ro. 5:2; 1 Co. 16:13; Col. 1:23, 2:7; 1 P. 5:9).
2. En el Señor (Hch. 11:23; Fil. 4:1; 1 Ts. 3:8).
3. En la obra del Señor (1 Co. 15:58).
4. En la profesión de nuestra esperanza (Hch. 3:6, 4:14, 10:23).
5. En la buena doctrina (2 Ts. 2:15; 2 Ti. 1:13, 14; Tit. 1:9).
6. En la libertad cristiana (Gá. 5:1).
7. En el combate contra la tentación (Ef. 6:14; 1 P. 5:9).
8. En el combate por la fe (Fil. 1:27).
9. En la aflicción (Sal. 44:17-19; 1 Ts. 3:2, 3; He. 34:35).
10. Hasta el fin (Ef. 6:13; He. 3:14).

419. *LAS CINCO PUERTAS DEL DISCIPULADO CRISTIANO* *(Juan 8)*

INTRODUCCIÓN. el castellano tiene dos palabras exactamente iguales, pero totalmente diferentes de significado. La una es el adverbio afirmativo «sí» y la otra el «si» conjunción condicional. En este capítulo encontramos cinco «si» condicionales pronunciados por Jesús que bien pueden ser comparados a los goznes de otras tantas puertas. Sobre ellos gira la actitud del alma y nuestra suerte eterna.

1. La puerta del discipulado (v. 31): ésta es la primera relación que se establece entre el alma y su Salvador. Cualquiera que oye el Evangelio es un discípulo incipiente, pero puede continuar o no su contacto con Cristo. Sin permanecer, nunca serás discípulo, ni hijo ni redimido; el que no pasa la primera puerta, no pasará la segunda ni la tercera. Veamos cuáles son éstas:

2. La puerta de la redención (vv. 34, 36): «Si el Hijo os libertare...» Todos los hombres son esclavos del pecado. Esto es lo que hace Cristo de muchos pecados y vicios.

3. La puerta del amor de Cristo (vv. 41, 42): el amor a Cristo revela nuestra verdadera relación con Dios. Unitarios, Espiritistas, Teósofos y aun los llamados Testigos de Jehová no honran al Hijo como honran al Padre.

4. La puerta de las obras (v. 39): esta próxima puerta es consecuencia de haber pasado por las anteriores: «Si fueseis hijos de Abraham...» La puerta de las obras es tan indispensable como la de la fe (Stg. 2:14-26).

5. La puerta de la alabanza o la glorificación del Salvador (vv. 54, 55): Jesús discutía con judíos que le acusaban de glorificarse a sí mismo, porque decía la verdad acerca de su persona, pero en este «sí» Jesús declara que todo discípulo suyo tiene plena razón para glorificarle, porque el primero que le glorificaba, no sólo de palabra en el Jordán, sino dándole el poder de hacer milagros era Dios.

CONCLUSIÓN: Jesús fue ensalzado sobre todo nombre porque se humilló por amor a los perdidos de este mundo, ¿no nos sumaremos nosotros a este servicio de alabanza? «Si alguno me sirviere, mi Padre le honrará» (Jn. 12:26).

420. *LO QUE TENEMOS EN CRISTO (Juan 17:24)*

INTRODUCCIÓN: si no tuviéramos otras pruebas de la autenticidad del cristianismo que lo que dice acerca de Dios y de nuestra relación con el Creador, bastaría para probar que la fe cristiana no es un invento del hombre, pues la mente humana más atrevida no habría osado ni sugerirlo ni imaginarlo.

1. Tres conceptos teológicos

a) Existen tres conceptos de Dios. El uno de carácter antropológico, considerándolo como un ser demasiado semejante a nosotros (En las religiones paganas, incluso con las mismas pasiones y defectos humanos).

b) En el catolicismo romano popular, como un juez severo, sentado en las alturas, dispuesto a castigar *(anécdota del autor: «Me daba miedo el Padre Santo»).*

c) En el racionalismo panteísta, introducido en el modernismo, como una sabiduría cósmica alejada de nosotros e indiferente a nuestras necesidades. Pero ¿qué nos revela el cristianismo auténtico?

2. Un padre infinito y solícito: el autor del Universo, que ha creado las flores y los pajarillos, así como las estrellas, es un Ser personal, infinito y omnisciente; su grandeza inefable le permite tener un interés particular en cada uno de nosotros: «Vuestro Padre sabe...» (Mt. 6:32); y todos los escritos del Nuevo Testamento confirman y comentan esta verdad...

a) Adopción inmerecida (Jn. 1:12). Cristo es el Hijo Unigénito de Dios porque lo es en un sentido especialísimo y único; cuando resucitó, dijo: «Subo a mi Padre y a vuestro Padre, a mi Dios y a vuestro Dios» (Jn. 20:7).

b) Naturaleza divina. Por el Espíritu Santo los pecadores humanos, tan pobres e indignos, recibimos por la fe en Cristo nada menos que la naturaleza divina (2 P. 1:4). ¿Cuál es el origen y secreto del interés por las cosas espirituales y eternas que poseemos los hijos de Dios desde el día que nos convertimos? (Ro. 8 5-17).

c) La misma posición. Hay un texto muy raro en Ef. 2:1-6 que dice que «Cristo nos resucitó, y asimismo nos hizo sentar en los lugares celestiales con Cristo Jesús». ¿Cómo se le ocurrió a Pablo decir tal cosa si todavía estamos en el mundo arrastrando nuestros pobres cuerpos pecadores? Es seguro que no fue Pablo quien inventó este párrafo inverosímil, tenía demasiada lógica humana y literaria; pero él escribía por inspiración del Espíritu Santo. Y el Espíritu Santo nos dice aquí que éste es el propósito de Dios, y los propósitos de Dios son realidades que nadie puede estorbar. Nosotros no podemos hablar del futuro como presente, porque estamos expuestos a mil contingencias, pero Dios no, y el estar en los Cielos -que ya es un hecho en el caso de Cristo- ha de ser un día nuestra posición; y ya es efectivo para Dios, quien no puede ser estorbado en sus intenciones. Por consiguiente, Jesús mismo dijo que poseemos, juntamente con Él:

d) El mismo amor (Jn. 16:27, 17:23). Por tanto, es natural que tengamos:

e) El mismo gozo (Jn. 15 11). Cristo ¿es feliz como hijo amado de Dios? Sí; y nos habla de que hay gozo en el Cielo por cada nuevo candidato que ingresa a tan alta posición (Lc. 15:7); y lo repite, no ya en una parábola, sino como una afirmación, en Jn. 17 13. Amigo, ¿tienes el gozo de Cristo? No hay razón para que no lo tengas en vista de las declaraciones que estamos estudiando, y quisiéramos que este estudio disipara las nubes que ensombrecen tu vida. Cristo nos garantiza igualmente: Paz

f) Su misma paz (Jn. 14:27) *(anécdota: la hija del capitán que, en una gran tempestad, decía: «¿Está mi padre en el puente? Entonces todo irá bien»).*

Mucho más podemos decirlo nosotros. Tenemos también asegurada, por sus promesas...

g) La misma gloria (Jn. 17:22). Esta verdad está ratificada por el apóstol Pablo en Colosenses 1:27 y en más de medio centenar de otros textos en todo el Nuevo Testamento.

h) El mismo trono (Ap. 3:21). Hay que entender que esto es una figura que significa representación de su autoridad. Todos los gobernadores y altas autoridades tienen en sus despachos el

retrato del rey y ejercen autoridad en su nombre. Podemos creer que algo así será el Reino de Dios, en el futuro.

i) La misma misión en el mundo (Jn. 20:21). Somos continuadores de su obra. El Padre confiaba en Cristo, sabía que no se entretendría en vanidades, que no se enamoraría de este mundo; aun después de haberse reducido por la *kenosis* a la condición de hombre, no haría ningún pacto con el diablo. Así, Cristo ha confiado en sus discípulos a través de los siglos (Jn. 17:20). Algunos le han traicionado y podemos temer que muchos le hemos, en parte, defraudado.

CONCLUSIÓN: ¿Nos haremos dignos de la confianza que Él ha puesto en nosotros? (citar ejemplos de mártires, o de hombres fieles). Estamos en la misma línea y con la misma esperanza que ellos, ¿no debemos imitarles?

421. *LOS CINCO «SI» CONDICIONALES DE CRISTO (Juan 8:30-46)*

INTRODUCCIÓN: en las Escrituras hay palabras cortas de significado muy profundo. Alguien ha comparado la partícula condicional «si» de esta porción a los goznes de una puerta: sobre ellos gira la actitud del alma y su suerte eterna. Un «si» implica un «no». Como en un balanza, es el contrapeso de un «no»

¿Es que Dios exige condiciones para salvarnos? De ningún modo. La salvación es una decisión del Dios soberano, pero Él no puede moralmente obrar en lugar del hombre, no puede obligarle a pasar por las puertas de la salvación. Jesús señaló como cinco puertas de acceso al Cielo, en sus «si» condicionales de este discurso.

1. Primera puerta: «el «si» del discipulado (v. 31). Todo maestro ha sido un día discípulo. Asimismo todo redimido. ¿Cuáles son las características del discípulo?

a) Oye la Palabra. Acude a un culto o recibe un testimonio de otro creyente; es el primer paso.

b) La recibe o acepta. No basta oír ni simpatizar. El discípulo es modelado por la palabra del Maestro. Hay corazones demasiado mezquinos, a causa del pecado, para recibir la Palabra de Cristo. ¿De qué le servirá oír una o mil veces si no la acepta?

c) Permanece en ella. De otro modo sería como la semilla que cae en pedregales (*véase* Jn. 8:31).

2. Segunda puerta: el «si» de la libertad (v. 32). Ser discípulos de Cristo nos da un conocimiento glorioso: Tenemos un libertador que nos libra del poder del pecado. Todo el mundo es esclavo de un amo invisible. Nadie puede librarse por sí mismo. Los buenos propósitos no son suficientes. Tampoco puede ser librado por otro que no sea el Hijo de Dios. El error de los Testigos de Jehová es que creen que Jesús es Miguel. Sería injusto que Dios hubiese escogido otra criatura, pero se dio a sí mismo en la persona de Cristo (2 Co. 5:19).

3. Tercera puerta: el «si» de las obras (v. 39). Cristo no nos liberta para que quedemos inactivos, sino para que usemos de nuestra libertad, lo cual revelará el grado de nuestra fe. Fe y obras son como los dos remos de un bote. Ningún hombre de fe ha sido un malvado, sino un cristiano más o menos rico en buenas obras (Ef. 2:8-10). Las obras son como un río que nace de la fuente de la fe.

4. Cuarta puerta: el «si» del amor (v. 42). Tanto la fe como las obras tienen un motivo, el amor a Cristo. No podían ser hijos de Dios los que buscaban su muerte. Tampoco los que le miran con indiferencia. «Nadie viene al Padre sino por Mí».

5. La quinta puerta: el «si» de la convicción (v. 46). He aquí el último «si» del ininterrumpido discurso de Jesús, que penetra como una espada en la conciencia. Jesús lo empleó como último argumento para ganar aquellos corazones endurecidos. «Si digo verdad, ¿por qué no me creéis?». Acababa de revelarles grandes cosas, grandes secretos del maravilloso plan de Dios:

a) Que podían verse libres del pecado (v. 39).

b) Que podían ser hijos de Dios en vez de serlo del diablo (v. 44).

c) Que debían serlo por la fe y el amor a su libertador (v. 35).

CONCLUSIÓN: ¿Era cierto, o no? Ésta es la gran cuestión de todos los siglos, y Jesús la

afronta sin titubeos. Él mismo era la Verdad. Había venido para esto; no era un hombre falible como los demás (Jn. 7:46, 18:37). Nadie podía hallarle falta sino la de haberse declarado Hijo de Dios, pero ésta era la mayor verdad (El dicho de Rousseau: «Si no era Hijo de Dios, merecería serlo»). Él se dirige a todos los hombres en cada generación: «Si dije verdad, ¿por qué no me creéis? ¿Por qué te resistes a mi llamamiento de amor y verdad?» Procura que este por qué interrogativo no se convierte en una sentencia de condenación en el día del juicio.

422. *PERSEVERANDO EN NUESTROS PROPÓSITOS*

«Ninguno que poniendo la mano en el arado mira atrás es apto para el Reino de Dios» (Lc. 9:62).

INTRODUCCIÓN: todos sabemos que no hay carrera sin fatiga, ni obra noble sin obstáculos ni hombre bueno sin enemigos, y es necesario para llegar a un fin determinado luchar para vencer. Es necesario que haya una virtud en nosotros que haga posible conseguir este propósito de nuestras vidas, sea cual fuere, y ésta es la perseverancia. Todos conocemos esa ilustración de la «Gota de agua que agujerea la piedra», a pesar de su dureza. Así pasará con cada uno si somos perseverantes en nuestros propósitos. El mundo está lleno de dificultades a las que hay que vencer. Jesucristo vino con el propósito de salvar las almas, y tuvo dificultades, pero la perseverancia las venció todas. Hasta de sus hermanos que se burlaban de sus pretensiones mesiánicas, pero todo fue vencido. Así pasó con el pueblo de Israel. Vamos a ver la lección de hoy...

1. Llamamiento a la reconstrucción del Templo: setenta años estuvieron los judíos cautivos en Babilonia, pero Jeremías había profetizado que después de los 70 años los judíos volverían a su tierra, y he aquí cómo Dios Llevó a cabo su propósito. Notemos algunas cosas interesantes del edicto de Ciro... Éste era el emperador más poderoso de la Tierra y su imperio abarcaba la provincia de Persia, Asia menor, Babilonia, Judea, Samaria, Asiria, etc., y de todas ellas Ciro era el poderoso gobernante...

a) Un buen precedente en los planes de Dios: Daniel era el primer ministro del imperio, y sin duda influyó para mover el alma de Ciro a cumplir los propósitos de Dios.

b) Por otra parte, Ciro deseaba tener una avanzada en Judea para planes futuros y la vuelta de los judíos a su tierra lo facilitaría.

c) No podemos dejar de ver en estas cosas la Providencia de Dios que usa a los hombres para llevar a cabo sus propósitos. El Señor de los gobernantes los usa para que los acontecimientos redunden para bien de su pueblo. Es muy posible que las guerras, hambre y otras calamidades que ahora afligen a la humanidad sean acontecimientos decretados por Dios para que sus propósitos se cumplan. Ejemplos: Pueblos que antes de la II Guerra Mundial eran refractarios al Evangelio han abierto sus puertas después de la guerra, y están estableciendo allí las misiones y el amor cristiano. Notemos tres cosas interesantes del edicto de Ciro:

–Este rey no era siervo de Jehová como lo era Daniel (*véase* Esd. 1:1-4): Ciro era un religioso político, «listo» para adorar al dios cual país conquistaba, pero se sintió movido por Dios a hacerlo así.

–Que el regreso tenía un carácter voluntario (Esd. 1:3): ¿Quién hay? Así en todas las cosas. cuando se hacen voluntariamente no resultan pesadas, Dios no quiere seguidores a la fuerza. «Tu pueblo lo será de buena voluntad».

–Era también voluntario que los que no se sentían con fuerzas para tal empresa y se quedaban ayudasen a los peregrinos con ofrendas para la casa de Dios.

2. Las primeras dificultades: como hemos dicho al principio, «no hay obra sin dificultad», y así sucedió al pueblo de Israel. Los samaritanos, o sea, un pueblo vecino de judíos mezclados con babilonios se mostraron aparentemente amigos y manifestaron el deseo de colaborar en la obra, y así les dejarían el Templo para sus adoraciones. Y Zorobabel y Jesuá dijeron que no, rompiendo de principio para evitar dificultades mayores al final. Y entonces, al ver fracasados sus planes, dejaron ver sus fines malévolos. Notemos las expresiones bíblicas de Esd. 4:4. Mas el pueblo de aquella tierra debilitaba las manos... ¿Qué les dirían? (*véase* Neh. 4:2). Quizás los hostilizaban de manera más directa,

valiéndose de hombres malos para ponerlos en pugna con Ciro. Enviaron una carta al rey, acusándolos de sediciosos y rebeldes, que cuando se vieran amos dejarían de pagar tributo. Instan al rey a buscar en los anales del reino lo que había pasado siempre con los judíos. ¡Qué hábil es el enemigo para hacer mal a los siervos de Dios para calumniar y difamar! Cuando fue interpretada la carta a Artajerjes y éste dio el decreto de hacer cesar el trabajo, los enemigos se apresuraron a hacer cesar la obra con poder y fuerza; emplearon la violencia para hacerles cesar. ¿Qué diríais: Cesó la obra; pereció el ánimo de los destructores? Sí, hasta el segundo año del reinado de Darío.

3. Reedificad casa a Jehová: Artajerjes se opone a que se realice el propósito de Dios, pero Dios por boca del profeta Hageo hizo ver al pueblo que hacían mal en ocuparse de sus casas y hacerse buenos edificios y dejar la casa de Dios desierta. El pueblo se esforzó y reanudó la obra. Dios está con vosotros, esforzaos. Ellos vieron la verdad de las palabras del profeta. Se quejaban de las pocas cosechas y de las desgracias que pasaban, y era el castigo de Dios por olvidar la causa del porqué estaban otra vez en Jerusalén, que al volverlos Dios allí era para que le reedificaran casa y lo habían dejado acobardados por el miedo a los enemigos. Tal vez muchas cosas que nos acontecen se deben a que no cumplimos nuestros deberes como cristianos. Estamos afanosos por el alimento y el vestido antes que buscar el Reino de Dios, cuando ha de ser al revés si queremos la aprobación del Señor: «Ninguno que pone la mano en el arado y mira atrás es apto para el Reino de Dios». Cuando el Señor pronunció estas palabras las dirigía a un hombre que tenía el propósito de seguirlo, pero ponía antes a su familia que al Señor. En nuestra vida cristiana debemos tener buenos propósitos si no queremos acabar en un fracaso, pero que éstos sean de acuerdo con la voluntad y aprobación del Señor.

a) Judas se hizo el propósito de vender a su Maestro para conseguir unas monedas y lo llevó a cabo, pero el remordimiento lo mató: un propósito malo.

b) Daniel se hizo el propósito de no contaminarse con los manjares y fiestas bacanales del rey; lo llevó a cabo y se mantuvo limpio delante del Señor. Su vida dependió de este propósito que mantuvo toda su vida, elevándolo a profeta grande y hombre de Dios.

c) Nosotros también debemos tener buenos propósitos que honren y glorifiquen a Dios:

–El propósito de entregamos a Cristo y aceptarle como Salvador.

–El propósito de hacer siempre su voluntad, aunque nos cueste.

–El propósito de separamos del mundo y sus placeres para no ser contaminados y arrastrados por la corriente mundana.

–El propósito de obedecer al Señor en todos sus mandamientos.

Sólo tener estos cuatro propósitos sería suficiente para llegar a un grado de perfección inconcebible. Pero no es bueno sólo tenerlos, esto no haría ningún bien. Es el ponerlos a la práctica, realizarlos. El infierno está lleno de almas que tuvieron buenos propósitos, pero no los llevaron a cabo. No debemos hacer las cosas a medias. Un buen propósito no cumplido...

–Nos impide lograr lo que nos proponemos.

–Nos lleva al fracaso.

–Y nos incapacita para llevar a cabo otros.

(Anécdota: llegó un momento en la vida de Pizarro, cuando intentaba conquistar Perú, que dijo a sus soldados acobardados por lo que les decían de mal y de dificultades que iban a pasar. Trazó una línea a tierra con la espada y dijo: «Ahí están el hambre, las tempestades, calamidades, desnudez...; al otro lado, el ocio y el placer, y allí Perú. Escoged lo que es digno de un valiente castellano. Yo voy hacia el Sur», y trazó la línea recta y marchó. Todos los soldados le siguieron y conquistó Perú. Hizo su propósito y lo llevó a cabo a pesar de las dificultades).

CONCLUSIÓN: lo que debe animarnos en todos los buenos propósitos es si hacemos la voluntad de Dios y entonces perseverar a pesar de las dificultades que opongan los enemigos y hasta el mismo diablo. Dios hará su parte y nosotros debemos hacer la nuestra, y triunfaremos como triunfó el pueblo de Israel y edificó su casa de oración. Si tenemos el propósito de aceptar a Cristo, que no nos hagan retroceder las dificultades de amigos o familiares, etc. Es la voluntad de Dios que me salve, para esto vino Cristo al mundo y no miraré atrás. Y así en todo lo demás

que el Señor manda en su Palabra, lo dice Cristo y adelante: «Yo estoy con vosotros todos los días hasta el fin del mundo», así que aún no hemos llegado al fin y tenemos la seguridad de que Dios está con nosotros.

423. *SIETE PRIVILEGIOS DEL CREYENTE (1 Juan 3)*

1. Los creyentes son hijos de Dios (vv. 1, 2).

2. Los creyentes serán como Cristo cuando Él venga (v. 2).

3. Los creyentes no practican el pecado voluntariamente (vv. 5, 6, 9-10).

4. Los creyentes han pasado de muerte a vida (v. 14).

5. Los creyentes tienen confianza ante Dios (vv. 19-21).

6. Los creyentes tienen el privilegio de recibir respuesta a la oración (v. 22).

7. Los creyentes tienen el don del Espíritu Santo (v. 24).

424. *TRES POSICIONES DEL CRISTIANO (Romanos 1:7)*

El cristiano ha sido llamado para ser un santo, un siervo y un soldado; como tal tiene que combatir a tres enemigos potentes, la carne, Gá. 5:16, 17, el mundo, 1 Jn. 2:15-17, y el diablo, 1 P. 5:8, 9. Como santo puede triunfar sobre la carne, como siervo vencer al mundo, y como soldado derrotar al diablo.

1. El cristiano es un santo (Ro. 1:7; I Co. 1:2; Ef. 1:1): ha sido santificado en el propósito de Dios (Ef. 1:4), mediante la pasión de Cristo (He. 10:10) y por la potencia del Espíritu (1 P. 1:2). Dios dice: «Sed santos, porque YO soy santo» (1 P. 1:16). Tenemos que ver con un Dios santo que nos ha llamado para ser hermanos santos (1 Te. 5:17), pueblo santo (1 P. 2:9), sacerdocio santo (1 P. 1:5), templo santo (1 Co. 3:17). El creyente que tiene todo esto en cuenta, se limpiará... de la carne, se abstendrá de deseo carnal, y ni hará caso de la carne (2 Co. 7:1; 1 P. 2:11; Ro. 13:14), que no es siempre el sexo, sino el modo de ser humano y sus defectos (Ro. 8:7).

2. El cristiano es un siervo: ha sido llamado a ser lo que el Señor mismo fue en este mundo. Marcos escribe de Cristo, el Siervo de Dios, y revela sus incesantes actividades, predicando, sanando, alimentando, consolando y, luego, muriendo para salvar a los pecadores. Aquel Siervo es nuestro SEÑOR, y Él nos ha enviado para servir en el mundo también, Mr. 16:15; Jn. 17:18; 20:21). Si somos «ardientes en espíritu, sirviendo al Señor», (Ro. 12:11), el mundo perderá su atractivo, y lo venceremos así como lo venció el Señor (Jn. 16:33).

3. El cristiano es un soldado (*véase* 2 Ti. 2:34): la vida cristiana es una batalla contra las huestes del diablo. Dios ha provisto armadura defensiva y armas ofensivas (Ef. 6:11-18). Éstas son:

a) La Palabra de Dios –la espada del Espíritu– y nuestro Capitán nos han enseñado cómo empuñarla, Ef. 6:17, Mt. 4:1-11).

b) La oración, que mantiene la línea de comunicación con el Estado Mayor en el Cielo, de donde vienen las directivas. Son armas imprescindibles para «pelear la buena batalla» (2 Co. 10:4; 1 Ti. 6:12; 2 Ti. 4:7), y poder vencer todas las asechanzas del diablo (Ef. 6:11; 1 P. 5:8-9).

425. *CONÓCETE A TI MISMO (Salmo 4:4)*

1. ¿Acerca de qué deberíamos meditar?

a) Acerca de nuestros pecados.

b) Acerca de nuestra relación con Dios.

c) Acerca de nuestros principios.

d) Acerca de nuestros placeres.

2. ¿Cómo debería realizarse esta «autocomunión»?

a) En dependencia de Dios.

b) Con referencia a su Palabra.

3. ¿Cuáles son sus ventajas?

a) Asistencia en la realización de los deberes de la vida espiritual.

b) Dirección en el uso de los medios de la gracia.

c) Poder sobre la tentación.

426. *EL SERVICIO ACEPTABLE A DIOS (Hebreos 2:28)*

1. El lema es el servicio:

a) El servicio es lo que Dios demanda y debe ser: aceptable y eficiente.

b) Nuestro mejor servicio es lo que Dios necesita: nuestro mejor mensaje, la mejor oración, el mejor testimonio, la mejor vida, el mejor esfuerzo físico, mental y moral, y lo mejor de todo lo que somos y tenemos.

2. Un servicio aceptable significa...

a) Un servicio exclusivo:

–No se puede servir a dos señores (Mt. 6:24).

–Sin pecado (Ro. 6:6).

b) Un servicio hecho con el sentido del deber...

–No somos nuestros (1 Co. 6:20)

–No debemos tomar la gloria para nosotros mismos.

c) Un servicio privilegiado...

–Servir a Dios y a la humanidad es un maravilloso privilegio.

–Doce meses al año, 30 días del mes, 24 horas del día, 60 minutos la hora, 60 segundos en un minuto, año tras año, y por toda la vida.

e) Sin temor (Lc. 1:74).

f) Un servicio fiel (Ap. 2:10).

3. El servicio de Dios paga en la vida, en la muerte y en la eternidad.

427. *EL DÍA DEL SEÑOR (Éxodo 20:8-11)*

INTRODUCCIÓN: cuarto y último mandamiento de la primera «tabla». Importancia y necesidad de guardarlo...

1. Un mandamiento bien conocido:

a) «Acordarte has». Fue dado en el Edén.

b) Todos los mandamientos existían y estaban en pleno vigor desde antes de que «la ley» fuera escrita sobre las dos «tablas» de piedra.

2. Se divide en dos partes:

a) «Seis días trabajarás».

b) Un día reposarás.

3. Promesas y amenazas:

a) Temporales (Is. 58:1214; Nm. 15:32-36).

b) Espirituales (Is. 56:2; Éx. 31:14, 15).

4. ¿Cómo hemos de guardarlo?

a) Las personas (Éx. 20:10).

b) Los animales (Dt. 5:14).

c) Las cosas (Lv. 25:1-7).

5. Obras que pueden hacerse en sábado:

a) Lo que Cristo hizo (Mt. 12:10-13).

b) Lo que Cristo dijo (Lc. 13:15, 16).

6. ¿Por qué guardamos el domingo?

a) Espíritu de la Ley (7ª parte del tiempo).

b) «La letra mata» (2 Co. 3:6).

c) La resurrección del Señor (Lc. 24:1-6).

7. Ejemplos apostólicos:

a) Discípulos reunidos en Jerusalén (Jn. 20:19).

b) «Ocho días después» (Jn. 20:26).

c) La iglesia de Troas (30 d. C.) (Hch. 20:7).

d) Juan sube al Cielo (Ap. 1:10).

e) Cristo resucitó (Mr. 16:9).

f) Más servicios religiosos (1 Co. 16:2).

CONCLUSIÓN: libertad que la Biblia nos da...

–Diferencia de opiniones: Ro. 14:5.

–Nadie tiene derecho a juzgar: Col. 2:16, 17.

–Epílogo: La Historia Universal y el Sábado.

–Jerusalén destruida: 2 Cr. 36: 19-21.

–El pueblo cautivado: 2 R. 25:9-11.

428. *EL PLAN FINANCIERO DE DIOS (Malaquías 3:10)*

1. Abraham comenzó a ejercerla: «Y le dio Abram los diezmos de todo. » (Gn. 14:20). «… A quien asimismo dio Abraham los diezmos de todo…» (He. 7:2).

2. Jacob la continuó: «Y esta piedra que he puesto por señal, será casa de Dios; y de todo lo que me dieres, el diezmo apartaré para ti» (Gn. 28:22).

3. Moisés la incorporó bajo la ley: «Indefectiblemente diezmarás todo el producto del grano que rinda tu campo cada año» (Dt. 14:22).

4. Nehemías la restauró: «Y todo Judá trajo el diezmo del grano, del vino y del aceite, a los almacenes» (Neh. 13:11, 12).

5. Malaquías la ordenó: «Traed todos los diezmos al alfolí para que haya alimento en mi casa; y probadme ahora en esto, dice Jehová de los ejércitos, si no os abriré las ventanas de los cielos, y derramaré sobre vosotros bendición hasta que sobreabunde» (Mal. 3:10).

6. El Señor Jesucristo la ordenó: «Mas ¡ay de vosotros, fariseos!, que pagáis el diezmo de la menta, de la ruda, y de toda hortaliza, y pasáis por alto la justicia y el amor de Dios. Esto se debía hacer, sin dejar aquello» (Lc. 11:42).

7. Dios lo ordena: «¿No sabéis que los que trabajan en las cosas sagradas, comen del templo, y que los que sirven al altar, participan del altar? Así también ordenó el Señor a los que anuncian el Evangelio, que vivan del Evangelio» (1 Co. 9:13, 14).

8. Pablo lo explica: «Cada primer día de la semana, cada uno de vosotros ponga aparte algo, según haya prosperado...» (1 Co. 16:2).

429. *TU MAYORDOMÍA* *(Salmo 24:1)*

1. Lo que la Biblia enseña acerca de la mayordomía:

a) La Tierra pertenece a Dios (Sal. 24:1).

b) Los cristianos pertenecen a Dios (1 Co. 6:19, 20).

c) Debes dar cuenta de tu fidelidad en la mayordomía (Mt. 25:19).

2. La mayordomía de tu vida:

a) Tiempo para su obra (Ef. 5:16).

b) Aptitudes para que él las use (2 Ti. 1:6).

c) Influencia para su gloria (Hch. 4:13).

3. La ofrenda comienza con el diezmo:

a) El plan del diezmo (Mt. 23:23; 1 Co. 16:2).

b) El propósito del diezmo (Hch. 20:35).

c) La demanda del diezmo (Mal. 3:10).

4. «Programa Cooperativo» y mayordomía:

a) Definición del término.

b) Descripción del plan.

c) Profundizando la estimación (1 Co. 1:10).

5. Tu iglesia y tu mayordomía:

a) Un valioso fondo para misiones y gastos locales (1 Co. 14:40).

b) Un programa de reclutamiento para incluir a todo nuevo miembro (Éx. 18:20).

3) Auméntese el porcentaje del fondo para el «Programa Cooperativo» (2 Co. 9:6).

430.¿DÓNDE ESTÁ TU HERMANO? *(Mateo 22:37-39)*

INTRODUCCIÓN: el amor a Dios es el bien supremo de la vida: es lo que da sentido a la razón de vivir. Jesús declaró que el amor a Dios y al prójimo es indispensable para el equilibrio espiritual y social. El amor es vida, el odio es muerte. «Si alguno ama a Dios, ame también a su hermano». Por esta razón Dios reclamó a Caín: «¿Dónde está tu hermano?» Esta pregunta está en relación directa con la que hizo a Adán: «¿Dónde estás tú?».

1. Responsabilidad fraternal:

a) Tu hermano es parte de tu vida. Tú no eres solo.

b) Tu hermano también tiene derecho a la vida. El amor destruye el egoísmo.

c) Tu hermano debe estar presente en tu adoración a Dios: «Si vinieres al altar y allí te acordares...» (Mt. 5:23).

2. Evasiva fraternal:

a) ¿Soy yo pastor de mi hermano? Él puede cuidarse solo.

b) El pecado destruye el vínculo fraternal: elimina el amor.

c) Dios no acepta la excusa fraternal: «¿Qué has hecho? La voz de tu hermano clama a mí».

3. Reclamo divino al espíritu fraternal:

a) «La sangre de tu hermano clama a mí»: la sangre de Cristo clama al Cielo, contra el desprecio humano.

b) Dios no da por inocente a quien ve al caído y lo deja en su dolor en el camino de Jericó (Lc. 10:31-32) .

c) Lavarse las manos no excusó a Pilato de su cobardía criminal.

CONCLUSIÓN:

–El amor a Dios nos identifica con nuestro hermano.

–Donde hay amor, el yermo florece y su perfume sube al Cielo.

–Dios no acepta excusas: somos responsables de la salvación de nuestros hermanos, del amor fraternal, y del servicio a Dios.

431. *EL SIERVO HONRADO (Proverbios 27:18)*

1. Cristo es nuestro Señor:

a) Un solo Señor.

b) Nuestro selecto amo y Señor. No hay ningún otro como Él en todo el universo.

c) Nuestro Señor escogido. Gozosos tomamos su yugo.

d) Nuestro Señor lleno de gracia; que lleva nuestras faltas, que nos alegra y nos anima cuando desmayamos, nos ayuda cuando estamos apesadumbrados, etc.

e) El Señor de nuestra vida. Somos Suyos para toda la eternidad.

2. Nuestra tarea principal es servirle:

a) Cuidando la higuera...

–Permaneciendo con Él.

–Defendiéndole a Él.

–Luchando por sus objetivos.

b) Mirando por los intereses de su Señor...

–Esperando en su Palabra (1 S. 3:9; Sal. 85:8).

–Buscando su sonrisa (Sal. 31:16).

–Dependiendo de él para recibir fortaleza (Sal. 86:16).

–Esperando el cumplimiento de sus promesas (Sal. 119:49).

–Consagrado a su servicio: cuerpo, alma y espíritu.

–No teniendo fines privados (1 Cr. 12:18).

–Diligentes y obedientes en cumplir Su voluntad (Lc. 17:7-10).

3. Nuestro servicio nos traerá honor:

a) Entre nuestros compañeros de labor.

b) Entre los enemigos, quienes admirarán nuestra sinceridad y fidelidad.

c) De nuestro Señor, quien nos dará un sentimiento de aceptación.

d) En el día del Juicio, ante todo el universo reunido.

e) A través de toda una eternidad, entre los ángeles y los espíritus glorificados.

432. *EL SIERVO (Hechos 8)*

1. Su Espíritu: «Él se levantó y fue» (v. 27).

2. Su prontitud: «Corriendo» (v. 30).

3. Su sabiduría: «¿Entiendes lo que lees?» (v. 30).

4. Su tema: «Le anunció el Evangelio de Jesús» (v. 35).

5. Su éxito: «Creo que Jesucristo es el Hijo de Dios» (v. 37).

433. *LO QUE CADA SIERVO DEBE TENER (Proverbios 8:34)*

1. Dicha: «Dichoso el hombre».

2. Capacidad de asimilar la enseñanza: «Dichoso el hombre que me escucha».

3. Capacidad de velar: «Velando a mis puertas cada día».

4. Paciencia: «Aguardando a los postes de mis puertas»

434. *PABLO, UN SIERVO MODELO (Hechos 20)*

1. El privilegio del siervo: «Sirviendo al Señor» (v. 19).

2. La ternura del siervo: «Con muchas lágrimas» «Amonestar con lágrimas» (vv. 19, 31).

3. La humildad del siervo: «Con toda humildad» (v. 19).

4. El mensaje del siervo: «Arrepentimiento para con Dios, y de la fe en nuestro Señor Jesucristo» (v. 21).

5. La aflicción del siervo: «Me esperan cadenas y tribulaciones» (v. 23).

6. La firmeza del siervo: «Pero de ninguna cosa hago caso» (v. 24).

7. La consagración del siervo: «Ni estimo preciosa mi vida para mí mismo» (v. 24).

8. El gozo del siervo: «Con tal que acabe mi carrera con gozo» (v. 24).

9. La fidelidad del siervo: «Estoy limpio de la sangre de todos» (vv. 26, 27).

10. La advertencia del siervo: «Mirad por vosotros» (v. 28).

11. La recomendación del siervo: «Y ahora, hermanos, os encomiendo a Dios» (v. 32).

12. La oración del siervo: «Y oró con todos ellos» (v. 36).

13. La despedida del siervo: «Y le acompañaban al barco» (v. 38).

435. *REDIMIENDO EL TIEMPO (Efesios 5:16)*

INTRODUCCIÓN: se recomienda siempre la economía en el uso de todo. Todas las cosas deben ser usadas sabiamente: la fuerza, el dinero, los elementos naturales, el crédito, la salud. Pero hay una cosa en que se observa el mayor derroche: el tiempo.

1. Diferentes modos de perderlo:

a) Por pereza o indolencia: el tiempo que ocupamos para dormir naturalmente debiera bastar para evitar nuestra pereza. Siempre queremos dejar las cosas difíciles para otro día. «Mañana», decimos.

b) Por el uso impropio de él: se desperdicia en diversiones, en compañías y conversaciones sin provecho, en lecturas insubstanciales *(anécdota: se dice que el Duque de Wellington un día tenía una cita con cierto magistrado en el Puente de Londres. El magistrado llegó cinco minutos después de la hora fijada y halló al Duque con reloj en mano y enojado. «¡Pero si no son más que cinco minutos!», decía disculpándose. «¡Cinco minutos!' replicó el duque, y siguió diciendo: «Hubo ocasión en que cinco minutos de retardo me hubieran costado una batalla». La siguiente ocasión aquel magistrado, tratando de ponerse del lado seguro, acudió a otra cita con anticipación, y cuando el Duque apareció, con actitud triunfante le dijo a éste: «Ya ve usted que en esta ocasión llegué cinco minutos antes que usted». «Esto demuestra cuán poco conoce usted el valor del tiempo», dijo el viejo Mariscal. «Yo llegó aquí a la hora precisa. No puedo malgastar cinco minutos»).*

c) Por falta de prudencia: por esto se pierde mucho dinero, y salud, y tiempo. Lo usamos en lo de menos valor; en lo que no ha de permanecer; «fabricamos cosas de nieve».

2. ¿ Por qué redimirlo?

a) Por lo precioso que es. No hay dinero que pueda comprarlo. ¡Cuán grandes cosas se han hecho en él! «El uso juicioso del tiempo, en el futuro os pagará réditos superiores a cuanto os podéis imaginar; pero el derroche del mismo os hará menguar en estatura, tanto intelectual como moral, hasta un grado que jamás hubierais creído posible» *(Gladstone).*

b) Por ser tan corto: palabras de Jacob ante Faraón «un vapor» (Stg. 4:14). «Todos nos quejamos de la brevedad del tiempo; y sin embargo, tenemos más tiempo que el que sabemos usar. Se gastan nuestras vidas en completa inacción, o en no hacer algo que valga la pena, o en no hacer algo de lo que debiéramos hacer. Nos quejamos de que nuestros días son pocos, y obramos como si nunca hubieran de acabarse» *(Séneca).*

c) Por ser imposible recobrarlo: otras cosas se pueden recobrar, dinero, salud, amigos; no el tiempo.

d) Por ser eternas las consecuencias de su uso: «Dios ha dispuesto que las tremendas realidades de la eternidad pendan de los delgados hilos del tiempo y de las oportunidades de esta vida se puede en un día hacer o dejar de hacer lo que será causa de gozo o de dolor por toda la eternidad» *(Knowles).*

e) Porque no es nuestro: tememos más la pérdida de lo ajeno confiado a nuestro cuidado, que de lo propio. Es de Dios, y tenemos que darle cuenta de su uso. Redime el tiempo el labrador, el comerciante, el que estudia, el que combate. Redimámoslo como hijos de Dios.

3. ¿Cómo redimirlo?

a) Si no eres cristiano, arrepintiéndote y entregándote a Cristo. Has perdido mucho tiempo. Quizá te quede bien poco. ¡Hazlo hoy!

b) Evitando en adelante todo desperdicio: hay que tapar los agujeros.

c) Aprendiendo: lo que muchos han aprendido en los breves ratos de que han podido disponer *(anécdota: se cuenta de un matemático que, durante una visita que hizo con su esposa, inventó una obra científica en el tiempo que*

transcurrió desde el momento en que ella se levantó para despedirse hasta que dijo la última palabra).

d) Lo que nos falta aprender como cristianos.

e) Haciendo el bien (*véase* Gá. 6:10).

CONCLUSIÓN: ¡Redimámoslo! Arrebatémoslo de las manos de los que nos lo roban, las vanidades del siglo, y usémoslo sembrando para la eternidad.

436. *ACTIVIDADES DE LA VIDA CRISTIANA*
(1 Corintios 15:58)

1. Corriendo para ganar (1 Co. 9:24-27).
2. Ayudando a socorrer (Fil 4:3).
3. Sembrando para segar (Gá. 6:7-9).
4. Luchando para conquistar (1 Ti. 6:12).
5. Orando para bendecir (1 Ti. 2:1, 2).
6. Pescando para conseguir (Mt. 4:19).
7. Siguiendo para probar (Jn. 10:27).
8. Creciendo para lograr (Ef. 4:15).
9. Andando para realizar (Ef. 5:1, 2).
10. Trabajando para beneficiar (Ro. 12:6-16).
11. Luchando para conquistar (2 Ti. 2:5).
12. Lavando para limpiar (Jn. 13:14).
13. Alcanzando para ganar (Fil. 3:13, 14).

437. *LA MAYORDOMÍA CRISTIANA*
(1 Corintios 6:19, 20)

1. La mayordomía de los bienes:

a) Derramados por gracia divina.

b) Una avenida de servicio espiritual.

c) Considerados en el Tribunal de Cristo y recompensados.

2. La mayordomía de la confianza y la relación personal:

a) El honor derramado sobre los siervos.

b) Los intereses del Reino compartidos con los siervos.

c) Los intereses del Reino puestos en riesgo por la confianza hacia esos siervos.

3. La mayordomía del tiempo:

a) Un período de tiempo en que debe asumirse la responsabilidad.

b) Un cierto período en el cual servir: la vida.

c) Un tiempo para hacer cuentas y de recompensa.

438. *DERECHO, DENUNCIA Y DESAFÍO DE DIOS*
(Malaquías 3:7-11)

INTRODUCCIÓN: todo lo que Dios sostiene como su derecho es firme y permite toda investigación. La denuncia que Él hace no envejece con el correr del tiempo, sirve para todos los tiempos y todas las edades. Todo desafío de Dios cuando se ha acatado, ha producido grandes bendiciones. «El hombre mira lo que está delante de sus ojos, mas Jehová mira el corazón» (1 S. 16:7). El cerdo siempre lleva el hocico hacia abajo; y es triste decir que hay muchos hombres que igualmente asumen esta actitud. El conflicto entre los dos pronombres posesivos «mío» y «tuyo» ha ocasionado la mayoría de las guerras del mundo.

I. El derecho de Dios abarca la Tierra y su plenitud

«De Jehová es la Tierra y su plenitud; el mundo y los que en él habitan» (Sal. 24:1).

Dios tiene un triple derecho sobre toda la Tierra y sobre lo que en la Tierra hay, porque:

1. Es el Creador de lo que existe: «Porque por él fueron criadas todas las cosas que están en los Cielos, y que están en la Tierra, visibles e invisibles; sean tronos, sean dominios, sean principados, sean potestades; todo fue criado por Él y para Él» (Col. 1:16, 17).

2. Es el conservador de todo: «Porque en Él vivimos, y nos movemos, y somos; como también algunos de vuestros poetas dijeron: *porque linaje de éste somos también»* (Hch. 17:28).

3. Es el Redentor de todos los creyentes: «En el cual tenemos redención por su sangre, la remisión de pecados» (Col. 1:14). «Porque comprados sois por precio: glorificad pues a Dios en vuestro cuerpo y en vuestro espíritu, los cuales son de Dios» (1 Co. 6:20).

a) Nadie puede tener en poco este derecho de Dios: «Porque mía es toda bestia del bosque y los millares de animales en los collados» (Sal.

50:1). «Mía es la plata, y mío el oro, dice Jehová de los ejércitos» (Hag. 2:8).

b) Siendo Dios el Dueño y Señor, ha puesto a un mayordomo que es el hombre: «Mas ahora se requiere en los dispensadores (o mayordomos) que cada uno sea hallado fiel» (1 Co. 4:2).

c) Mucho error cunde sobre este particular: todas las diez partes son de Dios; nosotros, los hombres, somos solamente sus mayordomos, encargados, o administradores; nunca los dueños.

II. Dios denuncia al que retiene para su propio uso más de las nueve partes que Dios le otorga

1. Si usa la décima parte es un ladrón; está hurtando o robando, y la Biblia dice «no hurtarás» (Éx. 20:15): «¿Robará el hombre á Dios? Pues vosotros me habéis robado. Y dijisteis: ¿En qué te hemos robado? Los diezmos y las primicias» (Mal. 3:8).(Ej.: si tenemos 100 hectáreas y alquilamos una parte a un agricultor bajo la condición de recibir la mitad de la cosecha, si el agricultor no entrega esa mitad se le denuncia por desfalco). A ningún creyente hemos oído decir que una décima parte sea demasiado. Si Dios puede complacerse con una décima parte de lo que nos da, bien parecería que nosotros podríamos satisfacer nuestras necesidades con nueve de estas diez partes. Sin duda, todos comprendemos que el verdadero creyente maduro dará aún más del diezmo: «El amor no teme dar demasiado».

2. A pesar de todo lo que se pudiera decir en contra del diezmo como nuestra meta bíblica, perdura el hecho de que lo enseñaban y practicaban Abraham, Jacob, Moisés, Malaquías y Jesucristo, según lo vemos en Mt. 23:23: «¡Ay de vosotros, escribas y fariseos hipócritas! porque diezmáis la menta y el eneldo y el comino, y dejasteis lo que es lo más grave (o importante) de la ley, es a saber, el juicio y la misericordia y la fe: esto era menester hacer, y no dejar de hacer lo otro» (lo de dar el diezmo). La lista que Jesús mencionó es importante; pero no autorizó a dejar de dar el diezmo. Las palabras «no dejar» incluyen una obligación moral. La enseñanza de Jesús es que no hay que descuidar el diezmo.

3. Además, es peor que uno diga que da el diezmo y en la práctica no lo haga. Esto agrega el pecado de la mentira al del robo ante el Espíritu Santo: «Y los apóstoles daban testimonio de la resurrección del Señor Jesús con gran esfuerzo; y gran gracia era en todos ellos» (Hch. 4:33). Este versículo sigue al caso de Bernabé, que era miembro de la (primera) Iglesia (bautista) de Jerusalén, quien en toda su generosidad habla vendido todo lo que tenía y lo había dado a la iglesia: cosa que le acarreó muchísima honra entre los hermanos y entre los cuales también produjo un grande avivamiento espiritual para la iglesia. Pues otros hermanos que se llamaban Ananías y Safira, miembros de la misma iglesia mencionada, observaron la honra y la estima que obtuvo Bernabé debido a su acto de verdadera consagración y ellos quisieron o codiciaron tener la misma honra, pero sin pagar el mismo precio (*véase* el relato, en Hch. 5:1-11). Alguien ha dicho: «Pero ¿cómo habría sabido Pedro esta situación?». Hermanos, lo que hacemos o dejamos de hacer se hace notorio ante los ojos de todos, y mayormente ante los ojos de Dios.

III. Dios desafía a todo hijo suyo a que sea honrado y justo en este asunto del sostenimiento de su Reino sobre la Tierra

1. Recapacitación: ¿Cuánto y cómo he de dar este año a la obra de mi iglesia? Si no doy nada: voto porque se cierre mi iglesia; desánimo a otros. Si doy menos que el año pasado demuestro que no estoy de acuerdo con la labor del año anterior; favorezco la reducción de las actividades aquí y en todo el mundo. Si doy por necesidad y desganadamente: no tendré el gozo de dar; no recibiré las mejores bendiciones del Señor porque «Dios ama al dador alegre». Si rehuso calcular una cantidad definida: dificultó la tarea de toda la iglesia para las actividades del próximo año. Sido y menos que el diezmo de mis entradas: hago menos de lo que, por ley, tenía que hacer el judío más pobre. Si doy en proporción a mis entradas: recibiré bendiciones, sea mucho o poco lo que pueda yo dar. 2 Co. 8:12: «Porque si primero hay la voluntad pronta, será acepta por lo que tiene, no por lo que no tiene»; sin duda mis diezmos y mis ofrendas aumentarán: sé que el Reino del Señor necesita más y más nuestro apoyo, y que ye no he estado haciendo lo que me corresponde. Debo también

preguntarme a mí mismo si mis dádivas han aumentado según los aumentos de sueldo que he tenido. Si doy con regularidad: ayudaré a que sea posible que nuestra denominación pueda hacer por adelantado planes de trabajos y atenerse a los presupuestos; será mucho más fácil para mí. Por experiencia propia sé que cuando se acumulan las obligaciones se me hace mucho más difícil cumplirlas; seré verdaderamente feliz y tendré satisfacción al dar (*véase* Mal. 3:10, 11). Se ha dicho que existen tres clases de dadores: el pedernal, la esponja y el panal de miel. Para sacar una chispa del pedernal hay que golpearla con acero. Para sacar el líquido que contiene la esponja hay que exprimirla con fuerza y aun así no rinde lo que ha absorbido. Pero el panal de miel rinde su dulzura con el menor roce. Aprendamos a dar como el panal de miel.

2. Contestemos cuatro preguntas acerca del diezmo:

a) ¿Cuánto debemos dar? La respuesta es clara: «las décimas» (Lv. 27:30). Pero, ¿por qué las décimas? Porque «las décimas... de Jehová son» (Lv. 27:30). Tú dices:

–Pero tengo deudas que pagar.

Pues sí, pero la Biblia dice:

–Las décimas... de Jehová son» (Lv. 27:30).

Tú dices:

–Pero tengo que proveer todo lo necesario para mi familia, además de cumplir otras obligaciones privadas.

Es cierto. Con heroísmo, generosamente y con grandes sacrificios, hay muchos que cuidan de otras personas. Pero la Biblia dice:

–Las décimas... de Jehová son (Lv. 27:30).

Realmente, no importa lo que uno diga, opine o piense, la Biblia siempre contesta que «las décimas... de Jehová son» (Lv. 27:30). Entonces... ¿Cuánto debiera dar un creyente? Nadie puede decirle a otra persona la cantidad que debiera dar porque el Señor ya lo ha dicho: «las décimas... de Jehová son» (Lv. 27:30).

b) ¿Dónde lo debemos dar? Mal. 3:10: «Traed todos los diezmos al alfolí». Ya que «las décimas... de Jehová son», Dios tiene pleno derecho de decir dónde quiere recibirlas. Lv. 27:30: «Y todas las décimas... de Jehová son: es cosa consagrada a Jehová». Hay quienes piensan saber más que Dios en este asunto y que pueden distribuir el dinero de Dios según su parecer y en la causa que a ellos más les interese; pero la palabra de Dios dice que hay que traer todos los diezmos al alfolí y alfolí quiere decir en este versículo, la tesorería de la Casa de Dios.

c) ¿Cuándo lo debemos dar? Una buena indicación y costumbre es la que sugiere Pablo: «Cada primer día de la semana» (1 Co. 16:2). Era cuando se reunían los hermanos de Corinto para adorar al Señor resucitado.

d) ¿Cómo lo debemos dar? «Cada uno dé como propuso en su corazón: no con tristeza, o por necesidad; porque Dios ama al dador alegre» (2 Co. 9:7).

3. La doctrina del diezmo se enseña tan claramente en la Biblia como se enseña el plan de la salvación o el modo del bautismo. El cristiano tiene el deber de:

a) Dar sus décimas.

b) Alegremente.

c) Llevarlas a la casa de Dios.

d) El primer día de la semana. El creyente que honradamente pone en práctica este desafío divino tiene la seguridad de la promesa del favor de Dios.

4. Todo esto está en íntimo acuerdo con lo que enseña Jesús: Éste dijo más acerca del uso correcto de nuestras posesiones que de cualquier otro asunto o tema particular. En la Biblia hay 1565 referencias al asunto de las dádivas. Veinte de las treinta principales parábolas de Jesús y un versículo de cada siete en los cuatro evangelios tienen que ver con la actitud del hombre y de la mujer hacia sus posesiones. Aun así, el creyente da sus décimas no porque hay una ley que se lo demanda, sino porque le impele el amor que siente para su Señor. Lc. 6:38: «Dad, y se os dará; medida buena, apretada, remecida, y rebosando darán en vuestro seno: porque con la misma medida que midiereis, os será vuelto a medir». Nunca olvidemos las bendiciones que hemos recibido y que recibiremos; bendiciones que el dinero no puede comprar.

5. Y ahora, he aquí, cómo nos atañe personalmente la experiencia que tengamos con el dinero: Cada unidad monetaria que ganamos representa íntegramente nuestro verdadero ser: cerebro, nervios, músculos, energías. Cuando

recibamos una unidad monetaria en la mano personifiquémosla de la siguiente manera: «Tú eres parte de mi sangre, cerebro, músculos y nervios. Tú eres parte de mí mismo. Por un esfuerzo de mis energías te he sustraído de mí mismo y te he dado esta forma para mi propia conveniencia». Después, al llevar ese dinero al alfolí de Dios y presentarlo en adoración oremos de la siguiente manera: «Señor, he aquí mi ofrenda. No es mucha; quisiera que fuera mayor, pero representa el cuerpo y el alma que me has dado. ¡Cuánto gozo siento al poder ofrecerte esta parte de ami persona, para que la obra de tu Reino pueda comunicar el amor de Cristo a todo el mundo! Por este medio estoy enviando esta parte de mí mismo para predicar el Evangelio de la gracia redentora aquí y en todo el mundo. Me gozo al pensar en lo que podré realizar por intermedio de este dinero. Sé que soy tuyo, completamente tuyo. Amén». Si piensas que no puedes entregar las décimas, debieras volver a calcular el presupuesto familiar. Dios sabe ser muy buen acreedor, sabe cobrarse lo que es de Él. ¿Por qué recibir las perjudiciales consecuencias de una mayordomía falsa? Fíjate en los gastos de tu casa: ¿habrá algo que no es una necesidad absoluta en tu hogar? Si compras menos de esas revistas a las que te subscribes, ¿no habrá otro poco más de dinero para las obras del Señor? ¿Qué diremos de los gastos que se realizan en diversiones? No son absolutamente necesarios: las luchas, el boxeo, los clubes de deportes, los paseos, las vacaciones costosas, etc. Es muy probable que estemos usando algo o todo el dinero que le pertenece a Dios cuando hacemos algunas de estas cosas. ¿Qué diremos de algunos hábitos malsanos? El tabaco, la bebida con o sin alcohol, los dulces, los juegos de azar por dinero, la excesiva comida, etc. Los dineros libertados al dejar estas cosas, grandemente ayudarían al mejor entendimiento del Evangelio.

CONCLUSIÓN: si hay que omitir algún gasto, que no omitamos a Dios. La persona sin Cristo todavía no pertenece en alma y cuerpo a su Dios. Entréguese usted en esta hora y experimente las bendiciones que Dios promete: la vida eterna con él, la nueva vida sobre la Tierra, y un raudal de bendiciones para los que ponen a prueba estas divinas promesas de la fe. A mis hermanos pregunto: «¿Qué contestaremos a las preguntas de la mayordomía? ¿Qué estatura tenemos, comparados con la medida establecida en la Biblia?» Os invito a que respondamos en alta voz con un «sí» o con un «no» a las siguientes declaraciones:

–Creo que el mundo pertenece a Dios. Él lo creó: «En el principio creó Dios los Cielos y la Tierra» (Gn. 1:1). Todo le pertenece: «De Jehová es la Tierra» (Sal. 24:1). ¿Sí o no?

–Creo que todo ser viviente pertenece a Dios: «Porque mía es toda bestia del bosques y los millares de animales en los collados» (Sal. 50:10). ¿Sí o no?

–Creo que todo lo bueno de la Tierra proviene de Dios: «Toda buena dádiva y todo don perfecto es de lo alto» (Stg. 1:17) ¿Sí o no?

–Creo que ya también pertenezco a Dios: «Y creó Dios al hombre... varón y hembra los crió» (Gn. 1:27) ¿Sí o no?

–Creo que la entrega de las décimas está enseñada en la Biblia: «¿Robará el hombre a Dios? Pues vosotros me habéis robado. Y dijisteis: ¿En qué te hemos robado? Los diezmos y las primicias» (Mal. 3:8). «Traed todos los diezmos al alfolí» (Mal. 3:10). «Las primicias de los primeros frutos de tu tierra traerás a la casa de Jehová tu Dios» (Éx. 23:19). «Y todas las décimas de la tierra, así de la simiente de la tierra como del fruto de los árboles, de Jehová son: es cosa consagrada á Jehová... la décima será consagrada a Jehová» (Lv. 27:30, 32). ¿Sí o no?

–Creo que es verdad lo que la Biblia dice en cuanto a las bendiciones que acarrea dar el diezmo: «Traed todos los diezmos al alfolí, y haya alimento en mi casa; y probadme ahora en esto, dice Jehová de los ejércitos, si no os abriré las ventanas de los cielos, y vaciaré sobre vosotros bendiciones hasta que sobreabunde» (Mal. 3:10). ¿Sí o no?

–Además creo que los diezmos deben ser entregados íntegramente en la casa de Dios: «Traed todos los diezmos al alfolí...» (Mal. 3:10). «Las primicias de los primeros frutos de tu tierra traerás á la casa de Jehová tu Dios» (Éx. 23:19). ¿Sí o no?

–Creo que siendo diezmero cumpliré mis obligaciones de mayordomo: «Por tanto, id, y doctrinad a todos los gentiles, bautizándolos en

el nombre del Padre, y del Hijo, y del Espíritu Santo» (Mt. 28:19). «...y me seréis testigos... hasta lo último de la Tierra» (Hch. 1:8). ¿Sí o no?

–La declaración más personal de todas: voy a dar el diezmo. ¿Sí o no?

Nota: se recomienda que cuando se hagĺ la personificación de la unidad monetaria se saque un ejemplar de la billetera y se le mantenga en alto. A la vez se invita a todos los que traen una unidad similar a que también la saquen y la tengan en alto al hablarle al billete. Se recomienda además que se tengan preparadas unas tarjetas de promesas para ser diezmeros, y que al finalizar las declaraciones de arriba se hagan firmar las tarjetas a todos los que así se comprometen.

439. *EL DESAFÍO DE DAR A DIOS (Malaquías 3:10)*

1. Es un desafío a nuestra obediencia:

a) La obediencia a Dios demanda una demostración práctica.

b) Dar nuestros diezmos y ofrendas ejercita nuestra obediencia

c) Dar de forma consistente hace que la religión sea práctica, y no mera teoría.

2. Es un desafío para nuestra fe:

a) Las excusas de aquellos que no diezman tienen a menudo su raíz en el miedo; tienen temor de confiar en Dios (Mt. 6:33).

b) Debemos tener un interés en todas las áreas de la iglesia, la obra misionera, la educación cristiana, etc.

c) Veremos cómo florece y avanza la obra de Dios.

440. *EL PRIVILEGIO DE DAR A DIOS (Mateo 10:8)*

Si amamos al Señor de forma genuina, el diezmo será lo mínimo que daremos.

1. La abundancia con que Dios nos da a nosotros:

a) Somos recipientes del amor divino (1 Jn. 3:1; 4:9, 10).

b) Somos honrados como redimidos de Dios (Jn. 15:16).

c) Somos hijos de Dios (1 Jn. 3:2; Ro. 8:16, 17).

d) Tenemos comunión con el Señor (Jn. 15:15).

2. Los privilegios de dar de nuestros bienes a Dios:

a) Por medio de las ofrendas podemos alabar a Dios.

b) Por medio de las ofrendas podemos ayudar a ganar almas.

c) Por medio de las ofrendas podemos ayudar a extender el Reino de Dios.

3. El motivo para dar:

a) Dios nos amó a nosotros: Él dio primero.

b) Si amamos, la consecuencia de amar será dar.

441. *EL SERVICIO PARA CRISTO*

«Haced lo que Él os diga» (Jn. 2:5).

Hoy el Señor nos llama a todos los creyentes a servir a Cristo y Su Reino. En las palabras de otros cuatro textos bíblicos estudiamos este tema y vemos el método, el motivo, los medios, y la manera de servir mejor a Cristo...

1. El método de servicio: «Pero sed hacedores de la palabra, y no tan solamente oidores, engañándoos a vosotros mismos». (Stg. 1:22). Con estas palabras Santiago nos amonesta a los creyentes a servir a Dios. Algunos piensan en cosas buenas pero nunca las realizan. Otros imaginan, ven, planean y esperan hacer buenas cosas, pero los verdaderos siervos de Cristo son los que llevan a la práctica las buenas obras para Él.

2. El motivo de servicio: «Así pues, ya sea que comáis, que bebáis, o que hagáis cualquier otra cosa, hacedlo todo para la gloria de Dios» (1 Co. 10:31). Con estas palabras Pablo declara el motivo más elevado para el servicio cristiano. Algunos pueden servir a Dios por motivos egoístas, o para promover el bienestar de su familia o de sus amigos, pero el ideal es hacerlo todo para la gloria de Dios. Esta meta sagrada dignifica cualquier clase de labor. Ninguna tarea que glorifique a Dios, degradará al hombre.

3. Los medios para el servicio: «Y todo lo que hagáis, hacedlo de corazón, como para el Señor y no para los hombres» (Col. 3:17). Aquí se nos amonesta para que usemos el poder del Señor Jesucristo como el medio supremo del servicio cristiano. Fue en el nombre de Jesús y por medio de la fe en Su nombre que Pedro y Juan sanaron al hombre cojo en el Pórtico del Templo en Jerusalén (Hch. 3:16). Los medios más grandes que tenemos los cristianos para llevar a cabo un buen servicio para la iglesia y para el Reino de Dios son en el nombre de Jesús. Su nombre en sí es poder.

4. La forma de servicio: «Y todo lo que hagáis, hacedlo de corazón» (Col. 3:23). Ésta es la forma en la cual debe hacerse todo servicio para la causa del Señor. En el servicio del Señor no hay lugar para gente holgazana. Su servicio merece toda la energía, templada con el juicio.

442. *UN LLAMADO AL SERVICIO (1 Crónicas 29:5)*

1. Servicio voluntario: «¿Y quién quiere hacer hoy ofrenda voluntaria a Jehová?». Este espíritu se ve en los ejemplos Escriturales de los siguientes pasajes: 2 Cr. 17:16; Is. 6:8; Mt. 4:18-20. También pueden encontrarse otros pasajes a propósito del tema.

2. Servicio consagrado: «¿Y quién quiere hacer hoy ofrenda voluntaria a Jehová?». No es un llamado a dejar el trabajo secular, sino a consagrarse para la obra del Señor, tomando una firme posición de la vida.

3. Servicio personal: «¿Y quién quiere hacer hoy ofrenda voluntaria a Jehová?» Es un llamado a rendir la vida, a saber y a hacer la voluntad de Dios según Él guíe.

4. Servicio inmediato: «¿Y quién quiere hacer hoy ofrenda voluntaria a Jehová?» La necesidad está sobre nosotros ahora. Hoy es el día de salvación.

443. *JESÚS MIRA NUESTRAS OFRENDAS (Marcos 12:41-44)*

1. Él mira quién ofrenda. Vio al rico, a la viuda pobre. Nos mira cuando recibimos el pago.

2. Él mira cuánto ofrendamos.

3. Él sabe cuánto guardamos para nosotros mismos.

4. Él mira por qué ofrendamos: de necesidad, libremente, etc.

5. Él mira dónde ofrendamos: «Al alfolí» (Mal. 3:10).

6. Él mira cómo la iglesia usa el dinero.

444. *LO QUE JESÚS ENSEÑO DEL DIEZMO (Mateo 10:8)*

1. Nos enseñó a dar liberalmente: «De gracia recibisteis, dad de gracia». (Mt. 10:8).

2. Nos enseñó a dar al necesitado: el buen samaritano da pruebas de que es buen prójimo.

3. Enseñó que la ofrenda es un acto de adoración: dar es tanto un acto de culto como la oración. Los magos vinieron a adorar al niño Jesús, trayendo of rendas.

4. Nos enseñó a dar sin buscar alabanza de los hombres o por exhibición (Mt. 6:2-4).

5. El encomendó el principio del diezmo: es el mínimo del pobre; el rico debe dar más.

6. El enseñó que debemos dar con sacrificio (2 Co. 8:9).

445. *CRISTO, LA FUENTE DE LA VIDA (Lucas 8:22-26)*

INTRODUCCIÓN: para ser exitosa, la vida debe estar construida alrededor de una fuente de poder motivadora, y Cristo es precisamente esa fuente.

1. Relaciones: «... Entró en una barca él y sus discípulos».

a) El hombre debe estar en contacto con la Deidad.

b) «El que no nace de nuevo, no puede ver el Reino de Dios»:

–Separado de sus viejas ataduras.

–Romper con sus viejos hábitos.

–Cambiar el motivo central del amor.

c) «Recibiréis poder»:

–La promesa.

–El poder.

–La pureza.

2. Compañerismo y comunión: la vida cristiana es un constante compañerismo: subieron juntos a la barca...

a) Cristo con nosotros:

–En las crisis religiosas.

–En los problemas de la vida.

–En las batallas de la vida.

–En las penas de la vida.

b) ¡Nada puede dañarnos en tanto Cristo esté con nosotros en nuestra barca!

c) Él aquietará la tormenta, como lo hizo en este pasaje.

3. Mayordomía:

a) «¿Dónde está vuestra fe?».

–Fe para salvar.

–Fe para santificar.

–Fe para guardar.

–Fe para librar en los desafíos que nos presenta la vida.

b) Atrévase a confiar en Él.

CONCLUSIÓN: Él será su Compañero, si es que usted se lo permite.

446. *ESCUCHAR Y HACER*
(Santiago 1:22)

INTRODUCCIÓN: Dios, que conoce como nadie el corazón humano, anuncia ya en el tiempo an- tiguo por el profeta Ezequiel lo que ocurriría: «Y vendrán a ti como viene el pueblo, y estarán delante de ti como pueblo mío, y oirán tus palabras y no las pondrán por obra, antes hacen halagos co sus bocas y el corazón de ellos anda detrás de la avaricia».(Ez. 33:31). «Este pueblo de labios me honra, mas su corazón lejos está de mí», y Jesús, al final del Sermón del monte, lo ilustra con la parábola del hombre que edificó sobre la roca y del que edificó sobre la arena.

–Santiago comenta esto mismo hablándonos de lo que es la verdadera religión. El cristiano debe ser pronto para escuchar, pero también pronto para hacer lo que el mensaje enseña, y añade el ejemplo de alguien que se mira en el espejo, ve la cara que tiene y luego se olvida.

–El que oye la Palabra de Dios y la cree, éste edifica sobre la piedra, y muchas veces hemos dicho que la piedra es Cristo, que Él es el fundamento verdadero de la fe cristiana, la roca inconmovible de los siglos. Por más que nosotros no le veamos, él nos ve a nosotros en cada momento (He. 13:8).

–Jesús da una serie de normas y consejos de lo que podemos hacer y de lo que no debemos hacer los que confiamos en Dios, y decimos: «Esto es hermoso y perfecto». Si todos los hombres siguieran estas normas este mundo sería un Cielo, pero fijaos en que termina diciendo: «Al que oye estas palabras y las hace, le compararé...», y aquí empieza el símil o parábola final. ¿Quién querrá ser necio? ¿Quién será sabio?

Nosotros no hemos tenido el privilegio de oír el Sermón del monte de los propios labios de Jesús, pero tenemos el Evangelio y, como nadie, nos vemos obligados a formulamos esta misma pregunta: ¿Cuál de estos dos hombres seré yo? Los dos desean la misma cosa, edificar una casa, tener un cobijo para los días malos, un abrigo que les ponga a cubierto de la tempestad inesperada que puede venir en cualquier momento. Pedro lo dijo bien claro: «Tú eres el Cristo, el Hijo del Dios vivo». Esta frase fue aprobada por Jesús mismo.

1. ¿Con qué materiales debemos edificar?

a) Supongamos que el que edificó su casa sobre la roca la hubiese construido de madera, ramas secas y hojarasca (1 Co. 3:12). Cuando hubieren venido las tempestades habría quedado quizás el fundamento a un palmo de la tierra sólida o roca, pero la casa se habría derrumbado.

b) El primero que os predicó el Evangelio es el maestro albañil al cual Dios le permitió poner la base. Cada uno de ustedes conoció quizás el Evangelio de una forma diferente, por una invitación, un tratado, por un libro, alguien se interesó por ustedes y les trajo aquí, y ustedes han escuchado ya en este y otros lugares muchas exhortaciones basadas en la Sagrada Escritura y han aprendido lo que es agradable a Dios y lo que no lo es. En una ocasión su madre y sus hermanos buscaban a Jesús y una mujer de la compañía –yo diría que fue la primera devota de la virgen, como hay tantos hoy día, que aman las cosas espirituales sin haber profundizado en el Evangelio– y le dijo: «Si yo pudiera tener un

hijo así» (Lc. 11:28). Y exclamó: «Bienaventurado el seno que te trajo y los pechos que mamaste...». Y Jesús respondió: «Antes bienaventurados son los que oyen la Palabra de Dios y la guardan». María fue bienaventurada por el hecho de haber llevado al Señor en su propio seno, pero Jesús antepone tal bienaventuranza a la de los que «oyen la Palabra de Dios y la guardan», pues esto es lo que puso en práctica la bendita mujer elegida por el Señor cuando dijo: «Hágase en mí conforme a su Palabra». Si nosotros oímos la Palabra de Dios y la guardamos (o sea, la ponemos en práctica) no seremos más ni menos que todos aquellos que lo hicieron desde que Jesús estaba en el mundo. ¿Quién de nosotros, al negar al final de la lectura del Sermón del Monte, no ha tenido que exclamar: «¡Señor. qué hermosas son estas palabras, pero yo reconozco que no soy perfecto. Y tú dices, Señor: Sed perfectos como vuestro Padre que está en los cielos es perfecto»? (Mt. 5:48).

2. Tres conceptos esenciales: muchos de nosotros hemos oído comentar tantas veces las palabras de Jesús de tal modo, que nos hemos acostumbrado al lenguaje del Evangelio y nos suena a música bonita, pero solamente entra en nuestros oídos por unos momentos y luego las olvidamos.

a) Si nuestro vocabulario cristiano en nuestras conversaciones no cuadra con nuestra humildad y disposición para aguantar y sufrir cuando nos dicen algo que no nos agrada o tenemos decepciones y desengaños de nuestros hermanos, es entonces cuando debemos mostrar más y más que somos como Cristo. Es el momento de poner en práctica su Palabra de amar y perdonar, de aguantar las faltas los unos de los otros. Leí de un cristiano muy sincero y piadoso que cuando leía la Biblia anotaba en el amplio margen blanco las palabras:

–Creído.

–Probado.

–Practicado.

b) Tiene que haber una relación estrecha entre las palabras y los hechos: nuestra disposición constante, siempre que acudimos a escuchar la Palabra de Dios ha de ser una de estas tres decisiones esenciales: La Iglesia es una escuela, una escuela del alma en la que debemos progresar cada día. Quizá cuando lleguemos al otro lado de la vida, tendremos que presenciar muchas sorpresas: A creyentes sencillos e ignorantes que reciben premios y cargos que nosotros no alcanzamos por no haber tenido en cuenta el haber puesto en práctica la Palabra de Dios y haber sido, como dice Santiago, «tan sólo oidores y no hacedores».

CONCLUSIÓN: el Señor Jesús dijo que «por sus frutos los conoceréis» (no por las palabras más o menos bien dichas); aunque es cierto que de la abundancia del corazón habla la boca. Que cuando cantemos: «Más santo hazme, oh Dios, más manso y humilde, más leal y sincero...» sea como una oración ferviente nacida del corazón, con el vivo deseo de que todo lo que pedimos en este y otros cánticos sea un hecho real en nuestras vidas.

447. *FIEL EN LO POCO Y EN LO MUCHO (Lucas 16:10, 11)*

INTRODUCCIÓN: esta plática está basada en la parábola más extraordinaria que usó el Salvador. La del mayordomo infiel que estafó a su amo y aun recibió alabanza (irónica) de parte de éste. Tiene su explicación, empero, de la propia situación de los esclavos en tiempos de Jesús. En el Antiguo Testamento y en los tiempos de la esclavitud moderna los esclavos solían estar juntos en algún barracón del amo. Pero en la época romana en Palestina solían vivir separados en familias, trabajando por un sueldo muy miserable debido a su condición de esclavos que les llevaba a tener que endeudarse muchas veces con sus amos. Esto es lo que nos demuestra el v. 4 junto con otros casos de siervos endeudados (*véase* Mt. 18:23-35). Se ha considerado que el esclavo estafador con su treta se había limitado a recobrar del amo lo que este tacaño le había defraudado y que la frase «alabó el señor» (hay que notar que la palabra Señor «kurios» en letra pequeña denota al propio amo, no al Señor Jesucristo) es una expresión irónica como cuando nosotros decimos de uno que nos ha estafado: «¡Mira el gran pícaro! ¡Qué bien lo ha hecho!» Una ironía quizá bastante amarga. La extraña parábola concluye con un provechoso comentario de parte del mismo Señor, que es lo que nos conviene estudiar...

1. La valoración inversa que, Jesucristo hace entre los bienes terrenales y los celestiales: nos convenía que Él usara esta frase, porque mientras estamos en este mundo siempre vemos las cosas al revés de como son a causa de la distancia a que se hallan de nuestra vista. Un dólar de plata puesto a una distancia de tres metros cubrirá tan sólo una casa, pero si lo acercamos a un palmo de nuestro ojo nos parecerá que cubre toda una ciudad. Es solamente quien contempla un paisaje desde la cima de un monte quien puede apreciar el verdadero tamaño de las cosas. Jesús ve las cosas desde el lejano monte de la eternidad y lo ve todo en su justo valor. ¿No es verdad que mirando abajo al mundo que nos rodea tan lejos de Dios somos tentados a veces a exclamar: «Ya puede estar contento el Señor que le tengo en cuenta, le amo y le sirvo»? E incluso podemos oír la voz del diablo, decimos: «¡Cuidado que no te fanatices demasiado y pierdas una parte de esta vida!» No, no lo decimos... Ninguno de nosotros lo diría con nuestros labios, pero alguna vez somos tentados a decirlo en nuestro corazón.

2. La visión exacta del más allá: los que hemos tenido la experiencia de una guerra, podemos damos cuenta del valor de las cosas. Antes podíamos adquirir una gran casa por unos pocos pesos, pero hoy por no haber sido suficientemente astutos nos encontramos con que lo que antes podíamos adquirir tan fácil ahora cuesta cien veces más, y esto es lo que nos revela el Señor Jesucristo valiéndose del ejemplo del astuto mayordomo. ¿Qué es lo poco? Todo lo de esta vida, que por su brevedad merece este calificativo. El afán de vida que sentimos los viejos –me refiero sobre todo a los creyentes fieles– es un afán de vida para glorificar a Dios, servirle mejor que como pudimos hacerlo en los años de nuestra juventud, que nos parecían entonces tan largos, y hoy nos parecen tan cortos. Así estaréis todos cuando hayáis traspasado los límites de los setenta y estéis cercanos a dar el paso definitivo a la vida verdadera. La vida aquí es sólo una escuela de primer grado, porque aquí aprendemos a conocer y amar al Señor, pero la vida venidera es una universidad de tipo muy superior.

3. La versión apostólica de la palabra fiel:

a) El que merece la confianza del Señor. En 1 Ti. 1:12 Pablo dice: «Doy gracias a Dios que me tuvo por fiel poniéndome en el ministerio». Dios vio que podía fiarse de Saulo de Tarso aun antes de convertido, pues en su Omnisciencia comprendía que cuando se abrieran sus ojos a la fe cristiana, el mismo celo y el mismo entusiasmo que había desplegado en favor de la religión judía, los emplearía para extender el Evangelio.

b) Fiel significa además bien conocedor de la doctrina: en este sentido es usada la palabra por Pablo cuando exhorta a que extienda el círculo de predicadores (2 Ti. 2:2). La fidelidad al Señor implica celo misionero.

c) Significa asimismo ser honrado y escrupuloso: dirigiéndose a creyentes de humilde condición, dice Pablo: «Exhorta a los esclavos a que no defrauden, que sean fieles en todo para que la doctrina no sea vituperada» *(anécdota del autor: escrúpulos de mi padre D. Luis, que compensaba a su amo millonario por los pedacitos de lápiz que me prestaba y yo olvidaba o extraviaba, adquiriendo de su bolsillo sellos de correo y usándolos en favor de la empresa).*

d) Fiel significa celoso en el cuidado de otras almas: no sólo en lo que se refiere a la propagación del Evangelio, sino en el cuidado de aquellas personas que Dios ha puesto bajo nuestra responsabilidad. Esto lo hallamos varias veces en las epístolas de Pablo a Timoteo y Tito.

CONCLUSIÓN: seamos lo suficientemente ardientes en Espíritu para que Dios pueda tener una alta opinión de nosotros si un día queremos oír de sus labios las benditas palabras: «Bien, buen siervo y fiel, sobre poco has sido fiel...». Pues todo lo de este mundo es bien poco según la valoración exacta que el Señor hace de las cosas presentes comparadas con las eternas.

448. *LO QUE TENEMOS*
(Romanos 5:1-10)

INTRODUCCIÓN: la gente mundana se esfuerza en gran manera para tener, o sea poseer, cosas materiales que se pasan o que las tienen que dejar. En esta breve porción se citan un montón de cosas invisibles, pero permanentes y eternas (2 Co. 4:18). A veces los oyentes del Evangelio nos preguntan: ¿Qué beneficios recibiré yo si acepto a Cristo? Pensando en cosas materiales, necesarias, que se ven, también las

hay. Jesús se refería a éstas en Mt. 6:33. ¿A qué cosas se refería? (vv. 31-32). He aquí algunos de estos beneficios, permanentes y eternos:

1. Paz con Dios: en Ro. 2:1-6, el apóstol expone la situación del pecador como reo delante de Dios, a causa del desvío que la humanidad ha tenido desde el principio de la raza (Todos buscan paz temporal).

2. Entrada o acceso a su Majestad durante la vida (v. 2): Pablo dice que somos aceptados en el Amado (Ef. 1:6). En He. 4:16 se nos dice que podemos acercarnos confiadamente al trono de la Gracia...

a) ¿Dónde? Jesús nos da la respuesta. Desde nuestra propia casa (Mt. 6).

b) ¿Cómo? Puedes hacerlo confiadamente (He. 4:16).

3. Tenemos esperanza (v. 2): nos gloriamos gozosos en la esperanza (Ro. 12:12). La esperanza del incrédulo es muy sombría. No tiene ante sí otro porvenir que el de una tumba en cualquier lugar del mundo, pero el creyente se regocija en la esperanza de la gloria de Dios. Sabe que Dios nos ha llamado a su gloria eterna (1 P. 5:10).

4. Tenemos consolación (v. 3): el mundano se aflige y se queja en medio de sus tribulaciones, pero el cristiano sabe que todas las cosas obran para su bien, y que así será revelado un día (1 P. 1:6-7).

5. Tenemos amor (v. 5): el amor de Dios está derramado en nuestros corazones. El apóstol usa una figura expresiva, comparando el amor de Dios a un bálsamo que mitiga las heridas morales, inquietudes del corazón. Este amor está explicado y garantizado en los vv. 7, 8. Es el amor que echa fuera el temor (1 Jn. 4:17, 18).

6. Tenemos al Espíritu Santo (v. 5): ¿Para qué?

a) Él mora entre nosotros para enseñarnos (Jn. 16:13, 14).

b) Para guiarnos (Ro. 8:14).

c) Para ayudarnos en la oración (Ro. 8:26).

d) Para fortalecernos (Ef. 3:16; 2 Ti. 1:4-8).

449. *RECURSOS DEL CREYENTE (Salmo 91:1-4)*

1. La habitación del creyente:

a) Habita al abrigo del Altísimo (Sal. 91:1).

b) Mora bajo la sombra del Omnipotente (Sal. 91:1).

2. La determinación del creyente: «Diré yo a Jehová: mi Dios, en quien confiaré».

3. Las posesiones del creyente:

a) Esperanza mía (Sal. 91:2).

b) Castillo mío (Sal. 91:2).

c) Mi Dios en Él confiaré (Sal. 91:2).

4. El valor del creyente:

a) Porque Él te librará del lazo (Sal. 91:3).

b) Porque con tus plumas te cubrirá (Sal. 91:4).

5. La inteligencia del creyente: «Ha conocido mi nombre» (Sal. 91:14).

6. Los privilegios del creyente:

a) Lo pondré en alto (Sal. 91:14).

b) Le mostraré mi salud (Sal. 91:16).

c) Con Él estaré (Sal. 91:15).

d) Le glorificaré (Sal. 91:15).

e) Le responderé (Sal. 91:15).

f) Lo saciaré de larga vida (Sal. 91:16).

450. *ESA BENDITA ESPERANZA (2 Pedro 3)*

INTRODUCCIÓN: los resultados de una ferviente y sincera experiencia de la gloriosa verdad del Segundo Advenimiento de nuestro Señor serán...

1. Permanecer en Cristo (1 Jn. 2:28).
2. Soportar la persecución (1 P. 4:12, 13).
3. Consolar a los apenados (1 Ts. 4:18).
4. Negar el yo (Col. 3:3-5).
5. Soportar la tentación (1 P. 1:6, 7).
6. Fidelidad (1 Ti. 6:14).
7. Devoción y piedad (2 P. 3:10, 11).
8. Santidad (1 Ts. 5:22, 23).
9. Confianza implícita en la Palabra de Dios (1 Ts. 4:14, 15).
10. Gozo (1 P. 1:8).
11. Recordar nuestra ciudadanía celestial (Fil. 3:20).
12. Desear el bien de los otros (1 Co. 1:4, 7).
13. Moderación (Fil. 4:5).
14. No avergonzarse de Él (Mr. 8:38).
15. Obediencia (1 Ti. 6:13, 14).
16. Pureza (1 Jn. 3:2, 3).
17. Quietud y paz (Stg. 5:7, 8).
18. Buena disposición, presteza (Mt. 24:44).
19. Separación (Ap. 16:15).
20. Testimonio (Lc. 9:26).
21. Unidad y amor fraternal (1 Ts. 3:12, 13).
22. Valorizar debidamente la Palabra de Dios (2 P. 1:19).
23. Velar (Mt. 26:41).
24. Expectativa (Tit. 2:13).
25. Deseos de que llegue ese día (Ap. 22:20).
26. Celo espiritual (2 Ti. 4:1, 5).

CONCLUSIÓN: en otras palabras, el principio y el fin –el Alfa y la Omega– será morar con Cristo.

451. *CRISTO, NUESTRA ESPERANZA (1 Juan 3:1-11)*

1. Cristo, nuestro refugio secreto:

a) De la maldición (Jn. 3:36; Ro. 5:9).
b) Del pecado (Hch. 13:38, 39; Ef. 1:7).
c) De la tentación (1 Co. 1:13; 2 P. 2:9).
d) De la muerte (1 Co. 15:54-57; 2 Co. 5:1).
e) Del juicio (Jn. 3:18; I Jn. 3:2, 3).

2. La sangre de Cristo es...

a) La redención del pecador (1 P. 1:18, 19).
b) La justificación del creyente (Ro. 5:6-9).
c) La limpieza de todo pecado (1 Jn. 1:7).

3. La venida de Cristo es nuestra esperanza (1 Jn. 3:2, 3).

4. En Cristo:

a) Somos nuevas criaturas (2 Co. 5:17).
b) Somos santificados (1 Co. 1:2).
c) Tenemos paz (1 P. 5:14).
d) Tenemos esperanza (1 Co. 15:19).
e) Tenemos libertad (Gá. 2:4).
f) Tenemos el triunfo (2 Co. 2:14).
g) Seremos resucitados (1 Ts. 4:16).

452. *EL RESULTADO DE ESPERAR LA VENIDA DE CRISTO (1 Tesalonicenses 4:13-18)*

1. Una vigilancia incesante: «... Halle velando...».
2. Una fidelidad incondicional: «... A cada uno su tarea...»
3. Una paciencia probada: «Tened también vosotros paciencia...» (Stg. 5:8).
4. Una obediencia resuelta: «... Le halle obrando así» (Mt. 24:46).
5. Una santidad creciente: «... irreprensibles en santidad...» (1 Ts. 3:13).
6. Un consuelo infalible: «... Alentaos los unos a los otros...» (1 Ts. 4:18).
7. Una labor sin fin: «Negociad hasta que venga» (Lc. 19:13).

453. *ESPERANDO AL SEÑOR (Isaías 64:4)*

1. «Bueno es Jehová para los que en él esperan, para el alma que le busca» (Lm. 3:25).
2. «...Pues no se avergonzarán los que esperan en mí» (Is. 49:23).
3. «Bueno es esperar en silencio la salvación de Jehová (Lm. 3:26).
4. «Bienaventurado el que espere...» (Dn. 12:12).

5. «Alma mía, reposa solamente en Dios...» (Sal. 62:5). «... Jehová aguardará para otorgaros su gracia...» (Is. 30:18).

6. «...Aguardamos a base de la fe la esperanza de la justicia...» (Gá. 5:5).

7. «... Y esperar de los Cielos a su Hijo, al cual resucitó de los muertos, a Jesús, quien nos libra de la ira venidera». (1 Ts. 1:10).

454. *LA BENDITA ESPERANZA (Tito 2:13)*

1. Cristo, la Esperanza de gloria (Col. 1:27; He. 6:19).
2. Esperamos Su venida (Jn. 14:1-3; Ef. 1:13).
3. Él vendrá a reunir a Su pueblo (1 Co. 15:52).
4. Entraremos en nuestra posesión (Ef. 1:18).
5. Es una esperanza feliz (He. 3:6; 1 Jn. 3:3).
6. Nos regocijamos en esta esperanza (Ro. 5:2; 12:12).
7. Tenemos esperanza en Sus santas promesas (Hch. 26:6, 7; Tit. 1:2; Fil. 3:20, 21).

455. *LA ESPERANZA DEL EVANGELIO (1 Pedro 1:1-12)*

1. Una buena esperanza (2 Ts. 2:16).
2. Una bendita esperanza (Tit. 2:13).
3. Una gozosa esperanza (He. 3:6; Ro. 5:3).
4. Una esperanza segura y firme (He. 6:18).
5. Una esperanza viva (1 P. 1:3).
6. Una esperanza salvadora (Ro. 8:24).
7. Una esperanza gloriosa (Col. 1:27).
8. Una esperanza purificadora (1 Jn. 3:3).

456. *LA ESPERANZA DEL FUTURO (2 Timoteo 4:1-8)*

1. Consuelo de la esperanza (I Ts. 4:16-18).
2. Buscando y esperando la esperanza (Tit. 2:13).
3. Poder santificador de la esperanza (1 Jn. 3:2, 3).
4. Recompensa de la esperanza (2 Ti. 4:8).
5. La última promesa (Ap. 22:12-20).
6. La respuesta de la Iglesia: «Amén; sí, ven, Señor Jesús».

457. *LA ESPERANZA PUESTA DELANTE DE NOSOTROS (Hebreos 6:13-20)*

¿Qué es en realidad la esperanza puesta delante de nosotros? Una mirada retrospectiva de nuestra fe, ve a nuestro Señor en la Cruz. Una mirada presente ve al Señor Jesucristo, nuestro Sumo sacerdote, a la diestra de Dios intercediendo por nosotros. Y una mirada de fe hacia el futuro, ve a nuestra bendita Esperanza que tiene carácter personal, o sea, el mismo Señor y Salvador Jesucristo (sugerimos la lectura de Jn. 3:14, 15; Nm. 21:8, 9; y también 2 Co. 4:6). El vivir es Cristo (*véase* Fil. 1:21; He. 12:1, 2). «... Corramos con paciencia la carrera que tenemos por delante, puestos los ojos en Jesús...» (He. 12:1). El Señor Jesús está ahora sentado a la diestra de Dios, y «todos nosotros, mirando a cara descubierta como en un espejo la gloria del Señor, vamos siendo transformados de gloria en gloria a la misma imagen, como por la acción del Señor, del Espíritu». (2 Co. 3:18). Pero la diferencia entre las dos primeras miradas y la última, que mira hacia la esperanza futura, es por medio del Espíritu y en persona. *véase* 1 Jn. 3:1-3.

1. Nuestro Señor Jesucristo es en Sí mismo la Esperanza (*véase* 1 Ti. 1:1). «... Del Señor Jesucristo nuestra esperanza...».

2. La Esperanza no es lo que tenemos ya ahora, el perdón de nuestros pecados y el fruto del Espíritu (Ro. 8:1, 9-11; 16-20; 23-25). No es lógico que el hombre vaya a esperar lo que ya tiene. Pero más allá de la bendición presente nos espera la promesa de la redención del cuerpo. Nuestra esperanza es, además de la resurrección (Fil. 3:20, 21), la manifestación, esto es, exposición pública de nuestra recompensa, como se nos describe en Col. 3:14 y Jn. 1:1-3.

3. La esperanza final no es, por tanto, muerte, sino resurrección y manifestación pública de nuestro estado glorioso (2 Co. 5-1-10; Fil. 1:2123), pues el estar «con Cristo» no es mas que un estado intermedio.

4. La esperanza no es algo a recibir en el momento de la muerte sino en el momento de entrada en el Cielo (1 P. 1:3-9). «Reservado en el Cielo» (igual que las propiedades terrenas no se reciben en el momento del fallecimiento, pero

están aseguradas por los legados y testamentos guardados en la Notaría o Registro).

5. La esperanza no es el Tribunal de Cristo en el sentido de tenerse que presentar ante un Juez (*véase* Jn. 5:24), sino en el sentido de la distribución de las recompensas (2 Co. 5:10; 1 Co. 4:1-5).

6. La esperanza no es la conversión del mundo, sino tomar de entre el mundo un pueblo para Su nombre (Hch. 15:13).

7. La esperanza es las bodas del Cordero (2 Co. 11:2; Ef. 5:25-27; y Ap. 19:6-9): observamos la Cena del Señor hasta que Él venga.

8. La esperanza es la gloria, (Jud. 24): cada cosa relativa a esta grandiosa esperanza está conectada con Su persona y Su venida (Hch. 1).

458. *ESA BENDITA ESPERANZA*

«...Aguardando la esperanza bienaventurada y la manifestación gloriosa de nuestro gran Dios y Salvador Jesucristo...» (Tit. 2:13).

INTRODUCCIÓN: la segunda venida del Señor es la suprema esperanza de la Iglesia; ahora no hablaremos de la certeza, de la inminencia, o de la majestad de la venida de Cristo, sino de lo que significará para su Iglesia.

1. Resurrección: es para los que han dormido en Cristo (1 Ts. 4:16); «Pero cada uno en su debido orden: Cristo, las primicias; después, los que son de Cristo, en su venida» (1 Co. 15:23, 51, 57).

2. Arrebatamiento (1 Ts. 4:17): «Mas nuestra ciudadanía está en los Cielos, de don de también esperamos al Salvador, al Señor Jesucristo...» (Fil. 3:20, 21).

3. Identificación: «... pero sabemos que cuando él se manifieste, seremos semejantes a Él, porque le veremos tal como él es» (I Jn. 3:2).

4. Recompensas: «Si permanece la obra de alguno que sobreedificó, recibirá recompensa». (1 Co. 3:14); «Mira que yo vengo pronto, y mi galardón conmigo...» (Ap. 22:12).

5. Presentación: «... A fin de presentarla él a sí mismo como una iglesia gloriosa...» (Ef. 5:27); «Gocémonos y alegrémonos y démosle gloria; porque han llegado las bodas del Cordero, y su esposa se ha preparado» (Ap. 19:7).

6. Glorificación: «...Si es que padecemos juntamente con él, para que juntamente con él seamos glorificados» (Ro. 8:17).

7. Coronación: ¿Cuál será? La corona incorruptible, o la corona de la vida, o del gozo, o de la justicia, o de la gloria?

CONCLUSIÓN: ¡Qué maravilloso ser un cristiano, haber nacido de nuevo y ser un miembro de Su cuerpo, la Iglesia!

459. *LA ESPERANZA DE LA RESURRECCIÓN (2 Corintios 4:7 a 5:1)*

Para todos aquellos que hemos creído en Cristo para la salvación de nuestras almas, la esperanza de la resurrección del cuerpo es:

1. Una esperanza reconfortante (Job 19:25, 27; 1 Ts. 4:13, 18).

2. Una esperanza satisfactoria (Sal. 17:15).

3. Una esperanza sustentadora (2 Co. 4:17, 18; 5:1, 3).

4. Una esperanza viva (1 P. 1:3, 7).

5. Una gloriosa esperanza (Ro. 8:18).

6. Una esperanza segura (Jn. 14:19; Ap. 1:18).

7. Una esperanza triunfante (Os. 13:14; 1 Co. 15:55).

8. Una esperanza jubilosa (Is. 26: 19).

9. Una esperanza bendita (Ap. 20:6).

10. La esperanza del creyente (1 Jn. 2:25).

460. *EL VERDADERO SEGURO DE VIDA (2 Timoteo 1:12)*

INTRODUCCIÓN: leyendo los informes de la prensa, nos damos cuenta de los peligros que continuamente amenazan nuestra vida. Si practicamos una visita a cualquier hospital nos maravillamos de que nuestro cuerpo se mantenga con más o menos salud, frente a los innumerables tipos de enfermedades que existen. Por tal razón se han formado muchas sociedades de seguros que insisten en que nos suscribamos a sus pólizas con el fin de poner a nuestros seres amados a cubierto de la pobreza cuando nos llegue de un modo u otro lo irremediable... que,

todos pensamos, tardará muchos años en llegar; pero como nadie lo sabe, muchos sacrifican una pequeña parte de sus haberes pagando elevadas cuotas en favor de otros, no de sí mismos. Sin embargo, por una de estas inconsecuencias de lenguaje tan frecuentes en todos los idiomas, llamamos a estas pólizas «seguro de vida», cuando su verdadero nombre debería ser «seguro de muerte», por macabra que resulte la expresión.

I. Lo que debería ser un auténtico seguro de vida

Un auténtico seguro de vida, propiamente hablando, debería ser el que nos asegurara un cierto número de años de vida, 50, 100 ó 200, según la tarifa escogida. Nos sonreímos de la idea, ¿verdad? Pues sabemos que si tal seguro pudiera ser ofrecido, la compañía que lo garantizara no necesitaría agentes para vender sus pólizas, pues las solicitudes afluirían a sus oficinas por miles de millones, pero ¡ay!, tal seguro no existe -nos decimos con incontenible amargura. Para todos tiene que llegar el momento de perder lo que más queremos, que es la misma vida, y este momento puede estar a la vuelta de la esquina, nadie lo sabe ni puede predecirlo con ninguna seguridad.

II. Un seguro de vida eterna

1. Sin embargo, a pesar de que este verdadero «seguro de vida» no existe sobre la Tierra, existe un seguro de vida en el sentido más amplio y verdadero y es el seguro de la eternidad.

2. Nuestra misma razón nos dice que Aquel que nos ha dado la vida, o sea, quien puso la vida sobre la Tierra y ha presidido sus transformaciones animales hasta llegar a crear un ser humano con las capacidades que existen en los hombres, no lo hizo en vano. Los hombres eruditos de todos los siglos han estado pensando en que debe existir una vida al otro lado de la muerte, y de ello tenemos fuertes garantías en el Libro de los libros que se llama la Biblia, en donde leemos promesas de Jesucristo tan rotundas como las siguientes:

«De cierto, de cierto os digo, que el que oye mi Palabra y cree al que me envió, tiene vida eterna» (Jn. 5:24), y a una muchacha judía creyente en la resurrección, como lo ha sido por lo general el pueblo judío, cuando Jesús le dijo acerca de un hermano suyo llamado Lázaro que hacía cuatro días que estaba enterrado: «Resucitará tu hermano». Ella replicó con la amargura propia de los que han tenido pérdidas recientes de seres queridos:

–¡Oh sí, yo sé que resucitará, pero en el día postrero!

¿Qué le respondió Jesús?

3. «Yo soy la resurrección y la vida. El que cree en Mí, aunque muriere vivirá, y el que vive y cree en Mi no morirá eternamente» (Jn. 11:25). Y un poco más adelante, leemos: «No se turbe vuestro corazón. ¿Creéis en Dios? Creed también en mí; en la Casa de mi Padre muchas moradas hay, si así no fuera yo os lo hubiera dicho». Y poco después le oímos exclamar: «Padre, aquellos que me has dado quiero que donde yo estoy, ellos estén también conmigo, para que vean mi gloria que me has dado» (Jn. 17:24).

III. La certeza de algunos asegurados

Quizás dirás: «Esto si que es hermoso, pero ¿será verdad?». Jesús ya preveía esta duda, por esto ratifica de antemano su promesa a la creyente judía, Marta de Betania: «De cierto, de cierto te digo…»; y lo demostró en aquellos días con la resurrección de Lázaro y poco después con su resurrección propia.

1. Tan sólo 25 años después, en el año 58 de nuestra Era, dio una prueba bien contundente de que no era un cadáver, como les ha sucedido a todos los seres humanos que han pisado esta Tierra, sino que se apareció a un joven fanático, rabino y miembro del parlamento judío, diciéndole: «Saulo, Saulo, ¿por qué me persigues?», identificándose de este modo con los cristianos que en aquella fecha eran ya millares en Jerusalén y naturalmente eran perseguidos por los miembros de la religión oficial sometida a los gobernadores romanos. Este joven rabino cambió totalmente de postura y se entregó durante muchos años a la labor de visitar las naciones que baña el mar Mediterráneo, estableciendo grupos cristianos en cada una.

2. Cuando era ya anciano y había pasado mil penalidades por amor a aquel Cristo vivo que se le apareció a las puertas de la ciudad de Damasco, mantenía de tal modo su fe en el

Cristo resucitado y poderoso que poco antes de su muerte (que presentía porque el loco emperador Nerón andaba persiguiendo a todos los cristianos de Roma bajo la excusa de «que eran los incendiarios de la capital del imperio», que él mismo había ordenado quemar mientras tocaba su citara), el apóstol Pablo escribió a su joven discípulo Timoteo: «Yo sé a quién he creído y estoy cierto que es poderoso para guardar mi depósito para aquel día» (2 Timoteo 1:12).

3. ¿A qué depósito se refería el apóstol cuando escribía con tal seguridad? A lo mismo que explica un poco más adelante cuando escribe: «Porque yo ya estoy para ser ofrecido, y el tiempo de mi partida está cercano. He peleado la buena batalla, he acabado la carrera, he guardado la fe, por lo demás me está guardada la corona de justicia, la cual me dará el juez justo en aquel día; y no sólo a mí, sino también a todos los que aman su venida».

4. De modo que la esperanza que alentaba a este anciano, injustamente sentenciado a muerte es no sólo para él, sino también para todos los que han amado y aman al Señor Jesucristo.

IV. Necesidad de este seguro de vida

Muchos dirán que no necesitan acudir a este invisible Señor que dos mil años atrás ya estaba esperando el apóstol Pablo y por el cual otros muchos millares de personas han estado dispuestas a sacrificar incluso su propia vida. Algunos me han dicho: «Si no hay vida después de la muerte, mala suerte; y si la hay, nada malo puede ocurrirme, pues he sido suficientemente honrado para que Dios no me castigue, sino que me admita sin reparos en el Cielo».

Pero esta opinión es del todo contraria a lo que el mismo apóstol Pablo había escrito en una carta a los cristianos de Roma: «Por cuanto todos pecaron y están destituidos de la gloria de Dios, siendo justificados gratuitamente por su gracia mediante la redención que es en Cristo Jesús» (Ro. 3:23, 24). Es indispensable esta justificación que Dios ofrece gratis a todos los que creen y han amado al Señor Jesucristo, lo que coincide con todo lo que nos dicen los diferentes apóstoles y testigos de la vida, muerte y resurrección de Jesucristo: «Por gracia sois salvos por la fe y esto no es de vosotros, sino un don de Dios, no por obras, para que nadie se gloríe» (Ef. 2:8, 9).

CONCLUSIÓN: figuraos, amigos, la importancia de esta promesa y, por tanto, del seguro de vida que Dios ha ofrecido gratis a todos los que han amado y creído en Jesucristo. Ello concuerda con la grandeza de Dios, el cual nos ha dado la vida que vivimos y nos la mantiene por las sabias y previsoras leyes de la naturaleza. Dios siempre ha obrado y obra de peor a mejor, y como este apóstol y millares que han sufrido por Él, podemos estar seguros de que el que nos ha proporcionado la presente vida, cumplirá su promesa.

461. *TODAS LAS COSAS AYUDAN A BIEN (Romanos 5:1-5; 8:24-39)*

INTRODUCCIÓN: hay muchas cosas en la Biblia que tenemos que aceptar por fe:

1. El perdón de los pecados: no oímos ninguna voz.

2. La inmortalidad: sólo vemos una caja que encierra al ser amado.

3. La segunda venida de Cristo: han pasado casi 2.000 años...

4. El Cielo: nadie ha vuelto de allí...

Los cristianos creemos estas cosas por fe. Está escrito en la Biblia y sabemos que la Biblia es la Palabra inspirada de Dios. Muchas cosas se han cumplido, pero otras no las comprendemos y parece un libro antiguo judío.

I. Batalla en la edad de la razón

Los hijos de familias cristianas no quieren creer porque sí, ¿y si no resultara verdad? La religión es idea de los viejos. Yo devoraba libros (dice el autor), acumulaba un tesoro de argumentos, de motivos para creer, y casi miraba con lástima a mis padres. «No sabéis por qué creéis» -me decía-. Ellos no tenían tantos argumentos, pero tenían la experiencia que plasmó mi padre en la frase: «Procede como si hubiera Dios y hallarás que lo hay».

II. ¿Qué motivos tenía Pablo para creer esta afirmación?

Estaba sirviendo a Jesucristo desde que éste le salió al encuentro en el camino de Damasco. Había realizado milagros en respuesta a sus oraciones, pero otras veces se había

tenido que conformar con aceptar la voluntad de Dios, que no siempre era favorable. En su segunda epístola a los Corintios, declara:

1. Pidió a Dios su propia curación de una enfermedad que no detalla (2 Co. 12:7-9).

2. Tuvo que dejar enfermo a su mejor amigo y compañero en la obra en Mileto (2 Co. 11:25-28).

3. Muchas veces habría pedido que Dios tocara el corazón de los gobernadores Félix y Festo, pero éstos estaban endurecidos por intereses materiales y tuvo que permanecer cuatro años preso entre Cesarea y Roma. Sin embargo, conservaba su optimismo recordando las veces que Dios había contestado favorablemente a sus demandas, de tal modo que escribe a los Filipenses acerca de su último aprisionamiento en Roma: «Sé que esto como siempre se me tornará en salud (o bendición)» (Fil. 1:19-23). Y así fue:

a) En Roma tuvo el gozo de convertir en un hijo de Dios al servidor ladrón e ingrato de su gran amigo Filemón.

b) Su precipitado error de apelar al César le trajo en un naufragio a la isla de Malta, donde pudo ver la mano de Dios librándole de la muerte mediante Julio el centurión con el milagro de la víbora y salvar para la vida eterna al gobernador de la isla de Malta (Hch. 27:29-37).

4. Su estancia en Roma fue tan fructífera que el Evangelio llegó a entrar en la casa del César, donde se convirtió una parienta del emperador llamada Pomponia y Dios tocó el corazón del emperador loco (Nerón) para que decretara su libertad y pudiera cumplir su deseo de venir a España.

5. Tantas bendiciones acompañadas de contrariedades le llevaron a esta fe rotunda de hacerle afirmar que «A los que a Dios aman, todas las cosas les ayudan a bien», seguido de la consideración que es clave de la salvación de millares de cristianos a través de los siglos: «El que a su propio hijo no perdonó, antes lo entregó por todos nosotros, ¿cómo no nos dará también con Él todas las cosas? Y esto nos lleva a las experiencias del propio Autor y Consumador de nuestra fe, el Señor Jesucristo. Fue Él el primero que tuvo que tomar por amor a nosotros la gran decisión de aceptar la muerte de cruz. Recordemos las veces en que el gran enemigo le planteó el dilema, primero en Jn. 12:20-32 y luego en Getsemaní (Lc. 22:39-45). Imaginémonos la escena:

–Padre, si es posible pasa de mí esta copa.

Dios dijo:

–No es posible.

–«Padre, Tú eres todopoderoso. ¿Cómo sabrían los hombres que les amamos y cómo conocerían los mismos ángeles lo terrible que es el pecado? Es necesario que se cumpla aquel pacto eterno de mostrar el amor de Dios al mundo pecador mediante una manifestación superior a todas las demás reveladas en la creación.

El ángel que le confortaba le diría quizás:

–Son unas pocas horas de sufrimiento... y con esto millones de seres humanos redimidos y salvados llevarán la gloria del Supremo Autor de la naturaleza a todos los ámbitos del universo, por toda la eternidad.

Y Jesús respondió:

–Sí, Padre, glorifica así tu nombre -ya no dijo «sálvame de esta hora»- Esto lo dice mi carne, mi alma humana, pero como Hijo de Dios, hágase tu voluntad, y no la mía.

Precisamente porque confiaba en Dios es que no necesitaba ser librado de la muerte, para que se cumpliera en Él el primero de todos esta verdad, que aun las cosas más duras y penosas de esta vida ayudan a bien. Este ejemplo se ha multiplicado miles de veces en el mundo en el caso de Job, el de José (el hijo de Jacob), en el de la reina Ester y millares a través de los siglos, que incluso han estado dispuestos a dar su vida por la fe en Él.

III. ¿Sabéis por qué?

Porque Dios tiene siempre un plan bueno, sabio y amoroso en favor de cada una de sus criaturas. Me gusta un texto del A.T. Cuando Dios hizo decir al profeta Jeremías: «Yo sé los pensamientos que tengo acerca de vosotros, pensamientos de paz y no de mal, para daros el fin que esperáis» (Jer. 29:11). ¿Y cuál es el fin que esperamos todos los hombres? Visto desde este lado de la vida es que nos sepulten y nuestro cuerpo se pudra, pero Jesucristo que vino a traer a luz la vida y la inmortalidad por el Evangelio hace decir a su experimentado apóstol: «Ser desatado y estar con Cristo es mucho mejor» (Fil. 1:23), ratificada por el vidente de Patmos, el apóstol Juan, cuando dice: «Bienaventurados

los muertos que mueren en el Señor, sí, dice el Espíritu que descansan de sus trabajos y sus obras con ellos siguen» (Ap. 14:13). La palabra «bienaventurado» significa «extraordinariamente feliz». Las bienaventuranzas son otras tantas anomalías durante la vida, pero ésta es la más notable de todas. La muerte vista desde este lado de la vida es el peor desastre, mas considerada por fe desde el otro lado es la mayor bienaventuranza, la mayor felicidad que puede gozar el creyente.

CONCLUSIÓN: por esto el autor del libro *Vida más allá de la muerte* llama a la prematura muerte de los mártires «un atajo al mundo de la vida».

Y el mismo concepto lo podemos aplicar a todas las muertes prematuras, ya sea por enfermedad o por accidente, y aplicándoles el título paradójico que señalamos al principio de este sermón... «A los que a Dios aman, todas las cosas les ayudan a bien».

462. *AMOR DIVINO*
(Juan 3:16)

1. El amor en su origen más alto: «Amó Dios».

2. El amor en su más amplio alcance: «al mundo».

3. El amor en su manifestación más profunda: «que ha dado a su Hijo unigénito».

4. El amor en su más alto propósito: «para que todo aquel que en él cree, no se pierda, mas tenga vida eterna».

463. *LA MISERICORDIA DIVINA EN LA AFLICCIÓN HUMANA*
(Lamentaciones 3:31, 32)

INTRODUCCIÓN: éste es el testimonio de la experiencia de un hombre en medio de una gran aflicción. Jerusalén estaba derribada, el templo quemado, el trono de David yacía en el polvo, el yugo de la opresión apretaba el cuello del pueblo judío, y el sello del Cielo sobre todas sus calamidades. No obstante, el profeta dijo: «Porque no humilla ni aflige por gusto a los hijos de los hombres». Así, como Milton en su ceguera, proclama la Providencia Divina y justifica los caminos de Dios para el hombre. El tema a tratar es la misericordia divina en la aflicción humana, la cual se ve...

1. En la permisividad ante la cual tienen que pasar las aflicciones para llegar al creyente: puede decirse que todas las aflicciones vienen de Él, puesto que son penalidades por quebrantar su ley y tienen efecto bajo su permiso. Él ve de antemano el sufrimiento humano y puede prevenirlo. Por tanto, aunque Él directamente no infringe el sufrimiento, el sufrimiento en este sentido puede atribuirse a Él. Dios aflige, pero este tipo de sufrimiento no está de acuerdo a su voluntad: «porque no humilla ni aflige por gusto a los hijos de los hombres». El sufrimiento es contrario a su naturaleza benevolente. Entonces, ¿por qué permite que llegue a nuestras vidas?

a) Porque está de acuerdo a las leyes del universo: el amor ha ligado de forma indisoluble al sufrimiento y al pecado: la calamidad más grande que podría ocurrirle al universo sería una supresión de esta conexión.

b) Porque los sufrimientos tienen una influencia disciplinaria, y al fin resultan para bien.

2. En el amor con que Dios nos asiste en medio de las aflicciones: en medio de nuestros sufrimientos, siempre vemos la misericordia divina...

a) En lo ligero de nuestros sufrimientos comparados con los goces que tenemos: ¿Cuánto mal merece el pecador?

b) Dejemos que responda su propia conciencia...

CONCLUSIÓN: ¡Qué pocos sufrimientos tenemos comparados con lo malos que somos! ¡Cuánta felicidad disfrutamos cada día! ¿Qué son los dolores, comparados con tantas horas de alegría de cada día? ¿Cuánto ha sufrido el Señor por aliviar nuestros sufrimientos?

464. *EL AMOR DE DIOS*
(Romanos 8:28-39)

1. Inmerecido en su objetivo (1 Jn. 4:10).

2. No solicitado en su acción (Ro. 5:8).

3. Universal en su oferta (Jn. 3:16).

4. Sin límites en su obra (Ef. 2:4).

5. Desconocido en su plenitud (Ef. 3:19).

6. Íntegro en su ministerio (Ro. 8:39).

7. Sin límites en su carácter (Jer. 31:3).

8. Inextinguible en su llama de amor (Cnt. 8:7).

9. Inagotable en su capacidad de suplir (Ro. 8:32-37).

10. Infatigable en su atención por el servicio (Jn. 13:12).

465. *LA INFALIBILIDAD DEL AMOR*
(1 Corintios 13)

1. La promesa infalible del amor (Jos. 23:14).

2. La provisión infalible del amor (1 R. 17:14).

3. La fidelidad infalible del amor (Sal. 89:33).

4. La compasión infalible del amor (Lm. 3:22).

5. La palabra infalible del amor (Lc. 16:17).

6. La fuerza infalible del amor (Is. 40:26).

7. La presencia infalible del amor (Dt. 31:6).

466. *UNIDAD EN EL AMOR (1 Corintios 13)*

«El amor sea sin fingimiento: aborreciendo lo malo, llegándoos a lo bueno; amándoos los unos a los otros con caridad fraternal; previniéndoos con honra los unos a los otros; en el cuidado no perezosos; ardientes en espíritu; sirviendo al Señor; gozosos en la esperanza; sufridos en la tribulación; constantes en la oración; comunicando a las necesidades de los santos; siguiendo la hospitalidad» (Ro. 12:9-13).

No podemos llevar a los incrédulos junto al Señor eficazmente si no tenemos el amor de Cristo. El amor de Cristo nos hace amar, nos une, nos constriñe a vivir para Cristo y ser embajadores de Él...

1. Nos hace amar: Amar al prójimo como el mundo ama no es suficiente. Cristo dice a sus discípulos: «Un mandamiento nuevo os doy: Que os améis unos a otros: como os he amado, que también os améis los unos a otros» (Jn. 13:34). También la Escritura nos enseña: «Si alguno dice, yo amo a Dios, y aborrece a su hermano, es mentiroso» (1 Jn. 4:20).

2. Nos une: «En esto reconocerán todos que sois mis discípulos, si tuviereis amor los unos con los otros» (Jn. 13:35). Aun el mundo sabe que somos del Señor si cumplimos el mandamiento de Cristo. Cuántas veces oró el Señor para que seamos una cosa como el Padre v él son una cosa.

3. Nos constriñe a vivir para Cristo y servirle como embajadores suyos buscando y llevando los pecadores a los pies del Señor: «Porque el amor de Cristo nos constriñe, pensando esto: que si uno murió por todos, luego todos son muertos; y por todos murió, para que los que viven, ya no vivan para si, mas para aquel que murió y resucitó por ellos. Así que, somos embajadores en nombre de Cristo, como si Dios rogase por medio nuestro; os rogamos en nombre de Cristo: Reconciliaos con Dios» (2 Co. 5:14, 15, 20).

A veces ocurre un accidente; por tratar de ser fervorosos amamos o atendemos a los inconversos más que a nuestros propios hermanos. Toda la enseñanza de Cristo habla del amor, de la unidad, del servicio; pero es imposible hacerlo en parte y agradar a Dios.

Tenemos en la Biblia muchas comparaciones entre el cuerpo físico y el cuerpo espiritual. Cada vez que pienso en la estructura y fisiología del cuerpo humano me asombro y me humillo delante del Gran Creador, el Gran Médico *(anécdota: lo maravilloso es que todos los millones de millones de células individuales del cuerpo trabajan armoniosamente. Algunos cuerpos llegan a una edad muy avanzada sin trastorno mayor alguno. En estos casos ninguna célula vive para sí, sino que trabaja constante y ardientemente para el cuerpo entero. Llegando un caso imperativo, un peligro o una infección, un poder misterioso pone en el conocimiento de todos los órganos y sistemas la anormalidad existente. No hacen un llamado a los «voluntarios», sino que automáticamente entran todas en lucha haciendo lo que le corresponda hacer para combatir al malhechor, constantemente ofreciendo sus vidas sin precio para el bienestar del cuerpo entero. No todos los cuerpos gozan de esta armonía ferviente. A veces sale una célula medio dormida quizá toda la vida del cuerpo. No sabemos si de repente se pone orgullosa, vanidosa, o celosa, y quiere hacer una impresión mayor que las otras hermanas células; pero si se ensancha, crece ferozmente, multiplicándose, chupando toda la nutrición del cuerpo hasta dominar a todas sus hermanas células del órgano afectado, rompiendo toda la unidad intercelular. No rinde servicio para el cuerpo como las hermanas células lo hacían antes. En una palabra, vive para sí. Aparentemente favorece a las células extrañas más que a sus hermanas células; destruyendo las células locales primero y por fin dominando a las células extrañas. Y lo inevitable ocurre, este cuerpo nuevo, que dominamos el cáncer, muere también al estrangular a sus compañeras las cuales sostenían su existencia. Como la célula cancerosa no puede ayudar a las células extrañas mientras atropella y detiene el crecimiento de las células hermanas, así tampoco el creyente que no ama a sus hermanos en su iglesia local, no puede ayudar a sus hermanos de las otras iglesias bautistas de la Convención del país, ni a los de la obra mundial y más lejos pensar en ayudar a los inconversos).*

Así, pues, cada creyente es una célula de un órgano del maravilloso cuerpo de Cristo Jesús, con funciones o trabajos distintos pero ordenados.

4. Seamos sinceros, sin fingimiento, unidos, sufridos, gozosos, amándonos los unos a los otros, no perezosos sirviendo al Señor ardientemente en armonía con los hermanos. Así crecerá el cuerpo robustamente, sano alimentado por la Palabra de Dios, guiado por el Espíritu Santo; al mismo tiempo que el mundo nos conocerá como el Cuerpo del Señor Jesús y querrá formar parte con Él.

467. *EL MARAVILLOSO AMOR DE DIOS (Juan 3:16)*

1. Las características de este amor:

a) Es eterno: no comenzó en la Cruz, o en el Jardín del Edén, o en el pesebre.

b) Es un amor lleno de compasión: no es el amor de la aprobación, ni tampoco el amor complaciente.

c) Es inconmensurable: en ninguna parte la Escritura trata de definir el amor de Dios.

2. La manifestación de este amor:

a) Una manifestación condescendiente.

b) Una manifestación sacrificada.

c) Una manifestación exhaustiva: ¿Qué más puede Dios hacer por Su viña?

3. El propósito de este amor: «...Para que todo aquel que cree en él, no perezca, sino que tenga vida eterna».

a) El aire renovador de este propósito: incluye a todo aquel que acepte el Don de Dios.

b) La limitación de este propósito: está limitado a aquellos que creen.

c) La bendición de este propósito: nos salva de perecer eternamente; nos hace posible la vida eterna.

468. *AMAD A VUESTROS ENEMIGOS (Mateo 5:44)*

1. ¿Quién lo manda?

a) Jesús, el que tiene toda autoridad.

b) El que lo practicó en su vida.

c) El que lo practicó en su muerte.

d) No hubiera podido ser sugerido por la Naturaleza.

2. ¿A quién lo manda?

a) A los discípulos, seguidores, imitadores, que tienen el deber de seguir sus pisadas.

b) A los redimidos, los que le deben el inmenso favor de la vida eterna; favor obliga.

c) A los perdonados, los que eran a su vez enemigos.

3. ¿Por qué lo manda?

a) Es agradable a Dios, Padre de todos los hombres.

b) Es una señal segura de ser hijos de Dios.

c) Es indispensable para asemejarnos a Cristo y prepararnos para la vida de amor en el Cielo.

4. Ventanas de cumplir este mandato:

a) Impide que perjudiquemos a otros.

b) Nos libra a nosotros mismos de los peligros del odio: «Donde les dan, las toman».

c) Convierte a los enemigos en amigos.

d) Será el mejor medio para ganar almas para Cristo, y si son hermanos, para ayudar a elevarles a una conducta superior, más agradable a Cristo (2 Co. 5:9).

469. *AMOR MÁS SUBLIME QUE EL DE MADRE (Isaías 49:13-17)*

INTRODUCCIÓN: hay preguntas que los hombres pensadores se han hecho siempre acerca del amor: ¿Qué es el amor? ¿De dónde procede? Muchos jóvenes y señoritas hablan del amor de novelas y poesías, buscando amor y ser amados, pero nunca se han parado a hacerse estas dos preguntas. Al considerar el amor de las madres, esto nos hace pensar en la fuente, origen y razón de este fenómeno moral del amor. Todos sabemos que el agua no puede subir más arriba del depósito o fuente de donde procede. Sabemos también que el producto no puede ser superior a la causa que lo origina.

I. El amor en la naturaleza

1. No podemos decir que los seres humanos amamos a nuestros hijos porque hemos llegado a un grado de inteligencia que nos ha hecho apreciar el valor de los hijos por sus

posibilidades y esto nos ha persuadido de que debemos amarles y cuidarles. Esto es solamente en parte, con pocas excepciones, pero razonamos así cuando engendramos a un hijo o hija.

2. No hemos inventado nosotros el amor como hemos inventado la radio o la televisión o los automóviles. Ved a los pajarillos privándose del placer de saltar de rama en rama en la primavera. ¿Qué cadenas les atan al nido? No están enfermos, porque se turnan las parejas, el macho y la hembra; es el instinto que Dios les ha puesto y cuando cogen un gusanillo, ¡qué sabroso! Exactamente como cuando nuestra madre nos pone alimento en la mesa, privándose ella de él, así lo hacen las aves. Cuando amas a tu hijo no es porque tú quieres, Dios te hace amar como lo hace al pajarillo. El que ha creado al pajarito y a cada ser de la naturaleza poniéndole el instinto del amor, ¿qué clase de ser será?

II. «Dios es amor», dice el apóstol Juan

1. Creó por amor para compartir su felicidad en la pluralidad de otros seres.

2. Sostiene la vida en el universo por amor.

3. Salva por amor lo caído, lo manchado, al más vil pecador por muy bajo que haya caído. Observemos, pues, cómo:

III. La naturaleza y la revelación

Ambas se corresponden en presentamos a Dios como un ser amante, extraordinariamente amante y digno de ser amado.

IV. Las catástrofes naturales

Quizás alguno dirá: «¿Y los terremotos? ¿Y los ciclones? ¿Y las pestes?». La única respuesta es:

1. El doble carácter de la muerte: ni el fenómeno de la muerte ni ninguna desgracia que promueve la muerte son suficientes para hacemos dudar ni de la existencia, ni del amor de Dios, mientras nos encontramos en un mundo que rebosa sabiduría y amor de Dios por los cuatro costados. Morir de catástrofe es un atajo a la gloria o al Hades a esperar el juicio.

2. El amor y la sabiduría de Dios se observan en todas las admirables obras de la naturaleza, aunque en un mundo pasajero están destinadas a proporcionamos gusto o placer durante la corta temporada de nuestra vida . Por ejemplo...

a) Todos tenemos debajo del paladar en la parte delantera de la lengua los botones de gusto, que nos permiten saborear las múltiples variedades de los frutos de la naturaleza o los producidos por el arte culinario o pastelero.

b) ¿Y qué diremos de la visión? En nuestros cuerpos formados de células opacas hay dos puntitos donde las células no son de carne maciza, sino lentes transparentes que nos permiten ver los paisajes y el rostro de nuestros seres amados.

c) ¿Y qué diremos del oído? ¡Qué maravilla son nuestros oídos para permitirnos oír la sinfonía de la música!

3. Dios quiere que los seres humanos seamos felices y disfrutemos durante el término de nuestra vida. Así leemos: «Alégrate mozo en tu mocedad, y pásalo bien en los días de tu juventud, y anda en los caminos de tu corazón y en la vista de tus ojos, pero ten en cuenta que sobre todas estas cosas te juzgará Dios».

4. ¿Por qué? ¿Cuándo? «El polvo vuelva a la tierra de donde procede y el espíritu vuelva a Dios que lo dio» (Ec. 11:9; 12:7).

V. La prueba suprema: la redención

A Dios no le costó nada actuar por la potencia de su espíritu sobre los elementos inertes de la tierra, producir vida y guiar las células vivas a organizarse del modo admirable que hemos descrito. La Sagrada Escritura nos enseña que Jesucristo era Dios desde la eternidad, aunque tomó la forma externa de hombre. Fue un desdoblamiento de Dios. Se hizo hombre y habitó entre nosotros y se dejó clavar en la cruz, la muerte más cruel que se daba en su tiempo.. pudiendo librarse no se libró. Podía apelar a las legiones de ángeles, como dijo a Pedro, pero éstos se retuvieron en las alturas para que nosotros podamos decir con el apóstol Juan: «El amor de Cristo nos constriñe... y nosotros le amamos a Él porque El nos amó primero». Ésta ha de ser la prueba de culpabilidad de todos los hombres que no han hecho caso del Evangelio. La profecía dice: «Mirarán a Aquel a quien traspasaron» (Zac. 12:10). ¿No vale la pena que agradezcamos su amor?

a) Fanáticos no.

b) Corazones agradecidos.

c) ¿Qué diríais si vuestro hijo no os escribiera y se olvidara de vuestras atenciones durante toda su vida? Así muchos olvidan a Dios y el veredicto será:

d) «¡No os conozco!» Y sintiéndolo mucho tendrá que separar a los que no se han cuidado de sus cosas en esta vida.

CONCLUSIÓN: ¿A quién queréis en vuestras casas? A vuestros hijos, no a los extraños, como dice Juan: «Mirad cuál amor nos ha dado el Padre que seamos llamados hijos de Dios. Por eso el mundo no nos conoce, porque no le conoció a Él» (1 Jn. 3:1). Digamos, pues: «Señor, hazme tu hijo por amor a Jesús» y demos pruebas del amor que le tenemos.

¿Cómo?

–Guardando sus mandamientos: «Si me amáis, guardad...».

–Testificando de Él: «El que me confirme delante de los hombres...».

–Amando al prójimo como dijo: «Amaos unos a otros... éste es mi mandamiento».

470. *CARACTERÍSTICAS DEL AMOR*
(1 Corintios 13:4-8)

INTRODUCCIÓN: el amor es el medio escogido por el Creador para la institución de la familia y la preservación de la raza, pero hay tres clases de amor con nombres diferentes en el griego:

–*Eros:* el amor sexual.

–*Philo:* el amor de la amistad o querencia.

–*Agapeo:* el amor profundo del corazón desinteresado.

Por ser algo grande el amor es también la virtud más falsificada. Se ha tratado de confundirlo con Eros en los lupanares, fingirlo en noviazgos de conveniencia y desvalorizarlo en matrimonios mal avenidos. Por esto conviene preguntaros: ¿De qué condición y calidad es el vuestro?

1. Análisis del amor (1 Co. 13:4-8): del mismo modo que la luz se descompone en siete colores, así el amor, analizado por el poderoso e inspirado intelecto del apóstol Pablo, posee siete virtudes...

a) El verdadero amor es desinteresado: «No busca lo suyo».

b) Es paciente: «Todo lo espera, todo lo soporta». Como para ensamblar dos maderas hay que quitar un poco de cada una para ajustarlas, así es en el verdadero amor.

c) Es confiado: «Todo lo cree». Alguien dirá: «Esto es ser cándido; los celos son prueba de amor». De ningún modo. En lugar de ser una cualidad, es la peor enfermedad del amor. Origen de toda clase de malquerencias, altercados y crímenes.

d) Es permanente: «Nunca deja de ser» (novios hasta el fin).

2. El más alto ejemplo del verdadero amor, el de Cristo:

a) Fue y es desinteresado: menos nos necesitaba el bendito Hijo de Dios.

b) Es sufrido: le costó la cruz.

c) No buscó su propio bien, sino el nuestro: hacernos felices con Él para la eternidad.

d) Es paciente: nos soporta cuando no somos para Él lo que deberíamos ser.

e) Es eterno: nunca deja ni dejará de ser.

CONCLUSIÓN: todas las cosas hermosas de este día caducarán; a los goces e ilusiones de hoy seguirá la vida matrimonial con sus dificultades. La belleza física que hoy está en su clímax desaparecerá. Así como el vigor de la juventud, y se aproximará la separación. Una gota de acíbar en todas las hermosas bodas es la del ritual «hasta que Dios os separe con la muerte». Pero el Señor invita a todos a una boda eterna. Allá os dirigís los dos si sois cristianos y os encontraréis para una relación moral, aunque no física, pues «el amor nunca deja de ser». A ella tenemos el gozo de invitar a todos los amigos, parientes, vecinos y conocidos de esta hermosa pareja cristiana. El secreto es uniros hoy por la fe con el divino esposo que nos ha dado prueba de su amor en su venida al mundo y en su muerte redentora.

471. *CARACTERÍSTICAS DEL AMOR DE DIOS (Efesios 3:18 y 19)*

INTRODUCCIÓN: el apóstol Pablo tenía una imaginación tan prolífica que idealizaba los pensamientos espirituales más profundos en forma material imitando hasta cierto punto a su divino Maestro quien había enseñado los secretos de Dios casi siempre en parábolas. El pasaje de Ef. 3:18, 19 adquiere un significado muy claro y homilético en el libro de Is. 55:1-9. Examinémonos, pues, por partes que hallamos definidas en este maravilloso pasaje del Antiguo Testamento. Así podemos decir que...

1. El amor de Dios es amplio: «A todos los sedientos...». Ésta es una invitación que no excluye a nadie; pueden disfrutarlo lo mismo los ricos que los pobres, los más ignorantes y los más sabios, los jóvenes y los viejos, todos son invitados y sabemos que serán bien recibidos...

a) En este mundo hay invitaciones exclusivas para personas de gran categoría, recepciones diplomáticas, para gobernantes y entendidos en leyes, conferencias científicas para especialistas de ciertas ciencias, pero la frase política incluye a todos los seres humanos. Esta palabra la usa muchas veces nuestro Señor Jesucristo. ¿Por qué razón? Porque Él es tan grande como Hijo Eterno de Dios, que puede atender a todos. «Venid a mí todos los que estáis trabajados y cargados». Suponed a un médico que pusiera en el dintel de su consultorio: «Venid todos los enfermos, que seréis atendidos gratuitamente», o un abogado que dijera: «Venid a mí todos los que tengáis problemas legales...». Ni el médico, ni el abogado podrían atender a todos los que se les presentarían; pero Dios es omnipotente, omnisciente y omnipresente, y puede estar atendiendo al mismo tiempo a todos los que a Él acuden, porque está en todas partes. De ahí que su oferta pueda ser tan amplia.

b) El amor de Dios sacia todas las necesidades y lo tipifica el profeta con el ejemplo del hambre y la sed, dos cosas que afectan a todos los humanos. Jesús dijo a la samaritana: «El que beba de esta agua que yo le daré, para siempre no tendrá sed». Todos los dones humanos solamente pueden saciar de un modo muy limitado estas necesidades del hombre. Éstas tienen un alcance eterno y es porque, como dice san Agustín, llevamos en nosotros la semejanza de Dios.

c) El amor de Dios es generoso: «Venid, comprad sin dinero y sin precio...». Dios organizó un mundo maravilloso, donde tenemos calor gratuito, frutos de los campos gratuitos para los primeros pobladores, lluvia gratuita. Si fuera como recompensa a obras humanas nadie podría pagar este precio, teniendo en cuenta que es para la eternidad *(anécdota: un ricachón americano decía:*

–Yo, con toda seguridad iré al Cielo, porque durante toda mi vida he realizado buenas obras.

A lo que un compañero creyente respondió:

–Recuerde que el tiempo de estancia en el Cielo es por la eternidad.

Y como ilustración le puso este ejemplo:

–Usted ha estado en el Hotel Hilton. ¿Cree usted que el Cielo es un lugar mejor que aquel lujoso hotel?

–Claro que no, yo soy creyente...

–Pues bien, suponga que el Cielo fuera un lugar de pago. ¿Cuánto dinero ha dado usted en buenas obras?

Después de un pequeño cálculo el rico respondió que unos 70.000 dólares...

–¿Y cuánto paga usted por estancia diaria en aquel lujoso hotel? Si el Cielo fuera un lugar de pago, ¿cuánto piensa que podría estar en el Cielo?

Después de otra corta reflexión el rico contestó:

–Me parece que no llegaría a un año.

–Y miles de creyentes que no han podido dar sino una pequeñita parte de lo que usted ha dado no podrían estar en el Cielo, sino unos pocos días. No, amigo, Dios es generoso y dio a su Hijo Unigénito para poder abrirnos las puertas del Cielo gratuitamente).

2. El amor de Dios merece ser atendido: el mensaje de Isaías dice: «Inclinad vuestro oído y venid a mí...; vivirá vuestra alma y haré con vosotros pacto eterno». Éstas son las palabras literales que Dios inspiró al profeta Isaías y están ratificadas por muchas invitaciones de Jesucristo durante su vida humana y por los apóstoles que recibieron su mensaje.

3. Pero el amor de Dios tiene un límite (v. 6): «Buscad a Dios mientras pueda ser hallado, llamadle en tanto que está cercano».

a) En esta vida hay tiempos de oportunidad y Dios nos llama por diversas circunstancias, por el contacto con personas que nos invitan a escuchar el mensaje del Evangelio.

b) Por libros que llegan por pura casulidad a nuestras manos.

c) Por compañeros de trabajo que nos han hablado del Evangelio... Dios da a cada uno una oportunidad, si la rechazamos hemos perdido la mayor riqueza y felicidad que nuestra alma pudiera obtener. A Faraón, en tiempos de Moisés, Dios le dio una oportunidad para que dejara salir a los hijos de Israel de Egipto y en las 4 primeras plagas Dios le exhortó por boca de Moisés. El rechazó la oferta y entonces dice el texto bíblico: «endureció su corazón y a causa de este endurecimiento no hubo para él esperanza y pereció en el mar Rojo» (Éx. 7:3, 13).

e) Cuando el Señor Jesús lloró sobre Jerusalén el día de Ramos, decía: «¡Oh, si conocieses en este tu día lo que toca a tu paz!». Y su profecía de que no quedaría de aquellos hermosos edificios piedra sobre piedra, se cumplió unos 40 años después cuando los emperadores Vespasiano y Tito cercaron la ciudad. Si el corazón humano se resiste Dios mismo le deja condenado en vida, como declara el apóstol Juan en 2 Jn. 5:16.

4. El amor firme de Dios sólo impone una condición (v. 7):

a) «Deje el hombre impío su camino y el inicuo sus pensamientos...».

b) «Dios tendrá de él misericordia y será amplio en perdonar».

c) Esto indica que Dios actúa en una esfera muy superior a la nuestra: Dios mismo se despoja de sus atributos en la persona de su Hijo y viene a sufrir para cumplir el plan magnífico de la salvación gratuita y eterna. No es extraño que el salmista diga en cada versículo del Sal. 136: «Porque para siempre es su misericordia». Yo creo que los mismos ángeles estarían admitidos de este plan tan costoso en favor de unos seres tan pequeños y pecadores. Hay un precioso himno en español que dice así:

«Más allá de todo pensamiento,
Pues no puede el hombre comprenderlo,
ni los mismos ángeles del Cielo,
es el gran amor de Dios.

Un amor que llega al sacrificio.
Un amor que da a su propio hijo,
para redimir a los perdidos:
es el gran amor de Dios».

Nosotros amamos hoy a una persona y mañana dejarnos de amarla o no sentimos el afecto que sentíamos en otro tiempo por ella, pero Dios no es así de voluble, sino que nos ha amado, continúa amándonos y nos amará hasta el fin (Jn. 13:1; He. 7:21-27). ¿Cómo corresponderemos nosotros a un amor tan inmenso? ¿Seremos fríos ingratos después que Dios nos ofrece una salvación tan grande, abundante y generosa? ¿Diremos: «¡Señor, ya voy el domingo a la Iglesia, también doy algo para Ti, ya cumplo con mis deberes de cristiano!»? ¡Oh no, la ley del amor no es el cumplimiento del deber, sino la ley del sacrificio!

CONCLUSIÓN: «Amor, con amor se paga», dice el refrán. Que el amor de Dios inflame nuestro corazón y engendre un amor ardiente hacia Él todos los días de nuestra vida para continuar amándole cuando Él nos haya llamado a su presencia, como nos dice el apóstol Pablo en 2 Co. 5:6-9: «Así que vivimos siempre animados, sabiendo que en tanto que habitamos en el cuerpo, estamos ausentes del Señor (literalmente del griego, «ausentes del hogar»). Por lo cual anhelamos o ausentes o presentes serle agradables». ¡Que el amor que Él ha engendrado en nuestros corazones sea de tal naturaleza que perdure hasta la eternidad cuando gozaremos ya de su presencia!

472. *EL TEXTO DE LOS ENAMORADOS* *(3 Juan 2)*

INTRODUCCIÓN: éste es un texto que ha sido usado entre personas que se quieren mucho para desearse las mejores cosas. Nos muestra tres clases de bendiciones:

–Material o económica.
–Física o corporal.
–Espiritual.

Consideremos el significado de cada una de ellas...

1. Gayo parece haber sido un hombre de negocios o de cierta posición en los días de los apóstoles, del cual nada menos que Juan tenía un alto concepto. No sabemos cuál era su trabajo o negocio, pero Juan tiene una convicción de que su prosperidad material redundará en favor de sus hermanos (vv. 5, 6). ¿Son de utilidad nuestras ganancias materiales? ¿A quién sirven? El juicio de Juan acerca de Gayo ha durado por veinte siglos en todos los ámbitos de la Cristiandad, pero no se ha terminado todavía. Procuremos que el buen juicio que las personas tengan acerca de nosotros sea de este carácter, no durante un breve período de calma, sino permanente.

2. ¿Qué abarcaba el deseo del apóstol? No un punto secundario, sino «todas las cosas». Podemos creer que Gayo se lo merecía. Implicaba sin duda no sólo bienes materiales, sino también de buen juicio (Pr. 13:23; Stg. 1:5).

a) Las riquezas son un peligro, pero bien administradas son una bendición inmensa: hay grandes advertencias contra su mal empleo. No obstante, Juan dice: «Deseo que seas prosperado», pues lo que es tan difícil para unos es tan fácil para otros en este mundo de desigualdades. Todos necesitamos ser preparados para la bendición del Señor que es la riqueza, y sobre todo para saber administrarla.

b) «Salud»: Dios sabe que necesitamos un cuerpo sano para vivir y trabajar. Tenemos una casa de barro, que es una maravilla cómo se sostiene, con tanta complicación y tantos enemigos patológicos. Es un milagro tener salud. Dios ha provisto recursos de reparación en nuestro organismo, y su Espíritu puede ayudar y estimular todos los poderes de nuestro cuerpo, en respuesta a la oración de fe (*véase* Sal. 103:3).

c) Prosperidad espiritual: ésta es la principal bendición y la mejor. Y la más delicada. Para las dos primeras ponemos toda la atención y esmero, pero esta tercera la consideramos menos urgente. Sin embargo, es la principal de todas, pues es el secreto del gozo en esta misma vida y la más trascendente para la eternidad.

3. En el caso de Gayo, el apóstol Juan podía poner en afirmativo su deseo. Le conocía y tenía pruebas de aquella prosperidad espiritual, a la que el mundo no da importancia, pero la tenía para el inteligente apóstol. ¿En qué consistía?

a) En la profesión de la verdad: Juan había descubierto la verdad que está en Jesús, aquella mañana junto al Jordán (Jn. 2), y era un propagador de la misma con tanto entusiasmo: «No tengo yo mayor gozo que el saber que mis hijos andan en la Verdad». Gayo era un hijo espiritual muy querido. Lo mismo ocurre con los servidores de Dios respecto a sus hijos espirituales. Gayo poseía, como un tesoro, la vida piadosa que practicaba, su profunda vida cristiana (vs. 5 y 6).

b) Su carácter generoso era evidencia de salud espiritual.

c) Ausencia de orgullo: había en la iglesia un miembro que era el reverso de Gayo. No recibía a los enviados de los apóstoles, tenía miedo de perder su prestigio. No pensaba en la edificación de la iglesia, sino en su personal posición, que nadie fuera más que él. Había establecido una dictadura personal; pero Gayo era diferente. No le importaba quedar atrás, esto era señal de prosperidad espiritual. Cuando podemos decir que la obra del Señor es beneficiada, aunque yo quede el último, esto es señal de prosperidad en nuestra propia alma.

d) Prosperidad es crecimiento: un hombre próspero en negocios aumenta su capital; prosperidad del alma es ser hoy más santo que ayer. ¿Somos capaces de hacer, o soportar, lo que no podíamos diez años atrás? El alma próspera sugiere la idea de una de estas plantas robustas (Sal. 1).

CONCLUSIÓN: así son las vidas de algunos cristianos, una bendición donde van porque están llenos de vida y de la gracia del Señor. Observemos que éste es su gran deseo (Jn. 10:10). ¿Somos cristianos prósperos en los tres sentidos? ¿Podría el apóstol Juan habernos enviado tan cariñoso saludo?

473. *¿PARA QUÉ ES EL TEMPLO? (Lucas 4:16)*

INTRODUCCIÓN: la sinagoga era el equivalente del templo para los judíos. Sin embargo estaba muy lejos de ser perfecta: Jesús luchó con muchas de sus enseñanzas, criticó su debilidad y denunció el error y la dureza de algunos de sus dirigentes. Pero creía en ella, tomó participación en su culto y enseñanza, hizo de ello un hábito en su vida. Fue al templo y a la casa de cultos el día dedicado al culto «conforme a su costumbre», «como solía». Subsecuentemente los evangelios registran su intención de edificar la iglesia con tal fuerza espiritual, que fuese inexpugnable a los asaltos de las fuerzas destructivas de la vida. «Las puertas del infierno no prevalecerán contra ella».

1. El porqué del compañerismo o camaradería: primero, permítasenos considerar la pregunta: ¿Por qué la camaradería en el servicio de lo mejor? ¿No es suficiente que un individuo viva su propia vida de tal manera que su propia conciencia apruebe sus decisiones y su manera de vivir? Pero las elecciones y la manera de vivir envuelven relaciones con otros. La vida real es reunión con otros en varias situaciones. La integridad privada es admirable; pero tan larga como es nuestra vida, en el mundo de personas no podemos vivir como átomos aislados. Necesitamos de otros. Sólo el individualista estúpido se engaña a sí mismo con la mentira de 'Yo puedo hacerlo sin tu ayuda». Fuimos hechos para el compañerismo; o para vivir vidas solitarias cuando cortamos nuestras vidas del contacto con otros.

2. El porqué de la fe: por supuesto la iglesia no tiene el monopolio en esta manera de ofrecer fe. Por todos lados hay instituciones rivales y movimientos rivales –marxismo, comunismo, secularismo, materialismo, este culto y aquél– y rivalizan en lo mismo. T.S. Eliot en su poema famoso «La Roca» describe la situación con estas palabras: «Los hombres han dejado a Dios no por otros dioses, dicen ellos, sino por ningún Dios, y esto no había sucedido nunca antes. Esos hombres niegan juntamente los dioses, y el culto a los dioses, profesando primero la razón. Y entonces el dinero y el poder, y lo que ellos llaman vida, o raza, o dialéctica».

3. El porqué del culto o adoración: porque necesitamos ser llamados por nuestro Señor para «combatir el mal que debe ser resistido, para ayudar la causa que necesita ayuda, para servir el futuro en la distancia ¿Por qué la iglesia? Porque para vivir la vida bien y tener una vida que está sobreviviendo con un significado, para tener valor quieto y gozo profundo, e infalible utilidad, necesitamos compañerismo en la experiencia y en el servicio de lo mejor.

CONCLUSIÓN: necesitamos una fe para vivir, por la cual se adiestra juntamente la razón y la dinámica o fuerza motora para una vida grande; necesitamos adorar al que nos creó, al que nos limpia de nuestros pecados, y al que nos capacita para servirle.

474. *LA IGLESIA PRIMITIVA (Hechos 2)*

1. Constancia: «Asiduamente» (v. 42).
2. Energía: «Cada día» (v. 46).
3. Unidad: «Unánimes» (v. 46).
4. Liberalidad: «Vendían sus propiedades» (v. 45).
5. Simplicidad: «Tenían en común todas las cosas» (vs. 44).
6. Caridad: «Por las casas» (v. 46).
7. Fidelidad: «Y se ocupaban asiduamente en la enseñanza de los apóstoles» (v. 42).
8. Sinceridad: «Con alegría y sencillez de corazón» (v. 46).

475. *EL CEMENTERIO DE LOS PECADORES (Eclesiastés 8:10)*

INTRODUCCIÓN: la figura que se sugiere en el texto es típica de casi todas las comunidades modernas donde hay gente que se reúne en una iglesia, canta, ora, escucha el sermón, la invitación y la bendición, y luego vuelve a sus hogares.

1. La tragedia de basar las esperanzas en la membresía de una iglesia:

a) La iglesia no puede salvarle: la iglesia es importante. Sin embargo, no es suficiente para salvarle.

b) El Señor Jesús puede salvarle y lo hará:

–Él es el Camino (Jn. 14:6).

–Él es la Puerta (Jn. 10:9).

–No hay otro nombre (Hch. 4:12): «El que no nace de nuevo...» (Jn. 3:3; Mt. 18:3).

2. La tragedia que supone la oportunidad perdida:

a) Cada persona ha tenido por lo menos una oportunidad de ser salva...

–El «lugar santísimo» le ofrece la oportunidad de encontrar a Dios.

–Probablemente han tenido oportunidades especiales.

b) Muchos persisten en rechazar la salvación.

c) Una de esas oportunidades fue la última.

3. La tragedia de haber estado tan cerca y, sin embargo, tan lejos de Dios. Cuando en cierta ocasión se hallaron más cerca de Dios de lo que normalmente pudieran haber estado. ¡Qué recuerdo tan terrible tendrán que sobrellevar por toda la eternidad!

4. La tragedia de ser olvidado: nosotros no recordamos a mucha gente mala: soldados, amigos, esposas, maridos que pronto serán olvidados. Pues la gente desea olvidar una vida mala o desperdiciada. Sin embargo, no hay nada peor que ser olvidado para toda la eternidad.

CONCLUSIÓN: no baséis vuestras esperanzas en la Iglesia... Venid a Cristo.

No permitáis que pase esta oportunidad; puede ser la última...

476. *LA IGLESIA DE CRISTO*

«Y Yo también te digo, que tú eres Pedro, y sobre esta roca edificaré mi iglesia; y las puertas del Hades no prevalecerán contra ella». (Mt. 16:18).

1. Su mención: los profetas del Antiguo Testamento hablan en términos gloriosos sobre el Reino, pero no mencionan nada acerca de la Iglesia. El Señor Jesús fue el primer que declaró que Él edificaría Su Iglesia (Mt. 16:18). A pesar de que la fundación de la Iglesia antecede a la elección de Israel: Israel fue escogido desde la fundación del mundo (Mt. 25:340, pero la Iglesia fue escogida desde antes de la fundación del mundo (Ef. 1:4-6).

2. Su misterio: el misterio que Dios iba a formar un cuerpo totalmente nuevo, compuesto de judíos y gentiles, llamado la Iglesia. Este misterio fue dado a conocer a Pablo por medio de una revelación (Ef. 3:1-11).

3. Su significado: un pueblo escogido. Israel era un «cuerpo nacional», compuesto exclusivamente por los descendientes de Abraham, pero la Iglesia está compuesta por individuos de toda tribu, pueblo y nación...

a) Es un edificio del cual Cristo es la Piedra principal (1 Co. 3:9-17; Ef. 2:19-22).

b) Es un cuerpo del cual Cristo es la Cabeza (Ef. 1:22, 23); fue formada en el día de Pentecostés (1 Co. 12:12, 13; Hch. 2:1-4); la Iglesia no es una organización sino que se trata de un organismo.

c) Es la novia de Cristo; en el presente la Iglesia es una virgen desposada (2 Co. 11:2); un adopción en los días de Cristo era tan sagrada como una boda; así Cristo, como Isaac, saldrá al encuentro de Su novia en el aire (1 Ts. 4:15-17).

4. Sus miembros: ¿A qué Iglesia debo acudir? Respuesta: ¿Cuántas iglesias hay? Solamente hay un camino escritural, y éste es por medio del nuevo nacimiento y del bautismo; (1 Co. 12:12, 13; Hch. 2:1-4).

5. Su misión: no es un lugar de diversión, o de negocios, sino un sitio donde predicar el Evangelio a toda criatura (Mr. 16: 15; Ro. 1:16).

6. Su boda: ésta será precedida por el acontecimiento más sobrecogedor de esta dispensación, el arrebatamiento; a este evento se refiere la parábola del Hijo del Rey (Mt. 22:1-14), y es consumado en Ap. 19:79. Esta boda será la consumación del gozo de Cristo como hombre; pues si no fuera porque Cristo se hizo hombre, esto no hubiese sido posible.

CONCLUSIÓN: han habido muchas bodas magníficas, a menudo uniendo naciones diferentes, pero ésta sobrepasa a todas: no sólo por unir al Cielo y la Tierra juntos, sino por hacerlo para toda la eternidad.

477. *LA INDIFERENCIA ESPIRITUAL Y SUS PELIGROS*

«¡Ay de los descuidados en Sión, y de los confiados en el monte de Samaria, los señalados como principales entre las naciones, a los cuales acude la casa de Israel!» (Am. 6:1).

1. Pensamientos generales del texto:
a) Una vida cristiana no es algo fácil.
b) La actividad es el resultado de la vida, algo que conduce a ella.
c) El mundo es un gran campo de actividad.
d) El Cielo será un lugar de actividad. También el infierno.
e) La Iglesia debe ser activa.

2. Definición del descuido de Sión:
a) Un estado de inactividad espiritual.
b) Holgazanería espiritual.
c) Descuido espiritual.

3. El descuido de Sión consiste en lo siguiente:
a) Falta de fervor en la oración, y de lucha del alma que prevalece.
b) Falta de estudio de la Biblia.
c) Falta de asistencia a las reuniones.
d) Falta de tomar parte activa en las reuniones.
e) Falta de visitar y animar a los hermanos.
f) Falta de llevar la verdad a los demás.
g) Falta de sostener el Evangelio.

4. Causas del descuido de Sión:
a) Errar la verdad de la salvación: no es solamente un gozo y un privilegio, sino también un deber, un trabajo y una actividad.
b) Olvidarnos de nuestra responsabilidad: debemos rendir cuentas a Dios de cada día, de nuestros talentos y nuestros medios.

5. Efectos nocivos de un estado de descuido en la iglesia:
a) Es desagradable a Dios, y por lo tanto, altamente perjudicial para el alma.
b) Tiene un mal efecto sobre los demás en la Iglesia.
c) Es un estorbo para la conversión de los pecadores.

478. *LA IGLESIA EFICIENTE*

«Y el Señor añadía cada día a la iglesia» (Hch. 2:47).

Una iglesia eficiente debe tener...
1. Una atmósfera devocional en todos sus servicios: ya sea un servicio de enseñanza, de preparación, de adoración, de negocios, de compañerismo o social, debe caracterizarse por un espíritu de reverencia y devoción.
2. Un espíritu evangelístico en todos los servicios: una iglesia ha de esperar que la gente se salve, y orar y trabajar para ese fin. Si la iglesia fracasa en alcanzar a los perdidos, fracasa como una iglesia del Señor Jesucristo.
3. Altos ideales en su programa educacional: si una iglesia de nuestros tiempos ha de continuar en la enseñanza y en la comunión de los apóstoles, debe tener mucha seriedad en sus pensamientos y una muy sana doctrina.
4. Un espíritu fraternal en todos sus propósitos: los miembros de la iglesia que son cristianos, son miembros de la familia del Señor. Los miembros de la iglesia deben ayudarse los unos a los otros, así como también a aquellas personas de fuera de la iglesia.
5. Un espíritu de sacrificio en todas sus actividades: en la iglesia primitiva del libro de los Hechos, los miembros estaban dispuestos a dar todo lo que tenían por el bien de la comunión y el progreso de la iglesia y el Reino. El Señor siempre bendecirá a una iglesia así.

479. *DIFICULTADES QUE HACEN QUE MUCHOS NO SE UNAN A LA IGLESIA (Hechos 2:47)*

INTRODUCCIÓN: hay algunas dificultades aparentes que hacen que mucha gente no quiera unirse a la Iglesia. No hay que permitir que estas cosas se interpongan en el camino. Un cuidadoso examen de este tema a la luz de la Palabra de Dios nos dará las pruebas respectivas. Las dificultades son generalmente de dos clases:

1. Aquellas que se relacionan con la iglesia:
a) «La Iglesia no es perfecta»: Cristo nunca dijo que la iglesia sería perfecta en este mundo, sino más bien que el trigo y la cizaña crecerían

juntos. «Dejad crecer juntas las dos cosas hasta la siega…» (Mt. 13:30). Si Ud. o yo fuéramos los únicos miembros, la iglesia no podría ser perfecta, ¿no es verdad? Si hay cosas o gente mala dentro de la Iglesia las hay mucho peor fuera de ella. Si la Iglesia no es lo que debería ser, y usted es tanto mejor, su deber es ir y ayudar a transformarla. Si usted es un cristiano, este texto es para usted: «Vosotros sois la sal de la Tierra…» «Vosotros sois la luz del mundo…» (Mt. 5:13, 14). ¿Está usted cumpliendo con ese deber? No es justo juzgar a la Iglesia por la calidad de sus peores miembros, y al mundo por sus mejores personas. «No juzguéis según las apariencias, sino juzgad con justo juicio» (Jn. 7:24).

b) «Hay tantas denominaciones»: esto no es para atribularle, puesto que tampoco atribuló a Cristo. Él no estableció ninguna denominación, no prohibió ninguna, aunque sí condenó los pecados de las sectas y los individuos. Esto es pues, un asunto de menor importancia. Únase a la Iglesia que para usted tenga un mejor sistema, una mejor doctrina, una adoración elevada, y lo máximo de Cristo y Su verdad; y sea leal al Maestro y a Su gente. Recuerde que Cristo elevó este tema a un nivel muy superior cuando dijo: «… Porque uno solo es vuestro Maestro, el Cristo, y todos vosotros sois hermanos». (Mt. 23:8).

c) «Puedo traer deshonor para la Iglesia y para el nombre de Cristo»: si usted es un creyente y no quiere unirse a una Iglesia está desobedeciendo al Señor. El Señor Jesucristo cuidará de todo aquello que usted le deje cuidar en su vida. Él sabe cuán débil es usted, y con todo amor le toma bajo su cuidado. Si Él no tiene miedo, usted tampoco debería tenerlo. En todo caso El tendría un máximo a perder y usted un máximo a ganar en este aspecto. Él perfeccionará su Iglesia y a usted dentro de ella, si es que le permite hacerlo (*véase* Ef. 5:25-27).

2. Aquellas cosas relacionadas con el yo:

a) «Yo puedo vivir una vida buena fuera de la Iglesia»: esto puede convencerle a usted, pero no agrada al Señor. Además, si vive una buena vida, tomando como base la estimación y el punto de vista de Dios, hará lo que hasta ahora nadie ha hecho, y tendrá una labor mucho más difícil de lo que pueda ser la vida dentro de la Iglesia. Si lo que está buscando es su propia bondad y sus propios méritos, podrá verse satisfecho muy fácilmente (*véase* Is. 54:6). La Biblia enseña que cl fin principal del hombre es la gloria de Dios, y no la del «yo» (*véase* Ro. 14:8; 1 Co. 10:31).

b) «Si me uno a una Iglesia, luego me arrepentiré»: ¿Arrepentirse de estar con Cristo y con Su gente? El lirio podría arrepentirse de estar en el jardín y disfrutar de los cuidados del jardinero. El niño podría arrepentirse de pertenecer a su familia, y tener el cuidado de sus padres. Pero usted se arrepentirá si no se une a una Iglesia (*véase* Lc. 9:26).

c) «No tengo experiencia»: ésta es exactamente la condición de corazón que Dios quiere vacío, para que Él pueda llenarlo. No se necesita ninguna experiencia para un principiante. La Iglesia es el lugar en el cual se adquiere experiencia. Cuando Cristo llamó a Sus discípulos, era para «hacerlos» pescadores de hombres, y no porque ya tuviesen experiencia al respecto.

CONCLUSIÓN: la Iglesia es la gran escuela de Dios. A cada creyente el Señor le dice: «… Y aprended de mí…» (Mt. 11:29).

480. *CUANDO LA IGLESIA ORA (Hechos 12:5)*

INTRODUCCIÓN: es mejor creer demasiado acerca de la oración y su potencia, que creer muy poco. Tanto dentro de la iglesia o fuera de ella, nuestra tendencia en esta época es lamentablemente, creer demasiado poco. Estamos padeciendo de una fe mal nutrida. Por lo tanto nuestra vida de oración es débil e insuficiente. Nuestro texto presenta una figura de la realidad de la oración viva y eficaz.

1. La causa de su oración:

a) Por otra parte, a los discípulos de Jerusalén se les había confiado ser los portadores de un gran testimonio: el testimonio del Señor Jesucristo como Salvador y Señor.

b) También estaban enfrentados a una seria dificultad: soportar la persecución y seguir adelante con su liderazgo (un líder, Santiago, había sufrido el martirio y Pedro había sido puesto en la prisión).

c) Hallaban solaz en la oración larga y ferviente: hacían de la oración su primero, no su último recurso, como es la tendencia de los cristianos de hoy.

2. Estaban motivados para orar: pensad en el carácter de su oración...

a) Era una oración de corazón, que realmente les importaba.

b) Era una oración continua.

c) Era una oración conjunta.

3. Pensad en las consecuencias de su oración: hay muchos resultados, tres de los cuales son los siguientes...

a) Hubo un despertar: Pedro fue despertado por el ángel del Señor en la prisión, y puesto en libertad.

b) Hubo gran asombro: los otros creyentes que conocían a Pedro estaban asombrados al verle.

c) Hubo un gran avance en la predicación: «Pero la palabra del Señor crecía y se multiplicaba» (v. 24).

481. *CONDICIONES DE UN CRISTIANO MADURO (1 Pedro 3:18)*

INTRODUCCIÓN: el salmo primero podríamos titularlo «Las condiciones de un cristiano maduro», pero vamos a hacerlo de un modo concentrado basándonos en 2 Pedro 3:18. Pues aniversarios puede haber muchos en la historia de una Iglesia, ya que Jesús dijo que donde se reúnen dos o tres creyentes en su nombre, allí está Él, por su Espíritu, en medio de ellos. Lo mismo es que se reúnan desde hace Un año que desde hace 25 ó 50 años. Todos los creyentes que vienen reuniéndose para adorar al Señor desde Un tiempo determinado son como plantas espirituales que les es necesario crecer, sea cual sea la edad del grupo cristiano que aquí venimos a adorar al Señor, son los cada uno como la rama de un árbol que tiene que crecer. Por esto debemos empezar hoy diciendo...

1. El creyente es una planta espiritual: Jesús mismo emplea la figura en Jn. 15:1-10. Todos somos como pámpanos o ramas de éste árbol que Jesús compara a la vid verdadera; nuestra pregunta es si nuestra altura y condiciones espirituales están en la medida propia de nuestra experiencia cristiana. Desde que encontramos en Jesucristo nuestro divino Salvador y Redentor y vivimos en la nueva vida espiritual propia de cristianos, debemos todos preguntarnos: ¿He crecido yo en este primer año de mi nueva vida? Y esta pregunta ha de ser repetida por los que hace 10, 15 y 25 ó 50 años que asisten...

a) El cristiano es alguien que ha recibido la vida de Dios en circunstancias más o menos diversas. El os trajo aquí por circunstancias humanas, por razones de salud, trabajo o conveniencia material y aquí encontrasteis a Cristo, un hecho que no depende tanto de vosotros como del Espíritu de Dios, que gobierna vuestra vida y la sustenta con efluvios de su gracia.

b) Venimos cada semana una, dos o más veces a regar y limpiar nuestra vida espiritual. Todos sabemos que una planta física es ajetreada por los vientos y muchas veces éstos soplan en diversos sentidos, quizá por la oposición de los familiares o de los patronos, pero en el orden natural lodos los esfuerzos que realiza la planta para mantenerse en pie sirven para arraigar sus raíces y robustecer su condición. Por eso el apóstol nos dice en este versículo clave:

2. Creced en la gracia y conocimiento de nuestro Señor Jesucristo: Dios no fuerza el crecimiento. No tendría ningún valor la fuerza externa en una planta natural. Mucho menos la tiene en el sentido espiritual. Todo crecimiento procede de la planta en sí, pero hay condiciones favorables o desfavorables que ayudan a cumplir el propósito de Dios, que es el crecimiento natural de toda planta física, y en el sentido espiritual son aquellas que favorecen dicho crecimiento de carácter positivo o negativo. De carácter positivo son:

a) La lectura de la Palabra de Dios.

b) La asistencia a los cultos.

c) El ejemplo de personas más santas.

d) La respuesta favorable de Dios a nuestros deseos o peticiones como dice el Sal. 37:4: «Pon tu delicia en el Señor y él te concederá las peticiones de tu corazón».

e) En la naturaleza como en la gracia, o ganamos o perdemos. La planta que no crece se mustia.

3. ¿Por qué debe crecer el cristiano?

a) Para subir a un nivel espiritual más año, para ser distinguido de lejos, aun para las personas que no tienen la vida espiritual de Dios, sino tan sólo la vida natural, que éstos puedan percibir su perfume peculiar de santidad.

b) Cobijar como el árbol robusto a las plantas más débiles en su alrededor.

c) La falta de crecimiento es el mayor perjuicio para nosotros mismos: la planta raquítica produce frutos ácidos. Si no practicas los deberes piadosos viviendo en la plenitud del Espíritu los actos de tu vida serán agrios, sin paciencia, ajenos a todas las virtudes que describe el cap. 13 de la Corintios.

d) El crecimiento normal y abundante es motivo de satisfacción para el hortelano, que es Dios mismo, según Jn. 15:1: «Mi Padre es labrador...». Leemos acerca de Jesús que desde su misma infancia crecía en la gracia y sabiduría de Dios, de modo que a la edad de 12 años podía decir: «¿No sabéis que en los negocios de mi Padre me conviene estar?» (Lc. 2:49).

e) Un joven que crece y no engorda, puede volverse tuberculoso.

CONCLUSIÓN: nuestro texto dice: «Creced en la gracia y conocimiento de nuestro Señor Jesucristo».

La gracia es algo que viene de Dios pero el conocimiento de Cristo es algo que pode- mos fomentar nosotros mismos. Esto no significa un crecimiento intelectual de la persona de Jesús, sino interior, practicando sus doctrinas del amor de perdón, tal como dice el apóstol en su azarosa y probada vida: «Cuando plugo a Dios formar a su Hijo (el carácter de su Hijo en mí)»; es decir, hacerse un imitador y representante de Cristo en la Tierra como era el propósito del apóstol Pablo en toda su azarosa vida de pruebas como dice en Gá. 2:20: «Ya no vivo yo más Cristo vive en mí». Que Dios pueda realizar en cada uno de nosotros este anonadamiento del yo y resurgimiento de la vida y carácter de Jesucristo en nosotros.

482. *GUARDADOS EN VIDA Y PRESENTADOS EN GLORIA (Judas:24, 25)*

INTRODUCCIÓN: el autor era el que se menciona en Jn. 14:22. Escribió después de la muerte de Pablo, antes de la destrucción de Jerusalén. Objeto de la epístola: advertir a las iglesias contra los vividores que se aprovechaban del primitivo amor cristiano. Pretendían predicar y ser convertidos de veras. Introducían errores sobre la divinidad de Cristo (v. 4). Producían disensiones con sus doctrinas no apostólicas pues pretendían maldecir y excomulgar a los que se negaban a prestarles oído. Por esto presenta tres ejemplos de personas que perdieron su posición privilegiada y que cayeron en pecado y tuvieron que ser castigadas.

1. Un triple ejemplo:

a) El de los israelitas salvados de Egipto pero que se rebelaron en el desierto (v. 5).

b) Los ángeles rebeldes (v. 6).

c) Sodoma y Gomorra (v. 7; Gn. 19:1-28).

Ante tales ejemplos, ¿quién no tendrá temor de caer? El apóstol afirma que estamos en peligro, pero que el Señor es poderoso para guardarnos irreprensibles; que espera el momento de presentarnos en su gloria con grande alegría.

2. Que estamos en peligro nos lo demuestran los ejemplos anteriores. Spurgeon decía «Si Lucifer, más inteligente, cayó sin ser tentado ¡cuánto más puedo caer yo siendo tentado!» Hay numerosos motivos para ello...

a) Por nuestra tendencia natural hacia el pecado: el mismo nombre del autor se lo haría recordar. Judas, el traidor, era avaro ya antes de conocer a Cristo, y su tendencia, a subir de posición, fue causa de la mayor caída. Todos quisiéramos ser más, tener más, pero ¿lo emplearíamos bien?

b) Por lo estrecho del camino (Mt. 7:13, 14).

c) Por los muchos enemigos: el diablo, el primero. Las personas y cosas del mundo. Jesús menciona incluso a los parientes más íntimos (Mt. 10:36).

3. Cristo tiene poder para guardarnos: la guarda divina es premio de fidelidades pasadas (Ap. 3:10). Desde el principio de la epístola el apóstol siente la realidad de esta protección (v. 1). «Conservados» es muy importante. ¿De qué sirve emprender la carrera si no se llega al final?

4. Presentados en gloria: esto es mucho más. Podéis librar a un hombre perseguido, pero presentarlo en palacio es otra cosa muy superior. Nos guarda quien, después de costarle mucho, tiene gran interés en presentarnos. ¿Y cómo?:

a) «Irreprensibles» (vers. 1960). «Sin mancha» (1977): hacemos muchas cosas que merecen reprensión, y mantenemos muchas manchas o defectos sobre nuestro carácter; pero su gracia abundante pasará por alto las equivocaciones no malintencionadas. Significa, pues, que nos dejará irreprensibles y curados de nuestros defectos para el futuro, dispuestos para un glorioso servicio de testimonio a principados y potestades en los Cielos (Ef. 3:10).

b) «Con grande alegría»: habrá motivos para ello en la familia de Dios redimida cada vez que sea reunida para una convención en la capital del Universo, la Jerusalén Celestial (Ap. 19:7-10). Cristo habla de gozo por la conversión de un pecador (Lc. 15:6), pero ¿qué será el gozo de seres glorificados y hechos perfectos en y para la eternidad?

5. ¿Quién tendrá gozo?

a) Los pecadores: ¿Quién tendría mayor gozo en la fiesta de bienvenida del hijo pródigo?

b) Los ángeles (Lc. 15:6).

c) Cristo mismo tendrá gozo. El autor de Hebreos dice: «Habiéndole sido propuesto gozo sufrió la cruz» no titubeó en sufrir pensando en este gozo final (He. 12:2).

CONCLUSIÓN: todo este maravilloso plan nos incluye a ti y a mí. Cristo está guardándonos para esto. Es natural que concluyamos, como Judas, el hermano del Señor, con una doxología, un canto de alabanza «al único y sólo sabio Dios». Cuando pensamos en algún gozo futuro, tenemos gozo presente. Si nuestra fe ese muy robusta seríamos los seres más felices de la Tierra .

483. *ENSEÑANZAS DE LA BIBLIA ACERCA DE LA IGLESIA Y SUS ORDENANZAS (Mateo 28:16-20)*

I. La Iglesia

1. Jesús indicó que él establecería la iglesia (Mt. 16:18).

2. El Espíritu Santo trajo un gran crecimiento a la iglesia (Hch. 2:41-47).

3. La iglesia es un grupo de creyentes bautizados reunidos para la propagación del Evangelio.

4. El bautismo es la puerta de la iglesia (Hch. 2:41).

5. La iglesia está descrita como la novia de Cristo (Ef. 5:20-33).

II. La ordenanza del bautismo

1. ¿Por qué dio Cristo la ordenanza del bautismo?

a) No como un instrumento de salvación.

b) Para enseñarnos obediencia (Mt. 28:19): el bautismo no es esencial para la salvación, sino para mostrar obediencia.

c) Para darnos un símbolo de la salvación:

–Un símbolo de la resurrección de Cristo (Ro. 6:1-4).

–Un símbolo de lo que acontece al cristiano (Ro. 6:6).

2. La forma del bautismo:

a) Inmersión (Mr. 1:9, 10).

b) El significado de la palabra «thayer»: «sumergir repetidas veces, inmergir».

3. ¿Quiénes deben ser bautizados? Los creyentes: Juan el Bautista (Mt. 3:7); Jesús (Mt. 3:13; 28:19).

4. La administración del bautismo:

a) La iglesia (Mt. 28:19).

b) Cualquier ministro ordenado de la iglesia puede administrar esta ordenanza.

III. La Cena del Señor

1. El significado de la Cena:

a) Transubstanciación (católicos romanos).

b) Consubstanciación (luteranos).

c) Espiritual (calvinistas).

d) Simbólico (zwinglistas y bautistas).

2. La llamada doctrina de la comunión cerrada:

a) La iglesia es responsable de la administración de la ordenanza (1 Co. 11:18).

b) ¿Pensaba Cristo en cuatro cosas administró la Cena del Señor? (1 Co. 11:27).

c) Pablo dijo que era un símbolo (1 Co. 11:26).

3. La Cena del Señor es una comunión con Cristo, y con otros cristianos, en la casa de Dios:

a) Comunión con otros cristianos (1 Co. 10:17).

b) Comunión con Cristo (1 Co. 11:26).

484. ¿POR QUÉ DEBEMOS DAR GRACIAS? (Efesios 5:20)

1. Por la gracia que os es dada (1 Co. 1:4).
2. Por vuestra fe (Ro. 1:8).
3. Por el recibimiento de la Palabra (1 Ts. 2:13).
4. Por libertad del poder de las tinieblas (Col. 1:13).
5. Por la redención de su sangre (Col. 1:14).
6. Por la libertad del yugo del pecado (Ro. 6:17, 18)
7. Por la comunión en el Evangelio (Fil. 1:5).
8. Por todo (Ef. 5:20).
9. Por los alimentos (1 Ti. 4:4).
10. Por todos los hombres (1 Ti. 2:1).
11. Por su don inefable (2 Co. 9:15).

485. ACCIÓN DE GRACIAS (Hebreos 13:15, 16)

1. Los medios: «Por Él»
2. La medida: «Continuamente»
3. La forma: «El fruto de nuestros labios»
4. El asidero: «Hacer el bien y la ayuda mutua».

486. ACCIÓN DE GRACIAS, PASADO PRESENTE Y FUTURO (Salmo 68:19; 116:12)

INTRODUCCIÓN:

–Idea del mensaje de Charles Dickens, *Cántico de Navidad.*

–Tres días especiales entre muchos otros me son entrañables: Navidad, Pascua, y el Día de Acción de Gracias.

–No basta con mirar hacia atrás o hacia adelante, debemos mirar arriba. La acción de gracias glorifica a Dios.

1. Acción de gracias: pasado...

a) Miremos a la historia de nuestros países y demos gracias por aquellos que introdujeron el Evangelio en nuestras naciones.

b) Mirando atrás, doy gracias a Dios porque nací normal, física y mentalmente, y con capacidad para entender las cosas espirituales.

c) Mirando atrás, agradezco a Dios por:

–Un hogar cristiano.

–Alguien que me amó y se preocupó por mi alma.

–Por la iglesia que oró por mí.

–Los amigos que me ayudaron a crecer espiritualmente.

d) Mirando atrás, doy gracias por:

–El Señor Jesucristo, que me amó como para morir por mí.

–El Padre Celestial, que dio a su Hijo.

–El Espíritu Santo, que ha sido mi Guía: «¡Gracias a Dios por su don inefable»!

2. Acción de gracias: presente...

a) Doy las gracias por estar vivo, y por tener mis cinco sentidos:

–Por tener oportunidades para hacer el bien.

–Por dejar que mi luz brille por Cristo.

–Por poder vivir de una manera que agrade al Señor.

b) También doy gracias porque el Señor me enseña a ser agradecido:

–Porque puedo sentir la presencia de Dios conmigo y en mí.

–Su mano sobre mí, y Su voz hablándome constantemente .

c) Tanto le debo al Señor, ¿Cómo podría pagarle?

–Le debo más de lo que he recibido (la ley de la siembra y la siega).

–Doy prueba de mi agradecimiento poniendo todo mi ser a Su servicio, teniendo un hogar cristiano, ayudando a mi iglesia, a la comunidad, etc.

–Debo a Dios mi todo, mi corazón, mi fortaleza, mi alma, mente, cuerpo, aun mi vida.

3. Acción de gracias: para el futuro...

a) Ante mí yace el futuro:

–No sé lo que me depara: peligros, persecuciones, tentaciones, pruebas, etc.

–Pero a través de todas ellas, debo dar gracias.

b) Porque fui agradecido en el pasado, porque soy agradecido hoy día, tomaré valor. Dios me cuidará:

–Estoy agradecido por la fe que me ayuda y me fortalece para vivir.

–Estoy agradecido por la fe que tengo en Sus promesas para el futuro: «No se turbe

vuestro corazón...» (Jn. 14:1). «No temáis, manada pequeña, porque a vuestro Padre le ha placido daros el Reino» (Lc. 12:32). «...Pero tened ánimo, yo he vencido al mundo» (Jn. 16:33). «Bástate mi gracia; porque mi poder se perfecciona en la debilidad» (2 Co. 12:9).

CONCLUSIÓN: sí, Él me dará la victoria en todas las cosas. Seguiré adelante en la batalla. Haré todas las cosas en Cristo, quien me fortalece. De manera que:

–La acción de gracias del cristiano siempre triunfa activamente.

–No satisfechos con lo que ha sido, ni con lo que es, sino que con una mirada hacia adelante, anticipamos lo que ha de ser.

–La verdadera acción de gracias es vivir para Dios y prepararse debidamente para encontrarse con Él en el futuro. Demos gracias a Dios.

487. *RAZONES MANIFIESTAS PARA DAR GRACIAS (Salmo 107:8)*

1. Lo que nos rodea:

a) Deberíamos agradecer verdaderamente a Dios por nuestra nación.

–Considerad a todos esos que han hecho esfuerzos para que vivamos en paz y tengamos libertad de adorar y predicar el Evangelio.

–Comparemos nuestra nación con otras y veremos lo bien que vivimos.

b) Deberíamos dar gracias a Dios por tener un hogar cristiano:

–Dios comenzó la raza humana estableciendo un hogar.

–Su perpetuidad depende de su correcto uso.

–Debería tener un lugar sagrado en nuestras vidas y nuestros corazones.

2. Nuestra herencia espiritual:

a) Deberíamos dar gracias a Dios por Su bendita Palabra.

–Pensemos en aquellos países en que está prohibida la tenencia y la lectura de la Biblia.

–Debemos apreciar la Biblia, usarla frecuentemente, seguir sus enseñanzas, amar sus leyes y preceptos, habitar en sus principios y servir al Señor.

b) Deberíamos agradecer al Dios altísimo por la Iglesia: «...Sobre esta roca edificaré mi iglesia; y las puertas del Hades no prevalecerán contra ella». (Mt. 16:18). Ni la infidelidad, ni las ideas políticas contrarias, ni el liberalismo ni todos los incrédulos podrán destruirla.

3. Nuestra salvación:

a) Debemos dar gracias a Dios por la Cruz:

–Nos salva del pecado.

–Da significado a la vida.

b) Deberíamos agradecer a Dios por nuestro hogar futuro, el Cielo:

–El Cielo puede ser algo muy real para nosotros, aun en esta Tierra.

–En el Cielo alabaremos a Dios completa y continuamente.

488. *UN DESAFÍO A LA GRATITUD (Deuteronomio 6:11 y 12)*

INTRODUCCIÓN: Dios desea que el hombre sea agradecido. Moisés, por la gracia de Dios encargó a los israelitas que se acordaran de Su tíos cuando entraran a Canaán.

1. La advertencia:

a) La visión notable de Moisés:

–Vio al Señor dar al pueblo de Israel grandes y divinas bendiciones, espirituales y materiales.

–En su visión, Moisés temió que su gente olvidase que había recibido estas valiosas bendiciones de la mano de Dios.

b) La verdad de Dios nunca es anticuada:

–La advertencia de Moisés hecha mil años antes de Cristo es aún válida y verdadera para nosotros hoy día.

–El texto nos va «como anillo al dedo». En la abundancia de nuestra vida y nuestros bienes, nos hemos olvidado de Dios. Nos hemos acostumbrado tanto a las cosas que Dios nos da, que nos sentimos seguros y nos olvidamos del Dador.

2. La prosperidad y el olvido:

a) Moisés expresa la necesidad de tener mucho cuidado en los tiempos prósperos. Como alguien dijo: «Cuando al final te has hecho demasiado grande, recuerda lo pequeño que fue tu principio».

b) Acordarse de Dios no es difícil si en el proceso deseamos damos a nosotros mismos un segundo lugar. Dios siempre está primero.

3. Oración y práctica:

a) La oración es el requisito previo a la acción de gracias: ¿Cómo podemos estar agradecidos a Dios a menos que expresemos nuestras gracias? ¿Y cómo podemos expresar nuestras gracias si no hablamos con Él?

b) Debemos practicar aquello que oramos: la acción de gracias implica un vivir a tono. A menudo los hombres son como los niños, hacen muchas preguntas y agradecen muy poco.

489. *ALABANZA A DIOS* *(Salmo 145)*

INTRODUCCIÓN: he aquí un gran llamamiento a alabar a Dios. Notemos la alabanza personal de David (vs. 1-2), la alabanza colectiva de los santos (v. 10), y la alabanza universal de toda la humanidad (v. 21). El salmista anticipaba el día cuando la alabanza que llenaba su propio corazón llenaría todo el mundo. Dios es «digno de suprema alabanza».

1. Porque su Grandeza es inescrutable (v. 3): ¿Quién puede asemejarse a él por la «hermosura de la gloria de su magnificencia»? (v. 5).

2. Es Grande en misericordia (v. 8): es Dios perdonador (Is. 43:25, 44:22, 55:7).

3. Es Bueno para con todos (vv. 7-9): da luz y agua a malos tanto como a buenos (Mt. 5:45)

4. Es un Rey sin igual (vv. 11-13): Él es el Rey de los santos (v. 10, Ap. 15:3). Él es Rey de los siglos (v. 13; 1 Ti. 1:17). Es el Rey de gloria (v. 12; Sal. 24:7-10).

5. Es Ayudador de los que caen (v. 14): si tropezamos no nos dejará postrados (Sal. 37:24). Restaurará al alma decaída (Sal. 23:3; He. 12:11-13).

6. Es Cumplidor del deseo de los que le temen (vs. 18-19; Sal. 37:4; Jn. 14:13, 14)

7. Es Guardador de todos los que le aman (v. 20): éstos gozan de su favor especial (Jn. 17:11, 12).

CONCLUSIÓN: de veras, Dios es digno de suprema alabanza (v. 3). ¡Diga cada cristiano: «Cada día te alabaré»! (v. 2).

490. *CONTENTAMIENTO CRISTIANO* *(Filipenses 4:11)*

En todas las circunstancias de la vida, es una virtud de extraordinaria importancia. El apóstol Pablo había sufrido persecución, necesidad, hambre, cómo expresa este mismo pasaje, y a pesar de todo estaba satisfecho...

1. Significado de tal contentamiento:

a) No es insensibilidad en las tribulaciones: el apóstol sentía el aguijón en la carne, los azotes e injurias de los perseguidores, el frío y el hambre, y pedía a Dios que le librara de tales padecimientos, pero al mismo tiempo estaba satisfecho, sabiendo que era la voluntad de Dios que pasara por ellos.

b) No es satisfacción en la suficiencia: «Sé tener abundancia» (v. 12). Hay quienes no saben tenerla, porque al recibir tal bendición ambicionan más, o la malgastan en cosas vanas. Sólo los creyentes conocen el secreto de vivir en la abundancia, libres de avaricia, orgullo y ambición.

c) Es satisfacción con lo poco: tampoco era a veces que se veía obligado a trabajar haciendo tiendas para mantenerse él y sus colaboradores.

d) Es satisfacción en la prueba:

–De la necesidad.

–De la enfermedad.

–De las contrariedades morales.

Pablo decía: «Todo lo puedo en Cristo que me fortalece» (Fil. 4:13).

2. ¿Cómo se adquiere el contentamiento?

a) No lo proporciona el corazón humano.

b) Ni las riquezas, ni altos puestos de honor (1 Ti. 6:9-10).

c) Se obtiene por un cambio de corazón que nos proporciona nuevos deseos.

d) Se acrecienta y aprende por el ejemplo de Cristo, quien por amor a nosotros se hizo pobre siendo rico, padeciendo humillación y sufrimientos porque preveía los gloriosos resultados (Fil. 2:5-10).

3. ¿Cómo se manifiesta?

a) Renunciando a los bienes mundanos por amor a Cristo (ej.: Moisés).

b) Aceptando las consecuencias desagradables que resultan de anunciar a Jesús (Hch. 16:20).

c) Cantando como Pablo y Silas en la cárcel: mostrando un rostro alegre. Salomón dice que el corazón contento tiene como un convite continuo (Pr. 15:15).

d) Esta actitud atrae a los que nos rodean: «Los presos les oían» (Hch. 16:25). El carcelero se convirtió (v. 30). ¿No sería porque les había oído cantar antes de entregarse al sueño?

e) Influye en la salud: «La piedad para todo aprovecha» (1 Ti. 4:8).

491. *EL DEBER DE LA GRATITUD (Lucas 17:11-19)*

INTRODUCCIÓN: la curación de un grupo de leprosos es uno de los grandes milagros de Jesús, no sólo por el gran poder que desplegó, sino por las grandes enseñanzas que contiene. La lepra era una de las grandes plagas que afligía al pueblo judío. Debido a las leyes que ordenó Moisés, eran marginados sociales ya que nadie se podía acercar a ellos ni ellos tener contacto con la gente sana. Si veían a alguien que se acercaba tenían que gritar: «¡Leproso!, ¡leproso!» Aun los familiares que les traían comida tenían que dejarla y retirarse inmediatamente para que el leproso pudiera ir a recogerla. En este caso eran diez, porque el instinto humano es de comunidad, no de aislamiento y en aquel grupo incluso las barreras sociales habían sido derribadas. Recuérdese el caso de la mujer samaritana donde leemos: «Los judíos no se trataban con los samaritanos» (Jn. 4:9). Pero la desgracia une, los enfermos parecen hallar alivio al contar a otros sus molestias. La lepra ha sido considerada muchas veces como un ejemplo del pecado. Veamos sus semejanzas...

1. Afecta a todos los hombres (Ro. 3:23):

a) Es una plaga general de la humanidad: nadie nace santo en un mundo pecador, aun los niños que parecen tan hermosos y cándidos llevan en su naturaleza el egoísmo, picardía y astucia que, al desarrollarse en la edad juvenil, llega a producir los vicios y crímenes más nefastos.

b) Es una enfermedad contagiosa: esto es lo que dicen los marginados sociales y los habitantes de las cárceles, especialmente en esta edad en que se han descubierto nuevos vicios como el de la droga, pero es una enfermedad incurable. Los brillantes hábitos de la educación no la desarraigan. Los gobiernos instalan nuevas universidades procurando paliar el pecado, pero allí se introducen igualmente los vicios sexuales y la drogadicción.

2. Dios ha provisto un remedio eficaz para el pecado (1 Jn. 1:6-10): este remedio es aplicado en individuos y otras veces en grupos (ej.: los despertamientos y de las campañas de nuestros días como las de Billy Graham, Pistonessi, Luis Palau, etc.).

a) En este caso ejemplar la necesidad fue expresada colectivamente (v. 3). Todos ellos clamaron. Asimismo el pecado tiene que ser reconocido y confesado en particular, pero Jesús no les dijo como en el caso de otro leproso: «Quiero, ¡sé limpio!», sino que les ordenó una condición legal: «Mostraos a los sacerdotes». Jesús había dicho: «No he venido a destruir la ley, sino a cumplirla» (Mt. 5:17; y debía hacer honor a su palabra aconsejando el cumplimiento de la ley ceremonial en sus días aunque al presente estemos libres de las leyes mosaicas ordenadas por Dios como un anticipo de su plan de salvación por la fe (*véase* Epístola a los Gálatas y 2 Co. 5:21).

b) No sabemos si él practicó en cada uno de ellos la ceremonia que hizo con el otro leproso a quien tocó para darle prueba de que él no temía la lepra. Es posible que lo hiciera y esto le daría más razón para su queja (v. 18). La condición que les impuso era una pequeña prueba de fe, pues su limpieza no tuvo lugar en el acto mismo. Si les hubiese curado en el acto, todos se habrían mostrado agradecidos, pero Jesús quiso probar su fe. Cada paso que daban era una pequeña prueba, pues probablemente el camino era largo, ya que los apartaban en un despoblado, y al instante que se ven curados uno siente el deber de la gratitud y se dice ante todo y sobre todo es ir y dar las gracias a aquel Maestro de Galilea que tiene tanto poder.

c) Seguramente había grados de lepra en el grupo, pero tanto el que se hallaba en la última fase como aquel que había ingresado hacía pocas horas con sólo una mancha en el rostro, eran leprosos y necesitaban el poder de Dios. Y todos ellos clamaron: «¡Hijo de Dios, ten misericordia!»

3. También el pecado se halla en diferentes grados en la raza humana: lo curioso es que la lepra es una enfermedad que no duele nada al principio y éste es el peligro, cuando aparece en algún lugar invisible cubierta con los vestidos, pues va haciendo poco a poco su obra de destrucción de los tejidos, la carne y los huesos de todo el cuerpo, según dicen los médicos *(anécdota: la rana puesta en agua fría calentada poco a poco).*

El pecador cualquiera que sea su debilidad, se siente bien en el pecado especialmente el de la drogadicción, pero su desenlace es fatal. Lo mejor es reconocerlo y brincar del agua, no solazarse en su tibieza. Dios dice: «Arrepentíos y convertíos para que sean borrados vuestros pecados, sean muchos o pocos».

4. El mostrar gratitud afirma el perdón:

a) Podemos imaginarnos al samaritano que volvió y, según las costumbres de su época, se inclinó ante Jesús con el rostro en tierra diciéndole: «¡Gracias, Señor!» Así deben ser y son los convertidos de veras que honran al Señor con su testimonio. Jesús le dijo: «¡Levántate y prosigue tu camino, tu fe te ha salvado!» (v. 19). Así será si nosotros no nos avergonzamos de nuestra fe, sino que honramos a Cristo con nuestra vida posterior. El samaritano no se dejó influenciar por los nueve compañeros comodones y desagradecidos.

b) El Señor es muy sensible para percibir el amor y la ingratitud. Temamos que no tenga que decir: «¿Dónde está aquel hijo o hija mía a quien perdoné, que me confesó un día pero no se acuerda de mí en su vida?» Antes al revés, la gratitud debe progresar a medida que andamos por el camino del amor y la gratitud. El apóstol Pedro, que un día negó a Cristo, escribe una lista ascendente de virtudes cristianas (2 P. 1:3-10). ¡Qué hermosa es la vida cristiana que va creciendo a medida que se acerca al final! Podemos estar seguros de que el v. 11 se cumplirá cuando cerremos los ojos al mundo físico que nos envuelve y muchas veces nos engaña. Tendremos una visión amplia y abundante del resultado de nuestra gratitud mostrada muchas veces en contra de nuestras dudas. La expresión del apóstol es no sólo «no caeréis jamás», sino «os será administrada una abundante entrada en el Reino eterno».

CONCLUSIÓN: ¿Qué queréis ser, «tizones arrebatados del incendio» (Am. 4:11)? ¿O bien «columnas en el Reino de Dios» (Ap. 3:12)? Allí no hay apariencias engañosas, se es lo que se es *(anécdota: la señora rica y avara que soñó haber estado en el Cielo y se admiraba de que se hubiese destinado para ella una pequeña cabaña y oyó la respuesta: Aquí construimos con el material que se nos envía desde la Tierra).*

¡Que podamos tener por su gracia que quiere obrar y obra en nosotros una abundante entrada en el Reino de los Cielos!

492. *PRIVILEGIOS DE LOS HEREDEROS DE DIOS (1 Pedro 1:1-12)*

INTRODUCCIÓN: las cartas de Pedro, se supone fueron escritas entre el incendio de Roma por Nerón y el martirio del apóstol. La segunda, probablemente desde la cárcel en Roma. La primera está dirigida a extranjeros, no en sentido político, sino espiritual. Alguien ha comparado a los cristianos como herederos ricos en viaje de turista, y a los no creyentes como refugiados sin patria, pues viven con inseguridad, tratando de aferrarse a la vida por no saber lo que les espera más allá de la muerte.

1. ¿Qué ha convertido al refugiado en un turista?

a) La vocación divina: Dios pensó en nosotros antes de que existiéramos y proveyó un plan de salvación (v. 2).

b) Nuestra respuesta: «Obedecer». El llamamiento fue correspondido por nuestra obediencia. No nos eligió para salvarnos contra nuestra voluntad.

c) Por la regeneración: la limpieza ha de producir este fruto, que significa «nuevo nacimiento». No se trata sólo de limpiar, sino de cambiar la naturaleza y gustos a fin de hacernos aptos para el Cielo.

2. Gloriosas seguridades relativas a la herencia:

a) «Por la esperanza viva», confirmada por la resurrección. Muchas veces, Él les había hablado del Cielo (Jn. 14:2, 17:25), pero apenas podían creerlo hasta que le vieron resucitar y

ascender sobre las nubes. Por tal razón, era una esperanza viva, es decir, segura y eficaz; sin resurrección habría sido una esperanza muerta, es decir, insegura. «¡Ojalá –dirían– que fuera verdad lo que nos prometió aquel maestro a quien vimos hacer milagros, pero que lo mataron y no pudo librarse de la muerte!» Estas seguridades incluyen:

b) Herencia incorruptible: es decir, que no puede variar de condición, con dos grandes cualidades inexistentes en el mundo físico: «no puede contaminarse ni marchitarse». Supongamos que no existiese la muerte (esto es, el marchitarse natural), pero existiese la contaminación del pecado; sería penoso vivir en un mundo así por toda la eternidad.

c) Seguridad allí reservada. Jesús dijo: «Voy a preparar un lugar para vosotros». Muchos hoteles son inaccesibles porque están llenos, pero la «Casa del Padre», que es el Universo, tienen muchas habitaciones. La reserva es personal si hemos acudido a Cristo y somos suyos. Es una «herencia», no un alquiler.

d) Seguridad aquí para los guardados: de nada serviría que Dios guardara la habitación si no guardase a sus futuros habitantes o herederos. Cuando Pedro estaba en la cárcel lo guardaban soldados de Herodes para mal; pero había una guardia invisible, más poderosa, para bien, que actuó a tiempo.

e) Cielo y Cielos en los Cielos: un estudio interesante de la palabra «Cielo», y «Cielos», en plural, se observa en Ef. 3:10. Sugiere la idea de que el Cielo puede ser la Jerusalén Celestial, casa de reunión de los herederos, bastante grande a juzgar por Ap. 21:16 (pues son 2.160 km en cubo), capaz para muchos billones de habitantes si el cuerpo futuro de gloria es de un tamaño humano (v. 17 de Ap. 21). Podríamos llamarlo el centro místico para grandes reuniones; pero los cristianos somos llamados a glorificar a Dios en «los Cielos», el infinito Universo de Dios.

3. La posición actual y futura de los herederos (v. 5): Dios mismo guarda nuestra fe, a pesar de todos los embates del enemigo (Lc. 22:32). El Señor continúa rogando por nosotros (He. 7:25).

4. La aflicción como medio de aumentar el valor de la herencia (v. 7): nosotros no comprendemos por qué sufrimos, pero el apóstol nos asegura que Dios no nos hace sufrir sin necesidad. Ante tal perspectiva el dolor pierde gran parte de su fiereza...

a) Porque es breve (v. 66): todo lo de este siglo lo es, comparado con la eternidad.

b) No es en vano (Lm. 3:33).

c) Producirá alabanza, honra y gloria (Jn. 12:24 y 25): «Bendita cruz», decían los místicos, buscando el sufrimiento; pero no debemos buscarlo, sino aceptarlo. Cuando Dios tiene a bien enviarlo.

5. La ausencia como medio de valorar mejor al amado y a la herencia (v. 8): la novia esperando a su amado. Varios refranes ilustran esta idea: «La ausencia aumenta el cariño», «Cosa privada, es deseada», «El amor traspasa tiempo y espacio».

6. Nuestro privilegio, superior al de Patriarcas y ángeles (vv. 10-12): el valor de una cosa se aprecia por sus admiradores (ej.: una joya o un palacio). El apóstol declara:

a) Los profetas del pasado, intrigados por tal maravilla: podemos pensar en el asombro de Isaías cuando Dios le reveló el contenido de su cap. 53, de David cuando Dios le inspiró los grandes salmos –referentes al Milenio– 60, 62, 65 y 66. Ellos sabían poco de los planes de Dios para la eternidad. Y sólo pensaban: «¡Qué suerte la de los que vivirán en la era del Mesías, mi descendiente». No podían imaginar el insondable misterio de la encarnación.

b) Los seres del presente, admirados: éstos son los ángeles. Nótese que la frase está en presente; así era en días de Pablo y así es hoy, pues para ellos mil años son como un día. Los ángeles quisieran hallarse en nuestro lugar; no por lo bueno que sea este mundo, sino por el privilegio que es servir a Dios aquí y ser herederos allá.

CONCLUSIÓN: ¿Cómo podremos entristecernos ante tal perspectiva, sean cuales sean nuestras circunstancias en la vida o en la muerte?

493. *EL MAESTRO NOS CAPACITA*

«De cierto, de cierto os digo: El que en mí cree, las obras que yo hago, él las hará también; y aun mayores hará, porque yo voy al Padre» (Jn. 14:12).

INTRODUCCIÓN: sería vano todo el esfuerzo de Jesús si sus discípulos no aprendiésemos a hacer grandes cosas por medio de él. Sin una queja Anne Sullivan abandonó este mundo en 1936; días antes alguien se le acerco para decirle: «Tienes que mejorar. Sin ti, Elena no sería nada». A esto, tristemente contestó Anne: «Eso significaría que yo he fallado». Porque su aspiración era que Elena fuese capaz de hacer grandes cosas sin ella. El mundo admira hoy a esta discípula sordomuda llamada Elena Keller, que ha sabido hacer grandes cosas. De igual manera, los seguidores de Cristo estamos llamados a hacer grandes cosas...

1. Jesús nos ha dejado solos:
a) Pero tenemos su Espíritu.
b) Tenemos también su Revelación.
c) Podemos, asimismo, percibir su voluntad.

2. Las obras que Él espera de quienes le siguen:
a) Perfección en el carácter cristiano.
b) Formación del ideal cristiano.
c) Realización del servicio cristiano.

3. En estas obras hay un reto de superación:
a) A la obediencia del Maestro.
b) A la relación con su ejemplo.
c) A la fe en él: «El que en mí cree».

4. Cómo es que el Maestro nos capacita?
a) Por su inspiración.
b) Por su intercesión.
c) Por su iluminación.

494. *JESÚS QUIERE SEGUIDORES CUALIFICADOS*

«Y llamando a la gente y a sus discípulos, les dijo: Si alguno quiere venir en pos de mí, niéguese a sí mismo, y tome su cruz, y sígame» (Mr. 8:34).

INTRODUCCIÓN: antes de entregarse a cualquier empresa, los hombres reflexionamos ante las condiciones que se nos presentan. Nuestro Señor Jesucristo tiene sus condiciones absolutas para quienes deseen medir su capacidad en el discipulado. Consideremos las siguientes:

1. Precedencia absoluta:
a) Antes que los familiares.
b) Antes que los amigos.
c) Antes que los asociados.

2. Negación de sí mismo por completo:
a) De los beneficios propios.
b) De los deseos contrarios a la voluntad de Cristo.
c) De todos los egoísmos.

3. Acción inmediata: «¡Sígueme!»
a) Por medio de la obediencia.
b) Por medio de la sumisión.
c) Por medio de la disciplina.

495. *LOS QUE HONRAN A DIOS*

«Y respondiendo él les dijo: Hipócritas, bien profetizó de vosotros Isaías, como está escrito: Este pueblo de labios me honra, más su corazón está lejos de mí» (Mr. 7:6, 7).

INTRODUCCIÓN: aquí nuestro Señor habla con mucha franqueza a los fariseos; les habla severamente. Hay quienes piensan que estos términos fueron solamente para los fariseos, y dicen: «Cuán cierto es de ellos». Valdría la pena preguntar: «¿Cuán cierto es esto de nosotros?» «¿Seré yo?» Debemos cuidarnos de no caer en el fariseísmo. Hagamos propia la promesa de 1 S. 2:30: «Porque yo honraré a los que me honran, y los que me desprecian serán tenidos en poco».

1. ¿Cómo le honraremos?
a) Acercándonos a él constantemente en adoración.
b) Viviendo más que hablando: «Tus hechos no me dejan oír lo que dices».
c) Dando a conocer su Palabra.

2. ¿Cuándo le honraremos?
a) Cuando vienen tribulaciones.

b) Cuando obtenemos triunfos.
c) Cada momento de la vida.

3. ¿Dónde le honraremos?
a) En el hogar.
b) En el trabajo.
c) En las relaciones sociales.
d) En todo lugar.

496. *CUATRO RUEGOS (Salmo 28:9)*

Este versículo representa un permanente motivo de oración para padres, pastores y toda otra clase de líderes del pueblo de Dios. Es una petición que abarca cuatro puntos, e incluye todo un programa de éxito y prosperidad para aquellos por los que se intercede. Es un buen texto para felicitar a algún grupo de cristianos con los que tenemos simpatía y un permanente tema para exponer en reuniones de oración. Hagamos, pues, del ruego del salmista no sólo un asunto de meditación, sino de oración práctica...

1. Salva a tu pueblo: entre los cristianos genuinos, está comprendido que este vocablo no se refiere a la salvación del pecado v a su suerte eterna que está ya asegurada por las promesas de Cristo; sin embargo, a pesar de estar salvos de la maldición de la Ley, no hay ningún creyente verdadero que no se halle en peligro de algún mal del que debe ser salvado. Dudas, desconfianza, tibieza, frialdad, pereza, en la lectura de la Palabra de Dios y en todas las prácticas edificantes de la fe, están a la orden del día en los que hemos creído en Jesús para salvación. Cuando Jesús nos enseñó en el Padrenuestro a pedir, «líbranos del mal», no nos enseñó a implorar de Dios la exención de males físicos o accidentes a los cuales estamos expuestos como seres humanos, sino que el significado de la palabra que Jesús empleó se refiere más bien al causante del mal, «al malo», y así lo traducen muchas biblias; no se trata de un seguro contra accidentes, sino de un seguro en contra de los designios del autor de tales accidentes que puede provocarlos, como lo hizo con Job, con la permisión divina, para un propósito más alto. Significa, pues, «líbranos» de que se cumplan los propósitos del enemigo, que puede transformarse tanto en ángel de luz como en león rugiente.

2. Bendice a tu heredad:

a) La palabra «bendice» se usa la mayor parte de las veces en sentido pasivo, significando decir bien pero cuando la petición se dirige a Dios, expresa más que el significado de «hablar», pues cuando Dios habla sus palabras se transforman en acciones (Gn. 1:3, 6, 9, 11, 14, 20-24, 26-29).

b) «Tu heredad»: cuando la petición tiene un objeto significa bendícelo, cólmalo de tus beneficios, por cuanto se halla necesitado de auxilio, de protección y de fortaleza.

c) «Tu heredad»: significa posesión legal, propiedad permanente. Este título fue aplicado por Dios mismo muchas veces al pueblo de Israel, pero con más propiedad pertenece al «Israel de Dios» que ha sido adquirido y librado del enemigo no tan sólo por unos juicios en contra del adversario como lo fue Israel contra Faraón, sino por el precio de la sangre del Cordero de Dios (1 P. 1:18-20 y cap. 29).

3. Pastoréalos: David mismo, que había sido pastor, se consideraba ahora como el pastor de Israel, pero reconoce su nulidad suplicando al Omnipotente que sea el verdadero pastor que guíe, alimente y proteja al rebaño como había hecho con él individualmente (Sal. 23), ya que se trataba a veces de un pueblo obstinado y difícil de gobernar. ¿No sienten hoy muchas veces los pastores de las iglesias la necesidad de elevar la misma oración al «Príncipe de los Pastores»?

4. Ensálzalos para siempre: éste es el objetivo principal de la petición. No hay verdadero ensalzamiento presente ni futuro si no es procedente de Dios.

497. *DEBER CRISTIANO DEL SOSTÉN MINISTERIAL (1 Timoteo 5:18)*

INTRODUCCIÓN: el apóstol Pablo fue un constante fundador de iglesias y su ejemplo ha sido notable en todos los tiempos como enseñanza y estímulo de administración eclesiástica. Debemos tener en cuenta que Jesús no instituyó ninguna jerarquía eclesiástica como la del antiguo

Pacto, sino que se limitó a decir: «Donde están dos o tres reunidos en mi nombre, allí estoy yo en medio de ellos» (Mt. 18:20), y ello permite iniciar la obra permanente para el Señor en cualquier lugar y circunstancia alrededor del mundo. Pero cuando un grupo de creyentes aumenta es necesaria una organización. Pablo nombraba ancianos en todos los grupos, que cuidaban de la obra, al lado de sus propias ocupaciones. Pero más tarde, en iglesias como Éfeso, Colosas y otras sintió la necesidad de poner un servidor de Dios que ministrara a los creyentes de acuerdo con los ancianos, dedicando a ello todo su tiempo. Algunos de éstos, como Timoteo y Tito, ministraban varias congregaciones y necesitaban un sostenimiento material completo.

1. Nótese que la instrucción está fundada:

a) En una orden de Dios del Antiguo Testamento (Dt. 25:4).

b) De un mandato de Jesucristo (1 Co. 9:14): seguramente se trataba de las instrucciones de Jesús cuando envió a sus discípulos de ciudad en ciudad (Mr. 6: 10; Mt. 10: 10).

2. Observemos los ejemplos con que ilustra este deber cristiano:

a) El soldado (v. 7): los ejércitos siempre los han formado grupos de personas dedicadas a un fin, hacer respetar la voluntad de un soberano. Muchos de éstos han sido indignos, pero los soldados de Cristo pelean en favor del Soberano, autor de cielos y tierra y de nuestras vidas.

b) El viñador (v. 7): el servidor de Dios es un cultivador de almas buscando promover frutos morales de sabiduría divina, amor, paz y gozo en el Espíritu Santo. Cuando un servidor de Dios educa bien a una congregación, tales frutos han de producirse y dar como consecuencia generosidad en favor del cultivador.

c) El pastor (v. 7): Dios es el supremo pastor (Sal. 23) pero tiene muchos ayudantes.

d) El buey: no le pondrás bozal. Habría sido una crueldad por parte del labrador que el buey trabajara en trillar y no pudiera comer. Pablo aplica el ejemplo a los servidores de Dios que preparan comida espiritual (1 Ti. 5:11).

5. Los sacerdotes y levitas (*véase* Nm. 18:8; Dt. 18:1). Cierto que se trata del antiguo Pacto, pero para todo lo que es justo los preceptos del Antiguo, trascienden al Nuevo Testamento, como el pago del diezmo (*véase* Lc. 11:42).

CONCLUSIÓN: el apóstol lo resume con la frase: «Digno es el obrero de su jornal» (1 Ti. 5:18), pero es necesario que el obrero se sienta a cada momento, cada día y cada hora, un servidor en Dios en favor de sus hermanos, no un dignatario nombrado para ocupar un cargo clerical, y que se sienta responsable ante el Señor de todas las horas, tanto o más que si trabajara bajo el control de un semejante suyo, y mucho más si tenemos en cuenta que de la mirada del Señor no podemos ocultarnos, ni podemos engañarle.

498. *EL PREDICADOR IDEAL (Lucas 4)*

El cap. 4 de Lucas relata los discursos del Señor en las sinagogas de Nazaret y Capernaúm, y revela algunas características de su modo de predicar. Vemos que...

1. Habló palabras de gracia (v. 22): el Señor estaba lleno de gracia y verdad (Jn. 1:14), y había venido para hablar de la gracia de Dios (vv. 18, 19). Las palabras de gracia siempre cautivan, pero no siempre convierten a los oyentes. Los de Nazaret se maravillaron, pero no manifestaron fe.

2. Habló palabras de verdad (v. 25): a los que no quieren responder a la gracia de Dios, el predicador debe hablar palabras de solemne verdad. Nunca debe halagar la vanidad de sus oyentes, sino entregarles fielmente todo el mensaje de Dios (Hch. 20:20-27; 1 Ts. 2:45; Jer. 23:28-29; 2 Ti. 4:1-3).

3. Habló palabras de convicción (v. 28): las palabras del predicador deben despertar una reacción en los corazones de los que oyen, o de ira y oposición, o de fe y obediencia. Algunos estarán convencidos de su maldad pero rechazarán la salvación (Mr. 16:15-16; Jn. 3:19-20; 2 Co. 2:14-16).

4. Habló palabras de potestad (v. 32): cuando el predicador realmente está ungido del Espíritu (v. 18), su predicación será «con demostración del Espíritu y de poder», (1 Co. 2:4). Cuando el espíritu demuestra el poder del Evan-

gelio en la vida del predicador mismo (1 Ts. 1:5), la palabra de éste tendrá potencia para echar la incredulidad y engendrar fe en los oyentes.

5. Habló palabras de autoridad (v. 36): mientras estuvo en el mundo el Señor habló con autoridad, derivada de una autoridad superior (*véase* Mt. 8:8, 9; Jn. 7:16, 8:26-28, 12:49, 17:8, 14). El predicador verdadero también ha recibido autoridad de Dios para anunciar su palabra, y su palabra solamente (Mt. 28:18-20; 2 Co. 4:13; Ef. 3:6-9). Prediquemos la Palabra autorizada de Dios (2 Ti. 4:1-2).

499. *LA ADORACIÓN Y LA FAMILIA*

«El estableció testimonio en Jacob, y puso ley en Israel; la cual mandó a nuestros padres que la notificasen a sus hijos» (Sal. 78:5).

INTRODUCCIÓN: el primer deber del hombre no es precisamente adquirir alimentos, vestido y demás cosas, ni tampoco predicar o hacer obra misionera: lo primero es buscar primeramente el Reino de Dios y su justicia, a fin de rendirle la adoración que él merece; después lo demás viene «por añadidura».

1. Exhortaciones divinas a la adoración (1 Cr. 16:29; Sal. 29:2; 95:1-6)

2. Algunos elementos de la adoración:

a) La Palabra de Dios (Lectura del A.T. y del N.T.).

b) Himnos y salmos (Sal. 35:18; Ef. 5:19).

c) Oraciones, ofrendas, etc.

3. La obligación de los padres en la adoración:

a) Para con los hijos (Pr. 22:6).

b) En el hogar (Dt. 6:7).

–La madre lo hacia (Pr. 31:1).

–El padre lo hacía (Pr. 6:20; Éx. 12:26, 27).

4. ¿Dónde aprendió Jesús? ¿Pablo? ¿Timoteo?

a) En el camino y donde quiera (Dt. 6:7-9).

b) Los hebreos lo hicieron.

c) Los cristianos también.

d) La iglesia de Jerusalén se reunía en casa de María para adorar a Dios (Hch. 12:12).

e) La iglesia de Filipo se reunía en casa de Lidia (Hch. 16:40).

f) En Éfeso, en la casa de Aquila y Priscila (1 Co. 16:19).

g) Más tarde en Roma (Ro. 16:5). Y de la misma manera había una iglesia que se reunía en la casa de Filemón (Fil. 2).

CONCLUSIÓN: tres personas somos las responsables de la educación espiritual de nuestros hijos...

–El padre de familia.

–El pastor de la iglesia.

–Los maestros de los diferentes departamentos de la iglesia.

Cada uno debe procurar conducirlos al Señor Jesús.

500. *MARÍA*
(Juan 19:25-27)

INTRODUCCIÓN: consideremos el gran amor de la madre con respecto a la madre de Jesús...

1. María, la madre de Jesús:

a) Escogida por Dios (Lc. 1:27-38).

b) Protección y cuidado en los primeros años de su vida.

c) Presenció su muerte en la cruz.

d) Estaba cerca de la cruz:

–Demostraba afección y ternura.

–Durante la aflicción, la gracia divina la sostuvo; no estuvo histérica como muchas mujeres en condiciones semejantes.

2. Ustedes, madres de hoy, ¿qué clase de amor tienen? La responsabilidad de las madres para con los dirigentes de hoy. Piensen si la madre de Hitler o de Stalin hubieran sido cristianas...

a) La condición espiritual (Ef. 6:4; 2 Ti. 3:15).

b) Su actitud, cuando sus hijos estén sufriendo aflicciones, aun la muerte.

c) ¿Son salvos sus hijos?

d) ¿Qué actitud tienen sus hijos para con ustedes, madres?

3 El amor de un hijo hacia su madre:

a) El cuidado con que Cristo piensa en su madre:

–En sus sufrimientos, no se olvidó de las necesidades de su madre.

–La llama para aceptar a Juan como su propio hijo: confianza en su discípulo.

b) La enseñanza de esto a los hijos de hoy:

–Deben ser obedientes (Ef. 6:1-3).

–Deben proveer para sus padres ancianos.

–Deben recordar el amor de la madre cuando estén fuera de la casa.

CONCLUSIÓN: madres, ¿tienen ustedes gratitud a Jesús porque Él ha elevado el estado de la maternidad? Hijos, obedeced a vuestras madres, y de este modo cumplid el mandamiento de Dios.

501. *ADVERTENCIAS SOBRE LOS PELIGROS QUE AMENAZAN ARRUINAR EL HOGAR* *(Génesis 27:30-35)*

1. Los hogares son arruinados por el engaño (Gn. 27:30-35).

a) Engaños que causan una impresión errónea.

b) Engaños que arrastran a otros.

c) Engaños que arrastran a otros contrariamente a sus deseos.

d) Engaños que aseguran un buen fin por medio de métodos erróneos.

e) Engaños que traen desengaños.

f) Engaños que rompen o sacuden la confianza.

g) Engaños que causan penas.

h) Engaños que causan amargura.

i) Engaños que son hechos para ganar ventaja.

2. Los hogares son arruinados por el divorcio, que es contrario a las Escrituras (Mt. 5:31, 32).

3. Los hogares son arruinados por la codicia (Lc. 12:13-15):

a) La codicia que piensa solamente en el yo.

b) La codicia que sólo busca acumular bienes materiales.

c) La codicia que no sabe compartir con los demás.

d) La codicia que es egoísta y nunca piensa en la necesidad ajena.

e) La codicia que se aferra a un mundo material.

f) La codicia que desea las cosas para sí, y no para Dios.

g) La codicia que usa a los demás de forma equivocada.

h) La codicia que fue tan reprendida por el Señor Jesús.

i) La codicia que engaña y lleva al engaño.

j) La codicia que arruina la verdadera relación familiar *(anécdota: un hombre bajito quería clavar un clavo en una pared para colgar un gran cuadro. Se subió a una silla, pero no alcanzaba la altura suficiente. Su esposa puso una caja de cartón encima de la silla, pero como aún no era suficiente, añadió otra caja. Entonces el hombre, balanceándose sobre toda esa pila, comenzó a dar algunos golpes inciertos al clavo con su martillo. Su esposa le preguntó: «¿Por qué no le das uno o dos buenos golpes y lo colocas?» A lo que él contestó: «¿Cómo puede un hombre dar uno o dos buenos golpes cuando se encuentra sobre una base como ésta?» Se necesita una base muy firme para poder dar golpes fuertes. Sólo aquellos que están afirmados sobre una base sólida pueden dar verdaderos golpes fuertes).*

CONCLUSIÓN: «¿No es cierto que ésta es la razón para tanta predicación ineficaz en estos tiempos? El Dr. Forsyth solía decir que los antiguos profetas decían «Aquí estoy yo», mientras que los modernos dicen «¿Dónde estoy yo?» Cualquier duda o desvío de nuestra Santa Fe dada por la Palabra de Dios nos llevará a dar golpes dudosos. Si un maestro o un predicador tienen cualquier duda acerca de Dios, la Biblia, la experiencia personal o la seguridad de la salvación, sus golpes serán ligeros e insatisfactorios» *(adaptado de R. Lee).*

«Te invoco a Ti, mi Dios, mi Misericordia, que me hiciste, y no te olvidas de mí, aunque yo muchas veces me olvido de Ti. Te invoco a Ti de corazón, que has inspirado los deseos de mí alma para que te reciban» *(San Agustín).*

«Cuando en nuestros corazones arde el genuino deseo de que Dios sea el principio y el fin, la razón y el motivo, la regla y la medida de lo que hacemos o lo que no hacemos desde la mañana a la noche, entonces y en todo lugar, tanto si hablamos o guardamos silencio, estamos ofreciendo todo nuestro ser al Espíritu eterno. Nuestra vida viene de Él y es para Él, y estamos unidos a Él por aquel Espíritu de oración que es el consuelo, el sostén, la fortaleza y la seguridad del alma, viajando, con la ayuda de Dios, a través de la vanidad del tiempo hacia las riquezas de la eternidad» *(William Law).*

502. *ELEMENTOS ESENCIALES DE UN HOGAR CRISTIANO* *(Josué 24:14, 15)*

1. Madres con antecedentes familiares cristianos (Éx. 2:1).

2. Madres que saben valorar los hijos que Dios les dio (Éx. 2:2).

3. Madres con un carácter que agrada a Dios (Éx. 2:2, 3).

4. Madres que obedecen a Dios antes que a los hombres (2:2, 3).

5. Madres que confían sus hijos al cuidado de Dios (Éx. 2:4).

6. Padres que tienen valor en sus convicciones (Jos. 24:14, 15).

7. Padres que dan testimonio público de Dios (Jos. 24:14, 15).

8. Padres que tienen una posición firme ante el pecado (Jos. 24:14).

9. Padres que inclinan las decisiones hacia Dios (Jos. 24:15).

10. Padres que dedican su hogar y su familia a Dios (Jos. 24:15).

11. Padres que guían a su familia en los caminos de Dios (Jos. 24:15).

12. Padres que pueden levantarse con valor por la causa de Dios (Jos. 24:15).

13. Padres que no se comprometen con el mundo ni con nada que vaya contra Dios (Jos. 24:15).

14. Padres que sirven a Dios (Jos. 24:15).

15. Padres que aprecian las bendiciones de Dios (Jos. 24:14, 15).

16. Maridos que aman a sus esposas (Ef. 5:28).

17. Maridos que proveen para sus hogares (Ef. 5 :29).

18. Maridos que protegen a sus esposas (Ef. 5:29).

19. Maridos que estiman debidamente a sus esposas (Ef. 5:30).

20. Maridos que están unidos de forma inseparable con sus esposas (Ef. 5:31).

21. Maridos que aman a sus esposas (Ef. 5:31).

22. Maridos que son leales a sus esposas (Ef. 5:31).

23. Hijos obedientes a los padres (Ef. 6:1).

24. Hijos que honran a sus padres (Ef. 6: 2, 3).

25. Hijos que son criados y amonestados de acuerdo a la Palabra de Dios (Ef. 6:4).

503. *LA EDUCACIÓN DE LOS HIJOS A LA LUZ DE LA PALABRA (Deuteronomio 6:4-9, 20:25)*

1. Los hogares tiene necesidad de esta clase de educación (Dt. 6:4-9):

a) Hogares donde Dios es debidamente reconocido.

b) Hogares donde se ama a Dios.

c) Hogares donde se honra la Palabra de Dios.

d) Hogares donde se enseña la Palabra de Dios.

e) Hogares donde se practica la Palabra de Dios.

f) Hogares donde se testifica públicamente la Palabra de Dios.

2. Los padres necesitan de esta educación (Dt. 6:20-25):

a) Padres que perpetúan la verdad de Dios.

b) Padres que estudian y entienden su Biblia.

c) Padres que pueden testificar de las maravillosas obras de Dios.

d) Padres que creen en el valor de la obediencia a Dios.

e) Padres que explican a sus hijos el valor de la obediencia a Dios.

EVANGELIZACIÓN

- Avivamiento
- Salvación y Gracia
- Conversión
- Arrepentimiento
- Misiones
- Fe
- Evangelización
- Salud espiritual
- Perdón

504. *«JESHIMON»*
(Números 21:18-20; Deuteronomio 34:1-3)

INTRODUCCIÓN: los textos que acabamos de leer nos procuran una lección viva, terrible, por el contraste que ponen ante nosotros entre dos miradas, iguales pero distintas, del pueblo de Israel y su noble guiador, Moisés, en los días de su peregrinación hacia la tierra prometida. Consideremos, primero, al pueblo mirando desde su altura del monte a la tierra que se extiende ante sus ojos. Han descansado por un tiempo en el hermoso oasis del Pozo del Vidente, gozando las perspectivas de un paisaje al fin del cual, en la línea del horizonte se perfila el monte Pisga, al otro lado del cual, ya cerca, se halla la patria que Dios les destinó de antiguo: una tierra que fluye leche y miel, por sus rebaños y sus abejas. La bandera del campamento se ha puesto en marcha en ansias de altura. Todo el pueblo la sigue. Es penosa la ascensión, pero al fin de la escalada verán sus ojos la gloria de una mañana feliz, y con esfuerzo y sudor ascienden llenos de esperanza. Han llegado a la cumbre y miran. Más, ¿qué ven? Jeshimon, es decir, el desierto de nuevo, la triste estepa otra vez.

Olvidémosles por un minuto para pensar en Moisés, ayudados por los textos leídos en segundo lugar. Obediente a la llamada de su Señor, el siervo escala con trabajo la alta montaña. Ya llegó. Ya está mirando. Y, ¿qué ve? Las glorias soñadas, esperadas, deseadas por cuarenta largos y penosos años. ¿Cuál será la razón de la distinta visión? ¿Por qué Israel vio el desierto y Moisés las hermosas vegas?

Porque el pueblo miró cerca y bajo, mientras su legislador miraba lejos y alto, simplemente por eso. Israel sin fe, Moisés con fe y he ahí la lección en esencia para nosotros. Pero, pasemos a estudiarla más atentamente y al detalle...

1. Mirando sin fe a las promesas de Dios: así miraron los pueblos de la Tierra y miran hoy las naciones a Dios, a su Palabra colmada de amonestación y promesa. Por esto, cuando desean alegrar sus ojos con la visión de la Paz, ven ante si de nuevo, como ayer, como siempre, el desierto sin promesas de descanso y progreso verdadero. Los pueblos miran bajo, a sus posesiones, sus ejércitos, sus sabios, y miran cerca, a sus pies, a su día presente, no hacia la altura de Dios y al mañana con Él. «Sin visión, el pueblo perece», dice la Santa Escritura. Y no hay más visión que el paisaje falaz del desierto para los pueblos que no alzan su mirada al Cielo. Por esto, precisamente, al fin de una terrible guerra como la Segunda Guerra Mundial, los estadistas sueñan como si fuese la última, para resultar en la preparación de otra. Solamente la fe en Dios traspasará la horrible montaña, pero el hombre mira ante sí, no hacia el Todopoderoso.

2. El mirar sin fe de los cristianos, sin verdadera comunión con Dios: es vivir una experiencia triste. «Yo pensaba -dicen- que aceptar a Cristo sería la paz perpetua, el gozo continuado y la victoria para siempre. En vez de esto veo que la prueba me rodea de continuo y al enemigo acorralando a mi alma». De ahí las vidas desmayadas, las manos inactivas y las congregaciones sin progreso. Mirar bajo y cerca es ver a Jeshimon. Cuando se mira alto, a las promesas de Dios, puede verse la línea de plata del Jordán y cerca ya, la Ciudad de las Palmas, es decir, el gozo de la victoria segura un día. Porque no miramos lejos, al triunfo del Reino de los Cielos, no podemos gozar la visión de las almas salvas redimidas por la potencia de Dios, el Señor que ha de ganar la última batalla.

3. La mirada que ve la paz: Moisés pudo ver el cumplimiento de las promesas de Dios y durmió en los brazos de su Señor, gozoso por haber conducido a Israel hasta la frontera de la tierra prometida. Porque no miró con la mente, sino con la mirada del espíritu en el Espíritu de Dios. Cuando Cristo desde lo alto de su cruz lanzó su grito de victoria: «¡Consumado es!», fue su exclamación como si hubiese dicho: «¡Veo la victoria en Dios!». Mirando como él, los cristianos veríamos a los millones salvos por la promesa y el poder del que lo ha prometido *(anécdota: en el libro de El Peregrino, Prudencia pregunta a Cristiano:*

–¿Qué te libró de desmayar en el camino hacia la Casa Hermosa?

Y él le responde:

–Lo que vi en la Cruz, lo que vi en mi túnica hermosa y lo que leí en el rollo escrito que guardo en mi pecho.

Cuando Cristiano y Esperanza llegan a las Montañas de Delicias, tras las pasadas dificultades, gozan la visión de las Puertas de Oro de

la Celestial Sión, pero no antes. Primero la lucha, luego la corona; sin cruz no hay corona, ni para Cristo).

Tras los días de guerra se gozan los días de la paz. La primavera es tan hermosa porque viene después del invierno. Los conflictos, las pruebas, son invitaciones a la escalada por la providencia divina, para que, luego gocemos de la radiante visión de la paz de mañana.

CONCLUSIÓN: hoy, ante nosotros, está el deber de la siembra y de la lucha, del trabajo duro y la ruda batalla de fe. Pero si alzamos los ojos, si los fijamos más allá... lejos... fiando en Dios, veremos que su índice señala a la cosecha de doradas espigas y a los laureles de una gloriosa victoria. El desierto está, sí, todavía, ante nosotros; pero ya cerca, un poquito más allá, ¿no vemos brillar el hilo de plata del Jordán, tipo de nuestra consagración a Dios; y más allá, la ciudad de las palmas cuyos muros caerán a nuestro grito de fe, y más allá a los cananeos vencidos? ¿No es ésta la promesa de Dios? ¿O es que él puede equivocarse cuando nos promete la victoria si solamente le permitimos que dirija nuestras batallas? ¡Adelante!, pues que «los carros del Señor son veinte mil, y más millares de ángeles; el Señor en medio de ellos. como en el Sinaí», como dice en su Palabra Santa. No miremos cerca, a nosotros y a lo que ven los ojos del hombre: veamos más alto y más lejos, a Jehová de los Ejércitos, al Señor sentado sobre un trono alto y sublime, alabado por los querubines que le celebran con su «¡Santo, Santo, Santo, Jehová de los Ejércitos. Toda la Tierra está llena de su gloria!». Esta visión fue para Isaías la seguridad de la victoria y el grito de llamada a seguir luchando y testificando. Su «¡Heme aquí; envíame a mí!» sean hechos nuestros en este día. Amén.

505. *INDICACIONES DE UN VERDADERO AVIVAMIENTO (Ezequiel 37:7)*

1. la declaración de la verdad: «Profeticé, pues, como me fue mandado».

2. El efecto producido: «Y hubo un ruido».

3. El efecto se hace visible: «E inmediatamente una conmoción».

4. El efecto visible toma una forma particular: «Y los huesos se juntaron».

5. El Espíritu Santo se manifiesta, y se da la vida (Ez. 37:9, 10).

506. *VIDA O MUERTE*

«Mira, yo he puesto delante de ti hoy la vida y el bien, la muerte y el mal» (Dt. 30:15).

1. la mente carnal es...

a) Culpable: «El que cree en él, no es condenado; pero el que no cree, ya ha sido condenado, porque no ha creído en el nombre del unigénito Hijo de Dios. Y ésta es la condenación; que la luz vino al mundo, y los hombres amaron más las tinieblas que la luz, porque sus obras eran malas». (Jn. 3:18, 19).

b) Un cautivo: «Porque sabemos que la ley es espiritual; mas yo soy carnal, vendido al poder del pecado... Pero veo otra ley en mis miembros, que hace guerra contra la ley de mi mente, y que me lleva cautivo a la ley del pecado que está en mis miembros». (Ro. 7:14, 23).

c) Condenado a la muerte: «Entonces la concupiscencia, después que ha concebido, da a luz el pecado; y cuando el pecado es consumado, produce la muerte». (Stg. 1:15).

2. El hombre espiritual tiene...

a) Perdón: «Y a vosotros, estando muertos en pecados y en la incircuncisión de vuestra carne, os dio vida juntamente con él, tras habernos concedido el perdón de todos los delitos» (Col. 2:13).

b) Libertad: «Ahora, pues, ninguna condenación hay para los que están en Cristo Jesús, los que no están andando conforme a la carne, sino conforme al Espíritu». (Ro. 8:1).

c) Vida eterna: «De cierto, de cierto os digo: El que oye mi palabra, y cree al que me envió, tiene vida eterna; y no vendrá a condenación, sino que ha pasado de muerte a vida». (Jn. 5:24).

3. El castigo de aquellos que perseveran en el pecado es...

a) Seguro (Jer. 8:12, 13; He. 2:2-4).

b) Repentino (Is. 30:13; 47:11; 29:5, 6).

c) Temible (Is. 28:17, 18; He. 10:28-31).

d) Sin remedio (2 Cr. 36:16; Ap. 22:11).

507. *¿CUÁL ES SU DESTINO?*

«Porque yo ya estoy siendo derramado, y el tiempo de mi partida es inminente» (2 Ti. 4:6).

La Biblia habla acerca de la muerte y el cristiano piensa sobre ella, no como un final, sino como una partida. Aquí el Apóstol Pablo se da cuenta de que estaba yendo hacia su destino eterno, así como antes en sus viajes misioneros se dirigía a alguna ciudad terrenal. La palabra «partida» también se usa en Lc. 9:31, y significa «éxodo». Considerad pues..

1. El destino eterno.
a) Del cristiano: el Cielo.
b) Del incrédulo: el infierno.

2. La preparación necesaria:
a) Para el cristiano:
–Arrepentimiento y fe (Jn. 3:16; Hch. 2:38).
–Pureza de corazón, o santidad (Mt. 5:8; He. 12:14).
–Obediencia continua (Ro. 2:7).
b) Para el incrédulo: no se necesita ninguna preparación. La gente, por naturaleza, se dirige directamente al infierno; siguen a la multitud que va por el camino ancho. Están perdidos porque no han aceptado a Cristo como su Salvador.

3. Ganancia o pérdida:
a) Para el cristiano: ganancia (Fil. 1:21-23).
b) Para el incrédulo: pérdida (Lc. 12:20).

4. El tiempo que queda:
a) Nadie de nosotros lo sabe (Stg. 4:13, 14; Pr. 27:1).
b) Es una cita divina (He. 9:27).
c) Esta incertidumbre demanda una decisión inmediata (He. 3:7, 8).
¿Cuál es su destino?

508. *VIGILANDO LA LLAMA EN EL CORAZÓN*

«No apaguéis el Espíritu» (1 Ts. 5:19).

INTRODUCCIÓN: el fuego es uno de los símbolos usados para el Espíritu Santo. En este texto se sugiere el pensamiento del fuego, para enseñar que puede apagarse o ahogarse.

1. El Espíritu puede apagarse...
a) De manera negativa por no:
–Leer la Biblia.
–Importarle las cosas del Espíritu.
–Esperar en oración en el Señor, y usar los otros medios de la gracia.
–Ser obediente en los pequeños asuntos de la vida espiritual así como en aquellos que parecen más importantes.
–Testificar para Cristo y tratar de ganar a otros para Él.
–Mantener la comunión con otros hermanos que son espirituales.
b) De manera positiva por:
–Teniendo comunión con los incrédulos.
–Juzgar a otros.
–Ser descuidado en los asuntos de la conciencia, principios comprometedores y por enredarse en conversaciones inútiles y vanas.
–Por resistir el llamado del Espíritu a la santidad.

2. El resultado de apagar el Espíritu:
a) Tibieza de espíritu, como ocurría en Sión, y también frialdad de corazón.
b) Una aclimatación a la vida cristiana nominal, una profesión vacía y deseos de vivir la vida espiritual en un nivel humano, sin ninguna bendición ni manifestación del Espíritu.

CONCLUSIÓN: hagamos enmiendas, arrepintámonos y renovemos nuestro pacto con Dios, hasta que las llamas de la vida espiritual ardan brillantemente, y hasta que el Espíritu Santo llene nuestras vidas y nos dé poder para la vida y el servicio cristianos.

509. *AVIVAMIENTO ESPIRITUAL*

«¿No volverás a darnos vida, para que tu pueblo se regocije en ti?» (Sal. 85:6).

1. La necesidad de un avivamiento: debilidad espiritual.
2. El agente por medio del cual viene el avivamiento: no el hombre, sino Dios.
3. Los medios de asegurar un avivamiento: oración, combinada con expectación.
4. El resultado del avivamiento: gozo.

510. «VELEMOS»
(1 Tesalonicenses 5:6)

1. Una necesidad doble o ¿por qué necesitamos velar?

a) Los enemigos acechan.

b) El Señor se acerca.

2. Un triple estímulo o la bendición de velar:

a) La bendición del compromiso con nosotros mismos.

b) El gozo de velar: teniendo comunión con el Señor, y anticipándose a Su venida. La bendición del compromiso hacia los demás:

–Nuestro velar incitará a otros para que tomen la misma actitud.

–Al velar nos confortamos los unos a los otros.

c) Consideremos la influencia de nuestra acción de velar para con el mundo...

–Demuestra nuestra sinceridad, prueba que creemos en Cristo, y que le estamos esperando. Confirma nuestra fe.

–Exhibe nuestro amor, pues podemos testificar que el Señor es digno de que se este velando por Él.

3. Una perspectiva cuádruple o el futuro de aquel que vela:

a) Liberación de los peligros al velar.

b) Cumplimiento de los objetivos que tiene en vista aquel que vela.

c) La admisión al Cielo.

d) Recepción de recompensas.

511. EL AVIVAMIENTO DE LA VIDA DE ORACIÓN
(Efesios 6:10-20)

1. La oración debe ser dirigida a Dios (Mt. 6:9)

2. La oración debe ser hecha en el nombre del Señor Jesucristo (Jn. 14:13, 14).

3. La oración debe ser hecha en fe (Mt. 21:22).

4. La oración debe de combinarse con una vida que permanezca en Cristo (Jn. 15:7)

5. La oración debe estar ligada al aborrecimiento y alejamiento de todo pecado conocido (Sal. 66:18).

6. La oración debe hacerse «sin cesar?» (1 Ts. 5:17; Hch. 12:5).

512. EL AVIVAMIENTO MODELO

«Y se añadieron aquel día como tres mil personas» (Hch. 2:41).

1. Empieza con la oración (1:14):

a) La oración ferviente.

b) La oración unida.

c) La oración perseverante.

2. Comienza en la iglesia: los discípulos fueron primero llenos con el Espíritu Santo, y por medio de ellos miles de personas se convirtieron (2:4, 7, 12).

3. Se caracteriza por una ferviente y fiel predicación del Evangelio:

a) La predicación era bíblica (2:16-19): el tema era Cristo, crucificado y exaltado.

b) La predicación era basada en hechos probados: el mensaje de Pedro fue un testimonio para Cristo (2:32).

c) La predicación estaba llena de valor: Pedro llamaba a las cosas por su nombre correcto (2:23).

4. Caracterizada por muchas conversiones:

a) Aquellas personas fueron convencidas.

b) Se arrepintieron.

c) Fueron bautizadas.

d) Recibieron el Espíritu Santo.

e) Fueron unidas a la Iglesia.

513. EL FIN
(Zacarías 14)

1. Una declaración:

a) Probada por la razón.

b) Confirmada por la conciencia.

c) Atestiguada por el actual estado del mundo.

d) Declarada en la Palabra de Dios.

2. Una exhortación:

a) Al gobierno de nosotros mismos.

b) A velar.

c) A la devoción.

514. *MARCAS DE UN AVIVAMIENTO (Hechos 8:1-8)*

1. Nacido en las pruebas: muerte, persecución, esparcimiento, lamentaciones, asolamientos, entierros, angustias, prisiones (vv. 1-3).

2. Comienza con una predicación individual a cada persona: «Entonces Felipe, descendiendo a la ciudad de Samaria, les predicaba a Cristo». (v. 5).

3. Une a la gente: «Unánime» (v. 6).

4. Echa fuera demonios: «Salían éstos dando grandes voces» (v. 7).

5. Bendice a todos: «Así que había gran gozo en aquella ciudad». (v. 8).

515. *PENSAMIENTOS DE UN PADRE SOBRE LA TUMBA DE SU HIJO (2 Samuel 12:23)*

INTRODUCCIÓN: el contexto muestra a David en dos aspectos. Primero: sufriendo como un pecador. Él había cometido un gran pecado, y la perdida de su hijo fue la justa retribución que recibió. Segundo: Razonando como un santo. «Y él respondió: Viviendo aún el niño, yo ayunaba y lloraba, diciendo: ¿Quién sabe si Dios tendrá compasión de mí, y vivirá el niño? Mas ahora que ha muerto, ¿para que he de ayunar? ¿Podré yo hacerlo volver? Yo voy a él, más el no volverá a mí». El texto implica que David creía en tres cosas:

1. No se puede retornar de la muerte: «Él no volverá a mí». David sentía que toda su pena era inútil, y de nada valían sus oraciones. Los muertos no vuelven a la tierra de los vivientes. En primer lugar, no se puede volver para hacer lo que no se hizo antes. Los deberes y las obligaciones que hemos abandonado con respecto a nuestros hijos, nuestros siervos, nuestros vecinos, nuestro país, nunca podremos volver para acabarlos. Quedarán irremediablemente inconclusos. En la tumba no hay trabajo, conocimiento o proyectos. En segundo lugar, No hay retorno para poder recuperar las oportunidades perdidas. Domingos perdidos, mensajes perdidos, buenas obras perdidas. Nadie vuelve de la tumba para redimir el tiempo y las oportunidades perdidas. Si no hay retorno a la tierra:

a) Que insensato es poner nuestros corazones en ello.

b) Que importante es terminar nuestro trabajo aquí. El texto también implica la creencia de David.

2. En la certeza de su propia disolución: «Yo voy a él...» El no tenía dudas sobre el tema, ni nadie tenía razones para dudar. La Biblia dice que está establecido a los hombres morir una vez. Todos debemos morir, y será como el agua que se salpica sobre la tierra, y que no puede volver a juntarse. Primero: La certeza de la muerte está admitida en todo el mundo. No hay lugar . alguno para cuestionarla. La muerte reinó desde Adán hasta Moisés, de Moisés a Cristo, y de Cristo hasta esta hora. Segundo: La certeza de la muerte es universalmente olvidada por las ocupaciones de la vida. Todos los hombres viven como si en realidad nunca fuesen a morir. ¡Que necia es nuestra raza! El texto implica lo que David creía:

3. En la reunión que tiene lugar después de la muerte: «Yo voy a él».

a) La reunión en la que el creía era de carácter espiritual: evidentemente es algo que significa más que ir a la tumba, y convertirse en polvo al lado de su hijo. Si fuese así, no habría ninguna consolación.

b) La reunión en la que el creía era de un carácter consciente: se gozarán y se alegrarán en estar juntos, reconociéndose el uno al otro como padre e hijo. La doctrina del reconocimiento de espíritus en un mundo futuro puede discutirse en las leyes de la asociación mental, la benevolencia de Dios, y las alusiones de la Escritura.

c) La reunión en la que creía David era una reunión de carácter alegre y feliz: de otro modo, no habría ninguna consolación en la idea de una reunión infeliz...

–David creía que su hijo era feliz donde estaba: los niños van al Cielo, eso es seguro, pues Cristo mismo lo afirmó. Los hombres que niegan esta doctrina han deshumanizado su naturaleza creyendo en una teología falsa.

–David creía que el niño estaba a salvo: él sabía que llegado su momento iría con el y ambos vivirían en un mundo feliz.

CONCLUSIÓN: permitamos que estos pensamientos sobre la muerte nos ayuden a cumplir nuestra misión en esta vida.

516. *¿DÓNDE ESTÁS TÚ?* *(Isaías 53:6)*

INTRODUCCIÓN: «Y llamó Jehová Dios al hombre, y le dijo: ¿Dónde estás tú?» (Gn. 3:9). La reflexión es fundamental en la vida:

–Determina el lugar o estado moral en que estamos.

–Determina el destino futuro de la vida.

Dios tiene interés en la condición espiritual del hombre y lo invita a la reflexión...

1. La importancia de reconocer nuestras faltas:

a) Descubrimos que somos ovejas descarriadas.

b) Descubrimos que hay un abismo entre Dios y nosotros.

c) Descubrimos que Dios quiere bendecirnos; por lo cual nos busca, nos llama: «¿Dónde estás tú?»

2. Pobres pretextos:

a) El miedo de nuestro descarrío: «Oí tu voz y tuve miedo». La humanidad presa de miedo no es feliz.

b) «Cada cual se apartó por su camino»... «Tuve miedo y escondíme»: las hojas de los árboles fueron un pretexto.

c) Cada uno procura «cubrirse» con hojas: satisfacer sus necesidades, y por eso no tiene tiempo para Dios...

3. Hay algo inevitable:

a) «Cada uno dará a Dios razón de sí»: «¿A dónde me iré de tu espíritu?» (Sal. 139:7).

b) La presencia de Dios se puede evadir: «¿A dónde huiré de tu presencia?» (Sal. 139:7).

c) La voz de Dios, dirá: «Id malditos, al fuego eterno».

CONCLUSIÓN:

–Dios ama al pecador descarriado.

–Dios busca al pecador escondido en el follaje de la hojarasca perecedera.

–«Si hoy oyeres su voz no endurezcáis vuestro corazón».

517. *CUATRO VERDADES QUE NECESITAN ENFATIZARSE EN ESTOS ÚLTIMOS DÍAS* *(2 Timoteo 4:2)*

1. La Palabra inspirada (2 Ti. 3:16; 2 P. 1:19-21; Jn. 6:63; 5:39).

2. La preciosa Sangre (1 P. 1:18, 19; Col. 1:14; He. 9:22; 1 Jn. 1:7).

3. El Cristo que mora en nosotros (Gá. 2:20; Ef. 3:17; Ro. 8:11; Jn. 14:16, 17).

4. La Esperanza Bendita (Tit. 2:13; Jn. 14:3; 1 Ts. 4:16, 17; 1 Jn. 3: 1-3).

518. *APRESURANDO A LOT*

«Y al rayar el alba, los ángeles daban prisa a Lot» (Gn. 19:15).

1. El justo necesita ser avivado...

a) ¿En qué?

–En asuntos de obediencia a su Señor.

–En separarse del mundo (v. 26).

–En buscar el bien de sus familias (v. 12).

b) ¿Por cuáles medios?

–Recordándoles de sus obligaciones y sus oportunidades.

–Llevándoles a considerar la brevedad del tiempo y de la vida.

–Advirtiéndoles de una ruina segura.

2. Los pecadores necesitan ser avivados...

a) Los pecadores son muy lentos y titubeantes:

–Se han asentado en la Sodoma del pecado.

–No creen en nuestra advertencia (v. 14).

–La demora es el gran engaño de Satanás para su ruina.

b) Nuestra tarea es apresurarles:

–Debemos apresurarnos nosotros mismos así como lo hicieron estos ángeles.

–Debemos también ser pacientes y repetir nuestros ruegos.

–Tenemos que ser resueltos y tomar la iniciativa.

c) Tenemos varios argumentos con los cuales apresurarles:

–El inminente peligro que corren con su actitud.

–El pecado de holgazanear cuando Dios ordena lo contrario.

–La suprema necesidad de una decisión inmediata.

519. *ENCENDIENDO UN FUEGO*

«Y los naturales nos trataron con no poca humanidad; porque encendieron una hoguera, a causa de la lluvia que caía y del frío, y nos recibieron a todos» (Hch. 28:2).

1. Por naturaleza, somos fríos...

a) El mundo es un lugar frío para los hombres clementes.

b) Debido a nuestro pecado innato, somos sujetos fríos.

c) También hay pastores, ministros, iglesias y santos que son tan fríos como el hielo.

2. Hay medios para sentir calor...

a) La Palabra de Dios es un fuego.

b) La oración privada, social y familiar.

c) La meditación y comunión con el Señor Jesucristo (Sal. 39:3; Lc. 24:32).

d) Comunión con otros cristianos (Mal. 3:16).

3. Debemos encender fuego para los demás: en lo que se refiere a un verdadero avivamiento, permitidme recordar que tanto se parece al fuego del texto como difiere de él...

a) Debe prenderse bajo las dificultades: «a causa de la lluvia que caía y del frío». Los leños estaban mojados, el suelo inundado, y la atmósfera húmeda. No es fácil hacer un fuego en tales circunstancias, pero, a pesar de todo, tiene que hacerse.

b) El fuego que necesitamos, no puede sin embargo ser encendido por bárbaros: la llama debe venir de arriba

c) Una vez que conseguimos encender la llama, el fuego comienza a encender de a poco. Los pequeños palitos son buenos para avivar la llama.

d) Es bueno avivar la llama poniéndonos de rodillas y soplando sobre ellas cálidas y fervientes oraciones de corazón.

e) Debe ser avivado con combustible. Que cada uno traiga su parte.

520. *LA CAMPANADA DEL RELOJ (Oseas 10:12)*

1. ¿Cuándo es la hora?

a) En la primera hora de responsabilidad; no es pronto en absoluto.

b) En el tiempo presente es tarde, pero no demasiado.

c) Cuando el castigo ha venido, buscad instantáneamente a Dios, «para que no te suceda alguna cosa peor» (Jn. 5:14).

d) ¿No ha pecado ya bastante? (1 P. 4:3).

e) Cuando asume usted una gran responsabilidad, y entra en una nueva etapa de la vida: casamiento, paternidad, etc. (1 Cr. 22:19).

f) Cuando el Espíritu de Dios está obrando, y por tanto hay otros que están siendo salvos.

2. ¿Cuál es la obra peculiar?

a) Acercarse a Dios, buscándole en adoración, oración, etc. (Sal. 105:4).

b) Pedirle perdón por medio de la expiación del Señor Jesús (Is. 55:6).

c) Obtener las bendiciones conectadas con el nuevo nacimiento (Jn. 1:12, 13).

d) Vivir para su gloria, buscando su honor en todas las cosas (Mt. 6:33).

Suponed una pausa entre la búsqueda y la bendición; sin mirar en alguna otra dirección, sino buscando al Señor. ¿Qué otra cosa podría hacer? (Jn. 6:68). Seguro que vendrá y no tardará (He. 10:37).

3. ¿Qué resultará de ello?

a) Él vendrá: todo lo que usted necesita es que el Señor venga en su gracia.

b) El vendrá en la abundancia de su gracia para recompensar su siembra. Notad el precepto: «sembrad para vosotros en justicia». Luego, ved la promesa: «hasta que venga y os enseñe justicia».

c) Como consecuencia de la venida del Señor a usted en justicia, usted podrá segar en misericordia (v. 12).

¡Venid pues, y buscad al Señor en esta misma hora! Creed, y le habréis encontrado, y Su justicia con Él (Ro. 3:22).

521. *LA NECESIDAD DE AVIVAMIENTOS*

«Oh Jehová, he oído lo que se dice de ti, y temí» (Hab. 3:2).

1. ¿En qué consiste un avivamiento?

a) En despertar a los creyentes y llevarlos a una vida más elevada.

b) En despertar a la iglesia a su verdadera misión.

c) En guiar a los pecadores a Cristo.

2. Hay una necesidad total de avivamientos:

a) Los avivamientos sanan las brechas abiertas y restauran la armonía.

b) Los avivamientos desafían a toda la fortaleza de la Iglesia. En tiempos de avivamiento no hay lugar para los zánganos.

c) La existencia de una iglesia depende de los avivamientos. Sin convertidos la iglesia perece.

d) Los avivamientos son necesarios por su influencia sobre los impíos. Un avivamiento hace surgir el carácter de los impíos; pues éstos se rinden o se rebelan.

e) Los avivamientos tienen una influencia saludable sobre las comunidades.

3. ¿De qué forma pueden asegurarse los avivamientos?

a) Por medio del estudio de la Palabra de Dios.

b) Por un cuidadoso examen de nosotros mismos, y tomando la firme actitud de abandonar el pecado.

c) Por medio de una sabia mediación en la condición de los incrédulos.

d) Por la oración unida y perseverante.

e) Por la fiel predicación del Evangelio.

522. *PRIMERO, EL REINO*
(Mateo 6:33)

1. Debemos tanto a aquel que emitió este mandamiento...

a) No es la sugestión de una persona desconocida.

b) El mandamiento del Dador de todo bien y todo don perfecto.

2. Nuestra propia felicidad depende de ello...

a) Estar centrado en el «yo» sólo conduce a la decepción.

b) «Primeramente el Reino»: obedecer este mandamiento produce gozo y felicidad. ¡Prontos para vivir, y prontos para morir!

3. En este mandamiento están involucrados todos aquellos por quienes murió:

a) No podremos hacer mucho en llevar a los pedidos a Él hasta que este mandamiento tome verdadera posesión de nuestro ser.

b) El amor por Él hallará expresión en el amor por los demás.

4. Hay muy poco tiempo para buscar primeramente el Reino:

a) El día es corto, la labor mucha, los obreros son escasos, la recompensa es mucha, y los negocios del Maestro son urgentes. Sólo tenemos una vida para vivir, y también pasará.

b) El Señor Jesús dijo: «Es menester que yo haga las obras del que me. envió, entretanto que el día dura; viene la noche, cuando nadie puede trabajar» (Lc. 9:4). El tiempo es breve, y la noche está muy cerca. Trabajemos mientras dura el día, hablemos antes de que nuestra lengua sea silenciada para siempre.

5. Él no se olvida de dar la recompensa que prometió:

a) Él nos recompensará ahora.

b) Él nos recompensará más adelante.

523. *¡DESPIÉRTATE, DESPIÉRTATE!*
(Efesios 5:14)

1. Un mandamiento: el estado del pecador se representa aquí bajo las imágenes del sueño y la muerte...

a) El sueño implica un estado de inactividad y seguridad; los hombres están ocupados en sus preocupaciones mundanas.

b) La muerte incluye las ideas de impotencia y corrupción. El alma del pecador es incapaz de

tener discernimiento o llevar a cabo acciones espirituales. Todo lo que es abominable y ofensivo para Dios procede de ella

2. Una promesa: el sueño y la muerte son estados de oscuridad intelectual. La luz se promete a aquellos que obedecen el mandato divino. La luz imparte...

a) Conocimiento: el conocimiento espiritual no puede recibirse de nadie sino de Cristo mismo (Mt. 11:27). Por eso Cristo nos invita a ir a Él para recibir ese conocimiento (Mt. 11:29).

b) Santidad: Cristo es nuestra santificación así como también nuestra sabiduría (1 Co. 1:30). Él cumplirá las promesas que ha hecho para este efecto (Mi. 7:19; Is. 1:25).

c) Confortamiento: el sentimiento de culpa dará lugar al santo gozo (Is. 29:19); la deplorable debilidad será sustituida por la energía divina (Is. 35:5, 6).

d) Gloria: Él levantará a su pueblo a tronos de gloria (Ap. 3:21); Él les hará partícipes en Su propia herencia (Ro. 8:17).

524. *ELECCIÓN*
(Josué 24:15)

1. El acto de elegir:

a) Nuestra elección debe ser divina en lo que se refiere a su objetivo: debemos escoger al Señor:

–Como nuestro Soberano, para que pueda gobernarnos.

–Como nuestro Guía, para que pueda dirigirnos.

–Como nuestro Esposo, para que podamos estar desposados con Él.

–Como nuestra Porción, para que podamos estar satisfechos.

–Como nuestro Modelo, para que podamos imitarle.

b) Nuestra elección debe ser racional en cuanto al carácter: debería ser el resultado de la convicción, y no de una pasión superficial.

c) Nuestra elección debe ser decisiva en su naturaleza: no deberíamos volver atrás a las ocupaciones vanas.

d) Nuestra elección debe ser práctica en sus operaciones: deberíamos servir siempre a Dios.

2. El período de elección: debemos hacer nuestra elección hoy...

a) A causa del terrible abandono del que somos culpables.

b) Sabiendo que el tiempo que nos queda es incierto y corto.

c) Porque el tiempo presente es aquel en el cual Dios ha prometido la ayuda de su Espíritu.

d) Porque la dificultad de escoger irá aumentando en proporción a nuestro abandono a ella.

3. Los motivos de nuestra elección:

a) La capacidad que tenemos para escoger es una razón para su ejercicio.

b) El peligroso estado en el cual nos encontramos sin hacer esta correcta elección.

c) La felicidad que resulta de escoger a Dios debería hacemos decidir en el acto.

CONCLUSIÓN: ¿Qué elección hemos hecho? ¿Dónde están nuestros afectos? ¿A quién estamos sirviendo? ¿Cuál es nuestro supremo bien? ¿Por qué hemos de hacer una elección errada?

525. *AVIVAMIENTO*
(Salmo 119)

1. Regla: «Reanímame según tu palabra» (Sal. 119:25). Un avivamiento debe estar basado en la Palabra de Dios.

2. Esfera: «Avívame en tu camino» (Sal. 119:37). La forma de dar lugar a un avivamiento consiste siempre en andar en santidad de vida, humildad de espíritu y de mente.

3. «Vivifícame por tu justicia» (Sal. 119:40): la rectitud es el principio de un avivamiento.

4. Atracción: «Vivifícame conforme a tu misericordia» (Sal. 119:88, 159). El amor es un factor dominante en todo verdadero avivamiento.

5. Origen: «¿No volverás a darnos vida, para que tu pueblo se regocije en ti?» (Sal 856). Si el Señor da vida, nuestro deseo será que lo haga de continuo.

6. Temas: «Nos dará vida... viviremos delante de Él». «Aviva tu obra en medio de los tiempos». (Os. 6:2; Sal. 138:7; Hab. 3:2). «Reavivar el espíritu de los humildes» (Is. 57:15). Cuando comienza un avivamiento por una persona, seguramente habrá otros que se le unan.

7. Secreto: La oración. «¿No volverás a darnos vida, para que tu pueblo se regocije en ti?» (Sal. 85:6:).

8. Resultados: «¿... para que tu pueblo se regocije en ti?» (Sal 85:6).

526. *HOY*
(Salmo 95)

Debemos tener en mente la actualidad siempre presente de las cosas de Dios...

1. Cristo: «Jesucristo es el mismo, ayer, y hoy, y por los siglos» (He. 13:8). Él es el mismo sin ninguna monotonía. En la cruz de Su pasión, en la comunión de Su presencia, y en la eternidad de Su gloria.

2. Conversión: «... Hoy tengo que hospedarme en tu casa». «Hoy ha venido la salvación a esta casa» (Lc. 19:5, 9). La presencia de Cristo es salvación y poder.

3. Consagración: «Hoy os habéis consagrado a Jehová» (Éx. 32:29). La separación para el Señor y la dedicación a Él constituyen la consagración del alma.

4. Concentración: «Si oís hoy su voz, no endurezcáis vuestros corazones» (Sal. 95:7; He. 3:7, 13, 15; 4:7). Oír Su voz es obedecer Su Palabra.

5. Mandamiento: «Hijo, ve a trabajar hoy en mi viña» (Mal. 21:28). Hay trabajo que hacer, se nos ordena hacerlo y hacerlo hoy.

6. Comunicación: «Con todo, tú atenderás a la oración de tu siervo, y a su plegaria, oh Jehová Dios mío» (1 R. 8:28). Para comunicarse con el Señor en oración necesitamos mantener abierta la vía de comunicación.

7. Comunión: «Hoy estarás conmigo en el paraíso» (Lc. 23:43). Estar con Cristo en el Cielo.

527. *LA PREGUNTA EN EL LECHO DE MUERTE*
(Ezequiel 18:31)

El poder de una pregunta...
–Demanda atención.
–Requiere una respuesta.

1. El método de Dios con el hombre es interrogativo (ej.: Adán, Moisés, Israel):

a) Reconoce la libertad moral del hombre.

b) Hace lugar para el ejercicio del propio juicio moral del hombre.

c) Coloca la responsabilidad de la elección sobre el hombre.

2. Dios espera pacientemente la respuesta del hombre: siglos de misericordia para con el rebelde Israel testifican de la paciencia de Dios.

3. Las preguntas de Dios siempre dejan claras la alternativa a la obediencia: «¿Por qué habrás de morir antes de tiempo? (Ec. 7:17).

a) No hay implicaciones oscuras: se obedece y se vive o se desobedece y se muere.

b) Una advertencia fiel contra el pecado y repetidas promesas de restauración.

528. *PARAOS, MIRAD Y ESCUCHAD*
(1 Samuel 15:10-23)

La expresión clave del texto es «he aquí».
–Llama la atención.
–Sugiere asuntos importantes.
–Es una palabra de autoridad.

1. «He aquí» las misericordias de Dios...

a) Sus promesas, su fidelidad y sus advertencias.

b) Las oportunidades de Saúl:
–Escogido por Dios.
–Llamado para establecer un Reino, etc. .

2. «He aquí» el principio inmutable...

a) «Obedecer es mejor que los sacrificios».

b) El principio básico de la relación del hombre con Dios.

c) No todo hombre puede conquistar naciones, pero sí obedecer.

3. «He aquí« el horror de la desobediencia...

a) Intentar justificarse ante Dios.

b) La raíz de todo pecado: substituir la voluntad del Creador por la de la criatura.

529. *¿DÓNDE ESTÁS TÚ?*
(Génesis 3:9)

1. Hoy podemos oír la misma voz haciendo la misma pregunta...

a) A todos los hombres.

b) A usted de forma personal, hoy.

2. Todos tenemos que localizarnos espiritualmente...

a) La Palabra de Dios localiza a todos los hombres.

b) La ignorancia de la Palabra de Dios mantiene a muchos en la oscuridad.

3. La pregunta es para: «¿Dónde estás tú?»

a) El cristiano:

–En Cristo, salvo.

–En los lugares celestiales.

–En el camino al Cielo; en la autopista de la santidad.

b) El profesante inconverso:

–Algunos están engañados: un corazón orgulloso engaña; los falsos maestros engañan...

–Algunos son ciegos espiritualmente.

–Algunos están fríos y muertos.

–Algunos están luchando contra la verdad.

c) El apóstata:

–En una condición peor que el ateo.

–Has crucificado nuevamente a Cristo.

d) El pecador: ¿Dónde estás tú?

–Fuera, lejos, separado del Señor.

–Sin esperanzas.

–Perdido.

–Destinado a una condenación eterna.

530. *UN PROPÓSITO UNIVERSAL (Isaías 54:2, 3)*

INTRODUCCIÓN: ¿Tiene Dios algún propósito para la humanidad? Al ir formulando esta pregunta a las gentes y luego bucear en la sustancia de sus respuestas, con frecuencia tropezamos con palabras fuera de tono. Desgraciadamente sabemos por poco grata experiencia que, para muchísima gente, el que Dios tenga o no propósitos definidos para la humanidad no parece importarles ni poco ni mucho: o sea, nada.

Lo que verdaderamente parece preocupar a las gentes hoy es si su equipo favorito logrará o no proclamarse campeón de su grupo; o si el jefe se va a decidir a aumentarles el sueldo; o si hay posibilidad de conseguir tal o cual vivienda, mucho más confortable y económica que la que por el momento poseen; o si bajarán de precio ciertos artículos de primera necesidad; o si esto, o si lo otro... y así seguiríamos haciendo interminable esta lista. En concreto, la pregunta «¿tiene Dios algún propósito para la humanidad?» queda arrinconada como «cosa de iglesia»; como cosa «ajena» a la vida; como cosa «inútil».

Y sin embargo, Dios tiene propósitos definidos para la humanidad Esta afirmación es la sustancia del mensaje cristiano; y el hacernos oír por el mundo, el más alto concepto del deber por parte de la iglesia. En los varios miles de años que la humanidad está habitando esta Tierra, ha habido un formidable contingente de personas que han vivido al margen de las cuestiones espirituales. El «comamos y bebamos que mañana moriremos» es, en este sentido material y ateo, filosofía tan vieja como la humanidad misma. Muchos son los que han arrastrado sus vidas por tan descorazonador camino.

Pero en contraste con esta actitud y ese enjambre de personas, también ha habido otros que han sentido dentro de sus entrañas verdadera sed y hambre del espíritu. Sed por una justicia más alta que la que los hombres han producido. Hambre por una verdad sólida y segura que, al cabo, les libere de tanta mentira y petulancia. A éstos son a quienes se dirige el profeta Isaías cuando proclama a los cuatro vientos su anuncio. Un anuncio para todos los hombres y para cualquier tiempo. Para esos cuyas conciencias les gritan que el hombre es algo mas que estómago; algo más que locas apetencias de pasión; algo más que desordenados deseos de poder y mando. Isaías llama a todos los sedientos, y les dice: «Venid a las aguas». Añadiendo: «Y los que no tienen dinero, venid, comprad, y comed. Venid, comprad, sin dinero y sin precio... ¿Por qué gastáis vuestro dinero no en pan, y vuestro trabajo no en hartura? Oídme atentamente, y comed el bien, y deleitaráse vuestra alma con grosura. Inclinad vuestros oídos, y venid a mí; oíd, y vivirá vuestra alma, y haré con vosotros pacto eterno, las misericordias firmes a David» (Is. 55:1-3).

Para vosotros, hermanos míos en la bendita fe del Señor Jesucristo, van estas palabras consoladoras que nos proporcionan auténtico sosiego y gozo. Para vosotros también, amigos, que llevados de un alentador principio de fe

honestamente os acercáis a nosotros con ojos atisbadores y cansado corazón de búsqueda. El interrogante sobre el que vamos a centrar nuestra atención, es, repito de nuevo: «¿Tiene Dios algún propósito para la humanidad?». O puesto en forma más directa y personal: «¿Tiene Dios algún propósito para ti?».

Prefiero no contestar esta pregunta. Tengo naturalmente mi respuesta y mi fe, pero esto no servirla de mucho a vuestros íntimos anhelos, si no vais personalmente a la fuente donde se originan. Por consiguiente, ya que es Dios quien puede contestar a esta pregunta, vayamos a él en busca de respuesta. Y abriendo la Palabra de Dios por el libro de Génesis, aquí tenéis para escuchar la primera respuesta de Dios a nuestra pregunta...

I. El proto-Evangelio

«Y el Señor Dios dijo a la serpiente: *por cuanto esto hiciste, maldita serás entre todas las bestias y entre todos los animales del campo; sobre tu pecho andarás, y polvo comerás todos los días de tu vida: Y enemistad pondré entre ti y la mujer, y entre tu simiente y la simiente suya; ésta te herirá en la cabeza, y tú le herirás en el calcañar»* (Gn. 3:14, 15).

A este texto se le ha venido llamando el Proto-Evangelio; el rudimentario embrión de todo el Plan de Dios que irá tomando impresionante forma sobre la multitud de los siglos. Y éstos no le resistirán, antes al contrario, se mostrarán dóciles a su voz e impotentes para devorar en su glotón olvido el principio de potestad cósmica contenido en esas sencillas palabras. Aquí está la derrota del diablo: todo lo que la humanidad irá viendo a través del tiempo, no será más que las convulsiones agónicas de quien ha sido herido de muerte. Ni siquiera en aquel trágico momento cuando esta simiente –ya hecho hombre– penda sus rotos miembros de aquella cruz de vergüenza, se podrá decir que triunfan los malos, sino que es propósito de Dios que el grano sembrado en la tierra muera primero para así dar vida a muchos. He aquí el primer propósito de Dios: libertar al hombre de aquel que le engañó con mentira que produce muerte.

II. Una familia escogida

«Empero el Señor había dicho a Abram: Vete de tu tierra y de tu parentela, y de la casa de tu padre, a la tierra que te mostraré: Y haré de ti una nación grande, y bendecirte he, y engrandeceré tu nombre, y serás bendición... Y serán benditas en ti todas las familias de la Tierra» (Gn. 12:1-3).

He aquí cómo esa semilla de que hablamos va tomando forma: modesta, insignificante, pero forma al fin y al cabo. He aquí un nómada sin hogar; un hombre en tierra extraña, sin más bagaje que la promesa que lleva consigo. Y sin embargo, es propósito de Dios hacer de él el padre de una gran nación.

III. Un pueblo liberado

Y así como los hombres de ciencia han tenido que esperar al descubrimiento del microscopio para deleitarse –¡y maravillarse!– en ese extraordinario Reino de vida más allá de nuestros sentidos corporales, de la misma forma tuvieron que transcurrir varios centenares de años hasta que los egipcios se dieran cuenta que esos descendientes del arameo Abraham, formaban nutrido pueblo, demasiado «peligroso» (juzgando según el número) para tenerle dentro de sus fronteras. Este descubrimiento crea un estado de alarma, y el miedo que inevitablemente a él sigue, da origen a una tremenda injusticia que desemboca gradualmente en abyecta esclavitud. Pero frente a todas las medidas de seguridad que discurren los crueles egipcios, notemos como es propósito de Dios que a ese pueblo se le abran puertas para realizar la misión que se le ha encomendado.

Y entonces, Moisés, uno de esos hebreos, al estar «apacentando las ovejas de Jetro su suegro, sacerdote de Madián, llevó las ovejas detrás del desierto, y vino a Horeb, Monte de Dios. Y apareciósele el ángel de Dios en una llama de fuego en medio de una zarza: y él miró, y vio que la zarza ardía en fuego, y la zarza no se consumía. Entonces Moisés dijo: Iré yo ahora y veré esta grande visión, por qué causa la zarza no se quema. Y viendo Dios que iba a ver, llamólo Dios de en medio de la zarza, y dijo: ¡Moisés, Moisés! Y él respondió: Heme aquí. Y

dijo: Yo soy el Dios de tu padre, Dios de Abraham, Dios de Isaac, Dios de Jacob. Y dijo Dios: *Bien he visto la aflicción de mi pueblo que está en Egipto, y he oído su clamor a causa de sus exaltadores; pues tengo conocidas sus angustias. Ven por tanto ahora, y enviarte he a Faraón, para que saques a allí pueblo, los hijos de Israel, de Egipto.* Entonces Moisés respondió a Dios: *¿Quién soy yo, para que vaya a Faraón, y saque de Egipto a los hijos de Israel?* Y Él respondió: *Ve, porque Yo seré contigo»* (Éx. 3:1-12).

IV. Un propósito ratificado

1. Desde luego que Faraón no tuvo más remedio que verles marchar, impotente para detenerles. Y este pueblo llegó a la Tierra Prometida; y se estableció en ella; y prosperó; y... tras varios siglos de alternativas, horror y pecado, fue olvidando al Dios de Abraham, de Isaac, de Jacob, el Dios de sus padres que les habla sacado de Egipto. ¿Quiere esto decir que hemos llegado a la derrota de los propósitos de Dios? No, muy al contrario; con el fuego avivador de los profetas encontramos una gloriosa vindicación y ratificación de ellos.

2. En Isaías quien alza su voz en medio del gran naufragio de esperanzas, para recordarles que los propósitos de Dios siguen firmes. Que él no ha desertado de su puesto. Que allí le encontrará quien le busque. Por lo mismo el profeta exhorta: «Buscad al Señor mientras pueda ser hallado, llamadle en tanto está cercano. Deje el impío su camino, y el hombre inicuo sus pensamientos; y vuélvase al Señor, el cual tendrá de él misericordia, y al Dios nuestro, el cual será amplio en perdonar. Porque mis pensamientos no son vuestros pensamientos, ni vuestros caminos mis caminos, dice el Señor. Como son más altos los Cielos que la tierra, así son mis caminos más altos que vuestros caminos, y mis pensamientos más que vuestros pensamientos. Porque como desciende de los Cielos la lluvia y la nieve, y no vuelve allá, sino que harta la tierra, y la hace germinar y producir, y da simiente al que siembra, y pan al que come; así será mi palabra que sale de mi boca: no volverá a mí vacía, antes hará lo que yo quiero y será prosperada en aquello para que la envié. Porque con alegría saldréis, y con paz seréis vueltos; los montes y los collados levantarán canción delante de vosotros, y todos los árboles del campo darán palmadas de aplauso. En lugar de la zarza crecerá haya, y en lugar de la ortiga crecerá arrayán: y será a Dios por nombre, por señal eterna que nunca será raída» (Is. 55:6-13).

V. Viene el Mesías

De nuevo vuelven a pasar muchos años, quizás demasiados para la flaca memoria y sentido de lealtad en el hombre. No quiero significar con esto que los judíos se hayan olvidado de Dios; es decir esto sería inexacto. El nombre de Dios va de boca en boca; pero... sólo en muy pocos corazones arde su verdad. Los judíos han creado un formidable sistema religioso, hay sectas para todos los gustos; pero... ¿hay alguien que sepa de cierto, en medio de tanta confusión, qué es lo que Dios desea del hombre? ¿Qué respuesta hay para el alma devota, sincera, humilde, que sólo desea adorarle con todo su corazón?

1. Y entonces, en una aldea de Palestina, José, humilde artesano recibe de Dios este desconcertante mensaje: «José, hijo de David, no temas recibir a María tu mujer, porque lo que en ella es engendrado, del Espíritu Santo es. Y dará a luz un hijo, y llamarás su nombre Jesús, porque Él salvará a su pueblo de sus pecados» (Mt. 1:20, 21).

2. La semilla ya se ha hecho árbol: árbol que esparcirá sus ramas hasta el último confín de la Tierra. La humanidad ya sabe todo lo que le es dado saber. No harán falta nuevos maestros; ni serán ya necesarios desesperados atisbos al misterio infinito de la Creación. Desde ahora y para siempre, los hombres de buena voluntad, de alma sincera y recia reposarán con sosegada fe en las maravillosas palabras de Jesús que con su autoridad de Maestro indiscutible al alcance de todos, pondrá los propósitos de Dios: «Porque de tal manera amó Dios al mundo, que ha dado a su Hijo unigénito, para que todo aquel que en el cree, no se pierda, mas tenga vida eterna. Porque no envió Dios a su Hijo al mundo para que condene al mundo, mas para que el mundo sea salvo por Él» (Jn. 3:16, 17).

3. ¿Tiene Dios algún propósito para la humanidad? Desde luego que lo tiene. En síntesis puede condensarse en estas hermosas palabras: «Yo he venido para que tengan vida, y para

que la tengan en abundancia» (Jn. 10:10). He aquí la experiencia que transforma vidas, dando luz donde no había, e impulsando a un alto servicio de amor: actitudes antaño indolentes y perezosas. Por esta clase de fuego surgieron las misiones cristianas, y sólo la misma clase de fuego puede mantenerlas. «La Causa es tuya, Oh Salvador, que en nuestra mano está».

CONCLUSIÓN: ¿Cómo se sentiría usted...?

–Si Dios nos prestara la misma atención y nos dedicara el mismo tiempo que nosotros le prestamos y dedicamos a Él.

–Si Dios mostrara por nosotros la misma preferencia que nosotros mostramos por Él.

–Si Dios nos ofreciera tantas excusas como nosotros le ofrecemos a Él, e igualmente injustificadas.

–Si Dios cumpliera sus promesas como nosotros cumplimos las nuestras.

–Si Dios nos retirara sus bendiciones como nosotros le retiramos nuestras ofrendas.

–Si Dios se amara a sí mismo tanto como nosotros nos amamos a nosotros mismos, y pensara en nosotros tanto como nosotros en Él.

531. *«EN SEGUIDA, EN BREVE, PRONTO»*
(Apocalipsis 2:5, 16; 3:11; 22:7, 12, 20)

INTRODUCCIÓN: en estos pasajes aparecen los términos «en seguida», «en breve» y «pronto», que han venido destacándose a lo largo de oscuros siglos llenos de pruebas, incredulidad, y peligros; como si quisieran exhortar al pueblo de Dios a ser diligente, vigilante, y mostrar el gran amor que hay en el corazón del Esposo, el cual no tarda Su venida ni un instante más de lo que es indispensablemente necesario. Oigamos su voz...

1. «Mira que vengo en seguida; retén lo que tienes, para que ninguno tome tu corona» (3:11). «¡He aquí, vengo pronto! Dichoso el que guarda las palabras de la profecía de este libro» (22:7).

2. «Mira que yo vengo pronto, y mi galardón conmigo, para recompensar a cada uno según sea su obra» (22:12).

3. «El que da testimonio de estas cosas dice: Ciertamente vengo en breve» (22:20).

CONCLUSIÓN: no dejemos que el polvo de la mundanalidad se pegue a nuestro ser, ni el vaivén del agitado mundo de los negocios nos haga sordos a esa voz que se levanta, diciendo: «... En breve».

532. *COSAS ESENCIALES DE UN AVIVAMIENTO*
(Hechos 10)

1. La preparación por medio de la oración: Pedro estaba orando sobre el terrado de la casa. Cornelio estaba orando en su casa. El Señor oyó las oraciones de ambos y les unió.

2. La presencia de la gente: la gente se reunió en la casa de Cornelio. Estaban allí para oír el mensaje del Señor. Ellos vinieron por una invitación personal.

3. Predicando con poder: «Entonces comenzó Pedro a contarles por orden lo sucedido». Él dio un mensaje de la vida, la muerte, la resurrección y el poder de Cristo. Su mensaje declaraba el Evangelio con toda claridad.

4. El poder del Espíritu Santo: el Espíritu Santo fue «derramado» como un don sobre los hombres, quienes creyeron al Evangelio, aceptaron a Cristo y fueron bautizados.

533. *AVIVAMIENTOS*
(Salmo 119:126)

1. ¿Por qué necesitamos un avivamiento?

a) La Iglesia lo necesita: es necesario un nuevo énfasis de pureza en el corazón.

b) La Iglesia necesita un nuevo llamado a la oración: los avivamientos restauran la vida de oración.

c) Es necesario porque se está dejando de lado la observación del día de reposo.

2. El mundo pecador necesita un avivamiento:

a) Hay una gran falta de convicción: una Iglesia que haya experimentado el avivamiento provoca una gran convicción en los pecadores. Cuando los pecadores ven la santidad de Dios por medio de esta clase de Iglesias, acaban teniendo una auténtica convicción por sus pecados.

b) Por la inmoralidad del mundo: la inmoralidad y la infidelidad van de la mano. Se hacen leyes, se construyen hogares y asociaciones especiales para detener la corrupción, pero sin Dios no se consigue nada sino el fracaso. El mundo necesita un avivamiento y no podrá experimentarlo a menos que la Iglesia lo experimente en primer término.

3. ¿Qué es un avivamiento?

a) El hecho de impartir una nueva vida en el pueblo de Dios.

b) Hace que la Iglesia se separe del mundo.

c) La Iglesia se constituye en un pueblo especial y peculiar.

d) La Iglesia experimenta una nueva pasión por las almas.

e) Da convicción a los pecadores. «Y al ocurrir este estruendo, se juntó la multitud» (Hch. 2:6). Notad la actitud del salmista en el Sal. 51:1 3. Después de tener un corazón limpio y un espíritu recto, entonces está capacitado para enseñar a los pecadores los caminos de Dios.

Cuando Dios aviva y renueva a su Iglesia, también convence a los pecadores. Un avivamiento es la única cura para el sufrimiento y las enfermedades del mundo –no las leyes de los gobiernos de esta Tierra, sino el poderoso aliento de Dios sobre la Iglesia. ¿Podéis imaginar una Iglesia en medio de un avivamiento? ¿Podéis ver cómo se sacude hasta que el pueblo de Dios empieza a hablar la Palabra con energía y valor?

534. *INTENTANDO LO IMPOSIBLE: HUIR DE DIOS (Jonás 1:3)*

INTRODUCCIÓN: ¿Qué diremos de la ignorancia de Jonás, con su experiencia en el servicio de Dios (2 R. 14:25), cuando creía que podía huir de Dios?

1. ¿Cuándo quiso Jonás huir de Dios?

a) Cuando comenzó a no querer ir a donde Dios le mandaba, y quería hacer conforme a su propia voluntad (ej.: Adán y Eva, habiendo pecado, se escondieron de Dios).

b) Cuando su propia actitud hacia sus semejantes no era correcta.

2. Nadie puede escapar de Dios (Sal. 139: 1-16):

a) Imposible escapar de su presencia (vv. 7-12).

b) Imposible escapar de su poder (Sal. 8:3-9; Mt. 28:20).

c) Imposible escapar de su propósito (Lc. 13:1-5).

d) Imposible escapar de su plan (Fil. 2:9-11; Ap. 5:13).

3. Lo que Dios hizo entonces:

a) Lo detuvo en su huida (Jon. 1:4-6).

b) Descubrió a los pecadores lo que Jonás había hecho (1:7-10).

c) Obligó a Jonás a confesar su pecado ante todos (1:11-16).

d) Obligó a Jonás a rendirse a la voluntad divina (2:1-9).

e) Lo utilizó para ganar almas, sin su permiso: los marineros y los ninivitas.

f) Libró a Jonás del pez cuando él se rindió, más tarde le enseñó cuando todavía andaba en rebelión (2:10-3:5; 4:1-11).

4. Dios siempre trata con los rebeldes:

a) A veces tarda mucho (2 P. 3:8-10) (ej.: los antediluvianos (Gn. 6:1-8), la nación judía (Mt. 21:28-44).

b) Dios todavía espera mucho, pero un día los tomará con su mano y nadie escapará (Hch. 17:30, 31; He. 10:28-31).

c) Los resultados finales: Nínive salva; Dios glorificado; Jonás humillado.

CONCLUSIÓN: a la venida de Cristo, todo el mundo se humillará ante Él (Fil. 2:9-11). ¿Por qué no entregarse ahora?

535. *ESCOGER (Josué 24:15)*

1. El servicio a Dios es un tema de elección: «Escoged».

2. La elección de Dios es un tema de servicio: «Escoged a quién sintáis».

3. Ni la elección ni el servicio admiten ninguna clase de demora: «Escoged hoy a quién sirváis».

536. *¿SERÉ YO TAMBIÉN UN FUGITIVO?*

«Vino palabra de Jehová a Jonás hijo de Amitai, diciendo: Levántate y ve a Nínive, aquella gran ciudad, y pregona contra ella; porque ha subido su maldad delante de mí. Y Jonás se levantó para huir de la presencia de Jehová a Tarsis, y descendió a Jope, y halló una nave que partía para Tarsis; y pagando pasaje, entró en ella para irse con ellos a Tarsis, lejos de la presencia de Jehová» (Jon. 1:1-3).

1. Ciudades:

a) La primera de las ciudades de este mensaje es Nínive, objeto del mensaje de Dios para ser transmitido por el profeta Jonás. Esta ciudad era una de las principales de Asiria. Estaba situada en la margen oriental del río Tigris frente a Mosul. Era ciudad importante, con numerosos parques, jardines, bosques. Era muy dada a la guerra y muy cruel: a los prisioneros les cortaban las manos, los pies, la nariz, las orejas; les sacaban los ojos. En los monumentos que la arqueología ha sacado a luz se observa que una de las mayores satisfacciones de sus reyes consistía en jactarse de haber enterrado vivos a muchos millares de hombres... Esta ciudad de Nínive desapareció completamente. como por ejemplo, la Citania de Briteros, que Martins Sarmento sacó a luz con tanto sacrificio. Nínive había desaparecido tan completamente que los incrédulos por mucho tiempo negaron su existencia. Decían que era una leyenda bíblica... Los hombres de ciencia, historiadores, etcétera, han tenido realmente fracasos de esos. Otras veces por el contrario, han caído en el ridículo de una extrema e ingenua credulidad. Por ejemplo, tenemos el caso de las llamadas «piedras de radio». ... Y resistieron como bárbaros, con Boucher de Perthes, quien con toda sencillez negaba que fuesen piedras de radio; pero afirmaba que eran simples utensilios de los hombres prehistóricos con el agujero en que era insertado el cabo de madera, como se dejaba ver... Cuántas veces se ha probado que las afirmaciones de la ciencia, de la historia, etcétera, son errores crasos. Como el átomo, que era considerado «indivisible», al ser desintegrado ya dejó de ser átomo... Las investigaciones de Botta, cónsul francés de Mosul, y principalmente las de Layard, confirmaron la veracidad histórica de la Biblia, como en tantos otros casos. Nínive era un hecho: no hay leyendas bíblicas, hay una verdad histórica del libro de Dios, como su verdad moral, profética, etc.

b) La segunda ciudad, Jope, que significa belleza (la actual Jafa), es uno de los puertos antiguos del mundo, situado en la frontera de Dan en el Mediterráneo. Era un puerto de poco fondo y estaba mal protegido del viento, pero servía de medio de comunicación con Jerusalén. Allí desembarcaron los materiales para el primer templo y para el segundo, los cuales venían del Líbano y de Tiro. Allí Pedro resucitó a Dorcas. También fue allí, en casa de Simón el curtidor, donde Pedro aprendió la lección de que Dios no hace acepción de personas, de que Dios repruebe toda y cualquier discriminación: una lección que el mundo parece haber olvidado...

c) Tarsis, la tercera ciudad del mensajero que significa «fundidor» o «refinador», era, tal vez, el Tarteso de los fenicios, en la costa levante de la Península Ibérica, puerto de Cartagena, donde Herculano colocó a su Eurico, quien, en vano, procuró resolver el problema de su corazón, entregándose con toda el alma al ministerio cristiano... A Tarsis venían las naves a buscar la plata en láminas (Jer. 10:9), el oro, el hierro, el estaño, el plomo. Por eso se llamaban «naves de Tarsis», expresión que más tarde adquirió mayor amplitud. Hoy, como lección perenne de la Biblia, se llaman «naves de Tarsis» las empresas en que nos «embarcamos» para huir de cualquier deber que tenemos con Dios. ... Jonás, gran misionero, que vivió en el siglo VIII a. C., dejó una obra de sólo cuatro capítulos, mas de grande significado. Para comprender bien a Jonás basta recordar las palabras de Jesús: «La generación mala y adúltera demanda señal; pero señal no le será dada, sino la señal del profeta Jonás» (Mt. 12:39) Esto nos hace recordar que toda la Escritura desde Génesis hasta Apocalipsis es inspirada divinamente...

2. Jonás:

a) Pues bien, Jonás fue llamado por Dios como su ministro: esto es, como siervo, y por él fue enviado a Nínive a proclamar el mensaje del arrepentimiento. En el cap. 1:1 dice: «Levántate, ve». Ese mensaje de invitación al arrepentimiento para con Dios, que se expresa desde el

Génesis hasta el Apocalipsis, representa la mayor necesidad humana de todos los tiempos y lugares. No era la mera religiosidad que en vez de resolver los problemas humanos, los complica y los multiplica... El arrepentimiento para con Dios, basado en la convicción de la insuficiencia humana, prepara el cambio radical del pensamiento, de los sentimientos, de la voluntad y de la vida, magníficamente descrito por el término bíblico «metanoia», considerado en sus diversos contextos y aclarado también en los magníficos ejemplos bíblicos. Si ha de haber una panacea para la completa enfermedad humana, esta «metanoia», convicción de pecado propio, resolución de volver a Dios, regreso voluntario, íntimo, individual, del hijo pródigo, regresó obrado por la tristeza según Dios, para júbilo inefable del salvo; decíamos, si ha de haber una panacea es esta: la del nacimiento de lo alto.

b) Y Jonás, más tarde, arrepentido, fue a presentar el llamamiento general al arrepentimiento: «un solo asunto durante sesenta días, como dice nuestro hermano Antonio Viera, al paso que ciertos predicadores en una hora tratan setenta asuntos... Ahora bien, desde esta ocasión, ¿qué hizo Jonás? Huyó del llamamiento de Dios. Desertó del camino. Despreció la misión que Dios le confiara. Se volvió un fugitivo, un fugitivo del deber. ¡Y qué deber!

c) Con un soliloquio debe haberse alentado para la fuga: «Nínive, tierra de hombres crueles. Peligrosa tarea sería esta. Además, extranjeros. Peor aún, gentiles». El crimen omnipresente de la discriminación allí se presentaba como el motivo más fuerte de la fuga. Oyó al diablo. Esta es la alternativa: Oír a Dios u oír al diablo. Y salió por la noche... hasta Jope. Y contemplaba el espejismo de Tarsis: más de 700 leguas en dirección opuesta a la de Nínive. ¡Corría... huía de Nínive, del deber, de Dios! ¡Pobre, infeliz Jonás! ¡En que aprieto se encontraba! ¡En qué estado de alma más tormentoso! Sin embargo, continuaba siendo fugitivo.

3. Nosotros:

a) ¿Y tú, qué haces? Pero antes pongamos el mensaje en la primera persona: «¿Seré yo también un fugitivo?» ¡Hagamos el mensaje nuestro, en lo más íntimo de nuestro ser, a solas con Dios! ¡Y qué! Siempre hay una «nave de Tarsis» atracada en un puerto. «Yo soy un fugitivo también, porque me volví apóstata, tránsfuga de cualquiera de los privilegios a que Dios me tiene llamado», dirás y con mucha razón. Delante de Dios, y de los ángeles, de esta asamblea...», dijiste con mucha solemnidad... ¿Y después? Huiste del privilegio de ser miembro de la iglesia del Señor. Volviste a lo que habías vomitado...

b) ¿Volverás en ti mismo por una llamada de conciencia que venga desde lo alto, y regresarás al Padre de las luces, a disfrutar los privilegios de un bienaventurado? «Seremos fieles a ti siempre por tu gracia, por tu grande amor», y tú que oyes el llamamiento al ministerio cristiano, ¿te resistes? ¿Pretendes huir? ¡Oh, entonces, tú apostataste canalla y cobardemente! «¡Impío, canalla que he sido! ¿Cómo pude de esta forma defraudar una causa tan santa?» Ojalá digas esto en tu conciencia, para restituir a los hombres y a Dios aquello que no te pertenece. «¿A quién enviaré, y quién irá por nosotros? Heme aquí, envíame a mí» (Is. 6:8).

c) ¿Y tú? ¡Tu indecisión, cuando Dios te llama para entregarte su gracia, hace de ti un fugitivo del más alto privilegio de la vida! ¡Con tu resistencia más duro te tornas! ¡Oh, cuántos engañados... Fiados en el porvenir... la noche eterna desciende!... ¿Serás tú uno de ellos? ¿Y por qué? ¿Por qué haces una gravísima inversión de valores, poniendo a Dios después? ... Digo estas palabras para ti, porque ya escuchaste el llamamiento de Dios para entregarte con fe y con arrepentimiento genuinos.

d) Tú, por tu parte contestaste el llamamiento de Dios para hacer solamente una otra en su iglesia, pues declaraste solemnemente en los términos del Pacto, y por mas de una, dos o más veces: «Nos empeñamos en promover su prosperidad y espiritualidad». Mas surgió mal miembro de la iglesia, que estaba en ella por equivocación y no porque fuese salvo, y te dejaste llevar por él para hacer la obra satánica de destrucción en la iglesia, de escándalo y de perdición de los interesados en otras cosas dignas de maldición. Esos hablaban en amor sólo para destruir... Te embarcaste en una nave que además de ser infame maledicencia, es de calumnia de la obra de Dios, de difamación de carácter del ministro de la Palabra, de mancilla para la santa disciplina de las iglesias de Dios...

e) ¿No seré también un fugitivo, si conozco las enseñanzas de las Escrituras de Dios con respecto a la mayordomía, y al Día del Señor, y al culto, y al testimonio, y huyo de la bendición de tales privilegios celestiales? Tal vez tú dices esto, con razón. ¡Entonces deja, deja de ser un fugitivo del deber, de las bendiciones de Dios, del buen Pastor que dio su vida por sus ovejas! ¡Amén!

537. *RENDICIÓN*
(Romanos 6:12-22)

1. Una asunción: tenemos el poder de rendimos o resistir (vv. 12, 13).
2. Una exhortación: rehusemos rendirnos al pecado rindiéndonos a la gracia.
3. Una declaración (v. 14).
4. Una pregunta (v. 15).
5. Una protesta (v. 15).
6. Un principio: somos esclavos de aquél a quien obedecemos (v. 16).
7. Acción de gracias: «Aunque erais esclavos del pecado, habéis obedecido de corazón... » (vv. 17, 18).
8. Una aplicación (vv. 19-22).

538. *LOS PRECEPTOS ETERNOS*

«Porque yo no he hablado por mi propia cuenta; el Padre que me envió, él me dio mandamiento de lo que he de decir, y de lo que he de hablar» (Jn. 12:49).

INTRODUCCIÓN: la humanidad es insensata al no tener en cuenta las palabras eternas de Cristo. En este día más atención se da a las palabras que hablan de dinero, negocios, conocimiento; he aquí la razón por la cual el mundo se está perdiendo. Sólo lo que Cristo ha dicho permanece para siempre; nos da sus mandamientos para que los entendamos y luego resolvamos.

1. El mandamiento del Maestro proviene de Dios:

a) Él mismo lo declaró.

b) Sus hechos lo confirmaron.

c) La posteridad lo demostró.

2. Su mandamiento es vida eterna:

a) Porque Él es el autor de la vida.

b) Porque su mandamiento está escrito en el corazón: no en piedra.

c) Porque su mandamiento es una ley para el espíritu: primera facultad humana para subyugar la carne.

d) Porque su mandamiento transforma a los hombres que le obedecen.

3. Su mandamiento representa la voluntad del Padre:

a) Con respecto a su obra propiciatoria.

b) Con respecto a la veracidad de sus palabras.

c) Con respecto al poder dado a los discípulos.

d) Con respecto al destino de los hombres.

539. *LA REPETIDA PETICIÓN DE UN AVIVAMIENTO*

«¿No volverás a darnos vida, para que tu pueblo se regocije en ti?» (Sal. 85:6).

INTRODUCCIÓN: antes de que venga un verdadero tiempo de avivamiento y refrigerio de la presencia de Dios, debe haber una auténtica contrición de corazón, y una profunda pena por nuestra prolongada indiferencia para con Dios y por haber contristado al Espíritu Santo. Debemos estar lo suficientemente humillados como para sentir la herida que nuestra frialdad, testarudez e impenitencia, han infligido sobre el corazón de Cristo. El verdadero avivamiento no es un proceso, sino el resultado de la libertad con la cual permitimos operar al Espíritu Santo en y a través de nuestras vidas.

1. La posibilidad de un avivamiento:

a) Dios desea avivar a su pueblo.

b) Dios desea renovar su presencia.

c) Dios desea revelar su pureza.

d) Dios espera para liberar su poder.

2. El ruego por un avivamiento:

a) Que trajesen el libro (Neh. 8:1).

b) Que les volviera a dar vida (Sal. 85:6).

c) ¿Qué quieres que haga? (Hch. 9:6).

3. La prueba de un avivamiento:

a) Separación del mal (Neh. 10:28).

b) Dedicación al Señor (Neh. 10:29).

c) Cesación de los compromisos con los paganos (Neh. 10:30).

d) Fidelidad en el servicio (Neh. 10:32).

CONCLUSIÓN: cuando somos lo suficientemente penitentes como para despreciar el pecado, desecharlo y apartamos de él, entonces podremos responder a nuestro Padre en los Cielos juntamente con las palabras del salmista David, «Cuando tú dices: Buscad mi rostro, mi corazón responde: Tu rostro buscaré, oh Jehová» (Sal. 27:8). Entonces Dios oirá desde los Cielos, y bendecirá a Su pueblo; entonces el pueblo reverenciará y obedecerá Su Palabra. De esta manera se podrá conocer el verdadero significado de un avivamiento.

540. *BUSCAD A DIOS* *(2 Crónicas 15:1-15)*

INTRODUCCIÓN: después de ganar una victoria sobre sus enemigos el rey Asa recibió de Dios un mensaje de amonestación y animación. Notemos.

1. La promesa de Dios (v. 2): «Si le buscaréis será hallado de vosotros». Los hombres siempre están en busca de algo, pero buscan sin tener una promesa de conseguir lo que buscan. Por el contrario Dios promete perdón (Is. 55:7), paz (Mt. 11:28), vida (Jn. 6:47), avivamiento (Mal. 3:10), y bendición (v. 2) a los que le buscan a Él.

2. La prueba de la experiencia (vv. 3-5): Dios siempre cumple con sus promesas. Los israelitas lo sabían por experiencia propia en el pasado: «Le buscaron y él fue hallado de ellos». Lo que Dios había hecho en el pasado, él haría otra vez. Millares de personas que han echado mano de las promesas de Dios testifican que él nunca ha faltado a su palabra.

3. La preparación del Rey (vv. 8-11): Asa quitó las abominaciones... reparó... juntó al pueblo... sacrificó a Jehová. Así preparó al pueblo para buscar a Dios (*véase* Pr. 28:13; Is. 55:7).

4. El pacto del pueblo (vv. 12-15): todo el pueblo hizo una resolución firme de buscar a Dios de todo su corazón y de toda su voluntad (*véase* Sal. 119:2, 10). Una verdadera y ferviente búsqueda de Dios siempre traerá.

5. El premio de Dios (v. 15): «Fue hallado de ellos, y dióles Jehová reposo». Dios es Galardonador de los que le buscan (He. 11:6), sean individuos o sean iglesias.

541. *CON CRISTO O SIN CRISTO* *(Efesios 1:1-4 y 2:1-20)*

INTRODUCCIÓN: tenemos aquí dos cuadros que representan la condición de todos los seres humanos, y nos interesa mucho saber si estamos en uno o en otro. A los que entran en el más allá lo que les clasifica es: «con» o «sin» Cristo. ¿Cómo considera la Sagrada Escritura a unos y a otros?

1. Sin Cristo:

a) Muertos (2:1): cítense como ejemplo las palabras del hijo pródigo (Lc. 15:32) y la sentencia de Dios (Gn. 2:17). Adán no murió aquel día, literalmente, pero empezó a morir; y así es el caso con todos los que tenemos vida.

b) Esclavos de Satanás (Ef. 3:3): conforme a la condición de este mundo concierta con Ro. 3:23, pero esto no nos libra dé responsabilidad, pues existe nuestra parte cuando dice: «De la carne y de los pensamientos».

c) Hijos de ira: significa expuestos a la justicia divina.

d) Extranjeros a los pactos de la promesa: Dios había hecho preciosas promesas a Israel que han sido transferidas a la Iglesia, pero ninguna es para los que están sin Cristo. Es triste ser extranjero sin documentos, pero más terrible es ser ciudadano de esta humanidad derrotada que corre hacia la frontera de la eternidad sin ciudadanía celestial.

e) Sin esperanza (2:12): la muerte es un salto en las tinieblas *(anécdota: la enfermera de Voltaire, Sra. Rechilieu, que preguntaba después a cada enfermo que entraba en el hospital: «¿Es usted cristiano?», por el horror que le produjo la agonía de este célebre ateo).*

f) Sin Dios: Él es el áncora del alma, sobre todo en la muerte, pero el infiel va de un lado a otro; piensa: «No hay Dios», y si lo hay, es un ser lejano y extraño para él.

2. Con Cristo: el cambio glorioso ocurre al entrar en relación con Él. Por su mediación somos hechos...

a) Cercanos (2:13): físicamente quedamos igual, pero moralmente muy diferentes. Dos personas pueden estar cerca y muy lejos una de otra.

b) Reconciliados (2:16): la causa de la enemistad es el pecado; ahora lo muerto es el pecado y nosotros vivos para Dios.

c) Escogidos (1:4): la relación con el Señor es cambiada totalmente (ej.: dos esposos reconciliados: se opera un cambio total). La iniciativa es suya, el amor procede de Él y se mantiene (v. 5).

d) Hijos (Jn. 1:12): el hijo pródigo, entre cerdos o sentado en la mesa del Padre.

e) Santos y sin mancha: así nos ve Dios por Cristo y así seremos en la eternidad. Vendrá un tiempo en que el pecado será un recuerdo triste como un mal sueño.

CONCLUSIÓN: ¿Vale la pena pasar de una condición a otra y mantenernos en ella en una posición ascendente tal como la presenta el apóstol en esta porción bíblica?

542. *CONSECUENTES CON NUESTRA FE*
(1 Corintios 9:16-27)

INTRODUCCIÓN: uno de los más grandes defectos de los seres humanos es la inconsecuencia. Por ejemplo: Un joven dice que ama a una chica, pero dentro de poco demuestra con sus hechos que no es así. La inconsecuencia es otra palabra más suave para designar hipocresía o mentira. Los cristianos ¿somos hipócritas? ¿Queremos serlo? ¡De ningún modo! Es seguro que si Jesús nos preguntara como a Pedro «¿Me amas?», le diríamos de corazón: «Sí, Señor. Tú sabes que te amo». Sin embargo hay en nuestras vidas mucha inconsecuencia consciente o inconsciente. Hay matrimonios que no se aman y lo parece en muchos aspectos y otros que se aman y parece como si no. ¿Somos nosotros consecuentes con nuestra fe? ¿Procedemos de acuerdo con lo que profesamos creer?

1. ¿Qué creemos, pues?

a) Creemos que todos los hombres somos pecadores y que Cristo murió para que los que le acepten y entren en una nueva relación con Él nazcan de nuevo por el Espíritu Santo y sean salvos por la eternidad.

b) Que los perdidos lo son por su falta de fe, de amor y de gratitud a Dios, por ello serán condenados y separados de su Creador.

c) Que Dios nos ha encargado ser embajadores suyos al mundo perdido (2 Co. 5:20).

d) Que si somos fieles a este deber, Dios nos premiará con creces en la eternidad.

2. ¿Lo creemos de veras? Supongamos que alguien nos ofreciera mil duros por cada persona a quien llevemos al Evangelio. ¿No es cierto que haríamos algo más que lo que hacemos hoy día sin mucho esfuerzo? Hay diversas razones que nos conviene considerar una a una:

a) La compasión del Señor apela a nuestra compasión (Mt. 9 37): ¿No es maravilloso esto? A veces nos compadecemos de alguien sin recursos y quisiéramos ayudarlo, pero no podemos enjugar las lágrimas de todo el mundo. Nuestros recursos materiales no lo permiten, pero no es así con las riquezas de la gracia. El Señor Jesús se compadece por aquellos pecadores por los cuales murió, pero siguiendo sus propios principios no puede salvar a nadie sin el proceso de la fe que engendra el nuevo nacimiento, el amor y la gratitud permanente ahora y por los siglos.

b) Jesús vio una multitud cansada, hambrienta y necesitada de comida.

c) Pero necesitó los cinco panes y los dos pececillos del jovencito y a los discípulos para que repartieran aquel sobrenatural alimento.

3. La parábola de un predicador: un predicador famoso se figura a Jesús volviendo al Cielo y al arcángel Miguel diciéndole...

–¡Señor, has hecho un gran sacrificio en favor de los pecadores del mundo, ¿y qué has dejado arreglado en la Tierra para que no se malogre lo que tú has hecho por ellos, para que muchos se enteren y lo acepten?

–A mis discípulos, que lo creen y lo dirán a otros con más o menos dificultades y con más o menos exactitud a través de los siglos.

–¿Y si éstos fracasan? ¿Y si son indolentes y lo descuidan? ¿Has provisto algún otro medio para dar a conocer las Buenas Nuevas?

–No, no existe otro medio. La Buena Nueva tiene que ser proclamada por pecadores que hayan tenido la experiencia de la redención. ¿No os habéis fijado de qué manera nuestro Creador de todo ha establecido la continuación de la vida física en el mundo por medio de la naturaleza? Una semilla tiene que engendrar a otra y un ser físico animal tiene que reproducirse y comunicar su vida a otro ser vivo que crecerá y cumplirá el mismo papel de progenitor de otro ser vivo. Pues así ha de ser en el Reino de la gracia, unos pecadores tienen que comunicar a otros las Buenas Nuevas.

Y continúa el predicador en su imaginativa parábola:

–¿Y no podían hacerlo los ángeles?

–No, los ángeles son seres de otra naturaleza, no podrían decir: Yo era un pecador a quien Dios salvó, pero esto lo dirán los seres humanos a otros con mayor o menor inteligencia, con más o menos fervor. Es la ley universal de la vida, tanto en el mundo físico como en el espiritual.

4. El mundo nos llama: parece que no, dada la actitud de la mayoría de los hombres, pero no es la multitud lo que vale o importa, sino el estado de los pecadores. Un ciego no puede ser guía de otro ciego a menos que haya recobrado la vista. Así es en el orden espiritual.

5. Nuestro propio corazón nos impulsa, cuando nuestra conciencia está afinada a la altura espiritual debida. El cristiano fervoroso tiene deseo de salvar a otros, y ¿quién no ha sentido remordimiento después de haber estado hablando con una persona durante media hora de negocios materiales si no le ha hablado del Señor, por timidez o lo que sea? Debemos tener en cuenta que ellos no lo buscarán. Somos nosotros quienes debemos empezar. ¡Cuántas veces al terminar una conversación con otra persona no creyente nos hemos apostrofado a nosotros mismos por nuestra timidez!

6. Algunos principios prácticos:

a) Proponernos no tener más de 15 minutos de conversación con las personas sin hablarles del Señor.

b) No salir nunca de casa sin folletos: facilita el trabajo cuando no sabemos cómo empezar.

c) Tener una lista de las personas a las que hemos hablado y examinarla cada semana y ver cómo podríamos volver a reanudar su amistad espiritual con ellas, aprovechándonos más o menos de la amistad material.

d) Orar por estas personas.

e) Si alguien muestra interés, ofrecernos para acompañarla a alguna iglesia cristiana.

f) No dejarla, una vez hemos conseguido levantar su interés para las cosas del Señor, pues es seguro que encontrará dificultades de parte del enemigo y debemos ayudarla a vencerlas.

g) Buscar la colaboración de otros creyentes: el pastor mismo necesitará sin ninguna duda filones de interés, y siempre deberemos estar prontos para facilitarle la dirección de un nuevo interesado.

7. La recompensa prometida: todo dependerá en el Cielo de lo que hayamos hecho aquí *(anécdota: una señorita que había trabajado durante un año con una creyente, al comunicarle ésta que había aceptado a Cristo la felicito, pero añadiendo: «¡Yo debía haber sido suya, si usted no hubiese tenido tanto miedo de hablarme de estas cosas!»).*

CONCLUSIÓN: todos aquellos que creemos, seamos consecuentes con nuestra fe, para que el Señor pueda ver y premiar la sinceridad de aquello que profesamos y a veces cantamos en la Iglesia con todo entusiasmo; pero cantar no es suficiente, sino vivir y trabajar para el Señor, aprovechando todas las oportunidades.

543. *DÍA DE ELECCIONES* *(Josué 24:15)*

Un mensaje a propósito para tiempo de elecciones políticas, pero que puede ser usado en cualquier momento, ya que siempre hay almas que necesitan tomar una decisión para Dios.

1. Elección obligatoria: Josué exige que el pueblo se decida entre Dios y Baal. No podían servir a ambos a la vez. Así es, y será siempre, entre Dios y el mundo.

2. Elección personal: cada cual tenía que pesar las razones tanto en pro como en contra de la religión pagana o la de sus padres, la de Jehová.

3. No podían confiar este asunto a ningún consejo o junta de vecinos, debían obrar individualmente, lo mismo los del pueblo que su jefe. La religión de Cristo ha sido y es siempre una decisión personal, porque cada cual dará a Dios razón de sí (*véase* Ez. 18:20).

4. Elección voluntaria:

a) «Escogeos»: Dios no quiere servidores forzados, cada cual puede aceptar o rechazar libremente la salvación que se le ofrece.

b) El deber de Josué, como el de todos los predicadores, es poner de manifiesto las consecuencias. Jesús habla de dos caminos y sus respectivos destinos (Mt. 7:13, 14). En 2 Ts. 1:6-9, tenemos un cuadro gráfico de lo que ha de ocurrir un día.

5. Elección urgente:

a) Lo era para el pueblo, porque tenía que esparcirse por la tierra de Canaán y afrontar los consejos de quienes la habitaban. Así nosotros con el mundo.

b) El pueblo había estado demasiado tiempo indeciso: ¿No te ha esperado Dios a ti pecador por bastante tiempo? ¿Cuánto hace que oíste por vez primera el Evangelio?

c) Las pérdidas que han de experimentar los que rechacen el Evangelio son muy superiores a las que sufriría el pueblo de Israel porque Dios tiene planes muy superiores para los elegidos y llamados en esta dispensación de la gracia, que los que eran prometidos a los de la dispensación de la Ley (*véase* Ef. 1:11-14).

6. Magnífico ejemplo de elección:

a) La decisión de Josué implicaba un propósito bien decidido: «Yo y mi casa». En aquellos tiempos los padres tenían una autoridad sobre los hijos que hoy no tenemos, pero es todavía muy importante la autoridad moral del buen ejemplo. En las casas donde se practica el culto familiar, la separación del mundo así como la unión espiritual y moral de ambos cónyuges, es muy probable, por no decir seguro, que los hijos seguirán el camino de los padres.

b) La elección de Josué era bien motivada, pues significaba renunciar a servir a dioses mudos y tener en cuenta en todos sus caminos al Dios vivo y verdadero (cap. 1:5), quien había prometido proteger y prosperar, en todos los aspectos, a todos los que le fueran fieles.

c) Es indudable que el ejemplo de un líder nacional como Josué había de ejercer una poderosa influencia sobre otros padres de familia y jefes de tribu. Nuestra decisión y nuestro ejemplo ejercerá sin duda una influencia eficaz en nuestra vecindad y en nuestro pueblo, siempre que sea atestiguada con palabras y con hechos, y no simplemente de boca.

544. *EL APOSENTO ALTO* *(Marcos 14:12-25)*

INTRODUCCIÓN: cada vez que celebramos la Cena del Señor nuestros pensamientos se concentran en el Señor Jesucristo reunido con sus doce apóstoles en un lugar especial que se llama en la Escritura «el aposento alto». *(Ilustración: ¿Cómo es que Él fue allí? Un discípulo de Jesús, pariente lejano de Juan y padre de Juan Marcos, tenía en Jerusalén una casa, cerca de la puerta oriental –de lo que hoy se llama «el Muro de las Lamentaciones»–, y aquel discípulo, junto con su esposa María, tuvieron una idea luminosa. Se acercaba la Pascua y el Señor Jesús probablemente irla a Jerusalén y necesitaría un lugar espacioso y retirado para celebrar la Pascua en la intimidad, con el grupo familiar de apóstoles que le seguían por todas partes. El hombre tuvo una gran sorpresa cuando uno de sus criados entró en la casa con una gran jarra de agua y, a los pocos minutos de la llegada del criado, dos hombres irrumpieron en la casa preguntando:*

–¿Dónde está el lugar preparado para que el Señor celebre la Pascua?

–¿Quién os lo ha dicho que yo tenía esta intención y que este hombre del cántaro venía aquí, si yo no lo había dicho a nadie?

–Pues el mismo Maestro es quien nos ha indicado el lugar.

–Claro, este Maestro es un gran profeta y lo sabe todo.

Quizás le daría un poco de miedo, pero también una impresión de privilegio. Recordaría los casos del Antiguo Testamento, de la viuda de Sarepta y del matrimonio de Sunem. ¿Le vería hacer algún milagro de los que contaban que hacía este gran profeta? Pero era también un compromiso. Los fariseos, dueños del templo, habían decretado que cualquiera que ayudase

a Jesús fuera excomulgado de la sinagoga. ¿Habría quizás alguna duda en su corazón que retrasó la invitación espontánea hasta que los discípulos de Jesús le interrogaron? Probablemente Jesús mismo los envió para ayudarle a decidirse, que cuando fuese al templo y viese las caras furibundas de los sacerdotes, se asustase y los preparativos quedaran en nada y Jesús quedara sin aposento y él sin Jesús. Por eso es, tal vez, que Jesús le compromete enviándole a sus discípulos, y su pregunta era como decirle:

–Has tenido un buen deseo; bien, lo acepto; y ahora ya no puedes echarte atrás.

Me figuro que si algún temor o duda albergaron en su alma, quedaron desvanecidos. Uno que podía saber lo que él pensaba era digno de que no se le regatease nada sin temor, pues era tan poderoso que sin duda vencería a sus enemigos. ¡Qué sorprendido quedaría cuando vio cómo iban las cosas! Jesús va y celebra la Pascua con sus discípulos. Parece que la familia no participó de la comida, pero me imagino que el hombre se quedaría escuchando las palabras de Jesús aquella noche:

–Tomad, comed... tomad, bebed... esto es mi cuerpo; haced esto en memoria de mí.

¡Qué raro que se derrame la sangre de un cordero recordando aquella noche de la primera Pascua en Egipto! ¿No es extraño que se derrame la de un hombre, la del propio profeta? ¡Es aún más extraordinario! Y luego, consideraciones y promesas tan sublimes:

–No se turbe vuestro corazón... Yo y el Padre somos una misma cosa... Todo lo que oidiereis al Padre en mi nombre, esto haré... Ya no estaré mucho con vosotros, pero para que el mundo conozca que amo al Padre y que él me envió, levantémonos y vayámonos de aquí.

Se irá a dormir, y de repente, golpes apresurados le despiertan. Son los mismos apóstoles antes reunidos en aquel lugar, pero Él no está. ¿Qué ha sucedido? Los espantados apóstoles le cuentan con rapidez el arresto de Jesús en el huerto y él se ofrece para que estén en la casa hasta que se decida el terrible suceso que él jamás podía imaginarse que acabara tan mal. Y llega el domingo de Pascua y aquel aposento alto es objeto de la visita de Jesús, pero no por la puerta, sino atravesando las paredes. Los discípulos esparcen yendo a dar las nuevas a Galilea, donde había mucha más gente que había conocido y amado a Jesús. Los discípulos vuelven reanimados tras las entrevistas de Jesús en un monte y luego en la playa, y el temeroso discípulo igual que ellos, espera que Jesús vuelva para cumplir sus promesas, deshaciendo -según piensa- a los romanos y estableciendo su Reino. Pero nada de esto ocurre. El hombre enferma, lo mismo que su esposa, pero su espíritu encuentra de nuevo a Jesús en el Reino celestial y oye probablemente las palabras:

–Muy bien hiciste; entra en el gozo de tu Señor. Millones han de creer y testificar de mí, siendo fieles hasta la muerte, sólo entonces va a cumplirse la resurrección y el restablecimiento de mi Reino sobre la Tierra).

Esta historia imaginativa, pero bien basada en los relatos del Evangelio, nos enseña que...

1. Cada uno de nosotros debe preparar un aposento bien aderezado para el Señor:

a) Es conveniente que cuando una persona acepta a Cristo esté preparada y sepa lo que hace. Tengo un concepto claro del plan de la salvación. Aunque hay excepciones, lo más natural es que haya concurrido a suficientes servicios religiosos para entender que debe:

–Aceptar a Cristo como Salvador personal.

–Qué es la vida cristiana y cómo vivirla para honrar a su divino Redentor y Maestro.

b) Algunas veces empero el Señor mismo se adelanta, trayéndonos a circunstancias que nos pongan en relación con su Evangelio, dándonos el propósito, quizá, de cambiar de residencia o haciendo que otras personas creyentes se pongan en contacto con nosotros. Si Jesús no hubiese conocido el corazón de aquel discípulo, no hubiese insistido en comprometerle. Creo que hay muchos aposentos altos ya preparados en esta sala; no desdigáis la voz del Señor en las predicaciones y en las instrucciones a vuestros amigos cristianos.

2. Debemos darle un aposento grande: el mayor y mejor lugar en vuestro corazón. Hay quienes quieren darle sólo un aposento pequeño, que Jesús ocupe un pequeño lugar en sus vidas; no quieren ser fanáticos. Con media hora de religión a la semana basta, pero Jesús se merece todo el corazón y la vida, como le han ofrecido millones de discípulos y siervos a través de los siglos.

Decidle: «Señor, mereces tomar posesión de toda mi vida, de todas mis actividades; quiero llevarte conmigo siempre». Como dice el apóstol Pablo: «Si pues coméis o bebéis o hacéis otra cosa, hacedlo todo para gloria de Dios».

3. Debemos darle un aposento alto: el aposento alto de las casas judías era el más apreciado. Abajo estaban los animales; hacía mal olor. Debemos tener siempre un lugar alto para nuestro querido Señor. Elevar nuestra consagración.

CONCLUSIÓN: solemos cantar «¡Oh llévame a la Roca más alta, Señor; llévame Señor, yo te seguiré...»; pero, ¿queremos seguirle de veras? El Señor está arriba, muy arriba, por encima de las vanidades y futilidades de esta vida. Nosotros le cantamos: «Cerca más cerca, oh Dios de ti. Cerca yo quiero mi vida llevar». Que esos dos cánticos sean una realidad en nuestras vidas y corazones si queremos que Él nos dé un lugar amplio en la Casa del Padre. El apóstol Pedro dice después de una serie de consejos magníficos: «De esta manera os será facilitada una amplia entrada en el Reino eterno». Que así sea con cada uno de nosotros.

545. *EL PEOR NEGOCIO* *(Mateo 16:21-27)*

INTRODUCCIÓN: en una lección de contabilidad, en un colegio, se hizo la pregunta sobre este tema. Tras muchas respuestas una niña contestó: «El que gana todo el mundo y pierde su alma». Algunos hombres ambiciosos han intentado lo primero: Alejandro, César, Atila, Napoleón, Hitler; ¿de qué les sirvió? El hombre es tan ambicioso como débil y esto demuestra que es un ser espiritual caído: «Seréis como dioses», dijo Satanás; pero omitió la sentencia «moriréis». Para Cristo, que mira esta vida a la luz de la eternidad, el éxito del más afortunado o poderoso es un terrible fracaso.

¿Por qué?

1. Porque no hay nada más importante que el alma. Por las siguientes razones:

a) Nuestra alma es nuestro yo: no nuestro cuerpo material, que cambia su sustancia cada siete años, pero el alma queda.

b) No es nuestro cerebro: cerebros grandes de animales, y aun humanos, no son más inteligentes que los más pequeños.

c) Nuestra alma es superior a nuestro cuerpo: maravilloso como es el cuerpo, no es sino un vil estuche. Algunos animales tienen dones que no posee el hombre por ejemplo el águila; pero no nos cambiaríamos por ninguna bestia. Tenemos una filiación y origen superior.

d) Nuestra alma lleva la imagen de Dios: ¿Qué es lo que da valor a un billete de banco? ¿En qué consiste la imagen ?

–Inventiva.

–Conciencia.

–Espíritu religioso o afán de conocer el porqué de las cosas.

Nada de esto tienen los animales.

e) Nuestra alma es eterna: nos lo asegura Cristo, confirmando el presentimiento de nuestra conciencia. No hay pueblo que no tenga idea de la inmortalidad. Esta idea no es humana (pues es bien contraria a la apariencia), sino divina. Para Dios no hay muertos (Mt. 22:32).

f) Nuestra alma está en peligro de perderse: Dios no puede hacer nada por un alma rebelde y ambiciosa, manchada por el pecado (Ez. 18:4). A Cristo, que conocía las cosas de la otra vida, le causaba terror la idea de la pérdida del alma (Mt. 5:29-30). Él mismo dio su propio cuerpo a nuestro favor, prueba de la importancia que daba a nuestras almas.

g) Nuestra alma es única: no hay muchas reencarnaciones. El privilegio de ser salvo es una vez (Ro. 3:23), aunque haya atenuantes de responsabilidad. El «pecado imperdonable» es contra el Espíritu Santo, o sea, rechazar su voz en nuestras conciencias.

2. Cristo pone en nuestras manos el destino de nuestras almas: «El que quiera salvar su vida, la perderá... » ¿Y no queréis venir a Mí? «El que quiera, tome» (Ap. 21:6). Por eso dice con tanto énfasis: «¿De qué aprovechará... ?» *(anécdota: el guerrero que pierde la última batalla, como Napoleón, y el empresario que pierde su último negocio. Anec, el rico moribundo que decía: «Voy a un lugar donde no podré gozar del fruto de mis ganancias»).*

3. Los dos términos del problema: ¿Por qué los puso Jesús? Porque sabía que son muchos los que han intentado ganar el mundo y han

perdido su alma. Algunos tratan de aprovechar la vida y obtienen pérdidas aquí, y finalmente la del alma.

4. La solución del problema: poner a Dios primero (Mt. 6:33). El mismo Jesucristo pasó por el dilema, por amor a nosotros. Nos puso a nosotros primero. Para aprovecharse de su sacrificio es necesario asumir su misma actitud, tener su mismo espíritu. Creemos que ésta fue su principal preocupación en su oración pontifical: si nosotros no seríamos para El lo que El fue para nosotros (Jn. 17:17-19).

CONCLUSIÓN: ¿No queremos dar a Cristo un poco de nuestras vidas pasajeras para que Él salve nuestras almas eternas? ¿No queremos negarnos a nosotros mismos y tomar su cruz? Hay quienes quisieran ser salvos sin coste; estar a la expectativa, y si hay Dios y Cielo, que Cristo les salvara; y si no lo hay, no haberse dejado perder nada del mundo, no haber sacrificado nada para Dios (ej. los dos caminos de Mt. 7:13, 14). Jesús nos asegura que hay Dios y Cielo, pero también que hay la inminente pérdida del alma como resultado de una vida sin Dios. ¿Qué presentarás a Dios como recompensa por haberte dado el alma? Nada vale ante Él sino el haber aceptado a Cristo (coméntese la respuesta de Jesús en Jn. 6:25) y haber vivido una vida en amor y gratitud a su sacrificio por nosotros.

546. *INVITACIONES DE CRISTO (Isaías 45:22)*

1. Miradme a Mí (Is. 45:22): aunque se halla este texto en el Antiguo Testamento, es evidente que se refiere a Cristo el Redentor prometido.
2. Venid a Mí (Mt. 11:28).
3. Permaneced en Mí (Jn. 15:4).
4. Aprended de Mí (Mt. 11:29).
5. Venid en pos de Mí (Mt. 4:19).

547. *LIBRES DE TEMOR (Salmo 27:1-14)*

INTRODUCCIÓN: hay muchas personas constantemente dominadas por el temor. Hay temores sanos y temores nocivos. El temor sano se llama también precaución, pero el temor nocivo es siempre un mal y una pérdida. El creyente, miembro de la raza humana, puede estar sujeto a ambos temores. Consideremos el primero por lo útil que puede ser:

1. Temor sano: el cirujano teme dañar a su paciente. El piloto en cometer un error en el manejo de su avión. El orador o escritor en equivocar sus conceptos; aun estos temores sanos pueden ser aminorados y quitados por medio de la fe (Sal. 34:4, 5).

2. Temor nocivo: pero hay temores infundados, de los que Dios quiere vernos totalmente libres, y es lo que nos enseña este salmo. Durante la lectura de la Palabra de Dios, podemos escuchar repetidamente la exhortación de «no temas» (*véase* Gn. 26:24; Dt. 31:8; Jos. 1:9; Sal. 27:1; Is. 35:4, 41:10, 43:1).

3. Tipos de temores a vencer:

a) Temor al fracaso: este temor inhabilita para muchas cosas buenas. Hay que pedir a Dios que nos dé juicio y visión para entender cuándo el temor al fracaso puede ser justificado y cuándo es un ardid de Satanás.

b) Temor al peligro: hay personas que temen viajar en barco o avión por haber conocido a alguien que sufrió un accidente o pereció en él. Tales temores tienen muchas veces por motivo la falta de fe.

c) Temor al futuro: muchas personas, al envejecer, temen cómo han de vivir o lo que sucederá cuando sus hijos abandonen el hogar. David había encontrado un recurso muy eficaz contra el temor (Sal. 56:3) y esta misma experiencia es la que hizo Pablo y muchos otros servidores de Dios.

d) El temor a la muerte: este temor es común a la naturaleza humana y los creyentes pueden ser inevitablemente sujetos a él (He. 2:15), pero las promesas de Cristo y las afirmaciones de Pablo en 2 Co. 5 pueden ahuyentar este temor.

4. Resultados del temor:

a) Debilita la salud (*véase* Job 4).

b) Paraliza la voluntad.

c) Produce el fracaso espiritual: quita la paz, la alegría, la serenidad y el poder de dar testimonio. El creyente asustado por cualesquiera motivos está vencido. El apóstol decía: «Todo lo puedo en Cristo que me fortalece».

5. Modos de desarraigar el temor:

a) Persuádase de una vez para siempre que la voluntad de Dios es que seamos libres de temor (*véase* Mr. 4:35-41).

b) Asegúrese de que usted tiene el deseo de ser librado de temor, pues hay quienes no quieren ser libres; parecen sentir placer en hablar de su mala salud, de los malos tiempos que les rodean para no enfrentarse con responsabilidades (*véase* Jn. 5:5).

c) Haga una decisión acerca de sus temores. En vez de esconderlos sáquelos a la luz, pero no por el placer morboso de hacer partícipes a otros, sino con el propósito de vencerlos. Escríbalos y piense en la manera de suprimirlos.

d) Pida a Dios que quite sus temores, confiando en que Él obrará, si alguno llegara a cumplirse (Sal. 34:4).

548. *LLEVADOS POR LA CORRIENTE (Hebreos 2:1-5)*

INTRODUCCIÓN: la carta a los Hebreos no trae el nombre de autor humano y muchos la atribuyen al apóstol Pablo. Habla con una autoridad aun superior a los mensajes dirigidos a personas o Iglesias. El hecho de que esté en el N.T. debería bastar, pues la Iglesia Primitiva de los mártires es la que mejor podía recordar las maravillas que cita, por tanto tiene el sello del Espíritu Santo en cada frase. Es una revelación de Dios para que comprendamos mejor el A.T. Hebreos es la llave de los libros levíticos escritos para los hijos de Abraham aferrados en la primera revelación. Nosotros separados por muchos siglos de aquel tiempo venimos de hecho a recoger las migajas de esta carta inspirada y que bien saben a nuestro paladar espiritual.

1. La grandeza y dignidad del Hijo de Dios: había en la Iglesia Primitiva quienes no negaban a concebir que el Todopoderoso pudiera convertirse en hombre y se inclinaban a considerar a Jesucristo como un ángel de Dios elegido para efectuar la redención de los hombres, pero Hebreos empieza refutando esta idea gnóstica y cita diversas frases del Antiguo Testamento, que dan a comprender que el Mesías es un ser superior a los ángeles, que él era y es una revelación del Dios eterno (vv. 2, 3).

2. Atención para no ser arrastrado por la corriente: ésta es la traducción de la palabra «napapuomen», que en las versiones antiguas de la Biblia era traducida «no nos deslicemos», pero al estudiar la palabra griega descubrimos que es más significativa y más exacta la expresión «vayamos a la deriva» y concierta mejor con el contenido de toda la epístola que es no dejarse llevar por las corrientes doctrinales que amenazaban la Iglesia en aquellos tiempos primitivos.

3. La roca de los siglos: David no sabía nada de las doctrinas equivocadas con que Satanás mantiene las innumerables divisiones de la Iglesia de Cristo a través de los siglos, pero procurando enaltecer al Señor desde el punto de vista del Antiguo Testamento llama a Dios «mi roca y mi refugio» (Sal. 62:5-7), y el mismo Señor Jesucristo ilustra esta idea con la parábola del hombre que edificó su casa sobre la roca y el que la construyó sobre la arena. En el mundo existe una corriente malévola en medio de la cual tiene que mantenerse el creyente fiel apoyándose en algo tan sólido como fue la encarnación del Verbo de Dios, quien vino a destruir la muerte, y sacar a luz la vida y la inmortalidad por el Evangelio. Para esto es necesario que el autor del libro de Hebreos explicara la superioridad de Cristo sobre todas las otras revelaciones traídas al mundo por el ministerio de ángeles. Tales pueden considerarse las teofanías circunstanciales que se revelan a través de todo el Antiguo Testamento, pero ninguna de estas revelaciones fue una encarnación, el misterio de Dios hecho hombre con un cuerpo visible y tangible de carne humana es un misterio inimaginable para los hombres en su condición limitada de hombres, pero es el argumento presentado y defendido en todo el contenido de la carta a los Hebreos. En los tres primeros capítulos se declara y defiende...

a) La dignidad del hombre por encima de todos los seres creados.

b) La súper categoría de los ángeles que habitaron un día este planeta.

c) El inmenso secreto del hombre-Dios Cristo Jesús.

4. El mundo habitado por ángeles: esto es lo que nos descubre el He. 1, y se halla expuesto en figuras retóricas simbólicas en Is. 14 y Ez. 38,

pero el texto que nos da más luz sobre este pasado misterio es He. 1 y el que más emociona por revelar el admirable secreto acerca de nuestra vida presente y la futura...

a) El autor naturalmente se basa en textos del Antiguo Testamento y por esto aparecen expresiones un poco raras como:

–«Yo te he engendrado hoy».

–«Y a sus ministros llama de fuego».

–«Has amado la justicia y aborrecido la maldad, por lo cual te ungió Dios, el Dios tuyo con óleo de gracia más que a tus compañeros».

b) Pero en cambio hay versículos que no tienen explicación, limitándonos al contexto del Antiguo Testamento, pero que son revelados ampliamente en todo el Nuevo Testamento, y están en el mismo capítulo 8:

–La declaración enfática: «mas el Hijo dijo Tu trono, oh Dios, por el siglo del siglo»

–Y en los vv. 10 y 2 «Tú, oh Señor, en el principio pusiste los fundamentos de la Tierra».

–Y el v. 12: «pero Tú eres el mismo y tus años no se acabarán», lo cual da inevitablemente la seguridad de que el lenguaje que en el Antiguo Testamento es un misterio, en el nuevo se cumple. A ningún ángel le ha dicho Dios jamás «siéntate a mi diestra».

c) Hebreos es, pues, una interpretación cristiana de la realidad de que Jesucristo-hombre era y es el Hijo de Dios por excelencia igual a la misma divinidad, a pesar de haber aparecido en el mundo en forma de hombre para ser semejante a los hombres y poder sufrir en su cuerpo físico para efectuar la redención (2:1-5).

5. Una advertencia indispensable: la grandeza de tan elevado misterio exige una atención excelsa. Dios ha usado en los tiempos bíblicos, y según evidencias de la historia y también en los actuales, a los ángeles como protagonistas de su revelación y cuidados por los que por la fe hemos venido a ser hechos hijos de Dios. De los caps. 3 al 9:22 es especialmente para los creyentes judíos, y del cap. 10:19-13, una exhortación que abarca a judíos y gentiles los hechos hijos de Dios por la fe en Jesucristo. Después del resumen de estas verdades en los vv. del cap. 21, sigue una curiosa exaltación del ser humano como digno de ser atendido por Dios y sus ángeles como un ser especial que, por estar perdido en los deleites y pecados del mundo necesita la especial misericordia que Dios ha tenido por los creyentes desde el tiempo de Abraham y en el resto de los cap. del 3 al 11:40 los triunfos de la fe. El resto de los caps. 12 y 13 los deberes prácticos que el cristiano fiel debe asumir para negar a la gloria y obtener de ella una amplia entrada en el Reino eterno. En este estudio nos limitaremos al antedicho resumen que ofrece.

CONCLUSIÓN: éstas son las garantías de nuestra fe (2:3, 4). Evidentemente, el autor de Hebreos, inspirado por Dios, presentía o le era revelado que el culto al Dios vivo que vino a enseñarnos Jesucristo, era muy superior al culto mosaico que había sido manipulado por los escribas de su tiempo y que Jesús había tenido el cuidado de rechazar con una autoridad que podía haber parecido extraña a sus enemigos, pero que era una realidad porque quien decía osadamente «¿Oísteis que fue dicho a los antiguos... mas yo os digo?». Quien podía decir esto era sólo un ser divino, no un simple carpintero de Nazaret y su autoridad había sido demostrada y vindicada por todos los milagros realizados por su divina persona confirmada por los hechos que eran patentes entre los cristianos de la primera generación Dios había obrado milagros no solamente por medio del Hijo encarnado, sino también por la primera generación de cristianos, entre los cuales Dios había realizado milagros espirituales, como la liberación de Pedro de la cárcel y la conversión del gran enemigo de los cristianos, el apóstol Pablo, de lo cual el mismo apóstol pudo decir ante el rey Agripa: «Todo esto es público y notorio, pues no ha sucedido en ningún rincón».

–La liberación de Pedro de una cárcel tan bien asegurada como aquella, era un testimonio innegable para el antecesor de Agripa, el rey Herodes, que solamente podía ser explicado por la intervención de un ángel Dios había empezado a usar a sus ángeles como servidores de los que debían ser herederos de la salvación por los siglos de los siglos.

–No era, pues, cuestión de elevar a estos servidores a la categoría de seres adorables y muchos otros milagros. Nos dice este texto y el del fiel reseñador de los hechos de aquellos días, el médico Lucas, que había investigado todos los relatos que cuenta de la vida de Jesús

como de la del apóstol Pablo con fiel y cuidadoso esmero.

–A través de la Historia de la Iglesia han sucedido también fenómenos admirables en las misiones modernas y en la experiencia de muchos cristianos que no tienen otra explicación que la presencia de algún ángel de Dios

Nota: documéntese para referir algunos de tales hechos en el libro de Billy Graham *¡Ángeles! ¡Ángeles! ¡Ángeles!*, y *El espía de Dios,* de Christ Panos, y otros relatos auténticos de tiempos modernos como los de «la vida de Paton».

549. PERMANECED FIRMES (Colosenses 1:23)

Ha costado grandes batallas a algunas almas el obtener esperanza y la lucha continúa toda la vida, porque el enemigo está vivo y procura siempre poner dudas y obstáculos en el camino de la fe. Pero Pablo, que conocía la certeza del Evangelio por experiencias propias y por el testimonio de aquellos que habían visto al Señor, exhorta a los colosenses –que habían sido objeto de una propaganda de cristianos heréticos llamados gnósticos que no creían en la plena divinidad de Cristo (caps. 2:8 y 9) y de otros llamados judaizantes que les intimaban a que se circuncidarán y cumplieran las órdenes del judaísmo si querían ser salvos– a que no se dejaran engañar, ni de unos ni de otros sino que permanecieran firmes en la fe pura que les había predicado Epafrodito, o sea Epafras, uno de los ayudantes del apóstol Pablo, fundador de la Iglesia de Colosas y probablemente también de la de Laodicea y Hierápolis...

1. Lo que comprende esta esperanza:

a) Una esperanza de plena salvación por la obra redentora de Cristo Jesús (v. 14).

b) De participar de la herencia de los santos en luz (v. 12. Compárese con Ef. 1:11).

c) Esperanza de feliz perseverancia. Dios completaría en ellos la obra comenzada (Fil. 1:6).

d) De la resurrección (1 Co. 15:20-23; Jn. 5:25). Parece que Pablo había recibido mucha luz de Dios acerca de este gran misterio, que Cristo afirma sin detallarlo tanto como el apóstol lo hace en 1 Co. 15.

e) De la Segunda Venida (1 Ts. 1:19).

2. Fundamento de esta esperanza:

a) La supremacía de Cristo (1: 15-20).

b) La soberana voluntad de Dios (v. 19).

3. ¿Cómo podemos movernos o apartarnos de esta esperanza?

a) Por doctrinas erróneas, como las que habían llegado a estos creyentes, hoy día existen muchas más, de todo tipo y procedencias.

b) Por sustituir la fe por emociones o sentimientos: los sentimientos cambian, pero la fe en Cristo es inmutable.

c) Por falta o exceso en la fe: hay quienes siempre van detrás de ideas modernas, y cambian, según el último predicador que oyen.

d) Por causa de persecución o miedo a las burlas o al ridículo.

4. ¿Por qué no queremos movernos de esta esperanza?

a) Porque no hay nada que pueda sustituirla (Jn. 6:67-69).

b) Porque por las obras nadie puede ser justificado (Ro. 3:20).

c) Porque es una esperanza firme y segura (He. 6:19).

d) Porque es imposible que Dios mienta (He. 6:18).

e) Porque nosotros nunca tendremos que arriesgar lo que arriesgaron y sacrificaron los mártires del Señor en todos los siglos; ellos nos son ejemplo de firmeza y de fe. La palabra de Dios dice: «El que en Él creyere, no se verá confundido» (Ro. 9:33).

550. *SIETE RESPUESTAS A LA PREGUNTA DE PILATO (Mateo 27:22)*

«¿Qué, pues, haré de Jesús?» (Mt. 27:22).

1. Óyele (Mt. 27:20).
2. Créele (Hch. 16:35).
3. Confiésale (Ro. 10:9-10).
4. Obedécele (Jn. 15:14).
5. Síguele (Lc. 9:23).

6. Sé su testigo (Hch. 1:8).
7. Espera su venida (1 Ts. 1:10).

¿Qué harás tú con Cristo? No puedes ser neutral, pronto tendrás que decirte conmigo, ¿qué hará Él?

551. *LA INSEGURIDAD DE LA VIDA (Marcos 13:33)*

1. El futuro está velado por una misericordiosa dispensación de la Providencia:

a) El sistema nervioso es guardado del miedo y la perspectiva inmediata del «rey de los terrores».

b) Se nos permite tener todo tipo de goce santo de la vida hasta el tiempo de nuestra partida.

c) Tiene un efecto moral saludable en todas las clases:

–Disuade a los rebeldes.

–Mantiene a los justos despiertos.

2. El hecho de la incertidumbre de la vida: tres hechos análogos reclaman nuestra atención. Estos son:

a) La certidumbre de la muerte.

b) La muerte es inevitable: el hombre nace para morir.

c) La cercanía de la muerte: la vida del hombre es corta... y frágil, si bien no podemos decir cuando será su partida. Sólo Dios lo sabe.

–Los hombres son llamados a rendir cuenta en la mitad de su agitada vida.

–Los hombres son tomados en el mismo acto del pecado y de la rebelión contra Dios.

–No sólo los malos son propensos a experimentar una muerte súbita.

3. El deber práctico que enseña. Prestar atención al tema: muchos no hacen caso al tema de la muerte y no están preparados para ella...

a) Esta actitud se desprende de:

–La naturaleza absorbente de las riquezas terrenas.

–Ociosidad, frivolidad.

–Ignorancia.

b) Este descuido nos hará perder el Cielo.

c) Orad y velad: observad estas tres cosas...

–Creed en Cristo: toda la preparación para la eternidad radica en ello. Cristo es el todo en todo.

–Tened comunión habitual con Dios: la comunión con Dios tiene lugar con la conversión. La adopción a la familia de Dios nos abre la relación entre nuestra alma y Dios.

–Vivid una vida cristiana consistente.

CONCLUSIÓN:

–He aquí una advertencia a aquellos que no velan ni oran.

–He aquí una palabra de reprobación a los tibios y a los descuidados.

–He aquí palabras de ánimo para los creyentes expectantes y fervientes.

552. *TRES RESOLUCIONES (Miqueas 7:7)*

INTRODUCCIÓN: el profeta predice un período que corresponde a la primera edad de la era cristiana. «...El día de tu castigo viene, el que anunciaron tus atalayas; ahora será su consternación». (Mi. 7:4). Es el tiempo que nuestro Señor predijo en el cual Jerusalén sería destruida. Entonces la Iglesia sería como una oveja en medio de lobos. Los príncipes en realidad hacían maldad: «...El príncipe demanda, y el juez juzga por soborno...» (Mi. 7:3).

La Iglesia estaba en medio de grandes enemigos. El hombre no podía hallar ningún auxilio en sus semejantes. De manera que los ojos de la fe se volvieron a Dios, sabiendo que Él no les fallaría.

1. La resolución de fe: «Mas yo pongo mis ojos en Jehová, espero al Dios de mi salvación; el Dios mío me oirá». (Mi. 7:7).

a) Las promesas nos dan ánimo.

b) La experiencia nos enseña.

c) El Señor me ordena lo que debo hacer.

d) El compromiso me conforta.

2. La resolución de la paciencia: «...espero al Dios de mi salvación...».

a) Pues Su tiempo es el mejor.

b) Porque vale la pena esperar Sus bendiciones.

c) Porque no seré decepcionado.

3. La confianza de la esperanza: «...El Dios mío me oirá».

a) Aunque mi gemido sea débil, y mi fe poca.

b) Aunque mi pedido sea grande.

c) Aunque otros me desdeñen.

d) Aunque esté solo.

e) Porque Él está cerca.

CONCLUSIÓN: las promesas son como la ropa que usamos; si hay vida en el cuerpo nos abrigan, pero si no, no pueden cumplir esa función. Cuando hay una fe viva, la promesa nos confortará, pero en un corazón frío, muerto e incrédulo, no resulta efectiva. En este caso no tiene más efecto que poner una bufanda a un cadáver.

553. *EL GOZO DE LA SALVACIÓN (Salmo 51:12)*

1. Llena el corazón con dicha (Hch. 8:39; 16:34).

2. Trae consigo una gloriosa experiencia (2 Ti. 2:10).

3. Cambia nuestras vidas (Gá. 2:20; 1 Co. 6:11).

4. Nos da una nueva visión (Sal. 73:22, 25; Jn. 9:25).

5. Pone una nueva canción en nuestras almas (Sal. 9:14; 40:2, 3).

6. Nos convertimos en hijos de Dios (Jn. 1:12; Gá. 3:26).

7. Disfrutamos de las promesas de Dios aquí y por la eternidad (1 Ti. 4:8; Sal. 23:6).

554. *¿QUIERE USTED SER SALVO? (Hechos 16:30)*

1. Confíe en la misericordia de Dios (Is. 55:6, 7; Hch. 16:31).

2. No espere hasta mañana (He. 3:15; Lc. 15:18).

3. Arrepiéntase y confiese sus pecados (Mr. 16:16; Hch. 4:12).

5. Confiese a Cristo ante el mundo (Ro. 10:9, 10).

555. *EL TEXTO DE LA GRAN SALVACIÓN (Juan 3:16)*

1. El Autor de la salvación: Dios.

2. El Objeto de la salvación: todo el mundo.

3. El Procurador de la salvación: su Unigénito Hijo.

4. La oferta y condición de la Salvación: para que todo aquel que en Él cree.

5. Las bendiciones de la salvación: no se pierda, mas tenga vida eterna.

556. *DEL PECADO A LA SALVACIÓN (Isaías 55:7)*

1. El alma debe reconocer el pecado: debe haber un conocimiento cabal de que el pecado es una ofensa a Dios y que lleva al pecador al castigo eterno. El alma debe venir a una posición en la que ya no pueda estar a gusto con una vida de pecado.

2. El alma debe arrepentirse del pecado: arrepentirse significa que el alma está tan apenada por el pecado cometido, que desea abandonarlo y tomar la decisión de no volver nunca más a una vida pecaminosa. El pecado debe abandonarse definitivamente .

3. El alma debe volver al Señor: el alma debe recibir por la fe lo que el Señor ha hecho en la muerte de Cristo, ir al Señor, creer en Él y en Su poder expiatorio y Su gracia salvadora.

4. El alma debe recibir la misericordia de Dios: el Señor mostrará Su misericordia hacia el alma que deje el pecado y se vuelva a El buscando la salvación. La misericordia es un favor inmerecido que el Señor nos da.

5. El alma se regocijará en el perdón de Dios: cuando el alma recibe el perdón de sus pecados y la salvación, se llena inmediatamente de gozo, y el corazón rebosa de felicidad.

557. *EL DESCANSO DEL PUEBLO DE DIOS (Hebreos 4:9, 11)*

Toda la humanidad está buscando algo en lo cual descansar. Todos se preguntan: «¿Quién nos mostrará algo bueno?» La mayoría de la gente lo busca en el mundo, y muy raramente encuentran algo que no acabe desengañándoles. Pero la Biblia revela a Alguien que está deseando derramar sobre la humanidad una paz verdadera y duradera. El Salvador dice, «Venid a mí todos los que estáis fatigados y cargados, y yo os haré descansar».

El descanso que Cristo derrama en este mundo es comparativo. Es mucho más de lo que cualquier persona ha tenido, pero no es completo. Es solamente una prueba del total, del descanso perfecto que vendrá más adelante. A este reposo se refiere el texto de He. 4:9 que dice: «Por tanto, queda un reposo para el pueblo de Dios».

El versículo sugiere tres interrogantes:

1. ¿Qué es el reposo? La noción popular dice que es un cese total de la labor, pero en realidad es algo más que eso. La palabra que

se traduce por «reposo», no denota la acción de guardar el sábado. No es un estado de mero reposo, sino algo mucho más grande, porque el reposo será perfecto y total. Tanto el reposo de Dios de la obra de la creación, como el reposo de Dios de la labor en la Tierra, son figuras y sombras del reposo eterno. ¿En qué consiste en particular? Será:

a) Un reposo del pecado: es para todos los que han sido purificados de todo aquello que es malo.

b) Será un reposo de la pena y los pesares: las penas y angustias vienen a menudo a la vida de los cristianos a causa de los pecados de los demás. Cuando el cristiano es quitado del mundo, no volverá a tener esta clase de problemas. Ahora bien, estas bendiciones son solamente del lado negativo, es decir, no tendrá esto, no padecerá aquello, etc. Pero también hay bendiciones basadas en hechos positivos.

c) Es un derramamiento de la vida eterna, con todo lo que esta conlleva. Es privilegio peculiar y exclusivo de los hijos de Dios.

d) Es estar con Cristo.

e) Es trabajar con Dios sin ninguna fatiga y con el poder para realizarlo plenamente.

2. ¿Cuándo será este reposo? Es futuro: no es un reposo que podamos desfrutar en el mundo. Es cierto que en cierta manera este reposo comienza aquí en este mundo, cuando el alma es renovada. Empieza pues a entender la importancia de mirar no a las cosas temporales que se ven, sino a las que no se ven, que son eternas. Se nos revela cuando hemos terminado con la mortalidad y el pecado. Hasta entonces no podemos entrar completamente ni disfrutar de ese reposo que queda para el pueblo de Dios.

3. ¿Para quién es este reposo? No para todos los que profesan ser seguidores del Salvador. Son una gente peculiar. Son los que aman la santidad y odian la iniquidad y el pecado. Aunque están en el mundo, no pertenecen a él...

a) Para el cristiano, estas palabras están llenas de esperanza y santa consolación.

b) Para el que rechaza a Cristo, estas palabras sólo le llevan a la desesperación.

558. *LA NECESIDAD QUE EL HOMBRE TIENE DE UN REFUGIO* *(Isaías 32:2)*

1. ¿Para qué necesita cada hombre un refugio?

a) Para esconderse de las tormentas de una conciencia acusadora:

–Cada hombre tiene una conciencia.

–No hay tormento más grande que el de una conciencia acusadora.

–La conciencia puede estar adormecida, pero nunca muere.

b) Del poder del pecado que mora en su propia alma:

–Cada hombre ha pecado.

–Ningún hombre es capaz de gobernar los poderes del mal que hay dentro de sí mismo.

c) Del poder de Satanás (1 P. 5:8; Ef. 6:11, 12):

–Ningún hombre puede enfrentarse a Satanás basándose en su astucia o en su poder humano.

–Todo hombre necesita un refugio para estar a salvo de su furia y su poder.

d) De la ira que ha de venir (Hch. 17:31; Ro. 2:5):

2. ¿Dónde ha de buscarse un refugio?

a) Cristo es el refugio para una conciencia acusadora.

b) Cristo es el refugio para escondernos del poder de nuestros propios pecados, apetitos y pasiones.

c) Cristo es el refugio del poder de Satanás.

d) Cristo es el refugio de la ira que ha de venir.

CONCLUSIÓN:

–Usted necesita un refugio.

–El Señor Jesucristo es el refugio que usted necesita.

–Acuda a Él ahora mismo.

559. *LA SALVACIÓN* *(Romanos 5:1-11)*

1. Es de Dios (Sal. 27:1; 37:39; Is. 12:2; 25:9; Sof. 3:17):

2. Únicamente por medio de Cristo:
a) La única puerta (Jn. 10:9).
b) El único Salvador (Hch. 4:12).
c) Su gracia suficiente (Hch. 4:12).
d) Su sangre es eficaz (Ro. 5:9).

3. Condiciones:
a) Perseverancia (Mt. 10:22).
b) Fe y confesión (Ro. 10:9).
c) Receptividad espiritual (Stg. 1:21).
d) Diligencia espiritual (2 P. 1:10, 11).
e) Limpieza espiritual (Ap. 22:14).

4. Al alcance de todos los hombres (Lc. 3:6; Hch. 2:21; Ro. 5:18; 10:13; 1 Ti. 2:4; Tit. 2:11, 12; 2 P. 3:9).

5. Gratuita (Is. 55:1; Ro. 3:24; Ap. 22:17).

6. Debe buscarse (1 Cr. 16:35; Sal. 31:16; 54:1; 85:7; 106:4; 119:41; Hch. 16:30).

7. Es prometida (Sal. 91:16; Is. 45:17; Mr. 16:16; Lc. 19:9; Hch. 11:14; 16:31).

8. El don de Dios (Jn. 3:16; 4:10; Ro. 6:23; 8:32; 2 Co. 9:15; Ef. 2:8).

560. *UNA PREGUNTA, UN MANDAMIENTO Y UNA PROMESA (Hechos 16:30 y 31)*

1. La pregunta: ¿Qué cosas importantes implica esta pregunta?
a) La condición de perdido del pecador.
b) Un sentido del peligro al cual le expone el pecado.
c) Un profundo deseo por la salvación.
d) La voluntad de hacer cualquier cosa para obtenerla.

2. El mandamiento: «Cree en el Señor Jesucristo». ¿Qué significa creer en Cristo?
a) Es creer lo que las Escrituras dicen de su persona y su obra como Mediador.
b) Es confiar en Él para poder obtener la salvación.

3. La promesa: «Y serás salvo». La salvación tiene que ver con el alma y el cuerpo, con el tiempo y la eternidad, con la Tierra y el Cielo. En parte se cumple en este mundo y será consumada en su totalidad en la edad futura. Implica estas cosas:
a) Liberación del pecado: de su condenación, de su poder, del amor y la afición al mismo, de su contaminación, de su práctica.
b) Una reparación de todos los daños hechos por el pecado.
c) La exaltación final al Cielo y la bendición inmortal en ese lugar.

561. *CUANDO QUERAMOS SABER LA RAZÓN (Romanos 11:33)*

INTRODUCCIÓN: en el mundo físico hay misterios impenetrables que el hombre no ha podido sondear. Si esto sucede en el mundo físico, cuánto más en el mundo espiritual. Ante el misterio de causas ocultas, el apóstol Pablo pasa de la teología a la doxología, y exclama: «¡Oh profundidad de las riquezas de la sabiduría y de la ciencia de Dios». ¿Por qué hombres justos, como José y como Job, sufren lo indecible? En cada cosa hay un propósito oculto de Dios:
–Para el individuo.
–Para su pueblo: los creyentes.
–Para el mundo impío.

1. El propósito de Dios para el individuo:
a) Mostrarle las riquezas de su amor y elevarlo ante el mundo.
b) Exhibir su sabiduría en contraste con la sabiduría del mundo.
c) Levantarlo de un nivel humano inferior a lo divinamente superior.

2. El propósito de Dios para su pueblo:
a) Llevarlo a la convicción del amor redentor. José y sus hermanos.
b) Mostrarle el camino de la gracia santificadora.
c) Darle posesión de mejores cosas: traslación de la escasez y pobreza a la abundancia y riqueza.

3. El propósito para el mundo:
a) Que tenga el testimonio de los valores espirituales: que vean su gloria.
b) Que tenga una oportunidad de salvación en estos tiempos en que el mal predomina.
c) Que vea la diferencia que hay entre ser hijo de Dios y no serlo.

CONCLUSIÓN:

–«Cosas que ojo no vio, ni oreja oyó, ni han subido en corazón de hombre».

–Todo ayuda «para el bien de los que a Dios aman».

–Dios ama a los pecadores y les desea el supremo bien: la salvación.

562. *A VOSOTROS*

«... A vosotros es enviada la palabra de esta salvación» (Hch. 13:26).

1. ¿Cuál es la palabra de esta salvación?

a) Es el testimonio de que Jesús es el Salvador prometido (vv. 23).

b) La palabra que promete perdón para todos aquellos que demuestran un arrepentimiento del pecado, y la fe en el Señor Jesucristo (vs. 38, 39).

2. ¿En qué forma es enviado a vosotros el Evangelio?

a) En la comisión general, la cual ordena que sea predicado a cada criatura.

b) En la providencia que le ha traído en este día a escuchar la Palabra.

c) En la adaptación peculiar del mismo a su carácter y necesidad.

3. ¿En qué posición le coloca a usted?

a) En una posición de favor singular: los profetas y los reyes de la antigüedad murieron sin poder oír lo que usted está oyendo hoy (Mt. 13:16).

b) En una posición libre de deudas para todos los hombres de Dios, tanto en los días pasados como en estos días, puesto que aquellos hombres vivieron y murieron para traerle a usted el Evangelio.

c) En una posición de sería responsabilidad, pues si usted lo rechaza, ¿cómo podrá escapar? (He. 2:3).

4. ¿De qué manera reaccionará usted ante esta palabra?

a) ¿Demorará de forma necia su respuesta?

b) ¿Hará el papel del hipócrita, y fingirá recibirla, mientras que en su corazón la ha rechazado?

c) ¿Querrá ser un convertido temporal?

d) ¿No querrá aceptar la palabra de salvación con gozo y deleite?

563. *ASIDO AL ALTAR*
(1 Reyes 2:28, 30)

1. Un recurso externo para las ordenanzas no sirve para la salvación:

a) Los sacramentos no sirven como medios para la salvación.

Están pensados para aquellos que ya han sido salvos, y hechos por personas inconversas resultarían injuriosos (1 Co. 11:29).

b) Muchas personas moribundas miran a los ministros religiosos con una reverencia tonta.

c) Los sentimientos: temor, deleite, ensueño, melancolía La gente se ha apoyado en ellos como su esperanza en su debido momento, pero todos ellos han resultado inútiles.

2. Un recurso espiritual al verdadero altar sirve para la salvación: usaremos el caso de Joab como ilustración...

a) Su actitud: «se asió de los cuernos del altar».

–Los creyentes huyen de la espada de la justicia a la persona de Jesús.

–Los creyentes se aferran a su gran obra expiatoria, y por medio de la fe se unen a su gracia redentora.

b) La feroz demanda del adversario de Joab: «El rey ha dicho que salgas».

–La demanda de los incrédulos fariseos, quienes enseñan la salvación por las obras.

–La demanda de una conciencia acusadora.

–La demanda de Satanás, que cita las Escrituras en forma falsa.

c) La resolución desesperada de Joab: «No, sino que aquí moriré».

–Los creyentes se aferran a Cristo.

–Los creyentes no tienen a nadie más a quien aferrarse.

–Los creyentes no pueden ser separados de Cristo si se aferran a Él.

d) La gran seguridad: «El que cree en el Hijo, tiene vida eterna» (Jn. 3:36).

564. *LA SALVACIÓN PERTENECE AL SEÑOR* *(Salmo 37:39)*

1. Es la esencia de la sana doctrina: la salvación pertenece al Trino Dios, Padre, Hijo y Espíritu Santo en:

a) El planeamiento.

b) La provisión.

c) El principio.

d) Su continuación.

e) Su acabamiento total.

2. Es un hecho necesario: los santos la reconocen por:

a) Sus conflictos internos les hacen saber que sólo Dios debe obrar la salvación.

b) Sus tentaciones exteriores les llevan a la misma conclusión.

c) El odio del mundo hace que pierdan toda esperanza en el mismo.

3. Es una razón para ser humildes:

a) Aparta al justo de todo orgullo sobre las bases de su salvación.

b) De toda exaltación del yo como consecuencia de vivir de forma íntegra.

c) De toda censura indebida de los caídos.

d) De toda auto-confianza en relación con el futuro, puesto que su debilidad es inherente y permanente.

e) De toda «autoglorificación», puesto que en todas las cosas son deudores de la gracia soberana.

4. Es un terreno fructífero para la esperanza:

a) En referencia a nuestras dificultades, Dios nos puede dar la liberación.

b) En referencia a nuestros hermanos cansados, el Señor puede sostenerles, santificarles y librarles.

c) En referencia a los pecadores, ellos no pueden ser demasiado degradados, obstinados ignorantes o falsos.

565. *LA LIBERTAD DE CRISTO* *(Juan 8:36)*

INTRODUCCIÓN: los que vivimos en una nación libre podemos consideramos felices, y es lógico que queramos celebrar el día de la Independencia. Sin embargo, al igual que toda la humanidad, estamos atados a la esclavitud espiritual...

I. Aspectos en los que estamos bajo esclavitud

1. Bajo la maldición de la ley:

a) La ley de Dios requiere una obediencia perfecta.

b) Pone una maldición sobre nosotros por cada transgresión (Gá. 3:10).

c) Sus preceptos han sido violados por todos nosotros en miles de ocasiones (Ro. 3:19, 23).

2. Bajo el poder del pecado:

a) El pecado ha infectado nuestro cuerpo y alma (Sal. 53:3).

b) Ningún creyente puede tener dudas al respecto (Ro. 6:16).

3. Bajo la tiranía de Satanás:

a) A menudo se niega la influencia de Satanás sobre nosotros.

b) Sin embargo, la Escritura atribuye la maldad del hombre a su influencia (Ef. 2:2).

c) Cada pecador impenitente es esclavo del diablo (2 Ti. 6:26).

4 Bajo el temor de la muerte:

a) Es un estado de servidumbre (He. 2:15).

b) Aun siendo así, todos pueden obtener la liberación de este yugo.

II. Cómo podemos ser verdaderamente libres

1. No podemos satisfacer ni un solo punto de la ley: nada sino la preciosa sangre de Cristo puede hacer la expiación por el pecado (He. 10:4, 11, 12, 14).

2. Por ningún medio podemos renovar y santificar nuestros corazones: nuestra obligación y habilidad para hacer el bien vienen únicamente de Dios (Fil. 2:13).

3. El hombre, en el poder de su naturaleza caída, no puede resistir ni hacer frente a los ataques de Satanás: solamente en la armadura de Dios podemos tener esperanzas de obtener la victoria (Ef. 6:11, 13).

4. Tampoco somos capaces de desarmar a la muerte de su aguijón.

5. El Hijo de Dios puede y quiere liberarnos:

a) Él vino al mundo para darnos la libertad (Is. 61:1).

b) Él ha pagado con Su propia vida el precio de la redención (1 P. 1:13, 19).

c) Él también ha sido comisionado para librarnos por medio de su poder (Lc. 12:20-22).

d) Él nunca negará esta bendición al alma que tenga fe en su Persona (Jn. 12).

III. ¡Qué gloriosa libertad podemos obtener!

1. Él nos libertará de toda esclavitud:

a) La ley nunca podrá maldecimos (Ro. 8:1).

b) El pecado será vencido dentro de nosotros (Ro. 6:6, 14).

c) Satanás también será sometido al Señor Jesús (Ro. 16:20).

d) La muerte no será ya más nuestro enemigo (1 Co. 15:55)

2. Él nos introducirá a un estado de perfecta libertad:

a) Cristo nos dará un espíritu de adopción (Ro. 3:15).

b) Él hará los deberes más difíciles con todo placer (Sal. 119:32).

c) Él no confinará sus bendiciones a esta vida presente.

CONCLUSIÓN:

–«Estar en Cristo es el secreto de nuestra vida.

–Estar por Cristo es el significado de nuestra actividad.

–Estar con Cristo es la esperanza de nuestra gloria» *(Obispo Thorold).*

«Debemos esforzarnos por ser pacientes con los defectos y flaquezas de los demás, cualesquiera que éstos sean, pues nosotros también tenemos muchas fallas que otros deben soportar. ¡Con qué poca frecuencia medimos y pesamos a nuestro vecino en la misma balanza que a nosotros mismos!» *(Thomas Kempis).*

566. *UNA INVITACIÓN*

«Gustad, y ved cuán bueno es Jehová» (Sal. 34:8).

1. El Señor es bueno:

a) Dios es absolutamente bueno.

b) Dios es independientemente bueno.

c) Dios es inmutablemente bueno.

2. La bondad puede verse y probarse:

a) En su creación y providencia.

b) En su redención.

c) En los medios de la gracia.

3. «Probad y ved»: esta invitación es...

a) Divina en su origen.

b) Razonable en su naturaleza.

c) Agradable en su ejercicio.

567. *EL LLAMADO DE DIOS A LA SALVACIÓN (Mateo 11:25-30)*

1. Dios llamó a Adán en el Jardín del Edén (Gn. 3:9).

2. Dios llamó a Noé y su familia para entrar en el Arca (Gn. 7:1).

3. Dios llamó al niño Samuel (1 S. 3:4-10).

4. El Señor Jesús llamó a los primeros cinco discípulos (Jn. 1:35-51).

5. El Señor Jesús llamó a los sedientos (Jn. 7:37-39).

6. El Señor Jesús llamó a los cansados y cargados (Mt. 11:28-30).

7. El Señor Jesús llamó al joven gobernador rico (Mt. 19:16-22).

8. El Señor Jesús llamó a Zaqueo (Lc. 19:1-10).

9. El Señor Jesús llamó a Saulo de Tarso (Hch. 9:4-6).

10. El Espíritu y la esposa dicen ven (Ap. 22:17).

568. *SALVACIÓN (Salmo 85)*

1. Poder: «Mi alto refugio» (Sal. 18:2; 25:5).

2. Protección: «Escudo de tu salvación» (Sal. 18:35).

3. Persona: «El Dios de mi salvación» (Sal. 18:46; 27:9).

4. Principio: «La verdad de tu salvación» (69:13).

5. Provisión: «La salvación de Dios» (Sal. 50:23).

6. Placer: «Yo me alegraré en Jehová» (Hab. 3:18).

7. Paciencia: «Espero al Dios de mi salvación» (Mi. 7:7).

8. Oración: «Ayúdanos, oh Dios de nuestra salvación» (Sal. 79:9).

9. Presencia: «Ciertamente cercana está su salvación» (Sal. 85:9).

10. Perspectiva: «He aquí tu Salvador viene» Is. 62:11).

11. Plataforma: «La roca de nuestra salvación» (Sal. 95:1).

12. Sacerdocio: «Asimismo, vestiré de salvación a sus sacerdotes» (Sal. 132:16; Is. 61:10).

569. *SALVOS*
(Romanos 6:15-23)

1. De...

a) La ira que ha de venir (Ro. 5:9).

b) La maldición de la ley quebrantada (Gá. 3:10).

c) La servidumbre del pecado (Ro. 6:16).

d) La contaminación del pecado (1 Co. 6: 9, 10).

e) La corrupción del mundo (2 P. 1:4).

f) El egoísmo del yo (2 P. 2:10).

2. A...

a) Una relación con Dios (Jn. 1:12).

b) Vida eterna (Jn. 3:36)

c) Novedad de vida (Ro. 6:4).

d) Santidad de carácter (Ro. 6:22).

e) Pureza de corazón (Mt. 5:8).

f) El amor de Cristo (2 Co. 5:14).

g) Rectitud y justicia de conducta (Ro. 4:17).

h) Dulzura y mansedumbre en el temperamento (Ef. 4:31, 32).

i) Victoria sobre Satanás (Ap. 12:11).

j) La salvación de los demás (Jud. 23).

570. *SALVACIÓN GRATUITA Y COMPLETA*
(Isaías 55:6, 7)

1. Dios da el primer paso:

a) Él despierta la conciencia a la pecaminosidad del pecado.

b) Él es el Salvador que busca al hombre perdido.

2. La parte humana es responder a ese llamado:

a) El debe ver su pecaminosidad.

b) Él debe confesar su deseo de ser salvo.

3. Hay un tiempo para ser salvo:

a) El hombre debe buscar mientras Dios busca, o sea, mientras Dios «puede ser hallado».

b) Ese tiempo puede no volver jamás.

4. El hombre debe, de una vez por todas, dejar el pecado.

571. *EL SALVADOR QUE SATISFACE*

«Y él es la propiciación por nuestros pecados» (1 Jn. 2:2).

1. Cristo busca al pecador: el Señor Jesús vino a esta Tierra para buscar y salvar a los perdidos. La Palabra declara: «Porque el Hijo del hombre vino a buscar y a salvar lo que se había perdido». (Lc. 19:10). Así como el hombre que perdió la oveja, no cesó de buscarla hasta que la encontró, y la mujer que había perdido la moneda, barrió diligentemente su casa hasta hallarla, del mismo modo el Señor busca con amor a las almas perdidas.

2. El Señor Jesucristo nos salva del pecado: «Que Cristo murió por nuestros pecados, conforme a las Escrituras» (1 Co. 15:3). «Es palabra fiel y digna de toda aceptación: que Cristo Jesús vino al mundo para salvar a los pecadores» (1 Ti. 1:15). «...El cual se dio a sí mismo en rescate por todos» (1 Ti. 2:6). «... La sangre de Jesucristo su Hijo nos limpia de todo pecado» (1 Jn. 1:7).

3. Cristo suaviza las penas: el Señor Jesucristo fue un «varón de dolores y experimentado en quebranto» (Is. 53:3). De Él se dijo: «Ciertamente él llevó nuestras enfermedades, y soportó nuestros dolores» (Is. 53:4). Las experiencias del Señor Jesús hicieron que pudiese identificarse perfectamente con todas las penas del alma. Su deidad le asegura poder suficiente para ministrar a cada alma que sufre. El dice: «Venid a mí todos los que estáis fatigados y cargados, y yo os haré descansar» (Mt. 11:28).

4. El Señor Jesucristo nos fortalece para su servicio: no podemos rendir un servicio satisfactorio al Señor en nuestras propias fuerzas.

5. Cristo satisface el alma: el alma anhela seguridad, y ésta sólo podemos encontrarla en Cristo. El alma también anhela felicidad, igualmente en Cristo puede encontrarse felicidad abundante y total. El alma anhela vida eterna; únicamente en Cristo puede hallarse la vida eterna

572. *LA SALVACIÓN PARA LOS PECADORES (Romanos 5:8)*

1. La causa de la salvación: «Siendo aún pecadores». La salvación para los pecadores es posible por el gran amor de Dios. El no sólo ama a los pecadores, sino que ha derramado Su amor sobre ellos en el supremo Don que es Cristo. Todos estábamos perdidos en nuestros delitos y pecados. Pero Dios nos amó de tal manera que dio a Su Hijo para que pudiésemos ser salvos.

2. El Cristo de la salvación: «Cristo». Él es el Hijo de Dios. Él es el Salvador de los hombres. Él es la única persona que puede salvarnos del pecado. Es capaz de salvar, está deseoso de hacerlo, y dispuesto a salvar a todo aquel que desea creer en Él.

3. El costo de la salvación: «Muertos». Cristo fue a la cruz y murió por los pecadores. Él se dio a Sí mismo en rescate por muchos, incluso por los que habrían de creer en Él. El costo de la salvación para los pecadores fue la muerte de Cristo. Él hizo la satisfacción con Dios por nuestros pecados. Nosotros podemos vivir porque Él ha muerto.

4. El gozo de la salvación: «Por nosotros». El gozo de esta salvación es precisamente que la misma es para nosotros. Es para mí. es para toda la gente que desea aceptarla por la fe. «Y él es la propiciación por nuestros pecados; y no solamente por los nuestros, sino también por los de todo el mundo». (1 Jn. 2:2).

Acepte esta salvación: crea en Cristo. Entonces, una vez que ha creído, extienda esta invitación a los demás. El Señor Jesús puede salvar a los pecadores.

573. *VERDADERAMENTE LIBRE (Juan 8:36)*

Dios es un Dios de libertad: Él mismo es libre. Dios hizo al hombre libre, y sujeto, por supuesto, a Su voluntad y a Sus caminos. El hombre se hizo a sí mismo un esclavo haciendo oídos sordos a Dios. Dios desea que este esclavo sea nuevamente libre. La libertad es la elección y el plan de Dios para la humanidad..

1. Libertad de...

a) Una conciencia acusadora (Jn. 8:9; Mt 14:1-3; 27:3-5; Hch. 9:3-6; 24:16; He. 10:2, 22)

b) La esclavitud del pecado (Ro. 6:1-18 8:2).

c) La condenación del pecado (1 Jn. 3:20 21).

d) La muerte como pena por el pecado (Ez 18; 4; Jn. 8:21, 24; Ro. 6:23; Ap. 21:8).

e) La esclavitud de la incertidumbre en relación a nuestro hogar para la eternidad (Jn 14:2-3; 2 Co. 5:18; Fil. 1:23).

f) El temor del miedo de los impíos (Is. 8:12 13, 24:17; Jer. 48:43; Mt. 10:28).

2. Libertad para...

a) Estar sentados (Lc. 10:38-42; Ef. 2:6).

b) Estar de pie (Ro. 5:2; 1 Co. 16:13; Jud 3; Ef. 6:12-14).

c) Andar (Epístola a los Efesios).

d) Hablar (Ef. 5:19; He. 10:25; Hch. 26:25 4:20).

e) Cantar (Hch. 16:25, 4:20).

f) Sacrificar, servir, compartir y suplicar (Ro 12:12; He. 13:16; Ef. 6:18-19; 1 P. 2:5).

3. Libertad ahora (2 Co. 6:2; Gá. 5:1).

574. *LA EXPLICACIÓN SOBRE LA SALVACIÓN*

«Porque la gracia de Dios se ha manifestado para ofrecer salvación a todos los hombres» (Tit. 2:11).

1. La gracia de Dios: es un favor divino inmerecido (Ef. 2:8).

2. La salvación: hay muchas palabras que levantan interés y emoción, tales como «hogar»

«madre» o «amor». Sin embargo, no hay palabra más grandiosa que «salvación». El salmista dijo: «Jehová es mi luz y mi salvación» (Sal. 27:1). A Zaqueo el Señor Jesús le dijo: «Hoy ha venido la salvación a esta casa» (Lc. 19:9). El autor de la Epístola a los Hebreos hizo la siguiente pregunta: «¿cómo escaparemos nosotros, si descuidamos una salvación tan grande?» (He. 2:3). Pablo añade estas palabras; «Porque no me avergüenzo del Evangelio, porque es poder de Dios para salvación» (Ro. 1:16).

3. Se ha manifestado a todos los hombres:

a) Disponibilidad: Él no quiere «que nadie perezca, sino que todos vengan al arrepentimiento» (2 P. 2:9).

b) Suficiencia: «Por lo cual puede también salvar completamente a los que por medio de Él se acercan a Dios» (He. 7:25).

4. No todos los hombres son salvos:

a) No es culpa de Dios: Él se ha dado a Sí mismo por nuestra redención.

b) El problema tampoco consiste en que los hombres son demasiado pecadores: «... Mas donde el pecado abundó, sobreabundó la gracia» (Ro. 5:20).

c) No todos los hombres son salvos porque:

–Rechazan el Evangelio.

–Tienen falta de fe.

–Descuidan el tema de su destino eterno.

575. *LEVÁNTATE, RESPLANDECE (Isaías 60:1)*

1. Por naturaleza, el hombre está en un estado de oscuridad:

a) El hombre no se conoce a sí mismo.

b) El hombre se oculta de la luz: sumido en un calabozo oscuro, no puede soportar la luz.

c) El hombre busca a tientas como un ciego: si quiere hallar una puerta la busca al tanteo (Is. 50:10).

d) El hombre no sabe con lo que tropieza: un hombre en la oscuridad no sabe contra qué se puede topar. Su próximo paso puede ser sobre un precipicio.

2. Por medio de la gracia, el hombre es traído a la luz y la paz:

a) Cristo se levanta sobre el alma: la imagen se toma de la salida del sol. Cuando el sol se levanta, entonces todo es luz.

b) La gloria de Cristo cubre el alma: los bellos colores con los cuales el alma redimida es adornada, proceden todos del Hijo.

c) El mandamiento que Dios da a todos es: «Levántate, resplandece». El hombre nunca ha podido salvarse por Sí mismo. Dios no desea que un cristiano sea una persona egoísta. «Vosotros sois la sal de la Tierra» (Mt. 5:13). La sal está para usarse. «Ni se enciende una lámpara para ponerla debajo de un almud» (Mt. 5:15). «Una ciudad asentada sobre un monte no se puede esconder» (Mt. 5:14).

–Sed como el sol, que brilla cada día, y donde quiera que vaya lleva su luz; así debería suceder con nosotros.

–Brille con la luz de Cristo: la luna se levanta y brilla, pero no con luz propia, sino que refleja la luz del sol.

–Haga que brillar sea lo más importante para su vida: el sol fue hecho para dar luz, y también la luna. Del mismo modo los creyentes están para dar luz a este mundo perdido.

576. *LAS NUEVAS DE UNA SALVACIÓN MÚLTIPLE*

«El Espíritu del Señor está sobre mí, por cuanto me ha ungido para dar buenas nuevas a los pobres; me ha enviado a sanar a los quebrantados de corazón; a pregonar libertad a los cautivos, y vista a los ciegos; a poner en libertad a los oprimidos; a predicar el año agradable del Señor» (Lc. 4:18, 19).

He aquí las «nuevas» mejores que toda riqueza: la salvación que Cristo da *(anécdota: en el «Hol el Waldorf-Astoria» de Nueva York, un señor pagaba la suma de $14.00 por un ladrillo de oro. Indignado el cajero, llamó a la policía; investigado el caso, se supo que unos millonarios habían retado a este minero a que vendiese ese ladrillo a cualquier precio. Su valor real era de $1. 900 00).*

1. Las «nuevas» que muchos rechazan:

a) A causa de la incredulidad.

b) Por la preferencia a la vida de placeres.

c) Por aceptar las falsas promesas de los hombres.

2. Cristo ofrece salvación a los pobres:
a) La pobreza material.
b) La pobreza espiritual.
c) La libertad en Cristo.

3. Cristo ofrece salvación a los perdidos:
a) Su mensaje es de vida.
b) Su mensaje es de esperanza.
c) Su mensaje es de redención.

577. *DEL ESTERCOLERO AL TRONO (Salmo 113:7, 8)*

INTRODUCCIÓN: «Los Cielos cuentan la gloria de Dios, y la expansión denuncia la obra de sus manos». La naturaleza nos revela mucho de su poder y sabiduría, pero estos versículos tan cortos nos muestran la obra de la redención en un cuadro muy expresivo. A veces los hombres están muy hundidos en la miseria por culpa de los poderosos, y son marginados por éstos, pero he aquí que el Omnipotente, el Rey de reyes, que por su justicia podría despreciar al pecador, ha mirado desde los Cielos, ha visto el estado de, mundo y ensalza lo más humilde y abate lo más poderoso. ¿Quién, sino el Señor Jehová, procedería de tal modo? Ningún rey de la Tierra haría tal cosa con un marginado: levantarlo, limpiarlo, vestirlo y coronarle.

1. ¿Dónde halla Dios al hombre? Aunque el hombre ha adelantado en superiores culturas, porque Dios lo hizo a su imagen y semejanza, el Creador no le encuentra en aquel palacio de hermosura y santidad donde lo puso al crearlo, sino arrastrándose sobre el polvo, como un gusano vil, pegado a las miserias de la Tierra; es decir, entregado a las mayores bajezas sexuales, sobre todo en este siglo de libertad en que vivimos. El mismo arte de siglos pasados se halla degradado, y se pagan millones por obras artísticas y musicales que en los siglos del verdadero arte habrían sido despreciadas. ¿Qué es lo que en el lenguaje bíblico se llama «estercolero» y puede serle aplicado este nombre?

a) Es un lugar repulsivo, maloliente; así lo es el pecado al Dios santo: el hombre natural podrá negarlo, pero no es quién para juzgar. Por vivir en el pecado no se apercibe de su repugnancia, pero ante los ángeles del Cielo y, sobre todo, ante el Dios santísimo y perfecto, ¿no aparecerá este mundo de odios, envidias, mentiras y rebelión como un gran estercolero moral?

b) Es un lugar reservado a objetos inútiles, cuando de una cosa no podemos obtener un gran beneficio la arrojamos a la basura; y así se encuentra el ser humano para Dios. El ser instalado en este planeta como rey de la creación, a causa de su inteligencia superior a todas las criaturas vivas, se halla ahora, moralmente hablando, como una criatura inútil ante Dios intentando hacer grandes cosas, pero incapaz de realizarlas por sus limitaciones físicas, que es incapaz de traspasar por mucho que lo intente.

c) Es un lugar abandonado: los seres superiores que Jesús menciona como ángeles no tienen ningún interés en visitar el mundo, donde tan solamente grupitos muy pequeños viven la vida del Cielo, alabando a Dios. A un estercolero nadie va excepto algún perro; únicamente los espíritus diabólicos tienen algún interés -muchas veces demasiado- para frecuentar el mundo, y en esto consisten los fenómenos del ocultismo; pero el Creador santo se halla separado de un mundo de tal naturaleza desde hace ya muchos siglos. En Is. 59:2, hasta el final del capítulo, hay una gráfica y extensa descripción del estado moral en que el profeta Isaías halló al mundo de su siglo en el pueblo de Israel, y en las otras naciones no era mejor en aquel periodo. Hoy día ha mejorado en ciertos aspectos, gracias a la influencia del cristianismo en el mundo; pero es más bien en detalles prácticos que perjudican a los hombres entre sí mismos, porque existe la misma malicia en el fondo de los corazones cuando pueden evitarse las consecuencias de la justicia humana. Un médico de mi pueblo, en los días de mi infancia, ya repetía este irónico adagio: «Hay que aprender la moral en el código penal»; y mi padre y yo le decíamos: «No en el código, sino en la Sagrada Escritura, la Ley de Dios que es perfecta, vuelve el alma y hace sabio al pequeño» (Sal. 19:7-10)

2. ¿Qué hace Dios con el hombre?

a) Se apiada de él: desde el momento en que Adán cayó en la desobediencia, el diablo se

ha gozado de su caída, mientras que los ángeles se han entristecido; pero no tanto como Dios, quien lo ha mostrado con el hecho de enviar a su Hijo al mundo a sufrir por los hombres, no sólo por los «pasablemente» honrados, sino por los pecadores abyectos, de quienes dijo Jesús: «Los publicanos y las rameras os van delante en el Reino de Dios» (Mt. 21:31). *(anécdota: «Los desechos del diablo». Un pastor, ponderando la misericordia de Dios para con los pecadores, usó la expresión «Dios está dispuesto a recibir aun los desechos del diablo». Después de terminar el sermón encontró a un diácono en su oficina, que iba a protestar de las palabras del pastor, pues deshonraban –creyó– el buen crédito del Evangelio; pero mientras estaba hablando, repentinamente se abrió la puerta y entró una mujer llorando y diciendo que había sido prostituta, ladrona y viciosa por muchos años. Esto fue la mejor defensa del pastor ante el escandalizado diácono).*

b) Lo levanta: solamente su brazo potente podría hacerlo, pero era preciso para sacar al que estaba metido en el cieno. La ley divina del Sinaí no logró salvar a los hombres, incapaces de darle cumplimiento, pero el Hijo de Dios, muriendo por los pecadores, les ha reducido a almas arrepentidas, como lo fue el primer ladrón de la cruz, y aptas para entrar en el paraíso, que algunos predicadores llaman «la Universidad del Cielo» (Jn. 17:24-26; He. 11:40).

c) Lo limpia: aunque no se refiera a esta operación en el texto de Isaías, sabemos que es así, según la Jn. 1:7. ¡Cuán caro, pero cuán eficiente, ha sido el remedio ante la santidad de Dios y sus ángeles y en el corazón agradecido de los pecadores!

d) Lo viste: los harapos morales han de ser sustituidos por vestiduras reales, de otro modo podría repetirse la escena de las bodas que leemos en Mt. 22: 11-13. Ahora bien, ¿dónde podrá el hombre encontrarlas? Dios no nos admite en el Cielo, cuando morimos, como admitió sin reservas al ladrón de la cruz, pero nos educa, como hijos del Padre Celestial, empezando, muchas veces, con los sucesos de nuestra vida y continuando con sus enseñanzas divinas en la eternidad, hasta que pueda decirse de cada uno de los invitados lo que declara en Ap. 19:7-9.

3. ¿Dónde pone Dios a sus redimidos?

a) Según el lenguaje simbólico del salmista: «entre príncipes». ¡Qué abismo media entre el estercolero y el trono! Pero Dios ha engrandecido su misericordia hasta lo sumo. Del más bajo fondo de la miseria eleva al alma redimida a la cumbre más alta de la gloria. Ya en este mismo mundo tenemos el privilegio de acercarnos a Dios como príncipes herederos, pero nuestra verdadera gloria será en el Cielo entre los príncipes celestiales, donde recibiremos una corona y un trono (Mt. 19:28; Ap. 3:21; Ef. 3:10-12).

b) En el más alto de los tronos: los reyes de la Tierra no son más que gusanos coronados, pues aun durante la época de su poder ya preparan el mausoleo que ha de contener sus restos; pero Cristo rige los destinos del Universo entero: «Toda potestad me es dada en los Cielos y en la Tierra» (Mt. 28:18).

c) Es un trono de perfecta felicidad: los tronos de la Tierra muchas veces están envueltos entre luchas e intrigas, y sus ocupantes, en vez de ser felices, se sienten temerosos y turbados *(anécdota: la espada de Damocles, rey de Grecia. A este rey le decía uno de sus cortesanos que era muy feliz por ser rey, y éste le replicó –refiriéndose a los atentados de que solían ser víctimas los reyes antiguos– si se sentiría muy satisfecho de estar sentado en un trono sobre el cual pendiera una espada que no sabía cuándo se descolgaría y caería sobre su cabeza).*

Así es la suerte de los reyes humanos; pero Jesús dijo a sus seguidores, y miles lo creyeron desde los primeros días del cristianismo «Al que venciere le daré que se siente conmigo en mi trono...» (Ap. 3:21). No podemos materializar, según nuestras limitadas concepciones materiales, las cosas espirituales; la frase tiene un glorioso significado, que incluye la idea de que «participará de mi realeza».

d) Es un trono eterno: ¡Cuán inestables son los de la Tierra! Algunos sólo han durado horas (el caso de Adonías) (1 R. 1). Todos los reyes ven pasar su realeza, sólo la de Cristo permanece para siempre (He. 1:8). Los siglos no lo mudarán; la gloria y felicidad de sus príncipes y santos redimidos no tendrá fin.

CONCLUSIÓN: ésta es la gloria que Dios quiere dar a las almas que se entregan a Jesucristo.

Los brazos de Cristo se extienden para levantarte, limpiarte, vestirte, educarte y elevarte a un trono de gloria. Los que por Él hemos sido ya salvados, concluyamos alabándole por la maravilla de su amor, tal como hacen los redimidos en el Cielo (Ap. 1:5, 6).

578. *EL FIEL MENSAJE*
(1 Timoteo 1:15)

INTRODUCCIÓN: las epístolas a Timoteo y Tito son la continuación de la interesante historia de los Hechos de los Apóstoles. Pablo fue libertado de su prisión atenuada en Roma, como lo escribiera a Filemón y a los Filipenses. De inmediato emprendió un viaje al Oriente, acompañado de varios pastores jóvenes y, sintiéndose viejo, fue dejando a Erasto en Corinto, a Trófimo (enfermo) en Mileto, y a Tito en Creta. Otra tradición dice que emprendió viaje a España, desembarcando en Tarragona, de donde fue a Denia, y, detenido allí, fue llevado a Roma, que es desde donde escribió la 2 Epístola a Timoteo, y murió, poco después, decapitado. Pero 1 Timoteo y Tito fueron escritas antes de dejarles en sus iglesias, para darles instrucciones, porque había varios doctores judaizantes que ensenaban errores (1 Ti. 1:4). Pablo hace sonar el clarín del verdadero Evangelio, que es como sigue:

I. Palabra fiel

Es un mensaje de Dios enteramente digno de crédito. ¡Es hermosa la seguridad del apóstol en un tiempo cuando los hombres desconfiaban de todo! No se trataba de fábulas como las ya desacreditadas de la mitología; sino que se trataba de la Palabra de Dios recién llegada al mundo, aquella verdad de la que hablaba Jesús a Pilato. ¿Qué pruebas tenía para afirmarlo?

1. La vida de Cristo y sus milagros ante multitudes, no negados por sus mismos enemigos, como lo reconoce el Talmud judío (Hch. 13:31 y 26:26).

2. Su propia experiencia (Hch. 26:8-19): no podía negar lo que sus ojos, maravillados, habían visto en el camino de Damasco.

3. La obra del Espíritu Santo, acompañando la predicación del Evangelio con milagros físicos y espirituales o morales (He. 2:2). Nosotros tenemos las mismas evidencias garantizadas por su testimonio y su fidelidad hasta la muerte. Además, la experiencia de la Iglesia en veinte siglos, especialmente en estos últimos anos, en que vemos claramente cumplirse las señales de la próxima Venida de Cristo:

a) Por la extensión del Evangelio en todo el mundo (Mt. 24-14).

b) La poca fe y la apostasía modernista (Mt. 24:7).

c) La ciencia multiplicada (Dn. 12:4).

d) La vuelta de los judíos a su tierra después de su esparcimiento durante diecinueve siglos (Jer. 21:23; Lc. 21:24).

Todo esto no había acontecido en los días de Pablo; por lo tanto, tenemos más motivos que él para llamar al Evangelio «Palabra fiel».

II. Digna de ser recibida de todos

Si es fiel, es digna de ser recibida. ¿Qué otra cosa necesita el mundo que la verdad de Dios? Esto implica tres cosas:

1. Que está al alcance de todos: hay cosas aptas sólo para algunos, pero no para otros (ej. libros, regalos, etc.). que sirven a unos, y a otros no; pero el Evangelio es necesario para sabios e ignorantes, ricos y pobres.

2. Que es de suficiente valor: vale la pena que lo atendamos por lo mucho que lo necesitamos todos. Los hombres deberían buscar a Dios, y en vez de ello es Dios quien busca a los hombres. Vendrá un día en que todos lamentarán su locura. ¡Feliz el que lo descubre en vida (Al rico en el infierno le fue dicho: «A Moisés y a los profetas tienen, oiganlos».) Esto era la palabra fiel para aquel tiempo, hoy son los evangelios y las epístolas.

3. Es digna de crédito: a pesar de su humilde presentación en muchos casos (ej.: grupos pequeños o de gitanos), la religión mejor presentada en tiempos de Cristo era la de los fariseos. Si consideramos a la Palabra de Dios indigna de nosotros, Cristo nos considerará indignos de su Reino.

III. Que Cristo Jesús vino al mundo

Verdad innegable: los años se cuentan desde su Venida. Cristo significa «ungido», y Jesús «Salvador». El profetizado bajó por fin, porque nosotros no podíamos subir. ¿Para qué vino?

IV. Para salvar

No a enseñar moral, como piensan los pastores modernistas; no a darnos un ejemplo, sino a redimirnos. Preferimos que viniera como Salvador que como Maestro, porque el mundo es pasajero y nos habría aprovechado poco un mundo mejor y un alma perdida. Nuestra alma es lo primero. Cuanto más nos acerquemos a la muerte, más claro lo veremos. Que vino a salvar significa que nos vio perdidos, sin esperanza. Si hubiese pensado que podíamos volver por nuestros propios pasos a la Casa Paterna, cumpliendo la Ley, no se habría movido de su solio real.

V. ¿A quiénes salva? A los pecadores

No a los que se creen justos *(anécdota: la exhortación del pastor que hizo escribir: «Excepto José Blanco»).*

Pablo se consideraba el primero; no le da vergüenza confesar su pecado, para enaltecer más la misericordia de su Salvador.

VI. Un canto de gratitud (v. 17)

Al recordar su pasado no puede evitar el apóstol su expresión de gratitud.

1. «Rey de los siglos» (o sea, que gobierna el tiempo): ve el pasado y el presente y lo dirige.
2. «Inmortal e invisible»: aunque no lo veamos es real, porque vemos sus obras.
3. «Solo sabio Dios»: en los hombres hay sabiduría relativa, mezclada con ignorancia. Sabio absoluto no hay más que Él. La creación nos lo demuestra, y el maravilloso plan de la redención lo confirma.

Cristo, pagando por nosotros, nos hace exclamar: ¡Qué bien lo ha hecho Dios! ¡Qué sabio y qué bueno!

CONCLUSIÓN: ¿No es digno de ser creído y proclamado este mensaje del sólo sabio Dios? Así lo sentía Pablo, y lo recomienda a Timoteo en el v. 18; le dice que espera no defraudará las profecías pasadas. Que no lo tuviera en poco, que no se enfriara su ardor (v. 19), que no se dejara desviar por otras doctrinas (v. 20 y cap. 2:1), pues nadie podría presentar al mundo nada mejor.

¿Tendremos nosotros este mensaje en poco o en mucho? ¿Lo apreciamos como se merece, para creerlo y proclamarlo a otros?

579. *GRAN SALVACIÓN EN GRAN NECESIDAD*
(Juan 6:16-21)

INTRODUCCIÓN: Jesús había rehusado que le proclamasen Rey después del entusiasmo que causó la comida milagrosa, y los discípulos se hallaron en un apuro al tratar de atravesar el lago mientras Él estaba en el monte orando. Esto nos muestra:

1. Una necesidad apremiante: se desencadenó una de las súbitas tempestades que suelen producirse en el mar de Galilea.

a) Estaban en tinieblas: ¿Irían a la deriva? Esto ocurre con las almas sin Cristo. El futuro es oscuro para todo hombre o mujer que se hace viejo sin Jesús. Los filósofos hindús, razonando acerca del misterio de la muerte, no pudieron prever otra cosa que la transmigración en animales, después de nuevo en hombres más o menos afortunados, y finalmente el Nirvana, o sea perder la personalidad en el «todo» del Universo. Nada podían pensar de un Dios Padre invitando a los pecadores a un Cielo después de ser redimidos y perdonados.

b) En grave peligro: como viento fiero, el pecado azota la humanidad. Las pasiones les dominan, van de un lado a otro; jugadores, bebedores, drogadictos, dicen «no puedo». El timón de la voluntad está roto. Nadie puede dirigir su barco al Cielo por el camino de la perfección; podrá llevarlo más o menos adelante, pero antes de llegar a puerto sobrevendrá el naufragio de la muerte para el alma que no tiene a Cristo.

c) Estaban solos: no literalmente, porque eran doce, pero tenían este sentimiento al no tener al poderoso Maestro entre ellos. Veinte niños ante un oso se sentirán solos, pero no si un cazador bien armado les acompaña. La impotencia produce sentimiento de soledad. Así es el hombre ante la muerte y el más allá. Aun los escépticos claman y muchas veces envían a buscar el sacerdote, pero la ceremonia sin Cristo nada vale.

2. Una aparición maravillosa: Jesús es el único Hombre que anduvo sobre las aguas del pecado y la muerte sin hundirse. ¿No sientes el rumor de sus pasos en el impulso del Espíritu Santo en tu alma?

3. Un mensaje alentador: «Yo soy, no tengáis miedo…». Ninguna criatura podía pronunciar estas palabras y menos en aquellas circunstancias. Es la voz de la omnipotencia y del amor infinito. El mismo Jesús se acerca hoy a las almas con el sin igual mensaje del Evangelio:

a) No tengáis miedo a la muerte: Yo soy la vida.

b) Ni a la condenación: Soy vuestro Salvador.

c) El mismo mensaje se aplica a creyentes en pruebas duras:

–«Yo, el que te amo y te salvó, he permitido esto para tu bien» (Ro. 8:28).

–«No te dejaré ser probado más de lo que puedes llevar. Fiel es Dios», etc.

–«Estoy cerca de ti para ayudarte» (Mt. 28:20). «Yo soy, no tengáis miedo».

4. Un recibimiento voluntario: «Ellos gustaron recibirle». Su muerte era cierta si Jesús no obraba, pero es el error de miles de personas. Es necesario recibirle con gusto. Jesús no entró en el barco hasta que ellos le invitaron. ¿Quién será el necio que rechace al que dijo «Yo soy la vida» ante la tragedia de la muerte? No había tiempo que perder. No esperaron a asegurarse de qué era el «esperando la luz de la mañana». El que espera ver con claridad racionalista las verdades espirituales, se expone a sumirse en las honduras de una eternidad sin Dios. Feliz el que imita a los discípulos sin perder un momento, porque, como ellos, llegará a:

5. Un final feliz: la ansiedad se trocó en confianza, la duda en seguridad y la desesperación en gozo.

CONCLUSIÓN: «Luego el barco llegó a la tierra donde iba». El que acepta a Cristo pronto estará en el puerto más seguro y más glorioso. Amados nuestros han llegado ya; nosotros aún tendremos que remar un poco, pero es fácil teniéndole a Él en el barco de la vida.

580. *JESÚS, SALVADOR (Mateo 1:27)*

INTRODUCCIÓN: «Jesús» quiere decir «Salvador» o, más bien, «Jehová el Salvador». Se encuentra diez veces en el Nuevo Testamento con referencia a Dios (Is. 49:26). En el Nuevo Testamento se dice 16 veces de Jesús y 8 veces de Dios. Jesucristo fue llamado Salvador:

1. Antes de su nacimiento (Mt. 1:21; Lc. 1:31): Dios mismo le dio este nombre porque no hay otro que pueda salvar (Hch. 4:12).

2. Ángeles lo anunciaron con este bendito nombre: un Salvador para todo el pueblo (1 Ti. 1:15).

3. Durante su vida pública (Jn. 4:42): los samaritanos lo declararon diciendo: «Sabemos por el testimonio de la mujer pecadora recién convertida. Nosotros debemos hacerlo saber a los demás».

4. Después de su muerte (Hch. 5:31): después de ser rechazado y condenado por los principales de este mundo, Dios lo resucitó y ensalzó para ser Príncipe y Salvador (*véase* v. 27; 1 Co. 2:8).

5. Como Salvador Jesús volverá al mundo (Tit. 2: 13): esta bienaventuranza del cristiano no tiene igual (1 Ts. 4:16; Fil. 3:20; 1 Jn. 3:2). Cuando Él viniere habrá una separación eterna entre los salvos y los no salvos (2 Ts. 1:6-10).

581. *LA GRACIA Y SUS EFECTOS (Tito 2:11-13)*

INTRODUCCIÓN: hay tres medios de acercarse a Dios que corresponden a tres épocas en su revelación:

–La época de la conciencia, que duró desde Adán a Moisés: 2.500 años.

–La época de la Ley, que duró desde Moisés hasta Cristo: 1.-500 años.

–La época de la gracia, que duró desde Cristo hasta su segunda venida.

1. Después de la caída, los hombres no tenían Biblia ni Iglesia, sino sólo el recuerdo de Dios y del Edén y la conciencia que Dios puso en todos los seres humanos, pero no era guía segura al pasar los años, pues la conciencia puede ser deformada por la educación (ej.: la brújula, que marca de su natural al Norte, excepto cuando está cerca de algún objeto de hierro que la desvía).

2 Entonces vino la Ley del Sinaí, cuya perfección es innegable para todos los hombres

ero la Ley, cuando no mejora, empeora: «Hizo l pecado sobremanera pecante»; en lugar de ıstos, hizo fariseos...

a) Los paganos, chinos, indios, etc., están ajo la conciencia.

b) Los judíos, que son 15.000, están aún ajo la Ley.

c) Los mahometanos, que son centenares le millones, están en cierto sentido bajo la Ley, ero deformada por Mahoma. Tienen temor de)ios, pero «no conforme a ciencia», como dice ablo.

3. Dios ideó un tercer medio más eficaz que l impulso interior y que el temor de la Ley: la racia. Los cristianos estamos bajo ese régimen, qué significa? Gracia es favor inmerecido. Los nendigos de antaño decían: «Una gracia de aridad», gracia ínfima que solía durar para un ía o parte de una comida. Pero hay una gracia nmensa que vale más que millones y es para niles de millones, el mundo entero: la Gracia de)ios.

Se manifestó

Esto indica que ya existía. Dios tenía ya el lan de salvar a millares de hombres agradeciios. ¿Cuándo? En la aparición del Señor Jesuristo. Por esto los ángeles cantaron «Buena oluntad». ¿En qué consiste? En perdonar mpliamente en vez de castigar; ejemplos:

1. La gracia del padre del hijo pródigo: era na disposición anticipada del corazón del pare, como lo es el perdón de los pecados, de arte de Dios, a millones de hijos pródigos arreentidos.

2. El caso de Zaqueo: «Hoy ha entrado la alvación a esta casa».

3. El caso del ladrón de la cruz: «Hoy estarás onmigo en el Paraíso».

. Sus efectos

¿Da resultado este método?, ¿no se presta abusos? Naturalmente, toda gracia en cualuier sentido es susceptible de esto, pero el póstol presenta los recursos para que no ea así.

1. Enseñándonos: el mismo Evangelio, que s proclamación de la Buena Nueva, es compendio de enseñanza moral. ¡Cuánta enseñanza hay en las palabras de Cristo en los cuatro Evangelios y en las epístolas inspiradas a los apóstoles por el Espíritu Santo!

2. Creando nuevos sentimientos: el perdón produce una gratitud transformadora. ¿Qué nos enseña el Evangelio de la Gracia?

a) A renunciar a la impiedad: el niño adoptado se despoja de sus andrajos; esto implica todo lo pecaminoso, todo lo sucio, lo impuro, lo cruel, lo opuesto a Dios y a sus virtudes. Impiedad es un compuesto de piedad o amor a Dios y un negativo («in»). Hoy se ve este fruto del Espíritu en la regeneración de los marginados sociales y drogadictos. Son los milagros del siglo XX.

b) A los deseos mundanos: todos los convertidos renuncian a la impiedad, por muy impíos que fueran antes, pero no es tan fácil renunciar a los deseos mundanos; esto significa ganas de hacer como todo el mundo, como la generalidad de los hombres, que no son ni muy malos ni muy buenos, pero que viven alejados de Dios; son (impíos) no piadosos, al vivir alejados de Dios. En lugar de alentar tales deseos, debe darnos lástima que se contenten con tan poca cosa. En lugar de esta vida egoísta y frívola nos presenta un ideal superior.

III. Una vida templada

Significa no exagerada en nada; todos los extremismos son malos: son la tendencia de la carne a apasionarse y cegarse por algo.

1. Por la política, que puede generar odios a muerte; lo vimos hace medio siglo con la guerra civil española.

2. Por el amor carnal, que conduce, hoy como nunca, a torpes locuras, rompimiento de matrimonios, torpes pasiones, etc.

3. Por el dinero: bolsistas, especuladores, narcotraficantes.

4. Por los deportes: el ejercicio corporal para poco aprovecha, dice la misma Palabra de Dios; no son pecado los deportes, sino el apasionarse por ellos, llegando a la violencia, como ocurrió en un estadio belga entre ingleses e italianos. El cristiano ha de ser templado porque vive a una altura superior. El secreto es el temor y la confianza en un Padre que está en los ciclos...

Una vida justa (v. 12): si Dios es la justicia perfecta, sus hijos, adaptados mediante la fe, han de imitarle. ¿Cómo? Aplicando un solo artículo: «lo que quisiereis que los hombres hicieren con vosotros...». (Mt. 7:19) Hay centenares de amonestaciones en la Biblia referentes a la justicia y millares de promesas para el justo, tanto para individuos como para naciones, y proclaman un Reino de justicia para el porvenir (Pr. 13:23; Is. 32:1). El cristiano es un súbdito que se prepara para aquel Reino; si no nos acostumbramos a la justicia aquí, Dios no podrá confiarnos lo mucho allá (Lc. 19:11).

IV. Objetivo de esta vida cristiana (Tit. 2:13)

«Esperando aquella esperanza bienaventurada...» Es cierto que la han esperado muchos a través de los siglos, pero ¿no vino a buscarles por la muerte? Y lo cierto es que en alguna generación vendrá; podría ser la nuestra. ¿Diremos, como el mal siervo: «Mi señor tarda en venir...», cuando sabemos que dentro de poco más de medio siglo nuestros espíritus estarán allá? El ideal nuestro ha de ser cumplir todas estas recomendaciones apostólicas para así ayudar a realizar...

CONCLUSIÓN:

–El padre del hijo pródigo tenía un ideal: perdonar y abrazar a su hijo extraviado: lo había llevado en mente no sabemos cuántos años: verle otra vez feliz a su lado. El abrazo y el banquete fueron manifestaciones naturales y espontáneas de aquel ideal.

–Dios ha tenido este deseo para con sus redimidos desde toda la eternidad: «Un pueblo propio», doblemente propio, por creación y por redención, superior a los ángeles. Pensar que Jesús vino a salvar a todo el mundo no es exacto. «Salvará a su pueblo...» (Mt. 1:21). Un pueblo escogido de entre el mundo; su contento no tiene límites cuando ve a su pueblo cumplir su ideal, propio de la gracia y consecuencia de la misma.

–Celoso de buenas obras: es lo propio de un pueblo regenerado (*véase* Ef. 2:8-10). Las obras de la gracia son siempre superiores a las de la Ley porque se hacen por amor. Si somos perdonados por gracia, vivamos como hijos de la gracia.

582. *LA SALVACIÓN* *(Romanos 10)*

1. Salvación necesaria (v. 1): la sincerida no salva (v. 2). La moralidad no salva (v. 3). N Nicodemo (Jn. 3), ni Cornelio (Hch. 10), ni Pabl (Fil. 3) pudieron salvarse por su buena morali dad. La justicia propia es como trapo de inmun dicia (Is. 64:6).

2. Salvación provista (vv. 4-8): se halla e Cristo y él está al alcance de todos.

3. Salvación obtenida (vv. 8-10):

a) Por el Evangelio que fue dado para des pertar la fe (v. 8)

b) Por creer en el corazón (vv. 9, 10): la f del corazón descansa sobre la muerte y resu rrección de Cristo.

c) Por confesar con la boca (vv. 9, 10): l confesión es el reconocimiento delante de mundo del Señorío de Cristo en la vida. «N todo el que dice Señor, Señor... mas el qu hiciere la voluntad, etc». (Mt. 7:21).

4. Salvación asegurada (vv. 11-13): «Tod aquel que en Él creyere, no será avergonzado» «Todo aquel que invocare... será salvo». He aqu dos promesas inquebrantables de Dios que ase guran la salvación a todo aquel que cree en Crist

5. Salvación proclamada (vv. 14, 15): tod creyente debe predicar las buenas nuevas par que otros sean salvos. Es obligación (Mt. 28:18 20).

6. Salvación rechazada (vv. 16-21): cuidad que no seas tú «rebelde y contradictor».

583. *UNA INVITACIÓN GRATUITA* *(Isaías 55:1)*

INTRODUCCIÓN: se nos invita a comer y saca el beneficio de la provisión que la gracia de Dio ha hecho por todos nosotros; ésta es «la heren cia de los siervos del Señor» (Is. 54:17), no sól para el más allá, sino aquí y ahora.

I. Las personas invitadas

1. La extensión de la invitación:

a) El hecho: «judíos y gentiles»; es decir, todos.

b) Lo implicado: Cristo es suficiente par todos.

2. Calificaciones para aceptar la invitación:

a) Se necesita el deseo.

b) El deseo ha de preceder al don de la gracia.

II. La responsabilidad de las personas invitadas

1. Han de acudir a las aguas (véase Ap. 22:17; Jn. 7:37).

2. Han de venir y participar: «comprar y comer».

III. La provisión de la invitación

1. La sustancia de la provisión: «vino y leche» (comparar con Ap. 3:17, 18).

2. Lo gratuito de la oferta:

a) Los dones ofrecidos tienen un valor inmenso.

b) Dios hace esta propuesta no porque tenga ocasión de vender, sino porque tiene la oportunidad de dar.

c) Las cosas ofrecidas han sido ya compradas y pagadas: Cristo pagó el precio de la compra.

d) Se nos invita a recibir los beneficios de la promesa aunque no los merezcamos en absoluto y somos incapaces de comprarlos.

CONCLUSIÓN: nosotros no tenemos valor alguno y tampoco podemos hacer nada que nos dignifique. Si Cristo y el Cielo es nuestro, esto es por la gracia gratuita de Dios, con la cual estamos en deuda (véase Ef. 2:8, 9).

584. *SEGURIDAD DE LOS SALVOS (Salmo 91)*

Este salmo ha infundido confianza y fortaleza a innumerables cristianos rodeados de circunstancias peligrosas y penosas. Aquí vemos bendiciones que Dios dará a los que hacen las tres cosas mencionadas en vv. 1, 9, 14. Ellos disfrutarán de:

1. Su presencia (vv. 1, 2): no hay nadie más Alto o más Potente que Dios, sin embargo, Él quiere que estemos cerca de él (*véase* Jn. 14:23, 15:4).

2. Su protección (vv. 3, 4): nuestro adversario, el diablo, es el «cazador» que tiende su lazo para hacernos caer, pero el Señor ofrece la protección de sus «alas» (Sal. 55:6; 57:1).

3. Su preservación (vv. 5-10): no podemos evitar los peligros y las vicisitudes que son comunes a toda la humanidad, pero la fe (v. 9) puede vencer el «temor». Mientras los impíos, cuyo pecado es el causante de todos los males, sufrirán la retribución merecida (v. 8), el creyente sabe que todo está bien para los que a Dios aman (*véase* v. 14; Ro. 8:28).

4. Su provisión (vv. 11, 12): Dios envía sus ángeles para ministrar a los que serán herederos de salud (He. 1:14).

5. Sus promesas (vv. 14- 16): «Yo lo libraré (Jn. 8:32, 36), pondrélo en alto (Ef. 2:6), le responderé (Jn. 15:7), estaré con Él (He. 13:5), le glorificaré (Ro. 8:30), saciarélo de larga vida (Jn. 10:10-28), mostraréle mi salud» (Col. 3:4). ¡Con tales promesas qué seguros son los que habitan cerca de Dios!

585. *TRES GRANDES CAMBIOS (Juan 1:11, 12)*

1. La mayor tragedia: «A los suyo vino y los suyos no le recibieron» (*véase*; Mt. 21:31-45).

2. La transacción mayor: «Mas a los que le recibieron les dio poder...»; o sea, facultad.

3. La mayor transformación: «De ser hechos hijos de Dios» (*véase* Ro. 8:14-17).

586. *EL NUEVO NACIMIENTO*
(Juan 3:6)

1. Es imprescindible para entrar en los Cielos (Ro. 8:7, 8).

2. Es efectuado por nuestro Señor (Jn. 1:13; Tit. 3:5).

3. Es obra del Espíritu por medio de la Palabra (1 P. 1:23; Ef. 5:26).

4. Es una resurrección espiritual (Ro. 6:4; Ef. 2:1, 5).

5. Por medio de él somos participantes de la divina naturaleza (2 P 1:4; Ro. 8; 1).

6. Imparte conocimiento divino (Jer. 24; 7; Col. 3:10; 1 Jn. 4; 6).

7. Se evidencia por la fe, la justicia y el amor (1 Jn. 5:1; 2; 29; 4:7).

587. *CONVERSIÓN*
(Jeremías 4:1-3)

INTRODUCCIÓN: una predicación para todos los tiempos y para todos los pueblos.

1. «Conversión» es un término usado en milicia: un cambio de dirección (de opinión).

2. Todos cambiamos –mas o menos– de opinión; pero no todas las gentes «se convierten».

3. La conversión debe ser un acto voluntario: «Si te has de convertir».

4. Pero Dios hace una advertencia: «Dice Jehová».

5. Y nos invita a tomar la buena dirección: «Conviértete a mi» o «hacia mí».

6. ¿Cómo debe ser nuestra conversión?

a) «Haced barbecho».

b) «No sembréis sobre espinas».

7. Una promesa del Señor:

a) «No andarás de acá para allá».

b) «No andarás de una parte a otra».

CONCLUSIÓN: un mandamiento de actualidad: «Todos los hombres en todos los lugares que se arrepientan» (Hch. 17:30). «Arrepentíos y creed al Evangelio» (Mr. 1:15).

588. *LA CONVERSIÓN REAL*
(Hechos 16:9-15)

INTRODUCCIÓN: no hay ningún sustituto para la verdadera conversión. Tal vez nunca seamos capaces de poder explicar bien en qué consiste este fenómeno, pero sí sabemos fehacientemente que es real. Aquí se narra una conversión notable, la primera en Europa. Pablo, en su segundo viaje misionero, había llegado a Troas, donde recibió una visión que le ordenaba ir a Macedonia. Aquí en Filipo se convirtió Lidia. La conversión de esta mujer abrió las puertas de oro de la salvación para millones más. Nunca podemos saber lo que puede significar una conversión. Notemos la calidad de la verdadera conversión...

1. Todas las conversiones verdaderas vienen de Dios:

a) Hay muchos esfuerzos y logros humanos dignos.

b) La necesidad más grande del corazón es la de Dios.

c) La conversión es una obra divina.

2. La conversión verdadera viene de una real convicción:

a) Debe abandonarse definitivamente el pecado.

b) El Espíritu Santo es quien debe traer la convicción de pecado.

c) La profunda convicción está dispuesta a pagar el precio total: el simple remordimiento no llega a una profundidad suficiente.

2. La verdadera conversión produce nuevas vidas:

a) Mirad el cambio que obró en Lidia.

b) Se toman nuevos pasos, se hacen nuevas asociaciones, se tienen nuevos afectos y otros antiguos se ven desplazados, etc.

c) La religión sin este cambio es vacía.

CONCLUSIÓN: ¡El tiempo vuela! ¡Es más tarde de lo que usted se imagina! ¡Su oportunidad de encontrar a Dios puede pasar para siempre!

589. *«DE AQUÍ EN ADELANTE» (2 Corintios 5:14-17)*

INTRODUCCIÓN: la muerte de Cristo ha efectuado un cambio completo en nuestro ser. Hemos muerto y resucitado con Él: «Murió y resucitó por ellos». Por consiguiente, de aquí en adelante...

1. Entramos en una nueva vida: «Nueva criatura es».

a) Esta nueva vida ha sido recibida de Dios.

b) Tiene manifestaciones distintas.

2. En nuevas relaciones: «A nadie conocemos según la carne».

a) No son las relaciones de sangre las que importan. «Hijos de Abraham» según la carne no basta ni vale. Ya no dependemos de ellas.

b) Dios nuestro Padre. Cristo nuestro Rey y Salvador. Los creyentes nuestros hermanos.

c) «El que hiciere la voluntad de mi Padre éste es mi hermano, y hermana, y madre».

3. Tenemos un nuevo móvil:

a) El mundo se mueve a impulsos del interés, el placer, la conveniencia o las pasiones naturales.

b) El cristiano, por el amor a Cristo: éste «nos constriñe».

c) Viene a ser la razón suprema: todo se sacrifica a Él.

4. Nos ocupamos en un nuevo servicio:

a) Antes cada uno vivía «para sí», es el fin a que tiende todo el esfuerzo del no convertido: hay egoísmo en su vida.

b) Pero ahora «para aquel que murió y resucitó»: reconocemos que a él pertenecemos. Lo amamos. Sentimos gozo en servirle.

c) Este servicio demanda todas nuestras energías: hay que vivir para ello. Debemos poder decir como Pablo: «Para mí el vivir es Cristo».

CONCLUSIÓN: realicemos este ideal. Y que nos ayude para el recuerdo que hoy hacemos de su muerte en la Cena del Señor.

590. *UN HOMBRE NUEVO EN UN MUNDO VIEJO*

«Os es necesario nacer otra vez» (Jn. 3:7)

INTRODUCCIÓN: con frecuencia nos es dado escuchar la opinión de algún sabio acerca de la estructura de la Tierra o de la antigüedad de alguna pieza perteneciente a remotas civilizaciones. Con la mayor naturalidad nos hablan de cuarenta, cincuenta o sesenta mil años. No es nuestro objeto aquí ni refutar ni confirmar tales afirmaciones. Mantenemos una mente abierta frente a todos los conocimientos legítimos y realmente científicos que surgen a diario, siendo ellos objeto de un mayor conocimiento de la verdad de los hechos que nos rodean y de un servicio cada vez más eficiente y positivo como resultado de toda investigación. En este mismo orden de ideas, procuramos conocer algo de la antigüedad de nuestro mundo y del hombre que lo habita. Examinando algunas cronologías bien fundadas en estudios bíblicos que merecen nuestro respeto, se nos dice que desde Adán hasta Cristo tenemos un lapso de 4.000 años. Desde Cristo hasta nuestros días están corriendo ya unos dos mil años. Si 6.000 años fueran todo y no tuviéramos los otros miles que nuestros sabios gustan agregarle a la existencia de nuestro planeta y sus cosas, bastaría para que se nos justificara la expresión de que nuestro mundo es literalmente viejo. Nuestra preocupación fundamental consiste en hallar en él –pese a su antigüedad, lenguas, tradiciones y otras mil variedades y distinciones humanas– a un hombre realmente nuevo en lo más íntimo y sustancial de su ser. La respuesta la hallamos en la Biblia. El Señor Jesucristo es la respuesta a los interrogantes del hombre frente a la eternidad. En el Evangelio, según Juan, cap. 3, lo hallamos cara a cara con un distinguido religioso perteneciente a una de las sectas más fuertes de aquellos días. Su nombre era Nicodemo. Además de ser fariseo, era un maestro de Israel y príncipe de los judíos. Vino a Jesús de noche, y su mayor problema era el Reino de Dios y la manera legítima de pertenecer a él. Jesús, después de exponerle la base fundamental del Reino y su participación en él, le dijo:

–¿Eres tú el maestro de Israel, y no sabes esto?

Sí, es muy posible ser príncipe, maestro, obispo y hasta papa y patriarca y no saber esto; o, en otras palabras, no haber tenido jamás la experiencia que Jesús reclamó con énfasis, y a todas luces necesaria, a Nicodemo:

–De cierto, de cierto te digo, que el que no naciere otra vez no puede ver el Reino de Dios... No te maravilles de que te dije «os es necesario nacer otra vez».

Algunas veces hemos escuchado a ciertas personas angustiadas y convictas de sus errores y fracasos ante la vida, exclamando:

–Ah, si yo pudiera nacer otra vez!

Estas personas que suspiran por la vida y por el privilegio de comenzar de nuevo tienen en Cristo y en esta verdad evangélica, que constituye el hecho capital de la vida cristiana y la experiencia cumbre en la vida del hombre, su única oportunidad de comenzar de nuevo en la esencia misma de su ser que es la vida espiritual. En el Nuevo Testamento hallamos el plan invariable y siempre sencillo que Dios nos ha dejado para que la con quista de hombres nuevos sea una realidad a través de los siglos. Puntualicemos los hechos fundamentales...

1. Necesidad de un hombre nuevo: «Os es necesario nacer otra vez». Son palabras de Jesús. No nos está hablando ya de nuestra naturaleza física, sino de la espiritual. Deja bien en claro que «lo que es nacido de la carne, carne es». La vida espiritual ocupa un plano altamente superior y es base de la vida física.

a) En el Sal. 51 hallamos la oración del Rey David, quien, reconociendo la dignidad de su condición espiritual delante de Dios, oró diciendo: «Crea en mí, oh Dios, un corazón limpio; y renueva un espíritu recto dentro de mí». Renueva, dice el salmista. El apóstol Pablo decía a los romanos: «que presentéis vuestros cuerpos en sacrificio vivo, santo, agradable a Dios, que es vuestro racional culto. Y no os conforméis a este siglo; más reformaos por la renovación de vuestro entendimiento, para que experimentéis cuál sea la buena voluntad de Dios, agradable y perfecta» (12:1, 2). Necesitamos esta renovación o reformación de espíritu. El hombre ha probado nuevos sistemas filosóficos para lograr cambios en la raza humana; está probando nuevos sistemas de vida; ha intentado buscar nuevas verdades por los más variados senderos de la vida. El romanismo, como sistema religioso, está proponiendo a la humanidad su extenso formulario de dogmas donde procura apoyar su fe y su esperanza. Todo será inútil al hombre mientras procure hacerse de un plan propio de salvación prescindiendo de aquel que Dios le ha trazado. Necesita una nueva naturaleza interior: está destituido de la gloria de Dios y a causa de sus pecados perdió la imagen y semejanza que Dios le dio originalmente al crearlo. Todo esto será recuperable solamente en Cristo Jesús, quien nos ayudará a despojarnos del viejo hombre con sus hechos y nos revestirá del nuevo, «el cual por el conocimiento es renovado conforme a la imagen del que lo crió» (Col. 3:10).

b) «Os es necesario nacer otra vez»: porque el que no naciere otra vez no podrá entrar en el Reino de Dios. Será en vano alegar delante de Dios haber vivido una conducta moral intachable. Será en vano alegar haber pertenecido a tal o cual iglesia y haber cumplido todos los requisitos prescritos por ella: «El que no naciere otra vez no podrá entrar en el Reino de Dios».

2. Cómo lograr un hombre nuevo: «Lo que es nacido del Espíritu, espíritu es». Otra vez, es Jesús quien hace esta afirmación. El Espíritu Santo es el agente activo en la regeneración. Cualquier otra fórmula que el hombre intente poner en su lugar, será una falsa sustitución. El apóstol Pablo dice: «No por obras de justicia que nosotros habíamos hecho, mas por su misericordia nos salvó, por el lavamiento de la regeneración, y de la renovación del Espíritu Santo» (Tit. 3:5).

a) La Iglesia Católica Apostólica y Romana enseña la doctrina de la regeneración bautismal. En consecuencia sustenta que el bautismo es «puerta y fundamento de los sacramentos»; y afirma que tal doctrina «es necesaria a todos para salvarse» *(Código de derecho Canónico,* canon 737). Un comentarista católico agrega a esta afirmación: «Por el (el bautismo) renacemos a la gracia de Dios a la cual estamos muertos por el pecado, y nos hacemos cristianos. El bautismo es absolutamente necesario para salvarse».

b) Pero en ningún lugar de la Biblia hallamos la enseñanza de la regeneración por medio del bautismo. Esto es poner en lugar del Espíritu Santo, un rito, una ceremonia. Las Sagradas Escrituras nos enseñan que el bautismo es una obediencia, un testimonio, un símbolo de la muerte de la sepultura y de la resurrección de Cristo; y más aún, nos enseña que debe ser practicado bajo confesión de fe (*véase* Ro. 6:3-4; Mr. 16:16). Pero jamás hallamos base bíblica para tal enseñanza católica (ej.: las cárceles nos prueban que tal doctrina es un fracaso. Están llenas de hombres y mujeres que han sido bautizados en la infancia, poco después de nacer; pero sus vidas están muy lejos de poseer la regeneración. El terrible desarrollo de la delincuencia infantil y juvenil nos habla de la ineficacia de aquella doctrina). Hombres y mujeres que viven en las profundidades del pecado se escudan en un falso conformismo religioso, fruto de un sistema doctrinal que se ha separado de las enseñanzas de Cristo y su Palabra.

c) Constantino creyó que podía salvarse por medio del bautismo y de esta manera postergó realizarlo hasta poco antes de su muerte. Si pudiéramos admitir que el agua del bautismo salva y puede limpiarnos un solo pecado, eso haría estéril la muerte de Cristo en la cruz y anularía la obra regeneradora del Espíritu Santo en el corazón del hombre. Ni la educación como método; ni la voluntad como principio; ni la aplicación de una severa legislación como instrumento; ni la práctica de ritos y ceremonias religiosos, podrán darnos un hombre nuevo sin que éste se rinda a los pies de Dios y acepte la obra del Señor Jesucristo hecha en su favor en la cruz del Calvario y permita al Espíritu Santo realizar su obra regeneradora en su vida interior.

3. Evidencias de un nuevo hombre: «De modo que si alguno está en Cristo, nueva criatura es. las cosas viejas pasaron; he aquí todas son hechas nuevas» (2 Co. 5:17). El doctor Herbert Thoms de la Universidad da Yale en un importante artículo, titulado *Nuevas maravillas sobre la concepción,* comienza reconociendo que ésta es «el milagroso instante en que se crea una nueva vida». *(Selecciones. abril de 1955,* página 43). Si cada nacimiento natural y biológico es considerado por la misma ciencia como un hecho en sí milagroso, con mas razón podemos decir esto del renacimiento que es sobrenatural y que nos da como resultado una nueva vida en Cristo Jesús. confirmada con mala transformación total del individuo. Con el hombre nuevo tendremos una mente nueva; con nuevos pensamientos. con nuevas visiones y con nuevos propósitos que dignifican la vida. Tendremos un corazón nuevo. Con una nueva manera de sentir. con una nueva voluntad, con nuevas disposiciones de servicio. Dios ha prometido darnos un corazón nuevo y un espíritu nuevo (Ez. 11:19): es una promesa suya y él la cumplirá a los que le son fieles. Y tendremos finalmente un alma nueva, con nuevas disposiciones de amar, de servir, de adorar a Dios en espíritu y en verdad, y de vivir santamente.

CONCLUSIÓN: es verdad que vivimos en un mundo viejo, cargado de maldad y pecado; pero Dios podrá continuar realizando el milagro de transformar aquellas vidas que busquen su gracia, su amor y su perdón. Sólo por su poder será posible hallar aún, en un mundo viejo, hombres nuevos: hombres que estén resueltos a cortar con el pecado en todas sus formas y ponerse incondicionalmente en las manos de Dios. ¿Lo has hecho tú? Hazlo en este mismo instante, y siendo la regeneración un acto instantáneo desde el momento que lo decidas serás una nueva criatura en Cristo Jesús.

«Un gobernador puede tener simpatía íntima por un culto determinado; pero cuando acepta el cargo de gobernador, sobrado difícil para que todos lo entiendan y cumplan, acepta con él la Constitución de leyes adicionales que el cargo representa: prohíben estas leyes la contemplación predilecta a culto alguno, la ley no asiste a los actos religiosos porque la ley es el Estado; el Estado no puede tener principios religiosos, porque no puede imponerse a la conciencia de sus miembros; y el funcionario que lo representa, que es el Estado en cuanto es su funcionario, como el Estado: ha de ser indiferente; como él no puede expresar determinada tendencia religiosa, porque no cabe atención especial a una en aquél que no tiene el deber de atender de igual manera a todas» *(José Martí).*

591. *EN CRISTO UNA NUEVA CRIATURA (2 Corintios 5:17)*

1. Entra en una nueva familia (1 Jn. 3:1, 2).
2. Experimenta una nueva comunión (1 Jn. 1:3; 1 Co. 1:2, 9).
3. Disfruta de una nueva libertad (Jn. 8:32, 36).
4. Ejercita una nueva fe (Hch. 27:25).
5. Espera un nuevo futuro (Fil. 3:20, 21).

592. *EL NUEVO NACIMIENTO (Juan 3:14-16)*

1. La necesidad de un nuevo nacimiento:

a) La naturaleza corrupta del hombre lo requiere (Jn. 3:5, 6; Ro. 8:7, 8).

b) Sin él no podemos entraren el Reino de Dios (Jn. 3:3, 5, 7).

2. El nuevo nacimiento es llevado a cabo:

a) Por Dios (Jn. 1:13).

b) Por Cristo (1 Jn. 2:29).

c) Por medio de:

–La Palabra (1 P. 1:23).

–Del Espíritu (Jn. 3:6).

3. El nuevo nacimiento es recibido:

a) Por la fe (1 Jn. 5:1).

b) Por medio de la misericordia (Tit. 3:5).

4. El nuevo nacimiento se describe como:

a) Una nueva creación (2 Co. 5:17; Ef. 2:10).

b) Una resurrección espiritual (Ef. 2:1, 5, 6).

5. El nuevo nacimiento es una experiencia presente (Jn. l:11-13; 1 Jn. 3:9; 1 P. 2:2).

6. Los resultados del nuevo nacimiento:

a) Un nuevo corazón y espíritu (Ez. 36:26).

b) Una vida justa (1 Jn. 2:29).

c) Amor fraternal (1 Jn. 4:7, 8).

d) Victoria sobre el mundo (1 Jn. 5:4).

e) Una vida sin pecado (1 Jn. 3:9; 5:18).

593. *UNA NUEVA CRIATURA*

«De modo que si alguno está en Cristo, nueva criatura es» (2 Co. 5:17).

1. Es una nueva criatura en sus relaciones con Dios:

a) Para la ley de Dios: «El que cree en él, no es condenado» (Jn. 3:18). «Ahora, pues, ninguna condenación hay para los que están en Cristo Jesús» (Ro. 8:1).

b) Para el gobierno de Dios: «... En aquel tiempo estabais sin Cristo, excluidos de la ciudadanía de Israel», y nos hemos vuelto «conciudadanos de los santos, y miembros de la familia de Dios» (Ef. 2:12, 19).

c) Para la familia de Dios: cada cristiano es un miembro de la familia de la fe.

2. Nueva criatura en sus relaciones para con los hombres:

a) Nuevos en su responsabilidad: «Así que, somos embajadores en nombre de Cristo» (2 Co. 5:20). «Y nos encargó a nosotros la palabra de la reconciliación».

b) Nuevos en sus oportunidades: ante el cristiano hay una puerta abierta, pues puede ministrar a la humanidad sufriente.

3. Nuevo en sus experiencias:

a) Seguridad.

b) Esperanza

c) Comunión con Dios.

d) Toda la esfera de la experiencia está tocada por el Señor que mora en el corazón del cristiano.

4. Nueva criatura en el centro de su mismo ser:

a) Puede estar reprimido y aún no bien desarrollado, pero ha sido engendrado dentro de su ser.

b) Esto es fundamental: «El que no nace de agua y del Espíritu, no puede entrar en el Reino de Dios».

594. *NACIDO DE ARRIBA (Juan 3:7)*

INTRODUCCIÓN: la expresión «de nuevo» en este texto no tiene el significado correcto. La palabra que se usa en el mensaje del Señor Jesucristo («anothen») significa «arriba». La misma palabra se traduce como «arriba» en Mt. 27:51. En Jn. 3:31 y 19:11, la palabra se traduce

correctamente como «arriba». El nuevo nacimiento es el nacimiento de arriba.

1. El hombre necesita de este nuevo nacimiento (vv. 1, 2):

a) Religioso: un fariseo (*véase* Lc. 18).

b) Moral: un gobernador de los judíos.

c) Inteligente: un maestro de Israel.

Aquí hay algo así como un buen pecador. Si este hombre necesitaba este nuevo nacimiento para ser salvo, todos los hombres lo necesitan.

2. La magnitud de la seriedad del asunto (vs. 3-5):

a) No se puede entrar al Reino de Dios sin Él.

b) Sin el nuevo nacimiento no tendríamos ni siquiera la oportunidad de ver el Reino de Dios.

c) Notad las expresiones «no puede» y «os es necesario» que son imperativas.

3. La naturaleza milagrosa de este nacimiento:

a) Las palabras «nacer de nuevo» (que realmente significa de arriba), indican claramente la naturaleza milagrosa de este hecho.

b) Este nacimiento ha sido «engendrado» divinamente (*véase* Jn. 1:13; 1 Jn. 5:1, 4).

c) Es un despertar o avivamiento espiritual (Ef. 2:1).

d) Es una nueva creación (23 Co. 5:17).

e) Es el hecho de impartir la naturaleza divina (2 P. 1:4).

La lista anterior impide en su totalidad todo otro pensamiento de posibilidad de salvación; ya sea por buenas obras, resoluciones religiosas, bautismo, etc.

4. Los medios empleados para producir este engendramiento milagroso (vv. 5, 6):

a) El Espíritu Santo.

b) La Palabra de Dios.

Estos son los agentes divinos que efectúan esta poderosa obra. El Espíritu Santo es la Palabra de Dios para traer convicción de pecado (Jn. 16:8-11), y una sana y segura conversión a Cristo (Sal. 19:7; Hch. 3:19; Jn. 15:3; Ef. 5:26; 1 P. 1:23). En estas porciones el término «agua» es un símbolo de «La Palabra».

5. El misterio de este nacimiento se ha hecho manifiesto (v. 8).

6. El mensaje que nos hace ver claro el camino (vv. 14-18):

a) La acusación: el hombre sin Cristo perece (v. 16).

b) La intervención de Dios: el don de Cristo y su muerte (v. 16).

c) La ilustración usada: la historia de la serpiente de bronce (*véase* Nm. 21).

d) Analizad todos los hechos: «La vida por una mirada al Crucificado».

7. Las múltiples bendiciones recibidas de una vez...

a) Era ciego: ahora ve.

b) Estaba condenado: ahora está justificado.

c) Estaba perdido: ahora fue hallado.

d) Estaba pereciendo: ahora está salvo.

e) Estaba muerto: ahora vive.

f) Estaba rodeado por las llamas del infierno: ahora está rodeado por el Cielo.

g) Era un incrédulo: ahora es un creyente.

CONCLUSIÓN: «¡Gracias a Dios por su don inefable!» (2 Co. 9:15).

595. *CÓMO CONVERTIRSE EN CRISTIANO (Hechos 2:37 y 38)*

1. Hay que creer que Dios existe (He. 11:6):

a) En otras palabras, uno debe creer que hay un Dios.

b) Uno debe creer que Él recompensará al pecador y le perdonará.

c) Uno debe creer que la Biblia es la Palabra de Dios.

d) Estos curiosos e indagatorios judíos creían en Dios y en la Biblia.

2. Hay que estar convencido de los pecados:

a) El Espíritu Santo convence de pecado (Jn. 16:7).

b) Dios atrae a los hombres hacia Cristo (Jn. 6:44).

c) Aquellos judíos fueron compungidos de corazón (Hch. 2:37):

–El Evangelio ya había alcanzado sus corazones.

–Dios les había hablado a ellos por medio del Evangelio y del Espíritu.

3. El arrepentimiento es el próximo paso:

a) A menos que os arrepintáis pereceréis (Lc. 13:3).

b) El arrepentimiento es un mandamiento de Dios.

c) Juan lo requería de aquellos que se habían convertido por causa de su testimonio (Mt. 3:5, 8).

d) Cristo predicaba sobre el tema del arrepentimiento.

4. Uno debe aceptar a Cristo por la fe:

a) Por medio de la fe debemos aceptar el libre don de Dios.

b) Si un amigo le ofrece un regalo no debería recibirlo si antes no lo ha aceptado.

c) Cristo le ofrece el perdón después de que haya cumplido con las condiciones impuestas por Dios, pero usted debe aceptar para recibir.

5. La parte de Dios en nuestra redención es...

a) Proveer la expiación: Él lo hizo en Cristo.

b) Convencer o a traer al pecador: esto es lo que Él hace.

c) Perdonar los pecados: el Señor perdona los pecados sobre la base de nuestra confesión de los mismos (1 Jn. 1:9).

CONCLUSIÓN: ¿Por qué estar perdido? Dios hará todo de Su parte y le ayudará a usted a hacer la suya.

596. *LA PRUEBA DE LA VIDA (Hechos 1:3)*

Si, como dice la Escritura, hemos sido despertados de entre aquellos que estaban muertos en delitos y pecados, entonces tenemos que manifestar por medio de muchas pruebas esa nueva clase de vida que en la actualidad poseemos.

1. Sepulcros vacíos (Mt. 28:6): el mundo es el lugar para aquellos que están muertos espiritualmente. ¿Hay alguna tumba vacía en su vida, y algún lugar vacío en el mundo?

2. Vestiduras descartadas (Jn. 20:7): típico de los malos hábitos, tirémoslas fuera cuando Dios despierta y aviva nuestra alma.

3. Espíritu de perdón (Mr. 16:7): «Y Pedro». El perdón es una prueba de la posesión de la vida eterna.

4. Encontrarse con los suyos (Mt. 28:7): las personas salvas desean encontrarse con los demás miembros del pueblo de Dios.

5. Vivir para otros (Lc. 24:27): la misión de Cristo durante aquellos cuarenta días tenía como objetivo la bendición de los demás.

6. Conversaciones sensatas (Hch. 1:3): la medida del deleite en hablar sobre las cosas celestiales marcará la condición espiritual de la persona.

597. *SER SALVOS (Hechos 2:37-47)*

Los que son salvos son...

1. Convencidos (v. 37).
2. Convertidos (v. 38).
3. Obedientes (v. 41).
4. Firmes (v. 42).
5. Incorporados (v. 42).
6. Devotos (v. 43).
7. Generosos (vv. 44, 45).
8. Alegres de corazón (v. 46).
9. Influyentes en el mundo (v. 47).

598. *CARÁCTER DE UN HOMBRE CRISTIANO (Salmo 1)*

INTRODUCCIÓN: el Sal. 1 es una visión del hombre convertido. En el A.T. no se conocía la palabra «conversión» o «nuevo nacimiento», como lo explicó Jesús refiriéndose a las Buenas Nuevas de parte de Dios que Él trajo al mundo, pero existían ya hombres piadosos y seres indiferentes a los mandatos de Dios, conocida con el apodo de malos. Tras el Nuevo Pacto podemos hacer mejor la distinción, aunque el modo de ser de aquellas gentes, era exactamente igual que en nuestros días. El hombre cristiano es, pues...

1. Una persona feliz (v. 1): «Bienaventurado» significa sumamente feliz, porque:

a) Es un hombre cambiado: antes hacía las cosas que se mencionan en este versículo, pero ahora anda en el consejo de Dios (Sal. 25:4, 5; 119:4).

b) Anda por un nuevo camino, el de los santos (1 Co. 12:31; He. 10:19-20).

2. Es un hombre estudioso (v. 2): hay muchos que leen la Palabra de Dios como un deber rutinario, pero son pocos los que...

a) «Meditan en ella»: algo bastante diferente que meramente leer.

b) Se deleitan en ella: cuanto más la mediten más se deleitarán (Sal. 119:15-16; 23:24, 97; 1 Ti. 4:15; Stg. 1:25).

3. Es un hombre firme (v. 3):

a) Es capaz de resistir los vientos más recios como un árbol que tiene buena raigambre.

b) En contraste con los malos, que son arrebatados por cualquier viento. No tienen seguridad alguna y no podrán quedar en pie ante la tormenta del juicio de Dios (v. 5; Is. 40: 23, 24).

4. Es un hombre prosperado (v. 3): es un testimonio vivo y atrayente del poder Salvador, santificador, transformador y embellecedor del Señor Jesucristo (Jos. 1:8, 9).

5. Es un hombre útil (v. 3):

a) Da fruto para agradar a Dios y alimentar a los hombres (Jn. 15:7).

b) Pablo los llama frutos de justicia, y son todo aquello que produce bien y es justo ante Dios (Fil. 1:11; Col. 1:10).

c) «Su hoja no cae»: esto significa que da sombra agradable. Los cansados, los afligidos, los tristes, los desorientados, hallan refugio y aliento en sus palabras y ejemplo.

6. Es un hombre conocido por Dios (v. 6):

a) «El Señor conoce a los suyos» (2 Ti. 2:19; Jn. 10:14-27): nada escapa de los ojos escrutadores de Dios (Ro. 8:18, 29).

b) El Señor conoce también a los malos (Lc. 16:15; Job 11:11).

c) Sobre todo Dios conoce que el camino de los malos les conduce a perdición eterna (Mt. 7:23).

599. *CINCO PRUEBAS DEL NUEVO NACIMIENTO*

INTRODUCCIÓN: hay cinco cosas que acompañan una regeneración genuina. El que ha nacido de Dios.

1. No hace pecado (1 Jn. 3:9; 5:18): resultado negativo; renunciación del pecado. La nueva naturaleza no peca; es una potencia interior que domina el pecado (1 Jn. 4:4; Sal. 119:3; 1 Co. 6:9-11; Jn. 5:14, 8:11; 2 Ti. 2:19).

2. Hace justicia (1 Jn. 2:29): resultado positivo; santificación de la vida. La nueva naturaleza produce el fruto del Espíritu regenerador (Gá. 5:22-23; Mt. 3:8; Mt. 7:20; Ro. 6:12-13; Stg. 2:17, 20).

3. Se guarda a sí mismo (1 Jn. 5:18): separación del mundo. *véase* Stg. 1:27, 1 Ti. 5:22. El poder para guardarse viene de Dios (Jud. 24).

4. Ama a su prójimo (1 Jn. 4:7; 5:1): sumisión al mandamiento nuevo del Señor, es la prueba mayor del renacimiento (Jn. 13:34-35). Amor, amor, amor, fue el tema predilecto de Juan y el anhelo más grande del Señor.

5. Vence al mundo (1 Jn. 5:4, 5): manifestación de la vida victoriosa. Parecía que el mundo había vencido al Señor, pero él pudo decir: «Yo he vencido al mundo» (Jn. 16:13). Creyente «más que vencedor», aun cuando sufre en el mundo (Ro. 8:36-37). La victoria de Cristo es nuestra victoria también, pero tenemos que apropiárnosla por la fe. ¡Qué recompensa habrá para los vencedores! (Ap. 3:21).

600. *CONDICIONES DEL CREYENTE (Efesios 1:3-14)*

INTRODUCCIÓN: es muy alentador ver de un solo golpe de vista, a la luz del Nuevo Testamento, la nueva posición ante Dios que obtiene el recién convertido que entra por un acto sincero de fe, a formar parte de la familia espiritual de Dios (1 P. 2:10; He. 12:22-25). Considerándolo así en resumen, podemos observar que...

1. El creyente está perdonado (Ef. 1:7; Hch. 10:43)

2. Justificado (Ro. 3:28; Hch. 13:39).

3. Es una nueva criatura (2 Co. 5:17).

4. Sellado por el Espíritu Santo (Ef. 1:13; 4:30).

5. Templo del Espíritu Santo (1 Co. 6:19).

6. Librado de la condenación (Ro. 8:1; Jn. 5:24).

7. Goza de la paz con Dios (Ro. 5:1; Jn. 14:27).

8. Es heredero de Dios (Gá. 3:29, 4:7).

9. Bendecido con toda clase de bendiciones en Cristo Jesús (Ef. 1:3).

601. *EL CIEGO BARTIMEO* *(Lucas 18:35-43)*

INTRODUCCIÓN: es el milagro de Jesús que más se parece a una conversión. Jesús acababa de cruzar el Jordán con muchos miles de peregrinos. Todos sentían que algo grande tenía que suceder en aquella Pascua. O verle perecer en manos de los enemigos de Jerusalén, cada vez más excitados, o verle Rey. Bartimeo había oído de Jesús y creído en Él como Mesías. No sabía nada de Él como Salvador del alma. Era la única fe posible en su tiempo y circunstancias. Reconoce en su paso la gran oportunidad de su vida. Por fin oye un rumor de multitud. Si no tiene vista, tiene buena voz y clama (reprendido por la gente). La frase: «Hijo de David» era peligrosa estando dominados por los romanos pero él clama más fuerte. No es terquedad, sino decisión. El aviso alentador: «Te llama». «¿Qué quieres? Conforme a tu fe te sea hecho». ¿Qué aprendemos en esta historia?

1. El hombre es un ciego espiritual: no podemos ver a Dios con los ojos físicos ni con la mente carnal *(anécdota: Federico I pidió al rabino «que le mostrara a Dios», y le dijo que le mostraría a uno de sus siervos, el Sol).*

Peor que la ceguera física es la moral (2 Co. 4:4). Llamamos ciegas a las personas poseídas por una torpe pasión, por el odio o el orgullo. Éstas son cegueras momentáneas. Todos somos constantemente ciegos y locos para los ángeles. Pero el alma no es insensible. Si no ve, siente; como el ciego, presiente la verdad. Reflexionando puede comprender que ha de tener un Padre. Quisiéramos conocerle (Job 23:3). Es la aspiración de todos los grandes pensadores.

2. Jesús vino a traer luz a nuestras almas: revelarnos al Padre con sus atributos divinos, misterios que jamás hubiéramos descubierto por nosotros mismos. Habilitarnos para una vida superior que nos permita seguirle, disfrutar de su presencia, no quedarnos estancados en este pobre mundo al lado del camino de la existencia, donde generaciones van pasando, año tras año, hasta que caigamos nosotros. Esto es muy miserable. Por suerte, entre los que han pasado por el camino de nuestra vida está Jesús. Hemos conocido sus promesas por el Evangelio. Otros ciegos no tuvieron este privilegio, nosotros sí. ¡Qué suerte que Jesús haya pasado por «nuestro camino»! No importa que no sea el Jesús físico si sentimos su influencia espiritual. «Con vosotros todos los días» es una verdad. Nadie piensa hoy en hacerse discípulo de Sócrates o de Platón; pasaron para siempre, pero Jesús no; miles reciben hoy día sus beneficios.

3. Tuvo que haber una parte en el ciego Bartimeo y debe haberla en cada convertido:

a) Hacerse oír por Cristo: no importa que no le veas. Él puede oír. Si el ciego hubiese esperado ver u oírle muy de cerca nunca hubiera conseguido la vista.

b) No cejar en el empeño: la oposición de los viandantes es una figura de la que encontramos en el mundo cuando tratamos de acercarnos a Cristo o de hacernos oír de Él. El diablo quiere que callemos; tiene horror a la oración porque conoce su eficacia. El mundo quiere lo mismo: que no exterioricemos nuestra religión.

c) Atender a los que le siguen de cerca: afortunadamente, Jesús tiene tales discípulos; notemos su lenguaje tan diferente de los otros. «Jesús te llama». Esto debemos decir a las almas, pues Jesús tiene declarado: «El que quiera, venga». «Venid a Mí». «El que a Mí viene, no le echo fuera». Por eso podemos añadir: «¡Ten esperanza, cree y acepta! Que no le veas no importa, te guiaremos, y cuando la fe haya brotado en tu corazón entiéndete directamente con Él». Demos gracias a Dios por los instrumentos que Él ha usado para nuestra guía espiritual y seámoslo para otros.

d) Seguirle sin titubeos: Bartimeo dejó la capa. ¿Hay algo que os impide seguir a Cristo? Abandonadlo, dejadlo; Cristo es primero. Muchas frioleras impiden a las almas cuando Cristo pasa; luego se enfrían y no pueden encontrarlo.

e) Pedir de forma definida: Jesús provoca tal petición. «Misericordia» podía significar limosna; Jesús sabía que no era así, que su petición era de mayor alcance, pero quiere que lo exprese, así demostraría su fe. Pidamos de forma definida: «Salva mi alma pecadora»; no tan sólo ayúdame o bendíceme.

f) Creer de forma definida: ¿Por qué dijo Jesús «conforme a tu fe» y no «conforme a mi poder»? Para dar una lección al ciego y a los viandantes. Su gran misión no era curar, sino salvar, y ésta ha venido cumpliéndose siglo tras siglo.

g) Seguirle fielmente: no se quedó con los ojos cerrados, para recoger alguna limosna más de la multitud que pasaba; dejó su antigua vida, quería vivir de cerca de Jesús. Ello le daría oportunidades de:

–Instruirse más oyendo su palabra.

–Glorificar a Dios explicando su experiencia.

–Guiar, quizás, a otros enfermos.

CONCLUSIÓN: así ha de ser con cada uno de los convertidos.

602. *EL DISCÍPULO DE LAS PARADOJAS (Filipenses 3:12-21)*

INTRODUCCIÓN: estudiando la vida de Pablo observamos que es el hombre de las paradojas. En muchas partes de sus escritos afirma y demuestra una cosa para seguir luego con otra que parece totalmente contraria a la primera. Sin embargo, estudiando más profundamente observamos que tiene razón no hay contradicción alguna entre lo primero y lo segundo y es que él mismo era una contradicción debido al profundo cambio que Dios obró en él. De que podía pero no debía gloriarse.

1. Su vida pasada en contraste con la superior: el gran apóstol lo presenta resumidamente en el pasaje leído. «Tengo de qué gloriarme», dice...

a) De su pureza de sangre: «Hebreos de hebreos». Aunque nacido en país extraño, parece que su padre y su madre eran de raza judía.

b) Pureza de religión: desde muy joven se había unido a los fariseos.

c) Celo por su fe hasta el fanatismo de viajar para perseguir a los cristianos.

2. Su cambio en redondo: la torre de Babel de sus buenas obras cayó en el camino de Damasco. En lugar de sus esfuerzos por el camino de las buenas obras y su sinceridad religiosa para ir al encuentro de Dios ha encontrado pasaje en un aeroplano, la justicia de Cristo aplicada a su favor (v. 9). Ella es suficiente, lo suyo propio no lo era, pero ¿le permite esto estar descuidado en cuanto a sus propios esfuerzos para perfeccionarse y agradar a Dios? De ningún modo, él quiere ser hallado firme en su fe en Cristo sin vanagloria de su parte.

a) No se siente libre para hacer su voluntad, pues se considera esclavo por amor *(anécdota: el esclavo comprado por un caballero cristiano que le dio la libertad y éste le dijo: No, yo quiero servirle toda la vida como un esclavo por amor).*

Éste es el caso de Pablo, quien dice en los vv. 12-14 que se considera preso por Cristo.

b) Se alegra de su cambio de dueño *(anécdota: la gaviota que varias veces se resistía a dejarse alcanzar por las manos de un pasajero que se empeñaba en tenerla y después, rendida por el cansancio, se refugió en las propias manos del pasajero del que había huido).*

Del mismo modo el apóstol se alegraba de haber sido alcanzado por Cristo. Todos los verdaderos creyentes hemos sido alcanzados por Aquel de quien huíamos sintiendo que Él nos ha elegido para un propósito especial, más o menos grande y beneficioso en la vida presente y mucho más en la por venir. Esto es lo que declaró Jesús mismo a Pablo: «Para esto me he aparecido a ti» (Hch. 26:16).

3. El objetivo para esta vida: «Para que seas mi testigo...». Y cómo lo cumplió el gran apóstol. Este objetivo es para todos los verdaderamente convertidos. «Ser testigos», moverse, hablar, testificar, invitar. En el Evangelio encontrarán los hombres muchos ejemplos de personas transformadas:

a) Zaqueo, avaro y ladrón: generoso (Lc. 19).

b) Pedro, impetuoso: sumiso bajo la poderosa mano de Dios (1 P. 5).

Fácilmente nos paramos apoyados en la gracia y lo que Jesús hizo por nosotros. Nadie como Pablo conocía esta verdad, pero decía: «... llegando a ser semejante a Él en su muerte» (Fil. 3:10). Jesús mismo, en su condición de

hombre, se resistía a ir a la cruz (Jn. 12:27; Lc. 22:42); pero en ambas ocasiones se sometió a la voluntad superior del Padre que le había enviado. De la misma manera, Pablo se considera unido de tal modo a Jesucristo que no quiere seguir su propia voluntad, sino la de Aquel que le amó y se entregó asimismo para su salvación.

CONCLUSIÓN: el apóstol presenta un ejemplo muy adecuado que es la del heredero que mientras es niño tiene que someterse por amor a lo que ha de ser (Fil. 3:12-15). Nosotros debemos ser ricos en Santidad, porque un día seremos semejantes al que nos amó y que tiene para nosotros imponderables riquezas de gloria, pero no debemos esperar a aquel día...

–Por amor a las almas.

–Por el honor del Evangelio.

–Para la gloria de nuestro Señor.

–Por amor al premio que él ha prometido a los vencedores.

Sacrifiquemos, pues, nuestro «yo» para dar luz y ser ejemplo a los que nos rodean, puesto que tenemos la gran esperanza de ser un día sus mensajeros y sus testigos como herederos y coherederos en Cristo.

603. *EL NUEVO NACIMIENTO (Juan 3:1-21)*

INTRODUCCIÓN: ocurría en los días de Cristo como en todos los tiempos, que una barrera de consideraciones humanas y sociales impedía a los mejores hombres manifestarse según los más íntimos sentimientos de sus conciencias.

1. Dos legisladores insignes: en el mismo Sanedrín judío había hombres como Nicodemo y José de Arimatea, que comprendían el error de sus compañeros en cuanto a su actitud de desprecio a Jesucristo (Jn. 7:45-52; Mt. 13:54-58). Jesús, que era un ser de ambos mundos, como declara en el mismo cap. 3, vs. 13, daba más importancia a lo del otro que a lo de éste y cuando con su arte retórico Nicodemo le hace objeto de un halago, Jesús corta la conversación con la declaración misteriosa.

a) «De cierto te digo que el que no nace de arriba no puede ver el Reino de Dios»: [*Gignoskos alothen*] es una frase griega que significa «nacer de arriba». Nicodemo entendía aún menos que nuestros traductores la declaración «de arriba», pero entendía la palabra «nacer» y pregunta: ¿Cómo puede el hombre nacer siendo viejo?

b) Jesús insiste con una declaración que ha dado mucho que discutir. ¿El agua significa el bautismo? Es lo que afirman los «pseudobautistas», o sea, los que bautizan a los niños, y la Iglesia catolicorromana ha llegado a inventar la doctrina del Limbo, pero yo creo más bien que Jesús trata de enfatizar la necesidad de dos nacimientos, el físico y el espiritual. El físico es del agua, pues toda la vida física ha salido del agua. Los seres humanos salen del seno materno envueltos en una bolsa de agua, pero el verdadero origen de la vida física, no es esta sabia protección que Dios ha puesto al inocente bebé, mediante una cantidad de oxígeno e hidrógeno, sino que se refiere a toda vida física en general.

c) El Espíritu de Dios, que fue el iniciador de la vida física universal, debe ser el iniciador de la vida espiritual, no una vida que termina con la muerte, sino viniendo él mismo a juntarse de un modo directo con el espíritu humano, hecho a imagen y semejanza de Dios, pero muerto en sus delitos y pecados, vivificándole y haciéndole apto para la vida espiritual, eterna, en el Reino de Dios, para que el ser humano tenga capacidades espirituales que le permitan tener acceso y disfrutar de aquel Reino feliz y eterno.

2. Una declaración de doble sentido: observad que Jesús reserva esta gran declaración para un hombre sabio en cultura religiosa de su tiempo. A sus discípulos, simples pescadores y a las gentes en general, sólo había dicho: «Arrepentíos y creed» (Mr. 1:15). Pero es otra forma resumida, pues el nuevo nacimiento viene por el arrepentimiento y la fe, pero en cada caso usa el lenguaje más propio (ej.: a un técnico electricista le diremos «conecta la fuerza de 220 voltios»; al peón le diremos: «aprieta el botón verde»). Pero a pesar de ser un técnico en religión, Nicodemo ignora el gran secreto del Reino de Dios. Los escribas y fariseos creían que el Reino de Dios se obtenía siendo una persona moral que guardara las 490 reglas que los sabios judíos habían establecido basadas en su interpretación de los Diez Mandamientos y

las disposiciones mosaicas accesorias del Levítico, pero Jesús va al grano y le declara el gran secreto.

3. El nacimiento de arriba (v. 6): ¿Eres carne con aspiraciones del espíritu? Pues debes nacer del Espíritu de Dios para que puedas cumplir unas aspiraciones más elevadas... *(anécdota: supongamos que el gusano de seda tuviera inteligencia y viera a los pájaros volar, así como las mariposas: lo que es nacido gusano es gusano y lo que es nacido mariposa tiene que nacer y resucitar. En el mundo de las mariposas no hay ninguna dificultad, pues el Creador ya lo dispuso así, pero en el mundo del espíritu hay la voluntad rebelde, muchas veces opuesta a la voluntad de Dios).*

Nuestro espíritu que está manchado por el pecado, el hombre teme a Dios o a los dioses de su religión, pero no les ama, como le aman los ángeles...; no tiene aspiraciones espirituales, y no se siente unido a Él por un amor y confianza sin límites *(anécdota: el hombre espiritual nacido de nuevo –o sea, el cristiano– le dice al hombre natural:*

–¿No ves la sabiduría de Dios? ¿No ves su providencia en tantos milagros como aparecen sobre este maravilloso planeta?

El escéptico se encuentra un poco incómodo y responde:

–¿Quién lo sabe? Yo no creo más que lo que veo... Si hay Dios, creo que iré arriba y le diré: «Ya ves que no fui un ladrón ni un asesino, a ver si me das entrada».

Y los ángeles se taparán los oídos para no oír su arrogancia, y se apresurarán a llevar su espíritu al lugar que le corresponde en el Hades).

4. El hombre natural y el espiritual: para que el hombre natural se convierta en hombre espiritual ¿qué hay que hacer? Hay que arrepentirse y creer, esto equivale a «nacer otra vez».

a) A las gentes sencillas, Cristo les mostraba la parte suya.

b) A los intelectuales les muestra la parte de Dios.

c) El Espíritu Santo ha de entrar en tu ser, unirse a tu espíritu y vivificarle... No creas en tu bondad natural que no puede justificarse; ríndete humillado a la misericordia de Dios y dile: «Señor, yo soy un miserable pecador, pero si tú quieres tener piedad de mí, tal como lo has prometido, tómame tal como soy y haz de mí un nuevo hombre o una nueva mujer... A ti me entrego, Señor... Aplícame los méritos de Cristo, creo en el que murió por mí y me espera como abogado mío, en las alturas».

d) Cuando yo me humillo y creo, el Espíritu Santo encuentra la puerta abierta para operar la maravilla del nuevo nacimiento, y con el injerto de la vida espiritual... si alguno está en Cristo, nueva criatura es... Lo prueban miles de casos de hombres depravados que han venido a ser muy diferentes desde su conversión.

5. Figura de la serpiente providencial: Jesús pensaba en su muerte expiatoria, para cuya misión había aparecido en forma de hombres y presenta a Nicodemo un ejemplo significativo, bien conocido por Nicodemo por pertenecer a la historia del pueblo de Israel y para que no se equivoque respecto a su significado, le dice: «Nadie ha subido al Cielo sino cl que descendió del Cielo, el Hijo del hombre que está en el Cielo» (Jn. 3:13).

a) Jesús, a pesar de aparecer en forma de hombre pecador, pero sin pecado, se sentía más del otro mundo que de éste, y se llama a sí mismo Hijo del hombres como era costumbre de los judíos llamar hijo a cualquiera que tuviere un parecido o una relación estrecha con alguien o a algo que se le pareciese. A Simón Pedro le llamó «hijo de Jonás»; a Judas, «hijo de perdición», y ahora Él, habiendo subido al Cielo y hallándose en espíritu en el Cielo, se llama «Hijo del hombre» por haber venido a redimir a los hombres. La serpiente de metal había sido levantada por Moisés en el desierto para un objeto especial: Que todo aquel que mirara a ella con fe en la promesa de Dios, quedara curado.

b) Así, el Espíritu divino que ha puesto en orden el universo debe venir a los corazones de todos aquellos que miran a la cruz del Calvario con fe, para ser curados del pecado y transformados en hijos de Dios. De este modo el Espíritu Santo imparte una nueva vida a los que acepten a Jesús como su Salvador, y de ello tenemos millares de ejemplos a través de los siglos.

c) La conversión es, pues, un injerto espiritual que renueva su vida interior, su relación con Dios y sus resultados para con el mundo que

les rodea. Esto significa la conversión... Un hombre religioso que no ha sido convertido no podrá tener los mismos sentimientos en cuanto a Dios y sus cosas que las que tiene aquel que ha nacido de nuevo, como dijo Jesús a Nicodemo (ej.: un árbol no injertado puede parecer mejor y más lozano que uno injertado que el labrador tiene que ir cuidando y recortando. Así puede haber un mundano que sea más amable, más generoso, más simpático que muchos cristianos. Pero no tiene para Dios el mismo amor, fe y gratitud que un cristiano que se ha visto perdido y humillado y que ha clamado misericordia y se ha sentido salvado por su gracia).

6. Una gran deferencia: la pregunta para cada uno es «¿soy un convertido o tan sólo un simpatizante de la iglesia evangélica?». Alguien dirá de entre nuestros amigos: «Sí, un día me levanté y hasta llegué a bautizarme...». Bien, pero ¿fue eso una verdadera infusión del Espíritu Santo en tu ser? ¿Comprendiste bien el amor de Dios? ¿Aceptaste a Cristo de veras? ¿Pudo el Espíritu Santo unirse a tu espíritu para darte el nuevo nacimiento? Hablando de la Santa Cena el apóstol Pablo exhorta a los cristianos profesantes: «Examinaos a vosotros mismos si estáis en fe». ¡Sería terrible que te engañaras a ti mismo! (1 Co. 11:23-32). Pero te preguntarás: «¿Cómo voy a saberlo? ¿Qué clase de examen debo hacerme?». ¿Sientes amor y gozo para las cosas de Dios? Cuando oyes que Jesús murió por ti, ¿sientes que le amas? ¿Te satisface servir al Señor? No digo que te sientas satisfecho si te nombran para un cargo de diácono o cualquier otro deber en la Iglesia.... esto siempre produce satisfacción carnal. Hemos visto personas muy activas en la Iglesia, por el afán de tener un cargo. ¿Echas de menos el alimento espiritual? Los que están vivos tienen hambre. Si descubres que no has nacido de nuevo, díselo al Señor...; si no estás seguro, pídele que te lo haga sentir. Si no estás unido a la Iglesia, dile: «Señor, no quiero parecer pertenecer a este grupo de cristianos, si no hay la realidad en el fondo de mi ser».

7. ¿Qué ocurrió con Nicodemo? Tenemos dos evidencias relatadas en el Evangelio que demuestran que nació de nuevo:

a) Lo demostró primero ocultamente defendiendo la persona de Jesús en medio del Sanedrín (Jn. 7:52).

b) Más tarde, cuando Jesucristo había llegado, humanamente hablando, a su más profundo fracaso por su muerte ignominiosa en la cruz, Nicodemo mantenía su fe en el corazón y lo demostró enviando al sepulcro de Jesús a servidores suyos con 200 libras de ungüento para embalsamar su cuerpo. ¿Qué evidencia mayor pudiéramos tener de la esperanza que este gran hombre tenía acerca de la próxima resurrección de Jesús? ¿De qué sirve embalsamar un cuerpo muerto tan sólo para retrasar su descomposición? Muchos hemos visto en los museos cadáveres hallados en suntuosas tumbas de miles de años atrás como momias secas, a pesar de haber sido embalsamados con ungüento de reyes, y no con la prisa con que sin duda tuvieron que hacerlo los criados de Nicodemo; así están porque eran seres humanos de la Tierra. Pero Jesús no estuvo ni tres días envuelto con los ungüentos de Nicodemo, sino que resucitó (Jn. 20:6-20). Estos ungüentos se desprendieron como un cascarón vacío, y la persona de Jesús se apareció varias veces como un ser vivo (Lc. 24:1-49). Nicodemo creyó que Jesús estaba en la tumba ¿por cuánto tiempo? Él no lo sabía, pero creía en su poder para realizar cualquier milagro y éste sucedió mucho más pronto de lo que él pensaba.

CONCLUSIÓN: hoy, que sabemos que Jesús está resucitado a la diestra del Padre, teniendo todas las evidencias que nos relatan los cuatro evangelistas acerca de su resurrección, ¿permaneceremos en incredulidad como Tomás, o le diremos: «¡Señor, no me importa que hayan pasado casi dos mil años, Tú eres el eterno y tienes palabras de vida eterna para todos los que confían en ti? Pues yo creo y agradezco de todo corazón lo que hiciste en el Calvario por todos los pecadores que han creído y te han aceptado como el Hijo de Dios» (Jn. 6:66-69).

604. *LA CONVERSIÓN*
(Hechos 3:19)

INTRODUCCIÓN: con frecuencia encontramos en las Sagradas Escrituras, tanto del Antiguo como del Nuevo Testamento, el verbo «convertir», usado en diversas acepciones, como un

mandato y propósito de Dios para los hombres. Por tanto, creemos necesario explicar claramente este tema, debido a su tremenda importancia para la vida y para la eternidad. En primer lugar, conviene conocer de un modo exacto:

1. Lo que no es la conversión según Dios:

a) No es cambiar de iglesia o denominación religiosa: los católicos suelen confundir, con frecuencia, el concepto de conversión, llamándolo proselitismo, pero ningún cristiano evangélico verdadero cae en tal error si tiene en cuenta lo que la Sagrada Escritura enseña a este respecto. La conversión significa, ciertamente, cambio, pero es un cambio mucho más profundo que el pasarse de una agrupación cristiana, o pseudocristiana, a otra. El apóstol Pablo exhortaba a las gentes en el día de Pentecostés diciendo: «Arrepentíos y convertíos, para que sean borrados vuestros pecados». Obsérvense los dos verbos coparalelos y la trascendental consecuencia espiritual que producen. El arrepentimiento es el dolor que sentimos de haber pecado y ofendido a Dios. No es sólo una mera emoción, sino un verdadero cambio, una vuelta completa en nuestro camino. Las lágrimas de arrepentimiento no bastan si a ellas no se acompaña un firme propósito de no volver a pecar y un positivo cambio de vida.

b) La conversión es un cambio interior del alma, y consiste en un cambio de carácter, cuando es real y profunda. Jesús dice: «Si no os volviereis y fuereis como niños, no entraréis en el Reino de los Cielos» (Mt. 18:3). Aun cuando el arrepentimiento y la fe son absolutamente necesarios en la conversión a Dios, la Biblia enseña que hay distintas maneras en que la conversión puede tener lugar.

2. Diversas clases de conversión:

a) La conversión instantánea: tenemos un buen ejemplo de ello en el caso del apóstol Pablo, quien de pronto se halló frente a una crisis espiritual que transformó enteramente su conducta y su vida. Se reconoció pecador y enemigo de Aquel que le llamaba con amor indecible y quería apartarle de su camino extraviado, para hacerle entrar en un nuevo camino de amor, paz y justicia. Podemos dar gracias a Dios porque esta experiencia ha sido repetida millares y millares de veces en personas que pueden citar el día y hora de su conversión, sin embargo, no debemos excluir otras manifestaciones de la gracia de Dios para con el pecador.

b) Una segunda clase de conversión, que muchas veces va unida a la primera, es aquella que tiene lugar después de una gran lucha interior. El mejor caso que conocemos es el del apóstol Pedro, quien avanzó espiritualmente, a pesar de serias caídas y retrocesos, hasta que llegó el momento en que pudo decir aquellas palabras; «Señor, tú sabes todas las cosas; tú sabes que te amo». Pedro era un hombre de carácter impetuoso y en un momento de celo espiritual podía exclamar: «Señor, ¿a quién iremos? Tú tienes palabras de vida eterna». Esto demuestra que había comprendido quién era Jesús, tal como declaró el día de su gran confesión: «Tú eres el Cristo, el Hijo del Dios viviente»; pero pocos meses más tarde negaría al Señor y tendría que oír la pregunta de Jesús: «Simón, hijo de Jonás, ¿me amas?» Podemos afirmar que Pedro llegó al pleno conocimiento de Cristo después de una serie de crisis en su vida espiritual. Juan Bunyan, Martín Lutero y otros muchos, son patentes ejemplos de personas cuya entrega a Dios vino precedida de una profunda lucha interior que terminó en victoria.

c) Existe aún una tercera clase de conversión de la que no se habla con frecuencia: la conversión gradual. Es un acercamiento consciente al Señor, acompañado de un profundo sentimiento de pecado y a la vez de una fe sincera en Jesús como Salvador y Señor nuestro. Ésta fue, sin duda, la experiencia del joven Timoteo, a quien Pablo escribía: «Trayendo a la memoria la fe no fingida que hay en ti, la cual habitó primeramente en tu abuela Loida, y en tu madre Eunice, y estoy seguro que en ti también» (2 Ti. 1:5). Timoteo nació en un hogar creyente, y creció bajo el cuidado de una madre y abuela creyente, desde su infancia, según el testimonio del propio Pablo (2 Ti. 3:15), y por eso no encontramos referencias al día y hora de su conversión. Ésta puede que haya sido la experiencia de muchos hijos de familias cristianas, y podemos bien suponer que el Espíritu de Dios ha obrado en sus corazones de la misma forma. Aquellos que en la quietud y recogimiento de su propio hogar reconocen su pecado y ponen su fe sincera en Jesús, como si despertaran a una

realidad maravillosa, con una fe positiva en el Salvador que vino del Cielo y murió también por ellos, y han pedido al Señor una y otra vez el perdón de sus pecados, son nuevas criaturas en Cristo Jesús, tanto como los que reciben a Cristo de una forma instantánea y espectacular. Es una fe que se ha ido robusteciendo con el tiempo, pero que tiene como base el arrepentimiento y la fe en el Cristo Salvador, que han conocido desde su misma infancia. Puede haber habido momentos más o menos emocionales, pero no hay detrás de ellos momentos de rechazo, o, si los ha habido, ha sido de un modo muy suave pero se puede decir que el Espíritu de Dios ha obrado en ellos de un modo casi continuo.

CONCLUSIÓN: en estos días de incertidumbre sobre el mañana cuando podemos muy bien estar en plena salud y en un momento encontrarnos en la eternidad, ya sea por un desafortunado fenómeno repentino, una embolia cerebral, o por un accidente de circulación, es necesario estar preparados para entrar en la presencia de Dios. Él ha provisto la puerta a la vida eterna en esta maravilla de su gracia que llamarnos «la conversión». Es necesario, pues, estar en buenas relaciones con Dios, y estas relaciones se forman y consolidan de las siguientes maneras:

–Reconociendo nuestra condición de pecadores innatos, como declara la Palabra Santa: «Todos pecaron, y están destituidos de la gloria de Dios» (Ro. 3:23).

–Reconociendo y aceptando por la fe el sacrificio de la gracia divina en la persona de Jesucristo, el Salvador de los pecadores, que «se entregó a sí mismo en precio del rescate por todos».

–Viviendo una vida de gratitud y amor a Aquel que obró nuestra salvación y desea que nos hagamos partícipes de ella mediante una aceptación que tiene como consecuencia las buenas obras que siguen a la fe.

605. *LA PROMESA DEL ESPÍRITU (Gálatas 3:14)*

INTRODUCCIÓN: ¿Podemos atrevernos a decir que el Dios Todopoderoso está viviendo en nosotros? ¿Que el Creador de Cielos y Tierra ha venido a habitar personalmente dentro de nosotros? El asombroso mensaje de la Biblia es que tal cosa puede ocurrir, ha ocurrido y está ocurriendo. Nos hallamos aquí en el umbral de un gran misterio. Estamos hablando del gran poder de la influencia; de cómo la personalidad aun de un ser humano puede influir en la personalidad de otro. Cuando os asociáis o estáis unidos constantemente con otra persona a la cual admiráis, en la que confiáis y amáis, algo de lo que él es, viene a ser parte de nosotros; pero la Biblia nos habla de algo superior: de un «habitar Dios mismo» en las vidas humanas.

1. La promesa cumplida en Israel: el Todopoderoso declaró que habitaría en medio de su pueblo. El Tabernáculo en el desierto vino a ser la señal de esta presencia divina. En su santuario interior, llamado «lugar santísimo», el Espíritu Divino moraba de un modo especial, y como se trataba de una declaración simbólica, para un pueblo ignorante, de las posibilidades divinas, la presencia de Dios se hacía visible exteriormente como una nube, e interiormente como una luz sobre el arca del Pacto. El sabio Salomón se dio cuenta de la anomalía de semejante misterio, cuando exclamó: «He aquí que los Cielos, los Cielos de los Cielos no te pueden contener, ¿cuánto menos esta casa que yo he edificado?» (1 R. 8:27). Por esto Ezequiel anticipó algo mejor: la relación divina invisible del Creador con los seres humanos, que cambiaría su modo de ser, anticipando así la promesa de Jesús: «Os es necesario nacer otra vez...» (Ez. 36:26-27; Jn. 3:3).

2. La promesa cumplida en Jesús: Éste, que espiritualmente era Dios vestido en carne humana, declaró: «Destruid este templo y en tres días lo edificaré» (Mr. 14:58). Todo lo que el Templo había significado para el pueblo de Israel, iba ahora a ser cumplido en su propia persona. La resurrección por el Espíritu fue el cumplimiento de esta grandiosa profecía. El lugar especial de la presencia de Dios en el mundo ya no sería un hermoso edificio de piedra, sino la persona de Jesús, el Dios encarnado. La luz de la gloria de la «Shekinah» brillaría, no en un templo de piedra, sino en la persona de Jesucristo (2 Co. 4:6). En el nombre de Jesucristo se realizan hoy verdaderos milagros de poder y nueva vida divina. El nombre de Jesucristo es el terror de los

espíritus demoníacos en las prácticas ocultistas (prohibidas a los cristianos –si no es para combatirlas–, pero que son reales). Jesucristo es un ser vivo y tiene poder, tal como dijo al despedirse de sus discípulos (Mt. 28:18); y es lo que han experimentado sus verdaderos discípulos en todos los siglos cuando han estado en estrecha comunión con Él.

3. La promesa cumplida en sus discípulos: el apóstol Pablo procuraba de todas maneras que cada cristiano reconociera el maravilloso hecho de que su cuerpo había venido a ser santuario de Dios (1 Co. 3:16). Con ello no hacía sino reiterar las palabras del propio Jesucristo en el Evangelio de Jn. 14:25-31. Es cierto que Dios no prodiga en este tiempo los milagros sobrenaturales por hacer más valiosa la prueba de la fe (Jn. 20:29), pero los realiza cuando se hacen imprescindibles para testimonio a un mundo cada vez más incrédulo, y nosotros no debemos desestimar ni rechazar el testimonio de hombres fieles de Dios que los han experimentado.

4. La soberanía de Dios: vivimos en la edad del Espíritu Santo, pero nunca debemos olvidar que nuestro Padre Celestial es soberano y nosotros no podemos, en esta presente etapa de prueba, ordenar a Dios lo que debe hacer, sino sometemos a su divina voluntad, ateniéndonos a lo que declara el apóstol Pablo en Ro. 8:28-39. Hemos conocido a muchos queridos hermanos que, ponderando la vida de fe, han desacreditado al Evangelio practicando lo que Jesucristo mismo, en su combate con Satanás en el desierto, llamó «tentar a Dios» (Mt. 4:7 y Dt. 6:16) pero, por otra parte, nos conviene cultivar la vida de comunión celestial para que Dios pueda cumplir la promesa de Jesús dada en Lc. 11:13, que, al ser practicada con pleno discernimiento de la grandeza y sabiduría de nuestro Padre Celestial, puede convertirse en la bienaventuranza que Jesús declaró al apóstol Tomás para sus fieles de futuras edades, que vinieron a ser más que vencedores por medio de Aquel que les amó (Jn. 20:29 y Ro. 8:28-39), obteniendo lo que el apóstol Juan llama la victoria que vence al mundo: «nuestra fe» (1 Jn. 5:4).

CONCLUSIÓN: Dios quiere entrar en las vidas de los hombres y mujeres de este mundo para hacer en ellos una obra maravillosa de regeneración; pero para que esto ocurra es necesario que cada ser humano, hecho a imagen y semejanza de Dios, sienta el deseo de que se cumpla en él la sublime promesa divina y lo pida a Dios sinceramente y de todo corazón.

606. *LA VIDA NUEVA DEL CRISTIANO (Colosenses 3)*

INTRODUCCIÓN: cuando en algún grupo cristiano se producen nuevas adhesiones y peticiones de ingreso o bautismos, hay gozo y entusiasmo en los antiguos creyentes, pero se debe procurar entender si se trata de nuevas adhesiones de carácter social, de comunidad social, o es verdaderamente obre del Espíritu Santo. Cuando se injerta una vid pueden suceder tres cosas:

–Que a pesar de haberse practicado la operación no prenda el injerto, éste se seca y rebrota la planta silvestre por todas partes.

–Que prenda raquíticamente un débil brote y mucho rebrote de la antigua planta.

–O bien que prenda con robustez y dé origen a un sarmiento o rama ufana y llena de vida.

Por esto el apóstol Pablo, que conocía bien el ministerio de la conversión, nos la define con las palabras de nuestro texto (2 Co. 5:17), dando lugar a las siguientes preguntas:

1. ¿Qué es estar en Cristo?

a) Un ministerio espiritual, algo sublime, glorioso, inexplicable, como todo lo de Dios; una acción del Espíritu Santo. Nótese la diferencia que Jesús expresa al anunciar la venida del Espíritu de Dios a sus discípulos en las siguientes palabras: «El Espíritu de verdad, al cual el mundo no puede recibir [mientras vive de espaldas a Dios] porque no le ve ni le conoce; pero vosotros le conocéis, porque mora con vosotros, y estará en vosotros» (Jn. 14:17). Es una relación íntima, similar a las ondas hercianas que nos rodean por todas partes, pero que sólo cuando ponemos el receptor en la onda definida que deseamos conectar, es cuando las ondas hercianas se convierten en voz o figura en nuestro aparato receptor de radio o de televisión.

b) La conversión es abrir el corazón a Dios: si abrimos la ventana al sol, éste no se hace

esperar. Así Dios quiere hacer con cada hombre o mujer: iluminarle, venir a él; Cristo nunca ha rehusado entrar en ningún corazón que le invite de veras.

c) Hay quien dice: «Yo pido a Dios y no me convierto». Es que no se trata de conseguir persuadir a Dios, sino de querer y aceptar de veras lo que Él ya ha hecho y ofrecido. El pedir muchas veces que Dios te convierta es a causa, probablemente, de tu poca fe. Un notable cristiano dice: «Pedí seis veces el perdón de mis pecados y no sé si vino a la segunda, tercera o cuarta, pero de lo que estoy cierto es de que vino». Deja de mirarte a ti mismo y mira a Cristo, ríndete a Él y cree que ha de venir, no puede faltar a su palabra. Y ¿qué sucede cuando viene?

2. Las cosas viejas pasaron: Dios introduce un nuevo elemento espiritual en nuestra propia naturaleza, en nuestro propio ser. Buscando un ejemplo en la naturaleza física, sabemos que cada ser animal tiene su propia naturaleza, con dones e instintos diferentes (abeja, pájaro, oveja, cerdo). Jamás el hombre dejará de ser pecador, desobediente a Dios y rebelde, porque está en nuestra naturaleza. Si no hay nadie que sea bueno por naturaleza, sabemos que hay en nosotros, de parte del Creador, una conciencia que avisa y una razón que frena; pero el hombre bueno por naturaleza no tendría nunca un mal pensamiento. ¿Hay alguno en el mundo? Por eso es indispensable que Dios introduzca un nuevo elemento espiritual en nosotros. No destruye la antigua, pero queda amortiguada y sujeta a la nueva naturaleza, tal como ocurre en una planta injertada. Lo creemos, porque Jesús lo dice, y vemos las pruebas a millares en el terreno práctico e individual; podríamos referir miles de casos de hombres y mujeres que han obrado en contra de su antigua naturaleza una vez convertidos por el Espíritu Santo. En algunas iglesias evangélicas se practican actos de decisión «Banco de penitentes», seguidos de testimonio, firma de tarjetas, etc. Todo esto puede ser de una cierta ayuda, pero no es seguro. ¿Cómo se conoce, pues, la conversión auténtica?

a) Por un nuevo interés en las cosas de Dios (Hch. 16:14, 15): muchos asisten a los primeros cultos por compromiso y el Espíritu de Dios se apodera de ellos el primer día. Otros son despertados después de algún tiempo, pero es peligroso acostumbrarse a escuchar el Evangelio sin decidirse, pues nuestra naturaleza pecadora es rebelde a Dios.

b) Por un nuevo ideal de justicia (cítese el caso de Zaqueo o alguna anécdota conocida).

c) Por una nueva actitud hacia Dios y sus cosas: muchos declaran haber creído en Dios antes de oír el Evangelio predicado en su pureza, pero aquella fe no era bastante fuerte para llevarles a una relación íntima con Él. Nunca oraban, o bien oraban mal. Orar es la respiración del alma, y es la señal de vida espiritual cuando sale del corazón, no de la memoria. Si no hemos ofendido gravemente a Dios con nuestra lengua o conducta, es seguro que no le hemos glorificado y dado gracias como se merece. Esto tiene que cambiar y cambia siempre en el «nuevo nacimiento». Al cristiano no le da vergüenza comunicar con Dios, ni testificar ante sus hermanos.

d) Un nuevo amor a los cristianos (*véase* Jn. 13:35; Hch. 16:15-16): el corazón regenerado se alegra de saludar a cualquier hermano (no sólo a los más íntimos). Ello es señal de ser de Dios.
ej Un nuevo interés por la salvación de otras almas. Así era entre los primeros convertidos de Jerusalén (Hch. 8:4). En una catástrofe quien ayuda a otros es señal de que él está vivo; así es en la Iglesia de Dios en el terreno espiritual. Los apóstoles decían: «No podemos dejar de decir lo que hemos visto y oído». Si no creemos bastante para pensar que otros necesitan a Cristos es que no creemos bastante en Él nosotros mismos. Cuando nos alegramos de que otros amen a Cristo es que también nosotros le amamos.

CONCLUSIÓN: el apóstol dice: «Examinaos a vosotros mismos si estáis en fe» (2 Co. 13:5). No quiere decir si sabemos explicar todos los misterios de la fe, ni pasar un examen de teología, sino si hay una base de fe en las cosas esenciales que hemos nombrado y el amor a Cristo, que es fruto del Espíritu Santo en el corazón. Si tenemos esto, somos de Cristo y podemos tratar de unirnos a la Iglesia sin peligro, y debemos hacerlo. Si no es así, guardemos de pedir ser miembros, porque pudiera significar tan sólo una relación social con otras personas,

como si se tratara de un club de amigos. No basta con haber sentido algún interés por estas cosas alguna vez. Recordemos la amonestación de Jesús mismo glorificando a los que habían perdido el primer amor (Ap. 2:4). Preguntémonos:¿Se mantiene nuestro interés por las cosas de Dios, nuestra comunión con Él, nuestro amor a los cristianos, nuestro ideal de justicia y nuestro interés por la salvación de los demás? Es que hay vida espiritual en nosotros, estamos en el Señor, somos de Él y no seremos avergonzados el día que nos llame a su presencia. No importa que el mundo no nos conozca. Somos de la verdad (I Jn. 3:19) y sabemos que Él permanece en nosotros (v. 24). ¡Bendita seguridad!

607. *EL NUEVO NACIMIENTO*
(Juan 3:5)

1. Algunos de los sustitutos del nuevo nacimiento puestos por los hombres:

a) La membresía de la Iglesia.

b) Hacer proselitismo.

c) Reformas humanas.

d) Buenas obras.

e) El bautismo.

f) La confirmación.

2. El nuevo nacimiento es una obra divina:

a) Nacido de Dios (Jn. 1:13).

b) Nacido del Espíritu (Jn. 3:8).

c) Avivado:Obra realizada por el Espíritu (Ef. 2:1-10).

d) Engendrado por la Palabra de Dios (Stg. 1:18).

e) Nacido de simiente incorruptible (1 P. 1:23).

f) Por medio de la sangre de Jesús (1 P. 1:19).

3. Evidencias del nuevo nacimiento:

a) No hay ninguna condenación para los nacidos de nuevo (Ro. 8:1).

b) El testimonio del Espíritu (Ro. 8:16).

c) La falta de amor para las cosas del mundo (1 Jn. 2:15).

d) El testimonio de Jesús (Ro. 10:10).

e) El fruto: amor, gozo, paz, paciencia, benignidad, bondad fidelidad (Gá. 5:22, 23; Jn. 15:8).

f) Amor en el corazón de los cristianos (1 Jn. 5:1).

g) Perdón de todos nuestros enemigos (Mt. 6:14).

h) Amar a Dios y guardar Sus mandamientos (1 Jn. 5:2; Jn. 14:15).

608. *EL HOMBRE ESPIRITUAL*
(2 Corintios 5:1-10)

1. El nacimiento espiritual es seguido por una vida espiritual (Jn. 3:3).

2. La vida espiritual está seguida por un andar espiritual (Gá. 5:16).

3. El andar espiritual necesita una fortaleza espiritual (Ef. 3:16).

4. La fortaleza espiritual necesita alimento espiritual (Jn. 6:51).

5. El alimento espiritual requiere un apetito espiritual (1 P. 2:2).

6. El apetito espiritual necesita una atmósfera espiritual (Col. 3:1).

7. El Señor nos aviva, nos levanta y nos sienta en los lugares celestiales (Ef. 2:6).

8. El hombre espiritual pone la fe por encima de la vista (2 Co. 5:7).

9. Él no tiene nada en sí mismo, sino todo en Dios (Fil. 4:13):

a) Dios le enseña al creyente a conocerle (Jn. 17:3).

b) Dios le atrae hacia Él para que le ame (Jn. 12:32).

c) Dios le persuade a que confíe en Él (Fil. 1:6).

d) Dios le satisface y el creyente se regocija en Él (Fil. 4:4).

609. *CONFESIÓN DE PECADOS*
(Salmo 38)

1. Debe ir acompañada de una pena y un dolor que proviene de Dios (Sal. 38:18; Lc. 15:21).
2. Debe ser sincera y sin reservas (Sal. 32:5; 51:4).
3. Rendida en su humildad (Neh. 9:33; Jer. 3:25).
4. Juntamente con una ferviente oración (Sal. 25:11; Lc. 18:13, 14).
5. Dejando de lado el pecado (Pr. 28:13; 2 Cr. 7:14).
6. Seguida del perdón (1 Jn. 1:9; 2 S. 12:13).
7. Ejemplificada por Job (Job 7:20).
8. El hijo pródigo (Lc. 15:18, 22).

610. *ARREPENTIMIENTO*
(Mateo 9:9-13)

1. Es abandonar el pecado (Ez. 18:30-32; Is. 55:7; Hch. 14:15; 2 Co. 5:17; 1 Ts. 1:9).
2. Dios desea que los hombres se arrepientan:
a) Está ordenada en la Escritura (Hch. 17:30; Ap. 2:5, 16; 3:3).
b) Dada por Dios (Hch. 11:18; 2 Ti. 2:25; Hch. 5:31).
c) El Señor Jesucristo nos llama al arrepentimiento (Mt. 9:13).

3. Fue predicado por:
a) El Señor Jesucristo (Mt. 4:17; Mr. 1:15).
b) Juan el Bautista (Mt. 3:2).
c) Los apóstoles (Mr. 6:12; Hch. 20:21; 2:38).

4. Los hombres deben ser guiados al arrepentimiento por:
a) La bondad de Dios (Ro. 2:4).
b) La longanimidad y paciencia de Dios (Gn. 6:3; 1 P. 3:20; 2 P. 3:9).
c) Convicción de pecado (Pr. 28:13; Hch. 2:37, 38; Hch. 19:38).
d) Los castigos de Dios (1 R. 8:47; Ap. 3:19).

5. Debería estar acompañado por:
a) Frutos de arrepentimiento (Mt. 3:8; Hch. 26:20; Is. 1:16. 17; Dn. 4:27).
b) Confesión (Lv. 26:40; Job 33:27).
c) Fe (Mt. 21:32; Mr. 1:15; Hch. 20:21).
d) Oración (1 R. 8:33; Hch. 8:22).

6. Es peligroso descuidarlo (Mt. 11:20-24; Lc. 13:3, 5; Ap. 2:5; 16, 22).
7. Ejemplos de arrepentimiento:
a) Los israelitas (Jue. 10:15, 16).
b) Manasés (2 Cr. 33:12, 13).
c) Job (Job 42:6).
d) Nínive (Jon. 3:5-8; Mt. 12:41).
e) Pedro (Mt. 26:75).
f) El ladrón en la cruz (Lc. 23:40, 41).
g) Los corintios (2 Co. 7:9, 10).

611. *EL AMIGO DE LOS PECADORES*
(Mateo 11:19)

1. ¿Qué significan estas palabras?
a) No era un compañero de los pecadores en el sentido que participara con ellos de sus pecados.
b) No era tampoco alguien que daba simples consejos.
c) Era alguien que podía comprender a los pecadores y simpatizar con ellos.
d) Era alguien que se ponía al mismo nivel humano que ellos, mas sin pecar.

2. ¿Cómo podemos probarlo?
a) Por el propósito de su venida, según sus declaraciones.
b) Por el testimonio de su propia vida.
c) Por sus reiteradas declaraciones.
d) Por sus últimas palabras.
e) Por Sus manifestaciones después de la muerte.
f) Por su revelación desde el Cielo (a Saulo de Tarso).

612. *EL LLAMADO DEL MAESTRO*
(Juan 11:28)

El Maestro ha venido, y está aquí ahora, y nos está llamando...
1. ¿A quién llama Él?
a) A todos los pecadores.
b) A cualquier persona que atienda y haga caso de Su llamado.

2. ¿Cómo atendemos a su llamado?
a) A menudo con indiferencia.
b) A veces con un espíritu de duda.

3. ¿Cuándo llama Él?
a) En todo tiempo: en la niñez, en la juventud, en la edad madura y en la vejez.
b) Cuando somos conscientes de nuestros pecados.

4. ¿Cómo llama Él?
a) En medio de su misericordia y en su ira.
b) Por medio de las campanas de la iglesia, de los himnos, de la lectura de su Palabra.
c) Por medio de la predicación.
d) Por medio de la muerte de un ser amado.
e) Por medio de la vida de cada persona buena y piadosa.

5. ¿A qué nos llama el Señor?
a) Al arrepentimiento: Él nos ordena a todos que nos arrepintamos.
b) A una vida de santidad.
c) Al servicio.

6. ¿Pone Dios fin a veces a su llamado? (*véase* Is. 55:6; Gn. 6:3).

613. *APARTE* *(Zacarías 12:12-14)*

1. El efecto individualizador de la pena por el pecado: observad las muchas ocasiones en las cuales aparece aquí la palabra «aparte».
a) Se ve aun cuándo ese lamento es universal: «Y la Tierra lamentará, cada linaje aparte».
b) Se ve en la distinción entre familia y familia, aun cuando ambas teman al Señor:
–La familia real.
–La familia del profeta.
–La familia del sacerdote.
–La familia ordinaria.
–La familia de Simeí aparte.

2. ¿Cómo se destaca esta individualidad?
a) Cada individuo ve mayormente su propio pecado.
b) Cada individuo desea estar solo.
c) Cada individuo tiene su propio tiempo.
d) Cada individuo tiene su propia manera.
e) Cada individuo tiene su propio secreto.

3. ¿Qué razón da usted para esta individualidad?
a) En parte se explica por una vergüenza natural y justificable, la cual nos impide confesar todos nuestros pecados ante los demás.
b) El corazón desea venir a Dios, y la presencia de una tercera persona significaría un impedimento o una interrupción.
c) El hombre es consciente de que su culpa se deriva totalmente de sí mismo.
d) Ésta es una señal de sinceridad: la verdadera piedad sale del corazón, y que sea «en espíritu y en verdad», depende de una actitud profundamente personal.

614. *ARREPENTIMIENTO* *(Isaías 55:7)*

1. La necesidad de una conversión: el texto deja claro este tema, pero también puede deducirse de
a) La naturaleza de Dios: ¿Cómo puede un Dios santo hacer caso omiso del pecado, y perdonar a los pecadores que continúan en su maldad?
b) La naturaleza del Evangelio: no es una proclamación de tolerancia al pecado, sino una liberación del mismo.
c) Los factores del pasado: nunca se ha concedido el perdón a un hombre que obstinadamente persista en sus malos caminos.
d) El propio bienestar del pecador requiere que éste abandone inmediatamente el pecado, o de lo contrario debe sufrir su pena.

2. La naturaleza de la conversión:
a) Trata con los «caminos» del hombre...
–Sus caminos naturales, tras los cuales anda el hombre cuando es dejado a su propio criterio...
–Su forma habitual de vida, a la cual están acostumbrados.
–Su tan querida forma de vida personal, donde están sus «placeres».
–Su camino ancho, en el cual andan tantos pecadores.
–El hombre debe abandonar sus propios caminos, pues no le bastará para darse cuenta de que está errado, profesar que está arrepentido de seguirlo, resolver dejarlo de una buena vez y moverse en él con más precaución.

b) Trata con los «pensamientos»: un hombre debe abandonar sus opiniones antiescriturales, y sus nociones propias...

–Acerca de Dios: su ley, su Evangelio, su pueblo.

–Acerca del pecado: el castigo, Cristo, su «yo», etc.

c) Trata con el hombre en referencia a Dios...

–Le ordena que abandone el orgullo, la negligencia, la oposición, la desconfianza, la desobediencia, y todas las otras formas de alienación del hombre con Dios.

–Debe volverse del pecado y volver a Dios.

3. El Evangelio de la conversión:

a) Hay una promesa que es segura: «El cual tendrá compasión de él, y a nuestro Dios, el cual será amplio en perdonar» (Is. 55:7).

b) El perdón que Dios otorga es el resultado de la obra completa de la expiación, la cual otorga un perdón abundante, justo, seguro y fácil de creer para la conciencia que ha sido despertada por el Espíritu.

CONCLUSIÓN: ¡Oh, que el pecador pudiera considerar la necesidad de un cambio total de pensamiento en su interior y pudiera cambiar su senda en la vida! Este cambio debe ser total y radical, pues de otro modo, sería inútil. Si el pecador continúa en sus maldades, su fin será la ruina total. ¡Que esta hora sea el momento del cambio total en la vida del pecador, y que el curso de su existencia se modifique por completo! Dios ha dicho: «Deje el impío su camino». ¿Qué puede impedirle tomar esta sabia decisión?

615. *¡VUELVE! ¡VUELVE! (Jeremías 3:12, 14, 22)*

1. Los recuerdos que despierta el llamado:

a) Cuando por primera vez vinimos al Señor.

b) Cuando éramos felices con otros creyentes.

c) Cuando podíamos enseñar y advertir a los demás.

d) Cuando empezamos a apartarnos.

2. La obediencia al llamado hecha fácil:

a) Reconocer la iniquidad (v. 13).

b) Lamentar lo malo (v. 21).

c) Renovar nuestros votos de fidelidad (v. 22).

3. Promesas hechas a aquellos que responden al llamado:

a) Guía especial: «y os introduciré en Sión» (v. 4).

b) Alimento apropiado: «Que os apacienten con conocimiento y con inteligencia» (v. 15).

c) Visión espiritual (vv. 16, 17).

616. *PECADORES AMONESTADOS (Proverbios 1:23)*

1. La reprobación que Dios administra:

a) Por medio de las Escrituras.

b) Por medio de sus ministros.

c) Por medio de la conciencia

d) Por medio de la providencia.

2. La sumisión que Dios requiere:

a) Con corazones penitentes.

b) Con mentes dispuestas a creer.

c) Con una devoción ferviente.

d) Con una pronta obediencia

3. El ánimo que Dios imparte (ej.: el espíritu de Moisés).

a) Un Espíritu convincente.

b) Un Espíritu que aviva.

c) Un Espíritu que conforta.

d) Un Espíritu que santifica.

617. *IMPEDIMENTOS*

«¿Quién os impidió obedecer a la verdad?» (Gá. 5:7).

«El agua no estaba aún caliente para el baño»: estas palabras fueron dichas por una sirvienta, después de que el fuego en la parrilla de la cocina había estado encendido durante algunas horas. Para llamar la atención a aquello que según ella había sido la causa, sostuvo un trozo de carbón en la mano y dijo que poco después de encenderlo, el carbón se hizo cenizas. La dueña de la casa le dijo: «¡El fuego que había era suficiente para asar un buey!» La

razón por la que el agua no se calentó no era el carbón, sino la sirvienta, pues en la tubería de atrás de la cocina, frente a la caldera, estaba totalmente sucia y taponada por cenizas. Cuando limpiaron la tubería, el fuego pudo llegar sin dificultad debajo de la caldera, y pronto había agua caliente suficiente para usar y prestar. A menudo culpamos a los efectos cuando deberíamos tratar con las causas. ¡Cuántos impedimentos hay que afectan la vida cristiana y estorban su desarrollo!

1. La falta de desarrollo de las gracias del Espíritu nos impedirán ver más lejos (2 P. 1:9).
2. El deseo de ser diligentes nos apartará del peligro de no entrar en el reposo de Dios (He. 4:1-6).
3. El fracaso de seguir adelante hacia la perfección, nos hará ser siempre niños en la vida cristiana (He. 3:12; 6:1).
4. El estado «carnal» de un corazón centrado en el «yo» nos impedirá ser creyentes espirituales (1 Co. 3:1-3).
5. El adormecimiento de un estado de abandono hará que el Señor se aleje de nosotros (Cnt. 5:1-6).
6. El espíritu de legalismo nos impedirá disfrutar de la libertad que hay en la gracia (Gá. 5:1).
7. El hecho de dar crédito a las fábulas y las fantasías de los hombres, dañará nuestro testimonio en el servicio del Señor (1 Ti. 1:3-19).

618. *CÓMO VENIR A CRISTO (Apocalipsis 22:6-21)*

1. Venid humildemente (Stg. 4:6).
2. Venid arrepentidos (Hch. 3:19).
3. Venid en actitud de confesión (1 Jn. 1:9).
4. Venid creyendo (Mt. 21:22).
5. Venid tal como sois (Is. 1:18).
6. Venid ahora (Pr. 27; 1).
7. Todos pueden venir (Ap. 22:17).

619. *LA TRAGEDIA EN LA PERSUASIÓN (Hechos 26:28)*

En su misericordia, Dios usa el recurso de la tierna persuasión. Es una señal de la misericordia divina. Dios nunca fuerza a los hombres a aceptar el camino recto –la salvación. Es algo muy trágico rechazar el camino de la justicia a la luz de la convicción. Sin duda, en el infierno hay multitudes que una vez estuvieron «casi persuadidas» de convertirse en cristianos...

1. ¿Qué significa haber estado uno «casi» persuadido?

a) Indica un conocimiento de lo justo y lo malo, o injusto.

b) Significa que uno ha tenido una correcta visión de lo que es la maldad y el pecado.

c) Significa que uno está convencido de lo deseables que son los caminos de Dios. Es posible que alguien haya comenzado a reformarse y a tratar de ser mejor, pero que aún no se haya convertido.

d) Significa que, después de haber tenido una visión de lo que es el Cielo y las bendiciones celestiales, uno se vuelva voluntariamente al infierno.

2. La tragedia de haber sido «casi» salvo:

a) Haber tenido un conocimiento de Dios hará que el infierno resulte aún más terrible.

b) El hecho de haber rechazado las oportunidades en vida quemará como fuego vivo en la memoria de las almas perdidas.

c) Rechazar las tiernas persuasiones de Dios cierra la puerta al Cielo.

d) Lo más trágico que puede acontecerle a alguien en esta vida es haber oído el llamado de Dios y no haberle prestado la debida atención.

3. La esperanza del Cielo para aquellos que están totalmente persuadidos:

a) Aquellos que están totalmente persuadidos -escuchan, aceptan y obedecen –son salvos por la gracia de Dios.

b) Todas las personas que pasan por este «valle de la decisión», harán bien en aceptar la misericordia de Dios.

620. *ARREPENTIMIENTO (2 Pedro 3:9)*

1. Razones para predicar el arrepentimiento:

a) Fue predicado por los profetas del Antiguo Testamento.

b) Lo predicó Juan el Bautista.

c) El ministerio del Señor Jesucristo se abrió con el arrepentimiento .

d) Los primeros discípulos lo predicaron.

2. Arrepentirse es algo natural:

a) Es, pues, un mandamiento (Hch. 17:30).

b) Por lo tanto está implicado en las advertencias que hace la Escritura: «...si no os arrepentís, todos pereceréis igualmente». (Lc. 13:3).

c) El Señor Jesús llama a los pecadores al arrepentimiento.

d) La bondad de Dios nos guía hacia el arrepentimiento.

3. El arrepentimiento debe ser algo voluntario: el arrepentimiento presupone amor, adoración, servicio y obediencia a Dios, todo lo cual, si ha de ser agradable a Dios y a nosotros, debe de ser voluntario.

4. El arrepentimiento involucra la bondad y la severidad de Dios:

a) El pecador no se arrepentiría si creyese solamente en la bondad de Dios: hace falta además un conocimiento de la severidad de Dios para que se produzca el temor a Dios.

b) El pecador tampoco se arrepentiría si creyese que Dios es únicamente severo: el conocimiento de su inmensa bondad crea amor hacia Él.

5. ¿Por qué debe usted arrepentirse ahora mismo?

a) Porque su corazón, por la obra constante del pecado, se hace cada vez más duro.

b) El gran océano de separación entre su alma y Dios se hace cada vez más grande.

c) Porque Dios no quiere que ninguno perezca.

d) El Señor Jesucristo quiere que usted se salve; Él murió por usted.

621. *EL ARREPENTIMIENTO: UNA NECESIDAD IMPERIOSA (Lucas 13:1-9, 31-35)*

1. Dios quiere que todos procedan al arrepentimiento (Lc. 13:1-5):

a) El pecado alcanzó a todos.

b) El pecado constituye una violación a la ley de Dios.

c) El hombre no puede hallar salvación en sus pecados, sino aparte de ellos.

2. El juicio y la misericordia de Dios se revelan en este pasaje (Lc. 13:6-9):

a) La higuera fue plantada en el terreno propicio.

b) Fue cultivada y regada esperando recibir fruto.

c) La higuera no dio frutos: era estéril.

d) La higuera iba a ser cortada pero alguien intercedió por ella.

3. Cristo se lamentó por el pecado de Jerusalén (Lc. 13:34, 35):

a) Jerusalén despreció el amor de Dios.

b) Jerusalén pecó y no se arrepintió.

c) Jerusalén fue destruida.

622. *EL LLAMADO DIVINO AL ARREPENTIMIENTO (Lucas 13:1-9, 31-35)*

1. El Señor Jesús declara la necesidad del arrepentimiento:

a) Es necesario por causa del pecado.

b) Es una necesidad personal.

c) Es una necesidad urgente.

2. El Señor Jesús declara lo que el arrepentimiento es en sí mismo:

a) Es el conocimiento exacto de haber ofendido a Dios.

b) Es un dolor intenso en el alma por haber ofendido a Dios.

c) Es un cambio de mente.

d) Es una santa disposición de abandonar el pecado.

3. El Señor ilustra las consecuencias funestas de no arrepentirse:

a) Lo ilustra por medio de la higuera que no tenía buenos frutos.

b) Lo ilustra por los lo que mató la torre en Siloé.

c) Lo ilustra por la sangre que Pilato mezcló en los sacrificios.

623. *UN MENSAJE DE ARREPENTIMIENTO (Lucas 13:1-9; 31-35)*

1. ¿Qué es el verdadero arrepentimiento? Tres elementos esenciales entran en el arrepentimiento verdadero:

a) El elemento intelectual o sea conocimiento del pecado.

b) El elemento emocional o sea dolor y agonía por el pecado.

c) El elemento volitivo o sea una santa disposición de abandonar el pecado.

2. ¿Cómo conseguir el verdadero arrepentimiento?

a) Escudriñando las Sagradas Escrituras que inspiran fe en Dios.

b) Viendo nuestra vida a través de la luz de Dios mediante el estudio de su Palabra.

c) Permitiendo que la influencia poderosa del Espíritu de Dios obre en nosotros.

d) Aborreciendo al pecado en todos sus aspectos y apoyándonos en Dios para abandonarlo.

e) Es Dios el que obra en nosotros el arrepentimiento y la fe.

624. *ARREPENTIMIENTO*

«Los sacrificios de Dios son el espíritu quebrantado; al corazón contrito y humillado no despreciarás tú, oh Dios» (Sal. 51:17).

INTRODUCCIÓN: el arrepentimiento es una de las doctrinas proclamadas por los profetas, Juan el Bautista, los apóstoles, y el Salvador (Hch. 10:42, 43; Lc. 24:47). ¿Hay necesidad del arrepentimiento de parte del ser humano? La respuesta es SÍ.

1. ¿Qué es arrepentimiento?

a) Arrepentimiento verdadero es, sencillamente, el cambio de la mente respecto de lo malo de la vida, y su repudio.

b) Es sentir tristeza, dolor de haber ofendido a Dios, confesión del pecado, y un sincero deseo de no volver a ofender a Dios, ayudado de su gracia divina.

2. ¿Quiénes deben arrepentirse? Todos (Ro. 3:23; 1 R. 8:46; 1 Jn. 1:8, 10; Hch. 17:30; 26:20):

a) David (2 S. 12:13; Sal. 51:4).

b) Daniel (Dn. 9:5-15).

c) El hijo pródigo (Lc. 15:21).

d) El publicano (Lc. 18:13).

3. ¿Por qué arrepentirse?

a) Porque Dios lo ansía (Ez. 33:11; Is. 65:2).

b) Porque es requisito divino para la salvación del alma (Lc. 13:5).

c) Porque para que haya salvación, necesario es que haya perdón; para que haya perdón, necesario es que haya arrepentimiento verdadero. Y esto puede obtenerse en el mismo momento en que el hombre lo pida (Sal. 34:18; 51:17; Jn. 6:37).

CONCLUSIÓN: solamente la sangre de Jesucristo nos limpia de todo pecado.

625. *UN PRIVILEGIO POCO DISFRUTADO*

«Vi yo al Señor» (Is. 6:1).

INTRODUCCIÓN: lo que necesitamos es una experiencia segura del alma con el Señor.

1 La experiencia fue real:

a) Rápida en su desarrollo (v. 2).

b) Sublime en su naturaleza (v. 3).

c) Sorprendente en su fuerza (lv. 4).

2. La experiencia fue con el Señor:

a) Situada por encima de todo (posición superior).

b) Sentada en el trono (poder soberano).

3. La experiencia fue personal:

a) La confesión de un siervo (v. 5).

b) La limpieza de un siervo (v. 7).

c) La comisión de un siervo (v. 8).

CONCLUSIÓN: cuando Dios se acerca, me apercibo con toda tristeza del pecado que hay en mi vida. Lo que antes era justificable, ahora se torna detestable y condenable. El Señor se acercará a nosotros cuando nosotros nos acerquemos a Él (Stg. 4:8).

626. *DOS SIGNIFICADOS DE UNA MISMA PALABRA (1 Juan 1:1-10)*

INTRODUCCIÓN: hay en todos los idiomas palabras de doble significado o que éste puede aplicarse a derivaciones diversas (ej.: «caer», que significa «perder el equilibrio, o negar el tiempo del pago de una deuda»; «romper», ya sea un cristal o con la novia... «Protestar»puede significar «rechazar una cosa», o «afirmarla con ahínco». Y «confesión» es «reconocimiento de una cosa mala», o «agradecimiento por una de buena; de hecho, la Iglesia Católica ha inventado a través de los siglos la «confesión auricular», que significa «declarar cerca de un sacerdote las faltas o errores propios»).

1. La confesión según el Nuevo Testamento: la Biblia usa la palabra confesión en ambos significados, por ejemplo...

a) «Eran bautizados por Juan en el Jordán confesando sus pecados».

b) Juan el Bautista confesó y no negó «no soy yo el Cristo», es decir, declaró una cosa para que no se equivocaran su oponentes.

Ambos aspectos son necesarios para la designación de un buen cristiano. En el Antiguo Testamento hay un versículo que los incluye a ambos: «El que encubre sus pecados no prosperará, mas el que los confiesa y se enmienda alcanzará misericordia» (Pr. 28:13).

2. ¿A quién hay que confesar los pecados? David, después de haber cometido un grande pecado, cumplió las dos partes de esta sentencia de Salomón: «Tú amas la verdad en lo íntimo» y «lávame y quedaré más blanco que la nieve» (Sal. 51:6, 9). El pecado requiere confesión a Dios, aun aquellos pecados que no perjudican al prójimo, como la borrachera o la impureza solitaria, son transgresiones de la Ley de Dios y contrarias a ti mismo. Cuando somos hijos de Dios no somos dueños de nosotros mismos.

3. Las garantías del perdón *(anécdota del autor: mi tía Elvira, una católica fervorosa a quien su padre regaló un Nuevo Testamento, al leer las palabras «entra en tu cuarto y, cerrada tu puerta, ora a tu Padre que ve en secreto», cuando terminó esperaba oír alguna voz en el aire que le dijera: «Ego te absolvo»; pero al esperar un rato y viendo que no oía nada, se dijo: «Esto no resulta, tengo que volver al sacerdote». Pero unos meses después descubrió por la exposición que le hizo un servidor de Dios acerca de Ro. 5 que no necesitaba oír ninguna voz, pues la declaración de su perdón estaba ya escrita en la Biblia -Ro. 5:8- a causa de estos dos principios afirmados conjuntamente en 1 Jn. 1:9, 10).*

Es curiosa esta concentración de los dos atributos divinos que garantizan nuestro perdón...

a) Su fidelidad: lo ha prometido ¿y no lo hará? «Si vuestros pecados fueren como la grana...» (Is. 1:18).

b) Su justicia: «El Señor cargó en el el pecado de todos nosotros» (Is. 53:6). *(Anécdota: una madre que atendía a una hija muy joven deseando asegurarse de que la muchacha entendía el asunto de la salvación, le preguntó si esperaba ir al Cielo, si el Señor tenía a bien llamarla por la muerte. A la rotunda afirmación de ella, insistió la madre:*

–¿Y en qué confías para poder asegurar tal cosa?

A cuya pregunta respondió la chica con toda seguridad:

–A su justicia.

–¿A su justicia? Querrás decir a su amor y su misericordia.

–No, no; confío, como aseguró Juan, en su justicia. Él es fiel y justo para que perdone nuestros pecados y nos limpie de toda maldad [1 Jn. 1:9]).

Si Dios ha dicho que te perdona, sería dudar no sólo de su palabra, sino aun de su justicia. Pensar que a pesar de tu apelación o arrepentimiento Dios va a decirte, tú puedes decir lo que quieras, que Cristo murió por ti, tú tienes que ir al infierno o por lo menos al purgatorio. ¿Lo harías tú?

¿Será Dios menos cumplidor de su palabra que lo que tú lo serías? *(Anécdota: el caso de la niña que quería la Biblia en la ma-no cuando quedara muerta. «¿Para que?» –le dijeron– ¿No lo tienes ya en tu memoria?».*

–Oh sí, pero deseo poder enseñarle al Señor su misma palabra escrita en la Biblia).

Por esto no necesitamos oír una voz sobrenatural cuando confesamos a Dios nuestros

pecados, que nos diga: «Ego te absolvo»; porque esta afirmación está ya muchas veces en la Biblia. Si quedara alguna duda y fuéramos a preguntarle a alguno de los apóstoles, nos respondería sin duda: «Es que no somos nosotros quienes lo decimos, ¡es el Señor!». Nosotros predicamos, y si la gente se arrepiente y confiesa a Dios su pecado, Él le perdona.

4. Las dos partes de la confesión:

a) La primera es a Dios: «A ti sólo he pecado», decía David. El nuevo nacimiento produce repugnancia y odio al pecado. Puede que un convertido caiga alguna vez, pero no puede quedar tranquilo en su conciencia.

b) La confesión a nuestros prójimos: el apóstol Pablo, en su resumen concentrado de la Cena del Señor, dice: «Por lo tanto examínese cada uno a sí mismo y coma del pan y beba de la copa» (1 Co. 11:29). El mismo Señor declaró a Pedro: «No siete veces, sino setenta veces siete». (Mt. 18:21). ¡Cuán pocas veces se practica eso con el hermano ofensor, más bien se ofrecen excusas: Me equivoqué... Si pudiéramos vencer el orgullo ¡cuánto más amor reinaría en las iglesias. En vez de esto, si se llega a alguna señal de arrepentimiento, es para decir: «Tú tuviste la culpa... si yo te ofendí».

5. La confesión a la comunidad: cuando un pecado ha negado a ser del dominio público trayendo deshonra y escándalo a la Iglesia o grupo de cristianos, no basta confesarlo a Dios, o a un sacerdote, o a un hermano de mayor experiencia, sino ante la congregación. Ésta era una costumbre de los cristianos primitivos, pero los apóstoles no exigían más que confesión a Dios: «Ruega a Dios que quizá te será perdonado este pensamiento de tu corazón» (Hch. 8:9-24). Pero tuvo lugar en la Iglesia Primitiva algún caso en que los delincuentes eran personas tan estimadas en la congregación que se inició la costumbre de confesar a una sola persona, o sea, la confesión particular. Algunas veces la palabra «confesar» se utiliza como anunciar a Cristo, especialmente en disputas teológicas o disputando con enemigos.

CONCLUSIÓN: las tres clases de confesión son útiles y necesarias, ya que la última forma tiene que ver con el juicio de valoración de nuestra conducta ante el Señor, tal como él mismo lo expresa en: «Al que me confesare ante los hombres, yo le confesaré delante de mi Padre que está en los Cielos» (Mt. 10:39, 33; Lc. 12:8, 9). En esta segunda cita el Señor hace énfasis acerca de la idea de reconocer y honrar al Padre celestial y a Jesucristo redentor, en tiempos de persecución delante de los enemigos de la fe, pero esta confesión está basada en todas las otras, ya que se refiere a dar testimonio de la fe ante los hombres, para que Dios pueda reconocer y honrar esta fe delante de su Padre Celestial y de los testigos angélicos de nuestra conducta.

627. *EL MUNDO DE NOÉ Y EL DE NUESTROS DÍAS* *(Mateo 24:35-42)*

INTRODUCCIÓN: a pesar de lo grandioso, milagroso y antiquísimo del diluvio, es un hecho histórico bien probado. Lo cuenta la Biblia y esto sólo basta para los cristianos; pero además tenemos como documentos suplementarios:

–Las tabletas de Beroso, en Babilonia.

–Las tabletas asirias, procedentes de Nínive.

–El diluvio de Deucaulion, contado por Ovidio en su *Metamorfosis.*

–El inmortal poema *La Atlántida,* de Homero, traducido y rimado por el insigne catalán Jacinto Verdaguer.

–Tradiciones chinas, aztecas, indias y egipcias.

Todos cuentan acerca de una grande arca al igual que la Biblia, difiriendo sólo en las medidas. Creemos que la Biblia nos da la versión auténtica original: 150 por 25 y por 15 m. Noé empezó la empresa veintitrés años antes del nacimiento de su primer hijo, Sem, y continuó en la tarea por cien años. Dramatícese la escena el día en que se desató la lluvia, a la que se unieron las cataratas procedentes del mar por depresión de la tierra (Gn. 8:3). Las gentes suplicando a Noé y escalando montañas hasta que las más altas del mundo habitado quedaron sobrepasadas siete metros. Pero esta historia no tendría la importancia que tiene para nosotros si no fuera por la comparación de Jesús en Mt. 24:35-42. ¿Cómo eran los hombres del tiempo de Noé?

1. Entregados al sexualismo: Adán no fue polígamo, ni siquiera Caín. Lamec lo inició (Gn. 4:23-25), y Set y sus descendientes dirían, al fin: «Éstos que hablan de leyes y justicia divina son unos reprimidos». Aun algunos descendientes de Set, designados en la Biblia como hijos de Dios, fueron arrastrados a la corrupción (Gn. 6:2).

2. Glorificaban la fuerza y se entregaban a la violencia: los atletas tenían fama y se hacían respetar, ya que no tenían armas sofisticadas, sino los puños, palos y piedras.

3. Maliciosos (v. 5): veían el mal por todas partes, no se fiaban unos de otros .

4. Murmuradores de Dios (Jud. 14, 15)

5. Desobedientes (1 P. 3:19, 20): ¿A qué? A los llamamientos de los pocos hombres temerosos de Dios.

6. Veamos si nuestro mundo no se parece mucho al de Noé...

a) El sexualismo está a la orden del día.

b) Se glorifica la fuerza en los deportes, que ya no son una diversión, sino una pasión; como el mismo fútbol, al principio tan inocente y bien reglamentado, y hoy es motivo de rivalidades mortales; el boxeo, el judo.

c) La malicia y la desconfianza han crecido mucho en cincuenta años.

d) La violencia siempre ha existido, pero no en el grado de ahora. El terrorismo es un azote mundial. Antes era alguna nación que guerreaba, y la mayor parte del mundo vivía en paz. Hoy se habla más de paz que nunca por el terror que produce la idea de guerra nuclear.

e) Desobediencia a Dios, oposición a sus mandatos revelados; no sé que cosas más duras podían decir los antediluvianos que no hayan dicho los modernos ateos. Y Jesús asegura que cuando el mundo sea como en los días de Noé vendrá el juicio de Dios, principiando con su Venida.

7. Dios tenía un testigo en aquellos tiempos: hoy tiene una minoría y la tendrá hasta el fin. No sabemos cuántos, porque el número va disminuyendo (en vez de aumentar), pero debe haber algunos hasta el día de su venida. Nosotros lo somos a esta generación y a nuestro pueblo. Notemos las características de un testigo fiel...

a) «Justo», «perfecto en sus generaciones»: no es repetición, sino comparación. El secreto: «Con Dios caminó Noé».. Nosotros andamos también con Dios, aunque quizá más empujados que voluntarios; pero ¿qué sería el mundo si no tuviéramos libros, sermones ni Biblias? Noé no los tenía, sino sólo recuerdos tradicionales; somos hoy más responsables.

b) «Hombre de oración. »: recibió respuesta. Significa que había pedido antes; pasó, pues, siglos dirigiéndose al Invisible.

c) «Varón de fe. »: lo había manifestado antes con su vida ejemplar, lo evidenció después construyendo el arca por cien años.

d) Era una fe práctica: cien años cambiando ovejas, quesos y frutas por madera y jornales, para salvar unas cuantas personas-aún no sabía quiénes-, y una generación de animales diversos. Fe que no nos cueste no es fe.

e) Una fe incansable: «Pregonero de justicia». Esto hace pensar que no sólo clavaba clavos, sino que predicaba. Cien anos amonestando sin éxito. ¿No había para desanimarse?

8. El resultado de esta fe viva: su propia salvación (He. 11:7). Fijaos en esta expresión: «justicia por la fe». Aunque era muy santo no era perfecto (*véase* Gn. 9:2021). Donde no llegaban sus virtudes llegó su fe.

CONCLUSIÓN: nos estamos acercando al clímax ya que los días son semejantes. Dios ofrece un medio de salvación. Cristo es el arca. ¿Hay almas, hoy día, en medio de este mundo tan semejante al de Noé? Dios quiere salvarlas. ¿Las hay aquí? Entren ustedes en el Arca, acepten a Cristo. Recuerden que Dios cerró la puerta una vez pasado el tiempo de gracia; que ninguno quede fuera cuando Dios la cierre.

628. *UN LLAMAMIENTO NOTABLE (Ezequiel 33-11)*

INTRODUCCIÓN: hace algunas décadas se puso de moda la filosofía de la muerte de Dios. Los grandes teólogos no querían significar la muerte literal de Dios, pues el Eterno no puede morir, sino que el concepto de Dios que se habían formado los hombres en siglos pasados, tenía que desaparecer. Pero el nuevo concepto no es el concepto de un modo completo, pues Dios, aunque inmensamente grande, no es una

fuerza abstracta, sino un Dios personal, aunque infinito. Para muchos que no filosofan, Dios está muerto, pues creen que no ha existido nunca, a pesar de que este supuesto nos arroja a un caos de preguntas sin respuesta ante la sabiduría y designio que observamos en la Naturaleza. Si Dios existió, existe hoy y este Dios, necesario y verdadero, hace una gran declaración, que es como un juramento sobre sí mismo (He. 6:7). Es

1. Una declaración amante: «No quiero la muerte del impío».

a) Dios es el autor de la vida (Jn. 1:4-18. Col. 1:15-17; Jn. 8:58).

b) El Señor no quiere el castigo y la aflicción de sus criaturas (1 Ti. 2:4): lo mismo afirma Pedro en 2 P. 3:9.

c) El río de las generaciones da lugar a millares de vidas conscientes: todas han de ser probadas en esta vida para poder ser juzgadas. El Autor de la vida quiere el bien eterno de todas ellas. Desconocemos muchos misterios del más allá, pero nos consta el amor y buena voluntad de Dios, a la vez que su justicia (Mt. 11:23-24).

2. Arrepentimiento: «Se torne el impío de su camino». El arrepentimiento es absolutamente imprescindible si el hombre tiene que alcanzar la bendición de Dios (Is. 55:7). Tenemos esta condición bien establecida: «Deje el impío su camino».

3. Una exhortación urgente: «Volveos». Es decir, actuad, demostrad con algún acto que os volvéis a Dios, como hicieron los tesalonicenses (1 Ts. 1:9).

4. Una pregunta conmovedora: «¿Porqué moriréis?». Somos seres racionales, debe de haber algún motivo bien fundado por lo que hacemos. Si no nos humillamos ante Dios y aceptamos su oferta de salvación debería haber alguna razón de peso para obrar así. ¿Tememos perder nuestros amigos, nuestros placeres, nuestras riquezas? Pero al fin de cuentas, ¿qué son estas cosas al lado de nuestra felicidad actual y nuestra seguridad eterna?

5. Una bendición incalculable: «Y que viva». El Señor quiere que disfrutemos no solamente de esta vida transitoria, sino de la vida eterna que ha prometido a los que se arrepienten de sus pecados y buscan su amistad. Cristo murió para que Dios pudiera hacer con justicia esta clase de ofrecimiento (Jn. 17:3).

6. Una amenaza terrible: «La muerte». La condenación, la pérdida de todos los privilegios de la vida eterna y el apartamiento de Dios y de todas sus bendiciones.

CONCLUSIÓN: a pesar de que Dios es soberano vemos en este texto que deja este asunto en manos del pecador que ha recibido fa amorosa invitación. ¿Qué decidirás?

629. *UN RETO A LOS HOMBRES CRISTIANOS (Hebreos 6:1-12)*

INTRODUCCIÓN: la Epístola a los Hebreos fue escrita para el pueblo hebreo; muchos de ellos ya eran cristianos, y otros estaban a punto de tomar una decisión. Las persecuciones que sufría la iglesia primitiva los habían desalentado y les habían infundido dudas; necesitaban estímulo y esperanza en su hora de sufrimiento, y el Espíritu Santo les dio, por medio de esta carta de amor, la esperanza y el estímulo que necesitaban.

Por medio de esta carta nuestros ojos están fijos constantemente en el Señor Jesucristo como más grande que todos los caudillos terrenales. Es nuestro ejemplo, nuestro sacrificio, nuestro Salvador, nuestro sumo Sacerdote, y nuestro Rey. Lo vemos cuando servía a otros, al sufrir, al morir, al resucitar, y el vendrá otra vez. Intercaladas entre estas maravillosas descripciones de nuestro Salvador tenemos advertencias, estímulos, y admoniciones para que los cristianos conserven el valor y la fe en medio de las persecuciones del mundo. El siguiente pasaje de la Escritura trata de exhortar a estos cristianos antiguos a crecer en gracia y estatura y poder espiritual. Los últimos cuatro versículos del cap. 5 sirven de preparación para el cap. 6. El escritor de la Epístola a los Hebreos hace recordar a éstos que deberían poder digerir (espiritualmente) la carne, no solamente la leche; pues dice: «Cualquiera que participa de la leche, es inhábil para la palabra de la justicia, porque es niño; Mas la vianda firme es para los perfectos, para los que por la costumbre tienen los sentidos ejercitados en el discernimiento del bien y del mal» (He. 5:13, 14).

I. El primer reto para los hombres cristianos es ir más allá de la verdad fundamental

«Por tanto, dejando la palabra del comienzo en la doctrina de Cristo, vamos adelante a la perfección; no echando otra vez el fundamento del arrepentimiento de obras muertas, y de la fe en Dios, de la doctrina de bautismos, y de la imposición de manos, y de la resurrección de los muertos, y del juicio eterno. Y esto haremos a la verdad, si Dios lo permite» (He. 6:1-3).

Las verdades fundamentales son importantes para el «niño cristiano» porque son la misma base de la salvación; pero uno no debe quedarse solamente en una condición, porque debemos crecer espiritualmente lo mismo que crecemos físicamente. Las verdades fundamentales están enumeradas aquí para permitirnos hacer una pausa y examinarlas sólo un momento antes de continuar el estudio.

1. El «arrepentimiento de las obras muertas»: es una experiencia fundamental en la vida del cristiano. Antes de ser cristiana cada persona depende de sus propias obras para salvarse. Estas obras son llamadas «muertas» porque no tienen poder para dar vida. Solamente Cristo puede dar vida espiritual. Cuando nos llegamos a Cristo, reconocemos que nuestras obras no son suficientes para salvarnos. Nos arrepentimos de nuestra arrogancia que nos hace suponer que podríamos salvarnos por nuestras propias obras; y aceptamos la obra terminada de Jesús en la cruz como suficiente para nuestra salvación.

2. «De la fe en Dios»: esta fe es la gozosa experiencia inicial de confiar en Dios para recibir nuestra salvación. Es aquel momento inolvidable cuando por fe aceptamos el gran don de Dios: la salvación; la cual llegó a ser verdaderamente un nuevo principio en la vida, pues nacemos de nuevo. Pero ni este momento, maravilloso como es, debemos permitir que sea el lugar de descanso del cristiano; debemos movernos para adquirir otras nuevas experiencias en nuestro Cristo.

3. «De bautismos»: nótese que la palabra es plural, no singular. En Ef. 4:5 leemos: «Un Señor, una fe, un bautismo». Aquí leemos de bautismos, ¿hay conflicto? No lo hay. Hay un bautismo necesario para la salvación, y ese es el bautismo del Espíritu Santo. Hay también un bautismo en agua, el cual ilustra para el cristiano, cuando fue salvado, su bautismo espiritual en Cristo. Juan el Bautista sabia la diferencia entre el bautismo de agua y el bautismo espiritual. Según Mt. 3:11, dijo: «Yo a la verdad os bautizo; mas el que viene tras mí, mas poderoso es que yo; los zapatos del cual yo no soy digno de llevar; él os bautizará en Espíritu Santo y en fuego». La Escritura nos indica que fueron muchos más los discípulos que siguieron a

Jesús que a Juan, y que ellos fueron bautizados; pero las Escrituras nos dicen que «... Jesús no bautizaba, sino sus discípulos» (Jn. 4:2). El bautismo del Señor Jesús es un bautismo espiritual. En 1 Co. 12:13 se nos dice: «Porque por un Espíritu somos todos bautizados en un cuerpo». Por maravillosa que haya sido esta experiencia, no debemos estacionarnos en ella, sino que necesitamos embarcarnos en una nueva experiencia espiritual de crecimiento.

4. «De la imposición de manos»: esto también se refiere al bautismo en agua. Cuando el candidato está delante de la gente, el que bautiza coloca su mano sobre la cabeza del candidato significando así la aceptación de la iglesia y la transmisión de responsabilidad para estar con la iglesia como un testigo continuo de la verdad. En este sentido, cada bautista es ordenado. Además, se nos recuerda que no debemos construir nuestro tabernáculo en esta experiencia, sino que debemos continuar para recibir otras experiencias que indiquen nuestro crecimiento espiritual.

5. «De la resurrección de los muertos»: esto es también un comienzo de una verdad fundamental que debe formar parte de la experiencia de cada persona que ha nacido de nuevo. Ciertamente esta experiencia fundamental está descrita de manera histórica e inolvidable en el bautismo del agua. En Ro. 6:4 se nos dice: «Porque somos sepultados juntamente con él a muerte por el bautismo; para que como Cristo resucitó de los muertos por la gloria del Padre, así también nosotros andemos en novedad de vida».

6. «Del juicio eterno»: aquel primer gozo de la salvación se hizo aún más glorioso cuando reconocimos que habíamos escapado de las tinieblas del juicio eterno de Dios. Ciertamente, debemos decir al mundo que Cristo nos salvó de este juicio; pero no vivir de aquella experiencia pasada, sino avanzar hacia la madurez y servicio para Dios y para el hombre. Recordad que estas verdades son maravillosas, sin ellas no tendríamos el primer gozo de nuestra salvación. Estas son las grandes cosas que se realizaron al principio de nuestra vida en Cristo Jesús. No hemos de hacerlas a un lado ni despreciarlas; pero tampoco debemos permanecer en estas primeras cosas a la manera que un infante querrá permanecer con las cosas maravillosas con que juega. Debemos crecer hasta que podamos digerir la carne.

7. Ahora el escritor vuelve a la declaración original: que es tiempo para avanzar sobre estas experiencias fundamentales. «Si Dios lo permitiere», dice, «esto haremos»; es decir, avanzar a cosas más maduras. Lo que parece querer decir es esto: Dios conoce la capacidad de ellos, y si pueden entender lo que él dice después, será por la sencilla razón de que Dios ha hecho lo posible para que en tiendan.

II. El segundo reto a los hombres cristianos está basado en el hecho que ellos nunca pueden realmente regresar a las primeras cosas en su experiencia espiritual

«Porque es imposible que los que una vez fueron iluminados y gustaron el don celestial, y fueron hechos partícipes del Espíritu Santo. Y así mismo gustaron la buena palabra de Dios, y las virtudes del siglo venidero, y recayeron, sean otra vez renovados para arrepentimiento, crucificando de nuevo para sí mismos al Hijo de Dios, y exponiéndole a vituperio» (He. 6:4-6).

1. Se pregunta lo siguiente: «¿está hablando el escritor acerca de los cristianos?». Y la respuesta es: «claro que sí». De hecho, la Escritura es muy enfática en este punto en todo el pasaje. Cada uno de los verbos está en el tiempo que los griegos llaman «aoristo». Nosotros no tenemos ningún tiempo semejante en nuestro idioma. Aquí se traduce como en el tiempo pasado. Este tiempo aoristo significa en realidad que una cosa sucedió en un tiempo específico en la vida de la persona. Los gramáticos llaman a esta forma del verbo griego «acción puntual». Ahora consideremos esto paso por paso, conservando esta idea en la mente.

2. «Una vez fueron iluminados»: es decir, en un punto específico de sus vidas, dieron y entendieron la grande nueva de la salvación de Dios. Gustaron el don celestial, en un punto especifico de sus vidas. Es decir, la misma salvación.

3. «Fueron hechos partícipes del Espíritu Santo»: en un tiempo especifico de sus vidas, fueron bautizados por el Espíritu Santo, y también fueron ungidos por el Espíritu Santo (*véase* Jn. 2:20, 27). Esta relación al Espíritu Santo es

una relación continua; pero llegó a ser una realidad, en un punto de sus vidas, cuando fueron salvos.

4. «Gustaron la buena palabra de Dios»: a mí me gusta más como se dice en el griego: «En un punto de sus vidas gustaron de la buena palabra de Dios». Esto sucedió también cuando fuimos salvos. Fue una cosa maravillosa leer la preciosa promesa de Dios: «Porque de tal manera amó Dios a Aarón Backus que dio a su Hijo unigénito para que si Aarón Backus cree en él, entonces Aarón Backus no se pierda, sino que Aarón Backus tenga vida eterna». Jn. 3:16 es una parte gloriosa de la «buena palabra de Dios».

5. Fue en este punto de la experiencia de nuestra salvación cuando gustamos «las virtudes del siglo venidero», y el poder que éstas representaban. Siervos, muertos en nuestras rebeliones y en nuestros pecados, y enemigos de Dios, oímos la maravillosa historia de salvación. No pudimos entender por qué comenzamos a dar pasos inciertos hacia el frente del templo, o del tabernáculo, o por qué caímos de rodillas en algún lugar apartado; pero nunca olvidaremos el cambio que se verificó en nuestras vidas cuando nuestros corazones cantaban: «Yo creo que Jesús me salva». El poder de Dios en este punto nos ha cambiado de las tinieblas a la luz, de hijos de Satanás a hijos de Dios. ¡Ah, sí, esta es la descripción del nacido de nuevo, del salvo hijo de Dios! Pero observad, el siguiente versículo es una declaración terminante, ¿qué significa? Dice muy sencillamente que si todo lo anterior es verdad para usted, entonces usted no puede ser salvo de nuevo, porque...

a) Usted no puede ser salvo de nuevo, porque, como lo dicen los vv. 4 y 5, un hombre puede ser salvo una vez y sólo una vez. Sucede solamente en un punto de su vida, para no volver a suceder jamás.

b) Usted no podría ser salvo otra vez, ni renovado para arrepentimiento, porque usted crucificaría de nuevo para sí mismo al Hijo de Dios. Ahora declaro que esto es una imposibilidad, porque la Biblia, que no puede mentir, dice Cristo: «Mas ahora una vez en la consumación de los siglos, para quitar del medio el pecado, se presentó por el sacrificio de Sí mismo» (He. 9:26); y además: «Así también Cristo fue ofrecido una vez para agotar los pecados de muchos...» (He. 9:28). «Y no por la sangre de machos cabríos, y de becerros, mas por su propia sangre entró una sola vez en el santuario, habiendo obtenido eterna redención» (He. 9:12).

c) Usted no podría ser salvo otra vez, porque usted avergonzaría abiertamente al Señor Jesús. Fue avergonzado en la crucifixión: estuvo desnudo, sangrando, sufriendo, y muriendo; el Hijo de Dios fue hecho el ridículo de los judíos, de los griegos, y de los romanos, pero Él nunca jamás volverá a pasar por tales experiencias. Usted no puede crucificarlo de nuevo, ni usted puede tampoco avergonzarlo otra vez, porque usted fue salvo y es salvo para siempre. Es cierto que nuestras vidas inconsistentes con frecuencia confunden al mundo, y por causa de nuestros pecados no puede ver a nuestro Salvador, y podemos perseguirlo persiguiendo a los cristianos; pero nunca podemos crucificarlo otra vez.

Lo que el escritor de los hebreos está tratando de decir es esto: hay solamente una experiencia de salvación para cada cristiano, y usted no puede experimentar de nuevo todas las cosas maravillosas que sucedieron cuando usted fue salvo. Estas cosas han pasado; fueron los milagros relacionados con el nuevo nacimiento espiritual, pero hay otras experiencias que le esperan y que también son maravillosas, y usted debe crecer en el Espíritu de Dios antes de poder disfrutarlas. Así que, usted nunca puede verdaderamente volver a aquella primera experiencia; usted únicamente puede recordarla; y si eso es todo lo que usted hace, usted está desperdiciando su tiempo, porque el soñar despierto nunca hará que se realice la gran tarea que Dios ha bosquejado para nosotros. Ciertamente podemos decir al mundo lo que nos sucedió en nuestra conversión; y debemos decírselo. Pero no debemos conformarnos con eso: debemos vivir en el presente, creciendo y sirviendo a Dios con la provisión diaria de fortaleza espiritual que nos proporciona él a los cristianos que estamos creciendo.

III. El tercer reto a los hombres cristianos es que deben ser cristianos fructíferos

«Porque la tierra que embebe el agua que muchas veces vino sobre ella, y produce yerba provechosa a aquellos de los cuales es labrada,

recibe bendición de Dios. Mas la que produce espinas y abrojos, es reprobada, y cercana de maldición; cuyo fin será el ser abrasada. Pero de vosotros, oh amados, esperamos mejores cosas, y más cercanas a salud, aunque hablamos así. Porque Dios no es injusto para olvidar vuestra obra y el trabajo de amor que habéis mostrado a su nombre, habiendo asistido y asistiendo aun a los santos. Mas deseamos que cada uno de vosotros muestre la misma solicitud hasta el cabo, para cumplimento de la esperanza: que no os hagáis perezosos, mas imitadores de aquellos que por la fe y la paciencia heredan las promesas» (He. 6:7-12).

Los vv. 7 y 8 hacen hincapié en el hecho de que un campo bendecido trae bendiciones, mientras que un campo descuidado solamente produce abrojos y espinas, y es una plaga más bien que una bendición. Aquí hace énfasis en que este pueblo no es una plaga sino una bendición. A su alrededor tienen evidencias de que son pueblo salvo. Las evidencias son: que trabajan para Dios porque lo aman; y que ellos también aman a sus hermanos, es decir a los santos. Según la Primera Epístola de Juan esto es una de las grandes evidencias de que uno es cristiano. Pero la más grande evidencia de madurez de los salvos es que continúan en este servicio de Dios y del hombre, hasta el cumplimiento de la esperanza. ¿Cuál es el cumplimiento de la esperanza? Es absoluta confianza en Dios en cada paso de la vida. Es completa seguridad de que uno es hijo de Dios y, como tal, libre para servir a Él y a su creación con gozo, con libertad, constancia y valor. Es una esperanza que permanece hasta el último aliento de la vida. Esta diligencia de ellos ha de ser dirigida a la aplicación de fe en cada experiencia de la vida.

CONCLUSIÓN: la lección es ésta... Uno que ha crecido no estará sonando despierto en el pasado, sino que tendrá confianza en que es hijo de Dios, y que está seguro en la mano de Dios. No habrá tiempo de preocuparse por sí mismo, porque estará demasiado ocupado sirviendo a Dios y a otros. Su esperanza arraigada en una fe in quebrantable lo mantiene firme en el trabajo de dar frutos para Dios. Este es el reto para los hombres cristianos: no soñéis despiertos en el pasado, esto ha quedado atrás. Nunca podréis experimentar otra vez el pasado; pero podréis experimentar el futuro. Que esto sea para la honra y la gloria de Dios.

630. *CRISTO, EL CREYENTE Y EL MUNDO* *(Juan 17:16, 18)*

INTRODUCCIÓN: uno de los más importantes temas a tratar es nuestra relación con el mundo. Estamos cometiendo errores de ambos lados, a veces manteniéndonos demasiado apartados del mundo, y en otras ocasiones, introduciéndonos demasiado en él. En estos dos pasajes Cristo nos enseña cuál debe ser la actitud correcta.

1. El creyente no es del mundo (Jn. 17:16):

a) Tenemos un nacimiento cuyo origen no es el mundo (Lc. 1:35; Jn. 1:13).

b) Tenemos un Padre que no es del mundo (Jn. 5:18; Ro. 8:15).

c) Tenemos una experiencia que no es del mundo (Jn. 4:32; 1 Co. 11:9, 10).

d) Tenemos un poder que no es del mundo (Jn. 16:32; Fil. 4:13).

e) Tenemos un hogar que no pertenece a este mundo (Jn. 14:3; 2 Co. 5:1-8).

Éstos son los grandes puntos de separación del mundo: no son accidentales, sino esenciales; no han de ser asumidos de forma temporal para luego dejarlos de lado. Siempre debemos tenerlos presentes, no como insignias exteriores, sino como realidades internas. Pero, ¿hemos de mantenemos alejados del mundo, de manera que no entremos en algunos de sus placeres o en el mundo del trabajo? Seguramente que no. Veamos cómo Cristo se introdujo en la vida, cuán cerca estuvo de los hombres. Sin embargo, el Señor Jesucristo estaba en el mundo porque había sido enviado a él. Así también el Padre nos ha enviado a nosotros. Un cristiano es un «enviado» de Dios para una misión muy especial.

2. El creyente es enviado al mundo (Jn. 17:18):

a) Hemos de revelar al Padre (Jn. 1:18; Ef. 5:1, 2).

b) Hemos de buscar y salvar a los perdidos (Lc. 14:10; Mt. 28:19).

CONCLUSIÓN: no podemos estar demasiado separados del mundo, ni tampoco acercamos mucho a él. Tenemos que acercarnos a Cristo por la fe y rendimos a Él y también acercarnos a nuestros semejantes para amarles y para ayudarles.

631. *EL GANADOR DE ALMAS*

«Entonces Felipe, abriendo su boca, y comenzando desde esta escritura, le anunció el Evangelio de Jesús» (Hch. 8:35).

En este hermano, Felipe, hallamos muchas de las cualidades esenciales de un ganador de almas para Cristo.

1. Estaba lleno del Espíritu: él permitió que el Espíritu Santo poseyera su vida y le guiara en cada movimiento.

2. Tenía amor por las almas perdidas: amaba a los perdidos por amor a Cristo. Amaba a la gente despreciada de Samaria y les predicaba a Cristo. Amó también a aquel etíope y le predicó a Cristo.

3. Fue obediente al Señor: Felipe se dirigió a Samaria bajo. la guía y el liderazgo del Señor. Dejó Samaria cuando el ángel del Señor le dijo que se fuera. Se unió al carruaje cuando el Espíritu le dirigió para que lo hiciese.

4. conocía las Escrituras: comenzó con la misma porción de las Escrituras que el hombre de Etiopía estaba leyendo, y le predicó a Cristo. La Palabra es poder de Dios.

632. *EL MENSAJE PARA LA OBRA MISIONERA (Mateo 13:24-30, 36-43)*

1. El campo es uno solo: el mundo...

a) Es un gran campo: ninguna parte de él tiene menos importancia que las otras.

b) Es un campo no tocado y disputado:

–Dos tercios del mundo no ha oído el Evangelio: no tocado.

–Un tercio del mundo ha oído el Evangelio: disputado: Satanás siempre estorba la obra de Cristo con sus artimañas y engaños.

2. Los sembradores son dos:

a) Cada uno comenzó a sembrar en forma personal...

–Satanás en el Edén.

–Cristo en Palestina.

b) Cada uno siembra ahora por medio de sus amigos.

c) Los amigos de Satanás han sido más activos y leales.

3. Los pasos preparatorios son tres:

a) Preparar la tierra con oración.

b) Plantar la semilla con esperanza.

c) Regar la tierra con lágrimas, y esperar a que Dios haga germinar la semilla.

4. Las principales armas disuasivas son cuatro:

a) Prejuicios: raciales, nacionales, etc.

b) Personales: tan pocos misioneros para alcanzar a tantos.

c) Preventivos: oposición del paganismo, comunismo, y catolicismo.

d) Parsimonia insuficiencia y laxitud en el trabajo.

5. Las necesidades son cinco:

a) Más libertad y oportunidad: algunas puertas permanecen cerradas.

b) Más voluntarios para el servicio.

c) Más sostén económico de los respectivos países.

d) Más determinación de ganar la batalla para Cristo.

e) Más fe en la victoria final.

6. Las preguntas son seis:

a) ¿Quién más irá?

b) ¿Cuándo comenzarán a prepararse?

c) ¿Estamos dispuestos a sostener escuelas e institutos para que los misioneros se preparen?

d) ¿Cuánto estamos dispuestos a ofrendar para esta causa?

e) ¿Estamos dispuestos a of rendar para este fin en las colectas especiales de nuestras Iglesias?

f) ¿Se preocupan las Iglesias en asegurarse que la obra misionera tenga todo el dinero que necesita?

633. *ESCOGIDOS DE TODO PUEBLO Y NACIÓN (Juan 17:21)*

1. La universalidad de la iglesia: cuando nos paramos a considerar la meta tan elevada que la Palabra de Dios pone ante la Iglesia del Nuevo Testamento, nos sentimos sobrecogidos y nos damos cuenta que ninguna de las grandes empresas de esta Tierra puede igualarla en su propósito y alcance...

a) Notad los términos en los que el Señor Jesús propone esta ambiciosa meta (Mt. 28:19; Lc. 24:47. 3; Hch. 1:8).

b) Observemos hasta qué punto se ha alcanzado esta meta.

c) Mientras que captamos una visión panorámica de los escogidos de cada pueblo y nación, debemos incluir también nuestra nación, comunidad, vecindario y familia.

2. La unidad de la iglesia:

a) Una visión común: siempre ha habido un «llamado de Macedonia» para la Iglesia de todas las épocas. Observemos el pequeño grupo de cristianos del Nuevo Testamento conquistando nuevas tierras paganas para el Evangelio *(anécdota: en sus conquistas, Alejandro el Grande conquistó la primera parte del mundo que había sido dibujada en un mapa, y luego salió de ese mapa, haciendo conquistas en tierras todavía desconocidas).*

La visión común de la Iglesia siempre le ha impulsado a emprender una labor misionera mucho mayor de la que los recursos humanos pueden lograr.

b) Una misión común: la Iglesia ha seguido siempre el mandamiento de Cristo de ir por todo el mundo predicando el Evangelio y hacer discípulos. Esta misión ha sido el factor dominante en la motivación de la Iglesia a través de toda su historia.

c) Un recurso común: «participantes del llamamiento celestial». Frente a tantos obstáculos insalvables, los recursos de la oración, la fe y la labor consagrada han probado ser más que suficientes.

d) Un sacrificio común:

–El tiempo y la energía para la oración y el servicio cristiano.

–Los diezmos y las ofrendas para el evangelismo alrededor del mundo.

–El consejo oportuno para que la juventud se prepare y se consagre a Dios y al servicio cristiano.

e) Una recompensa común: el triunfo final será compartido por todos esos que son fieles.

634. *EL MENSAJE DEL SIERVO (Hechos 26:18)*

1. Iluminación espiritual: «Para que abras sus ojos».

2. Emancipación del alma: «De la potestad de Satanás».

3. Perdón divino: «Perdón de pecados».

4. Bendición eterna: «Herencia entre los santificados».

635. *MISIONES MODERNAS (Isaías 54:2 y 3)*

INTRODUCCIÓN: Guillermo Carey, «padre de las misiones modernas». Nació en *Paulerspury*, Inglaterra, el 17 de agosto de 1761. Convertido a los 17 años, Juan Ryland lo bautizó a los 23. Pastor en Moulton y Leicester, inició la Sociedad Bautista Misionera, ante la cual predicó su célebre sermón *Esperar grandes cosas de Dios; emprender grandes cosas por Dios* (Is. 54:2, 3), y luego fue nombrado misionero a la India. Inició el método de asociación para sostén y dirección de las misiones de todo el esfuerzo evangélico: misionero moderno. Estableció una fábrica de papel y una imprenta. Tradujo la Biblia a muchos idiomas orientales, imprimió 212, 000 ejemplares de ella, miles de folletos, y el primer periódico bautista de la India. En 1810, fundó un Colegio Cristiano (que aún existe) para predicadores, y organizó 20 iglesias y misiones. Contribuyó con más de 40, 000 libras esterlinas para misiones y se negó a si mismo, como fiel, santo y justo. No volvió nunca a Inglaterra y murió en Serampore el 9 de junio de 1834.

I. Doctrina de la alegoría

1. Un solo Dios:

a) Creador y Hacedor.

b) Un solo Redentor.

c) Un Espíritu.

d) Un Cuerpo.

e) Una fe del pueblo escogido de Dios (Is. 54:5-15; Ef. 4:3-6).

f) «Cada uno sea hallado fiel». (1 Co. 4:2).

2 La Iglesia:

a) Salvada, consolada, guiada y fortalecida por Cristo (Gá. 4:21-28; Ef. 3:5-12).

b) Sus objetivos:

–Mayordomía de ensanche, extensión y aumento.

–Mayordomía de enseñanza y de entrenamiento.

–De gozo, paz y libertad.

II. Dos siglos después de Carey

Expansión firme y constante...

1. La iglesia local es la base.
2. La asociación regional para consejo y recomendación.
3. La convención nacional distribuye con ofrendas asignadas o no asignadas.
4. Las juntas misioneras administran las ofrendas, nombran misioneros y los envían a los campos alrededor del mundo, en los sitios que se les señala de las naciones, para cumplir la Gran Comisión (Mt. 28:18-20).

III. Aumento universal estupendo

La alegórica beatitud de Isaías se abrillanta en Pablo, se refleja en Carey y resplandece bellísima en las misiones modernas mundiales...

1. En decenas de millares de iglesias locales.
2. En millares de asociaciones regionales.
3. En convenciones nacionales.
4. En la Alianza Mundial Bautista.
5. En el avance estupendo en mayordomía.

CONCLUSIÓN:

–La voz de Isaías, Pablo y Carey, reverbera en la dulce voz misionera que predica en África Asia, Europa, Oceanía y las Américas. Allende los mare, «el Espíritu y la Esposa dicen: *ven*; y el que oye diga: *ven*. Y el que tiene sed, venga: y el que quiere tome del agua de la vida de balde» (Ap. 22:17). «Y he enviado a mi ángel para daros testimonio de estas cosas en las iglesias» (Ap. 22:16). «Ciertamente vengo en breve. Amén, sea así. Ven, Señor Jesús» (Ap. 22:20) .

–El glorioso corolario de la alegoría es el clímax de Ap. 7:9-17 y He. 12:22-28. Esencia de historia, doctrina, aumento estupendo en el tiempo y la eternidad de la salvación por fe en Cristo.

–El Dios de toda la Tierra, Jehová de los ejércitos (Is. 54:5) –único Señor de Cielos y Tierra (Fil. 2:7-11)– manda: «Alégrate, levanta canción y da voces de júbilo» (Is. 54:1).

–¡Avanzad!

636. *LA OBRA DEL MINISTERIO (Efesios 4:11, 12)*

INTRODUCCIÓN: cada oficio o profesión tiene su obra peculiar más o menos importante y trascendental. El ministerio tiene su obra especial, designada por Dios mismo...

1. ¿Cuál es su obra?

a) La de salvar pecadores: fue la obra del ministerio de Cristo, y es la que encargó a los suyos.

b) La de predicar el Evangelio: éste es el medio para salvarlos.

c) La de llamar la atención de los hombres. Fue la obra del ministerio de Cristo, y es la que encargó a los suyos.

d) La de llamar la atención de los hombres a sus intereses espirituales: ningún otro se ocupa exclusivamente de esto. Todos les hablan de sus intereses materiales.

e) Instruir a los creyentes en la sana doctrina: no sólo traerlos a la vida en Cristo, sino desarrollar su vida.

f) Alentar, consolar, amonestar, reprender: todo esto para el bien de aquellos a quienes ministramos.

2. Dios se interesa en esta obra:

a) Es quien la ha designado.

b) El escoge a quienes han de hacerla.

c) Les da los dones que para su realización se necesitan.

d) Ha prometido ayudarlos en ella.

3. Es obra de tremendas responsabilidades:

a) Lo que depende de ella: la salvación o perdición de los hombres. No algo pasajero, sino permanente: responsable el que hace una casa; el que conduce un tren; el que dirige una batalla. Más depende del ministerio.

b) Cristo demandará cuenta estrecha: parábola de los talentos.

c) En ninguna otra se requiere tanto celo, fidelidad y consagración: pero es a veces la que se hace con menos interés.

4. Es obra de gloriosa paga:

a) «No» en el mundo: no se gana en ella mucho dinero. No se adquieren muchos amigos. No se recoge mucha gratitud.

b) «Sí» en el Cielo: ¡Los resultados que no se soñaban! «Irá andando y llorando el que lleva la preciosa simiente...»: la aprobación de Dios. ¡El premio eterno!

CONCLUSIÓN: apreciemos esta obra. Hagámosla, los que a ella hemos sido llamados, con fe y entusiasmo. Confiemos en que no es inútil, sino productiva de gran bendición.

637. *¿QUIÉN ES MI PRÓJIMO? (Lucas 10:29)*

1. El Señor Jesús era un Maestro en el arte de hacer preguntas:

a) El Señor preguntaba y respondía a la vez.

b) Sus escuchas se veían enfrentados inmediatamente con una responsabilidad moral.

c) El Señor Jesús daba la respuesta verdadera y necesaria, y no la que los hombres querían oír.

2. el Señor Jesús definió al prójimo por el principio de la dedicación del «yo» hacia las demás personas:

a) No hizo distinciones ni implicaciones geográficas.

b) No hizo distinciones raciales.

3. La definición del Señor Jesús es más que un simple ideal:

a) Es una interpretación práctica del mandamiento «Ve, y haz tú lo mismo» (Lc. 10:37).

b) El samaritano estaba donde hacía falta.

c) El nivel de caridad cristiana debe ser más elevado que el de cualquier ideología o filosofía.

d) La responsabilidad no tiene fin, porque tampoco lo tiene el amor. En la historia no aparece la actitud de la víctima...

«Debemos ser como Él, en quien no hay ni pasado ni futuro, con quien un día es como mil años, y mil años como un día. Cuando hagamos nuestra labor en el presente, pensemos en lo que Él hizo y cómo lo hizo, dejando el pasado y el futuro en Sus manos, pues Él ve un presente absoluto, y no teniendo temor de nada, porque Él está tanto en nuestro futuro como en nuestro pasado. Del mismo modo y más aún de lo que podemos imaginar, Él está en nuestro presente. Participantes de la naturaleza divina, y descansando en Su gracia y su poder, confiemos en Aquel que es nuestro Todo en todo y también nuestra naturaleza eterna. Andemos sin temor, llenos de esperanza y valor para hacer Su voluntad; esperando el bien eterno que Él desea darnos, tan pronto como estemos dispuestos a recibirlo» *(George MacDonald).*

638. *TESTIGOS PARA EL MUNDO (Hechos 1:8)*

1. la gente encargada de este testimonio: «Me seréis». El Señor resucitado estaba hablando a aquellos que creían en Él, y a todos los que habrían de creer en Su Persona por todas las edades.

2. La persona encargada de este testimonio: « Me seréis». Éstas son las palabras del Señor resucitado. El tema de todos los creyentes debe ser el Señor Jesucristo, su vida, su muerte, su resurrección, sus deseos de salvar y el poder para salvar del pecado. Debemos decir a los demás lo que el Señor ha hecho por nosotros y lo que Él puede hacer por todo aquel que crea en Él

3. El lugar de este testimonio: «Hasta lo último de la Tierra» Los creyentes deben contar la historia del Señor Jesús y Su amor para todos los pueblos de todas las naciones de la Tierra Cuando una persona no puede ir a predicar el Evangelio, el Señor desea que haga todo lo posible para que otros sean capaces de ir.

4. El poder de este testimonio: «Pero recibiréis poder, cuando haya venido sobre vosotros

el Espíritu Santo». Solamente en y a través del Espíritu Santo, el creyente puede convertirse en un buen testigo para Cristo. El Espíritu Santo le dará el mensaje, inspirará al mensajero, y dirigirá el mensaje al corazón del pecador.

639. *¿QUÉ MÁS PUEDES PEDIR? (Mateo 28:20)*

1. Una promesa más preciosa: «...Yo estoy con vosotros...».

a) Éste es un privilegio inefable.

b) Es una protección incomparable. Para ver una ilustración, se sugiere la lectura de las pala- bras de David al sacerdote que huyó del Rey Saúl y Doeg (1 S. 22:23). Es la palabra del Señor Jesús la que otorga total seguridad a los suyos.

c) Ésta es una provisión que no falla: tener al Señor con nosotros es tenerlo todo (*véase* Mt. 6:31, 34; 2 Co. 9:8; 12:9).

2. Promesa preliminar:

a) Debemos ser fieles a su triple programa de evangelismo y educación...

–«... Id, y haced discípulos en todas las naciones...».

–Bautizar a estos discípulos.

–Enseñar a los discípulos «... a guardar todas las cosas que os he mandado...». Hay que enseñarles sobre la ley de Dios, el Evangelio y la gracia; la doctrina, la disciplina y el deber, la salvación, santificación, la vida sacrificada, la labor de ganar almas, etc.

b) No mostrar parcialidad en lo relacionado a los lugares de servicio (*véase* Hch. 20:24).

c) Descansar completamente en su poder: «Toda autoridad me ha sido dada en el Cielo y sobre la Tierra. Por tanto, id...» (*véase* Zac. 4:6; Hch. 1:8; 4:33; 1 Co. 2:4).

3. Una promesa perpetuada: «...Y he aquí que yo estoy con vosotros todos los días, hasta el fin del mundo».

640. *LA HERMOSURA MISIONERA*

«¡Cuán hermosos son sobre los montes los pies del que trae alegres nuevas, del que anuncia la paz, del que trae nuevas del bien, del que publica salvación, del que dice a Sión: ¡Tu Dios reina!» (Is. 52:7).

INTRODUCCIÓN: la naturaleza está saturada de la hermosura que Dios en su magnanimidad le impartió.

–La hermosura es cualidad inseparable de las obras que Dios crea. Por ello el Predicador escribió: «Todo lo hizo hermoso...» (Ec. 3:11). ¡Qué belleza sin igual posee un copo de nieve, un grano de arena! ¡Qué hermosura incomparable se contempla en las montañas, los acantilados, los arroyuelos, las nubes, la floresta! En fin, todo es admirablemente hermoso. La naturaleza posee un juego de matices y colores de incomparable belleza. Las tonalidades de cada color están en perfecta armonía con todo el colorido general. ¡Qué diremos de la hermosura en las criaturas! El mundo invisible ha de ser extremadamente hermoso deduciéndolo de la hermosura visible del cosmos. Cada criatura es una obra maestra del Gran Hacedor. El reino animal es admirable. Si la hermosura es particularidad inherente de las obras de Dios, podemos colegir que Dios ama la belleza. y aun añadir que, si «Dios es amor», si «Dios es luz» también es belleza. Nuestra imaginación no halla límites al pensar en el ámbito invisible donde Dios es eternamente alabado por los ángeles de luz.

–Ahora bien, si «Dios es amor», luz y belleza; sus obras y criaturas poseen estas tres características: están capacitadas para amar, anhelan vivir en la luz, se solazan en la belleza. El poeta sagrado escribió: «Una cosa he demandado a Jehová, ésta buscaré: que esté yo en la casa de Jehová todos los días de mi vida, para contemplar la hermosura de Jehová, y para inquirir en su templo» (Sal. 27:4). Asimismo, refiriéndose a la alabanza de Dios, escribió: «En los íntegros es hermosa la alabanza» (Sal. 33:1).

–La fealdad del mundo se debe al hombre, a su pecado y a su imperfección; pero dentro de si tiene el anhelo de producir cosas bellas. Las bellas artes constituyen el plano de elevación del hombre a través de la música, literatura arquitectura, pintura, escultura. Todo es hermoso cuando no ha sido manchado por la mano del hombre; pero aún hay muchas cosas que el hombre no puede manchar. El lodo inmundo del mundo no puede manchar las rutilantes estre-

llas, la luz solar, la nieve de los polos, etcétera. Entre todas las cosas bellas, el Evangelio, que es la expresión de Dios, es bello y admirable. El hombre jamás podría producir una montaña, una estrella, un ser viviente, un mundo; pero tampoco podría ingeniar un mensaje como el Evangelio.

A la luz de nuestro texto base, hagamos cuatro consideraciones sobre la hermosura del Evangelio y la hermosura de llevarlo y presentarlo al mundo...

1. El origen misionero: el Génesis Misionero va a la par que el Génesis Bíblico...

a) Dios es el origen del mensaje: las «Buenas Nuevas» que son el Evangelio nos revelan la mente y el corazón de Dios de manera asombrosa. Ninguna mente y ningún corazón, en el Cielo y en la Tierra, aparte de Dios, habría creado el Evangelio.

b) Dios es además el origen de las misiones: su propio ejemplo enaltece la obra misionera. En Génesis 3:9 Dios está ocupado en la búsqueda del hombre: «¿Dónde estás tú?» Y a través de las páginas sagradas el lector puede ir siguiendo las huellas divinas en el trabajo misionero mundial. «Con amor eterno te he amado» (Jer. 31:3), nos revela el carácter misionero de Dios. Posteriormente en Cristo Jesús es continuada la obra misionera: «Porque el Hijo del Hombre vino a buscar y a salvar lo que se había perdido» (Lc. 19:10).

c) Dios es la causa que dignifica a quienes son enviados con su asignación personal. Dios llama y envía: el hombre acude y va. El enviado es personalmente investido y dirigido por Dios. Si el hombre fracasa, su fracaso depende de caminar contra la dirección de Dios. Si el hombre obedece, entonces adquiere el carácter de Embajador de un Reino de paz y de justicia (2 Co. 5:20).

2. El instrumento misionero: Dios pudo escoger entre diferentes conductos de proclamación de su mensaje. Tenía ángeles siempre dispuestos. Sin embargo, escogió como instrumento misionero al hombre.

a) El mensajero de Dios demuestra idoneidad en la hermosura de su carácter: va provisto de valor, compasión, fe, humildad; sólo para nombrar algunas de sus características.

b) El mensajero revela hermosura en la presentación de su mensaje: no es discurso; es más que discurso. No es conferencia; es más que conferencia. Es un mensaje de características especiales que es presentado con seguridad, convicción, esperanza, entusiasmo, visión, amor...

c) El mensajero revela hermosura en la acción que aplica a su trabajo: hélo allí, infatigable, tenaz, sufrido...

3. El mensaje misionero: el instrumento no habla de sí; sino habla lo que Dios dice. Su fidelidad al mensaje debe ser absoluta y constante...

a) El mensaje implica hermosura por el móvil que lo provoca: el amor infinito de Dios. Su estructura está consolidada con la potencia del amor. Su impulso originador es el amor; su fuerza viviente es el amor; el amor perfecto y santo de Dios.

b) El mensaje dimana hermosura en la forma de aplicación a los oyentes receptores: la gracia redentora. Puesto que está especialmente constituido para la naturaleza pérdida del ser humano, su aplicación obra en el hombre -no en los ángeles ni en los demonios- por medio de la gracia divina. Cualquiera otra forma de aplicación anula el mensaje, ya se trate de las mejores obras del mundo o de la justicia humana más elevada.

c) La hermosura del mensaje se acrecienta por las peculiaridades que le son inseparables: «alegres nuevas», «la paz», «el bien», «la salvación». El hecho de la restauración del hombre caído sería por sí solo motivo suficiente para el mensaje de Dios; sin embargo esta aunado con otras gracias de sin igual hermosura: gozo, paz, relación filial, vida eterna, santidad. justicia...

4. El efecto misionero: bendito efecto misionero cuya influencia modifica a la civilización, al mundo y la historia.

a) La hermosura misionera se complementa con los maravillosos resultados que produce: primeramente, el efecto en el oyente, quien es redargüido «de pecado, de justicia y de juicio» (Jn. 16:8), y encaminado hacia una nueva vida en un camino de santidad (1 Ti. 1:15).

b) La hermosura del efecto en el exponente: «Los que sembraron con lágrimas, con regocijo segarán. Irá andando y llorando el que lleva la preciosa semilla; mas volverá a venir con regocijo, trayendo sus gavillas» (Sal. 126:5, 6). El exponente encuentra regocijo en el efecto que produce el mensaje misionero.

c) La hermosura del efecto es motivo de gozo en el agente que lo impulsa: el Espíritu Santo. Igualmente los seres angelicales se llenan de gozo cuando el mensaje penetra al corazón del oyente (Lc. 15:7).

d) Finalmente, la hermosura del efecto está ratificada por la promesa divina: «Porque como desciende de los Cielos la lluvia y la nieve, y no vuelve allá, sino que riega la tierra, y la hace germinar y producir, y da semilla al que siembra y pan al que come, así será mi palabra que sale de mi boca: no volverá a mí vacía, sino que hará lo que yo quiero, y será prosperada en aquello para lo que la envié» (Is. 55:10, 11).

CONCLUSIÓN: como es reconocida la hermosura material, así es reconocida la hermosura espiritual. Toda la hermosura que nos rodea proviene de Dios. Asimismo la hermosura de las obras de Dios es altamente reconocida en el mensaje redentor, el mensaje perfecto, inmutable y eterno de salvación. Las Buenas Nuevas podrían ser también llamadas las Hermosas Nuevas; el Evangelio es llamado como «la preciosa semilla». El oyente es considerado como «alma preciosa». El Reino de Dios es glorioso en hermosura. La iglesia se viste de hermosura engalanada con el mensaje vivificante de Dios. Las Sagradas Escrituras son las «hermosas Escrituras» de Dios. Anunciemos al mundo entero las «Buenas Nuevas», porque desalojan la inmundicia de los corazones e imparten la hermosura de santidad; porque quitan la obscuridad del pecado e iluminan con belleza el camino del mundo; porque borran el odio malsano y saturan de la hermosura del amor de Dios. El mensaje encuentra el secreto de su hermosura en la persona de Cristo Jesús: centro del Evangelio y motivo del gozo que reciben los corazones. «¡Cuán hermosos son sobre los montes los pies del que trae alegres nuevas, del que anuncia la paz, del que trae nuevas del bien, del que publica salvación, del que dice a Sion: ¡Tu Dios reina!».

641. *UN TRASCENDENTAL IMPERATIVO MISIONERO: OPTIMISMO SIN FRONTERAS (Isaías 54:2, 3)*

INTRODUCCIÓN: desde aquel momento solemne y de importancia trascendental para la raza humana, cuando el Señor Jesús se despedía de nuestra Tierra para ir a ocupar de nuevo su trono de majestad a la diestra de su Padre, desde aquel momento, digo, en que Jesús ordenó a los suyos: «Id por todo el mundo, predicad el Evangelio a toda criatura», no ha cesado de resonar en los oídos de sus discípulos fieles ese trascendental imperativo misionero de Jesús nuestro Salvador...

–Tal imperativo es el que lanzó a los discípulos a la conquista, para Cristo, de un mundo predispuesto a rechazar el Evangelio, ensoberbecido con sus profundas ideas filosóficas y entregado a una vida de enervantes placeres, hundido en una ciénaga de corrupción moral que hacía, como hizo, que tal mundo se ensañará con los anunciadores de la buena nueva de redención por la cruz de Cristo. Pero apóstoles y discípulos no retrocedieron ante ese mundo enemigo y poderoso para exterminarlos.

–El imperativo trascendental no les permitió callar ni estar quietos: «No podemos dejar de decir lo que hemos visto y oído», decían. Y más tarde Pablo, conquistado por Jesús para la conquista de todo el mundo entonces conocido, exclamaba: «El amor de Cristo nos constriñe». Y también: «Pues bien que anuncio el Evangelio, no tengo de qué gloriarme, porque me es impuesta necesidad; y, ay de mí si no anunciare el Evangelio». En los oídos de Pablo, y más que en los oídos, en lo hondo de su corazón resonaba, con los acentos del amor de Cristo, el imperativo trascendental: «Id».

–Podríamos pensar que, en la mente de Pablo especialmente, y aun en la de los otros apóstoles, este imperativo de Cristo se presentara como un duplicado de ese otro divino imperativo, dado por Dios a su pueblo: «Ensancha el sitio de tu cabaña, y las cortinas de tus tiendas sean extendidas; no seas escasa; alarga tus cuerdas, y fortifica tus estacas». Pero voces extrañas se oyeron en la Iglesia de Cristo que casi extinguieron la voz del que hablaba, diciendo «id». Se oyó en la iglesia la voz de estruendo, con ira, disensiones, y herejías, en graves dis-

cusiones teológicas; sonó la voz poderosa del torpe lucro, y Mammón se hizo adorar en el templo de Cristo, que es su iglesia; las alteradas voces de los que reclamaban el Primado en la iglesia silenció casi por completo la voz del «imperativo trascendental», y los que yacían en tinieblas y sombras de muerte esperaban en vano el romper del alba del nuevo día del Evangelio de Cristo. Pero el Señor no se muda, ni se cansa, ni se deja vencer por sus malos hijos e infieles obreros de su viña. Él, a su tiempo, levanta fieles testigos de su amor redentor *(anécdota: en la segunda mitad del siglo XVIII, Guillermo Carey oye la voz del Señor que clama «id». El 31 de mayo de 1792, en su célebre sermón sobre Is. 54:2, 3, enciende en otros el espíritu misionero que ya ardía poderosamente en él, y lleno de ese espíritu se lanza a una extensa e intensa obra misionera. Se calcula que de siete a ocho mil personas se convirtieron por el ministerio evangélico de Carey. El también abrió ancho camino para los estudios orientalistas que no sólo han favorecido a las misiones en aquellos campos, sino que han contribuido al avance de la cultura humana en el ramo de la lingüística. Al recurrir el segundo centenario del nacimiento de Guillermo Carey, es justo y grato recordarle destacando ante los ojos de nuestro espíritu el texto de Is. 54:2, 3 que supo él tan hábilmente esgrimir como divina espada excitando a otros y a sí mismo a la obra misionera en las tierras lejanas que yacían en tinieblas de error e idolatría).*

1. Una orden de Dios (Is. 54:2): con enérgicos imperativos Dios ordena a su pueblo: «Ensancha» «alarga», «fortifica». El pensamiento nos lleva a las cabañas o tiendas en que habitó un tiempo Israel. El sitio debe ser extendido hasta donde la mirada de la fe alcanza a ver los «campos blancos para la siega». El ojo del miope sólo ve lo que está cercano, y, con poco, aun eso le costará ver. Pero el ojo claro de la visión de la fe no conoce límites, alcanza hasta los más lejanos sitios. Las manos perezosas se contentan con aquello que pueden hacer sin esfuerzo. Pero la orden es: trabaja, no seas escaso; alarga tus cuerdas. «Si dices: «la fatiga nos vence, y ya no podemos hacer más, estamos agotados». Entonces la palabra del divino imperativo suena al oído: «Fortifica tus estacas».

Todo invita a una obra en la que el mismo Dios es nuestro Ayudador y Fortalecedor. Dios no permite que sus obreros se encierren en las cuatro paredes de su casa, o que actúen solamente dentro de los muros de su templo. Dios quiere que a semejanza de su Hijo, nuestro Salvador, exclamemos: «Vamos a los lugares vecinos y a los más lejanos para que prediquemos también allí». Hemos recibido la salvación para que la llevemos a otros...

a) Jesús sentía hambre y sed de redención: «Yo tengo una comida que comer, que vosotros no sabéis». «Mi comida es que haga la voluntad del que me envió, y que acabe su obra». Así excitaba Jesús en sus discípulos el apetito misionero. ¿Sientes, hermano, en ti el poderoso imperativo divino: «Id»?

b) Los apóstoles y primeros discípulos de Jesús llegaron a sentir el hambre que devoraba al mismo Cristo, y que les llevó a lugares lejanos, arrostrando peligros, penalidades, sufrimientos y privaciones en su noble afán de redención. ¿Y tú, hermano, qué haces? Cerca de ti viven los que se pierden, los que mueren o languidecen por falta del alimento espiritual. ¿Les estás ayudando? Hay gran ignorancia de la Palabra de Dios. Hermano: enseña. Hay muchas injusticias sociales. Hermano, habla al menos, protesta. Hay gran corrupción, vicios, crímenes, maldades. Hermano: lleva a los que se pierden la palabra de salvación.

c) Hay regiones lejanas en donde millones van diariamente al infierno, porque sus tinieblas los han extraviado y los han hecho caer en idolatrías, supercherías y falsas creencias. Llévales, hermano, la Luz que es Cristo el Señor y Salvador nuestro.

Hasta aquí hemos considerado la orden divina que constituye el «trascendental imperativo misionero». Pero éste, en el mismo texto de Isaías, va seguido de...

2. Una promesa seguida de la voz alentadora: «A la mano derecha y a la mano izquierda has de crecer» (Is. 54:3). Ésta es la promesa hecha por Dios a la fe de quien se lanza a la aventura divina. Es la promesa de Dios a la consagración, al esfuerzo y a los sacrificios de los que obedeciendo su voz van en busca de almas que salvar *(anécdota: Guillermo Carey, como Pedro y sus compañeros en aquella noche*

sin pesca, se encontraron con tantos obstáculos para llevar adelante la orden divina, que hubieran bastado para desistir de su ardor misionero. Pero la voz divina urgía, y Dios mismo hizo brillar en sus mentes su gran promesa de abundante pesca y de maravilloso ensanchamiento. «No temas, que no serás avergonzado» (Is. 54:4). Carey está seguro de que la voz de Dios lo llama y lo envía. Carey está seguro también de que Dios mismo hará florecer y fructificar su obra, que no trabajará en vano. El Dr. Ryland, hombre de gran saber y autoridad, trata de aquietar a Carey apagando su fuego misionero con palabras terminantes: «Cuando Dios quiera convertir a los paganos, lo hará sin su auxilio ni el mio».Pero Carey no se rinde... El 31 de Mayo de 1792, pronuncia su sermón, decisivo y convincente, sobre Is. 54:2, 3, dividido en dos partes:

–Esperad grandes cosas de Dios.

–Emprended grandes cosas para Dios.

Aunque Inglaterra tenía sus motivos y aun leyes para impedir la entrada de misioneros a la India, Guillermo Carey marcha hacia allá «como viendo al invisible» y acatando sólo su divinas órdenes, a semejanza de Moisés. Y Dios bendijo grandemente su empresa misionera. Y no sólo abrió un extenso campo en aquellas regiones para las misiones cristianas, sino que incluso se alargaron las cortinas de su magnífica labor para abrigar y promover profundos estudios orientalistas, especialmente en el ramo de la lingüística. Se calculan de siete a ocho mil personas convertidas por su ministerio. Con razón se le ha llamado «padre de las misiones modernas» e «impulsor de toda causa noble»).

CONCLUSIÓN: de cierto, la obra de Guillermo Carey tuvo en su tiempo frutos que no entran en ningún cálculo. Sus escritos ensancharon el sitio de su cabaña, extendieron las cortinas de sus tiendas misioneras, alargaron las cuerdas y fortificaron las estacas de su obra, que hace hasta hoy sentir el influjo del poderoso varón de Dios. Nació Carey en 1761, y murió el 9 de Junio de 1834; mientras Augusto Comte se devanaba el cerebro en el asunto de su filosofía positiva, ahora ya casi en olvido. Carey, en cambio, vive aún en su obra con la perennidad de todo lo que lleva el sello del Espíritu de Dios.

«En los corazones humanos no hay lugar para Cristo, porque en la mayoría de los hombres sólo hay un aparente y fugaz recuerdo de Jesús una vez al año. En las tarjetas de las fiestas campean más el protocolo social y los intereses comerciales de los que las imprimen que un homenaje piadoso y sincero a Aquel que se dio para comprar nuestra redención y vida eterna».

642. *TÚ Y LA OBRA DE DIOS (Isaías 54: 2, 3)*

INTRODUCCIÓN: explicar las tiendas o carpas. Es necesario fortalecer las estacas y aflojar las cuerdas antes de una lluvia, pues éstas se encogen cuando se mojan y se cae la tienda. Cuando yo era pequeño, mi familia y yo fuimos a colonizar la tierra virgen de Florida, Estados Unidos de la América del Norte. Llevamos dos tiendas en que vivir mientras construíamos una casa En cierta ocasión llovió mucho, y como a la media noche se encogieron las cuerdas por causa del agua, se salieron de sus lugares, y la tienda se nos cayó encima. Pasamos la noche bajo la lluvia, mojándonos y con frío, y también las cosas se mojaron. Pero las plantas florecieron y las cosechas abundaron. Dios nos manda que nos preparemos bien para recibir la lluvia de bendiciones.

1. Este pasaje es una llamada a la fe:

a) En el poder de Dios

b) En las promesas de Dios.

c) En la fidelidad de Dios.

d) En el interés que Dios tiene en nosotros y su obra.

2. Este pasaje es un reto:

a) Para ver si Dios cumple su palabra.

b) Para aceptar que todo hijo de Dios es príncipe.

c) Para que tú puedes ser un héroe.

3. Este pasaje nos presenta la gloria de un cristiano:

a) Crecimiento en la obra de Dios.

b) Trabajo premiado.

c) El poder de Dios.

d) La presencia de Dios.

CONCLUSIÓN: un llamamiento a la obra del Señor.

643. *ANHELO POR LAS ALMAS*

«No hay quien me quiera conocer; ni hay quien cuide de mi vida» (Sal. 142:4).

1. ¿Qué significa preocuparse por las almas de los demás?

a) Conocer la importancia que tiene esa alma.

b) Conocer los peligros a los que las almas están expuestas.

c) Estar ansiosos y solícitos.

d) Estar activos, celosos y liberales en la obra de la salvación.

2. ¿En quién queda más inmediatamente delegada esta tarea?

a) Sobre el cabeza de familia.

b) Sobre todos los miembros de las sociedades cristianas.

c) Sobre todos los obreros cristianos.

d) Sobre cada hombre que respira.

3. El gran error de dejar de lado esta tremenda responsabilidad:

a) Es algo realmente cruel.

b) Es sumamente ingrato.

c) Es vergonzoso y criminal.

d) Es en sobremanera fatal.

4. Aplicación:

a) Arrepentíos todos aquellos que habéis mostrado tan poco interés por las almas.

b) Pasad más tiempo en oración y testificando a los demás.

644. *GANANDO ALMAS*

«Y el que gana almas es sabio» (Pr. 11:30).

1. Nuestra oración (Hch. 9:6; Sal. 51).

2. Nuestro campo (Mr. 16:15; 5:19, 20; Jn. 1:41, 42, 45; 4:28, 29; Hch. 1:8; 8:26; 16:13-15, 30-34; Stg. 5:20).

3. Nuestro tiempo (Mt. 21:28; 2 Co. 6:2; Ec. 9:10; 2 Ts. 3:13; Ap. 22:7).

4. Nuestro motivo (2 Co. 5:14; Col. 3:23; Jn. 21:15, 17).

5. Nuestro Ayudador (Mt. 28:20; 2 Co. 12:9; Jn. 15:5; He. 13:5).

6. Nuestro tema (Jn. 3:16; 5:24; 6:14; 1 Ti. 4:2; Ro. 1:16; 1 Co. 1:18; 1 Ts. 2:4; Ef. 6:17).

8. Nuestra fortaleza y poder (Zac. 4:6; Jn. 14:16, 17, 26; 15:26; 16:7-11, 13; Hch. 1:8; 2:14; 4:31-33; Mt. 28:18-20).

9. Nuestros ejemplos (Jn. 9:4; Lc. 2:49; Fil. 2:3; Ro. 10:1; Hch. 8:26).

10. Nuestra recompensa (Mt. 25:23; 2 Ti. 4:8; Sal. 126; 6; Ap. 22:12).

645. *EL PORQUÉ Y EL PARA QUÉ DEL TESTIGO*

«Y me seréis testigos» (Hch. 1:8)

INTRODUCCIÓN: muchos mensajes acerca de la Gran Comisión se refieren a la situación angustiosa de las almas perdidas y a nuestra obligación de predicarles el Evangelio. Esta vez, sin embargo, quisiera analizar junto con ustedes otro aspecto que también demanda nuestra atención a causa de su gran importancia. Mi propósito es hablar sobre la «motivación» del testigo.

Esta palabra, «motivación», se deriva de una raíz latina que quiere decir «lo que pone en movimiento» o «lo que impulsa a la acción». El testigo cristiano tiene un incentivo fuera de sí mismo: las almas perdidas. Pero debe tener motivos dentro de sí mismo. El incentivo actúa de afuera hacia adentro. En cambio, la motivación actúa de adentro hacia afuera: el testigo no lo es sólo porque haya almas perdidas sino también por poderosas causas interiores que pueden hacerle clamar, como Pablo, «¡ay de mí si no anunciare el Evangelio» (1 Co. 9:16). ¿Cuáles son esas razones íntimas, que imponen al cristiano la necesidad de ser testigo? ¿Cuál es el por qué y el para qué del testigo? ¿Cuál es la motivación interior que pone en marcha el mecanismo del testimonio, eliminando todos los prejuicios y todas las inhibiciones? De muchas respuestas posibles, hoy sólo quisiera mencionar tres. Sólo tres motivos que deben impulsar a todo testigo cristiano, con irresistible vigor, al cumplimiento de su privilegiada misión...

1. El conocimiento de su exclusiva experiencia cristiana:

a) La experiencia cristiana es personal: es única en cada caso. Nadie puede vivir nuestra propia y exclusiva experiencia. Es de nuestra absoluta pertenencia. Es nuestro particular tesoro. Cada uno tiene conciencia de su propio encuentro con Cristo y ese conocimiento es absolutamente íntimo. Hay millones de creyentes en el mundo, pero hay una sola experiencia cristiana que uno puede conocer gloriosamente y esa experiencia es la propia.

b) Mi experiencia cristiana es mía: yo era un pecador perdido, yo fui a Cristo, yo recibí el perdón y la salvación, yo fui regenerado por la acción del Espíritu Santo. Otros son testigos de sus propias experiencias, pero solamente yo puedo ser testigo de mi experiencia.

c) «Cuenta cuán grandes cosas ha hecho Dios contigo» (Lc. 8:39). Lo que Dios ha hecho contigo no lo ha hecho con ningún otro: tú no puedes callar tu propia experiencia, tu personal conocimiento del Salvador. «Una cosa sé, que habiendo yo sido ciego, ahora veo» (Jn. 9:25). El testimonio personal tiene un abrumador poder de convicción. Y si la experiencia cristiana es auténtica, el creyente no puede callar. He aquí, pues, un «por qué» del testigo, un motivo interior que lo impulsa a decir al mundo lo que Cristo hizo con él.

2. La conciencia de vivir una sola vez:

a) Otro «porqué» es la conciencia de vivir una sola vez: no volveremos a pasar por este mundo. Nuestras almas no se reencarnarán para cumplir una nueva misión profética. Esta vida, que nos ha sido dada en la Tierra, es también nuestra singular existencia. N o volveremos a vivir los días perdidos. Nadie nos devolverá el tiempo desperdiciado. Hay millones de vidas cristianas en el mundo, pero yo soy responsable de mi vida cristiana. Pasaré por este camino una sola vez: jamás volveré a transitar por él. «Y descendió un sacerdote por aquel camino, y viéndole, se pasó de un lado. Y asimismo un Levita, llegando cerca de aquel lugar, y viéndole, se paso, de un lado. Mas un samaritano que transitaba, viniendo cerca de él, y viéndole, fue movido a misericordia» (Lc. 10: 31-33). El sacerdote y el levita tuvieron una sola oportunidad y la perdieron para siempre. Jamás volverían a vivir ese día. Pero el samaritano cumplió su misión de ese día, que él tampoco volverá a vivir otra vez.

b) El testigo cristiano sabe que esta vida es su única oportunidad para testificar: en el Cielo no se predicara la salvación, porque todos estarán definitivamente redimidos. En el infierno no se predicará el Evangelio, porque todos estarán eternamente condenados. El testigo sabe que tiene una misión que puede cumplir sol amente ahora. El testigo sabe que él puede hacer algo que nadie puede hacer en su lugar: él tiene sus propios amigos, sus propios parientes, sus propias oportunidades, sus propias posibilidades, sus propios dones. El testigo tiene un ministerio exclusivo, y la con ciencia de vivir una sola vez para cumplirlo es otro de los poderosos matices de su motivación.

c) «Me seréis testigos»: el cristiano debe comprender que no solo tiene que ser testigo a causa de las almas perdidas, sino también a causa de sí mismo. Esa es la razón de ser de la vida cristiana, una existencia singular que, de otra manera, carecería de propósito. Vivo una sola vez, pero para vivir realmente debo ser responsable: debo cumplir mi misión.

3. La perfección en el propósito: no nos interesan únicamente los «por qué». También vamos a considerar un «para qué» del testigo. Una de las motivaciones es el propósito y nuestro propósito es la perfección: «sed, pues, vosotros perfectos, como vuestro Padre que está en los Cielos es perfecto» (Mt. 5:48). Entre los muchos matices de la perfección, el testigo aspira a cumplir acabadamente el propósito de su vida cristiana. Quiere culminar su servicio, diciendo como Pablo: «he peleado la buena batalla, he acabado la carrera, he guardado la fe» (2 Ti. 4:7). El testigo sabe que el camino del creyente requiere una perfección dinámica. Un lactante puede ser perfecto como lactante, pero debe evolucionar para llegar a ser perfecto como adulto. De la misma manera, el testigo se perfecciona progresivamente. No hay tal cosa como una perfección estática, sino una continua evolución, como la que Pablo describe en su epístola a los Filipenses: «No que ya haya alcanzado, ni que ya sea perfecto; sino que prosigo... olvidando ciertamente lo que queda atrás. y extendiéndome a lo que está adelante, prosigo

al blanco, al premio de la soberana vocación de Dios en Cristo Jesús» (Fil. 3:12-14). Notemos que el apóstol añade: «así que, todos los que somos perfectos, esto mismo sintamos» (v. 15), lo que demuestra su concepto de la perfección dinámica, como impulso que conduce al cristiano hacia la meta definitiva. El testigo aspira a ser útil, a consumir su vida en el fuego del servicio y cumplir perfectamente su misión evangélica. El testigo se entrega a la alquimia divina que lo consume y lo transforma, expresando en términos eternos lo que él hace dentro de l os limites de lo temporal.

CONCLUSIÓN: finalmente, el testigo reconoce la urgencia del presente, el val or de cada desafio, la importancia de cumplir perfectamente la misión de cada instante. La perspectiva de la muerte le infunde nuevas energías, pues sabe que no puede postergar indefinidamente su tarea. Y el testigo comprende que para ganar la vida debe perderla, debe anularse a si mismo y rendirse al servicio de los demás, debe identificarse con su Maestro hasta el punto de repetir, con el apóstol; «con Cristo estoy juntamente crucificado, y vivo, no ya yo, mas vive Cristo en mí» (Gá. 2:20). Y ésta será su motivación suprema. Así, pues, el testigo se lanza a evangelizar a los perdidos, sabiendo el «por qué» y el «para qué» de su gloriosa misión.

646. *HAGAMOS BIEN*
(Gálatas 6:10)

INTRODUCCIÓN: «Así que, entretanto que tenemos tiempo, hagamos bien a todos, y mayormente a nuestros familiares en la fe». Este texto contiene una exhortación a los creyentes en la que Pablo mismo se incluye. El apóstol quiere que los cristianos hagan buenas obras, como Dios, que hace salir el Sol sobre malos y buenos.

1. ¿Qué bien nos exhorta a hacer? (vv. 1, 2, 6).

2. ¿Cuándo debemos hacerlo? Entretanto que tenemos tiempo, hoy. Nadie puede asegurarnos que tendremos tiempo mañana (Stg. 4:13-17; Jn. 9:4 y 5).

3. ¿A quién debemos hacer el bien?

a) A los que comparten nuestra fe: el mundo diría a los familiares en la carne, pero el cristiano tiene una familia más extensa, que es la de todos los hermanos en Cristo; todos los que tienen la misma fe y esperanza en las promesas del Salvador. Hay una afinidad espiritual con estas personas superior a los mismos lazos de familia. Particularmente, hay que atender a los recién convertidos, a los que el Nuevo Testamento llama «niños en la fe».

b) A todos: esto incluye a los vecinos a quienes Dios ha puesto cerca de nosotros, quizá con el propósito de que compartamos con ellos el tesoro espiritual de nuestra fe; nos escucharán mejor si tienen algún pequeño favor que agradecernos.

c) A los que entran en relación con nosotros por algún motivo secular (ej.: vecinos, proveedores, visitadores, etc.). Tenemos el deber de tratarles bien, de manera que obtengan una buena opinión de nuestro carácter; pero no solamente en el sentido material, sino para que estén más dispuestos a escucharnos cuando les demos testimonio o les ofrezcamos un folleto.

d) A los compañeros de viaje, en nuestros desplazamientos, sobre todo personas más débiles que nosotros, ancianos o jovencitos, para que al hablarles del Señor se hallen mejor dispuestos, por lo menos a escucharnos.

4. ¿Cómo debemos hacer el bien?

a) Sin cansarnos, aunque no tengamos resultados inmediatos: «A su tiempo», dice el apóstol.

b) La cosecha de nuestros actos sólo puede ser completa en la eternidad.

647. *LA BANDERA DE LA VERDAD*
(Salmo 60:14)

INTRODUCCIÓN: el Sal. 60 es un salmo optimista; escrito tras una victoria de David sobre sus enemigos. Empieza recordando cosas calamitosas (v. 3), pero, de repente, en medio de la calamidad y opresión, de la mano de Dios se ha mostrado de nuevo con una victoria inesperada que le hace decir: la mejor bandera. Animado por este pensamiento, el salmista se ve llevado a mayores victorias sobre Moab, Edom, Idumea, los enemigos de raza y de religión. ¿Qué son

ante Dios que ha escogido a Judá como legislador y a Efraím como cabeza de las tribus de Israel? En su entusiasmo, el escritor exclama: «Vana es la salud de los hombres». La ayuda humana ha fracasado, pero «en Dios haremos proezas». En medio de un mundo que bulle y está tan agitado por ideales humanos y terrenos, hay un pueblo de Dios que eleva su mirada más arriba y levanta la bandera de la verdad.

1. La natural duda humana: ésta es una bandera que ha entusiasmado y arrastrado tras de sí a los hombres más sinceros, a los corazones más nobles, y por ella muchos han dado gustosos su vida..., pero para otros, sobre todo en nuestros días, parece ser una enseña desacreditada y hasta ridícula, por esto la han arriado, considerándola anticuada e inservible, por lo cual vemos a muchos desalentados y desanimados, como Pilato, que han dicho: ¿Qué cosa es verdad? ¿Existe la verdad en el mundo?, o ¿puede ser conocida por los hijos de los hombres?, pero nuestro texto dice: «Has dado a los que temen tu nombre, a los que tienen a Dios en cuenta, a los que reconocen tu existencia e interrogan con sinceridad cuál es la revelación del Omnipotente y a los tales has dado un estandarte glorioso, la enseña de la verdad».

2. ¿Cuál es esta gloriosa bandera?

a) Hace veinte siglos que ante el gobernador escéptico de Roma que gobernaba en Jerusalén, fue presentado un acusado prodigioso y a las preguntas amargas del gobernador filósofo y triste acerca del origen y prerrogativas de tan extraño acusado, le oye decir: «Yo para esto soy nacido y he venido al mundo para dar testimonio a la verdad, todo aquel que es de la verdad oye mi voz. Soy rey, pero mi Reino no es de este mundo». «Aquí, empero, tengo y he de tener un pueblo de servidores que, como extranjeros y peregrinos, lucharán enarbolando el estandarte de la verdad, de aquella verdad inalcanzable para las inteligencias humanas más privilegiadas».

b) Esta bandera, que consideras una utopía y que tienes ya arriada, arrinconada y despreciada, ésta clavaré sobre el asta de la cruz, la daré a mis humildes servidores y les mandaré que la levanten bien alta, que la pasen por todas las naciones de la Tierra... y todo aquel que sienta ansias e ideales más anos que aquellos que se deslumbran por dinero y poder, oirá mi voz, transmitida por fieles servidores míos, y esto no ahora durante un período de efervescencia político-religiosa, aquí en Palestina, sino en todo el mundo y hasta el fin de los siglos.

c) Esto podía decir el divino Maestro, que se disponía a obrar nuestra redención, con mayor razón que el cantor de Israel o el gobernador escéptico de sus días.

d) Aunque David conocía una parte de la revelación de Dios según las luces de su tiempo y se alegraba de que el conocimiento del Dios único y verdadero se extendiese entre los países que dominaba, no podía decirlo con la misma seguridad y esperanza que nosotros: «Has dado a los que te temen bandera que alcen por la verdad».

3. De lo emblemático a lo real: ¿Por qué podía decir todo aquello que no dijo, pero nosotros lo suponemos por haber creído su Palabra y sus promesas?

a) Seguramente, Pilato había leído a los filósofos de su tiempo, y muchas cosas acerca de los misterios del ser y de la otra vida que él creería a *pies juntillas* como verdad, en los días de su juventud, las había visto esfumarse en su conciencia, Júpiter y su Olimpo, la Barca de Aqueronte y los Campos Elíseos, no tenían ningún significado para él, después que Epicúreo le había persuadido a decir: «Comamos y bebamos, que mañana moriremos». Del más allá de la muerte nadie sabe.

b) Pero el Cristo que tenía ante sí el gobernador romano no era un mito, sino un ser real, que desde su gloria vino a ocupar un cuerpo físico sobre la Tierra, lo que probaba sus milagros y el testimonio que dentro de poco darían los soldados que le vieron salir triunfante de la tumba y, antes de pocos años, centenares de hombres desafiarían al mundo entero y a la muerte, diciendo: «Cristo es el Hijo de Dios con potencia; ha resucitado de entre los muertos, de lo cual nosotros somos testigos...», y como añadió Pablo ante Agripa: «Estas cosas no han sido hechas en ningún rincón» (Hch. 26:26).

4. Una parábola histórica declarada por Jesús ante Nicodemo: «Como Moisés levantó la serpiente en el desierto, así es necesario que el Hijo del Hombre sea levantado de la tierra, para que todo aquel que en él crea no se pierda, mas

tenga vida eterna» (Jn. 3:13-17). He aquí la historia antigua (que nosotros llamamos de la serpiente de metal): pero el texto bíblico no la llama de metal, sino tan sólo «cómo Moisés levantó la serpiente...», lo que nos da a pensar que podía ser una serpiente viva y asimismo el Verbo que se hizo carne y habitó entre nosotros (Jn. 1:14), asumió un cuerpo humano semejante al nuestro (pecador), pero sin pecado; fue levantado en una cruz del Gólgota, para que todo aquel que en Él creyere no se pierda, mas tenga vida eterna» (Jn. 3:16).

5. La realidad de nuestros días: la situación de Pilato se ha repetido a través de todos los tiempos, pero mucho más en nuestros días, cuando existe una pequeña minoría que han levantado sus ojos a Aquel que, clavado en una cruz, hizo nuestra redención, mientras que millares que oyeron hablar de Jesucristo o lo llevan representado en cruces de materia inerte, viven como si Jesús no hubiera existido...

a) Damos gracias a Dios de que desde que Juan XXIII proclamó la reforma de nuestro siglo en la Iglesia católicorromana, las apariencias externas se han mejorado, y ello está llevando a algunos «mordidos por la serpiente del pecado» a creer de veras en el redentor de la cruz (lo mismo ha ocurrido y está ocurriendo sin duda entre los profesantes de la Iglesia que se llama cristiana ortodoxa), pero sin duda que son también una minoría los que creen de veras. Entre nosotros la situación es sin duda peor. Id a cualquiera de nuestros compatriotas que circulan por nuestras clases y habladles de la salvación de vida eterna que hay en Cristo y os dirán: «¡Bah!... esto, ¿quién lo sabe?», o como Pilato: «¿Qué cosa es verdad?»; pero hay una minoría de creyentes sinceros que mantienen la fe pura del Evangelio.

b) En tiempos pasados, cuando los mejores cristianos fueron perseguidos y llevados a la muerte de la hoguera, había cristianos auténticos y sinceros que vivían encerrados en conventos y atados por los dogmas de su Iglesia, pero dejaban respirar sus almas en poesías místicas que hoy nos recrean y nos hacen admirar su fe; pero hoy día centenares de miles la han perdido, piensan que Dios, a quien se imaginaban como un anciano venerable, tendría que hacer caso de los sacerdotes y su oropel, y citan textos escriturales como las palabras de Jesús a Pedro: «Todo lo que ligares en la Tierra...»; pero Jesús no dijo: «Tú y tus sucesores», sino que se dirige a la persona del apóstol Pedro y de los participantes de su fe pura y sencilla.

c) Pero los hombres han adelantado en ciencias humanas y se les ha hecho difícil la transubstanciación, el Purgatorio, el poder expiatorio de las misas, etc.; y su fe vaciló y se han quedado la gran mayoría como Pilato, diciendo: «¿Qué cosa es verdad? ¿Dónde está y cómo encontrarla?»

d) El Omnipotente desea que creamos, pero la verdad, únicamente la verdad y nada más que la verdad *(anécdota del autor: discutiendo con una tía carnal monja asilada en su hogar por un tiempo a causa de la guerra civil, nos decía: «Tú crees un poco, pero por creer demasiado, espero no perderme»; y el autor le respondía: «Es bueno creer, pero solamente lo que Cristo nos enseñó, es decir, la pura verdad del Evangelio»).*

6. El estandarte de la verdad: nuestra patria y muchas naciones donde circulan nuestros libros necesitan a millares de creyentes en el Cristo vivo de los Evangelios, vivo y glorificado, que lleven el precioso conocimiento de la salvación a muchas almas indecisas acerca de la verdad.

7. Un estandarte de lucha: ésta ha sido la bandera del cristianismo evangélico en todos los siglos. El apóstol Pablo conocía como nadie la condición humana por iluminación del Espíritu Santo cuando escribía: «Todos los que quieran vivir según la piedad que es en Cristo Jesús, sufrirán persecución». Nos hallamos siguiendo un rastro de sangre que viene de los tiempos apostólicos, y nos sentimos honrados y positivamente indignos de marchar tras esta hilera de héroes y mártires en la lealtad a la fe del Nuevo Testamento que la Historia nos relata. También nosotros necesitamos clamar, mientras alzamos esta preciosa bandera. Ayúdanos, Señor, a cumplir tus santos preceptos y agradecer que Tú, Señor, vayas delante con esta bandera que ha llevado a tantos fieles a empuñarla costara lo que costara hasta la muerte. Esta bandera no es la de alguna secta determinada, por más que haya denominaciones que la tienen más pura que otros, pero no son tanto las enseñanzas de los hombres, por buenas que éstas sean, como

la lealtad a la fe pura del Evangelio. Vendrá un día en que todos los que hemos creído de veras en Jesucristo andaremos bajo una sola bandera, la bandera de la Verdad *(anécdota del autor: una de nuestras oyentes por la radio, fervorosa católica, nos telefonea con frecuencia y nos dice: «Esto es lo que el cura de nuestra parroquia nos enseña, y alguna vez le muestro alguno de sus libros, pero ustedes lo explican mucho más sencillo y mucho más claro»).*

CONCLUSIÓN: en tanto que esperamos este día, levantemos nuestros ojos a las anuras y no solamente decimos: «Danos socorro contra el enemigo de la verdad», sino también, como exclama el autor de este salmo: «En ti haremos proezas». Veremos, y ya lo estamos viendo, el poder del Evangelio triunfando, transformando a pecadores víctimas del alcohol, de las drogas o del pecado en general en adoradores suyos por la fe. ¡Oh sí, Señor y Salvador eterno, que triunfaste de la muerte y nos ofreces tales promesas que nos llenan de entusiasmo y diremos, con mucha más razón que con la que podía decirlo el salmista David: «En ti haremos proezas»!

648. *LA GRAN COMISIÓN DEL REY DE LOS CIELOS (Mateo 28:16-20)*

1. Las personas comisionadas (Mt. 28:16):
a) Los salvos.
b) Sus genuinos seguidores (los discípulos, menos Judas).

2. El tiempo de la gran comisión (Mt. . 28:16, 17): después de la victoriosa resurrección del Señor Jesús (sobre el pecado, la tumba, la muerte, el infierno, y Satanás).

3. El lugar de la gran comisión (Mt. 28:16, 17):
a) Privado: un lugar apartado.
b) Un lugar de separación: del mundo (de la humanidad).
c) Un lugar de comunión espiritual: por medio del Señor Jesús.

4. El que comisiona (Mt. 28:18): el Señor Jesucristo.

5. La seguridad que acompaña a la Gran Comisión (Mt. 28:17, 18):
a) Una seguridad que dispersa las dudas: de los genuinos seguidores.
b) Por medio de la revelación del Cristo resucitado: a los seguidores que son salvos, obedientes y fieles.

6. La capacitación que acompaña a la Gran Comisión (Mt. 28:18):
a) Por medio de la autoridad del Señor Jesús.
b) Por medio del poder del Señor Jesús.

7. Las instrucciones específicas en la Gran Comisión (Mt. 28:18-20):
a) Respecto a la autoridad del Señor Jesús (v. 18).
b) Respecto al poder del Señor Jesús (v. 18).

8. El equipamiento necesario para llevar a cabo la Gran Comisión (Mt. 28:20): la presencia del Señor Jesús (protección, provisión, poder, todo cuanto sea necesario).

649. *LA FE QUE OBRA PARA SALVACIÓN*
(Hechos 16:31)

1. ¿Quién es el objeto de la fe?
a) Un personaje divino «El Señor».
b) Un ser humano «Jesús».
c) Un mediador «Cristo».

2. ¿Qué es creer en Él?
a) Un asentimiento a su verdad.
b) Una total confianza en Su persona.

3. ¿Qué es la salvación por medio Él?
a) De la culpa del pecado.
b) De la fuerza del pecado.
c) De la ira de Dios.

650. *LA AVENTURA DE LA FE*
(Hebreos 11:8)

INTRODUCCIÓN: la fe abre rutas hacia rumbos insospechados. Entre Dios y el hombre de fe hay un coloquio de amor que sobrepuja a todo entendimiento. La fe «ve» lo invisible y «oye» lo inaudible. Abraham oyó el llamamiento de Dios y al instante poseyó un mundo como herencia. Fe y creencia no es la misma cosa. Jesús dijo a sus creyentes discípulos: «Tened fe en Dios» (Mr. 11:22). La fe derrumba obstáculos, transforma el panorama común de la vida y hace lo que «agrada a Dios» (He. 11:6).

1. Fe y llamamiento:

a) Llamamiento es una voz interna que despierta anhelos de superación.

b) Abraham aceptó por fe el llamamiento y rompió con un mundo de tinieblas y superstición: Ur de los caldeos.

c) La fe hizo real el llamamiento para lanzarse a una aventura de lo que no se veía.

2. Fe y obediencia:

a) La obediencia es fruto de la fe. Abraham obedeció para salir...

b) Vivir por fe es agradar a Dios (He. 11:6): «El justo por su fe vivirá» (Hab. 2:4; Ro. 1:17).

c) Obediencia es consagración plena, y esto es logro de la fe.

3. Fe y recompensa:

a) La fe da una visión plena de Dios como herencia.

b) La herencia de Abraham, de una tierra, de un pueblo y de un mundo es suficiente recompensa.

c) La aventura de fe en Dios tiene como recompensa «participar de la herencia de los santos en luz» (Col. 1:12).

CONCLUSIÓN:

–El poder de la fe obra milagros.

–La aventura de fe es posesión de bienes eternos.

–La victoria que vence al mundo es la fe.

651. *LA VIDA DE FE*
(Gálatas 3:29)

INTRODUCCIÓN: la divina revelación nos dice que «sin fe es imposible agradar a Dios», y que «la fe es la certeza de lo que se espera, la Convicción de lo que no se ve» (He. 1:1, 6). De modo que la vida de fe es posesión de una «herencia con los santos en luz» (Col. 1:12). La vida de fe, no solo es una experiencia personal de victoria, sino también es un hecho de trascendencia eterna de alcance universal colectivo. La fe nos pone en relación con Dios:

1. Como hijos:

a) Por la fe en su divino Hijo (Jn. 1:12).

b) Por el hecho del nuevo nacimiento.

c) Confirmando misteriosamente por el sello del Espíritu Santo.

2. Como una familia:

a) En el linaje de la fe con el creyente Abraham.

b) Sin distinción racial, nacional o social: «No hay judío, ni griego...» (Col. 3:11).

c) Con un Padre común: Dios: «El Dios de Abraham, de Isaac, de Jacob».

3. Como herederos de la promesa;

a) Que pasa de la Tierra al Cielo, del tiempo a la eternidad.

b) Con herencia que no puede contaminarse ni marchitarse (1 P. 1:4).

c) Con participación de la simiente de Abraham en Cristo.

CONCLUSIÓN:

–La vida de fe significa posesión de bienes eternos.

–El valor de la fe alcanza premios de eternidad.

–La fe transforma en realidad tangible lo invisible.

–Por gracia somos salvos, por la fe...

652. *CON ABSOLUTA SEGURIDAD (Juan 20:31)*

Pensamiento clave: «Sabemos».

1. Seguridad de que pertenecemos a Cristo (1 Jn. 2:3, 5): que somos miembros de su rebaño (Jn. 10: 14; 1 Jn. 5:13; Hch. 2:47).

2. Seguridad de que Él mora en nosotros (1 Jn. 3:24): las palabras del himno «Jesús es real para mí» (Ro. 8:9; 1 Jn. 4:13).

3. Seguridad de que Él oye nuestras oraciones (1 Jn. 5:15): tenemos acceso a Él, nuestro Intercesor (Sal. 91:15; Jn. 16:23, 24).

4. Seguridad de que todas las cosas obran para bien (Ro. 8:28): cosas que obran para nuestro bien espiritual (Sal. 23:1; Fil. 4:19).

5. Seguridad de que la profecía es verdadera (Dn. 2:45): podemos depender de su guía para alumbrar nuestro camino (2 P. 1:19; Mt. 2:5).

6. Seguridad de la vida futura (Job 19:25): Cristo nos ilustró y nos demostró verdades para que obtuviésemos conocimiento espiritual de las mismas (1 Co. 15:22; Jn. 11:25: Hch. 17:31).

7. Seguridad de que Él volverá (He. 9:28): que le veremos, y seremos semejantes a Él (1 Jn. 3:2; 1 Ts. 4:16, 17).

653. *LA VISIÓN, LA FE, LA VICTORIA*

«Ensancha el sitio de tu cabaña, y las cortinas de tus tiendas sean extendidas; no seas escasa; alarga tus cuerdas, y fortifica tus estacas. Porque a la mano derecha y a la mano izquierda has de crecer; y tu simiente heredará gentes, y habitarán las ciudades asoladas» (Is. 54:2 y 3).

INTRODUCCIÓN: el secreto del movimiento continuo es espiritual. Cuando todo parece haber llegado a un alto intransitable, y la frígida mano de la decadencia se hace sentir; el único recurso posible es abrir el corazón al Espíritu Omnipotente de Dios y creer su orden promisoria de expansión. El cristiano entonces se dará a la tarea de fortificar su morada para recibir la avalancha de bendición y fruto. Platón dijo que el principio es la parte más importante de la obra. Al vencer el punto muerto se genera tremenda energía dinámica por la fe, y de allí en adelante todo va encajando gradual, pero seguramente en la tarea victoriosa.

1. Ensancha: lo que antes era temporal e inseguro debe ocuparse permanentemente mirando por la fe a la conquista final. Ahora son tiendas de campaña, mañana serán casas amuralladas...

a) Planeamiento: el futuro es de los que hacen planes. Somos los arquitectos de nuestro destino bajo la dirección de Dios. Los planos de la renovación y ampliación deben ser precisos. Al Señor no le gustan los ambiguos los irresolutos. Cuando el ciego del camino pedía en términos generales la misericordia de Cristo, el Médico divino le obligó a ser concreto en su petición: «¿Qué quieres que yo te haga?», le preguntó; y el ciego definió su petición: «Señor, que vea». Muchas veces Dios quiere lo que nosotros queremos; mas siempre debe ser la voluntad de Dios, nuestra voluntad.

b) Extiende las cortinas, los confines de tu radio de acción: en pasajes conexos se mira que los hijos o los siervos ejecutaban esta tarea. El trabajo genera también autoridad, una autoridad aumentada por la determinación. El ejemplo es contagioso y el que trabaja por el Señor se convierte en símbolo y en bandera. El trabajo presupone también sudor y ampollas en las manos; pero la satisfacción que Dios da remunera más que generosamente.

2. No seas escaso: el falto de fe no ve más allá de su nariz, pero los ojos de la fe no son miopes, sino divinamente capaces de mirar del uno al otro horizonte...

a) «Siembra liberalmente»: si pudiésemos invocar innumerables leyes inflexibles, la ley de la siembra y la cosecha, el cálculo de probabilidades... Los latinos debemos derribar con oración la barrera mental del fatalismo, que se echa

de ver en las canciones, poesías y actitudes de los pueblos latinos, y pedir a Dios que nos abra los ojos para ver las regiones blancas para la cosecha. En mi púlpito inscribí: «En tu nombre echaré la red». Siembra abundantemente, alarga tus cuerdas, espera óptima cosecha.

b) «Fortifica tus estacas»: el trabajo no estará exento de pruebas; pero que el ardiente simún del desierto no abata tu obra maestra Condiciónate con oración para el embate de los vientos contrarios. Viste la armadura de Dios, porque si es bien que eres arquitecto, también eres guerrero que estás conquistando un imperio para Cristo

3. Certeza del triunfo: la causa y el efecto; a esta lógica se alía el poder omnipotente. El móvil de nuestra faena es el amor por Cristo, y la obediencia a su mandato de coadjutor. Él lucha hombro a hombro con nosotros. Estamos unidos a la Omnipotencia...

a) «Porque has de crecer»: el original tiene la idea de reventón, como el agua de una presa que revienta el dique y se lanza libremente fuera de su prisión. Tu fiel y paciente trabajo creará una presión espiritual incontenible que se desbordará a izquierda y a derecha, por todos lados, «al norte y al sur», como dice el original.

b) «Tu simiente heredará gentes»: tu trabajo será permanente porque Cristo lo proyectará más allá de tu peregrinación. Los tuyos heredarán la Tierra. Sin espada, sin plumaje, sin poder humano visible, el «poderosísimo» manso heredará la Tierra.

CONCLUSIÓN: advirtamos el método del Señor para la conquista del mundo. El sabio es una persona metódica. Primero debemos condicionarnos espiritual y físicamente para la victoria derribando las barreras mentales que nos limitan. Vamos a ganar el mundo para Cristo, pero no a fuerza de energía nerviosa, sino con el poder del Espíritu de Dios que indispensablemente necesitamos y que Dios anhela concedernos como a los héroes de la fe, como a Guillermo Carey. Dios está esperando un predicador latino que crea su promesa para el avivamiento latino continental que todavía no se ha visto; pero que vendrá por la oración de un pueblo que necesita un Billy Graham que proclame el Evangelio en el hermoso idioma castellano.

654. *COMO ÉL*
(1 Juan 3:2)

1. Una aseveración: «Sabemos».

a) Hay muchas cosas que no sabemos: Cómo puede un alma existir separada de un cuerpo, cómo pensaremos, cómo nos comunicaremos, etc.

b) Pero sí sabemos algunas cosas.

2. Una manifestación: «... Cuando Él se manifieste...». Nuestro Maestro no se había manifestado totalmente aquí en la Tierra:

a) Su gloria estaba velada en la carne.

b) Su deidad estaba oculta, velada por Su humanidad.

c) Su poder estaba escondido bajo la pena y el sufrimiento.

d) Sus riquezas estaban enterradas bajo la pobreza y la vergüenza: pero

e) Su reaparición será en «poder y gran gloria».

3. Una transformación: «Semejantes a Él».

a) En su cuerpo: «...el cual transfigurará el cuerpo de nuestro estado de humillación. etc». (1 Co. 15:49). Un cuerpo sin pecado, incorruptible, sin dolores, hermoso, etc.

b) En el alma: perfecta, santa, enseñada, desarrollada, activa, libre de tentaciones, conflictos y sufrimientos.

c) En la dignidad: reyes, sacerdotes, conquistadores, Jueces, hijos de Dios.

d) Cómo se efectuará esta transformación:

–Por el poder infinito de Dios.

–Por la poderosa verdad de Dios.

–Por medio del Espíritu Santo.

–Al contemplar su gloria (2 Co. 3:18): ver al Señor como Él es, no como Él fue en la Tierra, velado, humillado, tentado, despreciado, burlado, escarnecido, crucificado; sino admirado, exaltado, coronado, glorificado.

4. Una consumación: «Cuando Él se manifieste».

a) La primera etapa de este cambio es la regeneración: «...El que comenzó en vosotros la buena obra, la perfeccionará hasta el día de Jesucristo» (Fil. 1:6).

b) El último: en el momento de su venida (Ro. 8:18-24; 1 Ts. 4:14-18).

5. Una identificación: «Nosotros». No todos los hombres; no todos los profesantes.

a) Aquellos que son nacidos de nuevo: «Amados, ahora somos hijos de Dios...».

b) Aquellos que tienen la esperanza en ellos.

c) Aquellos que sufren con Él.

655. *EL CREYENTE Y LA FE (Hechos 13:12)*

Por la expresión «la fe», queremos dar a entender «todo el cuerpo de la verdad divina revelada», desde Génesis 1:1 hasta Apocalipsis 22:21.

Por el término «el creyente», queremos decir el pecador que ha experimentado una convicción de pecado, o sea, la conversión a Cristo confiando en su Palabra y obra, y recibiéndole como Salvador, seguido de una actitud de confesión delante de los hombres. Estos creyentes demuestran serlo en realidad de las siguientes formas:

1. Un verdadero creyente es alguien que continúa en la fe: el Señor Jesús declara que, «Si vosotros permanecéis en mi palabra, seréis verdaderamente mis discípulos», y otra vez, «permaneced en mi amor» (Jn. 8:31; 15:9). Los primeros creyentes «se ocupaban asiduamente en la enseñanza de los apóstoles», (Hch. 2:42). Juan escribió, «si hubiesen sido de nosotros, habrían permanecido con nosotros» (1 Jn. 2:19).

2. Un verdadero creyente es aquel que comunica su fe a otros (*véase* Gá. 2:2; 1 Ts. 1:8): el endemoniado que fue liberado por el Señor, según Mc. 5, fue a su casa, junto a los suyos, a contarles las grandes cosas que el Señor había hecho con él (*véase* Jn. 4; Hch. 8:4, 5, 25, 26-37, 40; 9:20; 10:34-43).

3. Un verdadero creyente es aquel que contiende por la fe (*véase* Jud. 3; 1 Ti. 4:5-8): esto no significa contender a modo de pelea o riña destemplada, sino con consistencia y compasión, porque amamos al Señor y a las almas por las cuales Él murió y resucitó.

4. Un verdadero creyente es aquel que concluye esta vida en la fe (*véase* 2 Ti. 4:5-8): es gloriosamente posible para cada verdadero predicador y cada hijo de Dios, dejar este mundo con la misma nota de triunfo saliendo de sus labios.

656. *EL CONSEJO DEL ALTÍSIMO (Isaías 55:6)*

1. Exhortación: «Buscad a Jehová».

a) Imprime un nuevo énfasis.

b) Denota una gran necesidad.

c) Promete infinitas bendiciones.

2. Admonición: «Mientras puede ser hallado».

a) El tiempo para buscar es limitado.

b) El tiempo para buscar es incierto.

c) El tiempo para buscar pasa de manera muy rápida.

3. El llamado de la fe: «Llamadle en tanto que está cercano».

a) Es la maniobra de una mente iluminada.

b) El alcance de un corazón creyente.

c) La entrega de un alma que confía plenamente.

4. Condición de esperanza: «... En tanto que está cercano».

a) Él Padre nos acercó su Persona mediante el nacimiento de Cristo.

b) Él nos acercó su perdón por medio de su muerte.

c) Él nos acercó su poder por medio de la resurrección.

d) Él nos acercó sus provisiones por medio del Espíritu.

La necesidad espiritual del hombre es sobrepasada solamente por la seriedad del llamado de Dios. ¿Qué más puede Él decir? ¿Qué más puede hacer?

657. *CERTEZA DEL CREYENTE (1 Reyes 8:56)*

1. En las promesas de Dios (1 R. 8:56).
2. En el fundamento (Is. 28:16).
3. En la recompensa (Mt. 10:42).
4. En la aceptación por Dios (Jn. 6:3).
5. En el amor divino (Ro. 8:38).

658. *EL PRIVILEGIO DE LA FE (Juan 20:29)*

INTRODUCCIÓN: desde los primeros siglos del cristianismo hasta nuestros días, los creyentes en Cristo Jesús han sido un enigma para aquellos que les rodean y no han puesto su fe en Cristo Jesús. Los historiadores paganos se maravillaban de que hombres, mujeres y niños se dejaran despedazar por las fieras antes que negar su fe en Cristo Jesús. A través de la Edad Media y hasta el día de hoy, hombres y mujeres han continuado padeciendo por Él, renunciando a muchas cosas que dan placer, y aun han llegado a dar sus vidas por Él. ¿En qué forma podemos explicar este fenómeno de devoción tan extraordinario?

1. La fe es un encuentro espiritual con Cristo: la respuesta nos la da el propio apóstol Pedro en una carta dirigida a los cristianos del siglo I, escrita unos treinta años después de la resurrección de Jesús a un grupo de creyentes perseguidos. Les recordó que la tenacidad por amor al Evangelio era posible porque habían encontrado a Cristo, le conocían y le amaban. Escuchemos sus palabras (1 P. 1:18). Estos eran creyentes que habían encontrado al Señor, aun cuando no le habían visto en su cuerpo resucitado. Si tomamos en cuenta que sólo unas 500 personas vieron a Jesús resucitado en sus diferentes apariciones, comprenderemos la forma en que estos creyentes encontraron a Jesús.

2. La fe requiere evidencias: en la misma carta, el apóstol Pedro exhorta a los creyentes a estar preparados para presentar defensa con mansedumbre y reverencia ante todo aquel que les demandara razón de la esperanza que había en ellos (1 P. 3:15). Naturalmente, tales razones se basaban en aquellos tiempos en lo que los creyentes de aquella generación habían oído referir de los apóstoles y demás testigos de la resurrección de Cristo acerca de aquel hecho indudable, y aunque ellos no habían sido testigos del mismo, tenían sobradas razones para presentar a quienes estaban alejados de la fe. Hoy, cuando casi dos mil años nos separan de tan glorioso hecho, la defensa es mucho más complicada que en aquellos felices, pero muchos más difíciles, tiempos; no obstante, existen libros apologéticos muy bien argumentados que justifican el título que Josh McDowell da a sus dos volúmenes, ambos publicados bajo el título de Evidencia que exige un veredicto. Sin embargo, la misma Sagrada Escritura declara que no hay argumentos que puedan convencer a quien ha cerrado su mente y corazón a las verdades del Evangelio. Uno de los apóstoles más inteligente e instruido y que más tuvo que sacrificar por amor de Jesucristo, pide en 2 Ts. 3:2 las oraciones de sus hermanos de Tesalónica por una razón que se ha hecho evidente en todos los siglos.

3. «No es de todos la fe»: el apóstol está escribiendo a personas creyentes, pues les dice en el v. 1, «Para que la palabra del Señor corra y sea glorificada, así como lo fue entre vosotros». Estos creyentes se habían convencido de la verdad del Evangelio, no tan solamente por el testimonio del apóstol, sino por el de las Sagradas Escrituras del Antiguo Testamento que ellos habían examinado con gran cuidado (Hch. 17:11). La fe requiere atención, profundo interés y buena voluntad por parte del receptor, éste fue el caso de los tesalonicenses y lo ha sido de muchos cristianos a través de todos los siglos *(anécdota: podemos referimos a aquel cuadro célebre que pintó el gran artista Offman de una puerta cerrada en cuyo dintel se hallaba la figura de Jesús con una linterna en la mano. Cuando uno de los admiradores del cuadro hizo notar al gran pintor que la puerta era totalmente lisa, sin cerradura ni aparente manivela, la respuesta del pintor fue, refiriéndose a Ap. 3:20: «Es que esta puerta solamente puede abrirse por dentro»).*

4. La bienaventuranza de la fe: en la fe concurren dos circunstancias:

a) El deseo y voluntad de creer por parte del receptor de las «Buenas Nuevas» del Evangelio.

b) La acción divina del Todopoderoso, que ilumina a quién tiene la voluntad de abrir la puerta de su corazón. Existen en la enseñanza de Jesús ocho bienaventuranzas para quienes las atienden y se hacen dignos de ellas, pero existe una novena bienaventuranza que las incluye a todas. Fue pronunciada por Jesucristo resucitado en una declaración al escéptico Tomás cuando éste se arrojó a sus pies llamándole «Señor mío y Dios mío», «Porque viste, Tomás,

creíste; bienaventurados los que no vieron y creyeron».

c) ¿A quiénes se refería Jesús en esta declaración en pasado? ¿A sus discípulos de Galilea que no habían tenido ocasión de estar en Jerusalén cuando ocurrió el glorioso suceso de la resurrección? Podemos creer que la expresión tenía un alcance mucho mayor, tanto en el pasado como en el futuro. En el pasado se refería indudablemente a los héroes de la fe que, teniendo evidencias mucho menos seguras y escasas que las de los apóstoles en aquella gloriosa mañana de la resurrección, no obstante se adhirieron a la luz espiritual que tenían y constituyeron aquella pléyade de «héroes de la fe» que cita el autor de Hebreos, en el cap. 11, de quienes podía decir por inspiración divina: «De los cuales el mundo no era digno» (He. 11:38). Pero la declaración establece un principio que abarca el pasado y el futuro, y en las tres acepciones ha constituido el plan de Dios de todos los tiempos. Así lo expresa el apóstol Pablo en el capítulo clave de su epístola a los Romanos: cap. 8:28-39.

d) En los días de Jesús muchos procuraban ver señales y milagros para creer que el aparente carpintero de Nazaret era el Mesías prometido, pero Jesús se negaba a aquella fe sin poco esfuerzo por parte de los judíos, en cualquier ciudad, sobre todo en aquella donde había pasado el mayor número de años de su vida humana (Lc. 4:16-30), aunque alababa la fe de extranjeros, ajenos a Israel, como el caso del centurión de Capernaúm (Mt. 8:5; Jn. 4:55-44). Asimismo en el caso de la sirofenicia, duramente probada por las propias palabras del Salvador (Mr. 7:26); pero a los tradicionalistas de su propia nación declaraba: «Si no viereis señales y milagros, no creeréis» (Jn. 4:48).

CONCLUSIÓN: aceptemos las evidencias que Él ha tenido a bien presentar a nuestra fe, a pesar de que se hallen rodeadas de contrariedades y aparentes contradicciones, recordando cómo el Señor apreció la fe de Juan el Bautista en una situación extremadamente contradictoria y declaró, tras el elogio que hizo de este gran profeta: «Bienaventurado el que no fuere escandalizado en mí».

659. *EXPRESIÓN PÚBLICA DE LA FE (Mateo 10:22)*

INTRODUCCIÓN: Jesús solicitó varias veces de sus seguidores pública expresión de sus pensamientos y deseos. Un estudio de los diversos casos puede resultar en provecho espiritual aplicándolo a las diversas circunstancias del presente:

1. De los ciegos (Mt. 9:28).
2. De Pedro (Mt. 16:15).
3. De la mujer que le había tocado el manto (Lc. 8:45).
4. De Marta (Jn. 11:26).
5. De Bartimeo (Mr. 10:51).
6. Del paralítico de Bethesda (Jn. 6:5).
7. De los discípulos (Mr. 9:33).
8. De Felipe (Jn. 6:5).
9. De la lealtad de sus discípulos (Jn. 6:67)
10. Del amor de Pedro (Jn. 21:15).

CONCLUSIÓN: estos ejemplos de casos ocurridos durante el ministerio terrenal de Jesús corroboran sus palabras que se extienden a todos los siglos y circunstancias: «El que me confesare delante de los hombres, yo también le confesaré delante de mi Padre que está en los Cielos» (Mt. 10:32; Lc. 12:8).

660. *LA CONVERSIÓN DE UN DISCÍPULO ESCÉPTICO (Juan 20:24-29)*

INTRODUCCIÓN: Jesús se apareció diez veces a sus discípulos después de su resurrección pero el primer domingo en que se apareció a los doce en el aposento alto el apóstol Tomás no estaba presente. ¡Cuántas oportunidades se pierden por no asistir al lugar de culto!

1. La incredulidad de Tomás: poco se nos habla en el N.T. de este discípulo, pero los pocos relatos que de él tenemos descubren su carácter. Aunque sentía gran amor por Jesús como Maestro y hombre ideal, pocas semanas antes en un arranque impetuoso, dijo: «El Maestro está en peligro y vuelve a Judea; vayamos todos a morir con Él; si es necesario; », pero era

escéptico con referencia a las cosas más altas y sublimes que Jesús había enseñado. Cuando acaeció lo que temía, lloró al Maestro perdido para siempre. Cuando los otros discípulos y las mujeres que habían ido al sepulcro le aseguraban que el Señor había resucitado, él se negó a creerlo; no veía más que la tragedia de la cruz, y se empeñó en no creer a menos que todos sus sentidos se lo evidenciasen. Tal vez se sentía superior a sus condiscípulos, por ser más racionalista, que, según él, equivalía a ser más razonable. ¡Cuántos imitadores de Tomás ha habido, y existen hoy más que nunca! No creen en la resurrección de Cristo ni en otros hechos sobrenaturales. Sólo creen lo que ven; pero hay hechos que, según la opinión de los más profundos pensadores, escapan a la percepción de la mente y de los sentidos. La resurrección de Jesús era, y es, un hecho histórico. Si Tomás no había visto, otros sí. Los hechos, son hechos, tanto si son creídos como si no; pero es triste que, por su obstinación, algunas almas se privan de los beneficios de la fe.

2. Pérdidas inmediatas que la incredulidad reporta: ¡Cuán grandes fueron para Tomás! Afortunadamente sólo por una semana, pero sin la misericordia de Cristo podían haber sido por la eternidad. ¿Qué perdió Tomás?

a) La esperanza: días atrás ardía su corazón de entusiasmo cuando vitoreaba a Cristo el día de la entrada triunfal. Esperaba, sin duda, días de gloria junto al Mesías, pero ahora le había visto muerto, y si no era Él el enviado de Dios, ¿a quién esperar? Así los hay hoy día. El fracaso de Jesús implica el de todos los que vivimos si Él no resucitó: ninguna esperanza hay para nosotros.

b) El gozo de la resurrección: aquel gozo que exaltó a las mujeres tras el mensaje del ángel en la tumba vacía, hizo postrar a Magdalena a los pies de Jesús y enardeció los corazones de los discípulos de Jesús, no tenía entrada en el corazón del escéptico Tomás. ¡Cuántas almas, a causa de su extremada cautela en creer, se privan del gozo inmenso que nace de la fe y relación con un Cristo vivo, invisible pero presente en el corazón de los creyentes!

c) La actividad más sublime: los que creyeron anunciando por doquier a los otros discípulos ¡Ha resucitado! Mas el pobre Tomás, ¿qué diría?; ¿cómo hablaría de aquel Maestro bueno a quien mataron los romanos por razones de política? Era un mártir más de los malos Gobiernos de la Tierra y ninguna esperanza había para los que vivían; por eso, sabían que, o bien en manos de los romanos o de alguna enfermedad, correrían la misma suerte.

d) El lugar destinado a Tomás: como testigo de Cristo en la Tierra y heraldo de su resurrección en el Reino de los Cielos. ¿No sería ésta una pérdida irreparable? Pero Tomás amaba a Jesús. El Señor le había elegido para cosas mejores y no permitió tal desgracia, y curando su incredulidad dejó una lección importantísima para siglos posteriores.

3. La aparición de Jesús: Tomás era como un barco con el timón roto que se había encallado en el arrecife del desengaño. Jesús surge a tiempo para repararlo y ponerlo otra vez en ruta. ¿Cómo lo hizo?

a) Con las puertas cerradas: los discípulos no conocían nada de las teorías electrónicas. Nosotros sabemos que ondas de átomos invisibles pueden traspasar las paredes de nuestros hogares y mostrarse en la televisión. Sin embargo, se niegan los hombres a creer cuando las maravillosas leyes de Dios no se mantienen dentro de ciertos límites. ¿No es un milagro mayor el nacimiento de un niño, que junta las células de carne de la madre, después de multiplicarlas, y forma con ellas una asombrosa maquinaria viva? Cierto que lo es; pero como es algo que se puede ver repetido todos los días, y porque Dios obra mediante leyes fijas, los hombres no creen. Ya lo dijo Jesús: «Si no viereis señales y milagros, no creeréis«; pero los que se han lanzado a la aventura de la fe, podrán ver cuando los ojos materiales se cierren. Ésta ha sido la experiencia de hombres como Moody, William Booth o el gran científico Edison, quien declaró en su lecho de muerte: «¡Qué hermoso es el más allá!» Jesús no volverá a manifestarse de un modo visible hasta que aparezca en gloria (Mt. 24:23-27); pero ¿no da pruebas de su presencia espiritual entrando a través de puertas cerradas en muchos corazones opuestos a Él?

b) Con palabras de paz: su presencia debió causar un estremecimiento a Tomás, pero aquella salutación sublime le incluía también a Él.

Paz a ti, significaba su saludo. Ahora más que nunca podría Jesús anunciar paz después de efectuar la obra del Calvario en favor de los pecadores. No importa el grado de incredulidad o pecado a que ha llegado un alma; Cristo hoy se acerca, no con palabras de juicio, sino de paz y de perdón.

c) Con palabras de persuasión: Jesús no exige una fe sin pruebas. Cuando Juan el Bautista trató de persuadirse de quién era Jesús, la respuesta fue: «Bienaventurado el que no fuere escandalizado en mí», pero antes había mencionado algunas de sus grandes obras de curación que le acreditaban como el Mesías prometido. No quería que Juan el Bautista, que pasaría por la terrible prueba de poner su cuello bajo el hacha del verdugo, tuviera que hacerlo porque sí, sino que su fe se asentara sobre el testimonio de los hechos que le contaron sus discípulos al regresar a la cárcel. En este caso parece que Jesús repite exactamente las mismas palabras que Tomás había usado para expresar su duda. Ellas demostraban que Jesús las había escuchado, y eran una mayor garantía para Tomás.

d) Con una reprensión de amor: «No seas incrédulo, sino fiel». La incredulidad es una deshonra a Cristo; a nosotros mismos nos ofende si alguien duda de nuestra palabra. Esto lastima el corazón amante de Tomás. Hubo muchos otros discípulos en el siglo 1, y en todos los siglos, que creyeron sin ver. La misma reprensión tendría hoy Jesús para las almas obstinadas. ¿No has visto mi poder divino en las obras de la Naturaleza? –puede decir– ¿No comprendes que un mundo tan maravilloso no puede haberse formado por casualidad?

4. La convicción de Tomás (v. 20): la decisión fue fulminante. Las primeras palabras del Señor: «Mete tu dedo, etc.», desmoronaron la incredulidad de su mente. Las últimas desgarraron su corazón. Reconoció su extremada terquedad, y parece querer subsanarla con su adoración: ¡Señor mío y Dios mío! Jesús era no tan sólo un Maestro, sino Dios hecho hombre. ¡Qué descubrimiento! ¡Si, Jesús ha resucitado, es divino y es digno de que toda alma le reconozca como Dios y Señor!

CONCLUSIÓN: la fe no es una ilusión de la mente, sino algo muy glorioso para el alma, tanto como para el cuerpo es saber nadar. Parece que Dios no nos ha revelado mucho de lo invisible para no obligarnos a creer, sino hacer que la fe sea una virtud del alma creada a su semejanza. La fe nos estimula y le honra a Él ante los hombres y los ángeles. Tomás debía haber creído, no por lo que vio, sino por lo que había oído de labios de Jesucristo en Mt. 17:22, 23. Su escepticismo hacía mentiroso al amado Maestro. Por algo elogió Jesús la fe. Los que le vieron fueron bienaventurados (Mt. 13:16, 17), pero lo son en grado superlativo los que sin haberle visto creen. Comprendía el Señor que es más difícil, pero de más mérito y valor. La fe es el único medio dado durante siglos a las almas para ser salvas, pues se trata de creer o perecer *(anécdota: el soldado ciego que saltó a la barca antes de que el transatlántico se hundiera, atendiendo a las voces de sus compañeros).*

¿No querrá algún alma aquí dar el salto decisivo y bienaventurado de la fe y, como Tomás, exclamar, postrado ante Cristo: «¡Salvador mío, Señor mío y Dios mío!»?

661. *SEGURIDADES DE LA FE*
(1 Juan 5:13-15, 18-20)

INTRODUCCIÓN: el adelanto en conocimientos es la gloria de la raza humana. Un niño de 10 años sabe hoy más ciencias exactas que un sabio de la Edad Media; pero cuanto más avanzamos en descubrimientos más cosas aparecen por descubrir, tanto en el Universo como por el microscopio. Miles de libros nos ilustran acerca del mundo de las cosas sensibles, pero sólo hay uno que merezca nuestra confianza en cuanto a las del Espíritu. Cierto que no satisface toda nuestra curiosidad. No es un volumen caído del Cielo para nosotros solos; es el relato del trato de Dios con los hombres, partiendo del pueblo escogido, para bendecir, por él, a todas las familias de la Tierra (Gn. 12:3). Pero observemos la autoridad con que habla, no hay en él dudas ni vacilaciones. Dos frases aparecen con frecuencia en el N.T. En los evangelios la expresión «De cierto, de cierto os digo», una frase peculiar de Jesús y en las Epístolas la palabra «sabemos» que es como un eco de la primera. Consideremos hoy esta palabra de testimonio y seguridad para la fe. El primer «sabemos» certifica:

1. La realidad del pecado (Ro. 8:22): el pecado ha echado a perder la excelencia del plan divino.

a) ¿Pobreza? ¿Hambre? No eran el plan del Creador, a juzgar por la abundancia de frutos y productos de la Naturaleza.

b) ¿Enfermedades? Tampoco, cuando dio a los seres vivos las defensas biológicas que luchan contra los virus.

c) ¿Esclavitud? ¿Crueldades? Mucho menos, ya que dio a los seres humanos una conciencia compasiva. Su propia imagen, dice la Biblia.

2. La certeza del juicio (Ro. 2:2): esta segunda afirmación es una lógica consecuencia de la primera. El sapientísimo Creador «no puede ser burlado» (Gá. 6:7).

3. El recurso reparador (1 Jn. 5:20): es afirmado por un testigo ocular (1 Jn. 1:1). Un hombre que vivió con Jesús. Y ¿qué testimonio dan los que le conocieron y saborearon por primera vez los escritos de este testigo? (Jn. 21:24).

4. El objeto de este recurso (1 Jn. 3:5): no vino como un simple maestro, ni como un profeta revelador de los secretos de Dios. Vino como parte sustancial de la misma Divinidad, haciéndose hombre para responder de nuestras culpas y expiarlas, a fin de que no fuera alterado el principio de la justicia de Dios, y al mismo tiempo ganar nuestra gratitud y afectos para Él (Jn. 3:16; 1 P. 2:21-25).

5. La garantía que nos identifica (1 Jn. 2:3): ésta es la señal que demuestra nuestra fe (Gá. 6:15; Ef. 2:10).

6. La señal que nos une (1 Jn. 3:11 y 18-19): la nueva vida de Dios en el alma da nuevos sentimientos hacia los que la poseen; no una mera simpatía, como podemos tener hacia otros amigos mundanos.

7. La seguridad de la oración (Jn. 5:14, 15): el ser hijo de Dios implica un gran privilegio: el de la comunión con el Padre. La oración no es simplemente un ejercicio piadoso, sino que el Ser espiritual trascendente, Autor del Universo, recibe nuestras súplicas y las contesta según su voluntad.

8. La seguridad de un propósito final sabio y favorable (Ro. 8:28): esta afirmación es tan extraordinaria que a veces la ponemos en duda cuando las cosas no van como quisiéramos, pero en ocasiones hemos encontrado que es así en esta misma vida, y lo descubriremos en todas las cosas en el más allá. El apóstol nos da para ello una garantía (Ro. 8:32).

9. La seguridad o garantía para la muerte (2 Co. 5:1): esto lo decía Pablo, no de su capricho, sino como una respuesta de la fe a la promesa de Jesús en Jn. 14:1 a sus discípulos.

10. La seguridad de un cambio maravilloso (1 Jn. 3:1-3): sería muy triste suponer que en la otra vida conservaremos todas las debilidades y defectos de nuestro carácter humano, algunos atribuibles a nuestros nervios, que ya no jugarán ningún papel allá arriba, y otros de nuestro propio ser moral, no suficientemente disciplinado y obediente a los impulsos del Espíritu Santo; pero todo esto ha de desaparecer, no solamente nuestros rasgos físicos, sino también los morales y espirituales.

CONCLUSIÓN: hay otro derivado del verbo saber que Jesús emplea y nos implica en una gran responsabilidad (Jn. 13:17). Las cosas mejores son, a veces, las más peligrosas (ej. la electricidad o la fuerza atómica cuando no son tratadas debidamente). El conocimiento del Evangelio es lo más precioso que existe en el mundo, pero es también lo más peligroso (*véase* Jn. 15:22). Ahora bien, ¡qué fantástico, cuando podemos quitar los dos «si» condicionales y transformarlos en afirmativos, pudiendo decir, como Pablo: «Yo sé en quién he creído»! Lo cual equivale a: «Yo lo he sabido y lo hago, con la ayuda de Dios». Entonces podremos decir como él en 2 Ti. 1:12: «Y estoy cierto de que es poderoso para guardar mi buen propósito para aquel día».

662. *SIETE SEGURIDADES (1 Juan 5:13-20)*

INTRODUCCIÓN: existen siete verdades esenciales que el hombre puede llegar a conocer y estar persuadido de ellas.

1. Yo sé que mi Redentor vive (Job. 19:25).

2. Yo sé que Jesús es el Cristo, el Hijo de Dios (Jn. 4:41 y Mt. 16:66).

3. Yo sé que a los que a Dios aman todas las cosas ayudan a bien (Ro. 8:28).

4. Yo sé que si mi habitación terrenal se deshiciere tengo un hogar seguro en los Cielos (2 Co. 5).

5. Yo sé en quién he creído (2 Ti. 1:12).

6. Yo sé que seré semejante a Él (1 Jn. 3:2).

7. Yo sé que he pasado de muerte a vida (1 Jn. 3:14).

CONCLUSIÓN: la expresión «sabemos», en plural, se extiende a todos los creyentes individuales que pueden cambiar este «sabemos» en un «yo sé».

663. *VENTAJAS DE LA FE (Juan 3:36)*

INTRODUCCIÓN: la fe ocupa un lugar importantísimo en las Sagradas Escrituras, sobre todo en el N.T. En este texto el Espíritu Santo proclama el dilema que hace la diferencia entre los hombres en lo que respecta a Dios. Observamos en él el estado bendito del creyente y el estado, más que peligroso maldito, del incrédulo. Cierto que puede haber matices de responsabilidad tanto en el uno como en el otro, pero la fe o la incredulidad hace toda la diferencia.

1. El estado bendito del creyente:

a) ¿Qué tiene? No meramente inmortalidad: parece que los espíritus caídos poseen inmortalidad innata, mas existen eternamente en estado de perdición, pero el creyente no sólo recibe como don especial la inmortalidad, sino una inmortalidad feliz. Vida dichosa y bienaventurada por siempre jamás. Esto es, vida eterna, que en todos los pasajes de la Escritura implica vida celeste que emana del Padre Celestial, vida dichosa y bienaventurada para siempre jamás.

b) ¿Cuándo? No tan sólo en la resurrección, sino ahora mismo. Tiene, no tendrá. El hijo es reflejo del Padre, los nacidos de nuevo son hijos de Dios. Tienen la naturaleza divina (2 P. 1:4). Por más que estén en el mundo bajo las asechanzas de Satanás y no sean perfectos.

c) ¿Cómo la ha conseguido? «El que cree en el Hijo, tiene vida eterna) (Jn. 3:36).

d) ¿En quién? En el Hijo: no en los sacramentos, no en méritos propios, no en la mera creencia en Dios de tipo deísta, sino en el Hijo que vino a redimirnos del pecado.

2. El estado maldito del incrédulo: Jesús, a pesar de que se manifiesta lleno de amor para todos los hombres, por su omnisciencia divina, declara que el no creyente está bajo la ira de Dios, como la espada de Damocles. Los incrédulos preguntan:

a) ¿Qué mal es la incredulidad? Ha hecho a Dios mentiroso, a pesar de que la Biblia tiene tantas evidencias de ser la Palabra de Dios, y resiste al Espíritu Santo.

b) ¿Qué frutos engendra? No son siempre males a la descubierta, pues Satanás sabe dorar sus píldoras. Puede haber incrédulos amables, generosos, inteligentes, a la vez que ignorantes o descuidados.

c) ¿Qué le aguarda?

–No verá la vida: éste es el primer grado de condenación.

–No tiene aptitud para ello: si entrara en la gloria se sentiría fuera de lugar. Sólo la fe da tal aptitud.

–La ira de Dios está sobre él, aunque no se manifieste por un tiempo (Ro. 2:3).

CONCLUSIÓN: Dios no quiere la muerte del pecador, pero la incredulidad cierra la puerta a los beneficios de la fe. Se necesitará toda la eternidad para comprender el alcance de la gran diferencia que hace la fe en la naturaleza del creyente y sus inmensos beneficios.

664. *VIRTUDES Y ERRORES DE UNA GRAN FE (Lucas 7:1-10)*

INTRODUCCIÓN: el objeto de la vida y obra de Cristo fue atraer a los hombres a la fe. ¿A qué clase de fe? A una fe real; oro puro. Hubiese podido obtener mucha más fe aumentando su número de milagros, en cambio leemos: «No pudo hacer allí muchas señales a causa de la incredulidad de ellos» (Mt. 13:58). No tiene mérito que el milagro atraiga la fe, sino que la fe atraiga el milagro. Por esto cuando hallaba Jesús fe genuina la alababa, como vemos en el caso de la cananea que tocó su vestido, y en el del centurión. La fe tiene mérito tan sólo cuando es razonable pero difícil. Alguien la ha llamado el «amén» del alma a aquello que no entendemos, pero comprendemos que tiene que

ser así. Es la mano que se coge a la promesa. ¿No nos gusta que nos crean las personas que nos rodean? Por esto leemos en He. 11:6 «Sin fe es imposible agradar a Dios». No le traigáis a Dios riquezas o talento sin fe. Un ejemplo de ello es el caso de Caín y Abel. Traédselo cuando es fruto de la fe. Dios quiere ser creído. Un gran hombre de fe dijo: «La fe honra a Dios y Dios honra la fe».

Pero es muy difícil hallar una fe perfecta. Un caso característico de una grande fe es el que nos muestra al centurión, pero adolece de algunos defectos, tanto antes como después de conocer a Cristo.

1. Antes de conocer a Cristo (virtudes):

a) Estaba convencido de que el despreciado pueblo judío tenía el verdadero Dios: los judíos poseían virtudes y defectos, eran inteligentes, amables, fervorosos pero egoístas y orgullosos. Por esto eran odiados y todavía lo son hoy. ¡Cuántas veces el centurión habría sufrido por estos defectos, pero creyó que eran el pueblo elegido de Dios, y lo demostró edificándoles una sinagoga, a pesar de las probables críticas de otros oficiales romanos, fanáticos de los dioses de Roma. ¿Amamos al pueblo de Dios pese a sus defectos? Muchos chismes acerca de sus hermanos. Nunca lo hagamos ante personas mundanas, antes sé tú ejemplo de las bondades que hallas a faltar. Tengamos en cuenta que Dios escogió lo vil del mundo. Tienes que creer por las evidencias acerca de Dios, no de sus defectuosos hijos sobre la Tierra. Si obras así, descubrirás tesoros de bondad escondida en tus hermanos imperfectos tal como los halló el centurión.

b) Nos edificó una sinagoga: demostración de amor al culto divino. Creía que Dios lo merecía. La fe no es hablar, sino hacer y dar para el Señor.

c) Al cual tenía él en estima: amaba a su siervo o criado. También esto es una señal de fe. ¿Hay mucho amor a sus criados entre la gente del mundo? No lo suficiente, pero entre los cristianos hallamos muchos ejemplos de esta virtud. Si Dios es Padre de aquel que está debajo de ti, no puedes mirarlo ni tratarlo como a una bestia: es tu hermano en el sentido natural y espiritual.

2. Después de oír de Cristo: la fe que el centurión tenía antes en Dios la puso toda en Cristo. Notemos sus características:

a) Creyó que Jesús tenía poder para sacarlo de su apuro: el pueblo lo decía, él no lo había visto, pero existían muchos testigos. Muchos testigos hay también hoy que han hablado, y aun sufrido, por amor de Cristo, desde los mártires hasta el último convertido. No puedes confiar en este testimonio.

b) La humildad del centurión: «Soy digno –habrían dicho otros–, pues he hecho mucho por tu pueblo»; en cambio, dice: «No soy digno». Ésta es la condición para recibir favores del Señor, y sobre todo el de la salvación. Aun cuando el mundo diga ¡qué buena persona es!, –como decían del centurión–, tú debes decir «no soy digno». Tal es la grandeza suya en comparación con tu pequeñez. Orgullo y fe son incompatibles *(anécdota: el presidente Taft de Estados Unidos que era maestro de niños en una E.D.).*

c) Abnegación por amor de Cristo: su casa no era más pobre que la de Pedro el pescador, en la ciudad de Capernaúm, sino mucho más hermosa, pero se consideraba indigno por ser gentil. Cristo no podía entrar en su casa, ir sin faltar a la ley ceremonial y tener que ser purificado. Rehusaba el honor de recibir la visita del Señor porque conocía su grandeza como profeta de Dios –según pensaba– y él no era judío. Se trataba de un prejuicio de aquel pueblo, pero se sometía a él para que Cristo no tuviera que purificarse según la ley judía. Rehusaba al honor por amor a Cristo mismo. Nosotros tenemos que tolerar a veces ideas supersticiosas de nuestros hermanos (*véase* Ro. 14) (ej.: la abstinencia total del alcohol de ciertos hermanos) u otros reparos referentes a la televisión, tan útil en ciertos programas).

d) Su seguridad de la omnipotencia del Señor: esto lo solucionaba todo. No confiaba en medios, como poner la mano sobre su criado. Si Jesús quería sería sanado, nada era imposible para una persona tal. A veces nos parece que Dios puede contestar a nuestras súplicas, pero en ciertas condiciones que no se cumplen en nuestro caso. Si hubiese leído la Sagrada Escritura, habría visto ejemplos como el de Naamán, un gentil leproso, o la viuda de Sarepta, tal como Jesús remarcó estos casos en la misma

sinagoga judía (Lc. 4:22). Nos falta fe absoluta, pues «¿hay algo imposible para Dios?» Hermanos, tu marido o tu hijo, que nunca han venido al culto, pueden ser tocados por el Espíritu de Dios; cierto que la fe viene por el oír –también Jesús curaba tocando, pero Él tiene medios extraordinarios. No desconfiemos y continuemos orando. Jesús dijo: «Os es necesario orar siempre y no desmayar».

3. Defectos de la fe del centurión:

a) Demasiado dependiente de autoridades religiosas: no se atrevió a ir a Jesús él mismo y mandó a autoridades religiosas del pueblo, o sea, a los ancianos, y más tarde a unos amigos íntimos. Así pasa con muchas personas (católicas): tienen una grande fe, pero no se han desligado de las tradiciones de su iglesia. Su fe acepta mucho de lo de Dios, pero también lo de los hombres; o sea, verdad y mentira, no saben distinguir.

b) Confió en mediadores: confió en que Jesús no querría quedar mal con aquellos que eran judíos y autoridades. Así hay quienes confían en una iglesia. Dios puede oír cuándo la plegaria es sincera, aunque no sea perfecta, pero la confianza en el santo patrón, si ocupa el lugar de Dios, puede impedir a Dios contestar. Si no hubiese sido por la gran humildad del centurión y las cosas buenas que garantizaban su fe, Jesús se habría ido sin realizar el milagro. Pero aunque obtuvo su petición, se perdió el gran privilegio de ver y oír a Cristo en su propia casa. Así es con muchos creyentes que no se atreven a cambiar de iglesia.

CONCLUSIÓN: ir a Dios es lo más seguro y rápido. Jesús dice: «Vete a tu cuarto y, cerrada la puerta, ora a tu Padre que ve en secreto». ¿Qué padre querría ser solicitado de sus hijos por medio de un criado? *(anécdota: el colono irlandés y el cura que le instaba rogar a Dios mediante san Patricio).*

Si el centurión hubiera ido directamente a Cristo, todos estos errores se habrían disipado, pues habría visto al Señor con publicanos y pecadores, y el gran amor con que les trataba, y esto habría aumentado su confianza y perfeccionado su fe.

665. *VUESTRA FE*
(1 Tesalonicenses 3)

La frase «vuestra fe» ocurre cinco veces en este capítulo y de ella aprendemos que...

1. La fe necesita ser confirmada o fortalecida mediante exhortaciones de la palabra de Dios (v. 2; Hch. 11:23, 14:22; He. 3:13).

2. La fe está expuesta a pruebas (vv. 3-5): la fe de los tesalonicenses fue probada por las tribulaciones causadas por la persecución del adversario (Hch. 17:5-10 Fil. 1:29). Hay muchas otras clases de pruebas que vienen al cristiano. *véase* 1 Co. 10:3, 1 P. 1:6-7.

3. La fe debe triunfar sobre las pruebas (v. 6): los tesalonicenses no habían cedido al tentador que quería desviarlos de Cristo, al contrario, ellos deseaban que viniera Pablo para hablarles más acerca de Él. ¡Qué victorias puede ganar la fe! (He. 11:33-39, 1 Jn. 5:4).

4. La fe firme proporciona consuelo y gozo a otros, especialmente a los siervos de Dios (vv 7, 8). (*véase* Hch. 11:21-23; Ro. 1:8, 12; 3 Jn. 4.

5. La fe necesita ser perfeccionada (v. 10): esto es el objeto de todo ministerio verdadero (Ef. 4:12-14). Con este fin trabajó Pablo (Col. 1:28) y para esto tenemos las Escrituras (2 Ti 3:16, 17).

6. La fe perfecta dará fruto en amor más abundante (v. 12), y hará al creyente vivir a la luz de la esperanza bienaventurada de la venida de Cristo (v. 13). ¿Qué clase de fe tenemos nosotros? ¿Seremos hallados irreprensibles, o seremos avergonzados delante de Cristo en su venida? (1 Jn. 2:28; Lc. 18:8).

666. *A QUIENES ESTÁN PRÓXIMOS A CONFESAR A CRISTO (Lucas 19:7)*

Todos aquellos que vienen a Cristo deben soportar la murmuración...

1. Los murmuradores apoyan su censura en dos bases:

a) El carácter que tiene la persona.

b) Las bendiciones actuales que él o ella profesa haber recibido.

2. Los murmuradores son movidos por motivos indignos:

a) Envidia.

b) Ignorancia.

c) Orgullo.

3. Hay sólo dos maneras de escapar a la censura y las críticas de los tales:

a) O no ir a Cristo.

b) O ir como Nicodemo.

4. Todos los que vienen a Cristo deberán tratar a los murmuradores como Zaqueo lo hizo:

a) Permaneció firme en su actitud, ni avergonzado ni atemorizado.

b) Estaba dispuesto a renunciar a todo por Cristo.

c) Estaba dispuesto a hacer restitución al hombre.

667. *EL EVANGELIO EN CINCO PUNTOS FUNDAMENTALES (Mateo 28:16-20)*

INTRODUCCIÓN: son cinco los pasos que el ganador de almas debe dar cuando presenta el Evangelio al pecador con el fin de conducirle a Cristo...

1. Llevar al pecador a la convicción de que es un pecador: todos son pecadores (Ro. 3:23; 3:10-12; 1 Jn. 1:8, 10; Is. 64:6).

2. Llevar al pecador a la convicción de su triste condición delante de Dios:

a) Está apartado de Dios: Ro. 3:23.

b) Está condenado a muerte: Ez. 18:20; Ro. 6:23; 5:12.

c) Está condenado a perdición y sufrimiento eternos (Mt. 25:41-46; 7:23; Ap. 20:14, 15) (ej.: parábola del rico y Lázaro, en Lc. 16:19-31).

3. Hacer conocer al pecador la provisión de Dios para su salvación:

a) Dios envió a Jesús por amor (Jn. 3:16; 1:1-14).

b) La misión de Jesús (Lc. 19:10; 1 Jn. 3:8; 1 Ti. 1:15).

c) La obra de Jesús para la salvación de los pecadores (1 Co. 15:3, 4; Is. 53:3-6; Ro. 4:24, 25; He. 9:12; 1 Jn. 4:24, 25; He. 9:12; 1 Jn. 4:9, 10; Col. 1:14, 20).

4. Enseñar al pecador qué necesita hacer para ser salvo:

a) Arrepentirse (Hch. 3:19: Ez. 18:31; Is. 55:7; Ez. 18:31).

b) Creer en Jesús como Salvador y Señor (Hch. 16:31- Ro. 10:9, 10; Jn. 5:24).

c) Confesar los pecados al Señor (Ro. 10:13).

d) Invocar el nombre del Señor (Ro. 10:13) (ej.: el ladrón en la cruz, en Lc. 23:39-43).

e) Entregar la vida a Jesús y recibirlo en el corazón (Jn. 1:12; Sal. 37:5; Ap. 3:20).

f) Confiar en las promesas de las Escrituras (Jn. 5:24).

5. Observaciones:

a) Ninguno se salvara por sus obras (Ef. 2:8-10).

b) Ninguno se salvará por la reencarnación (He. 9:27).

c) Ninguno se salvará por medio de las misas (He. 10: 10-18).

6. Llevar al pecador a conocer las promesas de Dios para el pecador que se arrepiente y cree, y a confiar en ellas:

a) Dios perdona (1 Jn. 1:9; Is. 1:18).

b) Dios redime (1 P. 1: 18, 19; Ef. 1:7; 1 Ts. 1:10; Ro. 6:16-18, 22, Gá. 5:1).

c) Dios regenera; convirtiendo al hombre en hijo suyo (Jn. 1:12, 13; Jn. 3:3; 1 Co. 5:17; Ef. 1:5).

d) Dios justifica al pecador (He. 10:16, 17). ¿Qué significa justificar? Dios considera al pecador que se arrepiente y acepta a Jesús como si nunca hubiese pecado. Olvida sus pecados y

el pecador comienza todo de nuevo (2 Co. 5:17) y está lavado y limpio delante de Dios (Is. 1:18; Ap. 22:14).

CONCLUSIÓN: después de presentar el Evangelio, el ganador de almas debe, con oración, procurar llevar al pecador tomar una decisión inmediata, entregando su vida Jesús...

–Si el pecador aún tiene dudas en cuanto a cómo podrá tener la certidumbre de la salvación, dígale que basta confiar en lo que Dios promete en la Biblia, y léale el pasaje de Jn. 5:24.

–Si el pecador quisiera posponer su decisión, muéstrele con amor y solemnidad la incertidumbre de la vida y el peligro de la demora (Is. 55:6; 2 Co. 6:2; He. 3:15; Stg. 4:14).

668. *VALOR Y FE PARA DAR UN TESTIMONIO FIEL (Hechos 4:13-20, 29-31)*

1. ¿Cuál es el testimonio y la proclamación que nosotros debemos defender ante el mundo?

a) Debemos proclamar que Cristo murió por nuestros pecados y que resucitó de entre los muertos para nuestra justificación.

b) Debemos decir que la felicidad eterna y la salvación del alma dependen de los dos hechos benditos: de la muerte y resurrección de Cristo.

c) Debemos decir que Cristo y el Espíritu Santo son conocidos y sentidos en nuestro corazón por una experiencia bendita.

2. ¿Por qué debemos ser fieles a Cristo ante las personas de quienes somos responsables?

a) Porque nuestra infidelidad constituiría una ofensa a Dios y una traición para la humanidad.

b) Porque Dios demandará razón exacta de nuestra actuación como siervos de Él.

c) Porque el ser fieles nos produce grandes bendiciones para nuestra obra y para nuestras propias personas.

669. *CONFESANDO A CRISTO (Mateo 10:32)*

El texto está notablemente enfatizado por las circunstancias que se expresan...

1. El objeto que debe confesarse: no nuestras buenas obras, ni la membresía de la iglesia o los buenos propósitos. Tampoco una experiencia notable; sino a Cristo, nuestro Rey y Salvador, nuestra confianza en Él para recibir el perdón, y nuestra obediencia a Él y a Sus mandamientos.

2. A quién se ha de confesar:

a) A Cristo de corazón

b) A los hombres «ante los hombres» (Ro 10:9, 10). No dudes de hacerlo en ninguna circunstancia. Recordad...

–Cristo lo requiere.

–Él lo sabe todo sobre nosotros.

–Él desea utilizarte para hablarle a los demás.

3. La manera de confesarle:

a) Por medio de las palabras: «... con la boca se confiesa para salvación».

b) Por medio de los hechos: guardando sus mandamientos y llevando una vida recta.

4. La promesa para quienes confiesan al Señor: el Señor los confesará delante del Padre...

a) Serán confesados ahora, lo cual significa perdón, reconciliación y ricas bendiciones en la vida presente.

b) Les confesará en el futuro, serán recibidos en la gloria, bienvenidos por el Rey en su hermosura:«Venid, benditos de mi Padre...».

¡Qué sencillo requisito y qué maravillosa recompensa!

670. *LOS RASGOS DE UN VERDADERO TESTIGO (Hechos 1:8)*

1. Visión: «Alzad vuestros ojos y mirad los campos» (Jn. 4:35).

2. Voluntad: «El que quiera hacer la voluntad de Dios, conocerá si la doctrina es de Dios» (Jn 7:17).

3. Vitalidad: «Por lo demás, hermanos míos robusteceos en el Señor» (Ef. 6:10).

4. Deseo: «Hermanos, ciertamente el anhelo de mi corazón... es para salvación» (Ro 10:1).

5. Dedicación: «... Así, ahora para santificación presentad vuestros miembros como siervos a la justicia» (Ro. 6:19).

6. Determinación: «Pues resolví no saber ente vosotros cosa alguna, sino a Jesucristo, y a éste crucificado» (1 Co. 2:2).

7. Alerta: «... Que es ya hora de levantarnos del sueño...» (Ro. 13:11).

8. Atención: «... Gozosos en la esperanza; sufridos en la tribulación; constantes en la oración...» (Ro. 12:12).

9. Acción: «Pero sed hacedores de la palabra, y no tan solo oidores, engañándoos a vosotros mismos» (Stg. 1:22).

671. *BUSCANDO AL SEÑOR* *(Isaías 55:6)*

1. ¿Qué significa «buscar al Señor»?

a) Es buscar el conocimiento de Él (Jn. 1:18; 2 Co. 4 6; Jn. 17:25-26; Mt. 11:27).

b) Es buscar a su favor (Ef. 2:3, 1:6).

c) Es buscar su imagen (Gn. 1:27; Ef. 4 22-24).

d) Es buscar su comunión (Col. 1:21; 2 Co. 6 16; Jn. 14 23).

e) Es buscar su presencia, y el goce por la eternidad (Mt. 5:8; 1 Jn. 3:2; Ap. 21:3-7, 22: 3, 4).

2. ¿Cómo debe buscarse al Señor?

a) Conscientes de nuestra absoluta necesidad de Él y de los privilegios arriba mencionados.

b) Con sinceros deseos de tenerle (Sal. 42:1, 43:1; Is. 26 8-9).

c) Por medio de la oración (Mt. 7:7, 6:6).

d) Con una búsqueda perseverante.

3. ¿Cuándo debemos buscar al Señor?

a) Mientras vivimos.

b) Mientras gozamos de salud.

c) Mientras puede ser hallado, o sea, durante aquella parte de nuestra vida, cuando su eterna justicia aún no ha decretado acerca de nosotros que hayamos cometido el pecado imperdurable de resistencia al Espíritu Santo (Lc. 12:10; 1 Jn. 5:16). Éste es, empero, un secreto de Dios, del cual nadie puede acusarse a sí mismo ni atribuir a otro.

672. *DANDO RAZÓN DE NUESTRA FE* *(1 Pedro 3:9-16)*

INTRODUCCIÓN: el deber de todos los cristianos convencidos es testificar de nuestra fe, pero algunas veces este testimonio debe darse razonando cuando suceden preguntas sinceras de parte del inquiridor. Ésta es la recomendación del apóstol que abarca dos principios:

–Santificad al Señor, es decir: «Sed santos hasta el punto que puede serlo Un hijo de Dios».

–Estad prestos a dar razón de vuestra fe hasta el punto en que esto es posible. Hoy es mucho más fácil que en los tiempos apostólicos porque ha aumentado la ciencia y hay muchas ciencias modernas que favorecen la posibilidad de una respuesta. Para ello es la mejor base la recomendación que da el apóstol Pedro en el primer punto. Sería vano el conocimiento y la apologética en un cristiano de vida defectuosa pero si las personas recurren a preguntas sensatas debemos estar prestos a responder acerca de lo que creemos.

1. La Biblia no exige una credulidad ciega: no es pecado pensar Debemos tener en cuenta dos cosas...

a) Que no hay límites para el intelecto humano.

b) Los hay, más o menos estrechos, según nuestros conocimientos.

2. Hechos y misterios: muchas preguntas no pueden ser respondidas *(anécdota: se cuenta de un estudiante novel de teología que hacía tantas preguntas que el profesor tuvo que contestarle: «Joven, ¿no cree que Dios tiene derecho a reservarse alguna cosita para sí; que todo, todo, podemos o debemos responderlo nosotros?»).*

Hay muchas preguntas que pueden ser respondidas, y sólo es la ignorancia lo que hace parecer que no existe respuesta...

a) Un cristiano no debe parecer saberlo todo, pues si se empeña en ello se encontrará cortado por cosas que ni él ni nadie las puede explicar y se llaman «misterios».

b) Pero hasta cierto límite puede responder el cristiano fiel al dar testimonio de su fe: la fe no está en contra de la razón, sino por encima, pues se mueve en una esfera superior Y esto es

porque nuestra fe se basa en hechos conocidos. Pero se extiende en misterios que deben ser aceptados por el testimonio de quienes estuvieron más cerca del Señor y pudieron conocer las cosas mejor que nosotros. Por ejemplo:

–La resurrección es un hecho histórico al que se puede apelar, por poco que pensemos en las circunstancias en que ocurrió

–La Segunda Venida, la Trinidad, el Cielo, el infierno, la predestinación, son misterios que no están a nuestro alcance.

–En cambio, la regeneración es un hecho y un misterio a la vez Creemos en los milagros del Evangelio, la resurrección de Lázaro, de la hija de Jairo, del hijo de la viuda de Naín no porque son relatados en un libro inspirado, el Nuevo Testamento, sino que creemos que estos relatos son inspirados por la garantía histórica que tenemos de la resurrección de Jesucristo

3. Podemos responder sobre hechos, no sobre misterios: los misterios nos obligan a bajar para fundarnos en hechos ¿Cuáles son los misterios sobre los cuales podemos razonar?

a) Las obras de la naturaleza, tan maravillosas que nadie las puede negar.

b) Las profecías cumplidas.

c) El poder transformador del Evangelio. Misterio es lo que está por encima de nuestra razón; sin embargo, cuando ponemos los hechos al lado de los misterios, encontramos a estos últimos razonables para basar en ellos nuestra fe.

4. Es un hecho la sabiduría y amor de Dios en las obras de la naturaleza:

a) Es un misterio el amor de Dios en la redención.

b) Pero es razonable pensar que un Dios que puso tanta solicitud en las maravillas de la naturaleza no dejará abandonados a aquellos que él creó a su imagen y semejanza, y nos hemos adherido a él por la fe y el amor. Un hecho apoya un misterio no lo resuelve, pues quedan muchos misterios sin respuesta que debemos dejar en la mano de Dios. Si razonamos de esta manera lógica e imparcial los opositores nos escucharán, porque no pueden negar los hechos, aunque no podamos explicar los misterios.

5. ¿Cuándo debemos responder a nuestros opositores? Jesús dijo: «No deis lo santo a los perros...». Esto significa que cuando el propósito de nuestros opositores es de burlarse y reírse, lo mejor es callar, pues hablar haciendo el sabio sobre aquello que ignoramos es tan sólo perjudicar al Evangelio

6. ¿Cómo debemos responder? El apóstol Pedro dice: «Con mansedumbre y reverencia». Hay quienes encuentran un placer morboso en discutir sobre cualquier tontería, por ejemplo sobre fútbol, política, arte contemporáneo, etc. No perdáis el tiempo discutiendo cosas sin provecho que no están en nuestra mano explicar, y menos con acaloramiento. Cuando vemos la terquedad y ceguera de nuestros opositores somos tentados a enfadarnos y aun a insultar. No se saca nada con llamar obtuso, idiota o mentecato al opositor. Sin embargo, este lenguaje se oye en ciertas discusiones sobre religión...

a) Sólo debemos responder a quien es digno de saberlo, más con hechos que con razonamientos: el apóstol Pablo estaba dispuesto a dar razón de su fe ante opositores como Festo, que le llamaba loco.

b) Con Agripa, un conocedor de los hechos algo dudoso.

c) En el areópago de Atenas, ante los sabios de su tiempo, y ¿cómo lo hizo? Apelando a uno de sus grandes pensadores que escribió: «En Él vivimos y nos movemos y somos». Nosotros siempre podemos citar a hombres sabios como Unamuno, Azcárate y numerosos mártires como Policarpo, Ignacio y otros testigos de la fe que dieron sus vidas por aquello que habían oído de muchos testigos (2 Ti. 2:2).

CONCLUSIÓN: que Dios nos dé su gracia y sabiduría para saber dar de acuerdo con las instrucciones de este gran apóstol, razón de nuestra fe.

673. *EL CREDO DEL ATEO* *(Salmo 14:1)*

INTRODUCCIÓN: creemos que en ningún tiempo había sido más necesario predicar sobre este texto como en nuestros días, pues, según indica el propio Salvador en una profecía acerca del

tiempo de su Segunda Venida, el ateísmo, debería estar y está de moda, en tal época. Lo cual, en lugar de desalentarnos, nos demuestra la sabiduría previsora de nuestro Señor, y, por tanto, es una garantía a nuestra fe. Observemos las características del ateísmo según se expresan en este salmo.

1. Origen del credo del ateo (v. 1): «Dijo el necio en su corazón». El origen es un sentimiento del corazón, no del raciocinio. El ateísmo no es producto de la inteligencia, ni mucho menos de inteligencia superior, como tantos se imaginan.

Este punto se puede ilustrar con el hecho, bien conocido, de la venida de Dios en forma humana, de la cual leemos: «A lo suyo vino y los suyos no le recibieron» (Jn. 1:11), «porque amaban más las tinieblas que la luz» (Jn. 3:19, 20).

2. En qué consiste el credo del ateo: «No hay Dios». Tal es la fe en una creación sin Creador; un reloj sin relojero, un palacio sin arquitecto. Pero la corrupción del ateo le ciega hasta el punto de hacerle suficientemente necio para no reconocer a un Ser sabio en la sabiduría que se observa en sus obras, tanto en las más grandes como en las más pequeñas, lo mismo en la ordenación bien calculada de los elementos (armonía ecológica) que en los complicados mecanismos del ojo, el oído, o un cerebro humano (anatomía):

a) Es un credo necio.

b) Es un credo sin fundamento positivo: es un credo también, pues no es posible demostrar la no existencia de Dios. Es mucho más difícil que el credo que procura demostrar su existencia.

c) Es un credo blasfemo: un insulto atrevido, inspirado, sin duda, por el diablo, contra la majestad divina, que merece la honra y alabanza de la creación entera, ahora y para siempre.

3. ¿Cuáles son los frutos del credo del ateo?

a) Corrompiéronse: los mismos paganos entendían que la idea de Dios constituía un freno necesario para la bestialidad humana, diciendo: «Un hombre sin religión es un caballo sin freno». Abolida la idea de Dios queda abolido el sentimiento de responsabilidad, por todas las injusticias y crímenes que puedan realizarse en la vida.

b) Hicieron obras abominables: así ocurrió en el principio cuando los hombres se apartaron del conocimiento del Dios verdadero que habían recibido por tradición (Ro. 1:21), y esto ha ocurrido en todos los tiempos en que la humanidad se ha apartado de Dios. Pueden darse ejemplos de la revolución francesa, lo mismo que de la revolución bolchevique. La falta de temor de Dios induce al crimen y a la crueldad, puesto que significa ausencia de responsabilidad.

c) Quizá se objetará que la religión ha producido también violencia y crímenes, pero es necesario distinguir entre religión humana y revelación divina. Jesús dijo, cuando le denunciaron a uno que no era del grupo apostólico: «No se lo prohibáis». Con este espíritu no habría sido posible la Inquisición.

4. El remedio: puesto que el ateísmo sale del corazón, más que de la mente, se impone un cambio de corazón y es lo que Dios ofrece, por su Espíritu, en Ez. 36:26 (*véase* los frutos de este cambio, en Ef. 4:22-32).

674. *EL CRISTO GLORIFICADO LLAMANDO AL CORAZÓN (Apocalipsis 1; 3:20-22)*

INTRODUCCIÓN: era necesario que a la historia y enseñanzas de Jesucristo durante su vida terrena siguiese una visión del Cristo glorificado, que sirviese para todas las edades, pero particularmente para las iglesias primitivas, que tuvieron que soportar las primeras y grandes persecuciones del mundo romano. Esta revelación fue dada al apóstol más íntimo de Jesús, el apóstol Juan, quien, según la tradición, fue a Babilonia antes de la caída de Jerusalén. Durante el asedio huyó a Pella, y de allí se trasladó a Efeso, donde sucedió a Timoteo en el cuidado de aquella iglesia. En tiempos de Domiciano fue desterrado a la isla de Patmos (o sea, de las palmeras). Su sucesor, Trajano lo libertó a los 91 años, y tres años después fue arrebatado a la presencia de su Salvador. Fue durante su destierro que Juan recibió la visión del Señor glorificado. Aunque Dios es Espíritu infinito, algunas veces ha tenido a bien revelarse –según los relatos de la Biblia– generalmente como un ser humano; y es natural que así lo hiciera Jesús,

el divino Hijo de Dios. Pero no en la humildad de su «kenosis», sino en la gloria de su exaltación, pues esto es lo que se revela en el cap.

1. Los vv. 4-8 son un recuerdo del Cristo hecho hombre, revelador del Padre y Re- dentor de los hombres. En los vv. 13-18 describe Juan el aspecto físico que Jesucristo asumió, y no es extraño que aquella visión tan diferente de la que estaba acostumbrado el apóstol le im- presionara de tal modo que le produjera un desmayo; pero Jesucristo es el mismo en su carácter y, pese a su imponente aspecto, trató a Juan como el amigo de los días de su humillación (v. 17), y se identifica en el v. 18, recordando su glorioso resurrección y su nuevo papel en el Universo. Él está vivo, por los siglos de los siglos y posee toda la autoridad sobre el futuro desconocido de los hombres, la muerte y el hades.

2. «Yo soy el primero y el último»: así lo había declarado el propio discípulo Juan al principio de su Evangelio, sin que él mismo pudiera darse cuenta entonces del verdadero significado de sus palabras. «El primero y el último», significa el Eterno, el origen y motivo final de todas las cosas. En todos los órdenes hay causas secundarias, provisionales y finales; la causa final del Universo es la gloria de Cristo, así lo dice Pablo en Ef. 1:20, 21.

3. «El que vivo, y estuve muerto»: hay una sublime reticencia aquí, sobre todo para Juan, que había visto al Cristo resucitado, y para todos los que conocemos lo que Cristo hizo por medio de su muerte: abrirnos un futuro de gloria, sembrando en nuestros corazones una gratitud y amor que perdurarán por todos los siglos *(anécdota: a una señora que se vanagloriaba de ser tan buena que merecía el Cielo, le dijo un pastor: «Pues lo siento, señora, porque usted no podrá cantar la canción de los redimidos en el Cielo, donde todos proclaman...») (Ap. 5:9).*

4. «Y vivo por los siglos de los siglos»: es lo mismo que había dicho antes de marchar: «He aquí yo estoy con vosotros todos los días, hasta el fin del mundo» (Mt. 28:20). Convenía esta confirmación de lo dicho en los días de su carne *(anécdota: el mahometano y el cristiano que dijo: «No quisiera tener un mausoleo con el cadáver de Cristo»).*

Tres grandes hechos se desprenden de esta expresión...

a) Es nuestro precursor (He. 6:20).

b) Es nuestro actual abogado (He. 7:25).

c) Será nuestro compañero y rey eterno (Jn. 14:19; 17:24).

5. No sólo vive, sino que tiene el control de los que mueren (1:18): es consolador saber que Cristo tiene el dominio y control de aquellas cosas que han de ocurrirnos y no podemos evitar.

a) La muerte ha de llevamos a la casa del Padre si somos sus hijos y herederos (Ro. 8:10, 11).

b) Si no somos suyos, nuestro porvenir es un Hades desconocido, en espera del juicio que ha de determinar nuestro destino eterno (Ap. 20:11-15) *(anécdota: un evangélico decía:*

–Juan no encontró a Pedro en la puerta del Cielo aunque había muerto 24 años antes.

El católico respondió:

–Pero Jesús se lo había dicho y Pedro transfirió a su sucesor, Lino, y otros papas de la Historia.

El evangélico le replicó:

–Si fuera así, lo cierto es que los papas han hecho de esta llave el uso que indica Jesús mismo en Mt. 23:12 y Lc. 11:52. Por esto me he unido a Cristo, que tiene la verdadera llave del mundo venidero, y me convenía estar en buenas relaciones con Él).

6. La invitación del Cristo divino: a esta relación nos invita Jesucristo en el segundo pasaje leído. El Cristo glorificado reina, pero no obliga. Ruega a la puerta del corazón (Ap. 3:20, 21).

7. ¿Qué responderás?

a) ¿Dudo de su existencia? Está probada en la Historia y en la experiencia cristiana.

b) ¿Dudo de su divinidad? Los que podían saberlo mejor que nosotros dieron su vida afirmando este hecho. Entre ellos el apóstol Pablo, que estuvo en el Cielo y volvió (2 Co. 12:15).

c) ¿Cuando sea más viejo? ¿Sabes si llegarás? ¿Cuál puede ser el resultado de resistir a Cristo? ¿Cuál ha de ser el resultado de aceptarle? Tener a Cristo en el corazón y una sonrisa en el momento de morir. Tal ha sido la experiencia de muchos cristianos.

CONCLUSIÓN: «El que venza se sentará conmigo en mi trono» (Ap. 3:12). A tal grandeza puede llegar un pobre pecador que ha dejado entrar a Cristo en su corazón y ha empezado con Él la lucha contra el pecado. Que la visión de Juan ayude a muchos a decidirse y a dejar entrar a Cristo en su corazón, y a elevar sus pensamientos donde está el Salvador glorificado.

675. *EL DEBER DE NO AVERGONZARSE (Romanos 1:16)*

INTRODUCCIÓN: el presente mensaje ha sido extraído de un «sermón por correo» que se distribuía primeramente entre un grupo de predicadores voluntarios de Terrassa y después a 350 predicadores clandestinos que se reunían en casas particulares y en el campo por toda España durante la Dictadura. Las circunstancias en España han variado totalmente, de modo que ya no hay discriminación religiosa. También sabemos que existe libertad religiosa en todas las naciones de habla hispana en Sudamérica, pero tanto en un país como en otro la obra de Dios es detenida por temores ancestrales que han pasado de una generación a otra, sobre posibles pérdidas de empleo, de prestigio y por la incredulidad que se ha apoderado de las gentes de nuestro siglo.

1. Los motivos del apóstol: el apóstol Pablo tenía en contra circunstancias de toda índole, sin embargo estaba dispuesto a avanzar y no retroceder, de llevar adelante el testimonio de la fe de Jesucristo, hasta la misma capital del imperio romano...

a) ¿Por qué usa la palabra «avergonzarse»? ¿Qué motivos tenía? Humanamente tenía muchos, no sólo para avergonzarse, sino para temer por su cuerpo físico y aun por su vida. Los que habían sido sus compañeros de estudio en la escuela de Gamaliel en Jerusalén dirían y susurrarían por lo bajo: «¡Qué lástima de joven inteligente, tan bien dotado; podría ser una eminencia entre nosotros de no haberse hecho nazareno!». Por eso Pablo decía: «No me averguenzo del Evangelio de Cristo, digan lo que digan, critiquen como critiquen». ¿Cuáles eran las alegaciones que tenían contra el cristianismo para tratarlo con tales resquemores?

b) Porque era una religión nueva, sin tradición. La suya se apoyaba en los libros de la Biblia y en Moisés, al que ya en días de Jesús los fariseos habían criticado: «Sabemos que a Moisés habló Dios, pero éste no sabemos de dónde es» (Jn. 7:27). La respuesta de Jesús fue muy concreta cuando alzó la voz en el templo y dijo: «Sabéis de dónde yo soy, pero yo no he venido de mí mismo, sino que el que me envió es Verdadero a quien vosotros no conocéis. Pero yo le conozco, porque de él procedo y él me envió».

c) Por ser despreciada de los sabios: ¿Ha creído en Él acaso alguno de los gobernantes o de los fariseos? Mas esa gente que no conoce la Ley son unos malditos (vv. 48, 49).

d) Gracias a Dios en todos los tiempos ha habido esta crítica, pero también excepciones notables y muy honrosas en la fe cristiana más pura. Le dijo Nicodemo (el que vino a él de noche, el cual era uno de ellos): «¿Juzga acaso nuestra ley a un hombre si primero no le oye y conoce lo que está haciendo? Mas esta gente ignorante, malditos son» (Jn. 7:49).

e) Este argumento se ha repetido en todos los siglos: en las humildes iglesias primitivas había un Filemón y una Lidia de Tiatira y otras personas importantes y entre las personas inteligentes de los tiempos inmediatos a la aparición de Jesucristo se destacaban Tertuliano, Policarpo, Ignacio de Antioquía que eran compadecidos cuando aceptaron el Evangelio y pusieron sus talentos al servicio del Evangelio.

f) Perseguida por los poderosos. El sanedrín judío decretó después de mandar azotarle: para que no se divulgue más esta doctrina que en todas partes es contradicha, amenacémosles que no hablen a nadie más en este nombre.

g) Vilipendiada y calumniada: Suetonio, el famoso historiador del siglo II, escribía esta perniciosa superstición; y el pueblo, refiriéndose a la santa Cena que los cristianos llamaban participación en el cuerpo y la sangre de Jesucristo, les acusaban de dar muerte y comerse un niño.

2. Enemigos de la nación: éste era otro estigma que caía sobre los cristianos, porque hablaban del juicio final y no adoraban la imagen del emperador ofreciéndole incienso. En España se ha dicho desde los siglos de persecución de

los romanos en el siglo III que un buen español tiene que ser católicorromano, por ser la religión más antigua, pero los evangélicos decimos que más antigua era la religión de los romanos, en cuyas manos muchos perdieron la vida.

3. La religión que transforma: en los mismos días de Jesucristo ya se decían los religiosos judíos: «Éste a los pecadores recibe y con ellos come» (Lc. 15:2), pero el apóstol Pablo podía contestar como nosotros hoy: «Si alguno está en Cristo nueva criatura es» (2 Co. 5:17) y añadir: «¿No sabéis que los injustos no heredarán el Reino de Dios?» Ni los borrachos ni los ladrones, etc. Nosotros podemos añadir: ni los drogadictos que no responden a la metadona; pero como decía un jefe de policía ante el caso de miles que han llegado a dejar el vicio gracias a la aceptación del Evangelio: «Estos hombres se emborrachan de fe y se drogan de Jesucristo, pero el caso es que cambian sus vidas y no nos dan ningún trabajo a nosotros, al contrario, tratan de convencer a otros compañeros».

La religión que transforma no es la de ceremonias *(anécdota: en los tiempos de intolerancia, el que suscribe fue a ver al obispo de Tarragona de quien se decía que era algo más abierto que otros obispos. Él no nos recibió, pero delegó a un vicario a quien presenté el argumento:*

–Nuestros cristianos no son como muchos que han sido bautizados, pero que luego han asaltado iglesias y conventos y asesinado a sacerdotes católicos- y le retaba a que presentara algún caso en que los protestantes hubieran tomado parte en estas tropelías.

Su respuesta fue:

–Es verdad, pero todos vuelven a la iglesia al final de su vida. Casi todos reciben los sacramentos.

A lo cual respondí:

–¿Y cuál es la voluntad de Dios, el arrepentimiento y la fe en mitad de la vida o al final? El cristianismo sincero es el que se practica desde niño hasta la vejez. Sólo el Evangelio puro de Jesucristo es un poder transformador cuando entra en las vidas de los hombres).

CONCLUSIÓN: el apóstol Pablo decía con razón: «No me avergüenzo del Evangelio, porque es poder de Dios para dar salvación a todo aquel que cree». Lo era en días de Pablo y lo es todavía en el tiempo presente a pesar de la creciente incredulidad que se ha apoderado del mundo (Lc. 18:8) y que hizo decir al Señor: «Cuando el Hijo del hombre viniere, ¿hallará fe en la Tierra? Pero la fe en Él es todavía el mismo poder de Dios para regenerar y transformar a los seres humanos según muchos testimonios que recibimos de personas antes indiferentes o descreídas pero que en el día de hoy manifiestan el gozo, la paz y la seguridad de que disfrutan por la fe en Cristo.

676. *UN MENSAJE EVANGÉLICO EN EL ANTIGUO TESTAMENTO (2 Crónicas 30:1-12)*

INTRODUCCIÓN: todo lo que está escrito en el Antiguo Testamento fue escrito –dice el apóstol Pablo– para nuestra admonición. Pero hay capítulos enteros donde no podemos encontrar semejanzas con las doctrinas del Nuevo Pacto, pues las circunstancias de Israel eran diferentes; sin embargo, éste de 2 Crónicas tiene muchas similitudes con el mensaje evangélico. Los relatos de Reyes y de Crónicas son una constante alternativa entre reyes malos y buenos. Uno de los peores fue Acab, un rey voluble que porque Dios le castigó haciendo que fuera vencido por el rey de Asiria, Tilgatpilneser –quien invadió Judá y despojó de los tesoros a la casa de Jehová–, en vez de atribuir el castigo al único Dios vivo y verdadero, se dijo: «Puesto que los dioses de Siria les ayudan, yo también sacrificaré a ellos; e hizo altares a estos ídolos por todos los rincones de Jerusalén y en los montes de Judá. En cambio, Ezequías, su hijo- probablemente instruido por su madre, Abías, -hija del sacerdote Zacarías-, cambió totalmente la política de su padre, reparó el templo de Dios e hizo celebrar la Pascua con gran regocijo. Luego escribió la carta que se relata en el pasaje leído, que tiene muchos puntos de semejanza con el Evangelio. Veámoslo:

1. Los sacrificios simbólicos: había una gran separación entre el pueblo de Judá y el Dios verdadero, a causa de las idolatrías promovidas por el impío Acab. La Humanidad entera está separada de Dios por la misma barrera: es necesario quitar el pecado. Y esto es lo que hizo

el ilustre descendiente de Ezequías según la carne, el verdadero Rey, Jesús, ofreciéndose a sí mismo. Sus méritos infinitos sirven para borrar los pecados del mundo entero, si fuera aceptado por todos. Hebreos nos dice que no por sangre de toros ni de machos cabríos, sino por su solo sacrificio (He. 10:5-17). Tras la aceptación de esta ofrenda expiatoria por el pecado siguen otras cosas buenas.

2. El mensaje real: hecha ya la expiación, Ezequías envía sus correos para verificar la restauración del pueblo. No es un edicto lo que publica, sino una razonable amonestación; no la envía por un ejército, sino por simples pregoneros. Jamás las almas se acercarán de veras a Dios por la fuerza. Tenemos multitud de ejemplos en el mundo, y en nuestra misma patria, durante el régimen franquista, cuando la gente era católica por conveniencia. Notemos en tal mensaje:

a) Un llamamiento al arrepentimiento (cap. 30, v. 6); Juan el Bautista, los discípulos de Jesús y el mismo Señor, clamaron: «Arrepentíos, volveos». No importa lo lejos que estéis de Dios. Vuestros pecados han sido expiados, hay perdón.

b) Un llamamiento a la reconciliación: «Dad la mano a Jehová, vuestro Dios, y venid a su santuario» (versión 1960); «someteos a Jehová» (versión 1977). Dios extendió su mano al mundo con la venida de Jesucristo (Jn. 3:16), pero Dios es soberano. No pretende ganar hijos a la ligera, sino que, al darnos su mano, a veces nos conduce por caminos difíciles para probar nuestra fe, y, como al hijo modelo por excelencia, debemos decir: «Sea hecha tu voluntad» (Lc. 22:42).

c) Un llamamiento al servicio (v. 8): el pueblo de Israel debía servir a algún Dios, pero se equivocó al inclinarse ante los ídolos que edificó Acab. En nuestros días, multitudes se postran ante imágenes inertes; otras se hacen ídolos de las vanidades humanas –placeres lujo, riquezas–, olvidando a Aquel a quien lo deben todo. ¡Felices los que saben cambiar a tiempo! (1 Ts. 1:9).

d) Promesas alentadoras (v. 9): habiendo sido Él el primero en buscarnos, ¿nos rechazará después? El que cree y recibe tal mensaje evitará el juicio de condenación (*véase* v. 8).

3. A quién fue enviado el mensaje: «A todo Israel». Por las diferentes tribus y pueblos pasaron los correos. Pero mucho más amplio es el campo del mensajero cristiano. La comisión recibida es: « Id por todo el mundo»; para Dios no existen fronteras. Los mensajeros de Ezequías fueron a la tribu de Efraín, lindante con Judá, y se extendieron hasta el norte del país. Zabulón, Aser y Manasés. Del mismo modo los apóstoles fueron primero a Samaria, después a Siria y más tarde al mundo entero. Los cristianos, hoy, debemos evangelizar primero a nuestros vecinos, luego a los pueblos inmediatos, y ayudar, finalmente, a las misiones extranjeras.

4. Cómo fue recibido:

a) Despreciados: se reían y burlaban de ellos. Consideraban tontería obedecer a un rey extranjero, del sur, y abandonar sus dioses tradicionales. En todos los tiempos el mensaje del Evangelio ha sido locura a los que se pierden. El hombre carnal no cambia fácilmente sus ídolos materiales por el Dios invisible y verdadero. Mas ¡ay del que se burla del mensaje de Cristo!

b) Aceptado: con todo, algunos se humillaron –unos pocos–, pero ya no fue infructuosa la obra de los correos. Dentro de la multitud de curiosos burlones en el areópago se hallaban Dionisio y Dámaris (Hch. 17:34).

CONCLUSIÓN: ¿De cuáles serás tú? Si crees el mensaje del Evangelio de Cristo, tendrás entrada en la Jerusalén celestial, para celebrar una fiesta mucho más gloriosa que la preparada por Ezequías, una fiesta eterna, de gloria sin fin, en la capital del Universo y en el Reino infinito de Dios.

¡Decide hoy mismo tu actitud!

677. *CONFESIÓN ESENCIAL (Lucas 12:8)*

1. Un requerimiento razonable:

a) Confesar la verdad, es decir, que el Señor Jesucristo salva: ¿Puede Andrés guardar silencio, acerca de este gran descubrimiento, mientras que Pedro no sabe que Cristo ha venido?

b) Nada menos que esta profesión honra a Cristo lo suficiente: nueve de los diez leprosos

que el Señor Jesús sanó no volvieron para dar la gloria a Dios. ¿Podrá el alma que ha sido sanada de la lepra del pecado, permanecer en silencio?

2. Un hecho necesario y esencial:

a) Es esencial para la seguridad propia: el alma salvada no es aún un espíritu santificado. Entre la Cruz y la Corona hay muchos enemigos.

b) Es esencial para la influencia cristiana: los discípulos secretos no son ganadores de almas. Debemos hacer como hizo Felipe: ir primero nosotros, y luego ir y decirles a los «Natanaeles», «ven y ve».

c) Es necesario para la vida organizada del cristianismo: si uno tiene el derecho de ser un discípulo secreto, entonces todos lo tendrían igualmente. En ese caso, ¿qué sería de la Iglesia, de la obra misionera, educacional, y evangelística?

3. Una demanda absoluta:

a) El lenguaje es definido: hasta que el lenguaje deje de transmitir el pensamiento, tendremos muy pocas dudas en cuanto al significado de esta Escritura.

b) La demanda está reforzada por la repetición a través del Nuevo Testamento (*véase* Mt. 10:28-38; Mr. 8:38; Ro. 1:8-11).

c) La demanda es incondicional: Cristo sabía que era una prueba de amor, de manera que lo dejó como un requisito absoluto.

678. *EL EVANGELIO DE LA BUENA SALUD (Marcos 2:10 y 11)*

1. Este caso nos enseña el significado del pecado: la enfermedad más mortífera: un paralítico es incapaz de andar, está desvalido...

a) La enfermedad es algo que no está bien en el organismo del hombre: un pena para el que la tiene, una carga para los demás, una pérdida para la sociedad.

b) El pecado es algo que no está bien en el carácter de una persona: no está bien con Dios, ni con los demás ni consigo mismo.

c) El pecado es una enfermedad que ningún hombre puede curar o aliviar ni la penicilina ni los medicamentos, ni el bisturí del cirujano pueden hacer nada

2. El pasaje nos enseña el significado de la salvación: la sanidad de la enfermedad: la palabra «Salvador» realmente significa «sanador».

a) La salvación es la manera que Dios tiene de liberar a los hombres de sus enfermedades del alma.

b) Es la manera que Dios tiene de hacer que un hombre esté bien y fuerte espiritualmente.

c) Es su forma de prepararnos para participar en su obra en este mundo.

d) También es Su forma de llenar el corazón del hombre con gozo y esperanza

3. El pasaje nos enseña el significado de la fe: confiar en el Médico divino...

a) La fe comienza con el conocimiento de Aquel que puede sanar.

b) La fe consiste en querer que Él nos sane, ahora mismo.

c) La fe se evidencia dejando que el Señor nos sane conforme a Su voluntad: pongámonos en sus manos, aceptemos su tratamiento, y dejémosle a Él los resultados.

679. *EL GRAN MÉDICO*

«...Y por sus llagas fuimos nosotros curados» (Is. 53:5).

1. Dios trata al pecado como una enfermedad:

a) Es algo anormal, perturbador, destructivo.

b) Pone las facultades humanas fuera de su marcha normal y rompe el equilibrio de las fuerzas de la vida.

c) Debilita la energía moral.

d) Da dolor o adormece la sensibilidad.

e) Produce una visible contaminación.

f) Tiende a aumentar: el pecado es una enfermedad hereditaria, universal, contagiosa, contaminante, incurable y mortal.

2. Dios ofrece el remedio:

a) Las llagas en el cuerpo y alma del Señor Jesús. ¡Qué cirugía más singular! El mismo Sanador es herido, y éste es el medio de curación.

b) Recordad que Él sufrió en nuestro lugar.

c) Aceptad su expiación, y seréis salvo por ella:

–La oración ruega por la cirugía divina.

–La fe y la confianza constituyen la mano que vendan la herida.

–El arrepentimiento es el primer síntoma de sanidad.

d) No permitáis que nada se interponga con esta medicina divina: ya habéis visto los lugares preponderantes que ocupan la oración, la fe y el arrepentimiento; no los malentendáis, haciendo de ellos rivales de las «llagas». Únicamente somos curados por las llagas del Señor Jesucristo.

3. Este remedio es rápidamente efectivo:

a) Cura nuestra conciencia de su astucia.

b) Cura nuestro corazón del amor al pecado.

c) Cura nuestra vida de sus rebeliones.

680. *LA MIRADA QUE DA VIDA (Isaías 45:22)*

1. ¿Qué significa la palabra «miradme» en referencia a Dios?

a) Admitir la realidad de Dios mirándole a Él.

b) Diríjase a Él en oración.

c) Reconozca que la salvación solo viene de Él.

2. ¿A qué parte de la salvación debemos mirar? A cada parte de ella de principio a fin:

a) Al perdón, el cual sólo puede venir por medio de la expiación.

b) A la preparación para el perdón, la vida, el arrepentimiento y la fe.

c) A la renovación del corazón, que es la obra del Espíritu Santo: mire a Dios constantemente para obtenerla. Espere en Él.

d) El sostenimiento en la vida espiritual pertenece únicamente al Señor. Todo el crecimiento, la fortaleza, y el fruto, deben esperarse de Él.

3. ¿A qué debemos mirar para animarnos?

a) A sus mandamientos: Él nos invita a hacerlo.

b) A sus promesas. Él dice: «Miradme a mí, y sed salvos»; y podemos estar seguros de que Dios nunca se vuelve atrás de Su Palabra.

c) Su Deidad: Él nos convida a mirarle, por lo tanto, hagámoslo de corazón.

4. ¿Cuál es el mejor tiempo para mirar?

a) El mandamiento en el tiempo presente: «Miradme a mí»..

b) La promesa es en el mismo sentido: «...y sed salvos».

c) Su necesidad de salvación es urgente: usted ya está perdido.

d) El tiempo presente es suyo; no puede usar ningún otro tiempo.

e) Su tiempo pronto acabará.

f) Es el tiempo que Dios escoge: a nosotros nos corresponde aceptarlo.

681 LA SALUD DEL ALMA

«Amado, ruego en oración que seas prosperado en todas las cosas, y que tengas salud, así como prospera tu alma» (3 Jn. 2).

1. Las palabras del texto:

a) «Ruego»: nos da a entender algo que se pide en oración. La oración es un deseo santificado. Tomad vuestros deseos en oraciones.

b) «Que seas prosperado»: podemos pedir por la prosperidad de nuestros amigos; especialmente si, como Gayo, sirven a Dios y a Su causa con todo su esfuerzo.

c) «Y que tengas salud»: la salud es necesaria para poder disfrutar de la prosperidad.

d) «Así como prospera tu alma»: nos sorprendemos ante este deseo. ¡La salud espiritual de Gayo se pone como norma para el nivel de su prosperidad exterior! ¿Nos atreveríamos a orar así por nuestros amigos?

2. Los síntomas de una mala salud:

a) Una baja temperatura: la tibieza es enfermedad. En los negocios, un hombre así tendría muy poco éxito, y en los asuntos espirituales, ninguno en absoluto.

b) Un corazón estrecho: si no amamos a los hermanos, hay algo en nosotros que anda muy mal.

c) Un escaso apetito por todas las cosas espirituales.

d) Dificultad en respirar: cuando la oración se convierte en una obligación fastidiosa, es señal de malestar espiritual.

3. Los medios para la recuperación:

a) Procurad un buen alimento espiritual: oíd buenos mensajes: estudiad la Palabra.

b) Respirad libremente: no restrinjáis la oración.

c) Ejercitaos en la piedad: trabajad para Dios.

d) Volved a vuestro aire nativo: respirad la atmósfera del Calvario.

e) Vivid cerca del amplio mar: morad junto a la suficiencia y el poder de Dios.

682. *OJOS ABIERTOS*
(2 Reyes 6:17)

1. El ojo natural es ciego a las cosas celestiales:

a) Dios está en todas partes; sin embargo, los ojos cegados por el pecado no pueden verle.

b) Esta falta de discernimiento espiritual hace al hombre indigno.

c) Esta condición hace que el hombre esté satisfecho con el mundo; no puede ver lo pobre que es aquello por lo cual él sacrifica el Cielo.

d) Esto pone a los hombres en peligro (Mt. 15:14).

2. Únicamente Dios puede abrir los ojos del hombre:

a) Dar la vista a estas personas es algo tan maravilloso como haber creado el mundo: ¿Quién sino Dios puede hacer un ojo? En el

pecador la facultad de la visión espiritual ha desaparecido.

b) El hombre nace ciego: su oscuridad es parte de sí mismo (Jn. 9:32).

3. Oremos a Dios para que abra los ojos de los hombres:

a) Cuando oímos a los hombres indagar, debemos pedir a Dios por ellos.

b) Las oraciones de los demás nos aprovechan a nosotros, y por lo tanto debemos devolver la bendición.

c) Abrir los ojos de la gente glorifica a Dios; oremos esperando grandes cosas.

4. Dios abre los ojos de los hombres:

a) El lo ha hecho en un momento: notad los muchos milagros realizados por nuestro Señor en los ciegos.

b) Él puede abrir sus ojos: son muchas las formas de ceguera, pero todas ellas están comprendidas en el Sal. 146:8.

5. Aun los que ven necesitan más vista:

a) En las Escrituras hay más cosas para ver y descubrir (Sal. 119:18).

b) En las grandes doctrinas del Evangelio hay mucha luz latente.

c) En Cristo Jesús hay glorias ocultas (Jn. 12:21; He. 2:9).

683. *EL BÁLSAMO DE GALAAD* *(Jeremías 8:22)*

1. La humanidad en todo el mundo está enferma: algunas de estas enfermedades son:

a) Ateísmo, incredulidad.

b) Ignorancia de Dios y de las verdades del Evangelio.

c) Dureza de corazón.

d) Mentalidad mundana.

e) Aversión a los deberes espirituales.

f) Hipocresía y formalidad en el servicio de Dios.

g) Confiar en nuestra propia justicia

h) Corrupción interior.

i) Volverse atrás de la fe en el Señor

2. Ciertos síntomas hacen que las enfermedades sean prácticamente incurables:

a) El alma está universalmente afectada.

b) A menudo las enfermedades están arraigadas en hábitos.

c) Los síntomas amenazantes son pasados por alto y no se observan.

d) El paciente está aletargado y no puede despertársele.

3. El Señor Jesucristo puede curar todas nuestras enfermedades:

a) Él tiene un conocimiento infinito, y comprende todas las enfermedades.

b) Él tiene una autoridad soberana y un poder infinito.

c) Él tiene una infinita piedad y una inmediata disposición para ayudar.

d) Él tiene una paciencia maravillosa.

4. El remedio que aplica es su propia clase:

a) Estos otros medios nos son facilitados por su sangre:

–El Espíritu de Dios.

–La Palabra y las ordenanzas de Cristo.

–Las aflicciones.

–Los ministros fieles.

–Los cristianos piadosos.

b) El Médico tiene Su propio método de aplicación. Por medio de Su Santo Espíritu...

–Él hace que los pecadores se den cuenta de que están enfermos.

–Él le da fe al alma.

–Él es quien obra la santificación en el alma.

5. Muchos no son sanados:

a) Muchos son ignorantes de su enfermedad, y prefieren persistir en su ignorancia.

b) Muchos están encantados con su enfermedad.

c) Muchos descuidan la oportunidad de ser sanados.

d) Muchos no confían totalmente en Cristo para su sanidad.

e) Muchos no se someten a las recetas divinas.

684. *LAS FUENTES DE LA SALUD* *(Isaías 12:3)*

INTRODUCCIÓN: la salvación es el tema de la Biblia. La necesidad de ella; los anuncios

proféticos de ella; su consumación por Jesucristo; su proclamación por los apóstoles: sus gloriosos efectos. Isaías se refiere a la vuelta de la cautividad y la restauración de Israel en su patria. Motivos de gran gozo. Y es simbólico de la conversión de todo pecador. Consideremos...

1. Las fuentes: ¿Cuáles son? No el poder humano, no la sabiduría humana ni el mérito humano. Estas son «cisternas rotas» Las fuentes divinas:

a) El amor del Padre (Jn. 3:16).

b) El sacrificio del Hijo (Zac. 13:1).

c) El poder regenerador del Espíritu Santo.

Algunos han dejado estas fuentes para acudir a las cisternas humanas (Jer. 2:13). Creen que la iglesia, los sacramentos, los méritos de los santos, etc., han de salvarlos. Pero no hay otras fuentes que las divinas.

2. El agua: «Las Aguas». Son éstas que nos sugieren:

a) La satisfacción que derivamos de la salvación: todas las necesidades del alma son en estas fuentes satisfechas.

b) La abundancia de esos bienes: el plural.

c) Su continua renovación: siempre frescas las bendiciones.

d) Su carácter gratuito.

e) Su naturaleza fecundante; el alma regada por ellas producirá fruto abundante: aguas de paz, de consuelo, de doctrina. de gracia, de santificación.

3. Los que la sacan: ¿Quiénes son? Los creyentes...

a) Nótese la acción: no producimos el agua. pero tenemos que sacarla. Dios no la saca para nosotros. Se demanda acción propia: el ejercicio de la fe.

b) Cada uno puede sacar la que quiera: a veces, en las inmediaciones de grandes ríos hay lugares secos, no les aprovecha la proximidad de la corriente. Nadie tiene el monopolio del Espíritu Santo.

c) El gozo que produce este santo ejercicio: ninguno igual. Sacamos las aguas mediante la meditación, la oración, el estudio y las actividades cristianas.

CONCLUSIÓN: podemos aun dar a otros de estas preciosas aguas. Vengamos a la fuente, y saquemos el agua de la salvación.

685. *CRISTO, EL DADOR DE LA VISTA (Hechos 26:18)*

El milagro de dar vista al ciego es una figura típica de abrir los ojos de nuestro entendimiento.

El Señor nos hace...

1. Ver la maldad en nosotros mismos (Ro. 7:23).

2. Ver Sus méritos y su obra (He. 2:9).

3. Ver la necesidad de prepararnos para el futuro (He. 11:7).

4. Ver el resultado de las cosas espirituales (1 Co. 2:9).

5. Ver el cumplimiento de las promesas de Dios (He. 11:13).

6. Ver la belleza de Cristo (1 P. 1:8).

686. *PERDÓN*
(Salmo 32)

1. La pena (Ro. 6:23; Ap. 21:8; Sal. 9:17).

2. El perdón se da:

a) A todos los que se arrepienten (Hch. 2:38).

b) A aquellos que abandonan el pecado (Is. 55:7).

c) A aquellos que confiesan el pecado (Sal. 32:5).

d) A aquellos que creen (Hch. 10:43).

3. El perdón se da:

a) Sólo por Dios (Dn. 9:9).

b) Por medio de la sangre de Cristo (Col. 1:14).

c) Libremente (Is. 43:25).

d) Abundantemente (Is. 55:7).

4. El perdón muestra:

a) La misericordia de Dios (Sal. 86:5).

b) La bondad de Dios (Sal. 86:5).

c) La tolerancia de Dios (Ro. 3:25).

d) La compasión de Dios (Mi. 7:18, 19).

e) La gracia de Dios (Ro. 5:15, 16).

f) La justicia de Dios (1 Jn. 1:9).

5. El perdón se describe como:

a) Cubriendo el pecado (Sal. 32:1).

b) Echando al pecado a las espaldas de Dios (Is. 38:17)

c) No imputando el pecado (Ro. 4:8).

d) Perdonando los pecados (Sal. 32:1).

e) Quitando las transgresiones (Sal. 103:12).

f) Borrando nuestras transgresiones (Is. 43:25).

g) No recordando más los pecados (He. 10:17).

h) Echando los pecados en lo profundo de la mar (Mi. 7:19).

6. Aquellos que reciben el perdón:

a) Deben amar a Dios (Lc. 7:47).

b) Deben temer a Dios (Sal. 130:4).

c) Deben alabar a Dios (Sal. 103:2, 3).

7. Bendición y perdón (Sal. 32:1).

687. *PERDÓN*
(Salmo 103)

1. El fundamento del perdón: su sangre (Ef. 1:7).

2. El autor del perdón: Dios (Ef. 4:32).

3. Lo completo del perdón: todo (Sal. 103:3).

4. La proclamación del perdón: es anunciado a todos (Hch. 13:38).

5. La recepción del perdón: a todos los que creen (Hch. 13:39).

6. La certeza del perdón: son perdonados (1 Jn. 2:12).

7. Los resultados del perdón: Salvos (Lc. 7:50).

688. *EL AMOR QUE PERDONA*
(Mateo 5:44, 45)

INTRODUCCIÓN: la visión cristiana de la vida se basa en la gracia del perdón. En esta gracia se inspiró María, cuando dijo: «Engrandece mi alma al Señor; y mi espíritu se alegró en Dios mi Salvador. Porque ha mirado la bajeza de su sierva» (Lc. 1:46, 47). Consciente de esta misma gracia, dijo David: «Bienaventurado aquel cuya transgresión ha sido perdonada, y cubierto su pecado». Sin el perdón de Dios no hay vida. La historia de José es un poema de amor, es el paradigma de la gracia del amor perdonador.

1. El perdón es obra del amor:

a) Fue la causa de la venida de Dios al mundo.

b) El amor perdonador de José inspiró la confianza de sus hermanos delincuentes.

c) El amor perdonador dio confianza a la «pecadora» para acercarse a Jesús (Lc. 7:36-50); y a la mujer adúltera para lograr su libertad (Jn. 8:1-11) .

2. El perdón abre la puerta del Cielo:

a) Para tener comunión con Dios.

b) Para tener un gozo perfecto.

c) Para tener una participación de la gloria.

3. La única fuente del perdón es el amor:

a) El amor excluye al falso perdón clerical.

b) El amor restaura al caído: «Simón, hijo de Jonás, ¿me amas?»

c) El amor perdonador nos evita el viaje eterno al infierno y nos concede la eterna libertad en el Cielo.

CONCLUSIÓN:

–Dios bendice al que es perdonador y lo prospera como a José.

–El perdón hace a los hijos de Dios diferentes de los hijos del diablo.

–Quien no perdona tampoco recibirá el perdón.

–«Si confesamos nuestros pecados...» (1 Jn. 1:9), para que tengamos vida eterna.

689. *LA SANGRE DE CRISTO* *(Colosenses 1:15-23)*

1. Aparta el juicio de Dios contra el pecado, como ocurrió con el cordero pascual en la noche de la Pascua (Éx. 12:13; 1 Co. 5:7).

2. Convierte a aquel que cree en el Sustituto, o sea en Cristo, así como la sangre de la purificación cambiaba la posición y condición del leproso limpiado (Lv. 14:14; Ap. 1:5).

3. Invierte la posición que una vez ocupábamos con respecto al mundo; ahora estamos separados de él, así como Dios le dijo al Faraón de Israel: «Y yo haré distinción entre mi pueblo y el tuyo». (Éx. 8:23).

4. Nos inserta en un nuevo lugar, así como la sangre del pacto capacitó a Moisés y a los setenta ancianos para acercarse y ver al Dios de Israel (Éx. 24:5-10).

5. Declara que la bendición del perdón (Ef. 1:7); de la paz (Col. 1:20); del poder (Ap. 12:11); de la pureza (1 Jn. 1:7); y del paraíso están aseguradas en Él (Ap. 7:14).

6. Ejerce una poderosa influencia en su comportamiento práctico, puesto que mata el pecado (Ro. 6:1-15); aniquila al yo (2 Co. 5:15); y vence al orgullo (Fil. 2:5-8).

7. Trastorna los poderes del infierno, que han sido conquistados por medio de Su muerte; así como cuando el cordero del sacrificio fue ofrecido por Samuel, y en consecuencia, el Señor derrotó a los Filisteos (1 S. 7:9, 10; He. 2:14; Col. 1:14).

690. *EL PERDÓN DE PECADOS* *(Romanos 6:1-14)*

1. Necesidad (Ro. 3:23; 1 Jn. 1:10; Jn. 8:3-9).

2. Posibilidad (Sal. 130:3, 4).

3. Base (Jn. 1:29; Hch. 13:38; Col. 1:14).

4. Gracia (Lc. 7:41, 42; Ef. 1:7).

5. Carácter (Is. 1:18; 55:7; Hch. 13:39; Sal. 103:12).

6. Seguridad (Mt. 9:2; Ef. 1:7; Hch. 13:39).

7. Camino (Sal. 51:4; 32:5; 1 Jn. 1:9; Jn. 3:18).

8. Tiempo (2 Co. 6:2; Is. 1:18).

691. *DOS SIGNIFICADOS DE UNA MISMA PALABRA* *(1 Juan 1:1-10)*

INTRODUCCIÓN: hay en todos los idiomas palabras de doble significado o que éste puede aplicarse a derivaciones diversas (ej. «caer», que significa «perder el equilibrio, o negar el tiempo del pago de una deuda»; «romper», ya sea un cristal o con la novia... «Protestar»puede significar «rechazar una cosa», o «afirmarla con ahínco». Y «confesión» es «reconocimiento de una cosa mala», o «agradecimiento por una de buena; de hecho, la Iglesia Católica ha inventado a través de los siglos la «confesión auricular», que significa «declarar cerca de un sacerdote las faltas o errores propios»).

1. La confesión según el Nuevo Testamento: la Biblia usa la palabra confesión en ambos significados, por ejemplo...

a) «Eran bautizados por Juan en el Jordán confesando sus pecados».

b) Juan el Bautista confesó y no negó «no soy yo el Cristo», es decir, declaró una cosa para que no se equivocaran su oponentes.

Ambos aspectos son necesarios para la designación de un buen cristiano. En el Antiguo Testamento hay un versículo que los incluye a ambos: «El que encubre sus pecados no prosperará, mas el que los confiesa y se enmienda alcanzará misericordia» (Pr. 28:13).

2. ¿A quién hay que confesar los pecados?

David, después de haber cometido un grande pecado, cumplió las dos partes de esta sentencia de Salomón: «Tú amas la verdad en lo íntimo» y «lávame y quedaré más blanco que la nieve» (Sal. 51:6, 9). El pecado requiere confesión a Dios, aun aquellos pecados que no perjudican al prójimo, como la borrachera o la impureza solitaria, son transgresiones de la Ley de Dios y contrarias a ti mismo. Cuando somos hijos de Dios no somos dueños de nosotros mismos.

3. Las garantías del perdón *(anécdota del autor: mi tía Elvira, una católica fervorosa a quien su padre regaló un Nuevo Testamento, al leer las palabras «entra en tu cuarto y, cerrada tu puerta, ora a tu Padre que ve en secreto», cuando terminó esperaba oír alguna voz en el aire que le dijera: «Ego te absolvo»; pero al esperar un rato y viendo que no oía nada, se dijo: «Esto no resulta, tengo que volver al sacerdote». Pero unos meses después descubrió por la exposición que le hizo un servidor de Dios acerca de Ro. 5 que no necesitaba oír ninguna voz, pues la declaración de su perdón estaba ya escrita en la Biblia –Ro. 5:8– a causa de estos dos principios afirmados conjuntamente en 1 Jn. 1:9, 10).*

Es curiosa esta concentración de los dos atributos divinos que garantizan nuestro perdón...

a) Su fidelidad: lo ha prometido ¿y no lo hará? «Si vuestros pecados fueren como la grana...» (Is. 1:18).

b) Su justicia: «El Señor cargó en el el pecado de todos nosotros» (Is. 53:6). *(Anécdota: una madre que atendía a una hija muy joven deseando asegurarse de que la muchacha entendía el asunto de la salvación, le preguntó si esperaba ir al Cielo, si el Señor tenía a bien llamarla por la muerte. A la rotunda afirmación de ella, insistió la madre:*

–¿Y en qué confías para poder asegurar tal cosa?

A cuya pregunta respondió la chica con toda seguridad:

–A su justicia.

–¿A su justicia? Querrás decir a su amor y su misericordia.

–No, no; confío, como aseguró Juan, en su justicia. Él es fiel y justo para que perdone nuestros pecados y nos limpie de toda maldad [1 Jn. 1:9]).

Si Dios ha dicho que te perdona, sería dudar no sólo de su palabra, sino aun de su justicia. Pensar que a pesar de tu apelación o arrepentimiento Dios va a decirte, tú puedes decir lo que quieras, que Cristo murió por ti, tú tienes que ir al infierno o por lo menos al purgatorio. ¿Lo harías tú? ¿Será Dios menos cumplidor de su palabra que lo que tú lo serías? *(Anécdota: el caso de la niña que quería la Biblia en la mano cuando quedara muerta. «¿Para que?» –le dijeron– ¿No lo tienes ya en tu memoria?».*

–Oh sí, pero deseo poder enseñarle al Señor su misma palabra escrita en la Biblia).

Por esto no necesitamos oír una voz sobrenatural cuando confesamos a Dios nuestros pecados, que nos diga: «Ego te absolvo»; porque esta afirmación está ya muchas veces en la Biblia. Si quedara alguna duda y fuéramos a preguntarle a alguno de los apóstoles, nos respondería sin duda: «Es que no somos nosotros quienes lo decimos, ¡es el Señor!». Nosotros predicamos, y si la gente se arrepiente y confiesa a Dios su pecado, Él le perdona.

4. Las dos partes de la confesión:

a) La primera es a Dios: «A ti sólo he pecado», decía David. El nuevo nacimiento produce repugnancia y odio al pecado. Puede que un convertido caiga alguna vez, pero no puede quedar tranquilo en su conciencia.

b) La confesión a nuestros prójimos: el apóstol Pablo, en su resumen concentrado de la Cena del Señor, dice: «Por lo tanto examínese cada uno a sí mismo y coma del pan y beba de la copa» (1 Co. 11:29). El mismo Señor declaró a Pedro: «No siete veces, sino setenta veces siete» (Mt. 18:21). ¡Cuán pocas veces se practica eso con el hermano ofensor, más bien se ofrecen excusas: Me equivoqué... Si pudiéramos vencer el orgullo ¡cuánto más amor reinaría en las iglesias. En vez de esto, si se llega a alguna señal de arrepentimiento, es para decir: «Tú tuviste la culpa... si yo te ofendí».

5. La confesión a la comunidad: cuando un pecado ha negado a ser del dominio público trayendo deshonra y escándalo a la Iglesia o grupo de cristianos, no basta confesarlo a Dios, o a un sacerdote, o a un hermano de mayor experiencia, sino ante la congregación. Ésta era una costumbre de los cristianos primitivos, pero

los apóstoles no exigían más que confesión a Dios: «Ruega a Dios que quizá te será perdonado este pensamiento de tu corazón» (Hch. 8:9-24). Pero tuvo lugar en la Iglesia Primitiva algún caso en que los delincuentes eran personas tan estimadas en la congregación que se inició la costumbre de confesar a una sola persona, o sea, la confesión particular. Algunas veces la palabra «confesar» se utiliza como anunciar a Cristo, especialmente en disputas teológicas o disputando con enemigos.

CONCLUSIÓN: las tres clases de confesión son útiles y necesarias, ya que la última forma tiene que ver con el juicio de valoración de nuestra conducta ante el Señor, tal como él mismo lo expresa: «Al que me confesare ante los hombres, yo le confesaré delante de mi Padre que está en los Cielos» (Mt. 10:39, 33; Lc. 12:8, 9). En esta segunda cita el Señor enfatiza acerca de la idea de reconocer y honrar al Padre celestial y a Jesucristo redentor, en tiempos de persecución delante de los enemigos de la fe, pero esta confesión está basada en todas las otras, ya que se refiere a dar testimonio de la fe ante los hombres, para que Dios pueda reconocer y honrar esta fe delante de su Padre Celestial y de los testigos angélicos de nuestra conducta.

692. *PADRE, PERDÓNALOS (Lucas 24:34)*

INTRODUCCIÓN: ¿Quién suplicó esto? ¿Por qué pide esta clemencia?

–La ocasión en que la pide.

–Lo que aprendemos de esta súplica.

1. Es la primera oración jamás oída de tal índole en la Tierra: es la Cruz de Cristo que introduce tal oración.

2. Es el Hijo de Dios venido del Cielo que ora así por sus verdugos: la idea de perdón ha venido del Cielo.

3. Es el reflejo de su hermoso carácter:

a) Su ternura.

b) Su clemencia.

c) Benigna disposición.

d) Amor.

e) Nobleza.

f) Abnegación.

4. Es la prueba de que es el Redentor:

a) Desde la misma Cruz procura el perdón para los más indignos.

b) Lo obtiene en virtud de su sacrificio.

5. Estas palabras dejan ver a Cristo en calidad de Mediador: nótese el argumento con que defiende: «No saben».

CONCLUSIÓN: esta oración proclama que la única manera para salvarnos es por la clemencia divina, por gracia.

693. *PERDÓN DIVINO (Isaías 55)*

INTRODUCCIÓN: todo lo de Dios es diferente de lo de los hombres, y siempre más perfecto. Flores de trapo y naturales; aeroplanos y aves. Son mucho más grandes los primeros, pero más perfectos los segundos, que pueden correr miles de kilómetros (de Alaska a Sudamérica) sin necesidad de grandes depósitos de gasolina. Así es en religión: todas las religiones humanas pretenden hacer ganar la salvación (ej.: faquires indios y devotos católico-romanos); pero notemos que todos los grandes dones de Dios son gratuitos (ej.: el sol, el aire, la lluvia, las cosechas). Mas, ¿no tenemos que hacer nada para ganar el privilegio mayor, la vida eterna? ¡Oh, sí! (Ef. 2:8, 9). Hay que hacer algo, pero diferente de lo que los hombres piensan...

1. Escuchar la palabra de Dios (v. 2): toda obra de salvación empieza con esto: «La fe viene por el oír». ¿Cómo hay que escucharla? « Inclinad vuestros oídos». Esto es, poned el corazón. Cuando veis a algunas personas que escuchan con ansia el Evangelio, tened por seguro que se salvarán. ¿Por qué? Porque los corazones humanos son, por naturaleza, rebeldes y escépticos. Que Dios las haga inclinarse hacia Él, a ningún otro lado podemos inclinar (o sea, acercar) nuestros oídos con más provecho.

2. Ir a Dios en oración (v. 3): cuando alguien os llama, lo primero que hacemos es escuchar; lo segundo, acompañarle y hablar con él. Debemos hablar con Dios y decirle lo que sentimos. Si no tenéis fe, decídselo; si tenéis alguna difi-

cultad, decídsela también a Él. Quizás habéis orado otras veces pidiendo favores diversos; pero se trata de una entrevista diferente; no favores materiales, ni tampoco el perdón de pecados en la forma ligera de siempre. Cuando no se conocen las promesas del Evangelio, no se puede orar del mismo modo que después.

3. Hay que ir con fe en Cristo (v. 4): esta profecía fue escrita 500 años antes de Cristo. ¿A quién se refería? No ha pasado otro hombre por la Tierra que pueda ser llamado jefe y maestro de las naciones. Jesús estaba seguro de su misión cuando dice: «Dondequiera que sea predicado este Evangelio, en todo el mundo». Si ha salvado a millones, de todas las razas, ¿no lo hará contigo? Jesús dice: «El que a Mí viene, no le echo fuera».

4. Hay que hacer un pacto moral con Dios (v. 3):

a) Un pacto que abarque toda la vida pasada para que sean borrados sus malos hechos: es bueno detallar a Dios los pecados que se recuerdan, aunque Él borrará también los no recordados, si nuestra confesión es sincera. «Nos limpia de todo pecado» (1 Jn. 1:9).

b) Es un pacto de condiciones muy favorables (v. 3): como el mensaje era dirigido a los judíos, el profeta pone el ejemplo de las promesas de Dios a David; pero Jesús, el supremo Hijo de David según la carne, Hijo de Dios, ofrece promesas muy superiores (Jn. 5:2-25).

5. Es necesario dejar impedimentos (v. 7; He. 12:1):

a) «Sus caminos», en el lenguaje figurado de la Biblia, indica nuestro viejo modo de andar y proceder; nuestras costumbres y vicios, opuestos a Dios.

b) «Sus pensamientos» significa «propósitos y deseos»: el pensamiento es el origen y causa del hecho (Fil. 4-8). ¿No vale la pena abandonar estas cosas por tan valioso como es la salvación eterna de nuestras almas?

6. Cuándo conviene acudir (v. 6): «Mientras pueda ser hallado».

a) Significa en vida, en salud; no esperar a la hora de la muerte, ni a que Dios esté más lejos de nosotros (o mejor dicho, nosotros de Él). Cuando Dios se acerca hay que aprovecharlo, porque el diablo vendrá pronto a ocupar el lugar vacío del corazón.

b) Dios no podrá ser hallado en todo tiempo: recordemos el llanto de Jesús sobre Jerusalén, porque los judíos no reconocieron «su día». ¡Qué bueno es que Dios se deje hallar por nosotros! Podría esconderse eternamente y dejarnos en nuestra profunda ignorancia, sin Cristo ni el Evangelio. Sería un Ser notorio por sus obras, pero inaccesibles; viviríamos en eterna añoranza de nuestro Creador y Padre, pero ahora Él nos dice: «Venid a Mí».

7. Origen y eficacia de la buena nueva (vv. 8-11): un Evangelio de esta naturaleza sólo podía venir de Dios, cuyos pensamientos son superiores a los nuestros.

a) ¿Producirá en nosotros su Palabra los resultados que Él desea?

b) ¿Será prosperada, o sea, eficaz para otros por nuestro medio, porque seremos sus fieles testigos?

DOCTRINALES

- Segunda Venida
- Pecado
- Cielo
- Dios
- Muerte
- Espíritu Santo
- Justificación
- Juicio
- Resurrección
- Nuevo Pacto
- Vida eterna

694. *CUANDO EL REY VENGA (Apocalipsis 1:4-8)*

Tendrá lugar:

1. La resurrección de los que duermen (1 Ts. 4:16).
2. El arrebatamiento de aquellos creyentes que estén vivos (1 Ts. 4:17).
3. Las transformación de nuestro cuerpo de humillación (Fil. 3:21).
4. La salvación de los que creen (Ro. 13:11).
5. La coronación de los creyentes verdaderos (2 Ti. 4:8).
6. La presentación de los creyentes sin mancha (Jud. 24).
7. La restauración de Su pueblo errante (Jer. 23:6).
8. La recompensa de los fieles (Ap. 22:12).

695. *EL DÍA DEL SEÑOR (Job 19:25)*

1. Un día señalado (Hch. 17:31):

a) Ese día está cerca: un día nublado (Ez. 30:3).
b) Un día de oscuridad: no de luz (Am. 5:18).
c) Un día de destrucción (Is. 13:6, 9, 13).
d) Un día oscuro y sombrío (Jl. 1:15).
e) Grande y terrible (Jl. 2:11).
f) Habrán señales en el Cielo y en la Tierra (Jl. 2:30, 31).
g) De oscuridad, humo y fuego (Jl. 2:30, 31).

2. Cerca y a mano (Sof. 1:14):

a) Un día de maldición: de la trompeta (Sof. 1:15-18).
b) De la ira del Señor (Sof. 2:2, 3).
c) ¿Quién podrá soportar ese día? (Mal. 3:2).
d) Quemará como un horno (Mt. 4:1).
e) Maravilloso capítulo (Zac. 14).

3. ¿Cómo vendrá Cristo?

a) En la gloria de Su Padre (Mt. 16:27).
b) Con sus ángeles (Mt. 24:30).
c) Con poder y gran gloria (Mt. 24:310.
d) Se sentará en Su trono (Mt. 26:31).
e) A la diestra del poder (Mt. 26:31).
f) En las nubes del Cielo (Mt. 26:64).
g) Con la voz de arcángel, y la trompeta de Dios (1 Ts. 4:16, 17).
h) Con decenas de millares de santos (Jud. 1:14, 15).

4. ¿Cuándo?

a) Como ladrón en la noche (1 Ts. 5:1, 2).
b) Los Cielos pasarán (2 P. 3:10-12).
c) Se acerca día a día (Stg. 5:7, 8).
d) Viene pronto (Ap. 22:12, 17, 20).
e) Habrá visiones (Ap. 6:12, 17; Ap. 20:11-15).
f) Exhortaciones (2 Co. 5:10, 11; 1 Co. 3:8; 2 Ts. 1:6-9; 2 Ti. 4:1-8; He. 9:27, 28; 1 P. 4:5, 7, 17, 18; 1 P. 5:4; 1 Jn. 4:17).

696. *EL PROPÓSITO DE LA SEGUNDA VENIDA DEL SEÑOR*

«¿Dónde está el que ha nacido rey de los judíos?» (Mt. 2:2).

Él viene:

1. Para completar la salvación de los santos: «Mas nuestra ciudadanía está en los Cielos, de donde también esperamos al Salvador, al Señor Jesucristo; el cual transfigurará el cuerpo de nuestro estado de humillación, conformándolo al cuerpo de la gloria suya, en virtud del poder que tiene también para someter a sí mismo todas las cosas». (Fil. 3:20; Ro. 8:22, 23; He. 9:28; 1 P. 1:5).
2. Para ser glorificado en Sus santos: «...Cuando venga para ser glorificado en aquel día en sus santos...» (2 Ts. 1:10).
3. Para ser admirado en todos los que creyeron: «...Y ser admirado en todos los que creyeron...» (2 Ts. 1:10).
4. Para traer a la luz las cosas escondidas de la oscuridad: «Así que, no juzguéis nada antes de tiempo, hasta que venga el Señor, el cual sacará a la luz también lo oculto de las tinieblas, y manifestará las intenciones de los corazones...» (1 Co. 4:5).
5. Para juzgar a todos los hombres: «Pues ni aun el Padre juzga a nadie, sino que ha dado todo juicio al Hijo...» (Jn. 5:22; 2 Ti. 4:1; Jud. 14, 15; Ap. 20:11-13).
6. Para destruir a la muerte: «Porque es preciso que él reine hasta que haya puesto a todos sus enemigos debajo de sus pies. Y el último enemigo que será suprimido es la muerte» (1 Co. 15:25, 26).

7. Para reinar como un Rey: «Los reinos del mundo han venido a ser de nuestro Señor y de su Cristo; y él reinará por los siglos de los siglos» (Ap. 11:15; Is. 24:23; Dn. 7:14).

697. *«EL QUE HA DE VENIR VENDRÁ, Y NO TARDARÁ»* *(Hebreos 10:37)*

1. «Mira que vengo enseguida» (Ap. 3:11).
2. «Mira... y mi galardón conmigo» (Ap. 22:12).
3. «Dichoso el que vela, y guarda sus ropas...» (Ap. 16:15).
4. «Sé vigilante, y consolida lo que queda, lo que está a punto de morir, porque no he hallado tus obras perfectas delante de Dios. Recuerda, pues, cómo has recibido y oíste; y sigue guardándolo, y arrepiéntete. Pues si no velas, vendré sobre ti como un ladrón, y no conoces de ningún modo a qué hora vendré sobre ti» (Ap. 3:2, 3).

698. *EL QUE VIENE* *(Job 19:25)*

1. La persona esperada: «porque he aquí que Jehová sale...» (Is. 26:21).
2. El objeto de su venida: «... Para castigar... por su maldad...» (Is. 26:21).

699. *EL QUE VIENE* *(Juan 14:3)*

1. Yo: la Persona.
2. Os preparo lugar: el poder.
3. Vendré: la promesa.
4. Vendré otra vez:la perspectiva.
5. Y os tomaré conmigo: Su pueblo.
6. Para que donde yo estoy: el lugar.
7. Vosotros también estéis: el propósito.

700. *EL REGRESO DEL SEÑOR* *(Apocalipsis 22:6-21)*

1. Expectantes ante su regreso (Fil. 3:20).
2. Apresurando su venida (22 P. 3:12).
3. Orando por su venida (Ap. 22:20).
4. Ocupados hasta que Él venga (Lc. 19:13).
5. Esperando su venida (Mt. 25:13).
6. Velando ante su inminente venida (1 Co. 1:7).
7. Amando su venida (2 Ti. 4:8).

701. *ÉL VIENE* *(Salmo 96:13)*

1. La expectativa del creyente: aquel que vendrá no tardará (Col. 3:4; 1 Jn. 3:2; He. 10:37).
2. La actitud del creyente: aguardando a esa bendita esperanza; esperando al Hijo de Dios de los Cielos (1 Ts. 1:10; Tit. 2:13).
3. El estímulo del creyente: sabiendo que todas las cosas han de ser destruidas, ¿qué clase de personas deberíamos ser? (2 P. 3:11).
4. El espanto del pecador: Él viene a juzgar a la Tierra (Sal. 98:9).
5. «Dios traerá cada obra a juicio, con cada cosa secreta, ya sea buena o mala» (Ec. 12:14).
6. «He aquí que Él viene con las nubes, todo ojo le verá, y mirarán al que traspasaron; también todos los linajes de la Tierra harán lamentación por Él» (Ap. 1:7).

702. *«HASTA QUE ÉL VENGA»* *(Lucas 19:1-24)*

1. Trabajando (Lc. 19:13).
2. Siguiéndole (Jn. 21:22, 23).
3. Recordándole (1 Co. 11:23, 26).
4. Reteniendo (Ap. 2:25).

703. *LA SEGUNDA VENIDA DE CRISTO* *(1 Tesalonicenses 4:14)*

1. Cristo viene otra vez.
2. Muchos estarán vivos en su venida.
3. Ya sea que estemos vivos, o que hayamos dormido en el Señor, todos sus santos seremos reunidos para ir a su encuentro.
4. Pero Su venida será una terrible experiencia para aquellos que le han rechazado.
5. Velemos, pues, y seamos sobrios.

704. *LA TRIPLE «R» DEL RETORNO DE CRISTO (Apocalipsis 21:1-8)*

1. El rapto de los santos (1 Ts. 4:16, 17).
2. La recompensa de los santos (1 Co. 3:13, 14).
3. La reunión con los santos (Ap. 21:3, 4).

705. *LA ÚLTIMA PROMESA DEL SEÑOR JESÚS (Hechos 1:8)*

1. Una promesa personal: «Recibiréis».
2. Una promesa certera: «Me seréis».
3. Una promesa definida: «Poder».
4. Su última promesa: «... le tomó sobre sí una nube que le ocultó de sus ojos».

706. *LAS DIEZ VÍRGENES (Mateo 25:1-13)*

INTRODUCCIÓN: el Señor Jesús hizo uso de incidentes familiares, tales como fiestas de bodas, para enseñar lecciones espirituales. Debemos tratar de asimilar la enseñanza, pero no ir más allá de la misma, imaginando comparaciones que el Señor no hizo.

1. Un evento que está muy próximo: una boda, una ocasión de festividad y felicidad. Valía la pena esperar para compartir esa dicha, aun cuando el novio tardare un poco.
2. Un privilegio ofrecido a todos: en la parábola, tomar parte en el regocijo de esa boda; hoy día, participar de los gozos celestiales de Dios.
3. Una preparación necesaria: entonces con las lámparas encendidas, y hoy día, ¿Qué? La luz del Evangelio brillando en nuestro corazón y en nuestra vida. ¿Siente el que escucha que le falta algo en su vida para esperar al Novio Celestial?
4. La aplicación es hecha por el mismo Señor: «Velad, pues, porque no sabéis el día ni la hora en que el Hijo del Hombre ha de venir» (Mt. 25:13).

CONCLUSIÓN: la segunda venida de Cristo nunca estuvo tan cerca como ahora en nuestros días. Como no sabemos qué día será, debemos estar preparados de continuo. Pensemos si nos falta algo en nuestra preparación para encontramos con el Señor.

707. *LAS SEÑALES DEL FIN (Daniel 12:6)*

1. Señales del fin del mundo:
a) Progreso de las falsas religiones.
b) Una infidelidad creciente e incontrolable.
c) Persecución de los buenos.
d) Incredulidad en el mundo.

2. Señales en la Iglesia:
a) Se incrementan las actividades, por ejemplo, las misiones.
b) Despertar del celo santo en la iglesia: esfuerzo personal.

708. *¿POR QUÉ CRISTO VENDRÁ OTRA VEZ? (Hebreos 9:2)*

1. Para tomar a los suyos de modo que puedan estar con Él para siempre (Jn. 14:1-3; 1 Ts. 4:17).
2. Para completar nuestra salvación (1 P. 1:5; Ro. 8:21-23).
3. Para juzgar a todos (Hch. 17:31; Mt. 25:32; Ro. 2:16).
4. Para ser glorificado en sus santos (2 Ts. 1:10; Mr. 9:2, 3).
5. Para que podamos ser manifestados con Él en gloria (Col. 3:4; Lc. 12:37).
6. Para establecemos en perfecta santidad (1 Ts. 3:13).
7. Para transformarnos a su propia imagen (Fil. 3:20, 21; 1 Co. 15:52).

709. *PREPARAD EL CAMINO (Mateo 3:3)*

INTRODUCCIÓN: aunque el ministerio de Juan ya ha tenido su momento, en cierta manera este mandamiento es aplicable a todas las generaciones.

1. Considerad algunas señales que indican que su Reino está cerca:

a) El espíritu de avivamiento en muchos países.

b) La conversión de muchos líderes conocidos en la sociedad, la política y otros ámbitos nacionales e internacionales.

c) El sentimiento de expectativa en la propia iglesia.

2. Cómo preparad el camino del Señor? «Arrepentíos...» (v. 2):

a) Por medio del conocimiento del pecado (Ro. 3:10).

b) Por medio de la confesión de nuestros pecados (1 Jn. 1:9).

c) Alejándose del pecado.

d) Abandonando definitivamente el pecado (inclusive en el trabajo y los negocios).

3. Obedeciendo sus mandamientos:

a) Siguiendo al Señor en el bautismo (v. 6).

b) Buscando el «Bautismo de Cristo», del Espíritu Santo (v. 11).

c) Andando en la luz (1 Jn. 1:7).

4. Dedicando nuestros talentos al Señor:

a) Fidelidad a la casa de Dios.

b) Diezmando y ofrendando para el sostenimiento de la obra y la iglesia

c) Siendo leales y sosteniendo a todas las ramas auxiliares de la iglesia:misiones, escuelas, hospitales, orfanatos, etc.

5. Por medio de una vida de oración para que el Señor venga:

a) Buscando la salvación de los perdidos.

b) Orando, «...Sí, ven, Señor Jesús».

710. *¿QUÉ HAY DE LA NOCHE? (Isaías 21:11)*

1. La noche está avanzada (Ro. 13:12).
2. El Señor está cerca (Stg. 5:8).
3. Él viene pronto (Ap. 22:12, 20).
4. Por lo tanto no nos durmamos (1 Ts. 5:6).
5. Velemos y seamos sobrios (1 P. 4:7).
6. Esperando la esperanza bienaventurada (Tit. 2:13).
7. Los que hayamos quedado, seremos arrebatados... para salir al encuentro del Señor en el aire (1 Ts. 4:17).
8. Para reinar con Él para siempre (1 Ts. 2:12; Ap. 3:21). «He aquí, Yo vengo... Dichoso el que vela, y guarda sus ropas...» (Ap. 16:15).

711. *SU PRONTA VENIDA (Juan 14:1-3)*

1. En persona (1 Ts. 4:16).

2. ¿Para qué? (Jn. 14:3): para recibir con Él en gloria a los santos que murieron y a los que viven (1 Co. 15:51, 52; 1 Ts. 4:15-17):

a) Ésta es la primera resurrección (Ap. 20: 5, 6).

b) La resurrección de los justos (Lc. 14:14).

c) La resurrección de entre los muertos (Fil. 3:11).

d) A los llamados: el día de la Redención (Ef. 4:30; 1:13, 14; Ro. 8:23).

3. La actitud:

a) Gimiendo (Ro. 8:23).

b) Mirando (Tit. 2:13; He. 9:28; Fil. 3:19, 21).

c) Esperando (1 Ts. 1:10; 2 Ts. 3:5; 1 Co. 1:7, 8).

d) Velando (Mr. 13:35; Lc. 12:37; 1 Ts. 5:2, 6).

e) Amando (2 Ti. 4:8; 1 P. 5:4).

4. Aspecto práctico:

a) Separación (1 Jn. 3:2, 3; Fil 3:20).

b) Autonegación (Col. 3:4, 5).

c) Ocupación (Lc. 19; 11-13).

d) Santidad (2 P. 3:11-14).

e) Tiempo de regocijo (1 P. 1:7; 1 Ts. 2:19).

f) En gloria (Col. 3:14; Ro. 8:18).

g) Como Él (1 Jn. 3:2; Sal. 17:15).

5. ¿Cuándo serán estas cosas? (Mr. 13:32-27; 2 P. 3:10; Ap. 16:15; Mt. 24:27, 37, 38; Lc. 17:26, 29; 1 Ts. 5:1-3; Mt. 24:44; Ap. 22:7, 12, 20).

6. ¿Qué significa para los incrédulos? (Jud. 14, 15; Ap. 1:7; 19:11-14; 7:15-17; 20:11-15; Hch. 17:31; 10:42; 2 Ts. 1:7, 8, 9; Is. 26:21; 63:36; Jer. 5:31).

712. *OCUPAOS*
(Lucas 19:13)

INTRODUCCIÓN: Aquí leemos el desafío que hace el Señor a Sus siervos: «Negociad hasta que venga».

1. Negociad y ocupaos: la responsabilidad es inmensa (1 P. 4:10).
2. Hasta: el tiempo del retorno es indefinido (Mt. 24:36).
3. Que Yo: el Redentor es infinito (Jn. 8:59).
4. Venga: el retorno es inminente (Jn. 14:3).

713. *ACONTECIMIENTOS ESPERANDO EL RETORNO DEL SEÑOR DESDE LOS CIELOS*
(Hechos 3:20, 21)

1. La resurrección de los muertos en Cristo (1 Ts. 4:16). Estudio: primera, segunda y resurrección general (1 Co. 15:23; Ap. 20:6; Dn. 12:2).
2. La transformación de los creyentes que estén vivos (1 Co. 15:52). Estudio: la naturaleza del cuerpo resucitado (Fil. 3:20, 21; 1 Jn. 3:2; 1 Co. 15:42).
3. El arrebatamiento de la Iglesia (el Cuerpo de Cristo) (1 Ts. 4:17). Estudio: aquellos que verán la Estrella de la Mañana (Jn. 14:3; 2 Ts. 2:1; He. 9:28).
4. El juicio de las obras del creyente (Ro. 10:14). Estudio: siete juicios del Nuevo Testamento (1 Co. 3:10:15; 2 Co. 5:10; Lc. 19:11-26).
5. La restauración de la nación judía (Mt. 24:44). Estudio: el indestructible pueblo judío (Lc. 21:24-33; Hch. 15:11-44; Ro. 11:18).
6. El juicio de las naciones vivientes (Mt. 25:30, 31). Estudio: las naciones que disfrutarán esa era (Jl. 2:12; Ap. 5:10; 11:18).
7. El establecimiento del Reino de Dios (2 Ti. 4:1). Estudio: lo que el Reino no es, y lo que es (Dn. 7:13; Ap. 11:21; Lc. 19:12, 13).

CONCLUSIÓN: El Reino ya viene, oh contad la historia, La bandera de Dios exaltada será. La Tierra será llena de su conocimiento y gloria, Como las aguas que cubren el mar.

714. *CUANDO CRISTO VUELVA*
(Hechos 3:20 y 21; 15:16)

1. Los muertos en Cristo serán resucitados (1 Ts. 4:16): conocida como la primera resurrección (no la resurrección general) (1 Co. 15:53; Ap. 20:6; Lc. 14:14; Jn. 11:23-25).
2. Los creyentes que vivan serán transformados (1 Co. 15:52): llevaremos la imagen celestial (1 Co. 15:49; Fil. 3:20, 21; 1 Jn. 3:2; 1 Co. 15:53, 54).
3. La Iglesia (el Cuerpo de Cristo) será trasladada (1 Ts. 4:17): es el tiempo de la Estrella de la Mañana (2 P. 1:19; Jn. 14:3; 2 Ts. 2:1).
4. Las obras del creyente han de ser juzgadas (Ro. 14:10): este juicio es con el propósito de recompensar (2 Co. 5:10; 1 Co. 3:10-13; Lc. 19:11-26)...

a) La nación judía será restaurada (Mt. 24:34): los judíos aún continúan con nosotros y seguirán entre nosotros (Hch. 15:14-16; Lc. 21:24-33; Ro. 11:26).

b)Las naciones vivientes serán juzgadas (Mt. 25:30, 31).

c)Algunos disfrutarán la vida de esa era y otros no (Jl. 3:12; 1 Co. 6:2; Ap. 5:10; 11:19).

5. Los Reinos de Dios serán establecidos sobre la Tierra en toda su plenitud (Hch. 1:6, 7): el Señor Jesucristo se sentará sobre el trono de David (Is. 9:7; Dn. 7:13, 14, 18, 27; Ap. 3:31).

715. *CUANDO VEA AL SEÑOR JESÚS*
(Lucas 19:1-4)

Cuando usted vea al Señor Jesús, los resultados serán:

1. Se verá así mismo (Is. 6:5): la diferencia depende de la norma de medida que usted tenga (Ap. 3:17; Hch. 9:6).
2. Se apartará definitivamente del pecado (Lc. 19:8): el verdadero arrepentimiento siempre hace que huyamos de la vieja vida (Hch. 3:19; 2:38, 39).
3. Tendrá un espíritu de humildad (Lc. 22:27): este espíritu ciertamente no es típico del hombre natural (Mr. 10:45; Lc. 6:27, 28, 35).
4. Irá en busca de un nivel de vida mucho más elevado (1 P. 1:15, 16): no se contentará

con el viejo orden de las cosas (Pr. 4:18; Gá. 2:20).

5. Estará conduciéndose por otro camino (Mt. 2:12): la senda de muchos ha cambiado desde que Cristo vino a este mundo (Hch. 9:20, 21; Sal. 40:14).

6. Será capaz de ver a otros (Is. 6:5-9): muchos que nunca vieron al Señor, tampoco ven a los demás (Hch. 8:4; Mr. 6:34).

7. Estará esperando Su regreso (1 Ts. 1:9, 10).

CONCLUSIÓN: Si ha visto al Señor en Espíritu querrá salir a su encuentro cuando venga en Persona (1 Jn. 3:1-3; He. 9:28).

716. *LISTOS CUANDO ÉL VENGA (Mateo 24:33, 44, 46)*

1. Haciendo su voluntad: obedientes (Jn. 14:23).

2. Guardando nuestra separación (2 Co. 6:14).

3. No dejando nuestro carácter de peregrinos (Jn. 17:13).

4. Saliendo adonde Él, «fuera del campamento, llevando su vituperio...» (He. 13:13).

5. Testificando para Cristo (Hch. 1:8).

6. Poniendo nuestros afectos en las cosas de arriba (Col. 3:1).

7. Poniendo nuestros tesoros en los Cielos (Mt. 6:19).

717. *«PREPARAD EL CAMINO DEL SEÑOR» (Mateo 3:1-10)*

INTRODUCCIÓN: estas palabras fueron dirigidas a individuos, instituciones y naciones; es decir, a fariseos, saduceos y toda la multitud...

1. Una preparación dispensacional:

a) Hay tiempos de una especial manifestación divina.

b) Dios tiene un plan y modo de manifestarse, el cual no es uniforme ni rígido, sino adecuado y oportuno.

c) Preparaos para cooperar con el plan de Dios.

2. Una preparación personal:

a) Arrepentimiento.

b) Corrección de la conducta.

c) Autosacrificio y total rendición y consagración. Sin confianza en la raza, el abolengo o la posición.

d) Esta preparación personal es un requisito previo a su venida, y no el resultado de la misma.

3. Los principios eternos de Dios acerca de la preparación son inmutables.

4. Dios viene, ya sea que estemos o no preparados para recibirle: «¿Y quién podrá soportar el día de su venida?» (Mal. 3:2).

718. *LA VENIDA DEL SEÑOR (1 Tesalonicenses 4:13-18; 5:1-6)*

INTRODUCCIÓN: Este es un tema lleno de vital interés para estos últimos días. Notemos cuidadosamente los hechos siguientes:

1. Que el Señor vendrá otra vez: Él descenderá de las nubes; ésta no es Su venida para morir, ni es tampoco el descenso del Espíritu Santo. «Este mismo Jesús... vendrá así... » (Hch. 1:11).

2. Que aquellos que durmieron en el Señor, vendrán con Él (1 Ts. 4:15); he aquí que aquellos que han muerto en el Señor no habrán perdido nada, y aquellos que vivan serán librados del dolor de la muerte, pero no precederán a los que durmieron.

3. Que los muertos en Cristo resucitarán primero (4:16): esto sucederá sólo para aquellos que han dormido en el Señor (1 Co. 15:23). Benditos aquellos que tengan parte en la primera resurrección (Ap. 20:6).

4. Que todos serán arrebatados juntamente (4:17): los muertos resucitados y los vivos transformados en un momento en un abrir y un cerrar de ojos (1 Co. 15:51, 52), y juntos irán al encuentro del Señor en los aires.

5. Que estaremos para siempre con el Señor (4:17): la opción del Señor Jesús será contestada (Jn. 17:24). El deseo de los santos concedido (Sal. 17:15). Así será el Cielo.

6. Que éste será un día terrible para los que no han creído: será un día de «destrucción

repentina» (1 Ts. 5:3). Será una pena de «eterna perdición» (2 Ts. 1:9).

7. Que el cristiano debe estar esperando su venida: no durmiéndose como hacen otros (1 Ts. 5:6). Ahora es hora de levantamos del sueño (Ro. 13:11).

719. *EL GRAN DÍA DEL SEÑOR (Sofonías 1:14-18)*

INTRODUCCIÓN: debe tomarse directamente del texto. Necesitamos estar listos: «Por tanto, también vosotros estad preparados...» (Mt. 24:44).

1. La buena disposición del pecador:

a) «...Arrebatándolos del fuego...» (Jud. 23). «En el lago que arde con fuego y azufre...» (Ap. 21:8). A menos que se arrepientan antes que llegue el día del Señor, los pecadores serán condenados.

b) ¡Qué incendio más grande provoca un pequeño fuego! (Stg. 3:6).

c) «Porque, ¿qué provecho sacará el hombre de ganar el mundo entero, si pierde su alma?» (Mt. 16:26).

2. La buena disposición del creyente. La preparación precede a la buena disposición:

a) No hubo agua hasta que no fueron cavadas zanjas (2 R. 3:16, 17).

b) No hubo sanidad hasta que el leproso se hubo sumergido en la aguas del Río Jordán (2 R. 5:10).

d) No hubo resurrección hasta que la piedra fue removida (Jn. 11:39).

3. Señales de su venida: «...Cuando veáis que suceden estas cosas...» (Mar. 13:29).

a) Un aumento de la ciencia y el conocimiento (Dn. 12:4).

b) Muchos correrán de aquí para allá (Dn. 12:4).

c) Automóviles, etc (Nah. 2:3, 4).

d) Rechazo de la verdad (2 Ti. 4:3, 4; 2:15).

e) Amadores de sí mismos más que de Dios (2 Ti. 3:2).

f) Desobediencia de parte de los hijos (2 Ti. 3:2). Pérdida del afecto natural (22 Ti. 3:3).

g) Amor a los placeres (2 Ti. 3:4).

h) Falsos Cristos (Mt. 24:12).

i) Guerras, hambres, pestilencias, terremotos (Mt. 24). «Así también vosotros, cuando veáis todas estas cosas, conoced que él está cerca, a las puertas» (Mt. 24:33).

CONCLUSIÓN: Dos estarán en el campo, dos mujeres moliendo en un molino, etc. Será como en los días de Noé: «Porque así como el relámpago sale del oriente...» (Mt. 24:27) «Dichoso aquel siervo, al cual, cuando su señor venga, le halle obrando así». (Mt. 24:46).

720. *LA SEGUNDA VENIDA DE CRISTO (Mateo 24:3-14; 27:32-44)*

INTRODUCCIÓN: En la Biblia hay trescientos dieciocho versículos que hablan de este tema. Se menciona cincuenta veces en las epístolas de Pablo.

1. Profecías concernientes a la primera venida de Cristo:

a) Moisés 1431 años A. C. (Dt. 18:18, 19).

b) Isaías 758 años A. C. (Is. 7:14)

c) Miqueas 710 años A. C. (Mi. 5:2)

d) Jacob 1. 689 años A. C. (Gn. 49:10)

2. La promesa de su segunda venida:

a) Jn. 14:3.

b) Lc. 12:35-38.

c) Mt. 16:27.

d) Mt. 24:30.

3. Los ángeles dijeron que Él volvería otra vez:

a) Un ángel anunció Su nacimiento (Lc. 2:10, 11).

b) Un ángel anunció Su resurrección (Lc. 24:1-7).

c) Un ángel anunció Su Segunda Venida (Hch. 1:10, 11).

4. Los apóstoles enseñaron que Él volvería otra vez:

a) Hch. 15:13-18.

b) Ap. 1:7.

c) 1 Ts. 1:9, 10.

d) 1 Ts. 4:16.

5. El plan de su segunda venida:

a) Históricamente: los judíos dispersos, preservados, y vueltos a unir(*véase* Ez. 37:21).

b) En el plano educacional (Dn. 12:4).

c) En el plano político (Mr. 13:8).

d) En el plano religioso: una gran desintegración (*véase* 1 Ti. 4:1, 2; 2 Ti. 3:1-5, 13).

6. Cómo será su segunda venida:

a) Inesperada.

b) Terrible para los malos (Mt. 24:36-51).

c) Gloriosa para los santos (1 Ts. 5:1-3).

d) Nada secreto acerca de su venida, ni nada sujeto a error (Lc. 17:24).

7. El propósito de su segunda venida:

a) Para revelar Su gloria (1 Ti. 6:13-15); Rey de los judíos; Señor del universo.

b) Para recibir a su iglesia, su novia.

c) Para recompensar a sus santos (2 Ti. 4:8).

d) Para atar a Satanás para siempre (Ap. 20:1-3, 10).

e) Para rechazar para siempre a los perdidos (Mt. 25:31; Ap. 20:11).

721 *LA VENIDA DEL SEÑOR (1 Corintios 15)*

Algunos de los grandes hechos relacionados con ella:

1. Seguridad absoluta de esta promesa (Ap. 22:20).

2. Seleccionados como individuos (1 Co. 15:23).

3. Secreta en cuanto a su método (Hch. 1:11).

4. Rápida en su operación (1 Co. 15:52).

5. Salvadora en sus resultados (Fil. 1:3; 20:21).

722. *LAS TRES «R» DE LA SEGUNDA VENIDA DEL SEÑOR (Juan 14:1-13)*

INTRODUCCIÓN: la mayoría de nosotros conocemos las tres «R», especialmente relacionadas con la Primera Venida: para salvarnos de la Ruina del pecado a través de la Redención por medio de Su sangre y la Regeneración del Espíritu Santo. Aquí hay tres «R» en conexión con la Segunda Venida de nuestro Señor:

1. La realidad: ¿Es una «fábula» o una verdad escritural? Como prueba de ello, notemos:

a) La propia declaración de nuestro Salvador: «... Vendré otra vez, y os tomaré conmigo...» (Jn. 14:3).

b) La confirmación angélica especial de la afirmación del Señor de que Él vendría otra vez: «Este mismo Jesús, que ha sido tomado de vosotros al Cielo, vendrá así, tal como le habéis visto ir al Cielo» (Hch. 1:11).

c) La revelación apostólica especial: «Porque el Señor mismo con voz de mando, con voz de arcángel, y con trompeta de Dios, descenderá del Cielo; y los muertos en Cristo resucitarán primero» (1 Ts. 4:13-18).

2. La rapidez: tal vez el hecho más relevante de su venida es lo insospechadamente breve que va a ser el arrebatamiento. Este pensamiento está reforzado por:

a) La triple advertencia de la última hoja del último mensaje de Dios: «¡He aquí, vengo pronto!» (Ap. 22:7, 12, 20).

b) Por medio de la declaración definitiva de 1 Co. 15:5 1: «He aquí, os digo un misterio: no todos dormiremos; pero todos seremos transformados...». En un momento el diablo le ofreció a Cristo todos los reinos de la Tierra. Dios le dará a su Hijo todos los redimidos en un abrir y cerrar de ojos. ¡Qué momento glorioso!

c) Por el dicho o refrán tan familiar «en un abrir y cerrar de ojos»: pruebe de abrir y cerrar un ojo. ¡Qué rápido es! Con la misma rapidez, nuestros cuerpos corruptibles serán transformados en cuerpos incorruptibles aptos para la gloria.

3. El resultado: naturalmente pensamos primero en nosotros mismos. Pero, ¿cuál será el resultado de la venida del Señor para Él mismo?

a) En el sentido más amplio: «Verá el fruto de la aflicción de su alma, y quedará satisfecho...». (Is. 53:11).

b) Para nosotros: culpables, y pecadores merecedores del infierno, habiendo sido justificados por el Señor Jesucristo, seremos glorificados por la eternidad (Ro. 1:30).

c) La Iglesia, ahora separada y dividida, volverá a ser unida: la oración de hace casi dos mil años –«...para que todos sean uno» (Jn. 17:21)– será contestada para toda la eternidad.

CONCLUSIÓN: la mayor gloria y el pensamiento más alentadores: «... Vendré otra vez, y os tomará conmigo, para que donde yo estoy, vosotros también estéis». «Amén; sí, ven, Señor Jesús».

723. *EL DÍA DEL SEÑOR*
(1 Tesalonicenses 5:2)

INTRODUCCIÓN: si la misma Escritura no garantizara esta figura, en la cual la segunda venida del Señor es comparada con la llegada de un ladrón en la noche, nos sería difícil de asimilar. La comparación la sugiere el mismo Señor: «Velad, pues, porque no sabéis a qué hora ha de venir vuestro Señor. Y comprended aquello de que si el padre de familia supiese a qué hora iba a venir el ladrón, velaría y no dejaría que horadasen su casa» (Mt. 24:42, 43).

1. El día del Señor: por medio de esta expresión la Escritura da a entender un día que en cierto sentido es único. Es su día, si bien todos los días, pertenecen al Señor en cuyas manos están los tiempos:

a) Por la expresión «el día del Señor» se da a entender que es el día en el cual Él tomará el primer lugar en el pensamiento y la existencia de sus criaturas.

b) Es el día en el cual Él llamará a rendir cuentas a aquellas criaturas Suyas con una responsabilidad moral.

2. Como un ladrón en la noche... ¿Cuáles son las ideas que se sugieren por medio de esta comparación?

a) Se sugiere una idea de temor: los profetas de la antigüedad hablaron de la venida de un día universal de destrucción como «el día grande y espantoso de Jehová» (Jl. 2:31). Nosotros no podemos sino hacemos eco de su lenguaje. Pero si lo hacemos, el Juez puede ser nuestro Amigo y Salvador. Durante los días de sus vidas, los hombres deben decidir cómo van a enfrentarse a ese gran juicio.

b) Sugiere una idea de prontitud: esto contrasta con la familia en que se presentan muchos de los juicios de Dios en esta época. Ni las guerras, ni el hambre, ni tampoco las pestes vienen, generalmente, como ladrón en la noche. ¿Estamos esperando este acontecimiento tan repentino? La primera ansiedad en la vida práctica de un creyente debería de manifestarse al recordar las palabras del Señor «Velad, pues, porque no sabéis a qué hora ha de venir vuestro Señor».

c) Sugiere una idea de aquello que no puede prevenirse por medio de esfuerzos humanos: no podemos prevenir la venida del Señor en las nubes del Cielo. No podemos sino preparamos para encontramos con Él, examinándonos y juzgándonos a nosotros mismos. Cada uno de nosotros deberíamos levantar un tribunal en nuestro propio corazón, y pesar allí nuestros hechos, palabras, nuestras vidas, y toda nuestra conducta. Entonces podríamos oír el eco de la voz del Señor hablándonos en Su misericordia, o bien en condenación, y esa voz nos ayudaría a separar un tiempo para examinar nuestro corazón y preparamos para el momento de la muerte o del encuentro con el Señor Jesucristo si es que Él llega a venir en nuestros días.

CONCLUSIÓN: la muerte, al igual que los juicios, viene como un ladrón. Recordemos que la muerte es la antecámara del juicio en el tribunal de Cristo. Prepararse para la muerte es una de las responsabilidades más serias del ser humano durante esta vida. «Mas vosotros, hermanos, no estáis en tinieblas, para que aquel día os sorprenda como un ladrón» (1 Ts. 5:4). Quiera Dios que sea así con nosotros.

724. *LA SEGUNDA VENIDA DE CRISTO*
(Lucas 21:27)

INTRODUCCIÓN: por medio de las más solemnes y patéticas series de predicciones que figuran en este capítulo, el Señor Jesucristo está hablando de dos acontecimientos diferentes de forma tan simultánea que a veces, es difícil interpretar a cual de los dos se está dirigiendo.

1. Indudablemente, la destrucción de Jerusalén fue una sombra o figura del gran día del

juicio, y el pensamiento de nuestro Señor parece ahora haber pasado del juicio más cercano de Jerusalén, al juicio más terrible de todos.

2. Para nosotros es difícil darnos cuenta de que este juicio ciertamente ha de ocurrir. La imaginación humana tiene dificultad en representarse este tremendo colapso de la humanidad. La fecha de este juicio está en las manos de Dios.

3. Es uno de esos tiempos o épocas que Dios ha puesto en su propio poder, y no pueden hacerse conjeturas al respecto sin correr el riesgo de cometer grandes errores. Como dice la Escritura: «...Para con el Señor un día es como mil años, y mil años como un día» (1 P. 3:8). Si a veces parece demorar, lo hace en su misericordia, y no porque se olvide, y mucho menos porque no pueda venir. El no desea que ninguno perezca

4. El último juicio vendrá sobre cada uno de nosotros: todos veremos al Señor Jesucristo en Su majestad y gloria, y todos nos veremos a nosotros mismos como realmente somos. El día de los engaños y las medias verdades habrá pasado. Las ambiciones, los títulos, las posiciones, etc., ya no significarán nada.

CONCLUSIÓN: en presencia de las últimas realidades todos estamos en un nivel absoluto. Aprendamos que todas las cosas que son temporales, y que no nos llevan a Dios ni provienen de Él, no son sino incidentes pasajeros en la historia de la existencia.

725. *LA SEGUNDA VENIDA DE CRISTO (Hebreos 9:28)*

INTRODUCCIÓN: en el plan de Dios para la salvación de los hombres, el Señor Jesús debía venir dos veces a esta Tierra. La primera vez vino para dar Su vida y derramar Su sangre para que pudiéramos ser salvos. La segunda vez vendrá en poder y gloria, sin relación con el pecado. Debemos aceptar todos los beneficios de Su primera venida para estar preparados para Su segunda venida, puesto que el gozo de Su segunda venida está reservado para aquellos que le han aceptado como Salvador, y que están preparados para recibirle por segunda vez como el Señor de la gloria.

1. La segunda venida de Cristo ha de ser personal (Hch. 1:10, 11): su segunda venida no ha de identificarse con la venida del Espíritu Santo en Pentecostés, con la muerte, con la predicación del Evangelio entre las naciones o con cualquier otro hecho visible que haya tenido lugar en la historia del cristianismo; puesto que su venida será similar a la forma en que El se fue al Cielo una vez resucitado. Es decir, ha de ser personal y visible para sus seguidores.

2. El tiempo de la segunda venida de Cristo será al fin de esta era (Mt. 24:14): desde el principio de la era cristiana, la segunda venida de Cristo ha sido un hecho inminente, y su proximidad tiene un mayor significado para nosotros que para cualquier otra generación que ha vivido anteriormente a la nuestra. Al decir inminente, no queremos dar a entender que Cristo volverá en tal o cual año, mes o día. No sabemos el tiempo exacto de Su venida. Este conocimiento está solamente en la mente de Dios, pero las Escrituras dan ciertas señales que indican que su venida se acerca. Estas señales son:

a) Tibieza en la iglesia (Mt. 24:12; 2 Ti. 3:1-5).

b) Angustia y aflicciones diversas entre las naciones (Mt. 24:7).

c) Deseos de equidad en la esfera económica (Stg. 5:1-8).

d) Deterioro general de los hogares (2 Ti. 3:2).

3. La forma y el propósito de su venida (1 Ts. 4:13-17):

a) El Señor descenderá con gran voz. Su llegada será de repente, personal y gloriosa.

b) Los muertos en Cristo resucitarán primero, y los que vivan en Cristo serán trasladados.

c) Los salvados de todas las edades, que constituyen la Iglesia, la Novia, la esposa del Cordero, entrarán a las bodas del Cordero (Ap. 19:7-9).

d) La Gran Tribulación entonces dará comienzo en la Tierra (Ap. 16:19)

4. Preparación para su venida (Mt. 24:44).

CONCLUSIÓN: a las palabras pronunciadas por el Maestro –«Ciertamente vengo en breve»–, ¿responde tu corazón «Amén; sí, ven, Señor Jesús» (Ap. 22:21)?

726. *LA SEGUNDA VENIDA* *(Juan 14:3)*

1. El hijo de Dios vino una vez:

a) Cuando conmemoramos aquel primer advenimiento, lo hacemos pensando en Aquel que vino para darnos la salvación.

b) En la Cena del Señor traemos a nuestra mente el advenimiento del Hijo de Dios a nuestra vida.

c) Acerquémonos a la Mesa del Señor para tomar las manos de nuestro Redentor, y para recibirle de manera que podamos ser más que vencedores.

d) Venimos no sólo para recibir, sino también para proclamar la muerte del Señor hasta que Él venga (1 Co. 11:26).

2. Aquel que ya vino una vez volverá a venir:

a) Los primeros discípulos anticiparon un cumplimiento temprano de esta promesa, por lo cual la gente se burlaba de ellos diciendo, «¿Dónde está la promesa de su Venida?» (2 P. 3:4).

b) El Señor no regresó mientras ellos vivían. La promesa aún no ha sido cumplida, pero lo será.

c) El Hijo de Dios vendrá la segunda vez como un Juez.

d) Debemos esperar este segundo advenimiento (Tit. 2:1-3), por lo que siempre debemos estar listos.

727. *ÉL SERÁ GRANDE* *(Lucas 1:32)*

1. Grande en Su gloria preexistente.

2. Grande como Creador co-igual con Dios el Padre.

3. Todas las grandes profecías hacen referencia al que es Grande.

4. Todos los grandes tipos se relacionan con Él.

5. Su gran venida para quitar el pecado es, hasta ahora, el acontecimiento más grandioso en la historia del mundo.

6. El Personaje y el ejemplo más grandioso, perfecto y glorioso de todas las edades.

7. Un gran Salvador, un gran sacrificio, una grandiosa salvación.

8. Un gran poder de resurrección.

9. Grande en gloria como mediador, abogado e intercesor.

10. Gran Rey que viene a establecer su Reino.

728. *LA VENIDA DE CRISTO POR SUS SANTOS* *(1 Tesalonicenses 4:13-18)*

1. El Señor descenderá en el aire (1 Ts. 4:16).

2. Los muertos en Cristo resucitarán primero (1 Co. 15:20-25).

3. Los santos que vivan serán transformados (1 Ts. 4:17).

4. La corrupción será vestida de incorrupción (1 Co. 15:52).

5. A los que vivan les será dada la inmortalidad (1 Co. 15:54).

6. Ambos seremos arrebatados juntos (1 Ts. 4:17).

7. Seremos recibidos por Él (Jn. 14:3).

729. *SU SEGUNDA VENIDA* *(Salmo 96)*

1. Por su pueblo (Jn. 14:3; 1 Ts. 4:16, 17).

2. Con su pueblo (Col. 3:3; Zac. 14:5).

3. Para recompensar a Sus siervos (Ap. 22:12; 2 Ti. 4:8).

4. Para castigar a los pecadores (2 Ts. 2:7, 8; Jud. 14, 15).

5. Para juzgar al mundo (Ap. 19:11-16; Sal. 96:13).

730. *LA VENIDA DEL SEÑOR, SU ASPECTO PRÁCTICO* *(Filipenses 3:20, 21)*

1. Sobre la creación (Ro. 8:19-23; Is. 35:1; 55:13).

2. Sobre los gentiles o las naciones (Is. 11:4; Hch. 15:16, 17; Jer. 3:17; Zac. 14:16).

3. Sobre Israel (Ro. 11:26; Jer. 16:14, 15: Ro. 11:1; Is. 8:23; 12:10).

4. Sobre el creyente: la salvación se completará en su venida (1 P. 3:5; Ro. 8:23; Fil. 3:20, 21):

a) Es la esperanza bendita (Tit. 2:13).

b) Un camino a la consolación total (1 Ts. 4:13-18).

c) Un camino a la purificación (Col. 3:1-5; 1 Jn. 3:2, 3).

d) Hace al creyente paciente (Stg. 5:7, 8; He. 10:36, 37).

e) Caritativo (1 Co. 4:5).

f) Sincero (Fil. 1:9, 10).

g) Fiel (2 Ti. 4:1, 2; Lc. 12:43).

h) Consagrado y moderado (Fil. 4:5).

i) Vigilante y sobrio (12 P. 4:7).

j) Permaneciente (I Jn. 2:28).

k) Le sostiene en la tribulación (2 P. 1:7; 4:13).

l) Un incentivo a la santidad y la separación (2 P. 3:10-12; Tit. 2:11-13),

731. *EN CONSTANTE EXPECTACIÓN*

«Mirad, velad y orad; porque no sabéis cuándo será el tiempo» (Mr. 13:33).

INTRODUCCIÓN: hay miles de creyentes que viven tan interesados en la Segunda Venida de Cristo, que por miedo a la repentina llegada del Señor procuran vivir correctamente. Es un hecho que los cristianos esperamos la segunda venida; pero, mientras tanto, ¿nos ocupamos de cómo le serviremos, más que de cuándo vendrá? Porque es imposible saber el tiempo de su venida: es un misterio que aun a los ángeles está vedado. Jesucristo nos reta a considerar tres verbos sonoros...

1. Mirad:

a) La condición del mundo.

b) La realidad de lo que a nosotros mismos nos podría perjudicar.

c) En qué forma renovamos la misión de las iglesias para este mundo.

2. Velad:

a) Activemos todos los demás sentidos.

b) Desarrollemos las capacidades que Dios nos ha dado .

c) Busquemos incansablemente los medios de predicar su Evangelio.

d) Preparémonos nosotros mismos: «Por tanto, amados míos, como siempre habéis obedecido, no como en mi presencia solamente, sino mucho más ahora en mi ausencia, ocupaos en vuestra salvación con temor y temblor» (Fil. 2:12).

3. Orad:

a) Porque este es el medio eficaz de comunicarnos con Dios.

b) Porque por este medio, Dios puede darnos a conocer sus propósitos para nuestras vidas.

c) Porque el espíritu puede estar alerta; pero la carne es débil. La oración nos fortalece: «Velad y orad, para que no entréis en tentación: el espíritu a la verdad está dispuesto, pero la carne es débil» (Mt. 26:41).

732. *LA FORMA EN QUE TENDRÁ LUGAR LA SEGUNDA VENIDA (Apocalipsis 22:20)*

Cristo viene:

1. En las nubes: «Entonces aparecerá la señal del Hijo del Hombre en el Cielo...» (Mt. 24:30b; 26:64; Ap. 1:7).

2. En la gloria de su Padre: «Porque el Hijo del Hombre ha de venir en la gloria de Su Padre...» (Mt. 25:31a).

3. En llama de fuego: «...Y a vosotros que sois atribulados, daros reposo con nosotros, cuando sea revelado el Señor Jesús desde el Cielo con los ángeles de su poder, en llama de fuego, para dar retribución a los que no conocieron a Dios, ni obedecen al Evangelio de nuestro Señor Jesucristo...» (2 Ts. 1:7, 8).

4. Con gran poder: «...Y entonces harán duelo todas las tribus de la Tierra, y verán al Hijo del Hombre viniendo sobre las nubes del Cielo, con poder y gran gloria» (Mt. 24:30b; 28:18).

6. Con los ángeles: «Porque el Hijo del Hombre ha de venir en la gloria de su Padre con sus ángeles...» (Mt. 16:27a; 25:31; Mr. 8:38; 2 Ts. 1:7).

7. Con voz de mando: «Porque el Señor mismo con voz de mando, con voz de arcángel, y con trompeta de Dios...» (1 Ts. 4:16a).

8. Con sus santos: «Y el Señor os haga crecer y abundar en amor unos para con otros y para con todos, como también lo hacemos nosotros para con vosotros, para afianzar vuestros

corazones, irreprensibles en santidad delante de nuestro Dios y Padre, en la venida de nuestro Señor Jesucristo con todos sus santos». (1 Ts. 3 12, 13).

9. Como un ladrón: «He aquí, yo vengo como ladrón. Dichoso el que vela, y guarda sus ropas, para que no ande desnudo, y vean su vergüenza» (Ap. 16:15; 2 P. 3:10; 1 Ts. 5 2).

10. Como un relámpago: «Porque así como el relámpago sale del oriente y brilla hasta el occidente, así será también la venida del Hijo del Hombre» (Mt. 24:27).

11. «Y habiendo dicho estas cosas, viéndolo ellos, fue alzado, y le tomó sobre sí una nube que le ocultó de sus ojos. Y estando ellos con los ojos puestos en el Cielo, entretanto que él se iba, he aquí que se pusieron junto a ellos dos valones con vestiduras blancas, los cuales también les dijeron: Varones galileos, ¿por qué es- táis mirando al Cielo? Este mismo Jesús, que ha sido tomado de vosotros al Cielo, vendrá así, tal como le habéis visto ir al Cielo» (Hch. 1: 9-11).

12. De repente: «... No sea que venga de repente y os encuentre durmiendo» (Mr. 13:36; Ap. 22:20).

13. Inesperadamente: «Velad, pues, porque no sabéis a qué hora ha de venir vuestro Señor» «Por tanto, también vosotros estad preparados; porque el Hijo del Hombre vendrá a la hora que no penséis» (Mt. 24:42, 44; Lc. 12:40). «Velad, pues, porque no sabéis ni el día ni la hora en que el Hijo del Hombre ha de venir» (Mt. 25 13).

733. *LA SEGUNDA VENIDA DE CRISTO (Hechos 1:11)*

Significa que:

1. La última vez: «...Que sois guardados por el poder de Dios mediante la fe, para alcanzar la salvación que está preparada para ser revelada en el último tiempo» (1 P. 1:5).

2. Los tiempos de restitución: «... A quien el Cielo debe guardar hasta los tiempos de la restauración de todas las cosas, de los que habló Dios por boca de sus santos profetas que hubo desde la antigüedad» (Hch. 3:21; Ro. 8:21).

3. Los tiempos de refrigerio: «Así que, arrepentíos y convertíos, para que sean borrados vuestros pecados; para que vengan de la presencia del Señor tiempos de refrigerio... » (Hch. 3:19).

4. La aparición de nuestro Señor Jesucristo: «... Para que la prueba de vuestra fe, mucho más preciosa que el oro, el cual perece, aunque se prueba con fuego, se halle que resulta en alabanza, gloria y honra en la revelación de Jesucristo» (1 P. 1:7).

5. La gloriosa aparición del Gran Dios: «... Aguardando la esperanza bienaventurada y la manifestación gloriosa de nuestro gran Dios y Salvador Jesucristo...» (Tit. 2:13).

6. La revelación del Señor Jesucristo: «Por lo cual, estad preparados para la acción, sed sobrios, y esperad por completo en la gracia que se os traerá en la revelación de Jesucristo» (1 P. 1:13).

7. El día de nuestro Señor Jesucristo: «Fiel es Dios, por el cual fuisteis llamados a la comunión con su Hijo Jesucristo nuestro Señor» (1 Co. 1:8; 2 P. 3:10).

8. El día de Dios: «... ¡qué clase de personas debéis ser en vuestra conducta santa y en piedad, aguardando y apresurando la venida del día de Dios, en el cual los Cielos, encendiéndose, serán deshechos, y los elementos, siendo quemados, se fundirán!» (2 P. 3:11, 12).

734. *LOS SANTOS Y LA SEGUNDA VENIDA DE CRISTO (1 Juan 3:2)*

1. Serán preservados: «... Estando persuadido de esto, que el que comenzó en vosotros la buena obra, la perfeccionará hasta el día de Jesucristo...» (Fil. 1:6; 2 Ti. 4:18; 1 P. 1:5; Jud. 24).

2. No serán avergonzados: «Y ahora, hijitos, permaneced en Él, para que cuando se manifieste, tengamos confianza, y en su venida no seamos avergonzados de parte de Él» (1 Jn. 2:28).

3. Serán sin mancha: «...De tal manera que nada os falta en ningún don a los que esperáis anhelantes la revelación de nuestro Señor Jesucristo; el cual también os afianzará hasta el fin, para que seáis irreprensibles en el día de nuestro Señor Jesucristo» (1 Co. 1:7, 8; 1 Ts. 3:13; 5:23).

4. «Amados, ahora somos hijos de Dios, y aún no se ha manifestado lo que hemos de ser; pero sabemos que cuando Él se manifieste, seremos semejantes a Él, porque le veremos tal como él es» (1 Jn. 3:2; Fil. 3:20, 21).

5. Aparecerán con Él en gloria: «Cuando Cristo, vuestra vida, se manifieste, entonces vosotros también seréis manifestados con él en gloria». (Col. 3:4).

6. Recibirán una corona de gloria: «Por lo demás, me está guardada la corona de justicia, la cual me dará el Señor, el juez justo, en aquel día; y no sólo a mí, sino también a todos los que aman su venida» (Col. 4:8; 1 P. 5:4).

7. Reinarán con Él: «Si sufrimos, también reinaremos con él...». (2 Ti. 2:12; Dn. 7:27; Ap. 5:10; 20:6; 22:5).

735. *EL DÍA DEL SEÑOR*

«... Porque el gran día de su ira ha llegado; ¿y quién podrá sostenerse en pie?» (Ap. 6:7).

1. Una ocasión solemne:
a) Un gran tribunal.
b) Un gran Juez.
c) Una gran multitud.

2. Un día memorable:
a) Un día de gran pompa.
b) Un día de gran escrutinio.
c) Un día de grandes resultados.
d) Un día de grandes separaciones.

3. Una importante pregunta:
a) No el impenitente.
b) Ni el cristiano nominal.
c) Nadie sin un abogado.

736. *CUANDO DICEN QUE NO IRÁN*

1. El «no» de la desobediencia (2 Ts. 1:8).
2. El «no» de la ignorancia (Jue. 2:10; Jer. 4:22).
3. El «no» contra la Luz (Jn. 16:3; Zac. 7:11).
4. El «no» de rehusar (Jue. 5:23).
5. El «no» de la falta de respeto (Hch. 10:14; Mt. 21:27-31).
6. El «no» de una falsa promesa (Mt. 26:35).
7. El «no» de la rebelión (Pr. 1:24; Is. 65:12).
8. Pero por medio de la gracia de Dios hay esperanza (Pr. 1:33, 8:35).

737. *EL ENGAÑOSO CORAZÓN DEL HOMBRE (Jeremías 17)*

1. Un corazón engañoso arruinó a Judas (Lc. 22:3).
2. Un corazón engañoso cegó al ladrón (Lc. 23:39 y 40).
3. Un corazón engañoso hizo de Caín un homicida (Gn. 4:8).
4. Un corazón engañoso está lleno de corrupción (Mr. 7:21 -23).
5. El terrible ejemplo de Ananías (Hch. 5: 1-3).
6. Los pecadores deben ser instruidos contra el engaño (Is. 58:1).
7. «No os dejéis engañar» (Gá. 6:7).

738. *EN LOS ÚLTIMOS DÍAS (2 Tesalonicenses 2)*

1. La apostasía (2 Ts. 2:3; 14 Ti. 4:1).
2. Falsos maestros de nuevas doctrinas (1 Ti. 4:2).
3. Mofadores y predicadores de herejías (2 P. 2:1, 2; 3:3).
4. Hombres amadores de sí mismos, traidores y corruptos (2 Ti. 3:1-5).
5. Hombres amadores del dinero (Stg. 5:3; 1 Ti. 6:10).
6. Tiempos peligrosos (2 Ti. 3:1; Jer. 30:7).

739. *LOS QUE NO SON SALVOS (Juan 3:18)*

1. Pasan sus días en vanidad (Sal. 78:32, 33).
2. Están cegados por Satanás (2 Co. 4:4; 1 Co. 2:14).
3. Están en gran peligro (Ap. 21:8; He. 2:3).
4. Son esclavos del pecado (Ro. 6:17, 20; 1 Jn. 5:19).
5. Son hijos de desobediencia (Ef. 2:2).
6. Morirán en sus pecados (Jn. 8:24; Ef. 2:1).
7. Son extranjeros y extraños con respecto a los favores de Dios (Ef. 2:12).

740. *COMPLACENCIA*

«Por tanto, velad... no sea que venga de repente y os encuentre durmiendo» (Mr. 13:35, 36).

1. El principio de la complacencia es sutil:

a) No es una tentación a desobedecer abiertamente; es una sugestión sutil a hacer las cosas de modo cómodo y fácil.

b) Es una apreciada herramienta de Satanás; su eficiencia es incuestionable:

–Hace que uno esté muy cansado para asistir a la reunión de oración.

–Hace que uno esté demasiado ocupado para invitar gente a la iglesia.

–Hace que uno esté demasiado preocupado con las cosas del «yo».

c) Es altamente contagioso, pues las personas son grandes imitadores.

2. El avance de la complacencia es peligroso:

a) El hombre complaciente no quiere que se le despierte. Mr. 1:23, 24 detalla magníficamente su actitud.

b) El hombre complaciente está satisfecho con la mediocridad.

c) El hombre complaciente no está consciente del peligro que corre, y a medida que el tiempo pasa, sigue cada vez menos apercibido.

3. Los resultados de la complacencia son trágicos:

a) El hombre complaciente y la iglesia complaciente dejan de ser testigos de Dios efectivos.

b) El hombre complaciente tendrá un muy duro despertar:

–Se despertará para encontrarse en el infierno.

–O bien, se despertará después de que su actitud de complacencia haya causado daño a su familia, amigos y compañeros.

4. El remedio de la complacencia está al alcance de todos:

a) El hombre complaciente debe ver el Calvario en relación con su propia persona.

b) El hombre complaciente debe ser tratado por Espíritu Santo.

c) El hombre complaciente debe estudiar la Palabra de Dios, orar y testificar.

741. *EL PECADO*
(2 Corintios 3:23)

«Pecado es cualquier falta de conformidad con la ley de Dios o cualquier transgresión de esa ley; errar en algo».

1. Su naturaleza:

a) Toda iniquidad e injusticia (1 Jn. 5:17).

b) Conocer el bien y no practicarlo (Stg. 4:17).

c) No creer en Cristo (Jn. 16:8, 9).

2. Su extensión:

a) No hay ni un justo (Ro. 3:10).

b) Todos pecaron (Ro. 3:23).

c) No hay quien no peque (Ec. 7:20).

3. Su efecto:

a) Nos separa de Dios (Is. 59:2).

b) Nos hace perder el Reino de Dios (1 Co. 6:9).

c) Sus frutos un día serán recogidos (Gá. 6:8).

d) Da por resultado la muerte del cuerpo y del alma (Ez. 18:4; Ro. 6:23).

4. Su remedio: Cristo es el remedio (Jn. 1:29; Jn. 3:16; Is. 1:18).

742. *ESCONDIÉNDOSE DE DIOS*
(Génesis 3:8)

1. Los hombres tratan de esconderse de Dios:

a) Tratando de olvidar a Dios.

b) Pensando que Él está lejos.

c) Profesando agnosticismo, infidelidad.

2. Esconderse es en vano; Dios siempre encuentra a los hombres a través de:

a) Sus conciencias.

b) Las operaciones de las leyes de la naturaleza.

c) La Iglesia.

d) El Espíritu Santo.

e) El juicio final.

Conozcamos que nuestro pecados nos alcanzará. Seamos conscientes de que los ojos del Señor están en todas partes.

743. *LA MALDAD DEL PECADO*
(Job 13:23)

Considerad la maldad del pecado:

1. Cómo ofende a un Dios lleno de gracia.

2. Cómo hiere a un Salvador amante.

3. Cómo quebranta una ley santa.

4. Cómo ensucia y contamina un alma preciosa.

5. Cómo aleja al hombre de Dios.

6. Cómo acaba en el infierno.

744. *LAS LIMITACIONES DEL HOMBRE*
(Job 8:9)

1. Su tiempo es corto (Sal. 90:10; Gn. 47:9).

2. El hombre no es sino polvo (Sal. 78:39; 103:14).

3. Su justicia es como un trapo de inmundicia (Is. 64:6).

4. Su conocimiento es vano (Job 38:36-38).

5. Su poder es nulo (Is. 2:22; 40:6, 7).

6. No puede saber lo que traerá el día de mañana (Hch. 20:22).

7. De manera que necesita la guía de Dios (Sal. 116:6; Mr. 9:17, 18).

745. *LAS COSAS NO SON LO QUE PARECEN*

«Todos los caminos del hombre son limpios en su propia opinión» (Pr. 16:2).

1. Las sendas de los malos: muchas de éstas son «limpias» o «buenas» en sus propios ojos. Para justificar este autoengaño:

a) Le dan bonitos nombres al pecado.

b) Piensan mal de los demás, diciendo que son mucho peor que ellos, y encontrando así una excusa para justificarse.

2. Las sendas del que profesa una religión exterior parecen «limpias»:

a) Sus observancias de las ceremonias.

b) Su asistencia regular a los servicios.

c) Su profesión abierta a la religión.

d) Su generosidad a la causa, e interés general en las cosas buenas.

3. Las sendas del profesante mundano: piensa que es una persona «limpia». Permitámosle considerar si es verdaderamente «limpio»:

a) ¿En su vida secreta? ¿En sus indulgencias privadas y ocultas?

b) ¿En sus placeres y diversiones?

c) ¿En su compañía y conversación?

d) ¿En la Biblia que tiene olvidada, su tibieza en la religión, etc.?

4. Las sendas del apóstata seguro, que sueña con que su senda es «limpia», mientras que un poco de observación le harían ver muchos lugares sucios en su vida:

a) Disminución de la oración privada (Job. 15:4).

b) Gradualmente el pecado le va ganando terreno (Jer. 15:10).

c) Conversaciones insuficientemente espirituales (Ef. 5:4).

d) Escasa lectura de las Escrituras (Os. 8:12).

e) El corazón se va endureciendo (He. 3:13).

746. *LOS EFECTOS DEL PECADO (Génesis 3:6)*

INTRODUCCIÓN: el pecado es una realidad. No cambia en su naturaleza esencial. Lo que ha hecho una vez, lo hace ahora y lo hará por siempre. Lo más terrible es la forma ligera en que se toma hoy día.

1. Produce un sentido de contaminación: «Entonces fueron abiertos los ojos de ambos». y así procuraron esconderse el uno del otro, y ambos de Dios. El pecado no puede soportar la mirada de inocencia o de santidad.

2. El pecado convierte a la gente en corruptor de los demás: «Y dio también a su marido». ¡Qué terrible! La «ayuda idónea» se convierte en un agente destructivo para su pariente más cercano. Del mismo modo hoy día hay maridos, esposas, padres, hermanos y hermanas que se convierten en agentes de Satanás.

3. El pecado se vuelve hereditario: Caín mató a Abel. ¡Qué pronto maduró ese fruto maligno! (*véase* Stg. 1:15). Si los padres trasmiten a los hijos las tendencias pecaminosas, es su deber contrarrestar esas tendencias por medio de vidas piadosas y de una provechosa enseñanza.

4. Contamina y envicia toda la vida: todo pecado en todas sus formas es la progenie de aquel pecado original. Nuestro pecado, si le damos tiempo y oportunidad, resultará en lo mismo. ¿Qué, pues, deberíamos hacer con el pecado? No es de asombrarse que el alma ansiosa exclame: «¿Qué podrá limpiar mi pecado?»

CONCLUSIÓN: gracias, Señor, porque la sangre de Cristo puede hacerlo.

747. *EL CAMINO DE LOS PECADORES (Salmo 1:1)*

1. Aquellos, en el camino de los pecadores, están:

a) Rebeldes contra Dios.

b) Llenos de injusticia.

c) Bajo la maldición de Dios (Jn. 3:3, 6).

2. Por su actitud y su conducta, ellos:

a) Aprueban todo pecado (Ro. 1:32).

b) Condenan a Dios por castigar el pecado.

c) Condenan a los justos (1 P. 4:4).

3. El efecto de sus vidas pecaminosas es:

a) Para animar a otros a pecar.

b) para arruinar sus propias almas.

4. El camino del pecado:

a) Puede parecer recto (Pr. 16:25).

b) Puede proporcionarle el placer temporal (He. 11:25).

c) Lleva a la destrucción (Mt. 7:13).

748. *EL CORAZÓN DEL HOMBRE (Santiago 1:13-15)*

1. El origen del pecado:

a) Muchos están prontos a atribuir la causa de sus pecados a Dios.

b) Pero Dios no es, ni nunca podría ser el autor del pecado.

c) Todo pecado debe ser atribuido a las propensiones de nuestra propia naturaleza. Dentro de cada uno de nosotros tenemos una predisposición secreta al pecado, que se llama concupiscencia, lujuria o lascivia

2. El crecimiento del pecado:

a) Su primera manifestación en el alma es a menudo lenta y gradual.

b) Sin embargo, su progreso hacia la madurez es generalmente muy rápido.

3. El problema del pecado: el pecado nunca ha sido estéril: sus resultados son numerosos, como la arena de las playas, pero en cada caso el nombre de su primogénito es el mismo; la muerte. La muerte es:

a) Su pena (Ez. 18:4; Ro. 1:18; 6:21, 23; Gá. 3:10).

b) Su merecido: considerad que el pecado es una rebelión contra Dios; visto como debe verse, en las agonías y la muerte del unigénito Hijo de Dios.

c) Su tendencia: nos indispone para la comunión con Dios; y nos incapacita para los santos ejercicios.

4. No tratemos de paliar el pecado. Satanás ha ejercitado toda su malicia contra nuestro Señor, pero no pudo prevalecer porque en Él no había nada que secundara o asistiera sus esfuerzos. De manera que si no nos rendimos voluntariamente a su influencia, tampoco puede vencernos a nosotros.

5. No juguemos con la tentación. Mantengámonos a distancia de los lugares, los libros, y las compañías que engendran el pecado. Velemos y oremos para que no entremos en tentación.

6. No abandonemos a nuestro Salvador ni por un momento. Nadie sino el Señor Jesús puede vencer al pecado y la muerte.

749. *LA CARNALIDAD (Romanos 8:6)*

Si no hay condenación para los que están en Cristo, es para aquellos que «no están andando conforme a la carne». Si todas las cosas obran para bien, ésto es para aquellos «que aman a Dios». Si la justicia de la ley está cumplida en nuestra justificación, nuestra santificación no deja de estar menos implicada; y toda carnalidad es absolutamente inconsistente con el espíritu y designios del Evangelio, pues es la muerte misma.

1. La carnalidad, en proporción a su operación, produce la estupidez y la inactividad de las cosas espirituales:

a) La misma esencia de la muerte espiritual consiste en el predominio de esta carnalidad:

–La insensibilidad bajo los juicios.

–La falta de preocupación en cuanto a las cosas eternas.

–La falta de voluntad para venir a Cristo.

–Vivir sin Dios en el mundo.

b) Donde prevalece en forma parcial la carnalidad, produce efectos similares, pero en forma más atenuada:

–Apaga el fuego sagrado del amor y debilita nuestras resoluciones.

–Esconde los objetivos de esperanza de nuestra vista.

–Debilita la energía de la fe.

2. La carnalidad, en proporción a la forma en que opera, produce una profunda miseria:

a) Considerad a aquellos que están totalmente sumidos bajo el dominio de la mente carnal:

–Están siempre buscando la felicidad, pero nunca son capaces de obtenerla.

–Están en guerra permanente consigo mismos.

–Cada aflicción es motivo de alarma.

–Están cargados con culpa y con autocondenación.

b) Donde prevalece la carnalidad en forma parcial, produce efectos similares:

–Causa distanciamiento de Dios.

–Nos incapacita para cumplir con el servicio cristiano.

750. *LA MALDAD DEL PECADO (Jeremías 2:19)*

1. La descripción del profeta acerca del pecado queda resumida en dos aspectos: «haber dejado tú a Jehová tu Dios», y «faltar mi temor en ti».

a) Cada pecador ha abandonado a Dios.

b) El que no ama a Dios, tampoco le teme.

c) De estos dos orígenes proceden todas las maldades que hay en el mundo.

2. La maldad y la naturaleza amarga del pecado. Podemos darnos cuenta de ello por:

a) Los preceptos de la santa ley de Dios.

b) Las terribles amenazas de la Palabra de Dios.

c) Las amargas penas de los verdaderos penitentes.

d) Los amargos frutos que produce.

e) Los frutos aún más amargos que puede producir, si Dios no lo frena.

f) Los amargos dolores de la muerte eterna.

g) Los amargos sufrimientos del Hijo de Dios.

3. La exhortación. A menos que nos demos cuenta de ello:

a) No podremos conocer ni ver la salvación de Dios.

b) No podremos arrepentimos del pecado ni tampoco abandonarlo.

c) Tendremos que abstenernos a las consecuencias que nos esperan en el futuro.

751. *EL ENGAÑO DEL PECADO (Hebreos 3:13)*

INTRODUCCIÓN: Satanás ha sido mentiroso desde el principio: «es mentiroso y padre de mentira» (Jn. 8:44). La mujer engañada comió (Gn. 3:13). El pecado, su obra, es por lo mismo engañoso para que los hombres caigan fácilmente en él. Observemos:

1. La propensión del hombre a dejarse engañar. Los mismos que son astutos en los asuntos temporales caen con facilidad:

a) Debido a su ignorancia. No se preocupan por conocer la voluntad de Dios, y de ello se aprovecha el pecado. Se informan de las leyes humanas, opiniones, etc. ; pero no de Dios.

b) Debido a la concupiscencia natural: creemos lo que nos gusta. Así cayó Eva. Con más razón nosotros (Ro. 8:7). Nuestra naturaleza ama el pecado y acepta prontamente sus sugestiones.

c) ¡Y son tantos los engañados! Es fácil creer lo que todos creen. Y por todas partes hallamos estímulo al mal, en los hombres y en las cosas.

2. Algunas de las mentiras del pecado:

a) Que producirá bien: que será útil para producir prosperidad, bienestar, satisfacción. Así tentó Satanás a Eva. Así obran muchos (Ro. 3:8). El fruto del pecado es al fin muerte.

b) Que no tendrá castigo alguno: «No moriréis». Los hombres se han empeñado en probar que no hay infierno, y al fin ellos mismos se persuaden.

c) Que es cosa leve: llaman a su pecado «falta» «equivocación», «error», «desliz». ¿Qué tanto mal hizo Eva en comer del fruto? Y tratamos de persuadirnos de que no tienen importancia nuestros pecados.

d) Que es necesario: así se disculpa la mentira, el hurto, la impureza.

e) Que la culpa, si hay culpa, es de los otros. La sociedad, los padres, los amigos, el diablo *(anécdota: un bracmán decía al misionero que el diablo era el culpable de nuestros pecados, por ser quien los sugiere).*

f) Que habrá lugar de arrepentimiento: y que, sin duda, Dios perdonará.

3. Con estos y otros argumentos se tranquiliza la conciencia y se desvanecen los temores; pero los hechos demuestran sus terribles consecuencias:

a) Endurece el corazón: cada vez menos dispuesto a oír la voz de Dios y a rendirse a su voluntad (ej.: Faraón; el despertador desobedecido).

b) Pervierte el sentido moral: llega el hombre a llamar a lo malo bueno y a lo bueno malo.

c) Forma hábitos ruinosos: la práctica de un pecado influye en la vida.

d) Quita la paz del corazón.

e) Aparta al hombre de Dios: el pecado hizo a Adán ocultarse (Is. 59:2). No quiere pensar en Dios, no lo busca, no lo ama.

f) Perjudica a los que nos rodean.

g) Lleva al infierno: «en vuestros pecados moriréis».

CONCLUSIÓN: sólo Dios puede librarnos de tales consecuencias. Para ello necesitamos arrepentirnos, confesarlo, y creer en Cristo; y hacerlo hoy. Que ninguno se endurezca en el engaño del pecado.

752. *«SEA HECHA TU VOLUNTAD» (Mateo 6:10)*

INTRODUCCIÓN: una de las peticiones más difíciles de hacer sinceramente *(anécdota: la niña que oraba, «sea hecha mi voluntad»).*

Hay una constante rebeldía en el corazón natural. Por lo mismo, una de las peticiones que más necesitamos hacer. Nuestro texto nos invita a pensar.

1. En la voluntad soberana de Dios:

a) Esta supone su personalidad. Dios no es una fuerza, o una ley, sino un ser personal.

b) Es una voluntad definida. No hay en ella vacilación alguna, ni mudanza, como en la del hombre.

c) Una voluntad sabia. Jamás se ha equivocado. Nosotros erramos en nuestras elecciones y determinaciones. Él quiere siempre lo bueno, lo mejor.

d) Voluntad compasiva. Tiene en cuenta el bien de sus criaturas, nunca deseando su mal.

e) Una voluntad santa. Jamás quiere, ni aprueba o consiente lo malo (Ro. 1:18).

f) Una voluntad poderosa. Cuenta con el poder para hacer que se cumpla (en la Creación, en la Redención). Todo en el mundo material hace su voluntad, se cumple su propósito; pero no su deseo ni sus órdenes en el orden moral.

2. Un estado de ignorancia y rebeldía; lo supone la petición, pues de lo contrario no tendría caso:

a) Hay mucha ignorancia acerca de su voluntad. Lo demuestran las supersticiones, la idolatría las prácticas de muchos de nuestros semejantes. Es el «dios no conocido».

b) Hay rebeldía contra lo que se conoce de su voluntad. Rebeldía contra la conciencia; contra los mensajeros de Dios; contra Cristo. En los mismos cristianos hay frecuentes movimientos de rebeldía .

c) Esta falta de armonía con su voluntad es la causa de toda la miseria humana.

d) ¿Por qué la ha soportado Dios? No por indiferencia, ni por debilidad: sino por amor y compasión al pecador. Ha querido valerse de medios suaves, el amor y la persuasión para reclamarlo.

3. Un santo deseo:

a) ¿Quién lo expresa? Sólo el cristiano; sólo el que ha experimentado la buena voluntad de Dios (Ro. 12:2).

b) Lo que lo engendra. El amor y celo por Dios y el amor al hombre. Nada mejor puede haber para el mundo. Sería el Cielo.

c) Expresado en petición. Sólo Dios puede lograr su realización. Él puede vencer al diablo, y dar al hombre conocimiento y voluntad, nuevo corazón.

d) Confirmado con la acción. Quien hace esta petición, estará pronto a obedecer a Dios y someterse gozoso a sus determinaciones; y difundirá el conocimiento del Evangelio para que el mundo se convierta a Cristo y haga su voluntad.

CONCLUSIÓN: de la respuesta a esta petición depende tanto la felicidad tuya como la del mundo. ¿Puedes hacerla sinceramente? ¿Conoces la voluntad de Dios? ¿Deseas hacerla? («Mi comida es que haga la voluntad...). ¿Te gozas en ello?

753. *EL PECADO, ¿QUÉ ES?* *(Romanos 3:9-31)*

1. Es la transgresión de la ley (1 Jn. 3:4).
2. Una enfermedad seria, que contamina todo el ser (Is. 1:4, 5; Ro. 3:10-18).
3. Una nube oscura, que oculta el rostro y la bendición de Dios (Is. 54:2).
4. Una atadura, que atrapa al hombre en su poder (Pr. 5:22).
5. Un dueño tirano, que amarga la vida de sus esclavos (Neh. 9:37).
6. Un perturbador de la paz, que causa ansiedad (Sal. 38:3).
7. Un ladrón de la bendición, que hace morir al alma de inanición (Jer. 5:25).
8. Un terrible devastador, que trae una desolación indecible al alma (Mi. 6:13).
9. Un trastornador, que a cada momento hace tropezar y derriba al pecador (Pr. 13:6).
10. Un grabador, que deja su marca indeleble (Jer. 17:1).
11. Una presencia traicionera, que hace que las víctimas caigan en sus propias garras (Ez. . 21:24).
12. Un seguro detective, que siempre encuentra al pecador (Nm. 32:23).
13. Un testigo acusador, que señala con su dedo condenador (Is. 59:12).
14. Una suma de adiciones, que acumula todo su peso (Is. 30:1).

754. *LA CEGUERA DE LOS PECADORES* *(Efesios 2:1-10)*

Por naturaleza, somos:

1. Ciegos a nuestra condición ante Dios (Ro. 3:11).
2. Ciegos ante la inmensa belleza de Cristo (Is. 53:1).
3. Ciegos a la gracia de Dios (Ro. 11:8).
4. Ciegos a las cosas del Señor (1 Co. 2:9-14).
5. Ciegos a la presencia de Cristo (Ap. 3:18, 19).
6. Ciegos a la necesidad del nuevo nacimiento (Jn. 3:3-7).
7. Ciegos a la maldad de alrededor (Ef. 2: 2, 3).

755. *LA INCREDULIDAD SUS PODERES* *(Juan 3:31-36)*

1. Destruye la capacidad de ver (Jn. 3:36).
2. Perturba el alma (Hch. 14:2).
3. Endurece la sensibilidad (Hch. 19:9).
4. Cuestiona la autoridad de la Palabra de Dios (Ro. 10:21).
5. Hace que los pies resbalen (1 P. 2:3).
6. Roba la bendición (He. 3:18; 4:2).

756. *PECADO Y PECADOS* *(Salmo 51)*

1. El pecado es la raíz: «El pecado que mora en mí» (Ro. 7:20).
2. Los pecados son los frutos: «Nuestros pecados» (1 Jn. 3:5).
3. El pecado es la causa: «El pecado que mora en mí» (Ro. 7:17, 18).
4. El pecado dice lo que somos: «Pecadores» (Ro. 5:19).
5. Los pecados proclaman lo que hemos hecho. «Pecados» (1 Ti. 5:24).
6. El pecado es condenado: «Condenó al pecado» (Ro. 8:3).
7. Los pecados son perdonados: «Perdón de pecados» (Hch. 26:18).
8. Liberación del pecado como un amo. Esta liberación se halla en Cristo (Ro. 6:10).
9. Los pecados remitidos: «Remisión de los pecados» (Mt. 26:28).
10. El pecado en el creyente, latente: «Si decimos que no tenemos pecado» (1 Jn. 1:8).
11. Pecados, el hábito de vida, abandonados: «No practica el pecado» (1 Jn. 3:9).
12. El pecado no es el amo del creyente: «Porque el pecado no se enseñoreará de vosotros» (Ro. 6:14). Los creyentes están «muriendo a los pecados» (1 P. 2:24).

757. *EL CALLAR MISTERIOSO DE DIOS ANTE EL PECADO* *(Salmo 50)*

Este precioso salmo es una descripción del juicio en tres cuadros...

Aspecto de juicio: vv. 1-6 (*véase* Ap. 20:12-15).

Lo que el inspirado poeta hebreo declara que Dios dirá a su pueblo (vv. 6, 7).

Lo que el salmista declara que Dios dirá a los pecadores (vv. 16-21):

–A los fieles reprende su ritualismo y falta de fe en el poder de Dios.

–A los impíos su maldad e hipocresía (Mt. 7:21-23). La frase a considerar es el v. 21. ¿Por qué calla Dios al pecado que ha existido por siglos en el mundo?

1. El callar no es prueba conclusiva de que no hay Dios: el silencio de una habitación contigua no es prueba de que no hay nadie si no hago un registro; pero ¿quién es capaz de registrar el Universo? (El astronauta ruso que declaró no haber Dios por no haberle hallado en la estratosfera, a poquísimos quilómetros de la Tierra, cuando hay millones de soles y galaxias). Si la ciencia no descubre a Dios, descubre sus obras y la conclusión lógica es la del Sal. 139: «El que hizo el oído ¿no oirá», etc. Pero ¿por qué calla Dios por este tiempo que a los hombres nos parece tan largo?

2. El callar es un castigo: es el resultado de la caída. Dios tenía comunicación con los hombres antes, por la teofanía del Edén (Gn. 3:8), pero el pecado hizo división (Is. 59:2).

La Biblia nos presenta varios ejemplos particulares de silencios judiciales:

a) El lamento de Saúl (1 S. 28:15).

b) El caso de Efraín (Os. 4:17).

c) El caso de Herodes (Lc. 23:9): nada le respondió. No era digno de ser complacido el asesino de Juan el Bautista.

d) Israel entero es un ejemplo de este proceder de Dios (Mt. 23:39). «Dejados de Dios». Tremendo acto de justicia (Sal. 28:1). Todos los pecadores pueden caer bajo este castigo por resistir al Espíritu Santo. Si tú callas a Dios día tras día, Dios callará en cuanto a ti, pero hablará en el último día. ¡Si calla para el mundo, que hable fuerte por su Espíritu en nuestro corazón!

3. Si en un aspecto, el callar de Dios es un acto de justicia, en otro aspecto es un acto de misericordia: aunque parece contradictorio no lo es (Is. 30:18). Ante Caifás Jesús callaba, pero aquel silencio salvó al mundo. Pudiendo hacer tronar los cielos en defensa suya no lo hizo (Is. 53:7). Pero este sistema de gobierno no continuará indefinidamente. Dios hablará un día, y si tú no hablas ahora el lenguaje de arrepentimiento, tendrás que oír su voz como juez. Ahora que calla, por amor de Jesús, ve y reconcíliate con Él.

4. El callar de Dios es un acto de gobierno a causa de sus escogidos

a) De no ser longánime con los malos, ¿dónde estarían los escogidos? Los santos han de surgir de los pecadores (ejemplo de Nicky Cruz y muchos otros).

b) No sólo el mundo ha de esperar, sino aun el mismo Cielo (*véase* lo que fue dicho a las almas de los mártires, según Ap. 6:9-10, y a los ángeles ansiosos de juicio en Ap. 7:3). De esto se aprovechan los malos, los tiranos y verdugos del pasado, pero no hacen sino cumplir los planes de Dios para mayor gloria suya y de las mismas víctimas que Dios les consiente probar (Job 1; 2. 1 P. 1:7, 8).

c) Dios espera a los que han de creer. Sin Saulo no hubiera habido Pablo. Dios espera como el capitán de un barco náufrago al último pasajero, pero el número ha de ser completado; alguna vez será salva la última alma por Cristo.

5. La paciencia de los creyentes tiene que ir al compás de la paciencia de Dios

a) Para con los pecadores. Porque nosotros sólo conocemos una pequeña parte de los planes de Dios; por esto sólo nos toca callar y esperar; pero nos toca hacer mas.

b) Dar gracias de que esta paciencia haya llegado hasta nosotros.

c) Para con nuestros semejantes, con los hermanos no perfectos; somos imagen de Dios, «creados a hechura suya»; lo que Él hace en gran escala, ¿no podemos hacerlo nosotros en nuestra pequeña escala? (Mt. 5:14, 48).

d) Aprovechar bien esta paciencia divina. Pablo la reconocía bien a su favor (1 Ti. 1:12-16), pero siente que no es sólo para él; hay otros que deben aprovecharse de ella y a él le toca ayudar.

e) No abusar de esta paciencia. Esto expresa Pablo en Ro. 6:1. El hecho de que Dios calla parece permitírnoslo todo orar o no orar, leer o

no leer, dar o no dar, perdonar o no perdonar, pero está escrito que Dios vendrá y no callará (Is. 65:6). Que nunca tenga que decirnos a nosotros «estas cosas hicisteis y yo he callado». (*véase* 2 Co. 8:10).

758. *EL ERROR DE NAAMÁN (2 Reyes 5:1-27)*

1. La terrible enfermedad del pecado:
a) Aplíquese a grandes y pequeños.
b) Es inherente al hombre caído.
c) Trae infaliblemente un desastroso fin.

2. El remedio infalible; el sacrificio de Cristo:
a) Advertido por el testimonio personal.
b) Definido por los servidores de Dios.

3. Métodos erróneos para conseguirlo:
a) No por dinero (*véase* Mt. 10:8; Hch. 8:20, 1 P. 1:18).
b) No por influencia (Jn. 2:4; 1 Ti. 2:5).
c) Considerar otras cosas tan buenas o mejores que lo que Dios ha revelado (ej. Abana, Pharphar, religiones humanas, moralidad...).

4. El método indispensable:
a) Escuchar el mensaje con humildad.
b) Creerlo de corazón.
c) Obedecer sin excusas y de un modo completo.

759. *SEPARACIÓN (Génesis 1)*

1. En el principio, Dios separó los cielos de la tierra, la luz de las tinieblas, el firmamento de las aguas...
2. Abraham llamó a su pueblo a separarse de la idolatría.
3. José se separó de sus hermanos (Gn. 49:26).
4. Moisés se separó de la corte de Faraón (Éx. 2:22).
5. Israel se separó de Egipto (Éx. 3:10).
6. No hicieron sacrificios con los incrédulos en Egipto (Éx. 8:26).
7. Israel siempre debía separarse de las demás naciones (Nm. 23:9).
8. No debían de mezclar el ganado, las semillas o las vestiduras (19:19).
9. No debían unir lo limpio con lo inmundo (Dt. 22:10).
10. No debían aceptar la ayuda de los enemigos de Dios para construir (Esd. 4:1-3).
11. Debían separarse de las mujeres extranjeras y pueblos extranjeros en general (Esd. 10:11).
12. Tenían que hacer separación y confesión, y luego podían adorar (Neh. 9:2).
13. Debían de entresacar lo precioso de lo vil, y ser como Su boca (Jer. 15:19).
14. Daniel se separó y se guardó para Dios, entonces fue usado por Dios (Dn. 1:20).
15. No debían de amar a aquellos que odiaban a Dios (2 Cr. 19:2).
16. El mundo odia a aquellos que se separan para Dios (Jn. 15:19).
17. Primero separarse, y luego serían recibidos por el Señor (2 Co. 6:18).
18. No debían tener comunión con la maldad, sino antes reprobarla (Ef. 5:11).
19. Debían de ser vasos limpios, usados únicamente por Dios (2 Ti. 2:21)
20. Debían de alejarse de los profesantes mundanos (2 Ti. 3:15).
21. «Salgamos, pues, adonde él, fuera del campamento» (He. 13:13).

760. *LA SEPARACIÓN DEL CREYENTE (Juan 2:7-17)*

1. La necesidad de un nuevo nacimiento:
a) No podemos servir a dos señores (Mt. 6:24; Stg. 4:4).
b) Pertenecemos a Cristo (1 Co. 6:19, 20; 12:27; 1 Jn. 3:2).
c) Somos embajadores de Cristo (2 Co. 5:20; Lc. 24:48).
d) Cristo nos ordena:
–Que no nos conformemos a este mundo (Ro. 12:2).
–Que salgamos de en medio de los mundanos y nos apartemos (2 Co. 6:17; Lc. 24:48).
–Que no amemos el mundo (1 Jn. 2:15).

2. ¿Por qué Él nos separa del mundo?
a) Para atraemos y acercarnos a Él (Nm. 16:9).
b) Para la obra (Hch. 13:2).

3. ¿Cómo debemos separarnos?

a) Dejándolo todo (Lc. 14:33).

b) Negándonos a nosotros mismos (Mr. 8:34).

c) Quitando de en medio todo impedimento (Mr. 9:43).

d) Poniendo nuestra mente en las cosas de arriba (Col. 3:2).

e) Haciéndolo todo para Su gloria (Col. 3:17).

4. Resultados de la separación:

a) Viviremos con Él (1 Ts. 5:10).

b) Trabajaremos con Él (2 Co. 61).

c) Sufriremos con Él (Ro. 8:17).

d) Nos sentaremos en los lugares celestiales (Ef. 2:6).

e) Seremos transformados a Su imagen (2 Co. 3:18).

f) Seremos hechos hijos e hijas de Dios (2 Co. 5:17, 18).

g) Seremos llenos de gozo (Esd. 6 22).

h) Recibiremos la asistencia divina (Esd. 6 22).

i) Encontraremos hermanos y hermanas (Neh. 10:28, 29).

j) Recibiremos mucho más (Mr. 10:29, 30).

761. *CON CRISTO EN LA GLORIA (Filipenses 1:23)*

¿Qué será estar en el Cielo?
1. Contemplar su presencia.
2. Compartir su gloria.
3. Disfrutar de su comunión.
4. Mejor ocupación.
5. Mejores goces.
6. Mejores honores.

762. *EN EL CIELO NO HAY NOCHE (Apocalipsis 22:5)*

1. La escena a la cual se refiere el texto:

a) Evidentemente, el texto se refiere a algún lugar en el cual se excluye la noche y todo lo malo que ella acarrea.

b) En este mundo de cambios y contaminaciones no podemos esperar tener un medio ambiente puro y brillante. Nuestra Tierra está poblada de incertidumbre, de oscuridad y tempestades, de maldades y enemigos.

c) Debemos volver la espalda a estas imaginaciones vanas y mirar hacia la gloriosa región espiritual del Edén de Dios.

d) La localización del Cielo se expresa en varias porciones de las Escrituras. Se le llama Paraíso o jardín. Está representado por una ciudad, como un Reino, o como un templo.

2. La declaración: «No habrá allí más noche...»

a) Literalmente, la noche ser refiere a esa parte del día cuando el sol está por debajo del horizonte, envolviendo una porción de la Tierra en la oscuridad.

b) En sentido figurado, la noche se refiere a la oscuridad moral y espiritual.

c) La noche significa un tiempo de adversidad, aflicción y pena.

d) En el Cielo no habrá noche ni oscuridad.

e) Tampoco habrá noche de tristeza.

f) Tampoco habrá noche de pecado.

g) No habrá noche de oscuridad mental.

h) Tampoco habrá pena ni tristeza en los Cielos.

i) En el Cielo no existirá la noche de la muerte.

3. Aplicación:

a) Los creyentes deben alegrarse por esta brillante perspectiva en medio de la oscuridad de esta Tierra.

b) A los pecadores les espera la oscuridad. Así como no hay noche en el Cielo, no hay día ni ninguna claridad en el abismo del infierno.

763. *LAS MANSIONES CELESTIALES (Juan 14:2)*

1. La escena de la excelencia de estas mansiones: «En la casa de mi Padre...». Esta descripción comunica la idea:

a) De localización, de lugar: se ha pensado mucho sobre el Cielo solamente como un estado y no como un lugar real.

b) La idea de grandiosidad: «La casa de mi Padre». Dios hizo el hogar celestial y mora en él. Eso es lo que nos da la idea de grandiosidad. La pureza da a «la casa del Padre» belleza y gracia.

c) El lenguaje transmite la idea de un hogar: «La casa de mi Padre» sugiere esa idea.

2. La naturaleza y excelencia de estas mansiones:

a) Hay una amplia acomodación. «Muchas mansiones».

b) Variedad «Muchas mansiones».

c) Mansiones de estabilidad.

d) Mansiones de permanencia eterna.

3. Estas mansiones han sido preparadas por Cristo: «Voy a preparar...»

a) Por medio del sacrificio de Su muerte.

b) Por medio de Su resurrección.

c) Por el hecho de transportar nuestra naturaleza al Cielo.

4. La certeza de la existencia de las mansiones celestiales: «Si no, ya os lo hubiera dicho…».

764. *¡QUÉ BENDECIDOS SEREMOS EN EL CIELO! (Hebreos 12:22-24)*

1. Nada perturbará nuestra comunión con el Señor.

2. No sentiremos más el pecado, ni sus efectos.

3. Los malos ya no levantarán sus voces en un grito de victoria.

4. Los problemas de la vida nos serán todos resueltos.

765. *EL CIELO* *(Apocalipsis 21:1)*

En el Nuevo Testamento el Cielo se representa casi siempre por medio de símbolos o figuras. Hay varios elementos de dicha o bienaventuranza en esta representación bíblica...

1. El Cielo es alivio: alivio del pecado, del cuidado, de la pérdida, de la tristeza, del trabajo pesado y extenuante; alivio, en fin, de todo lo que marchita y maldice nuestra vida en la Tierra.

2. El Cielo es recompensa: en los primeros capítulos de Apocalipsis, los galardones del Cielo están presentados bajo numerosas formas: el pilar en el templo de Dios sugiere la estabilidad; el derecho de entrar por las puertas de la ciudad sugiere el privilegio; las vestiduras blancas son símbolo de pureza, santidad y felicidad; la piedra blanca simboliza la intimidad de la relación con Cristo, las palmas son señal de la victoria que los redimidos han alcanzado sobre el pecado, la tristeza y la muerte; el hecho de que Dios limpie todas las lágrimas de nuestros ojos es una declaración exquisitamente tierna y sublime de consuelo para los afligidos.

3. El Cielo es realización: sin duda, muchas vidas que ahora están quebrantadas y desesperadas encontrarán la realización de sus ideales en la vida venidera.

4. El Cielo se nos presenta como un lugar de intensa actividad: pues los redimidos sirven a Dios todo el tiempo en su templo. «Y no habrá más maldición; y el trono de Dios y del Cordero estará en ella, y sus siervos le servirán» (Ap. 22:3). El Cielo, como realización es un lugar de actividad gozosa, sin fatiga, en un ambiente perfectamente agradable. Quiere decir un eterno crecimiento a la semejanza de Dios, un eterno conocimiento de su infinidad, una eterna acción y el gozo correspondiente.

5. El Cielo, o sea, la gloria, es un lugar con fundamentos: «Porque esperaba la ciudad que tiene fundamentos, cuyo arquitecto y constructor es Dios» (He. 11:10). «Porque no tenemos aquí ciudad permanente, sino que buscamos la por venir» (He. 13:14). El Señor Jesús dijo: «En la casa de mi Padre muchas moradas hay; si así no fuera, yo os lo hubiera dicho; voy, pues, a preparar lugar para vosotros» (Jn. 14:2). «Enjugará Dios toda lágrima de los ojos de ellos, y ya no habrá muerte, ni habrá más llanto, ni clamor ni dolor; porque las primeras cosas pasaron» (Ap. 2:14, 7:17). He aquí la respuesta al clamor de los mártires: «¿Hasta cuándo?, y una revelación de la dicha eterna de los que son salvos por Jesús. Así se cumple la promesa dada por el profeta Isaías: «Destruirá a la muerte para siempre; y enjugará Jehová el Señor toda lágrima de todos los rostros» (Is. 25:8) Esta será la suerte de los que llevan la señal de Dios en sus frentes el semblante radiante, porque la presencia del Espíritu Santo en el corazón no puede ocultarse. He aquí la señal que todo cristiano debe tener escrita a las claras en su rostro: «Al que venciere, yo lo haré columna en el templo de mi Dios, y nunca más saldrá de allí; y escribiré sobre él el nombre de mi Dios, y el nombre de la ciudad de mi Dios, la nueva Jerusalén, la cual desciende del Cielo, de mi Dios, y mi nombre nuevo» (Ap. 3:12).

a) Recordad que nadie podrá entrar en el Cielo, a menos que su nombre esté escrito en el Libro de la Vida: es posible tener conocimiento de la gloria y, no obstante, estar perdido. Pero si ponemos la mano de fe en esa divina personalidad cuyo nombre es Jesús, seremos instantánea y eternamente salvos de pecado; nuestras transgresiones a la ley divina serán perdonadas, nuestro entero ser moral será libertado, limpiado y reconstruido; toda barrera que nos separa de Dios será removida; el Señor hará que seamos su tabernáculo, y él será el consuelo y gozo de nuestra vida; en el poder de su fortaleza tendremos la superioridad sobre todo enemigo espiritual; y día por día tendremos una vida más plena y una libertad más gloriosa.

b) Y cuando lleguemos a la margen del río de la muerte, sus aguas oscuras serán divididas, y nos abrirán un pasaje que nos conducirá a la ribera resplandeciente de aguas cristalinas. Y, al acercarnos a «la ciudad que tiene fundamentos, cuyo arquitecto y constructor es Dios», las puertas de perla se abrirán de par en par; y al pisar

sobre el pavimento de oro dentro de las murallas de jaspe, el mismo amante y benigno Jesús nos saludará y recibirá con toda señal de bienvenida; nos vestirá con el manto hermoso y resplandeciente, nos coronará con honor imperecedero, y nos conducirá al asiento de su propia diestra, arriba en lo alto sobre todo principado y poderío, donde estaremos sentados; y todo el tiempo reinaremos inmortalmente con Cristo.

CONCLUSIÓN: cuando pensamos en el sublime significado de este nombre que es sobre todo nombre, y de la inefable gracia y hermosura que nuestro Señor adorable lleva, no podemos menos que unirnos al coro angelical y cantar ese nuevo cántico: «Digno eres de tomar el libro y de abrir sus sellos; porque tú fuiste inmolado, y con tu sangre nos has redimido para Dios, de todo linaje y lengua y pueblo y nación» (Ap. 5:9, 10).

«Hay un Cielo muy hermoso,
en el cual hay siempre gozo.
Llegaremos siendo salvos por la fe.
Al entrar en ese Cielo,
donde siempre hay consuelo,
cantaremos con los salvos al Señor.

Coro
¿No escucháis su voz tan dulce,
y los ángeles que cantan?
Es un canto de alabanza a Jesús.
Y en ese Cielo hermoso,
donde siempre todo es gozo,
cantaremos con los salvos al Señor».

(Tono: *When They Ring the Golden Bells;* una traducción con el título «Cuando Suenan las Campanas», por el hermano H. Reza, y con la misma melodía, esta en el himnario *Lluvias de Bendición,* y otra traducción con el título «Al Sonar de las Campanas», por D. Bazán, en el himnario *Melodías de Victoria).*

766. *EN CASA* *(Juan 17)*

1. «En la casa de mi Padre hay muchas mansiones; si no, ya os lo hubiera dicho: voy, pues, a preparar lugar para vosotros. Subo a mi Padre y a vuestro Padre, a mi Dios y a vuestro Dios. Y si me voy y os preparo lugar, vendré otra vez, y os tomaré conmigo, para que donde yo estoy, vosotros también estéis....Y así estaremos siempre con el Señor». (Jn. 14:2; Jn. 20:17; Jn. 14:3; 1 Ts. 4:17).

2. «Padre, aquellos que me has dado, quiero que donde yo estoy, también ellos estén conmigo, para que vean mi gloria que me has dado...» (Jn. 17:24).

3. «...Pero sabemos que cuando el se manifieste, seremos semejantes a él, porque le veremos tal como el es». «Porque no nos ha puesto Dios para ira, sino para alcanzar salvación por medio de nuestro Señor Jesucristo, quien murió por nosotros para que, ya sea que velemos, o que durmamos, vivamos juntamente con él». (1. Jn. 3:2; 1 Ts. 5:9, 10).

4. «...Pero os volveré a ver, y se gozará vuestro corazón, y nadie os quitará vuestro gozo». (Jn. 16:22).

767. *ALLÍ NO HABRÁ NOCHE* *(Apocalipsis 22:5)*

INTRODUCCIÓN: es imposible para nosotros concebir una idea exacta de lo que será el Cielo. Uno de los propósitos de Dios es que sepamos mientras vivimos en esta Tierra lo que Él ha preparado para aquellos que le aman (*véase* 1 Co. 2:9). A este respecto, Dios actúa hacia nosotros como un Padre. Así como un padre no permitirá que un hijo vea un regalo de Navidad o de cumpleaños hasta que llegue el momento, Dios, quien ha preparado para todos los que le aman cosas que son superiores a lo que pueda concebir la mente humana, no permitirá que Sus hijos vean esas «cosas buenas» hasta el día de la resurrección. Sin embargo, la Escritura nos adelanta algunas cosas sobre el Cielo. Nos dice que allí habrá ausencia de muchas cosas. No habrá mas mar, no habrá más maldición, ni más noche.

En el presente bosquejo examinaremos el hecho de la ausencia de la noche. Esto implica lo siguiente...

1. Que no habrá más sueño:

a) Algunos podrán objetar diciendo que en ello no hay ninguna satisfacción. Nos dirán que

el hombre ocupado disfruta durmiendo. Es su descanso lógico después de las labores del día, y el Cielo no será tan bueno si no hay ocasión de descansar.

b) Nosotros respondemos que en el Cielo no habrá nada por lo cual sea imprescindible dormir a menos que sea para deleite o necesidad personal. Allí no habrá más fatiga. Sin embargo, a pesar de que no duerman, en el Cielo los cansados estarán descansando.

2. No habrá más temor:

a) Las personas tímidas se asustan más fácilmente durante la noche. Muchos hombres y mujeres han sido encontrados muertos después de haber sufrido encierro en un lugar oscuro y solitario.

b) La oscuridad de la noche tiene sus efectos (en varios grados de acuerdo al temperamento nervioso), en casi todas las personas.

c) Aun la gente bien equilibrada puede estar nerviosa y temerosa por la noche.

En el ciclo las personas no tendrán más temor.

3. No habrá más pecado:

a) En la noche se cometen más pecados que en ningún otro momento del día. «...Y los hombres amaron más las tinieblas que la luz, porque sus obras eran malas». (Jn. 3:19).

b) El Apóstol Pablo dice: «Pues los que duermen, de noche duermen, y los que se embriagan, de noche se embriagan» (1 Ts. 5:7).

c) En la Tierra del día eterno «No entrará en ella ninguna cosa inmunda, o que hace abominación y mentira, sino solamente los que están inscritos en el libro de la vida del Cordero». (Ap. 21:27). En el ciclo no habrá más pecado.

CONCLUSIÓN: «La ciudad no tiene necesidad de sol ni de luna que brillen en ella; porque la gloria de Dios la ilumina, y el Cordero es su lumbrera». (Ap. 21:23). Esto escribió Juan, quien tuvo una visión del Cielo. El Señor Jesús, quien es «la luz del mundo» ahora, también lo será del mundo que vendrá. No hay noche en el ciclo, En ese bendito mundo celestial, La labor nunca podrá acarrear fatiga, Puesto que la labor consiste en amar.

768. *EL HOGAR CELESTIAL (Juan 14:2)*

1. La casa del Padre.
2. El hogar del Salvador.
3. El descanso del creyente.
4. Aquí en la Tierra es una vida preparatoria para la eternidad.
5. La casa del Padre sugiere santidad.
6. La casa del Padre sugiere la presencia del Padre.
7. La casa del Padre sugiere la familia.
8. Muchas mansiones sugieren muchos ocupantes.

769. *¿POR QUÉ DEBO PREPARARME PARA EL CIELO?*

«Pero cuantas cosas eran para mí ganancia, las he estimado como pérdida por amor de Cristo» (Fil. 3:7).

1. Porque el Cielo es un lugar que ha sido preparado (Jn. 14:8).

2. Porque mi ciudadanía está allí (Lc. 10:20; Fil. 3:20).

3. Porque voy a ir allí:

a) Yo voy a estar donde Él está (Jn. 14:3).

b) Voy a estar con Él para siempre (1 Ts. 4:17).

4. Porque allí voy a encontrar a Dios:

a) Visto en la Persona de Jesús en el Calvario (He. 12:2).

b) Presentado por Cristo (Jud. 24).

5. Porque se me ha dicho que me prepare para encontrar al Señor (*véase* Am. 4:12).

6. Porque tendré que dar cuentas a Él (2 Co. 5:10).

7. Porque tengo respeto por su recompensa (He. 10:35).

8. Porque ahora es el tiempo para prepararse (Mt. 6:19).

9. Porque tal preparación honra al Señor:

a) Nuestra esperanza nos purifica (1 Jn. 3:3).

b) La purificación nos convierte en vasos de honor (2 Ti. 2:21).

10. Porque no quiero ser avergonzado cuando vaya al Cielo (1 Jn. 2:28).

770. *EL FUTURO DEL CREYENTE (1 Juan 3:2)*

1. Seremos transformados (1 Co. 15:51, 52).
2. Seremos glorificados (Ro. 8:17).
3. Seremos como Él (1 Jn. 3:2).
4. Le veremos como Él es (1 Jn. 3:2).
5. Cara a cara (1 Co. 13:12).
6. En toda Su belleza (Is. 33:17).
7. «...Todo él es un encanto» (Cnt. 5:16).

771. *EL CIELO DIFERIDO Y GARANTIZADO (Juan 13:20-38)*

INTRODUCCIÓN: observamos en este pasaje tres magníficas lecciones muy útiles y preciosas, no solamente para el apóstol Pedro, sino para todos los creyentes en todas las edades. En primer lugar...

1. El Cielo deseado: ¡Cuántas veces cuando las cargas de la vida parecen insoportables, o la muerte se nos ha llevado a alguno de nuestros seres queridos, nuestros labios y corazones se abren para expresar el deseo del apóstol Pablo cuando dijo: «Quisiera ser desatado y estar con Cristo, lo cual es mucho mejor»! Esto es lo que sentimos muchas veces en la vida ante las contrariedades que se nos echan encima. Pero ningún cristiano fervoroso piensa en suicidarse, pues ello no es según la voluntad de Dios. Él nos dio la vida y solamente Él tiene el poder para quitárnosla, o, mejor dicho, para llevarnos a la Casa del Padre, donde Él se ha adelantado para preparar un lugar para nosotros.

2. El Cielo diferido: el énfasis del Maestro radica aquí en las palabras «no puedes». Es en efecto así, y el impedimento no consiste en algún edicto arbitrario del poder divino, sino en el infinito conocimiento y sabiduría suya, la cual no puede errar. Pedro no era apto para el Cielo en aquellos momentos. Había lecciones de grande importancia que tenía que recibir en el futuro de su vida sobre la Tierra...

a) Tenía que aprender a conocerse a sí mismo y a Cristo y a la gracia del Santo Espíritu en su corazón, transformándole en un nuevo Pedro.

b) ¡Cuán orgullosamente se vanaglorió de que pondría su vida por Jesús! Dando con ello la mejor evidencia de que no se conocía a sí mismo. Tenía que cambiar sus impetuosas resoluciones por el control y dirección del Espíritu Santo, desde que éste vino, de un modo especial en el día de Pentecostés.

c) Tenía que aprender a confiar en el poder del Salvador que vivía en su corazón, que podía ser librado, como providencialmente lo fue. cuando estaba en una cárcel esperando su decapitación de parte de Herodes.

d) Pero tenía que ser ceñido por otros, como le había dicho el Señor, y ser llevado donde no quisiera, y es lo que ocurrió muchos años después cuando a causa del edicto de Nerón todos los cristianos residentes en Roma fueron aprisionados y condenados a muerte de diversas maneras. Pedro tenía que ser sujetado por las manos rudas de soldados romanos y ser conducido a aquella terrible prisión, destinada solamente a los condenados a muerte, la cual tenía solamente una ventana en el techo, por la que se bajaba la comida a los presos, hasta el día que le bajaron una cuerda y le llevaron al suplicio que padeció su propio Redentor y Maestro el Señor Jesucristo, siendo crucificado, y según cuenta una tradición antigua, pidió que lo hicieran cabeza abajo. ya que no se consideraba digno de morir como lo hizo su Salvador y Señor.

3. El Cielo garantizado: «Pero me seguirás después». No había ninguna duda, ya que él recordaba, desde aquel tenebroso lugar, la segura profecía de Cristo. Hoy, cuando tenemos la evidencia de algunos cristianos que han sido recogidos por ángeles para ser llevados a la Casa del Padre, tenemos fieles garantías de que «ser desatado y estar con Cristo, es mucho mejor» que permanecer nuestro espíritu dentro de un cuerpo dolorido e incapaz de hacer las cosas que antes hacía, deleitándonos en servir al Señor de un modo activo *(anécdota del autor: un creyente ciego llamado Julián, a quien él visitó como pastor en su última enfermedad.*

Después que tuvieron una buena conversación en la que el enfermo parecía lejos todavía de su momento final, dirigiéndose a su pastor y autor de estas líneas, D. Samuel Vila, exclamó alborozado: «¡Mírelo usted cuán hermoso es! ¡Oh, cuán hermoso!». El pastor abría sus ojos mirando para ver si podía ver algo en alguna parte, algo de lo que el hermano estaba admirando, pero no podía ver lo espiritual; sin embargo, tuvo una evidencia innegable, pues el hermano Julián había dicho: «¡Qué hermoso es, y viene por mí!». Si nada más hubiera sucedido creeríamos que había sido una imaginación o un delirio del enfermo, pero el caso fue que a los pocos instantes, el cuerpo del que había declarado «¡viene por mí!» estaba yerto, pero su espíritu moraba con su Señor. Al día siguiente se celebró el entierro).

A pesar de las terribles circunstancias que rodeaban su prisión de muerte, Pedro no abrigaba ninguna duda de lo que Cristo le dijo: «Me seguirás después».¡Cuántas veces en tiempos de apuro y aflicción estas palabras del Maestro le serían como un cordial a su propio corazón! No importa padecer, hay bienaventuranzas en ello, puesto que al final sigue la promesa indubitable, «me seguirás después...»; las sequedades de la tierra serían sustituidas por las fuentes del agua de vida de aquella región, que con tanta seguridad el Salvador le había prometido.

CONCLUSIÓN: ¡Que esto aliente nuestra esperanza y nuestra sumisión a la voluntad divina, mientras dura el tiempo de nuestra peregrinación! «Me seguirás después». ¡Cuán glorioso fue para el atribulado discípulo ser llevado por ángeles a la región celestial, tal como lo fueron el mendigo Lázaro y el compañero de martirio del Señor Jesucristo, que oyó las hermosas palabras: «Hoy estarás conmigo en el Paraíso», y para Pedro, no solamente el Paraíso del Hades, sino la misma ciudad de Dios, el Cielo, que fue visitado por el apóstol Pablo y lo describe incluso recordando la fecha de tal acontecimiento que, en el tercer Cielo, oyó palabras inefables que no le es permitido expresar o describir. Y así será con todos aquellos que confían en las promesas del Señor Jesucristo (Jn. 11:25).

772. *EL CIELO Y EL REINO DE LOS CIELOS (Apocalipsis 21:2, 10)*

INTRODUCCIÓN: hay algunas palabras tanto en el lenguaje profano como en el de las Sagradas Escrituras que siendo las mismas tienen un significado muy diferente. Y vale la pena considerar los textos tanto profanos como sagrados en que ocurren estas expresiones para discernir su significado y es lo que nos proponemos hacer en este estudio.

1. El Cielo y el Reino de los Cielos: en el sentido profano y vulgar el Cielo es la atmósfera de la Tierra que la sabiduría de Dios colocó alrededor de este planeta; el único gas totalmente transparente por el cual vuelan las aves y últimamente esos artefactos humanos que transportan grandes pesos alrededor de la Tierra.

2. En el sentido espiritual: estas mismas palabras o frases son empleadas en el sentido espiritual para revelarnos grandes verdades. La primera vez que ocurren en las Sagradas Escrituras es en la oración del Padrenuestro que Jesús enseñó, y las dos ocurren alternativamente la una detrás de la otra. «Vosotros orareis así: Padre nuestro que estás en los Cielos...», significando el dominio de Dios, el Creador de lodo el universo, pero a continuación viene la frase «sea hecha tu voluntad como en el Cielo así también en la Tierra». Esto parece indicar que del mismo modo que toda nación o reino terreno tiene una capital, un lugar donde vive el rey y el gobierno, así podemos creer que existe algún lugar del universo que puede llamarse «Cielo». Jesús lo llamaba «la Casa del Padre» y lo hermoso es que añade «Voy, pues, a preparar lugar para vosotros». Algunos estudiantes de la Biblia han pensado que la Casa del Padre es el universo entero, apoyándose en la idea de las muchas moradas, que pudieran ser los muchos mundos del universo, pero yo creo que la Casa del Padre es la capital del universo, el lugar central donde el Invisible se manifiesta de alguna manera quizá visible, y esto nos hace pensar también la descripción de la Jerusalén celestial que tenemos en los últimos capítulos de la Biblia.

3. En la oración de Salomón hay otro plural: «Los Cielos de los Cielos no te pueden contener», pero seguido de un singular al referirse a la atención que Dios presta a las necesidades de su pueblo en la Tierra: «Tú oirás desde el Cielo el lugar de tu morada» (1 R. 8:10-32).

4. La declaración de Jesús: los teólogos judíos consideraban que el Dios Jehová era un Dios universal, pero que atendía o se preocupaba únicamente por los judíos. Por esto cuando le preguntaron sus discípulos cuándo vendría la proclamación del Reino de Dios sobre la Tierra, Jesús respondió: «El Reino de Dios no vendrá con advertencia, porque el Reino de Dios entre vosotros está» (Lc. 17:21). Y a continuación, pasa a explicar el tremendo fenómeno de su venida sobre la Tierra. Ellos no podían imaginarse nunca que aquel humilde carpintero de Nazaret fuera Dios mismo manifestado en carne, pero nosotros sabemos que es así y así lo han creído millones de creyentes cristianos, ya que por el misterio de la «kenosis» (o humillación del Verbo de Dios por amor a nosotros), el que estaba en el Cielo con Dios desde la eternidad consintió en bajar a la Tierra y asumir una naturaleza humana engendrada por obra del Espíritu Santo en el seno de la virgen María. Esto es lo que Él declaró a los propios fariseos en el evangelio de Jn. 8:48-59, y lo dio a entender aún más enfáticamente a Marta, la hermana de Lázaro, cuando ésta se refería a la resurrección de su hermano en el día final, pero Jesús le respondió: «Yo soy la resurrección y la vida; el que cree en Mí, aunque esté muerto vivirá, y el que vive y cree en Mí no morirá eternamente» (Jn. 11:27).

5. El misterio de la doble naturaleza de Jesús: las epístolas del Nuevo Testamento están llenas de esta doctrina expresada en Jn. 6:25-48. Cristo es, pues, la expresión visible del Reino de Dios invisible, y donde Él está, allí está el Reino de Dios por su Espíritu infinito, y es así que conociendo su próximo ensalzamiento a la diestra del Padre, desde donde reina y concede la presencia de su Espíritu a quienes le han aceptado como su Salvador y se complacen en alabarle y hacer su voluntad, dice: «El Reino de Dios entre vosotros está, porque donde están dos o tres congregados en mi nombre, allí estoy en medio de ellos» y ¡que gozo es pensar que Él está allí esperando a sus fieles que han creído y le aman en la presente dispensación! Y en esta sublime «Casa del Padre» es donde Él nos espera, según lo declaró en Jn. 17:24-26.

CONCLUSIÓN: no sabemos quiénes están hoy día en el Hades en espera del juicio y quiénes han entrado en la «Casa del Padre» el paraíso de Dios al sobrevenir su muerte. Hay buenos hermanos nuestros que creen que al morir perdemos el sentido de la existencia hasta el día de la resurrección; no los menospreciemos puesto que nosotros mismos creemos en la resurrección de la carne para justos e injustos según Dn. 12:2 y Jn. 5:25-29 sea cual sea nuestro criterio procuremos mientras Dios nos tiene sobre la Tierra como declara el apóstol Pablo en 2 Co. 4:18 a 5:10 hacer cosas agradables a Él para que Él pueda decirnos: «Bien buen siervo y fiel sobre poco has sido fiel (porque todo lo de este mundo es bien poco al lado de la eternidad) sobre mucho te pondré entra en el gozo de tu Señor».

773. *EL PARAÍSO DEL HADES Y EL PARAÍSO DE DIOS* *(Juan 20:17)*

INTRODUCCIÓN: hay dos textos diversos en el N.T. que pueden confundirse y son: el paraíso que Jesús prometió al ladrón arrepentido que le pidió un recuerdo para él cuando comprendió por las palabras y conducta de Jesús que no era un mero hombre, sino el Mesías prometido en los profetas (Is. 53) y recibió de Jesucristo una promesa mucho más satisfactoria y gloriosa que su propia petición de un recuerdo en el lejano día del establecimiento de su Reino sobre la Tierra, y es la preciosa seguridad que le da al decirle: «De cierto te digo, que hoy estarás conmigo en el paraíso» (Lc. 23:13). Pero, cuando María Magdalena trató de asirse a los pies del Cristo resucitado, le dijo: «Déjame, porque aún no he subido a mi Padre, pero subo a mi Padre y a vuestro Padre; a mi Dios y a vuestro Dios» (Jn. 20:17).¿A qué paraíso se refería Jesús en su promesa al ladrón arrepentido si, según su advertencia a María Magdalena no había subido aún al Padre? ¿Dónde había estado Jesús mientras su cuerpo permanecía en el sepulcro de José de Arimatea? ¿En un paraíso circunstancial?

1. Seguramente en el lugar de consolación que los judíos solían llamar «paraíso», creyendo que era el único paraíso de Dios. Pero Jesús va algo más adelante en la parábola del rico y Lázaro, y parece revelar que en el más allá después de la muerte, los espíritus humanos iban a un lugar de castigo si se habían olvidado de Dios y de sus enseñanzas según habían sido reveladas a Moisés y a los profetas. Jesús condesciende, en su respuesta al ladrón de la cruz, a servirse del lenguaje judío que denominaba «paraíso» al lugar de consolación existente en el Hades para los espíritus humanos que esperan el juicio.

2. La parábola de Jesús no declara que el rico que se hallaba sufriendo en el Hades hubiese sido ya juzgado ante el tribunal que se llama en Apocalipsis «el Gran Trono Blanco», por eso estamos obligados a creer que la negativa de Abraham de no poder pasar de un lugar a otro ni de enviar a Lázaro a casa de sus hermanos, tiene un significado circunstancial y no general, abarcando la eternidad.

3. El apóstol Pablo explicó cómo en una visión sobrenatural fue llevado al paraíso de Dios, y los últimos capítulos del Apocalipsis nos ofrecen más detalles del paraíso, llamado también «la Jerusalén Celestial», o en otras palabras de Jesús, «la Casa del Padre».

4. Es evidente, como explicamos en otro estudio, que Dios es el Espíritu creador, infinito y la estrecha comunión del Señor Jesucristo con este ser divino era tan íntima durante todo el período de su «kenosis» mientras estaba en el mundo, que pudo decir: «Yo y el Padre somos una misma cosa»; sin embargo, en muchas ocasiones de su vida se nos dice que Jesús oraba al Padre Celestial y de un modo particular, en el caso de la resurrección de Lázaro (Jn. 1 1:21-27) también le oímos decir: «El Padre, mayor es que yo» (Jn. 14:21) y «Todo lo que pidiereis al Padre en mi nombre, os lo daré» (Jn. 14:13); y desde la cruz le oímos exclamar: «Dios mío, ¿por qué me has desamparado?» (Mt. 37:46).

5. Sabemos y creemos que Jesús es Dios desde toda la eternidad (Jn. 1:1-12), pero por amor a los pecadores perdidos y de acuerdo con el Padre Celestial, se humilló hasta lo sumo, tomando forma de siervo en el seno de la virgen María, y probablemente allí adquirió un alma o espíritu humano, y es a este espíritu humano que Jesús se refiere al decir: «Padre, en tus manos encomiendo mi espíritu». Han notado muchos expositores bíblicos que Jesús no dijo: «Recibe mi espíritu», como lo dijo el mártir Esteban, sino «encomiendo».

6. Probablemente es esta expresión que se refiere el apóstol Pedro en su 1 Carta 1:3 cuando habla de la estancia de Jesús en el Hades. Parece que en aquel lugar se hallaban patriarcas como Samuel (1 S. 28) y asimismo Abraham (Lc. 18:22-31), a quienes Jesús fue a buscar según Ef. 4:8, 9, cuando a su llegada a la Casa del Padre fue ensalzado y recibió todo el poder en el Cielo y en la Tierra.

CONCLUSIÓN: es por esta razón que Jesús tuvo que decir a María Magdalena: «Aún no he subido a mi Padre». Ahora sí que Él está allí como nuestro Salvador y abogado, y un día ha de estar con nosotros de un modo visible, o nosotros con Él por toda la eternidad.

774. *EMPRESA DIVINA DE TRANSPORTE AL CIELO (Juan 13:31 al 14:24)*

INTRODUCCIÓN: desde tiempos inmemoriales el hombre desea trasladarse al Cielo, le ha intrigado siempre el misterio de la bóveda azul. El rey David decía: «Cuando veo tus Cielos, obra de tus manos, la luna y las estrellas que tú formaste, digo: ¿Qué es el hombre, para que tengas de él memoria, y el hijo del hombre, para que lo visites?» Los apóstoles entraron en deseos del Cielo a medida que conocieron a Cristo (Jn. 13:33-37, 14:5, 8). La razón es que la Tierra es pequeña para el espíritu del hombre, y más hoy día con los medios de comunicación modernos. Lo que más nos hace ansiar el Cielo es la seguridad que tenemos de que no podemos permanecer en la Tierra. Hubo en el pasado muchas ideas para comunicar con los mundos del Universo, de las que hoy nos reímos; como el cañón de Julio Verne para ir a la Luna, o el campo eléctrico lleno de bombillas para llamar la atención de los posibles habitantes de las estrellas, apagándolo y encendiéndolo, con la idea de hacer parecer que la Tierra se transformaba en una estrella de primera magnitud, etc.

1 Debe existir un mundo espiritual, pues cada elemento sólo puede ser captado por un instrumento adecuado:

a) La luz, por la cámara oscura.

b) La radio, por la electricidad.

c) Es de suponer que Dios, que es la inteligencia suprema, un Ser espiritual, sólo puede ser captado por el espíritu del hombre. Nunca se ha visto señal de que los animales pensaran en Dios; pero el hombre se lo ha imaginado de mil maneras.

2. Por esto, Jesús y Tomás no se entendían. Cristo hablaba del camino espiritual, y Tomás se imaginaba el Cielo como un lugar material.

3. ¿Cómo ir al Cielo? ¿Qué compañía humana puede atreverse a establecer tal comunicación física? Se habla de viajes interplanetarios; pero ¿qué puede conseguir la ciencia humana de los únicos planetas que se hallan a nuestro alcance, en el caso de que avanzaran mucho los conocimientos científicos? Solamente desolación, por falta de vida; pero Jesús nos habla de un Cielo espiritual en esferas para el hombre inalcanzables, y a este Cielo nos ofrece Él mismo llevarnos. La persona y obra redentora de Cristo es el único medio de transporte al Cielo. Esto me hace pensar en el anuncio de una compañía de vapores que decía: sólo una línea. Seguridad completa. Sabio piloto. Servicio rápido. Sin escalas. Solicítense plazas. Precios económicos... Aplicando estos detalles al terreno espiritual, podemos decir que el Evangelio es muy semejante a este anuncio:

a) Sólo una línea (Jn. 14:6; Hch. 4:12): «En ningún otro hay salud».

b) Seguridad completa (Ef. 3:11-12): Dios se había propuesto establecer este medio de salvación desde la eternidad: Cristo redentor. Ningún otro medio es más seguro. Si hubiese confiado la salvación de los hombres a un ángel o al mejor hombre de la Tierra, pudiera fracasar, cambiando de parecer, el comisionado, al encontrarse con la prueba suprema de la cruz; pero Cristo fue adelante, a pesar de todo, y, sean cuales fueren las dificultades, llevará a los suyos al lugar que les ha prometido (ej.: en un trasatlántico, el que tiene miedo navega tan seguro como el que no lo tiene, pero no es tan feliz. Éste es el caso de los cristianos auténticos, asaltados por dudas).

c) Sabio piloto (Jud. 24:25): no sólo nos salvó, sino que nos conduce. El gran propósito del enemigo es hacernos caer de la gracia: «Como león rugiente» (1 P. 5:8). Pero hemos confiado nuestro asunto en buenas manos *(anécdota: la niña que, exhortada a orar a la Virgen, respondió: «No, que ella perdió a Jesús cuando era niño; pero Jesús nunca ha perdido a nadie»).*

d) Servicio rápido (Fil. 1:21-23; 1 Co. 15:51-52): nuestro capitán tiene dos métodos para conducirnos al puerto celestial:

–La muerte (Fil. 1:23; 2 Co. 5:1).

–El arrebatamiento en su Venida (1 Ts. 4: 13, 8).

Los dos son rápidos e instantáneos. Los budistas y espiritistas nos hablan de muchos años de reencarnaciones. No saben nada de ser conducidos por los ángeles.

e) Sin escalas (Lc. 23:43; Fil. 1:21-23): a los sacerdotes católicos les conviene la estación del purgatorio, que inventaron hace siglos, pero no existe. Si a alguien le correspondía tal purgatorio, era al ladrón muerto en la cruz. Juan no vio tal lugar en su visión del Apocalipsis *(anécdota: El labriego que dijo al cura: «Si no me demuestra que mi padre salió de allí, no pago»).*

¡Cuán triste es la muerte de un católico sincero que no conoce las seguras promesas de Jesús!

f) Solicítense plazas (Lc. 13:24): en todo viaje hay peligro de quedarse en tierra. Así en el del Cielo. Hay que pedir reserva desde esta vida. Cristo insiste mucho en esta necesidad. «Buscad primeramente» (Mt. 6:3) y «esforzaos a entrar por la puerta estrecha» (Lc. 13:24). Hay que apresurarse, pues no tenemos día seguro; pero lo que más necesitamos es tener seguro el lugar.

g) Precios económicos: la salvación es gratuita (Ef. 2:8, 9). Demasiado costosa para cualquiera. En la parábola de los dos deudores Jesús dijo: «No teniendo con qué pagar». El Cielo no puede estar lleno de soberbios que hayan comprado o ganado la salvación. Hay polizones pretendiendo servir. Esto procuran algunos religiosos (católicos o «testigos de Jehová»), pero todo lo que podemos hacer en una vida breve de 80 años no equivale a una millonésima parte del valor del Cielo.

CONCLUSIÓN: demos gracias a Dios por habernos revelado este divino medio de salvación. ¿Han embarcado todos los presentes? ¿Es Cristo nuestro capitán? ¿Vivimos con Él y por Él mientras marchamos al Cielo? (2 Co. 5:9).

775. *LA CASA DEL PADRE, EL CIELO Y EL REINO DE LOS CIELOS (Juan 17)*

INTRODUCCIÓN: ¿A quién se refiere Jesús en el precioso pasaje de Jn. 17:24-26? Una lectura precipitada de tan gloriosa revelación nos lleva a suponer que se trata de los doce apóstoles que rodeaban a Jesús, pero una meditación más atenta de este glorioso pasaje a la luz del Nuevo Testamento entero nos lo acerca mucho más a nosotros. Observemos en el v. 20 la declaración: «Mas no ruego solamente por éstos, sino también por los que han de creer en mí por la palabra de ellos».

1. Un presente significativo: cuando Jesús ascendió a los Cielos dijo a los que le rodeaban en el Monte de los Olivos: «He aquí, yo estoy con vosotros todos los días hasta el fin del mundo» (Mt. 28:20). Relacionando los dos presentes nos damos cuenta de que, aunque Jesús está físicamente ausente de nosotros en la casa del Padre, vive por su Espíritu en nosotros hasta el fin del mundo, mientras haya personas que le invoquen y crean en Él. Esto concierta con muchas frases apostólicas que se refieren al invisible Señor Jesucristo a través de toda la Historia de la Iglesia. quien volverá para dar a todos los fieles no sólo la compañía de su gloriosa persona, sino para premiar a cada uno según haya sido su obra (Ro. 2:5-8). Esto incluye tanto a los doce apóstoles (a quienes se refiere en este pasaje en los vv. 6, 14-18), como también a todos los que nos hemos acogido al mensaje de perdón y vida eterna por el Evangelio, desde los tiempos de los mártires hasta nuestros días.

2. La casa del Padre, algún lugar en el universo: en Jn. 14:2 Jesús lo detalla como un lugar con muchas mansiones. Es verdad que Dios es el Espíritu Infinito creador del Universo en quien «vivimos y nos movemos y somos» (Hch. 17 28-31), pero del mismo modo que toda sociedad u organización tiene siempre un centro, mucho más ha de tenerlo el Universo de Dios, por más que sus facultades sean infinitamente superiores a las que tenemos los hombres, y algunas de estas facultades son las que Dios concedió al ser humano al crearlo a su imagen y semejanza (Gn. 1:26). A este lugar alude sin duda el apóstol Pablo en 2 Co.5, cuando habla de la depredación del cuerpo físico y de cómo. a pesar del tremendo cambio que debe tener lugar en nuestro «yo» moral al ir a vivir con el Señor, procuramos, ausentes o presentes, serle agradables. Atisbos de esta preciosa verdad los hallamos a través de toda la Biblia, como pueden observarse en los Sal. 23:6; 49:14, 15; 90:9, 10 y Ec. 12:7.

3. Las promesas de Jesús en el Nuevo Testamento: el apóstol Pablo declara en 2 Ti. 1:10 que Jesucristo vino de parte de Dios a este perdido planeta para traer a luz la vida y la inmortalidad por el Evangelio (Jn. 11:25-29). Marta tenía, como todos los judíos, la esperanza de una resurrección en el último día, pero Jesús respondió: «Yo soy la resurrección y la vida; el que cree en mí, aunque esté muerto vivirá; y el que vive y cree en mí, no morirá eternamente». Ningún hombre, en más de veinte siglos de historia humana, ha osado afirmar esto de sí mismo, pero Jesús lo hizo, e inmediatamente se apresuró a reafirmar esta declaración resucitando a Lázaro. Y la principal garantía es que Él mismo resucitó, tal como había anunciado.

4. La primera declaración de Jesús acerca del Cielo: en la oración que Jesús enseñó ya al principio de su ministerio llamada «El Padrenuestro», dio testimonio de la existencia de este lugar en singular. Los antiguos habían proclamado el Reino de Dios como el conjunto de su Creación: «Los Cielos de los Cielos no te pueden contener», dijo Salomón en su dedicación del Templo de Jerusalén (2 Cr. 6: 18) y ésta es la idea que todos tenemos acerca de Dios creador, pero Jesús se refiere desde el principio de su ministerio a un lugar, en singular, al decir: «Sea hecha tu voluntad como en el Cielo así también en la Tierra» (Mt. 6:10). Esto se refiere a la ciudad de Dios, la Casa del Padre, como centro de gobierno de Aquel que habita en los Cielos, por su Espíritu omnipresente se halla también entre nosotros.

5. Dónde estuvo Jesús durante los tres días en que su cuerpo reposó en el sepulcro de José

de Arimatea: hay un texto en Jn. 20:17 que ha dado mucho que pensar a los teólogos. Es el caso de María Magdalena que, visitando el sepulcro de Jesús, se dio cuenta de que aquel que hasta entonces había considerado como el hortelano era Jesús mismo, cuando el Señor le dijo: «¡María!»; y ella respondió: «Rabonni» (o sea, Maestro). Y se asió a sus pies, a lo que Jesús declaró: «Déjame (literalmente, no me retengas más) porque aún no he subido a mi Padre, mas subo a mi Padre y a vuestro Padre y mi Dios y a vuestro Dios».

a) Estudiando con atención este pasaje. muchos se han preguntado: ¿Cómo es esto posible cuando el Señor moribundo le dijo al ladrón arrepentido en la cruz: «Hoy estarás conmigo en el Paraíso»? ¿No se refería al Paraíso de Dios, a la Casa del Padre Celestial?

b) A esta consideración se une la exclamación que Jesús pronunció al morir, diciendo: «Padre, en tus manos encomiendo mi Espíritu», y no como han dicho muchos creyentes al separarse su alma de su cuerpo: «¡Dios mío, oh Jesús mío, recibe mi espíritu!» (Hch. 7:59). ¿No sería porque Jesús se dirigía no a la casa del Padre, sino a la parte bienaventurada del Hades donde residía ya el espíritu de Abraham, que los judíos llamaban ya Paraíso? El apóstol Pedro nos da alguna referencia a este lugar (1 P. 3: 18) al escribir: «A la verdad muerto en la carne, pero vivificado en espíritu en el cual también fue y predicó a los espíritus encarcelados». Y esta referencia es aclarada por el apóstol Pablo cuando nos habla de la ascensión del Señor y dice: «Subiendo a lo alto, llevó cautiva la cautividad y dio dones a los hombres; y eso de que subió, ¿qué es sino que también había descendido primero a las partes más bajas de la Tierra? El que descendió es el que también subió por encima de todos los Cielos para llenarlo todo» (Ef. 4:8-10), lo cual coincide con las palabras que Jesús pronunció al despedirse de sus discípulos: «Toda potestad me es dada en los Cielos y en la Tierra» (Mt. 28:18). Jesús sabía que detrás de su más profunda humillación y entrada en el Hades, llevaría consigo a los que en tiempos antiquísimos habían sido creyentes en el Señor y estaban gozando de un paraíso que no era todavía la Casa del Padre Celestial, sino un lugar donde estaban esperando al redentor prometido tanto los creyentes de antiquísimos tiempos, como los no creyentes en las revelaciones de Dios (Sal. 16:10, 11), o sea, en el Hades, donde estaban retenidos por la muerte en espera del Redentor prometido desde el principio del mundo.

6. El Hades o Seol, un lugar de dos estancias: esto es lo que revela la parábola del rico y Lázaro; posiblemente de allí vino el espíritu de Saúl cuando fue invocado por la sonámbula de Endor, y más tarde Jesús lo menciona como un lugar de bienestar donde se hallaba gozando el espíritu de Abraham. De este lugar regresó el espíritu humano de Jesús (pues Jesús era hombre y Dios a la vez, en cuerpo resucitado), cuando María se asía a sus pies. Por esto Jesús le advirtió que aún no había subido a la Casa del Padre, pero allí se dirigiría poco después, y allí nos espera, ensalzado a la diestra de Dios Padre.

CONCLUSIÓN: no tenemos todos los detalles que quisiéramos de este feliz lugar adonde nos dirigimos, pero Jn. 17:24 nos da a entender que allí vamos a reunirnos con nuestro amado Redentor y con muchos que nos han precedido, tras algún tiempo de prueba en este desquiciado planeta. Y el apóstol Pablo nos dice, sin afirmar si fue en espíritu o una visión de su cuerpo mortal, que es un lugar tan bueno y feliz que no tiene palabras para describirlo (2 Co. 12:5-8) y el Sal. 90:10 nos da a entender que es adonde volamos cuando sobreviene la muerte y al que Jesús se refiere en Jn. 17:20-26. Allí residiremos, en indudable felicidad, esperando el día cuando Jesús se manifestará en este desgraciado planeta y que entonces dará a cada uno según haya sido su actitud y sus obras en relación con él, por el Espíritu Santo que mora en nosotros (Mt. 16:27; Ro. 2:6; Ef. 2:10; Fil. 1:6).

776. *LOS DOS CÁNTICOS DEL CIELO (I) (Apocalipsis 4:1-11)*

INTRODUCCIÓN: cuando nos oponemos hacer algún viaje, procuramos poseer literatura descriptiva de aquel lugar donde nos dirigimos. El paso de los años nos lleva indefectiblemente a la vida venidera, al Cielo, la ciudad de Dios. Algunos dicen: «No nos espera nada; cuando

morimos desaparecemos y dejamos de ser»; pero Jesucristo, que es el único hombre que tiene autoridad para hablarnos del «más allá», porque de allí vino, nos asegura lo contrario, que hay un lugar que es la capital del universo y que allá nos dirigimos. Lo denomina «la Casa del Padre» (Jn. 14:1-3). El Cielo es un lugar donde se alaba a Dios con hermosos cánticos, es lo que leemos en Ap. 4, 5 y hoy lo vemos confirmado por experiencias ultrafísicas de algunos creyentes en la hora de la muerte *(anécdota: el conocido y famoso predicador Billy Graham explicó la historia del pastor Talbot, misionero en China, el cual estaba junto al lecho de una cristiana moribunda y, de pronto, el cuarto se llenó de música celestial; la mujer levantó los ojos con una radiante sonrisa y exclamó: «Veo a Jesús de pie a la diestra de Dios y Margaret Gay está con Él»». Margaret Gay era la hija adoptiva del misionero Talbot que había muerto hacía dos meses). (Anécdota: de la conocida misionera en Galicia, Lidia de Wirtz, que fue a Buenos Aires a la casa de su hija por causa de la Guerra Civil Española, refiere esta que cuando su madre estaba agonizando en la mañana del 10 de septiembre de 1945, la llamó y dijo: «Mira... escucha, oigo las trompetas: es la fiesta de las trompetas en el Cielo». ¡Que imponente! En la mañana del 21 de septiembre, exclamando la palabra «¡Victoria!» emanó un leve suspiro y de esta manera pasó a la presencia del Señor).*

1. La descripción de Juan en Ap. 1:1: este amado discípulo del Señor nos dice que oyó como un sonido de trompeta y una voz que decía: «Sube acá y yo te mostraré las cosas que han de suceder después de éstas». Y así fue, entre datos históricos que se cumplieron y extrañas ligaduras simbólicas, prosigue diciendo en los cap. 4 y 5 que vio el trono de Dios rodeado de seres que cantaban sin cesar: «Santo, santo, santo es el Señor Dios Todopoderoso», adorando al que vive por los siglos de los siglos, y exclamaban: «Señor, eres digno de recibir la gloria y el honor y el poder, porque Tú creaste todas las cosas y por tu voluntad existen y fueron creadas». Este es el primer cántico del Cielo. Posiblemente lo habían entonado desde siglos del pasado aquellos seres simbólicos que Juan describe, y se asemeja mucho a otro cántico que encontramos en el capítulo siguiente que será el tema del próximo mensaje. En el primero, la alabanza resuena en los Cielos por varios motivos:

2. La santidad de Dios incluye grandes motivos, como son:

a) Su bondad: es lo que Jesús refiere acerca del Padre celestial en Mt. 5:45.

b) Su justicia: bondad sin justicia no es bondad en su más alta esencia, pues le faltaría su virtud negativa. Sabemos que lo que es bueno para uno resulta perjudicial para otro, pero la bondad de Dios incluye ambas cosas, como vuestro Padre en los Cielos es perfecto. La perfección es por lo tanto bondad en su más alta esencia (Mt. 5:48).

c) Su omnipotencia: nada hay imposible para Dios, porque Él es la causa de todo lo que existe (Ap. 4:11).

d) Su existencia eterna: no hay otro ser en el universo que tenga tal atributo, pues Él ha sido, es y será. Es algo incomprensible para la razón humana, pero la misma razón nos dice que algo debe ser eterno, pues la nada no produce nada. Si en el universo no hubiese existido nada en toda la eternidad, tampoco existiría nada hoy, pero todo lo que existe nos habla del poder y sabiduría del Creador. Examinemos los recursos de la naturaleza, tanto del mundo vegetal como del animal. Los ojos, los oídos, el sistema circulatorio, ¿quien hubiera inventado tales cosas si Dios no lo hubiera ideado con su inmensa sabiduría? Pero el cántico del universo a Dios incluye todas estas virtudes. La vida depende de Dios, pues es inexplicable como apareció la vida en un mundo como los que han encontrado los astronautas alrededor de la Tierra.

CONCLUSIÓN: Dios escogió este planeta de entre un conjunto de mundos sin vida para crear en él seres semejantes a sí mismo. No sabemos hasta qué punto en cuanto a forma corporal, pues Dios se ha presentable de diversas maneras pero semejantes a Él en sus facultades morales y espirituales, y ello requiere que todas estas facultades sean consagradas a Aquel que tuvo tan buen propósito para algunas de sus criaturas cuyo afán debe ser hacerse semejantes a Él. Aquellos seres simbólicos del Apocalipsis rendían sus copas a los pies de Aquel de quien procedían. Digamos nosotros, pero con toda la sinceridad de nuestro corazón, la estrofa de aquel himno:

«Santo, santo, santo Señor Omnipotente,
siempre el labio mío loores te dará.
Santo, tú eres santo; te adoro reverente,
Dios en tres personas, bendita Trinidad».

777. *LOS DOS CÁNTICOS DEL CIELO (II)* *(Apocalipsis 5:14)*

INTRODUCCIÓN: el segundo cántico del Cielo es muy similar al primero en todo lo que se refiere a Dios, pero hay un nuevo elemento y una nueva estrofa que nos afecta muy íntimamente a todos los seres humanos pecadores y es el cántico de la redención. Consideremos las partes de este precioso cántico:

1. Un cántico nuevo: jamás en los siglos pasados de la eternidad se había oído un cántico semejante, por lo tanto, era un cántico nuevo, especial, entonado por un pueblo especial como se expresa al fin del mismo.

2. ¿A quién se dirige? Al que es Dios de Dios, como lo declara el Evangelio.

3. Tú fuiste inmolado y nos redimiste: la redención es el clímax del amor de Dios (Jn. 3:16) y la manifestación más evidente de su sentir hacia criaturas pecadoras, tal como declara el mismo Juan en 1 Jn. 4:9, 10.

4. Para quién es: hemos sido redimidos para amar y servir al Autor de todas las cosas, no para nosotros mismos, como lo expresa otro gran testigo de la resurrección cuando Jesús le detuvo en el camino de Damasco (1 Co. 6:20). «Comprados sois por precio, glorificad, pues, a Dios en vuestro cuerpo y en vuestro espíritu, los cuales son de Dios». Esto significa que somos doblemente suyos. Lo éramos antes, como criaturas suyas, pero lo somos doblemente después que Jesús murió y resucitó por nosotros *(anécdota: este hecho puede ilustrarse con la historia del niño que construyó un hermoso barquito, pero jugando con él en el río, la corriente se lo llevó. Pocos días después lo vio en el escaparate de una tienda de juguetes, y entrando en ella, quería convencer al tendero de que se lo devolviese porque el lo había construido, pero el tendero le pidió un precio que el niño pagó después de unas semanas. Al tenerlo de nuevo entre sus manos, radiante de gozo, no cesaba de decir: «Barquito, eres doblemente mío, porque yo te construí y yo te compré de nuevo»).*

El mismo autor de nuestros cuerpos y espíritus es quien nos hizo, y al propio tiempo nos redimió, comprándonos otra vez nada menos que con el precio de su sangre. Justo es lo que dice Pablo, que le amemos doblemente y le sirvamos en nuestro cuerpo y espíritu, pues ambas cosas son suyas por creación y por redención.

5. ¿Quiénes son los de tal modo amados y privilegiados? Gentes de toda raza, lengua, pueblo y nación; blancos y negros, amarillos y cobrizos (*véase* Ap. 7:9). Nosotros estamos contados en este número, por tanto, el que «de tal modo nos amó» es digno de recibir:

a) Todo el poder: como Creador lo tiene, pero lo ha repartido entre gentes de todas las razas para que todos lo usemos para su honra y gloria. Sobre todo los ricos, pero también los pobres, pues se merece nuestros esfuerzos para servirle con las limitadas facultades que poseemos.

b) Las riquezas: son un signo de poder. ¡Se pueden hacer tantas cosas con el dinero! Jesús decía: «Haceos amigos con las riquezas malas, para que cuando os faltaren, recibáis bienvenidas en las moradas eternas».

c) La sabiduría: ¿De quién es y quién nos la ha dado? *(Anécdota: se dice del niño Spurgeon que cuando recibió un diploma en la escuela, se dirigió a su habitación y, poniéndolo sobre la cama se arrodilló y dijo: «Es tuyo, Señor, yo hice bien poca cosa para ganarlo, pero Tú me diste acierto e inteligencia para que me lo concedieran»).*

d) La fortaleza: ¿Tienes fuerza en los piernas, joven? Si has recibido a Cristo utilízala para el que te redimió... y será más útil que correr una carrera pedestre en una competición mundana.

e) Horra, gloria y alabanza: ¿Tienes buena voz, hermano o hermana? Úsala para cantar las alabanzas del que tanto te amó. Y si no la tienes, alábale también desde el fondo de tu corazón, diciéndole: «Oh sí, Señor, Tú eres maravilloso, amante y benigno». Adora al Señor pensando como dice el poeta que escribió el himno *¡Cuán dulce el nombre de Jesús!* Y lo terminó así:

«Es pobre ahora mi cantar,
mas cuando en gloria esté
y allí te pueda contemplar
mejor te alabaré».

(Anécdota: una distinguida corista hablaba con el pastor de su iglesia acerca del tema de la salvación. La señora presentaba como razones para ser salva sus propias bondades, pero el pastor le dijo:

–Usted es una entusiasta corista para lucir su voz ante el mundo, pero yo me temo que cuando muera no podrá cantar en el Cielo.

–¿Por qué, señor?

–Porque usted confía sólo en sus bondades y méritos para ser salva, pero leemos en Apocalipsis que en el gran coro del Cielo sólo podrán cantar los que puedan decir de todo corazón: El que nos amó y nos limpió de nuestros pecados con su sangre...

–Ahora lo entiendo –exclamó la señora– Nuestras alabanzas han de ser de gratitud para Él, no un mérito para entrar en el Cielo).

6. ¿Con qué propósito fuimos elegidos de Dios y redimidos por el sacrificio de la cruz?

a) Para ser sus testigos sobre la Tierra, cueste lo que cueste.

b) Para ser reyes y sacerdotes (Ap. 5:10) y reinar juntamente con Él en el Milenio, ya que el texto dice «sobre la Tierra», pero hay más.

c) Para que seamos testigos de su gracia a principados y potestades en los Cielos (Ef. 3:10). Obsérvese que el apóstol incluye a toda la iglesia en su gloriosa afirmación, lo que ha hecho pensar a muchos predicadores que esta es la misión última y suprema de los redimidos y probados al presente en este mundo. ¿Habrá entre ellos mártires que dieron sus vidas por amor a su invisible Señor? Es seguro que sí, pero el apóstol menciona a la iglesia en singular y como el universo es tan inmenso, casi infinito, habrá tarea deleitosa para los más sencillos cristianos en los siglos eternos.

CONCLUSIÓN: haciendo correr la imaginación, algunos han dicho que posiblemente seamos llamados de vez en cuando a la Casa del Padre, la capital del universo, para algo semejante a nuestras convenciones en la Tierra, y allí ¡cuán gozosa y feliz será la alabanza de quienes le hemos servido y amado por el breve tiempo de esta vida!, y revisado en nuestras memorias las pruebas más o menos duras de esta vida, su objetivo y resultados, podremos cantar como dijo un poeta creyente:

«Y cuando suba a la mansión celeste
mi voz al coro augusto juntaré.
Y diré unido al coro de los santos:
¡Jesús las cosas todas hizo bien!».

778. *LOS DOS PARAÍSOS*
(Génesis 2:8-18; Apocalipsis 21:1)

INTRODUCCIÓN. la Biblia empieza en un paraíso y acaba en otro; su título significa «lugar de felicidad». El primero fue preparado para el hombre natural, el segundo para el hombre redimido. Los escépticos se burlan del relato bíblico del Edén. Pensémoslo unos instantes: Hay un Dios Ser inteligente, según se ve en todo el orden de la Naturaleza, y se expresa en el capítulo 1. Después de preparar la Tierra crea seres vivos (animales), y, por fin, al hombre, el único que puede comprender, admirar y agradecer las obras de Dios (háganse notar las diferencias entre hombre y mono).

¿No es natural que introdujera a este ser superior en un lugar especial?, una especie de museo donde pudiera aprender rápidamente? Es interesante observar en diversos pueblos las antiguas tradiciones del paraíso. En la cultura grecorromana, «El Jardín de las Hespérides»; en Babilonia, el poema «Enuma Elis», en las planchas asirias, «Arhiman» engaña al hombre bajo la forma de serpiente. La Edad de Oro es un tema tradicional de los poetas clásicos y la mitología: Todos coinciden en que se perdió. La Biblia termina con otro paraíso preparado para el hombre redimido. Jesús aseguró que iba a prepararlo (Jn. 14:2). Éste será muy superior al primero, no sólo en hermosura, sino en toda clase de caracteres. Estudiemos algunos contrastes...

1. Era terreno:

a) Se detalla su emplazamiento en la referencia de los cuatro ríos.

b) Expuesto a las vicisitudes de la Tierra, lluvia, viento, etc.

c) Quedó destruido por el Diluvio.

d) El segundo paraíso está libre de todas estas contingencias, porque es de carácter celestial (Ap. 21). Se le llama «el Cielo de Dios», y será:

e) Incorruptible (1 P. 1:4).

f) Lleno de maravillas desconocidas. En música sabemos que existe en el terreno físico una gama musical de notas no audibles.

g) En visión, sabemos que hay rayos ultravioletas e infrarrojos.

h) ¿Qué puede haber en maravillas celestiales, o sea, sobrenaturales, en una región ultrafísica?

2. Había noche: es necesaria, aquí, para seres físicos, pero representa la mitad de la vida perdida, una pérdida real si, como se dice, «el tiempo es oro»:

a) En el segundo, empero, no hay noche (Ap. 22:5), porque no hay sol; Dios mismo es su lumbrera.

b) Hágase notar la relación misteriosa entre lo espiritual y la luz, con ejemplos bíblicos:

–El rostro de Moisés (Éx. 34:29; 2 Co. 3:7).

–La aparición de Jesús a Pablo (Hch. 9:3).

3. Entró Satanás (Gn. 3:1):

a) Introdujo la duda y la ambición, los dos grandes males del Universo; Satanás ha manejado a su antojo a la Humanidad utilizando estas dos riendas:

b) En el segundo, Satanás estará excluido (Ap. 20:10). No más pensamientos de desconfianza ni hacia Dios ni hacia el prójimo.

4. Entró el dolor (Gn. 3:17): en el segundo, el dolor estará excluido (Ap. 7:16-17).

5. Entró la maldición (*véase* Gn. 3:14-19): en el segundo no habrá maldición.

6. Hubo vergüenza (Gn. 3:10):

a) La primera pareja humana se escondió de Dios.

b) No habrá vergüenza en el Cielo (Ap. 22:4). El corazón puro no tendrá temor de la omnisciencia de Dios. Si aquí hubiera quien leyera el pensamiento, no podríamos salir a la calle; pero allí habrá perfecta confianza, porque habrá santidad y servicio gozoso en íntima comunión con Dios.

7. Se cerró la entrada (Gn. 3:24):

a) Dios no quitó el Paraíso de la Tierra hasta el diluvio, pero lo cerró: era un testimonio de la felicidad perdida por el pecado.

b) El segundo está abierto (Ap. 21:25): no hay peligro de que entren los indignos. Este hecho parece maravillar a Juan en sus días cuando las ciudades humanas estaban todas cerradas celosamente.

8. Tuvo fin (Gn. 3:24): el segundo no tendrá fin (Ap. 22:5). Tan sólo lo eterno de la felicidad es felicidad verdadera.

CONCLUSIÓN: el Cielo no es una ilusión de niños. Cristo lo afirmó con su autoridad sin igual y nuestra propia razón lo confirma:

–El Universo debe tener un centro. No hay imperio sin capital.

–¿Dónde está? Hacia el Norte dice la Biblia y hacia el Norte, señala la brújula (Is. 14:13).

–¿Cómo se va? Cristo vino a abrirnos las puertas del segundo paraíso (Jn. 17:24). Es el segundo Adán (Ro. 5:18-19). Creo que su mayor satisfacción fue prometer el paraíso al ladrón moribundo y luego ir a anunciarlo a los patriarcas en el Hades (1 P. 3:18; Ef. 4:8-10).

¿Está el Cielo abierto para ti? ¿Está tu nombre en el Libro de la Vida? (Ap. 21:27).

779. *PRIVILEGIOS DE LOS SANTOS EN EL CIELO (Juan 14:1-3)*

Serán como los ángeles de Dios, sin sexo, pero permanecerá el amor con aquellos a quienes amaron en la Tierra (Mt. 22:3; 1 Co. 3:8).

1. Alabarán a Cristo. No sólo como Creador, sino principalmente como Redentor (Ap. 5:9, 10 y 13-17).

2. Verán a Dios (Mt. 5:8; Ap. 2:4).

3. Tendrán el privilegio de servirle (Ap. 22:4).

4. Este servicio les permitirá glorificar a Dios en diversidad de lugares celestiales (Ef. 1:12, 3:10).

5. Algunos sino todos vendrán a ser sus representantes con autoridad (Lc. 19:17-19; Ap. 1:6).

6. Este privilegio dependerá de su fidelidad presente (Lc. 16:10).

7. Serán reconocidos por alguna señal externa en su rostro (Dn. 12:3; Mt. 13:43; Ap. 13:14, 22:4).

8. Tendrán cuerpos celestiales, mejor que los que ahora poseen al recibirlos juntamente

con los santos de la antigüedad (1 Co. 15:48 y He. 11:40).

9. A pesar de la falta de este cuerpo súper físico su condición es muchísimo mejor que viviendo en este mundo (Fil. 1:21-23).

780. *PRIVILEGIOS DEL CIELO (Apocalipsis 22:4)*

1. Satisfacción completa al despertar allí (Sal. 17:15).

2. Ver al rey en su hermosura (Is. 33:17).

3. Estar con Él y participar de su gloria (Jn. 17:24).

4. Tener una ampliación extraordinaria de conocimientos (1 Co. 13:2).

5. Ser semejantes a Él (Sal. 17:15; 1 Jn. 3:2).

6. Servirle glorificándole en lugares celestiales del Reino de los Cielos (Ap. 22:4; Ef. 1: 10-12; 3:10).

781. *LA IRA DE DIOS*
(Juan 3:31-36)

1. La ira de Dios:
a) Su duración (Ap. 14:10, 11).
b) Sus objetivos (Jn. 3:36).
c) Su certeza (2 Ts. 2:11, 12).
d) Su naturaleza (2 Ts. 1:9).
e) Su lugar (Ap. 21:8).

2. Pero:
a) La salvación es gratuita (Is. 55:1).
b) La salvación es completa (Lc. 2:29, 30).
c) La salvación es eterna (Is. 45:17).
d) La salvación es ahora (2 Co. 6:2).
e) La salvación no cuesta nada (Ef. 2:8).

782. *UN DIOS CONDESCENDIENTE*
(Salmo 80)

1. El Señor miró desde los Cielos para ver la ruina (Sal. 142:2).

2. El Señor miró desde los Cielos para oír el arrepentimiento (Sal. 102:19).

3. El Señor miró desde los Cielos para enviar la redención (Sal. 33:13-19).

4. «Oh Dios de los ejércitos, vuelve ahora; mira desde el Cielo, y considera, y visita esta viña» (Sal. 80:14).

783. *¿QUÉ ESTÁ HACIENDO DIOS?*
(Romanos 8:28)

INTRODUCCIÓN: no es lo mismo conocer a Dios por especulación que por experiencia: lo primero se adquiere por la mente; lo segundo con el corazón. Dios en la historia muestra su interés de bien universal, y en la experiencia derrama su bendición individual. El Dios creador es también el Dios preservador. Su cuidado paternal alcanza todos los reinos: «mirad las aves del cielo... Considerad los lirios del campo...» (Mt. 6:26, 28). «Hace salir su sol sobre malos y buenos, y hace llover sobre justos e injustos» (Mt. 5:45). Su providencia lo abarca todo: aun lo que nos parece adverso obra para el bien de los que aman (Ro. 8:28). En la experiencia de José se nos da un ejemplo del lugar de Dios en la historia.

1. La acción del Espíritu Santo:
a) Ayuda a nuestras flaquezas, dándonos fortaleza.
b) Pide por nosotros «con gemidos indecibles» «como conviene».
c) Hace efectivo el cuidado de Dios, supliendo lo que nos falta.

2. La acción providencial de Dios:
a) Envió a José a Egipto en forma humillante, sabiendo que él era creyente fiel.
b) Preservó a José, dándole sabiduría para bien de él y de sus hermanos.
c) Hizo sentir a sus hermanos la necesidad de ser humildes y reconocer que de la imperfección humana Dios hace vidas rectas.

3. Nuestro lugar en lo que Dios hace:
a) Todo en el universo «obra» para nuestro bien.
b) A pesar de nuestras flaquezas somos protegidos por Dios.
c) Por su divina providencia «somos más que vencedores» (Ro. 8:37).

CONCLUSIÓN:
–En su amor tenemos un lugar para nuestro bien.
–En su poder estamos seguros.
–Todo obra para nuestro bien: inclusive la vida eterna.

784. *DIOS, EL CREADOR INFINITO*
(Génesis 1:1-5, 26-31)

1. Dios creó los Cielos y la Tierra, el mar y las demás cosas:
a) El gran universo de Dios es una evidencia viva de su existencia.
b) El universo de Dios es una evidencia viva de su sabiduría infinita.
c) El universo de Dios es un ejemplo vivo de hermosura, orden y adaptación.

2. Dios creó al hombre y a todos los seres vivientes:
a) La vida y la existencia tienen su origen en Dios.
b) Dios hizo al hombre Rey y Señor de su creación.

c) El hombre es una personalidad en quien concurren sabiduría, sentimientos, conciencia y voluntad.

3. Dios proveyó lo necesario para proveer:

a) La providencia es evidencia viva del cuidado y el amor de Dios.

b) La providencia abarca tanto la vida espiritual como la vida material del hombre.

785. *DIOS, EN LOS TRIBUNALES DE JUSTICIA*

«Porque Jehová es justo, y ama la justicia; el hombre recto mirará su rostro» (Sal. 11:7).

INTRODUCCIÓN: la injusticia es un problema de orden social, jurídico, gubernamental y religioso. La justicia de que habla el salmista es uno de los atributos morales de Dios (Sal. 145:17), por lo mismo él demanda de todo ser humano que siempre haga justicia.

1. Está presente en todo orden de la vida:

a) Comercio.

b) Religión.

c) Ciencia.

d) Círculos sociales.

e) En toda dependencia humana donde se deben administrar garantías y hacer justicia a todos.

f) Es defensor contra los inicuos. Ro. 1:18.

2. Dónde nos conduce la presencia de Dios:

a) A administrar bien la justicia.

b) A abandonar todo lo que haya de malo en nuestra actuación.

c) A la humildad. (Lv. 26:41; Jer. 13:18; 1 P. 5:6).

3. Dios juzgará en el día del juicio final:

a) Comparecerán ante él todos los jueces de la Tierra (Ap. 20:11, 12).

b) Recibirán según sus obras (Ap. 20:13).

c) Cada uno ante Cristo recibirá según lo que haya hecho (2 Co. 5:10).

CONCLUSIÓN: el hombre recto mirará el rostro del justo Dios (Sal. 11:7). Los de limpio corazón verán a Dios: «la sangre de Jesucristo su Hijo nos limpia de todo pecado» (Mt. 5:8; 1 Jn. 1:7).

786. *DIOS, EN SU MUNDO*

«Los Cielos cuentan la gloria de Dios, y el firmamento anuncia la obra de sus manos» (Sal. 19:1).

INTRODUCCIÓN: por experiencia personal y por observación, sabemos que los seres humanos alaban a Dios por diferentes causas; y no solamente la gente adulta, sino también los niños alaban a Dios, como lo declara el poeta rey David (Sal. 8:2), y como también lo dijo el Señor Jesús (Mt. 21:16). Mas, el texto de este mensaje dice que los cielos, el firmamento, en los cuales está el mundo, también alaban a Dios.

1. El mundo creado por Dios:

a) Su existencia: no propia, sino por Dios.

b) Su hermosura: no propia, sino por Dios.

c) Su utilidad para los seres humanos: no propia, sino por Dios.

2. Lo que el mundo revela de Dios:

a) La existencia de Dios: propia y eterna.

b) La omnisciencia de Dios.

c) La omnipotencia de Dios.

d) La misericordia de Dios.

3. Propósitos de Dios para su mundo:

a) Que todos los habitantes conozcan a Dios.

b) Que todos los habitantes adoren a Dios.

c) Que todos los habitantes obedezcan a Dios.

d) Que todos los habitantes acepten al Hijo de Dios.

787. *EL AMOR DE DIOS (1 Juan 4)*

INTRODUCCIÓN: Juan ha sido llamado el discípulo del amor, pues ciertamente fue quien captó mejor las enseñanzas de Cristo acerca del amor, y sobre todo del amor de Dios. En este capítulo encontramos...

1. El amor declarado (vv. 8-16): Dios es amor. Dos veces el apóstol Juan lo declara para recalcar esta verdad. El amor es de Dios (v. 7) y su amor está derramado en el corazón del creyente (Ro. 5:5). Es una virtud que emana de Dios y se propaga. ¡Cuántas obras de amor ha impulsado el amor recibido por los corazones creyentes!

2. Amor manifestado (v. 9): el amor de Dios se ha manifestado en la creación, que está llena de beneficios para todos los seres vivos, pero muy particularmente se ha manifestado en el don de su Hijo amado.

3. Amor inmerecido (v. 10):

a) El ladrón de la cruz no lo mereció (Lc. 23:41).

b) Los judíos no lo merecieron (Hch. 3:26).

c) Los corintios tampoco (1 Co. 6:9-11).

d) Pablo no lo merecía (1 Ti. 1:13-16).

e) Ninguno de los pecadores salvados lo merece (Ro. 5:8; Tit. 3:4, 5), pero todos pueden disfrutarlo (Jn. 3:16). Este «todo aquel» ha dado lugar a la entrada de millares de almas en el Reino de Dios.

4. Amor testificado (vv. 14-16): debemos testificar que Dios mandó a su Hijo para ser el Salvador del mundo (v. 14). Juan fue un testigo directo, pues vio al Salvador resucitado, nosotros somos testigos indirectos, pero esto no importa y es aún de más valor delante de Dios (1 P. 1:8). ¿Qué es lo que tenemos que testificar? No todo aquello que podía testificar Juan, aunque sí la buena noticia que ha llegado hasta nosotros. «Todo aquel que confiesa que Jesús es el Hijo de Dios entra en una relación estrecha con el Todopoderoso». Juan lo expresa con las siguientes palabras: «Dios permanece en Él y Él en Dios». El apóstol lo reitera en el v. 16 como una experiencia per- sonal, y esto es lo que miles de cristianos han dicho y pueden decir.

5. Amor correspondido (vv. 19, 20) ¿Cómo podemos corresponder al amor de Dios?

a) Por guardar sus mandamientos (Jn. 14:15, 21, 23).

b) Por amar a los hermanos (1 Jn. 4:20-21) *véase* Jn. 13:34-35, 15:12; Ef. 4:32; 1 Jn. 3:16).

CONCLUSIÓN: los que profesamos pertenecer a Cristo y hemos experimentado por fe el amor de Dios, debemos considerar el inmenso favor que representa y corresponder en todo lo posible como Él se merece.

788. *EL NOMBRE SOBRE TODO NOMBRE* *(Salmo 8:1-9)*

Ésta es la cabecera del Salmo 8. El nombre de Dios, en hebreo, expresado en sus diversas formas, declara su carácter y sus atributos. Aunque su estudio es muy interesante, no es por este camino que vamos hoy a considerar la grandeza de Dios, sino por lo que nos enseña este pedacito de literatura inspirada.

1. El poder de Dios (vv. 1b, 2). Hay un tremendo contraste entre estas dos frases tan cercanas:

a) El poder y sabiduría de Dios se dejan ver en la grandeza del Universo (Sal. 19:1).

b) Pero también en las obras de la Naturaleza donde el Creador obra mediante las leyes de la vida. ¿Puede haber algo más maravilloso que la formación de cada ser viviente: y particularmente del ser humano, corona de la Creación, en el seno de su madre? Las células no se reproducen *sin ton ni son,* sino que se detienen en la medida justa que el órgano que se está formando lo requiere.

c) ¿Y puede darse un ejemplo de previsión más admirable de parte del Creador que la provisión que hace la Naturaleza de una sustancia nutritiva y tan adecuada como es la leche materna, mientras el cuerpo de la madre necesita, por otra parte, tantos elementos para la formación del niño? Sin embargo, cuando éste nace, encuentra su alimento preparado. Ciertamente, la sabiduría de Dios se manifiesta tanto en lo grande como en lo pequeño.

2. La gracia de Dios (v. 2): pero el Espíritu Santo que inspiró al salmista estaba, quizá, refiriéndose a otra clase de lactantes espirituales: los que hallamos mencionados en Mt. 11:25 y 1 P. 2:2.

3. Un mentís a los ateos (v. 2): hay muchos hombres enemigos de Dios, siempre los ha habido pero de un modo particular en este siglo. Dios no hace callar sus bocas blasfemas con un

terremoto espantoso que aterre a la Humanidad entera, sino con un testimonio de su sabiduría y poder en los Cielos y en la Tierra. En la Tierra no solamente por las leyes naturales, sino por el poder regenerador del Espíritu Santo que ha transformado a millones de hombres: el nuevo nacimiento.

4. El contraste reiterado (vv. 3, 4): el autor de este salmo conocía muy poco de lo que significa y contiene la bóveda estrellada que él contemplaba, en sus días, sobre los campos de Judea, pero el Espíritu de Dios, que inspiró la Sagrada Escritura, conocía secretos que los hombres tardaron siglos en descubrir, como el de la redondez del mundo (Is. 40:22, 25-26).

5. Un maravilloso anuncio de la encarnación (v. 4): lo maravilloso de esta expresión fue no sólo las teofanías con que Dios visitó a los hijos de los hombres en el Antiguo Testamento, sino la visita del Verbo Divino a este pequeño mundo. A pesar de ser Dios tan grande, piensa en el hombre, tan pequeño, y abriga propósitos maravillosos para con él (Sal. 40:5; Ro. 8:28, 29; Ef. 1:4-6).

6. La superioridad del hombre sobre todos los seres vivos es un precedente de lo que ha de ser (vv. 5, 6):

a) El hombre no es un animal desarrollado, sino un ser espiritual (v. 5), con dominio sobre los brutos, a causa de su superior inteligencia.

b) Aun las bestias salvajes temen la mirada del hombre. ¡Cómo le obedecerían en el Edén, antes de la caída! Y su dominio será más evidente durante el reinado del Mesías (vv. 1, 9); sea grande su nombre en nuestro corazón.

789. *LA MISERICORDIA DE DIOS (Salmo 103)*

Este hermoso Salmo es un canto de alabanza a Dios, a quien se describe como el Creador bondadoso que corona a sus criaturas de favores y misericordias (v. 4). Consideremos, a través de sus principales frases, las características de tales misericordias.

1. Misericordia grande (v. 8): Dios es grande y todos sus atributos corresponden a su grandeza, tan inmensa. ¿Quién sino Él puede dar beneficios tan grandes como los que evocan la alabanza del salmista en los versos 3-5? (*véase* confirmada esta idea en Ef. 2:4; 1 P. 1:3).

2. Misericordia inmerecida (v. 10): los antiguos hombres piadosos de Israel tenían ya una experiencia de que Dios les favorecía más de lo que merecían, pero no era nada en comparación con la experiencia de los cristianos. Juan dice que aun cuando nosotros no habíamos amado a Dios, Él nos amó primero (Jn. 4:19). Pablo reconocía también lo inmerecido de aquella misericordia (1 Ti. 1:13-16; Tit. 3:4, 5).

3. Misericordia sin límites (vv. 11, 12): aquí se citan distancias infinitas, imposibles de medir para recalcar la magnitud del perdón de Dios. Bien podía decir Mi. 7:18: ¿Qué Dios como tú?

4. Misericordia paternal (vv. 13-16): no hay otra religión en el mundo que presente a Dios como un Padre; sin embargo, Jesús insiste en tal concepto. Tenemos un Padre en el Cielo que nos conoce a fondo y, sin embargo, nos ama. Nuestra fragilidad atrae su compasión (Sal. 78:38, 39).

5. Misericordia eterna (vv. 17, 18): su misericordia se ha desplegado en cada generación. El hecho de que la vida humana sea tan frágil parece contrariar esta aseveración pues, para nosotros, la muerte es lo peor, pero para el que está al otro lado de la muerte es lo mejor (Fil. 1:24). Después de innumerables favores y respuestas a la oración viene un momento en que Dios quita todas las cargas por medio de la muerte que para Él es vida superior. Dios ha tenido misericordia de los que le han buscado (Is. 55:7; Ro. 10:12) y pone su amor sobre ellos por toda la eternidad. No se trata de tenerles en su gloria unos pocos años o siglos, sino para siempre (Jer. 31:3; Jn. 17:22, 23).

6. Misericordia asombrosa (vv. 20-22): tan maravillosa, que David se siente incapaz de alabar a Dios como se merece y termina su salmo invocando a los ángeles y todas las obras de Dios, para que le ayuden a dar loor al Dios de amor y misericordia.

790. *NOMBRES DE DIOS EN LA BIBLIA (Salmo 113:1-3)*

1. *Jehová Jireh* (Gn. 22:14): «Jehová proveerá».

2. *Jehová Rafeca* (Éx. 15:26): «Jehová tu sanador».

3. *Jehová Nissi* (Éx. 17:15): «Jehová mi bandera».

4. *Jehová M'kadisken* (Éx. 20:12): «Jehová el que santifica».

5. *Jehová Shalom* (Jue. 6:24): «Jehová el que da paz».

6. *Jehová Sabaoth* (1 S. 1:3): «Jehová de los Ejércitos».

7. *Jehová Siekenu* (Jer. 23:6): «Jehová justicia nuestra».

8. *Jehová Samma* (Ez. 48:35): «Jehová allí».

9. *Jehová Ellyon* (Sal. 7:10): «Jehová el Altísimo».

10. *Jehová Roy* (Sal. 23): «Jehová es mi pastor».

Aplíquese cada nombre a las circunstancias de la vida de cada creyente.

791. *NUESTRO PADRE* *(Mateo 6:1-18)*

INTRODUCCIÓN: hay una gran dificultad para la mente humana en concebir y definir a Dios. Comprendemos que ha de ser un Ser inteligente, por las leyes naturales tan acertadas, pero ¿cómo es?, ¿qué es? La mente del hombre se ha extraviado por dos extremos:

1. Conceptos humanos:

a) Concebirlo demasiado pequeño y parecido a nosotros: éste fue el error de la mitología griega y romana, y también del paganismo indio, cuando dieron nombres a lo que al principio eran sólo cualidades de Brahma, Kali, Shiva, Vischnú e infinidad de otros dioses diversos.

b) Demasiado grande, mejor dicho, apartado de nosotros y desinteresado de su obra: Ibarreta y Sebastián Faure lo describen como una fuerza inteligente que puede ser bueno o malo, útil o inútil, justo o injusto, según los casos; pero lo primero contradice lo segundo. Esto no es un concepto de Dios, sino un panteísmo irracional.

c) Jesús nos presenta el término justo: nos dice que Dios no es ni un hombre como nosotros ni una fuerza inconsciente. Es Espíritu infinito (Jn. 4:24), por ello, conoce los detalles de lo más pequeño y lo más grande. Su mejor definición es el calificativo de «Padre Celestial» (Mt. 5:45 a 6:26). ¿Por qué no ha de ser así? Si es inteligencia suprema, es natural que conozca todas estas cosas que Cristo menciona.

d) Si ha hecho tantas cosas buenas en la Naturaleza, es natural que ame a los hombres: nosotros no habríamos podido llegar por nosotros mismos a tal conclusión, pues una inteligencia que puede atender y entender millones de asuntos a la vez excede a nuestra comprensión; pero Jesús lo repite reiteradamente.

2. Dos clases de paternidad:

a) La que se refiere al Hijo Divino, llamado también Verbo Eterno: Jesús vivía en comunión con su Padre Celestial, era la única dulzura de su voluntaria kenosis, que podríamos calificar de destierro y humillación.

b) La que se refiere a nosotros: familiarizados con la noción paternal todos ponemos entender el significado de esta figura. Un Padre universal es una idea superior a toda idea humana, pero es la mejor con respecto a Dios el Creador. Con ella Jesús ilustra de un modo admirable:

3. Nuestros privilegios:

a) Nuestro origen. Venimos de Dios: «linaje de la Divinidad» es una feliz expresión de Pablo (Hch. 17:29), no de los monos; nuestros conceptos morales lo prueban:

–El hombre se embrutece al considerarse descendiente de animales: no es extraña la degeneración sexual, moral y ética de nuestro tiempo.

–Es contrario al orden ascendente de la Naturaleza: es evidente que el reino vegetal fue creado para el animal, y el animal para el hombre, corona de la creación; y el hombre, ¿para qué? Debemos imaginarnos al Creador, como un niño que se entretiene en hacer pompas de jabón para verlas desaparecer (teoría nihilista y existencialista), o como un padre que está educando a una familia de hijos para la eternidad. Cierto que la categoría superior de hijos se obtiene tan sólo en Cristo, pero Jesús enseña que habrá varias categorías de condenados.

b) Nos revela y asegura protección (Sal. 103:13; Mt. 18:14): existen miles de ejemplos providenciales, y cuando la muerte no es detenida tenemos que considerar que no es el fin de

todo, sino un cambio de situación para Dios (Mt. 22:32; 2 Co. 4:18-5:2).

c) Nos asegura comprensión: la visión de la grandeza de Dios en el Universo ha hecho vacilar a algunos filósofos sobre el hecho de que el inmenso Creador nos oiga y comprenda, pero David era muy lógico cuando exclamaba lo que leemos en Sal. 94:9-11.

d) Nos asegura bendición (Lc. 11:13).

e) Nos asegura consuelo (Is. 66:13).

f) Nos asegura herencia (1 P. 1:4; Ro. 7:19).

g) Es una realidad aun cuando no se manifieste en seguida (Gá. 4:1-2).

h) Es inconmensurable: «No saben lo que tienen» se dice de ciertos millonarios. Esto es sólo una hipérbole, pues todos lo saben, más o menos, en total; pero del creyente se puede decir por fe: «No sabe lo que tiene».

4. Nuestros deberes:

a) Santidad (Mt. 5:48; 1 P. 1:17; Fil. 2:15): es una gran responsabilidad y osadía llamarse Hijo de Dios sabiendo que la divinidad se refleja en la conciencia humana, aun de los incrédulos. Un ateo sabe perfectamente cómo debe ser un cristiano y nota la diferencia. Que seamos capaces de hacer, porque somos cristianos, lo que de ningún otro modo haríamos. Si es perdonar, perdonar; si es soportar, soportar; si se trata de perder, perder (Mt. 5:48). Nótese que la base de todo, según la exhortación de Jesús, es: «Para que seáis hijos de vuestro Padre».

b) Fraternidad: una idea iluminadora para la Humanidad entera (Mt. 23:9). Fue el golpe de muerte para la esclavitud y ha de serlo sobre todas las diferencias.

CONCLUSIÓN: esta idea es iluminadora en todas las circunstancias...

–Ante lo desconocido: «Mi Padre sabe».

–Ante la prueba: «No mi voluntad, sino la del Padre».

–Ante la muerte: «Padre, en tus manos encomiendo mi espíritu».

792. *¿QUÉ CLASE DE SER ES DIOS?*

«Los cielos cuentan la gloria de Dios, Y la expansión denuncia la obra de sus manos (...) Dijo el necio en su corazón No hay Dios» (Sal. 19:1; 14:1).

INTRODUCCIÓN: solamente un necio diría que «no hay Dios». Cuando David alzó los ojos y contempló las glorias y bellezas del universo prorrumpió en un salmo de adoración a Dios, el Autor y Creador de todo cuanto sus ojos contemplaban. Para predicar, nos basamos en la premisa de que hay un Dios, de que ha existido desde los tiempos más remotos, y de que vivirá por toda la eternidad. «En el principio crió Dios los cielos y la Tierra». Existirá aún después de que los cielos y la Tierra dejen de ser. Un autor humano no intenta probar su propia existencia, meramente sella el libro con su nombre y lo difunde por el mundo. Y así es que Dios ha sellado la primera página de la Biblia con su nombre y hasta el fin de la Biblia, debemos reconocer la existencia de Dios. A través de las edades los hombres han querido saber qué clase de ser es Dios. Han dicho: «Señor, muéstranos el Padre, y nos basta» (Jn. 14:8). Quieren conocer la apariencia física del Señor, sus sentimientos hacia los hombres, y cuáles son sus atributos. La Biblia revela a Dios pero no es ésta la mejor revelación; la naturaleza revela a Dios pero no constituye ésta una revelación total. Cristo Jesús es la única revelación total del Padre Celestial. Él dijo: «El que me ha visto, ha visto al Padre». Mediante su vida, Jesús mostró qué clase de ser es Dios. Fijémonos atentamente en esta gran doctrina de Dios.

I. La personalidad de Dios

1. Es un Espíritu: «Dios es Espíritu; y los que le adoran, en espíritu y en verdad es necesario que adoren» (Jn. 4:24). Este v. dice que, «con ser Dios verdadero, no es algo material y visible a nuestros ojos». Tuvo un encuentro con Moisés en la cima de la montaña y Moisés exclamó «Ruégote que me muestres tu gloria» (Éx. 33 18) . Dios le contestó: ¡Yo haré pasar todo mi bien delante de tu rostro, pero, «No podrás ver mi rostro» (Éx. 33:19, 20). Si Dios es una entidad real, debe tener forma, ¿acaso no dijo: «Hagamos al hombre a nuestra imagen»? (Gn. 1:26) Y sin embargo, no es una forma física sino una espiritual. Nunca contemplaremos esa forma en este mundo pero la veremos en todo su esplendor en el Cielo cuando a nosotros también se nos habrá dado una existencia espiritual al igual que la de él. Al ser apedreado, Esteban declaró «He aquí, veo los cielos abiertos, y al Hijo del Hombre que está a la diestra de Dios» (Hch

7:56). Debió haber vislumbrado a Dios en su forma espiritual. Dios opera en el mundo mediante su Espíritu, no siéndonos visible aquí, pero, en el Cielo lo veremos cara a cara.

2. Es una Persona: Él sabe, siente, ama, oye las plegarias, habla, actúa. La Biblia siempre lo presenta como una persona, un Dios vivo. Es una persona libre; no está restringido por limitaciones, sino que puede actuar con toda libertad mediante su poder. Él está sobre todos y es el más poderoso de todos. Él es el autor del orden universal en la materia, en la vida y en la muerte. Tal orden solamente podría proceder de una inteligencia infinita. Al contemplar este viejo mundo con todas sus maravillas, al pensar en la sucesión regular de días y de noches al meditar en la aparición de las estaciones al reflexionar sobre la fidelidad del sol, de la luna, de las estrellas, al pensar en la maravillosa maquinaria que es el hombre. no podemos menos que decir: «Tu sabiduría es sobre la sabiduría de los demás entendidos, tus pensamientos están tan por sobre los nuestros como los cielos están sobre la Tierra».

II. Los atributos de Dios

1. Dios es Santo: la Biblia nos presenta muchos tipos, sacrificios, y ceremonias para recalcar el hecho de que Dios es santo. El profeta lo describe como: «el Alto y Sublime, el que habita la eternidad, y cuyo nombre es el Santo» (Is. 57:15). Sentado sobre el trono apocalíptico, los ángeles cantan: «¡Santo, Santo, Santo, Dios Omnipotente!» Jesús nos enseñó que Dios es el único ser santo. En una visión, Isaías vio que Dios estaba sentado en su trono; oyó cómo daban voces los serafines: «Santo, santo, santo, Jehová de los ejércitos» (Is. 6:30). Cuando Isaías vio a Dios y oyó estas palabras, a pesar de ser el hombre más puro de su día, escondió su rostro y exclamó: «¡Ay de mí! que soy muerto, que siendo hombre inmundo de labios» (Is. 6:5). A pesar de ser un buen hombre y un siervo de Dios, sin embargo quedó tan anonadado ante la santidad de Dios que se sintió impuro en su presencia. Si hoy día pudiéramos captar una visión real de la santidad de Dios, todos exclamaríamos: «¡Inmundo soy! ¡Inmundo soy!»

2. Dios es Eterno: los Cielos y la Tierra han existido por mucho tiempo, pero Dios existió aún antes. Él existió aun antes de que: «las estrellas todas del alba alababan, Y se regocijaban todos los hijos de Dios?» (Job 38:7). Mucho tiempo ha transcurrido desde que Colón descubrió América, pero este lapso es corto comparado con la vida de Dios. Un museo de El Cairo conserva el cuerpo momificado de uno de los faraones que reinó aproximadamente en días de Moisés. Si hoy estuviese vivo, la vida de este hombre sería corta comparada con la de Dios. Pensamos en la vida rústica de nuestros padres Adán y Eva, y en todos los cambios operados en el mundo desde aquel entonces; pero Dios existía aun antes. Retrocede a un pasado tan remoto que ni brillan las estrellas ni cantan los serafines, y aun entonces estarás en la presencia de Dios. Él es el gran «Yo Soy» para quien mil años son como un día. Antes de que existieran las montañas, Él existía; y después de que la Tierra no sea más que polvo, él existirá aún. Él siempre ha sido, siempre es, y siempre será. Si, Dios es eterno.

3. Dios es Omnipotente: es decir, Dios tiene todo poder. Faraón pensó que era un poderoso gobernante. Napoleón, el Kaiser e Hitler, se creyeron poderosos, pero todas las potencias del mundo tienen que postrarse a los pies del gran Dios. Los vientos y las olas le obedecen; él habla y se cumple su palabra. Jesús dijo: «Para con Dios todo es posible» (Mt. 19:26). «¡Oh Señor Jehová! he aquí que tú hiciste el cielo y la Tierra con tu gran poder, y con tu brazo extendido. ni hay nada que sea difícil para ti» (Jer. 32:17). «Yo conozco que todo lo puedes» (Job 42:2). Cuando Dios creó el mundo, dijo: «Sea la luz», (Gn. 1:3) y en menos de un segundo la luz inundaba el universo. Mediante una simple expresión, Dios efectúa aquello que él quiere que acontezca, puesto que todo poder es suyo. No sólo la naturaleza está subordinada a el sino que también el hombre está sujeto a su voluntad. Santiago nos amonesta que no debemos decir: «Hoy y mañana iremos a tal ciudad» (Stg. 4:13), sino que haremos tales cosas si son la voluntad de Dios. Feliz del hombre que se somete a la voluntad de Dios; pero, hágalo o no, aún queda sujeto a la voluntad de Dios. Él es más poderoso que todos los gobernantes y llevará a cabo su propósito divino en nuestra vida y en el mundo.

4. Dios es Omnisciente: puesto que Dios es omnisciente, sabe todas las cosas: «Dios...

conoce todas las cosas» (1 Jn. 3:20)». El cuenta el número de las estrellas; A todas ellas llama por sus nombres» (Sal. 147:4). «¿No se venden dos pajarillos por un cuarto? Con todo, ni uno de ellos cae a tierra sin vuestro Padre» (Mt. 10:29). A través de las edades Dios mira y se vale aún de las maldades de los hombres perversos para hacer que resulten en nuestro beneficio y para su gloria. Una horrenda guerra ha concluido con su derramamiento de sangre, sus atrocidades y su dolor; Dios tenía conocimiento de todo esto y hará que todo salga bien, él toma las cosas más escandalosas de nuestra vida y nos prueba «que a los que Dios aman, todas las cosas les ayudan a bien» (Ro. 8:28). No hay postdatas con Dios; él sabe desde el pasado infinito lo que acontece y lo que sucederá a través de la eternidad. Él es omnisciente.

5. Dios es Omnipresente: esto significa que Dios está en todo lugar en todo momento; «Aunque cierto (Él) no está lejos de cada uno de nosotros» (Hch. 17:27). Él está con nosotros a la luz del mediodía y en la oscura medianoche. Él acompañaba a los soldados que lucharon en terreno africano en las montañas alemanas, y en las desiertas islas del Pacífico durante la Segunda Guerra Mundial. Él está muy cerca de nosotros, estemos sobre mar o tierra; él nos acompaña cuando le servimos; él está a nuestro lado cuando caemos en pecado. Si nos detuviéramos a pensar y a recordar que Dios nos acompaña y que debemos rendirle cuentas pondríamos más cuidado en la manera en que vivimos diariamente. Cuando pasas por amargura y piensas que todo el mundo te ha abandonado, Dios está a tu lado cuando las dificultades, como olas marinas, anegan tu alma, Él aún permanece. Él es un Dios que a nuestro lado está. Los paganos caminan largas distancias a fin de postrarse ante sus dioses tallados en madera. Los católicos romanos creen que deben postrarse ante un altar en la iglesia para poder adorar a Dios, o que deben estar en un confesionario para poder confesar sus pecados. Pero, mi amigo, Dios está en cualquier lugar y en todo lugar cuando los hombres le necesitan.

6. Dios es Grande:

a) Es grande en poder Creador: si quieres ver la grandeza de Dios, mira a tu derredor; contempla las montañas, los ríos y los océanos. El poeta sabiamente ha dicho que sólo Dios puede hacer un árbol. Sólo un gran Dios puede crear toda, s las cosas maravillosas que integran el mundo actual de la naturaleza. Estimamos el mundo como algo muy grandioso. pero si el sol fuese hueco y si se pudiera perforar su superficie, se podrían colocar un millón cuatrocientos mil mundos dentro del sol y aún habría suficiente espacio dentro para que girasen. Y sin embargo hay muchos otros planetas en el sistema de Dios mucho más grandes que la tierra. Un Dios poderoso los hizo a todos. Resta que el hombre esté reverente ante su presencia. Cuando pensamos en el hombre capacitado para pensar hacer planes, y actuar nos damos cuenta de que es la más asombrosa maquinaria del mundo. Pero Dios la hizo con pensamiento y con palabra. En cierta oportunidad un ateo dijo ante un gran gentío: «Si es que hay un Dios que él me mate en este preciso instante». Dios le hizo tanto caso a él como caso le haría el océano al ladrido de un perro. Es insensato que un hombre pequeño desafie a un Dios poderoso.

b) Es grande en poder Redentor: el hombre fue creado inocente pero se hundió en el pecado. Sin embargo, Dios, con gran poder redentor lo salva de su pecado. Dios lo hizo, el diablo lo deshizo, y Dios puede rehacerlo. Medita en la vida que llevó algún temible personaje y dirás «Nada puede cambiar a ese individuo, salvo Dios». Y Dios efectúa ese cambio; oyes hablar de un evangelista, quien se refiere a su vida pasada en la siguiente forma: «De la casa de juego al púlpito». ¿Qué efectuó dicho cambio? Sólo el poder redentor de un Dios poderoso. Si eres el pecador más vil del mundo, eres tú a quien Dios busca. Su poder puede transformar tu vida. ¡Cuán glorioso es el cambio operado en mi ser, viniendo a mi vida el Señor hay en mi alma una paz que yo ansiaba tener, la paz que me trajo su amor!

c) Es grande en poder Protector: cuando Dios salva a un individuo, no hay poder en la Tierra, en el cielo, o en el infierno, lo suficientemente fuerte para arrancarlo de la mano del Padre. Dios es más poderoso que el demonio y que todos los demonios del infierno. Podrán asaltar el alma del hombre, pero Dios lo protegerá. Jesús dijo: «... y no perecerán para siempre, ni nadie las arrebatará de mi mano. Mi Padre que me las dio, mayor que todos es; y nadie las puede arrebatar de la mano de mi

Padre» (Jn. 10:28, 29). Un hombre podrá decir que no puede aguantar. Pero no es suya la responsabilidad de aguantar; es de Dios. Debemos confiar plenamente en él y no tratar de vivir confiando en nuestras propias fuerzas. Dios es grande y todos los demonios del infierno son pequeños comparados con él. Si rendimos nuestra vida a él, será él quien nos protegerá eternamente.

7. Dios es Amante: algunas personas creen que Dios es un tirano severo quien se enfada ante una sonrisa y. que nos manda al infierno cuando nos apartamos un poco del camino trazado. Esto es absolutamente erróneo. Dios nos ama y Dios se preocupa por nosotros. Si somos castigados por nuestro pecado, no es culpa de Dios; es nuestra la culpa.

a) El amor de Dios es demostrado en la dádiva de su Hijo, quien vino a morir por nosotros: el amor más grande del mundo no es el de una madre por su hijo, ni el amor de un patriota por su patria, sino que es el amor de Dios por los pecadores perdidos. Supongamos que alguien me dijera:

–Debe usted sacrificar a su hijo para que muera por el pecado de otro hombre.

Inmediatamente le diría al tal sujeto:

–¡No! No sacrificaré a mi hijo. Que el hombre muera por su propio delito.

Ahora bien, ¿qué dijo Dios? Su Hijo, el más hermoso entre diez mil, el completamente hermoso a quien Dios amaba de todo corazón, a éste dio para que muriera, a fin de que los pecadores pudieran encontrar el camino al Cielo, al oír el gemido que ascendía de un mundo pecador. El sacrificio es la prueba más severa del amor. Alguien me puede decir que me ama, pero en realidad no sé si me ama sino hasta en tanto que lo pruebe mediante el sacrificio. Yo leo que Dios me ama y lo creo, pero mi fe busca la realidad cuando me acerco a la cruz. Contemplo la forma de quien está muriendo y gimo:

–Señor, ¿me amas?

Y entonces Él me muestra las huellas que dejaron los clavos en sus manos y en sus pies, y sé que Dios me ama. Cristo sufrió intensamente sobre la cruz pero allá en el Cielo, Dios también sufrió. Cada punzada, cada gemido, y cada azote eran una estocada en el gran corazón del Padre Celestial. Supongamos que uno de tus hijos hubiera sido hecho prisionero de guerra. Supongamos que tú hubieras tenido que presenciar, impotente, el azote infligido a tu hijo y, para rematar todo, su muerte. Te hubiera dolido y te hubiera hecho trizas el corazón. Nunca serías el mismo después de haber presenciado tamaña tortura. Pero permíteme decirte que Dios estaba presenciando la escena cuando el pecado mató a su Unigénito. Hirió el gran corazón de Dios pero Él lo soportó todo por su gran amor por ti y por mí.

b) El amor de Dios es demostrado en su cuidado diario: somos propensos a olvidar que Dios es quien cuida de nosotros cada momento de cada día. Hace mucho que hubiéramos dejado de existir sin su cuidado. En realidad, podemos afirmar como Jeremías de antaño: «... sus misericordias. Nuevas son cada mañana» (Lm. 3:22, 23). Cuando el médico se coloca al lado de la mesa de operaciones y practica una delicada operación quirúrgica, el más leve desliz de la mano puede ocasionar la muerte. Pero Dios guía esa mano. Centenares de veces hemos estado en situaciones en que una equivocación hubiera significado segura muerte. No lo sabíamos, pero Dios estaba allí a nuestro lado, cuidándonos.

c) El amor de Dios es demostrado en su misericordia hacia los pecadores: tú y yo fuimos pecadores tan perversos que merecíamos la muerte y sólo la muerte. ¡Cuánto nos debe haber amado Dios, aun cuando estábamos en nuestros pecados! *(Anécdota: el viejo Tabernáculo «Moody» de la ciudad de Chicago, EE. UU. de N. A. , ostentaba estas tres palabras sencillas sobre el púlpito: «Dios te Ama». Cierto día transitaba un pecador por esa calle, se paró ante el templo, abrió su puerta, y miró hacia adentro. Cuando vio esta inscripción, maldijo, diciendo luego:*

–Dios no ama a un individuo envilecido como yo.

Continuó andando por la calle pero no podía borrar la impresión que esas tres palabras le habían producido. Se dio cuenta de que se sentía impelido a regresar a este templo. Regresó, entró, y con los ojos fijos en la inscripción, se dirigió al frente por el pasillo. Justamente en esos momentos, el Sr. Moody entraba en el tabernáculo por otra puerta. Vio al hombre, le habló, oró con él, y pronto el hombre estaba

regocijándose en su salvación. ¡Oh, si pudiéramos conseguir que los hombres se dieran cuenta de cuánto los ama Dios, más fácilmente podríamos ganarlos para Cristo!).

III. Relación presente de Dios con el mundo y el hombre

1. Gobierna los asuntos del mundo: a veces parece que el mundo se tambalea al borde de inminente catástrofe pero detrás de los nubarrones, Dios todavía está sentado en su augusto trono y Dios aún reina supremo en el universo. Él ensalza naciones y él las derriba, según su propósito. Él enalteció a muchas naciones en los tiempos antiguos; estas naciones se desviaron por sendas de pecado y de iniquidad, y el Señor las derribó.

2. Castiga el pecado y premia la justicia en el mundo: el hombre no puede quebrantar la ley de Dios aquí en el mundo y salir airoso. Tú puedes decir: «Enseñe lo que enseñare la Biblia, yo haré lo que se me antoje»; pero no puedes salirte con la tuya. Dios tiene algunas leyes inmutables en este mundo y si estas leyes son quebrantadas, el castigo desciende automáticamente sobre el transgresor.

De esta manera, el creyente es castigado. Un hijo de Dios nunca sufrirá en la eternidad, pero si no vive de la manera que debe en este mundo, Dios lo castigará. Los hijos de Dios son también premiados en este mundo. Si vives una vida consagrada y caminas de acuerdo con la voluntad de Dios, Él te bendecirá aquí en la Tierra como también en la eternidad.

IV. La relación futura de dios con el mundo y el hombre

1. Será un Juez justo: Él juzgará a aquellos que están sin Cristo... El rico, el pobre, el mendigo, el ladrón, el entendido, el torpe, el rey, el esclavo, el grande, el pequeño, todos los hombres tendrán que rendir cuentas a Dios sobre la manera en que han vivido en este mundo. Según la Palabra de Dios, hay dos tronos de juicio que nos aguardan en la eternidad. El primer trono será el de Cristo, donde el Señor Jesús juzgará a todos los cristianos según sus obras, premiándoles de acuerdo a la manera en que han servido al Señor y vivido para su gloria. El otro trono es el gran trono blanco, donde Cristo juzgará a todos los incrédulos y pecadores, castigándolos según sus obras. No podrás declararte inocente cuando estés delante de este trono. Dios lleva las cuentas y él sabe todo cuanto hemos realizado, dicho, o pensado. Ahora él ofrece salvarte; entonces, será tu juez. Sus brazos están abiertos, brindándote amorosa invitación; en aquel día, su brazo señalará el fuego eterno para los perdidos.

2. Premiará a los fieles y castigará a los pecadores: ante el trono de Cristo, Él premiará a los fieles; ante el augusto trono blanco, él pronunciará la condena sobre los pecadores. Tú puedes vivir perdidamente aquí pero serás condenado allá. No puedes escaparte del juicio. La mano que fue traspasada en la cruz por ti te señalará el camino a los abismos tenebrosos. Pero, gracias sean dadas a Dios, aquellos que han confiado en Cristo están salvos ahora y serán recompensados entonces *(anécdota: un predicador soñó que había muerto y que estaba ante el tribunal eterno. Se le preguntó:*

–¿Siempre ha sido usted bueno?

–No –contestó.

–¿Siempre ha sido justo?

–No –repuso.

–¿Siempre ha sido puro?

–No –contesto, inclinando su cabeza bajo el peso de la condenación que ya sentía.

Entonces vio que una luz brillante iluminó el recinto donde él estaba y que alzó la vista para mirar el rostro de Cristo Jesús. El Salvador lo rodeó con sus brazos y alzando la vista al trono dijo:

–Padre, sé que no siempre ha sido bueno, que no siempre ha sido justo, que no siempre ha sido puro; pero allí en el mundo él testificó por mí y aquí Yo intercederé por él).

Gracias a Dios, si confesamos su nombre aquí, Él nos confesará ante el Padre. En aquella Tierra donde no habrá lágrimas, él nos dará abundante recompensa; dejaremos la cruz para tomar la corona.

3. Vivirá eternamente con sus hijos: el mayor gozo que puede tener un creyente en este mundo es el de disfrutar de unos momentos de comunión ininterrumpida con el Padre Celestial. Pero en el Cielo tendremos comunión perfecta con Él, donde las congregaciones no se dispersarán ni finalizarán los sábados. Así siempre estaremos con el Señor.

CONCLUSIÓN: amigo mío, éste es el Dios por quien debes vivir. Él es el Dios a quien debes conocer, poderoso y bueno, amante y misericordioso. Él te ofrece lo mejor aquí, pero si rehusas aceptar sus ofertas, él será tu juez en la eternidad. ¿Estás listo para hacer frente a aquel día? ¿Estas preparado para encontrarte con Dios y rendirle cuentas de tu vida? *(Anécdota: el Dr. J. Wilbur Chapman fue pastor de una gran iglesia de Filadelfia, EE. UU. Cierto domingo después del servicio, uno de los dirigentes de la iglesia le dijo:*

–Dr. Chapman, ¡cuánto desearía que usted gozase de una salud como la mía! Nunca me quejo de dolor alguno, nunca necesito los servicios de un médico, ni jamás tomo medicinas.

Tres semanas más tarde sonó el teléfono del Dr. Chapman muy temprano por la mañana. Lo llamaban de la casa de este individuo. Cuando llegó allí el Dr. Chapman, la hija del señor ya mencionado le hizo pasar, llorando en tal forma que parecía que su corazón se despedazaba. Ella dijo:

–Esta mañana mi padre me despertó y me pidió que nos encontráramos dentro de quince minutos en el comedor. Fui allí y lo esperé, pero no llegó. Subí a su cuarto y allí lo hallé. Estaba sentado en su silla favorita, con el periódico en sus manos pero con la cabeza inclinada sobre su pecho. Su alma había volado para estar con Dios. Nunca había padecido un dolor, no había tenido una queja, ni había necesitado de un médico. Y sin embrago, en el breve transcurso de quince minutos había salido de un mundo para entrar en otro).

¿Estás listo para cuando te llegue esa hora? Hay una sola manera mediante la cual puedes prepararte; acércate a Dios por medio de Cristo Jesús, su unigénito Hijo, y todo quedará listo para siempre.

793. *ENSEÑANZAS DE LA BIBLIA ACERCA DE DIOS (Génesis 1:1-6)*

1. La Biblia nos enseña que Dios es todopoderoso (omnipotente):

a) Creó el mundo físico (Gn. 1:1).

b) Creó los animales (Gn. 1:21).

c) Creó al hombre:

–Físico (Gn. 1:27).

–Espiritual (Gn. 2:7).

d) Todo poder tiene su fuente u origen en Dios.

2. La Biblia nos enseña que Dios es todo sabio (omnisciente):

a) Dios sabe todas las cosas en cuanto al hombre (Sal. 33:13-15).

b) El sabe lo referente al mundo físico (Sal. 147:4).

c) El sabe lo referente a la vida animal (Mt. 10:29).

d) El conoce nuestras necesidades (Mt. 6:8).

e) El conoce el pasado, el presente y el futuro (Job 34:21).

f) Dios no puede ser Dios y no conocer todas las cosas.

3. La Biblia nos enseña que Dios está siempre presente (omnipresente):

a) No podemos escapar de Dios (Sal. 139: 7-9).

b) Dios nunca nos desamparará (He. 13:5).

4. La Biblia nos enseña que Dios es una Trinidad:

a) Dios el Padre (Gn. 1:1).

b) Dios el Hijo (Gn. 1:1):

–Humano (Lc. 2:7, 52).

–Divino (Mt. 3:17).

c) Dios el Espíritu Santo (Jn. 16:13).

5. La Biblia nos enseña que Dios dio su mensaje a través de ella:

a) Toda Escritura es dada por Dios (2 Ti. 3:16).

b) Toda Escritura es provechosa (2 Ti. 3:16).

6. La Biblia nos enseña que Dios es una persona:

a) Dios es como una madre (Gn. 17:1).

b) Dios es como un padre (Sal. 103:13).

c) Dios puede cansarse (Is. 43:24).

d) Dios puede ser celoso (Éx. 20:5).

e) Dios puede reírse (Sal. 2:4).

f) Dios puede enojarse (Dt. 32:22).

g) Dios es amor (1 Jn. 4:8).

7. La Biblia nos enseña que Dios es Espíritu:

a) Los hombres pueden hablar con Dios aun cuando él es un espíritu (Éx. 33:11).

b) Los hombres deben adorar a Dios en espíritu (Jn. 4:24).

794. *LA ÚLTIMA OPORTUNIDAD*
(Job 14:14)

INTRODUCCIÓN: era un modo muy natural de expresión para el patriarca Job. En el tiempo en que hablaba de esta manera, su vida transcurría en una pesada monotonía. Día tras día estaba presente la misma tediosa presencia del dolor, el reproche y la tentación. Con cuánta regularidad venían estas cosas y como tardaban en irse, aunque fuese por una hora. Tal vez usted y yo estemos sintiendo la monotonía de la existencia. Alegremos nuestros corazones con la meditación de un cambio que nos espera a todos los que somos hijos de Dios.

1. El tal cambio podía no haber sido muy bienvenido; y para alguno de nosotros es así:

a) La certidumbre de la tumba echa su sombra sobre la vida de todo ser humano.

b) El Señor Jesús vino a salvamos del temor de la muerte, así como de otros temores.

c) La muerte ya no tiene su aguijón de ponzoña para el cristiano, a no ser que por medio de la incredulidad nosotros le coloquemos uno imaginario.

2. Será un gran cambio: nuestro cuerpo, nuestras relaciones y actividades en el mundo, deben ser interrumpidas para acudir a un llamamiento más noble y elevado, el del cuerpo espiritual, y en el mundo de los espíritus:

a) En el Cielo, aun el recién llegado se siente «en familia».

b) Aunque todas las cosas son tan diferentes de las que ha dejado en este mundo, siente que el Cielo es su verdadero hogar eterno.

3. Puede que sea un cambio repentino:

a) La muerte repentina en el caso de los santos es (a mi parecer), una señal del favor divino.

b) Resulta terrible cuando alguien es arrebatado súbitamente de este mundo, pero no de en medio de una labor honesta y un paciente sufrimiento, sino de una vida rendida a la indolencia y a la incredulidad.

4. Puede ser un cambio inesperado:

a) Hemos de experimentar la muerte solos, en ese momento seremos los únicos de nuestra iglesia, de nuestro hogar, o de nuestro pueblo.

b) Sin embargo, Dios el Padre está con el justo.

5. Ha de ser el cambio final: será un cambio definitivo, pero también perfecto, o sea, que no es posible aspirar a algo mejor.

795. *LA MUERTE DEL CRISTIANO SEGÚN LA BIBLIA*
(Salmo 23)

1. «En breve debo abandonar el cuerpo...» (2 P. 1:14)

2. «El tiempo de mi partida es inminente...» (2 Ti. 4:6)

3. «Después de mi partida...» (2 P. 1:15)

4. «Os tomaré conmigo...» (Jn. 14:3)

5. «Os será otorgada amplia entrada...» (2 P. 1:11)

6. Considerada como un hecho sin transcendencia:

a) Se le resta importancia: no se hace mención alguna a la muerte de Pedro, Pablo o Juan, y se cita tan sólo, accidentalmente, la de Santiago.

b) Por contra, se da suma importancia a otros temas:

–La vida: sus deberes, responsabilidades y destino.

–La eternidad: sus recompensas y castigos.

–La expiación: como librarse del pecado.

7. Presentada como un acceso al reposo:

a) Despojarse del cuerpo, como el que se desnuda para descansar: de las enfermedades, sufrimientos y penas.

b) Pasar de una cabaña a una mansión: abandonando lo viejo para ocupar lo nuevo.

796. *LA CERTEZA DE LA MUERTE*
(2 Samuel 14:14)

1. La muerte es cierta:

a) La muerte escoge a cualquiera en cualquier parte.

b) Esta es la enseñanza del Señor en la Escritura: «Toda carne es como hierba, y toda la gloria del hombre como flor de la hierba. La hierba se seca, y la flor se cae...» (1 P. 1:24).

2. Ocurre de pronto:

a) Leed las columnas de los periódicos y notad cuantas personas han pasado a la eternidad.

b) ¡Cuán pocos esperan realmente la muerte cuando llega!

c) Dios nos enseña que la vida es breve, y la compara con el vapor, con una flor del campo, con la hierba. Ciertamente, no sabemos que será el mañana.

3. La muerte es el final de todo:

a) Las vírgenes insensatas encontraron la puerta cerrada para toda la eternidad.

b) «Y de la misma manera que está reservado a los hombres el morir una sola vez, y después de esto el juicio...» (He. 9:27).

4. Es necesario prepararse:

a) Todos se dan cuenta de que es necesario prepararse para enfrentar este mundo, pero muy pocos parecen pensar que hay necesidad de prepararse para la vida que viene, la que hay después de la muerte.

b) No acabamos de entender que «...las cosas que se ven son temporales, pero las que no se ven son eternas».

c) Confiamos en nuestra fortaleza física y nos da la sensación de que podemos vivir aquí para siempre, sin acordamos de la advertencia del Señor, a que debemos preparamos.

5. Cómo hemos de prepararnos: «Yo soy el camino, y la verdad, y la vida; nadie viene al Padre, sino por medio de mí». (Jn. 14:6). «Aunque pase por el valle de sombra de muerte, no temeré mal alguno, porque tú estarás conmigo; tu vara y tu cayado me infundirán aliento». (Sal. 23:4). «¿Dónde está, oh muerte, tu victoria? ¿Dónde está, oh sepulcro, tu aguijón?» (1. Co. 15:55)

797 *¿QUÉ ES LA MUERTE? (Eclesiastés 12:7*

INTRODUCCIÓN: no podemos asegurar una respuesta satisfactoria a una pregunta tan importante como esta, pero sencillamente conocemos sus consecuencias: la separación del alma y el cuerpo.

1. Sin embargo, aprendemos que la muerte es la disolución de una unión: el cuerpo vuelve al polvo y el espíritu vuelve a Dios que lo dio.

2. También es un fin:

a) Acaba con toda relación terrenal.

b) Acaba con todos los planes.

c) Desata todas las ligaduras.

d) Detiene todo el trabajo, despoja toda posesión.

3. Es, sin embargo, un comienzo... Pablo dice en He. 9:27: «Y de la misma manera que está reservado a los hombres el morir una sola vez, y después de esto el juicio». No se trata de otro período de prueba, ni de la aniquilación, ni de un sueño eterno, sino de un juicio.

4. Es el tiempo de la siembra para el futuro:

a) «Se siembra en corrupción, resucitará en incorrupción. Se siembra en deshonor, resucitará en gloria».

b) Toda semilla lleva su fruto. Es una ley bien conocida. Del mismo es importantísima la reconciliación con Dios, para poder resucitar en gloria.

5. Es hermoso hablar de ese descanso como un sueño:

a) «Así también traerá Dios con Jesús a los que durmieron en Él» (1. Ts. 4:14).

b) El Señor Jesús, al hablar de la hija del noble dijo: que no estaba muerta, sino que dormía (dormir: un estado de descanso; de falta de consciencia con respecto a los acontecimientos de la Tierra, se vive en una paz absoluta. Es posible que los amigos estén afligidos, pero los que están «dormidos» no lo saben. Los ojos de los amados pueden estar empapados con lágrimas, pero los que han partido no lo ven ni lo saben. Las huestes de la Tierra pueden gemir y quejarse, pero los muertos no son sensibles a su angustia. Están durmiendo, descansando).

6. Un hermoso pensamiento relacionado con este tema:

a) Somos separados de la carga de nuestro cuerpo, de la fatiga y de la prueba.

b) Dormimos...Tan reposados, tan en paz, tan llenos de la seguridad de un despertar: no sujetos a luchas y tribulaciones como las que había en la Tierra, sino a las bellezas de la eternidad y a la gloria de Dios.

c) Plantados en la muerte para resucitar en la primavera de la vida, para vivir, ya no en el tiempo, sino en y por la eternidad, en la victoria eterna.

d) No más enfermedades, no más dolor, no más penas, sino la resurrección en gloria, y nuestra entrada al territorio celestial, con Dios, con Cristo y los santificados.

798. *EL MISTERIO Y MINISTERIO DE LA MUERTE SÚBITA (Salmo 90:3)*

INTRODUCCIÓN: por lo visto, las muertes rápidas ocurren con mucha frecuencia, tanto entre aquellos que están en la primavera de su vida, como entre los de más edad. Una investigación de las causas físicas de este curioso hecho daría sin duda, resultados muy interesantes e instructivos, pero no nos toca a nosotros comprometemos en esta clase de investigaciones. Nuestra tarea aquí y ahora es recurrir a la Palabra de Dios para aprender sobre doctrina, consolación y admonición.

1. El misterio de la muerte súbita:

a) Sus terribles aspectos: la abrupta extinción de la vida en sí misma, la tristeza entre los familiares y amigos, y los aparentemente desastrosos efectos sobre la relaciones sociales, familiares y laborales.

b) Las solemnes advertencias que conlleva, nuestra propia impotencia y fragilidad, nuestra vulnerabilidad...

c) Las preguntas que levanta dentro de nosotros, y que nos hacen cuestionarnos el valor y el significado de la vida: ¿Vale la pena vivir? ¿Tiene Dios interés en nosotros?

2. El ministerio de una muerte súbita:

a) Doctrina: es obra de Dios: «Reduces al hombre hasta convertirlo en polvo...». Dependemos de Dios para la vida y la muerte. ¡Qué locura es ocupar nuestra vida con propósitos y fines mundanos!

b) Admonición: hace que nos demos cuenta de nuestra responsabilidad hacia Dios, de nuestras acciones, palabras y pensamientos, nos advierte para que estemos siempre preparados orando y velando.

c) Consolación: siendo gobernada por la sabiduría divina, tanto en justicia como en amor, la muerte repentina siempre ocurre en el tiempo indicado, aunque a simple vista no parezca ser así. Esto da consuelo a los dolientes, sabiendo que sus seres queridos que han partido, están en las manos de Dios, y que ellos mismos, aunque afligidos, son objetos del cuidado y el amor y la consolación divina.

CONCLUSIÓN: en Cristo tenemos gran consolación (2 Co. 1:4-6), y somos fortalecidos por la esperanza de la vida eterna, descansando en el Señor resucitado, sometiéndonos a su voluntad, y sabiendo que a su tiempo, nos reuniremos con los santos que han partido pata estar todos juntos por la eternidad.

799. *LOS TRES ESTADOS DEL CREYENTE (2 Corintios 5:1-9)*

En este pasaje, se describen tres estados que cada uno de los creyentes tiene o tendrá en el futuro:

1. El estado presente:

a) Una casa.

b) Una casa terrenal.

c) Un tabernáculo.

d) Una casa para llevar a la tumba.

e) Viviendo en ella estamos llenos de cargas.

f) Estando abrumados por ella, gemimos.

2. El estado inmediato, después de la muerte:

a) Desvestidos.

b) Mortalidad.

c) Presente con el Señor.

d) Expectantes.

e) Más deseable que el estado presente.

3. El estado final. eterno y glorificado:

a) Vestidos.

b) Un edificio de Dios, no hecho de manos.

c) Eterno.

d) En el Cielo.

e) La mortalidad es absorbida por la vida.

f) Para siempre «con el Señor».

800. *LA CERTEZA DE LA MUERTE* *(Eclesiastés 9:5)*

INTRODUCCIÓN: la vida no es sino un corto viaje de la cuna a la tumba, y la muerte, con todas sus terribles solemnidades, debe ser experimentada por todos los hombres de todas las naciones.

1. ¿Qué implica la muerte? La pregunta es un tanto astuta, y no puede responderse completamente, puesto que los vivos no la han experimentado, y la muerte no revela a los vivientes su profundo secreto. Algunos suponen que implica una última extinción del ser, pero ni observan los dictados de la razón, ni los descubrimientos de la revelación, los cuales por ambas partes proclaman que el alma del hombre es inmortal:

a) La muerte implica una separación del cuerpo y del alma: el hombre es un ser compuesto, con cuerpo y alma, formado de materia y espíritu. Su cuerpo se formó del polvo, y su alma es de Dios. Estos dos elementos son misteriosamente unidos, pero la muerte disuelve esta unión, y rompe ese lazo desconocido. «...Y el polvo vuelva a la tierra de donde procede, y el espíritu vuelva a Dios que lo dio» (Ec. 12:7). La separación es temida para el hombre bueno. Su frágil naturaleza se encoge de temor ante la sola perspectiva de la muerte. ¿Qué será entonces para el hombre injusto?

b) Otra cosa que implica la muerte es la partida final de este mundo: «Porque no tenemos aquí una ciudad permanente, sino que buscamos la que está por venir».

c) La última cosa que la muerte implica es la entrada a un nuevo estado de existencia.

2. ¿Cómo saben los vivos que morirán?

a) Los vivos lo saben porque Dios lo ha decretado. El Señor todopoderoso ha decretado que el hombre ha de morir.

b) La muerte de los demás es una prueba de que todos debemos morir. Los hombres se están muriendo cada día y a cada hora. Tal vez no haya ni un solo momento en que alguien no esté pasando a la eternidad.

c) Sabemos que habremos de morir por lo que sentimos dentro de nosotros mismos. Cada dolor que sentimos, cada grado de agotamiento y debilidad nos están avisando de que nos vamos desgastando y la hora de nuestra partida se aproxima.

3. ¿Qué mejoras deberíamos hacer nosotros acerca de este tema tan importante?

a) Deberíamos liberarnos del mundo: mejoremos las varias escenas de la vida a través de las cuales vamos pasando. Así, cuando hagamos reflexiones sobre nuestra conducta a la hora de nuestra muerte, habremos de bendecir a Dios por la gracia que nos ha capacitado para hacer Su bendita voluntad.

b) Nuestros pecados deberían morir antes que nosotros, a menos que nos hundan más hondo que la misma tumba: la muerte destruye al cuerpo, pero no puede destruir el pecado. Busquemos fervientemente la vida espiritual, que no puede ser destruida por la muerte.

CONCLUSIÓN: el hombre que está vivo espiritualmente, puede mirar a la muerte con valor y sin miedo, pues no tiene nada que temer porque Dios está con él. Los ángeles le esperan para conducirle a las regiones celestes de la inmortalidad. Aun su cuerpo que descansa en la tumba volverá a levantarse glorificado, para no morir nunca más. Amén.

801. *PREPARACIÓN PARA LA MUERTE* *(Mateo 24:44)*

Estas palabras pueden aplicarse con toda propiedad al día de la muerte. Su acercamiento puede ser repentino e inesperado, teniendo consecuencias solemnes y eternas. La muerte será para nosotros igual que si la trompeta hubiese soñado y el Hijo de Dios hubiese aparecido en Su gloria para juzgar a los vivos y a los muertos. Todos nuestros pensamientos, motivos y acciones serán inspeccionadas por el gran Juez de la vida y de la muerte, y la calidad de ellas determinará la naturaleza de nuestra morada eterna.

El día del juicio será sólo la confirmación de aquel estado de existencia eterna, con la adición del cuerpo unido al alma por medio de la resurrección, para tomar parte de sus placeres o participar su desdicha.

1. ¿Para qué hemos de prepararnos?

a) ¿No es la venida de Cristo? No hay nada tan cierto en el mundo o en el progreso de la vida humana como la muerte. Si tuviésemos todas las riquezas de la Tierra, no podríamos evitar que la muerte viniese a nuestro encuentro. Si tuviésemos alas como un ángel no podríamos volar y huir de ella.

b) ¡Cuán a menudo se ve la muerte en la vida diaria! Las flechas invisibles se disparan cuando menos se espera: en las vigilias de la noche, en la aurora, al ponerse el sol, o a pleno día. Puede ser en casa de los amigos, o entre extraños, en el trabajo o en la calle.

c) Si viese un barco agitado sobre el mar tormentoso, sin un timonel o un piloto, y las olas enfurecidas tratando de engullírselo, o a punto de hacerse pedazos contra las rocas, ¿no diría usted que está en una situación crítica? Las almas están en una posición mucho peor, agitadas sobre el mar tempestuoso de la vida, sin esperanza ni guía.

2. ¿Por qué hemos de estar preparados? Porque la muerte es un gran acontecimiento; es segura, y nada puede detener su llegada.

3. ¿Cuándo hemos de estar preparados?

a) Ahora, porque el tiempo en que vendrá la muerte es incierto.

b) El mejor momento para hacer la paz con Dios es ahora.

802. *¿DÓNDE ESTÁN LOS MUERTOS? (Apocalipsis 14:13)*

INTRODUCCIÓN: la gran pregunta de los siglos... «Si el hombre muriese, ¿volverá a vivir? (Job 14:14). Hay dos respuestas de los creyentes en la Biblia: los adventistas y los Testigos de Jehová, como los judíos, esperan la resurrección. El resto de los creyentes bíblicos esperan dos cosas: estar con Cristo desde el mismo momento de la muerte y la resurrección del cuerpo en la venida de Cristo.

1. Los muertos están con Cristo:

a) La promesa de Jesús al ladrón moribundo (Lc. 23:43): «Hoy estarás». No vale cambiar la coma de lugar para hacerle decir: «Te digo hoy». El arrepentido ladrón sabía de sobras que Jesús se lo estaba diciendo en aquel momento. Lo que sin duda le daba esperanza y alegría era saber que estaría tan bien acompañado aquel mismo día.

b) La respuesta de Jesús a los saduceos: «Para Dios todos viven» (Mt. 22:32). Cierto que dice en la resurrección, pues sólo en la resurrección adquiriremos cuerpos, pero entretanto Dios no es un Dios de muertos, sino de vivos.

c) Esteban remitió su espíritu al Señor al morir (Hch. 7:59).

d) «Ausentes o presentes» (2 Co. 5:8). En tanto que estamos en el cuerpo peregrinamos, o sea nos dirigimos a la presencia del Señor.

e) «Ausentes del cuerpo», no estar resucitados, pues en la resurrección tendremos un nuevo cuerpo, «y seremos semejantes a Él»; por lo tanto, habrá pasado ya el tiempo de serle o no serle agradables. Es al salir del cuerpo que nuestro ser moral se halla plagado de defectos, propios de aquel vestido viejo que llevamos, los cuales no debemos purgar en un purgatorio de fuego, pero sí probablemente recordarlos y enmendarlos, siendo instruidos por el mismo Señor. Es de aquellos que están con el Señor de quienes Jesús dice: «Les he dado a conocer tu nombre y se lo daré a conocer aún» (Jn. 17:25). Pablo decía que «ser desatado y estar con Cristo es mucho mejor», uniendo los dos sucesos de un modo inmediato.

f) Pedro esperaba partir, literalmente «salir», «exomai», cuando la gente le daría por muerto.

g) El Apocalipsis llama a los muertos «bienaventurados» (Ap. 14:13). No es ninguna bienaventuranza quedar dormidos inconscientes pudriéndose en un cementerio. «Sus obras con ellos siguen», puede entenderse también como su actividad, naturalmente de carácter espiritual en la presencia del Señor, por más que muchos teólogos, en el pasado, no lo interpretaron así.

2. Pruebas de la resurrección:

a) Job lo esperaba, aun antes de venir Jesucristo a sacar a luz la vida y la inmortalidad por el Evangelio (Job 19:25).

b) Jesús lo ratificó del modo más enfático (Jn. 5:25-29).

c) Pablo lo afirma tanto ante el Sanedrín como ante el gobernador Félix (Hch. 24:25) y ante el rey Agripa (cap. 26:6).

d) El mismo apóstol Pablo explica con gran detalle lo que será la resurrección y las características del cuerpo espiritual

CONCLUSIÓN: los muertos, pues, están con el Señor, pero aún esperan algo mejor de lo que tienen (He. 11:40). Podemos creer que la fe bíblica implica ambos privilegios y no tan solamente el segundo. Tampoco hay fundamento en la Escritura para creer que los espíritus vaguen por el espacio en espera de encarnar, como suponen los espiritistas, sino que son recogidos y acompañados de inmediato por ángeles antes al lugar feliz del Hades, llamado «seno de Abraham», y hoy al Cielo, la casa celestial del Señor.

803. *HADES, CIELO Y REINO DE DIOS (Efesios 4:7-16)*

INTRODUCCIÓN: muchos lectores de la Biblia han encontrado un contraste entre los escritores del Antiguo y los del Nuevo Testamento acerca del más allá de la muerte. En el Antiguo, los escritores bíblicos parecen tener miedo de la muerte. Veamos lo que dicen:

–Isaías: «Porque el Seol no te exaltará, ni te alabará la muerte. El que vive..., éste te dará alabanza...». (Is. 38:18, 19).

–El salmista en el Sal. 6: «Porque en la muerte no queda recuerdo de ti en el Seol, ¿quién te alabará?» Y en el Sal. 30: «¿Qué provecho sacas de mi muerte...? ¿Te alabará el polvo? ¿Anunciará tu verdad?»

1. Indicios de esperanza en el A.T.:

a) Sin embargo, en el v. 12 de este mismo Sal. 30 dice: «A fin de que mi alma te cante».

b) En el Sal. 23:6: «El bien y la misericordia me seguirán todos los días de mi vida, y en la casa de Jehová moraré por largos días». ¿A cuáles días se refería tras haber dicho «todos»?

c) En el Sal. 49:15 leemos: «Pero Dios redimirá mi vida del poder del Seol, porque él me tomará consigo». Y en el 48:14: «El nos guiará aun más allá de la muerte».

d) En Eclesiastés, aunque hallamos expresiones pesimistas en el cap. 3:18-21, también encontramos declaraciones, en los caps. 11:9, 12:7, 14, que se refieren a la vida eterna. Estas aparentes contradicciones ocurren porque los antiguos no tenían el Espíritu Santo de un modo constante, sino que escribían en momentos de especial inspiración cosas que ellos mismos ignoraban (1 P. 1:10-12).

2. La vida futura en el Nuevo Testamento:

a) En el Nuevo Pacto Jesús quitó la muerte y trajo a luz la vida y la inmortalidad por el Evangelio (2 Ti. 1:10).

b) Jesús habló de un lugar llamado Hades, con dos departamentos, uno de consolación y otro de castigo (Lc. 16:23).

c) También dijo que por el Espíritu Santo (Jn. 16:12) tenía muchas cosas que revelar después de su partida. Esto fue cumplido por los apóstoles Pablo y Pedro en muchos pasajes doctrinales, sobre todo en 2 Co. 4:18 y 5:1 al 10 y en Fil. 1:20-23.

3. ¿Por qué no fue revelado en el Antiguo? Si los apóstoles, en los días de Cristo, no estaban preparados para entender las cosas del más allá, mucho menos lo estaban los ignorantes judíos salidos de Egipto; es muy probable que si Dios les hubiese revelado la supervivencia de las almas se habrían entregado al espiritismo, que Dios prohíbe en Dt. 18, lo que significaba entregarlos en manos de Satanás, el ser espiritual maligno que rodea la Tierra (Ef. 6:12).

4. ¿Dónde estaba el Hades? La tradición judía dice que en el centro de la Tierra:

a) No es inverosímil por lo que leemos en 1. S. 28:13-20.

b) Jesús anunció que como Jonás estuvo tres días y tres noches en el vientre del pez, Él lo estaría en el corazón de la Tierra (Mt. 12:45). El sepulcro de José de Arimatea no estaba en el corazón de la Tierra, sino en un corte de su superficie, tapado por una piedra.

c) Pero Pedro nos habla de una visita del espíritu de Jesús al Hades (1 P. 3:19, 22).

d) Pablo nos aclara esta visita de Cristo al Hades en Ef. 4:8-10.

e) Jesús dijo a la Magdalena: «Aún no he subido a mi Padre» (Jn. 20:17).

c) «Encomiendo», no, «vengo» (Lc. 23:46).

5. Cambio de residencia: la designación de cautivos en 1 P. 3:19 contrastándola con Ef. 4:8-10 nos hace suponer un cambio de residencia

para aquellos que, como Abraham, esperaban, sin duda, la redención que Cristo obró:

a) Esto es confirmado, según parece por el símbolo del rompimiento del velo en la muerte de Jesús (Mt. 27:51 y He. 10:20).

b) Por la afirmación de Jesús de que quiere estar con los que han creído en Él (Jn. 17:24).

c) Por la afirmación de Pablo (Fil. 1:23). Esto significa que, después de obrada la obra expiatoria del Calvario, nuestro futuro inmediato no es el Hades judío, ni el purgatorio catolicorromano, sino la misma presencia del Señor.

6. La gran restauración: los fallecidos en la edad patriarcal y los de la edad presente han de ser juntados en la Venida de Cristo (He. 11:39, 40).

7. Una eternidad de servicio: podemos considerar como el Cielo, en singular, la también llamada Jerusalén Celestial (Ap. 21:1-4). Creo que podemos esperar celebrar allí las llamadas «Bodas del Cordero» (Ap. 19:7, 8). Posiblemente es la tal ciudad celestial la capital del Universo. Desde allí es regido el «Reino de Dios», que, sin duda, significa el Universo entero, del que los creyentes victoriosos son herederos universales (Ap. 21:7; Ef. 1:12, 22 y cap. 3:10, 11).

CONCLUSIÓN: éste es el porvenir eterno de la iglesia y de cada uno de sus miembros que son «fieles hasta la muerte». Que esto nos ayude a levantar nuestras cabezas, considerando, como dice Pablo en 2 Co. 4:18, las cosas «que no se ven».

804. *EL PASO MÍSTICO*
(1 Samuel 20:3)

1. Es un paso cierto: todos hemos de tomarlo.

2. Es un paso incierto:

a) No podemos decir cuando habremos de tomarlo.

b) También ignoramos dónde tendremos que dar este paso incierto.

3. Es un paso final:

a) Es un paso final porque pone fin a las distinciones humanas.

b) Pone también fin al carácter presente de los deberes humanos.

4. Es un paso de despedida y separación:

a) Nos separa de este mundo de la materia.

b) Nos separa de nuestros amigos y nuestros familiares tan queridos.

c) Nos separa de nosotros mismos. Esa tierna unión que existe entre el alma y el cuerpo se rompe bruscamente.

5. Es un paso solitario.

6. Es también un paso solemne:

a) El paso del nacimiento es algo solemne.

b) El paso de la conversión es también solemne: pero no menos solemne es el paso de la muerte, pues nos conduce ya sea a un infierno eterno e inalterable, o hacia un Cielo eterno e inalterable.

–Preparaos para dar este paso.

–Todos deberíamos de prepararnos para ir al Cielo.

–No olvidemos entonces, que a menos que nos arrepintamos y creamos en Cristo, y a menos que nazcamos de nuevo, todas nuestras esperanzas sobre el Cielo se desvanecerán como una visión, y no nos quedará nada sino una horrible oscuridad eterna.

805. *DORMIR EN CRISTO*
(1 Tesalonicenses 4:14)

1. Ésta es la gloria del Evangelio, que llena completamente la condición y exigencias del pecador:

a) El hombre es culpable, y necesita del perdón.

b) El hombre está alienado con Dios, y el Evangelio le trae de nuevo a la familia divina.

c) El hombre es impuro, y el Evangelio le regenera y le santifica.

d) El hombre es miserable y desdichado, y el Evangelio le imparte profunda paz.

e) El hombre se está muriendo, y el Evangelio le revela un mundo mejor.

f) El hombre está destinado a ser un residente del polvo, pero si cree al Evangelio su vida no será detenida por la tumba.

g) El Evangelio finalmente, se dirige a nosotros los creyentes, y nos dice: «Y no queremos, hermanos, que ignoréis acerca de los que duermen, para que no os entristezcáis como los demás que no tienen esperanza. Porque si cree-

mos que Jesús murió y resucitó, así también traerá Dios con Jesús a los que durmieron en el». (1 Ts. 4:13, 14).

2. La agradable metáfora, por medio de la cual se describe la muerte:

a) La metáfora de dormir representa la muerte como un estado de reposo. Y este es un perfecto contraste al estado de la vida del creyente en este mundo. Ahora el creyente es un siervo, y ha de trabajar en la viña de Cristo. Pero entonces el Maestro dice: «Ya es suficiente, buen siervo».

b) La metáfora entonces denota un estado de inconsciencia. Al dormir, las avenidas de los sentidos se cierran. La metáfora muestra más adelante.

c) La duración limitada de este estado.

3. La importante característica en la muerte de los santos. Aquellos que duermen en el Señor Jesús; esto implica:

a) Que se han unido a Cristo durante su vida.

b) Dormir en Cristo implica que el creyente duerme en la esperanza personal de todo lo que Cristo ha obtenido para él. Observad entonces.

4. La declaración gloriosa concerniente a los que duermen en Cristo: «Así también traerá Dios con Jesús a los que durmieron en él».

a) Tendrán parte en la primera resurrección.

b) Poseerán la gloriosa imagen del Señor Jesús (Fil. 3:20, 21; 1 Jn. 3:2).

c) Serán coherederos con Cristo para siempre (Jn. 17:21; Ro. 8:17; Ap. 3:21).

806. *EL ESPÍRITU SANTO (Gálatas 5:16-26)*

1. ¿Qué es el Espíritu Santo?
a) Es una realidad.
b) Es la tercera persona de la Trinidad (Mt. 28:19).

2. ¿Qué obra tiene el Espíritu Santo?
a) Una obra divina.
b) Una obra de inspiración: en la palabra, en los escritos (ej.: el Espíritu Santo inspiró a los escritores de la Palabra de Dios).

3. ¿Cuándo recibimos el Espíritu Santo? Cuando nos arrepentimos de nuestros pecados (Hch. 2:38) es decir cuan do recibimos a Cristo.
4. ¿Por qué medios?
a) Por el oír de la fe (Gá. 3:2).
b) Por el reconocimiento de nuestra incapacidad de salvarnos por nuestros propios medios.

5. ¿Qué frutos nos da el Espíritu Santo?
a) La verdadera libertad (2 Co. 3:17).
b) Nueva vida (Gá. 3:3).
c) El Poder (Hch. 1:8).
d) Ayuda en la oración (Ro. 8:26, 27).
e) Caridad, gozo, paz, tolerancia, benignidad, etc. (Gá. 5:22, 23).

6. El Espíritu Santo es nuestro protector:
a) Él nos guía (Gá. 5:18).
b) En las flaquezas (Ro. 5:18).
c) Nos ayuda a crucificar la carne y sus afectos (Gá. 5:17).
d) En las persecución es (Gá. 4:29).
e) Nos protege en todo.

7. Al desarrollar brevemente este tan importante tema no podemos menos que nombrar la obra esencial del Espíritu Santo que es la de la regeneración de las almas, por lo cual diremos que el Espíritu Santo según un poeta:

«Es el fuego que aviva la llama que en el alma acrecienta la fe que elimina, que inspira, que inflama y que da fortaleza y poder. «Por senderos tal vez misteriosos el penetra hasta el fiel corazón, lo transforma, y tesoros preciosos Él nos da de supremo valor».

807. *EL DON DEL ESPÍRITU (Ezequiel 36:25-27)*

Dios nos da su Espíritu...
1. Para limpiarnos del pecado:
a) El corazón del hombre está lleno de suciedad y de ídolos.
b) No hay en él nada digno, pero sin embargo el ser humano lo idolatra.
c) Los ídolos no están puestos en nuestros hogares, sino en nuestros corazones (Ez. 14:3).
d) Si bien esa inmundicia en ocasiones no aparece en monstruosidades muy manifiestas, habita en nuestra carne y nuestro espíritu, a los que contamina constantemente.
e) Por eso en el pasaje de Ezequiel 36:25-27, Dios afirma que el hombre está lleno de inmundicias y de ídolos, y que tiene un corazón de piedra.
f) Y para limpiarnos de todas estas cosas Dios nos imparte Su Santo Espíritu. El Espíritu nos limpia del amor al pecado y del poder del mismo. Pablo atribuye esta obra decididamente al Espíritu Santo (Ef. 5:25-27).

2. Para renovar el corazón:
a) Para ser efectivo un cambio debe ser radical (Mt. 12:33): por naturaleza, el corazón es duro e insensible, como una piedra. El entendimiento es ciego, la voluntad obstinada y la conciencia está cauterizada. El alma es insensible a su estado, porque está espiritualmente muerta. Por lo tanto, Dios quita ese corazón de piedra y pone en su lugar uno de carne. Pero Él no altera los poderes del alma; las facultades son las mismas como eran antes.
b) En cambio nos da «un corazón de carne»: es la característica del nuevo corazón, que es tierno. Es profundamente afectado por su propia condición de pecador. Se conmueve al ver las ilimitadas misericordias de Dios. Así es como el creyente es hecho una nueva criatura.

3. Para santificar la vida:
a) Dios, por medio de la renovación del alma, cambia también toda la esfera de la vida: la persona renovada anhela vivir en conformidad a los mandamientos de Dios (Ro. 7:22) y el Espíritu que mora en el creyente le capacita para obedecer la voluntad de Dios.

b) Él constriñe al creyente iluminando su entendimiento e inclinando su voluntad.

c) Él hace que se deleiten en recibir y obedecer Sus influencias.

4. La liberalidad de la promesa de Dios:

a) ¿A quién se hace esta promesa, sino a aquellos que son inmundos e idólatras?

b) Que nadie la rechace como si no le hiciera falta.

c) Antes, que todos echen mano de ella, e imploren ante Dios.

5. La idoneidad de la promesa de Dios:

a) ¿Puede concebirse algo más idóneo y apropiado que las cosas que se proponen aquí?

b) Que todos aquellos que conocen y sienten su necesidad de limpieza se regocijen en el hecho de que Dios les ha prometido el deseo de sus corazones.

6. El valor de la promesa de Dios:

a) Bien dice el apóstol que las promesas de Dios son «preciosas y grandísimas» (2 P. 1:4).

b) En la purificación y renovación de su alma el hombre puede tener todo aquello que desea.

808. *LOS OFICIOS DEL ESPÍRITU SANTO (Juan 16:8-11)*

1. Para convencer al mundo de pecado: El pecado de rechazar a Cristo fue aquel que el Espíritu fue más particular en revelar al mundo...

a) Éste es el oficio que el Espíritu ejecutó entre los judíos.

b) Luego le descubrió en su totalidad por medio de los milagros hechos por los discípulos.

c) Este oficio es aún ejecutado por la Iglesia Cristiana:

–El testimonio externo que Él dio permanece igual a través de todas las edades.

–El testimonio interno lo tienen sólo aquellos a quienes el Señor ha dado vida eterna (1 P. 1:5).

2. Para convencer al mundo de justicia: que Cristo era una Persona justa, y que por medio de su justicia otros pueden también salvarse (Is. 45:24):

a) Él muestra al alma la idoneidad y absoluta suficiencia de la justicia de Cristo para todos aquellos que confían en ella (vs. 14).

b) Por medio de Su influencia de gracia Él ha rescatado a miríadas de personas del poder del mal, y les ha inspirado con una santa confianza para que puedan prevalecer hasta el fin sobre sus enemigos espirituales (2 Ti. 1:12).

c) A pesar de que Satanás es sumamente malicioso y está siempre activo, su cabeza ha sido herida (Gn. 3:15), su poder está limitado (Ap. 2:10; 1 P. 5:8), y su destino final ha sido establecido (Ro. 16:20).

3. Todos los verdaderos cristianos han recibido el Espíritu para los fines y propósitos para los cuales Él ha sido prometido. Si no tenemos esta evidencia de nuestra conversión a Dios, en vano será mantenemos ortodoxos en nuestros sentimientos.

4. De consolación:

a) ¿Nos inclinamos avergonzados con un verdadero sentido de pecado? Podemos estar seguros de que Cristo ha enviado Su Espíritu para obrar en nosotros dicha convicción; y que, si somos constantes en la oración, Él por el mismo Espíritu, nos guiará a una visión completa de Su justicia.

b) ¿Estamos prontos a desalentarnos a causa del poder del pecado? La resistencia con la que el Espíritu Santo nos ha capacitado, según Ro. 8:37, nos hace «más que vencedores».

«Cuando un hombre es herido con una flecha, las agonías que sufre le hacen revolverse de dolor, pero cuanto más trata de quitarse la flecha enterrada en su carne, más se enreda ésta en fibras de sus músculos y peor es la herida y más fuerte el dolor. Cuando, por el poder del Espíritu Santo, un hombre se da cuenta de la horrible llaga que le ha ocasionado su pecado, y las flechas del Altísimo rasgan su alma, a menudo trata de quitárselas con su propia mano, sólo para comprobar que su miseria se vuelve mucho peor y su herida se hace aún más dolorosa. Únicamente el Gran Médico de las almas sabe como aliviar el dolor sin rasgar ni destruir el espíritu» *(Manual de ilustraciones).*

«Recordad lo que es el pecado del cual Él nos convence: el de no creer en Cristo. Toda otra

convicción de pecado sería sin esperanza, pero en la convicción del Espíritu Santo, va conjuntamente la esperanza y la solución final. Si tenemos un profundo sentimiento del pecado de no creer en Cristo, debemos de sentir al mismo tiempo que Cristo vino para quitar este pecado juntamente con todos los demás» *(J.C. Hare).*

«No hay lugar tan secreto, ni sistema tan santo donde no hayan tentaciones o adversidades. No hay hombre que esté completamente a salvo de las tentaciones mientras viva en esta Tierra, puesto que la raíz de toda tentación está dentro de nosotros mismos, en la que somos nacidos en el deseo de la maldad» *(Thomas Kempis).*

809. *CONVICCIÓN DEL ESPÍRITU SANTO (Hechos 2:37)*

La convicción es una palabra un poco antigua, que se usa muy poco y se comprende menos. Legalmente, la palabra significa juzgado como culpable. Moralmente, significa una persuasión interior.

1. La convicción del Espíritu Santo es más que un despertar en los sentimientos: los sentimientos y las emociones se levantan en el teatro, en un servicio de funerales, frente a la escena de un accidente, etc.

2. La convicción del Espíritu Santo es:

a) Un sentido de responsabilidad personal por el pecado.

b) Una percepción de que todo pecado es contra Dios.

c) Un despertar del deseo de verse liberado del pecado.

3. La convicción del Espíritu Santo lleva a un genuino arrepentimiento:

a) Ésta es la intención del Espíritu.

b) El Espíritu asiste al pecador para que pueda arrepentirse, al mismo tiempo que el pecador coopera con el Espíritu.

4. La convicción del Espíritu es esencial para la conversión: el objetivo de la predicación y todos los demás ejercicios y manifestaciones religiosas son a favor de los que aún no han sido salvos.

810. *JESÚS, NUESTRO EJEMPLO, FUE LLENO DEL ESPÍRITU SANTO (Lucas 3:21, 22)*

I. Jesús es el ejemplo para todo creyente

1. Ejemplo (1 P. 2:21).

2. Mayores obras (Jn. 14:12).

3. Recibir el Espíritu Santo (Jn. 20:21, 22).

4. Fil. 2:5-8: la mente, el poder, los resultados.

5. Llevar la cruz (Lc. 9:23).

6. Pescadores de hombres (Mt. 4:19; Mr. 1:17).

7. Andad en su amor (Ef. 5:2).

8. Como Él anduvo (1 Jn. 2:6).

9. Pureza (1 Jn. 3:3).

10. Como Él, en el mundo (1 Jn. 4:17).

11. Su nacimiento sobrenatural: por el Espíritu Santo.

12. Mi nacimiento sobrenatural: por el Espíritu Santo.

13. Seguir al Señor después de la conversión, después del bautismo:

a) Su bautismo «Nos» (Mt. 3:12).

b) Personalidad, proyectos, ambiciones.

II. Seguiremos a Jesús en ser llenos del Espíritu Santo

1. Bautizado.

2. Oró: descendió el Espíritu Santo sobre Él.

3. Al venir, se despojó de su gloria y diversas cualidades.

4. No sabía cuándo volvería la segunda vez (Mr. 13:32).

5. Se despojo: Conocimiento, gloria, manifestaciones.

6. Dejó: sus mantos esplendentes que ningún mortal pudiera mirar para que...

a) Una mujer pecadora pudiera besar sus pies y llorar sus lágrimas allí.

b) Juan pudiera reclinar su cabeza en su seno.

c) Su mano reposara sobre la mano de un leproso.

d) No se cegaran las gentes al mirarle.

7. Jesús realizó su ministerio como hombre lleno del Espíritu Santo.

8. Su poder fue el de la tercera persona de la Trinidad.

9. De otro modo no hubiera podido pedirnos le sigamos: campañas, obra personal, predicar.

10. Fue «Hijo del Hombre»:

a) Usó las Escrituras como nosotros.

b) Se cansó cual nosotros.

c) Fue odiado y menospreciado como lo somos nosotros.

d) Llevó cargas.

e) Venció por el poder del Espíritu Santo como nosotros debemos aprender a hacer.

11. Primer milagro (a los 30 años) con el poder del Espíritu Santo (Jn. 2:11).

III. La Biblia menciona mucho que Jesús hacía su obra con el poder del Espíritu Santo

1. «Con el Espíritu Santo» (Hch. 10:37, 38).

2. Obró en el poder del Espíritu Santo, después de su resurrección.

3. Obraba como hombre lleno del Espíritu Santo (Hch. 1:12).

4. Por el Espíritu eterno, un Calvario, una crucifixión para el creyente (He. 9:14).

5. En su segunda venida, reinará poseído del Espíritu Santo que recibió después del bautismo (Is. 11:1-3).

IV. El resultado de la plenitud del Espíritu Santo

1. Descendió el Espíritu Santo y quedó con él (Lc. 3:21, 22).

2. Continuó en posesión del Espíritu Santo. Salió al desierto y venció a Satanás (Lc. 4:1). Nuestro ejemplo en la lucha con Satanás: Jesús no fue altivo, aquí fue hombre. Quiso seguir siendo ejemplo: ayunó 40 días; quería estar débil como lo estamos todos los humanos: al estar hambrientos, cuando somos criticados...

3. Jesús contestó como debemos contestar todos nosotros al ser tentados (Lc. 4:4).

4. Jesús tenía plenitud del Espíritu Santo (Lc. 4:14).

a) «con el poder del Espíritu Santo».

b) Lc. 4:15-18 (Is. 61:1).

c) «se ha cumplido» (Lc. 4:19-21).

5. Hay muchos buenos cristianos:

a) Son separados.

b) Oran.

c) Leen la Biblia.

d) Van al templo.

e) Dan el diezmo.

f) Posiblemente tienen el culto familiar.

Pero nunca ganan a una sola alma. Una vida decente no nos hace ganadores de almas. Jesús no habla predicado, sanado, ganado almas por 30 años; pero recibió la unción del Espíritu Santo y todo eso cambió.

6. Jesús era distinto después de re- cibir el Espíritu Santo (Lc. 4:22). Nosotros seremos también distintos cuando tengamos la plenitud del Espíritu Santo.

V. Obediencia completa hasta la crucifixión

1. Es el primer requisito para obtener el poder del Espíritu Santo: Jesús fue bautizado (Hch. 2:37, 38). «Para» (en relación con). Aquí el Bautismo tenía que ver con el don del Espíritu Santo.

2. Es parte del cumplimiento de toda justicia: la cruz, lo sangriento, el escudo, los tirones de la barba, el odio del pueblo, los clavos, la pérdida de sangre, la agonía espiritual, la crucifixión...

a) Bautismo de su muerte (Ro. 6).

b) «hacer tu voluntad, oh Dios» (He. 10: 5-7).

c) Al bautizarse uno dice ser obediente, pero será mentira si no vive de acuerdo con la obediencia a la voluntad de Dios. ¿Desea usted la plenitud del Espíritu Santo? Entréguese a una completa obediencia a la voluntad de Dios.

d) «A los que le obedecen, Dios da su Espíritu». Dios no dará el poder de su Espíritu Santo, el poder pentecostés, a personas desobedientes, pecaminosas y rebeldes (Hch. 5:32).

VI. Petición del Padre hasta recibir el poder del Espíritu Santo

1. Es el segundo requisito de la plenitud del Espíritu Santo... (Lc. 3:21, 22).

a) «Y orando». ¿No es extraño que Jesús tuviera que pedir la plenitud del poder del Espíritu Santo?

b) «Dará el Espíritu Santo a los que le pidieren» (Lc. 11:5-13). «No tenéis porque no pedís» (Stg. 4:2).

2. Dios desea que le pidamos este poder. Así lo consiguió Jesús: Él es nuestro ejemplo...

VII. ¿Por qué nosotros hemos de pedir más de lo que pidió Jesús para recibir el poder del Espíritu Santo?

1. «Cuánto más vuestro Padre que está en los Cielos dará el Espíritu Santo a los que le pidieren» (continuamente, tiempo imperfecto del verbo) (Lc.11:13).

Jesús:

a) No tuvo que confesar ningún pecado.

b) No tuvo que recapacitar mentalmente.

c) No tuvo que quitarse ningún deseo impío.

d) No tuvo que quitar voluntad propia.

e) No tuvo que abandonar su ambición.

2. Nunca tuvo otra ambición que la de cumplir la voluntad de su Padre:

a) «Sin medida» (Jn. 3:34). Dios dio a Jesús el Espíritu Santo (ej.: teniendo una copa limpia, es fácil llenarla bien; pero si la copa está inmunda primero hay que asearla. También, un barril que se ha resecado y se ha partido y que está sucio poca agua recogerá cuando llueva. Aunque lo limpiemos si no está ajustado, cuando llueva no retendrá el agua).

b) Para algunos nos toma más tiempo ser llenados del Espíritu Santo porque Dios tiene que ajustar las maderas un poco más. De manera que hay que seguir pidiendo a Dios continuamente.

VIII. En los tiempos bíblicos tenían que hacer lo mismo

1. Continuaron en oración y súplica hasta que el Espíritu Santo llegó (Hch. 1:14).

2. Permanecieron en oración (Lc. 24:49).

3. «Fueron llenos de Espíritu Santo (Hch. 2:4).

4. Hch. 4:31 (mismo grupo). Fueron llenos de Espíritu Santo.

5. Seguimos teniendo que pedir el poder.

6. Pablo y Ananías (Hch. 9:17): «Sé lleno del Espíritu Santo. ¿Queremos el poder?

a) Seguir el ejemplo de Jesús: hasta la crucifixión, llevar la cruz, ser obediente o fiel hasta la muerte del ego diariamente.

b) Seguir pidiendo la plenitud del Poder del Espíritu Santo *(anécdota: Moody pidió por 2 años antes de recibir esta plenitud del Espíritu Santo. Decía: «Es maldad y presunción tratar de realizar la obra de Dios sin el poder que Él quiere darnos»).*

IX. Los resultados de tener la plenitud del poder del Espíritu Santo

1. Produce cristianos felices (Ef. 5:18, 19): canción en el corazón.

2. Produce cristianos agradecidos:

a) «Dando gracias en todo» (Ef. 5:20).

b) «todas las cosas ayudan a bien» (Ro. 8:28).

3. Produce cristianos humildes:

a) «Postrándose... adorara a Dios...» (Co. 14:25).

b) Recibiendo el Espíritu Santo transformará nuestras vidas por la gracia divina hasta tal grado que otros digan ¡Yo quiero que mi vida sea así!

4. Produce cristianos poderosos:

a) «Ríos de aguas vivas fluirán» (Jn. 7:37-39).

b) Daríamos el agua de vida al mundo sediento.

c) Poder recibiréis (Hch. 1:8).

d) No hay poder, porque no obedecemos el pasaje de Ef. 5:18.

X. ¿Cómo obtener la plenitud del Espíritu Santo?

1. Ansiarlo como con sed: dispuesto a pagar el precio que sea.

2. Creer que Dios puede hacerlo.

3. Obedecer al Señor:

a) «Dado a los que le obedecen» (Hch. 5:32).

b) Ef. 5:18.

c) Confesar nuestras maldades (1 Jn. 1:9).

d) Orar: a los que le pidieren –Lc. 11:13– recibid el Espíritu Santo (Jn. 20:21, 22)

e) Quedaos allí hasta recibir el poder (Lc. 24:49: .

4. Hay tres clases de cristianos en paralelo con 9 clases de embarcaciones:

a) El Cristiano del barco de remo: se esfuerza por entero contra la corriente; algo progresa. Sin embargo se cansa y deja de remar momentáneamente. Cuando se fija para seguir remando se da cuenta que la corriente lo ha arrastrado más atrás de donde había empezado a remar. Hay muchos hermanos que procuran hacer las cosas dentro de sus propias energías físicas, luchan y luchan sin victorias.

b) El cristiano del barco de vela: cuando sopla el viento de la campaña evangelística eleva las velas y el barco avanza en alas de la emoción y todo parece magnífico. Cuando cesa la brisa cesa el progreso. Acabada la campaña queda su barco a la deriva. Se pierde el ánimo y no vale nada ese cristiano para la obra del Señor. hasta que vuelva a soplar la brisa del avivamiento otra vez.

c) El cristiano del barco de motor: este barco progresa contra la corriente. No le molestan los vientos porque lleva la fuerza por dentro que hace girar las hélices y avanzar sin importar las condiciones externas del tiempo: lluvias, vientos, o lo que sea. Siempre avanza: día y noche. El combustible de la Palabra de Dios encendido por la llama del fuego divino convierte al cristiano en el del barco de motor. Este cristiano avanza, tenga el viento en proa o en popa; sea la corriente contraria o favorable no importa, porque sigue y sigue en el nombre de Dios.

CONCLUSIÓN: tenemos la palabra de Dios y nunca la debemos dejar. Ahora debemos pedir y recibir el Espíritu Santo de Dios para que sea el fuego en nuestras almas llevándonos. Entonces avanzaremos con poder en el negocio de Dios. Dios quiera otorgar ese poder a todos sus Hijos en estos tiempos de tinieblas.

811. *ESTO CREO ACERCA DEL ESPÍRITU SANTO (I)* *(1 Pedro 4:14)*

INTRODUCCIÓN: la segunda parte del v. 14 que sirve para la lectura bíblica, dice: «... porque el glorioso Espíritu de Dios reposa sobre vosotros». Cuando el Antiguo Testamento se refiere al Espíritu Santo, generalmente lo hace en relación con la investidura de un don de poder. En Éx. 31:3 tenemos un ejemplo de alguien que fue investido con sabiduría y habilidad. Dice así: «Y lo he llenado del Espíritu de Dios en sabiduría y en inteligencia, en ciencia y en todo arte». Esto fue lo que Dios hizo con Bezaleel hijo de Uri. Él no habría tenido este poder sino mediante la investidura de Dios por medio del Espíritu Santo. Además en Jue. 14:5 y 6 se nos dice que el Espíritu Santo impartió poder para un trabajo especial, lo mismo que lo hizo con Sansón. «Y Sansón descendió con su padre y con su madre a Timnat; y cuando llegaron a las viñas de Timnat, he aquí un león joven que venía rugiendo hacia él. Y el Espíritu de Jehová vino sobre Sansón, quien despedazó al león como quien despedaza un cabrito, sin tener nada en su mano; y no declaró ni a su padre ni a su madre lo que había hecho». Este raro poder de Sansón lo recibió por medio del Espíritu Santo. Aquí descubrimos que el Espíritu Santo inspiró al profeta para hablar el mensaje de Dios a su pueblo: «Y luego que me habló, entro el Espíritu en mí y me afirmó sobre mis pies, y oí al que me hablaba» (Ez. 2:2). El apóstol Pedro escribió en su segunda epístola estas palabras: «Porque nunca la profecía fue traída por voluntad humana, sino que los santos hombres de Dios hablaron siendo inspirados por el Espíritu Santo» (2 P. 1:21). Aquí el apóstol proclama y declara que el Espíritu Santo dirigió a los profetas cuando escribieron el Antiguo Testamento. ¡Si! el Espíritu Santo con poder especial otorgó estos dones especiales a individuos según lo encontramos manifestado en el Antiguo Testamento. Mas, para encontrar el pleno significado de la doctrina del Espíritu Santo, no podemos quedarnos únicamente con la dispensación del Antiguo Testamento. Tenemos que examinar el Nuevo Testamento. Iba a haber una manifestación especial de la presencia y del poder del Espíritu Santo. Iba a venir en una manera definida y a permanecer en el mundo para siempre. Y así sucedió. Por tanto, esto creo.

1. Esto creo con respecto a la promesa del Espíritu Santo:

a) El Espíritu Santo fue prometido por Dios mediante la profecía: Joel el profeta nos dio la promesa de Dios. Fue su poder vendría de una manera definida. Este incidente está registrado en Jl. 2:28, 29: «Y después de esto derramaré mi Espíritu sobre toda carne, y profetizarán vuestros hijos y vuestras hijas; vuestros ancianos soñarán sueños, y vuestros jóvenes verán visiones. Y también sobre los siervos y sobre las siervas derramaré mi Espíritu en aquellos días».

b) Y después en el Pentecostés, aquel gran día, que fue el cumplimiento de esta misma profecía, Pedro citó esta promesa y declaró que era el cumplimiento de aquello que Joel había dicho: «Mas esto es lo dicho por el profeta Joel».

c) En el cap. 2 de Hechos leemos que los creyentes fueron acusados de estar llenos de vino, pero Pedro se levantó y dijo: «Porque éstos no están ebrios, como vosotros suponéis, puesto que es la hora tercera del día. Mas esto es lo dicho por el profeta Joel» (Hch. 2:15, 16).

d) En el Antiguo Testamento, Dios dijo: «Mi Espíritu vendrá». Vendrá de una manera definida, no sólo a tratar con individuos, sino que será derramado sobre toda la humanidad.

e) También fue prometido por Jesús, el Salvador:

–En su mensaje de despedida a los discípulos estando reunidos en el aposento alto, Jesús les dio esta promesa: «Y yo rogaré al Padre, y os dará otro Consolador, para que esté con vosotros para siempre: el Espíritu de verdad, al cual el mundo no puede recibir, porque no le ve, ni le conoce; pero vosotros le conocéis, porque mora con vosotros, y estará en vosotros» (Jn. 14:16, 17)

–El Señor Jesús también prometió según lo leemos en el mismo Evangelio: «Pero yo os digo la verdad: Os conviene que yo me vaya; mas si me fuere, os lo enviaré» (Jn. 16:7).

–Después, en el día de su ascensión, el Señor dijo a sus discípulos: «He aquí, yo enviaré la promesa de mi Padre sobre vosotros; pero quedaos vosotros en la ciudad de Jerusalén, hasta que seáis investidos de poder desde lo alto» (Lc. 24:49). Aquí el Señor prometió la vendrá del Espíritu Santo sobre sus discípulos. Como cualquiera otra de las promesas de la Biblia es verdadera. y como todas las promesas de Jesús son verdaderas, así la promesa de la venida del Espíritu Santo era verdadera.

Disfrutamos cantando «Todas las promesas del Señor Jesús, son apoyo poderoso de mi fe; mientras luche aquí buscando yo su luz, siempre en sus promesas confiaré». ¡Qué bendita verdad!

2. Esto creo también acerca de la venida del Espíritu Santo: tenemos el registro de este gran evento en Hch. 2: 1 y 2; dice así: «Cuando llegó el día de Pentecostés, estaban todos unánimes juntos. Y de repente vino del cielo un estruendo como de un viento recio que soplaba, el cual llenó toda la casa donde estaban sentados». Varios hechos concernientes a la venida del Espíritu Santo son dignos de notarse:

a) Era un evento definido: su venida fue tan definida como el nacimiento de nuestro Señor. Nunca habrá otro Pentecostés, así como tampoco nunca habrá otra encarnación del Hijo de Dios. Habrá, y debe haber muchas experiencias pentecostales. Y escuchadme: éstas se realizarán cuando los hombres y las mujeres rindan sus vidas definida y plenamente al Espíritu Santo. Pero nunca habrá otro Pentecostés corno el Pentecostés del aposento alto. Porque éste fue el cumplimiento de la profecía. Ésta fue la experiencia de una venida definida del Espíritu Santo para morar en el mundo de día en día. Este fue un acto que se efectuó una sola vez. En su promesa de la venida del Espíritu Santo, Jesús dijo según Jn. 14:16: «Para que esté con vosotros para siempre». De ahora en adelante Él permanecerá. Nunca ha dejado este mundo desde el día de su venida. Nunca dejará este mundo. Ha estado en el mundo por casi 2.000 años, y permanecerá hasta que Jesús venga otra vez. Él es el Consolador; es el Maestro del creyente. Esto creo en cuanto a su venida.

b) En su venida, Él fue acompañado de señales: en estas señales hay algunos símbolos muy sugestivos. Volviendo otra vez al cap. 2 de los Hechos encontramos que «vino del cielo un estruendo como de un viento recio que soplaba». Ahora escuchadme: el relato no dice que el viento era el Espíritu Santo; pero que la venida del Espíritu Santo estaba acompañada por «un estruendo como de un viento recio que soplaba». Éste era un símbolo del poder del Espíritu Santo. Nuestro Señor lo describió así en Jn. 3:8: «El viento sopla de donde quiere, y oyes su sonido, mas ni sabes de dónde viene, ni a dónde va; así es todo aquel que es nacido del Espíritu».

–¡Ah! Este simbolismo del Espíritu Santo sugiere su poder: hay un tremendo poder en un viento recio que sopla: un poder que está incorporado de tal modo que puede arrancar de raíz los árboles; un poder para derrumbar edificios fuertes; un poder que barre la tierra con la erosión dejándola estéril y vacía; un poder que hace que el mar se agite en gran manera... Así sucede con el Espíritu Santo y su poder.

–Notemos también el simbolismo que se usa con la: expresión «lenguas como de fuego»: el fuego es tanto un agente purificador como destructor. Los metales son puestos en el fuego para quemar la escoria. La escoria es consumi-

da y el metal se purifica. De la misma manera el Espíritu Santo limpia la vida de todo mal. Cuando el Espíritu Santo entra, el pecado debe salir. En su venida produce resultados transformadores. La venida del Espíritu Santo puede muy bien ser concentrada en una sola palabra: Poder. Esto es lo que dijo Jesús en Hch. 1:8: «Recibiréis poder».

c) Notemos ahora que este poder no es poder físico, sino espiritual:

–Su poder es poder transformador: el Espíritu Santo descendió sobre un pequeño grupo de hombres y mujeres que estaban en el aposento alto. Los transformó de asustados y apocados y casi derrotados, en un ejército poderoso aunque eran muy pocos en número. Aquel día salieron del aposento alto como un león que camina por la calle, rugiendo para coger su presa. Y por donde quiera que fueron, fueron predicando al Cristo crucificado y resucitado. Una y otra vez fueron puestos en prisión; fueron amenazados, se les ordenó que no siguieran predicando esta nueva doctrina; pero ellos dijeron: «No podemos dejar de decir lo que hemos visto y oído». Ellos hicieron esto porque estaban llenos de poder del Espíritu Santo.

–Este poder no solamente transforma, sino ilumina. En Jerusalén, en aquel tiempo, había hombres de todo el Imperio Romano, y hablaban diferentes idiomas: el Espíritu Santo les dio poder para hablar estas diferentes lenguas (Hch. 2:4).

–Su poder es un poder que convence: bajo la predicación de Pedro en el Pentecostés se demuestra esta verdad: decimos que Pedro predicó un sermón incomparable, un gran sermón. Pero era un sermón sencillo basado en las maravillosas verdades de la muerte y de la resurrección de nuestro Señor. Leamos lo que sucedió cuando predicó: el relato se encuentra en Hch. 2:37, y allí encontraremos lo que sucedió. Sucedió porque el poder del Espíritu Santo estaba sobre su mensaje. «Al oír esto, se compungieron de corazón, y dijeron a Pedro y a los otros apóstoles: Varones hermanos, ¿qué haremos?» Cuando yo o cualquier otro predicador nos levantamos para predicar el Evangelio, no es la habilidad de los predicadores sino es el Espíritu Santo el que toma la verdad del mensaje del Evangelio y la aplica al corazón enfermo de pecado. Esto es lo que hace al individuo clamar a Dios y decirle: «¡Qué debo hacer para ser salvo?» Y aquí el Espíritu Santo toma el mensaje. El Evangelio comienza a dar sus frutos con las «llaves» que el Señor había dado a Pedro. Este mensaje, y este plan de salvar a los perdidos del mundo, es el plan que será usado hasta que venga Jesús.

–Su poder es poder salvador: veamos lo que dice el v. 41: «Así que, los que recibieron su palabra fueron bautizados; y se añadieron aquel día como tres mil personas». Este Evangelio, cuando es aplicado a usted por el Espíritu Santo trae una experiencia de salvación.

CONCLUSIÓN: ¿Cómo llama el Señor? ¿Generalmente pensamos en Él como que está llamando a la puerta del corazón? Él llama a la puerta de vuestro corazón convenciendo de pecado y haciendo que vosotros reconozcáis su presencia. Diferentes personas son afectadas en diferentes maneras. Pero todos tenemos el sentimiento y el sentido de la necesidad de Dios y la salvación. Ellos reconocen su propia insuficiencia y tienen arrepentimiento y fe en Cristo para la salvación. Esto creo en cuanto al Espíritu Santo. Y observen la nota con la cual concluyo este mensaje. Hay poder manifiesto por medio del Espíritu Santo cuando uno es salvo. Cuando oyeron, aceptaron, confiaron, creyeron. Así sucederá contigo hoy día amado mío, si estás aquí y necesitas al Señor. Tú también debes creer en el Señor Jesucristo, «y serás salvo». Ven ahora confiando en Él como Salvador.

812. *ESTO CREO ACERCA DEL ESPÍRITU SANTO (II)* *(1 Juan 5:7)*

INTRODUCCIÓN: Jesús habló mucho y enseñó mucho en cuanto al Espíritu Santo antes de irse de la Tierra. ¿Por qué hizo tanto hincapié en esta doctrina? Porque reconoció que el futuro de su Reino dependía totalmente de la comprensión que sus seguidores tuvieran de la obra del Espíritu Santo. Por lo tanto, a la vez quiso prepararlos para que experimentarán la obra del Espíritu Santo en sus vidas y por medio de ellas. Por tanto, os invito en esta ocasión para que conmigo penséis muy especialmente con respecto a la obra del Espíritu Santo. Pensaremos

en su obra especialmente bajo tres aspectos. Su Obra en el individuo, su obra en la iglesia, y su obra en el mundo.

1. Pensemos en su obra en el individuo: recordaremos que el individuo, o sea el hombre, es una creación especial de Dios. El hombre es la niña del ojo de Dios. El hombre es un ser inmortal. Y Dios proveyó la redención para el hombre después de que éste había caído en pecado. Lo hizo para que el hombre pudiese ser reconciliado con Dios, para que pudiese ser salvo, para que pudiese tener redención mediante el amor de Dios. Así pues, el Espíritu Santo hace su obra al poner a la humanidad en armonía con Dios por medio de la salvación. ¿Qué es entonces lo que hace el Espíritu Santo en el individuo y para el individuo?

a) El Espíritu Santo efectúa la obra de convicción en el individuo: el Espíritu Santo convence de pecado al individuo, revelándole al hombre algo de la naturaleza del pecado, lo cual él no podrá saber a menos que el Espíritu Santo lo convenza. Porque si el Espíritu Santo no penetrara en el corazón del hombre, éste no reconocería que está enfermo espiritualmente; no reconocería que está muerto espiritualmente, ni tampoco reconocería que está separado de Dios espiritualmente. El Espíritu Santo despierta en él un reconocimiento de su culpabilidad ante el santo y justo Dios. Sabemos que el Espíritu Santo utiliza varios medios para producir convicción: Algunas veces es la proclamación pública del Evangelio, como en el día de Pentecostés. Recordemos que cuando Pedro predicó su sermón, el Espíritu Santo penetró en los corazones de las gentes y éstas comenzaron a clamar: «¿Qué haremos?» En otras ocasiones es el testimonio de otro individuo, como sucedió en el caso de David: cuando Natán, el profeta, le hizo notar su grande pecado, entonces Dios, mediante el poder del Espíritu Santo, penetró en el corazón de David y éste clamo avergonzado reconociendo su culpabilidad. Algunas veces es una experiencia tremenda, como en el caso del carcelero de Filipo: en esta ocasión la cárcel comenzó a derrumbarse, las puertas se abrieron los prisioneros quedaron sueltos; el carcelero, aterrorizado, fue movido por el poder de Dios; y posiblemente por primera vez, su alma experimento verdadera convicción de pecado. Así pues, el Espíritu Santo efectúa la obra de convicción en el corazón del individuo.

b) Además, el Espíritu Santo efectúa la obra de la regeneración en el individuo: cuando uno es convicto de pecado puede hacer una de dos cosas: puede resistir al Espíritu Santo, endureciendo su corazón y su voluntad contra la obra del Espíritu Santo en su vida; o, por otra parte, puede abrir su corazón por fe, y dejar que el Espíritu Santo entre en su corazón. Cuando abre su corazón al Espíritu Santo, éste entra y efectúa la obra gloriosa de gracia al transformar el corazón del hombre, y a esto le llamamos regeneración. A esto le llamamos nuevo nacimiento, porque verdaderamente el hombre es hecho nuevo; el hombre viejo de pecado es muerto; un nuevo hombre en Cristo nace. El nacimiento siempre trae consigo la felicidad *(anécdota del autor: recordó esta verdad cuando habló por teléfono con un joven de nuestra iglesia y le dijo lleno de gozo que ese día habían nacido niñas mellizas a su esposa).*

Puede ser que uno no esté capacitado para entender cómo se verifica este cambio en la vida cuando nace de nuevo; pero sabe que ha tenido la experiencia. Nicodemo, el sabio maestro, preguntó: «¿Cómo puede esto hacerse?» El ciego que fue sanado dijo que él no sabía si sus padres habían pecado o él mismo había pecado; pero sabía una cosa: «que habiendo sido ciego, ahora veo». Nuestro Señor declaro la experiencia de la regeneración como una necesidad, para que uno «vea» el Reino de Dios, y «entre» en el Reino de Dios. En Jn. 3:3 y Jn. 3:5 y en el v. 3 dice «El que no naciere de nuevo, no puede ver el Reino de Dios». En el v. 5 dice: «El que no naciere de agua y del Espíritu, no puede entrar en el Reino de Dios». Mediante la obra del Espíritu Santo, entonces, puede el hombre ser concebido en la nueva vida espiritual.

c) Después la obra del Espíritu Santo en el individuo es la santificación: santificar quiere decir separar, ser hecho santo. La santificación es un proceso que se realiza por medio del Espíritu Santo. Pablo dice en Ro. 15:16: «que los gentiles le sean ofrenda agradable, santificada por el Espíritu Santo». El nacer del Espíritu es llegar a ser hijo de Dios; es continuar en la senda del Espíritu Santo en el proceso de la santificación. Estaríamos en lo justo al decir que

la convicción es obra del Espíritu Santo cuando llega a la puerta del corazón y llama. La regeneración es la obra del Espíritu Santo cuando se le permite entrar en el corazón creyente y efectuar una transformación de muerte a vida. Y santificación es la obra del Espíritu Santo al morar continuamente en el corazón. ¿Dónde comienza la santificación? Comienza en la regeneración, con el nuevo nacimiento. ¿Dónde termina la santificación? Termina en la glorificación con el Padre. Es un proceso.

d) La obra del Espíritu Santo es también la consolación: el Espíritu Santo es el gran Consolador de los corazones humanos. Cuando Jesús dijo a sus discípulos que el se iría, agregó: «porque os he dicho estas cosas, tristeza ha llenado vuestro corazón» (Jn. 16:6). E inmediatamente les dijo que él iba a tranquilizar sus corazones y sus vidas entristecidas por medio de un Consolador. Ese Consolador que trae consuelo no es otro que el Espíritu Santo.

e) La obra del Espíritu Santo es de iluminación: el Espíritu Santo revela la verdad a la mente y al corazón del creyente. Podemos decir del Espíritu Santo que es el gran Maestro: «Pero cuando venga el Espíritu de verdad, él os guiará a toda la verdad» (Jn. 16:13). Además el Espíritu ilumina la mente de los creyentes, de manera que ellos puedan entender la verdad de la palabra de Dios. Leamos en 1 Co. 2:14: «Pero el hombre natural no percibe las cosas que son del Espíritu de Dios, porque para él son locura, y no las puede entender porque se han de discernir espiritualmente». Entonces, por medio de la obra del Espíritu Santo uno puede comprender verdaderamente las cosas espirituales. Por lo tanto, la Biblia, en su significado más profundo, es un libro cerrado para aquellos que no han tenido una relación establecida con Dios mediante el Espíritu de Cristo. Muchas personas que son creyentes, que son cristianas, sacan muy poco de la Biblia: porque no la leen con un corazón creyente, o porque no dependen del Espíritu Santo para que les interprete la verdad a ellos.

f) Además, la obra del Espíritu Santo en el individuo es de intercesión: el cristiano tiene dos intercesores: uno, Cristo, está a la diestra del Padre; otro, el Espíritu Santo, en el corazón del creyente. En Ro. 8:26 se nos dice que el Espíritu Santo intercede por nosotros con el Padre cuando oramos. Su intercesión es a tal grado que la hace con «gemidos indecibles». Con estos dos intercesores, uno en el Cielo y el otro en la Tierra, el cristiano está fortificado. La obra del Espíritu Santo en las vidas de los creyentes se resume en el nombre que le fue dado: «paracleto». ¿Qué significa esta palabra? Significa que el Espíritu mora en nosotros, camina a nuestro lado, día y noche. Pero terminemos por ahora con la obra del Espíritu Santo en el individuo.

2. Pensemos en la obra del Espíritu Santo en la Iglesia: las Escrituras nos dicen que el Espíritu Santo mora en la iglesia. La iglesia es llamada el templo del Espíritu Santo: «¿No sabéis que sois templo de Dios, y que el Espíritu de Dios mora en vosotros?» (1 Co. 3:16). Cuando pensamos en la obra del Espíritu Santo en la iglesia, hay varias cosas que debemos mencionar:

a) La obra del Espíritu Santo en la iglesia es de edificación: Él edifica la iglesia. Si tú y yo hemos de tener alguna parte en la edificación de la iglesia es por el Espíritu Santo obrando por medio de nosotros. La edificación de la iglesia no se logra por medio de nuestras posibilidades personales. Si hay destrucción en la iglesia, observad que el Espíritu Santo no tiene nada que ver con ello; pues él siempre edifica. En Hch. 9:31 se nos dice que las iglesias: «eran edificadas, andando en el temor del Señor, y se acrecentaban fortalecidas por el Espíritu Santo».

b) La obra del Espíritu Santo en la iglesia es de dirección: Él dirige en las empresas importantes como lo hizo en la iniciación de la obra misionera (Hch. 13:2). Además, dirige a la iglesia para que ella arregle asuntos difíciles, según se nos refiere con respecto a la conferencia tenida en Jerusalén. En esta conferencia se acordó que el yugo de la ley no sería impuesto en el creyente. En Hch. 15:28 se nos dice: «Porque ha parecido bien al Espíritu Santo, y a nosotros, no imponeros ninguna carga más que estas cosas necesarias». El Espíritu Santo estaba dirigiendo a la iglesia en su programa de avance, y protegiendo a la iglesia de ser cargada con aquello que no era necesario.

c) Además, la obra del Espíritu Santo en la iglesia se manifiesta por la concesión de dones. Cuando el apóstol escribió a los corintios, les dijo: «Ahora bien, hay diversidad de dones, pero

el Espíritu es el mismo» (1 Co. 12:4); dice que todos estos dones son dados por el Señor, por medio del Espíritu. Esos dones no son meramente talentos naturales que el hombre adquiera por su propio poder.

d) La obra del Espíritu Santo en la iglesia también consiste en investir de poder para el servicio. El gran versículo misionero, Hch. 1:8, dice: «recibiréis poder, cuando haya venido sobre vosotros el Espíritu Santo, y me seréis testigos en Jerusalén, en toda Judea, en Samaria, y hasta lo último de la Tierra». El poder del Espíritu dirigió a la victoria a la iglesia primitiva. La iglesia sin el Espíritu Santo llega a ser débil e impotente, y no tiene más poder que cualquiera otra organización del mundo.

3. Ahora pensemos en la obra del Espíritu Santo en el mundo; en relación con la obra del Espíritu Santo, Jesús dijo: «Y cuando él venga, convencerá al mundo de pecado, de justicia y de juicio» (Jn. 16:8). Por «el mundo», quiso decir Jesús «el mal, el mundo inconverso». Es la misma palabra que Santiago usó (4:4): «¡Oh almas adúlteras! ¿No sabéis que la amistad del mundo es enemistad contra Dios?...». Es la misma palabra que usó Juan: «No améis al mundo, ni las cosas que están en el mundo. Si alguno ama al mundo, el amor del Padre no está en él» (1 Jn. 2:15). Si, Jesús amó al mundo, Dios amó al mundo, y el Espíritu Santo amó al mundo; pero el amor del Espíritu Santo fue un amor diferente del que expresaron el Padre y el Hijo. Y por causa del amor de estas dos Personas divinas, el Espíritu Santo ha venido a reprobar, a convencer, a persuadir. Esta declaración lleva consigo la idea de convencer presentando pruebas.

a) El Espíritu Santo convence al mundo de tres cosas: trae convicción de pecado. De pecado, porque, se nos dice: «por cuanto no creyeron en mí». El Espíritu Santo convence al mundo de la realidad y la naturaleza del pecado; de que no solamente somos pecaminosos, sino de que somos pecadores. Debemos hacer algo a favor nuestro, o de otra manera estamos condenados.

b) El Espíritu Santo muestra que el gran pecado del mundo es el pecado de la incredulidad. Jesús no dijo: «de pecado porque son adúlteros, o asesinos, o borrachos», sino por cuanto «no creyeron en mí». Como fue en el tiempo de Jesús, así lo es en el mundo actual. El más grande pecado del cual el mundo es culpable, es el pecado de la incredulidad.

c) El Espíritu Santo produce también convicción de justicia: Él hace que el hombre vea su propia justicia como inadecuada e insuficiente. Recordaréis que el mundo pensaba que Jesús era pecador (Jn. 9:24): «Sabemos que ese hombre es pecador», refiriéndose al Señor Jesús. Esto es lo que el mundo y el judaísmo sostenían. Pero escuchad lo que Jesús dijo de sí mismo, Jesús dijo que él era justo. Miremos lo que se dice en Jn. 8:45, donde el Señor pregunta: «¿Quién de vosotros me redarguye de pecado?» ¿Quién tiene razón? Jesús tenía razón sin lugar a duda. Porque cuando consideramos su viaje a la cruz, y el hecho de haber derramado su sangre en ella, su resurrección, su ascensión, y su promesa de que él volverá... todas estas cosas demuestran que Jesús era el justo Hijo de Dios. Yo redargüiré al hombre «de justicia». El Espíritu Santo quiso decir de la justicia divina de él, y de la justicia del hombre.

d) Además, el Espíritu Santo produce convicción de juicio, de juicio porque el príncipe de este mundo es juzgado: ¿Quién es el príncipe del mundo? El diablo. Está probado que el juicio cayó sobre el diablo cuando Jesús murió en la cruz. El diablo había pensado que si él podía apoderarse de ese que se llamaba Jesús y estaba en la cruz, esto sería el fin. Pero, ¿qué sucedió? ¡Allí se consumó la más grande victoria de la justicia! Porque cuando el Señor Jesús murió, murió como «el cordero de Dios que quita el pecado del mundo». Se obtuvo una victoria de la justicia cuando Jesús murió. Fue una derrota para Satanás, y el juicio cayó sobre él. Ahora pues, si el príncipe de este mundo ha sido condenado, aquellos que son del mundo y no aceptan a Cristo, seguramente serán juzgados.

CONCLUSIÓN: cuando Pablo estuvo ante el gobernador Félix, según se nos dice en Hch. 24:25, «Al disertar Pablo acerca de la justicia, del dominio propio y del juicio venidero, Félix se espantó, y dijo: «Ahora vete; pero cuando tenga oportunidad te llamaré». ¿Qué hizo Félix? Félix fue movido a tener una convicción de pecado al grado de que tembló y por eso le dijo a Pablo: «Cuando tenga oportunidad te llamaré». Félix cometió el error más grande de su vida: despre-

ció a Jesús. No se nos dice que Félix después haya llamado a Pablo, ni que jamás haya tenido otra oportunidad. Según podemos colegir por los relatos, Félix está hoy en el infierno. Indudablemente todavía está razonando consigo mismo, preguntándose por qué despreció la invitación para venir a Jesús, aceptarlo y ser salvo. ¡Oh amado mío! Mientras el Espíritu Santo habla a tu corazón, no lo desprecies como lo hizo Félix. Abre tu corazón cuando el Espíritu Santo llame, y déjalo entrar y salvar tu alma. Esto querrás hacer, y esto debes hacer.

813. *LA RESPUESTA DEL HOMBRE AL ESPÍRITU SANTO*

(Efesios 5:18)

«No os embriaguéis con vino, en lo cual hay disolución; antes bien sed llenos del Espíritu».

En este pasaje leemos lo que el apóstol escribió a los creyentes en Efeso. El Nuevo Testamento menciona varias actitudes que la persona puede tomar en respuesta al Espíritu Santo. Todas estas respuestas pueden clasificarse en dos categorías: las respuestas al Espíritu Santo serán negativas, o positivas. Y aquellas respuestas que son negativas al Espíritu Santo están naturalmente contra la voluntad de Dios; por tanto, deben ser atribuidas al diablo y a su influencia. Mientras que, por otra parte, cuando el Espíritu Santo habla a una persona, y esa persona se rinde a la voluntad de Dios, esta respuesta positiva debe ser atribuida a la obra del Espíritu Santo en lograr que se realice la voluntad de Dios. ¿Cuáles son algunas de estas respuestas que descubrimos que revelan las Escrituras? Quisiera que recordáramos de manera especial nuestra respuesta hacia el ser llenos del Espíritu Santo.

1. Uno puede resistir al Espíritu Santo: ésta es la palabra que Esteban usó al dirigirse a aquellos que se oponían a su ministerio. Esteban dijo de aquellos: «¡Duros de cerviz, e incircuncisos de corazón y de oídos! Vosotros resistís siempre al Espíritu Santo; como vuestros padres, así también vosotros» (Hch 7:51). Ésa era la actitud del incrédulo que rechazaba el mensaje del Evangelio; del que ponía oídos sordos a las buenas nuevas que eran proclamadas por medio de Cristo. Resistían al Espíritu Santo, y no le permitían entrar en su corazón. Esta ha sido siempre la actitud, y es la actitud de los incrédulos actuales, quienes no se rinden al Espíritu Santo, y por tanto endurecen su corazón contra el Señor cuando él se esfuerza por llenarlos de luz y dar salvación a su alma atribulada. Pero también el cristiano puede ser culpable, y a veces es culpable de resistir al Espíritu Santo. Con frecuencia yo he resistido al Espíritu Santo y estoy convencido de que no hay un cristiano que una y otra vez, no haya sido culpable de lo mismo. Porque cuando uno rehúsa obedecer los impulsos que el Espíritu Santo pone en el corazón de un cristiano, está resistiendo al Espíritu Santo. Cuando uno sabe hacer bien porque el Espíritu Santo revela la verdad de Dios -el mensaje de Dios procedente de la Biblia- y sabemos hacer lo bueno, y no lo hacemos, cometemos pecado (Stg. 4:17). ¿Y cómo llegó el pecado? Por resistirnos y alejarnos de la dirección y de la posesión del Espíritu Santo. Entonces, es un hecho que ya sea uno creyente o incrédulo se niega el privilegio de ser lleno del Espíritu Santo si resiste al Espíritu Santo.

2. Vemos además que uno puede insultar al Espíritu Santo: «¿Cuánto mayor castigo pensáis que merecerá el que pisoteare al Hijo de Dios, y tuviere por inmunda la sangre del pacto en la cual fue santificado, e hiciere afrenta al Espíritu de gracia?» Una traducción mejor de este pasaje sería: «El que insultare al Espíritu de gracia» (He. 10:29). Se refiere a aquellos a quienes el Espíritu Santo ha conmovido poderosamente, de manera convincente, revelando de manera definitiva cuál es la voluntad de Dios y el propósito para la vida, pero que lo han rehusado a tal grado que insultaron la preciosa dirección, el conocimiento y el poder de Dios para su vida. Y es que todo aquel que está beneficiado con «la sangre del Pacto», por ella «fue santificado», según dice el Evangelio... Pero ahora veamos que esto está íntimamente relacionado con el pecado imperdonable, que puede ser, y únicamente puede ser cometido por el incrédulo. Este pecado es tan tremendo contra Dios, y yo no sé cuán tremendo tiene que ser, que hay quienes están perdidos y pecan de esta manera contra el Espíritu Santo, que él nunca volverá otra vez. Y a esto le llamamos el pecado imperdonable:

a) El pecado imperdonable es cometido sólo por el incrédulo: y aunque este pecado de insultar o afrentar al Espíritu es muy parecido al pecado imperdonable, no puede ser el pecado imperdonable. Porque esto de insultar al Espíritu Santo es cometido por aquellos que están «santificados»; quienes han sido separados, como separa el Espíritu Santo, cuando uno cree y acepta al Señor.

b) Estos son los que insensata y arrogantemente rechazaron al Espíritu Santo, y por tanto lo han alejado: lo han desechado cuando Él tan ardiente y ansiosamente esperaba entrar en el corazón para llenarlo de poder, y en la vida para convertirla en un canal de bendiciones. Pero no, ¡no le fue permitido al Espíritu Santo entrar! No se le permitió dirigir a la persona a un servicio fructífero. Pero fue desechado, y el que lo desechó y lo insultó busca las cosas del mundo, la lujuria de la carne, el orgullo de la vida; no evaluando apropiadamente el propósito que Dios tiene para nuestra vida.

¡Ah! entonces debemos decir el que insulta al Espíritu Santo no puede ser lleno del Espíritu Santo.

3. Uno puede contristar al Espíritu Santo: además, en Ef. 4:30 leemos lo que Pablo estaba escribiendo a los cristianos efesios, y les dijo: «no contristéis al Espíritu Santo de Dios, con el cual fuisteis sellados para el día de la redención».

Por supuesto que el Espíritu Santo es contristado por los incrédulos, cuando lo resisten. Cuando no aceptan a Cristo el Salvador del mundo y son salvos. Toda persona es criatura de Dios. Pero el propósito final de Dios es que cada criatura vuelva a ser recreada y nacida del Espíritu. Que en su vida tenga el Espíritu de Dios para darle la seguridad. Todo aquel que es incrédulo, rechaza y resiste, y naturalmente contrista al Espíritu Santo. Pero escuchad: Pablo estaba tratando de explicar que así como el corazón del padre se aflige mas por la desobediencia de su propio hijo, que lo que puede afligirse por la desobediencia del hijo de cualquier otro hombre, así el corazón del Padre celestial es contristado por los cristianos, por los que son de él y descuidan obedecerlo y seguirlo y honrarlo. Esta es la descripción de un padre que se aflige por la rebelión de su propio hijo. Podemos recordar el relato que tenemos en el Antiguo Testamento, donde se dice que David se afligía por su hijo Absalón; y aquí tenemos un cuadro definido del Padre celestial cuando ve a sus propios hijos desobedientes e indignos, como lo era Absalón ante los ojos de David. David clamó: «¡Hijo mío Absalón, hijo mío, hijo mío Absalón! ¡Quién me diera que muriera yo en lugar de ti, Absalón, hijo mío, hijo mío!». Yo me pregunto cuántas veces esta exclamación ha sido proferida desde el trono de Dios. Su anhelo de poder hacer que sus hijos comprendan cuándo lo han afligido. Sí, nosotros contristamos al Espíritu Santo. Y si continuamente contristamos al Espíritu Santo no podemos ser llenos del Espíritu Santo.

4. Además, podemos apagar al Espíritu Santo: Pablo estaba dirigiéndose a los cristianos de Tesalónica cuando usó esta palabra. En el 1 Ts. 5: 19, dice: «No apaguéis al Espíritu». Aquí la figura se refiere al hecho de apagar un fuego, derramando agua sobre él. Se describe al Espíritu Santo como fuego. Su venida en el día de pentecostés estuvo acompañada por lenguas como de fuego. No fuego; pero lenguas como de fuego. Él enciende el fuego del amor y el fuego del celo en el corazón de un cristiano, y nos envía a un mundo salvaje que desea nuestra destrucción. La razón por la cual muchos de nosotros no avanzamos más en el servicio cristiano, y somos vencidos por el mundo, es que no estamos investidos de poder y llenos del Espíritu de Dios. Porque si tuviéramos el poder y estuviésemos llenos por él, todo lo demás que se nos presentara no podría derrotarnos: nada sería suficientemente poderoso para derrotarnos; caminaríamos de acuerdo con el Señor. Las críticas se harían a un lado. Los problemas que habían sido infranqueables quedarían también a un lado porque el Espíritu de Dios es nuestro Director. Estamos llenos de Él. Uno puede apagar al Espíritu de Dios con la indiferencia, con la negligencia, o la desobediencia. Uno puede hablar o murmurar sin pensar en la hora quieta de soledad y adoración, y apagar el fuego del Espíritu Santo mientras él estaba obrando en el corazón de un alma pérdida. ¡Ah, cuando se hace la invitación! La parte más importante de cualquier culto. Nos ponemos en pie para cantar el himno de invitación, y el Espíritu obra poderosamente. Pero, alguna persona, y

ha de ser alguna persona desconsiderada, se sale del templo y así apaga el poder del Espíritu Santo. Cuando esto sucede, el predicador muy bien podría decir: «¡Amén, están despedidos!» Ninguno de nosotros desea ser culpable de este hecho, y de apagar el poder del Espíritu Santo. En los momentos en que las almas preciosas están en la balanza delante del Señor, no deseamos apagar el Espíritu. En cambio oraremos a Dios, diciendo: «Santo Espíritu desciende, dame la victoria, y no solamente la victoria para mí, sino para cada alma que está en el culto. Salva a los perdidos y revive a los salvados; no quiero apagar tu poder». Porque si apagamos el poder del Espíritu Santo, no podemos ser llenos de Él.

5. Uno puede y debe estar lleno del Espíritu Santo: el ideal hacia el cual Pablo exhortaba a los cristianos efesios era: «Sed llenos del Espíritu». Usted tiene el Espíritu Santo cuando se rinde a él y es salvo; pero esto no significa necesariamente que usted esté lleno del Espíritu Santo. Cada cristiano, cada uno de ustedes que han tenido con el Señor la experiencia que deberían haber tenido, saben cuán cierto es esto. Fue el Espíritu Santo, al entrar en el corazón, el que trajo la regeneración y convirtió a usted en un hijo de Dios. En Ro. 8:9 se nos dice: «Si alguno no tiene el Espíritu de Cristo, no es de Él». No obstante, como ya dije, uno puede tener el Espíritu Santo sin estar lleno del Espíritu Santo. Y uno puede ser cristiano sin ser lleno del Espíritu Santo. Hay una experiencia de conversión. Hay un nuevo nacimiento, pero hay muchos, muchos bautismos o descensos del Espíritu Santo. Estos hechos de ser llenos del Espíritu Santo son de acuerdo con la rendición individual del cristiano, y con el hecho de pagar el precio para ser investidos de su poder. Esto es lo que necesitamos como cristianos. Esto es lo que necesitamos como iglesia. Aquí es en donde hemos fallado muchas veces. Como se ha dicho, en muchas de nuestras iglesias podemos asistir al culto y éste es un culto muy respetable, ya sea que la presencia del Espíritu Santo haya sido manifiesta o no. Pero esa no es la clase de culto que nos enseña el Nuevo Testamento que debemos tener. Se nos amonesta para que «seamos llenos del Espíritu». Un cristiano es comparado con un vaso. Cristo dijo de Saulo de Tarso: «Ve, porque instrumento escogido me es éste» (Hch. 9:15). Y Ananías dijo a Saulo: «El Señor Jesús, que se te apareció en el camino por donde venías, me ha enviado para que recibas la vista y seas lleno del Espíritu Santo» (Hch. 9:17). Pablo nunca habría llegado a ser el gran evangelista que fue, ni el gran misionero que fue, si no hubiese estado lleno del Espíritu Santo. Los grandes evangelistas del mundo actual son hombres que creen en el Espíritu Santo y dependen del poder de Él. Las grandes iglesias, las que son grandes ante la vista de Dios, lo son porque están investidas y llenas del Espíritu de Dios. Antes de que un vaso pueda ser llenado deben cumplirse dos requisitos:

a) Primero, debe estar vacío: un vaso no puede ser lleno con agua pura y limpia hasta que ha sido vaciado del agua impura y sucia. Y antes de que un cristiano pueda estar lleno del Espíritu, debe estar vacío. ¿Vacío de qué? Vacío de sí mismo, de la mundanalidad, del pecado, del orgullo, de todo lo que está fuera de tono, y fuera de orden con la voluntad de Dios y la voluntad del Espíritu de Dios para aquella vida. De modo que nuestra oración debería ser: «Padre celestial, danos gracia y determinación para que crucifiquemos al yo, nos vaciemos del yo, convirtiéndonos en los vasos de pureza que debemos ser delante de ti».

b) Además, una persona debe rendirse, como un vaso debe estar rendido: para que un vaso pueda ser llenado, debe ser dado para que lo use la persona que va a llenarlo. Y un cristiano no puede ser lleno del Espíritu sino hasta que se rinde al Espíritu. Si Dios habla precisamente hoy a tu corazón y quiere entrar en tu vida y llenarte, debes rendirte completamente para que él pueda hacerlo.

c) Si necesitas al Señor y quieres decirle: «¡He pecado, y quiero que borres mis transgresiones, me propongo reconsagrarme», debes hacerlo sin falta. Debes hacerlo si quieres ser lleno del Espíritu Santo.

Permitidme cambiar la figura. Pongamos por caso que una persona posee una casa que desea poner en alquiler. Pero tiene algunas cosas que desea conservar en la casa, de modo que pone estas cosas en un cuarto, cierra la puerta y pone la llave en su bolsillo. Luego dice al inquilino: «Usted puede usar toda la casa excepto este cuarto, pues lo he reservado para mí». Esta es la forma en que algunas personas

tratan al Espíritu Santo. Hay algo en su vida que ellos no están dispuestos a entregar. De manera que cierran la puerta de aquel cuarto y dicen al Espíritu Santo: «Puedes tener toda mi vida excepto este cuarto. Lo he reservado para mí». ¿Llenará el Espíritu Santo esa vida? ¡No! *(Anécdota: un joven de mucha promesa se acerco a un gran siervo de Dios que manifestaba el glorioso poder del Espíritu Santo, y le dijo: «Yo daría todo lo que tengo si tuviese el poder de Dios como usted». El gran siervo de Dios respondió: «Eso es exactamente lo que me costó: ¡Todo!»).*

6. Uno puede y debe ser nacido del Espíritu Santo: en Jn. 3:7 Jesús dijo a Nicodemo: «No te maravilles de que te dije: Os es necesario nacer de nuevo».

Aquí está establecida la necesidad del nuevo nacimiento. No importa cuán refinada, ni cuán talentosa, ni cuán culta, ni cuán rica sea la persona. Debemos ser hechos nuevos por el Espíritu Santo. Reconocemos que el nuevo nacimiento es un misterio. Es un misterio porque es una experiencia sobrenatural. Nicodemo, aunque era un gran maestro, preguntó: «¿Cómo puede hacerse esto?» Por lo que Jesús inmediatamente respondió a esta pregunta, diciendo: «El viento sopla de donde quiere, y oyes su sonido; mas ni sabes de dónde viene, ni a dónde va; así es todo aquel que es nacido del Espíritu» (Jn. 3:4-8). Ya sea que lo entendamos o no, como quiera es un misterio. Acéptalo, créelo, experiméntalo y regocíjate en él. Debes nacer de nuevo. Juan hizo hincapié en esta verdad en sus Epístolas. Indudablemente porque era un misterio. En 1 Jn. 5:1 leemos: «Todo aquel que cree que Jesús es el Cristo, es nacido de Dios; y todo aquel que ama al que engendró, ama también al que ha sido engendrado por él». Y luego, en el v. 4 del mismo capítulo, dice: «Porque todo lo que es nacido de Dios vence al mundo; y esta es la victoria que ha vencido al mundo, nuestra fe». ¡Nuestra fe, nuestra confianza, nuestra rendición!

CONCLUSIÓN: ¡Ah, tú, amado mío, que nunca has experimentado el nuevo nacimiento! Has sido convencido de pecado mientras el Espíritu Santo penetró en tu corazón, pero le has dicho «no». Nuestra oración es que tú abras tu corazón precisamente ahora y lo dejes entrar, para que traigas salvación a tu corazón. Abre tu corazón y dile a Él: «Iré donde tú me lleves».

814. *EL ESPÍRITU SANTO*
(Hechos 2:1-38)

INTRODUCCIÓN: es bueno que haya una fiesta en el año que nos invite a meditar acerca del Espíritu Santo, pues nuestros agradecidos pensamientos se dirigen, por lo regular, más bien al Padre y al Hijo; sin embargo, el Espíritu Santo es la persona divina más cercana a nosotros Jesús le llama «Paracleto», o sea Uno que está al lado para ayudar.

1. El Espíritu Santo antes de Jesucristo:

a) Es el agente por el cual Dios ordenó el Cosmos (Gn. 1:2).

b) El que luchó en las conciencias de los antediluvianos (Gn. 6:3).

c) El que inspiró a los profetas (Éx. 28:3 y 2 P. 1:21).

2. La era del Espíritu Santo: de este modo podría ser llamada la actual. Era Cristiana. Empezó con una manifestación especial del Espíritu Santo (Hch. 2: 4) y terminará con otra mayor (Hch. 2:17). Notemos la doble labor que Jesús le atribuye:

a) Para con el mundo: convencer a las conciencias de pecado (Jn. 16:8).

b) Para con los discípulos: guiar a toda verdad (Jn. 16:13). Judas el Iscariote no comprendía esta diferencia (Jn. 14:22). Aun para nosotros es un misterio que el Santo Espíritu del Infinito Dios venga en una forma particular. Diferente de como está en las cosas creadas por inmanencia. Pero el alma creyente conoce la dulzura y el privilegio de esta bendita comunión con Cristo por obra del Espíritu Santo.

c) Una ilustración gráfica la hallaremos en el hecho imponderable que nos transmiten los sonidos de la radio, pero solamente si conectamos nuestro receptor ajustándole a determinada longitud de onda. El convertido es el mismo hombre con nuevos sentimientos. ¿De dónde proceden? (Ro. 8:8, 9).

3. Posesión y plenitud: el Espíritu Santo no está en todos los creyentes de la misma forma. Todo cristiano tiene la experiencia de haber sentido en ciertos momentos:

a) Un gozo especial (Jn. 16:24; I P. 1:8).

b) Los demás frutos del Espíritu, amor, paz, paciencia, benignidad, bondad, fidelidad, fe, mansedumbre, dominio propio (Gá. 5:22, 23).

4. El Espíritu Santo y el don de lenguas: no diremos que no sea una realidad en ciertos casos, pero esto es cuando el Espíritu quiere, no cuando queremos nosotros...

a) Este fenómeno se produjo en Pentecostés. Y también Dios lo ha llevado a cabo en casos muy necesarios, por ejemplo en el campo de las misiones cuando el apuro ha sido con peligro de muerte.

b) También en personas muy santas, como Finney, Meyer, Moody, etc.; pero otros hombres también muy piadosos y fieles como Calvino, Murray, Bounds, etc. , no han tenido esta experiencia. El apóstol dice: ¿hablan todos lenguas? (1 Co. 12:30).

5. El camino más excelente tiene diversas características con o sin la manifestación externa:

a) Oración: los 120 discípulos pasaron 10 días en oración y para muchos ha sido el medio de obtener la plenitud del Espíritu, pero podría alguien cansarse en la oración, sin ver progreso en su vida, ni despertamiento a su alrededor si faltaran las otras condiciones.

b) Consagración: o sea, separación del pecado (Ef. 4:30).

c) Sumisión: cada vez que obedecemos a Dios damos al Espíritu Santo que está en nosotros ocasión de manifestarse con renovado poder ¿Cómo empezó un despertamiento en una iglesia de miembros enemistados. Busquemos la plenitud del Espíritu Santo por los medios que a Él le place.

815. *EL ESPÍRITU SANTO (Juan 14:15-17)*

INTRODUCCIÓN: la persona de Dios es uno de los misterios que él ha escondido de la inteligencia humana, pero lo podemos entender mediante ejemplos como Jesús ilustraba sus doctrinas por parábolas. Sabemos que puede haber un solo gobierno con nueve ministros. Las tres personas de la Trinidad pueden ser distintas, pero forman un solo ser. Otro ejemplo más sencillo es el aire, formado por tres elementos: oxígeno, nitrógeno e hidrógeno, cuando está cargado de humedad, pero siempre es el mismo aire. Dios es un solo ser sapientísimo, omnipresente y omnisciente, pero al revelarse lo hace citando tres elementos: Padre, Hijo y Espíritu Santo. Dios es Padre, no una mera fuerza como pretenden los llamados Testigos de Jehová, sino una persona que podría manifestarse corporalmente si quisiera, pues posee las prerrogativas de la persona. No son tres dioses, sino un solo Ser, y en su relación con el mundo cumple una función distinta cada persona divina:

–Dios el Padre es el elemento creador.

–El Verbo Divino es el que proyecta la vida y la luz de la inteligencia (Jn. 1:9, 10).

–El Espíritu Santo es el elemento de relación con los seres humanos y quien trae los dones de Dios a las almas de los hombres. Jesús decía: «El Espíritu Santo, el cual el Padre enviará..., él me glorificará...».

I. El Espíritu Santo es el vicario de Dios sobre la Tierra

Una de las grandes organizaciones cristianas pretende tener un vicario en Roma, pero el verdadero Vicario de Cristo es el Espíritu Santo.

1. Estaba indudablemente en los tres monjes de Florencia que produjeron un despertamiento espiritual en las gentes mundanalizadas en días de Savonarola.

2. Estaba también en Juan Huss, quien se atrevió a decir al emperador Segismundo: «Como he apelado a Jesucristo, el Juez Todopoderoso, me atengo a su sentencia, seguro de que no me juzgará por falsos testimonios ni según concilios humanos», y añadió estando en la hoguera: «Yo espero en su misericordia, que desde hoy beberé de su cáliz en su Reino, y que en cien años responderéis ante Dios y ante mí».

3. Estaba en Lutero y Calvino, con Wesley y con todos los grandes siervos de Dios a través de las edades.

II. Es una personalidad divina

En los Hechos de los apóstoles hallamos varias veces la expresión: «Plugo al Espíritu Santo» el cual está siempre de acuerdo con las personalidades divinas que forman el término Dios.

III. El Espíritu Santo posee a los hombres fieles

Les imparte dones, aun cuando los fieles como personas humanas tengan diversas ideas. En Hch. 13:2 leemos: «Dijo el Espíritu Santo: Apartadme a Bernabé y a Pablo para la obra a que les he llamado», y los dos predicaban una misma doctrina de salvación por Cristo, a pesar de que hubo entre ellos una diversidad de opinión que les trajo a dividirse.

IV. Puede manifestarse visiblemente en diversidad de formas

1. En el bautismo de Jesús en forma de paloma, simbolizando las diversas virtudes que adornarían la persona humana de Jesucristo.

2. En Pentecostés en forma de lenguas de fuego como señal del fervor oratorio que caracterizaría a los apóstoles.

3. En casa de Cornelio sin forma visible, sino con un temblor.

4. Hoy día se halla en diversas clases de creyentes. Los grandes siervos de Dios como Meyer, Simpson, Spurgeon y Muller lo manifiestan en sus escritos. No está sólo con los que se revuelcan por el suelo a causa de sus condiciones nerviosas, sino con todos los cristianos sinceros, ya que como dice el apóstol Pablo: «Él que no tiene el Espíritu de Cristo, el tal no es de Él» (Ro. 8:9).

V. Cómo conocer la presencia del Espíritu Santo

A los hijos de familias cristianas les es difícil a veces conocer si poseen el Espíritu Santo porque no han tenido ninguna experiencia dramática de conversión y cambio de vida y al leer en las Sagradas Escrituras pasajes como el antes citado o que hablan del sello del Santo Espíritu o bien aquel que dice que el Espíritu Santo resucitará de entre los muertos a aquellos que lo poseen (Ro. 8:11). Pero no hay lugar para tal duda si se tiene en cuenta no un texto, sino todos aquellos que hablan de los dones y virtudes del Espíritu Santo (Ro. 15:13):

1. Se habla del gozo y paz que el Espíritu Santo infunde en aquellos que lo poseen, no simplemente una satisfacción proveniente de las circunstancias. El contexto que sigue a este don se cumplió totalmente con el apóstol Pablo en los días inmediatos a su ministerio, pero en el conjunto de los escritos de Pablo hallamos la virtud del gozo expuesto más de veinte veces, incluyendo aquella paradoja de «Me gozo en lo que padezco» (Co. 1:24). Toda noticia que llegaba hasta el apóstol referente a temas espirituales le llenaba de gozo, y ello puede ser una señal también para los cristianos de todos los tiempos.

2. Aborrecimiento al pecado y cada uno de los dones del Espíritu que hallamos descritos en Gá. 5:22, 23. El Espíritu de Dios es en nosotros como la savia dentro de los árboles. Desea y procura llevar fruto. Jesucristo dijo: «Por sus frutos los conoceréis» y en Jn. 15:8 podemos leer: «En esto es glorificado mi Padre, en que llevéis mucho fruto y seáis así mis discípulos». En cambio, en Hch. 7:51, leemos que el mártir Esteban dijo a los que le acusaron y lo ejecutaron apedreándole: «Vosotros siempre resistís al Espíritu Santo; y con un lenguaje mucho menos duro el apóstol Pablo exhorta a los cristianos en Ef. 4:30, diciéndoles: «Y no contristéis al Espíritu Santo con el cual fuisteis sellados para el día de la redención». Siguiendo una serie de consejos aplicables a casi todos los cristianos que pueden tener momentos de mal humor, pero pueden ser conocidos en su vida cristiana con las características del v. 32.

3. La permanencia en las virtudes cristianas que se expresan en este texto es la mejor señal y garantía de que poseemos el Espíritu de Dios, porque vivimos en amor y gratitud hacia Aquel que nos perdonó en Cristo, porque le aceptamos con nuestro corazón aun cuando no tengamos como otros cristianos experiencias dramáticas de nueva vida, porque Él conoce a los que son suyos y se apartan de la iniquidad por amor a Él.

816. *PODER ESPIRITUAL*
(Hechos I:18)

1. ¿Qué es poder espiritual?

a) No es magnetismo personal, elocuencia, erudición: No puede el hombre lograrlo por su esfuerzo.

b) Es una dádiva divina.

2. La necesidad de este poder espiritual:

a) La triste condición de la Iglesia.

b) Falta de victoria sobre el pecado. Hay pocas conversiones.

c) Falta de testimonio por Cristo. Hay pocas ansiosos de encontrar oportunidades de evangelizar.

d) Falta de influencia en el mundo. Por habernos mezclado con ellos en muchas cosas es difícil distinguir a los cristianos de los que no lo son.

3. Cómo obtener este poder espiritual:

a) Desearlo sinceramente.

b) Quitar todo pecado.

c) Entronizar a Cristo en la vida.

d) Pedirlo a Dios en oración.

e) Obedecer al Espíritu cuando leemos sus advertencias en la Sagrada Escritura o el habla a nuestra conciencia .

f) Aceptarlo por fe, creyendo que Dios cumple su promesa sin necesidad de sentir emociones especiales, o ver milagros, si Dios quiere probar nuestra fe sin ver.

4. Resultado de tener poder espiritual:

a) Victoria sobre el pecaminoso «yo».

b) Valor para buscar y encontrar oportunidades de testimonio.

c) Vida transfigurada e influyente entre aquellos que nos rodean.

d) Una iglesia avivada que coopera con entusiasmo y fe en el despertamiento que pedimos.

817. *«CONSUMADO ES»* *(Juan 19:30)*

INTRODUCCIÓN: el Hijo de Dios, el Verbo eterno que se hizo carne, aquel que dijo que sería levantado para que todo el que en él creyese tuviera la vida eterna, fue crucificado en la cima del Calvario. Desde la cruz pronunció siete frases, siete profundas exclamaciones, que se hallan consignadas en los evangelios, y que son conocidas en el mundo bajo el nombre de «las siete palabras». La penúltima de ellas es la que sirve de epígrafe a estas líneas. Juan, el evangelista que la menciona, dice así: «Cuando Jesús hubo tomado el vinagre, dijo: *consumado es.* Y habiendo inclinado la cabeza, entregó el espíritu».

1. ¿Qué quiso decir el Señor cuando pronunció estas palabras? No sólo que estaba consumado el más horrendo de los crímenes y así terminados los sufrimientos físicos y morales a que se había entregado en bien del mundo que vino a salvar. Quiso decir mucho más, y fue esto: que ya quedaba consumada, a la más alta perfección, la obra expiatoria que había venido a efectuar para pagar con ella la deuda inmensa que el pecador tiene delante de Dios.

2. Su muerte había sido prefigurada en los sacrificios que se efectuaban en el Templo de Jerusalén. Aquellos eran transitorios y solo la sombra de la augusta realidad del supremo sacrificio de la cruz. Ya estaba hecho el sacrificio redentor anunciado en los ritos del santuario. Este es el cabal y definitivo que anula y hace innecesarios a los otros.

3. Los sacrificios del culto mosaico tenían que repetirse porque tenían sólo un alcance limitado. También se renuevan continuamente los sacrificios de las demás religiones, porque no logran descargar del alma del pecador el peso abrumador de su culpabilidad. El que confía en sus penitencias no halla la satisfacción de sentirse perdonado; pero quien se acoge al sacrificio de Cristo tiene la seguridad de saber que su deuda está pagada porque ese sacrificio es cabal y perfecto.

4. La Epístola a los Hebreos hace mucho hincapié en el hecho de que el sacrificio de Cristo se efectuó una sola vez, pues siendo perfecto no puede repetirse. Oigamos algunas expresiones del autor sagrado:

a) «Ahora una vez en la consumación de los siglos, para quitar del medio el pecado, se presentó por el sacrificio de Sí mismo».

b) «Así también Cristo fue ofrecido una vez para agotar los pecados de muchos».

c) «Somos santificados por la ofrenda del cuerpo de Cristo, hecha una sola vez».

d) «Habiendo ofrecido por los pecados un solo sacrificio, está sentado a la diestra de Dios».

e) «Con una sola ofrenda hizo perfectos para siempre a los santificados».

Es imposible pedir un lenguaje más claro y terminante. La gran verdad que el Nuevo Testamento proclama es ésta: Como todos los sacrificios que el hombre hace, con la intención de salvarse, no tienen valor, Cristo vino al mundo y se ofreció a sí mismo cual ofrenda expiatoria por los pecados. Dios aceptó ese sacrificio, y sobre esa segura base ahora se proclama la remisión de los pecados. Renuncie el hombre a la idea de salvarse por sus sacrificios y acepte de todo corazón el que consumó Cristo por el derramamiento de su sangre. La pretensión de repetir o continuar el sacrificio de Cristo está condenada por la sexta palabra de la cruz y por el constante «una vez» de la Epístola a los Hebreos. Cuando el Señor instituyó la cena recordativa no instituyó un sacrificio, sino un acto conmemorativo. Allí no hubo altar, sino una mesa.

5. Pablo y Lutero tuvieron experiencias idénticas:

a) El primero de estos, antes de su conversión, buscó con afán la paz con Dios por medio del cumplimiento de la ley de la religión de sus padres. ¿La encontró? ¡No! Por lo contrario, cuanto más se aferraba a sus obras, mayor era su desesperación. Finalmente supo que Cristo había hecho todo y fue salvado aceptando gratuitamente por la fe, el don de la vida eterna, que había pretendido ganar por sus obras.

b) Lutero, pensando seriamente en el destino eterno de su alma, fue un día a llamar a las puertas de un convento y allí se entregó afanosamente a toda clase de penitencias, ayunos y mortificaciones. ¿Encontró algo? ¡Nada! Pero un día halló una Biblia. La estudió. Creyó en su

divino mensaje. Supo que Cristo había hecho todo. completamente todo lo que él necesitaba para ser salvado. Abandonó entonces la vana confianza que tenía en sus esfuerzos, y creyendo de todo corazón en la virtud redentora de la sangre de Cristo, encontró la paz que sin resultado había buscado por otros medios *(anécdota: varios amigos consiguieron permiso del dueño de un hermoso parque para efectuar una fiesta debajo de los árboles. El dueño les dio la llave del portón de hierro. Uno de ellos la metió en el agujero de la cerradura y procuró hacerla girar; pero todo en vano. Por nada podía abrir. Vencido, la dio a otro para ver si tenía mejor resultado, pero tampoco pudo abrir. Probó un tercero, y así todos, sin que la cerradura cediera. Fueron a llamar al dueño, quien corrió con la seguridad de que no tendría ningún trabajo de abrir un portón que tantas veces había abierto sin la menor dificultad. Este tampoco pudo hacer girar la llave. ¿Qué sucedía? La cerradura estaba abierta! Por eso la llave no giraba. Querían hacer lo que estaba hecho).*

CONCLUSIÓN: no procuremos hacer lo que Cristo ya hizo. No procuremos abrir una puerta que ya está abierta. La obra redentora ya está hecha. No nos toca hacerla, sino aceptarla.

818. *JUSTIFICACIÓN (Job 25:4)*

¿Qué es justificación?

1. Falsos medios de justificación:
a) Enmienda de la vida.
b) Arrepentimiento artificial.
c) Buenas obras.

2. Único medio de justificación; por la fe en los méritos de Cristo:

a) Es orden de Dios que «ninguna carne se gloríe».

b) Es determinación de Dios que sólo su Hijo sea exaltado en la justificación del pecador.

c) Es determinación de Dios glorificar a su Hijo por toda la filosofía y la tradición de los hombres.

d) Es determinación de Dios ofrecer a los pecadores humildes una base de consolación más abundante.

819. *LA PAGA O EL DON (Romanos 6:17-23)*

1. El servicio del pecado:
a) Un servicio heredado (vv. 17-20).
b) Un servicio engañoso (vv. 17-20).
c) Un servicio de paga rápida y postergada (vv. 21, 23).
d) Un servicio tirano.

2. El servicio de la justicia:
a) Un servicio para los emancipados (v. 18).
b) Un servicio divino (v. 22).
c) Un servicio santo (vv. 19, 20).
d) Un servicio con un fin glorioso e inmerecido (v. 23).

820. *EL REMEDIO PARA LA CONTAMINACIÓN MORAL (Apocalipsis 7:9-14)*

Para la purificación del medio ambiente los hombres están inventando corrosivos químicos que, sin producir otros elementos dañinos y perjudiciales a la vida, supriman y destruyan las moléculas putrefactas, corrompidas o venenosas, convirtiendo, por ejemplo, los bióxidos de carbono en elementos inocuos o beneficiosos como el oxígeno o el nitrógeno, y los elementos putrefactos –los detritus, las basuras– en sales químicas útiles para el abono de las plantas. Y ¿cuál es el gran recurso divino para limpiar y purificar el pecado? Desde el principio de la raza el Creador dio a entender a los hombres que el pecado tendría que ser purificado y limpiado por medio de un sacrificio expiatorio, y ello se revela más claramente en el Nuevo Testamento, desde que el Hijo de Dios vino a realizar tal sacrificio. «La sangre de Jesucristo su Hijo nos limpia de todo pecado», leemos en la primera carta de Juan.

1. El mismo apóstol, en su visión del Cielo, nos dice que vio una gran multitud que nadie podía contar, de todas las gentes y linajes, que estaban delante del Trono de Dios y en la presencia de aquel que fue denominado por Juan el Bautista «el Cordero de Dios que quita el pecado del mundo», todos ellos vestidos de ropas blancas y palmas en sus manos; y cuando

pregunta por la procedencia de tales personas y por qué se hallan en tal lugar de privilegio, recibe la simbólica y significativa respuesta: «Porque han lavado sus ropas y las han blanqueado en la sangre del Cordero» (Ap. 7:9-14). Quizás alguno de nuestros amigos se pregunten: ¿Cómo puede la sangre limpiar o quitar el pecado? Ya hemos dicho que se trata de una declaración simbólica, pero muy significativa. La sangre representa el sacrificio expiatorio del Hijo de Dios, nuestro Señor Jesucristo, quien dio su vida en rescate por muchos, como Él mismo explicó tras su muerte y resurrección a sus asombrados discípulos. Podemos bien suponer que cuando éstos le vieron resucitado y lleno de gloria se preguntaban asombrados dentro de sus corazones: Si eres tan poderoso, hasta el punto de vencer a la misma muerte, ¿por qué te dejaste aprehender por aquellos malvados a quienes podías deshacer en un momento? ¿Por qué quisiste permanecer clavado en aquella maldita cruz durante tantas horas sufriendo terribles agonías y haciéndonos sufrir a nosotros, que te amamos tanto, y nos veíamos impotentes de acudir en tu auxilio contra aquella gran multitud y los soldados romanos, y no podíamos hacer otra cosa que llorar y lamentarnos? La respuesta de Cristo a esta pregunta, que no pronunciaron sus labios pero que, sin duda, estaba en sus mentes y corazones, fue: «Porque así estaba escrito por los profetas de Dios, y así era necesario que el Cristo padeciese antes de entrar en su gloria, y de esta manera pudiese predicarse la buena nueva de la salvación y el perdón de los pecados a los que se arrepienten y se dirigen a Dios, el Autor de la ley moral quebrantada, invocando el nombre del Redentor, es decir, aceptándome como sustituto eficaz por sus pecados. » Y añadió: «Esta buena noticia debéis proclamarla, empezando desde Jerusalén, Samaria, Galilea y por todas las naciones, hasta los últimos confines de la Tierra».

2. He aquí por qué la sangre de Jesucristo nos limpia de todo pecado: es un símbolo, una figura, pero ¡qué figura!; nos dice que el pecado es algo tan grave, una mancha tan fea y permanente, que se ha necesitado nada menos que el sacrificio del mismo Hijo de Dios para que el soberano Autor y Señor del Universo pueda pasarlo por alto, o sea, perdonarlo y olvidarlo para siempre, sin faltar a los eternos principios de su propia justicia.

3. Más que limpieza, supresión: este mismo sacrificio no solamente limpia los pecados, sino que quita o suprime el pecado.

a) ¿Cómo? ¿Por qué? Porque el hombre o la mujer que se ve redimido, comprado, y salvo eternamente en virtud de tal costoso precio se siente movido a suprimir el pecado, a evitarlo, a obedecer a Dios y a Cristo por motivos de gratitud -como dice el apóstol Pablo: «El amor de Cristo nos constriñe» (o sea, nos ata moralmente, adueñándose de nuestra voluntad)- al pensar esto: que si uno murió por todos nosotros, luego todos somos como muertos, y para esto murió, para que los que vivimos aún en la Tierra no vivamos para nosotros mismos (o sea, para nuestros egoísmos, ambiciones y malos deseos, arrojando humo más humo de nuestro orgullo y vanidad; basura tras basura de nuestros humanos sentimientos de egoísmo, rencores, odios, y maledicencias que envenenan el ambiente moral del mundo, haciéndolo irrespirable, impropio para seres morales creados a imagen y semejanza de Dios); sino que los que de verdad le hemos conocido y creído, vivamos desde entonces no ya para nosotros mismo (o sea, para satisfacer nuestras naturales pero pecaminosas ansias de vanidad y orgullo, ambición o placer), sino para Aquel que se sacrificó por nosotros.

b) ¿Comprendéis ahora el exacto sentido de estas palabras de Pablo? Y, sobre todo, ¿no queréis, queridos amigos que todavía no habéis recibido a Cristo, que Dios os aplique, en su soberana gracia, el verdadero detergente espiritual de las almas, el sacrificio expiatorio de Cristo, para que podáis empezar desde ahora y cada día a desprender e irradiar torrente de perfume ambiental de paz, de amor a Dios y de buena voluntad para con vuestros prójimos? ¿No queréis contribuir a la mejora del ambiente moral de este mundo mientras aquí vivimos, dejando a vuestro paso como viajeros en el planeta Tierra un reguero de amor y de bien que perfume por muchos años después de vuestra partida, para entrar vosotros mismos, con un alma transformada y purificada, en aquel feliz lugar del cual se dice que no entrará en él ninguna cosa sucia que hace abominación o mentira, sino aquellos quienes tienen sus nombres escritos en el libro de la Vida del Cordero, el Hijo de Dios?

c) «No tenemos aquí ciudad permanente», dice el autor de la carta a los Hebreos. Yo diría, glosando este pensamiento, que este bello mundo, tan sabiamente equilibrado por el poder divino, es como un hermoso hotel, cada vez más cómodo gracias a los avances de la civilización, pero un hotel en el cual estamos de paso y es natural que seamos caballeros pensando en el próximo huésped, o sea, en la próxima generación de huéspedes que han de utilizarlo tras nosotros; pero esto debemos pensarlo no sólo en el sentido físico, sino en el moral y espiritual. «Somos buen olor de Cristo, para vida o para muerte», afirma el apóstol Pablo. Esforcémonos para que el mundo pueda recibir este soplo de purificación ambiental por medio de nosotros; para que pueda ser un poquitín mejor, un lugar más agradable y más sano, como resultado de haber pasado nosotros por él, como decía aquel anciano cuáquero. Que podamos marchar, todos nosotros, con satisfacción recordando lo que dejamos atrás sembrado; pero, sobre todo, que podamos llevar con nosotros la pureza de Cristo que nos ha sido aplicada, y también el deseo y propósito de continuar sirviendo a nuestro Redentor con igual empeño allá como hemos empezado a servirle aquí; pues allá será sólo olor de amor, de gozo y de gratitud lo que desprenderemos al contar y referir a los habitantes de las estrellas que nosotros éramos pobres pecadores en un mundo infectado por el pecado, pero que cuando descubrimos un día lo que Cristo nos amaba y lo que había hecho por nosotros empezamos a amarle, a adorarle y a hablar de Él a los que nos rodeaban y, aunque muchos no querían oírnos, nosotros persistíamos en hablar de Él, en glorificarle, dijeran lo que dijeran; aunque se burlaran de nosotros. Esto diremos a los ángeles; añadiendo con la mayor satisfacción y gozo que, por la misma razón de nuestra ferviente e inextinguible gratitud, estamos dispuestos a servirle y a glorificarle en las regiones celestiales, hablando de su gracia y enalteciendo su bondad y amor por los siglos de los siglos; ya que en ello consistirá nuestro principal gozo por toda la eternidad.

CONCLUSIÓN: y cada vez que volvamos a la nueva Tierra purificada ya del pecado, o que la contemplemos como una lejana estrella, será para recordar y decir a los seres celestiales: «¡Allí, allí, en aquel pequeño pero brillante planeta (pues, sin duda, que será más brillante cuando haya sido renovado por el poder de Dios), allí es donde tuvo lugar la maravilla del Universo y de los siglos: la encarnación, muerte y resurrección del Todopoderoso Autor de todas las cosas, del Hijo eterno de Dios, «que me amó y se entregó a Sí mismo por mí!».

821. *EL SACERDOCIO DE CRISTO Y EL NUESTRO (Hebreos 7:21-28; 1 Pedro 2:9-12)*

INTRODUCCIÓN: desde que el hombre quedó separado de Dios por causa del pecado se sintió la necesidad de sacerdotes. Para entender mejor la idea conviene preguntarse: ¿Qué es un sacerdote? La palabra original griega es «kiereus» (heredero escogido en favor de sus hermanos) esto es un hombre que estando un peldaño más arriba pueda dar la mano y ayudar a subir a otros. Al principio de la raza el más anciano de la tribu era el sacerdote que ofrecía los sacrificios simbólicos a Dios (ej.: Noé, Abraham, Job, etc.). Un hombre de cierta edad, si mantiene sus fuerzas e inteligencia lúcidas, posee además aquello de lo que carecen los jóvenes: la experiencia. Cuando los israelitas fueron esclavos de Egipto, se mantuvo el sistema patriarcal (clandestino). Las declaraciones de Faraón muestran esta controversia religiosa y también el hecho de que Moisés, a pesar de haber sido educado en toda la ciencia de los egipcios, mantuviera la idea de resurrección revelada –creo yo– a Adán, y no la de reencarnación propugnada por la cultura del país. Cuando pudieron salir de Egipto volvieron a la idea patriarcal, pero pronto se hizo necesario otro sistema. ¿Qué conocimiento de Dios podía tener cada anciano de las doce tribus, llamados «los ancianos del pueblo»?, si el sacerdote tenía que ser...

1. El sacerdote hebreo:

a) Maestro de las gentes: consultando el Urim y Tumim.

b) Juez-médico: en cuanto a los males del cuerpo y del alma.

c) Predicador: en tal sentido, los envió Josafat por los pueblos de Israel, pero sobre todo tenía que ser.

d) Sacrificador: especialmente consagrado a Dios. Para esto debían ser hombres sin tacha física y dotados de buen criterio Para esto fueron escogidos Aarón y sus descendientes, pero había dos graves inconvenientes...

–No eran infalibles (ej.: los hijos de Aarón y más tarde los de Elí mostraron su caída condición).

–Como humanos no podían permanecer y no podían compadecer ni entender las debilidades humanas, sólo hubo uno que Hebreos nos lo pone como emblema del verdadero sacerdote que tenía que venir, Melquisedec, por esto algunos han creído si no sería un interplanetario venido de otro mundo, pero más bien era un anciano de la descendencia de Set que había conservado la fe antigua, esto es lo que expresa el texto de Ro. 1:21- 25 y como emblema del verdadero sacerdote que vendría del Cielo era un rey de Salem, tan superior a Abraham que éste le ofreció los diezmos, pero si era un ser humano tendría que morir.

Ha habido teólogos que opinaron que era el mismo rey Verbo de Dios, pero es inimaginable que en los días de Abraham Jesucristo fuera rey de una ciudad cananea; además, en He. 7 habla de otro venido del Cielo que no era de la tribu de Leví, como los hijos de Aarón (He. 7:11- 16), hecho semejante al Hijo de Dios; por lo tanto, no era Melquisedec ninguna teofanía del Hijo de Dios.

2. El sacerdocio de Cristo: Él pudo decir «¿Quién me redarguye de pecado?». Y en cuanto fue tentado aunque sin pecado, puede compadecerse de los que son tentados (He. 4:15).

a) Permanente: la muerte no podía nada con Él. Murió, pero resucitó.

b) Sacerdote y víctima a la vez: ¡Cuánto más costoso que el sacerdocio que los antiguos que ofrecían animales! Él se ofreció a sí mismo. ¿Quién hubiese querido ser sacerdote en tales condiciones?

c) Eterno: se ha identificado con los suyos por la eternidad. Podía decir a Marta: «Yo soy la resurrección y la vida» (Jn. 11:25). Éste es el sacerdote que nos convenía (He. 7:26- 28).

3. Nuestro sacerdocio: pero ¿termina todo aquí? ¿Para qué se hizo sacerdote y víctima? Para crear una raza de sacerdotes ¿Para qué se sacrifican los padres? Para multiplicarse en los hijos. Jesús declaró «Yo soy la luz del mundo» y añadió «vosotros sois luz del mundo». El apóstol Pedro dice: «Vosotros sois real sacerdocio». ¿Cuándo y cómo? Pedro no dice «vosotros pastores, sois real sacerdocio, gente santa, pueblo adquirido» El gran apóstol se dirige a todos los pastores al final de su epístola. Cita a los pastores como instructores para apacentar el rebaño del Señor. En cambio, al decir: «Los pastores que están entre vosotros» demuestra que el «vosotros» del cap. 2 y el del cap. 5 son idénticos. Todos estamos incluidos en este deber y privilegio. A esta doctrina peculiar de la reforma se le llama «el sacerdocio universal de los creyentes». La iglesia romana convirtió durante siglos el pastorado en un sacerdocio, pero éste no era el plan de Dios *(anécdota: la señora Marieta, de una familia católica, fue visitada por un sacerdote para confesarla; ésta le dijo: «Enséñame las manos»; y añadió: «Mi sacerdote tiene las manos horadadas»).*

Todos debemos vivir como sacerdotes en santidad, en sacrificio y esfuerzo en favor de los demás; no podemos ofrecer un sacrificio redentor en favor de los demás, pero el apóstol Pablo dice en Ro. 12:1 «Ofreced vuestros cuerpos en sacrificio vivo». ¿Por qué? Por un sentimiento de gratitud (1 P. 2:10). «Ya que en otro tiempo no erais pueblo de Dios, no habíais alcanzado misericordia, pero ahora estáis obligados por gratitud, a anunciar las verdades de Aquel que os ha llamado de las tinieblas a su luz admirable». Actuad como extranjeros y peregrinos en este mundo, es decir, como ciudadanos de una patria superior, en un mundo que no tiene idea de semejante patria ni esperanza alguna que exista; hablad y actuad de modo que os vean diferentes, los que les calumniaban hasta el punto de llamarles enemigos del género humano y acusaban de comerse un niño en el rito de la Cena del Señor. Su testimonio como ciudadanos honrados serviría de señal para que el día de la visitación, o sea, el día de la Venida del Señor pudieran decir: «Estos cristianos tenían razón y no los escuchamos». Tal es la misión y responsabilidad de los creyentes verdaderos en todos los siglos, o sea...

a) Nuestro sacerdocio presente: ¿Nos sentimos sacerdotes en favor de la vecina del segundo piso?

b) Nuestro sacerdocio futuro: en la carta a los Ef. 1:11, 12 se nos habla de este sacerdocio para la gloria de Dios –«para los que están en los Cielos»– y en el cap. 3:10 se explica la idea Los ángeles pueden declarar: «Mi rey es justo», pero nosotros hemos de ser testigos del amor de Dios, hablando como pecadores redimidos de quienes. El tuvo misericordia cuando nosotros estábamos todavía muertos en nuestros delitos y pecados». Ningún ángel puede decirlo: «Al que nos amó y nos lavó de nuestros pecados con su sangre». Éste es el canto del Cielo (Ap. 5:9). Éste es el canto de todos los redimidos, pero no creo que tengamos que estar cantándolo siempre literalmente, pero estaremos comunicándolo por los siglos de la eternidad «a principados y potestades en los Cielos»

CONCLUSIÓN: puesto que estamos en esperanza de estas cosas (2 P. 3:14) conviene que sintamos en santas y pías conversaciones. ¡Que Dios nos ayude a considerar nuestra vocación como redimidos herederos y sacerdotes espirituales de Dios en la Tierra y en el Cielo.

822 *FE Y OBEDIENCIA*
(Génesis 4:1-18)

1. Abel se adhirió a las palabras de Dios, y nada más: al traer su ofrenda oraría a Dios con palabras más o menos como éstas: «¡Oh, Dios, soy pecador, he quebrantado tus leyes santas y merezco morir por mis pecados, pero tú diste a mis padres la promesa de uno que vendrá para expiar nuestros pecados, y vengo a adorarte de la manera que Tú has mandado, porque creo en Tu promesa, y confío que se cumplirá! Acepta la vida de este corderito en mi lugar y perdona mis pecados por amor a Aquel que ha de venir» (*véase* Is. 53:5- 6; 2 Co. 5:21; 1 P. 2:24; 1 Jn. 1:7).

2. La fe de Abel para nuestros días: en He. 11:4 leemos que «por la fe Abel ofreció mejor sacrificio que Caín, y aun muerto habla por ella». Quizás, nunca esta frase había tenido el significado y valor que tiene hoy día; refutando a predicadores que se burlan de la idea de que el perdón de los pecados pueda ser obtenido por sustitución, y llaman a todo el plan redentor de Dios que encontramos en la Biblia, desde el Génesis al Apocalipsis: «Religión de matadero». Creen que tenemos que ganar el favor de Dios siendo buenas personas. Ciertamente que tenemos que cambiar de vida y ser buenas personas cuando hemos recibido el perdón y la nueva vida que es en Cristo; pero, como explicaba Lutero, la salvación es por una fe en el plan de Dios, que no podemos sustituir por nuestro propio plan, como hizo Caín.

823. *FE Y OBRAS*
(Romanos 3:19- 31)

INTRODUCCIÓN: desde los días de la Reforma, y podemos bien decir desde Ambrosio y Agustín, existe una disputa en la cristiandad acerca de los dos extremos de este tema: La fe y las obras.

1. Características de toda disputa: sabéis lo que ocurre siempre en una disputa sobre cualquier asunto: Los dos dicen casi lo mismo, pero lo dicen en diferente forma..., se acaloran y cuando llegan al final, una pequeña concesión basta para ponerse de acuerdo. Uno dice:

–Hombre, bueno, si es así...

–¡Claro que es así!

–Sí, pero tú no me lo habías dicho antes; tú decías esto otro...

–No, hombre, no; yo quería decir aquello...

–Que no...

–¡Que sí!

Disputan en realidad no sobre el asunto que ya está aclarado, sino sobre por qué no se han entendido antes.

Esto ocurre sobre la fe y las obras: tanto católicorromanos como evangélicos creemos que somos salvos por la fe conjuntamente con las obras, sólo que la doctrina evangélica de acuerdo con el Nuevo Testamento es: Fe + obras. Y la de los católicos es Obras + fe. Ya veis si es pequeña la diferencia... Teóricamente apenas existe, pero en la práctica nos hallamos muy lejos unos de otros. La diferencia consiste en lo que entendemos unos y otros por fe, y en lo que entendemos por obras.

2. La fe según el Evangelio: Cristo abrió la «Era del Evangelio» predicando: «Arrepentíos y creed el Evangelio» (Mr. 1:14, 15; Mt. 3:17); y ésta fue la actitud de Jesucristo durante toda su vida. En otras palabras: «Reconoceos pecado-

res delante de Dios y aceptad el indulto que yo he venido a traer al mundo de su parte».

a) Y ésta fue su actitud durante todo su ministerio: Cristo predicó la salvación por la fe a Nicodemo de un modo bien claro cuando dijo: «De cierto, de cierto te digo: el que no naciere otra vez, no puede ver el Reino de Dios..., pues de tal manera amó Dios al mundo que dio a su Hijo Unigénito para que todo aquel que crea en Él no se pierda, mas tenga vida eterna» (Jn. 3:16).

b) Pero si miramos el Evangelio en otros momentos de la vida de Jesús, podemos decir que también predicó la salvación por las obras, cuando explicó en el «Sermón del Monte» la vida espiritual que debe practicar un cristiano, y declaró: «Si vuestra justicia no es mayor que la de los escribas y fariseos no entraréis en el Reino de los Cielos» (Mt. 5:20).

3. El largo camino de las obras: un día vino a escuchar a Jesús un joven rico, el cual le preguntó: «¿Qué haré para poseer la vida eterna?». Y la respuesta de Jesús le dirigió a la Ley de Dios (Mt. 18:18-29); pero en el v. 22 del mismo cap., Jesús pone su dedo en la llaga y le muestra al joven rico que no es tan justo y generoso como deberían serlo los hijos del Reino si éstos tuvieran que salvarse por el camino largo de las buenas obras.

a) Consideremos que Jesús le dijo: «No estás lejos del Reino de Dios»; pues se había esforzado, quizá como ningún otro en su tiempo, para practicar el amor y la justicia, pero no podía llegar por sí solo por el camino de las obras, necesitaba la fe, y la fe práctica, que en su caso era abandonar lo que tenía y seguir a Jesús. En Mt. 7:13, 14 Jesús presenta la ilustración de dos caminos, uno ancho y largo por el cual andan muchos con el propósito de obtener la vida eterna y otro corto y estrecho, y son pocos los que lo hallan. Es un verdadero hallazgo el encontrar este camino, pero toda la enseñanza posterior del Señor Jesús nos inclina a pensar que Él es como el Buen Pastor que va detrás de las ovejas perdidas y al hallarlas las pone sobre su hombro y se goza diciendo a sus amigos los ángeles: «Dadme el parabién, porque he hallado la oveja que se había perdido» (Lc. 15:6).

b) Los judíos tenían un concepto diferente y elemental de las obras ordenadas por Dios mismo en el A.T., como figura de Aquel que tenía que venir y dar su vida en expiación por el pecado: consistía en circuncidar a los hijos del pueblo escogido, sacrificar corderos, no comer ciertas clases de carne, lavarse las manos antes de comer, pagar los diezmos al templo, recitar salmos de memoria y ayunar según las prescripciones de los rabinos de cada época. Pero el apóstol Pablo declara enfáticamente: «Vacíos sois de Cristo los que por la ley os justificáis, de la gracia habéis caído (Gá. 5:4).

4. Obras innecesarias: las obras de los cristianos llamados católicos consisten más bien en prácticas mecánicas aún menos significativas que las de los judíos, como pasar el rosario con un cordón de bolitas en la mano que sirve para contar las veces que se ha recitado el «Padrenuestro» y los «Ave-María», asistir a sus iglesias, comulgar sin poner mucha atención al significado de la comunión -que representa la muerte expiatoria del Salvador- y llevar a cabo otras prácticas generadas de las costumbres de sus antepasados, entre las cuales hay ciertamente algunas de útiles como visitar enfermos, ayunar y dar para el sostén de los pobres y los gastos del culto... Son tantas las prácticas prescritas por hombres eminentes del pasado, que muchos católicos las llaman propias para «practicantes», pero ellos prefieren llamarse católicos profesantes tan sólo.

5. La fe eficaz para católicos y protestantes: existe sin duda fe eficaz en algunos católicos que no se satisfacen con estas prácticas externas y rutinarias que se repiten domingo tras domingo y buscan, en la edad presente, cuando las autoridades de su iglesia se han dado cuenta del contrasentido de prohibir el estudio directo de las Sagradas Escrituras con el momento de la fe, suelen reunirse en comunidades de base para estudiar el N.T., donde se encuentra la base de la fe cristiana, que es una fe personal en Cristo como único y suficiente Salvador, y una más estrecha relación de fe por medio de la oración. Debemos orar en favor de estos creyentes católicos en la presente edad del ecumenismo.

6. La fe de los cristianos evangélicos: pero dejemos de mirar la casa ajena y miremos la nuestra. Al hijo pródigo de la parábola el padre le perdonó sin exigirle nada: al ladrón moribundo

de la cruz Jesús le prometió el Cielo, por una fe demostrada con una sola obra, pero es porque no podía hacer otra el infeliz, sus manos estaban clavadas así como sus pies: pero escucha, querido hermano en Cristo, ¿cuánto duró la vida del ladrón? ¿Qué es lo que él hubiera hecho si se hubiera podido librar de aquel suplicio y entrar en la vida de amor y gratitud a su Salvador? Quien piensa salvarse por una fe sin obras está equivocado; será una fe intelectual, un conocimiento del Evangelio y sus hechos, aprendidos en una iglesia protestante o católica, pero «examinaos –dice el apóstol a los que se preparaban para tomar la comunión– si estáis en fe». «¿Cómo conoceré si estoy en fe?», dirá quizás alguno de los presentes que venís a participar de la comunión...

a) ¿Amas a Cristo? ¿Estás dispuesto a hacer las cosas que le son agradables, a vivir en su espíritu de amor y perdón al prójimo que te ha ofendido? Hemos rechazado las buenas obras inútiles inventadas por los hombres, pero hay otras que no las podemos rechazar, porque proceden de Jesucristo, a quien reconocemos como divino Redentor y Señor.

b) En muchos lugares de las epístolas de Pablo los creyentes somos presentados como perfectos en Cristo, y es esta perfección de Cristo aplicada a nuestro favor que nos da entrada a la gracia de Dios, pero en otros lugares el mismo apóstol Pablo declara que «somos salvos por la fe, no por obras, para que nadie se gloríe» (Ef. 2:9, 10); y la expresión «creados en Cristo Jesús para buenas obras» pone sobre nosotros una gran responsabilidad.

c) La fe es la aplicación por la gracia de Dios de la obra de Jesucristo a nuestro favor, pero las obras pueden hacer variar mucho nuestra posición en la eternidad, por esto Jesús mismo exhorta: «Haceos tesoros en los Cielos, donde ni la polilla ni el orín corrompen», y el apóstol Pedro nos exhorta: «Haciendo estas cosas no caeréis jamás, porque de esta manera os será otorgada amplia entrada en el Reino eterno de nuestro Señor y Salvador Jesucristo» (2 P. 1:11). La entrada a la Casa del Padre nos es otorgada de gracia por la fe, pero la abundancia mayor o menor de nuestras obras pueden hacer más o menos abundante nuestra entrada en el Reino eterno.

CONCLUSIÓN: la fe del cristianismo evangélico es «una fe más obras», tal como leemos en Ef. 2:1-10. Que Dios nos ayude a realizarlo según su propósito, no tan sólo cuando venimos a participar de la Mesa del Señor, sino en todos los actos de nuestra vida a fin de entrar en la Casa del Padre con las velas desplegadas, como lo expresa el apóstol Pedro: «Por lo cual, hermanos, sed tanto más diligentes en afianzar vuestro llamamiento y vuestra elección, porque haciendo estas cosas no caeréis jamás...), de esta manera os será otorgada una triunfal entrada en el Reino eterno de nuestro Señor y Salvador Jesucristo» (2 P. 1:10, 11). Amén.

824. *INDULTO COMPLETO*
(Romanos 8:1-18)

INTRODUCCIÓN: es un interesante asunto que ha sido el tema de controversia por siglos entre catolicorromanos y evangélicos. ¿Somos salvos de un modo completo por la fe en Cristo, o no? ¿Qué fue lo que hizo Cristo por nosotros? ¿Hasta qué punto nos salvó? ¿Cuál es nuestra esperanza al dejar esta vida, sobre todo si muriéramos de muerte repentina o accidente? Gracias a Dios, la doctrina de la salvación completa obrada por Cristo es bien clara en todo el Nuevo Testamento, y se halla sintetizada en el v. 1. Observemos esta doctrina en la Epístola a los Romanos.

1. Completa condenación del pecador (Ro. 7:18-24): todos tenemos esta doble naturaleza. ¿Quién no ha hecho algo que una hora antes decía que no haría?, y ¿quién no se ha arrepentido de algo una hora después? Puede haber diversos grados de responsabilidad en los habitantes del mundo, que han de ser juzgados según sus obras; pero todos son pecadores y están destituidos de la gloria de Dios. Por eso exclama el apóstol: «¡Miserable hombre de mí, preso del pecado y expuesto a acumular más y más pecados en mi vida, ¿quién me libertará?» El cap. 8 se abre con el anuncio de un gran indulto.

2. Dos teorías de la salvación: los católicos y nosotros convenimos en el valor de la muerte redentora de Cristo para salvar, pero diferimos muchísimo en cuanto a su aplicación...

a) Para los católicos es una salvación incompleta y parcial, que debe ser completada por nuestras buenas obras, las que la Iglesia aplicará a nuestro favor mediante dinero, y si no es suficiente, por una estancia larga en el purgatorio.

b) Para los evangélicos, Cristo salva al aceptarle, sin dejar ni una sombra de pecado que purgar. Al morir vamos directamente al Cielo, como el ladrón atado a la cruz, Esteban o Pablo (Fil. 1:21-23).

3. Ejemplos bíblicos de esta doctrina: Hch. 3:19; Is. 1:18; He. 8:12; Jer. 31:34 («No me acordaré más»). En He. 10:14 declara: «Con una sola ofrenda ha hecho perfectos para siempre a los que son santificados». La teoría confirmada por el ministerio de Cristo:

a) La mujer adúltera: «Ve en paz».

b) Zaqueo: «Hoy ha entrado la salvación en esta casa».

c) Al ladrón en la cruz: «Hoy estarás conmigo».

4. La doctrina confirmada en parábolas:

a) La del hijo pródigo. El padre no le manda encerrar por una temporada, sino que hace una fiesta. Podía haber parecido justo, al hermano envidioso, un encierro, pero el padre defiende su actitud generosa.

b) Los dos deudores: «Perdonó la deuda a ambos».

c) Del buen pastor. Tomó la oveja en sus brazos, no la azotó.

5. El testimonio de los verdaderos cristianos:

a) Justino Mártir y el procónsul: «No lo supongo, lo sé, que me llevará a ser honrado y recompensado» (año 130 d.C.).

b) Agustín en su sermón 232: «No os hagáis ilusiones, hermanos míos, pues en la otra vida no hay más que dos lugares, no hay un tercero, y el que no es admitido en el Reino del Señor estará inmediatamente con el diablo».

c) La falta de purgatorio en et Apocalipsis. El Cielo no respiraría gratitud como respira (*véase* Ap. 5:9) si estuviera lleno de almas procedentes de un purgatorio de fuego. En lugar de esto leemos en Ap. 21:6: «Al que tenga sed, yo le daré gratuitamente».

6. La obra de Cristo para el presente:

a) Mientras vivimos estamos expuestos al pecado. ¿No debemos hacer algo para ayudarnos a salvar? (He. 7:25-28).

b) ¿Y qué si pecamos otra vez? El cristiano nunca pecará como antes de ser convertido, porque tiene el Espíritu Santo que le advierte y da una fuerza superior para luchar con éxito. El cristiano nominal puede caer aún más bajo que antes de su profesión (parábola de los siete espíritus [Lc. 11:24]), pero el que tiene el Espíritu Santo nunca se hunde del todo, y es levantado pronto (Ro. 14:4; Jud. 24).

c) La obra de Cristo continúa limpiándole tan pronto como lo pide (1 Jn. 1:6).

d) Si Dios tiene que castigarle lo hace aquí (1 Co. 11:32). Es mil veces preferible, pues siempre es con misericordia (*véase* Sal. 103:10).

7. La gran condición para este gran indulto: «estar en Cristo Jesús». ¿Queremos tener la seguridad de la vida eterna en cualquier momento? Aceptemos a Cristo y vivamos en comunión con Él, o mejor que Él viva en nosotros. Busquemos su presencia cada día por medio de la oración. El apóstol nos dice en Ro. 8:38 que «ni la muerte, ni la vida, ni ángeles, ni potestades, nos podrán separar del amor de Cristo» *(anécdota: la anciana calvinista a quien se intimidó con la idea de que Dios quería condenarla: «Me asiré tan fuertemente del Señor Jesús –dijo–, que Él tendrá que venir conmigo al infierno, y donde Él está, el infierno es Cielo»).*

CONCLUSIÓN: unirse a Cristo es aceptarle con sinceridad como Salvador. Él nos dará su Espíritu, que nos librará o levantará de las mayores caídas hasta que nos lleve con Él al hogar celestial.

825. *SEGURIDAD EN LA CRIBA DEL DIABLO (Lucas 22:25- 62)*

INTRODUCCIÓN: la vida del apóstol Pedro fue un zarandeo continuo desde que él recibió al Maestro Jesús como su Señor y éste le dijo: «Tú eres Simón hijo de Jonás, tú serás llamado Cefas, que quiere decir Pedro o piedra, y sobre

esta piedra (la declaración de fe en su divinidad) edificaré mi Iglesia». Pedro tuvo muchos aciertos cuando reconoció a Jesús como el Hijo del Dios vivo (Mt. 16:22, 23), pero inmediatamente cometió un gran desacierto al tratar de convencer al Señor de aquello que el enemigo estuvo procurando lograr durante todo su ministerio, que no fuera a la muerte de cruz, sino que viviera sobre la Tierra ejerciendo su poder para poner orden en este desquiciado mundo.

1. El mal consejero y el divino abogado frente a frente:

a) Jesucristo, enviado de Dios como redentor de los hombres de todos los siglos, no podía hacer caso de la última sugerencia de Pedro, que era inspirada por Satanás mismo, tal como dijo: «¡Quítate de delante de mí, Satanás! Me eres tropezadero, porque tus sentimientos no son los de Dios, sino los de los hombres».

b) Jesús dijo a sus discípulos: «... si alguno quiere venir en pos de Mí, niéguese a sí mismo, tome su cruz y sígame... Porque todo el que quiera salvar su vida la perderá, y todo el que pierda su vida por causa de mí, la hallará... Porque, ¿qué provecho sacará el hombre que ganare el mundo entero y perdiere su alma?, o ¿qué dará un hombre a causa de su alma?».

2. El misterio de Satanás: ¿Por qué es así? No podemos decirlo, pero que así es lo sabemos con toda seguridad. ¿Por qué Dios permitió que el Maligno se introdujera y que desde entonces asediara a cada alma nacida de mujer desde la edad consciente? Seguramente no lo entenderemos hasta que el misterio nos sea revelado a la luz del Cielo, solamente estamos seguros que al permitir la tentación no es inconsistente con la bondad y poder infinitos de Dios.

3. La tentación prueba el carácter y revela lo que somos:

a) ¿No fue bueno que Pedro conociera su propia debilidad a fin de que llegara a ser el penitente convertido, sabio y prudente autor de las epístolas que llevan su nombre?

b) ¿No fue mejor que Judas cayera en la tentación y fuera separado del cuerpo apostólico antes de que llegaran los días de actividad en Pentecostés cuando se necesitaban hombres realmente espirituales y fieles para la grande obra de dar el Evangelio al mundo?

c) ¿No fue bueno que las piedras fundamentales de la Iglesia fueran todas bien probadas? Es mucho mejor conocer nuestras flaquezas aquí que delante del trono del juicio. Y esto es lo que ocurrió en el caso de Pedro.

Comparemos sus errores en los tiempos cuando era discípulo del Señor con sus epístolas pastorales y observaremos cómo creció el apóstol Pedro, cuando aprendió al lado del mismo Señor y más tarde por la virtud del Espíritu Santo –que estaba en él y le enseñaba cosas aún no descubiertas por los hombres–, tanto como su compañero espiritual, el apóstol Pablo (2 P. 3:15, 16).

CONCLUSIÓN: pero si Satanás tienta como lo intentó tantas veces con el apóstol Pedro, nuestro abogado defiende. En la ocasión que describe nuestro texto, Jesucristo anticipa el hecho de la tentación que han de sufrir, no tan solamente Pedro, sino todos los creyentes de todos los siglos, muchos de los cuales han de serle fieles hasta la muerte y en esta prueba suprema, mientras que a otros les es concedida una larga vida, pero también asediada por tentaciones del enemigo, hasta el mismo momento de su triunfo espiritual por medio de la muerte. En el caso de Pedro aparece la figura del abogado, quien, aunque estaba entonces en su período de «kenosis» por amor a nosotros, sabía que un día estaría glorificado cerca del Padre y tendría potestad para defender de las acusaciones der diablo a miles de seguidores suyos (Mt. 28:18), y éste es el Cristo redentor nuestro que nos defiende y estimula por su Espíritu nuestra fe, siempre vacilante... Y si Él no detiene la tentación, pide al Padre que la fe no nos falte y que no nos abandone hasta sacarnos con éxito de ella, tal como hizo con el apóstol Pedro. Hay un precioso himno clásico que dice así:

«Allá en la gloria delante del gran trono,
Jesús, mi abogado intercede por mí;
mi causa en sus manos, siempre prevalece:
también abogado será Él para ti.

Una morada yo tengo que me aguarda
por Él preparada en la Casa de Dios;
allí no hay más noche, ni llanto ni congoja.
También tú entrarás si de Él vas en pos.

Ven, pues, a Jesús, ven a Cristo, sí;
la misma ventura en Él hay para ti».

826. *¡JUSTO, PERO PERDIDO!* *(Mateo 5:20)*

El texto implica que hay grados de justicia. Implica, además, que uno puede ser «justo» y aun estar perdido. Declara sencillamente que debemos tener más religión y fe verdadera que este grupo de fariseos, o de otro modo no podremos ni aun «entrar» en el Reino. ¿Qué clase de justicia tenían aquellos?

1. Los fariseos tenían «justicia eterna»:

a) Ayunaban dos veces por semana (Lc. 18:12).

b) Daban ofrendas de todo lo que poseían (18:12).

c) Asistían regularmente a la iglesia.

d) Guardaban literalmente la ley.

e) Confiaban en su bondad personal (18:9).

f) Pensaban que eran mejores que los demás (18:9).

g) Oraban mucho (18:11).

2. ¿Qué les faltaba en su «justicia»?

a) Les faltaba humildad para confesar sus pecados (Lc. 18:9, 14).

b) Les faltaba el nuevo nacimiento.

c) Les faltaba la justificación por gracia (18:14).

d) Les faltaba un cambio de corazón.

e) Les hacía falta honestidad para observarse a sí mismos (18:11).

3. Esta falta es decisiva:

a) El Señor Jesús pronunció una maldición sobre ellos.

b) A causa de ello eran una generación perdida.

c) Estaban entre aquellos que crucificarían al Señor.

827. *UN TÍTULO EXAMINADO (Mateo 7:22, 23)*

Grande será la desilusión de aquellos que van al juicio esperando una bienvenida entre los amados de Dios, pero quienes recibirán la sentencia del Juez: «Nunca os conocí; apartaos de mí, hacedores de iniquidad».

1. La razón para el examen:

a) A menudo es difícil distinguir entre el movimiento de los sentimientos animales, y los verdaderos afectos e impulsos religiosos. Las emociones vienen y van, como las olas del mar.

b) Estamos en peligro de ser satisfechos con el nivel existente de religión en la comunidad donde vivimos. El nivel de piedad en la mayoría de los lugares es muy bajo.

c) Un alma engañada es un constante peso muerto para la iglesia

d) El examen que Dios nos haga será muy profundo y concienzudo.

2. Preguntas del examen:

a) ¿Se ha rendido totalmente a Dios, y ha aceptado a Cristo como Salvador y Señor?

b) ¿Ha experimentado el perdón de sus pecados?

c) ¿Ama a su prójimo como a usted mismo?

d) ¿Lee y obedece usted la Palabra de Dios?

e) ¿Ora regularmente, no sólo por usted, sino también por los demás, y por la Iglesia y la venida del Reino de Dios?

f) ¿Lucha contra el pecado?

g) ¿Desea y hace esfuerzos por la salvación de otras personas?

h) ¿Está usted listo y deseoso de obedecer la Palabra de Dios? ¿Tiene un deseo creciente de ser conformado a la imagen de Cristo? ¿Mira al Cielo como su hogar y desea estar allí, o considera que este mundo presente es su hogar?

828. *LA TRIPLE OBRA DE CRISTO (1 Juan 2:1-5)*

1. Expiación pasada: en la Cruz.
2. Abogacía presente: ante el Trono.
3. Advenimiento futuro: en su venida.

829. *PERO VEMOS A JESÚS (Hebreos)*

1. El Señor Jesús quien purgó nuestros pecados (He. 1:3).

2. El Señor Jesús coronado de gloria y honor (He. 2:9).

3. El Señor Jesús, el Autor y Consumador de la fe (He. 12:2).

4. El Señor Jesús fiador de un mejor pacto (He. 7:22).

5. El Señor Jesús hecho Sumo Sacerdote para siempre (He. 6:20).

6. Un Sumo Sacerdote... santo, puro, sin mancha, separado de los pecadores (He. 7:26).

7. Un Sumo Sacerdote misericordioso (He. 2:17).

8. Un gran Sumo Sacerdote que está en los Cielos (He. 4:14)

9. Un Sumo Sacerdote quien está a la diestra de la Majestad en los Cielos (He. 8:1); quien puede salvar hasta lo sumo, viviendo siempre para interceder por los Suyos (He. 7:25). Este Sumo Sacerdote padeció una vez para llevar los pecados de muchos, y aparecerá por segunda vez, sin relación con el pecado (He. 9:28).

CONCLUSIÓN:

«Jesús, el nombre que atesoramos,
nombre más allá de lo que se pueda
expresar,
nombre de alegría, nombre de placer.
Oído y corazón de los que se deleitan en
Él;
nombre dulce más que ninguno,
que nos salva del infierno y del pecar».

830. *EL JUICIO DEL CREYENTE*

«De manera que cada uno de nosotros dará a Dios cuenta de sí» (Ro. 14:12).

«... La obra de cada uno se hará manifiesta; porque el día la declarará, pues por El fuego será revelada; y el fuego mismo probará la calidad de la obra de cada uno» (1 Co. 3:13).

«Todos nosotros debemos comparecer ante el tribunal de Cristo, para que cada uno recoja según lo que haya hecho mientras estaba en el cuerpo, sea bueno o sea malo» (2 Co. 5:10).

Debemos preocupamos seriamente en la manera como andamos en nuestra vida práctica, sabiendo que de todo daremos cuenta al Señor. Todo aquel que dice, «yo soy el que decide», o «hago lo que me place», es un necio. El hecho de que tenemos que dar cuenta de todo a Dios se enfatiza en la Escritura desde el Génesis hasta el Apocalipsis.

1. Su universalidad, «cada uno»: «Porque escrito está: Vivo yo, dice el Señor, que ante mí se doblará toda rodilla, y toda lengua confesará a Dios». (v. 11). Ninguna edad, ningún sexo, ninguna nación, ni dignidad, ni poder, ni posición personal podrá servimos de excusa para no comparecer ante el Señor.

2. Su individualidad, «de sí»; notad el hecho: no dará cuenta de su vecino, sino de sí. Debemos dar cuenta:

a) Por el progreso o el retraso de nuestras vidas. ¿Somos cada vez mejores o cada vez peores?

b) Por el uso que hemos hecho de nosotros mismos. ¿Hemos servido a Dios o a Satanás?

c) Por la forma en que hemos hecho uso de nuestros privilegios. Nadie puede hacer esto por nosotros. Será como si no hubiera habido ningún otro ser en el universo.

3. Su certeza, «dará... cuenta»:

a) El asunto no puede demorarse o evadirse, no hay ninguna excusa ni tampoco nadie que pueda reemplazamos.

b) Cada hijo de hombre, cada posición en la vida deberá rendir sus cuentas ante Dios.

4. Su solemnidad, «a Dios»: se darán cuentas a Cristo (v. 10) el Señor (v. 11) y a Dios (v. 12). Cuán solemne, a É1:

a) Quien sabe todo acerca de nuestras vidas y circunstancias.

b) Quien está profundamente interesado en el hombre.

c) Quien mira lo que está dentro, en el corazón.

d) De quien nada se puede ocultar, pues conoce cada detalle.

5. Su finalidad: no habrá apelación posible de sus decisiones...

a) Para algunos esto significará: Estar para siempre con el Señor, y en eterna gloria.

b) Para otros habrá un castigo eterno; el lago de fuego. No podemos escapar al juicio, pero sí podemos huir del castigo eterno. El infierno es evitable. Por eso, «prepárate para venir al encuentro de tu Dios...»

831. *SORPRESAS EN EL DÍA DEL JUICIO*
(Apocalipsis 20:12)

1. Algunos serán muy sorprendidos:

a) Al comprobar que juicio es una realidad (Lc. 17:26; Mr. 13:3 1).

b) En el momento de la venida de Cristo (2 P. 3:4, 10).

c) Ante la norma por la cual serán juzgados los hombres (Jn. 12:48).

2. Algunas clases distinguidas se llevarán una gran sorpresa:

a) Aquellos que confían en su propia justicia (Ro. 3:23; He. 9:22).

b) Aquellos que confían en el honor o la grandeza terrenal (Lc. 22:26).

c) El profesante mundano (Ef. 5:11).

d) El cristiano humilde: por la grandeza de su recompensa (Mt. 25:34-40).

3. Algunas cosas parecerán diferentes a la luz del juicio:

a) Nuestras pruebas y desilusiones.

b) Oportunidades perdidas.

c) Excusas para descuidar una salvación tan grande.

832. *EL JUICIO FINAL*
(Mateo 7:21-23)

1. Satanás será desatado (Ap. 20:7, 8).

2. Su condena (Ap. 20:10).

3. La última gran rebelión (Ap. 20:9-27).

4. Los cielos y la Tierra desaparecerán (2 P. 3:10).

5. Los muertos serán resucitados (Jn. 5:25-29; Ap. 20:12).

6. El juicio en el Trono (Ap. 20:11; Hch. 17:31).

7. Los libros abiertos (Ap. 20:12; Ro. 2:16; Ap. 3:5).

8. La condenación final (Ap. 20: 15; 21:8; Mr. 9:48).

833. *EL TRIBUNAL DE VALORACIÓN Y EL DE CONDENACIÓN Y CASTIGO (Mateo 11:20-24; 2 Corintios 5:10)*

INTRODUCCIÓN: los dos textos que encabezan este estudio son complementarios el uno del otro. Sabemos que los hombres han de ser juzgados por el propio Hijo de Dios, el Señor Jesucristo (Jn. 5:22-29) y, según puede deducirse de Mateo 10:28, el castigo mayor en el más allá es la pérdida o destrucción de la vida en el infierno. Pero en 2 Co. 5:10 Pablo nos habla de un juicio al que todos los cristianos tenemos que comparecer, incluyéndose él mismo.

1. ¿A qué tribunal se refiere el fiel apóstol? No al tribunal de condenación, pues el apóstol Pablo estaba bien seguro de su salvación eterna y de la de todos aquellos que creen en Jesucristo, como el Señor mismo lo aseguró en Jn. 10:18-29 y el mismo apóstol lo reitera en Ro. 5:1-10.

2. Entonces, ¿cuál es este tribunal al que Pablo dice que han de comparecer todos los cristianos? No ante el Gran Trono Blanco de Ap. 20:11-15, sino al «Bematos tou Christou», usando una palabra bien conocida por sus lectores. El «Bema» de los juegos olímpicos de su tiempo, de la que se deriva «Betamos». Es sin duda a este juicio de valoración que el apóstol se refiere cuando dice en 2 Co. 5:10: «Porque todos nosotros debemos comparecer ante el Tribunal de Cristo, para que cada uno recoja según lo que haya hecho mientras estaba en el cuerpo, sea bueno o malo».

3. No tiene en mente el apóstol el tribunal de condenación, pues él estabaségurísimo de su salvación eterna y de la de todos aquellos que creen en Jesucristo como su Salvador y Señor, según expone en Ro. 5:10.

4. ¿A qué tribunal se refiere, pues, el apóstol en este pasaje? Sin duda a un tribunal de valoración de los hechos realizados durante la vida del creyente. Hay diversas alusiones en el Nuevo Testamento acerca de este tribunal de valoración, tanto en el sentido positivo como en el negativo. En el positivo estas parábolas de Jesús como las de Lucas 16:9-12, Mateo 25:14-29 y Mateo 6:19-21, y en el sentido negativo, o sea de reprensión, hay un ejemplo parabólico muy significativo de parte del apóstol Pablo en Co. 3:8-15, en el que se nos habla de un juicio que destruirá las obras que se hayan hecho para glorificación propia, no para la gloria de Dios.

5. Es necesario observar en este pasaje que lo que se quema o se destruye no es ninguna persona, sino su obra (v. 15). Sólo en el caso de que alguien persevere en pecado hasta el punto de resistir todos los llamamientos divinos que hasta él hayan llegado, perseverando en vivir de tal modo que destruya su propio cuerpo, que es templo del Espíritu Santo, puede llegar al estado que expresa I Jn. 5:16, pero aquí entra la doctrina de la elección y de la fe según Jn. 6:47, ratificada por el mismo apóstol Pablo en Ro. 8:39.

6. Hay un mensaje hiperbólico que aclara el sentido de 2 Co. 5:10, y es la declaración que emplea el apóstol Pablo manifestando su deseo de proceder de un modo correcto en su testimonio y conducta personal en la obra de Dios que tiene encomendada, y es la frase: «No sea que habiendo predicado a otros, yo mismo venga a ser reprobado» (1 Co. 9:27). Esta reprobación (en griego «adokimos») significa «desaprobado», y es simplemente una hipérbole que expresa los más altos propósitos del apóstol de vivir según la voluntad de Dios en cuanto a su propia persona.

7. ¿Cuándo va a tener lugar el juicio de valoración de nuestros hechos? ¿Inmediatamente, cuando él nos llame a su presencia por la muerte, o miles de años después, en su venida? Aun cuando hay muchos textos en el Nuevo Testamento que nos hablan de la recompensa que Jesucristo ha de traer en el tiempo de su aparición en gloria (2 Ti. 4:8), la declaraciones del apóstol Pablo en Filipenses 1:23 y 2 Co. 5:10 nos inclinan a pensar que tras la recepción en el Cielo de todos aquellos que han creído y le han aceptado como el Hijo de Dios y su Salvador personal, ha de tener lugar inmediatamente después de la muerte, algún juicio de valoración, no de condenación o castigo. El apóstol Pedro nos habla en 2 P. 1:11 de «una

amplia entrada en el Reino eterno de nuestro Señor y Salvador Jesucristo». Y el apóstol Pablo nos exhorta, mientras estamos en el cuerpo, a hacer cosas agradables al Señor para continuar haciéndolas cuando estemos fuera del cuerpo (2 Co. 5:8, 9).

CONCLUSIÓN: ¡Bendita esperanza, que ha dado valor para sufrir toda clase de pruebas y angustias a muchos amados hermanos nuestros en los últimos años de su vida, incluyendo a muchos mártires que lo sacrificaron todo, incluso la pérdida de la vida presente (en este aion) por amor a su Salvador a quien fueron a encontrar sin duda en el mismo momento de su muerte! Hallamos una confirmación de esta teoría, además de las palabras ya citadas de nuestro Salvador, en Ap. 14:13: «Oí una voz procedente del cielo que me decía: Escribe: Bienaventurados los muertos que mueren en el Señor de aquí en adelante».

Ciertamente no sería una bienaventuranza el pudrimiento del cuerpo que sigue a la muerte, sino la entrada a la presencia del Señor, en su mismo Reino.

834. *JUSTICIA, CONTINENCIA, JUICIO (Hechos 24:24-27)*

1. Pablo disertó «de justicia, y de la continencia, y del juicio venidero» (Hch. 24:25):

a) La justicia tiene referencia a nuestro deber hacia el prójimo.

b) La continencia trata del deber hacia uno mismo.

c) El juicio venidero: es terrible pensamiento, relaciónase con el deber hacia Dios, de cuyo resultado ninguno escapará.

2. La poderosa disertación de Pablo produjo en el ánimo de Félix un claro concepto de su culpa: no había cumplido con el prójimo; no había cumplido consigo mismo y, sobre todo -escudriñadora verdad-, no había cumplido con Dios. Ésta es la condición del hombre pecador... Félix tembló, pero postergó, y la postergación tiene más víctimas que el ateísmo y el vicio juntos... ¡Mata sus centenares de miles!

3. Delante del pecador están la muerte y la vida; debe escoger:

a) Moisés recomendó: «Escoge la vida» (Dt. 30:19).

b) Josué aconsejó: «Escogeos hoy a quién sirváis» (Jos. 24:15).

c) Elías encareció: «¿Hasta cuándo? Si Jehová es Dios, seguidle» (1 R. 18:21).

d) El Señor Jesús dijo: «Una cosa te falta: vende, ven, y sígueme» (Mr. 10:21).¿Qué harás tú? Sé sabio; no postergues.

835. *LA DISCIPLINA DE DIOS (Hebreos 12:1-15)*

INTRODUCCIÓN: una de las cosas más interesantes de la Sagrada Escritura y en la experiencia humana es la disciplina de Dios. El apóstol Pablo se refiere a este tema en el famoso pasaje de Corintios que trata de la Cena del Señor. Hoy nos referiremos a los seis últimos vs. aclarados y ampliados por He. 12.

1. La disciplina de Dios se basa en su amor: por esto ambos pasajes parten del amor de Dios manifestado en la cruz de Cristo, para entrar en un tema que parece diferente, pero en realidad es una lógica continuación.

a) En 1 Co. 11 es la Cena del Señor: los creyentes corintios habían convertido este rito en una comilona, porque el Señor había celebrado la partición del pan después de la cena Pascual. Entendían que ellos también debían practicar la costumbre judía. Era un literalismo exagerado ateniéndose a la Ley más que a la gracia. Dar al hecho de comer una virtud especial se inició en las mismas iglesias apostólicas, pero no por los apóstoles, sino por los cristianos sencillos e ignorantes. Creían que honraban al Señor enviándole a un estómago lleno de suculentas comidas. Debemos tener en cuenta que salían de un paganismo que honraba a sus dioses como Baco, Venus, Afrodita y centenares de otros con borracheras y banquetes sensuales. Los ricos cristianos traían suculentas viandas y bebidas y se alegraban demasiado. Los pobres se quedaban tristes pensando que no podían horrar al Señor con un suculento banquete. El apóstol explica el verdadero significado añadiendo unas palabras que también pronunció el Señor (1 Co. 11:25, 26), que no aparecen en los Evangelios, pero que el Señor reveló parti-

cularmente a Pablo (v. 13), seguido de su propio comentario (v. 26).

b) En memoria de mí: no repetición incruenta de la muerte de Cristo como interpretó la Iglesia Católicorromana, pues las palabras «anunciáis y proclamáis» aclaran el sentido de la Santa Cena y ello nos lleva a considerar

2. La disciplina de Dios en esta vida: ésta aparece como respuesta al tema. Debemos suponer que los que se reunían para celebrar la Santa Cena en Corinto, creían en Él como su Salvador y Redentor, y creían mostrarse agradecidos cuando se «alegraban» en un banquete de Santa Cena y parece que el Señor había obrado para corregirles mostrándoles su desagrado en sucesos, pues muchos habían estado enfermos y alguno había muerto. Esto había ocurrido antes por otro motivo, con Ananías y Safira (Hch. 5:1-10). Estos sucesos habían sido observados por los dirigentes de aquella iglesia, quienes enviaron a Estefanas, Fortunato y Achaio a explicarles varios sucesos desagradables que ocurrieron en aquella iglesia (1 Co. 4-9), y entre ellos también lo ocurrido en la Santa Cena. El apóstol les explica que el Señor quiere que llevemos al sagrado rito que él mismo instituyó no un estómago bien harto, sino...

3. Un corazón bien dispuesto (1 Co. 11:2-29): la culpa de los castigos de Dios la tenemos muchas veces nosotros mismos, pero no debiéramos entristecemos demasiado. Dios nos castiga porque nos ama, para enseñamos cosas que debemos aprender y que no nos tenga que castigar (v. 31). No siempre las desgracias, enfermedades, pobreza y otros apuros son castigos de Dios. Pueden ser más a menudo pruebas como la de Job y sirven para enriquecernos, no sólo en esta vida, como lo fue en el caso de Job, para testimonio a sus equivocados amigos (Job 42:10-17), y viniendo al comentario de Pablo nos conviene aprender a...

4. Juzgarnos a nosotros mismos (1 Co. 11:31, 32): es una práctica espiritual muy sana y eficaz, pero que nos cuesta bastante...

a) Es más fácil juzgar a los demás: pero, ¿qué nos importa? Él tiene que dar cuenta a su Señor (Ro. 14:4-10). «Júzgate a ti mismo y examínate», esto sí que te será de provecho.

b) En el mismo acto de participar de la Santa Cena: esto es lo más fácil y para muchos puede convertirse en una rutina, pero es insuficiente si éste es el único examen. Fijaos que el apóstol no dice «inmediatamente antes...», no fija el tiempo para el examen, sino que vengan examinados y que vivan en un espíritu de autoexamen.

5. Cómo y de qué debemos examinarnos: ¿Interpreto bien la voluntad del Señor en todo lo que hago? ¿Sobre qué temas debemos practicar este autoexamen?

a) Sobre nuestra fe: ¿Es mi fe sincera? ¿Tengo dudas? Fortifícala con más asidua asistencia a los cultos y con lecturas adecuadas.

b) En nuestro amor: ¿Amo al Señor como se merece? Recordad cómo el Señor examinó a Pedro sobre esta asignatura. ¿Cómo manifiesto a mi Redentor y Rey esta cualidad de mi amor?

c) Nuestro amor al prójimo: ¿Guardo algún rencor con alguien, sea cristiano o no? Recordemos la amonestación del Señor al judío que iba a sacrificar al templo y se acordaba de que tenía algo contra alguien (Mt. 5:21). No se debe inferir de este pasaje ninguna doctrina como la del Purgatorio, sino un examen ante el mismo Señor, ya que el apóstol Pablo se incluye a sí mismo y él era bastante fiel y perfecto, sino una reprensión en nuestro prejuicio (1 Co. 3:14, 15; 9:25-27).

d) Nuestra veracidad: ¿falto a la verdad para salir de apuros? Jesús dijo: «Sea vuestro hablar sí, sí, cuando es sí; y no, no, cuando es no» (Mt. 5:37).

e) Nuestra honradez respecto a nuestros prójimos: ¿Soy justo en la administración del dinero? Muchos cristianos se excusan diciendo: «Todo el mundo lo hace, pero es que todo el mundo no es cristiano». Dios o el diablo con su permiso podría hacer que te ocurriera a ti lo que no ocurre siempre a otros, a fin de perjudicar el Evangelio, o para corregirte.

f) Tu honradez con el Señor: ¿Doy al Señor lo que le corresponde según mis posibilidades, o le doy mucho menos?

Si no nos examinamos a nosotros mismos lo hará Dios ante el tribunal de Cristo, o también en esta vida, como les ocurrió a los corintios que enfermaron y murieron, no porque fueran tan malos que tuvieran que ser condenados, sino porque no debían ser condenados. Dios los castigó aquí porque no quería castigarles allá.

CONCLUSIÓN: Dios castiga muchas veces aquí a los impíos (ej.: Nabucodonosor Belsasar, los dos Herodes) y bendice o castiga a sus más fieles hijos. Pero en medio de la mayor tribulación vendrá un alivio, una bendición, que te hará bien y te hará exclamar: «¡Señor, sí que me amas! No quieres que me desespere». Gracias y ello es porque sus mismos castigos provienen de mi amor (He. 12:6, 7). Adoremos este amor, no le pongamos en situación de tener que evidenciarlo con castigos con castigos, sino con bendiciones. Demos al Señor el gozo de poder bendecirnos y no castigarnos hasta aquel día en que su gozo y el nuestro se vean colmados cuando Él pueda decirnos a cada uno de nosotros: «Bien buen siervo y fiel sobre poco has sido fiel sobre mucho te pondré» (Mt. 25:23).

«Y siempre que Dios hubo sus castigos
opuesto a mi pasión y altivez,
hoy lo comprendo y grato lo proclamo:
¡Jesús las cosas todas hizo bien!»

836. *LA RESPONSABILIDAD PERSONAL (Ezequiel 18:4)*

«He aquí que todas las almas son mías, como el alma del padre, así el alma del hijo es mía; el alma que pecare, ésa morirá» (Ez. 18:4).

INTRODUCCIÓN: el tema de este mensaje es la justicia de Dios. El pueblo de Israel en tiempos de este profeta Ezequiel se hallaba desterrado en Babilonia donde permanecieron 90 años a causa de un error político de sus padres. Recordarán que Jeremías les decía:

–Haced la paz pues los asirios son más fuertes.

Pero los consejeros del rey decían: «No que Egipto los derrotará.

Y Jeremías, humillado por el Espíritu del Señor, les decía:

–No confiéis en esta caña cascada que es Egipto (Is. 36:6).

Los consejeros del rey le consideraron un derrotista y lo metieron en un pozo vacío con barro hasta más arriba de las rodillas. El rey Sedecías era un cobarde que simpatizaba con el profeta, pero se dejaba llevar por su consejo de ministros, cuando vino la derrota que éste había profetizado, trató de escapar, pero le persiguieron con los caballos ligeros de Babilonia lo atraparon y le sacaron los ojos después de haber degollado a sus hijos en su presencia (2 R. 25:7, 8). Habían pasado 50 años y los desterrados continuaban en Babilonia, no estaban como esclavos, pues tenían sus casas y sus huertos que Dios mismo les aconsejó que tomaran por medio del profeta, al que consideraban un pesimista (Jer. 29:28). Pero se encontraban estos descendientes de Israel llenos de añoranza. En Sal. 126 y 137 leemos: «Cuando Jehová hiciere tornar la cautividad seremos como los que sueñan... »; y también: «junto a los ríos de Babilonia nos sentábamos y llorábamos acordándonos de Sión». Estos salmos los escribían los más piadosos pero había millares de remolones que creían en Dios, pero no como una fe triunfante que hallaban en ocasión en su destierro, para acusar a Dios de injusticia. Nuestros padres pecaron, sirviendo a los baales y nosotros sufrimos las consecuencias del destierro: ¿Qué culpa tenemos nosotros?... Todos los que pecaron ya ya son muertos y nosotros continuamos aquí. ¿Qué diremos de esto? ¿Tenían razón? ¿Es Dios injusto? Lo mismo dicen muchos hoy día; vamos pues a estudiar esta historia para tener una respuesta...

1 Los dos planos en que Dios se mueve:

a) El plano físico de la creación que un día llevó a cabo: en el plano físico hay causas inevitables y efectos naturales que surgen, a menos que Dios estuviera haciendo milagros discriminatorios cada día; pero si así fuera, esto quitaría la libertad humana y no permitiría el heroísmo de la fe. Todas las leyes naturales son buenas en un sentido general (ej.: el agua es un tesoro buenísimo para la tierra; la nieve en las montañas es un don de Dios para almacenar el agua helada, pero a veces esta agua helada origina una tormenta y cae en forma de pedrisco que destroza nuestras cosechas... El sol es bastante bueno, pero hay quienes han muerto de una insolación en el desierto. ¿Es malo que el sol dé calor y que existan las cuatro estaciones del año?). Por ley natural, también, los niños nacen en general buenos y sanos, pero también los hay sordos, ciegos, mudos o retrasados mentales. Muchas veces los padres, los abuelos o los bisabuelos tienen la culpa, han sido vicio-

sos y han contraído enfermedades venéreas, entonces las células de sus descendientes no trabajan bien y dicen: «Si hubiese Dios no permitiría estas cosas... ». Los que esto digan, que expliquen cómo se inventaron tantas leyes naturales buenísimas, en un sentido general, si no existe un Dios creador sapientísimo. ¡Nadie estaría, por ejemplo, dispuesto a que el gobierno suprimiera los coches porque cada semana mueren de 100 a 200 personas en las carreteras! Pues lo mismo ocurre con Dios...

b) El plano espiritual que ya se cumple en la providencia, a veces, pero que tiene como principal objetivo el porvenir; a saber, la vida venidera. Si no hubiera otro mundo, estoy de acuerdo que el mundo presente está lleno de injusticias. Tenemos un ejemplo en Hitler, un hombre sin entrañas que, llevado por su megalomanía de dominar el mundo, hizo sufrir durante cuatro años a 6 millones de judíos, a quienes eliminó, y millares de holandeses, franceses, daneses, etc. , incluyendo buenos hijos de Dios como al abuelo de la familia de Corieten-Boom, a quien le arrancaron los dientes a puñetazos en la boca por haber ocultado a judíos en su propia casa. Y Hitler, ¿que? Sí, se suicidó, murió, como todos tenemos que morir, pero murió después de celebrar un banquete con su amante Eva, mientras sonaban los cañones de los aliados, y cuando llegaron encontraron los cadáveres en medio de docenas de botellas de champán, caviar y dulces, mientras que los millares de judíos murieron sufriendo terriblemente en los campos de concentración. «¡Qué injusticia!», diremos; pero el hecho que nos enseña la Biblia desde el principio al fin es que hay otra vida:

–«Acuérdate que tú tuviste tus bienes en la Tierra y Lázaro también males...» (Lc. 16:25).

–«Porque esta leve tribulación momentánea produce en nosotros, cada vez más, un excelente y eterno peso de gloria... No mirando nosotros las cosas que se ven, porque las cosas que se ven son temporales, mas las que no se ven son eternas» (2 Co. 4:15-18).

–«Hermanos, no os sorprendáis del fuego de prueba que os ha sobrevenido, como si alguna cosa extraña os aconteciese, porque el tiempo es venido de que el juicio comience por la Casa de Dios, y si primero comienza por nosotros, ¿cuál será el fin de los que no obedecen el Evangelio de Dios?» (1 P. 4:12-18).

2. A cada uno conforme a sus obras: «todas las almas son mías», dice el profeta Ezequiel inspirado por Dios en nuestro texto clave, y las almas son las que tienen un valor eterno. No pagará uno las culpas de otro; aquí sí que a veces ocurre así, pero allí no: «El alma que pecare, ésa morirá». El juicio será justo, tanto para los impíos como para los creyentes y temerosos de Dios. Hablando de las oportunidades que habían tenido los habitantes de Sodoma de oír las enseñanzas de Dios, Jesús declara: «En el día del juicio será más tolerable el castigo de los de Sodoma que para ti» (Mt. 11:24). Y usando una figura muy propia de su tiempo, explica el Señor Jesús: «El siervo que habiendo conocido la voluntad de su señor no hizo conforme a su voluntad recibirá muchos azotes, mas el que sin conocerla hizo pocas dignas de azotes, será azotado poco; porque a todo aquel que se le haya dado mucho, mucho le será pedido».

CONCLUSIÓN: a veces Dios muestra su justicia en esta misma vida, pues dice el apóstol Pablo a algunos creyentes de Corinto: «Si, pues, nos examinamos a nosotros mismos, cierto no seríamos juzgados, mas siendo juzgados, somos castigados por el Señor, para que no seamos condenados con el mundo»; pero nosotros no podemos ponernos como jueces, ni siquiera ser instrumentos de la justicia de Dios. Babilonia lo fue de Israel, pero después Dios le dijo: «¿Oh Asiria, bastón de mi furor... yo castigaré el fruto de la soberbia del corazón de Asiria y la altivez de sus ojos!» (Is. 10:1); pero continúa: «... te permití castigar a mi pueblo, pero porque lo hiciste sin misericordia, también te castigaré a ti». Cuando veamos algunas de las injusticias de este mundo, dejemos todo el juicio a Dios, quien es bastante justo y tiene muchos martillos y no nos necesita a nosotros. Tengamos, pues, nuestro corazón lleno de amor para amar y perdonar (Mt. 6:12) y dejemos el resto de los que nos parece que van mal, al juicio de Dios, quien juzga justamente, aunque tardare (Hab. 1:2, 3). Él lo hará mucho mejor, ya sea en esta vida o en la venidera, puesto que Él es el autor y juez de todas las almas, como dice nuestro texto.

837. *LA TUMBA DE JESÚS*

«Venid, ved el lugar donde fue puesto el Señor» (Mt. 28:6).

INTRODUCCIÓN: todos los pormenores de la vida de Cristo, por pequeños que sean, son de gran importancia para el cristiano. Dondequiera que contemplemos a nuestro Salvador, es digno de atención: en el pesebre, en la cruz, o coronado en su gloria. Todo el camino que Él recorrió desde el pesebre de Belén hasta la cruz del Calvario, ante nuestros ojos, está pavimentado de gloria, sencillamente porque una vez descansó allí el pie de nuestro Salvador y Redentor. Cuando Él llega al Calvario se aumenta el interés; entonces nuestros mejores y más elevados pensamientos se concentran en él, en la agonía de la cruz; pero ni aun cuando la lucha termina y él entrega el espíritu, nos permite nuestro amor hacia él abandonarlo. Su cuerpo, al ser bajado de la cruz, todavía es amado por nosotros. Con amor nos quedamos junto a su amado cuerpo inmóvil. Por fe José de Arimatea y el tímido Nicodemo ayudados por las santas mujeres quitaron los clavos y bajaron de la cruz su destrozado cuerpo. Los contemplamos envolviendo el cuerpo del Salvador en sábanas limpias y blancas, poniéndole apresuradamente lienzos y especias, y luego depositando su cuerpo en la tumba y retirándose por causa del día de descanso. En esta ocasión iremos a donde fue María aquella mañana del primer día de la semana, cuando al despertar de su sueño antes del alba se levantó para ir temprano al sepulcro de Jesús. Con la ayuda del Espíritu de Dios trataremos, si es posible, de ir como fue ella, aunque no en cuerpo; pero sí en espíritu: Vayamos a la tumba; examinémosla, y quiera Dios que podamos oír la voz de la verdad que sale de la tumba vacía confortándonos e instruyéndonos, de manera que cuando nos retiremos de allí podamos decir: «Esta es la puerta del Cielo»; un lugar sagrado, profundamente solemne y santificado por el cuerpo crucificado de nuestro precioso Salvador...

I. Una invitación

Principiaré invitando a todos los cristianos a que me acompañen a la tumba de Jesús: «Venid, ved el hogar donde fue puesto el Señor». Procuraremos hacer que el lugar sea atractivo, suavemente os tomaré por la mano para llevaros hasta él; y quiera nuestro Maestro hacer que nuestros corazones ardan dentro de nosotros mientras hablamos al ir por el camino...

1. ¡Alejaos, profanos, aquellos cuya vida es risa, insensatez, y diversión! ¡Alejaos, mentes sórdidas y carnales que no tenéis gusto por lo espiritual, ni delicia en lo celestial. No deseamos vuestra compañía, hablamos a los amados de Dios, a los herederos del Cielo, a los santificados, a los redimidos, a los limpios de corazón; y a ellos les decimos: «Venid, ved el lugar donde fue puesto el Señor». Seguramente no necesitaréis que os convenza para mover vuestros pies en dirección al santo sepulcro; pero sí usaremos el mayor poder para llevar vuestro espíritu a aquel lugar. Venid, pues, porque es el santuario de la grandeza, el lugar de descanso de El Hombre, el Restaurador de la raza humana, el Vencedor de la muerte y del infierno. Los hombres viajan millares de kilómetros para contemplar el lugar donde un poeta por primera vez vio la luz del día, hacen largos viajes a las antiguas tumbas de poderosos héroes, o a las tumbas de hombres de renombrada fama; pero, ¿a dónde irán los cristianos para encontrar la tumba de uno tan famoso como lo fue Jesús? Preguntadme cuál fue el hombre más grande que ha vivido, y os diré que el hombre Jesucristo fue ungido «con óleo de alegría más que a sus compañeros» (Sal. 45:7). Si buscáis la cámara venerada como lugar de descanso del genio, venid aquí; si tratáis de adorar en la tumba de la santidad, venid aquí; si habéis de ver el lugar santo donde los huesos más sublimes estuvieron por un poco de tiempo, venid conmigo, cristianos, al sereno huerto, que está junto a los muros de Jerusalén.

2. Venid conmigo, porque es la tumba de vuestro mejor amigo: los judíos dijeron de María: «Va al sepulcro a llorar allí». Vosotros habéis perdido a vuestros amigos, y algunos de vosotros habéis plantado flores en sus tumbas, vais allí a la caída de la tarde y os sentáis en el césped, regándolo con vuestras lágrimas, porque allí está vuestra madre, allí está vuestro padre o vuestra esposa. ¡Oh, con meditación profunda venid conmigo a este oscuro jardín del sepulcro de nuestro Salvador! Venid a la tumba

de vuestro mejor amigo, vuestro hermano, sí, uno que es «más conjunto que el hermano». Venid a la tumba de vuestro parlente más querido, ¡oh cristianos!, porque Jesús es tu marido: «Tu marido es tu Hacedor, Jehová de los ejércitos es su nombre» (Is. 54:5). ¿No os atrae el amor? ¿No os llaman los dulces labios? ¿No es santo el lugar donde uno tan amado durmió, aunque sólo por un momento? Seguramente no necesitáis de la elocuencia; si fuese necesaria, no tengo ninguna. Yo sólo tengo el poder, con acentos anhelantes y sencillos, para repetir las palabras: «Venid, ved el lugar donde fue puesto el Señor». En esta mañana de Pascua id a visitar su sepulcro, porque es el sepulcro de vuestro mejor amigo.

3. Sí, más y más os invito para que hagáis esta peregrinación: venid, porque los ángeles os llaman. Los ángeles dijeron:

–Venid, ved el lugar donde fue puesto el Señor.

La versión siriaca dice: «Venid, ved el lugar donde fue puesto nuestro Señor». Sí, los ángeles se contaban con aquellas pobres mujeres, y usaron un pronombre común:

–Nuestro Jesús es el Señor de los ángeles y de los hombres. Vosotras, débiles mujeres, le habéis llamado «Señor», habéis lavado sus pies, habéis atendido a sus necesidades, habéis estado pendientes de sus labios para oírle sus dulces sentencias; habéis estado a sus pies como en trance, escuchando su poderosa elocuencia; le llamáis Maestro y Señor, y hacéis bien; pero... –dijo el serafín– también es mi Señor.

Inclinando su cabeza, dijo suavemente:

–Venid ved el lugar donde fue puesto nuestro Señor.

¿Temes, cristiano, entrar en aquella tumba? ¿Temes entrar allí cuando el ángel, señalando con su dedo, dijo:

–Venid, vayamos juntos, ángeles y hombres, a ver la cámara real?.

Vosotros sabéis que los ángeles entraron en la tumba del Señor, porque uno estaba sentado a la cabecera y el otro a los pies del sepulcro, en santa meditación. Yo me imagino a aquellos brillantes querubines sentados, hablando el uno con el otro. Tal vez uno de ellos dijo:

–Allí descansaron sus pies.

Y el otro ha de haber agregado:

–Y allí sus manos, y allí su cabeza.

Y en lenguaje celestial han de haber hablado lo referente a las cosas profundas de Dios; entonces, deteniéndose, besaron el suelo pedregoso, que aun para los mismos ángeles era sagrado, no porque allí habían sido redimidos, sino porque allí su Maestro y su Monarca cuyos elevados mandatos estaban obedeciendo, por un momento fue esclavo de la muerte y cautivo de la destrucción. Venid, cristianos, porque los ángeles son los porteros que abrirán la puerta; venid, porque un querubín es vuestro mensajero para introduciros en ese lugar de la muerte. No, no vaciléis en la entrada; que ninguna oscuridad os asuste; la tumba no está húmeda con los vapores de la muerte, ni el aire tiene miasmas contagiosos. Venid, porque es un lugar puro y saludable. No temáis entrar en esa tumba. Yo reconozco que las catacumbas no son los lugares donde a nosotros que estamos llenos de gozo, nos gustaría ir. Allí en esas bóvedas, hay algo triste y ruinoso. Allí hay nocivos olores de corrupción; con frecuencia la pestilencia comienza donde ha estado un cuerpo muerto, pero no temáis, cristianos, porque Cristo no fue dejado en el Hades, ni su cuerpo vio corrupción. Venid, no hay ningún hedor, sino más bien perfume. Venid aquí, y si alguna vez habéis aspirado los vientos de Ceilán o el de los bosques de Arabia, descubriréis que son mucho muy inferiores a esa dulce y santa fragancia dejada por el bendito cuerpo de Jesús; aquel vaso de alabastro que una vez contuvo la divinidad, y por lo mismo fue hecho dulce y precioso. No penséis que encontraréis algo nocivo para vuestros sentidos. Jesús nunca vio corrupción; ni los gusanos devoraron su carne; ni la podredumbre entró jamás a sus huesos; Él «no vio corrupción». Tres días durmió; pero ese tiempo no fue suficiente para entrar en putrefacción: él se levantó pronto, perfecto como cuando entró sin lastimaduras, como si sus miembros hubiesen estado arreglados para el sueño. Venid cristianos, concentrad vuestros pensamientos, reunid todos vuestros poderes; aquí tenéis una dulce invitación, permitidme que vuelva a hacerla. Permitidme conduciros por la mano de la meditación, hermanos míos, permitidme tomaros del brazo de la imaginación, y permitidme que os diga otra vez:

–Venid, ved el lugar donde fue puesto el Señor.

4. Hay todavía una razón más por la cual quiero que visitéis el regio sepulcro: porque es un lugar de quietud. ¡Oh! He anhelado el descanso, porque he oído los rumores de este mundo por largo tiempo, y entonces yo he anhelado...

«Un refugio en un vasto desierto,
Un continuo retiro... infinito...».

Donde poder descansar, donde poder esconderme para siempre. Estoy cansado de esta vida; mi cuerpo está débil, mi alma ansía reposar por un poco de tiempo. Si yo pudiera me quedaría un poco de tiempo a la orilla de algún arroyo, sin más compañeros que las hermosas flores o los sauces que son mecidos por el viento. Si pudiera me reclinaría en la quietud, donde el aire es bálsamo para el cerebro torturado, donde no hay más murmullo que el de las abejas y el de los céfiros, y ningún canto excepto el de la alondra. Si pudiera querría estar en descanso por un momento. He llegado a ser un hombre del mundo; mi cerebro está atormentado y mi alma cansada. ¡Oh, cristiano! ¿Te gustaría estar en calma? ¡Comerciante! ¿Te gustaría descansar de tus labores? ¿Te gustaría estar en calma por un poco de tiempo? Entonces ven aquí. En este agradable huerto lejos de los ruidos de Jerusalén; el ruido y el bullicio de los negocios no os llegarán hasta allí:

–Venid, ved el lugar donde fue puesto el Señor. Es un lugar de dulce reposo, un aposento apartado para vuestra alma, donde podéis sacudir de vuestras ropas el polvo de la tierra y meditar en paz...

II. Se requiere atención

Así, pues, os he hecho la invitación, ahora entraremos en la tumba. Examinémosla con profunda atención, observando cada circunstancia relacionada con ella...

1. Primero, notad que es una tumba costosa: no es ninguna tumba común; no es una excavación hecha por la pala de un pobre, en la cual esconderá los últimos restos de sus miserables y cansados huesos. Es una tumba principesca; fue hecha de mármol, cortada en la ladera del monte. Párate aquí, creyente, y pregunta por qué tuvo Jesús un sepulcro tan costoso. No tenía vestiduras elegantes; usó una túnica sin costuras, tejida desde abajo hasta arriba, sin una sola puntada de bordado. Él no poseía ningún palacio suntuoso, porque no tenía dónde reclinar su cabeza. Sus sandalias no estaban adornadas de oro, ni con brillantes incrustados. Era pobre. ¿Por qué, entonces, yace en una tumba costosa? Por la siguiente razón: Cristo sufrió la deshonra hasta que terminaron sus sufrimientos; el cuerpo de Cristo sufrió grandemente: vergüenza, escupitajos, bofetadas, y reproches, hasta que completó su gran obra; fue pisoteado, fue «despreciado y desechado entre los hombres, varón de dolores, experimentado en quebranto... ». Pero en el momento en que terminó su tarea, Dios dijo:

–Ese cuerpo no será deshonrado más: si es para dormir, que duerma en una tumba honrosa; si es para descansar, que los nobles lo sepulten; que José, el consejero, y Nicodemo el hombre del sanedrín, estén presentes en el sepelio, que el cuerpo sea embalsamado con preciosas especias, que sea sepultado con honores; ha sufrido demasiada vergüenza y reproches y golpes; que ahora sea tratado con respeto.

Cristiano, ¿no comprendes el significado de esto? Jesús, después de que terminó su obra, durmió en una tumba costosa porque en esta ocasión su Padre lo amó y lo honró, puesto que su obra estaba terminada.

2. Pero, aunque era una tumba costosa, era prestada... Veo en la parte superior de ella la siguiente inscripción: «Consagrada para la memoria de la familia de José de Arimatea»; sin embargo, Jesús durmió allí. Sí, fue sepultado en el sepulcro de otro. Él que no tuvo casa propia, y descansó en la habitación de otros hombres; el que vivía de la hospitalidad de sus discípulos; quien pidió prestado un barco para predicar, y no tenía nada en todo el mundo, se vio obligado a tener una tumba por caridad. ¡Ah! ¿No se sentirán animados los pobres? ¿Temen ser sepultados a expensas de sus vecinos? Pero si su pobreza es inevitable, entonces ¿por qué se han de avergonzar, puesto que el mismo Jesús le sepultado en la tumba de otro? ¡Ah!, me habría gustado poseer la tumba de José para que Jesús fuera sepultado en ella. El buen José pensó que la había hecho para sí mismo, y que allí descansarían sus huesos. La había excavado como una bóveda de familia, y he aquí que el Hijo de David la convierte en una de las tumbas de los reyes. ¡Pero no la perdió prestándosela al Señor;

más bien la recibió de nuevo con un rédito precioso! Solamente la prestó tres días, después Cristo renunció a estar en ella; Él no la había mancillado, sino que la había perfumado y santificado, y la había hecho tan santa que sería un honor en el futuro el ser sepultado ahí. Era una tumba prestada. Y, ¿por qué? No quiero en ninguna manera deshonrar a Cristo, pero para mostrar que así como sus pecados eran pecados prestados, así su sepultura fue en un sepulcro prestado. Cristo no tenía ningunas transgresiones propias: llevó las nuestras sobre su cabeza; nunca cometió un mal pero tomó todo mi pecado, y todo el tuyo, si eres creyente. En relación con todo su pueblo, ciertamente llevó sus aflicciones y cargó con sus dolores en su propio cuerpo en el árbol de la cruz; por tanto, así como éstos eran los pecados de otros, de la misma manera descansó en la tumba de otro; así como eran pecados imputados, así la tumba fue suya de manera imputada. No era el sepulcro de él; era el de José.

3. No nos cansemos en esta piadosa investigación; pero con atención fija observemos cada cosa relacionada con este lugar santo: observamos que la tumba estaba abierta en una peña. ¿Por qué? La Roca de la Eternidad fue sepultada en una roca; una roca dentro de otra roca. Pero, ¿por qué? La mayor parte de las personas dicen que así estaba designado, para que se viera claramente que no había ningún camino oculto por medio del cual los discípulos u otros pudieran entrar y robar el cuerpo. Muy posiblemente esta fue la razón; pero, alma mia, ¿puedes encontrar una razón espiritual? El sepulcro de Jesús estaba labrado en la roca. No fue labrado en barro: para que el agua no lo destruyera y se derrumbara. El sepulcro permanece, creo, hasta la fecha de hoy; si no lo está naturalmente, espiritualmente sí. El mismo sepulcro que tomó los pecados de Pablo, tomará mis iniquidades en su seno, porque si alguna vez me quedo sin mis culpas, debe caer la carga de mis hombros en el sepulcro. Estaba cortado en la roca; de manera que si un pecador fue salvo hace mil años, yo también puedo ser salvo, porque es un sepulcro de roca en el cual el pecado fue sepultado, fue un sepulcro de roca marmórea en el que mis crímenes fueron sepultados para siempre, sepultados de manera que nunca resucitarán.

4. Además, observaréis que el sepulcro era uno en el cual ninguno había sido puesto todavía. Cristóbal Ness dice: «Cuando Cristo nació estuvo en la matriz de una virgen, y cuando murió fue colocado en una tumba virgen; durmió donde ningún otro hombre había dormido antes». La razón fue que ninguno pudiera decir que otra persona había resucitado. porque nunca antes había habido allí otro cuerpo; de esta manera un error en cuanto a las personas era imposible. Tampoco podría decirse que alguno de los profetas antiguos había sido sepultado en ese lugar, y que Cristo resucitó porque había tocado los huesos de tal profeta. Recordaréis dónde fue sepultado Eliseo; y cuando estaban sepultando a un hombre, he aquí que el cadáver de éste tocó los huesos del profeta, y aquél resucitó. Cristo no tocó los huesos de ningún profeta, porque ninguno había dormido allí jamás; era una cama nueva donde el Monarca de la Tierra tomó su descanso por tres días y tres noches.

5. Poniendo atención hemos aprendido un poco; pero inclinémonos una vez más antes de salir del sepulcro, y observemos algo más. Vemos el sepulcro, pero, ¿observáis la mortaja, envuelta y puesta en su lugar, y el sudario doblado por separado?

a) ¿Por qué fue envuelta la mortaja? Los judíos dijeron que los ladrones se habían robado el cuerpo; pero si hubiera sido así, seguramente se habrían robado también la mortaja; nunca hubieran pensado en envolvería y colocarla tan cuidadosamente; estarían demasiado apurados para pensar en ello. ¿Por qué fue así entonces? Para manifestarnos que Cristo no había salido de una manera precipitada. Durmió hasta el último momento; después despertó y no salió de prisa. Su pueblo no saldrá precipitadamente, ni de huida, sino que en el momento señalado vendrá a Él. Así que a la hora precisa, en el instante decretado, Jesucristo despertó tranquilamente, se quitó la mortaja, la dejó toda tras él, y salió con su inocencia pura e inmaculada, tal vez para mostrarnos que así como las ropas fueron el producto del pecado, cuando el pecado fue expiado por Cristo, él dejó atrás esas ropas, porque las ropas son el distintivo de la culpa: si no hubiéramos sido culpables, nunca las habríamos necesitado.

b) Luego, según se puede observar, el sudario estaba aparte: la mortaja fue dejada atrás para que las use cada cristiano que se va. El lecho de muerte estaba bien cubierto con las ropas de Cristo; pero el sudario estaba aparte porque el cristiano, cuando muere, no lo necesita; es usado por los dolientes, y sólo por ellos. Nosotros usaremos mortajas, pero no necesitaremos sudarios. Cuando nuestros amigos mueren, el sudario está puesto a un lado para que lo usemos nosotros; pero, ¿nuestros hermanos y hermanas que han ascendido antes que nosotros lo usan? No, porque el Señor Dios ha limpiado toda lágrima de sus ojos.

Estamos ante los cuerpos de los amados que han partido, y humedecemos su rostro con nuestras lágrimas, dejando que las lluvias de nuestra aflicción caigan sobre su cabeza; pero, ¿lloran ellos? ¡Oh, no! Si ellos pudieran hablarnos desde las esferas elevadas nos dirían:

–No lloréis por mí, porque he sido glorificado. La aflicción no es para mí, he dejado atrás el mundo malo, y he entrado en uno mucho mejor.

Ellos no tenían sudario, no lloraron. Es extraño que aquellos que sufren la muerte no lloran; pero aquellos que los ven morir son los que lloran. «Cuando el niño nace, llora mientras los demás sonríen -dicen los árabes- y cuando muere, sonríe mientras los otros lloran». Así sucede con el cristiano. El sudario estaba aparte, porque los cristianos nunca querrán usarlo cuando mueran.

III. La emoción excitada

De esta manera hemos visto con profunda atención el sepulcro, y espero que con algún provecho para nosotros. Pero eso no es todo: yo amo una religión que consiste, en gran parte, de emoción. Si tuviera el poder como el de un gran genio musical, tocaría las cuerdas de vuestros corazones, y producirán una melodía gloriosa de música solemne salida de ellos, porque este lugar al cual os he conducido es profundamente solemne.

1. Primero, os suplico que, con emociones de profunda aflicción, veáis el lugar donde el Señor yace. ¡Oh, ven amado hermano, tu Jesús una vez estuvo allí, Él fue asesinado, alma mía, y tú fuiste el asesino!

«¡Ay, mi pecado, mi cruel pecado!
Su peor tormento fue;
cada crimen mío era un clavo,
Y mi incredulidad la lanza fue.
¡Ay! ¿Y mi Salvador vertió su sangre?
¿Y el Soberano mío así murió... ?».

Yo lo asesiné, esta mano derecha mía tomó la daga que se clavó en su corazón. Mis hechos mataron a Cristo. Yo maté a mi mejor y más amado amigo; yo maté a quien me amó con amor eterno. Vosotros, ojos, ¿por qué rehusáis llorar cuando veis el cuerpo de Jesús desgarrado? ¡Oh, dad salida a vuestra aflicción, cristianos porque tenéis buena razón para hacerlo! Yo creo en lo que dice Hart, que hubo una época en su experiencia cuando pudo simpatizar de tal manera con Cristo, que sintió más aflicción que gozo por la muerte de Cristo. Parecía una cosa muy triste que Jesús tuviera que morir; y con frecuencia me parece que fue un precio demasiado grande para que Jesús con su propia sangre comprara unos gusanos como nosotros. Me parece que lo amo mucho, y que si lo hubiera visto a punto de sufrir, habría sido tan malo como Pedro, y yo le habría dicho:

–Lejos esté de ti, Señor.

Pero entonces Él me habría dicho:

–Apártate de mí, Satanás.

Porque Él no aprueba aquel amor que pudiese evitar que él muriera:

–¿No beberé la copa que mi Padre me ha dado?

Pero creo que si yo lo hubiese visto ascender a la cruz, le habría dicho:

–¡Oh, Jesús, no debes morir; esto no lo permitiré! ¿Comprarás mi vida por un precio tan elevado?

Parece demasiado costoso para Él, que es el Príncipe de la vida y de la gloria, dejar que sus miembros sean torturados en agonía, que las manos misericordiosas sean perforadas por los insensibles clavos; que en las sienes que siempre estaban ungidas de amor se le hinquen crueles espinas. Eso parece demasiado. ¡Oh, cristianos, llorad y dad expresión a vuestro pesar! ¿No es demasiado grande el precio, que vuestro Amado se negara a sí mismo? ¡Oh, yo creo que sí! Si una persona fuera salvada de la muerte por otra, siempre sentiría profunda aflicción porque su libertador había perdido la vida

en ese intento *(anécdota del autor: yo tuve un amigo que al estar parado cerca de un lugar de agua congelada, vio a un niño en ella, y mi amigo brincó sobre el hielo para salvar al niño. Después de asir al niño lo sostuvo en sus manos y gritó:*

–¡Aquí está, aquí está, lo he salvado!

Pero en el momento en que cogieron al niño, él se hundió, y su cuerpo no fue hallado sino algún tiempo después, cuando estaba bien muerto).

¡Oh, así es Jesús! Mi alma estaba ahogándose; desde los altos portales del Cielo Él vio que yo estaba hundiéndome en las profundidades del infierno; y se arrojó...

«Él se hundió bajo su cruel angustia
para salvarme y darme una corona:
cada don que su mano nos concede
le cuesta un gemido de su corazón».

¡Ah, que realmente nosotros sintamos tristeza por nuestro pecado, puesto que él mató a Jesús!

2. Ahora, cristianos, cambiad vuestra atención por un momento: «Venid, ved el lugar donde fue puesto el Señor», venid y ved con gozo y alegría. ¡El ya no está allí! Llorad, cuando veáis la tumba de Cristo; pero regocijaos porque está vacía. Vuestro pecado lo mató; pero su divinidad lo levantó. Vuestra culpabilidad lo asesinó, su rectitud lo restauró. ¡Oh, él rompió las ligaduras de la muerte, él se despojó de la mortaja de la tumba, y salió siendo más que vencedor, triturando bajo sus pies a la muerte! ¡Regocijaos, oh cristianos, porque Cristo no está allí! ¡Ha resucitado! «Venid, ved el lugar donde fue puesto el Señor». Un pensamiento más, y entonces diré algo en relación con las doctrinas que podemos aprender de esta tumba: «Venid, ved el lugar donde fue puesto el Señor», con solemne temor reverente porque vosotros y yo debíamos haber sido puestos allí también.

3. Es una realidad en la cual no pensamos a menudo: que todos moriremos por un poco de tiempo. Yo sé que estoy hecho de polvo, y no de hierro; mis huesos no son de bronce, ni mis músculos de acero, dentro de poco mi cuerpo se desmoronará y volverá a sus elementos naturales. Pero, ¿habéis tratado alguna vez de miraros en el momento en que os estáis disolviendo? Amigos míos, hay algunos de vosotros que raras veces reconocéis la edad que tenéis, y lo cerca que estáis de la muerte. Una manera de recordar nuestra edad, es ver cuánto nos queda. Pensad cuán larga edad es ochenta años y luego ved cuán pocos años están ante vosotros antes de llegar a esa edad. Debemos recordar nuestra fragilidad. A veces he tratado de pensar en el tiempo de mi partida. No sé si moriré de muerte repentina o no, pero le pido a Dios que me permita morir repentinamente porque la muerte repentina es gloria repentina. Quisiera morir de manera repentina en mi púlpito, entregando mi cuerpo y mi comisión, y dejando inmediatamente de trabajar y de vivir aquí. Pero no es mío el escoger. Imaginad que yo estuviese en cama durante semanas, sufriendo dolores y aflicciones y agonía, cuando aquel momento llegue, aquel momento que es demasiado solemne para hablar de él, cuando el espíritu deje el barro, no importa que el médico crea que puede posponerlo por semanas, o años, como decimos que lo hace, aunque en realidad no lo hace, cuando el momento llegue, ¡oh labios, quedad mudos, y no profanéis su solemnidad! Cuando la muerte llegue, como se doblegará el hombre fuerte. Cómo caerá el hombre poderoso. Pueden decir que no morirán, pero no hay esperanza para ellos, deben rendirse: la flecha ha pegado en el blanco *(anécdota del autor: yo conocí un hombre que era muy malvado, y recuerdo haberlo visto pasearse en su cuarto, diciendo:*

–¡Oh, Dios, no moriré, no moriré!

Cuando le suplique que se acostará en su cama, porque estaba muriendo, dijo que no podría morir mientras caminará, y que caminaría hasta que muriera. ¡Ah!, y él expiró en los más tremendos tormentos, gritando:

–¡Oh Dios, no moriré!).

¡Oh, ese momento, ese último momento! Ved cuán pegajoso es el sudor en la frente, cuán resecos están la lengua y los labios. El hombre cierra sus ojos y se duerme, y luego los abre otra vez: y yo imagino que si es cristiano dirá:

«¡Oíd! Susurran los ángeles, y dicen:
Espíritu hermano, ven acá.
¿Qué es esto que me absorbe del todo,
que arroba mi mente, que cautiva mi vista,

que embelesa mi espíritu, que suspende mi aliento?
Dime, alma mía, esto puede ser muerte?».

No sabemos cuándo está muriendo... Un leve suspiro, y el espíritu se aleja. Apenas podemos decir «se ha ido», antes de que el espíritu redimido llegue a sus mansiones cerca del trono. ¡Venid a la tumba de Cristo, porque la bóveda silenciosa pronto será vuestra habitación! ¡Venid al sepulcro de Cristo, porque debéis dormitar allí! Y aun vosotros, pecadores, por un momento os pediré que vengáis también, porque vosotros también debéis morir lo mismo que los demás. Vuestros pecados no pueden rescataros de las fauces de la muerte. Yo os digo, pecadores, quiero que miréis el sepulcro de Cristo, porque cuando muráis os habrá hecho gran bien el pensar en él.

Vosotros habéis oído decir que la reina Isabel dijo que daría un imperio por una sola hora más de vida *(anécdota: el desesperante grito de caballero que estaba a bordo del Ártico cuando estaba hundiéndose, y gritaba a los del bote salvavidas:*

–¡Volved, os daré treinta mil libras esterlinas si volvéis y me lleváis!

¡Ah, pobre hombre, de cuán poco le valía que hubiese tenido treinta mil mundos para poder prolongar su vida...).

«Ojo por ojo, si todo lo que el hombre tiene, lo dará por su vida». Algunos de vosotros que estáis riendo en esta ocasión, que habéis venido a divertiros en este tabernáculo, cuando estéis muriendo oraréis anhelando vida, y gritaréis pidiendo un día más. Pero entonces, los días que habéis desperdiciado pasarán ante vosotros como fantasmas. ¡Oh cómo sacudirán en vuestros ojos su enmarañada cabellera! Entonces os afligiréis y lloraréis porque habéis desperdiciado horas preciosas, las cuales, cuando se han ido se han ido para siempre y no podrán volver ¡Quiera Dios salvaros del remordimiento!

IV. Instrucción impartida

Y ahora, hermanos cristianos: «Venid, ved el lugar donde fue puesto el Señor», para aprender una doctrina o dos. ¿Qué visteis cuando visitasteis el lugar donde fue puesto el Señor? «No está aquí, ha resucitado».

1. La primera cosa que percibiréis si llegáis ante su tumba vacía es su divinidad: los muertos en Cristo resucitarán primero en la resurrección: pero el que se levantará primero es su caudillo, levantándose de manera diferente. Ellos se levantarán por un poder impartido; Él se levantó por su propio poder: Él no podía dormir en la tumba porque era Dios. La muerte no tenía más dominio sobre él. No hay mejor prueba de la divinidad de Cristo que la maravillosa resurrección de él, cuando se levantó de la tumba, por la gloria del Padre. ¡Oh cristiano, tu Jesús es un Dios! Los fuertes hombros que te sostienen son en verdad divinos; y aquí tú tienes la mejor prueba de ello, porque el se levantó de la tumba.

2. Una segunda doctrina que se enseña aquí puede encantarte si el Espíritu Santo la aplica con poder: he aquí su tumba vacía, oh verdadero creyente; ella es una señal de tu perdón, y tu completa absolución. Si Jesús no hubiese pagado la deuda, él nunca se habría levantado de la tumba. Él hubiera permanecido allí hasta este momento si no hubiese cancelado toda la deuda, satisfaciendo la venganza eterna. ¡Oh amados míos! ¿No es este un pensamiento anonadante?

«Consumado es. Consumado es...
¡Oíd lo que exclamó el Señor que puede resucitar!».

Un ángel resplandeciente bajó del Cielo y movió la piedra, pero no lo hubiera hecho si Cristo no hubiese terminado su obra; el ángel habría dejado allí a Cristo y le habría dicho:

–No, no; tú eres el pecador ahora; tú tienes los pecados de todos los tiempos, los tienes sobre tus hombros, y yo no te dejaré libre hasta que hayas pagado hasta el último centavo.

En su liberación veo mi propia culpa perdonada. Como hombre justificado, no tengo ahora ningún pecado contra mí en el libro de Dios. Si yo fuera a revisar el libro eterno de Dios, encontraría cada una de mis deudas canceladas.

3. Aprendemos una doctrina más, y con ella concluiremos: la doctrina de la resurrección... Jesús se levantó, y como el Señor y nuestro Salvador resucitó, también todos sus seguidores deben resucitar. Tengo que morir, este cuerpo ha

de ser pasto de los gusanos; se lo comerán estos pequeños caníbales; será esparcido desde una parte de la Tierra hasta la otra; las partículas que forman este mi cuerpo entrarán en las plantas, de las plantas pasarán a los animales, y de esa manera serán llevadas a reinos distantes; pero, al sonido de la trompeta del arcángel, cada átomo de mi cuerpo encontrará a su compañero, como los huesos que yacen en el valle de la visión aunque separados unos de otros, en el momento que Dios hable, el hueso volverá a unirse con el hueso, la carne seguirá a los huesos; los cuatro vientos del cielo soplarán y el aliento volverá. Así que no importa que yo muera, que me devoren los animales, que el fuego torne este cuerpo en gas y vapor, todas sus partículas serán restauradas; este mismo cuerpo que tengo ahora se levantará de la tumba, glorificado y hecho como el cuerpo de Cristo; sin embargo, es el mismo cuerpo, porque Dios lo ha dicho. Él mismo cuerpo de Cristo resucitó; y lo mismo resucitará el mío. ¡Oh, alma mía! ¿Temes morir? Perderás por un poco de tiempo a tu compañero que es el cuerpo, pero tú volverás a encontrarlo otra vez en el Cielo; el alma y el cuerpo se unirán otra vez ante el trono de Dios...

a) La tumba, ¿qué es? Es el baño en el cual los cristianos ponen la ropa de este cuerpo para que sea lavada y limpiada.

b) La muerte, ¿qué es? Es la sala de espera donde nos vestimos de inmortalidad; es el lugar donde el cuerpo, como Ester, se baña con especias para que esté listo para ir al encuentro de su Señor. La muerte es la puerta de la vida; no temeré morir, porque no será más que el paso de esta vida a una mejor.

CONCLUSIÓN: «Venid, ved el lugar donde fue puesto el Señor». Pasad el resto de este día amados hermanos, meditando sobre este lugar, y con frecuencia id a la tumba de Cristo, a llorar y a regocijaros. Si, tímidos, no tengáis miedo de acercaros, porque no es un pensamiento vano recordar que la timidez sepultó a Cristo. La fe no le habría proporcionado ningún sepelio; la fe lo habría conservado sobre la Tierra, y nunca hubiera permitido que fuera sepultado; por que habría dicho que no tendría caso sepultar a Cristo si iba a resucitar. El temor lo sepultó. Nicodemo, el discípulo que fue a Jesús de noche, y José de Arimatea, secretamente, por temor de los judíos, fueron y lo sepultaron. Por tanto, tímidos, vosotros también podéis ir. Los que están listos para darse por vencidos o tienen temor, deben ir allí con frecuencia. Que sea vuestro lugar predilecto, construid allí un tabernáculo, morad allí. Y con frecuencia decid a vuestro corazón cuando estéis en aflicción: «Venid, ved el lugar donde fue puesto el Señor».

838. *LIBERTAD DE LA TUMBA (Romanos 8:21)*

INTRODUCCIÓN: el anuncio de los ángeles a la mujer que estaba frente al sepulcro fue el más gozoso que jamás se hubiese hecho a una persona. A medida que avanzamos en edad, y puesto que el momento de nuestra partida se aproxima, nuestra madurez nos trae al recuerdo a nuestro Señor en su muerte. Pero Él puso su pie sobre la calavera de la muerte, para que este enemigo fuese conquistado, y desapareciese en nosotros el temor a él.

1. Es natural temer a la muerte. Las tribus paganas tienen verdadero horror a la muerte. No pueden explicarse por qué ha de suceder. No conocen ninguna esperanza más allá de la tumba, y después de todo, ¿qué es la vida sin la esperanza de la eternidad?

2. Si no hubiera resurrección de los muertos, la muerte ciertamente sería un fenómeno horripilante. Si Cristo no hubiera resucitado, tendríamos que enfrentarnos a ello sin ninguna esperanza. Si así fuese, ni aun los que hubieran dormido en Cristo podrían resucitar. ¡Habrían perecido para siempre! ¡Perecer! ¡Qué angustia y desolación sin par expresa este término! ¡Que desolación y desesperanza! ¡Con cuánto temor viviríamos en este mundo, esperando que llegue ese instante fatal!

3. Pero gracias a Dios que Cristo ha resucitado y creemos en la resurrección de los muertos. El cuerpo de aquellos que durmieron en Cristo se reunirá con el alma y será glorificado. Ese cuerpo ha de ser engrandecido y blanqueado en la sangre del Cordero. Si, Cristo ha resucitado. ¡Cómo cambian estas palabras todo el aspecto de la vida humana! No se nos dan vagas esperanzas o débiles analogías, sino que tenemos la promesa firme y permanente,

una esperanza cierta y segura. Mirad a la tumba vacía del Salvador. El ya no está allí, ¡Ha resucitado!

CONCLUSIÓN: aquellos que durmieron en esas tumbas estrechas se levantarán otra vez. No llores, querida hermana viuda, querido padre, amado niño huérfano, porque ellos volverán a vivir. Saldrán de sus tumbas, del poder de la muerte y el Hades. ¡Que grandiosa victoria sobre el último enemigo, la muerte! ¡Que bendita esperanza que puede cambiar todo el sentir de la vida! Caminemos valerosa y felizmente a través del oscuro valle, hacia la puerta de inmortalidad que se abre en los jardines del Cielo y los manantiales de la vida. Ese es el lugar donde el alma es inundada por la bendición de Dios y engrandecida al convertirse en un ser nuevo, celestial. Es allí donde Dios enjugará todas nuestras lágrimas. Esta es la esperanza cristiana, y Cristo es quien nos hace más que vencedores, puesto que no solamente triunfamos sobre nuestro enemigo, sino que aprovechamos los despojos, sacando una bendición de su maldición, y saliendo fuera de su prisión hacia el lugar celestial para recibir nuestra corona. «Se siembra en corrupción, resucitará en incorrupción». Vivamos en amor, en humildad, en Cristo y para Cristo. Esto hará que seamos nobles y felices en esta vida, nos fortalecerá para poder sonreír a la muerte, nos hará vivir nuestros días en la continua luz de estas dos maravillosas verdades cristianas: la resurrección del cuerpo y la inmortalidad del alma.

839. *LA GRAN SEGURIDAD* *(1 Juan 3:2)*

INTRODUCCIÓN: la tumba abierta revelaba más que solamente una tumba abierta. El cristianismo debe de afirmarse, pues, sobre la seguridad de la resurrección.

1. La resurrección autentificada por las profecías del Antiguo Testamento.

2. La resurrección autentificada por el nacimiento de la vida terrenal, los milagros y el ministerio del Señor Jesucristo.

3. La resurrección autentificada por el mandamiento del Señor a los discípulos:

a) Únicamente el Señor resucitado podría haber unido a un grupo de creyentes dispersos, y darles la comisión de ir a dar de comer a Su rebaño.

b) Sólo el Señor resucitado podía dar al alma un ardiente deseo por el servicio.

4. La resurrección autentificada por la promesa del Señor de la vida eterna: «... Porque yo vivo, y vosotros también viviréis». (Jn. 14:19).

a) El testimonio universal de todos los creyentes en el Señor Jesucristo autentifica lo que Él afirma.

b) El peso de la prueba es innegable para todos.

840. *LA PIEDRA QUITADA* *(Mateo 28:2)*

INTRODUCCIÓN: es probable que el Señor Jesucristo haya resucitado en la aurora, y que el ángel descendiera a la salida del sol, cuando las mujeres se acercaron al sepulcro, y hubiese hecho rodar la piedra para mostrarles que el Señor había resucitado.

1. El pecado también fue quitado: antes de la muerte y la resurrección del Señor, la condición del hombre pecador era deplorable.

2. El miedo a la muerte ha sido quitado:

a) Se le teme a la muerte porque lleva a lo desconocido.

b) Goethe, al morir, dijo con voz agitada: «¿Qué es lo que me espera? ¡Oh, está todo muy oscuro, muy oscuro!»

c) Así es la muerte para el incrédulo, tristeza, penumbra, y desesperación: la piedra está en el sepulcro.

d) Las últimas palabras del Obispo de Salisbury (Hamilton) fueron: «¡Oh, que brillante!» y murió con una sonrisa en los labios. La piedra había sido quitada.

3. La miseria de la separación también fue quitada:

a) Que amarga y desesperante debe ser la separación del padre incrédulo de su pequeño hijo, y la del esposo de su amada esposa. No hay ninguna esperanza.

b) A veces me pregunto como un incrédulo puede sobrevivir a la miseria moral de la separación de sus seres queridos.

c) Con la experiencia del cristiano todo es diferente. La partida de sus seres queridos y de el mismo es sólo temporal, la perspectiva de encontrarse otra vez es completamente cierta, la piedra ha sido quitada.

CONCLUSIÓN:

«Gloria sea dada a Ti, querido Salvador resucitado, mi esperanza, quien ha quitado la piedra de mis pecados, y el miedo a la muerte que oprimía mi alma, y me has llenado de esperanza. Después que acabe esta vida tengo la certeza de que me reuniré con todos aquellos seres queridos que son tuyos y que ya han partido a la eternidad».

841. *HABLA LA TUMBA VACÍA* *(Mateo 28:6)*

INTRODUCCIÓN:

–Los sentimientos de los discípulos ante la tumba vacía.

–La tumba vacía es la base para nuestra esperanza hoy.

–Cuando la esperanza parecía enterrada, Dios hizo un milagro.

–Porque Él vive nosotros igualmente viviremos.

1. La tumba vacía: prueba del triunfo de la profecía (Gn. 3:15). Las propias palabras de Cristo a sus discípulos así lo confirman.
2. Habla de la deidad de Cristo:
a) Tanto humano como divino.
b) Podemos ver a Dios a través de Él.

3. Habla de su misión:
a) Conquistador de la muerte.
b) Restaurar la vida a los caídos.

4. Responde al a pregunta de Job: «Si el hombre muere, ¿volverá a vivir?» (Job 14:14).
5. Habla de «la gran mañana» de la resurrección:
a) La aurora de un nuevo día.
b) Los muertos en Cristo resucitarán en primer lugar.
c) Un acontecimiento muy importante.
d) Cristo, el Rey, nuestro Recepcionista.

CONCLUSIÓN: toda esperanza está asegurada gracias a los resultados de la tumba vacía.

842. *ECOS DE LA RESURRECCIÓN* *(Lucas 24:6)*

En ninguna parte los rayos de la luz divina brillan con tanta gloria como sobre el mensaje de resurrección. Es inimitable, incontrovertible, incomparable y del todo indispensable para la fe de los santos. Es capaz de detener una guardia confundida y perpleja, santifica una tumba prestada, y proclama el Evangelio de la gracia.

1. Una predicción señalada:
a) Profetizado por los antiguos (Lc. 24:25).
b) Prefigurado por Jonás (Mt. 12:40).

2. Una prueba positiva:
a) La tumba vacía (Jn. 20:8).
b) Las siguientes Cristofanías (Hch. 1:3).

3. Un poder fenomenal:
a) Poder para rendir Su vida (Jn. 10:18a).
b) Poder para recuperar Su vida (Jn. 10:18b).

4. Una premisa perfecta:
a) Para la validez de la fe (1 Co. 15:17).
b) Para la interpretación del hecho (1 Co. 15:14).

5. Una provisión con propósito:
a) Justificar al pecador (Ro. 4:25).
b) Satisfacer al santo (Jn. 14:19).

6. La imposibilidad de una negación:
a) La prueba es irrefutable (Hch. 24:13).
b) La esperanza es innegable (1 Co. 15:20)

7. Un principio portentoso:
a) El fruto del grano (Jn. 12:24).
b) El cambio del cuerpo (1 Co. 15:37).

8. Una propiciación probada:
a) Resucitado por el Padre (Ro. 1:4).
b) Devuelto a los Cielos (Lc. 24:51).

9. La perspectiva del penitente:

a) Recibido en el Cielo por el Salvador resucitado (Jn. 6:37).

b) Resucitado en semejanza a Cristo (1 Jn. 3:2).

10. Un sacerdocio pendiente:

a) Profetizado en el Antiguo Testamento (Sal. 110:4).

b) Predicado durante el Nuevo Pacto (Mt. 26:28).

11. Una parousía prometida: la resurrección era un requisito para que el Señor pudiese aparecer nuevamente (Ap. 1:18).

843. *BENDICIONES PARA CUANDO CRISTO VENGA (1 Pedro 1:13)*

La gracia de Dios llegó a los hombres cuando el Señor Jesucristo vino por primera vez a este mundo, pero cuando Cristo venga nuevamente a esta Tierra traerá con Él aún más gracia. ¿Cuáles serán entonces, los beneficios que podremos apropiarnos en ese gran día?

1. La resurrección del cuerpo en el caso de los creyentes que hayan muerto, la transfiguración del cuerpo en el caso de los que aún estén vivos, y la transformación de los cuerpos de todos los discípulos de Cristo a la semejanza de Su cuerpo glorificado: un cuerpo vigoroso, hermoso, inmortal, y feliz en todas sus sensaciones.

2. Veremos a Cristo tal como Él es. Las palabras de Pedro describen nuestro estado presente: «A quien amáis sin haberle visto...» (1 P. 1:8).

3. En conexión con este beneficio habrá una justificación o absolución pública, cuando toda duda sea eliminada por un conocimiento perfecto.

4. Juntamente con esta absolución pública tendrá lugar la presentación de los redimidos al Padre, recobrados como verdaderos hijos pródigos, y a su vez, un público reconocimiento de los tal es por parte del Padre.

5. El Señor Jesucristo reconocerá en Su gracia, todos los servicios prestados de los redimidos cuando vivían en la Tierra. ¡Oh queridos hermanos, qué gloria iluminará nuestro rostro cuando oigamos de labios del propio Señor reconocer y recompensar algo que hayamos hecho para El!

6. Tendremos entrada al lugar que nos ha preparado nuestro Señor Jesucristo, provisto de todo aquello que pueda agradarnos y gratificarnos. Permitamos que nuestros ojos descansen sobre cada don de Dios: dones grandes y dones pequeños. Pero sobre todas l as bendiciones que ya tenemos en nuestras manos, miremos las que Él trae en las Suyas. Cuando Él venga, traerá Sus manos llenas de bendiciones para todos nosotros.

844. *VICTORIA POR LA RESURRECCIÓN (Marcos 16)*

He aquí algunas cosas vencidas por la resurrección del Señor:

1. La tumba está vencida (vv. 1-6): «¡No está aquí!» ¿Dónde está, oh sepulcro, tu victoria? A Dios gracias que nos da la victoria por el Señor nuestro Jesucristo (1 Co. 15:55-57). Su resurrección es la garantía de la nuestra. «Porque Yo vivo, y vosotros también viviréis» (Jn. 14:19).

2. El temor vencido (vv. 8-9): «No os asustéis», dijo el ángel. El temor de la muerte y de la tumba (He. 2:14, 15), del juicio y del infierno (1 Jn. 2:28; 4:17, 18), se desvanece ante la fe en el Cristo resucitado. Él torna nuestro temor en confianza.

3. La tristeza vencida (v. 10): los discípulos se hallaban tristes y lloraban. Pero aquel mismo día vieron al Señor resucitado y «se gozaron viendo al Señor» (Jn. 20:20), y así se cumplió la palabra del Señor en Jn. 16:22. El cambió su tristeza en gozo.

4. La terquedad vencida (vv. 11, 13, 14): cuán tercos de corazón eran aquellos hombres que porfiaron en no creer el testimonio de los que habían visto al Señor resucitado (*véase* Lc. 24:25). Sólo Cristo pudo trocar su terquedad en fe invencible.

5. La transgresión vencida (vv. 15, 16): por su muerte y resurrección, el Señor venció el gran obstáculo que separaba al hombre de su Dios, a saber, sus transgresiones. Ahora pudo enviar a sus discípulos a predicar la remisión de pecados y ofrecer la salvación a todo aquel que creyera (Lc. 24:17).

845. *EL PUEBLO DEL PACTO (Deuteronomio 7:6)*

INTRODUCCIÓN: la idea de «pacto» nos sugiere una selección. El término «pacto» se menciona por primera vez en la Biblia en relación con Noé (Gn. 9:9). Es un término revelador de paz y amistad entre dos partes que anhelan un nivel común de gloria. Los dos grandes pactos entre Dios y su pueblo fueron sellados en el monte Calvario. Dios llevó a cabo su pacto con un pueblo: su pueblo fue llamado a una disciplina espiritual.

1. Pueblo de un solo Dios; diferente de los pueblos idólatras, politeístas, supersticiosos, caracterizado por:

a) su unidad espiritual,

b) su destino eterno,

c) su dependencia de un gobierno que es sobrenatural.

2. Un pueblo santo, separado:

a) Para cumplir un destino moral en el mundo.

b) Para ostentar una norma espiritual divina.

c) Para glorificar a su Dios en servicio de humilde devoción.

3. Un pueblo peculiar, propio de Dios:

a) No por ser mejor que otros pueblos, sino por su dependencia de Dios.

b) No por sus virtudes congénitas, sino por la gracia de Dios que los llamó con vocación santa.

4. Para mostrar la constante protección de Dios al mundo.

CONCLUSIÓN:

1. Dios hizo pacto con su pueblo para que fuera diferente.

2. El pacto implica separación y obediencia.

3. El pueblo del pacto es un «tesoro especial» de Dios (Mal. 3:17), y tiene la divina protección.

4. Para que usted sea del «tesoro especial» de Dios tiene que aceptar al Señor Jesús como su Salvador, personal.

846. *LOS SACRIFICIOS DEL NUEVO PACTO (Romanos 12)*

INTRODUCCIÓN: el Antiguo Pacto tenía diversos sacrificios simbólicos que se realizaban poniendo animales como sustitutos o emblemas, pero en el N.T., o Pacto, se dice que aquellos sacrificios no eran sino figura del gran sacrificio del Hijo de Dios en nuestro favor, ya que el velo del Templo quedó roto en el momento en que Cristo murió sobre la cruz y su sangre nos limpia de todo pecado (1 Jn. 1:7). Gracias a Dios por este sublime medio, para nosotros mucho más fácil y seguro. Sin embargo, el apóstol Pablo, antiguo fariseo y acérrimo cumplidor de la ley, nos habla de sacrificios en los cuales no hay sustituto animal, pues esto era tan sólo la sombra de lo que había de venir, sino que es llevado a cabo por el propio operante, no para expiar sus pecados –ya que ello fue efectuado por su Salvador en la cruz– sino para mostrar su agradecimiento. Como el ser humano es un conjunto de dos elementos, el cuerpo y el espíritu, el nuevo sacrificio, que equivale al sacrificio de paces del antiguo Pacto, incluye ambos elementos.

1. Sacrificio corporal: el apóstol Pablo, que exhorta a los fieles en este sentido, fue el primero en practicarlo. ¿Cómo? No causándose sufrimientos adrede, como los frailes de la Edad Media, y aun de tiempos posteriores, azotándose o llevando cilicios, sino exponiéndose con valentía a que otros se los causaran. Los sacrificios frailunos no aprovechan a Dios ni a su causa. La ofrenda de Pablo era de servicio activo (2 Co. 4:15; Fil. 2:17; Col. 1:24). La identificación de Cristo con su iglesia es tan estrecha que ha dado lugar, este último texto, a malas interpretaciones por parte de quienes tratan de obrar su salvación mediante buenas obras; pero queda aclarado el sentido con lo que Jesucristo mismo dijo al perseguidor Saulo ¿Por qué me persigues?» Pero cuando Saulo fue convertido dejó de herir a los cristianos; él mismo sufrió heridas, muchas veces de parte de los enemigos. Ha habido muchos que han ofrecido sus cuerpos en este sentido:

a) Los mártires (*véase* He. 11:35-38).

b) Gastándolo en el servicio de Cristo y lo hacía con gozo (Col. 1:24). Era tan grande su amor a Jesucristo que le producía gozo todo lo que tenía que padecer por amor y en provecho del crecimiento del pueblo de Dios.

c) ¿De qué sirve un cuerpo que ha de pudrirse si no es para prepararnos una abundante entrada en el Reino eterno? *(anécdota: la respuesta de Patton a un inglés pesimista que quería disuadirle de ir a las Nuevas Hébridas, diciéndole que se lo comerían los indígenas, a lo que Patton respondió: «Si se me comerán los indígenas o no, no es seguro, lo que es bien seguro es que antes de 50 años el cuerpo de usted y el mío habrán sido pasto de gusanos»).*

¿Qué hacemos de nuestros cuerpos?; ¿para quién vivimos?; ¿para quién los gastamos, para nosotros o para otros? El apóstol tenía experiencia de cristianos que no vivían sino para sí mismos, y por ello sentían un gran gozo cuando encontraba uno como Timoteo (Fil. 2:19-22).

2. Sacrificios espirituales: se ha dicho que el hombre es un ángel puesto en un estuche animal, el dominio puede ser de la bestia o del ángel. Muchos no tienen pensamientos más elevados que los de las bestias: glotonería y sensualismo. Y aun más bajos que las bestias. «Beberé como una bestia», dijo un borracho, a quien un hombre sensato respondió: «No es posible, porque las bestias sólo beben agua». Un pensador decía: «Entre un aviador de guerra y un buey, me inclino por el buey». Pero el cristianismo llama a los hombres a una vida más elevada por medio de la conversión, en virtud de la cual el «yo» malo tiene que ceder, sujetarse, ser ofrecido como una víctima, y el espíritu tiene que obrar como sacerdote, sacrificando las pasiones sobre el altar de la fe (ej.: algún caso de marginados convertidos y restaurados: drogadictos, criminales y borrachos). Esto significa «el sacrificio vivo, santo, agradable a Dios» y Pablo lo explica en el siguiente versículo: «Reformaos por la renovación de vuestra mente». La mente deformada por el pecado tiene que ser restaurada hasta venir a ser conforme a aquella «voluntad de Dios agradable y perfecta» por la que suplicamos en el Padrenuestro. Para esto viene el Espíritu Santo en nuestra ayuda, para iluminar y guiar la conciencia, impulsándonos en los siguientes aspectos:

a) Sacrificio del orgullo (v. 3): es propio de la mente carnal. A Cristo mismo le fue difícil educar a los discípulos sobre este punto. Mucho servicio eficaz ha sido estropeado por el orgullo y las discordias que enciende (v. 16). Las mismas acciones más nobles que el apóstol cita a continuación (v. 7), como enseñar, dar, presidir, pueden ser motivo de orgullo y, por tanto, de pecado.

b) Sacrificio de la pereza (v. 11): proviene del carácter, del sistema nervioso; pero también hay que sacrificarlo, porque el tiempo es un don de Dios y no se puede malgastar. Pablo no podía ser perezoso en aquellas temporadas cuando tenía que predicar y a la vez hacer tiendas.

c) Sacrificio del egoísmo (v. 13): el «yo» carnal nos aconseja dar lo menos posible y molestarnos lo menos posible en favor del prójimo. Hay que sacrificar también este instinto que es de la bestia, no del espíritu *(anécdota: la campesina que dijo al diablo que le reprendía por haber cortado un pedazo demasiado grueso de jamón: «Diablo, si no te callas, voy a darle el jamón entero»).*

Otros han dado su tiempo y su dinero para procurar que nosotros conozcamos el Evangelio. A escatimar nuestras contribuciones a la obra Dios mismo lo llama robarle, en Mal. 3:8.

d) Sacrificio del odio y la venganza (vv. 14, 19, 20): éste es un sacrificio mayor a veces que el de dar dinero, porque implica el sacrificio del «yo», que dice: «No me he de dejar pisotear». Pero no hay tal menoscabo para el que se porta cristianamente, sino mucha gloria a los ojos de Dios, así como a los del mundo, y mucha satisfacción espiritual. La razón de estos deberes es el hecho de que Dios vela por la justicia. Si no hubiera Dios, entonces sí que nosotros deberíamos obrar impetuosamente, de palabra o de obra, pero si creemos en la Providencia, es una insensatez y una falta de confianza en el Juez justo tratar de ser jueces nosotros de nuestros prójimos *(anécdota: el joven que al comunicar a su tío, un piadoso cristiano, que iba a vengarse, le invitó a orar antes de hacerlo, diciendo: «Señor, no te tomes la molestia de juzgar en este asunto, pues mi sobrino se encarga del mismo»).*

CONCLUSIÓN: no basta la parte negativa, o sea, dejar de volver mal por mal, sino que Dios nos quiere llevar a un terreno más elevado, que es volver bien por mal. Éstos son los sacrificios

que Dios pide de nosotros en nuestra era cristiana, el sacrificio de nuestros cuerpos y de nuestras mentes, que muchas veces se dejan llevar por los nervios y hábitos del viejo hombre, calcados del pecado que está en el mundo. ¿Estamos dispuestos a ofrecerlos?

847. *SUPERIORIDAD DEL NUEVO PACTO (Hebreos)*

1. Una revelación mejor (He. 1:1-4).
2. Una esperanza mejor (He. 7-19).
3. Un sacerdocio mejor (He. 7:20-28).
4. Un pacto mejor (He. 8:6).
5. Un ministerio mejor (He. 8:6).
6. Un sacrificio mejor (He. 9:23).
7. Una herencia mejor (He. 10:34).
8. Una patria mejor (He. 11:16).
9. Una resurrección mejor (He. 11:35).

¡Cuán privilegiados somos todos los que conocemos el Evangelio sobre los judíos! Aquellos únicamente lo vislumbraron sin llegar a compren- der claramente los planes de Dios, a pesar de la promesa de Ez. 36:19-28 (*véase* He. 8:6).

848. *LA INMORTALIDAD*
(1 Corintios 15:53)

INTRODUCCIÓN: el término inmortalidad da a entender una vida destinada a durar para siempre, es decir, que no tiene fin. Algunos no creen en ello, pero si solamente tenemos esperanza para esta vida, seremos los seres más miserables (1 Co. 15:59).

1. David creía en la inmortalidad:

a) El niño de David murió (2 S. 12:18).

b) David dijo: «¿Podré yo hacerle volver? Yo voy a el, mas él no volverá a mí. » (2 S. 12:23).

2. Job creía en la inmortalidad:

a) «Si el hombre muere, ¿volverá a vivir? (Job 14:14).

b) «Todos los días de mi milicia esperaré, hasta que venga mi relevo».

c) «Entonces llamarás, y yo te responderé» (Job 14:15).

d) «Y después de deshecha esta mi piel, en mi carne he de ver de nuevo a Dios» (Job 19:26).

3. Otros escritores del Antiguo Testamento creían en la inmortalidad:

a) «Tus muertos vivirán...» (Is. 26:19).

b) «¡Despertad y cantad, moradores del polvo!» (Is. 26: 19) «Y muchos de los que duermen en el polvo de la tierra serán despertados...» (Dn. 12:2). «Los entendidos resplandecerán como el resplandor del firmamento...» (Dn. 12:3).

4. Pabló enseñó acerca de la inmortalidad:

a) Es la victoria sobre la muerte (1 Co. 15:54).

b) En su venida seremos revestidos de inmortalidad (1 Co. 15:51, 52).

c) Los vivos serán cambiados de seres mortales a inmortales.

d) Los muertos de corrupción a inmortalidad

e) La resurrección era la esperanza de Pablo (2 Ti. 4:8).

5. Cristo en la inmortalidad:

a) Él fue mortal.

b) Él se vistió de inmortalidad en su resurrección.

c) El enseñó la inmortalidad para todos los muertos (Jn. 5:28, 29)

CONCLUSIÓN: la inmortalidad es la esperanza del cristiano, y el pavor de los incrédulos.

849. *EL DON DE LA VIDA ETERNA*
(Juan 10:10)

1. La vida eterna es:

a) Un don de Dios (Ro. 6:23).

b) Concedido de gracia (2 Ts. 1:12; Ro. 5:8).

c) Por medio de la fe (Ef. 2:8; Ro. 3:27).

2. Un don ilimitado:

a) Porque Cristo se entregó a si mismo en rescate por todos (1 Ti. 2:6, 4).

b) Él es el Salvador de todos (1 Tim 4:10).

c) Y en Él todos son vivificados (1 Co. 15:22).

d) Porque no quiere que nadie perezca (2 P. 3:9).

3. Accesible a:

a) Todo aquel que quiera (Ap. 22:17).

b) Todo aquel que crea (Jn. 3:15, 16; 6:47).

c) Todo aquel que venga (Jn. 6:37).

850. *PUSO EN ELLOS ETERNIDAD*

«Todo lo hizo hermoso en su tiempo, y ha puesto eternidad en en corazón de ellos, sin que alcance el hombre a entender la obra que ha hecho Dios desde el principio hasta el fin» (Ec. 3:11).

INTRODUCCIÓN: Oremos...

«Bendito Dios y Padre Eterno. ¡Cuán hermosas son las obras de tus Manos! La flora y la fauna muestran tu grandeza y sabiduría. Los planetas, astros, estrellas, satélites y otros cuerpos celestes nos hablan de tu magnificencia. Tú has hecho al hombre y a la mujer de una manera maravillosa. Tú nos circundas con tu amor y cuidado. ¡Señor! Sé en los hogares donde hay luto. Consuela los corazones transidos por el dolor y la tristeza. Bendice a los enfermos, a las viudas, a los huérfanos, a los encarcelados, y a cuantos pasan por necesidades o por pruebas

amargas y difíciles. Y perdona nuestros pecados. Te lo suplicamos en el bendito nombre de Cristo Jesús, nuestro amado Salvador». Amén.

Cuando por primera vez comemos algo que nos resulta delicioso, deseamos saber cuales ingredientes fueron usados en su preparación. En esta ocasión, deseamos pensar en los ingredientes que Dios usó para formar al hombre tal cual él es. En primer lugar, pues...

1. Dios puso en el hombre substancias químicas: los científicos en sus laboratorios han hecho maravillas al usar las sustancias químicas que el hombre ha descubierto. Mas Dios puso las mismas sustancias químicas que se encuentran en cierto tipo de terreno. ¡Que no daría un químico por hacer un cuerpo humano en su laboratorio, usando las mismas sustancias químicas de aquel! Damos gracias a Dios por los químicos que con persistentes esfuerzos científicos han beneficiado a la Humanidad. Ojalá ellos puedan usar los descubrimientos químicos más y más para bien y no para mal de la raza. En segundo lugar, también...

2. Dios puso en el hombre un laboratorio maravilloso:

a) El sistema de la circulación de la sangre es estupendo: el corazón de una de sus cámaras bombea la sangre purificada a través de las arterias; y al mismo tiempo bombea a los pulmones, por la otra cámara, la sangre carente de oxígeno que ha regresado por las venas. En los pulmones se purifica nuevamente para ser bombeada otra vez a las arterias. Y así continúa el proceso casi sin fin.

b) El sistema de asimilación es igualmente sorprendente y hasta misterioso, pues ocurre algo así como una resurrección, ya que parte de los alimentos en última instancia vienen a formar parte de nuestro organismo vivo.

c) Y no menos podríamos decir del intrincado y complejo sistema nervioso, y de los demás órganos y aparatos de nuestro cuerpo, lo cual a veces nos parece imposible entender. Mas hallamos además que...

3. Dios puso en el hombre sentidos:

a) ¿No es cierto que poder oír es una gran bendición? ¡Cómo nos alegramos al oír buena música, o el trinar de las aves, o el mugir del ganado el ruido de la lluvia al caer. la furia de la tempestad, el murmurar del arroyuelo, el canto de una madre, la alabanza religiosa, las palabras de amor... y tantas cosas más.

Dios también nos ha dado la vista, y ¡qué gran pérdida sería para nosotros vivir en las tinieblas de la ceguera! ¡Qué gran dicha es poder ver a nuestros seres amados observar un hermoso atardecer. ver la policromía de las flores, y poder ver el sendero por donde caminamos, poder contemplar el firmamento, las estrellas, todo! La vista es un don realmente inapreciable. ¡Bendito sea Dios, quien nos la dio para nuestra bendición!

b) Algún día sus vidas no estarán limitadas por los defectos del nervio óptico o de la retina, y los ciegos que aceptan a Cristo como su Salvador personal podrán ver la eterna primavera en la gloria con nuestro Dios.

c) Dios también ha dado al hombre el valioso sentido del tacto, el cual nos es tan útil en nuestras actividades diarias.

d) Dios ha puesto en el hombre el sentido del olfato el cual no sólo le permite gozar de la fragancia de las flores o de los nenúfares, sino que le ayuda a saber cuándo está en peligro, por el olor que percibe de algo que se quema o por algo que infecta el aire.

e) Y además Dios puso en el hombre la facultad de distinguir el sabor de lo que se lleva a la boca, para que pueda gozar con tantas cosas agradables que hay en la naturaleza. Pero, a pesar del inmenso valor de los sentidos, lo más distintivo del hombre es que...

4. Dios puso en el hombre raciocinio, emociones y voluntad:

a) El hombre es el único ser terrenal que razona: él es el *Homo Sapiens*. Nosotros simpatizamos con los dementes y otros enfermos que no pueden razonar. Muchos de ellos no pueden pensar seriamente, no reconocen a sus padres, algunos ni saben de qué sexo son. En un mensaje anterior dijimos que Dios no puede condenar ni a las criaturas inocentes e irresponsables, ni a los dementes, ni a los pecadores arrepentidos. Muchas veces el espíritu del hombre se halla limitado por un defecto en la masa encefálica; pero un día ante la presencia de Dios los espíritus de las personas dementes no estarán más limitados por una mente débil o enferma, y entonces podrán razonar y conocer.

Una mente lúcida es un gran tesoro. El hombre tiene libre albedrío, y así puede usar su mente para hacer el bien o para hacer el mal. Muchas veces se ha afirmado que es más peligroso un criminal sabio o inteligente que uno con mentalidad mediocre.

b) Dios puso en el hombre, asimismo, emociones: éstas deben ser cultivadas y dirigidas por nuestra voluntad con la ayuda de Dios. Hay personas fuertemente emotivas que viven en constante peligro de destruir o arruinar su vida por un momento de descuido o arrebato. El gran poeta Edgar Allen Poe en uno de sus libros describe una gigantesca vorágine en las costas de Noruega. Pero, no hay peor vorágine que la del vicio y del pecado, y los que son arrastrados por esta corriente pierden el honor, la virtud, la honestidad, la pureza, la paz de conciencia, el pudor moral y el respeto de sí mismos, y sobre todo la comunión y el compañerismo con Dios.

Dios, al poner en el hombre voluntad o libre albedrío, le ha dado la facultad de escoger lo bueno o lo malo y aun puede así rechazar el perdón, el amor y la misericordia de Dios. Grande es el privilegio de tener libre albedrío; pero también es una tremenda responsabilidad. El libre albedrío es innato en el hombre y la mujer, y por eso nunca nos sentiremos felices cuando vivimos esclavos y oprimidos por algún dictador. La nueva filosofía de «lavar el cerebro» tiene el propósito de despojar de la voluntad propia al cerebro, borrar las características morales, sociales y mentales propias del individuo y procurar poner en el cerebro, pensamientos, emociones y voluntad prefabricados por el Estado o por otro individuo. En otras ocasiones hemos señalado que los malos pensamientos y las perversas emociones sin dominar son como dos caballos brutos desbocados que nos arrastran al precipicio de la condenación eterna. Nuestra voluntad es muy débil para dominar esas emociones y esos pensamientos. Necesitamos, pues, poner las riendas de nuestra vida en las manos de nuestro Dios. Asimismo hallamos que...

5. Dios puso en el hombre una conciencia; Núñez de Arce escribió acerca de la constante vigilancia de la conciencia, con los siguientes elocuentes versos:

«Conciencia nunca dormida,
mudo y pertinaz testigo,
que no dejas sin castigo
ningún crimen en la vida.
La ley calla, el mundo olvida,
mas, ¿quién sacude tu yugo?
Al Sumo Hacedor le plugo
que a solas con el pecado
fueras tú para el culpado,
delator, juez y verdugo».

¡Ah!... ¡la conciencia! Muchas personas quisieran ahogarla, para que no les molestara ya más. Pero, ¿cómo podemos matarla o arrancarla de nuestro ser? Hay quienes piensan que lo han logrado; pero, llega el día, el momento, en que aquella conciencia, aparentemente dormida, destruida o ahogada, nos asedia, nos mortifica y nos sigue a todas partes como siniestra sombra. Mas debemos recordar que el Espíritu de Dios usa nuestra conciencia para convencernos de la gravedad de nuestros pecados y para darnos, luego un sentido de ética y decencia cristianas. La única manera efectiva de acallar la conciencia para que no nos moleste más, es arrepentirnos de nuestros pecados; y, confiando en Cristo, quien murió por nosotros, pedir y recibir el perdón de Dios por fe en Cristo. Ciertamente, hay muchos más ingredientes que Dios puso en el hombre; pero en esta ocasión sólo mencionaremos uno más y es...

6. Dios puso en el hombre eternidad; el versículo leído al comenzar afirma: «Todo lo puedo hermoso en su tiempo; y ha puesto eternidad en el corazón de ellos, sin que alcance el hombre a entender la obra que ha hecho Dios desde el principio hasta el fin; «Verdaderamente, Dios ha hecho todo muy hermoso. ¡Qué bellos son aun los diseños de los copos de nieve! ¡Qué belleza sorprendente se halla en los pétalos de las flores! ¡Cuán delicada es una simple gota de rocío! Cuán sublime y misterioso el centellear de las estrellas en el firmamento infinito! ¡Sí! ¡Todo lo ha hecho hermoso! Sólo Él merece nuestra alabanza y adoración sinceras. Es imposible que nuestra mente finita pueda entender las obras majestuosas de nuestro Hacedor Dios. Con todo, debemos señalar que en el hombre, el cual es la obra suprema de Dios, también Dios puso «eternidad». Cada uno pone algo de su

personalidad en lo que hace. El poeta deja en sus versos algo de lo intangible y valioso de su espíritu y puede hacernos sentir lo que él sintió, puede hacernos ver lo que él vio, y aun amar lo que él amó. El gran predicador Temple, hablando del poeta Blake dijo más o menos estas palabras: «El podía ver un mundo en un grano de arena y el cielo en una flor silvestre; el podía sostener lo infinito en la palma de su mano y a la eternidad en una hora» (p.ej.: la música de Chopin, Mozart o Beethoven lleva el sello indeleble de su autor; Miguel Angel dejó en sus esculturas y lienzos el genio artístico de su espíritu... Y así podemos afirmar que nadie puede escribir como Amado Nervo, Rubén Darío, Alarcón o Cervantes lo hicieron, pues ellos pusieron algo de sí mismos en lo que dijeron).

La belleza la grandeza, el poder y la sabiduría de nuestro Dios se reflejan en todo cuanto ha creado: el hombre es «la corona de su creación», y en él dejó el sello de su eternidad: «ha puesto eternidad en el corazón de ellos, dice el escritor bíblico.

CONCLUSIÓN: Y Dios desea aún poner otros «ingredientes» de los cuales el hombre y la mujer carecen por causa de sus pecados. Dios puso en el hombre, hemos dicho sustancias químicas; puso en su cuerpo un intrincado laboratorio, sentidos maravillosos, raciocinio, emociones y voluntad; puso en él una conciencia dotada de sensibilidad, y puso en él «eternidad». Además, Dios desea derramar en nuestras vidas Su amor, su perdón. su misericordia, paz de conciencia, limpieza de corazón, seguridad de vida eterna: estos son los «ingredientes» que endulzan la vida y traen la verdadera felicidad al corazón. Dios anhela poner tales dones imprescindibles en nuestras vidas. Pero, cada uno necesita usar su voluntad, confiando en la ayuda divina, para recibirlos y así gustarlos «personalmente». ¿Deseas tú, pues que Dios ponga tales «ingredientes» en tu vida pecadora, impotente y necesitada?... Pues, sólo pide a Dios te dé el perdón de todos tus pecados a través de los méritos de Cristo, en quien debes poner toda tu confianza; y encomiéndale a él el cuidado y dirección de tu vida toda, disponiéndote a obedecer su voluntad y a vivir una vida que muestre realmente que hay un «ingrediente divino» -eternidad- en todo lo que dices y haces, por cuanto hay ahora una «Presencia divina» en el centro de tu vida. ¡No demores: Hazlo ahora! y gozarás de su bendición. Que Dios os bendiga y os guarde: es mi deseo y es mi oración.

OCASIONES ESPECIALES

- Navidad
- Funerales
- Año Nuevo
- Día de la Biblia
- Santa Cena
- Semana Santa
- Presentación de niños
- Bodas
- Ordenaciones
- Bautismos

851. *LA SABIDURÍA DE LOS MAGOS* *(Mateo 2:1)*

La versión inglesa de la Santa Biblia, da a los magos el título de «hombres sabios» *(wise man)* y, realmente lo eran, por estas razones...

1. Creyeron en el mensaje divino: «Vimos su estrella en Oriente y vinimos a adorarle» (Mt. 2:1).
2. Actuaron en la búsqueda del niño: «Viajaron y preguntaron por el niño hasta que lo encontraron».
3. Se gozaron al encuentro del niño Jesús: «Se regocijaron con muy grande gozo».
4. Adoraron solamente al niño: «Y abriendo sus tesoros le ofrecieron oro, incienso y mirra».
5. Olvidaron la senda antigua: «Volvieron a su tierra por otro camino» (conversión).

852. *LOS MAGOS DEL ORIENTE* *(Mateo 2:1, 2)*

La visita de los magos nos hace pensar en los siguientes tópicos...

1. Una mirada interior al método de la revelación divina:

a) Dios adapta Su método a la capacidad mental y a las circunstancias ordinarias de los hombres.

b) Fueron dadas a los judíos las profecías.

c) A los pastores, acostumbrados a las historias de los visitantes angélicos, les fue enviado un ángel.

d) A los astrólogos les apareció un meteoro.

2. Un reconocimiento de la dignidad real de Cristo:

a) «¿Dónde está el que ha nacido rey de los judíos?»

b) «Porque hemos visto su estrella en el oriente, y hemos venido a adorarle».

3. Una indicación de la extensión del Reino de Cristo: en su infancia recibió la adoración de los gentiles (Is. 60:3-6).

4. La recompensa de la fe perseverante: un largo y fatigoso viaje que valió la pena por ver al Señor Jesucristo.

853. *EL MENSAJE DE LA NAVIDAD* *(Lucas 2:8-20)*

El mensaje de la Navidad fue...

1. Misterioso: «Os ha nacido hoy un Salvador que es Cristo el Señor». Misterio, misterio de misterios, misterio inexplicable. El Señor de la gloria nace, nace en un pesebre, despojado de su majestad celeste y envuelto en humildes pañales. Aquel que es la gloria del Cielo y la luz del mundo nace de noche, en tenebrosa gruta.

2. Bueno (Buenas Nuevas): «os doy nuevas». La voz que dio la ley en el Sinaí trajo solamente temor y temblor. La ley era santa, justa y buena, mas no traía ninguna buena nueva para los pecadores... El Evangelio trae buenas nuevas porque proclama el nacimiento del Salvador.

3. Alegre: «Nuevas de gran gozo». Su primera nota: «No temáis». Sí, no temáis la profundidad de vuestra pecaminosidad, ni el número de vuestros pecados, vuestra propia flaqueza, ni los enemigos externos del alma, porque os ha nacido un Salvador. Nosotros nos alegramos en Dios por nuestro Señor Jesucristo.

4. Personal: «Os ha nacido hoy». Los pastores de Belén no podían dejar de creer que ese bendito mensaje de Dios era para todos los que lo oyesen: «Oíd, y vivirá vuestra alma».

5. Universal: «Que sera para todo el pueblo». Cuando nuestro Señor Jesucristo estaba envuelto en pañales, o cuando estaba delante de Pilato, era, a los ojos de los hombres, muy insignificante, comparado con Pilato o con el emperador de Roma. Mas, ¿dónde están ellos hoy? Entre tanto, el mundo es ahora bendecido porque Cristo murió por la humanidad: «Todas las naciones lo llamarán bienaventurado».

«Gloria a Dios en las alturas, y paz y buena voluntad para con los hombres». Tengamos buena voluntad para con los hombres.

854. *LA PRIMERA NAVIDAD* *(Mateo 2:1-12)*

INTRODUCCIÓN: la primera Navidad atrajo hombres sabios, guiados por una estrella, para encontrar y adorar al Rey que estaba recién nacido, a quien ofrecieron ricos presentes...

1. Los sabios (vv. 1, 2):

a) Tradiciones al respecto.

b) Su origen: «Del oriente».

c) Su pregunta: «¿Dónde está el rey que ha nacido a los judíos?».

d) Su visión: «Su estrella hemos visto».

e) Su objeto: «Venimos a adorarlo».

2. La estrella (vv. 2, 10):

a) Era una estrella notable anunciaba a un Rey y confirmó las Escrituras (Mi. 5:2). Produjo una conclusión (vv. 7, 8).

b) Era una estrella guiadora (v. 9).

c) Era una estrella que alegraba (v. 10).

d) Era una estrella particular: «Su estrella» (v. 2) (*véase* Nm. 24:17; 2 P. 1:19; Ap. 22:16).

3. El Rey nacido (vv. 1, 11, 12):

a) El lugar de su nacimiento: Bethlehem, o «Casa de Pan» (Jesús, o pan de vida v. 1) (*véase* Jn. 6:48).

b) Su misión (Mt. 1:21).

c) Su recepción:

–Adorado por los magos (sabios).

–Obsequiado con presentes valiosos y raros.

d) Significados:

–Su protección sobrenatural (v. 12).

–El significado de la Navidad para todos nosotros.

CONCLUSIÓN: la noche del nacimiento de Cristo constituye la historia más hermosa. Fue una noche memorable, de fiesta en el Cielo y en la Tierra. Fue cuando el Hijo de Dios se convirtió en hijo del hombre para que los hijos de los hombres se volviesen hijos de Dios.

855. *LOS ÁNGELES Y LOS PASTORES* *(Lucas 2:1-20)*

1. La proclamación de los ángeles:

a) De valor: «No temáis».

b) De alegría: «Os doy nuevas de gran gozo»

c) De universalidad: «Que será para todo el pueblo».

d) El asunto del mensaje: «Cristo».

e) De salvación: «Un Salvador».

2. Lo que hicieron los pastores:

a) Trabajaban en la noche: eran responsables.

b) Alababan y glorificaban a Dios: eran piadosos.

c) «Fueron apriesa»: estaban entusiasmados y fueron oportunos.

d) Adoraron al niño: eran diligentes.

Los pastores oyeron el mensaje, aceptaron el mensaje y divulgaron la palabra acerca del niño.

856. *NAVIDAD SIN JESÚS* *(Isaías 9:6)*

INTRODUCCIÓN: ya se acercan los gratos días de la Navidad. El ambiente comienza a llenarse de la alegría. Las atractivas vitrinas de los almacenes, con sus adornos, sus muñecas y demás juguetes infantiles, nos están recordando que una nueva Navidad está a nuestras puertas. Mas, ¿celebraremos este año una Navidad sin Jesús? Tal cosa parece extraña; y hay razón, porque, ¿cómo es posible que haya Navidad sin Jesús? Si ella celebra el nacimiento del Hijo de Dios, ¿cómo puede celebrarse la Navidad sin Jesús? Sería un contrasentido, como si en el Cielo no brillaran las estrellas, como si en el jardín no hubiese flores, como ver un cuadro sin paisaje o como si en el rostro de un niño no se dibujara una sonrisa. Y, sin embargo, la triste realidad es que para muchos hay Navidad sin Jesús. Porque tienen quizá de todo; pero no tienen a Jesús. Sólo aprovechan la ocasión para divertirse a su sabor y gusto, y se encuentran muy alejados del que fue el humilde Niño de Belén.

1. La Navidad sin Jesús es la que se celebra sin pensar en los demás: si ahondamos un poco en el significado de la Navidad descubriremos verdades hermosas. La Navidad es algo más que el nacimiento natural y normal del Niño Jesús. Detrás de ese acontecimiento histórico se esconden los propósitos y la voluntad de Dios. La primera Navidad consistió en el regalo que Dios le hizo a la humanidad. Isaías profetizó: «Porque un Hijo nos es dado Hijo nos es nacido». El ángel dijo a los pastores: «No te-

máis, porque he aquí que os doy nuevas de gran gozo, que será para todo el pueblo: que os es nacido hoy en la ciudad de David, un Salvador, que es Cristo el Señor». Aquí tenemos la idea de «dar». Dios es el más grande dador en el universo. Él nos da todo; él nos dio la vida, y en la manifestación cumbre de su amor, se dio a sí mismo por nosotros en la persona de su Hijo Cristo Jesús. Tal fue la actitud de Dios en la primera Navidad. Y esa debe ser también la de nosotros. Los que nos llamamos sus hijos. No pensemos tanto en los regalos que recibiremos, sino en las cosas que podremos dar a los demás. Hay muchas maneras en que podemos ayudar a otros, especialmente durante estos días. Tal es el espíritu cristiano de una verdadera Navidad. No seamos, pues, egoístas. Hay muchísimas personas necesitadas alrededor de nosotros. Tal vez es un vecino que vive en la indigencia; quizás es un familiar muy pobre, sin ropa y sin alimentos; o un amigo lejano que implora nuestro socorro. Cada uno puede hacer algo dentro de sus propias posibilidades. Lo malo es que hay personas a quienes Dios ha bendecido ricamente, y no piensan más que en sí mismas. Pudiendo llevar un rayo de luz y de gozo a los que sufren, no lo hacen, porque son adinerados, mas vacíos de espíritu. Ninguna Navidad podrá ser realmente alegre si no pensamos en los demás. La Biblia nos dice: «Más bienaventurada cosa es dar que recibir». Mostremos, entonces, el espíritu de Cristo; irradiemos en nuestra vida su luz; exhalemos en nuestros actos su aroma.

2. La Navidad sin Jesús es la que se celebra cuando no se tiene verdadero gozo en el corazón: la Navidad es una fiesta de gozo. En el Cielo hubo fiesta cuando el Verbo eterno, quien por obra milagrosa de Dios había encarnado en el vientre virginal de María, nació en la aldea de Belén. Aquella noche de la primera Navidad, los pastores humildes corrieron hasta el pesebre y rindieron gozosos el tributo de su adoración al Dios hecho hombre; los ángeles, mensajeros celestiales, irrumpieron sobre el escenario de la Tierra para inundar la atmósfera con sus melodiosos cánticos, alabando a Dios en las alturas y anunciando la paz y la buena voluntad a los hombres. María y José también sintieron gozo profundo en sus corazones. Pero no hay que confundir el gozo de origen divino con la alegría barata, sensual y efímera, que es lo que muchos buscan durante estos días navideños. Fara esos la Navidad consiste en tomar licor, en bailar, en participar de grandes comilonas, en ir de farra, y cosas semejantes. Mas eso es alegría mundana, la cual está muy lejos de honrar el nombre de Dios. El gozo es uno de los frutos del Espíritu Santo, es una emoción íntima, del espíritu la cual es producida por la experiencia de Dios en la vida y no por los deleites carnales. Nada importaría que no hubiese ropa que estrenar o cena que comer o paseos que realizar, lo importante y esencial es tener el gozo de Cristo en el alma. Por supuesto esas otras cosas legítimamente obtenidas y circunspectamente realizadas, son buenas, y ojalá que todos pudieran tenerlas; pero debe haber gozo en el corazón antes que todo lo demás. Y debemos gozarnos porque Dios, al vernos perdidos en nuestros delitos y pecados, pensó en nosotros y nos envió a su Hijo para que él por medio de su muerte y de su resurrección nos perdonara y nos abriera las puertas del Cielo.

3. La Navidad sin Jesús es la que se celebra cuando no se conoce la historia de Jesús: la Navidad es un tiempo propicio para meditar en el nacimiento y en la vida de Jesús. La historia de su advenimiento debe refrescarse en nuestra memoria. Cuando los israelitas celebraban la fiesta de la Pascua, recordaban el maravilloso evento histórico de la liberación de sus antepasados de la bochornosa esclavitud en Egipto. La Pascua les hacía meditar en las bondades de Jehová Dios y en su intervención providencial en la historia. ¿ Cómo es posible que muchos celebren la Navidad sin siquiera saber cuál es el motivo, ni conocer la historia de la venida de Jesús al mundo? Hay todavía mucha ignorancia con respecto a la Palabra de Dios. Aun los llamados cristianos celebran la Navidad como una costumbre tradicional, y en una forma casi pagana, alejándose de la sencillez sublime de los evangelios. Los hombres han convertido la Navidad en una racha comercial; los sibaritas, en un tiempo de holgorios y deleites; y los engañadores, en una ocasión más para fomentar la idolatría. Esto no debiera ser así. Estudiemos a conciencia el relato de los evangelios a fin de que nos acerquemos más a Jesucristo nuestro Señor y lo honremos celebrando dignamente su nacimiento humano e histórico.

CONCLUSIÓN: ningún derecho tienen de celebrar la Navidad los que no conocen a Jesús ni le han recibido en sus corazones como Salvador, Rey y Señor. Todos los que en aquella primera Navidad, en el ambiente bucólico de Belén, llegaron hasta el establo donde yacía Jesús, por fe lo aceptaron como al Hijo de Dios. Los Magos, en un reconocimiento de su realeza y divinidad, le ofrecieron oro, incienso y mirra. El nombre de Jesús es sólo un pretexto para muchos, para sus orgías y francachelas; pero a su persona divina, humana y redentora, es decir a él, no le toman en serio. Jesús está totalmente fuera de la vida de muchos. Y no es asunto de tener una estatuilla o un muñeco bonito y llamarlo el Niño Dios creyendo que ese objeto es Jesús. No. Eso es un craso error. A decir verdad, resulta impropio y hasta irreverente hablar ahora de Jesús como el «Niño Dios», aunque es cierto que él, en su naturaleza humana, nació como un niño. A Jesús, como la revelación cumbre de Dios, tenemos que concebirlo por la fe como un varón perfecto, poseedor de la hombría ideal, santo, divino. ¿Será tu Navidad una Navidad sin Jesús este año? ¡Que no sea así! ¡Acéptalo como el Hijo unigénito de Dios y como tu Salvador personal!

857. *EL DON DE LA NAVIDAD (Mateo 2:11)*

1. La Navidad es un tiempo de renunciamiento: del pecado, los malos hábitos, los placeres egoístas.
2. La Navidad es un tiempo de redención: rendición a Cristo, aceptación a Él como Rey
3. La Navidad es un tiempo de dar: no de canjear.

858. *EL GRAN MENSAJE DE NAVIDAD (Lucas 2:10, 11)*

1. El gran predicador: «El ángel les dijo...».
2. La gran introducción: «Dejad de temer...».
3. Las grandes nuevas: «Porque os traigo buenas noticias de gran gozo...».
4. El gran huésped: «...Que lo será para todo el pueblo...».
5. El gran hecho: «...Que os ha nacido hoy...Cristo el Señor».
6. El gran lugar: «...En la ciudad de David...».
7. El gran Salvador: «...Cristo, el Señor».
8. El gran pecador: Usted.
9. El gran mensaje profetizado (Is. 7:14; 9:6; 11:1).
10. La gran promesa dada (Ro. 10:9, 10).

859. *SIGNIFICADO DE LA NAVIDAD (Lucas 2:14)*

INTRODUCCIÓN: la Navidad celebra no sólo el nacimiento del Niño de Belén, sino también el nacimiento del espíritu de buena voluntad entre los hombres. «Paz en la Tierra» es el don del mismo Salvador recién nacido. «Buena voluntad entre los hombres» es el resultado de la buena complacencia de Dios para con los hombres.

1. La Navidad, entonces, atestigua no sólo la encarnación de una Persona, sino la encarnación de una idea también: la Persona da a la Tierra una clara concepción de Dios. La idea viene a ser la expresión de la actitud de Dios hacia los hombres. El nacimiento del Hijo de Dios en el mundo fue también el nacimiento de la idea de la paternidad de Dios a los hombres.
2. La Navidad trae un recordatorio anual de Dios, tan íntimo como el hogar, y tan trascendente como los Cielos: desde aquella hora en Belén, hasta esta hora los hombres han andado y vivido en una intimidad espiritual con ese Santo Espíritu por el cual Cristo vino a tomar forma humana. Al mismo tiempo, los hombres han quedado sobrecogidos de una temerosa admiración en la presencia del mismo Dios santo. Belén trajo al mundo el cumplimiento de aquellas antiguas y gloriosas promesas incorporadas en el nombre «Emmanuel», «Dios con nosotros». Cuando los ángeles cantaron su primer canto de gozo en la Navidad a los oídos atentos de los hombres, cuyos corazones fueron levantados por el coro celestial, ellos trajeron por primera vez la expresión clara de la realidad de que Dios está no sólo arriba de nosotros y más allá de nosotros y sobre nosotros, sino que él está con nosotros. Quizás el sueño más santo del hombre y el

propósito más alto y santo de Dios se encuentran en el hecho tan definitivamente declarado en la Escritura: «Habitaré y andaré entre ellos, y seré su Dios, y ellos serán mi pueblo» (2 Co. 6:16; Lv. 26:12).

3. Sin el Niño de Belén y la idea que Dios trajo al mundo por medio de Él, todos los hombres de todas las razas y todos los tiempos hubieran vivido en medio de un universo incomprensible y terrible. A lo mejor la fe hubiera sido una clase de fatalismo que resistiría a las fuerzas que nosotros no podríamos cambiar ni escapar. Cada nube tempestuosa era grande y espantosa. Cada temblor de tierra o volcán era el furor de un poder invisible y hostil. Principados y potestades, fuerzas de malas personalidades estaban en todas partes en el pleamar del pensamiento humano, mientras Dios estaba muy lejos, invisible, intangible, inaudito, temible a causa de su distancia, terrible a causa de su poder, y desconocido en medio del misticismo y misterio de las limitaciones y supersticiones humanas.

4. Pero Cristo nació en Belén, y los ángeles cantaron su canto a los pastores que velaban y guardaban las vigilias de la noche sobre su ganado. Así que, con el nacimiento del Niño y el canto de los ángeles, vino dentro de los corazones de los hombres el estímulo de una esperanza eterna, la inspiración de todas las visiones celestiales, la sinfonía de toda vida con la divina, y la consecuente y asistente fuerza para cada lucha junto con la recompensa por todos sus trabajos». Si Dios es por nosotros, ¿quién contra nosotros?» (Ro. 8:31). Si yo puedo andar por las variables escenas y experiencias de la vida con la confianza y seguridad de que Dios habiendo tomado la forma de hombre y habitando entre los hombres, y habiendo sido tentado en todo según nuestra semejanza, pero sin pecado -es ahora poderoso para ser un fiel y simpatizante Sumo Sacerdote, y que no es un Dios que esté tan lejos que no pueda simpatizar con nuestros padecimientos, yo no debo temer al mundo. Si mis ojos una vez han visto la luz que Dios ha hecho brillar en el rostro de Jesucristo, ya no debo nunca jamás temer a las tinieblas que tantas veces obscurecen mi senda. Ya una vez seguro de que él vino y que ahora cumple su promesa, «He aquí yo estoy con vosotros todos los días, hasta el fin del mundo», ningún alma jamás estará realmente solitaria.

5. Por lo tanto, la Navidad es más que una permanente realidad completada: es una perpetua realidad proyectada desde la eternidad, y es una realidad perenne que puede entrar en toda experiencia. Dios está con nosotros.

6. La idea de la Navidad no es menos sobrenatural que el mismo nacimiento virginal: el canto de los ángeles es tan celestial como la residencia de los ángeles. El agitar de sus alas y el sonido de sus voces se unen en melodías para traer a la Tierra un canto antifonal del Cielo. Por medio del Niño de Belén el tiempo se convierte en gloriosa eternidad. La Navidad invierte la filosofía de la vida de «obtener» en «dar». Convierte la carga de la vida en alas de fe y esperanza. La Navidad transforma la vida, de tinieblas, en una vida resplandeciente.

7. La Navidad marca un momento cuando en la Tierra el hombre entró en compañerismo con el gran Compañero: es el gran día de la humanidad, floreciendo en una fragante flor de santidad y amor para disipar el pecado.

CONCLUSIÓN: todo esto debe llevar algún significado para cada uno de nosotros. No podemos medir la Navidad por los árboles que han sido adornados, ni por lo concurrido de las fiestas, ni por los coros que se han cantado en la madrugada, o por el intercambio de felicitaciones y obsequios. La Navidad puede ser, y en verdad deberá ser nuestro tesoro o nuestra tragedia. Mal interpretada, ella será para ti sólo un sueño de placer que se desvanece. Bien comprendida, ella vendrá a ser para ti el oloroso ungüento que llena la casa de tu vida con la fragancia de una fe permanente en Uno que siempre está presente con nosotros: «Dios en nosotros», el Salvador, Redentor y Señor. Porque el corazón de la Navidad es Cristo y Cristo ha nacido para ser nuestro Salvador. Mientras los ángeles cantaban, los magos del oriente adoraban y daban sus dones. Podrás cantar con los ángeles y adorar con los magos del oriente sí, como) pecador, recibes a tu Salvador, Cristo Jesús, el Señor. ¿No quieres hacerlo hoy mismo? En respuesta a su Don de dones, el amor de Dios que excede a todo conocimiento, obrando una transformación por medio de la expiación efectuada por Cristo en la cruz del Calvario, ¿no deseas dar a él tu amor, tu vida, en una gozosa y completa rendición para hacer su voluntad? Y

desde ahora y para siempre la paz de Dios será derramada en tu corazón, y serás contado entre aquellos hombres de buena voluntad en los cuales Dios se complace.

«Pero el ángel les dijo. No temáis; porque he aquí os doy nuevas de gran gozo, que será para todo el pueblo: que os ha nacido hoy, era la ciudad de David, un Salvador, que es Cristo el Señor». «¡Gloria a Dios en las alturas, y en la Tierra paz, buena voluntad para con los hombres!» (Lc. 2:10, 11, 14).

860. *EL GLORIOSO SIGNIFICADO DE LA NAVIDAD* *(Lucas 2:15)*

1. A Dios:

a) Para Dios el Padre significó dar Su Único Hijo (Jn. 3:16).

b) Para Cristo el Hijo significó dejarla gloria del Cielo para sufrir y morir (Fil. 2:5-8).

2. Al mundo:

a) Para el mundo significó que Dios ha provisto un Salvador (Mt. 1:21; Is. 53:6).

b) Imaginad nuestro mundo sin Cristo:

–Antes de que Cristo venga.

–Imaginad que todo el mundo fuera como algunas zonas donde todavía no se conoce a Cristo ni Su mensaje.

c) Lo inadecuado de la mera filosofía, educación, ley, etc.

3. Al hombre

a) Para nosotros significa que Dios ofrece vida eterna como un don gratuito (Jn. 1:12; Ro. 6:23):

–Cristo y la mujer de Samaria en el pozo.

–La alegoría mortal de Bunyan describe a Cristiano dejando la Ciudad de la Destrucción, sus dedos tapando sus oídos y gritando, «¡Vida, vida, vida eterna!»

b) A los santos en gloria significa la dicha eterna (Jn. 14:1-3; 2 Co. 5:2; Fil. 1:21-28):

–Con los amados que han partido antes.

–Con los ángeles en gloria.

–Con Cristo, nuestro Salvador, y con la Santa Trinidad.

c) Para la iglesia llena del Espíritu debe tener un significado especial; de pasión, perspectiva, visión santificada, y amor inmortal:

–Los pastores narraron la historia.

–La Iglesia temprana la proclamó.

–Los mártires cristianos murieron por ella.

–A menos que Cristo sea una Presencia real que more en nuestro interior, no seremos capaces de conocer el significado real de la Navidad.

861. *EL PESEBRE Y LOS PAÑALES* *(Lucas 2:7)*

1. Un mensaje de «buena voluntad»:

a) Muchos hombres han intentado hacer» Cruzadas de buena voluntad».

b) El Señor Jesús vino a darnos un «mejor pacto», una «mejor esperanza», un «camino de vida», y «muchas mejores cosas».

c) Este motivo tiene su aplicación tanto para como individuos como para las naciones. Nuestras libertades y los derechos de otra persona son igualmente valiosos a los ojos de Dios.

2. Un mensaje de «paz en la Tierra»:

a) La «paz en la Tierra» debe tener como resultado el reconocimiento de la supremacía de las leyes de Dios (Sal. 119:165, 1:12).

b) La «paz en la Tierra» será reconocida cuando recordemos que el amor no procura el mal de nadie:

–Las naciones deben ver que los derechos del hombre son los mismos en todo el mundo.

–Dios no tiene unas leyes para algunos y otras leyes para otros. No hay diferencia en lo que se refiere a los principios de paz ante Sus ojos.

–El vino, no para ser servido sino para servir, para ministrar a todo el mundo. Su misión no era destruir, ni robar, ni matar, sino antes, dar vida y darla en abundancia.

3. Un mensaje de «buenas nuevas»:

a) Miremos a las «buenas nuevas» a través de otros ojos:

–Para Moisés era el gran «Yo soy».

–David le reconoció como el Buen Pastor.

–Jeremías le vio como la Fuente de Agua Viva.

–Malaquías le contempló como el Sol de Justicia.

–Juan el Bautista dijo que Él era «el Cordero de Dios».

b) Podemos verle hoy día como las mismas «buenas nuevas»:

–Para el pecador: «El es quien perdona todas tus iniquidades...».

–Para el creyente: Él es Aquel que «padeció fuera de la puerta».

–Para el desanimado: Él es el Consolador.

–Para el temeroso: Él dice: «Yo soy; no temáis».

862. *GLORIA A DIOS*

«Y había pastores en la misma tierra, que velaban y guardaban las vigilias de la noche sobre su ganado. Y he aquí el ángel del Señor vino sobre ellos, y la claridad de Dios los cercó de resplandor; y tuvieron gran temor. Mas el ángel les dijo: No temáis; pues he aquí os doy nuevas de gran gozo, que será para todo el pueblo: Que os ha nacido hoy, en la ciudad de David, un Salvador, que es CRISTO el Señor. Y esto os será por señal: hallaréis al niño envuelto en pañales, echado en un pesebre. Y repentinamente fue con el ángel una multitud de los ejércitos celestiales, que alababan a Dios, y decían: Gloria en las alturas a Dios, y en la Tierra paz, buena voluntad para con los hombres» (Lc. 2:8-14).

INTRODUCCIÓN: ¡Qué salutación! ¡Cómo han de haberse animado los corazones de los pastores! Desde las profundidades de las tinieblas de la esclavitud romana, y la esclavitud del pecado, vieron una luz, un rayo de esperanza; un fanal de gracia, un faro de dirección. ¡Cuántos cambios se derivan de él! *(Anécdota: en un pequeño pueblo del río Congo, en África, hace algunos años vivía mucha gente infeliz. Eran ignorantes, no sabían leer ni escribir, y sus hogares eran unas inmundas cabañas de adobe. Después vinieron algunos misioneros, quienes hablaron a este pueblo infeliz acerca del Salvador que vino desde el Cielo para salvar a los pecadores y para traer gozo a los corazones de los hombres. Los nativos al principio pensaron que estos hombres eran muy chistosos; pero estos ignorantes paganos escucharon la historia que los misioneros les relataron. Dios bendijo de tal manera el testimonio de ellos, que prácticamente todos los de aquella aldea creyeron en Cristo como su Salvador e inmediatamente muchos cambios se verificaron en los corazones y en los hogares de aquellos paganos, de tal modo que las personas que los conocían y conocían su aldea, a duras penas podían reconocerlos. Un día los habitantes del pueblo se reunieron y decidieron llamar a su aldea: «Pueblo del Gozo», para decir al mundo cuán felices eran desde que habían recibido a Jesucristo como su Salvador).*

Esto es sólo un ejemplo de las transformaciones que el Evangelio puede verificar. En Navidad, podemos visitar «Pueblos del Gozo» en diferentes tiendas en las grandes ciudades; pero cada verdadero creyente en Cristo puede vivir siempre en el «Pueblo del Gozo».

I. Fidelidad de Dios

En este acontecimiento se manifiesta la completa fidelidad de Dios al cumplir sus promesas. Los patriarcas ya no existían, la grandeza de Israel se había esfumado, la amarga esclavitud había suplantado a las benéficas bendiciones de Jehová. La gloria del Shekinah ya se había alejado del templo. Los sacerdotes, los levitas, los sacrificios diarios que ofrecían casi cada hora, eran un remedio de lo que habían sido en un tiempo las oblaciones de una nación que había estado cara a cara con Jehová de los ejércitos. El área del templo todavía se llenaba de multitud de peregrinos; pero no descendían del Cielo fuegos milagrosos para consumir los sacrificios de un pueblo. El mundo había envejecido por causa del pecado. Los corazones de los hombres desfallecían, hasta los fieles casi habían perdido la esperanza. Unas cuantas almas todavía esperaban «la gloria de tu pueblo Israel». Los templos del paganismo estaban vacíos. En esta condición de aflicción, desolación, obscuridad, y muerte brilló por primera vez la estrella de Belén. Dios reinaba aún y sus promesas se cumplirían.

1. Aquí se nos muestra la verdad de una Providencia gobernante: «Mas tú, Belén Ephrata, pequeña para ser en los millares de

Judá, de ti me saldrá el que sera Señor en Israel; y sus salidas son desde el principio, desde los días del siglo». (Mi. 5:2). Belén iba a presenciar el nacimiento del Mesías. Aun el gran Imperio Romano iba a realizar el plan de Dios. El poderoso emperador romano, sentado en su trono en la ciudad de las siete colinas en el Tíber, estaba sometido al mandato de Dios. Él no lo sabía, no lo imaginaba. Sin embargo, con toda su grandeza y pompa, el César iba a ser, en el juego del Cielo, un instrumento, un títere para ser movido por los cordones que estaban en la mano del Todopoderoso. Belén había sido profetizada en las Sagradas Escrituras. A Belén debía ir la doncella judía. El mesón lleno de gente, y el pesebre esperaban pacientemente su carga sagrada. La Belén de David iba a ser honrada sobre todas las poderosas ciudades de la Tierra. El Cielo iba a albergarse en donde el arpa de David había sonado por primera vez con acordes inspirados divinamente.

2. «Gloria en las alturas a Dios»: éste es el tema de todos los siglos. Con cuánta frecuencia y cuán completamente deben llenar nuestros labios estas palabras maravillosas, ya que el Niño del pesebre vino a nosotros, vino por nosotros, y para librarnos de nuestros pecados, y para darnos salvación...

–«Gloria en las alturas a Dios», por revelar su carácter misericordioso. ¡Qué Dios tenemos! Un mundo sumido en el pecado, hombres viviendo en completa desobediencia, y menospreciando la voluntad de Dios, manifestando su odio del Cielo, exhibiendo sus caminos egoístas, mancillando la Tierra, y a pesar de ello en el corazón de Dios no encontramos más que amor, interés, compasión. El poder de Dios había sido conocido como había sido conocida su rectitud, su justicia, su ira. Sin embargo se necesitó la primera Navidad para revelar el amor de Dios. El mundo necesitaba y necesita esa seguridad. Hay demasiado odio, sufrimiento y desigualdad. ¿Dónde, sino en Belén, podríamos encontrar una garantía de la misericordia de Dios puesta en la balanza para evitar que el mundo se hundiera en completa locura?

–«Gloria a Dios», porque proporcionó la redención del hombre: «Porque la vida de la carne en la sangre está: Y yo os la he dado para expiar vuestras personas sobre el altar: por lo cual la misma sangre expiará la persona» (Lv. 17:11). Aquí tenemos al Dios encarnado en forma de un infante ofreciéndose por las almas de los hombres. Aquí está el antitipo de todos los tipos mosaicos. Los hombres hablan del Calvario, y con razón, Belén es el principio de él... «Gloria a Dios» terminó con: «Padre, en tus manos encomiendo mi espíritu». No podría haber habido Gólgota sin el pesebre. Pablo habló, diciendo: «Mas venido el cumplimiento del tiempo, Dios envió a su Hijo, hecho de mujer, hecho súbdito a la ley. Para que redimiese a los que estaban debajo de la ley, a fin de que recibiésemos la adopción de hijos» (Gá. 4:4, 5). La encarnación y la propiciación están aquí. El nacimiento virginal y la redención están específicamente declarados, entrelazados, comprendidos el uno en la otra. La redención no es ningún accidente. La cruz proyecta su sombra sobre el cuerpo del Niño envuelto en pañales.

II. Glorioso en la reconciliación

1. «Gloria a Dios», por haber reconciliado los hombres a sí: «Por cuanto agradó al Padre que en el habitase toda plenitud. Y por él reconciliar todas las cosas a sí, pacificando por la sangre de su cruz, así lo que está en la Tierra como lo que está en los cielos. A vosotros también, que erais en otro tiempo extraños y enemigos de ánimo en malas obras, ahora empero os ha reconciliado». (Col. 1:19-21). «De modo que si alguno está en Cristo, nueva criatura es. Las cosas viejas pasaron; he aquí todas son hechas nuevas. Y todo esto es de Dios, el cual nos reconcilió a sí por Cristo; y nos dio el ministerio de la reconciliación. Porque ciertamente Dios estaba en Cristo reconciliando el mundo a sí, no imputándole sus pecados, y puso en nosotros la palabra de la reconciliación. Así pues, somos embajadores en nombre de Cristo, como si Dios rogase por medio nuestro; os rogamos en nombre de Cristo: reconciliaos con Dios. Al que no conoció pecado, hizo pecado por nosotros, para que nosotros fuésemos hechos justicia de Dios en Él» (2 Co. 5:17-21).

a) La paz era el propósito del Altísimo: la paz era inconcebible sin la mediación de Cristo Jesús. El Hijo de Dios derribó las montañas de pecado que estaban entre Dios y el hombre, e hizo un puente sobre los ríos de iniquidad, abolió los mares de transgresión que separaban de Dios al hombre. Aquí estaba el comienzo del cambio

del cual habló el profeta Isaías cuando dijo: «Y habrá allí calzada y camino, y será llamado Camino de Santidad; no pasará por él inmundo; y habrá para ellos en él quien los acompañe, de tal manera que los insensatos no yerren. No habrá allí león, ni bestia fiera subirá por él, ni allí se hallará, para que caminen los redimidos. Los redimidos de Jehová volverán, y vendrán a Sión con alegría; y gozo perpetuo será sobre sus cabezas: y retendrán el gozo y alegría, y huirá la tristeza y el gemido» (Is. 35:8-10).

b) Los hombres cargados con sus pecados, doblados bajo el peso de sus aflicciones, deben comenzar aquí en el camino hacia la gloria eterna... En las manos regordetas de un niño judío, Jehová había puesto su honor tanto como el destino de todos los hombres. Aquellas manecitas, después endurecidas por el trabajo del carpintero, abrirían las puertas de la tumba, privando de su presa a los fuertes.

2. «Gloria a Dios», porque envió a su Hijo unigénito, el Señor de la vida, para rescatarnos del pecado y de la muerte. Los planes y las fantasías, las religiones los ritos, los altares humeantes, las hecatombes ardientes, los sacrificios sangrientos, todos ellos no sirven de nada. El infierno alargó sus fronteras para tragarnos; pero Emmanuel intervino, y como Sansón arrancó las puertas de Gaza, Jesucristo ha de destruir las puertas del infierno.

III. Destruirá las puertas del infierno

Ninguno sino Jesucristo podría haber logrado esto. De ninguna manera, excepto por su presencia encarnada sobre la Tierra podría Él haber hecho el trabajo requerido. Todo esto comenzó en Belén. ¡Qué tremendo choque de aflicción, qué grito de dolor tiene que haberse levantado de Topheth! El dominio de Satanás fue retado hasta la muerte. El hombre no tendría que enfrentarse más, sin ayuda, con el adversario.

1. «Gloria a Dios», por hacer que su salvación sea accesible a todos los hombres: «Mas ¿qué dice? Cercana está la Palabra, en tu boca y en tu corazón. Esta es la palabra de fe, la cual predicamos: Que si confesares con tu boca al Señor Jesús, y creyeres en tu corazón que Dios le levantó de los muertos serás salvo. Porque con el corazón se cree para justicia; mas con la boca se hace confesión para salud. Porque la Escritura dice: Todo aquel que en él creyere, no será avergonzado» (Ro. 10:8-11). «Todo aquel que invocare el nombre del Señor, será salvo». Jesucristo dijo más tarde: «El que me ha visto ha visto al Padre». Necesitábamos a éste que fue «tentado en todo según nuestra semejanza, pero sin pecado» (He. 4:15).

a) La teología es buena pero no suficientemente buena: la filosofía es demasiado elevada para la mayor parte de nosotros. Los debates de los seminaristas sobre los detalles de la revelada palabra de Dios con frecuencia nos dejan enervado el corazón y sin conmovernos. Necesitamos algo más allá de la metafísica, algo a lo cual podemos asirnos: necesitamos al Cristo de Dios.

b) No hay necesidad ya de una pérdida eterna: ha nacido un Salvador. ¿Por qué vivir llenos de temor? ¿Por qué morir en la desesperación? Aquí está el Mediador, el Sumo Sacerdote de nuestra posesión. Aquí está Cristo, el Mesías, el Ungido. Los judíos ven el cumplimiento de las profecías. Los gentiles ven la pared intermedia derribada.

2. «Gloria a Dios», pero ¿cómo? ¿Qué se espera de nosotros? Aquí está el mensaje de Navidad y la apelación de él. ¿Hay algún pecado en su pasado que usted no ha confesado a Dios? De rodillas inmediatamente debe ponerse usted. Su pasado debe quedar olvidado y usted debe ser limpiado. ¿Hay algo en su vida que es dudoso, algo que usted no puede clasificar como bueno o malo? Aléjese de ello. No debe haber ni una nube entre usted y Dios. ¿Ha perdonado a todos? Si no, no espere el perdón de sus propios pecados. Haga lo que el Espíritu le indique hacer en obediencia completa al Espíritu.

CONCLUSIÓN: ¿Ha seguido usted a Jesús de todo corazón? ¿Se ha llegado hasta los pies del Cristo niño? ¿Lo ha entronado usted como su Señor y Maestro? Si lo ha hecho, puede entonces celebrar la Navidad. ¡Que ahora el Dios de toda gracia os dé los días más gloriosos y felices, y más fructíferos de toda vuestra vida! Amén.

863. *NAVIDAD*
(Lucas 2:8-11)

INTRODUCCIÓN: En estos días escuchamos una frase muchas veces; una frase que normalmente produce grande gozo: «¡Feliz Navidad!». Calle arriba y calle abajo, y aun en estado de quietud, pregunté a la Humanidad:

–¿Qué entiendes por Navidad...?

Y la Humanidad me contestó:

–La Navidad es el disfrute de un clima agradablemente fresco... es el aprovechamiento de comidas y bebidas en cantidad, potencia y variedad... es la participación placentera en el maridaje materialista... es la percepción de la aparente belleza de las formas y los colores... es el goce del intercambio de felicitaciones y regalos ... es el pasar horas de trabajo sin trabajar... es la alegría de visitar amigos para recibir obsequios de ellos... es el tiempo comercialmente productivo para comprar y vender... es el desenfreno de emociones que al descontrolarse se traducen en excesos... Es trasnocharse haciendo mucho ruido innecesario... Amigo mío, ¡Eso es Navidad...!

Así me dijo la inconsciente Humanidad... Pero, «eso» ¿es realmente la Navidad...? Amados, las Sagradas Escrituras nos enseñan que la Navidad es la reverente conmemoración, en espíritu de adoración y gratitud, del milagroso nacimiento de Jesús, el Cristo prometido en las divinas profecías como Salvador y Redentor de la desobediente, rebelde, perdida Humanidad... Después de orar y meditar sobre tan precioso tema, hemos sentido la inspiración de Dios para darnos cuenta de que...

1. La Navidad es el tiempo escogido en que, a través de las dádivas de la ocasión, reflejamos, aunque pálidamente, la más grande dádiva jamás realizada: la Dádiva de Dios al mundo en la persona de su único Hijo, para salvar al género humano. La Santa Biblia dice: «Porque de tal manera amó Dios al mundo que ha dado a su Hijo unigénito, para que todo aquel que en el cree, no se pierda, mas tenga vida eterna». (Jn. 3:16).

2. La Navidad es el momento histórico en que la humanidad consciente se esfuerza en ejemplificar, especialmente, los principios más elementales del cristianismo ante una Humanidad inerte a las realidades extraterrenales, espirituales, celestiales...

3. La Navidad es una perenne invitación a amar; invitación que se siembra como las semillas, y que al ser aceptada germina convirtiéndose en práctica continua, y florece en esa realidad luminosa que por virtud de la gracia de Dios se llama salvación eterna...

4. La Navidad es una pregunta del Señor Jesucristo a los ya registrados en el Libro de la Vida, tal y como la hizo a Pedro: «¿Me amas?» (Jn. 21:16). Él también dijo: «El que me ama, mi palabra guardará» (Jn. 14:23).

5. La Navidad es el preámbulo de la constitución que garantiza la independencia del alma y el pleno disfrute de su libertad más pura: la liberación de lo terrenal...

6. La Navidad es experiencia con Dios; y dentro de esa experiencia es evidencia de vida nueva, de libertad, y de entrega de nosotros para servirle.

7. Pero, además de todo eso, la Navidad es momento de constante actualidad, momento propicio, adecuado; momento preciso para aceptar el consejo divino de: «Mas buscad primeramente el Reino de Dios y su justicia, y todas estas cosas os serán añadidas» (Mt. 6: 33).

CONCLUSIÓN: amados hermanos, hemos sentido la necesidad de considerar el tema de la Navidad por el ¡dolor! que nos produce saber que millones que hay desconocen su verdadero significado, que todavía hay muchos más que la desconocen totalmente; que aun dentro del grupo privilegiado con la hermosa encomienda de transmitir a la Humanidad durmiente esta verdad divina, hay muchos en quienes en más de una ocasión se ha disipado la visión más clara e inteligible de hacer este anuncio glorioso, y con esto han dificultado grandemente su diafanidad, y la comprensión y la posesión de su verdadera esencia, ¡debido a un testimonio personal lleno de brumas...! Nuestra misionera asignación es entender, vivir y enseñar al mundo la Navidad en su manifestación clara, completa, verdadera... Y es que en el hermoso diamante de la experiencia cristiana, la Navidad es faceta que tiene un lugar y una posición dentro del divino plan de redención del género humano. Para poder comprender el verdadero significado de la Navidad

es menester tener la experiencia de otra realidad eterna: la conversión, la conversión de lo animal a lo espiritual; gloriosa transfiguración de hijos del mundo en hijos de Dios; reconociéndonos pecadores, arrepintiéndonos de nuestros pecados, realizando nuestra insuficiencia, y aceptando espontáneamente el camino de salvación a través de la fe en nuestro Señor Jesucristo... Él mismo lo estableció así cuando dijo: «Yo soy el camino, y la verdad, y la vida: nadie viene al Padre sino por mí» (Jn. 14:6). A través de este proceso nos apropiaremos de la hermosa verdad llamada «Navidad». Hermanos míos, así como la fecha de la independencia nacional de los países libres es tan importante por su significado patriótico para cada ciudadano leal, asimismo la Navidad es punto cardinal en las fronteras patrias de los ciudadanos del Cielo, misioneros del amor de Dios en este mundo... Amados hermanos, amados de Dios, ¡Nuestro Padre celestial quiere que, transfigurando nuestros seres, transfiguremos el mundo en que vivimos! ¡Toda vez que la Navidad no es lo que el mundo cree que es, ni aun todos los llamados cristianos comprenden la Navidad, ¡ahora sí, ahora ha llegado el momento de comprender que la Navidad es una parte integrante del Divino Plan de la redención humana! ¡Únicamente así entenderemos, viviremos, enseñaremos una Feliz Navidad...! ¡Que el Señor Jesucristo les dé esta Feliz Navidad!

864. *NO HUBO LUGAR PARA EL SEÑOR JESÚS (Lucas 2:7)*

INTRODUCCIÓN: una elección errónea a menudo roba a los hombres los más grandes valores de la vida. Hubieron tres cosas involucradas en este incidente.

1. Valor desconocido: no hubo lugar
a) Mesías.
b) Salvador:
–Puede salvar de la culpa del pecado.
–Puede salvar del poder del pecado.

c) Rey Eterno:
–Todo el poder real existente está en Él.
–El día de Su coronación se acerca.

2. Valor incomprendido: le fue rehusado un buen sitio
a) Se valora primero el bienestar material.
b) También la posición social.
c) Y las ganancias personales.

3. Valor rechazado: enviado al establo
a) Abandono por parte de los hombres.
b) Muchas veces es deliberado.
c) También hoy muchos le niegan un lugar al Señor.
d) Esta condición significa:
–Sin guía: sin Su dirección, irá por mal camino.
–Sin esperanza: Él es la esperanza del mundo.
–En oscuridad: Él es la luz del mundo.
–Sin salvación: Él es el único Salvador.

CONCLUSIÓN: ¡Hagamos lugar para Cristo en estas Navidades!

865. *EL BENDITO LEGADO DEL NIÑO DE BELÉN (Juan 1:14)*

1. La autoridad que garantiza la adopción de «hijos»: «Pero a todos los que le recibieron, a los que creen en su nombre, les dio potestad de ser hechos hijos de Dios...» (Jn. 1:12).
2. Gracia para ofrecer Salvación: «Y el Verbo se hizo carne, y habitó entre nosotros (y vimos su gloria, gloria como del unigénito del Padre), lleno de gracia y de verdad» (Jn. 1:14).
3. La verdad para iluminar: «El espíritu es el que da vida; la carne no aprovecha para nada; las palabras que yo os he hablado son espíritu y son vida» (Jn. 6:63).
4. Tesoros para otorgar riquezas espirituales: «En quien están escondidos todos los tesoros de la sabiduría y del conocimiento» (Col. 2:3).
5. La paz que da como legado la consolación: «La paz os dejo, mi paz os doy; yo no os la doy como el mundo la da. No se turbe vuestro corazón, ni tenga miedo» (Jn. 14:27).
6. Poder liberado para los problemas diarios: «Y Jesús se acercó y les habló diciendo: Toda autoridad me ha sido dada en el Cielo y sobre la Tierra» (Mt. 28:18).

7. Esperanza para nuestra seguridad: «La cual tenemos como segura y firme ancla del alma, y que penetra hasta dentro del velo...» (He. 6:19).

Si se dijera que estos beneficios eran sólo potencialidades en Belén, irrefutablemente se convirtieron en realidades en el Calvario (Ro. 8:32). Ahora pueden ser realidades en la vida de cada creyente (Ef. 1:3).

866. *MENSAJE DE NAVIDAD (Lucas 2:8-14)*

INTRODUCCIÓN: ángeles, pastores, sacerdotes, magos de Oriente, gobernantes, hombres, mujeres, niños, surgen en los primeros capítulos de los evangelios en torno al milagro de la Navidad. Unos anuncian, otros admiran, éstos confiesan, aquestos adoran, aquellos persiguen, muchos se turban, unos se gozan, otros padecen y el orbe entero se conmueve ante el advenimiento de Jesús. ¿Portero se conmueve ante el advenimiento de Jesús. ¿Por que? Porque Jesús es Emmanuel, Dios con nosotros, el Hijo prometido, el Mesías esperado, el Cristo. Sí, el mundo se estremece ante la Navidad porque ella contiene un mensaje que sacudirá las mentes y los corazones de un pueblo extraviado. El acontecimiento de Belén revolucionará la historia: nace la Palabra encarnada. Nace el Verbo de Dios, nace el Mensaje que derribará estructuras sociales forjará nuevos conceptos, influirá en la civilización, modificará las ideas religiosas, creará una firme Iglesia y anunciará un nuevo pacto entre Dios y la humanidad. He aquí, mis hermanos, el glorioso mensaje de Navidad.

1. Dios ama al hombre: «¿Qué es el hombre para que tengas de él memoria?» (Sal. 8:4). Dios no es un mero espectador del drama que vive el género humano. Si se limitase a contemplar la ruina del hombre, sus insanas ambiciones, sus odios, sus guerras, su decadencia, su ignominioso fracaso, su corrupción, su indiferencia religiosa, su tremenda ingratitud, su rebeldía y todo su pecado, Dios apartaría su mirada, quitaría al hombre de su memoria y lo dejaría librado a su propia suerte, abandonado a la angustia de su infeliz destino y condenado sin esperanzas por toda la eternidad. ¿Qué otra cosa merece la criatura que así vuelve las espaldas a su Creador? Pero no es así, Dios ama al hombre: «Dios es amor» (1 Jn. 4:16). Un ser que ama comprende el valor de la persona amada, más allá de todos sus defectos Por eso, a pesar de su pecado, el hombre es singularmente valioso para Dios: «En esto consiste el amor: no que nosotros hayamos amado a Dios, sino que él nos amó a nosotros» (1 Jn. 4:10). Toda la iniquidad de los hombres no ha restado profundidad al amor divino. Dios no puede ser un espectador: es protagonista del drama humano porque nos ama. La Navidad demuestra que Dios se interesa en el hombre y quiere librarlo de su desgracia. ¡Aleluya, Dios no es un dios indiferente! «Porque de tal manera amó Dios al mundo, que ha dado a su Hijo unigénito» (Jn. 3:16).

2. Dios se hace hombre: Cristo viene al mundo. Pero no viene «en forma de Dios» (Fil. 2:6); no llega descendiendo desde el templo en alas de los ángeles ni rodeado del esplendor de su propia gloria. Viene «tomando forma de siervo» (2:7) y nace de una virgen que se declara a sí misma «la sierva del Señor». En el principio, el hombre fue hecho a la semejanza de Dios. En Navidad, Dios es «hecho semejante a los hombres» (2:7). El Creador viene a identificarse con la criatura. He aquí la maravilla del Dios encarnado, que no se quedó en el Cielo para mirar pasivamente la angustia de la humanidad ni se limitó a un amor contemplativo y estático. El mensaje de Navidad nos dice que ha nacido un Niño envuelto en pañales y que ese Niño es el Señor que ha bajado a la Tierra, que se ha puesto al mismo nivel de los hombres y que se propone compartir con ellos su lenguaje, sus pasiones, su dolor. Este es el amor activo del Dios de carne y hueso, verdadero hombre y verdadero Dios que viene a desplazar con su advenimiento a los dioses de piedra, de bronce y de hierro. ¡Temblad, colosos del Olimpo! ¡Temblad, ídolos de Grecia y Roma! Este es el Dios que verá, oirá y hablará, desplazando a imágenes paganas que ni ven, ni oyen, ni hablan! ... ¡Temblad, religiones falsas, ciegas que no podéis guiar a otros ciegos, sordas que no podéis escuchar el clamor de los perdidos, mudas que no podéis anunciar el mensaje de Dios! ¡Caed, fetiches inmóviles, deidades paralíticas, torpes efigies sin vida! He aquí al «Admirable, Conse-

jero, Dios fuerte, Padre eterno, príncipe de paz» (Is. 9:6). ¡He aquí al Dios que se ha hecho «Hijo del hombre» para que los hombres puedan ser hechos «hijos de Dios»!

3. Dios salva al hombre: «Os ha nacido hoy, en la ciudad de David, un Salvador, que es Cristo el Señor» (Lc. 2:11). La humanidad perdida sabe ahora que Cristo vino con un propósito supremo. Hubo sacerdotes que en mil religiones ofrecieron sacrificios para calmar las iras de extrañas divinidades. Vidas humanas y bestias fueron sacrificadas en horrendas ceremonias sobre los altares del paganismo. Mas esta verdadera Divinidad, este Dios «lento para la ira y grande en misericordia», llega al mundo para ofrecer el sacrificio de su propia vida en rescate de los pecadores: «Porque el Hijo del hombre ha venido para salvar lo que se había perdido» (Mt. 18:11). ¡Callad, trompetas egipcias; silenciad vuestras voces, adoradores del dios Aten, el sol naciente! ¡He aquí, en Belén, el nacimiento del verdadero Sol, Luz para el mundo, divino Salvador! ¡Escuchad la voz de las huestes celestiales que adoran y dan gloria en las alturas a Dios! El hombre creado a la semejanza de Dios, el primer Adán, pecó y comenzó la milenaria marcha de la humanidad hacia la desgracia y la muerte. Generación tras generación los hombres han seguido un sendero de dolor y tinieblas. Pero en Navidad nace Jesús el Cristo, Dios «hecho semejante a los hombres», el nuevo Adam, para mostrar el camino de redención a quienes creen y confían en Él. Vino para «dar buenas nuevas a los pobres, para sanar a los quebrantados de corazón, para pregonar a los cautivos libertad y a los ciegos vista, para poner en libertad a los quebrantados y predicar el año agradable del Señor» (Lc. 4:18, 19). Vino para «llevar nuestras enfermedades y sufrir nuestros dolores. Vino a ser herido por nuestras rebeliones y molido por nuestros pecados. Vino a cargar sobre sí el pecado de todos nosotros» (Is. 53). Hoy la Navidad nos recuerda que en Cristo «Dios ha sido manifestado en carne; ha sido justificado con el Espíritu; ha sido visto de los ángeles; ha sido predicado a los Gentiles; ha sido creído en el mundo; ha sido recibido en gloria» (1 Ti. 3:16). ¡Unámonos al coro de los ángeles para cantar «Gloria en las alturas a Dios, y en la Tierra paz, buena voluntad para con los hombres»!

CONCLUSIÓN: cuando llegan los días de la Navidad, me detengo ante los jardines, los escaparates de las tiendas y algunas viviendas, para admirar los artísticos «pesebres» en exhibición. Y en tales exponentes de la artesanía humana he hallado un símbolo de la Navidad: Cristo dio su esplendor al pesebre. El pesebre es un vulgar sitio donde comen las bestias. Pero Jesús nació allí... y donde Él está, todo se transforma. Hoy los artesanos nos presentan magníficos «pesebres de Belén», fruto de su imaginación y de su esfuerzo. Y estos nuevos pesebres ilustran luminosamente el mensaje de Navidad, porque nos hablan del poder de Cristo para cambiar las cosas, como lo ha hecho con nuestro corazón. El sucio pesebre de nuestra alma se renueva y brilla cuando Cristo está allí.

867. *CÁNTICO DE MARÍA*
(Lucas 2:46-48)

INTRODUCCIÓN: un culto de oración para el tiempo de Navidad, toma naturalmente la forma de alabanza al Señor, y para ello el cántico de María nos es un inspirador ejemplo...

1. La alabanza debe ser un asunto del alma: «Engrandece mi alma al Señor».

a) No meramente de labios, no tan sólo con arpas y zambombas, sino con una adoración y alabanza salida del corazón. ¡Cuánto se necesita la regeneración, la transformación del ser para poder imitar en esto a la virgen!

b) Debe dirigirse al Señor: ¡Cuántos devotos de María se olvidan de esto aun por Navidad y celebran esta fiesta con música, danzas, licores, lotería y pavo; para los tales se convierte en una fiesta mundanal.

2. El gozo de la Navidad debe ser un gozo del Espíritu: «Mi espíritu se alegró en Dios mi Salvador». María sostenía evidentemente tal comunión con Dios, que difícilmente hallaría gozo positivo en el gozo superficial que buscan los mundanos. ¿Lo tenemos?

3. La fuente del gozo, «En Dios mi Salvador»:

a) No se alegró en el privilegio de ser madre del cuerpo material de Jesús, ni se alegró por la fama universal que iba a tener, a pesar de

decirle el ángel que sería considerada como «bendita o privilegiada entre todas las mujeres».

b) «En Dios mi Salvador»: esto contradice la idea de que María nació inmaculada o sin pecado; por el contrario ella se sentía en una condición baja delante de Dios. No que fuera peor que las otras mujeres, sino, al contrario, era sin duda la mejor que Dios vio para tan alto privilegio, pero necesitaba un Salvador para poder entrar en la familia de los redimidos (Ro. 3:23).

4. Reconocimiento del mejor regalo de Navidad, «Mi Salvador»: las tradiciones populares presentan a la virgen recibiendo muchos regalos en favor del niño, pero este texto nos dice que ella había recibido el mejor regalo, un Salvador que necesitaba. No sabemos hasta qué punto ella comprendía a qué precio tenía que ser redimida, aunque por inspiración de Dios el anciano Simeón le insinuó la tragedia del Calvario. Pero estamos seguros de que lo entendió bien cuando estaba en la reunión de oración con los 120 discípulos esperando el segundo don de Dios, el Espíritu Santo.

CONCLUSIÓN: ¿Hemos recibido nosotros el primer don de Navidad? ¿Podemos decir Jesús es mi Salvador? Si es así podremos decir: Gloria a Dios en las alturas y paz en la Tierra comenzando por ser nosotros verdaderos «hijos de paz» como conviene a los que hemos de vivir un día con Cristo en el Reino de la definitiva y verdadera paz universal.

868. *EL CANTO DE LOS ÁNGELES* *(Lucas 2:14)*

INTRODUCCIÓN: los ángeles habían presenciado muchos acontecimientos gloriosos y tomado parte en muchos coros de la alta solemnidad alabando a su Creador Todopoderoso. Ignoramos muchos de estos acontecimientos celestiales, pero al menos sabemos que se regocijaban con motivo de la creación por un pasaje poético del libro de Job 38:7. Uno de sus privilegios constantes es sin duda el de alabar a Dios (Ap. 7:12), pero nunca en todos los siglos de la eternidad habían tenido un motivo de alabanza como aquel que cantaron la noche del nacimiento del Salvador. Observemos las partes de este canto:

I. Gloria a Dios en las Alturas

1. La salvación es la mayor gloria de Dios. Es una manifestación de:

a) Amor (Jn. 3:16).

b) Fidelidad: desde el Edén, Dios había prometido enviar un Salvador y los profetas describen su venida en palabras inequívocas que demuestran quién era el que había de aparecer como un niño (Is. 9:6-7).

c) Justicia, porque el recién nacido había de sufrir para hacer patente a los hombres y a los ángeles que Dios, por motivos éticos, no puede perdonar el pecado si no es mediante un sacrificio que recalque su justicia y produzca amor y gratitud en los favorecidos.

II. Paz en la Tierra

1. Los seres celestiales tenían la triste experiencia de ver desde los días de Caín a los hombres luchando unos contra otros, y desobedeciendo los mandatos de Dios, pero el niño recién nacido venía a traer:

a) Paz entre Dios y los hombres (Ro. 5:1; Hch. 10:36).

b) Paz de los hombres, unos con otros (1 Co. 7:15): el corazón regenerado es un hijo de paz y debe buscarla de todas maneras (Mt. 5:2 1-25).

2. Muchos objetan que el mundo no encontró la paz en la primera venida de Jesucristo: es cierto porque los hombres no recibieron tan aprisa su mensaje como tal vez los ángeles esperaban, pero Dios obra lentamente, en la gracia como en la naturaleza, y no quiere una paz forzada por el temor, como hubiera sido si Él hubiese impuesto su paz de una manera sobrenatural.

III. «Buena voluntad» para con los hombres

1. Esto sienten todos los pecadores arrepentidos.

2. Esto siente sin duda Satanás al ver cómo millares escapan de sus garras y encuentran un perdón tan generoso y tan amplio.

3. Esto sentirán un día los ángeles cuando se cumplan los propósitos de Dios y llegue el tiempo profetizado por Is. 11:6.

CONCLUSIÓN: Alguien ha dicho que hay tres clases de evangelistas...

Los ángeles de Dios en los campos de Belén.

Los apóstoles que fueron testigos de la vida milagrosa y obra del Señor.

Los creyentes de todos los siglos que sin haber visto a Cristo le amamos. Para ello necesitamos:

–Ser limpios de pecado como los ángeles. Afortunadamente podemos serlo aceptando el Salvador que ellos proclamaron (Lc. 2:11).

–Siendo fieles y activos como eran los apóstoles.

–Demostrando con nuestra conducta la regeneración que ha traído paz con Dios a nuestras almas y siendo por lo tanto hijos de paz en nuestra conducta diaria.

869. *EL REGALO DE DIOS (Isaías 9:1-7)*

INTRODUCCIÓN: la venida de Cristo anunciada en este capítulo se produjo (v. 7) tal como indica el principio del mismo. Israel había estado algunos años en turbulencia por las guerras de los Macabeos con Antíoco y como dice el refrán –«a río revuelto, ganancia de pescadores»–, los romanos se aprovecharon de la situación para invadir el país e imponer su paz, pero a costa de sangre y sacrificios. El quebrantamiento del yugo que Israel esperaba (v. 4) es, como muchas profecías de fecha dilatoria, a causa del plan de Dios de salvar a los gentiles en un mundo que necesitaba siglos para ser evangelizado, pero la luz vino en aquellos días (v. 2) y con ella la más profunda alegría. Pero no en la forma que Israel esperaba, porque para Dios el tiempo tiene poca importancia: Esta luz y esta alegría serán efectivas y completas en los días del Milenio, cuando el niño de Belén será Rey de toda la Tierra...

I. La clase del regalo

«Un niño nacido»: cada niño que nace es un tesoro de posibilidades, porque lleva la simiente humana en estado latente, pero Jesucristo es el único nacido en el mundo que participaba de la naturaleza divina, «encerraba el Infinito en un débil niño».

II. Para quién es el regalo

La expresión «nos» sólo se dice de uno nacido en la familia.

Notemos que el ángel de Belén dijo: «Os», pues Jesús no nació para los ángeles, sino para los hombres...

1. Es un don especialísimo de Dios: no el resultado de una ley biológica, sino algo totalmente especial y diferente. Dios lo dio no sólo a Israel, sino a toda la humanidad.

2. El apóstol Pablo lo llama «un don inefable» (que no se puede expresar con palabras), y así es según la portentosa descripción de esta profecía.

III. La grandeza del regalo

Ésta se desprende de los nombres que se le aplican...

1. Admirable: etimológicamente significa «digno de ser mirado»:

a) En su persona: los ángeles desde siglos deseaban mirarlo (1 P. 1:12).

b) Los pastores «corren».

c) Los magos vienen de lejos.

d) Las multitudes se apretujaban.

e) Nosotros lo daríamos todo por verle.

2. Consejero: ¡Qué valor tiene cada «yo os digo» de Jesús! La humanidad y la conciencia recta tienen que reconocer que es lo mejor. El mundo sólo necesita dejarse aconsejar por Él. Tomémosle nosotros como Consejero.

3. Dios fuerte: lo fue por sus milagros. Lo será cuando aparezca. Nadie ha podido decir: «Yo y el Padre una cosa somos».

4. Padre Eterno: los judíos no pueden comprender esta tremenda expresión porque no creen en la Trinidad, pero los cristianos lo entendemos. Fray Luis de Granada distinguía: «Observad que no dice eterno Padre, sino Padre eterno, en el sentido de que puede engendrar hijos constantemente por la fe» (Jn. 1:12).

5. Príncipe de paz: los ángeles miraban lejos en cuanto a las consecuencias de su nacimiento. Las inmediatas eran: «No paz, sino espada». Su lealtad a Él ha traído muchas persecuciones y luchas, pero Él es el eterno Príncipe de Paz, solamente que dos mil años es un tiempo muy corto para la historia del mundo y más aún del universo.

IV. La recepción del regalo

1. Humanamente fue muy pobre: nació en el establo de un mesón, pero estaba profetizado que nacería en Belén y el instrumento escogido por Dios para traerlo al mundo quedaba en Nazaret. Cuando Dios quiere, aun los gobernantes impíos hacen leyes según sus propósitos, pensando cumplir su realísima voluntad, pero están cumpliendo la de Dios.

2. Y en Belén no había sitio en el mesón: como si los seres celestiales no pudiesen tolerar una recepción tan fría, llaman a los únicos que por su rudeza no desdeñaran acudir al pesebre.

CONCLUSIÓN: Jesús ya no es un niño en un establo, aunque así lo expresamos en los himnos navideños. Es el Rey de reyes y Señor de señores, y por su espíritu es Dios eterno del universo, tal como lo expresa esta profecía. ¿Cómo lo recibiremos? Por fe, reconociéndole como nuestro bendito Salvador y Señor.

870. *LOS MAGOS*
(Mateo 2)

INTRODUCCIÓN: fiesta más católica que cristiana. Los países protestantes dan los regalos por Navidad, en recuerdo del gran regalo: Jesús. Es un mal principio enseñar a los niños la mentira. Ellos no nos creen mentirosos y no deben cambiar de opinión. Yo creo que avergonzaría a los verdaderos Magos ver que les hacen servir de recaderos. Pensando en ellos como recaderos, olvidan considerarles como modelos religiosos.

I. ¿Quiénes eran?

1. Sabios, astrónomos (*Véase* Dn. 2; Est. 1):

a) Éstos serían descendientes de los amigos de Daniel: todos los sabios eran considerados como magos en aquel tiempo. Éstos que vinieron del Oriente (posiblemente Babilonia) eran creyentes en el Dios de los judíos.

b) La fe no es característica de los ignorantes: «Poca ciencia aparta de Dios, mucha ciencia acerca a Dios».

c) Algunos han hecho de rodillas sus inventos. Ampère, el gran descubridor de las leyes de la electricidad, dice: «Trabaja con el espíritu de oración; estudia las cosas de este mundo, pero míralas solamente con un ojo, y que el otro esté fijo en las realidades eternas». «Ocúpate de las cosas de abajo con una mano; con la otra aférrate a la mano de Dios como un niño al vestido de su padre».

d) Herschel, el gran astrónomo, dice: «Los descubrimientos humanos parecen tener por misión confirmar más fuertemente las verdades eternas contenidas en las Sagradas Escrituras».

e) El mismo Darwin no era ateo y su colaborador Rusell Wallace se convirtió y escribió un hermoso testimonio contra la evolución casual.

2. Los magos eran creyentes: no dicen «si ha nacido», sino «que ha nacido». ¿Le habían visto? ¡No! Y las profecías del A T. eran más oscuras para ellos que para nosotros. ¿Qué motivos tenían, entonces, para creer?

a) Las profecías de Isaías, llevadas a Babilonia por Daniel y otros.

b) Las del propio Daniel (las setenta semanas de años; Dn. 9:24-25): que se cumplieron por Ciro.

c) La mención de Balaam acerca de la estrella de Jacob (Nm. 24:17). Pero era una profecía enigmática: no sabemos si otras revelaciones les fueron dadas, pero pusieron una fe firme en todo lo concerniente a aquel maravilloso pueblo hebreo que su gran rey Nabucodonosor había traído a su patria.

d) Nosotros tenemos los mismos y mucho mayores motivos: no hemos visto el Reino de Cristo, pero conocemos al Dios de Israel, que ha sido fiel en el pasado y lo será en el futuro. No decimos, como ellos, «dónde está»; sino «yo sé que mi Redentor vive y va a venir».

3. Decididos: no basta estar convencidos de la verdad, sino que hay que obrar en consecuencia. Los Magos podían haber creído y alegrarse sin moverse de Babilonia, pero eran demasiado sinceros y fervorosos. No repararon en dificultades, como su edad, sus cargos, la lejanía, la impopularidad del pueblo hebreo en su país y todo para ver ¿qué? ¡Un niño recién nacido! Dentro de un cuarto de siglo sí que valdría la pena, cuando él fuese el Mesías rey; pero ellos ya no estarían. Muchos ancianos dicen: «Soy demasiado viejo»; pero es sólo la mayor razón para aceptar a Cristo. La expresión adorarle demuestra que presentían el gran secreto de su

divinidad, aunque no sabemos cómo. ¿No nos enseña esta actitud mucho? Sí, que la fe verdadera es una fe práctica; no basta saber de Cristo, sino seguirle. Jesús dijo: «Si sabéis estas cosas, bienaventurados seréis si las hiciereis». Tan pronto como el alma vislumbra la verdad tiene que moverse. «El que busca, halla». El diablo se ha cuidado de que haya dificultades, pero hay que vencerlas:

a) Parecía lógico buscarle en la capital, Jerusalén pero la estrella no les siguió; continuaba señalando hacia el Sur, pero la profecía fue su estrella espiritual. La Palabra de Dios no cambia. Notemos que los sacerdotes humanos no se unieron a ellos. Pocos son movidos hoy día, por las enseñanzas de la Biblia, más bien se dedican a criticarla.

b) La hipocresía de Herodes *(explíquese* quién era): reedificador del Templo, pero cruel asesino.

c) El gozo de los Magos se comprende al ver cómo se correspondían la Palabra de Dios y la estrella. Las almas pueden extraviarse como los magos y dar con algún Herodes en lugar de hallar a Cristo. Esto ocurrió abundantemente con los malvados papas de la Edad Media, pero los más fieles encontraron siempre en la Biblia el camino de la verdad.

CONCLUSIÓN:

Busquemos en ella el camino a Cristo y, una vez hallado, rindámosle nuestros corazones de veras, como decía el poeta Almudévar:

«Cual ellos, no tenemos tesoros que ofrecer... ¿Sin oro y sin perfumes iremos hasta El?»

Iremos, entonando dulcísima canción; las vidas ofreciendo al niño que nació.

Sí, podemos ofrecerle:

–El *oro* de nuestro tiempo, como dice el refrán, si no lo tenemos en monedas.

–El *incienso* de nuestra alabanza, de olor más suave para Dios que todo el incienso material.

–La *mirra* de nuestra abnegación (La mirra representa o nos habla del sufrimiento.)

Alguna vez, toda rodilla se doblará, de pobres y de ricos; mejor doblarla ahora. Jesús dijo: «La reina de Sebá se levantará y os condenará», etc (Lc. 11:21; Mt. 12:42). Esto puede decirse también de los Magos que lo hicieron, como ella, en circunstancias aún mucho más adversas.

871. *NAVIDAD (I)*
(Mateo 1)

INTRODUCCIÓN: Es el obligado tema del día, sobre el cual tenemos dos relatos originales que coinciden armoniosamente. Lucas y Mateo. Ambos hablan del nacimiento sobrenatural de Jesucristo por obra del Espíritu Santo en la virgen María. Ambos coinciden en que nació en Belén. Lucas descubrió dos preciosos detalles de su humillación...

–Nacido en un pesebre.

–Celebrado por ángeles del Cielo.

Con estos detalles del nacimiento de Jesús ha llenado de luz y poesía más de mil novecientas ochenta navidades y siempre encontramos en la conmemoración algo nuevo y significativo que decir...

I. La confirmación histórica

El edicto de Augusto reiterado por el César durante el gobierno de Cirenio en Siria, de cuya provincia romana formaba parte la nación de Israel. Dios cumple sus propósitos ajustándolos a las circunstancias de la vida que parecen casuales. Podemos imaginamos la escena. La virgen sintiendo ya los dolores de parto y José arreando su jumento para llegar a tiempo al mesón.

II. El rey incógnito, rechazado

1. La posible duda de José y María y la gloriosa evidencia que trajeron los pastores a la pobre cuna: a un mundo indiferente supera un Cielo interesado, en el momento oportuno: «en la misma noche». «La claridad de Dios les cercó». Siempre las visiones del otro mundo van rodeadas de luz, ya que Dios es la luz inaccesible del universo (La conversión de san Pablo). La Shekinah del Tabernáculo.

2. La necesidad de la fe: ¿Por qué no fueron los ángeles a la misma cueva de Belén? Era preciso que José y María pusieran fe en el testimonio de unos hombres sencillos pero sinceros. ¿Por qué Dios no fija un letrero luminoso en los cielos indicando cuál es la religión verdadera? Porque eso provocaría una fe obligada por el temor, y Dios quiere corazones confiados en hombres y mujeres sencillos como niños.

3. Un temor seguido de gozo: tal es el procedimiento divino en muchas ocasiones de la

vida. ¿Qué sentimos el día de nuestra conversión? Generalmente, el primer paso de la conversión es el temor de Dios en vista de nuestros pecados: «Nuevas de gran gozo». ¡Cuánto gozo ha traído la Navidad, y más podría traer si los hombres aceptaran mejor su tremendo significado!

4. Un gozo universal: una noticia es tanto más importante según las personas que afecta. Todo el pueblo no significaba el pueblo de Belén, sino todos los pueblos; lo dice en singular, porque para Dios no existen las distinciones humanas.

5. «Os ha nacido un Salvador»: es algo personal, que interesaba a los pastores igual que a José y María. ¿Pueden los ángeles decir a cada uno de nosotros os nació? ¿Le tenemos como el Salvador nuestro? Si no soy de Cristo no puedo decir «me» nació, sino tan sólo «nació».

(Anécdota: en una familia donde el padre era reacio a las cosas de Dios, la niña menor puso debajo del plato del padre, por consejo de la madre, la siguiente poesía:

«Ha nacido Jesucristo
para Juan y para Elena,
para Luisa y Filomena,
para mamá y para mí.
Mas yo, papá, te pregunto
–¡Y piensa bien lo que digo!–
Jesús, mi Señor y amigo,
¿ha nacido para ti?»

El padre, tras leer estas líneas, se levantó precipitadamente de la mesa y todos pensaron que se había enojado; la mamá aconsejó a los niños que hicieran oración entretanto. Poco después volvió el papá diciendo que había ido a su habitación a tener una conferencia con Dios, recibiendo a Cristo como su Salvador).

6. Es un regalo de Dios para cada hombre de la humanidad: Dios da grandes regalos: el sol, el agua, los frutos de la tierra; es el único que puede hacerlo, debido a su grandeza infinita; pero éstos no son lo más importante, porque tienen que ver con esta etapa de la vida humana, y no con la eternidad.

III. El cumplimiento de la profecía

«En la ciudad de David» (Mi. 5:2).

¡Cuántas veces había sido leído este pasaje en la sinagoga! Pero es posible conocer y pasar por alto la Palabra de Dios, como ocurría a los escribas y está ocurriendo hoy a muchos religiosos en todo el mundo.

IV. Un Salvador

Originalmente un «Josuah». El mundo necesitaba y necesita, no un Maestro que dé consejos –esto ya lo hicieron Confucio, Buda y los filósofos griegos–, sino un Salvador.

V. Una señal de fe

1. No dijeron: «Veréis a un niño con la cara resplandeciente», sino detalles de carácter ordinario que parecían más bien una paradoja. Siempre tenemos que andar así, por fe, aceptando las cosas extraordinarias que Dios hace y que nosotros nunca haríamos, pero que las hace Dios para que podamos ejercer este don celestial: «la fe».

2. Un niño entre pajas podía ser un niño ordinario de una pareja pobre, pero era una señal para ellos, puesto que lo habían dicho los ángeles y ellos lo creyeron inmediatamente. No dijeron: «Vamos a ver si es cierto o no». Sino: «Vamos a ver lo que ha acontecido». Cuando ya se estaban preparando, oyeron el canto que les confirmó que el mensaje del ángel era verdad. Quizá si no hubiesen creído, no hubiesen tenido tal privilegio de escuchar el canto celestial.

VI. El testimonio de los pastores a otros individuos

El círculo de los creyentes: cuán útil les fue, sobre todo a María, que manifiesta: «Guardaba todas estas cosas en su corazón». Tanto a ella como a José deberían parecerles imposible las circunstancias del parto con tanta humildad. Ellos tenían los pañales bien preparados para el acontecimiento en Nazaret, pero no podían postergar la orden del emperador, con sus amenazas de castigo por la autoridad romana.

CONCLUSIÓN: El testimonio a los de fuera, dado a los vecinos de Belén es el mismo deber que tenemos nosotros; tanto a los creyentes, para ayudarles a vencer la duda innata, como a los inconversos, para llevarlos a adorar a Jesús.

872. *NAVIDAD (II)*
(Lucas 2)

INTRODUCCIÓN: explicar el relato del Evangelio en palabras modernas y sencillas, haciendo notar el motivo que trajo a José y María a Belén. La contrariedad que significó para ellos estando María en avanzado estado de preñez, pero el edicto no se podía aplazar. Las dificultades al llegar a Belén por el exceso de visitantes a causa del edicto.

I. ¿Por qué nació tan humilde?

1. Para dar un ejemplo de humildad a los hombres a través de los siglos: es curioso que los ricos que quieren construir «nacimientos», tengan que introducir en sus lujosos hogares pedazos de cartón, madera y paja.

2. Para animar a los más humildes y desheredados del mundo: «El que a mí viene no le echo fuera». *(Anécdota: el vagabundo que despertó una mañana de Navidad acostado en un establo y se acordó del Rey de los cielos, que se halló a su venida al mundo en la misma situación).*

II. Si el mundo no hacía caso, el Cielo sí

1. Si el mundo pecador era ajeno al acontecimiento, como generalmente lo era a las cosas sobrenaturales e invisibles, el suceso era centro de la atención angelical. Pasemos a considerar los tres grandes puntos del mensaje angélico:

a) Nueva de gran gozo: la mayor preocupación y tristeza de los hombres más ricos y más sabios es pensar que un día estarán sus huesos escondidos en algún sepulcro, sin parar mientes en que el mensaje de salvación de Dios es mensaje de esperanza y llena de gozo el corazón (interrógense a los creyentes del grupo acerca de cómo se sentían el día que aceptaron a Cristo).

b) Para todo el pueblo: es difícil que una buena noticia haga felices a todos. El anuncio del número premiado en una lotería hace felices a muchos, pero no a todos los habitantes de una nación; todo lo contrario, a muchos les deja decepcionados. Pero el Evangelio hace felices a todos los que lo reciben, de cualquier condición o raza.

c) Un Salvador: nótese lo personal del mensaje: «os ha nacido». Los pastores eran también seres humanos pecadores. No nació para los ángeles justos, sino para todos los seres humanos que lo acepten. Cualquier hombre o mujer pecadores puede aplicarse este pronombre personal.

III. El canto de los ángeles, un mensaje general para el Cielo y la Tierra

1. «Gloria a Dios»: podemos imaginamos que es el preludio de todo canto celestial, pues Dios es el primero y la causa de todo bien en el Universo. Justo es que el Universo entero se sienta agradecido y le dé gloria.

2. «Paz en la Tierra»: ésta es particular, para un planeta desequilibrado, desviado de la voluntad de Dios. Los cristianos somos hijos de paz, hemos hecho la paz con Dios y debemos mantener esta actitud aun para con nuestros enemigos. Consideremos esta verdad a la luz de la enseñanza de Jesús en su primer sermón, Mt. 5:44-48. *(Anécdota: el jefe caníbal que puso su maza de guerra en el plato de las ofrendas).*

Los hombres no quieren que Cristo reine y han de tener dictadores, amigos de la guerra como Napoleón, Hitler, Lenin, etc., etc. Debemos empezar los cristianos a cumplir el canto de los ángeles que el niño nacido en Belén vendrá un día a establecerse en la Tierra, pues lo anticipamos por la fe y es justo que lo cumplamos en nuestro entorno inmediato: iglesias, vecinos, etc.

3. «Buena voluntad»: la frase griega «eirene en anthropois eudokias» tiene dos sentidos: «Buena voluntad para con los hombres» y «a los hombres de buena voluntad»; ambas son ciertas, aunque la primera es la principal y la segunda la consecuencia. La buena voluntad de Dios se manifestó en Cristo, pero no es aplicable sino a los hombres que responden a esa buena voluntad con la suya para con Dios, aceptando a Jesucristo.

CONCLUSIÓN: esa buena voluntad tiene, empero, un límite: Cristo ha de ser Salvador o juez. ¿Quién celebraría el cumpleaños de su juez? Los que no tienen a Cristo como su Salvador realizan esta absurda paradoja, celebran con champán y buenos banquetes el cumpleaños de quien un día ha de ser su juez *(véase* Jn. 5:22-29).

873. *LA MUERTE DE UN CRISTIANO (Salmo 116:15)*

1. «No temeré mal alguno» (Sal. 23:4; Is. 43:2).

2. «... Pero cobramos ánimo, y preferimos estar ausentes del cuerpo, y habitar en la presencia del Señor». (2 Co. 5:8).

3. Descanso, gozo y paz (Ap. 14:13; Lc. 16:25).

4. Se compara con el dormir (Jn. 11:11; Mr. 5:39).

5. Siempre con el Señor (Ro. 14:8; Fil. 1:21, 23).

6. Estad preparados para encontraros con vuestro Dios (Am. 4:12; Stg. 4:14).

874. *CONSOLACIÓN EN LA MUERTE*

«Pero Jesús dijo: Dejad a los niños, y no les impidáis que vengan a mí; porque de los tales es el reino de los Cielos» (Mt. 19:14).

Estas palabras del Señor Jesús ofrecen rica consolación cuando muere uno de los hijos del creyente.

1. La invitación del Señor Jesús muestra el amor que Él tiene por los pequeños y sirve de consuelo para los padres.

2. La advertencia del Señor Jesús : «...y no les impidáis...» nos enseña que Él tiene derecho sobre ellos, lo cual debería consolar a los padres y darles una humilde sumisión a la voluntad de Dios.

3. La promesa del Señor Jesús nos muestra que los niños son los recipientes de Su gracia y debería levantar grandes esperanzas en los corazones doloridos de sus padres.

875. *EL DIOS DE LOS VIVOS*

«Porque Dios no es un Dios de muertos, sino de vivos, pues para él todos viven» (Lc. 20:38).

Ante Dios, todos los muertos viven. Viven una vida.

1. Sin fin.
2. Santa.
3 Bendita.

876. *LA BENDICIÓN DE LA MUERTE*

«Bendecirá a los que temen a Jehová, a pequeños y a grandes. Aumentará Jehová bendición sobre vosotros; sobre vosotros y sobre vuestros hijos». (Sal. 115:13, 14).

Por medio de la muerte de sus hijos, Dios bendice tanto a los padres creyentes como a sus niños.

1. Los niños que Él ha tomado para sí:
a) Librándoles del dolor físico.
b) Redimiéndoles del pecado.
c) Derramando sobre ellos felicidad eterna.

2. Los padres apenados sobreviven para:
a) Probar su fe.
b) Acercarse más al Señor.
c) Experimentar una consolación efectiva y duradera de parte de Dios.

877. *PENSAMIENTOS SOBRE LA MUERTE*

«Y las mujeres que habían venido con él desde Galilea, siguieron también, y vieron el sepulcro, y cómo fue puesto su cuerpo» (Lc. 23:55).

¿Qué pensamientos deben llenar nuestros corazones cuando nos detenemos a llorar ante la tumba de nuestros seres queridos?

1. Pensamientos de fe: pues el Señor es la resurrección y la vida.

2. Pensamientos de amor :pues la muerte no puede vencer al amor verdadero.

3. Pensamientos de muerte: puesto que en la mitad de la vida podemos acabart siendo presa de ella.

4. Pensamientos sobre el Cielo: pues esa es nuestra meta y el destino final de nuestra salvación.

878. *SOLAMENTE UN PASO*
(1 Samuel 20:3)

La muerte de un hombre en la mejor etapa de su vida, nos lleva a la memoria la verdad que enseñan las Escrituras, y es que entre el hombre y la muerte hay tan sólo un paso.

1. ¿Por qué ocurre así?

a) En parte porque el cuerpo humano es frágil.

b) En parte por la inmutable justicia de Dios.

2. ¿Por qué este hecho nos conmueve tan hondamente?

a) Porque con la muerte se fija para siempre nuestra condición futura.

b) Porque con la muerte se termina la oportunidad de preparamos.

3. ¿A qué debería llevarnos la comprensión de esta verdad?

879. *VIDA ABUNDANTE*
(Juan 10:10)

Como en la muerte, el Señor cumple sus promesas a los fieles.

1. La promesa:

a) Vida.

b) Más abundantemente.

2. El cumplimiento:

a) Después de la muerte del cuerpo: vida eterna.

b) Después del sufrimiento en este mundo: una corona en el Cielo.

c) Después de los intensos anhelos: Gozo y disfrute sin par.

3. La condición:

a) Si Cristo ha sido nuestra vida aquí en la Tierra.

b) Si aquí nuestro corazón ya ha encontrado en Cristo una completa satisfacción.

880. *QUEDÁNDOSE DORMIDOS*
(1 Corintios 15:6)

INTRODUCCIÓN: sí, los compañeros del Señor Jesús murieron uno por uno. Sin embargo, no vemos en la Escritura ninguna palabra de lamentación. No se dice que han perecido, o que pasaron a la tierra de las sombras, sino que han dormido. El espíritu está con el Señor Jesús en la gloria, y el cuerpo descansa hasta que Él venga.

1. La figura que se usa aquí:

a) Un hecho muy natural, «quedarse dormido». Es el final feliz de un día de trabajo. No es doloroso en sí, sino que más bien pone fin a todos los dolores y sufrimientos.

b) Una posición de seguridad de un sin fin de peligros.

c) Una condición que no es en manera alguna destructiva. Ni dormir ni morir destruye la existencia.

d) Una postura llena de esperanza. Nos despertaremos de este sueño sin ninguna dificultad, y sumamente renovados.

2. Los pensamientos que presenta esta figura:

a) ¿Cómo nos comportamos con aquellos que están durmiendo? ¿Valoramos su presencia viva, su trabajo y testimonio? ¿No deberíamos ser más benevolentes y amables con los que aún viven?

b) Nosotros también deberíamos preparamos para nuestro «sueño». ¿Está en orden nuestra casa? ¿Está en orden nuestro corazón? ¿Está nuestra labor cristiana en orden?

c) ¡Cuán pacientemente deberíamos llevar a cabo las labores y sufrimientos del día, puesto que aún queda un descanso para el pueblo de Dios!

3. Las esperanzas son confirmadas por esta figura:

a) Los que duermen se levantarán. La voz de su Padre les hará despertar.

b) Los que duermen y nosotros mismos disfrutaremos de una dulce comunión.

CONCLUSIÓN: el sueño no destruye ahora el amor de los hermanos y hermanas. Nos despertaremos como familia unida, salvada por el Señor. No tengamos una pena inútil por aquellos que duermen. No tengamos temor de dormir en tan buena compañía.

881. *DULCE SUEÑO, DULCE DESCANSO (Salmo 3:5; 4:8)*

1. Aquí: Él dará el sueño a su amado (Sal. 127:2).

a) Descansará en confianza y esperanza (Job 11:18).

b) No habrá quien espante su descanso (Lv. 26:6).

c) Su sueño será dulce (Pr. 3:24): «Recobra, oh alma mía, tu calma, porque Jehová te ha procurado bienes» (Sal. 116:7). «Yo me acosté y dormí» (Sal. 3:5). «En paz me acostaré, y asimismo dormiré» (Sal. 4:8).

2. Desde ahora y para siempre: su descanso será glorioso (Is. 11:10).

882. *UNA FUERTE CONSOLACIÓN AHORA Y ENTONCES (1 Pedro 1:3-9)*

1. Ahora, por un poco de tiempo, afligidos (I P. 1:60. Entonces, el gozo eterno (Is. 51:11).

2. Ahora, regocijándonos en Él a quien no hemos visto (1 P. 1:8). Entonces, viendo al Rey en Su hermosura (Is. 33:17; Ap. 22:4).

3. Ahora, extranjeros y advenedizos (He. 11:13). Entonces, estaremos por siempre con el Señor en nuestro hogar eterno (1 Ts. 4:17).

4. Ahora, gimiendo en este nuestro tabernáculo terrestre (2 Co. 5:4). Entonces, seremos como Él (1 Jn. 3:2).

5. Ahora, viendo como a través de un espejo, borrosamente, (1 Co. 13:12). Entonces, veremos cara a cara (1 Co. 13:12).

6. Ahora, sufriendo con Él (2 Ti. 2:12). Entonces, reinando con Él (2 Ti. 2:12).

7. Ahora, nuestra ligera aflicción (2 Co. 4:7). Entonces, una sempiterna gloria (2 Co. 4:7).

8. Ahora, Cristo mora en nuestros corazones por la fe (Ef. 3:17). Entonces, sentados con él en el trono de Su gloria (Ap. 3:21, 22:5).

«Un poco más», y pronto habrá pasado... ¿Por qué rehuir a la vergüenza y la cruz? ¡Oh, apresurémonos a andar en sus pasos, contando todo lo demás como pérdida! ¡Oh, qué recompensa nos será su sonrisa para el «poco más» de nuestros sufrimientos!

883 *LA MUERTE DE NUESTROS AMIGOS (Mateo 9:24)*

El Maestro está en casa de un gobernador cuya hija está muerta. El dice que está durmiendo. Los demás se ríen. El Señor la vuelve a la vida. Cristo sabía mejor que ellos lo que iba a suceder y les reveló Sus pensamientos a ellos. Hoy día existen las mismas condiciones mentales, y muchos que gimen, podrían encontrar la consolación de Dios si buscaran la verdad...

1. Algunos podrían decir: «Morir es algo doloroso y terrible». Pero no es así...

a) La muerte no es dolorosa:

–Es la enfermedad lo que causa dolor y hace sufrir al cuerpo.

–La muerte es un alivio del dolor físico.

b) La experiencia de nuestros amigos que han muerto prueba lo siguiente: William Hunteer dijo, mientras se estaba muriendo: «Si tuviese fuerzas para sostener una pluma, escribiría cuán fácil y delicioso resulta morir».

c) El aguijón de la muerte está en rechazar a Cristo, lo que resulta en una vida y un alma perdidas.

2. Algunos enseñan que la muerte de nuestros amigos es una pérdida absoluta. Pero no es así:

a) Sus cosas materiales les mantienen en contacto constante con nosotros.

b) Y si aun estas manifestaciones exteriores fuesen quitadas, aún estarían con nosotros en nuestra memoria.

c) No sólo nos queda la memoria de ellos, sino la influencia de sus vidas, por lo cual no están perdidos del todo: la muerte no puede destruir la oración de una madre, el consejo de

un padre, los ruegos de una hermana, la comprensión de un hermano, o el amor de un niño.

d) Para nosotros no están perdidos, porque todavía, de alguna manera, siguen viviendo: de una manera muy especial esto es verdadero para los muertos en Cristo. ¿Por qué no han de recordamos? El hombre rico en el Hades recordaba a sus hermanos. ¿Por qué nuestros amados que están con el Señor no podrían pensar en nosotros? El Señor Jesús dijo que todo aquel que creyese en Él no moriría jamás.

e) Pero no están perdidos para nosotros, porque les veremos otra vez: «No os asombréis de esto; porque va a llegar la hora en que todos los que están en los sepulcros oirán su voz; y los que hicieron lo bueno, saldrán a resurrección de vida; mas los que hicieron lo malo, a resurrección de condenación. » (Jn. 5:28, 29).

884. *LOS MUERTOS BIENAVENTURADOS (Apocalipsis 14:13)*

INTRODUCCIÓN: la suerte de los hombres difiere en muchas cosas, pero en lo que se refiere a la muerte, es común a todos. La corriente de la vida, ya . sea oscura o brillante, lánguida o agitada, tarde o temprano será detenida por la muerte. Se pueden esquivar otras experiencias, pero no la de la muerte. Es inevitable, universal y razonable. El texto declara una condición, describe un carácter y asigna una razón.

1. La condición: «bienaventurados», o sea, felices, satisfechos, en paz habiendo sido gratificados en el más alto grado. La enseñanza cristiana que dice que la muerte significa el paso a una vida más abundante, suena como una paradoja. Pero si no fuera así, no es peculiar a la fe cristiana. En todos los sitios de la Tierra la vida está condicionada por la muerte. Cada avance de la vida necesita de la muerte. Nada puede vivir a menos que se nutra del aire, del agua o la tierra; de tejidos animales o vegetales, por medio de un proceso que involucra la descomposición de aquello de lo cual se alimenta.

2. El carácter descrito: «Bienaventurados los muertos que mueren en el Señor...» Las bendiciones que se anuncian son el resultado del carácter y la conducta, o sea del carácter desarrollado y manifestado por la conducta durante la vida de la persona:

a) Aquellos que no pueden pensar con paz y gozo acerca de la muerte, probablemente tampoco han tenido nunca pensamientos de gozo y paz acerca de la vida.

b) Aquellos que piensan que la muerte es algo misterioso y tiene una imagen repugnante, encontrarán que la vida misma es algo confuso en la cual no pueden encontrar ningún propósito para su existencia.

c) El objetivo principal de la vida para el cristiano, es que Dios lo moldee a la imagen de Cristo. Si la vida hace en nosotros esta maravilla, estamos sacando lo mejor de ella, y nuestra vida estará completa sea cual sea el número de sus años. Una vida tal constituye la única preparación adecuada para una muerte santa, pues esta radica en nuestro carácter y formación espiritual.

3. La razón asignada: «Sí, dice el Espíritu, mueren para descansar de sus trabajos, porque sus obras siguen con ellos».

a) Bienaventurados son, porque reposan en el Señor. La fatiga de la labor física, las reacciones depresivas de las ocupaciones intelectuales, el cansancio del conflicto espiritual: son todas cosas que pertenecen al pasado.

b) Son bienaventurados en su recompensa: «... Porque sus obras siguen con ellos». Mientras que el precio de su vida eterna y de su título de pertenencia al Cielo dependen únicamente de la sangre de Cristo, sus obras les siguen como una evidencia satisfactoria de haber vivido y haber muerto en el Señor.

c) Bienaventurados en su influencia sobre los vivos. Mientras que toda su labor personal acaba con la vida, la influencia que esa vida ha tenido con los que siguen viviendo es tal, que aun de muertos, todavía en cierta manera siguen viviendo sobre esta Tierra.

CONCLUSIÓN: la observación y la experiencia demuestran que, mucho después de que han pasado a la eternidad, los resultados de la vida de los que han dormido en Cristo permanecen en todo su vigor. El legado de aquellos que murieron en el Señor es un poder continuo y duradero del bien.

885. *LA MUERTE DEL JUSTO (Números 33:10)*

1. El carácter del justo es divino: el justo pertenece a Dios, y se ha apropiado de la justificación, la regeneración, la santificación y la obediencia práctica.

2. Un acontecimiento que debemos ilustrar:

a) Bajo la inmediata dirección de Dios.

b) En un estado de seguridad bajo la gracia.

c) Entrando en una vida de inmortalidad.

3. Un deseo que debe regularse:

a) Por una cuidadosa consideración del carácter del justo.

b) Por medio de una adecuada preparación ante la muerte, y una deferencia constante a la voluntad divina.

Por lo tanto... ¿Cuál es su perspectiva con respecto a la muerte? Diferencias entre la muerte del impío y la muerte del justo.

886 *UNA FUENTE DE CONSOLACIÓN (1 Tesalonicenses 4:13-18)*

INTRODUCCIÓN: los tesalonicenses habían recibido recientemente el Evangelio, y ahora algunos de sus amigos habían muerto en la fe del Señor Jesucristo. Como esperaban estar en el cuerpo hasta que el Señor volviese, y a causa de que algunos de ellos habían muerto, estaban sumamente turbados. Para neutralizar esta tendencia a la pena y la turbación exageradas, el apóstol les consuela con la bendita esperanza de una eterna y feliz reunión con los que partieron, una vez que el Señor aparezca en Su gloria.

1. Habrá una hermosa reunión:

a) Los que han muerto no han perecido realmente.

b) Esta separación no será eterna.

c) Los que han partido no perderán nada.

d) Los que viven no precederán a los que durmieron en la bendita y eterna comunión con el Señor Jesús (v. 15). Ambos serán arrebatados en las nubes (v. 17; Mr. 13:26). Para estar para siempre con el Señor (v. 17; Jn. 14:3).

2. El fundamento para la esperanza de reunión más allá de la tumba: esta esperanza está construida sobre un fundamento sólido e indestructible, porque:

a) Está fundada en cl Cristo viviente (v. 14). La resurrección del Señor es el fundamento de la esperanza (1 P. 1:3; 1 Co. 15:19-23).

b) Está fundada en la promesa del Señor y su esperado retorno (Hch. 1:10, 11).

3. Cuándo se verá realizada esta esperanza: cuando el Señor descienda visiblemente del ciclo con gran gloria y poder (v. 16; Mt. 4:30, 31):

a) Dios entonces «traerá con Jesús a los que durmieron en él». (v. 14; Jud. 14).

b) Los muertos en Cristo resucitarán primero (vs. 16). Antes de que esta bendita unión tenga lugar, los muertos con Cristo deben ser resucitados con un cuerpo incorruptible, glorioso, poderoso y espiritual (1 Co. 15:42-44).

c) Los que viven serán trasformados (1 Co. 15:51-57). Este será el final, una reunión eterna y feliz de los que han dormido en Cristo y aquellos que, estando vivos en Su venida serán juntamente arrebatados con Él.

4. La consolación mutua de los que sobreviven debería atraerlos a este tema: animaos, consolaos, fortaleceos y alegraos los unos a los otros (v. 18).

a) Los afligidos son consolados: el creyente en el Señor Jesucristo no debería, como los incrédulos, tener una pena desesperanzada en presencia de la muerte.

b) ¿Cree usted que el Señor Jesús murió y resucitó de los muertos? ¿Cree usted que Él vive para siempre? El dijo: «Porque yo vivo, y vosotros también viviréis». (Jn. 14:19).

CONCLUSIÓN: ¿Espera usted el regreso del Señor? Si es así, no debería de turbarse sobre la condición presente y el futuro estado de los santos que ya han partido.

887. *EL LADO BRILLANTE DE LA MUERTE (Números 23:10)*

INTRODUCCIÓN: muchas personas ven la muerte como algo triste y oscuro sin ver en ella su cualidad redentora. Pero la muerte del justo,

como las nubes bajas que tapan el sol a mediodía, tiene un lado brillante y un interior de plata.

1. Morir no es tan doloroso como se suele suponer: siguiendo nuestros instintos naturales, nos encogemos de temor ante la muerte.

2. Muchas muertes, en comparación con otras, resultan brillantes:

a) La muerte del justo con la del impío: así pensaba Balaam. Para los impíos, la muerte es el adiós final a todas las oportunidades que ofrece el Evangelio, y un salto sobre el precipicio de la desdicha y al abismo de una noche sin estrellas. Pero para el cristiano significa pasar al reino de la luz eterna.

b) La muerte del justo con otros hechos tristes y acontecimientos oscuros: al creyente le pueden acontecer desgracias más tristes que la muerte.

3. La muerte no es una confiscación del ser consciente:

a) La muerte no destruye al habitante interno del ser, únicamente lo arrebata de la habitación donde vive.

b) El creyente fiel nunca muere (Jn. 11:26).

4. Habrá una resurrección del cuerpo:

a) La tumba es sólo una «posada» momentánea.

b) El hombre fue creado inmortal, y se levantará de la tumba para vivir para siempre.

c) La muerte será destruida.

d) Lo mortal se vestirá de inmortalidad.

5. La muerte es la autopista real que contribuirá al mejoramiento del estado del cristiano:

a) «Es la puerta de la vida verdadera, y el vestíbulo del Cielo».

b) Es ir del bien de la Tierra hacia lo mejor en la casa del Padre: asegura al creyente un inmediato aumento del bien. Significa ir de las grandes oportunidades que ofrece la Tierra hacia las mayores que ofrecen los Cielos. Es partir de al lado de los amigos, hacia una innumerable compañía de ángeles.

CONCLUSIÓN: la muerte es el último conflicto con el que debe afrontarse el creyente para obtener su corona. Como decía Edward Payson, «La batalla se ha peleado y se ha ganado la victoria». Es la reunión eterna con aquellos amados que ya han partido a la eternidad.

888. *COSAS VIEJAS Y NUEVAS (2 Corintios 5)*

INTRODUCCIÓN: este capítulo es usado frecuentemente para entierros, ya que los diez primeros versículos hablan exclusivamente de la muerte y del más allá, pero tomando no sólo esta primera porción, sino el conjunto del capítulo, podemos hacer un estudio muy interesante acerca de la vida presente, y así podemos notar 6 cosas que reemplazan a otras diez viejas. Notemos algunas de ellas.

1. Una certidumbre nueva (v. 1): la vieja incertidumbre que atenaza todos los corazones humanos acerca de la muerte y el más allá se transforma en una preciosa certidumbre a causa de las promesas de Cristo : «Sabemos», afirma en los vv. 1-6. El apóstol Pablo decía : «Yo sé... y estoy cierto» (2 Ti. 11:12 y I Jn. 5:13).

2. Un espíritu nuevo (v. 5): es el Espíritu Santo que nos es dado y que da testimonio a nuestro espíritu de que somos hijos de Dios, un espíritu de amor y de templanza (2 Ti. 1:7; Gá. 4).

3. Una ambición nueva (v. 9): la palabra «procuramos» significa ambicionar. Ya ha pasado la vieja ambición de agradarnos a nosotros mismos, ahora anhelamos, mientras nos hallamos en el cuerpo y también cuando estemos fuera del cuerpo, «serle agradables» (Jn. 4:34, 8:29; Ro. 15:2, 3; 2 Ti. 2:4).

4. Un motivo nuevo (v. 1): el amor de Cristo nos constriñe a vivir para Él (v. 15). Su amor para con nosotros es el imán que nos atrae y la fuerza motriz que nos impulsa en esta nueva vida.

5. Una nueva ocupación, tan difícil como honrosa (vv. 18, 20): ciertamente lo es el cargo de embajador mundano. Mientras estamos en esta parte de la vida no lo parece. Los apóstoles fueron despreciados y burlados y así nos ocurrirá también a nosotros, pero ha de venir un día en que proseguiremos teniendo tan honroso cargo en el Reino de los Cielos (Ef. 1:12; 3:10).

CONCLUSIÓN: ¡Cuán honroso tiene que ser este cargo cuando seamos presentados como

mensajeros del Rey del universo nada menos que a principados y potestades en los lugares celestiales! Ahora bien, es necesario que nos entrenemos aquí tratando de dar a conocer la sabiduría y el amor de Dios a quienes están lejos de Él, para que podamos continuar la misma tarea allá.

889. *RAZONES PARA NO LLORAR ANTE LA MUERTE (Lucas 7:11-17)*

INTRODUCCIÓN: este relato de Lucas es una de las más alentadoras garantías que tenemos acerca de lo que el mundo teme tanto. Nos es dada por el evangelista Lucas, quien en el prefacio de su libro nos dice que le había parecido bien, después de haber investigado ordenadamente todo lo que ocurrió en los días de Jesucristo; y así empieza con el nacimiento y misión de Juan el Bautista, acerca de la cual nos da los detalles innegables frente a la historia : El reinado de Tiberio y de todas las autoridades de aquellos tiempos, incluyendo la genealogía de Jesucristo, de modo que podemos tener plena confianza acerca de este incidente sobrenatural de aquel Cristo a quien reconocemos como Salvador ensalzado a la diestra de Dios y como Jesús resucitado les apareció en la casa donde residían y les dio el encargo que nosotros estamos aun procurando cumplir en nuestra época y siglo, o sea, predicar en su nombre el arrepentimiento y el perdón de pecados a todas las naciones. Por esta razón podemos mirar adelante al hecho seguro de nuestra muerte, imaginándonos los mejores detalles de esta historia verdadera y sentirnos seguros ante el hecho inevitable de la muerte para alentarnos a nosotros mismos y a todos los que viven ante el temor de la muerte como si el Cristo invisible, pero amado y adorado hoy día por millones en el mundo, dirigiéndoles por la fe las palabras alentadoras de esta historia.

1. «No llores»; el gran predicador F.B. Meyer, escribe de este modo: «Podemos estar seguros de que ninguna viuda se halla al lado de la cama funeraria de su hijo, ninguna madre cerca de la cuna vacía de su bebé, ningún amante corazón que ve ante sí, a aquel joven o aquella joven que ama, sin que el Hijo del hombre invisible, pero glorioso, se halle al lado de estos corazones doloridos repitiéndoles las palabras *no llores».*

2. ¿Por qué puede hoy día repetir este consolador mensaje? «No llores», porque el amor es eterno. El gran apóstol Pablo, que escribió la sublime apología del amor, nos dice mirando al futuro de cada ser humano: «Y ahora permanecen la fe, la esperanza y el amor, estas tres, pero la mayor y más permanente de estas virtudes es el amor». Ten, pues, por seguro que estos benditos lazos que han sido tejidos entre nosotros en la vida no pueden ser destrozados por esta aparente negación de la vida. La muerte sólo puede tocar el cuerpo, pero sin alcanzar el alma que según muchos testimonios de la Sagrada Escritura está destinada a volar (Sal. 90:10) y estas personas vivientes para Dios (Lc. 20:38) no nos han olvidado, sino que nos aman aun. Tanto es así, que nos asegura el autor de la carta a los Hebreos que «sin nosotros no pueden sentirse completos o satisfechos ellos mismos» (He. 11 :40).

3. «No llores», pues el reconocimiento de nuestros amados es seguro: ¿No reconoció María Magdalena al Señor cuando después de resucitado intentó abrazarse a sus pies, y a los quinientos hermanos a quienes se apareció en un monte de Galilea? ¿No vieron en él al mismo Señor y Maestro que conocían? ¿Y no dice el apóstol san Pablo que ser desatado (de las ligaduras del cuerpo) y estar con Cristo es mucho mejor? (Fil. 1:23). Sí, aunque embellecidos por la hermosura celestial, el rostro que has amado te sonreirá un día, y el mismo tono de voz que ha sido música para tus oídos en muchas ocasiones, volverá a hablarte otra vez. «No llores», solamente te falta dar el paso al otro lado de la sombra de muerte (Sal. 23:6).

CONCLUSIÓN: el Señor volvió la vida a este joven de Naín, pero hubo otra separación algunos años después, seguramente motivada por la muerte de la madre; pero cuando tus amados serán reunidos contigo, no habrá más separación, ni habrá más llanto, ni dolor, ni clamor. Tu corazón será satisfecho, así como el de aquellos seres que amas, será la reunión definitiva y eterna.

890. *CRUZANDO EL RÍO* *(Josué 3:17)*

INTRODUCCIÓN: Washington cruzó el río Delaware en barco, y los israelitas el Mar Rojo cuando fue dividido, en cuya división los egipcios fueron ahogados. Este cruce difiere de todos los demás, y fue sin pérdidas de vidas para el pueblo de Dios. Las aguas se apilaron a ambos lados al toque de los pies de los sacerdotes.

1. Los obstáculos se desvanecen al toque de la fe: los obstáculos que pueden ser tremendos a distancia, desaparecen cuando se avanza sobre ellos y se les toca con valor. Como sucede durante la vida, ocurre igualmente al final de la misma. Muchas personas tienen ahora miedo al cruce final del Jordán. Pero cuando lleguemos a Él, cuando nos haya llegado el tiempo aprobado por Dios para que lo crucemos, todo temor se desvanecerá. Cristo, nuestro Sacerdote, con Sus pies llagados, ira delante nuestro. Sus pies tocarán las aguas y hará que se separen, y podremos pasar a través de ellas a terreno seguro.

2. Será la plenitud de todo lo que Dios hace: cuando el Jordán dejó de fluir no inundó sus orillas. Tampoco dejó lodo o limo en su lecho. Estaba seco. Dios nos lo da todo completo, no hace nada imperfecto. El hizo un universo completo, nos dio un Salvador completo, una Biblia completa, y nos dará a cada uno de nosotros un pasaje completo a través del Jordán.

3. La muerte está entre nosotros, y todo lo brillante, hermoso y fructífero del más allá: hay un río de dificultad que debemos cruzar. Las grandes uvas y la buena tierra estaban más allá del Jordán, al otro lado. Hemos de cruzar el río para conseguirlos. Lo que no cuesta nada no tiene ningún valor. Debemos de luchar por lo que en realidad vale. Cada creyente nacido de nuevo sabe por experiencia que es así, y después de cada dificultad que se ha vencido en esta vida, nos espera el cruce final del río de la muerte. Pero el gran Sumo Sacerdote irá delante de nosotros, y las aguas se abrirán para que el creyente pueda atravesarlas con total seguridad, mientras canta con gozo, «¿Dónde está oh muerte, tu aguijón?, etc. » Las familias de los israelitas pasaron por el río todas juntas. Que felicidad deben de haber experimentado. Sin embargo, nosotros debemos pasar uno por uno; pero mientras un pie se pose en el río, el otro ya estará en el Cielo. No es un descenso, sino un rapidísimo ascenso.

CONCLUSIÓN: ¡Qué consolación para todos los creyentes! Los que han de partir no serán sumergidos, o tragados por algo, sino que cruzarán el paso definitivo y póstumo con victoria y llegarán vivos a la otra orilla. Todos sus dolores y sus males habrán desaparecido, y estarán por siempre a salvo de todas las artimañas de Sa- tanás. ¿Les llamaría usted para que viniesen de vuelta a la tierra? ¿No han tenido ya suficiente lucha y conflictos? ¿Les obligaría a pasar por el Jordán dos, o tres veces? Allí donde se encuentran no hay pecado, nunca se cansan, nunca sufren, nunca lloran, y nunca volverán a morir.

891. *¿POR QUÉ A VECES DIOS TOMA LA VIDA DE UN NIÑO?* *(2 Samuel 12:23)*

¿Por qué se va un niño en la frescura de la temprana aurora de la vida, dejando el hogar desolado, los corazones tristes, y las dulces esperanzas marchitas para siempre? Tal vez no seamos capaces de responder completamente esta pregunta, pero existen ciertas consideraciones que en cierta medida pueden aclarar el horizonte cargado de sombras.

1. El largo de la vida humana no es siempre la medida de su utilidad: una vida larga no es necesariamente una vida útil. Puede ser como algunos ríos, cuyas aguas son lentas y perezosas, y sus bancos bajos y llenos de lodo, donde se refugian el cocodrilo y la serpiente. Otras vidas son cortas y diminutas, como algunos manantiales de la montaña, y sin embargo que obra magnífica que han llevado a cabo. ¡Qué deleite trae un niño a un hogar, qué fuente de placer a los padres y todos quienes le rodean! Su presencia alegra, refina y eleva la vida.

2. La obra de un niño en la Tierra no acaba cuando él fallece: su cuerpo sepultado a menu-

do atrae los pensamientos de los demás hacia la tumba. Su alma que se ha ido a la eternidad capta los pensamientos y los afectos hacia sí. Abre una fuente de simpatía en el corazón de las personas hacia los deudos del niño. Su muerte se convierte en una maestra de las cosas espirituales y en un imán hacia el poder Salvador de Dios.

3. Un niño es quitado de las muchas dificultades y tentaciones de esta vida mortal: las enfermedades, la mala suerte, la pobreza, el abandono, la maldad moral, y otras perversidades que tratan de devorar la mente en ciernes y el corazón. Todos estos elementos negativos son más temibles que la propia muerte. En el Cielo está a salvo de todo mal.

4. Dios ha llamado a ese niño a una misión más elevada y más noble que cualquiera que pudiera haber cumplido aquí en la Tierra. ¿Quién puede saber lo que el espíritu de un niño precioso puede hacer por orden de Dios allá en el Cielo? Seguramente algo mucho mejor que cualquier cosa que pudiera haber hecho aquí en la Tierra.

5. La seguridad de que los padres cristianos se reunirán con sus hijos; en este pasaje se enseña claramente este hecho. Dios puede confortamos en todas nuestras tribulaciones.

892. *EL ANUNCIO CONFORTADOR (Apocalipsis 14:13)*

INTRODUCCIÓN: resulta muy solemne pensar que el número de personas que han muerto exceden en gran manera a los que viven. Son más los hijos de los hombres que descansan bajo la lápida que aquellos que juegan inquietos sobre la Tierra. Muchos de entre nosotros tenemos más seres queridos en la otra vida que aquí, y estamos deseando que llegue el día en que podremos unimos a ellos. La muerte reina, es un hecho innegable. Los hogares están entristecidos, los corazones angustiados, y cada día echamos de menos a los seres queridos. Nuestro único solaz se halla en el Evangelio de la Resurrección. Es lo único que ilumina la tumba, sostiene al moribundo y acompaña a los afligidos.

El texto es un epitafio significativo, una potente consolación y una esperanza inspiradora: un réquiem noble, gozoso, triunfante, expectante; una luz del más allá cuyo brillo y fulgor descansa en el oscuro valle y cubre de dorado aun el ataúd.

1. El carácter definido: aquellos que murieron en el Señor: es decir, que duermen en Cristo. No todos los muertos son bendecidos y algunos deben de gemir en una pena sin esperanza. En el Señor. En Cristo, es una expresión peculiar para una relación única. El alma humana puede mantener tres tipos diferentes de relaciones con Cristo. Puede ser de Cristo, en Cristo y con Cristo, un estado natural, de gracia y de gloria. Los tres constituyen sucesivamente la biografía de todos los rescatados, e implica que un hombre es un verdadero cristiano:

a) La fe en la persona y en la obra de Cristo.

b) Son santificados por el Espíritu de Cristo.

c) Son conformados a la imagen de Cristo.

2. La bendición que ha sido pronunciada:

a) Benditos, porque todavía viven para Dios. Están con Cristo.

b) Benditos, pues descansan de ansiedades y conflictos, de tentación y pecado, y de los asaltos del diablo.

3. Benditos, pues han entrado en la paz de Dios: reposan en la perfecta santidad y absoluta seguridad en la comunión de los espíritus de los justos hechos perfectos.

4. Benditos, pues sus obras les seguirán: han sembrado con lágrimas y han recogido gavillas de gozo. Esta verdad sugiere:

a) Consolación para los afligidos.

b) Confortación para los que mueren.

c) Incentivo para los que viven.

d) Solemne advertencia para los que están sin Cristo.

CONCLUSIÓN: que cada campana que suene, y cada tumba abierta sea una advertencia, una admonición, un mensaje de Dios para el hombre. Si para nosotros el vivir es Cristo, entonces el morir es ganancia, y todos los que somos del Señor seremos bendecidos en nuestra muerte.

893. ***EL CRISTIANO ANTE LA MUERTE (Hechos 7:60)***

1. El cristiano ante la muerte encomienda su alma al Cielo.

2. El cristiano ante la muerte sabe que tiene que dejar su cuerpo en la tierra.

3. El cristiano ante la muerte confía a sus familiares y amigos a la protección divina.

4. El cristiano ante la muerte consigna a sus enemigos a la compasión divina.

894. *UN AÑO PARA CRISTO*
(Éxodo 33:12-15)

1. Una meta digna: «Por lo cual también anhelamos, o ausentes o presentes, serle agradables» (2 Co. 5:9).

2. Un lema adecuado: «Porque para mí el vivir es Cristo, y el morir es ganancia» (Fil. 1:21).

3. Una regla segura: «...Hacedlo todo para la gloria de Dios» (1 Co. 10:31).

4. Una resolución provechosa: «... Olvidando lo que queda atrás, y extendiéndome a lo que está delante, prosigo hacia la meta...» (Fil. 3:13, 14).

5. Una promesa que inspira: «Mi presencia irá contigo, y te haré descansar» (Éx. 33:14).

895. *MIS RESOLUCIONES PARA EL AÑO NUEVO*
(1 Tesalonicenses 5:9-23)

Estas resoluciones bíblicas debemos hacerlas nuestras durante los 365 días del año. Creo que si las cumplimos estaremos preparados para cualquier contratiempo y para vivir una vida cristiana triunfante en el Señor.

1. «Consolaos los unos a los otros» (v. 11).

2. «Edificaos los unos a los otros» (v. 11).

3. «Que reconozcáis a los que trabajan entre vosotros y os presiden en el Señor y os amonestan» (vv. 12, 13).

4. «Que amonestéis a los que andan desordenadamente» (v. 14).

5. «Que consoléis a los de poco ánimo» (v. 14).

6. «Que soportéis a los flacos» (v. 14).

7. «Que seáis sufridos para con todos» (v. 14).

8. «Tened paz los unos con los otros» (v. 13).

9. «Que ninguno dé a otro mal por mal» (v. 15).

10. «Seguid lo bueno siempre los unos para con los otros» (v. 15).

11. «Estad siempre gozosos» (v. 16).

12. «Orad sin cesar» (v. 17).

13. «Dad gracias en todo» (v. 18).

14. «No apaguéis el espíritu» (v. 19).

15. «No menospreciéis las profecías» (v. 20).

16. «Examinadlo todo, retened lo bueno» (v. 21).

17. «Apartaos de toda especie de mal» (v. 22)

896. *UNA DETERMINACIÓN DE AÑO NUEVO*
(Josué 3:4)

1. Id adelante: no hay lugar para retroceder. Cualquiera que sea el sendero que está en frente de ti, has de pasar por él.

2. Busca los postes indicadores: los senderos están llenos de señales equívocas: «Miseria», «Ruina», «Muerte». El sendero recto que conduce a la Vida está claramente indicado: «Felicidad», «Paz», «Cielo».

3. Seguid avanzando cautelosamente: no os precipitéis... es mejor no resbalar, que levantarse después de haber caído Mantened siempre delante vuestro la Lámpara de la Palabra.

4. No vayáis solos: buscad compañeros para la ruta. Mirad por aquellos necesitados de ayuda en el camino. Caminad con el Señor Jesús.

5. Aferraos a las promesas de Dios (Is. 43:16).

6. Mirad adelante, con esperanza.

897. *EL AÑO VIEJO Y EL AÑO NUEVO*
(Eclesiastés 3:15)

INTRODUCCIÓN: las mentes y los corazones están llenos de reflexiones y anticipaciones. El tiempo es el elemento más duro en el carácter de una prueba. Hay algunas cosas que nos gustaría estabilizar: la salud, la vida y la felicidad. Sin embargo, hay muy pocas cosas que en sí sean estables. Las estaciones vendrán y se irán como ha sucedido desde el principio de la creación. La pregunta es, ¿las respetaremos, si se nos permite vivir otro año más?

1. Debemos esperar las providencias del Señor: «Y sabemos que todas las cosas cooperan para bien de los que aman a Dios...» (Ro. 8:28). Las providencias de Dios pueden ser agradables o a veces desagradables. Usted no es una excepción. A veces parece que Dios es

lento para obrar, pero podemos estar seguros de que siempre llega oportunamente, es decir, a tiempo. Tal vez hayamos esperado mucho tiempo sobrellevando una honda pena en el corazón, o nuestro anhelo por algo en particular se haya prolongado por meses, o quizás anos. Dios sabe cómo hacer encajar las cosas justamente en el tiempo y la forma en que surtirán efecto para nuestro supremo bien.

2. Las promesas de Dios son seguras y reales: Dios no falla en el cumplimiento de Sus promesas, como sucede con los hombres.

3. La misericordia de Dios permanece para siempre: «Alabad al Dios de los dioses, porque para siempre es su misericordia» (Sal. 136:2).

a) David cantó Salmos sobre la misericordia de Dios.

b) Isaías dijo que Dios tendría misericordia y abundante perdón.

c) Daniel se alegró cuando el Señor vino en su rescate.

d) Los tres jóvenes hebreos se gozaron cuando vieron aparecer la forma de un cuarto ser en el horno de fuego.

e) Bartimeo clamó: «¡Hijo de David, Jesús, ten compasión de mí!» (Mr. 10:47).

CONCLUSIÓN: lo que hemos aprendido en el pasado debe servirnos para enfrentar el futuro.

898. *¿QUÉ HORA ES?*

«Es hora de actuar, oh Jehová, porque han violado tu ley» (Sal. 119:126).

Somos personas conscientes de la hora. Una pregunta muy común es «¿qué hora es?»:

1. Es hora de despertar: «Y esto, dándonos cuenta del momento actual, que es ya hora de levantamos del sueño; porque ahora la salvación está más cerca de nosotros que cuando creímos» (Ro. 13:11).

a) Los Santos han de despertar (Is. 52:1; 1 Co. 15:34; Mt. 25:5; Ro. 13:11, 12).

b) Los Pecadores tienen que despertar (Ef. 5:14).

2. Es la hora de mirar hacia arriba: «... porque es el tiempo de buscar a Jehová...» (Os. 10:12).

a) La Gente necesita Orar:

–Los Santos (2 Cr. 7:14)

–Los Pecadores (Is. 55:6).

b) Hasta que el Señor venga otra vez. ¡Y Él volverá!

3. Es hora de «arar» el terreno (Os. 10:12):

a) La tierra está en barbecho, sin cultivar.

b) Necesita que se le roture, se le are por primera vez. Permitamos que el arado del Espíritu Santo y de la Palabra penetren profundamente hasta que la tierra sea roturada. «...roturad el barbecho...» (Os. 10: 12).

4. Es hora de enderezarnos (1 P. 4:17-18):

a) Un verdadero avivamiento debe tener su comienzo en la iglesia (Ez. 9:6; Am. 6:1).

b) Entonces enseñaré a los transgresores tus caminos y los pecadores se convertirán a ti» (Sal. 51:13).

899. *EL CRISTO INMUTABLE EN UN MUNDO QUE CAMBIA (Hebreos 13:8)*

INTRODUCCIÓN: el nuevo año puede traer muchos cambios para todos nosotros. La incertidumbre de este mundo cambiante constituye un desafío para que confiemos en Dios, pues el futuro depara seguridad y esperanza sólo para los que confían en Dios: «Y sabemos que todas las cosas cooperan para bien de los que aman a Dios...» (Ro. 8:28). Mientras la filosofía humana deja a los hombres en su temor y desesperación. Por ello, sólo la fe en Dios da a los hombres valor, esperanza y promesas para el futuro.

1. Las perplejidades del hombre en un mundo cambiante:

a) Las flores se marchitan, la belleza se desvanece, la amistad falla y el brillo del sol se toma en sombras tenebrosas.

b) La incertidumbre de esta vida es un hecho tanto seguro como peligroso.

c) Podemos predecir los cambios del tiempo y de las estaciones, pero no el rumbo de los acontecimientos que influirán sobre nuestras vidas.

d) Aquí planeamos, construimos y amontonamos tesoros únicamente para morirnos y dejárselos a otros.

e) La trágica incertidumbre de la Tierra nos deja en las manos de un Dios sabio e inmutable.

2. La esperanza de seguridad del hombre en el Cristo inmutable:

a) El registro de Dios de «ayer» es su ley de acción para «hoy».

b) Su fidelidad de «ayer» y de «hoy» nos da esperanza y seguridad en Dios «para siempre».

c) Dios es suficiente para compensar el efecto de los acontecimientos cambiantes del nuevo año.

d) La fidelidad inmutable de Cristo durará para siempre.

3. El Cristo inmutable será el mismo en los Cielos:

a) El amor y ternura de Cristo durará «para siempre».

b) El será nuestro eterno Pastor en la Tierra gloriosa.

CONCLUSIÓN: aquí todo cambia, pero en el Cielo, Cristo, los ángeles y las almas de los redimidos aman y viven para siempre.

900. *PENSAMIENTOS DE NOCHEVIEJA*
(Filipenses 3:13, 14)

1. Retrospección: deberíamos traer a la mente nuestros errores, nuestros descontentos, nuestros fracasos, nuestros fallos del año que ya termina.

2. Introspección: existe un egoísmo correcto y noble, solemne y majestuoso, incluso serio en su concienciación de la responsabilidad, cuyo primer pensamiento tiene que ver con el trabajo y el carácter, preguntándose a sí mismo, «¿Cómo estoy sirviendo a Dios delante de mi generación? Notad las veces que Pablo se menciona a sí mismo en estos tres versículos como aquel que desea conocer, ser, conseguir, alcanzar proseguir dar alcance olvidar y extenderse a lo que está delante.

3. Prospección: el apóstol Pablo dijo: Prosigo hacia la meta (v. 14). El pasado ha quedado atrás; el futuro se extiende ante nosotros, usémoslo noblemente, y consideremos que el que tenemos enfrente pudiera ser nuestro último año.

901. *AÑO NUEVO*
(Salmo 90)

En esta época de balance, este salmo nos da una lección de teneduría moral del libro de nuestra vida. Todos cuentan cosas materiales - dinero géneros, etc.-; pocos saben contar el tiempo. Contar no es sólo sumar, sino comparar, resolver problemas. «De tal modo» significa que hay diversos modos. ¿Qué nos enseña el paso de los años, según este salmo?

I. La brevedad de la vida

1. Es muy corta para las facultades de nues- tra inteligencia. Las tortugas y los elefantes viven mucho más. Hay árboles centenarios y monumentos milenarios pero la vida del rey de la Creación es efímera, y corre un paso cada año.

2. Setenta años (v. 10). Hemos ganado –20, dice la ciencia–, pero esto sólo es cierto en parte; existen nuevas enfermedades, nuevos virus y nuevos peligros.

3. La brevedad es consecuencia del pecado (vv. 9, 11). Los antediluvianos no morían tan pronto (Gn. 6:5). (Un millonario confesaba que los días de felicidad completa en su vida no habían sido más que 14).

II. La importancia de la eternidad

1. El hombre, por tener la facultad de recordar el pasado e imaginar el futuro, no se conforma, pues siente que algo es eterno. ¿Qué puede ser este «eterno»? No puede ser otro que el Autor de todo.

2. El Eterno contempla el paso de las generaciones, con sus locuras, ambiciones, guerras y vicios denigrantes que acortan la vida *(anécdota: un carro de condenados a muerte peleándose en el camino hacia el cadalso por un mendrugo o un palmo de espacio).*

III. La actitud del Eterno

1. Refugio en cada generación. Millones de almas, sintiéndose arrastradas por el tiempo,

se lanzaron por fe en brazos del Eterno y no quedaron defraudadas. Un día lo veremos. Cuando Moisés escribía este salmo Dios había sido refugio para:

a) Enoc (Gn. 5:22; Jud. 14-15).

b) Noé: la fe le procuró refugio contra el Diluvio.

c) Nosotros: tenemos que reconocer que Dios nos ha librado de grandes peligros, recordando nuestra vida pasada, quizá de accidentes o enfermedades que han alcanzado a otros; Dios es el mismo en cada siglo para los que en Él esperan.

IV. La voz del tiempo dice

1. «Convertíos» (o volved a Mí), hijos de los hombres (Sal. 90:3). No lo dicen sólo los predicadores, sino Dios por su Palabra, y la Naturaleza, por los rasgos de la vejez, que predice un próximo cambio de vida. Algunos, hastiados por las contrariedades de la vida, dicen: «¡Ojalá fuésemos muertos!»; pero Dios sabe que no nos conviene el cambio, tal como estamos. ¿Qué significa su advertencia?

a) Dad media vuelta; ¿cuándo? «Si oyereis hoy su voz» (Sal. 95:7).

b) Decidirse por Dios para amarle y servirle.

2. El valor de esta nueva vida (v. 12): hay que mirar la vida no sólo como un don que se nos arrebata aprisa, sino como una oportunidad que se nos da; no sólo atrás, sino adelante. Contar los días, según Dios, no es para ponernos tristes, sino sabios. Los místicos decían: «Tan alta vida espero, que muero porque no muero»; pero san Pablo lo entendía mejor cuando dice: «Morir es ganancia, pero por amor a la obra y a vosotros prefiero quedar».

V. Tres súplicas que debemos hacer nuestras

1. «Vuélvete, Jehová, a nosotros». Antes, el salmista nos exhorta a volvernos a Dios, pero una vez somos suyos necesitamos mantenernos en comunión, para que Él vuelque sus misericordias a nuestro favor (v. 14).

2. Que la obra de Dios se manifieste en nosotros (v. 16). Esta obra es la del Espíritu Santo en el corazón. Que Dios nos santifique aprisa, ya que el tiempo pasa tan veloz, y que le dejemos obrar.

3. Que seamos librados de equivocaciones (v. 17). Ignoramos el porvenir; así que necesitamos:

a) Que Dios ilumine y guíe nuestras decisiones.

b) Que El ordene lo que estamos haciendo mal.

c) Que Él apruebe y prospere lo que estamos haciendo bien, durante todo el nuevo año.

902. *COMPAÑÍA PARA UNA SENDA DESCONOCIDA (Éxodo 32:9-15)*

Es bueno que Dios haya puesto en la Naturaleza lo que podríamos llamar dos manecillas del reloj del tiempo. La de los días, marcados por las salidas y puestas de sol, y la de los años, con sus cuatro estaciones, ya que los días son varios millares en nuestras vidas, pero los años difícilmente excederán del centenar, y el paso de uno a otro nos invita a pararnos y reflexionar, solemnemente, que cada año es una porción importante de nuestra vida. Se ha comparado el año a un libro de 365 hojas en blanco: ¿Qué vamos a escribir en él durante el año que empieza en...? Pues nunca más lo tendremos, quedará archivado no sólo en nuestra memoria, sino en los archivos de Dios (Ap. 20:12). Lo más importante es que Dios ande con nosotros, o, mejor dicho, que nosotros andemos con Él.

1. Una historia ilustrativa. el pueblo de Israel había pecado contra Dios. Al perder la paciencia por un pequeño retraso de Moisés y construyeron un becerro de oro, adorándole impíamente. Entonces Dios dijo a Moisés: «Baja y ve lo que ha hecho este pueblo»y, ante el enojo del Señor, Moisés oró suplicando su perdón. La separación de Dios la juzgó Moisés una desgracia tal que hizo

2. Una proposición imposible (v. 14): «Si tu presencia no ha de venir con nosotros no nos saques de aquí» (33:15), pero esto era un gran dislate.

¿Qué podían hacer parados en el desierto? Menos podemos quedar parados nosotros. El curso del tiempo es inexorable (el fracaso del

hombre que pretendía parar el tiempo, parando el reloj).

Moisés se sentía espantado de viajar sin Dios porque:

a) El desierto por donde iban era un camino desconocido. Así es la vida (Stg. 4:14).

b) Tendrían perplejidades de orientación. No sabrían qué dirección tomar. Esto ocurre en la vida (Job 34:32 y Sal. 86:11).

c) Podían encontrar peligros. Enemigos físicos. Los nuestros son espirituales y por esto todavía más peligrosos (Ef. 6:12, 13).

3. Una promesa alentadora (v. 14a)

a) «Mi presencia irá contigo»: tenemos la misma promesa, aunque con un carácter invisible, en Mt. 18:20, Juan 14:16-18 y Mt. 28:20.

b) «Y te haré descansar». ¿De qué forma?

–Descanso en la vida (Sal. 55:22, Mt. 11:28).

–Descanso en la muerte (Ap. 14:13): este descanso no significa inconsciencia, pues no sería bienaventuranza. 2 Co. 5:8 nos hace vislumbrar un servicio agradable en la vida más allá.

903. *MENSAJE DE AÑO NUEVO (Salmo 103:1-5, 15-18)*

INTRODUCCIÓN: la noche de traspaso de año es como la cima de una colina, os volvéis atrás para mirar un paisaje que no volveréis a ver, mientras otro se abre ante vuestra vista. El Salmo 103 nos invita a pararnos y mirar atrás, a la vez que adelante, haciendo del pasado aleccionador Maestro y guía del futuro.

I. Visión del pasado

El v. 2 nos invita a dar gracias a Dios por el pasado y a no olvidar los beneficios del mismo. Somos por naturaleza expuestos a olvidar... Lo que nos parece un gran favor y privilegio cuando no lo tenemos, nos parece un derecho natural cuando lo estamos gozando. No sólo la gente mundana se olvida de Dios, también muchas veces los cristianos. El pastor Meyer dice que hacemos una injusticia a Dios cuando pensamos que sólo se ocupó de los antiguos Abraham, Jacob, etc. , pues es seguro que tenemos favores que agradecer los que estamos reunidos aquí (Mencionad algunos nombres de hermanos presentes). ¿Cuáles son estos beneficios?

El beneficio de la salvación si lo tenemos, ¿qué más podemos desear? Si no lo poseemos, la culpa no es de Él, sino de cada uno de los que no le han recibido como Salvador. El tiempo pasa, tanto para los no preparados como para los preparados. Si sabes que tienes que hacerlo un día, mejor es que lo hagas en seguida. El Evangelio ha alcanzado a millones, pero ¿de qué te servirá si tú lo perdieres? Algún año será el último para cada uno de los presentes; y para la mayoría antes de 40 o 50.

2. Cree que Dios se ocupa de ti

No viene a nosotros como a los patriarcas, pero basta abrir los ojos para ver, no «la suerte que tiene uno» en los beneficios que disfrutáis, sino a Dios. Observemos tales favores:

1. «El que perdona todas tus iniquidades (por su gracia redentora)».

2. «El que sana todas tus dolencias». Es una de las previsiones que ha dado el Creador a todas las criaturas, que las células de nuestro cuerpo vayan reparando lo que se estropea, por el uso o por accidente.

3. «El que rescata de la fosa tu vida». Si no fuera por esta sabia disposición del Creador, todos estaríamos en la fosa y el mundo se habría acabado, pero podemos decir como en el v. 5.

4. «El que sacia de bien tu boca, de modo que te rejuvenezcas como el águila». Éste es un buen texto para los ancianos; las satisfacciones rejuvenecen, así como las penas y preocupaciones envejecen. Pero no deberíamos pensar tanto en el rejuvenecimiento material como en el espiritual. Las aves tienen temporadas de muda, no tienen tantas fuerzas, corren pero sin ganas, no vuelan, caminan. ¿No ocurre así en nuestra vida espiritual? Hemos pasado tiempos más animados y otros de menos entusiasmo, algo hacemos; pero el Señor se queja en Apocalipsis, en su mensaje a la iglesia de Éfeso, después de mencionar muchas cosas buenas del pasado: «Tengo una cosa contra ti, que has perdido tu primer amor...» (Ap. 2:4).

3. Un nuevo año es una página blanca

1. Contiene 365 hojas en las que hemos de escribir hechos, palabras y actitudes. ¿Recordáis la frase de Jesús: «De toda palabra ociosa

darán cuenta los hombres en el día del juicio» (Mt. 12:36)? No se refiere al juicio de salvación o condenación, sino al tribunal de Cristo, llamado «Bema»o sea, de reprensión o aprobación.

2. Del juicio de condenación estamos libres por la obra redentora de Jesucristo. Si de veras le hemos aceptado como Salvador, ¿no escribiremos cosas mejores que el año pasado? Para ello nos conviene borrar lo malo o defectuoso. David decía: «Lávame más y más de mi maldad y límpiame de mi pecado». Estoy seguro de que ninguno tiene un horrible crimen en su cuenta, pero tenemos muchas cosas que no nos gusta-rá encontrarlas ante el tribunal de Cristo, ¿defectos de carácter, pereza, desidia espiritual, o sea, frialdad, orgullo, rencor? El apóstol dice: «Si nos examinásemos a nosotros mismos, de cierto no seríamos juzgados» (1 Co. 11:31) y ello nos proporcionaría mayor riqueza espiritual y, sin duda, mayores responsabilidades o deberes honrosos en el «más allá» (Lc. 19:17). La razón para examinarnos y crecer:

a) La brevedad de la vida (Sal. 103:15, 16).

b) La misericordia de Dios sobre nosotros y nuestras familias (v. 17).

c) Él conoce nuestra condición (sabe que somos un espíritu dentro de un vaso de barro). Él mismo quiso habitar en uno de estos vasos para poder compadecerse de los que son tentados (He. 2:14). De otro modo no nos atreveríamos a pedir su misericordia para nuestras faltas del nuevo año. Cada año hacemos en esta noche propósitos y peticiones, recordando lo débilmente que cumplimos lo que nos propusimos hacer y ser el año pasado.

CONCLUSIÓN: no lo hagamos hoy con vaguedad, apuntemos a objetivos definidos de santidad y servicio. Digámosle: ¡Señor! Quiero ser más humilde, quita mi orgullo; hazme dar cuenta de ello cuando le doy rienda suelta, por alguna razón. Quiero ser más bondadoso cuando tenga oportunidad de hacer un bien, quiero ser más manso y perdonador. Enséñame a no enojarme ni tomar del modo peor las ofensas. Quiero tener más comunión contigo, haz que no olvide la lectura de tu Palabra ni la oración. Que el año X (el que empezamos) sea de hermosear y santificar mi vida, de crecer en mayor comunión, mayor amor, mayor fervor, mayor santidad. Cantemos no de rutina, sino de verdad, con todo nuestro corazón, aquel precioso himno que dice:

«Más santo hazme, oh Dios, más grato y amante, obediente a tu voz, sumiso y constante; más manso y humilde, más leal y sincero, siguiendo el sendero de tu Hijo Jesús».

904. *REDIMIENDO EL TIEMPO* *(Salmo 90:1)*

INTRODUCCIÓN: el fin de un año es época de balance en los negocios humanos. No debe ser menos en los asuntos espirituales. Nada más a propósito para hacer reflexionar que el curso del tiempo. Consideremos, pues, que:

I. Nuestra vida es un capital limitado y desconocido

Algunas firmas comerciales tienen la abreviatura «Ltda. ». como final de su título. Ello significa que la entidad se propone actuar dentro de un crédito limitado, sin contraer mayores deudas, y requiere circunspección en los gastos.

Pero ¡cuánto más lo requeriría si el capital disponible fuera una cantidad desconocida para los directores de la empresa!, y ésta es precisamente la condición de nuestra vida. Nadie sabe cuándo terminará (Stg. 4:13-16). En el momento menos pensado podemos encontramos sin fondos de reserva, pocos de los presentes tienen más de 80 años delante de sí, y por esto el salmista exclama: «Enséñanos a contar nuestros días». El mundo los gasta sin contarlos y el resultado es la ruina espiritual y eterna.

II. Necesidad del balance espiritual

1. Conviene hacer «alto» y pasar cuentas. ¿Cuántos años hemos gastado ya en vanidades? ¿Cuántos años, días u horas de la vida llevamos dedicadas al servicio del Señor? ¿Qué capital tenemos acumulado en el «Banco» de la eternidad? Quizá muchos de los presentes no tienen siquiera cuenta corriente abierta en este banco; en tal caso, su miseria es absoluta y se trata de miseria eterna.

2. ¡Urge, pues, cambiar de actitud y de conducta! El salmista declara: «Reduces al hombre hasta convertirlo en polvo, y dices: Volved, hijos de los hombres» (RVR 1977). La versión 1960 dice «convertíos»pero, ¿qué es

convertirse sino volver a Dios? La conversión o cambio de vida es infaliblemente el resultado de la decisión humana de volver a Dios.

3. El paso del tiempo arruina a los hombres, haciéndoles sentir su insegura posición ante la eternidad. Para el hijo pródigo, la disminución de su bolsa era notoria cada vez que la miraba, y significaba una advertencia y una invitación a cambiar de vida, a volver al hogar del Padre para disfrutar de recursos ilimitados, deteniendo su ruina. No hay otro medio para evitarla, en el terreno espiritual, sino volver a Dios, convertirse y empezar desde entonces a redimir el tiempo. Pero, ¿qué es redimir el tiempo?

III. Redimir el tiempo

Esto es lo opuesto a malgastarlo. Redimir es cambiar la suerte penosa, servil, de alguien para darle un mejor destino (Lv. 25:54). Cristo cambió nuestro destino y nosotros debemos hacer lo mismo con nuestro tiempo, quitándolo del poder de Satanás a fin de usarlo para la gloria de Dios. Redimir el tiempo, fugaz, pasajero, para convertirlo o cambiarlo en un valor eterno es un secreto mejor que el que buscaron los alquimistas de la Edad Media cuando procuraron con aleaciones químicas convertir el metal en oro puro. ¿Lo estamos practicando en abundancia en nuestra vida humana? ¡Cuánto nos pesará algún día no haberlo hecho algo más! (Mt. 6:19-21).

IV. Razones para redimir nuestro tiempo: «Porque los días son malos»

1. Las épocas de crisis reclaman mayor economía: si el Gobierno bajara los salarios, ¿qué nos veríamos obligados a hacer? ¿Ver como gastamos cada moneda que cae en nuestras manos? ¡No! En el terreno espiritual, un tiempo de crisis, de agitación o de malestar nos invita, y aún más, nos obliga, a usar mejor nuestro tiempo y los valores que de él se derivan. En España todas las personas mayores de 50 años recuerdan los tiempos de la guerra civil cuando teníamos que comer pan negro y distribuirlo en parte como si fuera un tesoro, y lentejas que se vendían racionadas, por familias. Los días malos que padece el mundo y las naciones nos obligan a administrar con cuidado los valores.

2. Nos inducen a pedir: la crisis de la guerra civil nos convirtió en pedigüeños, muchas veces en vano, porque nuestros vecinos y amigos estaban tan necesitados como nosotros mismos. Pero no siempre era así; a veces llamábamos a casas donde había abundancia; éstas eran, por lo general, las casas de campo o granjas, y corríamos hacia ellas largas distancias, pues sus propietarios estaban tratando con el Dios de la Naturaleza, que por lo general les daba más de lo que ellos podían consumir. Pero el Dios de la Naturaleza es nuestro Padre Celestial y a Él podemos acudir en oración. Muchos milagros de fe son efectuados como resultado de oración ferviente y sincera, como dice Pablo en 2 Co. 9:8). El mejor uso del tiempo es emplearlo en oración.

3. Los tiempos malos nos ofrecen oportunidades para ayudar al prójimo: las crisis y calamidades humanas se habrán transformado un día en tesoros en los cielos, y tesoros aumentados por la generosidad del Dador. En la parábola de las minas y los talentos hay un aumento procedente del carácter de Dios: «Sobre poco has sido fiel, sobre mucho te pondré».

4. Los días malos nos señalan la proximidad de la Venida de Cristo (Mt. 24:7): notemos que el Señor parece referirse no a guerras comunes, que siempre han tenido lugar sobre la Tierra y acerca de las cuales dice: «aún no es el fin», sino a alguna conmoción bélica universal: «se levantará nación contra nación y reino contra reino...» Damos gracias a Dios de que haya acuerdos de paz en nuestros días, pero la necesidad de tales acuerdos, por lo terrible que sería una guerra nuclear, nos lleva a comprender que el mundo se va acercando a su fin: «cuando dirán: Paz y seguridad...» *(véase* 1 Ts. 5:3).

V. La proximidad de nuestra idea a Él

La expectativa de la Segunda Venida de Cristo ha sido siempre muy viva cuando en el mundo han existido días malos, porque los cristianos han sufrido persecución. La influencia de la revelación de Dios al mundo por Jesucristo ha traído nuevas condiciones de vida. Existen los Derechos Humanos, que siempre son vulnerados por las incitaciones del dueño espiritual de este mundo, Satanás. Pero lo que tenemos asegurado es que Jesús mismo viene a nosotros. ¿Tenemos garantía de que nosotros continuaremos viviendo en un mundo pacífico y feliz? ¡No! Al contrario,

los mismos avances científicos aumentan los riesgos para la vida en las carreteras y en el aire, y las nuevas plagas bacteriológicas hacen más precaria nuestra continuación sobre la Tierra. «En medio de la vida estamos en muerte».

CONCLUSIÓN: redimir el tiempo es el mayor de los negocios, pues significa convertir algo breve y transitorio en un valor eterno. Los hombres están ansiosos de acumular riquezas pasajeras que no pueden llevarse al otro lado, pero el creyente que ha puesto su confianza en las promesas de Cristo está convirtiendo los valores transitorios en valores eternos, y la peor de las tragedias es la mayor de las glorias, tal como se expresa Fil. 1:23 y Ap. 14:13. ¿Será para ustedes, amigos, la muerte una bienaventuranza por haber sabido oportunamente redimir el tiempo?

905. *SERMÓN DE FIN DE AÑO (Salmo 90)*

INTRODUCCIÓN: la fiesta de Año Nuevo es muy antigua. Israel la celebraba en el mes de Abib, que corresponde al mes de abril en nuestro calendario. Es el mes en que tuvo lugar la muerte de nuestro Señor Jesucristo que cambió la Ley antigua por las Buenas Nuevas de su resurrección. Israel celebraba la inauguración del Tabernáculo del Testimonio y es probablemente en relación de esta fiesta que Moisés escribió el Salmo 90, que ha ocupado un señalado lugar en medio de los salmos de David.

I. Es el salmo del tiempo y la eternidad

Se remonta a la eternidad de Dios (v. 1) recordando cómo Dios había ayudado a su pueblo en edades pasadas y sus planes Se habían cumplido en favor del pueblo elegido, pero la existencia de Dios era mucho más antigua que su revelación a los hombres del Antiguo Testamento, y por medio de la comparación de un río o torrente que se precipita hacia el mar recuerda cómo pasa la vida, y sigue con otra figura más accesible para todos los lectores, la de las flores del campo (v. 6). Termina esta primera parte del salmo con una exhortación muy prudente: «Enséñanos de tal modo a contar nuestros días que entre la sabiduría en nuestro corazón» (v. 12).

II. Creado a semejanza de Dios

1. Por lo que nos enseñan las ciencias geológicas hoy día y el estudio de la naturaleza, podemos entender que el mundo existió hace miles de años y desarrolló bajo la dirección sapientísima del Creador, primero una vida vegetal muy hermosa y útil; después una vida animal en el agua y en la tierra, por la cual podemos constatar también la sabiduría del Creador en la organización de los seres vivos, sobre todo en la formación de los ojos y los oídos, pero de ninguno de los grandes seres que existieron y todavía van multiplicándose dentro del mar y sobre la tierra, no se puede decir que sean imagen del Creador.

2. Él los dotó de organismos maravillosos, pero a ninguno de ellos puede aplicarse la frase: «que traigan al corazón sabiduría»sino de uno que ni es de los más grandes en tamaño ni de los más pequeños. Los animales escarmientan y rectifican sus actos cuando su cuerpo ha recibido algún daño, pero el hombre puede razonar sobre sus experiencias y darles una aplicación razonable para su propia vida y, sobre todo, es capaz de descubrir en la sabiduría desplegada en la naturaleza, la del Autor de todas las cosas.

III A quién se dirige la exhortación y por qué

1. Las personas insensatas o dementes no saben unir la experiencia con la razón, pero el salmista aquí une la exhortación al por qué. Hay una justicia en las alturas y ello hace pensar en la existencia de otra vida. El paso del hombre a través del tiempo es como un torrente que se precipita o como una flor que se mustia y se pasa. Ésta no puede ser la razón de la existencia humana. Debe haber otra etapa del ser que invita a los hombres a ser sensatos.

2. Desgraciadamente hay en nuestros días muchos hombres pensadores, pero que no quieren pensar en un más allá de la muerte. Hay muchas cosas que podemos retener por una temporada como nuestro dinero, nuestras posesiones y aun nuestra vida por un tiempo limitado. Hoy los hombres se glorían de los descubrimientos de la ciencia para alargar la vida, pero ¿en qué proporción? El salmista, juzgando con las posibilidades de su tiempo, señala límites de 70 u 80 años. Hoy se puede prolongar un poco más, pero el mismo Moisés declara que son

años «de molestia y trabajo»pero abre una puerta gloriosa al más allá. «Somos cortados presto y volamos» (v. 10).

IV. La voz de los años nos llama a Dios

1. Ésta es la clave de todo el salmo: «Reduces al hombre hasta convertirlo en polvo y dices: Volved (y convertíos), hijos de los hombres». La vida es un caudal limitado, que si bien hoy tiene un poco más de duración que en los días del salmista, se han acumulado motivos para hacerla mucho más corta, como los accidentes de tráfico o los errores terapéuticos, pues hoy día menos que nunca puede ponerse plazo a la vida. El salmista intenta hacerlo, pero ni entonces y aún menos ahora, se puede garantizar una vida larga. ¡Cuántos celebraron con orgías el fin del año anterior y fueron llamados en el presente!

2. Por esto es tan bueno pararnos un día al año, cuando nuestros relojes marcan un término imaginario, para volver a Dios, según dice la traducción literal del v. 3: volver es variar el curso de nuestra existencia, hacer entrar el tren que va al despeñadero por otra vía. Corre igual, pero va a Dios. Un momento de reflexión basta para cambiar de vida, pero puede tener consecuencias eternas *(anécdota: el minero que al día siguiente de una catástrofe dijo al predicador que el día anterior le había instado a convertirse: ¡Qué bien que lo arreglé ayer!).*

V. La vida es un deslizadero

Suponte que estuvieras bajando por el deslizadero de una colina al mar, buscando dónde asirte y dejaras pasar algunas rocas, diciendo: «Ya me asiré a alguna cuando esté más abajo» pero ésta es la situación de muchos que van deslizándose por la vida a la condenación. Cuando Moisés veía cada día cuerpos cayendo en el desierto en su peregrinación hacia la Tierra Prometida, se diría ¡qué lástima, éste no llegará a la tierra que Dios prometió a nuestros padres!

VI. La vida es, finalmente, una oportunidad breve para servir al Señor

Jesús decía: «Conviéneme obrar las obras del que me envió, entretanto que el día dura». Él tenía sin duda seguridades acerca del más allá de la muerte que nosotros no tenemos. La vida es un concurso en el que la decisión de una hora determina la suerte de muchos años, y para muchos de la eternidad. Afortunadamente hay muchos en esta sala que han dado una parte de su vida al diablo y les sabe mal, pero, ¿cuántas horas emplearemos de las 8.000 que tiene el próximo año? Muchas menos de 500 y, quizá, menos de 50. El apóstol Pablo nos exhorta a redimir el tiempo, «porque los días son malos» (Ef. 5:16).

CONCLUSIÓN: ¿Qué estela dejaremos en este año que empieza para el juicio de valoración en la eternidad? ¿Qué actividades nos han dado gozo espiritual en el año pasado? Pues redoblémoslas. ¿Cuáles nos han entristecido y dañado? Evitémoslas, acojámonos a Cristo por la fe y digámosle: «Señor, con tu ayuda haré de este año una vida nueva; no te escatimaré nada del tiempo favorable que Tú me des; te confesaré delante de los hombres para que Tú puedas reconocer en el tiempo propio que Tú quieras mi humilde labor ante el Padre y los santos ángeles. ¡Con tu ayuda te serviré mejor este año!

906. *EL LIBRO DE DIOS*
(Juan 6:36)

1. Es la palabra que Crea: «Las palabras que yo os he hablado son espíritu y son vida» (Jn. 6:36).

2. Es la palabra que obra: «Recibisteis no palabra de hombre, sino según es en verdad, la palabra de Dios, la cual obra en vosotros los que creísteis» (1 Ts. 2:13).

3. Es la palabra que defiende: «Porque la palabra de Dios es viva y eficaz, y más penetrante que toda espada de dos filos: y que alcanza a partir el alma, y aun el espíritu, y las coyunturas y tuétanos, y discierne los pensamientos y las intenciones del corazón» (He. 4:12).

907. *LOS TRES ADVENIMIENTOS, UNA CLAVE PARA LA HISTORIA SAGRADA*
(Hechos 1:1-11)

1. La creación, el advenimiento principal:

a) La creación del mundo (Gn. 1:1).

b) La creación del hombre (Gn. 1:26).

c) La caída del hombre (Gn. 3:1-7).

d) La maldición sobre la raza (Gn. 3:18).

e) La promesa de un redentor: El Cristo (Gn. 3:15).

2. El primer advenimiento de Cristo:

a) La encarnación (Jn. 1:14; Mt. 1:18-21).

b) La manifestación (Jn. 1:33, 34; Mt. 3:16).

c) La crucifixión: Cristo muriendo (Mt. 27: 35-39).

d) La resurrección (Jn. 20:17; Hch. 1:3).

e) La ascensión (Hch. 1:19).

f) El descenso y don del Espíritu Santo (Hch. 2:14).

3. La segunda venida, el advenimiento final; entonces sucederán seis grandes consumaciones:

a) La redención final (Ef. 1:41).

b) La resurrección de los santos que durmieron en Cristo (Jn. 5:29; 1 Co. 15:40-44; Hch. 24:15).

c) Restitución (Hch. 3:19-21).

d) Regeneración (1 Co. 4:17; Mt. 19:28).

e) Revelación (1 P. 1:13; Jud. 34).

f) Glorificación (Mt. 23:39; Ts. 4:15-18).

908. *EVANGELISTAS DE LA BIBLIA*
(Efesios 4:11)

Si consideramos que un evangelista es alguien que trata de que las demás personas tengan una fe vital en un Dios vivo y verdadero, entonces la Biblia nos presenta varios de ellos.

I. Evangelistas del Antiguo Testamento

1. Enoc
2. Noé
3. Abraham
4. José
5. Moisés
6. Josué
7. Noemí
8. Samuel
9. David
10. Salomón
11. El Rey Asa
12. El Rey Josafat
13. Elías
14. Eliseo
15. Joel
16. Jonás
17. Amós
18. Oseas
19. El Rey Uzías
20. El Rey Ezequías
21. Isaías
22. El Rey Josías
23. Jeremías
24. Ezequiel
25. Daniel
26. Esdras
27. Nehemías
28. Zacarías, el profeta
29. Malaquías

II. Evangelistas del Nuevo Testamento

1. Juan el Bautista
2. El Señor Jesús
3. Pedro
4. Juan
5. Mateo
6. Marcos
7. Felipe, el apóstol
8. Felipe, el diácono
9. Esteban
10. Bernabé
11. Apolos

12. Silas
13. Andrés
14. Lucas
15. Aquila y Priscila
16. Santiago, el hermano del Señor Jesús
17. La mujer Samaritana
18. Timoteo

909. *LAS ESCRITURAS COMO MEDIO DE LA VIDA ETERNA*

«Escudriñad las Escrituras, porque a vosotros os parece que en ellas tenéis la vida eterna y ellas son las que dan testimonio de mí». (Jn. 5:39).

INTRODUCCIÓN: Octubre es, generalmente, el mes dedicado a la Biblia; pero para los que hemos sido iluminados por la Divina Revelación, todos los días son días de la Biblia, pues ella es nuestra perenne meditación. Sin embargo, en esta época nos dedicamos a exaltar de una manera especial las excelencias de la Palabra de Dios.

1. Las palabras del Señor Jesucristo arriba citadas proclaman que las Escrituras constituyen el medio para alcanzar la vida eterna; y esto no sólo era un parecer del pueblo judío, pues el mismo Maestro en otra ocasión declaró: «De cierto, de cierto os digo: el que oye mi Palabra y cree al que me ha sido enviado, tiene vida eterna; y no vendrá a condenación, mas pasó de muerte a vida» (Jn. 5:24).

2. Las Sagradas Escrituras son el único libro en el mundo que revela de una manera categórica, segura y sin lugar a dudas, la existencia de una vida eterna, beatífica y gloriosa en las mansiones del Padre, más allá del Cielo azul, más allá de los mundos siderales, donde se encuentra el rey Jesús, sentado en su trono de gloria.

3. La diferencia que existe entre la Palabra de Dios y los libros humanos es tan notable como la que existe entre el Cielo y la Tierra. Buda, llamado el iluminado, para sus millones de adherentes, no tiene ni un rayo de luz acerca de Dios, ni mucho menos de ultratumba. Los Vedas están integrados por una serie de fantasías que no son más que sueños quiméricos. El Corán, libro sagrado de los mahometanos, llega a degradarse hasta el punto de prometer como recompensas de su paraíso, amores lascivos y pasiones carnales. Los filósofos occidentales se abisman en sus infinitas vaguedades dejando con una eterna sed al alma humana. Pero, en las divinas escrituras es todo lo opuesto: ellas son como carta náutica que dirige nuestra nave hacia el puerto celestial; son como un verdadero ventanal de cristal a través del cual podemos contemplar la realidad de la vida futura, mas allá de la horripilante tumba.

4. Jesús, nuestro amado y divino Maestro, nos habla de un modo tan familiar acerca del reino del Cielo de donde procedía, así como Marco Polo podía hablar de los misterios orientales a su regreso del Imperio Chino. Por ejemplo, Cristo dijo: «Vosotros sois de la Tierra, yo soy de arriba… porque nadie subió al Cielo sino el Hijo de Dios que está en el Cielo. A Dios nadie lo ha visto jamás, el Hijo le ha declarado No se turbe vuestro corazón, creéis en Dios, creed también en mi, en la casa de mi Padre muchas moradas hay, de otra manera os lo hubiera dicho, voy pues a preparar lugar para vosotros... Subo a mi Padre y a vuestro Padre, a mi Dios y a vuestro Dios...Y quiero que donde yo estoy vosotros estéis también conmigo» (Evangelio de Juan). Como el protomártir San Esteban al morir lapidado por sus adversarios dijo: «Veo los cielos abiertos y el Hijo del hombre sentado a la diestra de Dios», así también una pléyade de cristianos, a través de las palabras de Cristo, han podido contemplar de una manera certísima las benditas realidades del hogar celestial *(anécdota: Moody el famoso evangelista norteamericano, en sus últimos momentos exclamó: «¡Oh, si esto es morir, qué bello es morir! La Tierra retrocede, el Cielo se me abre, estoy llegando a las puertas de la Jerusalén celestial, este es el día de mi coronación»).*

5. Las Sagradas Escrituras no sólo afirman que existe un reino donde la vida es inmortal, sino que también ellas son la única luz que nos revela la manera de alcanzar esa vida eterna. La Biblia trae la vida eterna, no en el sentido de que ese libro material contenga virtudes, poderes mágicos o sea una especie de talismán. No tenemos tal superstición. No constituye para nosotros un ídolo, no adoramos al libro; no hacemos como la viejecita que le prendía velas a la Biblia junto con su virgencita del Carmen,

ni mucho menos como los paganos de Haití que ponen sobre sus úlceras las páginas que relatan los milagros curativos de Jesús. En las Divinas Escrituras encontramos la vida eterna en el sentido de que ellas indican cómo el hombre puede encontrar a Dios, la reconciliación con él y la entrada a su reino. De una manera análoga a la receta cuyo papel no cura a nadie, pero indica la medicina que puede curar la enfermedad. Similarmente como dice el texto arriba citado, la Palabra de Dios da testimonio de que Cristo Jesús es el único Salvador de los pecadores, de que su muerte como castigo de nuestra culpabilidad, nos libra de la muerte segunda, y nos otorga la entrada al reino celestial, para disfrutar de la vida eterna con Jesús, nuestro Redentor

6. Finalmente, las Escrituras no sólo enseñan que hay una vida eterna y el camino para encontrarla, sino que también ellas mismas engendran la vida eterna, la vida espiritual en el alma humana muerta en delitos y pecados, vida que no se queda en los linderos del sepulcro, sino que por ella el alma pervive eternamente.

7. Las narraciones de la Biblia no son fábulas, no son cuentos mitológicos, sino hechos históricos comprobados por la ciencia y corroborados por la más gloriosa experiencia de los cristianos, en todas las generaciones *(anécdota: en una ocasión, los discípulos de Einstein le preguntaron al famoso científico contemporáneo si Jesucristo era un mito, y el célebre autor de la Teoría de la Relatividad contestó de una manera grave: «Estoy leyendo nuevamente los evangelios y digo que la figura de Jesús de nuevo me tiene profundamente impresionado; miro allí unos ojos que escrutan lo más íntimo de mi alma; oigo palabras que hablan tiernamente a mi espíritu y siento allí una vida que palpita en todo mi ser, ¿cómo creéis que pueda ser un mito?»).*

Sí, las palabras del Evangelio no son palabras muertas: se trata de palabras plenas de vida, de poder, llevan la unción del Espíritu Santo. El mismo Maestro dijo: «Mis palabras son Espíritu y son vida». Ellas en si llevan la vida espiritual, como la semilla, según dijera el apóstol San Pedro: «siendo renacidos no de simiente corruptible, sino de incorruptible, por la Palabra de Dios, que vive y permanece para siempre» (1 P. 1:23).

CONCLUSIÓN: hemos visto que las páginas de la Biblia nos revelan la gloriosa realidad de la vida futura, después del sepulcro; también hemos contemplado que estas luminosas Escrituras nos alumbran el camino hacia Cristo, quien por su crucifixión y resurrección nos emancipa de la muerte segunda y nos lega la vida eterna; y, finalmente, nos hemos dado cuenta de que esas Escrituras, al recibirlas en nuestra vida, son simiente divina en los surcos de nuestro corazón que hacen nacer en nuestras almas la vida santa, la vida divina, la vida del Espíritu Santo en nosotros. Entonces, amable lector, acata la voz imperativa del Maestro: «Escudriñad las Escrituras...en ellas tenéis la vida eterna». Incontables almas muertas en el pecado y en la negación materialista, al leer las palabras del Maestro Divino, han sentido revivir sus espíritus como el Lázaro de otros tiempos. Sus vidas han sido levantadas de la incredulidad de la tumba del pecado, y han surgido para marchar por los derroteros de la santidad hasta llegar a la cima del reino que Cristo fue a preparar. ¡Qué verdad tan hermosa la que proclama el Maestro en el texto base de nuestra consideración: «En ellas tenéis la vida eterna».

910. *¿A DÓNDE NOS DIRIGIMOS? (Juan 17:20-26)*

INTRODUCCIÓN: todos tenemos que reconocer que la vida es un viaje que hemos empezado con nuestro nacimiento y vamos adelantando en el mismo siguiendo el curso del tiempo, que no podemos pararlo y la gran pregunta de todo ser humano pensante es: ¿A dónde nos dirigimos? ¿Hay vida después de la muerte? Cuando tenemos que efectuar un viaje a cualquier ciudad o país desconocido lo primero que hacemos es procurarnos una buena guía o directorio del lugar de nuestro destino. ¿Dónde está el libro que nos dé luz y enseñanza acerca del más allá? Pensemos acerca de este gran dilema razonablemente y con calma. ¿Es posible suponer que las maravillas del universo y sobre todo las que encontramos sobre nuestro hermoso y bien organizado planeta son meramente el producto casual de choques o combinaciones atómicas casuales y que no tienen un autor inteligente que las ordenó y, por tanto, no tienen

finalidad alguna? Todo ser mortal que se halla confundido acerca de un asunto tan misterioso, pero tan importante necesita leer la Biblia. ¿Por qué?

I. Es el único libro que nos habla con autoridad acerca de Dios

El gran orador Emilio Castelar dijo: «La Biblia es la revelación más pura que de Dios existe». Pensemos en las razones que apoyan esta idea del gran pensador español:

1. Es el único libro que nos explica razonablemente el origen de las cosas. Los hombres no habían realizado aún viajes extraterrestres y no sabían que nuestro mundo fuera tan diferente de lo que son los mundos físicos que nos rodean. Ya en el primer capítulo de la Biblia, o sea, el Génesis, nos explica cómo el Espíritu Divino actuó en edades pasadas (Gn. 1:20-31) -sobre este globo de materia inerte (entonces totalmente cubierta de agua)- y que fue este maravilloso poder inteligente y previsor quien creó la vida y las adecuadas condiciones físicas de la Tierra (demasiado adecuadas para ser casuales); como lo demuestran la misma maquinaria de nuestro cuerpo: por ejemplo, el sistema circulatorio y los órganos superiores que sirven a nuestra mente, los ojos, los oídos y todo lo demás que en nosotros se halla como una obra superior a todas las demás manifestaciones de la vida.

2. Pues bien, si no existimos por pura casualidad y esto es imposible aceptarlo, es inverosímil que termine todo con la muerte. De ser así no tendría sentido la existencia del

II. Ser más elevado en la escala de la vida

1. El hombre es el único ser capaz de inventar cosas, ni los animales ni los robots pueden hacerlo.

2. De darse cuenta de que tiene que morir. ¿Podemos suponer que todo esto tiene lugar en nosotros simplemente por tener nuestro cráneo unos milímetros más de anchura o de ángulo facial que los irracionales? ¡De ningún modo podemos creerlo!

3. El hombre jamás habría llegado a ser si no hubiese sido dotado de un ser inteligente espiritual, esto es, el primer indicio de la inmortalidad del ser humano. Creerlo de otro modo y proceder en forma diferente es un desatino que habríamos de descubrirlo cuando sea demasiado tarde para volver atrás y nos halláramos perdidos en el supremo viaje de la vida.

4. La Biblia es el único libro que de múltiples maneras nos abre la visión de nuestro destino. Jesús decía: «Estrecho es el camino que lleva a la vida...ancho es el camino que lleva a la perdición...»; más adelante decían: «Padre, esos que me has dado quiero que donde yo estoy ellos estén también conmigo, para que vean la gloria que me has dado». Y hablando directamente a los primeros que habían puesto su confianza en él les dice (y nos dice a todos nosotros): «No se turbe vuestro corazón; creéis en Dios, creed también en Mi. En la Casa de mi Padre hay muchas mansiones si no ya os lo hubiera dicho. Voy, pues, a preparar lugar para vosotros, y si me voy y os preparo lugar vendré otra vez y os tomaré conmigo para que donde yo estoy vosotros también estéis» (Jn. 14:1-3).

III. Muy hermoso, ¿pero es verdad?

Hace casi dos mil años que estas palabras fueron escritas y una generación tras otra ha habido hombres y mujeres que se han sacrificado por esta esperanza de vida después de la muerte. ¿Tenemos alguna garantía de que la Biblia es el libro de Dios y que vale la pena sacrificarse por sus enseñanzas?

IV. Garantizado por la arqueología y por la historia

1. Por ser un libro tan importante, la Biblia ha sido objeto de detallados estudios por famosos arqueólogos historiadores y se han publicado libros como el de Verner Keller titulado La Biblia tenía razón, que ha reunido los principales sucesos históricos y políticos que tuvieron lugar en los tiempos bíblicos y se han encontrado tantas pruebas de que las cosas que cuenta fueron veraces, que ha llevado a miles de eruditos cristianos en todo el mundo, a decir como el rey David: «Señor, tú nos has sido refugio de generación en generación».

2. Antes de que naciesen los montes y formases la Tierra y el mundo desde el siglo y hasta el siglo, Tú eres Dios...mientras que los años de nuestra vida son 70, y en los más robustos 80, que son de molestia y trabajo (por los achaques

de la vejez, aunque los avances científicos alarguen unos pocos años más) «porque pronto pasan y volamos».

CONCLUSIÓN: por estas grandes razones y muchas otras, nos es indispensable conocer y leer la Biblia, pero no meramente como un viejo documento histórico, sino como la autorizada guía de nuestra vida y sobre todo de nuestra inminente entrada en la eternidad. Jesús dijo: «Escudriñad las Escrituras, porque a vosotros os parece que en ellas tenéis la vida eterna (cierto:el pueblo judío ha tenido siempre un gran respeto por la Biblia:) y ellas son las que dan testimonio de Mí» (Jn. 5:39).

911. *EL LIBRO MARAVILLOSO* *(Salmo 119:1-19)*

Hay un libro que han estudiado los sabios durante siglos y no han podido descifrar todos sus misterios, que han leído millones, y muchas veces sin darlo por conocido; que han odiado los perversos, aunque sin poder negar su virtud, que han amado los corazones más sensibles, pero sin considerar haberlo amado como se merece. Este libro es una maravilla. Debía serlo si procede de Dios. Si David lo encontraba tal teniendo sólo una pequeña porción del mismo, ¡cuánto más debe serlo para nosotros! Su nombre corresponde a su categoría, se llama «El Libro», «La Biblia».

I. La maravilla de su composición

1. Un ángel habría sido inepto para escribir este libro por no poseer la experiencia de los hombres.

2. Un hombre, un escritor, por eminente que fuera, era poco para semejante tarea. Por esto Dios escogió a más de 30 escritores, que escribieron, cada uno a su estilo, cosas útiles para su tiempo, pero de aplicación a la humanidad en todos los tiempos.

II. La maravilla de su autoridad

1. Ningún otro libro declara como éste proceder de Dios. Ninguno habla con tal autoridad. Unas dos mil veces, en el Antiguo Testamento, se encuentra la frase «Así ha dicho el Señor», o «Jehová habló». El estilo del Nuevo Testamento es diferente pero la autoridad es la misma. Jesús nunca duda ni titubea de nada, hablaba como el que lo sabe todo; une la mayor humildad a la mayor autoridad. Declara haber venido de Dios y habla en su nombre (Jn. 8:42-51).

2. Los apóstoles, humanos, se muestran más cautelosos y distinguen su opinión de la del Espíritu Santo (*véase* 1 Co. 7:12-25), pero en muy contados casos. Por eso afirma Pedro que los escritos de Pablo son inspirados por el Espíritu Santo *(véase* 2 P. 1:21 y 3:16).

III. La maravilla de su imparcialidad

1. La Biblia cuenta las caídas y flaquezas de sus héroes y sus santos sin disculparlos ni atenuarlos. Si un comité de teólogos se hubiese reunido para escribir la Biblia, no sabríamos nada de las mentiras de Abraham, ni del adulterio de David, ni de las discusiones de Pablo con Bernabé y con Pedro, ni de los pecados y envidias de los corintios. «No conviene publicarlo», habrían dicho; pero la sabiduría superior del Espíritu Santo; sabia que estas porciones eran necesarias para alentar a sus servidores del futuro. Los últimos capítulos de 2 Corintios fueron de gran consuelo al propio autor de estas líneas, en tiempos de desengaño e ingratitud.

2. Lo más curioso es que no escoge una persona humilde para avergonzarla, pues todavía no sabemos el nombre del ladrón de la cruz (aunque la Iglesia católica le ha dado el nombre de Dimas; no lo dice el Evangelio; ni el de la pecadora, aunque dicha Iglesia lo atribuye a María Magdalena); así, los exegetas evangélicos reconocen que no es seguro. En cambio, la Palabra inspirada hace bajar a David de su trono para que le oigamos decir: «¡Ten piedad de mí, oh Dios!»

3. Esta imparcialidad revela su origen sobrehumano. No se encuentra en los libros sagrados de otras religiones. Todos ensalzan a sus santos y a sus héroes.

IV. La maravilla de sus profecías

1. El hombre siempre ha sentido la necesidad de conocer el porvenir, pero inútilmente. Es evidente que si algún adivino o brujo pudiera saber las fluctuaciones de la bolsa o el número del gordo de la lotería, no tendría necesidad de atender a clientes. ¡Cuánto más difícil es adivinar el futuro de las naciones y del mundo!

2. En Isaías 41:21, el Único Omnisciente desafía a los ídolos o falsos dioses a que prueben su realidad por sus profecías. Nadie jamás ha podido hacerlo, pero la Biblia sí. Veamos algunas:

a) La destrucción de Babilonia (Is. 13:19). Una ciudad tan grande y regada por el Eufrates, por más que llegara algún día a perder su importancia política no había razón para que quedara desolada, deshabitada y morada de fieras, si no fuera como lo ha sido, para que sirviera de ejemplo de cómo Dios cumple sobre los pueblos su soberana voluntad.

b) Lo mismo puede decirse de Nínive (Nah. 3:7), ciudad grande y próspera en su tiempo.

c) El nacimiento, vida y muerte de Cristo. Treinta pasajes del A T. se refieren a Cristo, de los cuales se cumplieron 25 el día de su muerte. Es evidente que Jesús no podía elegir exactamente el lugar de su nacimiento (a menos de haber sido divino) ni hacer obrar a los soldados romano a su antojo para cumplir las profecías, si era solamente hombre.

d) La destrucción de Jerusalén y la dispersión de los judíos (Zac. 12:10). La última parte de esta profecía aún no se ha cumplido, pero sí la primera, de acuerdo con Is. 53:6-11. El esparcimiento de los judíos está anunciado en centenares de textos, y concretamente en Ez. 6:8, Lc. 21:24; y su retorno, en Ez. 11:17 e Is. 66:20, y se está cumpliendo.

912. *LOS DOS LIBROS DE DIOS (Salmo 19)*

INTRODUCCIÓN: un libro es un objeto dedicado a enseñar. Dios tiene dos formas de enseñar a los hombres, por la Naturaleza y por la Revelación. Esto es lo que parece entender el salmista en este salmo que se divide en dos partes.

I. El libro de la naturaleza (vv. 1-6)

1. La inmensidad de los cuerpos celestes anuncian la grandeza y poder de Dios:

a)Los cielos, como hoy los conocemos, muestran que Dios es un ser infinito (Job 22:12; Jer. 10:12; 1 R. 8:27).

b) La precisión perfecta de los movimientos de los astros demuestran la sabiduría de Dios (Job 38:31, 32).

c) La precisión y función del sol proclama el amor y cuidado de Dios para con este satélite; puesto a la distancia exactamente conveniente para que en él sea posible la vida, primero animal y después humana. Lo más curioso es que Dios no suspende las leyes físicas que son fijas e inalterables. El sol lanza rayos que nos iluminan y dan vida, pero también rayos mortíferos, los llamados ultravioleta, que no podríamos resistir, pero Dios ha puesto un filtro en la atmósfera que nos protege dejando pasar sólo los que nos son beneficiosos.

2. La enseñanza que nos da la Naturaleza acerca de Dios es:

a) Incesantemente (v. 2), día tras día, la Tierra está dando vueltas sobre sí misma, de un modo que parece que el Sol dé vueltas alrededor de la Tierra.

b) En un lenguaje mudo, pero comprensible (v. 3).

c) Internacional (v. 4).

d) Inescapable (v. 6): nadie puede esconderse de su calor, pero lo más curioso es que las plantas lo buscan, y también los hombres cuando les falta en invierno.

II. El libro de Dios (vv. 7-10)

1. El libro de la Naturaleza nos muestra algunos atributos de Dios, pero no nos revela la voluntad de Dios. El primero es muy útil para el cuerpo terreno, pero el segundo es indispensable para su parte espiritual:

a) Reconforta el alma (v. 7).

b) Enseña sabiduría (v. 7b)

c) Enseña justicia (vv. 8-9).

d) Es en gran manera deseable (v. 10). «Más que el oro, que tiene que quedar en la Tierra».

e) Mientras vivimos el ser interior se recrea en sus enseñanzas y promesas (vv. 7-10 y 14).

III. Beneficios que otorga

1. Instrucción moral (v. 11).

2. Galardón eterno (v. 11b).

3. Como el sol nos hace ver los objetos (aun los más diminutos; ejemplo del rayo de sol en una habitación semioscura), la Palabra de Dios nos muestra nuestros pecados y defectos para que podamos arrepentirnos y obtener el perdón por los méritos de Cristo (v. 12).

4. Nos preserva de la corrupción de la soberbia (v. 13).

CONCLUSIÓN: nos enseña a hablar bien y a pensar bien (v. 14). Con su ayuda podemos ser irreprochables (v. 13).

913. *MARAVILLAS CIENTÍFICAS DE LA BIBLIA (Salmo 104)*

INTRODUCCIÓN: *(anécdota: el profesor Dana dijo acerca del primer capítulo de la Biblia, dirigiéndose a una clase de estudiantes que terminaban su curso universitario:*

–Hallo que este capítulo se corresponde perfectamente con la ciencia conocida.

Y añadió:

–Jóvenes, al entrar en el mundo para enfrentaros cara a cara con los problemas científicos, acordaos de que yo, un anciano, que no he conocido más que la ciencia en toda mi larga vida, os digo que no hay nada más verdadero en todo el universo que las afirmaciones científicas contenidas en la Palabra de Dios).

Es del todo cierto que la Biblia anticipó a los hombres...

1. En el orden natural:

a) Que la Tierra es esférica o redonda (Is. 40:22).

b) Que está suspendida sobre el vacío (Job 26:7).

c) Que su corteza reposa sobre una especie de fuego interior (Job 28:5).

d) Que estuvo cubierta de aguas y salió de ellas (Gn. 1:9).

e) Que el agua de los ríos procede del mar (Ec. 1:7).

f) Que las plantas fueron creadas antes que los animales y éstos antes que el hombre (Gn. 1:11).

g) Que las más grandes montañas han brotado de su interior (Sal. 104:6-11).

h) Que los animales del mar y del aire precedieron a los de la tierra (Gn. 1:21). Estos y otros conceptos científicos eran, por lo general, contrarios al modo de opinar de los hombres de los tiempos en que este maravilloso libro fue escrito, pero están de acuerdo con la ciencia moderna.

2. En el orden histórico: esto no es en sí ninguna maravilla, hay otros libros veraces que no son inspirados; pero es que la Biblia fue escrita en tiempos cuando la realidad y la ficción se mezclaban y se confundían fácilmente. Poco trabajo hubiera costado hacer que la leyenda entrara a formar parte de este libro antiquísimo, si no hubiese sido inspirado por Dios, y así lo han pretendido sus muchos críticos, hasta que el pico y la pala del arqueólogo, y la ciencia del filólogo, refutaron a los refutadores bíblicos. Éstos dijeron:

a) Que la torre de Babel fue un mito porque nada parecía haber quedado de ella; pero hoy día, apartada por la pala del arqueólogo la arena que la había convertido en una montaña, se yergue cerca de las ruinas de Babilonia, confirmando la veracidad de la Sagrada Escritura.

b) Que la destrucción de Sodoma y Gomorra es una leyenda; pero los investigadores han encontrado las ruinas carbonizadas de tales ciudades y una abundancia de azufre en los lugares que éstas ocuparon, constituyendo el llamado «Mar Muerto», un lago como no existe ningún otro en el mundo, por sus características físicas.

c) Que José fue un héroe imaginario y los siete años de abundancia y de hambre una leyenda alegórica; pero tanto el nombre de José como la revelación de que por siete años el Nilo no inundó la tierra y tal sequía produjo un hambre extraordinaria, han sido hallados grabados en jeroglíficos en ciertos acueductos de Egipto.

d) Que no habían existido naciones poderosas y depravadas en Canaán, sobre todo la llamada hitita cuando tuvo lugar la invasión israelita, sino pueblos débiles a los que Israel podía vencer fácilmente, sin ninguna ayuda sobrenatural; pero la arqueología ha desenterrado sus ciudades fuertes, y los monumentos egipcios traen frecuentes alusiones a sus poderosos vecinos cananeos, señalándoles con los mismos nombres con que son descritos en la Biblia.

3. La admirable preservación de errores: a pesar de que Moisés fue educado en la ciencia de los egipcios, y su más conspicuo antecesor, José, casó con Asenat, la hija de Potifera, sacerdote de On, no aparece en el libro de Éxodo ninguna idea de reencarnación, mientras que los

documentos egipcios están llenos de tales escenas, tales como «El juicio ante Osiris», en donde Tot, acusador de un alma que es juzgada, le señala el perro que va a ser su habitación en la segunda vida, ni nada acerca del transporte de las almas en la barca de Caronte, claramente marcada en escenas jeroglíficas.

CONCLUSIÓN: por eso, podemos asegurar que la Biblia es verdad, como dicen los salmos 151 y 160; y sobre todo, por lo que dice Jesús: «Yo soy el camino, y la Verdad y la Vida; nadie viene al Padre; sino por Mí» (Jn. 14:6); afirmación corroborada por los hechos, cuando es rubricada por la declaración solemne: «Los cielos y la Tierra pasarán, mas mis palabras no pasarán» (Mt. 24:35).

914. *ENSEÑANZAS DE LA BIBLIA ACERCA DE LA VIDA DESPUÉS DE LA MUERTE (Juan 14:1-6)*

1. La Biblia enseña que Cristo volverá:

a) El hecho de su venida:

–Jesús dijo que él volverá (Mt. 16:27; 24:27, 37-39; Mr. 8:38; Lc. 12:27).

–Pablo dijo que Cristo volverá (1 Ts. 4:16).

–Pedro dijo que Cristo volverá (2 P. 3:8-12).

–Juan dijo que Cristo volverá (1 Jn. 2:28).

–La enseñanza uniforme del Nuevo Testamento es que la segunda venida ha de ser una venida visible, personal y manifiesta de Cristo (Hch. 1:11).

b) El propósito de su regreso:

–Cristo no va a volver para salvar al mundo, sino para juzgarlo (el propósito principal de su primera venida fue salvar al mundo, no juzgarlo) (Jn. 3:17).

–En su segunda venida levantará a los muertos y transformará a los cristianos vivientes (1 Co. 15: 50-58).

c) El tiempo de su venida:

–El hombre no sabe cuándo regresará Cristo (Mt. 24:23 y sigtes).

–Jesús no sabe cuándo volverá (Mr. 13:32).

–Solamente Dios el Padre sabe el tiempo de la venida de Cristo (Mt. 24:36).

2. La Biblia enseña que habrá un juicio final:

a) El hecho del juicio está comprendido en la libertad moral del hombre y en su responsabilidad hacia Dios:

–El juicio no está completamente diferido para el futuro.

–El juicio final viene al fin de la historia humana.

b) Jesús enseñó que habrá un juicio (Mt. 12:36; 25:31-46).

c) Pablo enseñó que Jesús juzgará al mundo (Ro. 2:16; 2 Co. 5:10).

3. La Biblia enseña que hay un infierno:

a) Jesús enseñó que hay infierno (Mt. 5:22, 29; 10:28).

b) Juan enseñó que hay infierno (Ap. 20:15).

c) La Escritura enseña que el infierno es un lugar de terrible sufrimiento:

–Lugar de tormento (Lc. 16:23).

–Lugar de amargos recuerdos (Lc. 16:25).

–Lugar de muerte eterna (Ap. 21:8).

d) Habrá diferentes grados de castigo en el infierno:

–Palabras de Jesús (Mt. 11:22).

–Palabras de Pablo (Ro. 2:12).

e) Hay muchas indicaciones de que el infierno está creciendo:

–Lo enseña el profeta (Is. 5:14).

–La experiencia de la vida.

4. La Biblia enseña que hay Cielo:

a) El Cielo es como un hogar (Jn. 14:1-6):

–Compañerismo abundante (Jn. 14:2).

–Jesús es el camino al Cielo (Jn. 14:6).

b) El Cielo es un lugar de regocijo (Sal. 23: 5, 6).

c) El Cielo es un lugar donde no habrá enfermedad, tristeza ni muerte (Ap. 21:4).

c) El Cielo es un lugar de servicio (Ap. 22:3).

d) La Escritura enseña que habrá diferentes grados de recompensa en el Cielo (1 Co. 3:14, 15; Lc. 19:12-27; Mt. 25:14-30).

915. *ENSEÑANZAS DE LA BIBLIA ACERCA DEL HOMBRE (Génesis 2:7-9)*

1. La Biblia enseña que el hombre fue creado por Dios:

a) Física y espiritualmente (Gn. 1:27; 2:7).

b) Fue colocado en un ambiente de bien y mal (Gn. 2:9).

c) Fue creado con capacidades para escoger (Gn. 3:6).

2. La Biblia enseña que el hombre pecó contra Dios:

a) Escuchando y siguiendo el consejo del diablo:

–El diablo hizo que el hombre dudara de Dios (Gn. 3:1).

–El diablo habló abiertamente contra Dios (Gn. 3:4).

–El diablo persuadió al hombre a comer del fruto del pecado (Gn. 3:6): físico, estético, sabiduría...

b) El fatal intento del hombre de esconder su pecado:

–Trató de cubrir su desnudez (Gn. 3:7).

–Trató de esconderse de Dios (Gn. 3:8).

c) El pecado del hombre trajo el castigo a todos los que tomaron parte:

–La serpiente (Gn. 3:14, 15).

–La mujer (Gn. 3:16).

–El hombre (Gn. 3:17, 18).

d) El pecado trajo la muerte:

–Física (separación del alma del cuerpo) (Gn. 3:19).

–Espiritual (separación del alma de Dios) (Gn. 2:17; Ro. 6:23).

–El pecado es universal (Ro. 3:23).

3. La Biblia enseña que Dios se revela al hombre:

a) Por medio de la naturaleza (Ro. 1:20).

b) Por medio del corazón o de la conciencia (Ro. 2:15).

c) Por medio de Jesucristo (He. 1:2):

–Jesucristo es el único camino por el cual el hombre puede ser salvo (Hch. 4:12).

–¿Qué será de la persona que nunca ha oído hablar de Jesucristo?

4. La Biblia enseña que el hombre puede ser salvo:

a) Arrepentimiento (Lc. 13:5).

b) Fe Jn. 3:16).

c) Confesión (Ro. 10: 9).

5. La Biblia enseña que nuestra salvación es eterna:

a) Por nacer en el Reino de Dios (Jn. 3:6-8)

b) Por lo que hace Jesús (Jn. 6:37)

c) Por lo que Dios hace (Jn. 10:28, 29)

d) Por lo que hace el Espíritu Santo (Ef. 4:30)

e) No hay condenación ni separación para aquellos que están en Cristo Jesús (Ro. 8).

916. *LA CENA DEL SEÑOR*
(Mateo 26:26)

1. Una comunión santa y hecha en memoria de Él (1 Co. 11:24; Mt. 18:20).

2. Un privilegio del pueblo de Dios (2 Co. 6:16; Éx. 12:48).

3. Un recordatorio a la vida santa (1 Co. 11:27-30; Lv. 7:20).

4. Un acto de consagración (1 Co. 11:31; 2 Co. 7: 1; Lv. 11:43, 44).

5. Es la Cena del Señor (1 Co. 10:21; Lc. 22:16).

6. Un recordatorio de Su muerte (1 Co. 11:24; Ap. 5:9).

7. Una anticipación a Su segunda venida (1 Co. 11:26).

917. *UN RECORDATORIO HASTA QUE ÉL VENGA*
(1 Corintios 11:26)

1. En memoria de mí: desde la Cruz a la gloria (Lc. 22:19; 24:26).

2. Yo, el Crucificado, quien llevó en Su cuerpo nuestros pecados sobre el madero (1 P. 2:24).

3. Yo, el Resucitado. Él fue resucitado para nuestra justificación (Ro. 4:25).

4. Yo, el que ascendió, ahora en la Presencia de Dios intercediendo por nosotros (He. 9:24; 1:3).

5. Yo, el que vive. Él vive para siempre para hacer intercesión por nosotros (He. 7:25).

6. Yo, el que viene. Vendrá otra vez para llevamos con Él (Jn. 14:3; He. 9:28).

918. *LA CENA DEL SEÑOR*
(1 Corintios 11:23-29)

1. Su institución (v. 23): fue instruida no por los apóstoles ni por los padres de la Iglesia, sino por el Señor Jesucristo mismo.

2. Su encarnación (v. 24): «... Esto es mi cuerpo...»

3. Su crucifixión (v. 24): «... Esto es mi cuerpo que por vosotros es partido...» «Esta copa es el nuevo pacto en mi sangre...» (1 Co. 11:24, 25).

4. Su invitación (o mandato) (vv. 24, 25): «... Haced esto...».

5. Su memoria (vv. 24, 25): «... En memoria de mí».

6. La Cena del Señor es para nosotros si:

a) Somos salvos primero debemos recibir al Señor como Salvador.

b) Nos apropiamos de ella por medio la fe; tomad, comed.

c) La asimilamos: nos da fortaleza para la vida y el servicio cristianos.

919. *LA CENA DEL SEÑOR*
(1 Corintios 11:23)

1. Como una ordenanza divina: «Porque yo recibí de parte del Señor lo que también os he enseñado...».

a) Fue instituida por el Señor Jesucristo.

b) Fue ordenado por Su autoridad divina.

c) Es obligatorio para todos los que profesan su nombre.

2. Como una ordenanza simbólica: «...tomó pan...»; «... esta copa...».

a) Los símbolos son el pan y el vino:

–El uno se refiere a su cuerpo; la ruptura, el quebrantamiento de Su persona.

–El otro simboliza Su preciosa sangre; derramando Su vida.

b) El comer y beber se refiere a nuestra participación actual de los beneficios de la muerte del Salvador (Jn. 6:56).

3. Como una ordenanza conmemorativa: «... Haced esto en memoria de mí».

a) De su persona, su amor, sus sufrimientos.

b) Del fin y propósito de su persona, amor y sufrimientos.

c) De los deberes y de las obligaciones hacia Cristo.

4. Como una ordenanza formal (v. 26):

a) Por medio de ella mantenemos memoria del Calvario en el mundo.

b) Por medio de ella mostramos nuestra fe, esperanza, amor y obediencia.

c) Por medio de ella marcamos nuestra separación de los que no son creyentes.

5. Como una ordenanza social:

a) Es de carácter cristiano.

b) Tiene un propósito social.

c) Es una ordenanza con carácter familiar (Mr. 3:35).

6. Es una ordenanza perpetua (v. 26):

a) Continúa desde Su primera hasta Su segunda venida.

b) El sacrificio infinito conserva toda su virtud, eficacia y poder.

c) Disminuye el peligro de olvidamos del significado de Su Cruz.

920. *LA FIESTA DEL SEÑOR (1 Corintios 11:26)*

1. La celebración en memoria de Él: « Haced esto todas las veces que la bebáis, en memoria de Mí» (v. 25).

a) Es una experiencia personal.

b) Es para todos los que seguirán creyendo hasta que Él venga.

2. Es una celebración de obediencia: «...Tomad, comed» (v. 24).

3. Es una celebración para autoexaminarse (v. 28):

a) Nuestros hábitos y faltas.

b) Nuestro nivel de espiritualidad.

4. Es una celebración de comunión y compañerismo: «...Esperaos unos a otros» (v. 33).

a) Hay comunión con Dios.

b) Hay comunión con Cristo.

c) Hay comunión con el Espíritu Santo.

d) Hay comunión entre los hermanos.

5. Es una celebración de comunión: la copa, la comunión de la sangre de Cristo. El pan, la comunión con el cuerpo de Cristo.

6. Es una celebración de acción de gracias (v. 24):

a) El Señor Jesucristo dio gracias, y cantó un himno. Nosotros debemos hacer lo mismo.

b) Debemos celebrar la cena con reverencia pero con gran gozo.

7. Es una celebración de confesión: «...La muerte del Señor estáis proclamando hasta que Él venga» (v. 26). La gloria de la celebración no es la Cruz, sino el Trono; la Cruz es solamente un paso hacia el Trono.

8. Es una celebración de expectación (v. 26): la celebración tiene su propósito, y tendrá su consumación...

a) La celebración debe observarse hasta que Él venga.

b) «Aguardando la esperanza bienaventurada» (Tit. 2:13).

La Cena del Señor es como un gran puente, que se extiende a través de toda la historia de la Iglesia. Una punta descansa en la Cruz, y la otra en Su segunda venida.

921 *«¿ACASO SOY YO, SEÑOR?» (Mateo 26:22)*

1. Ésta es una pregunta que explora el corazón antes de participar de los símbolos:

a) El Señor Jesucristo tenía mucho que decir sobre el corazón.

b) Los discípulos deseaban la verdad. Cualquier auténtico hijo de Dios ha de desear la verdad, aunque ésta queme.

c) Posiblemente, en sus mentes, estaban buscando una respuesta a la causa que motivó esta pregunta. ¿Habían traicionado ellos al Señor y no lo sabían?

d) Dios envía al Espíritu Santo a que explore el corazón del creyente antes de la Cena. Puede ser mediante Su Palabra, o por medio de un pensamiento, un mensaje, un himno o una oración.

2. Es una pregunta llena de sinceridad y lealtad:

a) La lealtad del discípulo había sido cuestionada; ellos preguntaron y esperaron una respuesta.

b) La comunión no debe tomarse con un espíritu ligero e irreverente.

c) La gente vive como si el hecho de ser cristiano no significase nada.

d) La pregunta implica que cada uno de los discípulos que hablaba era consciente de su debilidad.

3. Es una pregunta conmovedora:

a) Hay un tipo de personalidad que se ofendería porque el Señor dijo que alguien del grupo iba a traicionarle.

b) ¿Significa algo para usted la Santa Cena en cuanto a sus emociones? ¿Siente que su corazón se conmueve cuando sirve al Señor? ¿O lo hace simplemente como una obligación?

c) El cargo que tan justamente hacía el Señor era una daga que se clavaba en sus corazones y esta pregunta hacía sangrar aún más la herida. Era una pregunta que salía de lo profundo del corazón.

4. Es una pregunta reveladora:

a) Los que eran inocentes fueron los primeros en hablar –los culpables siempre se esconden.

b) Hizo que cada uno se viese descubierto por la luz y se presentase tal como era.

c) El tono de la voz revelaba lo que era cada uno. Para ello era suficiente con esa simple pregunta.

922. *EL LAVAMIENTO DE PIES (Juan 13:1-17)*

INTRODUCCIÓN: este incidente ocurrió seguramente en la casa de un discípulo rico de Jerusalén, casado con la hermana de Bernabé, madre de Juan Marcos. Es curioso cómo el evangelista Juan introduce este relato: «Y habiendo amado a los suyos que estaban en el mundo, los amó hasta el fin». Cuando Juan escribió estas palabras en su ancianidad, echa una mirada, diríamos, a las experiencias de su juventud, a los desaires que su amado Señor había recibido particularmente del carácter orgulloso y tenaz de Pedro, hombre precipitado en extremo. Jesús lo soportaba hacía tres años y este gran apóstol no aprendió hasta que hubo recibido el Espíritu Santo en Pentecostés. El incidente del «lavamiento». de sus pies era la última manifestación del amor del Salvador no sólo por Pedro, sino por todos los suyos, recuerda el apóstol Juan. Todos habían sido muy amados por el Salvador, aunque el peor de todos había sido el hijo de Zebedeo. Aquel incidente era la máxima

1. Lección de humildad: las bienaventuranzas o paradojas del reino habían sido una lección teórica desde el principio de las enseñanzas de Jesús, pero ésta fue una lección práctica. ¿Por qué? Porque era costumbre que el lavamiento de pies necesario por el uso de sandalias que no cubrían los pies de las personas que en aquellos tiempos no tenían otro medio de locomoción a causa de su humilde condición social, cuando eran obsequiados por alguna familia rica, era el último criado de la casa el encargado de hacer este servicio (véase el caso de Jesús en casa del fariseo Simón, en Lc. 7:44), donde Jesús reprocha a su hospedador varias ceremonias oficiales y entre ellas la de lavamiento de pies).

2. El posible preámbulo del acto:

a) Es de suponer que miradas inquisitivas se cruzaron entre los apóstoles. La mención de Judas Iscariote hace pensar que la mayoría de miradas se dirigieron a este discípulo, pero éste había sido distinguido por el Señor al confiarle la bolsa de la comunidad y al ver que éste no se levantaba, se cruzaron otras miradas entre los restantes discípulos, exceptuando quizás aquellos tres que Jesús había distinguido llevándoles a ver su gloria en el Tabor. ¿Cuál de todos ellos debía considerarse como de menor categoría de todos?

b) En cuatro ocasiones diversas (Mt. 18:1; Mr. 9:34; Lc. 9:46; 22:24) tenemos incidentes de disputas entre los discípulos, sobre quién sería el mayor seguidor de lecciones teóricas y exhortaciones de parte del Maestro, todas ellas de palabra; pero el Señor, que conocía las mentes de los discípulos, les responde con un hecho práctico: «Levantándose de la cena, Jesús se quitó su manto, y tomando una toalla, se la ciñó. Y poniendo agua en un lebrillo empezó a lavar los pies de los discípulos». (Jn. 13:4, 5).

c) Todo esto requirió cierto tiempo y quizá las preguntas mentales de sus discípulos. Parece que Pedro fue el último de todos y quizás esto contribuyó a la exasperación del orgulloso apóstol. «Ninguno de los discípulos ha protestado y a mí me parece que me tiene como el último, cuando en otras ocasiones me ha considerado el primero, pues ahora les daré una lección a todos». Pero la lección se la llevó Pedro, por la amonestación que siguió a su réplica de parte del Señor (Jn. 13:9-18) *(anécdota: el pastor D. Rodolfo Loyola cuenta una experiencia curiosa que tuvo en una reunión de pastores en Madrid,*

donde el fiel servidor de Dios D. Alberto Araujo, tuvo un pequeño altercado con otro pastor acerca del uso de su iglesia, una de las más grandes de Madrid. Tras unas palabras del pastor contrario a su opinión, D. Alberto se levantó de repente, pensando todos que lo hacía enojado; pero después de algún rato volvió con un lebrillo y una toalla y, arrodillándose delante de su contrincante, le pidió perdón por la rudeza con que dicho servidor de Dios le había hablado. D. Rodolfo termina diciendo: «Salimos de allí sintiéndonos como si hubiésemos estado en una iglesia primitiva»).

3. Egoísmo y orgullo: el relato del Evangelio no es para que repitáis la ceremonia sino para que entendáis la lección. Yo tuve esta lección de un modo práctico de parte del director de Pontipride, en la provincia de Gales (Inglaterra) quien me limpió los zapatos y los llevó a mi cuarto sin que yo se lo pidiera y muchos otros casos podríamos citar *(anécdota: el cabo que daba órdenes a los soldados que estaban levantando una pesada viga, cuando pasó por el lugar un caballero que le dijo:*

–¿Por qué usted no les ayuda?

–Es que soy cabo.

Entonces el caballero bajó de su montura y se puso a ayudar a los soldados, y cuando la viga estaba ya en su lugar, dirigiéndose al cabo le dijo: «Si alguna vez le falta a usted algún hombre para hacer algún trabajo, comuníquelo al cuartel general y el presidente Washington volverá para darle una mano». Y subiendo de nuevo a su montura se alejó).

CONCLUSIÓN: el ejemplo es más moral que físico. Muchas veces hemos visto en la televisión al pontífice romano besar la tierra de aquellos países que visita, pero todos sabemos que va rodeado de servidores y sus visitas pueden costar millones a los fieles de los referidos países.

Jesús nos da un ejemplo para que lo repitamos de diferentes maneras en ocasiones en que nuestro orgullo puede llevarnos a hacer cosas equivocadas y ridículas. Roguemos al Señor que nos dé el espíritu humilde que necesitamos para ser verdaderos imitadores suyos.

923. *EL ÚLTIMO DESEO DEL SEÑOR JESUCRISTO (Lucas 22:15)*

1. El Señor había estado esperando esta hora, ¿por qué?

a) Por un deseo de una comunión privada.

b) Por un deseo de compañerismo con los suyos.

c) Por un deseo de revelarse a sí mismo de una forma más completa.

d) Por un deseo de enseñar su última lección.

e) Por un deseo de advertirles acerca de las tribulaciones que vendrían.

f) Por un deseo de hablarles acerca de las mansiones en los cielos.

2. Esta hora de comunión marcaba:

a) Su obra culminada ante la Cruz.

b) Su anticipación de los gozos celestiales.

c) Su recordatorio para los discípulos.

d) Su última oportunidad para reiterarles que les amaba.

3. ¿Cómo desea el Señor que tomemos la Cena?

a) Como medio de unión con Él.

b) Como testimonio que damos de Él.

c) Como expresión de lealtad a Él.

d) Como medio de unificar la Iglesia.

e) Como recordatorio de los sufrimientos de Cristo.

4. Cumplamos su último deseo:

a) Tengamos comunión con Él diariamente en oración.

b) Tengamos comunión con los hermanos.

c) Tengamos comunión con los elementos sagrados de la Palabra viva.

Debemos mantener ferviente este deseo hasta que nos sentemos en las Bodas del Cordero junto con Él.

924. *LAMENTO ANTE LA CRUZ (Zacarías 12:10)*

INTRODUCCIÓN: notad el notable cambio de personas... «... y mirarán a mí...»; «... y llorarán como se llora por hijo unigénito...». Estos cambios indican unidad y factor distintivo, y nos hablan de la unidad de la Trinidad. El que habla es Jehová, «que extiende los cielos y funda la Tierra» (v. 1), pero que dice «... y mirarán a mí, a quien traspasaron...». Es Jehová-Jesús el que fue traspasado, y derrama el Espíritu de gracia. Nos dedicaremos a tratar ahora el arrepentimiento y la pena por el pecado.

1. Es creada por el Espíritu Santo, el espíritu de gracia:

a) No es producido meramente por la conciencia, ni por el miedo, ni por el uso de una forma de penitencia; mucho menos por la música, u otros factores que apelan a las emociones.

b) Viene como un don de la gracia: «derramaré». El entendimiento es iluminado, el corazón renovado, por un acto distintivo del Espíritu de Dios, enviado por el Padre.

c) Es asistido por la oración: «Espíritu de gracia y de oración...». Es diferente del remordimiento, el cual nunca lleva a la oración.

2. Se produce cuando miramos al Señor: «... Y mirarán a mí, a quien traspasaron...». Por lo tanto, no podemos prepararnos para esta mirada; miramos al Señor Jesucristo tal como somos y tal como estamos, y esa mirada hace de nosotros verdaderos penitentes:

a) Somos capaces de ver el mal que el pecado ocasiona a la pureza, pues este mismo fue el que crucificó al Santo de los Santos, ataviado con la belleza de la santidad y pureza absolutas.

b) Vemos la ingratitud del pecado hacia el amor. El pecado para a la compasión con un tremendo odio, y por lo tanto, crucifica al Señor Jesús.

c) El pecado es enemigo de Dios, y de hecho es lo que le ha llevado a la cruz.

d) Eso es lo que ha hecho la terrible culpa de nuestro pecado. Nada sino el infinito valor del sacrificio de nuestro Señor Jesucristo podría haber hecho la expiación del mismo.

3. Es la pena más grande: «...Y llorarán como se llora por hijo unigénito...».

a) Es una agonía doble: desprenderse del Hijo único, y además del primogénito.

b) Es una agonía personal y privada (vv. 12-14).

c) Tiene un carácter social: «la casa de David»; «los moradores de Jerusalén».

4. Esta clase de lamento no es en sí misma una forma de limpiar el pecado: por medio del mismo se confiesa la transgresión, pero no puede quitarse el pecado. La convicción es un espejo que nos muestra nuestras manchas, pero no un baño capaz de quitarlas...

a) Nos da a conocer la necesidad de limpieza, pero no es en sí mismo fuente de limpieza.

b) Acompaña a la mirada salvadora del Señor Jesús, pero no rivaliza con ella.

c) Hace que nos alejemos del «yo».

d) Nos lleva hacia el Señor Jesús. Hacemos lamentación por Él, y eso hace que nuestro corazón se vea más ligado a Su Persona.

5. El llamado: ¡Ven, corazón sangrante, y mira al Señor para tu salvación!

¡Ven, corazón duro, y mira al Señor para quebrantarte! ¡Ven, corazón descuidado, pues la visión del Señor puede llamarte aún a ti!

CONCLUSIÓN: «La cabeza de Cristo ha santificado todas las espinas, Su espalda, todos los surcos; Sus manos, todos los clavos; Su costado, todas las lanzas; Su corazón, todas las penas que puedan llegarle de cualquiera de Sus hijos» *(Samuel Clark).*

925. *VIERNES SANTO (Juan 1:29)*

1. Jesucristo es el cordero de Dios: el cordero pascual era un tipo de Cristo...

a) Por la muerte de aquel cordero, y el derramamiento de su sangre sobre los dinteles, todos los primogénitos de Israel eran salvos de la muerte (Éx. 12:6, 7).

b) Cristo es nuestra pascua, sacrificado por nosotros. Por medio de Su muerte y el derramamiento de Su sangre, somos salvos de la ira de Dios (1 Co. 5:7; Ro. 5:9).

2. Al Señor Jesucristo se le llama el Cordero de Dios, especialmente en referencia al sacrificio diario (Éx. 29:38, 39):

a) Los corderos tenían que ser perfectos, sin mancha, y así también tuvo que ser nuestro Salvador (1 P. 1:19).

b) Los corderos eran un símbolo típico de la expiación; pero Cristo hizo una expiación real (1 Jn. 2:2).

c) Los corderos eran ofrecidos con frecuencia; pero Cristo se ofreció a Sí mismo una sola vez (He. 9:25, 26).

3. El Señor Jesús fue el Cordero de Dios traído al sacrificio (Is. 53:7).

4. El Señor Jesús aparece ahora como un Cordero inmolado en el reino celestial (Ap. 5:6):

a) Nos recuerda la salvación por medio de Su expiación.

b) La expiación de Cristo es negada por algunas personas en la Tierra, pero reconocida por todos en el Cielo (Ap. 5:8, 12).

5. Hay otras referencias que confirman este título:

a) Apocalipsis 7:14.

b) Apocalipsis 12:11.

c) Apocalipsis 1:5.

6. Él quitó el pecado del mundo:

a) El pecado de Adán afectó a toda la humanidad (Ro. 5:17-21; 1 Co. 15:21).

b) Cuando los hombres se arrepienten y creen en el Evangelio, la culpa de su pecado es quitada (Mr. 1:15; Ro. 5:1; Ef. 1:6; Ro. 8; 16).

c) Por fe es quitada la contaminación del pecado (Hch. 15:9; 1 Jn. 1:7).

d) Por medio del Cordero de Dios es quitada la práctica del pecado (2 P. 3:11; Mt. 1:21; Tit. 2:12).

e) Los miedos atormentadores que acompañan el pecado son quitados de todos aquellos que son perfeccionados en el amor (1 Jn. 4:18; Ro. 5:2).

f) En el estado futuro los tristes efectos del pecado serán quitados de todos aquellos que han muerto en el Señor (Ap. 14:13; 1 Co. 25:51, 52; 1 Jn. 4:17; 1 Ts. 4:18).

7. Los hombre pecadores son exhortados a contemplarle:

a) Contempladle por los ojos de la fe (2 Co. 4:18; 2 Co. 10:5).

b) Contemplarle es creer en Él, confiar en Él para la salvación (Is. 45:22; He. 12:2).

c) Contempladle en Su nacimiento en Belén; en Su vida santa entre los malvados judíos; en Su muerte en el Monte Calvario; en Su resurrección de entre los muertos; y en Su ascensión a los cielos.

d) Contempladle en Sus oficios sagrados:

–Un Profeta, para guiamos a toda verdad (Hch. 3:22, 23).

–Un Sacerdote que intercede y hace la expiación (He. 4:14).

–Un Rey para gobernar y protegemos (Ap. 17:14; 19:16).

e) Contempladle en su Persona:

–Es Dios «bendito por los siglos» (Ro. 9:5).

–Es hombre, con un alma y un cuerpo que murió y resucitó otra vez (Lc. 2:52).

–Es Dios-hombre, y Mediador entre Dios y los hombres (1 Ti. 2:5).

f) Contempladle con profunda humildad: Él nunca tuvo pecado (He. 7:26), pero fue herido por nuestras transgresiones (Is. 53:5).

g) Contempladle con sentimiento de gratitud. Él fue quien nos amó primero (2 Jn. 4:19).

h) Contempladle con entera confianza:

–Él todo lo puede (He. 7:25).

–Él ofrece salvación (Hch. 13:26).

–Él nos invita (Mt. 11:28).

–Él llama a la puerta de nuestros corazones (Ap. 3:20).

926. *EL MENSAJE DE RESURRECCIÓN DEL ÁNGEL* *(Mateo 28:1-10; 18:20)*

El mensaje del ángel está lleno de la gracia y esplendor del Evangelio. Observemos éstos siete importantes puntos de su mensaje...

1. El «dejad de temer» del amor: el semblante radiante del ángel causó consternación a aquellas mujeres.

2. El «Yo sé» de la apreciación: el ángel sabía que las mujeres querían ver aquel cuerpo amado que habían visto por última vez en la cruenta cruz. La memoria de la fe siempre se centra en la cruz.

3. El «no está aquí» para hacerles recordar su promesa: no siempre encontramos lo que esperamos, pero a veces descubrimos que precisamente en lo inesperado está nuestro gozo y consuelo.

4. Él «ha resucitado» del gozo: el había ido a través del reino del Hades, y había predicado el Evangelio a los espíritus encarcelados (1 P. 3:18; 4:6); y ahora ha resucitado triunfante sobre la muerte, el infierno, la tumba y el diablo (He. 2:14; Ap. 1:18).

5. El «ved el lugar» de la observación: el lugar de la expiación había sido en el Calvario (Lc. 23:33); el lugar de la gloria será en las mansiones del Padre (Jn. 14:2, 3); y el lugar de la resurrección era una tumba vacía.

6. El «id pronto» de la comisión: esta gloriosa misión de ir y decir a los que creían que el Señor continuaba muerto, que en realidad había resucitado, puso alas en los pies de aquellas personas.

7. El «allí le veréis» de la expectativa: oír que Él había resucitado era bueno, pero tener la seguridad de verle era aún mejor.

927. *EL PODER DE LA CRUZ*

«... Cristo es poder de Dios, y sabiduría de Dios». (1 Co. 1:24).

Al mirar el prisma de la cruz, vemos una gloria de la gracia manifestada de ocho maneras. En aquella cruz hay poder para...

1. Reconciliarnos con Dios (Ef. 2:16).
2. Separarnos del mundo (Gá. 6:14).
3. Exaltarle al trono de Dios (Fil. 2:9).
4. Quitar las demandas de la Ley (Col. 2:14).
5. Guardarnos de la carne (Gá. 5:24).
6. Despojarnos del viejo hombre (Ro. 6:6).
7. Ignorar el «yo» (Gá. 2:20).
8. Inspirar a la obediencia (Gá. 3:1).

928. *LOS SUFRIMIENTOS DE CRISTO A MANOS DE LOS HOMBRES (Isaías 53)*

1. Reprochado por los escribas y los ancianos (Mr. 15:1).
2. Despreciado por la gente (Mt. 27:25).
3. Burlado por la multitud (Mt. 27:39, 40).
4. Criticado por los ladrones (Lc. 23:39).
5. Falsamente acusado por los sacerdotes (Mr. 15:3).
6. Ridiculizado por los gobernadores de aquel tiempo (Lc. 23:35).
7. Interrogado por los saduceos (Mt. 27:23).
8. Censurado por los fariseos (Mr. 2:16).
9. Tentado por el diablo (Lc. 4:2).
10. Odiado por el mundo (Jn. 15:18).
11. Traicionado por Judas (Lc. 22:47).
12. Manipulado por Pilatos (Jn. 19:1-10).
13. Escarnecido por Herodes (Lc. 23:11).
14. Crucificado por los soldados (Jn. 19:23).

«Y se le apareció un ángel del Cielo para fortalecerle». El Hijo de Dios recibe ayuda de parte de un ángel, que no es sino o criatura. Sí, y nosotros aprendemos entonces a recibir consolación de las personas y las cosas corrientes. Toda la fortaleza y la consolación viene realmente de Dios, pero Él ha creado seres para ministrárnoslas. Deberíamos estar agradecidos tanto a Dios como a estas criaturas. Reflexiones prácticas.

«¿Es posible, oh precioso Hijo de Dios, coeterno Hijo del eterno padre, que te dobles y te humilles por mí? ¡Yo he pecado, y Tú eres castigado; yo me he exaltado a mí mismo, y Tú eres humillado; yo me he cubierto de vergüenza, y Tú eres azotado; yo me he desnudado, y Tú eres vestido con vestimentas deshonrosas; mi cabeza ha maquinado la maldad, y Tú eres atravesado con espinas; yo te he golpeado, y Tú eres golpeado por mí; yo te he deshonrado, y Tú has sido escarnecido por mi causa; yo he deshonrado, y Tú, por mí, padeces la burla; Tú has sido hecho un juguete de los hombres, por mi culpa, que merezco ser insultado por los demonios!» *(Obispo Hall).*

929. *APRENDIENDO DEL SEÑOR JESUCRISTO (Filipenses 3:12)*

INTRODUCCIÓN: esta porción de la Escritura es para el Año Nuevo lo que Lucas 2 es para las Navidades. Aquí Pablo, considera el «status

quo», echa una mirada al pasado, lanza una mirada al futuro. En el texto, la palabra «aprender» indica anticipo o expectación.

1. Prosiguiendo el blanco:

a) Proseguir implica oposición.

b) Proseguir al blanco indica tener una meta a la vista:

–La meta la pone el Señor.

–Luchar no es en sí una tarea, sino un elevado llamamiento (v. 14).

2. «En Cristo Jesús» (v. 14):

a) Nosotros hemos sido llamados así como lo fue el Señor Jesucristo (Mt. 20:28).

b) Hemos de negarnos a nosotros mismos así como Cristo se negó a Sí mismo.

c) Hemos de complacer al Padre como lo hizo el Señor Jesús.

CONCLUSIÓN: «El descanso es un bien muy deseable. El Señor Jesucristo dijo que nos daría descanso, paz para con Dios, y paz con nuestra conciencia, y que cambiaría nuestras tormentas en plácida quietud y en calma eterna, y que nos daría un descanso tal que el mundo no nos lo podría quitar» *(Thomas Brooks).*

«Señor, Tú nos has hecho para Ti, y no podremos encontrar descanso hasta que lo encontremos en Ti» *(Agustín).*

«Hay muchas cabezas descansando sobre el pecho del Señor Jesucristo, pero aún hay lugar para la tuya» *(Samuel Rutherford).*

930. *PASCUA DE RESURRECCIÓN (1 Corintios 15:1-22)*

¡Qué hermoso que en primavera tengamos la fiesta de la Resurrección. Todo en la Naturaleza resucita en este tiempo, pero si el hombre, corona de la Creación, tuviera que dejar de existir en la muerte, sería terrible. Afortunadamente, existe una esperanza de vida eterna, desde que el vencedor de la muerte se levantó de la tumba para no volver a morir, pero, escéptico, se pregunta: ¿Es verdad que aquel hombre del siglo I que se llamó Jesús de Nazaret era hijo de Dios y resucitó? ¿Qué pruebas tenemos de que no es una leyenda piadosa su supuesta resurrección?

1. Pruebas históricas de la resurrección: el apóstol Pablo, en este pasaje, nos cuenta que Jesús se apareció en diez ocasiones distintas, individualmente o en grupos de hasta 500 personas. Aquí no caben más que tres suposiciones:

a) O centenares de individuos se volvieron todos locos a la vez y se dejaron matar por lo que ellos creían haber visto.

b) O eran testigos mentirosos que trataron de engañar a otros a costa de sus vidas. ¿Es posible esto?

c) O Cristo resucitó verdaderamente.

2. Teorías refutadas: los incrédulos han tratado de negar la Resurrección alegando una de estas tres suposiciones...

a) Que fue una alucinación de los discípulos. Ahora bien, hay pruebas contrarias a esta suposición:

–Los discípulos contaron detalles que no suelen contar los alucinados. Los fantasmas ni hablan, ni comen, ni pasean de un pueblo a otro acompañando y conversando con otras personas (Lc. 24:1 3-43).

–Los sacerdotes no pudieron presentar el cuerpo difunto. Un argumento mucho más eficaz para refutar el hecho que el azotar y conminar a los apóstoles para que callaran.

b) Que los apóstoles robaron y ocultaron el cuerpo. Pero a esto podemos responder:

–¿Cómo podían hacerlo unos sencillos pescadores galileos contra 16 soldados romanos?

–No habrían sido tan tercos como para dejarse matar por una mentira conocida.

3. Consecuencias de la resurrección:

a) Acreditar que Jesús era más que un profeta. Algunos resucitaron a otros, pero no a sí mismos.

b) Todos los resucitados volvieron a morir. Su resurrección para la inmortalidad era una cosa totalmente nueva en la Historia humana.

c) Dar una garantía irrefutable a los cristianos de todos los siglos de que Jesús era el Mesías sufriente, pero vencedor de la muerte (Is. 53:10).

San Pedro lo llama «una esperanza viva». Si no hubiera resucitado sería una esperanza muerta, o sea muy dudosa (1 P. 1:3).

d) Los apóstoles hablaban con seguridad (Hch. 4:33).

e) Su resurrección es la garantía de la nuestra. El que fue poderoso para cumplir su declaración de Jn. 10:18 puede cumplir también la de 5:25.

f) Da realidad y estímulo a la vida de comunión con El por la oración (Col. 3:1-4).

931. *QUÉ VEIS EN LA CRUZ DE CRISTO (Lucas 23:35)*

INTRODUCCIÓN: debía ser una imponente multitud formada por habitantes de todo Israel reunidos para la Pascua, la que presenció la muerte de Cristo, y estaba formada por dos clases de personas: la casi totalidad, enemigos más o menos declarados del hombre popular que Pilatos mandó ajusticiar, y un grupo muy pequeño de amigos, casi perdidos entre la vasta multitud, pero bien conocidos y amados por Jesús. Unos y otros.

1. ¿Qué veían en la cruz de Cristo?

a) Los soldados: Un desgraciado, víctima por envidia de su propia celebridad.

b) Los sacerdotes: Un falso profeta que perjudicaba a sus intereses como jefes religiosos del pueblo.

c) Un considerable número de antiguos partidarios: Uno de tantos falsos mesías, como Teudas o Judas, víctimas de la injusticias del invasor.

d) Todos estaban equivocados: Por qué?

e) Los verdaderos amigos: Lloran por amor al que les había hecho tanto bien, que no pueden comprender por qué aquel que tenía tanto poder se dejaba maltratar así, y hacían toda clase de cábalas acerca de Jesús.

2. La cruz, piedra de toque de la humanidad: todos formamos parte de esta multitud que contempla al Hijo de Dios, a través de los siglos. Somos amigos o enemigos; neutrales no podemos ser.

3. ¿Qué ven en la cruz los verdaderos amigos de Cristo?

Jesús resucitó, y quedó descifrado el enigma de su sacrificio. Desde Pentecostés la cruz del Calvario ya no es un enigma, sino una suprema manifestación del amor de Dios, pero entre los tales hay diversos grados de comprensión:

a) Los creyentes en la Biblia ven en la cruz del Calvario al Hijo de Dios hecho carne para salvar al mundo.

b) El mártir, no a causa de sus enemigos, sino de su amor. Hasta el último momento podía librarse: «Baja de la cruz», le decían sus enemigos con ronca voz, pero no accedió.

c) Lo que más conmueve al alma rescatada es pensar en lo voluntario de su sacrificio. Muchos héroes y mártires lo fueron por sus circunstancias, pero Cristo podía librarse en cualquier momento. ¿Quién se lo impedía? Sólo el propósito de llevar a cabo nuestra salvación.

CONCLUSIÓN: ¿Cuál tiene que ser nuestra respuesta?

932. *NUESTROS HIJOS*
(Mateo 18:1-14)

El universo está lleno de maravillas del poder y sabiduría de Dios, pero a ninguna de las criaturas vivas le han sido dadas revelaciones y promesas de carácter espiritual como lo tienen los seres humanos: «Mirad que no tengáis en poco uno de estos pequeños», dice Jesús.

1. Un tesoro en peligro:

a) No bautizamos (o presentamos) a este niño para salvar su alma de ir al Limbo, pues en este pasaje Jesús demuestra que no existe tal peligro para un niño que fallece en edad de inocencia: «De ellos es el Reino de los Cielos»

-afirma Jesús-, y estaba diciéndolo de niños no bautizados o «cristianizados», como de dice en lenguaje vulgar, pero sí de almas inocentes.

b) El interés del mundo espiritual para los seres humanos empieza con su vida: «Sus ángeles en los cielos...», esto no se dice de seres animales que perecen con la muerte.

c) Un niño de familia cristiana tiene una gran promesa en Hch. 2:39.

d) El peligro del pecado. ¿Cuándo empezará? Nadie lo sabe; depende de la inteligencia de la criatura.

e) Un niño inocente tiene el Cielo asegurado (Mt. 19:14). Pero no quisierais que este niño muriera en estado de inocencia, ¿verdad? Conviene, pues, llevarle cuanto antes del estado de inocencia a la fe que salva (Jn. 3:16).

2. La educación cristiana:

a) «Criarles en disciplina», dice Pablo. ¿Cuándo debe empezar? Muchos dirán al año o a los dos años, pero los pedagogos han demostrado que es pocas horas después de su nacimiento, porque existe, desde el mismo instante en que están fuera del seno de la madre, una voluntad propia que aumenta de día en día.

b) No darles nunca todo lo que piden llorando. Llorar con medida es un buen ejercicio para los pulmones.

c) Entender sus gustos y darles lo que pueda proporcionarles gozo, sin perjudicarles.

d) Una vez dada una orden negativa no ceder, sino darles a entender la razón de la negación. Es preferible no dar la orden para ver si la cumplirán y ver con indiferencia si no lo hacen, pues es enseñarles desde los pocos meses las ventajas de la desobediencia. Éste es el camino de hacer granujas y gandules.

3. Amonestación del Señor:

a) No significa sermonearles a toda hora.

b) No espantarles con el miedo del infierno Esto podría ser contraproducente cuando lleguen a entrar en contacto con el mundo ateo. Hay que darles ejemplo con la conducta.

c) Enseñarles a no mentir (Pr. 12:22; Stg. 3:14).

d) Castigar más una mentira o mala intención que una pérdida accidental involuntaria.

e) En una reyerta no darles la razón porque son tus hijos, sino inquirir si la culpa es de ellos o de otro niño, y en tal caso enseñarles a perdonar por amor a Jesús.

f) Cooperar con la iglesia en la Escuela Dominical.

g) Nunca criticar ante su presencia a ningún cristiano y menos al pastor o instructor de la Escuela Dominical.

h) Orar con ellos y enseñarles a orar.

933. *PLÁTICAS BASADAS EN EL NOMBRE DEL NIÑO*
(Hechos 2:39)

INTRODUCCIÓN: basándonos en el nombre que los padres hayan elegido para su hijo, se pueden crear un gran variedad de pláticas para presentaciones de niños. Para ello, es adecuado usar material auxiliar acerca de biografías de personajes bíblicos...

1. Para niñas:

a) *Temas homiléticos selectos para reuniones de señoras,* por L. Vila (CLIE).

b) *Su nombre es mujer,* por Gien Karssen (CLIE).

c) *Mujeres del Antiguo y del Nuevo Testamento,* por Abraham Kuyper (CLIE).

2. Para niños: son muy interesantes, por ejemplo, los seis libros sobre personajes bíblicos masculinos de F.B. Meyer, todos ellos editados por CLIE.

3. Si no se tiene a mano un libro biográfico sobre el nombre indicado se puede usar un

comentario al texto escogido de la Biblia. Para ello se recomienda:

a) Buscar en un diccionario o manual bíblico el significado del nombre. Todos los nombres hebreos y griegos lo tienen.

b) Referir muy brevemente los hechos del personaje bíblico que tienen alguna enseñanza moral o espiritual, o que manifiesten la mano de Dios en su vida.

c) Comentar las virtudes del personaje en cuestión. Se puede encontrar más material de lo que es posible comentar en una plática de 20 minutos, pero es necesario usar sólo los más aplicables a nuestros días y a las circunstancias del bebé, o de sus padres.

CONCLUSIÓN: si hay personas inconversas entre el público (porque asisten parientes y amigos por razones sociales de amistad), no dejar de aprovechar la ocasión para dirigirles un llamamiento a buscar a Dios que no exceda de diez minutos: distribuir si es posible algún folleto adecuado. Y en todos estos casos

Lo mismo que en los de bautismo, entierros y bodas –o cualquier acto extraordinario de la iglesia–, conviene no descuidar el anuncio de los cultos semanales. Lo advertimos porque en muchas iglesias donde no preside el espíritu de fervor evangelístico en los dirigentes, suele descuidarse, llamándolo propaganda innecesaria, cuando es extraordinariamente necesario todo lo que tiene que ver con llamar la atención a la gente mundana acerca de las necesidades espirituales y de cómo pueden suplirlas mediante la ayuda de la Iglesia.

934. *PRESENTACIÓN DE NIÑOS (Mateo 19:14)*

INTRODUCCIÓN: vamos a realizar una ceremonia que muchos confunden con el bautizo de niños, aunque equivale al acto que realiza con los niños la Iglesia católicorromana, es muy diferente a aquel que ustedes habrán presenciado tantísimas veces.

1. Por qué bautizan otros grupos cristianos a los niños:

a) Para lavar el pecado original –decían los curas católicos hace algunos años–. Quizá no sería ésta la respuesta de todos ellos en el día de hoy, pues no encontramos tal cosa en la Biblia, ni han podido encontrarla aquellos eclesiásticos que la leen hoy con más interés.

b) Es cierto que la Biblia declara que todos somos pecadores y ello significa una tendencia al pecado, pero nadie puede demostrar que tal tendencia desaparezca con motivo del bautizo de un niño; éste crecerá y se desarrollarán en él las mismas tendencias buenas o malas que en cualquier otro niño no bautizado. Jesús no consideraba tal futura tendencia como pecado, pues no le es posible desarrollarlo a ningún niño en los primeros meses de su vida. Antes al contrario, diice: «Dejad a los niños venir a Mí, porque de los tales es el Reino de los cielos». Es únicamente el niño llegado, con el paso del tiempo a joven u hombre, que puede desarrollar las tendencias al bien o al mal que todos tenemos.

2. Incorporarle a la Iglesia: no era así la costumbre de los primitivos cristianos que solamente incorporaban a la Iglesia a los que podían creer y habían creído la doctrina del Evangelio. Felipe dijo al eunuco que después de escuchar su palabra propuso ser bautizado: «Si crees de todo corazón, puedes». El niño no puede demostrar su fe, sino tan sólo sus necesidades físicas, y los adultos tenían que hacerlo, según encontramos en el bautismo de Juan cuando acudían al Jordán para ser bautizados, confesando sus pecados (Mt. 3:5, 6). Nosotros creemos en el bautismo, pero en la edad conveniente, cuando el niño puede creer.

3. ¿Qué venimos a hacer, pues?

a) Presentar a este bebé al Señor en su casa de oración. Esto es lo que la virgen María y san José hicieron conforme a la antigua Ley (Éx. 13:2) que se refería sólo a los primogénitos, pero el bautismo cristiano implica a todos, hombres o mujeres, de una u otra edad.

b) Nosotros venimos a consagrar este niño al Señor y a pedir su bendición sobre el niño y sobre los padres, ya que el bebé no tiene pecado, pero está en peligro de tenerlo. «De los cuales es el reino de los cielos», dijo Jesús, pero ¿por cuánto tiempo? Cuando empezará a hacer tropelías, querrá imponer su voluntad en contra de la de sus mayores... y alguna vez la mentira manchará sus labios.

c) Venimos a encomendar a este bebé al Dios omnipotente que está en todas partes y se comunica con las personas por medio de su Espíritu. Venimos a pedirle que tan pronto como el bebé quede en responsabilidad de pecado, vuelva a entrar en la justificación ante Dios por medio de la fe; que encuentre al Buen Pastor, que vino a buscar lo que se había perdido obrando en su corazón o en el de sus padres, dándoles sabiduría y gracia para educarle en sus caminos. Recordemos que el agua no sube más arriba del nivel de donde procede, y así es muchas veces en las familias cristianas. Por eso los padres:

4. Deben ayudar a la Iglesia:

a) Instruyéndoles en casa enseñándole a orar y a leer la Biblia.

b) Matriculándoles en la Escuela Dominical, acompañándoles cada domingo, dándoles así ejemplo de fe. No basta educarles con cariño, esto lo pueden hacer incluso los ateos. Gracias a Dios por el cariño maternal que Dios ha puesto en las mentes, aun de los mismos animales, que lo realizan por instinto, y mucho más en los seres humanos. ¡Cuántas veces los padres se privan de cosas para facilitarlas a los niños! Porque desean ver felices a sus hijos. Pero todos los bienes materiales son como burbujas de jabón, ya que la vida pasa y cambia todas las cosas, en cambio por la fe puede hacerles heredar la vida eterna.

CONCLUSIÓN: esto deseamos para (cítese el nombre del niño o la niña), de manera que el Señor pueda decir de él o de ella lo que dijo de David a pesar de que no era perfecto: «He hallado un varón (o mujer) conforme a mi corazón, porque en la inmensa variedad de caracteres de seres humanos en el mundo, éste o ésta me agradece los favores que mi mano le concede y será en su tiempo el gozo de sus padres y un fiel servidor mío en el transcurso de su vida y por la eternidad».

935. *PROMESAS PARA LOS HIJOS (Lucas 2:22, 23)*

INTRODUCCIÓN. es natural que cuando en un matrimonio cristiano viene el imponderable don de un hijo, por las inefables leyes de la naturaleza, queramos compartir con nuestro Padre Celestial aquello que es suyo. Hay aquí unos padres que han tenido el gozo de recibir un regalo del Creador (un hijo o hija) y quieren presentarlo al Señor, que estableció tan sabias leyes.

Los judíos tenían este deber en el antiguo Pacto, particularmente en los primogénitos, pero en el nuevo Pacto hay la promesa: «Es para vuestros hijos», lo que significa todos: el primero, el segundo y los que sigan. No venimos a cristianar el niño sin consultárselo, pues el niño no tiene capacidad para decir si quiere serlo o no, pero venimos aquí:

–A pedir la bendición de Dios sobre el bebé.

–A expresar su deseo de educarlo en el camino cristiano.

–A recibir consejo y advertencia sobre tan delicada misión.

1. ¿Cuándo se debe orar por un hijo? No sólo en este acto de solemnidad religiosa, sino:

a) Durante su gestación: Sal. 139:13-16; Sal. 71:6; Is. 44:24 (pueden hacerse consideraciones acerca del milagro de la reproducción en los seres vivos). El salmista reconocía que la gestación de su propio cuerpo era un milagro de Dios y Él se merecía alabanza.

b) Durante su niñez: Un niño es una planta tierna, una placa virgen y vale la pena ponerla en manos de su Creador para que Él cuide no solamente su cuerpo físico, sino también su ser espiritual.

2. Proveerles sana educación ¿Cómo?

a) En disciplina. La antigua era aplicando castigos físicos (Pr. 28:13), pero son mucho mejor los castigos morales después de hacer comprender el porqué se aplican (Ejemplo: Negación de un placer, privación de un juguete, etc.).

b) Amonestación del Señor (Ef. 6:4). Esto no significa estar hablándoles de cosas espirituales hasta cansarles, sino «la palabra a su tiempo». (Ejemplo: Hacerles sentir en un paseo las maravillas de Dios en la Naturaleza).

c) Practicar el culto de familia: No podemos olvidar que donde no hay disciplina para asuntos seculares es mucho más difícil la educación religiosa:

–Da ocasión para enseñanza y preguntas de los niños.

–Fortalece la autoridad del padre al unir a la suya la de Dios.

–Impregna en el corazón del niño sentimientos espirituales durante su inocencia, antes de entrar en relación con la cultura materialista de nuestro siglo (Pr. 22:6).

CONCLUSIÓN: los frutos de la educación religiosa en el hogar son exquisitos y perpetuos (ej.: Timoteo, que fue un joven de provecho en todos los aspectos; *véase* 2 Ti. 1:5).

936. *FELICIDAD EN EL MATRIMONIO (Efesios 5:21-33)*

INTRODUCCIÓN: es costumbre de los evangélicos considerar, en ocasiones como la presente, el matrimonio a la luz de la Palabra de Dios, y allí es descrito como una cosa excelente. Uno de nuestros cánticos dice:

«¡Oh, Señor, Tú que al hombre creaste,
y un jardín de delicias le hiciste,
sobre todas sus gracias le diste
la mujer como selecto bien.
Tú no cambias, Señor; para el hombre
que ferviente te busca y proclama,
para el alma que humilde te ama
este mundo se vuelve un Edén».

¿Qué debemos hacer para que sea así?

I. Las características del Edén

1. Identidad mutua. «Ayuda idónea», dice el texto. Adán observó que todos los animales tenían su pareja, pero él poseía un espíritu que le hacía diferente de todos, y hasta que Dios no le hizo una compañera semejante a él no fue feliz.

2. Un amor sincero y único. No había otra Eva en toda la Tierra. No debiera haberla para los que se han unido ante Dios, después de haber buscado su dirección, sin precipitarse.

3. Ausencia de pecado. El pecado es desobediencia a la voluntad de Dios. El Ser Supremo, que hizo tantas cosas con sabiduría, debe ser un ser moral, no menos inteligente que el hombre, que fue creado a su imagen y semejanza (Sal. 139 y 94:9)

4. Disfrutaban de plena comunión con Dios. Nuestros primeros padres no estaban completamente solos; tenían un compañero audible y visible cada tarde, por «Teofanía», una manifestación del Infinito, que venía a instruirles. ¡Cómo comentarían entre sí sus palabras! Ésta es la felicidad de aquellos que tienen una identidad espiritual por el nuevo nacimiento. Oran y leen juntos la Palabra de Dios. Nuestros primeros padres:

a) Se comprendían.
b) Se amaban.
c) No tenían pecado.
d) Disfrutaban juntos de comunión con Dios.

Hay una bella frase poética que dice: «Ya que por la mujer se perdió el paraíso, cada mujer debe esmerarse para convertir en paraíso su hogar».

II. Un Edén en el mundo moderno; un matrimonio feliz:

1. Conseguir ayuda idónea. Necesitas una compañera que te comprenda y pueda ayudarte con su consejo.

2. Mantener un amor único y verdadero. «Más que ayer y menos que mañana». Esto, empero, no es realizable de un modo perfecto sin la terrena condición.

3. Ausencia de pecado. Muchos dirán, ¿es esto posible? Sí en los verdaderos cristianos (explicar aquí el nuevo nacimiento). Y esto traerá la siguiente y feliz condición.

4. Comunión con Dios. No se nos aparece en teofanía, pero nos ha dado su Palabra, y podemos hablar con él por la oración.

5. Amor eterno. Se suele desear a los novios «eterna luna de miel», pero esto no puede ser una realidad sino en los que tienen promesas de vida eterna.

CONCLUSIÓN: Esto es lo que auguramos y deseamos, no solamente a nuestros hermanos aquí, X y X, sino a todos los presentes.

937. *ORDENACIÓN PASTORAL*
(1 Timoteo 3:1-7)

INTRODUCCIÓN: es posible que el hermano haya ejercido ya el ministerio voluntario por algunos años, pero lo que queremos hacer hoy es pedir la bendición de Dios y dedicarle de un modo especial a un ministerio total. Hay dos términos en jurisprudencia que se llaman circunstancia de hecho» o «de derecho». Si compramos un terreno o una casa con un documento privado, somos dueños «de hecho», puesto que lo ocupamos, pero no «de derecho», hasta tener la Escritura notarial. Esto puede ocurrir con un pastor. Casi podríamos decir que es peligroso hacer pastores o ministros «de derecho» a quienes no lo han sido «de hecho», porque una cosa es la cabeza y otra el corazón. Muchos jóvenes han hecho magníficos exámenes de teología y han resultado un fracaso en la práctica del ministerio, mientras que otras veces ha sido al revés. Sin embargo, la ordenación –o sea, el reconocimiento oficial de un servidor de Dios que se ha mostrado ya un verdadero ministro del Evangelio– es un principio bíblico de acuerdo con 2 Ti. 1:6, 7. Hallamos en el Nuevo Testamento que la imposición de manos con oración era señal de dedicación a un ministerio especial. Cuando Pablo y Bernabé fueron llamados a la obra misionera, el Espíritu Santo dio a la Iglesia de Antioquía especiales instrucciones acerca de su dedicación, con la imposición de manos (Hch. 13:3). Vamos, pues, a proceder a esta ceremonia con la esperanza y seguridad de que no será un simple acto externo, sino que Dios escuchará nuestra oración unida y lo ratificará con el don más abundante del Espíritu Santo, que ya ha usado a este servidor suyo y lo usará mucho más eficazmente de aquí en adelante.

I. Recomendaciones de una sola palabra

El apóstol Pablo nos ofrece la exhortación que deseamos dejar en la mente y corazón de nuestro hermano, en una serie de frases o de palabras de gran significado. Algunas son, en griego, una sola palabra, que puede expresarse con otra palabra de nuestra lengua, pero en otras la palabra griega necesita toda una frase para poder verterla en nuestra lengua con toda la hermosura y calidad de su significado...

1. El apóstol dice: «Si alguno anhela obispado, buena obra desea». La tradición católica romana ha enturbiado el significado de esta palabra, haciéndonos pensar en un dignatario que vive en un palacio y tiene autoridad sobre docenas o centenares de congregaciones o grupos religiosos. Pero no era así cuando el apóstol la utilizó, pues simplemente la palabra «episcopos» significa «pastor». Poimen en Grecia, era alguien que cuidaba un rebaño de ovejas, y la palabra «episcopos» es uno que está al cuidado de personas, que en un sentido metafórico son llamadas ovejas. En P. 5:12 dice el apóstol: «Apacentad la grey de Dios, cuidando de ella». Esto involucra un cuidado tierno y supervisión llena de atención esmerada.

2. Los pastores pueden ser uno o varios en una grey espiritual, y así lo leemos en Hch. 20:28: «Por tanto, mirad por vosotros, y por todo el rebaño en que el Espíritu Santo os ha puesto por obispos -o supervisores-, para apacentar la grey del Señor, la cual Él adquirió para sí por medio de su propia sangre». ¡Qué tremenda responsabilidad es ésta! Se trata de un rebaño del Señor, costosísimo, adquirido con un gran sacrificio y que Dios pone en manos de sus servidores sobre la Tierra. Por esta misma razón el apóstol Pedro, en su la epístola cap. 5 vx. 3 exhorta: «Ni como teniendo señorío sobre los que están a vuestro cuidado, sino siendo ejemplos de la grey. Y cuando aparezca el Príncipe de los pastores, vosotros recibiréis la corona incorruptible de gloria».

II. Es una gran responsabilidad y una gran tarea

Pero el premio o salario lo hace bien digno de toda clase de esfuerzos y de sacrificios. Y éstos son los que detalla el gran hacedor de pastores, el insigne apóstol Pablo, en el pasaje que vamos a considerar.

1. La primera condición que señala el apóstol está expresada por la palabra «napillington», que significa «sin reproche». El pastor tiene una autoridad de parte de Dios derivada de su sagrado ministerio, no solamente para anunciar la Buena Nueva de salvación, sino para enseñar y reprender a los fieles, y hay un refrán muy acertado que dice: «Procure ser en todo lo

posible, el que ha de reprender, irreprensible». El apóstol Pablo decía –y sin duda podía decirlo con razón–: «Sed imitadores de mí como yo de Cristo»; y éste es el ideal de todo servidor de Dios.

2. A continuación expresa el apóstol, con sólo dos palabras, una condición personal y familiar para la cual nosotros necesitamos una larga frase: «gunaikos andra»; esto es, «marido fiel de una sola mujer». Fíjense ustedes que no dice que ha de ser célibe, como ha exigido después la organización eclesiástica catolicorromana a los servidores de Dios, sino «marido de vida pura». Porque conocemos al hermano, sabemos que en este punto será verdaderamente «anapillington», o sea, «irreprensible» en este aspecto, pero pueden surgir tentaciones al tener que alternar con diversas hermanas, y también con simpatizantes del Evangelio, del sexo opuesto.

3. La tercera exhortación tiene un amplio significado, expresado en una sola palabra, pues la expresión griega «niphalion» significa «solícito», «vigilante», «despierto», «atento». Atento, ¿a qué?; a la condición espiritual de la gran familia de la Iglesia. Por esto es no sólo que «presbiterion» significa «anciano», hombre de experiencia en las lides del Señor (pues esto lo son también algunos de sus compañeros en el ministerio de esta iglesia, aquellos a quienes llamamos «ancianos», experimentados en la fe, quizá por más años que él), pero es que él, además de «presbítero», va a ser, desde ahora, «episcopos», o sea, «pastor». Un «episcopos» de ovejas era un hombre con el ojo abierto, sentado en un montículo para vigilar que ninguna se apartara del redil ni se extraviara, siempre dispuesto a dar un silbido, y aun a correr tras la perdida, como el buen pastor de la parábola de Lc. 15:4, 5, porque el buen pastor ama a sus ovejas... De igual modo, el pastor de almas no puede ser un oficinista que se sienta detrás de su mesa, sino un padre que piensa, desvelado, por las noches, en el bien espiritual de sus hijos, y más de una vez, se desplaza al lugar de la necesidad material o espiritual.

4. Y para que pueda cumplir bien este difícil pero necesario ministerio (y observad aquí una magnífica gradación de pensamientos en el pasaje apostólico), el servidor de Dios tiene que ser «sophron», que significa «templado», según nuestra traducción; pero el original griego tiene un significado mucho más amplio. Ya sabéis que «sofía» significa «sabiduría» y esto es mucho más que «templanza o calma». «Sophrona» es sabiduría cuidadosa, discreta, y en este caso indica ecuanimidad, como exhortaba el gran apóstol a Timoteo en otro lugar. Nada hagas inclinándote a una parte (1 Ti. 5:21). ¡Cuántas veces necesitará usted «Sophrona», hermano, cuando venga a verle un hermano excitado y usted tendrá que decirle que van a estudiar el caso con calma, pidiendo sabiduría al Señor! La ira es la peor enemiga de la «sofrona», que es sabiduría con templanza.

5. La quinta virtud que Pablo quiere ver en un servidor de Dios parece de poca monta y nuestros traductores han tratado de expresarlo con la palabra «compuesto». Es la palabra griega «kosmon», que significa «bien ordenado». Es la misma palabra que el apóstol aplica a las mujeres cuando habla en 2:9 de su vestido exterior, pero aquí se refiere el apóstol no sólo al buen orden en el vestido, sino en el carácter y costumbres: «buen orden en su escritorio», para hacer más eficaz el trabajo; «kosmon» en sus bosquejos para que sus mensajes no sean «un montón de cosas buenas, dichas sin orden ni relación homilética», sino que lleven una argumentación para que los fieles puedan recordar más fácilmente el hilo y los argumentos del sermón.

6. La sexta cualidad es «filozenon», que nuestros traductores han denominado «hospedador», pero el significado exacto es «amigo de los forasteros». Ya sabéis que «filo» significa «amor» y «zenon» es «extraños», ajenos a la congregación. Hay ciertas iglesias que se convierten en clubes familiares. Está bien que haya amor entre los grupos de creyentes, pero es indispensable que todos se interesen por los visitantes, por los forasteros, para que la iglesia crezca. El servidor de Dios ha de ser amigo de los forasteros, y los miembros de la iglesia han de serlo también, hasta el punto de no tener envidia de que el pastor atienda más a los visitantes que a ellos mismos, recordando que éstos son todavía más necesitados, espiritualmente, que ellos.

7. La séptima condición es la de «didaktikon», lo cual significa «maestro apto para enseñar». El pastor no es un simple pre-

dicador del Evangelio llamando a los pecadores al arrepentimiento. Esto es, ciertamente, una parte importante pero no única, de su ministerio. Hay pastores que solamente son «evangelistas» o «evangelísticos», y no saben hacer otra cosa que lanzar exhortaciones a los oyentes a decidirse por Cristo. Pero los traductores han traducido muy bien esta palabra griega añadiendo «apto para enseñar y esto implica tanto argumentando con los inconversos como aconsejando a los que ya han aceptado al Señor.

a) Clamar desde el púlpito: «Hoy es el día de salvación, pues mañana puede ser tarde»; no cuesta mucho, y algunos saben hacerlo igual o mejor que el pastor, pero decir a un cristiano, bautizado, que se tiene por uno de los mejores: «Usted tiene este defecto, hermano...; usted piensa de esta manera, pero la Palabra de Dios nos dice esto y esto...», y demostrárselo con los mismos textos que el miembro ya conoce y los interpreta a su manera, a su favor, y decírselo todo esto con «sofrona», o sea, con «templanza», con sabiduría cuidadosa, esto es mucho más difícil que predicar el Evangelio... Pero es esencial, es la médula del ministerio cristiano. El pastor es un maestro de la Palabra de Dios, no un simple vocero de las Buenas Nuevas.

b) Como maestro, debe estar el pastor siempre pronto a enseñar, no solamente pegando palizas desde el púlpito cuando nadie le puede replicar, sino en una conversación de tú a tú, por las casas o en clases de estudio bíblico. El pastor por excelencia es el que está siempre «nephalion» o sea, vigilante para enseñar, en su conversación, en sus comentarios, trayendo el espíritu cristiano a cualquier asunto del que oiga tratar en sus visitas.

c) El resto del pasaje –vv. 3-5– es una reiteración de estas siete virtudes esenciales en un terreno más personal, íntimo y práctico. Es natural que el servidor de Dios no será ni borracho, ni pendenciero, ni avaro; pero el apóstol reitera en dos expresiones sinónimas) que son «miplickin» (no litigiosos) y «amachon» (no peleador). Dos virtudes gemelas que deben caracterizar a los servidores de Dios. Hay personas que fácilmente se enzarzan en discusiones por nimiedades. Cualquier error, cualquier desliz o equivocación les da pie para discutir si era lunes o martes, si eran 10 o eran 12, etc. Y les hace perder un tiempo precioso. Esto había visto Pablo en las plazas y en las tabernas de su época, y es lo que se ve también en los habladores poco juiciosos de nuestros días. En 2 Ti. 2:23, 24 dice a su joven discípulo, a quien trata de hacer un modelo de pastores: «Empero las cuestiones «necias» evita, sabiendo que engendran contiendas, pues el siervo del Señor no debe ser litigioso («Plictikon») sino apto para enseñar («Diduktikon»). Ciertamente, pierde autoridad para decir cosas útiles y de provecho quien abre fácilmente la boca para discutir tonterías. Palabras amables y corteses, o hasta un pequeño chiste o ironía que muestra agudeza de ingenio, sin caer en chabacanería, pueden permitírsele a un predicador. Así eran Spurgeon, D. Perey Buffard o el Dr. Oswald Smith, y otros preclaros servidores de Dios, pero parlerías o discusiones tontas, nunca.

CONCLUSIÓN: es nuestro encargo para usted, hermano, que tome estos siete primeros vs. de la Ti. 3 y los haga la regla de su vida. Si así lo hace, no habrá sido en vano la ceremonia de este día.

Que Dios haga más y más efectiva la labor que Él le ha confiado, sintiendo su responsabilidad ante el Señor, y obtendrá el gran premio que le espera en la eternidad, según las promesas de Dn. 12:3 y 1 P. 5:4. Amén.

938. *VIRTUDES EN CRECIMIENTO* *(Colosenses 3:1-10)*

INTRODUCCIÓN: es un gran placer dirigirme a vosotros los que habéis confesado aceptar a Cristo como vuestro Salvador y Señor. Quizá habéis estado tentados a penar que no tiene importancia la presentación a la Iglesia ya sea por declaración de fe o bautismo. Recuerdo que yo mismo me sentía intrigado y me decía: ¿Es posible que yo sea ahora un cristiano con sus tremendas consecuencias para la vida y para la eternidad? ¿Tiene o no tiene importancia este acto externo quizá simplemente de levantar la mano o ponerse en pie?

1. Una gran decisión

a) Para algunos no tiene importancia si no han entendido lo que hacen y sólo ha sido resultado de un acto emocional o imitativo.

b) Pero sí habéis entendido que se trata de un gran paso si ha habido lucha interna o externa con familiares o amigos.

c) Todo lo más importante en la vida depende de una decisión: escoger un oficio, una esposa, la próxima residencia... Depende siempre de una decisión. En este caso habéis decidido ser cristianos. Ésta es vuestra parte que mueve la parte de Dios. La decisión en el lenguaje cristiano se llama fe... Habéis decidido creer lo que Dios dice, por esto la Palabra de Dios da tanta importancia a la fe (Jn. 3:16, Jn. 5:25); porque la fe es una decisión. Un día dijisteis sí a vuestra esposa, ¿por que? Porque creísteis que era la mujer que os convenía.

d) En las cosas de la vida y también de la eternidad, la decisión se basa sobre la fe y ésta trae la decisión. No todos creísteis cuando se hizo el llamamiento, aunque hubieseis escuchado mil sermones. La fe tenía que bajar de la cabeza al corazón (y esto creemos que ha tenido lugar en vosotros).

2. Grados de fe: algunos, cuando se levantan o levantan el brazo, tienen un concepto claro de la salvación (saben y sienten que son pecadores perdidos y que Cristo es el único que puede redimirles y lo sienten de un modo más o menos profundo). En los despertamientos del siglo XVIII, en tiempos de Wesley y Findney, había desmayos y la gente lloraba a gritos. Hoy tales experiencias son raras, pero las conversiones no son menos reales. ¿No sentisteis que erais pecadores? ¿No pensasteis en vuestra vida pasada, quizá de engaños, defraudaciones o blasfemia? ¿No tenéis que confesarlo a mí? Yo me convertí tan joven que apenas tenía convicción de pecado; si no sentíais la necesidad de aceptar a Cristo para que él borrara todos vuestros pecados es que no teníais bastante luz. Hay muchos que no tienen bastante luz en el momento de levantarse, pero tienen decisión, y si ésta es sincera y perseveran pueden ser salvos. Es lo que expresa el evangelio de Jn. 8:31-38.

3. Comprendiendo la necesidad: algunos dicen: «Yo siempre he creído y no tenía que negarme a decir que yo quiero a Jesús». Muchos de los tales no comprenden la importancia y significado de estas decisiones. A algunos les ha costado terribles luchas de conciencia durante semanas o meses y sólo han descansado cuando Cristo venció. Si lo hicisteis comprendiendo...

a) Vuestra necesidad.

b) Que Cristo es el perfecto Salvador: habéis realizado el acto más trascendental de vuestra vida, porque todas las decisiones a que antes nos referíamos son por unos pocos años de vida, en cambio ésta es para la vida y para la eternidad...

Abriste el corazón para que el poder espiritual (no el físico) de Dios infinito viniera a ti para transformarte y hacerte un santo. Quizás no pensasteis que fuera tan grande la conversión, pero si fue una fe sincera vuestra decisión Dios hará el resto. «El que comenzó en vosotros la buena obra, la perfeccionará», (Fil. 1:6). Suponed que murierais después de dar este paso espiritual... ¡Tan completa es la obra de Cristo! Algunos, viendo tantos apóstatas, piensan que Dios haría mejor en llevarse a las personas que aceptan a Cristo al Cielo, pero no puede ser así; si Dios se hubiese llevado a los que creyeron antes que nosotros, no existiría el Cristianismo... Es necesario permanecer en el mundo después de haber dicho sí a Cristo. ¿Para qué?

–«Para crecer y adelantar en la gracia y conocimiento del Señor Jesucristo» (2 P. 3:18).

–Para ser testigos a otras personas del secreto que habéis encontrado vosotros. El que ha dicho sí a la compañera de su vida, debe

pasar un tiempo de noviazgo. El creyente debe pasar algún tiempo en esta vida de amor y servicio antes de unirse por la muerte con su amantísimo Salvador. La lástima es que algunos llegan tarde, pero recordad la parábola de los viñadores; Dios os ama y no es culpa vuestra no haberlo conocido.

4. Dejad vuestra antigua manera de vivir:

a) Si teníais costumbre de mentir, cambiadla en exactitud de palabra.

b) Si teníais costumbre de blasfemar, limpiad vuestra boca.

Cuando haya un momento de tentación a causa de lo que está en vuestra memoria, decid al momento: «Señor, soy tuyo; perdóname». En el primer tiempo os será difícil; algunos recién convenidos en Manresa cada vez que les venía un mal pensamiento lo contrarrestaban haciendo la siguiente exclamación: «Alabado sea tu nombre».

Huid de la ocasión de pecado *(anécdota: un creyente de color dijo a un pastor: «Puede admitirme como miembro, pues desde que me convertí, acostumbré a atar el caballo lejos de la taberna, a fin de evitar la tentación»).*

5. Tomad costumbres cristianas:

a) Dar gracias a Dios antes de las comidas es una costumbre hermosísima de la que Jesucristo nos da ejemplo en los Evangelios (Jn. 6:11; Lc. 24:30).

b) Mantener las costumbres cristianas sin ostentación o imposición sobre los demás. En algunos hogares es algo difícil entre familiares no creyentes, pero no titubees cuando tienes libertad por temor al ridículo *(anécdota: un joven tenía esta costumbre y en un restaurante bajó la cabeza y dio gracias en voz baja. Al abrir los ojos vio al otro lado del salón a un compañero de viaje que, levantándose con un pequeño Nuevo Testamento en la mano, mostraba la actitud de felicitarle por su valentía).*

c) Imitad a los primeros discípulos Andres y Felipe, testificando a otros no creyentes con tino y sabiduría.

d) No intentes discutir lo que no sabes. Un niño no puede levantar 50 kilos, tú no puedes argumentar, pero puedes testificar y acreditar con tu conducta tu fe.

6. Un nuevo modo de vivir: al convenirte a Cristo le has dicho que quieres que Él te salve... que te aplique los méritos de su sacrificio... que te ayude y te guarde...; le has pedido el Cielo, esto es mucho pedir… Aunque ha habido gozo en el Cielo entre los ángeles de Dios que han sido testigos de tu decisión, no le has hecho ningún favor a Cristo, por el cual él tenga que estarte agradecido; eres tú el que has recibido el favor más grande de tu vida y nunca podrás agradecerle al Señor el que Él contestara a tu sencilla plegaria...

a) Sin embargo ocurre, especialmente entre los que han oído muchas veces el Evangelio, que dan un pequeño paso y se quedan en la puerta queriendo decir al Señor: «¡Ya puedes estar contento que me he decidido!». ¡Oh no! El beneficiado eres tú, y por tanto el que ha de sentirse agradecido ahora y por toda la eternidad; tu constante actitud ha de ser decirle al Señor: «Tú me has salvado; ¿qué puedo hacer por ti? Dame ahora más gusto por tus cosas del que he tenido desde mi infancia (si eres hijo de un hogar cristiano) Las cosas mías son tuyas, y las tuyas mías».

b) Lee relatos de lo que otros han hecho por su Salvador, y te sentirás estimulado, animado y gozoso de la decisión que has tomado.

c) Adora verdaderamente a Dios en el culto y no faltes nunca a la Casa de Dios: cuando Cristo no era tu Salvador venías aquí por diversos motivos, para complacer a tus padres, parientes y amigos, quizá incluso, si eres muy inteligente, para recrear tu oído o tu mente con el mensaje del predicador. Cuando el predicador u otro hermano oraba te distraías, pensabas en una jugada de fútbol o de ajedrez, o en negocios y proyectos de tu vida. Ahora tienes que seguir con la mente y el corazón las palabras que oyes El pastor poeta Antonio Almudévar decía: «Sé que es difícil sujetar a la «loca de la Casa» (o sea, la imaginación); a veces nos lleva a pensar lo que no debiéramos o lo que no quisiéramos». Di en tu corazón «Amén»; no por respeto a los forasteros; hazlo con el corazón, diciéndole: «¡Oh sí, Señor, es verdad, bendice a tal o cual persona o institución, etc, y perdóname si estoy pensando en algo propio!».

d) Adora a Dios cuando canta el coro o la congregación: piensa en las palabras del himno

cuando estás cantando tú mismo Si vienes con este espíritu verás que el culto es una cosa hermosa y necesaria, sentirás un vacío el día que no puedas asistir

7. No te dejes impresionar por las pruebas: algunos creen que si se deciden por Cristo todo les irá mejor *(anécdota del autor: un recién convertido me decía:*

–A ver si tenemos más suerte ahora...

Yo le respondí:

–No es entregándose al Señor, que tenemos más suerte en esta vida. Cristo te ama y te bendecirá, pero si te permite alguna prueba es porque quiere elevar el valor de tu fe. El Cielo no se gana con levantarse o con levantar el brazo, sino que se obtiene por decir sí a Cristo).

CONCLUSIÓN: como el matrimonio, es la unión con Cristo el final lógico, natural, irremediable de un noviazgo leal. El Cielo con todas sus bendiciones ganadas con el precioso sacrificio del Hijo de Dios, produce aquí ya, aquel estado feliz de paz, conocimiento y perfección a que el alma aspira... Todo este bien imponderable e inimaginable es el resultado natural y lógico de una decisión por Cristo, es decir sí a Jesús y empezar a vivir con Él y para Él por toda la eternidad.

DEVOCIONALES

- Adultos
- Jóvenes
- Ancianos
- Niños

939. *DIOS EN SU PROVIDENCIA (Lucas 21:18)*

1. Preserva y cuida a todas Sus criaturas (Neh. 9:6; Mt. 10:29).

2. Acompaña a Sus hijos (Gn 28: 15; Hch. 27:23, 24).

3. Les provee protección divina (Is. 32:2; 43:2).

4. Guía a Sus santos (Is. 63:12,13; Ro. 8:14).

5. Controla los designios malignos (Gn. 45:5-7; Fil. 1:12, 13).

6. Nos vigila y nos cuida siempre (Sal. 121:4; 139:1-5).

7. Está siempre presente en tiempos de necesidad (Dt. 2:7; 1 R. 17:6, 16).

940. *SI ESCUDRIÑA USTED LAS ESCRITURAS (Juan 5:40)*

1. Hallará que Dios le ama (Jn. 3:16).

2. Que Él quiere que usted sea salvo (2 Ti. 1:9, 10; 1 Ti. 1; 15).

3. Que la salvación se revela en el Evangelio (Jn. 5:24).

4. Que usted puede ser justificado por Dios (Ro. 5:1).

5. Que si usted desprecia la salvación está perdido para siempre (He. 2:3).

6. Que nadie puede salvarle excepto Cristo (Hch. 4:12).

7. Que usted puede ser un hijo de Dios (Jn. 1:12; Sal. 103:8-13).

941. *SI USTED CONFÍA EN DIOS (Salmo 2:12)*

1. ¡Cuán grande es Su bondad para con aquellos que confían en Él! (Sal. 31:19).

2. Su misericordia les acompañará día a día (Sal. 23:6; 32:10).

3. Son conocidos por Dios (Nah. 1:7; Sal. 1:6).

4. Están a salvo para siempre (Sal. 125:1; Pr. 29:25).

5. Disfrutarán de paz y felicidad (Is. 26:3; Sal. 16:11).

6. Tienen un Pastor que es digno de toda confianza (Jn. 10:14).

942. *PROMESAS DE DIOS EN MOMENTOS DE ANGUSTIA (Salmo 91:15, 16)*

INTRODUCCIÓN: aplíquese la experiencia de David en situaciones difíciles de la vida.

I. «Me invocará, y Yo le responderé»

1. Hable de la importancia de la oración.

2. Dé unos ejemplos bíblicos de oraciones contestadas.

II. «Con él estaré en la angustia»

1. Explicar la compañía y la omnipresencia de Dios.

2. La compañía de Dios:

a) Fortalece.

b) Se siente.

c) Anima.

III. «Lo libraré y lo glorificaré»

1. Dios nos libra de la angustia:

a) De sus consecuencias.

b) Del temor.

c) De la ansiedad.

2. Explicar qué se entiende por «glorificaré», o sea «honraré».

3. ¿En qué sentido nos honra Dios?

4. ¿Para qué nos honra?

IV. «Saciaré de larga vida»

1. Dé una explicación de lo que significa «saciar».

2. Si nuestra angustia es por temor de perder la vida, Dios promete prolongarla.

3. Ilustrar con el caso del rey Ezequías (2 R. 20:6).

4. Indicar que Dios además de darnos la vida, nos promete salud.

5. ¿Qué es necesario hacer para que las promesas se cumplan?

a) Tener fe.

b) Buscar a Dios con humildad.

c) Someterse a su voluntad.

CONCLUSIÓN:

–Invoquemos con fe y humildad a Dios.

–Experimentemos que Dios está con todos nosotros.

–Estemos seguros de que Él puede librarnos.

–Debemos dar gracias por la vida y la salud que Él nos da.

943. *VOLUNTAD ÚLTIMA Y TESTAMENTO (Juan 14:27)*

Supongo que Jesús casi no tenía ni un centavo. Aunque tan pobre, nos dejó la más grande herencia: ningún notario público la atestiguó o dio fe de ella. Ningún sello la legalizó. Nadie la firmó. Fue recomendada sólo a la memoria de los hombres que lo amaban, y pasaron algunas décadas antes que ellos escribieran acerca de esa herencia...

1. Él dejó el secreto de la paz: ¿Qué cosas son dignas de esa paz? ¿Cuánto valdría un hogar que constantemente estuviera en discordia? ¿Qué tanto valdría una mente perturbada? ¿Cuánto valdría para las naciones? «Mi paz os doy».

2. Él dejó una promesa de poder: nuestro mundo es un poder loco, desquiciado; pero es suficientemente sabio para buscar la clase de poder que él prometió. El prometió el poder de soportar, creer, esperar, capacitar, perdonar, olvidar, confiar en Dios, aunque uno no tenga nada.

3. Él dejó o heredó, finalmente un mandamiento: los hombres frecuentemente hacen lo que es su voluntad. Jesús dijo: «Un mandamiento nuevo os doy: Que os améis unos a otros: como os he amado». (Jn. 13:34). ¡Qué herencia ha dejado al hombre! Es nuestra por el hecho de tomarla.

944. *«¡HE AQUÍ, MIRAD!» (Juan 6:25-40)*

1. «... El alma que peque, ésa morirá» (Ez. 18:4).

2. «Y todo aquel que vive y cree en Mí, no morirá eternamente» (Jn. 11:26).

3. «... Que Cristo Jesús vino al mundo para salvar a los pecadores...» (1 Ti. 1:15).

4. «... Y la sangre de Jesucristo su Hijo nos limpia de todo pecado». (1 Jn. 1:7).

5. «... Al que a Mí viene, de ningún modo le echaré fuera». (Jn. 6:37).

6. «... El cual quiere que todos los hombres sean salvos y vengan al conocimiento de la verdad». (1 Ti. 2:3-6).

7. «Mira que Yo vengo pronto...» (Ap. 22:12).

8. «He aquí, Yo estoy a la puerta y llamo...» (Ap. 3:20).

945. *LA PALABRA DE NUESTRO DIOS PERMANECE PARA SIEMPRE (Isaías 40:8)*

«No olvidaré mi pacto, ni mudaré lo que ha salido de mis labios». (Sal. 89:34).

Él dice:

1. Al pecador: «...Ciertamente morirás». (Gn. 2:17).

Yo os castigaré conforme al fruto de vuestras obras, dice Jehová...» (Jer. 21: 14); «...y os daré a cada uno según vuestras obras» (Ap. 2:23).

2. Al penitente: «...Ciertamente tendré de él compasión, dice Jehová» (Jer. 31:20). «Porque yo sé los pensamientos que tengo acerca de vosotros...» (Jer. 29:11).

3. Al afligido: «Porque ciertamente te libraré...» (Jer. 39:18); «...que jamás daré tu trigo por comida a tus enemigos, ni beberán los extraños el vino que es fruto de tu trabajo...» (Is. 62:8).

4. A los afligidos: «...Ciertamente oiré yo su clamor...» (Éx. 22:23).

5. Al apocado: «Ciertamente yo estaré contigo...» (Jue. 6:16; Éx. 3:12).

6. A aquellos a quienes Él bendecirá: «De cierto te bendeciré con abundancia y te multiplicaré grandemente» (He. 6:14; Gn. 22:17).

7. A los hacedores de maldad: «...De cierto permanecerán mis palabras para mal contra vosotros» (Jer. 44:29).

8. Para todos: «Mira que yo vengo pronto, y mi galardón conmigo» (Ap. 22:12, 20).

946. *ALGUNOS HECHOS DE LA VIDA (Génesis 32:17)*

«¿Y a dónde vas?»

Ésta era una pregunta normal bajo aquellas circunstancias. Vea el contexto. Es una pregunta natural para todo aquel que medita sobre el destino a seguir. A la luz de una circunstancia semejante hagamos la misma pregunta en vista de ciertos hechos evidentes de la vida.

1. ¿A dónde vas tú? Es un hecho incontrovertible. Aunque no queramos, o no seamos conscientes de ello, usted y yo estamos yendo hacia algún lado, en el tiempo y en el espacio. El tiempo está pasando.

2. ¿A dónde vas tú? Es un hecho, no precisamente algo vago, sino que un hombre va donde el escoge.

3. ¿A dónde vas tú? Usted está haciendo su elección en su diario vivir-por Dios o en contra de Dios.

4. ¿A dónde vas tú? Es innegable que para ir a cierto lugar en la otra vida, usted ha tenido que hacer su elección en esta vida.

947. *EL HOMBRE BIENAVENTURADO DE DIOS (Salmo 1)*

El hombre bienaventurado de Dios es:

1. Un hombre confiado (Sal. 34:8).
2. Un hombre perdonador (Sal. 33:1).
3. Un hombre separado del mundo y del mal (Sal. 1:1).
4. Un hombre disciplinado (Sal. 94:12).
5. Un hombre obediente (Sal. 112:1).
6. Un hombre «como un árbol plantado junto a corrientes de aguas...» (Sal. 1:3).
7. Un hombre fructífero (Sal. 1:3).
8. Un hombre próspero (Sal. 1:3).
9. Un hombre bien conocido por Dios (Sal. 1:6).

948. *LA ENTREVISTA IMPORTANTE (Amós 4:12)*

1. La persona:

a) Dios: el infinito y justo.
b) Tu Dios: una relación personal.

2. La reunión:

a) Inevitable.
b) Personal.
c) Equitativo.
d) Concluyente.

3. La preparación:

a) Buscar un abogado.
b) Confiese en Sus manos.
c) Siga todo Su consejo.

949. *LA GLORIOSA ABUNDANCIA DE DIOS PARA SUS SANTOS (Efesios 3:14-21)*

1. «Es poderoso para hacer todas las cosas mucho más abundantemente de lo que pedimos o pensamos» (Ef. 3:20).
2. Abundante perdón (Is. 55:7).
3. Abundante gracia: la salvación (Ro. 5:20).
4. Abundante paz: descanso divino (Fil. 4:7).
5. Abundante satisfacción: plenitud divina (Sal. 36:8)
6. Abundante vida: vida divina (Jn. 10:10).
7. Abundante poder: obras divinas (Col. 1:11).
8. Abundante gozo: regocijo divino (Fil. 1:26).

950. *LA MEJOR ADQUISICIÓN (Isaías 55:1)*

1. Sin dinero (Job 34:19; 36:19).
2. Sin precio (Ro. 3:24; Gá. 1:4; 2:20; 1 P. 1:18, 19).
3. Sin obras (Ef. 2:9; Ro. 3:28; 4:4,5; 2 Ti. 1:9; Tit. 3:5).
4. Sin esperas (2 Co. 6:2; Ro. 16; 3; He. 3:5).

951. *PAZ ESPIRITUAL (Efesios 2:14)*

1. Ganada por medio de la expiación de Cristo. (Col. 1:20; Ro. 5:1).
2. Es un fruto del Espíritu (Ro. 14:17; Gá. 5:22).

3. Dios habla a Sus santos (Sal. 85:8).
4. Prometida al creyente (Is. 26:3; Sal. 119:165).
5. Llena nuestros corazones (Fil. 4:6, 7; Ro. 8:6).
6. Los creyentes andan en el camino de la paz (Lc. 1:79).
7. Nuestra paz eterna aquí y por la eternidad (Is. 54:10).

952. *PROMESAS A AQUEL QUE VENCIERE* *(Apocalipsis 3:12)*

1. Aquel que venciere:

a) «El que venza será vestido de vestiduras blancas...» (Ap. 3:5)

b) «...Y no borraré su nombre del libro de la vida...» (Ap. 3:5).

c) «...Y confesaré su nombre delante de mi Padre, y delante de sus ángeles» (Ap. 3:5).

2. Aquel que venciere:

a) «Yo le haré columna en el santuario de mi Dios».

b) «... escribiré sobre él el nombre de mi Dios, y el nombre de la ciudad de mi Dios»

c) «... Y escribiré sobre él mi nombre nuevo».

3. Al que venza, le daré:

a) «... Que se siente conmigo en mi trono, así como yo he vencido, y me he sentado con mi Padre en su trono» (Ap. 3:21).

b) «... Para mostrar en los siglos venideros las sobreabundantes riquezas de su gracia en su benignidad para con nosotros en Cristo Jesús...» (Ef. 2:7).

953. *RIQUEZAS DIVINAS* *(Filipenses 4:19)*

1. Riquezas de misericordia (Ef. 2:4).
2. Riquezas de la gracia (Ef. 1:7).
3. Riquezas de bondad (Ro. 2:4).
4. Riquezas de gloria (Fil. 4:19).

954. *TESTIMONIOS DE ORACIONES CONTESTADAS* *(Salmo 28)*

1. «Con mi voz clamé a Jehová, y él me respondió desde su monte santo (Sal. 3:4).
2. «.Porque Jehová ha oído la voz de mi llanto» (Sal. 6:8).
3. «Clamaron a ti, y fueron librados» (Sal. 22:5).
4. «Bendito sea Jehová, que oyó la voz de mis ruegos» (Sal 28:6).
5.«Jehová Dios mío, a ti clamé, y me sanaste» (Sal 30:2, 3).
6. «Busqué a Jehová, y él me escuchó, y me libró de todos mis temores» (Sal. 34:4-6).
7. «Pacientemente esperé en Jehová, se inclinó hacia mí, y escuchó mi clamor» (Sal. 40:1).
8. «En la calamidad clamaste, y Yo te libré» (Sal. 81:7).
9. «Invocaban a Jehová, y Él les respondía» (Sal. 99:6).
10. «Amo a Jehová, pues ha escuchado la voz de mis súplicas» (Sal. 116:1, 2).
11. «El día en que te invoque, me respondiste.» (Sal. 138:3).
12. «Invoqué en mi angustia a Jehová, y el me oyó» (Jon. 2:2).
13. «.Respecto a lo cual tres veces he rogado al Señor. Y me ha dicho: *Bástate mi gracia*» (2 Co. 12:8, 9).
14. «Elías oró fervientemente, y no llovió sobre la tierra...» (Stg. 5:16-18).

955. *TRIPLE CONSUELO* *(Romanos 8:28-39)*

1. Dios es por nosotros (Ro. 8:31).
2. Dios está con nosotros (Mt. 1:23).
3. Dios está en nosotros (1 Jn. 4:16).

¿Quién contra nosotros?

956. *UN NOMBRE HONESTO*

«Bienaventurado el hombre que teme a Jehová, y en sus mandamientos se deleita en

gran manera. Su descendencia será poderosa en la Tierra; la generación de los rectos será bendita» (Sal. 112:1, 2).

Un hombre honesto es un legado espléndido de un padre a sus hijos...

1. Es un fuerte consuelo frente a la tristeza.
2. Es un tesoro invalorable frente a una gran perdida.
3. Es una recomendación muy valiosa para su vida futura.
4. Es una poderosa influencia para imitar su conducta.

957. *UNA INVITACIÓN AL EVANGELIO (Isaías 45:22)*

1. Una forma sencilla: «Miradme».
2. Un objetivo divino: «A mí».
3. Una gloriosa certeza: «Y sed salvos».
4. Una invitación completa: «Todos los confines de la Tierra».

958. *VEINTE EXHORTACIONES PARA ORAR (Romanos 12)*

1. Buscad a Dios y le hallaréis (Dt. 4:29).
2. Pedid a Dios (1 R. 3:5).
3. Humillaos ante Dios y buscad (2 Cr. 7:14).
4. Invoca y Él responderá (Job. 12:4).
5. Orad y veréis (Job 33:26).
6. Clama y sé liberado (Is. 55:6).
7. Deléitate y Él te dará (Sal. 37:4, 5).
8. Llamadle que Él está cercano (Is. 55:6).
9. Invocadle y Él os escuchará (Jer. 29:12).
10. Pedid y Él os dará (Mt. 7:7).
11. Sed constantes en la oración (Ro. 12:12).
12. Perseverad y velad en la oración (Col. 4:2).
13. Acerquémonos confiadamente y hallaremos (He. 10:22).
14. ¿Afligidos? Orad (Stg. 5:13).
15. Velad y orad (1 P. 4:7).
16. Las oraciones de los santos suben a Dios (Ap. 8:58).
17. El incensario de oro (Ap. 8:3, 4).

959. *EL CONVITE DE LA SALVACIÓN (Mateo 11:28-30)*

I. Un carácter que se describe

1. Los que andáis en trabajos:

a) Trabajo al servicio de una religión formal, en la tentativa de guardar la ley, o de justificarse.

b) Trabajo al servicio de ganancias materiales, ambiciones, placeres.

c) Trabajo al servicio del mundo, describir, legislar inventar.

d) Trabajo al servicio de Satanás, de la impureza, de la incredulidad.

2. Cargados:

a) Con fatigas, desengaños, desilusiones.

b) Con pecados, culpas, temores, remordimientos.

c) Con cuidados, ansiedad, ambiciones.

d) Con tristeza, pobreza, opresión.

e) Con dudas, tentaciones, conflictos.

II. Una bendición que convida

1. Descanso dado («Yo os haré descansar»):

a) A la conciencia, mediante la expiación y el perdón.

b) A la mente, mediante una enseñanza infalible.

c) Al corazón, un descanso por el amor. Jesús llena y satisface el corazón.

d) A las energías, dándonos un blanco digno de nuestro esfuerzo.

e) A las aprehensiones, asegurándose que todo ayuda para bien.

2. Descanso hallado («Hallaréis descanso para vuestras almas»):

a) Descanso sobre descanso, que aumenta, que tranquiliza.

b) Descanso que resulta de las pasiones vencidas.

c) Descanso que resulta de una plena consagración al Señor.

III. Una dirección que guía

1. «Venid a Mi»:

a) Venid a una Persona, el viviente Salvador y ejemplo.

b) Venid ya, Jesús está pronto. ¿Lo estáis vosotros?

c) Venid todos los cargados y trabajados.

d) Venid como estáis.

e) Venid por la fe.

2. «Tomad mi yugo»:

a) Sed obedientes a mi mandato.

b) Sed conformados conmigo en el servicio.

c) Sed sumisos a las aflicciones que yo os mando.

3. «Aprended de Mí»:

a) ¿No sabéis?, es necesario aprender.

b) No debéis resistir, sino aprender con anhelo.

c) Aprended con el corazón, imitando mi mansedumbre.

IV. Un argumento que persuade

¿Queréis ser semejantes a vuestro Señor en el descanso y en el servicio?

1. El es un Maestro humilde y paciente.

2. Nunca sobrecarga: «Mi yugo es suave».

3. Él da descanso mediante el yugo: «Tomad mi yugo. hallaréis descanso».

960. *EL MARAVILLOSO IMÁN*
(Juan 12:32, 33)

1. La fuerza atractiva de un Salvador crucificado:

a) Hacia Él, no hacia su iglesia o la mía.

b) Él atrae a todos los hombres; algunos rehúsan rendirse.

c) La fuerza por medio de la cual Él atrae a la humanidad es el amor.

d) Él atrae a los hombres por medio del cambio que opera en otros hombres para que ellos puedan verlo.

2. ¿Cómo se ejercita esta fuerza de atracción?

a) A través del Espíritu Santo; pero Él además usa algunos instrumentos.

b) El atrae a los hombres gradualmente.

c) Él les atrae amorosamente.

d) Él les atrae efectivamente.

3. ¿Qué implica todo esto?

a) Que el hombre, por naturaleza, está muy alejado de Cristo.

b) Que los hombres no vendrán a Cristo a menos que Él les atraiga hacia Su Persona.

c) ¿Está usted dispuesto a venir a Él? Por favor, hágalo, y bienvenido.

961. *UNA INVITACIÓN*
(Isaías 55:1, 2)

1. A quién se hace la invitación:

a) A aquellos que tienen sed:

–Las personas que tienen sed están bien apercibidas de sus necesidades.

–Las personas que tienen sed sienten un deseo creciente de un refrigerio espiritual.

–Las personas que tienen sed están inquietas, incómodas y anhelantes hasta que puedan beber.

–Las personas que tienen sed están activas, y harán cualquier sacrificio para poder beber.

b) Ahora bien, suponed que son sumamente culpables, y que han vivido abandonando sus deberes para con Dios y con los hombres, y han cometido toda clase de pecados. Aun así, si sienten una auténtica sed espiritual, serán bienvenidas por el Señor.

2. La naturaleza de la invitación:

a) «Venid a las aguas»:

–Venid y comprad aquello que tiene un valor infinito.

–Venid y comprad sin precio.

–Venid y lavaos.

–Venid y bebed.

–Venid y sed sanados.

–Venid y sed despertados.

b) No es suficiente que vengamos y miremos las bendiciones que se nos ofrecen; debemos participar de ellas, debemos comprarlas, deben ser nuestras.

962. *LA PRESENCIA DEL SEÑOR*
(Salmo 139)

1. Una presencia escudriñadora que da convicción de pecado (Sal. 139:7).

2. Una presencia salvadora que convierte (Is. 63:9).

3. Una presencia separadora que consagra (Sal. 31:20).

4. Una presencia de conciliación que infunde calma (Éx. 33:140).

5. Una presencia que satisface, dando gozo (Sal. 16:11).

6. Una presencia que todo lo suple, y renueva el alma (Hch. 3:19).

963. *Y VINO EL SEÑOR JESÚS (Juan 20:19)*

Jerusalén estaba llena de informes conflictivos –falsos rumores sobre su muerte y aparente resurrección. Pedro pensaba en volver a pescar. Tomás quería una prueba visual de la resurrección. La muerte de Cristo les había hecho sentir que el bienestar físico no era suficiente. Entonces vino el Señor Jesús...

1. Vino en un tiempo de crisis:

a) Vino como un bebé a la corrupta Roma.

b) Para dar seguridad a Juan el Bautista en la prisión de Herodes. A los turbados discípulos en el mar tormentoso. A los pescadores fracasados. A la aflicción que usted y yo tenemos hoy día.

2. Viene de maneras inesperadas:

a) María buscaba Su cuerpo y no le reconoció.

b) Sus propios discípulos pensaron que era un extraño.

c) Vieron a los ángeles pero no pudieron reconocer Su voz.

3. Vino cuando más se le necesitaba:

a) Calvario.

b) Juicio (los grandes y pequeños deberán comparecer ante Él).

c) Porque habíamos nacido para un destino más elevado.

d) En el tiempo de la muerte (para podernos consolar, para poder hacernos serias advertencias, para que pudiese ser glorificado): «Estimada es a los ojos de Jehová la muerte de sus santos» (Sal. 116:15).

964. *PALABRAS CONSOLADORAS ACERCA DE NUESTRO «HOGAR» (Juan 14)*

1. Para los abandonados: «En la casa de mi Padre hay muchas mansiones» (Jn. 14:2).

2. Para los cansados: «Por tanto, queda un reposo para el pueblo de Dios» (He. 4:9).

3. Para los ansiosos: «He aquí que mis siervos se alegrarán...» (Is. 65:14).

4. Para los tentados: «los impíos dejan de perturbar...» (Job 3:17).

5. Para los ocupados: «... Mis escogidos disfrutarán de la obra de sus manos» (Is. 65:22).

6. Para los solitarios: «... Y así estaremos siempre con el Señor» (1 Ts. 4:17).

7. Para los creyentes: «Tus ojos verán al Rey en su hermosura...» (Is. 33:17).

965. *LA ORACIÓN EN LA VIDA DE LOS HOMBRES DE DIOS (Salmo 17)*

1. Savonarola oró: y se ganó una ciudad para Dios.

2. Martín Lutero oró: Dios marcó un importante período de tiempo en la historia.

3. John Knox oró: Los tiranos se aterraron y Escocia recibió la bendición de Dios.

4. George Whitefield oró: En un día se salvaron mil almas.

5. George Fox oró: Y nació el gran movimiento Cuáquero.

6. Hudson Taylor oró: Y el interior de China pudo ser evangelizado.

966. *BENDICIONES DE LA AFLICCIÓN (Salmo 23)*

1. Valles de aflicción.

2. Pasando por el valle.

3. Encontramos los pozos.

4. Soberanía divina (Sal. 97:1).

5. Inmutabilidad divina (He. 13:8).

6. Muertos que viven (He. 11:4).

7. La compasión del Señor Jesús (Jn. 11:35).

8. Necesita ser (Ap. 3:19).
9. Beneficios eternos (Sal. 103:2).
10. Para siempre (1 Ts. 4:17,18).

967. *LIBERACIÓN EN LA AFLICCIÓN*

«Entonces clamaron a Jehová en su angustia, y los libró de sus aflicciones» (Sal. 107:6).

INTRODUCCIÓN: no hay ningún corazón donde alguna vez no entren las aflicciones. «En el mundo tendréis aflicción» (Jn. 16:33). Israel también padeció. «Da frutos apacibles de justicia» (He. 12:11). ¿Por qué nos vienen las aflicciones?

I. Causas diferentes

1. La intromisión del pecado en el mundo (Ro. 5:12).
2. Nuestras ingratitudes (Sal. 107:1-12).
3. Nuestras necedades (Sal. 107:17-22).
4. Nuestros desvíos.
5. Nuestra mala conciencia.
6. El medio en que vivimos.
7. A veces el Diablo (Job).
8. Las persecuciones por nuestra fidelidad a Dios.
9. Nuestras maldades (Jer. 4:5-18).
10. En el caso de Israel rumbo a Palestina:

a) Su falta de fe en el poder de Dios.
b) Su falta de fe en la misericordia divina.
c) Su menosprecio a Dios.
d) ¿Es Dios indiferente a las aflicciones? No.

II. En las aflicciones, Dios

1. Está con los que sufren (Sal. 91:15; He. 13:5, 6).
2. Es nuestro refugio (Sal. 34:18).
3. Nos guarda. Dan (3:27; 6:22).
4. Nos hace justicia (Sal. 140:12).
5. Nos libra de peligros (Sal. 30:1-3; 2 Co. 1:10; 2 P. 2:9).

CONCLUSIÓN: confiemos en Dios como lo hicieron David, Job, Pablo, Pedro, y otros tantos más. Digamos como David en 2 S. 22:2, 3.

968. *VENID*
Mateo 11:28

1. ¿Quién da la invitación? Dios: (Gn. 7:1; Jn. 7:37).
2. ¿Quién es invitado? Todos: (Gn. 7:1; Is. 55:1; Jn. 7:37; Lc. 18:16).
3. ¿Por qué debería la gente venir a Cristo?

a) Para tener la vida: (Gn. 7:1; Jn. 10:10; 6:47; 5:40).
b) Para tener descanso: (Éx. 33:14; Mt. 11:28; Is. 32:18).
c) Para tener alimento: (Pr. 9:5; Mt. 22:4; Lc. 4:17, 18).

4. ¿Cuándo es el tiempo para venir? Ahora (Lc. 14:17; Is. 1:18; 2 Co. 6:2).

969. *ESCOGIDOS*
(Efesios 1:4)

INTRODUCCIÓN: muchos son llamados, mas pocos escogidos» (Mt. 20:16). ¡Qué privilegio entonces, ser incluido entre los escogidos de Dios! Los creyentes en Cristo son:

1. Escogidos para salvación (2 Ts. 2:13, 14): la palabra griega aquí traducido «escogido» significa «levantar para sí mismo». Los salvados han sido levantados:

a) De la humanidad caída para pertenecer al Señor mismo en la gloria (Jn. 17:24; Ef. 2:1-6).
b) Del polvo y del muladar de pecado para tener por heredad un asiento de honra (1 S. 2:8). ¡Qué Poder!

2. Escogidos para ser santos (Ef. 1:4):

a) Los salvos tienen que ser santos. Un Dios santo requiere un pueblo santo (1 P. 1:15-16).
b) Tres veces leemos la frase «santos y sin mancha» (Ef. 1:4; 5:27).

3. Escogidos para ser amigos de Cristo (Jn. 15:14-16):

a) El Señor no eligió sus amigos del Cielo sino del mundo (Jn. 15:19).

b) No los escogió de entre los ángeles, sino de entre pecadores (1 Co. 6:9-11). c) No los eligió de entre los distinguidos del mundo, sino de entre los pobres y humildes (1 Co. 1:26-28; Stg. 2:5). ¡Qué gracia!

4. Escogidos para ser testigos del Señor (Mr. 3:13-14):

a) Los salvos son un «linaje escogido» para anunciar las virtudes de Cristo (1 P. 2:9): «Me seréis testigos» (Hch. 1:8).

b) Los apóstoles (Ef. 3:10).

c) Nosotros. ¡Qué honor!

CONCLUSIÓN: «Dichoso el que tú escogieres e hicieres llegar a ti» (Sal. 65:4).

970. *HOMBRES FIELES* *(2 Timoteo 2)*

INTRODUCCIÓN. en la Sagrada Escritura hay muchas exhortaciones a la fidelidad, la cual implica dos cosas.

a) Tener una fe firme en las palabras de Jesús (Ap. 2:10).

b) Ser leal y sincero a nuestra profesión para ejemplo del mundo.

En este pasaje hay cinco ejemplos que sirven de incentivo a la fidelidad (vv. del 13 al 15):

1. El soldado (vv. 3, 4): el soldado tiene que ser leal a la promesa que ha hecho de defender la patria a costa de sacrificios (comparar con cap. 4, v. 7).

2. El atleta (v. 5): los que se preparan para acudir a los Juegos Olímpicos con el deseo de ganar una medalla de oro, si es posible, u ocupar un puesto prominente en la clasificación, tienen que entrenarse cada día y luchas de acuerdo con los reglamentos (compárese con vv. 24, 25 y 1 Co. 9:24, 25).

3. El labrador (v. 6): los trabajadores de la tierra no pueden ser perezosos (Pr. 24:30, 31; Ro. 12:11; He. 6:12).

4. El ejemplo del Señor (v. 8): Cristo sufrió hasta la muerte, pero triunfó. Aun el profeta Isaías, desde siglos atrás, contempló el triunfo y el fruto de su sacrificio (Is. 11).

5. El ejemplo de Pablo (vv. 9, 10): por amor a las almas, Pablo viajó en aquellos tiempos con incomodidad y esfuerzo y sufrió prisiones; pero la Palabra de Dios no pudo ser restringida (Fil. 12:14). ¡Qué importa sacrificarse con tal que el Evangelio corra y almas preciosas sean salvas!

6. La recompensa (vv. 11, 12): aunque tengamos que sufrir y morir por Cristo no importa, puesto que todo ello nos llevará a vivir y a reinar con Él (Ro. 8:17, 18).

7. Pérdida terrible (vv. 12, 13): los que no quieren sufrir por Cristo sufrirán la mayor pérdida que puede experimentarse (compárese con Mt. 10:33 y Lc. 12:9). Nótese que en estos últimos textos no es Pablo quien habla, sino que son palabras de Cristo mismo.

CONCLUSIÓN: tales ejemplos y advertencias, ¡cómo deberían estimularnos a ser diligentes a fin de que obtengamos la aprobación de Dios! (v. 15).

971. *EL VALOR DE LAS RIQUEZAS (Efesios 1:18)*

1. Las riquezas son inciertas (Pr. 23:5).

2. Todo el oro y la plata son de Dios (Hag. 2:8).

3. Dios dio a los judíos habilidad para hacerse ricos (Dt. 8:18).

4. Con dinero no se redimen las almas (Sal. 49:6-9; 1 P. 1:18).

5. Las riquezas muchas veces son la madre del orgullo (Ez. 28: 5; Os. 2:8).

6. Las riquezas impelen al hombre a rechazar a Cristo (Mt. 19:22).

7. El amor del dinero es la raíz de todos los males (1 Ti. 6:10).

8. El tesoro de los cristianos está en el Cielo (Mt. 6: 19; 19:21).

9. Nuestra herencia y nuestra porción «en los cielos está» (Sal. 17:14; 119:57; Ef. 1:18).

10. Goce el impío de sus placeres y de sus riquezas: es todo lo que tiene; y en la otra vida sufrirá necesidad (Lc. 16: 22, 23).

972. *LA VERDADERA LIBERTAD (Juan 8:36)*

INTRODUCCIÓN: la libertad de que habla el mundo es una libertad relativa; sólo Cristo puede dar la libertad verdadera.

I. Su forma de obtenerla

La libertad se obtiene:

1. Por medio de la verdad (el evangelio) (Jn. 8:32).

2. Por medio de Cristo (Jn. 8:36; Gá. 5:1).

3. Por medio del Espíritu de Dios (Ro. 8: 15; 2 Co. 3:17).

II. Su carácter

1. Negativamente. No es una libertad para pecar:

a) No debemos usar nuestra libertad como ocasión a la carne (Gá. 5:13).

b) Ni como cobertura de malicia (1 P. 2:16).

c) Ni como tropezadero para el hermano flaco (1 Co. 8:9).

2. Positivamente:

a) Es una libertad del triple enemigo del creyente (el mundo, la carne y el diablo) (Gá. 1:4, Ro. 6:18; Col. 1:13).

b) Es una libertad para servir a Dios (Gá. 5:13).

c) Es una libertad para servir a nuestros hermanos con amor (1 P. 2:16).

d) Es una libertad para ceder nuestros derechos (1 Co. 8:13; Ro. 15:1).

III. Su conservación

La libertad es una joya que vale la pena guardar, cueste lo que costare:

1. Negativamente:

a) No volver a ser presos otra vez bajo el yugo de servidumbre (Gá. 5:1).

b) La ley de Moisés era un yugo (Hch. 15:10).

c) Toda religión o secta falsa pone yugo a sus adeptos.

2. Positivamente: «Estad, pues, firmes en la libertad con que Cristo nos hizo libres» (Gá. 5:11).

CONCLUSIÓN: ésta es la manera segura para conservarla.

973. *ADVERTENCIAS BÍBLICAS (Marcos 6:20)*

1. Oye de buena gana: como Herodes (Mr. 6:20).

2. Tiemblan al oír la palabra: como Félix (Hch. 24:25).

3. Quiere morir salvo: como Balaam (Nm. 23: 10).

4. Deja el mundo atrás: como la mujer de Lot (Gn. 19:26).

5. Pide las oraciones de otros: como Faraón (Éx. 8:8).

6. Queda casi persuadido: como Agripa (Hch. 26:28).

7. No halla ningún crimen en Jesús: como Pilato (Jn. 18:38).

8. Vive, entre los discípulos: como Judas (Hch. 1:25).

9. Tiene lámpara de devoción: como las vírgenes (Mt. 25:11).

10. Ha sido bautizado: como Simón el mago (Hch. 8:13).

11. Vive con el pueblo de Dios: como Giezi (2 R. 5:20).

12. Trae ofrendas a Dios: como Caín (Gn. 4:3).

13. Da de sus bienes: como Ananías (Hch. 5:2).

14. Toma parte en el servicio de Dios: como Coré (Nm. 16:1).

15. Ministra en el sacerdocio: como Nadab (Nm. 3:4).

16. Hace largas oraciones: como los fariseos (Mt. 23:14).

17. Predica y profetiza: como Saúl (1 S. 10:10).

18. Tiene celo por Dios: como Israel (Ro. 10:2).

Pero si usted, como pecador perdido, no ha recibido al Señor Jesucristo como su Salvador, usted perecerá miserablemente para siempre jamás.

974. *LUCHA Y VICTORIA*
(1 Pedro 5:6)

INTRODUCCIÓN: todas las virtudes del Cielo nacen de la raíz de la humildad. La trayectoria de la vida de Jacob alcanza ribetes de gloria, cuando de la soberbia ambición humana, pasa a la dependencia divina, en humildad incondicional. El suplantador y conquistador del derecho ajeno, se trueca en el humilde siervo de Dios. La astucia es substituida por la fe.

1. Afrontando la realidad humana:

a) Implorando la bendición de Dios. Jacob busco el auxilio divino.

b) Con fe en la «poderosa mano de Dios». Espero confiadamente en él.

c) Con espíritu de humildad fue al encuentro de su hermano.

2. La poderosa mano de Dios:

a) Modela el barro humano. Le da belleza moral.

b) Transforma la vida estéril en jardín fecundo: Ej. Elisabet, Sara.

c) Da fuerzas al débil, valor al cobarde, y cambia la derrota en victoria.

d) Luchar con el auxilio de Dios es asegurar la victoria.

3. Afrontando la realidad divina:

a) Jacob se quedó solo y luchó con Dios, y Dios comprobó su divino poder invencible.

b) Dios descoyuntó el muslo de Jacob, lo derribó para darle un nuevo nombre.

c) A solas con Dios, como Jesús en Getsemaní, se fortaleció en la realidad divina, para afrontar la lucha y alcanzar victoria.

CONCLUSIÓN:

–«Dios resiste a los soberbios y da gracia a los humildes».

–Cristo es el Maestro de la humildad: El dice: «Aprended de Mí...».

–Luchar es vivir, sí; pero con Dios y para Dios: para extender su Reino en la Tierra.

975. *BUSCANDO AL SEÑOR*
(Isaías 55:6, 7)

1. Qué hay implicado en el hecho de buscar al Señor:

a) Es buscar el conocimiento del Señor (Jn. 1; 18; Ef. 1:17; 2 Co. 4:6; 1 Jn. 5:20; Mt. 11:27).

b) Es buscar Su favor (Ef. 2:3; 1:6).

c) Es buscar Su imagen (Gn. 1:27; Stg. 3:15; Ef. 4:22-24).

d) Es buscar la comunión con Él (Ef. 4:18; Col. 1:21; 23 Co. 6:16; Jn. 14:23; Ef. 2:21, 22; 1 Jn. 1:3).

e) Es buscar la visión eterna y el gozo que la presencia de Dios proporciona (Mt. 5:8; 13 Jn. 3:2; Ap. 21:3-7; 22:3, 4).

2. Cómo debe buscarse al Señor:

a) Debemos estar apercibidos de nuestra gran necesidad y nuestros anhelos por el Señor en todos los puntos arriba citados.

b) Debemos sentir deseos de saber más de Dios (Sal. 42:1; 43:1; Is. 26:8, 9)

c) Debemos buscarle por medio de la oración (Mt. 7:7; 6:6).

d) Debemos ser consistentes en nuestra búsqueda.

3. Cuándo debemos buscar al Señor:
a) En la vida.
b) En la salud.
c) En la juventud.
d) En el día de la gracia.

4. La promesa de la gracia:
a) Él tendrá misericordia.
b) Él nos renovará.
c) Él nos fortalecerá.
d) Él nos dará abundante perdón.

976. *DIOS CON JOSÉ* *(Génesis 39:2, 21, 23)*

INTRODUCCIÓN: Dios había prometido a Abraham estar con él lo mismo a Isaac y a Jacob. Y cada vez que ha dado alguna comisión difícil a un siervo suyo, le ha asegurado su compañía. Así a Moisés a Josué, a Pablo, a los apóstoles. Debiéramos darnos cuenta de nuestra necesidad de la compañía divina, y procurarla. Dios estuvo con José:

I. En la hora de la aflicción

Descríbase su aflicción al ser vendido por sus hermanos, y más tarde al ser calumniado y puesto en la cárcel. Pudo por algún tiempo creer que Dios lo abandonaba, pero fue con él en cada caso.

1. Consolándolo.
2. Sosteniéndolo.
3. Manteniendo su esperanza.

Dios está siempre cerca de los afligidos. Tiene para ellos palabras consoladoras y promesas que alientan. Algún día llegará en que necesitaremos su compañía por este concepto. ¿La tendremos?

II. En la hora del trabajo

1. José fue bendecido en su trabajo (39:3). Lo mismo en la casa de Potifar que en la cárcel (v. 22), y más tarde cuando fue gobernador de Egipto.

2. Fuerza, ánimo, sabiduría, buen éxito son las bendiciones que asegura la presencia del Señor con nosotros. Si estamos haciendo la obra que Dios nos señala, contestará la oración que está expresada en Sal. 90:17.

III. En la hora de la tentación

1. La tentación de José: una de las más comunes en la juventud. José podía haber hallado disculpa, si hubiera cedido. Pero nunca dejó de temer a Dios. Creía que tal pecado era no solo contra su pureza personal, sino una traición a la confianza de su amo, y un pecado contra Dios.

2. Acusado, no quiso defenderse. Dejó el asunto en manos de Dios. Quien cultiva la compañía de Dios estará preparado para la hora de la tentación.

IV. En la hora de la exaltación

Es cuando muchos pierden la cabeza, llenándose de vanidad, ejerciendo venganzas, enriqueciéndose. Veamos lo que hizo José:

1. Honró a Dios ante Faraón.
2. Usó su poder para bien de toda la nación.
3. Reconoció y perdono a sus hermanos.
4. Conservó hasta el fin de su vida su religión y la esperanza de su pueblo.

Una vida con Dios:

a) Es usada para la realización de los altos fines de la Providencia.

b) Es una vida llena de satisfacción.

c) Es una vida victoriosa.

d) Es una bendición para los demás.

CONCLUSIÓN: dejemos, pues, que Dios nos acompañe.

977. *UNA VIDA EXITOSA* *(Mateo 6:33)*

I. La meta de la verdadera vida

1. El Reino de Dios significa:

a) La dispensación del Evangelio de gracia, misericordia y salvación.

b) Los privilegios espirituales del Evangelio y sus ricas bendiciones (Ro. 14:17).

c) El Cielo.

2. Tiene tres partes:

a) El corazón humano: su interior.

b) La Iglesia: «...y lo dio por cabeza sobre todas las cosas a la iglesia» (Ef. 1:22).

c) El Cielo y la Tierra: sus dominios.

3. Su justicia.

4. Santidad de corazón; justicia salvadora.
5. Pureza de vida; justicia práctica.

II. Ocuparse en buscar la verdadera vida
1. Esa búsqueda implica:
a) Una conciencia de nuestra necesidad.
b) Una ferviente aplicación.

2. Buscar primero:
a) En cuanto a tiempo:
–La salvación debe tener preferencia
–Es el tiempo y el decreto de Dios.
b) En cuanto a importancia:
–Es de importancia superlativa.
–Es de duración eterna.

III. La promesa
1. Haga usted su parte.
2. Dios le bendecirá y le prosperará.

978. *CONFÍO EN DIOS*

«Estos confían en carros, y aquellos en caballos, mas nosotros del nombre de Jehová nuestro Dios tendremos memoria» (Sal. 20:7).

INTRODUCCIÓN: el hombre moderno se siente satisfecho con los triunfos que año tras año, mes tras mes, y día tras día, va alcanzando sobre su imperfección, sobre su impotencia, sobre la materia, y en favor de los sueños e ilusiones que estuvieron latentes en la mente de generaciones pasadas. El sordo rugir de los aviones de retropropulsión, las milagrosas curaciones de la medicina, la asombrosa resistencia y duración bajo el agua o sobre la atmósfera; todo esto y mucho más hace al hombre moderno sentirse hondamente orgulloso de si mismo. ¡Son los triunfos del hombre! El mundo está disfrutando a su arbitrio de todo el adelanto científico, técnico, industrial, político, económico, cultural, etc. Todo esto ha producido en el corazón del hombre un amor hacia lo material como nunca antes en la historia. El hombre se ha crecido con sus triunfos y éstos le han hecho sentirse poderoso, invencible y hasta divino. Sin embargo, en medio de esta orgía de triunfos y un cúmulo de trofeos, el hombre se está hundiendo espiritualmente, porque bajo sus pies no hay bases firmes que sostengan su confianza ciega.

1. La vanidad de la confianza del hombre materialista: ¡Cuánta confianza ha puesto el hombre en su inteligencia! Por la facultad que tiene para pensar y razonar se ha colocado sobre todos los seres que le rodean y sin embargo. Su pensamiento y su inteligencia constituyen un factor que lo hace semejante a su Creador. El hombre, engreído de sí mismo exclama:

–¡Mi inteligencia me ha hecho triunfar!

Es cierto que mediante su inteligencia el hombre ha vencido las crisis, se ha sobrepuesto a las enfermedades y las adversidades: pero también es cierto que estos triunfos han provocado y alentado una confianza ilimitada en sí mismo. La inteligencia humana ha desplazado a Dios de su conocimiento y se ha llenado con la fatuidad y la soberbia de la vida. En otros casos ha querido ser más sabio que Dios mismo, y convertirlo en un títere para manejarlo a su loco capricho. Y Dios tiene que decirle con firmeza: «¿A qué, pues, me haréis semejante...?» (Is. 40:25). El hombre no quiere un Dios justo que le reproche su pecado; no quiere un Dios celoso que le pida todo su ser. En este *maremágnum* de la inteligencia humana toman relevante importancia las palabras bíblicas: «El principio de la sabiduría es el temor de Jehová». A pesar de todo, el hombre ha hecho mal uso de su inteligencia al dedicarla para su destrucción y perdición. Con todo el adelanto del mundo el hombre se enfrenta a guerras y revoluciones; a inmoralidad y crímenes; a enfermedades, hambre y desgracias internacionales; a tensiones y preocupaciones intensas. No ha encontrado, después de todos sus esfuerzos desesperados, una fórmula que alivie estos males que cada día toman un cariz crónico. ¿Qué ha sido del progreso? Se ha convertido en horrible pesadilla...

a) La vanidad de confiar en la inteligencia humana queda demostrada al contemplar el rastro del hombre a través de la historia: ¿Dónde están las obras extraordinarias de los imperios antiguos? ¿.Dónde están las glorias de los grandes hombres y de los grandes pueblos? Todo se ha ido sumiendo en el cieno fangoso de los siglos para no resurgir jamás. Los éxitos de ayer son eclipsados por nuevos y brillantes descubrimientos de hoy; y mañana habrá triunfos que echen al olvido los de hoy.

b) La vanidad de confiar en la inteligencia humana aumenta por razón de la misma limitación del hombre en el tiempo y el espacio. ¡En este aspecto el hombre no ha cambiado, ni cambiará!

2. ¡Cuánta confianza ha puesto el hombre en su propio poder! Desde que el hombre descubrió que podía dominar las fieras y contener los elementos, se inflamó dentro de sí mismo la vanidad hasta convertirlo en un ególatra, en un adorador de sí mismo. ¡Se cree el amo y señor del universo; y, como dominó a las fieras, espera domeñar los astros! Sin embargo, la vana potencia humana no ha vencido la muerte ni el pecado: declarados y acérrimos enemigos de su tranquilidad, que le acechan, le buscan, y donde menos espera le cierran el paso hacia su ascenso espiritual. Dios ha trastornado el poder humano para infligirle vergonzosas derrotas a fin de encauzarlo por el camino recto; pero el hombre continúa obstinado confiando en su poder. La vanidad del poder humano se manifiesta en sus diferentes fases:

a) El poder de la riqueza, que ha sido impotente para comprar el honor, la dignidad, la justicia, la santidad y la pureza.

b) El poder de la ciencia, que ha sido impotente para dominar la muerte y las enfermedades, las cuales continúan azotando a la humanidad.

c) El poder de la industrialización, que ha sido impotente para contener el hambre y la miseria de los pueblos.

d) El poder de la cultura, que ha sido impotente para acabar con la ignorancia, la superstición y los prejuicios.

e) El poder de la civilización ha sido impotente para liquidar la barbarie, los vicios y el pecado.

El poder humano es vano, pasajero y engañoso. Ningún hombre puede exclamar como Cristo: «Yo he vencido al mundo», ni mucho menos «Tengo poder para poner mi vida y para volverla a tomar».

3. El hombre confía también en la unidad! Desde que los hombres se unieron para construir la torre de Babel, la unidad humana ha sido un completo fracaso. La «convivencia pacifica» es un vocablo rimbombante lleno de demagogia, porque después de miles de años todavía el hombre no ha aprendido a vivir junto con otros y en paz...

a) ¡Vanos esfuerzos invertidos para conseguir la unidad! ¡La unidad del lenguaje! El idioma es una barrera que separa al hombre del hombre, tanto como lo separa a veces de los animales. Ningún idioma universal, o «Esperanto», ha podido ofrecer la unidad lingüística en el mundo.

b) Vano esfuerzo ha sido la unidad a través de la economía. La ayuda mutua, los préstamos a largo plazo, los Bancos Internacionales y los pactos de Mercado Común son los esfuerzos del hombre por unificar su economía. A pesar de todo esto hay millones de personas que viven en la más espantosa miseria y escasez.

La unidad humana continuará siendo una vanidad mientras no resurja la fe en Dios, a través de Cristo Jesús, que unifique los corazones de hombres negros y blancos, pobres y ricos, sabios e ignorantes, nobles y plebeyos.

4. ¿Y la unidad a través de los ídolos humanos? La voz del profeta vuelve a escucharse con renovada actualidad predicando: «Maldito el hombre que confía en el hombre». Millones de hombres confían en otros por su posición social, por su posición religiosa, por su posición política...

a) Es una vanidad confiar en la palabra del hombre, porque «esta misma noche pueden pedir su alma»; y su elocuencia, y sus promesas y su influencia habrán desaparecido.

b) Es una vanidad confiar en la santidad y moralidad del hombre, porque la Biblia dice: «No hay justo ni aun uno»; y porque todo hombre, por más religioso y devoto que sea, adolece de imperfecciones y debilidades.

c) Es una vanidad confiar en la sabiduría del hombre, porque los más sabios apenas si conocen una parte infinitesimal de los misterios que rodean el universo, porque el sabio será ignorante en muchas cosas.

d) Es una vanidad confiar en las proezas y habilidades del hombre, porque habrá muchísimas cosas sencillas que no pueda realizar.

5. Ante tal panorama, el hombre necesita volver a las páginas del libro eterno para

escuchar la voz de Dios que dice: «Mirad a mí, y sed salvos, todos los términos de la Tierra, porque yo soy Dios, y no hay más».

a) El hombre, en los triunfos y en los fracasos, en el gozo y en la tristeza, en la opulencia y en la escasez, en la luz y en la obscuridad, en la vida y en la muerte necesita confiar en Dios.

b) El hombre necesita confiar en Dios, porque solamente Él es eterno e inmutable, en contraste con todo lo mortal, corruptible y cambiable que nos rodea en este mundo.

c) El hombre necesita confiar en Dios, porque solamente en él habrá verdadera paz, verdadera unidad y verdadero progreso. Porque sin Dios no hay paz, ni unidad, ni progreso.

d) El hombre necesita confiar en Dios, porque solamente a través de su gracia infinita puede llegar a ser salvo y libre de sus pecados.

CONCLUSIÓN: estimado amigo y hermano, te invito a depositar tu confianza y tu fe en Cristo Jesús como tu Salvador y Señor; como el derrotero de tu vida; como el propósito de tu existencia; como la verdad encarnada para que tú también puedas decir como el poeta cristiano:

«Confío en Dios, muy cerca siempre está,
en tierra o mar su protección me da;
tan sólo sé, doquier esté:
mi Padre amante cuidará de mí».
Confío en Dios, quien es mi amparo fiel,
en lucha cruel mi defensor es Él,
si apaga el sol a su arrebol,
mi Padre amante cuidará de mí».

(My Father Watches Over Me, música por Ch. H. Gabriel).

979. *CONFIANZA EN DIOS* *(Proverbios 3:5)*

INTRODUCCIÓN: Salomón, personaje considerado, aun por la crítica histórico-literaria más radical, como un pensador agudo y de profunda sapiencia en lo relacionado con la naturaleza humana, ha dicho en frases inmortales: «Fíate de Jehová de todo tu corazón, y no te apoyes en tu propia prudencia» (Pr. 3:5). Sin duda alguna vivimos en un mundo donde impera la más abyecta desconfianza. Hay ocasiones en que la misma está sobradamente justificada. Pues son tantos los engañadores, los charlatanes, que es necesario estar alerta y quizás un poco desconfiados de todo lo que nos dicen. Sin embargo, la historia –la gran maestra de la vida– nos enseña que los hombres que triunfan son los confiados y no los desconfiados. Observando a través de los principios emanados de la experiencia cotidiana y aun de la Palabra de Dios, vemos que en materia de «confianza o fe», hay tres aspectos o facetas distintas...

1. La confianza en uno mismo: esto es, la confianza en nuestras propias capacidades: en nuestras propias fuerzas, en nuestro valor personal. Sin duda alguna que el ser humano que afronte cualquier tipo de problemas y destierre de su mente la idea de que él es capaz de salir airoso en ciertas circunstancias más o menos convencionales o naturales, estará irremediablemente condenado al fracaso.

Hay un refrán o adagio que reza: «El triunfo es de los osados». Pues bien, y ¿qué es la osadía, sino la confianza en uno mismo elevada a un grado sumo? Sin duda alguna que elemento de mucha importancia y relieve en la obtención del éxito humano es la confianza en uno mismo.

2. La confianza en los demás: los grandes señores del éxito han sido hombres y mujeres que, además de confiar en sí mismos, han confiado en los demás (ej.: un general victorioso es un general que puso su confianza en su propia capacidad de estratega y en el valor y coraje de sus soldados; un industrial que tiene éxito es un industrial que además de confiar en su pericia y conocimiento, confía en la capacidad, destreza y habilidad de sus obreros).

a) Piedra angular en la formación ideológica de un dirigente es la confianza depositada por él en aquellos que lo rodean y que le han servido de sostén y pedestal. Su éxito como jefe estará en proporción directa con su confianza y fe en aquellos que lo rodean.

b) Ésa es la gran lección de la historia humana. en la raíz de toda empresa noble y honrada que se ha visto coronada por el éxito, ha habido una semilla de fe y confianza de uno para todos y todos para uno que ha florecido y fructificado.

Ahora bien, si importante para el éxito en toda empresa humana es la confianza en uno mismo y en los demás, no es menos cierto que tanto en estos menesteres como en los problemas relacionados con la naturaleza inherente al ser humano, depende fundamentalmente de que depositemos nuestra confianza en Dios para que seamos recompensados con el éxito. Aunque muchos crean lo contrario, es absolutamente cierto que en los problemas del alma y del espíritu fallan de manera ridícula los dos aspectos primarios del tema en cuestión. La capacidad del hombre está limitada intrínsecamente a lo exterior, corpóreo y material; pero el hombre se encuentra incapacitado para resolver por sí mismo los graves y apremiantes problemas de su malparada naturaleza espiritual. Y es aquí, precisamente, a donde queríamos llegar. Únicamente cuando el hombre, sobreponiéndose a sus propios fracasos, se levanta y va y deposita a los pies del Trono de la Gracia su confianza en el Autor y Sustentador de la vid, estará en vías de ser restaurado y de vislumbrar en el futuro, el disfrute a plenitud de los grandes valores espirituales y éticos de que Dios le hizo depositario, desde el mismo instante en que alentó vida en su nariz.

3. Confianza en Dios: he ahí la fórmula capaz de erradicar los males, cada vez mayores, de una humanidad descreída y desorientada...

a) Confianza, seguridad y fe en que Dios escuchará nuestra oración, si implorantes y humillados acudimos ante él. Certeza de que el sacrificio de Jesucristo hace veinte centurias en el madero del Calvario, es perfectamente capaz de salvarnos, precisamente porque «Jesucristo es el mismo ayer, y hoy, y por los siglos».

b) Confianza en que Dios cumplirá sus promesas de redención para la raza de Adán, sí sólo miramos al Cristo de la cruz.

c) Confianza en que Dios ha edificado su iglesia sobre la Roca inconmovible de los siglos, Cristo Jesús y en que las puertas del infierno no prevalecerán contra ella.

d) Confianza en que Dios nos habrá de librar lo mismo del horno de fuego que del foso de los leones.

e) Confianza en que Dios es Amor, y por lo tanto capaz de tener compasión por nosotros y ser propicio a nuestro pecado.

CONCLUSIÓN: «Fíate de Jehová en todo tu corazón», ha dicho Salomón. Y Jehová te ungirá con el óleo santo de la paz y la vida eterna.

980. *CUANDO SOMOS TENTADOS*

«Pues en cuanto el mismo padeció siendo tentado, es poderoso para socorrer a los que son tentados» (He. 2:18).

La posibilidad evidente en este versículo de la completa humanidad de Jesús. Por tanto, podemos asegurar para nuestras vidas la certeza de que por él podemos obtener el triunfo en la vida diaria. Porque vivió lo que nosotros hoy vivimos, puede compadecerse de nosotros...

1. El riesgo de ser tentado:

a) Las fuentes de la tentación:

–El mundo.

–La carne.

–El diablo.

b) Realidad de la tentación:

–En cualquier condición nuestra.

–En cualquier momento.

–En cualquier lugar.

2. Qué hizo Jesús en las tentaciones:

a) La sufrió con verdadera agonía.

b) Hizo frente a ellas; no trató de transigir con ellas en ningún momento.

c) Las derrotó por el completo dominio que tenía de sí mismo.

3. Cómo nos ayuda a nosotros:

a) Por la confianza que en el Señor depositemos: «Confiad, yo he vencido al mundo».

b) Por su poder otorgado a quienes invocan su nombre.

c) Nos ayuda cuando nosotros le concedemos la supremacía en nuestras vidas.

981. *LLAMAMIENTO A LA PERSEVERANCIA*

«Y seréis aborrecidos de todos por mi nombre; mas el que persevere hasta el fin, éste será salvo» (Mt. 10:22).

El Divino Maestro en este llamamiento nos hace algunas prevenciones para que no nos dejemos sorprender. En la vida secular, los grandes hombres han llegado a la cima del éxito a través de la perseverancia. Tennyson alteró línea por línea su *In Memoriam* buscando la perfección. Handel estuvo días y noches con hambre y desvelo. pero no se rindió hasta acabar *El Mesías*. El cristiano ha de ser perseverante hasta concluir la obra maestra de su vida.

1. Los discípulos estamos llamados a ser como Jesús:
a) En su perfección.
b) En su fidelidad.
c) En su consagración.

2. Los discípulos frente al aborrecimiento de los hombres:
a) Lo aceptan como parte del discipulado.
b) Procuran imitar más al Maestro.
c) Reafirman su convicción.

3. La perseverancia, condición que demuestra que se tiene la salvación:
a) Desde el punto de vista ético.
b) Desde el punto de vista teológico.
c) Desde el punto de vista del Maestro.

982. *OÍD LA VOZ DE DIOS*

«Si alguno tiene oídos para oír, oiga» (Mr. 4:23).

Hay muchos que padecen de sordera espiritual en estos días, igual que en los días de Nuestro Señor. Es que el mundo tiene el ruido ensordecedor que tapa los oídos, «el clamor desbordante de las bajas pasiones» se apodera del insensato para hundirlo en la miseria. Por esta razón, Jesús proclama una orden que todo el mundo puede comprender...
1. El porqué de oír:
a) La Palabra de Dios.
b) La fe viene por el oír.
c) Por el oír puede conocerse la verdad.

2. Una orden oportuna:
a) Por la necesidad de que se oiga la voz de Dios.
b) Porque Dios tiene un mensaje importante.
c) Porque la voz de Dios nos alcanza en todo momento.

3. Una orden condicional:
a) Dios no nos fuerza a oírle.
b) El hombre tiene la capacidad de oír «si él lo desea».
c) Hagamos buen uso de la facultad de oír.

983. *EL PROPÓSITO DE LA VIDA (Filipenses 3:12)*

1. Servir a Dios (Jos. 24:15).
2. Buscar las cosas del Reino (Mt. 6:33).
3. Hacer la voluntad del Padre (Jn. 4:34).
4. Acabar la obra (Jn. 17:24 y Hch. 20:24).
5. Imitar a Cristo (Fil. 3:13, 14).
6. «Tú tendrás potestad sobre diez ciudades» (Lc. 19:17).

984. *¿ES VERDAD? (Daniel 3)*

INTRODUCCIÓN: esta pregunta fue hecha por el rey Nabucodonosor a los jóvenes hebreos que se negaron a adorar su estatua de oro, que tenía 35 metros de altura, en una gran fiesta nacional. Estos jóvenes tenían que asistir por motivo de sus cargos. Su posición era muy comprometida para ser fieles a Dios, que había dado el segundo mandamiento, y además cumplir su deber con el rey.

I. El dilema de los tres jóvenes (vv. 14-19)
1. La voz de la fe: ellos sabían que Dios era poderoso para hacer milagros; los había hecho en tiempo antiguo y en los días de su abuelo Ezequías, con el gran ejército de Senaquerib.
2. La voz de la duda:
a) Los milagros de la historia hebrea podían ser folklore.
b) La muerte de 180.000 hombres en el ejército de Senaquerib podía ser producida por una peste fulminante y nada sobrenatural.
c) Nabucodonosor les había tratado muy benignamente y ellos tenían grandes deberes para con este rey.

3. El horno había, quizá, fundido el oro de la estatua. ¡Cuánto más se ensañaría con sus pobres cuerpos!

4. ¿Y si Dios no hacía el milagro? Ellos no tenían todavía las promesas de Jesús de Jn. 11:25 a 27. Sin embargo, su fe era tan grande que se arriesgaron a la voluntad de Dios. Tal vez tenían conocimientos acerca de la vida futura que nosotros ignoramos (He. 11:10-16).

II. La victoria de la fe (v. 18)

1. Es en gran manera significativa la respuesta del v. 19. Aunque no hay seguridad razonable, se arriesgan.

2. Gran victoria ante todo el pueblo, para la honra de Dios.

3. Hoy como nunca la pregunta de Nabucodonosor está a la orden del día.

III. ¿Quién hace la pregunta?

Nosotros mismos. Oímos que Dios nos ama, que hay perdón en Cristo, que hay un Cielo al otro lado de la muerte, pero la razón humana nos dice:

¿Es verdad? ¿Será verdad tanta belleza? Es la mayor pregunta, porque cambia toda nuestra vida e ideales.

Puede ser respondida afirmativamente por las siguientes razones:

1. Es verdad porque el mundo no puede haberse hecho solo, por casualidad.

2. Es verdad, porque la materia no puede explicar las facultades del espíritu ni prescindir de la inevitable hipótesis de que hay Dios.

3. Es verdad, porque Cristo lo afirmó y dio pruebas de su divinidad.

4. Es verdad, porque Dios todavía habla de un modo maravilloso a los corazones mediante el Evangelio, y se producen cambios imposibles si no hubiera un poder superior.

5. Es verdad, porque la experiencia cristiana individual ha tenido millones de pruebas de la intervención divina en respuestas a la oración.

IV. Dios nos hace la pregunta

En un momento de emoción dijimos: «¡Sí, Señor, es verdad, creo en Ti!».

Pero en nuestra conciencia Dios nos dice: «¿Es verdad, hijo mío? ¿Será verdad que eres cristiano?»

1. Esto hizo Jesús con el joven de Lc. 9:57.

2. Lo hizo con Simón, en Jn. 6:67 y 21:15.

c) «Tú amas la verdad en lo íntimo», declara el salmista. Si nuestra religión no es una realidad en la vida, ¿cómo lo será en la muerte?

V. El mundo hace la pregunta

La harán:

1. Nuestros compañeros con burla, odio o desprecio. Pedro la sufrió de una criada. ¿Será vuestra respuesta una negación?

2. De nuestros superiores ¿ Quién más superior que el rey, en este caso? No nos avergoncemos al decir: «¡Es verdad que amo la Verdad!»

3. Puede que nos lo digan –y ojalá que así sea– almas ansiosas. ¿Estamos preparados para responder según dice Pedro en 1 P. 3:15? El mundo está sediento de verdad, aunque desengañado como Pilato. ¡Qué dicha poder decir: «Yo sé en quién he creído».

CONCLUSIÓN: ¡Cuánta honra recibieron estos jóvenes por causa del milagro! Pero es mayor la que Cristo ofrece, según Jn. 12:26.

985. *EUTICO*
(Hechos 20:1-12)

INTRODUCCIÓN: «Eutico» significa «afortunado». Si era un joven creyente, como es probable, había alcanzado la mejor fortuna. La noche que Pablo estuvo de paso por Troas celebraron los creyentes Un culto de comunión el domingo por la noche. ¿Por qué por la noche? ¿Porque así fue la Santa Cena original? Más probablemente porque era la hora mejor para la gente ocupada y para los esclavos. No se había establecido todavía el domingo como día festivo del Señor.

Allí se hallaba Eutico, entre los demás; pero en un lugar peligroso, sentado en la ventana. ¿Por qué'? ¿Para prestar un asiento a otro visitante? Podía quedar de pie. La razón más obvia es que en la ventana había frescor y distracción. El discurso fue largo, hasta medianoche. el apóstol era demasiado sincero y fervoroso para contentarse con un discursito de veinte minutos el día de su despedida. No iba a cumplir un deber de su profesión y llenar el

tiempo asignado mirando el reloj de pulsera, como hoy día hacen muchos predicadores, sino a derramar su corazón en favor de aquellas almas que no volvería a ver y por las cuales se sentía responsable. Debemos excusar al apóstol No podemos excusar a los predicadores que, teniendo poco que decir, van dando vueltas a uno o dos pensamientos más o menos buenos, rodeándolos de palabras vacías que cansan a su auditorio. Un discurso siempre es largo cuando está lleno de paja. Un discurso es largo o corto debido a tres factores:

–El tiempo: los minutos que dura.

–El contenido: lo que se puede aprender en el mismo.

–El oyente: el estado de corazón del receptor.

A veces es más largo un sermón de treinta minutos que otro de una hora. Un discurso resulta largo siempre que el auditorio es frío y apático, teniendo su corazón fuera del mensaje. Un mismo sermón puede ser corto para un oyente y largo para otro. Estoy seguro de que el sermón de Pablo no pareció largo a muchos de los que estaban sentados en las primeras filas llorando de emoción...

A Eutico, sentado detrás, no le pareció largo mientras había luz en la calle y pasaba gente… alguna chica de vez en cuando… Cuando todo afuera estuvo silencioso y oscuro, la luz de las lámparas, con el calor y con el bochorno de dentro, le produjo un sueñecito..., perdió el equilibrio y se vino abajo. Todos corrieron llorando y gimiendo. La palabra griega es la misma que nos da el médico Lucas en el caso de la hija de Jairo. Descubrimos un secreto metapsíquico comparando la frase de Pablo con 1 R. 17:21: que el alma permanece por un poco tiempo en el cuerpo cuando el corazón se ha parado. Los médicos pueden resucitar a un muerto dentro de las dos o tres primeras horas. Pablo no tenía ningún pulmón artificial clínico, pero tenía el poder de Dios. Oró, y el corazón del muchacho volvió a latir. Allí estaba Lucas, el propio autor del relato, quien como médico pudo comprobar la muerte del joven y su resurrección. Todos fueron consolados y subieron a celebrar la Santa Cena. ¡Con qué emoción, sintiendo cuán cerca el Señor estaba de ellos con todo su poder! ¿Que aprendemos de esta historia?

1. Que debemos dar a la comunión toda la importancia que tiene: se han desarrollado dos tendencias encarnación con el partimiento del pan que Jesús estableció...

a) Un significado excesivo: considéralo un sacrificio incruento con valor expiatorio, lo que es contrario a He. 9:25 y 10:10-12 (es el error de la Iglesia Catolicorromana).

b) Tener en menos el sagrado símbolo, por ser un simple recuerdo: practicarlo por Pascua les parece suficiente a algunos (fallo del Protestantismo nominal).

Aunque Jesús no dio ninguna prescripción exacta en cuanto a la frecuencia, sabemos que hay bendición en el acto. Podemos creer que Él está presente, si no física, espiritualmente. Y porque su presencia sea espiritual, ¿la consideraremos menos importante que si fuera física? ¿Es lo espiritual menos importante que lo físico? En Troas, aun cuando había muchas cosas que hacer y oír del apóstol Pablo aquella noche, y tras de la perturbación que trajo el accidente de Eutico, no descuidaron celebrar la Cena del Señor. Tenía para ellos primordial importancia.

2. Que debemos acudir con atención y reverencia: Eutico acudió, pero me temo que no con la disposición debida. ¿Debemos excusarle porque era joven? Esto solemos hacer excesivamente con nuestros hijos cuando les vemos distraídos. Muchos hijos de creyentes van al culto «arrastrados» por sus padres, y no es extraño que se distraigan y no presten la atención debida, hasta que dan su corazón a Cristo. Todos los hijos de familias creyentes tenemos esta experiencia. Los padres suelen excusarles diciendo: «¡Son jóvenes!» «No entienden todavía el valor de las cosas espirituales, ya sentarán cabeza». Nunca digamos esto, y menos en presencia de ellos mismos, pues ellos son los primeros en saber que no es verdad; que sí entienden..., sí que comprenden el valor del evangelio, pero tienen (todos hemos tenido) un corazón malo que se resiste a las cosas espirituales. Hagámosles comprender el gran peligro. Dios mismo no excusó a Eutico, en su providencia, aquella noche. Tuvo que recibir la lección en su cuerpo magullado. Muchos padres tienen que llorar el haber excusado a sus hijos no creyentes o creyentes mundanos. Si los

padres de Eutico (si los tenía en el culto, como es muy probable, dado el sentimiento que produjo el accidente) le hubiesen hecho sentar en los primeros asientos, se habrían evitado llorar y hacer llorar a otros. Lo que no pudieron o no supieron hacer lo hizo el Señor con su providencia. Podemos figurarnos que Eutico no olvidó la lección y que la impresión de aquella noche fue crucial para su vida cristiana.

3. Que hay un gran peligro en situarnos entre el mundo y la Iglesia de Dios: la peligrosa situación de Eutico es la de todas las personas que han escuchado muchas veces el Evangelio sin consagrar su corazón a Cristo. Jóvenes y adultos también. Hijos de creyentes, y también quienes no lo son, miran afuera y adentro, prestan un poco de atención a las cosas de Dios y otro poco a las del mundo. Podrían saltar de la ventana a una vida consagrada; podrían ponerse en lugar seguro, en los fuertes brazos de Jesús, como cantamos en el conocido himno «Salvo los fuertes brazos...», pero lo demoran. Lo terrible es que pueden saltar adentro, pero también afuera, a la condenación; porque la indolencia en las cosas espirituales puede convertirse en un sueño profundo, fatal, como leemos en Ef. 5:7-17: «Despiértate, tú que duermes...». Así podían haber clamado a Eutico cuando empezó a dar los primeros cabezazos. ¿No ves el peligro? ¡Despiértate, date cuenta! La gente del mundo no se da cuenta, como el que duerme, de que pueden despertar en una eternidad de condenación. Cualquier incidente podría cortar el hilo de tu vida, aun el cruce de una calle. «No confíes en tu prudencia» (Pr. 3:5), ni en el terreno material ni en el espiritual. Si alguien hubiese advertido a Eutico, habría dicho: «¿Yo, caerme?» No contaba con el sueño. Así pretenden algunos ser bastante prudentes con el pecado, hasta que han experimentado la caída.

4. Que hay una gran ventaja en la fidelidad: todos los cristianos somos Euticos (o sea, bien afortunados), y los que todavía no lo son pueden serlo (*véase* Ef. 1:11, 12). Es una gran fortuna que Dios, que nos conoció desde la eternidad, nos haya llamado a su gloriosa herencia. Millones no han tenido la dicha de saber que Dios los ama y que pueden ser salvos y felices...; pero nosotros lo sabemos, y muchos hemos aceptado la herencia. Pero oíd lo que dice el apóstol Pedro a tales afortunados: «Poniendo toda diligencia...» (2 P. 5:8-11). Procuremos que las cosas de Dios no nos cansen...; abramos los ojos del alma; digámonos:

a) «Me conviene leer, oír, orar. Nada de sueño y pereza; soy un hijo de Dios..., pero soy de carne».

b) «Me conviene, aunque el *yo* pecador se resista».

c) «Me conviene, porque es lo más importante».

d) «Me conviene, porque podría caer».

CONCLUSIÓN: este pequeño esfuerzo nos despertará si estamos dormidos...Entonces seremos más y más «Euticos» (afortunados), pues nos será administrada «una abundante entrada en el Reino eterno» (2 P. 1:5-8), con todo el honor de fines servidores.

986. *LO MEJOR*
(Proverbios 2)

1. La mejor sabiduría (vv. 1-7):

a) Es el temor de Jehová y el conocimiento de Dios (v. 5) (*véase* Dt. 4:5-6; Job 28:28; Sal. 3:10).

b) Dios da esta sabiduría (v. 6) por medio de las Escrituras (Sal. 119:99; 2 Ti. 3:15-16). Se recibe gratuita pero condicionalmente: «Sí... sí... sí... entonces» (vv. 2-5). Hay que inclinar el corazón a clamar y buscar.

c) Es una sabiduría sólida (v. 7), porque tiene una base sólida en la palabra de Dios. La sabiduría humana es inconstante porque se basa en las ideas de los hombres. Estos versículos nos enseñan cómo buscar (Col. 2:3), dónde buscar.

2. La mejor senda (vv. 8-20). El Señor habló de dos caminos (Mt. 7: 13-14). ¡Aquí están!

a) El camino angosto es el de los santos (v. 8); es bueno (v. 9), derecho (v. 13) y conduce a la vida (v. 19).

b) El camino espacioso es el de los perversos (v. 12); es malo (v. 12), tenebroso (v. 13), torcido (v. 15) y conduce a la muerte (v. 18).

c) Los sabios escogerán el camino mejor (Jn. 14:6).

3. La mejor suerte (vv. 21, 22). ¡Qué contraste entre la suerte de los rectos y la de los impíos!

a) La de los rectos se halla en el Cielo (Ef. 1:11; Col. 1:12; 1 P. 1:4; Ap. 5:9, 10).

b) La de los impíos se halla en el infierno (Gá. 5:19-21; Ap. 21:8).

c) Los sabios gozarán de la suerte mejor.

987. *TRIUNFAR EN LA VIDA CRISTIANA (Josué 1:9)*

1. Cuenta con el Espíritu Santo (Ef. 5:8 y Hch. 1:8).

2. Confiesa a Jesús como Señor (Ro. 10:8-10; Fil. 2:11).

3. Ora sin cesar (1 Ts. 5:17; Lc. 18:1).

4. Lee diariamente la Escritura (Jn. 5:39; Hch. 17:11)

5. Asiste con regularidad a la Iglesia (Hch. 10:25; Sal. 50:5).

6. Da generosamente y con alegría (2 Co. 9:7; Lc. 6:38).

7. Olvídate de ti mismo y vive para los demás (Mt. 20:26; 1 Jn. 3:11).

8. Da testimonio cotidiano (Hch. 2:42, 46; 47).

9. Crece en la gracia (2 P. 3:18; Ef. 4:12-16).

10. Aprende cada día un versículo de memoria (Sal. 149:11; Dn. 11:3).

11. Lleva siempre contigo la Biblia o un Nuevo Testamento (Tit. 1:9; Fil. 1:7).

Si practicas estas reglas, llegarás a ser un cristiano de provecho respetado por los hombres y amado por Dios (1 Ti. 4:12).

988. *UN JOVEN HONRADO POR DIOS (1 y 2 de Timoteo)*

INTRODUCCIÓN: ésta es una realidad muy deseable. ¿De qué sirven todos los honores humanos si Dios los desaprueba? Pero el nombre griego que pusieron a Timoteo, quizá por intervención de su madre y abuela –pues su padre no era creyente–, fue una realidad en el personaje de este nombre que tenemos en el N.T.

1. Era un joven destacado:

a) Lo encontramos nombrado en la Biblia 24 veces.

b) Fue la única persona a quien se dirigieron dos cartas personales.

c) Lo encontramos asociado con Pablo en las dedicatorias de 6 cartas. A saber: 2 Corintios, Filipenses, Colosenses, 1 Tesalonicenses, 2 Tesalonicenses y Filemón. Observemos sus cualidades:

2. Fue un joven sincero y consagrado:

a) Tenía fe no fingida (2 Ti. 1:5).

b) Tenía un profundo conocimiento de las Escrituras (2 Ti. 3:15), adquirido en su niñez por una madre y una abuela piadosa.

c) Tenía un buen testimonio. Los que le conocían decían bien de él. Son tres cosas indispensables para el que quiera servir a Dios.

3. Un joven intrépido:

a) Sin duda, Timoteo había visto a Pablo apedreado en Listra (Hch. 14:19, 20), pero aceptó la invitación del apóstol de acompañarle aunque sabía que tendría que afrontar los mismos peligros (Hch. 16:1-3).

b) En Berea había recia persecución, pero se quedó allí con Silas (Hch. 17:13, 14).

c) Estuvo en Roma con Pablo (Flm. 1).

d) Sufrió persecuciones y prisiones (He. 13:23). Siempre le hallamos en la línea de fuego, dispuesto a servir y sufrir.

4. Fue un joven inteligente. Pablo pudo confiarle misiones importantes:

a) Le envió a Filipo para averiguar el estado de los creyentes (Fil. 2:19-24). Esto significa que Pablo lo consideró serio y sagaz. Un joven digno de confianza.

b) Le envió a Corinto para corregir abusos en la Iglesia (1 Co. 4:16, 17). Ello significa que lo vio enérgico y capaz de imponerse, hablando con la autoridad que le daba el ser enviado de un apóstol.

c) A Tesalónica para animar a los santos a ser fieles bajo persecución (1 Ts. 3:1-6). Esto significa que era consagrado y capaz de hablar como un siervo de Dios.

d) A Éfeso para exhortar a los creyentes a permanecer en la sana doctrina (1 Ti. 1:3, 4) y allí se quedó como pastor. Significa que Pablo le vio feliz y firme en la fe, capaz de ser guía y conductor de otros. La experiencia de sus hechos anteriores le acreditaron para el ministerio.

5. Un joven deseado:

a) Las últimas palabra escritas por Pablo fueron dirigidas a Timoteo, requiriéndole a que acudiera a su lado. Por lo general se habla de una ruptura generacional en nuestros días; los jóvenes no encuentran aliciente en convivir con los viejos, y viceversa.

b) Timoteo no sería ya muy joven, pero sí que lo era todavía en relación con el anciano apóstol, y la comunión con él sería un consuelo en su prisión, aunque no sabemos con qué frecuencia podría visitarle y estar con él.

c) El caso es que era un compañero deseado y así conviene que seamos, sea cual sea la edad de nuestra vida *(anécdota del autor: un anciano muy fiel, que fue nuestro maestro en la juventud, decía en sus últimos años: «Procuremos de todas maneras que cuando el Señor nos llame, la gente que esté a nuestro alrededor no tenga que decir: ¡Ya descansamos!»).*

CONCLUSIÓN: Timoteo fue ciertamente un hombre honrado por Dios porque él honró a Dios en las diversas etapas de su vida *(véase* I. ª S. 2:30).

989. *UNA SABIA ELECCIÓN* *(1 Reyes 1:38-40)*

INTRODUCCIÓN: Dios ha puesto a cada hombre en un lugar diferente, como tos miembros del cuerpo (1 Co. 12:12-22). Aun entre tos ángeles hay jerarquías. Debemos ocupar contentos el lugar en que Dios nos ha puesto, pensando que, como las células del cuerpo, vivimos para los demás y para Dios (Ro. 14:7).

1. Salomón debía el reinado a la misericordia de Dios:

a) Era hijo bastardo.

b) Estuvo en peligro de perderlo por Absalón y luego por Adonía (I R. 2:13-20). Todos nosotros somos elegidos indignos de la suerte que nos ha tocado (Ef. 1:3-14). Salomón quería, pues, servir a Dios del mejor modo posible, pero Dios quiso probarlo dándole a elegir la bendición que quisiese, y Salomón tuvo la sabiduría de elegir no lo mejor para él, sino para otros.

2. Tres opciones:

a) Larga vida: habría sido sólo para él.

b) Victorias guerreras: habría sido bueno para él y su reino, pero malo para otros.

c) Sabiduría. Era la mejor petición para todos. Comprendía su responsabilidad (las dos madres y su problema) (1 R. 3:16-27).

3. Todos necesitamos sabiduría más que cualquier cosa:

a) Para elegir ocupación. A algunos les ha causado gran perjuicio espiritual un oficio que les ha impedido las cosas del Señor (Mt. 6:33).

b) Para elegir compañero o compañera (Pr. 18:22).

c) Para hablar con nuestros prójimos, sobre todo los no creyentes (Col. 4:5).

4. Cómo obtener tal bendición (Stg. 1:5):

a) Si expresamos nuestra falta de sabiduría a nuestros prójimos es posible que nos menosprecien; de ahí la hipocresía que caracteriza a los hombres, pero a Dios podemos abrirle el corazón diciéndole todo lo que sentimos.

b) «Y le será dada». Hay dos clases de sabiduría: la intelectual o de la memoria, y la superintelectual, la de la razón o sentido común. Hay personas muy ignorantes intelectualmente, pero muy sabias en su discernimiento.

c) «Con fe», o sea confianza de que Dios nos escucha.

5. La respuesta fue obtenida por Salomón porque agradó a Dios.

CONCLUSIÓN:

–Recibió mucho más de lo que pidió. Las tres ofertas, y todas ellas en abundancia. Sepamos pedir siempre a Dios lo mejor.

–Procuremos agradarle y obtendremos ésta y otras bendiciones (Mt. 6:33).

990. *EL TRIPLE LUGAR DE LA MORADA DEL CRISTIANO (Hebreos 13:14)*

1. El lugar de morada, sobre la Tierra (1 Cr. 29:15):

a) Donde se prueba nuestra fe.

b) Donde nos prepararnos para la eternidad.

2. El lugar de descanso, la tumba (He. 4:9, 10):

a) Descanso de nuestro trabajo.

b) Descanso de las tormentas de la vida.

3. El hogar permanente, en el Cielo (Jn. 14:2):

a) Un lugar de felicidad y éxtasis.

b) El lugar de reunión de todos los benditos en Cristo.

991. *LA FORTALEZA DE UN CRISTIANO DE CARA A LA MUERTE (Isaías 33:24)*

1. En qué consiste: consiste en la certeza del perdón de nuestros pecados.

2. En qué se basa: está basado en lo que Cristo conquistó para nosotros.

3. Cómo debe usarse: contra el temor de la muerte, los aguijonazos de la conciencia y la duda que nos atormenta.

4. Al alcance de quién está:

a) De los habitantes de la Ciudad de Dios.

b) De la Iglesia cristiana.

992. *MI ABASTECIMIENTO*

«Mi Dios, pues, suplirá todo lo que os falta conforme a sus riquezas en gloria en Cristo Jesús» (Fil. 4:19).

1. La fuente de mi abastecimiento: mi Dios.

2. La medida de mi abastecimiento: todo lo que os falta.

3. La cantidad de mi abastecimiento: sus riquezas.

4. El conducto de mi abastecimiento: Cristo Jesús.

993. *PRECIOSA PROMESA PRECIOSA CONSOLACIÓN (1 Juan 2:25)*

1. ¿Qué es lo que se promete? La vida eterna.

2. ¿Quién es el autor de la promesa? El Señor Jesús, el único Verdadero, quien nos compró para la vida eterna.

3. ¿A quién se da la promesa? A nosotros, los que estamos viviendo por la fe en Él, y tenemos comunión con Él.

994. *REGOCIJÁNDOSE EN LA MUERTE (1 Corintios 15:31)*

Para aquel que muere a diario, no resulta difícil morir...

1. ¿Qué significa morir a diario?

a) Morir a diario al hombre natural.

b) Morir a diario al pecado.

c) Morir a diario al mundo.

2. ¿Cómo puede llevarse a cabo esto?

a) Con una completa entrega al Espíritu Santo.

b) Por medio de una fe inamovible en los méritos de Cristo.

c) Por medio de una vida consistente en obediencia a Él.

3. ¿Por qué será entonces fácil morir?

a) El dolor corporal no nos vencerá.

b) Nuestros pecados no nos alarmarán.

c) Nada en este mundo podrá sujetarnos.

995. *LA PREPARACIÓN PARA UNA GRAN REUNIÓN (Mateo 4:12)*

1. El Evangelio nos da una advertencia oportuna.

2. Todos tendremos un encuentro con Dios.

3. El tiempo de ese encuentro es incierto.

4. El hombre pecador debe de prepararse para ese encuentro.

5. La única preparación posible (Hch. 16:31).

996. *MARCHITÁNDOSE*
(Isaías 64:6)

INTRODUCCIÓN: al igual que la naturaleza, la vida humana tiene sus distintas estaciones. La niñez y la juventud son la primavera de la vida. La edad adulta es el verano. El comienzo de la vejez es el otoño. Se alcanza el cenit y luego se va declinando. La vida se va marchitando, al final caen las hojas y queda el árbol desnudo, esperando los crueles azotes del invierno. La ancianidad es ese invierno: marchito, frío y desolado. Éste es el emblema de nuestra vida: no de la vida en una etapa particular, o en alguna zona especial, sino de toda la vida. Todos vamos marchitándonos como hojas. Es interesante hacer algunas comparaciones paralelas entre la forma de marchitar de una hoja y el decaimiento de nuestros cuerpos mortales. Veamos algunas de ellas:

I. La hoja se marchita a causa de una Ley necesaria

No hay poder que pueda mantener el follaje en un árbol:

1. La hoja debe caer.
2. Nosotros también.
3. «... Está reservado a los hombres el morir una sola vez...». «... Toda carne es como hierba, ... la hierba se seca, y la flor se cae...».

II. La hoja va marchitándose por medio de un proceso gradual

1. Los árboles no quedan desnudos de una sola vez.
2. El rico follaje no desciende todo de golpe, dejando miserable y desnuda la naturaleza que estaba llena de vida y belleza.
3. Lo mismo sucede con la vida humana.

III. La hoja se marchita volviendo a sus elementos primitivos

1. Tomad una hoja verde en vuestras manos. Notad su perfección, su simetría, su delicadeza, su maravillosa estructura.
2. Esa hoja no es más que polvo organizado. Lo mismo sucede con el hombre.

IV. La hoja se marchita en un acto preparatorio a la salida de una nueva hoja

1. La hoja cae, pero su lugar siempre es ocupado por otra.
2. Nosotros morimos, pero otros pasan a ocupar nuestro lugar, y el mundo continúa.

V. La vida se marchita a consecuencia de cumplir una etapa en la vida

1. El árbol del cual cayó la hoja no está muerto.
2. Así como la vitalidad del árbol continúa cuando la hoja cae, la vida del hombre continúa cuando el cuerpo muere.

VI. Estos estados mentales existen en relación a este hecho

Uno de ellos debe ser el suyo:

1. Indiferencia irracional.
2. Estoicismo intelectual.
3. Severa contención.
4. Compostura cristiana.

CONCLUSIÓN: ¿Cuál de estos estados mentales, hermano mío, en relación a nuestro cuerpo mortal, es el más racional? No necesito pedirle que me diga cual es el más feliz, porque es obvio. ¿Cuál de ellos adoptaría usted?

997. *EL DIOS DEL CRISTIANO*
(Romanos 15:5)

1. Es un Dios de paciencia (Ro. 15:5).
2. Es un Dios de esperanza (Ro. 15:13).
3. Es un Dios de amor (2 Co. 13:11).
4. Es un Dios de paz (Fil. 5:9).
5. Es un Dios de consolación (2 Co. 1:3).
6. Es un Dios de toda gracia (1 P. 5:10).
7. Es un Dios de gloria (Hch. 7:12).

998. *EL CUIDADO DE DIOS POR SU PUEBLO*

«Alabad a Jehová, porque él es bueno, porque para siempre es su misericordia» (Sal. 136:l).

El gran siervo de Dios, Moisés, dijo al pueblo de Israel que en los cuarenta años de peregrinación Dios lo había cuidado (Dt. 8:4).

1. Alimento en tiempo de hambre (Éx. 16:35; Sal. 78:25).

2. Agua limpia de la roca:
a) «De pedernal» (Dt. 8:15).
b) Durante cuarenta años: severa prueba.

3. Con vestido:
a) Siempre nuevo (Dt. 8:4, 29:5).
b) Siempre bueno.
c) Siempre limpio.

4. Calzado:
a) Necesario en el viaje (Dt. 29:5).
b) Siempre útil.
c) Conservados siempre maravillosamente.

5. De sus enemigos (Sal. 105:14, 15; Éx. 14:31).

6. Alimento espiritual (1 Co. 10:4):
a) La presencia de Dios.
b) La Palabra de Dios.
c) El consuelo:

–Bien podía decir Dios: «Nada te ha faltado».

–Nuestro Señor Jesucristo dijo a sus discípulos: «¿Os faltó algo?»

–Ellos dijeron: «Nada» (Lc. 22:35).

–También dijo: «Yo soy el pan de vida» (Jn. 6:35, 51).

999. *LA PARTIDA INEVITABLE* *(2 Timoteo 4:6, 7)*

INTRODUCCIÓN: el hombre es puesto en este mundo para vivir una vida limitada, y con el aliento del recién nacido comienza la carrera hacia la disolución, al momento en que el alma parte del cuerpo. De la decisión que se tome en esta vida dependerá el estado de la persona por toda la eternidad.

1. La obra y su objetivo: el lenguaje que utiliza el Apóstol Pablo al dirigirse a Timoteo debe de ser observado por cada hijo de Dios, pues implica la obra hecha con fidelidad para el cumplimiento de un gran objetivo, a saber, la salvación del alma. Estas obras, desde luego, siguen a la fe en Cristo y la aceptación de Él como Señor y Salvador, pues por gracia somos salvos.

2. La obra continúa: esta vida es una verdadera lucha. El soldado de la cruz debe de estar preparado para los asaltos del enemigo, y ha de ofrecerse en sacrificio vivo a Aquel que murió por él. Con inalterable amor y devoción por el Gran Capitán de nuestra salvación, hemos de seguir a nuestro líder a través del sendero recto y angosto que termina en el Cielo.

3. La obra terminada: cuando los cuidados de esta vida acaban, se aquietan las tormentas del corazón y se enjugan las lágrimas, cuando la angustia del sufrimiento del cuerpo ha pasado, y el alma, liberada de su prisión de carne ha entrado en un mundo mejor, allí irá al encuentro de la presencia de nuestro Creador para recibir la recompensa por su trabajo.

CONCLUSIÓN: hermanos, estad preparados, pues la hora se acerca cuando el Hijo de Dios volverá por nosotros.

1.000. *ACTITUDES DE CRISTO PARA CON LOS NIÑOS (Isaías 40:11)*

La Sagrada Escritura contiene un mensaje paternal para los pequeños del cual es ya una preciosa advertencia profética el texto de Is. 40:11, pero que es ampliada y completada en el Nuevo Testamento de labios de Cristo, lo que es una satisfacción para los padres y un estímulo para estos seres todavía inocentes que serán los hombres del día de mañana. Estudiémoslos con cuidado y reverencia...

1. Jesús advirtió que nadie los tuviera en poco (Mt. 18:10).

2. Observó cómo jugaban (Mt. 11:16).

3. Usó a un niño como ejemplo de humildad (Mt. 18:2).

4. Declaró que la inocencia de los niños es una cualidad esencial para entrar en el Reino de Dios (Mt. 18:3, 4).

5. Declaró: «Dejad a los niños venir a mí (Mr. 18:3, 4).

6. Mandó a sus discípulos recibirlos y tratarlos como a él mismo (Mr. 9:27).

7. Promete una recompensa a los que les protegen (Mt. 10:42).

8. Mandó a Pedro y a los creyentes de todos los tiempos que cuidarán de alimentarlos con comida espiritual («apacienta mis corderos») (Jn. 21:15).

ÍNDICES

- Versículos claves
- De Autores
- De Títulos

Índice versículos claves

Índice de Autores

Índice de Títulos